U0920613

2010
南 阳 年 鉴

南阳市人民政府主办
南阳市地方史志办公室 编

中州古籍出版社

图书在版编目（CIP）数据

南阳年鉴. 2010/南阳市人民政府主办；南阳市地方史志办公室编. —郑州：中州古籍出版社，2010. 12
ISBN 978-7-5348-3495-0

Ⅰ. ①南… Ⅱ. ①南… ②南… Ⅲ. ①南阳市—2010—年鉴 Ⅳ. ①Z526. 13

中国版本图书馆CIP数据核字(2010)第238579号

主编：阿 颖
责任编辑：康 华
责任校对：杨建伟
出版社：中州古籍出版社
（地址：郑州市经五路66号 邮政编码：450002）
发行单位：新华书店
承印单位：南阳市风雅印务有限公司
开本：889mm×1194mm 1/16 **印张**：36.5
字数：1018千字 **印数**：1—2000册
版次：2010年12月第1版 **印次**：2010年12月第1次印刷

定价：260.00元
本书如有印装质量问题，由承印厂负责调换。

编 辑 说 明

一、《南阳年鉴》是由中共南阳市委和市人民政府主持编辑的一部地方综合资料性工具书，每年出版一卷，公开发行。

二、《南阳年鉴》(2010)以马列主义、毛泽东思想、邓小平理论和“三个代表”重要思想为指导，用科学发展观全面、系统、准确地反映2009年南阳市在改革开放和物质文明、政治文明、精神文明建设中的新举措、新成就、新事物，反映全市基本情况(组织机构及部分党政军人物为2010年最新情况)，为了解南阳、建设南阳提供及时有益的服务。

三、本卷内容共分26个类目，依次是特载、大事记、概况、人物、政权、民主党派和工商联、群众团体、人民武装、法制、交通邮政、信息产业、建设环保、农业、工业、商业、经济管理、财税、金融、教育、科学技术、文化旅游、卫生体育、社会生活、县市区概况、风采录、附录。

四、年鉴所有稿件由市直各单位和各县(市、区)及相关单位提供，并经单位领导审阅；主要数据由市统计局提供，其它数据由有关部门提供。

五、年鉴采用分类编辑法，以类目为单元，下由栏目、分目、条目组成。条目是基本表现形式。

六、为方便读者，除卷首设目录外，书末还附有索引。

南 阳 年 鉴

主办单位	中共南阳市委 南阳市人民政府
编辑委员会	首席顾问 李天岑 市人大常委会主任 王建民 市委常委、统战部长 顾　问 秦　俊 市人大常委会副主任 贺国勤 市政协副主席
	名誉主任 朱长青 市委常委、常务副市长 主　任 李建豫 市政府副市长 副主任 王韵华 市委常务副秘书长 姚国政 市政府秘书长
编审	马秀银
主编	阿　颖
副主编	马秀银　刘胜海　潘华强
编辑部	总　编 杨建伟 副总编 杜正华 地　址 河南省南阳市中州路 291 号 市政府一号楼 电　话 (0377)63137329　63134082 邮　编 473003

《南阳年鉴》(2010)撰稿人名单

市委办公室
杜金增
市委组织部
赵　军
市委宣传部
李　忠
市委统战部
项　宁
市委政法委
赵毅辉
市编办
杨胜亚　向国兴
市直党工委
张建设　马　珂
市纪律检查委员会
王　慧
市委老干部局
赵扬波
市委党史研究室
张新玉
市档案局
张怀珍
市委党校
裴先东
市委保密局
周永卫
市信访局
姚中伟
市人大
王　琪
市政协
李夏玲
民革南阳市委
薛灵环
民盟南阳市委
陈龙海
民进南阳市委
肖庆玲
九三学社
胡宝珍
市工商联
邹　粤
市总工会
温　阳
共青团南阳市委
王庆峰
市妇联会
勾志峰
市公安局
彭　星
市检察院
尚文来　王永强
市中级法院
何　志　牛永权
市司法局
赵春付
市政府法制局
周　博
市政府办公室
谢春平
市人事局
田　彤
市民族宗教局
李海阳
市外侨办
郝以昆　王　峰
市侨联
张　硕
市台办
谢文海
市台联
梁　波
市地方史志办
汤永良
南阳军分区
何应华　乔相豹
武　阳　吴　周
武警南阳市支队
袁松林　马　攀
武警南阳市消防支队
闫振强
市人防办
辛世云
市农综办
周晓义　刘万欣
市农业局
王林胜　王志刚
市烟办
马丽珍
市畜牧局
杜红渊
市林业局
王保刚　马国丽
市中小企业局
周　涛
市水利局
阎海涛
市农机局
楚　鹏
市规划局
徐　建
市建委
罗玉有
市房管局
刘志远
市环保局
王瑞琴
市交通局
高新海　侯政敏
王铁峰　侯　辛
冯卫东　丁松涛

李　强
南航南阳基地
李　英
市交通战备办
崔振平
宛运集团有限公司
韦献新　郑向华
市公路局
邹爱民　蒋天栋
市南水北调办公室
李家峰　王晓梅
市鸭管局
温春东
南阳车务段
李新功　鞠文基
市邮政局
刘力扬
市无线电管理处
王访安　王　勇
包长青
市信息中心
丁光照
中国移动南阳分公司
杨建朝
中国联通南阳分公司
王新成
市发改委
黄晨阳
工业经济综述
黄晨阳
市电业局
白占成　张宗国
油田工业
韩　伟　杨振明
吴献立　王丽萍
感光工业
赵国庆
人民银行南阳中心支行
刘　波
工商银行南阳分行
刘万强
建设银行南阳分行
孙君泽
中国银行南阳分行
宋　歌
农业银行南阳分行
徐新东　谢国雄
农业发展银行南阳分行
张晓军
市农村信用联社
王家端　张军印
市商业银行
朱明杰　曾照准
人保财险南阳分公司
汤　奇
人保寿险南阳分公司
张锡奇
市商务局
王　琳
市供销合作社
李志明　赵书钦
郑建立　徐成彬
鲁怀民
市粮食局
李秀坤
市烟草专卖局
孙善兴　韩民川
市盐业局
史宏伟
石化
宋　磊
市财政局
李晓波
市国家税务局
王振风　赵　燕
市地方税务局
马顺利
国资委
徐　沙
市统计局
杨　光　马彦彬
安红波
国家统计局南阳调查队
赵春风
市审计局
刘彦忠
市工商局
陈向北　邓玉顺
市物价局
张振强　刘　云
市国土资源管理局
宋　伟　许喜发
市质量技术监督局
陈晓文
市食品药品监督局
张明旭
市安全生产监督管理局
王　博
南阳出入境检验检疫局
董　昊
南阳海关
赵建德
市教育局
尹永德
南阳师院
王春阳
南阳理工学院
逯　忆
南阳电大
李春雷
南阳医学高等专科学校
田　琳　毕大鹏
南阳农校
刘春霞
南阳经济贸易学校
刘　新　焦中群
南阳市体育运动学校
王秀林
南阳市宛西中等专业学校
李河江　张　逸
南阳市宛东中等专业学校
田立新
南阳幼儿师范学校
韩明锋
南阳市宛北中等专业学校
王秋举　刘付亭

市科技局

马　阳

市气象局

苏函玲　刘　萌

市农科所

柳天芝　渠元春

市地震局

王晓谦

市科协

司天云　王金领

市社科联

迟赵冰

市卫生局

樊新生

市体育局

余跃洋

市文化广播新闻出版局

柳玉东　曾宪波

张金创

市文联

毕怡楠

市新华书店

刘晓宇

南阳日报社

赵　静

南阳晚报社

周建生

南阳广播电视报社

马庆文

南阳电视台

魏亚争　李学芳

南阳广播电台

王　慧

南阳广播电视网络公司

胡化魁　吴维之

市旅游局

郭振伟

南阳宾馆

李全星

梅溪宾馆

牛合震

市人口计生委

李长波　张　黎

市劳动和社会保障局

盛　锋

市住房公积金管理中心

张云峰

市民政局

徐玉顺　崔本恒

市残联

汪立栓

市文明办

常学豪　孙朝阳

卧龙区史志办

刘科峰

宛城区史志办

高孟林　崔艳艳

南阳高新区

渠琳枫

社旗县史志办

贾全星　张　勇

方城县史志办

向国龙

南召县史志办

韩德坤　郑运山

镇平县史志研究室

柳舒腾　邹书恒

内乡县史志研究室

魏瑞芳　吴　昕

西峡县史志办

王富强　张晓红

淅川县史志研究室

明新胜　魏瑞村

新野县史志办

王国炳

唐河县史志办

孙晓云

桐柏县史志办

唐建新

邓州市史志办

马玉平

《南阳年鉴》(2010)编纂人员名单

编　审　马秀银

主　编　阿　颖

副主编　马秀银　刘胜海　潘华强

编　辑　潘华强　特载、大事记

杨建伟　概况、人物、政权(市委部分)、商业、财税

杜正华　政权(人大、政协部分)、民主党派和工商联、群体团体、法制、经济管理

汤永良　政权(市政府部分)、人民武装、县市区概况、风采录

王立献　交通邮政、农业

薛灵环　信息产业、建设环保

杨　强　工业、金融

杨　超　教育、科学技术、卫生体育

李中用　文化旅游、社会生活、附录、索引

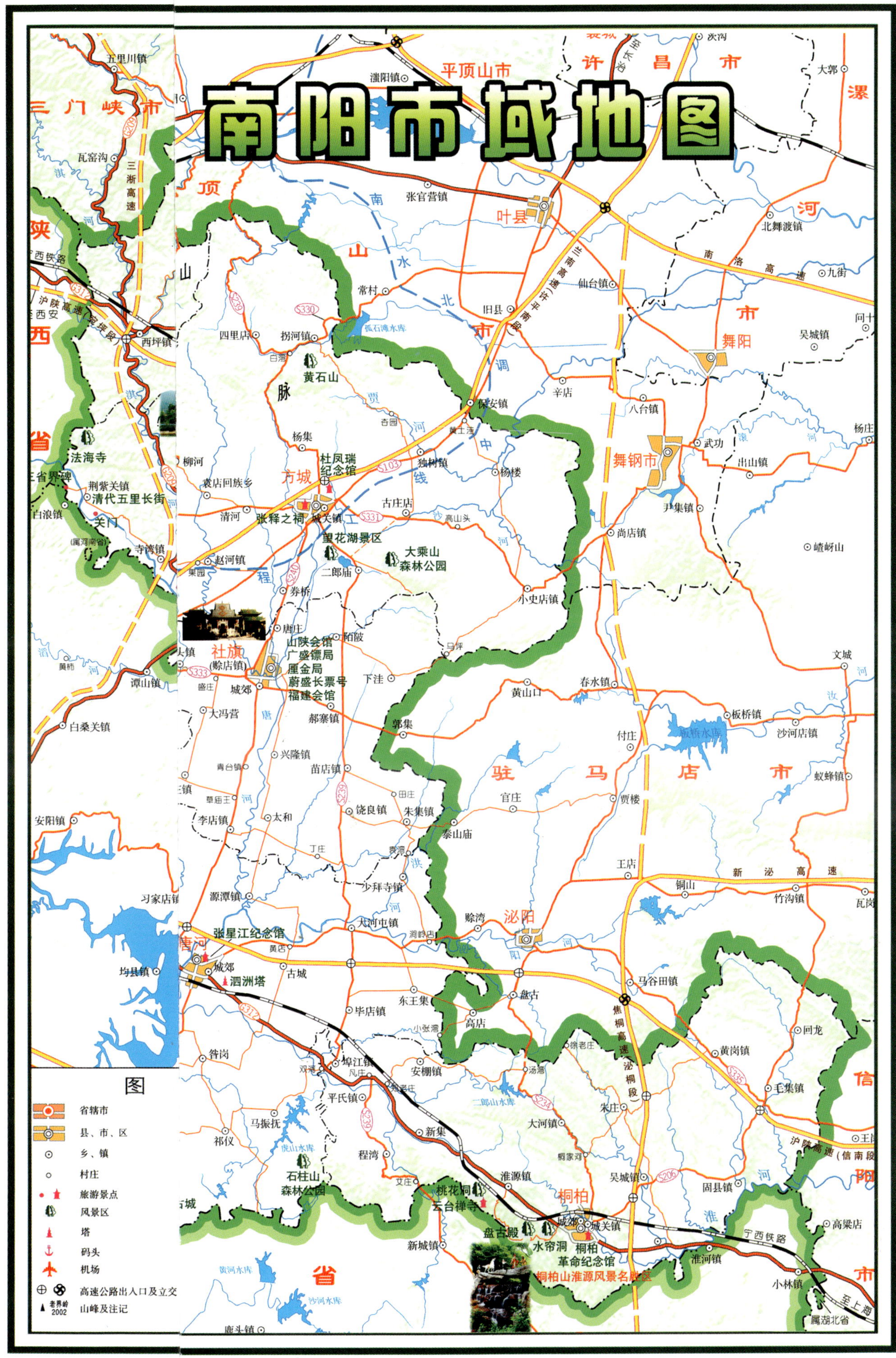

南阳市域地图
平顶山市
许昌市
漯河市
三门峡市
驻马店市
信阳市
陕西省
湖北省
叶县
舞阳
舞钢市
方城
社旗
(赊店镇)
唐河
泌阳
桐柏
伏牛山脉
南水北调中线工程
兰南高速（许平南段）
南洛高速
新泌高速
沪陕高速
焦桐高速（泌桐段）
沪陕高速（信南段）
宁西铁路
三淅高速
孤石滩水库
板桥水库
二郎山水库
虎山水库
黄河水库
沙河水库
黄石山
杜凤瑞纪念馆
张释之祠
望花湖景区
大乘山森林公园
山陕会馆
广盛镖局
厘金局
蔚盛长票号
福建会馆
张星江纪念馆
泗洲塔
石柱山森林公园
桃花洞
云台禅寺
盘古殿
水帘洞
桐柏革命纪念馆
桐柏山淮源风景名胜区
法海寺
清代五里长街
荆紫关镇
三省界碑
白浪镇
关门
寺湾镇
五里川镇
瓦窑沟
西坪镇
西安
滥阳镇
张官营镇
常村
旧县
仙台镇
北舞渡镇
九街
吴城镇
大郭
四里店
拐河镇
辛店
八台镇
保安镇
杏园
杨集
柳河
袁店回族乡
独树镇
杨楼
武功
杨庄
出山镇
古庄店
城关镇
清河
赵河镇
二郎庙
券桥
尹集镇
尚店镇
嶂岈山
小史店镇
唐庄
陌陂
马坪
下洼
城郊
饶良镇
大冯营
郝寨镇
兴隆镇
苗店镇
郭集
黄山口
春水镇
文城
付庄
板桥镇
沙河店镇
蚁蜂镇
官庄
贾楼
田庄
朱集镇
泰山庙
李店镇
太和
丁庄
少拜寺镇
源潭镇
王店
铜山
竹沟镇
瓦岗
大河屯镇
赊湾
黄店
古城
马谷田镇
毕店镇
东王集
盘古
高店
回龙
黄岗镇
毛集镇
安阳镇
白桑关镇
谭山镇
均县镇
习家店镇
苍岗
埠江镇
安棚镇
平氏镇
马振抚
祁仪
程湾
新集
大河镇
宋庄
淮源镇
吴城镇
固县镇
高梁店
新城镇
城郊
淮河镇
小林镇
鹿头镇
至上海
图例
省辖市
县、市、区
乡、镇
村庄
旅游景点
风景区
塔
码头
机场
高速公路出入口及立交
老界岭
2002
山峰及注记

民主党派和工商联

群众团体

人民武装

法　制

交通邮政

信息产业

建设环保

农　业

工　业

商　业

经济管理

财　税

金　融

教　育

科学技术

文化旅游

卫生体育

社会生活

县市区概况

风采录

附　录

政府工作报告

（2010 年 3 月 4 日在南阳市第四届人民代表大会第二次会议上）

南阳市人民政府市长　穆为民

各位代表：

现在，我代表市人民政府，向大会报告工作，请予审议，并请各位政协委员和其他列席人员提出意见。

一、去年工作回顾

2009 年是近年来我市经济社会发展最为困难的一年。面对严峻的经济形势和繁重的发展任务，全市上下深入贯彻科学发展观，立足于保增长、保民生、保稳定，坚定信心，抢抓机遇，锐意进取，扎实工作，较好地完成了市四届人大一次会议确定的各项目标任务。

（一）全力战危机保增长，经济实现平稳较快发展。全面落实中央、省应对国际金融危机的一系列决策部署，抓住经济运行的关键环节，决战二季度、大干三季度、决胜四季度，保持了经济平稳较快发展的良好势头。预计全市生产总值完成 1780 亿元、同比增长 11%，地方财政一般预算收入 56.2 亿元、增长 9.5%。深入开展“企业服务年”活动，规模以上工业增加值逐月回升，全年完成 486.4 亿元、增长 14%，实现利润 96.2 亿元、增长 9.6%。深入开展“项目推进年”活动，城镇固定资产投资完成 929.5 亿元、增长 31.2%，其中工业投资 603 亿元、增长 36.4%。全年投资 3000 万元以上新开工项目达 1132 个，是上年的 4.3 倍。市级重点项目完成投资 230 亿元，42 个项目建成投产，75 个项目开工建设。积极发展第三产业，认真落实国家鼓励扩大消费的政策，全社会消费品零售总额完成 676.7 亿元、增长 19%。

（二）重视加强“三农”工作，农业和农村经济稳步发展。全面落实各项支农惠农政策，全市发放各项涉农补贴资金 25.5 亿元。粮食生产在大灾之年再获较好收成，总产达 115.9 亿斤。油料总产 111 万吨，增长 9.2%；烟叶产量 5.9 万吨，增长 8%；肉蛋奶总量 121.3 万吨，增长 6.2%。完成工程造林 130 万亩，是历年来生态造林最多的一年。龙大牧原年屠宰加工 100 万头生猪、科尔沁牛业年屠宰加工 10 万头肉牛、三色鸽豆业等农业产业化项目建成投产，新发展农民专业合作社 654 家。农村基础设施建设扎实推进，新建改建农村公路 2361 公里、改造危桥 1 万余延米，新增农村沼气用户 10.2 万户，解决 47.3 万农村居民安全饮水问题，巩固和解决贫困人口 12.3 万人。完成 200 个试点村、54 个示范村、1782 个村容村貌整治村建设任务。

（三）加大城镇建设管理力度，城镇面貌明显改观。中心城市基础设施建设步伐加快，完成了 3 条道路大修改造和 54 条背街小巷改造任务，独山大道南延、仲景中路快车道、机场新航站楼建成投运，环城高速全线贯通，2 条道路改扩建、4 条新建道路、仲景大桥、污水处理厂二期、梅溪河综合整治示范段、滨河路污水管网建设、南阳机场二期改扩建等工程进展顺利，城中村、旧城改造稳步推进。新增城市绿化面积 21 万平方米，新投放出租车近 300 辆、公交车 100 辆。城市建设全年新开工项目总投资突破 20 亿元。城市管理体制进一步理顺，39 项城市规划建设管理权限下放或委托给三区。“六创一迎”活动成效显著，城区交通秩序有所改进，环境卫生、市场秩序、市容市貌明显好转，违法建设和工程建设领域突出问题得到清理整治。县城和小城镇竞相发展，亮点纷呈。全市城镇化率达到 36.6%，提高 1.7 个百分点。

（四）着眼长远打基础，发展后劲进一步增强。扎实推进“一个载体、三个体系”建设，着力培育竞争新优势。全市 13 个省定产业集聚区规划通过省专家组评审，基础设施建设不断加强，入驻一大批项目。完成第二次全国土地调查和第二轮土地利用总体规划修编。围绕构建现代产业体系,委托国内知名院所分别编制我市现代产业、现代服务业、现代农业发展规划及7个重点产业、13家重点企业发展规划和农产品加工等专项规划;组织实施105个重大工业结构调整项目和15个转型升级项目,13家企业和15个重点项目进入省"双百"计划。围绕构建现代城镇体系,修订完善中心城市总体规划,面向国际征集白河两岸区域城市设计,完成一批专业规划、综合整治规划和设计方案;重视加快中心城区经济发展,启动鸭河、官庄工区筹备前期工作;完成一批县城总体规划修编和村镇体系规划。加快构建自主创新体系,全降解塑料、纤维乙醇、多晶硅、光学引擎等高新技术产品研发和产业化生产进展顺利,南阳光电高新技术产业化基地通过国家认定,4个项目列入国家"863"计划,新增国家高新技术企业5家、国家创新型试点企业2家,蝉联全国科技进步先进市。节能减排超额完成省定目标。

(五)深入推进改革开放,发展活力不断增强。市属国有工业企业改革继续深化。商贸流通企业改革稳步推进。投融资体制改革力度加大,整合组建了市投资集团、金地投资开发公司等投资公司。水利工程管理单位体制改革顺利完成。农村信用社改革迈出新步伐。集体林权制度改革大头落地。政府还贷二级公路收费站撤站工作如期完成。市县两级政府机构改革稳妥推进。镇平玉文化改革发展试验区规划建设走在全省前列。医药卫生体制改革启动实施。第二次全国经济普查圆满完成。中光学、金光数显、天冠、英宝电子、南防等企业分别与长虹、首钢控股、国开投、创维、平安集团进行合作。市政府分别与省建行、省中行、省工行、平安集团签署了战略合作协议。年末全市金融机构各项贷款余额699亿元,增长26.9%。实际利用外资1.33亿美元,增长12.3%;引进省外资金135.3亿元,增长22.4%。

(六)着力抓好"四大工程",带动效应初步显现。南水北调中线工程建设进展顺利,渠首枢纽工程开工建设,水库水质稳定在Ⅱ类标准;把移民工作作为一项事关全局的政治任务来抓,库区1.08万试点移民实现了安全和谐搬迁,第一批6.5万移民安置工作正按计划进行,第二批8.6万移民安置工作顺利启动。第七届全国农运会筹备工作扎实推进,场馆区域拆迁按时完成,游泳馆、综合训练馆、主体育场开工建设,新闻中心、拆迁安置房奠基。南阳粮食主产区规划建设开始启动,水利设施建设和中低产田改造步伐加快。南阳核电项目前期进展顺利,各项可研专题已基本完成,中核河南核电有限公司在南阳注册筹建。

(七)致力改善民生,和谐社会建设稳步推进。省、市"十大实事"全面完成。城镇居民人均可支配收入实际增长10.2%,农民人均纯收入实际增长7.7%。新增城镇就业10.5万人,"零就业家庭"动态归零,城镇登记失业率控制在3.8%以内;新增农村劳动力转移就业13.5万人,劳务输出总量达235万人。企业养老、城镇职工及居民基本医疗保险覆盖面扩大;新农合参合率96%,在全省率先建立了农民就诊"一卡通"和定点医院直补制度。城乡低保、农村五保人员救助水平进一步提高,累计发放保障资金6.9亿元。经济适用住房竣工20.2万平方米,廉租住房保障1.5万余户。教育惠民政策全面落实,中小学校舍安全工程、中心城区中小学校改扩建工程和职教攻坚计划顺利推进。年度文化惠民工程圆满完成。城乡医疗卫生条件进一步改善。甲流感、手足口病等传染病防控成效显著。全民健身活动蓬勃开展,成功举办了市三运会暨首届农民运动会。人口自然增长率控制在5.07‰以内,荣获全国人口和计划生育综合改革示范市。应急建设和政府信息公开工作得到加强。安全生产形势持续好转,事故起数和死亡人数明显下降。认真做好信访工作,切实解决群众合理诉求;推进平安南阳建设,社会大局保持和谐稳定。切实加强精神文明建设,公众道德水平和城乡文明程度得到提升。

人事、司法、工商、税务、质监、海关、检验检疫、气象、地震、住房公积金管理、外事、侨务、对台、民族宗教、残疾人以及国家安全、国防教育、民兵预备役、"双拥"等各项工作都取得了新的成绩。驻宛解放军和武警部队在支持地方建设、维护社会稳定等方面作出了重要贡献。坚持依法行政,自觉接受人大及其常委会监督,支持政协参政议政,办理人大代表建议和政协委员提案855件,办结率100%,满意率96.5%。持续推进政府机关"两转两提"和廉政建设,强化行政监察和审计监督,政风行风进一步好转。

总结过去一年的工作,我们遇到的困难比预想的要多,取得的成绩比预想的要好。体会比较深的有以下几点:一是坚持把科学发展观贯穿于政府工作的各个领域、各个环节,扎实做好打基础、增后劲、管长远的工作,注重规划引领,强化项目支撑,大力推动结构调整和发展方式转变,努力实现全面协调可持续发展。二是坚定不移地贯彻落实中央、省各项政策,结合南阳实际,根据形势变化,及时调整经济运行协调服务的方向和重点,环环相扣,锲而不舍,强化措施,促使经济运行逐月回升,实现平稳较快增长。三是始终把保障和改善民生放在突出位置,集中力量,切实解决就业、就学、就医、吃水、住房、出行和社会保障等关系群众切身利益的问题，让改革发展成果更多地惠及于民。四是积极推进改革开放和体制机制创新，致力破解发展难题，经济社会发展动力和活力进一步增强。五是深入开展“两转两提”，健全机制，落实责任，高标准要求，快节奏推进，重在运作，求实求效，不断提高政府执行力。六是坚持以大局统一思想，以事业凝聚人心，变压力为动力，化挑战为机遇，迎难而上，团结奋斗，成功完成了南阳历史上规模最大、时间最紧、任务最重、政治性最强的移民搬迁试点和农运会场馆用地拆迁两大艰巨任务，各级各部门大局意识、责任意识和协作意识明显增强，广大涉迁群众“顾全大局、服从大局”和“舍小家、顾大家”的精神可歌可泣。

各位代表，成绩来之不易，经验弥足珍贵。这得益于省委、省政府和市委的坚强领导，得益于市人大、政协的监督支持，凝聚着全市人民及社会各界的智慧、心血和汗水。在此，我代表市人民政府，向全市广大干部群众，向驻宛单位、驻宛部队、武警官兵，向所有关心支持南阳发展的各界人士，表示崇高的敬意和衷心的感谢！

在总结成绩的同时，我们也清醒地看到当前经济社会发展面临的困难和问题：经济回升的基础尚不牢固，还存在许多不确定因素，保持经济平稳较快增长的任务仍很艰巨；工业不强、三产滞后、现代农业发展缓慢，中心城市辐射带动能力弱，经济结构不优，发展方式粗放，资源环境约束趋紧，面临加快发展速度与转变发展方式的双重压力；经济实力大而不强，人均财政收入低于全省平均水平，社会事业历史欠帐较多，公共服务、民生改善与广大群众期盼仍有较大差距；政府自身建设仍存在一些问题，部分领导干部和工作人员思想观念陈旧、干事创业意识不强、工作效率不高，有的甚至存在奢侈浪费、以权谋私、腐化堕落等现象。对此，我们一定高度重视，认真加以解决。

二、今年政府工作总体要求和目标任务

2010 年是确保圆满完成“十一五”规划的最后一年，做好今年经济社会发展工作，对于夺取应对危机全面胜利、为“十二五”规划启动实施奠定良好基础至关重要。总体上看，今年宏观发展环境将好于上年，我市经济呈现较好的发展趋势、态势和气势，南阳独特的区位、市场、资源、环境等优势不断强化，南水北调中线工程建设、第七届全国农运会筹办、宁西铁路复线建设等重大工程的巨大带动作用日益显现，加快发展的条件更加充分。尽管我们面临宏观环境复杂多变、自身矛盾困难重重、区域竞争更为激烈等严峻挑战，只要我们时刻保持冷静头脑，增强机遇意识、忧患意识和责任意识，坚定信心，奋力拼搏，就一定能把各项事业推向前进，不断开创南阳经济社会发展新局面。

今年政府工作的总体要求：认真落实中央、省委、市委经济工作会议精神，深入学习实践科学发展观，坚持重在持续、重在提升、重在统筹、重在为民，积极实施项目带动、品牌带动、创新带动、服务带动和七项“行动计划”，着力推动经济发展方式转变和经济结构调整，着力加快工业化、城镇化、农业现代化进程，着力推进改革开放，着力改善民生和促进社会和谐稳定，努力保持跨越发展的基本态势，确保全面完成“十一五”规划。

今年经济社会发展的主要目标：生产总值增长 11%；地方财政一般预算收入增长 10%；全社会固定资产投资增长 25%，城镇以上固定资产投资增长 30%；社会消费品零售总额增长 15%；外贸出口增长 11%；实际利用境外资金增长 15%；居民消费价格涨幅控制在 3%左右；城镇居民人均可支配收入增长 7%，农民人均纯收入增长 6%；人口自然增长率控制在 6.5‰以内；城镇登记失业率控制在 4.5%以内；单位生产总值能耗降低 6.8%，化学需氧量、二氧化硫排放量分别控制在 6.51 万吨和 6.5 万吨以内。

围绕上述总体要求和目标任务，重点做好以下五个方面的工作：

（一）加快新型工业化进程，努力转变经济发展方式。实施现代产业发展规划，大力推进产业结构战略性调整和二三产业协调互动发展，加快新型工业化进程和发展方式转变。

推进工业结构优化升级。坚持工业强市战略，加快实施各项产业发展规划。壮大战略支撑产业。以装备制造、纺织、油碱化工、冶金建材、食品为重点，优化资源配置，推进集聚发展，加快技术改造，发展高端优势产业群，实现产业和产品结构升级。培育战略性新兴产业。以新能源、生物、医药、光电、新材料为重点，加大产业链前端产品研发和后端推广应用支持力度，加快国家新能源高技术产业基地、国家光电高新技术产业基地、省生物产业高技术基地建设。依托天冠、中源化工、迅天宇、中光学、二胶、中南金刚石、宛西制药、福森药业、首控光电等重点企业，大力发展高技术产业和生态环保型企业，争取在全降解塑料、纤维乙醇、太阳能级多晶硅、数字投影系统、光电设备信息材料等产业化、规模化生产上实现突破。实施工业“双百工程”。把大型企业集团化作为产业结构调整的重中之重来抓，筛选确定 100 家重点企业实行动态管理，通过技术创新、战略

重组、上市融资、政策扶持等措施，集中培育一批销售收入超30亿、50亿、100亿元的大型企业集团；筛选100个科技含量高、附加值高、市场前景好的重大工业结构调整项目，促其尽快建成投产。加快石油二机大型数字化钻机及配套开发、海洋钻机研制、南防年产3000台核电机、中源化工100万吨纯碱、时代矿业铜镍矿采选、淅铝技改扩能、汉冶特钢400万吨宽厚板升级改造、天池抽水蓄能电站等项目建设，力争完成年度投资200亿元以上。扎实做好南阳核电、白河南热电厂、宛西电厂、鸭电三期、邓州热电厂、裕丰复合肥厂等项目前期工作。大力发展中小企业。落实各项扶持政策，为中小企业创造宽松环境。发展多种层次中小企业信用担保体系，努力解决融资难问题。引导中小企业围绕龙头企业集聚发展。深入开展企业服务活动。实施"企业服务行动计划"，建立为企业服务的长效机制。实行经济运行例会制度，适时组织开展产销对接和银企洽谈活动。严格落实各项税费优惠政策，全面规范涉企收费，严惩"四乱"行为，切实减轻企业负担。加强煤电油运气供需调度，保证企业正常生产需要。整顿和规范市场秩序。重视加强企业家队伍建设，提高企业经营管理者素质。

壮大以现代服务业为主的第三产业。突出抓好文化、旅游、现代物流、金融等产业发展，促进现代制造业与服务业互动发展。深入挖掘开发汉文化、药文化、玉文化、商文化、盘古文化等特色文化，加快镇平玉文化改革发展试验区建设，实施一批文化产业重大项目，举办一批特色文化节会活动，创作一批文化精品。启动卧龙岗文化旅游产业集聚区规划建设，改造提升独山风景区，建设中心城区游客服务中心，打造南阳中心城区文化旅游品牌，强化中心城区旅游集散中心地位。强力实施十大旅游项目，打造精品景区，链接六大要素，提升服务质量，进一步打响伏牛山生态旅游和桐柏红色旅游等品牌，鼓励支持有实力的旅游公司组建大型旅游企业集团。积极开拓市场，加强旅游宣传促销。力争全年游客接待量达1600万人次以上，旅游综合收入达80亿元以上。修编实施我市现代物流业发展规划，加快建设区域性物流中心，集中培育一批大型现代物流企业和一批年交易额超百亿元的交易市场。继续实施万村千乡市场工程、双百市场工程和新网工程。发展新型商业业态，加快建设一批重点商圈、特色商业街、社区便民店。认真落实家电、汽车、摩托车、建材下乡和家电、汽车以旧换新等政策。加快金融业发展，支持民生银行、招商银行、浦发银行、兴业银行、广发银行等金融机构在我市设立分支机构，支持商业银行等地方金融机构发展壮大。以县域为单位组建农村商业银行、农村合作银行，积极发展村镇银行、小额贷款公司。推动政府投融资平台健康发展。优化金融生态环境，推进信用体系建设，力争全年各项贷款增长10%以上。推动3G网络和二代通信网络升级工程，促进信息化与工业化融合发展。进一步健全和落实稳定房地产市场的有关政策，按照支持居民合理住房消费、抑制投资投机性购房、增加有效供给、完善配套措施的原则，切实加大工作力度，促进房地产市场健康发展。重视扶持酒店业发展，繁荣餐饮市场。规范发展各类行业协会、商会等社会组织，充分发挥其在经济社会发展中的重要作用。

加快产业集聚区建设。坚持产城互动、融合发展，完善产业集聚区专项规划，出台实施促进产业集聚区发展的指导意见，增强产业集聚区承载力、吸引力和竞争力。加强集聚区水电路等基础设施建设，推广建设多层标准厂房。大力开展产业集聚区主题招商，加大项目引进建设力度，提高单位面积投资强度和产出效益。健全异地入区项目税收分享机制，引导老城区工业企业根据产业布局搬迁进入产业集聚区。健全产业集聚区投融资、中小企业担保、土地开发整理等机制，提升市场化运作能力。配套发展生产性服务业和生活性服务业，增强产业集聚区服务功能。探索建立产业集聚区管理运行机制、综合评价体系和考核制度，促其竞相发展、加速提升。

加强节能减排和生态环境建设。认真落实节能减排问责制和"一票否决制"。加快设备更新改造和重点节能工程建设。严格执行"两高一资"行业淘汰标准，加快淘汰落后产能，遏制水泥等行业重复建设。抓好市重点监管的96家耗能企业，积极开展建筑节能和交通节能，继续推进公共机构节能工作。推进环境容量预算，优化环境容量资源配置，完善环境自动监控体系。健全水环境预警制度，切实搞好饮用水水源保护，加强重点流域、重点区域、重点行业污染综合整治和重金属污染防治。认真抓好重点减排项目建设，加强对减排工程运行监管。加强林业生态建设，高标准启动实施环城高速绿化工程，全市完成造林60万亩。发展循环经济，加快工业固废资源化、农产品加工废弃物资源化等工程建设，全面推行清洁生产。加强土地资源管理，坚持最严格的耕地保护和节约用地制度。全面推进土地综合整治和城乡建设用地增减挂钩，千方百计保障重点项目用地。强化矿产资源开发监督管理，加快推进矿产资源整合，提高矿产资源开发利用率。

(二)统筹城乡协调发展，促进区域经济全面振兴。重视加强"三农"工作，加快城镇化进程，积极推进交通体系建设，促进城乡区域经济协调发展。

大力发展现代农业，致力改善农村生产生活条件。坚持把解决好"三农"问题作为重中之重,把增加农民收入、改善农村民生作为调整国民收入分配格局的重要内容,把扩大农村需求作为拉动内需的关键举措,把发展现代农业作为转变经济发展方式的重大任务。巩固提高粮食综合生产能力。扎实推进河南粮食生产核心区南阳主产区建设,实施"粮食稳定保收行动计划",努力实现粮食总产稳定增长。落实好各项惠农补贴政策,保护和调动农民种粮积极性。提高科技投入和农机装备水平,挖掘农业增产潜力。加强农田水利基本建设。抓好19座病险水库除险加固、石步河水库新建、5万亩国家级现代灌区示范区建设和鸭灌、引丹等大中型灌区续建配套及节水改造,完成7.6万亩中低产田改造、5万亩标准农田建设和37万亩土地整理与复垦开发。调整优化农业结构。以"增量、提质、创牌、增效"为目标,推进优质农产品基地建设,重点建设大型商品粮、特色经济作物、畜产品、林产品、水产品生产基地,规划并启动10个高效农业集聚区建设。大力推进农业产业化,围绕每个农业特色产业,培育壮大一批龙头企业,提高农副产品就地加工转化能力,新发展农民专业合作社500家以上。积极发展休闲农业、乡村旅游和农村服务业。全面推进农村公共服务体系建设。完善农业科技服务体系、农村市场流通服务体系和农产品质量安全体系,新认证无公害农产品10个,全面启动县级农产品市场准入,在全市重点乡镇逐步开展畜产品市场准入工作。加强农村基础设施建设。启动农村邮政网络建设和新一轮农村电网改造,新解决25万农村居民饮水安全问题,新发展农村沼气用户3万户以上,建设县乡公路600公里、村道联网公路200公里、农村公路桥梁2000延米。推进农村环境治理,开工建设一批乡生活垃圾中转设施。认真做好扶贫开发新一轮十年规划工作,解决和巩固7万人以上脱贫问题。加快革命老区发展。深化"四议两公开"工作法,加强农村基层组织建设,完善村民自治机制,进一步规范村级民主选举、民主决策、民主管理、民主监督程序。做好新农村建设规划引导,合理布局,完善功能,完成600个中心村规划编制任务,新建100个新农村示范村、100个试点村。

做大做强中心城市。依托中原城市群,按照"白河为轴、两岸并举,一体两翼、区块突破,产业支撑、组团发展"的总体思路,围绕"聚集中心、加快中心、强化中心",促进各种资源和要素向中心城市快速集聚,推进中心城市规模膨胀、实力壮大、品位提升。壮大城市综合经济实力。进一步做大做强中心城市装备制造、生物能源、生物化工、石油化工、电力、光电、食品等优势产业,培育壮大文化旅游、现代物流、金融保险、房地产业、总部经济等现代服务业,强化城市产业支撑。加快中心城区新能源和光电产业集聚区及东北分区发展步伐。加大高新区白河南区域基础设施建设和招商引资力度,积极争创国家级高新技术开发区。全面启动鸭河、官庄两个工区建设,界定发展范围,确定管理体制,编制各项规划,加强基础建设,制订部门帮扶措施,推动开发建设。修编南阳新区建设方案,争取尽快通过审批、启动实施。尽快完成白河景观带规划,加快推进两岸开发改造建设。高标准推进城市规划建设。完成城市总体规划审查报批工作,抓好重点区域控制性详规、修建性详规、各类专项规划编制和重点市政工程规划设计。增强规划透明度,加强对规划实施情况的监督检查,维护规划的严肃性、权威性。优化城区学校、医院布局,满足城市发展需要。搞好重点市政工程建设,新建、改造、续建城市道路22条,开工建设光武大桥,仲景大桥建成通车,改造背街小巷62条,完成所有旱厕改造,抓好污水处理厂二期工程和滨河路污水管网建设,加快白河南污水处理厂、新建垃圾处理场工程等项目运作,争取早日开工建设。积极推进旧城和城中村改造。搞好城市经营。坚持政府垄断土地一级市场,放开搞活二、三级市场,加大土地储备和闲置土地处置力度,不断增加土地储备规模。采取招标、拍卖、挂牌出让、股权转让、租赁、抵押、授权经营等方式盘活城市存量资产;大胆尝试造壳融资、借壳融资、发行企业债券、BOT等现代融资方式,搞活城市增量资本。坚持市县乡村四级联动,深入开展"六创一迎"。严格落实部门责任,全面完成"六城"年度创建任务。加大主要道路综合整治力度,深化市容环境卫生整治和交通秩序整治活动,开展规范化、专业化、制度化、精细化管理,构建完善的内部联动工作体系和快速反应机制,提升城市品位和外在形象。加大城市执法力度,集中清理整顿违法占地、违法建筑。加强市场建设与管理,坚决杜绝马路市场、店外经营、沿街促销等现象。进一步理顺城市管理体制,重视街道办事处和社区建设,开展市民素质教育,强化城市意识,充分调动各方参与支持城市管理的积极性。

积极推进县城和小城镇建设。大力实施"现代城镇体系建设工程",突出产业为基、就业为本,增强城镇吸纳和辐射带动能力。培育壮大县级城市,以产业集聚区为载体,积极承接产业转移,促进特色产业、优势项目集聚发展,壮大县域经济,促进农民就近就业,尽快把县城发展成为常住人口20万人以上的中等城市,支持邓州加快建设成为南阳副中心城市。以"紧凑型"、"复合型"理念完成县域村镇体系规划,优化空间布局。继续开展争创"星级城镇"活动,突出抓好50强镇,大力发展特色小城镇和村级集镇。加快城镇道路、交通、供排水、燃气、绿化、污水及垃圾处理等基础设施建设和学校、医院、市场等公共设施建设,完善城镇功能。推进“六创一迎”向城镇延伸,提高城镇管理水平。加快户籍管理、社会保障制度改革,放宽城镇落户条件,支持在城镇稳定就业和居住的农民有序转变为城镇居民。

加快综合交通运输体系建设。启动“大交通”建设,以建设航空港、公路港、铁路港和信息港为重点,完善市域内高速公路网,兴建过境高速铁路客运专线和沿边县市出入省市的快速通道,加快构建各县市到达中心城区和南阳到达省会都市圈的对内对外双层1小时交通圈,逐步把我市建成中西部地区新的重要交通枢纽。加快南阳飞机场扩建和火车站站场改造工程,全力配合宁西铁路复线和郑渝高铁等重大工程建设。内邓高速公路完成年度投资9亿元,积极推进武西高速南阳段、侯十高速西坪至寺湾段前期工作。力争南阳至邓州、南阳至社旗一级公路早日开工。干线公路完成年度投资3.4亿元,农村公路完成年度投资3.2亿元。新建、续建公路运输场站13个。加强干线公路、县乡公路、村村通公路维修养护和车辆超限超载治理工作。坚持公交优先发展,加快公交场站建设,新投放城市公交车100辆,发展城际公交,再投放一定数量的出租车,方便群众出行。

(三)做好南水北调中线工程建设和第七届全国农运会筹备工作,提升经济社会发展水平。今年是南水北调中线工程建设和第七届全国农运会筹办的关键之年,必须迎难而上,抢抓机遇,全力推动,加快进度,以此带动全市经济社会发展整体提升。

抓好南水北调中线工程移民迁安和工程建设。南水北调中线工程对我市来说,重点在移民,难点也在移民。按照省委、省政府“四年任务两年完成”的总体要求和“搬得出、稳得住、能发展、可致富”的工作目标,扎实做好丹江口库区移民搬迁安置工作。第一批大规模移民搬迁安置工作,确保4月30日前完成移民新村建设,8月31日前完成生产安置和移民搬迁。大力推进第二批8.61万人移民迁安工作,实行交叉作业,3月底前做好移民安置对接工作,6月底前启动第二批移民新村建设,年底前房屋及基础设施基本完成,为明年4月前移民顺利搬迁奠定坚实基础。切实做好搬迁移民后期扶持工作。今年南水北调中线工程南阳段全线开工,积极搞好工程建设协调服务,全力以赴做好征地拆迁和群众安置工作,确保工程建设顺利推进。围绕水源地保护,加强库区生态建设,做好丹江口库区水污染防治和水土保持规划修编及经济社会发展规划编制工作,积极争取国家生态建设补偿资金和受水区对口支援,促进我市经济社会健康发展。

扎实做好农运会各项筹备工作。进一步加大宣传力度,统一思想,提高认识,全民动员,着力营造人人参与支持农运会筹办的浓厚氛围。全面加快场馆建设,完成比赛项目和接待设施布局工作,启动迎宾馆、代表团驻地、运动员村建设,确保综合训练馆、游泳馆年底前竣工、拆迁安置房按期交付群众入住。加快主体育场、新闻中心、全民健身广场、县市区和高校比赛场馆及接待设施建设维修进度,确保按时完工。组织好第七届农运会北京新闻发布会暨吉祥物、主题口号全国征集活动。增强机遇意识,积极争取国家和省政策资金支持。全面启动筹资工作,大力推进市场开发和社会捐赠工作,确保农运会资源开发工作取得较大进展。

(四)积极推进改革开放,增强加快发展的动力活力。深入推进各项改革。实施“重点改革行动计划”。完成市属国有工业企业改革遗留工作,帮助改制企业尽快恢复生产。全面推进国有流通企业改革。积极实施“421”企业上市方案,力争今年有2—3家企业上市融资。加快行政管理体制改革,如期完成市县政府机构改革。继续深化财税体制改革、事业单位分类改革和人事制度改革。认真落实义务教育、公共卫生、基层医疗卫生事业单位绩效工资政策。继续做好公务员津贴补贴规范和兑现工作,市级年内落实到位,县级两年内落实到位。推进行政事业单位资产运营改革,加强对政府经营性投资项目和公司的监督管理,防止国有资产收入流失,确保国有资产保值增值。深化投资体制改革,政府投资的非经营性项目全面推行代建制。加快医药卫生体制改革,促进基本公共卫生服务均等化。深化农村综合改革,稳定土地承包经营政策,开展土地流转市场改革试点;完成集体林权制度主体改革任务,启动配套改革;基本完成农村义务教育债务化解工作;推进农村公益事业建设“一事一议”财政奖补试点。加快推动文化体制、县级供销社、资源价格、金融、环保等领域的改革。

进一步扩大对外开放。把招商引资作为带动全局的战略性任务,实施“对外开放行动计划”,深入开展大招商活动,努力夺取招商引资工作新胜利。进一步落实招商责任,突出招商重点,创新招商方式,注重招商质量和实效,加强签约项目的跟踪落实,强化落地项目服务,力争签约合同引资额超过600亿元,实际利用外资1.8亿美元,实际到位省外资金260亿元。高水平组织第八届玉雕节和第九届张仲景医药科技文化节,积极参加或举办各类境内外大型经贸洽谈活动。加强与中国兵器集团、兵装集团、中核总、中建材、首钢控股、内蒙古博源、乐凯、平安、恒天集团等大企业的战略合作,加快落实天冠与国开投、中光学与四川长虹、南防与平安集团战略合作协议。加大扶持力度,培育一批主业突出、核心竞争力强的出口龙头企业。争取设立南阳出口加工保税区,方便外商投资,提供出口便利,提高南阳对外开放知名度。加快5个省对外开放重点县市、3个省商务工作扩权县市对外开放步伐,带动县域开放型经济发展。

(五)大力实施民生工程,促进社会和谐稳定。加大民生保障和改善力度,实施好"十项民生工程",让人民群众更多地享受到改革发展的成果,保持社会和谐稳定。

做好就业和社会保障工作。坚持积极的就业政策,大力实施"就业促进行动计划"。继续落实好"五缓四减三补"政策,帮助困难企业和破产改制企业稳定扩大就业、减少失业。加强对高校毕业生就业培训指导。做好复转军人就业安置工作。支持自主创业、自谋职业,改善创业环境,以创业带动就业,发放小额担保贷款1亿元以上。全年新增城镇就业8万人以上,下岗失业人员再就业2.5万人以上,其中"4050"等就业困难人员1万人,"零就业家庭"动态归零,新增农村劳动力转移就业10万人以上。重视解决失地农民就业和社会保障问题。提高企业退休人员基本养老金和部分优抚对象待遇。强力推进社会保险扩面征缴清欠工作,新增城镇企业职工基本养老保险1.2万人,城镇居民基本医疗保险稳定在65万人以上。加快医疗保险市级统筹步伐,提高城镇职工和居民基本医保最高支付限额标准和住院支付比例,基本解决关闭破产企业退休人员和困难职工基本医疗保障问题,将新农合财政补助标准提高到120元。抓好国家首批新型农村养老保险试点工作,3个试点县力争参保人数达80万人以上。进一步完善城乡低保制度,提高农村五保供养水平。大力发展残疾人事业、社会福利和慈善事业。全面推进住房公积金制度,新建续建经济适用房56.8万平方米,新增廉租房8725套,积极推进棚户区改造。

加快发展社会事业。加大教育投入,加强薄弱学校和师资队伍建设,建立教师队伍长效补进机制。强力推进义务教育均衡发展,努力推进教育公平,尽最大可能满足人民群众对优质教育资源的需求。完成农村中小学校舍维修改造10万平方米,改扩建、资源整合中心城区中小学校8所。高度重视高中特别是农村高中教育,让更多的适龄人口能够接受高中阶段教育。大力实施职教攻坚计划,推进民办职业教育发展,提高劳动者素质,为南阳经济发展培养实用人才。积极推进南阳医专升本和河南经济管理学校、南阳农校、幼师、艺校升专工作,启动镇平玉雕职业技术学院建设。抓好高层次创新型人才队伍建设,实施"人力资源素质提升行动计划",开辟"绿色通道"吸引优秀人才到我市工作。加大文化事业投入,抓好50个乡镇文化站、200个村级文化大院建设,完成481个村广播电视村村通和5万场次农村电影放映任务。加强城乡卫生服务体系建设,完成27个乡镇卫生院、600个标准化卫生所和5个社区服务中心建设任务,从市县两级选派100名医师对口支援50家乡镇卫生院。扶持和促进中医药事业发展。继续实施国家免疫规划,对农村妇女进行免费宫颈癌检查,努力实现全市农村妇女住院分娩(平产)免费。筹建规模更大、功能更全的市老干部活动中心。精心做好省十一届运动会备战工作。把贯彻落实《全民健身条例》与筹办第七届全国农运会紧密结合起来,打造全国全民健身试点城市。深化人口和计划生育综合改革,稳定低生育水平,提高出生人口素质。加强统计工作,认真做好第六次全国人口普查。

全力维护社会和谐稳定。实施"安全发展行动计划",严格落实安全生产责任制,深入开展安全生产隐患排查治理工作,强化监督管理,坚决遏制重特大安全事故发生。深入推进社会管理创新,加强和改进信访工作,拓宽群众利益诉求表达渠道,提升社会矛盾纠纷化解能力,形成依法有序表达诉求、及时有效解决问题的社会环境。坚决纠正损害群众利益的突出问题,妥善处理土地征用、拆迁安置、企业改制、环境污染、劳资纠纷、涉法涉诉等方面的矛盾和问题。加强地震监测台网等防灾减灾基础建设,加强应急管理,积极预防和妥善处置群体性事件及突发公共安全事件。深入开展平安创建活动,依法严厉打击各类违法犯罪活动,完善社会治安防控体系,强化社会治安综合治理,提高群众安全感和满意度。加强食品药品质量监管。积极开展法律服务和法律援助。深入推进社会主义核心价值体系建设,加强诚信教育和文明礼仪教育,广泛开展精神文明创建活动。

同时,继续加强国防教育和国防后备力量建设,支持驻宛解放军和武警部队建设,不断提高预备役部队、民兵和人民防空建设质量;深入开展双拥共建活动,巩固发展军政军民团结,积极创建国家级双拥模范城。切实做好物价、外事、侨务、对台、民族、宗教、档案、保密、史志、气象等工作。超前谋划,编制好"十二五"发展规划。

三、大力实施"四个带动",改进加强政府自身建设

实施项目带动、品牌带动、创新带动、服务带动，是我市多年来实践经验的承续，是加快经济社会发展的重要载体，也是改进加强政府工作的重要举措。坚持广泛发动、提高认识，统筹推进、重点突破，突出特色、注重实效，强力推动“四个带动”向政府工作各个层面、各个部位延伸，向经济社会发展的各个领域和关键环节拓展，以“四个带动”提高政府施政水平和工作效能，推动南阳经济社会又好又快发展。

（一）实施项目带动，进一步夯实发展基础。坚持以项目统揽经济社会发展全局，使各项工作项目化，大上项目、上大项目、上好项目，以项目带动集聚生产要素、推动工作落实，增强经济实力和发展后劲。狠抓项目筛选论证、争取报批、落地建设、联动推进等关键环节，积极推进工业结构优化升级、现代农业、现代服务业、现代城镇体系、综合交通体系、能源基础产业、社会事业发展、公共服务等领域项目建设，为经济社会发展提供强有力的支撑。今年着力实施“3121”投资促进计划，即在产业升级、重大基础设施建设、民生工程 3 大领域，抓好 100 个总投资超亿元的重大项目，落地建设 200 个投资在 3000 万元以上的招商引资项目，带动全市城镇固定资产投资达到 1200 亿元以上。

（二）实施品牌带动，进一步提升发展水平。把品牌建设作为调整优化结构、转变发展方式、改进加强政府工作的突破口，以各项工作品牌化，引领各行各业争先创优，提升发展品位。按照积极培育、全力争创、强化带动的原则，大力推进品牌建设，积极实施“1311”工程，即围绕打造品牌南阳这一核心目标，在经济、文化旅游、社会等 3 大领域，培育工业、农业、现代服务业、文化、旅游、科技、城建、教育、卫生、政务等 10 大类 100 个以上“国字号”品牌，努力打造产品品牌驰名中外、区域品牌特色鲜明、科技品牌技术领先、工作品牌影响广泛的南阳品牌形象。

（三）实施创新带动，进一步增强发展动力。大力推进观念创新、科技创新、体制机制创新和管理创新，激发创造活力，破解发展难题，强化引领支撑，推动全市经济社会跨越式发展。以建设自主创新体系为重点，实施“431”工作计划，即促进高新技术产业、传统优势产业、现代农业和现代服务业四大产业发展，实施知识产权战略、产业集聚区科技创新和创新型科技人才队伍建设三大工程，构建和完善自主创新公共服务平台，积极创建国家科技进步示范市、国家知识产权示范市和国家创新型试点城市。加快推进产业发展、投融资、公共服务、城乡统筹等关键领域的体制机制创新和企业管理、行政管理、社会管理、市区管理等方面的管理创新，为推动跨越式发展提供强大动力。

（四）实施服务带动，进一步强化发展保障。把服务带动贯穿于经济社会发展的全过程，牢固树立“服务就是义务、服务就是环境、服务就是效益”的理念，坚持以服务经济建设为核心，围绕服务企业、服务基层、服务群众三项工作重点，在行政审批、公共事业、社会保障等十大领域，按照“超常规、不违规”的要求，创新服务方式，优化工作流程，提升服务水平，充分发挥服务对发展的带动作用。深化行政审批制度改革，创新行政审批服务中心管理机制，建立市县行政效能电子监察系统，推进电子政务建设。加强对服务带动工作的检查监督和考核奖惩，实施“双十双百”工程，每年对全市服务带动工作情况进行综合考评排序，评出十佳服务单位、十佳服务窗口，以及百名优秀公务员和百名先进工作者（十大领域分别评出“十佳”），由市政府给予表彰奖励。同时，对工作不力、作风不实、群众反映强烈的单位和个人实施行政问责，严肃追究当事人和单位负责人责任。通过努力，尽快在全市逐步建立起科学合理、行为规范、机制健全、运转协调、廉洁高效的服务体系，使南阳的公共服务和社会管理水平明显提升，经济发展环境明显改善，为南阳经济社会快速发展提供重要保障。

在大力实施“四个带动”的同时，高度重视民主法制和廉政建设。坚持依法行政。严格依照法定权限和程序履行职责，运用法律手段推进政府工作。规范行政执法行为，严格落实行政执法责任制和过错追究制。加强和改进行政复议工作。严格执行人大及其常委会的决议、决定，依法接受人大及其常委会的法律监督、工作监督，主动接受政协民主监督，认真办理人大代表建议和政协委员提案。尊重群众的主体地位，问政于民、问需于民，充分听取各民主党派、工商联、无党派人士及各人民团体的意见，广泛接受社会公众和新闻舆论等方面监督，办好网络留言板和市长热线等政府与人民互动平台。坚持廉洁从政。坚持标本兼治、综合治理、惩防并举、注重预防的方针，认真落实廉政建设责任制，贯彻执行《廉政准则》。健全公共资源配置、公共资产交易、公共产品生产等领域的管理制度，推进权力运行程序化，从源头上防治腐败。依法推进政府信息公开，让权力在阳光下运行。坚持勤俭行政，严格控制一般性支出，从严控制公费出国，严格控制楼堂馆所建设，禁止高档装修办公楼，加快公务接待、公车使用等制度改革，逐步将公务消费纳入政务公开范围，探索建立系统规范的财政预算公开机制，坚决制止铺张浪费和奢靡之风。切实精简会议和文件，特别要减少那些形式重于内容的会议、庆典和论坛。严格要求、教育、管理和监督政府领导干部及工作人员，切实做到警钟长鸣、勤勉尽责、秉公用权、廉洁自律。充分发挥监察、审计部门的作用，加强对行政权力运行的监督。保持惩治腐败的高压态势，严肃查处违纪违法案件，坚决惩处腐败分子，以反腐倡廉建设新成效取信于民。

各位代表，面对经济社会发展的新要求，面对全市人民的殷切期盼，我们深感责任重大、使命光荣！让我们在省委、省政府和市委的正确领导下，深入贯彻科学发展观，咬定发展目标，只争朝夕，激情创业，锐意进取，埋头苦干，为加快建设富强美好和谐新南阳而努力奋斗！

统　计　公　报

南阳市统计局关于2009年国民经济和社会发展的统计公报

（2010年2月29日）

2009年，面对国际金融危机的严重冲击，面对保增长、保民生、保稳定、保态势的严峻考验，全市人民在市委、市政府的坚强领导下，坚持以科学发展观统领经济社会发展全局，认真贯彻落实国家、省一系列关于扩内需、保增长、惠民生的政策措施，积极应对复杂多变的经济发展环境，着力解决经济运行中的突出矛盾和问题，有效遏制了经济下滑势头，各项事业全面进步，人民生活继续改善，国民经济和社会发展取得了新的成就。

一、综合

初步核算，全年全市生产总值1780.04亿元，比上年增长11.0%。其中：第一产业增加值367.07亿元，增长4.2%；第二产业增加值896.55亿元，增长11.2%；第三产业增加值516.42亿元，增长15.8%。按常住人口计算的人均生产总值为17645元，按当年汇率折算约合2582美元，比上年增长10.0%。三次产业结构为20.6∶50.4∶29.0，二三产业比重较上年上升0.5个百分点。

全年居民消费价格比上年下降0.4%，其中，食品类价格上涨0.3%。商品零售价格下降0.7%，农业生产资料价格上涨1.4%。

2009年居民消费价格指数

（以上为100）　　单位：%

类　　别	指数
居民消费价格指数	99.6
＃城市	99.5
农村	99.7
＃食品	100.3
＃粮食	106.0
肉禽及其制品	87.9
鲜菜	102.9
衣着	103.0
家庭设备用品及服务	101.5
医疗保健及个人用品	100.9
交通和通信	98.4
娱乐教育文化用品及服务	103.2
居住	92.0

年末全市从业人员660.5万人。全年城镇新增就业人员10.5万人。年末城镇登记失业率为3.8%。下岗失业人员实现再就业3.2万人，其中，就业困难人员就业数1.2万人。新增农村劳动力转移就业13.5万人。

年末全市城镇在岗职工为67.79万人，城镇在岗职工年平均工资为20834元。

全年地方财政收入合计101.58亿元,比上年增长0.7%,其中:一般预算收入56.17亿元,增长9.5%。在一般预算收入中,税收收入41.57亿元,增长7.9%,税收占地方财政一般预算收入的比重为74.0%,较上年下降1.1个百分点。一般预算支出203.53亿元,增长24.7%。其中,基本公共管理与服务支出31.62亿元,增长23.4%,教育支出39.03亿元,增长13.5%;科学技术支出2.89亿元,增长0.9%;农林水事务支出25.27亿元,增长37.7%;社会保障与就业支出27.85亿元,增长27.8%;医疗卫生支出18.27亿元,增长48.0%。

二、农业

全年粮食种植面积1681.10万亩,比上年增长1.8%,其中:小麦种植面积991.44万亩,增长1.1%;棉花种植面积159.84万亩,下降9.7%;油料种植面积458.31万亩,增长4.9%;蔬菜种植面积358.91万亩,增长0.7%。

全年粮食产量579.4万吨,比上年增产1.7%;棉花产量9万吨,减产17.5%;油料产量111.4万吨,增产9.2%,蔬菜产量900.91万吨,增长2.6%。肉类总产量67.57万吨,增长5.7%;禽蛋产量31.23万吨,增长5.5%;牛奶产量22.45万吨,增长9.0%。

2009年主要农产品产量

单位:万吨、%

产品名称	产量	比上年增减
粮食	579.37	1.7
夏粮	356.23	1.8
小麦	354.77	1.8
秋粮	223.14	1.6
玉米	144.49	2.1
大豆	12.07	1.42
红薯	31.75	0.3
油料	111.40	9.2
花生	88.72	10.4
油菜籽	13.28	−0.35
芝麻	8.40	13.6
棉花	9.00	−17.5
烤烟	5.87	8.0
蔬菜	900.91	2.57

年末农业机械总动力1075.62万千瓦,比上年增长2.9%;农用拖拉机94.94万台,增长1.4%;农用运输车6.67万辆,下降6.1%。全年农村用电量16.69亿千瓦小时,增长3.1%;化肥施用量(折纯)75.35万吨,增长1.7%。

三、工业和建筑业

全年全部工业增加值792.8亿元,比上年增长10.3%。其中,规模以上工业增加值486.38亿元,增长14.0%。

规模以上工业中,增加值居前5位的行业大类为:纺织业64.36亿元,比上年增长11.8%;非金属矿物制品业61.75亿元,增长26.7%;电力、热力的生产和供应业39.00亿元,增长10.6%;石油和天然气开采业35.64亿元,下降8.2%;农副食品加工业30.94亿元,增长13.4%。

主要工业产品产量中,小麦粉产量比上年增长26.2%,纱增长25.9%,碳酸钠增长17.2%,中成药增长15.3%,啤酒增长49.7%,水泥增长41.3%,天然原油增长3.9%。

2009年规模以上工业增加值主要分类情况

单位:亿元、%

指　标	增加值	比上年增减(±%)
规模以上工业增加值	468.19	14.0
#轻工业	486.38	12.2
重工业	202.66	15.2
#国有及国有控股企业	283.72	3.3
#国有企业	82.65	−0.8
集体企业	7.00	4.5
股份制企业	231.64	22.8
外商及港澳台投资企业	20.87	11.5
#大中型企业	249.58	13.4
小型企业	236.79	14.8
#非公有制工业	336.47	20.2
#高新技术产业	42.62	19.6

全年规模以上工业企业主营业务收入1513.05亿元,比上年增长16.6%;利润总额96.22亿元,增长9.6%。分所有制看,国有及国有控股工业利润

2.84亿元，下降84.3%；非公有制工业利润81.04亿元，增长33.4%。分行业看，利润总额居前5位的行业大类为：纺织业18.98亿元，增长28.4%；非金属矿物制品业13.55亿元，比上年增长33.1%；黑色金属冶炼及压延加工业9.32亿元，增长8.2%；农副食品加工业7.63亿元，增长28.1%；食品制造业6.11亿元，增长103.0%。

2009年主要工业产品产量

产品名称	单位	产量	比上年增减（±%）
天然原油	万吨	188.00	3.9
天然气	万立方米	566200	−6.5
小麦粉	万吨	242.03	26.2
发酵酒精	万千升	4.10	−33.8
啤酒	万千升	28.39	49.7
卷烟	亿支	129.11	2.6
纱	万吨	89.97	25.9
布	亿米	3.99	22.0
碳酸钠(纯碱)	万吨	118.72	17.2
化肥(折纯)	万吨	29.35	3.1
中成药	万吨	2.21	15.3
人造金刚石	万克拉	50.89	12.2
水泥	万吨	1519.14	41.3
生铁	万吨	202.11	62.2
铁合金	万吨	10.54	−2.7
发电设备	万千瓦	18.63	−22.0
交流电动机	万千瓦	972.93	0.8
发电量	亿千瓦小时	128.74	23.5
供电量	亿千瓦小时	208.11	3.9
工业用电量	亿千瓦小时	119.15	7.9

全年全社会建筑业总产值162.94亿元，比上年增长12.0%。全市具有资质等级的建筑企业利润总额6.59亿元，增长15.7%；税金总额6.06亿元，增长13.0%。

四、固定资产投资

全年全社会固定资产投资1153.18亿元，比上年增长28.7%，其中：城镇投资929.52亿元，增长31.2%；农村投资223.66亿元，增长19.4%。

在城镇投资中，国有控股投资277.30亿元，比上年下降9.8%；民间投资643.59亿元，增长64.2%；港澳台及外商投资8.78亿元，增长32.1%。第一产业投资37.75亿元，增长40.4%；第二产业投资603.12亿元，增长36.4%；第三产业投资288.65亿元，增长20.5%。

2009年各行业城镇固定资产投资完成情况

单位：亿元、%

行　业	投资额	比上年增减
合　计	929.52	31.
农林牧渔业	37.75	40.4
工业	603.09	36.4
石油	31.08	−6.7
电力、热水	36.88	−37.2
燃气、水	37.54	249.2
冶金	53.55	62.7
建材	123.03	79.2
化工	68.75	71.6
机械	86.50	68.7
电子	13.82	−48.2
食品	68.79	22.6
纺织	47.97	30.6
其他工业	35.16	30.7
建筑业	0.03	−40.4
交通运输、仓储和邮政业	24.19	−30.4
信息传输、计算机服务和软件业	9.66	41.6
房地产业	79.06	36.7
水利、环境和公共设施管理业	78.12	36.4
教育	7.33	−3.5
卫生、社会保障和社会福利	9.29	−2.0
文化、体育和娱乐业	15.54	93.9
其他	65.46	13.5

全年房地产开发投资56.12亿元，比上年增长32.0%，其中，住宅投资46.59亿元，增长32.9%。商品房施工面积836.18万平方米，增长36.6%，其中，住宅699.62万平方米，增长38.3%。商品房竣工面积159.09万平方米，增长63.6%，其中，住宅133.96万平方米，增长70.8%。商品房销售面积

218.52万平方米,增长7.3%,其中,住宅201.84万平方米,增长7.5%。商品房销售额42.45亿元,增长2.2%,其中,住宅销售额35.17亿元,增长7.9%。商品房空置面积17.36万平方米,增长34.9%。

全年全市城镇施工项目已达到4631个,比上年增加945个;其中本年新开工项目3859个,增加1126个;亿元以上项目145个,增加28个。

全年50个"发动机计划"项目累计完成投资45.39亿元。其中,26个续建项目本年度完成投资29.46亿元,占年度计划的90.0%;24个当年计划开工项目中有22个项目按时开工建设,累计完成投资15.93亿元,占年度计划的55.0%。

南阳天羽有色金属压延有限公司10万吨PS版基项目、南阳二机石油装备集团有限公司大型成套数字化钻机及钻机配套开发项目、南阳英宝电子有限公司年产1000万件电子产品项目、河南瑞发水电设备有限责任公司风力发电设备生产线、南阳乐乐牛乳业有限责任公司年产10万吨豆奶等项目进展顺利。

全年新增主要生产能力:天然原油开采21.1万吨,输电线路长度(11万伏及以上)2039.6公里,新建高速公路90公里,日污水处理能力33万吨。

五、国内贸易

全年社会消费品零售总额676.66亿元,比上年增长19.0%。分城乡看,城市消费品零售额220.61亿元,增长22.4%;县及县以下消费品零售额456.05亿元,增长17.4%。分行业看,批发和零售业零售额558.83亿元,增长17.8%;住宿和餐饮业零售额106.03亿元,增长21.0%;其他行业零售额11.80亿元,增长8.3%。

在限额以上批发和零售企业销售额中,食品类增长60.1%,粮油类增长104.2%,服装鞋帽针纺织品增长52.6%,石油及制品类增长20.1%,家用电器及音像器材类增长113.8%,金属材料类增长54.4%,汽车类增长14.1%,种子饲料类增长135.2%,棉麻类增长37.5%。分产品销售量看,汽车销售2.22万辆,增长81.7%;家用空调器销售31.25万台,增长621.4%;服装2125.82万件,增长33.3%;鞋1256.25万双,增长41.1%;棉花10.99万吨,增长53.4%;水泥1.09万吨,增长108.7%;钢材16.89万吨,增长92.3%。

六、对外经济

全年对外贸易实现进出口总值6.37亿美元,比上年下降27.0%,其中:出口总值4.29亿美元,下降38.0%;进口总值2.08亿美元,增长13.0%。在出口总值中,一般贸易3.27亿美元、加工贸易0.39亿美元,分别比上年下降38.0%和47.0%。

全年新批外商投资企业16个。合同利用外资金额3.26亿美元,比上年增长39.9%。实际利用外商直接投资1.33亿美元,增长12.3%。引进省外资金135.3亿元,增长22.4%。

全年对外承包工程和劳务合作合同金额0.6亿美元,增长13.0%;营业额0.5亿美元,增长6.0%。

七、交通、邮电和旅游

年末全市高速公路通车里程达到553公里。全年完成客运量12670.4万人、货运量12779.06万吨,分别比上年增长12.1%和28.1%;完成旅客周转量121.09亿人公里、货物周转量295.88亿吨公里,分别比上年增长17.23%和33.38%。年末民用汽车保有量25.02万辆,增长18.2%。

全年邮电业务总量42.69亿元,增长39.6%,其中:邮政业务4.56亿元,电信业务38.13亿元。本年新增移动电话用户38.58万户,互联网用户9.04万户。年末本地移动电话用户288.46万户,计算机互联网用户30.41万户,固定电话用户92.02万户。年末局用电话交换机总容量183.97万门,电话普及率34.71部/百人。

全年共接待境内外游客1351.6万人次,比上年增长25.1%。旅游总收入69.30亿元,增长23.5%。本年新创建4A级景区1家(西峡老界岭),南阳伏牛山世界地质公园被评为中国最美十大地质公园。年末共有A级旅游景区23处,其中,4A级以上景区6处。星级酒店39个,旅行社102家。

八、金融、证券和保险业

年末全市金融机构人民币各项存款余额1145.90亿元,比上年末增长24.4%,较年初增加224.73亿元,增长24.4%,其中,企业存款余额158.28亿元,增长33.75%。人民币各项贷款余额699.08亿元,同比增长26.9%,其中:短期贷款余额439.52亿元,增长21.3%;中长期贷款余额215.4亿元,增长29.33%。

全年保险公司保费收入37.81亿元，比上年增长1.8%，其中：财产险保费收入6.83亿元，增长20.0%；人身险保费收入30.97亿元，下降1.5%。全年赔款及给付9.18亿元，比上年下降16.2%，其中：财产险赔款支出4.09亿元，增长22.9%；人身险赔付5.09亿元，下降33.2%。

九、教育和科学技术

年末全市拥有普通高等学校4所，当年招生2.41万人，在校生6.35万人，毕业生1.65万人。成人高校1所，当年招生0.89万人，在校生1.62万人，毕业生0.46万人。中等职业技术学校94所，当年招生5.19万人，在校生13.11万人，毕业生3.79万人。普通高中82所，当年招生4.96万人，在校生15.81万人，毕业生6.13万人。初中学校441所，当年招生13.87万人，在校生40.45万人，毕业生13.38万人。普通小学3754所，当年招生20.87万人，在校生105.36万人，毕业生14.13万人。特殊教育学校10所，当年招生197人，在校生1531人。幼儿园在园幼儿18.47万人。全年累计发放“两免一补”资金6.39亿元，资助困难学生202万人次。

全年共争取国家省科技技术项目、CDM项目和国际科技合作项目共41项，其中3个项目被列入省重大科技专项，5个项目被列入国家中小企业创新基金项目。全市有工程技术中心、重点实验室80家，其中省级工程技术中心14家、重点实验室2个，市级工程技术中心41家、重点实验室23个。共取得省级科技进步奖16项。申请专利1114件，授权专利638件；签订技术合同113份，成交金额5080万元。培育国家高新技术企业18家，国家创新型试点企业2家，河南省创新型试点企业4家，河南省节能减排示范企业4家。

年末共有产品质量监督检验机构12个。法定计量技术机构12个。全年强制检定计量器具7.34万台件。制定、修订地方标准76项，其中新建标准4项。完成产品认证的企业达到13个。年末共有5种产品拥有“国家地理标志产品保护”称号；2种产品拥有“国家免检产品”称号；5种产品拥有“中国名牌产品”称号；35种产品拥有“河南名牌产品”称号。全市共有天气雷达观测站点2个，卫星云图接收站点2个。地震台站3个，地震遥测台网1个。

十、文化、卫生和体育

年末共有艺术表演团体17个，文化馆16个，公共图书馆13个，博物馆16个；全国重点文物保护单位13处，国家级非物质文化遗产名录8个。有线电视用户68.2万户，广播人口覆盖率97.0%，电视人口覆盖率98.0%。年末共有综合档案馆14个。全年出版报纸18万份。

年末全市共有卫生机构373个，其中：医院、卫生院302个，妇幼保健院(所、站)13个，疾病预防控制中心(防疫站)14个，卫生监督检验机构11个。卫生机构病床床位2.47万张，其中，医院、卫生院2.28万张。卫生技术人员2.94万人，其中：执业医师和执业助理医师1.09万人，注册护士0.92万人。疾病预防控制中心(防疫站)技术人员0.11万人，妇幼保健院(所、站)技术人员0.12万人。农村乡(镇)卫生院222个，床位0.68万张，卫生技术人员0.78万人。新型农村合作医疗制度覆盖所有县市区，实际参加农村合作医疗农民893万人，参合率达到96.4%。

全年运动员在国内外重大比赛中，共获得金牌34块。成功举办了南阳市第三届运动会暨首届农民运动会、在河南油田举办了豫南八城市羽毛球邀请赛。承办了2009年全国围棋锦标赛(团体)和河南省围棋段位赛南阳赛区的比赛。8月份“全民健身月”的启动仪式更是吸引了几千名体育爱好者参与其中，极大地调动了全市人民爱生活、爱体育的热情。

十一、人口、人民生活和社会保障

年末全市总人口1096.22万人，其中：男性571.13万人，占52.1%；女性525.09万人，占47.9%。按城乡分，城镇人口401.55万人，乡村人口694.67万人；全年出生人口12.11万人，出生率11.05‰；死亡人口6.56万人，死亡率5.98‰。自然增长率为5.07‰。

全年农村居民人均纯收入4931元，剔除价格因素，比上年实际增长7.7%；农村居民人均生活消费支出3606元，增长10.7%。城镇居民人均可支配收入13498元，比上年实际增长10.2%；城镇居民人均消费性支出9595元，增长14.7%。农村居民家庭恩格尔系数为37.8%，城镇居民家庭恩格尔系数为33.0%。

年末参加基本养老保险人数48.1万人,其中:参保职工35.3万人,参保离退休人员12.8万人。参加基本医疗保险人数142.5万人。参加失业保险人数62万人。

全年共发放城镇居民最低生活保障金2.3亿元,享受最低生活保障13.4万人。发放农村低保金2.7亿元,农村低保对象43.8万人。发放城乡医疗救助资金4897万元,救助18.6万人次。

年末各类社会福利院床位3.7万张,收养3.5万人。城镇建立各种社区服务设施176个,其中,社区服务中心36个。全年销售福利彩票1.55亿元,接受社会捐赠69万元。

十二、资源、环境与安全生产

全年总用水量23.41亿立方米,其中:农业用水11.88亿立方米;工业用水7.69亿立方米;生活用水3.57亿立方米。

全年实现COD减排量2.44万吨,SO_2减排量3.95万吨,COD排放量控制在6.83万吨,SO_2排放量控制在6.51万吨。

全市纳入国家重点流域水污染防治规划项目27个,现已完成24个,完成率88.9%。白河出境水新甸铺断面COD、氨氮达标率分别为100%、94%。

全年城市环境空气质量优良天数比例为92.6%,较上年降低1.39个百分点。所有市县全部建成污水处理场,并投入使用。全年营造林91.46万亩,其中,人工造林79.76万亩。全市参加义务植树498.8万人次,完成义务植树2377万株。年末共有自然保护区6个,其中,国家级自然保护区3个。森林公园8个,其中,国家级森林公园2个。年末全市森林覆盖率为34.51%。全年共发生各类安全生产伤亡事故887起、死亡254人,比上年分别下降15.0%和16.2%。全市亿元GDP生产安全事故死亡人数为0.14人,事故直接财产损失678万元。

注:

1. 本公报为初步统计数。

2. 地区生产总值、各产业增加值绝对数按现价计算,增长速度按可比价计算。

3. 居民家庭恩格尔系数指居民家庭食品消费支出占生活消费支出的比重。

4. 部分数据因四舍五入的原因,存在着与分项合计不等的情况。

大 事 记

1月

5日 市委四届十二次全体(扩大)会议在宛召开。会议提出,2009年全市工作的总体要求是:全面贯彻落实十七大、十七届三中全会和省委八届九次全体(扩大)会议精神,以科学发展观为统领,把保持经济平稳较快发展作为首要任务,扩大内需保增长,调整结构提效益,推动转型增后劲,改善民生促和谐,协调推进经济、政治、文化、社会和党的建设,保持和发展好来之不易的跨越态势,在富强美好和谐新南阳建设上迈出坚实步伐。主要目标是生产总值增长10.5%,地方财政一般预算收入增长9%,全社会固定资产投资增长20%以上,社会消费品零售总额增长15%,外贸出口增长10%,实际利用外资增长13%,居民消费价格涨幅控制在5%以内,城镇居民人均可支配收入实际增长6.5%,农民人均纯收入实际增长6%,单位生产总值能耗降低4.9%,化学需氧量、二氧化硫排放总量分别控制在6.71万吨和6.62万吨以下,人口自然增长率控制在6.5‰以内,城镇登记失业率控制在4%以内。

6日 中国社会科学院东汉史研究基地签字与揭牌仪式在南阳师院举行,中科院东汉史研究基地从此落户南阳。

7日 南阳市特殊教育学校迁建工程开工。工程投资近3000万元。新校规划为聋儿教育24个教学班、盲人教育9个教学班、弱智教育9个教学班(含复式教学班),建成后将成为集小学初中职业高中以及聋哑儿童康复为一体、师资和设备相配套的标准化特殊教育学校和南阳市特殊教育基地,对全市特殊教育起到示范带动作用。

上旬 二机石油装备(集团)被科技部、财政部评定为2008年度国家首批高新技术企业。

13日 河南省省长郭庚茂参加省人大南阳代表团审议时提出,南阳将作为区域性中心城市和全省次中心城市,纳入全省城镇发展总体规划。

同日 河南省2008年度首批7个高新技术特色产业基地获得认定,南阳光电特色产业基地榜上有名。高新区利达光电等6个光电企业跻身全省高新技术特色产业基地首批38个骨干企业行列。

14日 一批精美的北宋影青瓷器在南阳城区发掘出土。在南阳考古史上属首次发现,对研究宋代南阳葬俗和宋代青瓷提供了重要的实物资料。

16日 新华社消息,中国自主研发、设计和建设的具有自主知识产权的1000千伏交流输变电工程——晋东南—南阳—荆门特高压交流试验示范工程近日顺利通过试运行,正式投运。该工程于2006年年底开工建设,连接华北和华中电网,线路全长640公里,变电容量2×300万千伏安,是目前世界上运行电压最高、输送能力最大、代表国际输变电技术最高水平的特高压交流输变电工程。它的建成标志着我国在远距离、大容量、低损耗的特高压(UHV)核心技术和设备国产化上取得重大突破。

19日 河南省副省长秦玉海、省政协副主席龚立群带领省政府办公厅、省民政厅、省劳动和社会保障厅以及省总工会等有关部门负责人,来南阳慰问困难农户、特困企业职工、重点工程工地农民工,送上党和政府的温暖与关爱。

20日 河南省副省长刘满仓带领省南水北调中线办、移民办主任王树山等省直有关部门负责人,深入淅川县丹江口库区慰问移民群众,向他们致以新春的祝福。

同日 市文物考古研究所在南阳市区八一路一工地发掘一座彩绘汉画像石墓。该墓共用石块25块,石块上雕刻有精美画像28幅,且有彩绘痕迹,画面有龙、虎、人物等精美图案。此外,在古墓中还出土了铁剑、陶器等随葬器物及王莽新朝时期的“大泉五一”和“小泉直一”铜钱10余枚。铜钱保存完好。陶器有仓、灶、勺、井、楼等。

21日 南阳市第七届十大新闻人物颁奖典礼在南阳宾馆隆重举行。抗震救灾英雄战士武文斌;抗冰保电情洒郴州的“宛电”铁军;汶川救援大爱无痕的市抗震救灾医疗队;创造“钢铁神话”的民营企业家朱书成;走出机关致力于建设家乡的“村官”李强;舍生忘死勇斗歹徒的李铁军;点燃艾滋病人希望之光的好医生孙中平;资助400多名贫困学生的“爱心妈妈”方德晴;12万养老钱捐助四川地震灾区的冯三秀;缔造互联网创业奇迹的王鹏飞当选南阳市第七届十大新闻人物。

1月　全市始于2008年10月中旬的旱情持续严重,影响秋冬种作物生长,其中小麦重旱面积26.66万公顷。全市总降水量为7.7毫米,是南阳有气象资料以来第二个少雨年份。市气象局发布干旱红色预警信号,这是南阳实行气象预警发布制度以来第一次发布干旱红色预警信号。市委、市政府根据气侯情况,多次预警,动员广大干部群众紧急行动,共克时艰,运用各种形式、各种水源抗旱浇麦,确保小麦继续丰收,确保国家粮食安全。止元月底。全市已投入抗旱资金4000多万元,启动所有的大中小型水库,启用自流灌区3000处,坑塘堰坝1.9万个,机电井5万眼,抗旱机械29万台套,并投入数十万人力,采取车拉人担办法抗旱,浇灌小麦28.2万公顷。

1月　南阳市援建四川“5·12”地震灾区江油市雁门镇、石元乡的第一批共9个项目开工建设。

1月　在广西南宁召开的全国水利工作会议上,淅川县被命名为全国农田水利建设先进单位。

1月　中国地质学会组织评选出2008年度全国十大地质找矿成果,唐河县周庵一带含铜镍硫化物矿位列第二名。

1月　中国银行河南省分行向南阳市20个企业提供221.68亿元意向授信额度贷款,重点支持交通、能源、电力、纺织等行业和重大项目建设。建设银行河南省分行也将向南阳市提供269亿元的意向授信额度贷款,为新能源、光电、生物化工、医药等行业和基础设施项目及中小企业提供支持,并为发展县域经济和特色产业等提供必要的金融服务,以促进地方经济结构调整。

2月

2日　中原文化澳洲行启动仪式暨经贸合作项目签约仪式在澳大利亚悉尼国际会展中心举行。南阳市市长朱广平率团参加,共发布招商项目300个,投资总额24亿美元,发布项目总数和投资额度在全省领先。其中防爆电机出口等3个项目签约,总投资2.15亿美元,合同引资6300万美元。

8日　河南省副省长史济春、省政协副主席王平带领省政府督察组莅临南阳,检查指导抗旱浇麦工作。

13日　市政府与中电投河南分公司签订协议,决定扩建南阳城区白河南热电联产项目。该项目由2×35万千瓦调整为2×60万千瓦,主要为白河南生态工业园区工业和采暖供热。

16日　中核集团、中电投正式成立中核河南核电有限公司。4月22日,中核河南核电有限公司南阳核电项目筹备组进驻南阳开展前期工作,该项目正式进入开发建设阶段。

17日　中原文化港澳行暨2009.豫港投资贸易洽谈会南阳市情说明暨合作项目签约仪式在香港举行。南阳市市长朱广平致辞并介绍南阳市情。参加签约仪式的项目共有20个,投资总额2.98亿美元,合同引资额2.78亿美元,项目涉及光电、光伏、机电、农副产品加工、机械制造、冶金、纺织、生物工程、旅游等产业。

20日　桐柏县发生一起连杀4人刑事大案。是日凌晨,该县黄岗镇段庄村村民李明涛(男,汉族,37岁)因家务琐事与其父李金海发生口角,先后将其父、母、妻子、女儿杀害,县公安部门迅速出警,将犯罪嫌疑人李明涛抓获。

22日　2008年度河南省5大考古新发现评出,南阳市八一路楚彭氏家族墓和淅川县沟湾遗址双双入选。

27日　南阳市政府和河南省工商银行举行战略合作协议签约仪式。根据协议,省工商银行将向南阳市企业融资300亿元。

2月　具有10亿元生产能力的南阳天羽有色金属压延有限公司PS版基生产线在宛城区动工兴建。

2月　全市人民奋起抗旱,掀起空前规模的抗旱浇麦保丰收高潮,累计浇灌麦田44.06万公顷。在人工抗旱和自然降水的作用下,全市旱情大为缓解,大部分地区旱情基本解除。市抗旱防汛指挥部决定从2月27日起解除抗旱预案应急响应,全市抗旱取得阶段性胜利。2008年10月至2009年2月的大旱,为南阳市半个多世纪所罕见。市委市政府对此极为重视,把抗旱保麦夺丰收作为整个经济工作的重中之重来抓,及时预警,多次部署,并采取扎实措施,从资金、水源、电力、机具等方面帮助基层,解决抗旱中的实际问题,县(市、区)财政部门筹措拨付抗旱资金1亿多元;水利部门启动大中小型水库和塘堰坝2万多处,机井、水井5万多眼投入抗旱;电力部门降低浇麦电价,并组织5000多名员工奔赴麦田轮修电机;农机部门共组织48万台农机具投入抗旱;气象部门抓着有利时机使用高炮、火箭、飞机进行人工增雨;农业部门及时指导农民提高浇麦技术,提高小麦田间管理水平,促使小麦尽早尽快返青生长。

3月

1日　南阳国家桑蚕综合试验站建立,为河南省桑蚕产业惟一一个综合试验站。国家将在今后5年内投入1.35亿元，构建由全国科研院校26个科学家团队和25个综合试验站组成的国家桑蚕产业技术体系，开展桑蚕产业发展的储备性、跟踪性和前沿性研究，重点解决大面积提高单产、改善品质和提高蚕业经济效益的技术问题。

4日　中央军委委员、总政治部主任李继耐在有关材料上批示："邓州'编外雷锋团'几十年矢志不渝传播实践雷锋精神，事迹感人，令人敬佩，他们是复转退军人的优秀代表，值得宣传和学习。"

6日　南阳市区白河南幸福小区一居民住宅楼发生爆炸事故，造成两人死亡，1人受伤，住宅楼严重受损。经过警方现场勘查和多方查证，查明爆炸事故原因系一楼住户非法生产雷管所致。犯罪嫌疑人被拘留。

7日　市委召开市级领导干部会议，传达中共河南省委关于南阳市领导班子调整的决定：穆为民任市委副书记、提名为市长候选人；杨其昌任市委常委、组织部长；孙丰年任市委常委、纪委书记。

11日　市委副书记、代市长穆为民等市四大班子领导带领市直机关干部、部队官兵、企事业职工、学校师生到市郊蓝湖公园义务植树5000余株，全市各地参加义务植树的群众超过25万人。止3月底，全市完成春季造林5.37万公顷。

16～18日　全国人大常委会副委员长韩启德深入南阳对南水北调中线水源保护工作进行专题视察。随同韩启德视察的有国务院南水北调办公室副主任李津成等国家有关部委负责人，陪同视察的有中共河南省委书记徐光春，省委常委、秘书长曹维新，省人大常委会副主任李柏拴、刘新民，省政协副主席张亚忠，南阳市领导黄兴维、穆为民、贾崇兰、褚庆甫、李天岑等。

17日　河南省委书记徐光春深入社旗县、方城县的田间地头和工厂车间，就春季农业生产、高新技术产业发展进行调研。

18日　全球最大的生物天然气工程——天冠集团日产50万立方米民用沼气工程开工奠基。该项目是南阳市利用日元贷款实施城市环境综合治理工程的子项目，工期两年，总投资4.39亿元，其中利用日元贷款1.56亿元。项目将利用农产品综合加工生产过程中产生的有机废水，通过厌氧处理生产清洁能源——沼气供市城区居民使用，同时用于热电联产和沼气发电。天冠集团现有沼气生产能力为5万立方米/日，不能完全满足市城区6万沼气用户的需要。该工程建成投产后，能为60万户居民提供生活用气，届时，可确保市城区85万居民的生活用气，使南阳市成为世界上名副其实的"沼气城"。

19日　市纪委举行四届四次全体会议。市委书记黄兴维在讲话中阐述了新形势下加强反腐倡廉建设，加强领导干部党性修养、大力树立和弘扬良好作风的重大意义，深入分析了当前全市党风廉政建设和反腐败斗争面临的新形势、新任务，明确提出了当前和今后一个时期全市反腐倡廉建设的总体要求。市委常委、市纪委书记孙丰年作工作报告，回顾2008年工作，提出2009年纪检监察工作的目标任务。

同日　彩色立体声胶片电影《士兵武文斌》在南阳开机。

22日　市委召开第一批深入学习实践科学发展观活动动员大会。市委书记黄兴维作动员报告。这次活动的主题是高举中国特色社会主义伟大旗帜，突出推动科学发展、加快南阳崛起，围绕党员干部受教育、科学发展上水平、人民群众得实惠这一总要求，达到在思想认识、能力素质上有新提高，在解决问题、完善机制上有新突破，在应对危机、科学发展上有新成效，在增强党性、改进作风上有新进展，在民生改善、和谐稳定上有新气象，在强化基础、创新党建上有新推进。

23日　市委印发《南阳市第一批开展深入学习实践科学发展观活动工作方案》的通知。方案对开展深入学习实践科学发展观活动的指导思想、目标任务、基本原则、方法步骤和组织领导问题提出明确要求，要求各单位结合实际，认真贯彻落实。

同日　中光学集团、长虹电器集团和南阳市建设投资公司共同组建南阳南方长虹科技有限公司，共同开拓投影机市场，DIL光学引擎正式进入批量生产阶段。

28日～4月1日　政协南阳市第四届委员会第一次会议在宛举行。市领导黄兴维、穆为民、贾崇兰、褚庆甫、李天岑等到会祝贺。会议由大会主席团常务主席朱广平主持，市政协三届委员会副主席文学林代表市政协三届委员会向大会作工作报告。会议选举产生了政协南阳市第四届委员会主席、副主席、秘书长和常务委员，朱广平当选为市政协四届委员会主席。会议表决通过了政协南阳市四届一次会议政治决议、政协南阳市三届常务委员会工作报告的决议、政协南阳市三届常委会提案工作报告的决议、政协南阳市四届一次会议提案审查委员会关于提案审查情况的报告。

29日～4月2日　南阳市第四届人民代表大会第一次会议在宛隆重举行。会议听取并审议了市政府工作报告、南阳市2008年国民经济与社会发展计划执行情况和2009年计划草案的报告、南阳市2008年财政预算执行情况和2009年财政预算草案的报告、南阳市人大常委会工作报告、南阳市中级人民法院工作报告、南阳市人民检察院工作报告。会议表决通过了《政府工作报告》的决议、关于《南阳市2008年国民经济和社会发展计划执行情况与2009年国民经济和社会发展计划》的决议、关于《南阳市2008年财政预算执行情况和2009年财政预算》的决议、关于《南阳市人民代表大会常务委员会工作报告》的决议、关于《南阳市中级人民法院工作报告》的决议、关于《南阳市人民检察院工作报告》的决议。会议选举产生了市四届人大常委会主任、副主任、秘书长及委员,李天岑当选市四届人大常委会主任;选举了市人民政府市长、副市长,穆为民当选市人民政府市长;庞景玉当选市中级人民法院院长,刘在贤当选市人民检察院检察长。

下旬 根据南阳市著名作家李天岑长篇小说《人精》改编的20集电视连续剧《小鼓大戏》在中央电视台播出。

3月 市警方成功破获一起跨豫鄂两省三市的贩毒案件,抓获魏某等涉案人员6人,缴获毒品662.9克。

3月 人力资源和社会保障部、公安部作出决定,追授南阳市公安局枣林派出所所长段大军同志“全国公安系统一级英雄模范”荣誉称号。1月9日,段大军在全国公安民警大走访爱民实践活动中因劳累过度引发心脏猝死,不幸牺牲,年仅42岁。从警20余年来,段大军同志始终战斗在公安工作第一线,先后参与侦破各类刑事案件2000余起,抓获犯罪嫌疑人1700余名,为维护社会稳定、保一方平安作出了积极贡献。

3月 河南省委、省政府下发《关于表彰全省粮食生产先进单位和先进个人的决定》。唐河、邓州、方城3个县(市)被评为“全省粮食生产先进县”,唐河古城乡农民海国勇、邓州裴营乡农民张丰奇被评为“全省种粮大户标兵”。授予南阳市“全省粮食生产创建活动组织奖”。

3月 国家科技部下文确认,乐凯集团第二胶片厂承担的“电子纸关键技术研发及产业化”、利达光电股份有限公司承担的“基于激光光源的高亮度DLP投影机产业化研究”、中光学集团和金光数显公司联合承担的“65英寸以上激光电视产业化关键技术”等3个高新技术项目列入国家“863”计划,这标志着南阳在高技术研究领域承担国家级重点项目实现了历史性突破。

3月 南阳市获“2009年度中国旅游城市”称号,这是中国城市经济学会从全国293个参选城市中评选出来的。

3月 西峡、桐柏荣获“国家卫生县城”称号。

3月 南阳金光数字显示有限公司被确定为河南省第三批文化产业基地。

4月

3日 革命烈士郭庠生铜像在镇平县侯集镇落成。

5日 由河南省政协主办,省豫商联合会、省商务厅和相关单位承办的2009年“5+2”经济合作计划南阳商务考察活动拉开帷幕。活动期间,来自海内外27个商会的120余名客商代表深入西峡、淅川、社旗3县进行商务考察,达成合作意向30个,项目总投资54.64亿元。

同日 在西安举行的第十三届中国东西部合作与投资贸易洽谈会暨旅游博览会举行南阳市情说明会。市委副书记贾崇兰介绍市情,希望更多的国内外游客到南阳观光旅游。会上共接待咨询游客15万人次,与西安重点旅行社签订旅游组团协议131份。

9日 市委举行深入学习实践科学发展观活动报告会。市委书记黄兴维作了《以科学发展观为指导,加快建设新南阳》的辅导报告。

13日 《台湾通史》赠送发放仪式在宛举行。此次由台湾国民党荣誉主席连战先生签名赠送的4套《台湾通史》分别赠送给了南阳师范学院、南阳理工学院、南阳市档案馆、南阳市图书馆。

同日 南阳首控光电有限公司成立。该公司是在南阳金光数字显示有限公司的基础上,引进战略投资伙伴首钢控股有限责任公司设立的股份制企业。首期注册资本1亿元。

15日 河南省委副书记、省长郭庚茂率领省观摩团来南阳参观考察重点项目建设。观摩团先后参观考察二机石油装备(集团)大型数字化钻机、二胶厂数码印版工程、防爆集团新型电机等重点项目建设,对南阳市重点项目建设取得的扎实成效给予充分肯定。

17～19日 中共中央政治局常委、全国政协主席贾庆林和随行的全国政协副主席兼秘书长钱运录等到南阳考察。17日,贾庆林在河南省委书记徐光春、南阳市委书记黄兴维等陪同下考察乐凯集团第二胶片厂,对该厂的技术创新给予高度评价。18日,贾庆林考察南阳二机石油装备(集团)有限公司,观看该厂制造的深井钻机,称赞该厂是“一流的企业,一流的员工”。19日,贾庆林来到内乡县衙,称赞县衙楹联所阐述的民本思想。

18日 市委组织部组织各县市区委书记(县市区长)赴兰考拜谒焦裕禄陵园,学习焦裕禄同志事迹与精神。21日,市领导黄兴维、穆为民、郭庆之、孙丰年、姚进忠、陈光杰、秦俊、文学林等来到兰考焦裕禄同志纪念馆，缅怀焦裕禄事迹，追思焦裕禄同志全心全意为人民服务的崇高风范。

20日　市委召开学习弘扬焦裕禄精神“讲党性修养、树良好作风、促科学发展”教育活动动员大会，传达贯彻全省教育动员大会精神，就全市下一步开展学习教育进行安排部署，要求全市各级大力弘扬焦裕禄精神，扎实开展“讲党性修养、树立良好作风、促科学发展”教育活动，推进科学发展，推动南阳跨越发展。

23日　南阳市2009年银企洽谈会召开。初步达成签约项目427个，总金额834.8亿元，其中合同贷款115.43亿元；会议现场签约项目29个。

23～26日　南阳市举行2009年春季房交会。有房地产开发、房地产中介、装饰装修、物业管理等100多个企业参展，推出楼盘41座，提供商品房10000多套，面积近100万平方米，是南阳历年来规模最大的一次房交会。房交会期间共接待民众14.5万人次，达成意向4416起，签订合同1002份，其中878份是市民与房地产开发企业签订的新房购买合同。

24日　全市农村基层党风廉政建设工作暨清理规范乡村财务专项工作动员会召开。会议指出，要以开展农村基层干部“两述两评”为载体，深入推进党风廉政建设责任制向农村基层延伸；完善农村基层党风廉政建设制度体系；加强监督检查，确保各项强农惠农政策的贯彻落实；积极探索建立查处涉农违纪违法案件长效工作机制。会议要求，要把乡村财务清理规范专项工作作为农村基层党风廉政建设工作的重点，明确任务，扎实工作，确保各项工作落到实处。

24～27日　中央深入学习实践科学发展观活动第六巡回检查组副组长、辽宁省人大常委会副主任宋勇一行7人到南阳检查指导深入学习实践科学发展观活动开展情况，对南阳学习、调研阶段的作法及取得的成效表示充分肯定。

25～5月3日　中国·南阳第七届玉雕节暨宝玉石博览会隆重举行。参加这次盛会的有国家、河南省及全国各地珠宝玉石首饰行业协会的负责人、专家、大师、企业家、客商，省、市领导及有关部门负责人，全国玉文化产业发展重点城市商会负责人等。河南省副省长张大卫宣布会议开幕，中国珠宝玉石首饰行业协会常务副会长孙凤民、省邮政局局长杨汉振、南阳市委书记黄兴维致辞。此届节会共展出1500余件作品，吸引了来自海内外约13万人次参观；本届宝玉石博览会现场销售突破10亿元，带动其他玉雕产业总销售25亿元，其中整个南阳市独玉销售突破10亿元。节会期间，全市共签约27个项目，总投资54亿元，其中引资额49亿元。合同项目23个，引资额45亿元。

26日　在安徽省合肥市举行的第四届中国中部投资贸易博览会河南省情说明暨项目签约仪式上，南阳市共有7个项目成功签约，项目总投资23.12亿元人民币，合同引资22.26亿元人民币，签约项目数和郑州市并列全省首位，总投资和合同引资额均居全省前三位。市委书记黄兴维、市长穆为民、副市长张振强出席签约仪式。

29日　南阳玉雕研究所成立。

30日　中午12点起，南阳市16个政府还贷二级公路收费站全部停止收费。至此，运行了17年的收费站完成了历史使命，进行关闭。

同日　全市春季传染病防治紧急电视电话会议召开，部署甲型H1N1流感、手足口病等春季传染病防治工作。副市长李建豫出席会议并讲话。

同日　乐凯集团第二胶片厂举行庆祝胡锦涛总书记视察两周年暨华光数码印版生产线投产典礼。这条投资2亿多元的数码印版生产线达产后，年产数码印刷版材1600万平方米，成为国内最大的CTP数码印版生产线，年实现销售收入可达6亿多元，可实现利税1亿多元。

同日　南阳宛运集团有限公司获得全国总工会颁发的“全国五一劳动奖状”。

4月　市公安机关成功破获邓州“3·19”系列劫车杀人案，追回涉案车辆4台，抓获犯罪嫌疑人4名。经查：犯罪嫌疑人贾海宛、鲁帅强、李中羊、甄威飞（4人均为汝州市夏庄乡人），于3月18日下午结伙窜至淅川县，将该县王书祥的出租车骗至邓州，当行至邓州市罗庄境内时，将王书祥勒晕并焚烧致死，抢走车辆潜逃。经深挖，4人又如实供述了自3月份以来相继流窜至洛阳、三门峡等地抢劫杀害出租车司机，先后作案3起的犯罪事实。至此，邓州“3·19”、洛阳偃师“3·14”、三门峡灵宝“3·30”系列劫车杀人案成功告破。

4月　邓州公安机关在高速交警大力协助下，成功解救8名缅甸籍被拐卖妇女、儿童，抓获涉案犯罪嫌疑人7名。

4月　2008年度“中国企业自主创新百强”名单公布，南阳二机石油装备（集团）有限公司名列第41位。河南省仅3个企业入选。

5月

4日　中共河南省委、河南省人民政府作出《关于在全省村级组织推广邓州市农村党支部、村委会"4＋2"工作法的决定》。8日,省委、省政府召开推广"4＋2"工作法电视电话会议,贯彻落实中央关于加强农村基层党组织建设的重要指示精神,在全省村级组织推广"4＋2"工作法,积极推进农村基层组织建设。省委书记、省人大常委会主任徐光春出席会议并讲话,省委副书记、省长郭庚茂主持会议。省领导李克、叶青纯、王文超、连维良、王菊梅、王平等出席会议。南阳市委常委、邓州市委书记刘朝瑞在会上介绍了邓州市农村党支部、村委会"4＋2"工作法的基本情况。

5日　市委召开农村工作会议。市委书记黄兴维作重要讲话。会议提出,2009年全市农业农村工作的总体要求是:全面贯彻落实党的十七届三中全会和中央、省委农村工作会议精神,深入贯彻落实科学发展观,积极应对国际金融危机,以粮食核心区建设为契机,以保持农民持续增收为核心,以改善农村民生为重点,抢抓政策机遇,实施项目带动,夯实农业基础,推进改革创新,着力提高粮食综合生产能力,促进农民收入持续增长,促进农村经济又好又快发展,为保持全市经济平稳较快发展提供有力保障。2009年农业农村工作的预期目标是:第一产业增加值增长4%,粮食产量稳定在100亿斤以上,农民人均纯收入力争增长6%,农村基础设施不断完善,社会事业全面进步,基层组织建设进一步加强,农村社会保持和谐稳定。

8日　市党政联席会安排部署在全市全面推广邓州"4＋2"工作法。市领导黄兴维、穆为民、李天岑、郭庆之、朱长青、王建民、杨其昌、孙丰年、陈光杰等出席会议。黄兴维、穆为民作重要讲话。11日,全市深入学习实践科学发展观,深化完善"4＋2"工作法经验交流会在邓州市举行。市领导黄兴维、穆为民、刘朝瑞、杨其昌、李建豫、姚龙其,各县市区委书记、县市区长,各县市区委常委、组织部长,各乡镇党委书记和街道党工委书记参加会议。市委书记黄兴维在讲话中强调,要贯彻落实全省"4＋2"工作法电视电话会议精神,认真总结交流"4＋2"工作法的成功经验,进一步统一思想,提高认识,明确任务,强化措施,科学运用、全面深化完善"4＋2"工作法,促进全市农村基层组织建设和民主政治建设,开创农村改革发展新局面,为推动南阳科学发展、跨越发展提供坚强有力的政治保证。会上,邓州市、桐柏县、唐河县、西峡县等地分别作典型发言,介绍推行"4＋2"工作法的具体做法和体会。按照中央领导和省委省政府的要求,2009年"4＋2"工作法要在全省80%以上的行政村有效实施;南阳作为原创地和先行者自我加压,提出年底前达到在100%行政村有效实施,让"4＋2"工作法在南阳开花结果。5月上旬,市委组织由邓州市乡村干部为主体的报告团,在全市巡回宣讲"4＋2"工作法的理论和知识、经验和做法,报告团成员由乡党委书记、村支书和群众代表组成。

10日　南阳市举办首届"白河母亲节"暨2009年南阳市"十佳母亲"颁奖典礼。贾崇兰、王建民、秦俊、冯晓仙、赵金文、吴冬焕等市领导出席揭幕仪式,并向白河母亲敬献花篮。李玉玲等30名"优秀母亲"受到表彰。

12日　市委书记黄兴维、市长穆为民发表《致全市农村党支部、村委会的一封信》,代表市委、市政府对全市4500多个农村党支部、村委会表示亲切慰问,并就科学运用好"4＋2"工作法提出三点希望。第一,在科学运用上下功夫。第二,在强化效果上下功夫。第三,在推动发展上下功夫。

同日　中国农民体育协会主席陈耀邦率团到南阳就第七届全国农运会比赛场馆、接待服务设施等规划设计情况进行深入考察。

同日　市委、政府决定从2009年开始,把每年的5月12日定为"南阳慈善日"。各县市区、社会各界广泛开展捐赠等慈善义举活动,募集的善款将用于安老、扶孤、扶贫、济困、助残、助学等方面的救助工作。

13日　市委作出《关于在全市开展向任朝学同志学习的意见》。任朝学生前是淅川县纪委副书记,曾先后被市纪委授予纪检监察先进工作者、被省政府授予河南省先进工作者等荣誉称号。2008年12月3日,任朝学同志因积劳成疾突发心脏病,不幸逝世,年仅45岁。2009年3月,任朝学同志被南阳市人民政府追记二等功。

13～14日　全国人大常委会环境与资源委员会副主任汪纪戎带领调研组莅临南阳,就南水北调中线工程水源区生态补偿机制问题进行调研。

13～15日　市委副书记、市长穆为民率领南阳市党政考察团赴江苏省观摩学习苏州工业园区、南京江宁经济开发区、南京徐庄软件园等工业区开发建设的情况和经验。

18日　市委、市政府举行全市优化经济发展环境工作会议。市委书记黄兴维发表重要讲话并与各县市区委书记签订2009年度南阳市党风廉政建设目标责任书。会议重申机关工作人员转变作风"十禁止",并出台《违反〈南阳市机关工作人员转变作风"十禁止"〉规定处理办法(暂行)》。

同日 市文化博览中心奠基。

19～20日 市委书记黄兴维、市长穆为民等率领各县市区主要负责人和市直有关部门主要负责人参加的全市产业集聚区暨重点项目观摩团,分三路对13个县市区和高新区的产业集聚区规划建设情况和产业集聚区内40多个在建项目进行实地观摩。

22～23日 国务院南水北调办公室主任张基尧莅临南阳,对南水北调中线丹江口库区及上游地区环境保护工作进行调研。

26日 全市信访工作会议召开。会议强调,标本兼治,综合治理,不断把信访稳定工作推上新台阶。市领导黄兴维、穆为民、贾崇兰、刘朝瑞、常康、贺国营、马学民、赵金文,市中级人民法院院长庞景玉,市检察院检察长刘在贤出席会议,各县市区委书记、县市区长,市直各单位主要负责人,全市乡镇党委书记、乡镇长等参加会议。会议下发了市委、市政府《关于进一步加强新时期群众工作的意见》和市委办、市政府办《关于印发〈南阳市办理信访案件公开告知制度〉(试行)等四项制度的通知》、《关于市领导定期接待来访群众的通知》、《关于抽调市直党政机关干部下访督查的通知》、《关于转发领导干部接待群众来访、定期组织干部下访督查和矛盾纠纷排查化解工作实施办法的通知》等文件。

29日 央视第10套《百科探秘》栏目播出《神秘的巨石佛像》节目,用实物考证材料认定南阳市方城县为古丝绸之路的源头。节目播出后,引起全市人民的极大兴趣,也震惊了中国考古界。随后,著名西域史研究专家、著名探险家、中国社科院研究员杨镰在2009年第6期《文史知识》杂志上,根据他的实地调查和多方考证,发表了《丝绸之路史二题》。文章说,作为丝绸之路源头之一的方城,在整个丝绸之路发展史中是不应被忽略的。

31日 全市召开"六创一迎"工作动员大会,号召全市上下以迎接2012年第七届全国农民运动会在南阳举办为契机,开展争创国家生态园林城市、中国优秀旅游城市、国家卫生城市、全国双拥模范城市、国家环境保护模范城市和全国文明城市活动,建设南阳美好的家园,努力打造区域性中心城市、省次中心城市和生态宜居城市。市四大家领导、市党政军领导及市级领导干部出席。市委书记黄兴维、市长穆为民分别发表重要讲话。

5月 社旗县昊德实业公司在莫桑比克投资建设"河南(莫桑比克)工业园"和"河南(莫桑比克)种植示范园"。项目全部建成后,将成为集棉花种植、纺织、印染及其他工业品加工的多功能工业园区,成为目前中国在莫桑比克投资最大的工业园区。

6月

11日 市政府、市纪委决定严肃处理城区生活垃圾乱收费问题。前一阶段,卧龙区七一、梅溪、光武街道办事处的有关工作人员违犯行政规定,对商户的生活垃圾违规收费,并粗暴执法,垃圾堵门,造成恶劣的社会影响。对此,市委、市政府高度重视,市委书记黄兴维批示严肃查处违法违纪违规的人和事。市长穆为民多次主持召开专题会议,要求卧龙、宛城、高新三区立即停止征收生活垃圾处理费,解决"垃圾堵门"等粗暴行为。责成卧龙区政府、市建委做出深刻检查,给卧龙区政府和市建委有关负责人以行政警告处分。卧龙区委决定给予七一、梅溪、光武街道办事处有关负责人和责任人党内严重警告、行政记大过、行政降级和行政撤职处分。

12日 南阳市实施"1811"电网发展提速工程启动奠基仪式在220千伏白麒输变电工程所在地举行。"1811"电网发展提速工程计划在南阳市集中核准电网建设项目12项,集中开工7项工程,集中投产8项电网度夏工程,全年电网建设总投资规模超过12亿元。此次电网提速工程,是近年来南阳电网建设上投资最多、范围最广、规模最大的一次攻坚战役,对改善电网结构、拉动经济增长具有重要意义。

13日 "中国农村金融发展研究项目"成果研讨会在清华大学经济管理学院召开,市委常委、邓州市委书记刘朝瑞应邀作了题为《南阳农村发展与农村金融支持问题》的报告。

17～19日 卧龙、南召、方城、社旗、宛城等县区遭受暴雨袭击,造成灾区群众住房倒塌、农作物受灾严重。截止6月21日,全市受灾人口41.7万人,紧急转移安置53952人;农作物受灾37075公顷,绝收4573.1公顷;倒塌房屋4138间,其中,倒塌居民住房3887间;损坏房屋4018间;造成直接经济损失约25741万元,其中农业直接经济损失约14392万元。面对严重灾情,市委、市政府高度重视。市政府成立多个工作小组,分赴受灾县区核查灾情,下拨救灾预算资金60万元用于灾民生活救助,受灾县区及时筹措应急救灾物资并发放到灾民手中,共购置面粉、大米、干面条1.5万余公斤,救灾棉被200床。

中旬 市、县(市、区)两级纪检监察机关共查处违犯"十禁止"规定人员36人,其中,中午饮酒11人,参与赌博3人,上班时间从事与工作无关活动22人，这些人员均按规定进行了公开处理。

21日　市长穆为民带领市直有关单位及邓州、社旗、唐河、宛城、卧龙、新野、淅川7县市区负责人，到平顶山、漯河、许昌考察学习移民安置工作。先后考察了平顶山宝丰县西黄移民安置点、漯河市临颍县小李庄移民安置点、许昌市许昌县部队农场移民安置点。三个移民新村分别安置淅川县盛湾镇马川村移民243户、943人，滔河乡周湾村移民134户、577人，滔河乡姬家营村320户、1397人。

25日　"南阳与丝绸之路"文化论坛在南阳举行。中央、省、市有关专家、学者，大批媒体、网站记者及省、市领导出席会议，并分赴方城、淅川进行实地参观考察。

27日　市政府举行仪式，聘请上海交通大学教授、国家文化产业创新与发展研究基地办公室主任胡慧林和省发改委经济研究所所长郑泰森为南阳文化顾问。市长穆为民颁发聘书。

27～28日　全市遭受一次强对流阵雨性天气，多个县市遭受大风、冰雹和强降雨袭击。邓州、镇平、内乡等县市24个乡镇受灾严重。据统计，受灾群众约13.28万人，受灾面积3866.8公顷，倒塌居民房屋826间，造成直接经济损失5680万元，其中农业直接经济损失1635万元。灾情发生后，各县市政府部门迅速启动自然灾害应急预案，有关人员第一时间深入受灾乡镇查看灾情，安置慰问受灾群众，维修线路等，确保受灾群众生活稳定。

28日　南阳——重庆航线开通。

29日　南阳新闻网设立市委书记、市长网上留言板——《给书记市长说说心里话》。网民可登录 http://ss.01ny.cn/或登录南阳网、南都在线、南阳广播网、南阳广电传媒网、南阳市人民政府网，向书记、市长反映问题，表达诉求，建言献策。市委办公室、市政府办公室建立快速反应机制，针对网民在留言板上反映的问题，认真调查督办，快速解决问题、回复留言。

6月　豫西南最大的饲料生产企业——邓州市六和饲料厂竣工投产。项目年生产能力30万吨，产值可达6亿元，利税将达1000万元左右。

6月　市公安局禁毒大队历经两个月的侦查，两下广东，打掉了两个分工明确、分装加工、贩卖一条龙的贩毒团伙，缴获100多袋冰毒和1000余颗麻古等毒品，抓获贩毒、吸毒人员20多名，并成功斩断了南阳至广东的贩毒通道。

7月

1～17日　市县两级公安机关联合出击，在宛城、卧龙、唐河、淅川连破4起贩卖毒品案件，共刑事拘留涉案人员17人，治安处罚11人，缴获毒品K粉516.44克、冰毒43.25克、海洛因51克、麻古197粒，车辆2台，毒资1.3万元，摧毁吸贩毒团伙4个，斩断了湖北、广东两条外省通往南阳的贩毒通道。

2～3日　河南省省长郭庚茂来南阳视察、调研指导移民迁安和经济工作。副省长刘满仓及省直相关部门负责人，市领导黄兴维、穆为民、朱长青、崔军等陪同。

6日　方城县发生恶性凶杀案。该县博望镇毛庄村人王原涛(男，37岁)，因其岳母以前段时间王某未兑现其岳父医疗费而拒绝为其看管两个孩子，随之发生争吵，并起杀机，挥刀将其岳母陈兆珍的4个孙子和孙女当场砍死，并致使陈兆珍重伤。犯罪嫌疑人被刑事拘留。

同日　内乡、社旗两县相继遭受强降雨带来的洪涝灾害，受灾人口3.15万人，农作物受灾面积733公顷，绝收10公顷；倒塌居民房屋230间，紧急转移安置243人；直接经济损失428万元，其中农业直接经济损失300万元。21～22日，市境再次遭受暴雨袭击。市区及方城、桐柏、淅川等地降雨量均在100毫米左右，农作物受灾面积近5000公顷，冲毁耕地3900余公顷，倒塌房屋600多间，转移灾民3700多人，直接经济损失2745万元。

10日　市政府召开会议，全面部署南水北调库区移民暨工程建设工作，确保移民试点工作按时完成，确保第二批移民搬迁安置和中线工程南阳段顺利实施。根据国务院总体安排，从2009年到2013年，南阳市丹江口库区需搬迁安置移民16.2万人，其中市外安置6.8万人，市内安置9.9万人。按照方案，试点规划搬迁10627人。邓州、唐河、社旗、新野4县市接收4个村4170人，规划建设5个居民点。移民试点工作于2008年11月底启动，截至2009年7月9日，全市4个移民试点村5个安置点，实际建房971户。

同日　河南省委常委、常务副省长李克率领省发改委、省财政厅等有关部门负责人，深入镇平县，专题调研玉文化改革发展试验区规划和建设工作，要求努力把镇平建设成为"全省文化产业的集聚地、文化创新的试验区、文化强省建设的排头兵"。

12～13日　在杭州举办的南阳—杭州经济贸易合作洽谈会上，31个项目签约，投资总额72.8亿元，合同引资额64.8亿元，涉及纺织、化工、生物、机械制造、制药、食品、冶金建材、新能源、房地产等产业。

14日 南阳市启动2009年“希望工程圆梦活动”，全面展开对贫困大学生的救助。救助活动自2000年开展以来，累计筹资2015.9万元，审批助学贴息贷款686.4万元，筹款范围涉及北京、广州、郑州等15个大中城市；救助贫困大学生7953名，遍及全国50余所重点院校。

14～15日 市四届人大常委会举行第二次会议。会议听取和审议了市政府关于2009年上半年国民经济和社会发展计划执行情况的报告，听取和审议了市政府关于南阳市2008年财政决算草案和2009年上半年财政预算执行情况的报告，听取和审议了市政府关于2008年市本级财政预算执行和其他财政收支情况的审计工作报告，表决通过了2008年市级财政决算，表决通过了李甲坤等21名市政府组成人员的任命，表决通过了赵森等3人任市中级人民法院审判员。

15日 河南中源化学股份有限公司（原安棚碱矿有限责任公司）总投资15亿元的第三期扩建工程正式建成投产。该项目完全达产后，年生产纯碱、混合盐制碱、小苏打等各类化工产品120万吨，可实现年产值15亿元，创利税5亿元以上。至此，桐柏已成为亚洲最大的碱硝化工产业生产基地。

16日 市委、市政府下发《关于进一步加强招商引资工作的意见》，提出了一系列招商引资激励政策。17日，市委、市政府召开对外开放、招商引资工作动员大会，要求全市上下迅速掀起大开放、大招商热潮，以大开放带动大发展，以大招商推动大跨越，为战危机、保增长提供坚强保障。总目标是下半年引进资金260亿元。市四大家领导、各县市区及市直部门主要负责人参加会议。市委书记黄兴维作动员报告。

18日 南阳机场扩建工程开工。工程投资总概算5.07亿元，工期18个月。项目包括：飞行区场道工程、助航灯光工程、飞行区消防及消防救援站工程等。扩建完成后，南阳机场将占地193.58公顷，跑道延长至2800米，年旅客吞吐量57万人次，年客机起降近万架次。

21日 南阳仲盛生物质能发电项目奠基开工。该项目利用农作物秸秆代替常规能源进行生产，是一种可再生的生物质能源。项目总投资将近2亿元，建成后可实现产值近亿元，利税2000多万元，年燃烧田间秸秆20万吨。农民仅此一项可增加收入3000多万元。对于缓解全市秸秆禁烧压力，优化全市能源结构，保障能源供给，改善生态环境，增加农民收入，构建环境友好型、资源节约型社会都将发挥积极的示范引导作用。

29日 河南省南水北调丹江口库区移民安置动员大会在淅川举行。国务院南水北调办副主任李津成，省领导陈全国、王文超、刘满仓、靳绥东，南阳市领导黄兴维、穆为民、贾崇兰及河南省相关市、县领导出席会议。会议提出，要按照“四年任务、两年完成”的总体要求，决心下定，措施过硬，责任到位，方法科学，坚决打赢丹江口库区移民攻坚战，确保实现南水北调中线工程2013年主题工程完工、2014年汛后通水的目标。会议要求8月底前完成试点移民迁安任务，2011年全面完成库区16.2万人的移民迁安任务。

7月 市中级人民法院审结白玉岗等27人涉黑犯罪案。以犯组织、领导黑社会性质组织罪、故意伤害罪、寻衅滋事罪、敲诈勒索罪、聚众斗殴罪、破坏生产经营罪、强迫交易罪，数罪并罚，判处被告人白玉岗无期徒刑；以参加黑社会性质组织罪、故意伤害罪，数罪并罚，判处被告人沈进位无期徒刑；其他25名被告人分别被判处有期徒刑、管制或免于刑事处罚。

8月

1～10日 唐河县经贸考察团赴台湾进行考察。在南阳市13个县市区首开先河。

6日 市中心城区违法建设综合整治动员大会召开。至10月8日，共强制拆除违法建筑107400平方米，清理违法占地9.96公顷。

7日 南阳市白河两岸区域城市设计方案评审结果揭晓，经过13名专家对4份设计方案的审议、投标，由美国易道环境规划设计有限公司设计的3号方案以12票的绝对优势获得第一名。美国易道公司将集中其他方案优点及专家的建议进行后续方案的深化工作。

13日 前全国人大代表、镇平县贾宋食品系列集团股份有限公司法人代表、镇平县原政协副主席吴天喜因犯强奸罪，组织、领导黑社会性质组织罪等7项罪名被依法执行死刑。

16日 淅川县南水北调丹江口库区首批试点移民搬迁安置工作正式启动。是日，淅川县滔河乡姬家营村71户253名丹江口水库淹没区移民，举家迁往许昌市许昌县榆林乡姬家营移民新村。河南省领导陈全国、刘满仓和许昌市、县领导及当地大批民众前往迎接。南阳市委书记黄兴维陪同移民到达安置区。许昌当地为移民准备了舒适的居住和生产、生活环境。28日，淅川县首批1.06万试点移民搬迁工作全部结束。根据移民安置规划，淅川县将在两年内全部完成16.2

万移民搬迁安置任务。

21日　在新加坡——河南投资贸易项目说明会上,南阳签约7100万美元项目,并与香港雅发集团公司就来宛投资开发事宜进行了初步接触,和新加坡益海公司就农产品合作事宜进行了沟通。

同日　2008年度河南工业企业百强位次排定。南阳市7个企业榜上有名:中国石化集团河南石油勘探局、河南龙成集团有限公司、淅川铝业集团有限公司、河南天冠企业集团有限公司、南阳鸭河口发电有限责任公司、新野纺织股份有限公司、西保冶材集团有限公司。

25日　中共中央政治局委员、中央书记处书记、中组部部长李源潮到邓州农村调研深入学习实践科学发展观活动。他指出,在第三批学习实践活动中,要认真总结推广邓州农村推行"四议两公开"的经验,发展和完善党领导的村级民主自治机制,使之成为建设社会主义新农村的重要动力、增强村级党组织凝聚力的重要举措、改进党员干部作风的重要抓手。

26日　河南省委书记徐光春深入南阳调查研究,指导经济、文化、旅游产业发展。

同日　南召县举行招商联谊会,在外创业的100多名南召籍客商与会,共谋南召发展大计。会上,共签约项目25个,总投资近10亿元。

同日　南阳防爆电气研究所研发产业基地在高新区奠基。该基地占地5.33公顷,总投资1.6亿元,总建筑面积58000平方米。

28日　南阳市台资企业现场会在唐河县召开。市领导黄兴维、王建民、李东武、李建豫、吴冬焕等出席会议。市委书记黄兴维讲话指出,两岸全面直接双向"三通"已经实施,为加快两岸之间的经济融合提供了千载难逢的机遇。我们一定要充分利用一切有利条件,多层面多渠道多形式开展对台招商引资工作。

30日　南阳利达光电股份有限公司承担的省级科研项目"高倍聚光光伏发电系统"顺利通过由国家发改委、中科院组织的专家鉴定。专家组成员一致认为该系统制定了我国第一个《聚光光伏系统模组与阵列》企业标准,申报了多项拥有自主知识产权的专利,项目达到国内领先水平。该项目的产业化,将极大提升我国聚光型太阳能行业的技术水平,并带动我国并网聚光光伏发电产业的发展。

8月　美国爱滋病健康基金会(AHF)卧龙区爱滋病治疗合作项目启动。合作内容主要包括:AHF为当地医疗卫生机构提供专业技术培训,提高医护人员服务能力;在河南省规定的128种爱滋病免费治疗药物以外,无偿提供其他相关药物支持。

8月　国家商务部批准南阳市3个企业在境外设立公司和办事处。其中,南阳红棉天使纺织有限公司获准在乌兹别克斯坦设立"乌华南阳红棉天使纺织有限公司",注册资本1100万美元,总投资1800万美元,主要从事生产和营销棉纱、棉布、废棉,以及工程项目建设管理等。南阳陆运口岸有限公司和南阳红棉棉业集团有限公司获准分别在土库曼斯坦和乌兹别克斯坦设立办事处。至此,全市境外投资企业已达10个。

8月　农业部下达2009年农业标准化示范项目,全国共确定种植业、畜牧养殖业、水产业等各类国家级农业标准化示范县(农场)115个,其中桐柏县被确定为全国唯一的花生标准化示范县。

8月　中国现代肉牛产业技术体系公布,新野、唐河两县被纳入国家肉牛产业技术体系试验示范县。

9月

2日　全市深化提高拓展延伸"4+2"工作法工作会议召开。市委常委、组织部长杨其昌指出,各级党组织要在深化完善提高上下工夫,保证"4+2"工作法始终在南阳保持旺盛生命力。

3日　河南省承接纺织服装玩具产业转移洽谈会在郑州举行。南阳市有4个项目参加省重点项目签约仪式,投资总额4.1亿元。

5日　高新区与香港莱茵哈特公司合作年产10万头黄牛屠宰加工项目签约仪式举行。项目总投资4300万美元,采取公司加农户加集中育肥深加工模式,生产中高档牛肉产品。

8日　第13届国际投资贸易博览会在厦门举行。南阳代表团组织了承接东南沿海产业转移恳谈会,有5个项目在会上签约,投资总额10.8亿元,合同引资10.5亿元。

10日　市委召开深入学习实践科学发展观活动第一批总结暨第二批动员会议。会议指出,全市第一批学习实践活动自3月份开展以来,各级党组织紧紧围绕总体要求,加强领导,周密筹划,精心组织,扎实推进,圆满完成了各项工作任务,取得了明显成效。按照中央和省委统一部署,第二批学习实践活动从9月份开始,到2010年2月底结束。

13日　受市长穆为民委托,副市长李建豫主持召开市长办公会议,研究部署进一步做好甲型H1N1流感防控工作。会议提出切实加强组织领导,完善工作机制,全面落实各项防控措施,确保社会大局稳定;突出防控重点,严防疫情群体性暴发；强化医疗救治措施，提高疫情防控能力；加强宣传引导，营造良好舆论氛围等四项措施。

17日 市政府向首批享受社保补贴的天冠集团、宛运集团、防爆集团、木兰花家纺、水务集团等10个企业发放1659万元补贴资金，这些资金将惠及这10个企业的15000多名员工。为减轻金融危机对南阳企业造成的负面影响，5月份，市政府决定使用5000万元失业保险基金为市直困难企业提供补贴，帮助企业恢复生产，稳定就业岗位。

同日 南阳大河印务有限公司开工建设。该公司是由河南日报报业集团、南阳日报社、乐凯集团第二胶片厂3方投资建设的合作项目，主要承担人民日报、河南日报等党报在南阳及整个豫南地区扩版彩印任务。该项目投资4000万元，日生产能力约200万对开张。

18日 2009年豫粤产业转移合作共赢洽谈会开幕式和签约仪式在深圳举行。南阳市共有3个项目参加省重点项目签约仪式，总投资4亿元，合同引资3.5亿元。

18～19日 丹江口库区发展论坛在丹江口市举行。河南淅川县、邓州市，湖北丹江口市、郧县、郧西县、十堰市张湾区，陕西白河县及汉江集团、水源公司参会。本届论坛就共享信息、共同争取项目、加强跨区域经济协作、共同推进生态建设等问题进行探讨。

19日 融生态休闲游和佛教文化游为一体的西峡寺山国家森林公园开园。寺山国家森林公园是伏牛山世界地质公园的核心部分，总面积850公顷，森林覆盖率98.6%，有“中原氧吧”之称。

20日 2009年全国农产品加工业博览会暨东西合作投资贸易洽谈会在驻马店举行，南阳市共展示农产品加工产品16个系列93个品种，签约项目55个，有4个参加省重点项目签约仪式，其中邓州市代表团与湖南太子奶生物科技有限公司签订了年产15万吨太子奶生产线项目，投资额2亿元。

23日 在广东发展银行郑州分行中小企业服务产品南阳推介会上，广东发展银行郑州分行与天冠企业集团有限公司、南阳陆德筑机股份有限公司等35个企业分别进行贷款签约，共签约贷款36.28亿元。

25日 市委常委、组织部长杨其昌在上海常召开的全国组织部长学习贯彻党的十七届四中全会精神集中培训班上，介绍邓州市“四议两公开”(即4+2)工作法的创新及实践情况。

26日 南阳市首家村镇银行——河南方城凤裕村镇银行挂牌开业，标志着全市农村金融体制改革迈出新步伐。

28日 南阳市委全委(扩大)会议召开，学习贯彻十七届四中全会精神和省委全委(扩大)会议精神。市委书记黄兴维主持会议并代表市委常委会作重要讲话。会议确定南阳市加强和改进党的建设的总体要求是：全面贯彻党的十七大、十七届四中全会和省委全委(扩大)会议精神，以邓小平理论和“三个代表”重要思想为指导，深入贯彻落实科学发展观，以改革创新精神全面推进党的建设新的伟大工程，把加强党的执政能力建设和先进性建设作为主线，坚持党要管党、从严治党，全面加强思想建设、组织建设、作风建设、制度建设和反腐倡廉建设，使全市各级党委的领导核心作用、基层党组织的战斗堡垒作用和共产党员的先锋模范作用得到充分发挥，为推动南阳科学发展、跨越发展提供强有力的政治保证。

同日 市纪委召开全委(扩大)会议，学习贯彻党的十七届四中全会和中央纪委四次全会、省纪委全委(扩大)会议以及市委全委(扩大)会议精神，深入推进党风廉政建设和反腐败斗争。

29日 南阳市新中国成立60周年贡献大、社会满意度高60位民营企业家表彰活动隆重举行。丁学龙、马鹏、马秀瑜等60位民营企业家受到表彰。

同日 鸭河口水库除险加固工程开工建设。这次除险加固工程总投资2.2亿元，工期为24个月，各一级建筑物的洪水标准为千年一遇洪水设计，万年一遇洪水校核；消能防冲建筑物标准为百年一遇。

同日 由南阳市文联、南阳市摄影家协会共同主办的《南阳回眸——影像见证60年》大型摄影图片展开幕。市委常委、宣传部长姚进忠为图片展揭幕。

同日 南阳市普法网站正式开通。

30日 岭南高速公路蒲山特大桥建成通车，这标志着南阳市80公里长的绕城高速全线贯通，至此，南阳高速公路通车里程已达553公里，位列全省第一。南阳城市框架面积也随之拉大到400平方公里。

下旬 在中华人民共和国成立60周年之际，全国妇联决定授予2000名妇女全国三八红旗手、1000个单位全国三八红旗集体荣誉称号。南阳市获得全国三八红旗集体荣誉称号的是中国银行股份有限公司南阳分行、邓州市妇联；获得全国三八红旗手荣誉称号的是柳克珍(南阳市妇联主席)、庞震凤(南阳市宛城区区长)、张文媛(南阳市公安局交警支队政委)。

9月 泰国——河南投资贸易洽谈会在曼谷举行。洽谈会期间,南阳市代表团共推介发布200多个项目,涵盖轻工、纺织、化工、医药等10多个领域。其中3个项目在会上签约,金额2.1亿美元,居全省前列。

9月　南阳产业集聚区举行深圳招商引资活动,共签约项目32个,总投资119.3亿元,引资115.9亿元。

10月

10日　由国家能源局组织召开的《科学发展的2030年国家能源战略研究报告》座谈会在南阳召开。

11日　国际投资促进会执行会长、理事长,世界500强国际高峰论坛秘书长,中国—太平洋岛国区域经济高峰论坛执行主席,香港铜锣湾集团董事王平一行莅宛考察。

13日　全市治理工程建设领域突出问题工作领导小组召开第一次会议。市委常委、市纪委书记孙丰年,市委常委、副市长陈光杰出席会议。会议印发了《南阳市工程建设领域突出问题专项治理工作实施方案》,此次专项治理分为8个方面:规范工程建设项目决策行为,规范招标投标活动,规范土地使用权、矿业权审批和出让行为,规范城乡规划管理工作,加强工程建设实施和工程质量的管理,加强物资采购和资金安排使用的管理,推进建设项目信息公开和诚信体系建设,加大查办案件力度。

15～16日　南阳市物业管理会员大会暨现场观摩交流会召开,全市155家物业服务企业负责人参加会议。

16日　河南省副省长刘满仓到淅川县考察第一批大规模移民搬迁安置工作进展情况。

同日　中国·南阳2009诸葛亮文化活动周在卧龙岗隆重开幕。本届活动周恢复了自清代早期以来代代相传的卧龙庙会,增加了南阳非物质文化遗产展演,并就卧龙岗文化旅游产业集聚区建设规划举行高峰论坛。河南省发改委经济研究所所长、市政府文化顾问郑泰森,上海交通大学教授、市政府文化顾问胡惠林,市领导黄兴维、穆为民、贾崇兰、褚庆甫、解朝来、姚进忠、秦俊、冯晓仙、李中杰等出席开幕式;著名作家二月河,香港孔教学院代表姜伯玉、吕国美等应邀参加开幕式。

17日　全国政协副主席李兆焯到南阳视察,实地考察内乡县衙、南阳武侯祠、南阳府衙等文化旅游景点。

18日　在丹麦哥本哈根进行的2009年世界跆拳道锦标赛中,来自我国解放军队的南阳籍运动员韩颖颖一路过关斩将,夺得女子73公斤级冠军。

同日　河南省首届玉石雕刻技能大赛落下帷幕,南阳选手郭洪范创作的“清白传家”玉雕作品夺冠。

19日　在广州市举行的河南省承接台资企业产业转移洽谈会上,南阳市有3个项目成功签约,项目投资总额1.9亿元,合同引资1.7亿元。

20日　石桥月季基地被中国科协和财政部联合评为全国农业科普示范基地。

中下旬　市长穆为民率领南阳市政府代表团,应邀赴日本进行为期6天的考察访问。期间,穆为民一行对日本有关城市、企业进行了友好访问和经贸考察。

23日　南阳——上海经济贸易合作洽谈会在上海浦东新区隆重举行。世界环境基金会、永和国际集团、中华两岸连锁行业协会、世界华人工商促进会、加拿大亚洲商会、上海英国商会、台湾(香港)上海工商联谊促进会、苏格兰国际发展局等驻沪商务机构官员,全国各省、市、自治区驻沪商会代表及上海各大企业负责人、在沪的河南籍企业家等参会。会上共有51个项目签约,投资总额226亿元,合同引资205亿元。

24日　“全国中医药文化宣传教育基地”揭牌仪式在宛西制药集团中华医圣苑隆重举行。

25日　“中医中药中国行”南阳站活动启动仪式暨中国·南阳第八届张仲景医药科技文化节在南阳市体育中心开幕。全国人大环境与资源保护委员会副主任委员宋照肃,卫生部副部长、国家中医药管理局局长王国强,科技部副部长刘燕华,文化部副部长周和平,“中医中药中国行”活动组委会副主任、总后卫生部副部长陈新年少将,河南省副省长宋璇涛和省直有关部门负责人及各新闻媒体,南阳市领导穆为民、贾崇兰、李天岑、朱广平等出席开幕式。市长穆为民发表致辞,市委副书记贾崇兰主持。开幕式结束后,与会领导和嘉宾观看文艺表演,参观张仲景医药文化及南阳中医药产业发展成果百米展廊。并在“弘扬国粹、爱我中医”签名墙上签名。

同日　市政府在市体育中心多功能厅举行市情说明、项目发布及投资项目签约仪式。共有38个项目签约,投资总额57.4亿元,合同引资额56.2亿元,项目涉及纺织、化工、生物、机械制造、制药、食品、冶金建材、新能源、房地产等。

26日　纪念科圣张衡逝世1870周年拜谒大典隆重举行。国家天文台党委书记刘晓群、副台长郝晋新、研究院博士孙小淳,中科院紫金山天文台科普部主任严起,市领导穆为民、贾崇兰、陈光杰、金星,市政协原副主席、张衡研究会会长张忠祥等参加拜谒活动。

27日　武警部队司令员吴

双战上将在武警河南省总队队长陈进平少将、政委刘生辉少将陪同下，深入武警南阳市支队视察工作。

28日 中国内乡石材基地项目在内乡产业集聚区正式开工建设。总投资80亿元、占地面积666.66公顷的项目建成后，南阳将成为全国继广东、山东、福建和上海之后的又一大石都。

同日 南阳市创建全国双拥模范城工作会议召开。市长穆为民作动员讲话。市领导陈代云、李东武、李建豫、吴冬焕，南阳军分区副政委祝润安出席会议。市委常委、南阳军分区司令员陈代云主持会议；副市长李建豫宣读市委、市政府和南阳军分区《关于表彰双拥工作先进单位和模范个人的决定》；各县市区、市政府有关部门向市政府递交《创建全国双拥模范城目标责任书》。

29日 河南省委常委、省军区政委颜纪雄少将莅临南阳，并深入镇平县、唐河县，就部队全面建设情况和2009年冬季征兵工作进行调研。

10月 天冠集团年产10万吨全降解塑料项目工程正式开工，总投资9.6亿元。项目投产后，预计年销售收入可达25.6亿元，每年可实现减排二氧化碳10万吨。

10月 南水北调纪念馆在南阳淅川县马蹬镇建成开馆。南水北调纪念馆于2008年3月开始修建，总投资1200多万元，面积约3200平方米，共5层，由中线工程馆、淅川移民馆、治水名人馆、千秋大禹馆及丹江观景台五部分组成。

10月 “感动中原人物”、“试飞英雄”黄炳新回到南阳探望家乡父老。黄炳新，1948年生，是卧龙区陆营镇人，现任中国飞行试验研究院高级顾问。他是我军第一位“功勋试飞员”，也是飞行时间最长、飞行高度最高的试飞员。1988年，中央军委主席邓小平签署命令，授予黄炳新“试飞英雄”荣誉称号和一级英模勋章；1991年他成为我国首批功勋飞行员。

10月 淅川县丹江细鳞斜颌鲴水产种质资源保护区正式获得批复。这是河南省批准建立的第3个水产种质资源保护区，也是南阳市首个此类保护区。总面积为1.02万公顷。保护的物种除细鳞斜颌鲴外，还有银鱼、淡水青虾、三角帆蚌、鲤、黄尾密鲴等12种经济水生动物。

10月 淅川县上集镇沟湾遗址被国家文物局评选为2007～2008年度田野考古三等奖。沟湾遗址系南水北调中线工程丹江口水库淹没区文物保护项目之一，文物部门考古勘探发掘出大量新石器时代遗存，其中仰韶文化最为丰富，对研究汉水中游地区新石器时代文化的发展序列，探讨黄河与长江中游地区的文化交流状况等具有重要学术价值。

11月

2～5日 对市直82个与民生联系密切的机关科室进行行风评议问卷测评，全市约2万人参加。将民主评议政风行风延伸到机关科室，对与民生联系密切的科室办事作风进行直接评议，这在南阳尚属首次。

3日 中国地震观测技术研讨会暨丹江口库区地震监测工作论坛在南阳隆重开幕。同日，中国地震局副局长阴朝民率领出席中国地震观测技术研讨会暨丹江口库区地震监测工作论坛的90余名领导专家，到科圣张衡墓举行拜祭活动，纪念地震学鼻祖诞生1931周年。

同日 以中纪委驻新闻出版总署纪检组长宋明昌为组长的检查组一行8人莅宛，就南水北调工程建设和库区移民方面中央扩大内需促进经济增长政策落实情况进行实地检查。国务院南水北调办副主任李津成、河南省省长助理何东成、中线建管局局长石春先、国务院南水北调办经济财务司司长朱卫东、南阳市副市长崔军等陪同检查。

3～4日 以新疆阿克苏地委书记黄三平为团长的阿克苏地区党政考察团一行17人莅宛，考察南阳市工业、城市建设、旅游产业发展等情况。

4日 全国县级供销社工作南阳现场会隆重召开。与会代表一致认为，南阳供销系统在“二次创业”攻坚中，以服务“三农”为己任，坚持改革创新，强力推进“新网工程”建设，大力发展农民专业合作社，积极培育龙头企业，使供销合作企业取得了长足进步，其先进经验值得学习。

4～5日 河南省省长郭庚茂率领省观摩团深入南阳，对南阳重点项目及产业集聚区建设情况进行观摩点评。省委常委、洛阳市委书记连维良，副省长史济春，省长助理、省政府秘书长安惠元及各省辖市市委书记、省直有关部门主要负责人随行。

5日 淅川汽车减振器厂自主开发的5种高速列车减振器产品顺利通过铁道部权威部门检测，其中3种产品已经装车试验合格。该产品的成功研发，对实现高速列车减振器国产化，改变我国在车辆悬架系统设计和制造方面落后局面具有重要意义。

6日 河南邓州邓姓文化研究座谈会召开，来自海内外的200多位邓氏宗亲代表莅临邓州参加座谈会。其中有来自老一辈无产阶级革命家邓小平、邓子恢、邓颖超家乡的宗亲代表。会上成立了“邓州炎黄邓氏联谊会”，创办了《邓姓文化》杂志。

7～8日　由中国核能行业协会理事长张华祝、副理事长赵成昆带领的中国核能行业协会专家组莅临南阳，就南阳核电厂厂址进行实地踏勘、咨询研讨。

8日　台湾中国电视公司"大陆寻奇"栏目组记者一行4人到南阳采访，将进一步扩大南阳在台湾的影响力，对推动宛台文化交流起到积极作用。

9日　南阳市卧龙区六合小额贷款公司正式运营。该公司注册资金3000万元，是南阳市首家专业小额贷款公司，主要为三农、个体工商户和中小企业提供小额、分散的贷款服务。

10日　科尔沁牛业南阳有限公司投资8000万元的10万头肉牛加工项目建成投产。

10～13日　第四届中国牛业发展大会在南阳举行。农业部副部长高鸿宾、中国畜牧业协会会长张宝文及来自全国各地的600余位领导、专家和客商参加会议。与会代表现场观摩南阳肉牛产业发展模式，中国畜牧业协会与南阳市签订肉牛产业战略合作协议，举办"中国养牛业现状与发展思路、牛业生产与食品安全、地方牛业特色发展模式、牛品种资源保护与开发利用"四大论坛。

11～12日　南阳市普降大雪，并伴有不同程度的冻雪，给交通、电力供应和群众生活带来诸多影响。南阳机场关闭，停飞5个航班，滞留旅客100多人；受北方暴雪影响，南下火车普遍晚点，铁路客流量增加；从11日夜开始，市内多条高速公路陆续关闭。冻雨造成市中心城区数条10千伏线路大面积覆冰，局部区域停电。南阳供电公司紧急启动黄色应急预警，出动1000多人冒雪抢修故障。处于停电区域的一水厂、二水厂部分水源井无法运行，城区大部分区域低压供水。

12日　市委中心组举行学习报告会。省委宣讲团成员、省委讲师团副教授胜栋作《党的十七届四中全会精神解读》专题辅导报告。市委书记黄兴维、副书记贾崇兰等市四大班子领导出席报告会。

同日　淅川县试点移民总结表彰暨第一批移民迁安动员大会举行。自此淅川县第一批移民迁安工作全面启动。试点移民工作自2008年11月启动以来，经过9个多月的努力，试点移民2606户10822人于8月底全部迁往安置地。淅川县第一批移民涉及10个乡镇、57个村、64901人，规划建设居民点67个。

同日　市地税局"全国精神文明建设工作先进单位"揭牌仪式隆重举行。

14日　中国机械工业联合会及国家电网公司在南阳市联合组织产品鉴定会，对南阳金冠电气有限公司研制开发的1000KV特高压避雷器等5项产品进行国家级鉴定。经鉴定，该公司产品各项性能指标符合国家标准要求，1000KV特高压避雷器产品综合技术性能达到国际先进水平，其它4种避雷器产品的综合技术性能达到国内先进水平。

同日　河南省委、省政府在南阳召开全省南水北调丹江口库区第一批移民新村征地暨"三通一平"工作现场会。副省长、省丹江口库区移民安置指挥部指挥长刘满仓，省移民办主任王树山，在南阳市市长穆为民陪同下视察社旗县移民安置建设工地，现场观摩"三通一平"工作。河南省丹江口库区第一批移民安置工作，实际启动57个移民村6.49万人，涉及全省6个省辖市、25个安置县(市、区)的67个移民安置点。

同日　南阳与海峡两岸地区经贸合作洽谈会在厦门市开幕。主体内容共5项：走访考察在宛投资企业；参观考察沿海著名企业、高科技工业园区及现代产业集聚区；举办南阳市承接海峡两岸地区产业转移洽谈对接会和宛台经济技术合作恳谈会；举行南阳市情说明会暨合作项目签约仪式；举办南阳文化旅游推介活动和南阳地方戏曲表演。16日，举行南阳与海峡两岸地区合作项目签约仪式，共有48个项目签约，投资总额106亿元，合同引资95亿元。

16日　南阳市危险废物处置中心在镇平县遮山镇正式开工建设。总投资1.78亿元，占地面积9.86公顷，日处理危险废物145吨，项目建成后将对改善城市环境发挥巨大作用。

17日　中光学集团涡轮涡杆转向系统40套生产订单任务完成。中光学集团自主研制的涡轮涡杆转向系统是我国大型平板运输车制造关键技术的重大突破，拥有完全自主知识产权，已达到国际先进水平，填补了国内该领域的技术空白，改变了过去依赖进口的局面。

同日　南阳市首批城建项目招商推介会举行，中心城区弱电入地共用管道建设、生活垃圾处理厂等21个项目成功签约，总投资207.4亿元。为加快推进城市建设，服务和保障2012年第七届全国农运会在南阳成功举办，市政府决定把农运会接待设施、城市基础设施、白河两岸开发、内河整治、旧城改造、新区开发6大类51个项目向社会招商推介，总投资666.2亿元，计划2011年底前全部完工。

18日　国家开发投资公司与南阳市政府、天冠集团合作框架协议签约仪式隆重举行，三方将联手对生物能源产业领域进行资产重组。

同日　南阳机场举行新航站楼启用暨扩建工程奠基仪式。南阳机场扩建工程总投资5.12亿元，建设工期为18个月，扩建项目主要包括：飞行区场道工程、助航灯光工程、飞行区消防及消防救援站工程、运营指挥楼等。

同日 “天下玉源”项目在中国玉雕之乡镇平县石佛寺镇正式开工建设。项目总规划面积30公顷，总投资6.8亿元，总建筑面积约30万平方米。

19日 南阳市南水北调丹江口库区移民试点总结表彰暨第一批移民安置实施动员大会召开，对在南水北调丹江口库区移民试点工作中做出突出贡献的51个先进单位和182名先进个人进行表彰。

同日 全国人大财经委副主任尹中卿带领全国人大调研组深入南阳，就中小企业发展情况进行专题调研。

同日 由河南省社会科学院主办、省范仲淹文化研究会和省廉政理论研究中心协办的河南(邓州)第四届范仲淹文化节在邓州花洲书院隆重开幕。

20～22日 中国电视艺术家协会主办的首届新农村电视艺术节暨颁奖典礼在江西赣州举行。由南阳市和中央新闻电影纪录制片厂等单位联合摄制的20集电视连续剧《小鼓大戏》获优秀农村题材电视剧二等奖。

21日 河南省委常委、洛阳市委书记连维良率领120余人的党政考察团，深入西峡参观考察工业企业及产业集聚区建设发展情况。

22日 由河南省科技厅等单位组织开展的河南省2009年度第一批高新技术企业认定工作中，西峡龙成冶材集团有限公司被认定为本批次50家高新技术企业之一。

22～24日 市领导贾崇兰、谢先锋、姚龙其、贺国勤，带领市政府办、新农村办、文明办和农业、建设、规划、工商等部门负责人及部分县市区委书记、县市区长深入新乡、焦作参观学习。

24日 南阳金戈利镁业集团年产万吨汽车配件消失模铸造生产线正式投产。

同日 南阳市第三届运动会暨首届农民运动会在市体育中心体育馆开幕。本届运动会是迎接2012年第七届全国农运会的一次实战演练，总规模约8000人，是南阳有史以来规模最大的一次体育盛会。运动会历时7天，分农民组和综合组两个组别，分别进行了舞龙舞狮、健身秧歌等24个大项、58个小项的比赛，共决出110枚金牌。

27日 南阳市商务稽查支队挂牌成立。商务执法范围由原来的生猪屠宰、酒类流通和煤炭执法，扩展到技术进出口、对外劳务合作、对外承包工程、特许经营、零售商促销、零供交易等商务行政执法监管的全部领域。

同日 中国·西峡香菇国际论坛暨产销见面会隆重召开。中国食用菌协会会长李树萍、常务副会长陆解人，全国城市农贸中心联合会常务副会长刘诗嘉，省农业厅副厅长郭鹏亮，省出入境检验局副局长丁美兰，副市长姚龙其出席开幕式。会上，李树萍向西峡县授“中国香菇之乡”牌匾，刘诗嘉向西峡县授“全国农产品主产基地县”牌匾。

28日 南召辛夷研发中心揭牌仪式在台湾阳明大学隆重举行。南召县委书记赵景然与阳明大学生物化学研究所教授蔡英杰签订辛夷科技研发合作框架协议书；南召华龙辛夷公司董事长李恒与台湾扬生生化公司董事长许正郎签订合资成立华扬龙生生化科技股份有限公司合作框架协议书。

同日 《马连良舞台艺术》之“借东风·诸葛亮”特种邮票首发式在南阳武侯祠举行。全国著名邮票设计家、《马连良舞台艺术》邮票设计者刘钊亲临现场为广大邮迷签名。

29日 宛台旅游经贸合作暨南阳同乡恳谈会在台北圆山饭店举行。市领导贾崇兰、杨德明、贺国勤与中国国民党中央委员、台湾女企业家协会理事长、台湾南阳同乡会会长马爱珍，大中华集团(台湾)投资公司董事长、马英九民间后援会秘书长耿荣水等出席恳谈会。随后，举行了南阳市对外招商项目推介暨宛台合作项目签约仪式。共有16个项目签约，总投资21亿元。

30日 人民日报、新华社、光明日报、经济日报、中央人民广播电台、中央电视台、中国青年报、农民日报、法制日报、以及人民网、新华网、央视网等13家中央新闻媒体组成的采访团抵达邓州，对“四议两公开”工作法进行深度采访报道。

11月 河南省第五届文学艺术优秀成果奖揭晓，共评出作品奖121件，青年鼓励奖9名。南阳有8件作品获奖，获奖总数名列省辖市前三名。廖华歌的小说《玉皇岭》获文学类一等奖；行者的小说《开端》、冯继然的小说《桃花沟的女人》(《丹凤秋阳卷》)获文学类二等奖，方城县文化局的《辣椒庄的喜事》获戏剧类二等奖，史焕全的《楷书三条屏》及张青山的《隶书四条屏》获书法类二等奖，李光成的《心荷独灵》获摄影类二等奖，魏天葆的《河南越调音乐概论》获文艺评论类二等奖。

11月 在2009年第六届浙江国际传统武术比赛中，新野三高教师孙浩东夺得少林双流星和单二节棍双项冠军。这次大型国际比赛，共有来自32个国家和地区、343支代表队的5078人参赛。

11月 社旗、淅川、西峡3县被列入国家首批新型农村社会养老保险试点。

11月　在2009年河南省赛艇锦标赛暨河南省第十一届运动会资格赛上，南阳运动员摘取8枚金牌，位列全省第一。

12月

1日　市政法委召开表彰大会，对淅川县公安局等11个破获命案有功单位进行表彰。截至11月30日，全市共破获现行命案122起，破案率达到95.31%，破获命案积案21起、外省命案5起，抓获外省命案逃犯41名，战绩位居全省公安机关前列。

同日　团市委组织部部长孟艳入选“全国希望工程20年杰出建设者”名单，河南省仅有两人入选。南阳市希望工程基金筹资总额达到3200万元，共援助大中小学生3万余人，援建希望小学133所，在全省名列前茅。

2日　中国矿业大学副校长刘炯天当选为中国工程院院士。4日，清华大学教授王光谦、郑州大学校长申长雨被增选为2009年中国科学院院士。至此，南阳籍“两院”院士已达17位，约占河南籍院士总数的三分之一。

5日　河南省志愿者联合会召开第一次代表大会暨首届优秀志愿服务集体和个人表彰大会，南阳市社区志愿者协会会长李相岑当选省十大杰出志愿者。

同日　第七届全国农运会游泳馆、综合训练馆正式开工。“两馆”建设工期为一年，预计2010年底可建成并交付使用。市领导黄兴维、穆为民等一同为“两馆”培土奠基。

10日　全市机关党的建设工作会议召开。中心议题是，学习贯彻党的十七届四中全会精神和全国、全省机关党的建设工作会议精神，就进一步加强和改进新形势下机关党建工作进行部署。市委书记黄兴维、省直工委副书记王书义发表重要讲话。

13日　南阳市“三好”牌优质鸡蛋被国际绿色生态合作组织确定为推荐产品，揭牌仪式在宛城区黄台岗镇谢庄养殖基地举行。

14～21日　市委书记黄兴维，市委常委、宣传部长姚进忠带领南阳代表团参加“中原文化宝岛行”系列活动。15日，南阳代表团在台北举行台湾工商界知名人士暨河南南阳同乡联谊会。台湾南阳同乡会总干事李德杰、明阳矿业开发公司董事长林金顺、东裕精密金属有限公司副总经理陈进兴、合事家建材公司董事长郑松柏及河南南阳同乡、台湾工商界知名人士等出席联谊会。16日，“中原文化宝岛行”经贸交流洽谈活动在台北举行。黄兴维率南阳经贸代表团参会，与50多位台湾知名企业代表共话宛台经贸交流合作大计，签约了10个合作项目，总投资11.5亿元。此外，南阳果品批发交易中心、南阳精品水果批发行等4个企业与台湾高振批发企业、尚纶企业、豫丰公司、长庆企业等签订了长期合作意向，未来一年内将采购500万元。

16日　南阳市第六届青年歌手大奖赛举行决赛，22名进入决赛的选手经过激烈角逐。最终10人胜出，分获一、二、三等奖。

21日　南阳市召开中心城区经济发展工作会议，对当前和今后一个时期中心城区的发展进行安排部署。会议决定围绕“聚焦中心、加快中心、强化中心”，促进各种资源和要素快速向中心城区集聚，力争经过5～10年努力，把南阳建设成为豫鄂陕毗邻地区具有较强辐射带动能力的区域性中心城市、全省有重要影响的新型工业强市、中部地区重要的交通枢纽和具有水城特色的生态宜居城市。到2015年，生产总值年均增长15%，占全市33%以上；社会固定资产投资年均增长30%，占全市40%以上；财政一般预算收入年均增长16%，占全市50%以上；工业增加值达到800亿元以上，占全市50%以上；三次产业结构比例达到4：50：46；建成区面积达到130平方公里，人口达到130万人。

22日　第七届全国农民运动会主体育场在宛城区袁庄社区开工建设。主体育场建筑面积4.2万平方米，主体建筑共5层，可容纳观众3.5万名，由400米标准跑道、标准足球场、观众席等组成，可满足举办全国综合性和单项国际赛事的要求。工期21个月，将于2011年9月底交付使用。

23日　南阳市金地投资开发有限公司正式成立。该公司为国有独资企业，市财政局为投资人，市国土资源局为主管部门，实行政府主导、企业化运作、独立核算、自主经营。公司注册资金3亿元，由市政府全额投入。公司的主要业务是对已纳入土地储备项目库中的储备土地进行供应前的开发整理、使用权出租，投资融资等。

23～24日　南阳机场航站楼改扩建工程通过民航中南地区管理局组织的行业验收。至此，南阳机场正式升级成为中原最现代化的支线机场，跃升为河南省第二大机场。

26日　内乡至邓州高速公路开工奠基。内乡至邓州高速公路起点位于内乡县城西侧莲花池附近，与宛坪高速公路相接，经南水北调渠首淅川县九重镇，在邓州市桑庄镇与二广高速公路相接。该路全长90公里，双向四车道，总投资35亿元，建设工期为3年。

28日　南水北调中线陶岔

渠首枢纽工程在淅川县九重镇陶岔村正式开工。渠首枢纽工程既是南水北调中线输水总干渠的引水渠首,也是丹江口水库的副坝,工程设计为新址重建加电站方案。建筑物主要有引渠、重力坝、引水闸、消力池、电站厂房和管理用房等。渠首闸坝顶高程176.6米,引水闸底部高程140米,设计流量350立方米/秒,加大流量可达420立方米/秒。电站装机容量5万千瓦,安装2台2.5万千瓦机组。工程批复总投资85935万元,其中电站投资约3.7亿元。该工程采取高标准、高品位、高档次的一级景观设计,建成后将成为南水北调中线工程的标志性建筑,成为集观光旅游、休闲度假为一体的亮丽风景线。计划施工总工期为42个月。

同日 国务院公布第七批21处国家级风景名胜区名单,南阳市的桐柏山——淮源风景名胜区和郑州黄河风景名胜区同时入选。

28～29日 新乡市市长李庆贵带领新乡市党政考察团莅临南阳,考察县域经济发展情况。

29日 南阳市与国际宝峰金融集团有限公司经济合作签约仪式在南阳宾馆举行。市领导穆为民、王建民、张振强,国际宝峰金融集团有限公司副总经理吴伟毅出席签约仪式。按协议约定,国际宝峰招商融资网将为南阳拟吸引境外投资的招商项目和国际融资项目提供有价的网上推介,并作为项目在香港的联络点;国际宝峰招商融资网站免费为南阳提供南阳环境介绍和各项政府招商政策法规,并同意南阳商务局网站链接,作为南阳对外招商引资及南阳企业走向国际的窗口和桥梁。

31日 第七届全国农民运动会新闻中心奠基。新闻中心位于市中心城区东北部,占地约11公顷,主体包括新闻发布中心和广播电视中心两部分。新闻发布中心初步设计为11层,建筑面积7万平方米,主要承担农运会期间的赛事新闻发布、记者办公任务。广播电视中心共4层,建筑面积1.5万平方米,主要承担赛事广播电视节目的直播、转播、制作、传输等任务。工程建设工期24个月,2011年12月底交付使用。

12月 市文物考古研究所、方城县文管办在方城县城关镇西关村一工地发掘出55座战国晚期至西汉时期的古墓葬。已出土的器物中有陶器、铜器和铁器,除了专门的冥器外,大部分是当时生活中使用的。

12月 在2009年第三届中国文化创新高峰论坛暨第三届文化部创新奖颁奖仪式上,郑州市文化茶馆建设荣获第三届文化部创新奖。

12月 国家建设部、财政部联合公布第一批国家可再生能源建筑应用示范县名单,内乡县榜上有名。

概　　况

基 本 情 况

自然地理

【区域位置】 南阳市位于河南省西南部，东界河南省驻马店、信阳市，南接湖北省襄樊市、十堰市，西与陕西省商州市相连，北与河南省三门峡、洛阳、平顶山市毗邻。地理坐标为北纬 32°17′～33°48′，东经 110°58′～113°49′。

【气温、降水】 全年平均气温 15.5 摄氏度。年降水总量 819.1 毫米。日照时数 1477.8 小时。无霜期 215 天。

【地貌】 南阳地处全国第二级地貌台阶向第三级台阶过渡的边坡上，西、北、东三面环山，是一个向南开口的马蹄形盆地。山地、丘陵、平原大体各占三分之一。其中，山地面积为 9709 平方公里，占总土地面积的 36.5%；丘陵面积为 7980 平方公里，占总土地面积的 30%；平原面积为 8911 平方公里，占总土地面积的 33.5%。

山地包括北部的伏牛山、西南部的淅川岩溶低山与东部的桐柏山，海拔高度一般都在 400 米以上，相对高度大于 200 米，高山海拔高度超过 2000 米，相对高度大于 500 米；低山海拔高度 400～1000 米，相对高度为 200～500 米。

【水系】 南阳市河流分属长江、淮河、黄河三大水系。长江水系汉水流域的唐、白河水系最大，丹江水系次之，淮河水系分布于南召、方城、桐柏三县，黄河水系只有南召县马市坪乡的河水汇入嵩县的伊洛河。主要河流有白河、唐河、丹江、淮河、湍河、刁河、鹳河、三夹河、甘江河、泌阳河、赵河、淇河等。

自然资源

【主要矿产资源保有储量】 石油(年开采量)138.65 万吨。天然碱 8996.14 万吨。蓝晶石 368.52 万吨。岩金 113756 千克。沙金 4226 千克。伴生金 5057 千克。银 1669.27 吨。红柱石 995.38 万吨。金红石 289.28 万吨。石墨 842.21 万吨。

【动植物资源】 市境已发现有脊椎动物 415 种。其中哺乳类 49 种，鸟类 249 种，爬行类 32 种，两栖类 16 种，鱼类 69 种，还有节肢动物、环节动物、线形动物、扁形动物、腔肠动物、原生动物等。饲养动物主要有牛、马、驴、骡、猪、羊、兔、狗、猫、鸡、鸭、鹅、鹿、貂、蜂等。“南阳黄牛”体型高大，肌肉发达，皮质优良，为全国五大优良品种之一。“南阳黑猪”在全省享有盛名。南阳柞蚕居全省首位，柞绸驰名中外。

全市共有维管束植物 184 科 927 属 2298 种，其中蕨类植物 26 科 62 属 179 种，裸子植物 8 科 15 属 27 种，被子植物 150 科 850 属 2092 种。列入国家重点保护的植物 30 余种，主要有香果树、银杏、天麻等。列入省级重点保护的植物共 10 余种，主要有铁杉、石槲、辛荑等。用材树种有 300 余种，经济树种有数百种。其中西峡的猕猴桃、南召的辛荑居全国之首，西峡的油桐、西峡和内乡的山茱萸、镇平的杜仲、淅川的柑桔居全省之首，南召的苹果、桐柏的板栗为全省重点产区之一。药用植物共 1000 余种，野生花卉和城市绿化植物 400 余种。主要土特产有猴头、木耳、香菇、茶叶和蕨菜、珍珠花等山野菜。主要农作物有小麦、玉米、水稻、棉花、烟叶、绿豆、芝麻、红薯、花生等。

【水资源】 全市多年平均地表水径流量为 67 亿立方米，地下水年补给总量达26.64亿立方米，可供开采的地下水资源多集中在唐、白河下游的平原区，年可采量约 8.58亿立方米；全市实有水资源总量70.35亿立方米。

【土地资源】 全市土地面积 26509 平方公里，其中山区 9709 平方公里；丘陵 7980 平方公里，平原 8911 平方公里。常用耕地面积 941.18 千公顷。

行政区划

南阳市辖卧龙、宛城、高新三

区和南召、方城、镇平、内乡、西峡、淅川、新野、唐河、桐柏、社旗十县及邓州一市，92个乡，114个镇，30个街道办事处，4509个农村村委会，351个社区居委会，是河南省土地面积最大、人口最多的地级市。

人　口

2009年，全市常住人口1013.36万人。年末总人口1096.22万人，其中：男性571.13万人，占52.1%；女性525.09万人，占47.9%。城镇化率36.63%。出生人口12.11万人，出生率11.05‰。死亡人口6.56万人，死亡率5.98‰。净增人口5.56万人。人口自然增长率5.07‰。

组　织　机　构

中共南阳市委

书　记　黄兴维
副书记　穆为民　贾崇兰(女)
常　委　黄兴维　穆为民
贾崇兰(女)
朱长青　刘朝瑞
王建民　杨其昌
孙丰年　姚进忠
陈光杰　原永胜
常　康　任　峰

中共南阳市委工作部门

中共南阳市纪律检查委员会
书　记　孙丰年
副书记　高立业　褚松华
宋新献
常　委　孙丰年　高立业
褚松华　宋新献
白　滑　孙秀奇
贾　硕(女)
徐天如　苌其林

市委办公室
秘书长　原永胜
副秘书长　王韵华　宁春士
赵显夫　张何伟
刘文俊　刘中青

市委组织部
部　长　杨其昌
副部长　苏方文　张德钊
张书报　孙起鹏

市委宣传部
部　长　姚进忠
副部长　庹　军(女)
吴朝河　景文栓
王同杰

市委统一战线工作部
部　长　王建民
副部长　靳明志　朱　钦
纪检员　温毅明

市委政法委员会
(市社会治安综合治理委员会)
书　记　常　康
副书记　刘　明(市综治办主任)
柳维钦(市委防范办主任)
司如岑(市委维稳办主任)
郭建国
李恒德

市委机构编制委员会办公室
书　记
主　任　夏广军

市委农村工作办公室(市扶贫办)
主　任　王宛楠
副主任　胡庆恒　王珊民
江宏伟
纪检组长　王兴华

市委群众工作部(信访局)
部(局)长　李　鹏
副部(局)长　余国廷　刘荣堂
李保灵　李苏宾
纪检组长　贾振强

市直机关工作委员会
书　记　王法志
副书记　张宜民　王晓东
纪工委书记　郭建里(女)
工委委员　尹　晓　文　锋
法玉伟

市委部门管理机构

市委老干部局
局　长　丁功银(回族)
副局长　李书胜
纪检员　曾　璟

市委直属事业单位

市委党校
校　长　贾崇兰(女，兼)
常务副校长
书　记　郑德扬
副书记　王自全
副校长　许玉建　杨振保
高元志
校长助理　张绍绪

南阳日报社
总编辑
书　记　关玉国
副总编辑　包廷怀　张　敏
张富杰　杨培基
李明建
纪检书记　赵怀成

市档案局
局(馆)长　武乐善
副局(馆)长　金　鹏

市委部门领导的事业单位

市委党史研究室
主　任　吕德民
副主任　张艳佩(女)
李克实

南阳宾馆
总经理　李宗玲(女)
副总经理　郭玉堂　单清林
苏　石

市党员电化教育中心

主　任　文　锋

市台胞台属联谊会

会　长　王艳丽(女)

老干部活动中心

主　任　闫富旺

老干部休养所

主　任　朱海成

南阳晚报社

总编辑　张　敏(兼)

南阳市第四届人民代表大会常务委员会

主　任
党组书记　李天岑

副主任　杨德明　金　星(女)
马东升　李东武
秦　俊　党光德
谢先锋

秘书长　何新华

委　员(40名,以姓名笔画为序)
马　俊
王子芝(女,蒙古族)
王成法　王国俊
王保全　王恒宇
王献忠　王新志(回族)
朱中典　朱玉伟
刘亚斌　刘克成
刘克敏　杜风光
李　科　李文安
李为民　李全胜
肖庆玲(女)
张　航　张学祥
陈代云　陈保国
宗香勤(女)
赵　杰　胡逸云
秦英林　袁中告
徐文建　高志平
常　杰　庹　军(女)
韩松德　韩奎生
程相武　曾宪玲(女)
雷恩洲　廖华歌(女)
薛江峰(女)
冀淑芳(女)

副秘书长　刘克敏　常　杰
王子芝(女)

办公室

主　任　刘克敏(兼)

研究室

主　任　李全胜

副主任　唐炳申

信访室

主　任　王子芝(女,兼)

副主任　陈松华

法制委员会

主　任　朱中典

副主任　王富生

财政经济委员会

主　任　朱玉伟

副主任　宗香勤(女)

内务司法工作委员会

主　任　雷恩州

副主任　樊黎明(女)

法制室

主　任　曾宪玲(女)

选举任免代表联络工作委员会

主　任　李为民

副主任　孟祥营　范成志

代表工作室

主　任　王新志

预算工作委员会

主　任　韩松德

副主任　高黎明

农村工作委员会

主　任　陈保国

副主任　马　俊

教育科学文化卫生工作委员会

主　任　冀淑芳(女)

副主任　翟　毅　李静敏(女)

城乡建设环境保护工作委员会

主　任　王国俊

副主任　赵　杰　游金会

民族侨务外事工作委员会

主　任　王成法

副主任　郭　成

南阳市人民政府

市　长　穆为民

副市长　朱长青　陈光杰
李建豫(女)
姚龙其　冯晓仙(女)
张振强　贺国营
崔　军

市长助理　马学民　李中杰
王　中　田向和(女)
康连星

南阳市人民政府工作部门

市政府办公室

秘书长　姚国政

副秘书长　孙　振　李　洪
曾光春　赵　彬
卢伟平(女)
李　力　郭　鹏
张　伟　杨明显
燕军庆　程相岑
周天龙　李　仪

市发展和改革委员会

主　任　李甲坤

副主任　时乘风　梅晓林
刘荣阁(女,兼)
石显清　殷玉宝
王清平　杨子宛
陈建敏　时德清

纪检组长　李聚兴

工业运行局局长　赵成林

市教育局

局　长　柳克珍(女)

党委书记　李英世

副局长
副书记　杨振江

副局长　李宗阳　李元章
杨　扩　龙云飞

纪检书记　张世君

市科学技术局

局　长　褚庆义

副局长　李静波(女)
张华国　栗杰阳
毕跃莲(女)

纪检组长　闫光彬

市工业和信息化局

局　长　陈华山

书　记
副局长　苏玉男

副局长　陈伯灵　苏克刚
刘书忠　刘永德
张大豪　赵成林
董宏彬

市民族宗教局
局　长　杨光才
副局长　赵　刚　崔德锐
纪检组长　李万清

市公安局
局　长
书　记　李国周
副局长
副书记　万保平
副局长　路书剑　马建峰
魏玉廷　周长远
张其俊　高广伟
马中虎　勾志强
纪检书记　赵明杰
工会主席　宁指南

市监察局
局　长　褚松华
副局长　徐天如　丁建华
旦天志

市民政局
局　长
书　记　王　琴(女)
副局长　曾凡春　郭亦红(女)
陈洪勋　张天庆
武胜乾
纪检组长　周清香(女)

市司法局
局　长　杨志刚
副局长　贾宗华(女)
李青田　刘中和
谢清波
政治部主任　宋向阳
纪检书记　邓士星

市财政局
局　长　胡云生
书　记　孙天朝
副局长　孙专才　郭廷献
王景文
纪检组长　马长勇

市人力资源和社会保障局
局　长　程建华
书　记　王　坤
副局长　闫宏显　高　华(女)
王金彦(女)
付文义　文献华
李　军
纪检组长　罗明柱

市国土资源局
局　长
书　记　包建铎
副局长
副书记　王保湘
副局长　张清松

市环境保护局
局　长
书　记　宋宽军
副局长　刘金利　王修志
张建新　彭德栋
总　工　张全献
纪检组长　贾　玮
工会主席　王喜章

市住房和城乡建设委员会
主　任　廖玉安
书　记　陆行仁
副书记　张清范
副书记
副主任　王　克
副主任　刘鹏举　张群林
张喜雨　王怀雨
纪检书记　张　森

市交通运输局
局　长　李建涛
书　记　王谊卿
副书记　陈文珍
副局长　张宝玉　闫保卫
赵　伟　高贤信
刘学刚　冯昌清
贾　翊　姚　磊
纪检书记　白　烽
总　工　王文东

市水利局
局　长
书　记　李守强
副局长　李金栓　刘　垠
张　晌　李星华
纪检书记　张秀杰
总　工　王会午

市农业局
局　长　谢广平
副局长　宋天庆　王志恒
葛荣黎　李敬铎
董国良　袁　璋
纪检组长　王德钊
总农艺师　李玉生

市林业局
局　长　宋运中
书　记　张荣山
副局长　刘化忠　张宏宪
齐宗俭(女)
吴子献　周明金
纪检组长　邹平洲
总　工　王邦磊(蒙古族)

市商务局
局　长
书　记　郑国炳
副局长
副书记　秦　炫
副局长　田　峰　李金岭
王文巍　孔繁智
乔保全　谢北新
纪检组长　田　军

市文化广电新闻出版局
书　记　马本殿
副书记　任威东
副局长　陈同庆　杨永德
张　涛　贾廷选
罗佩霞(女)
纪检书记　严红伟(女)

市卫生局
局　长　赵玉亭
书　记　陈启功
副局长　冀文鹏　王卫民
舒国华(女)
桂延耀　张封岭
陈少禹　王尽翔
黑喜栓　高立超
纪检书记　秦守国

市人口和计划生育委员会
主　任　李天玉
副主任　张海阔　白均益
王　克　姚　辉
张耀军
纪检组长　孙　波

市审计局
局　长　杨鸣哲(女)
书　记　方　向
副局长　田　青　鲁德岑
孔雪飞　余耀伟
纪检组长　李东晓

市外事侨务办公室
主　任　赵天才

副主任　郝以昆　刘　波

市国有资产监督管理委员会

书　记
主　任　肖海有

副主任　李　忠　胡石明
　　　　王玉建　蒋　璞

纪检书记　杨保坤

离退办主任　陈　克

政治部主任　尚军生

市畜牧局

局　长　王　放

书　记　王长勋

副局长　王冠立　刘长胜
　　　　张振耀　魏家川

纪检组长　王　鹏(蒙古族)

总畜牧师　马建坤(女,回族)

市体育局

局　长
书　记　苏定堃

副书记　王玉亭

副局长　吴　强　吴宗彦
　　　　徐春林　马驰昭

纪检组长　黄　华

市统计局

局　长　王书延

副局长　陈长龙　王中华
　　　　赵信章

纪检组长　谭涌涛

市旅游局

局　长　黄　乐

副局长　亓　静(女)
　　　　李忠林　张清岑
　　　　王　素(女)

纪检组长　杨云梯

市粮食局

局　长
副书记　畅　强

书　记
副局长　郭德生

副局长
副书记　王建跃

副局长　李　华　张德新
　　　　赵天祥

纪检书记　李鹤翔

市安全生产监督管理局

局　长　周建国

副局长　彭义仁　贾宗温
　　　　李玉春　韩宝立

纪检组长　赵　震

市食品药品监督管理局

局　长　张树华

副书记　毛　伟

副局长　黄国祥　刘林来
　　　　李金朝

纪检书记　韩　杰(女)

稽查大队长　王　定

市城乡规划局

局　长　张德宝

书　记　李保江

副局长　周德林　王建生
　　　　张振耀　宋海瑜

纪检书记　康　臣

总规划师　王群彦

市城市管理局

局　长　肖　河

副局长　杨洪甲　王宏旭
　　　　李会中

市政府部门管理机构

市政府法制办公室

主　任　燕军庆(兼)

副主任　陆　波

市政府金融服务办公室

主　任　李　洪(兼)

市政府议事协调机构的办事机构

市人民防空办公室

主　任　李绍华

副主任　任传伟　夏明晓

纪检组长　方遂昌

市政府直属事业单位

市直机关事务局

局　长　张运成

书　记　杜学锋

副局长　王海银

市节会活动办公室

主　任　张　伟(兼)

副主任　朱青山

市接待办公室

主　任　赵　彬(兼)

书　记　宁春士

副主任　张书锋　杨天嘉

纪检员　梁军胜

市地震局

局　长　郭　鹏(兼)

副局长　王　勉　邱海涛

市供销合作社

书　记
理事会主任　张兴珍

监事会主任　王　奇

理事会副主任　彭义举　刘安豪

监事会副主任　史　良

纪检书记　何英俊

总经济师　董文基

市农业科学研究所

所　长
书　记　王玉斌

副书记　陈明侠

副所长　冉中民　徐　郁
　　　　徐志森

纪检书记　余行简

市行政审批服务中心

主　任　张居文

书　记　牛建刚

副主任　王明钦

纪检组长　王培杰

生态工业园区管委会

常务副主任　李培彦　王国林
　　　　　　姚河予

南阳理工学院

书　记　刘　建

院　长
副书记　姚锡远

副书记　郭建生

副书记
纪委书记　李　宏

副院长　刘荣英(女)
　　　　王万鹏　张　伟
　　　　肖泽昌　陈世云
　　　　张　锢(女)

工会主席　周礼春

南阳医学高等专科学校

书　记　鲁庚林

校　长　方家选

副书记　张金虎

副校长　梁新武　逯应坤
　　　　张须学　徐持华
纪检书记　张国良

南阳农业学校

书　记　王胜利
校　长
副书记　邱佳阳
副书记
副校长　范长海
副校长　贾国文　宋建华
　　　　布登付
纪检书记　孙天洲

南阳工业学校

书　记　王　岩
校　长　冉生学
副书记　潘自力
副校长　张廷哲　常绍君
　　　　刘延召　郭　坚
　　　　景　群
纪检书记　潘自力(兼)

南阳经济贸易学校

书　记　贾兆玉
校　长　全廷建
副书记　张金玉
副校长　陈居政　乔永贵
　　　　申春雪(女)

市住房公积金管理中心

主　任　冯文胜

市南水北调中线工程办公室

主　任
书　记　刘浩安
副主任　靳铁栓　曹祥华
　　　　皮志敏
纪检组长　齐声波

市移民局(市政府移民办)

局　长　王玉献
副局长　武　伟　王炜逸
　　　　刘贵献　刘宝聚
纪检组长　吴家宝

南阳市直副处级以上事业单位

市地方史志办公室

主　任　阿　颖(女,维族)
书　记　马秀银(回族)
副主任　刘胜海
纪检员　潘华强

豫宛宾馆

总经理　王海银
副总经理　曹兴林　孙万林

市政府驻郑州办事处

副秘书长
主　任　武安庆
副主任　闫广州　郑春山

市政府驻北京联络处

主　任　刘少先
书　记　高　峰
副主任　孟范中
纪检员　王春堂

市人才交流中心

主　任　柯其锐

市人事考试中心

主　任　周　华

市失业保险管理处

主　任　高　华(女,兼)

市企业养老保险管理局

局　长　苏金勇

市机关事业单位保险管理处

主　任　刘照红(女)

市医疗保险中心

主　任　杨　华(女)
书　记　段庆银

南阳市高级技工学校(市技师学院)

校　长　赵保志
书　记　秦运洪

南阳西军用饮食供应站

站　长　郑先波

市信息中心

主　任　李学勤

市住房委员会办公室

主　任　邱宗岚

市建筑设计研究院

院　长　刘　伟

市房产管理中心

主　任　陆行任(兼)
书　记　张清范(兼)
副主任　刘书臣　向天军
　　　　贾晓斌
纪检书记　郝　丽(女)

南阳伏牛山地质公园管理局

常务副局长　关　湘

市经济社会调查队

队　长　李吉山

南阳地方经济社会调查队

队　长　杨　光

市企业干部培训中心

书　记　王书举

市医药经济发展中心

主　任　陈瑞伟

市公路管理局

局　长
书　记　王志凯
副局长　鲁相林　王建海
　　　　徐　超　李付平
　　　　熊永建
纪检书记　高新峰
工会主席　王建义
总　工　毕旭冰

市交通战备办公室

主　任　张建强

市道路运输管理局

局　长　高贤信(兼)

市交通路政管理处

处　长　赵　伟(兼)

市农村公路管理处

处　长　姚　磊(兼)

市地方海事局

局　长　李云梅

市财政干部教育中心

主　任　韩海平

市财政专项资金管理处

处　长　宋黎明

市非税收入管理局

局　长　艾国强(回族)

市农村信用资金管理处

处　长　尹清占

市会计核算中心

主　任　马传亚

市基层财政管理局

局　长　刘德安

市经济责任审计局

局　长　余耀伟

南阳黄石庵林场

局　长　李金平
书　记　曹志刚

南阳黄牛良种繁育场

场　长　王玉海

南阳黄牛科技中心

主　任　贾志阳

市水利建筑勘测设计院
院　长　路金镶
市鸭河口灌区管理局
局　长　孙跃星
市鸭河水库工程管理局
局　长　田国祥
副局长　张思峰　王新建
　　　　齐　峰
纪检书记　周永聚
市园林绿化管理局
局　长　秦书林
市市政管理处
主　任　魏春兴
市环境卫生管理局
主　任　李　伟
市城市管理监察支队
书　记　王　域
市盐业管理局(盐业总公司)
书　记　范道理
副局长　朱玉召　焦　勇
纪检书记　贾廷恩
市知识产权局
局　长　崔云宝
南阳21世纪议程管理办公室
主　任　蔡国印
市卧龙高新园区管委会
主　任　葛均西
市体育运动学校
校　长
副书记　吴　强
副校长　刘自群　董建中
　　　　张亚坤
纪检书记　刘红霞(女)
南阳电视台
台　长　陈建明
南阳人民广播电台
台　长　陈建明
书　记　陈振海
南阳文化艺术学校
书　记　崔照臣
校　长　张新强
副校长　时　坚　张学增
　　　　胡大卫
市博物馆
馆　长　赫玉建
南阳汉画馆
馆　长　凌解兵

油田教育中心
主　任　黄传录
书　记　曹明伟
市宛西中等专业学校
书　记　郝树声
副书记
校　长　周树先
副校长　丁　成　袁延波
市宛东中等专业学校
校　长
书　记　张　满
副校长　曾凡新　郭清华
　　　　韩中山　王敬波
南阳幼儿师范学校
书　记　王明亭
校　长　卢明存
副校长　李　黄　刘洪奎
市宛北中等专业学校
书　记　李天祥
校　长
副书记　范长海
副校长　王秋举　田立新
　　　　陈丽辉
纪检书记　刘　新
南阳广播电视大学
书　记　黄景玉
校　长
副书记　马汉亭
副书记
副校长　贾伟杰
副校长　史天为　冯俊玲(女)
副书记
纪检书记　马晓玲(女)
市招生考试办公室
主　任　张建生
市第一中学校
校　长　杨显社
书　记　周道平(女)
市第二中学校
校　长　王　超
书　记　张合福
市第五中学校
校　长　叶文瑞
油田第一中学
书　记　闫胜彦
校　长　王海云
油田第七中学

书　记　聂海勇
校　长　魏忠星
市第一中等职业学校
校　长　崔建华
市第二中等职业学校
校　长　黄　鹂(女)
书　记　王齐星
市爱卫会办公室
主　任　熊　岩
张仲景国医院
院　长　高立超(兼)
副院长　符华阳　赵青春
　　　　李瑞森
纪检书记　林海兵
市中心医院
院　长
副书记　李玉东
副院长　仝运科(兼)
　　　　翟玉峰　张保朝
　　　　任　武
纪检书记　翟玉峰(兼)
市疾病控制中心
主　任　王卫民(兼)
书　记　冀文鹏(兼)
副主席　王玉敬　王志昂
　　　　张文韬
纪检书记　孙　侠(女)
工会主席　陆千超
市环境监测站
站　长　胡兰群
市商务管理职业学校
校　长　杨亚娜(女)
市经济协作办公室
主　任　唐跃鹏
国际贸促会南阳支会
会　长　陈中林
南阳医专第一附属医院
书　记　傅建邦
副院长　王国庆　王立意
　　　　刘雅彬　贾　奎
　　　　郭随成　王立峰
南阳医专第二附属医院
院　长　赵付生
书　记　周梅玲(女)
市公安干部学校
书　记　罗小果
校　长　顾军旗

南阳监狱
书　记　杨志刚
监狱长　周广聚
政　委　郝建兵
副监狱长　王栓保　李振海
　　王　炜
纪检书记　周兴忠
政法干部学校
书　记　张士华
省检察官学院南阳分院
院　长　龚岩林
省法官进修学院南阳分院
院　长　谢明洋
市烟叶生产办公室
主　任　赵国交
市农业机械管理局
局　长　张胜海
书　记　赵玉安
副局长　马子斌　阎道畅
　　岳明书　范保祥
纪检书记　张国云(女)

政协南阳市第四届委员会

副主席　文学林　赵秀玲(女)
　　仝运科　宋　蕙(女)
　　赵金文　张志安
　　贺国勤　刘荣阁(女)
　　吴冬焕(女)
秘书长　王保云(女)
副秘书长　赵增琦　韩德栓
　　彭廷政
常务委员(以姓氏笔划为序)
　　王　力
　　王　克(蒙古族)
　　王文顺　王西娟(女)
　　王同杰
　　王克成(蒙古族)
　　王若愚　王金富
　　韦占荣(女)
　　卢国强(回族)
　　任　锋　任玉晋
　　刘　冰　刘文青
　　刘洪定　华道梅(女)
　　师恒建　朱　钦
　　朱学灵　毕跃明(女)
　　毕跃莲(女)
　　闫保卫　余世虎
　　吴子献　张　晌
　　张小红(女)
　　张丰敏(女)
　　张建新(女)
　　张婉婉(女,高山族)
　　张略韬　张聚奎
　　时亚丽(女)
　　李　林(女)
　　李付元　李金朝
　　李冠彧(女,回族)
　　李晓兰(女)
　　李敬铎　李登刚
　　陈　曦(女,回族)
　　岳　爽(女)
　　柳维钦　胡卫东
　　胡保珍(女)
　　赵明喜(女)
　　赵增琦　郝书霞(女)
　　夏天俊(女)
　　徐春林　殷志永
　　聂付华　曹月西
　　常　琦(回族)
　　黄　鹏　黄新璞(女)
　　龚庆生　彭廷政
　　褚松华　葛宝岳
　　韩　博(女)
　　韩宝立　韩德栓
　　雷　耕　魏建廷
研究室
主　任　张小红(女)
提案委员会
主　任　赵明喜(女)
副主任　谷　晔
经济委员会
主　任　李金朝
农业委员会
主　任　张略韬
教科文卫体委员会
主　任　王克成(蒙古族)
民宗台港澳侨委员会
主　任　毕跃明(女)
副主任　闪秀荣(女,回族)
社会和法制委员会
主　任　曹月西
副主任　刘顺跃
学习和文史资料委员会
主　任　张建新(女)
县级政协工作委员会
主　任　时亚丽(女)

南阳市人民检察院

检察长、书　记　刘在贤
副检察长、副书记　李兴华　郭国谦
副检察长　李光成　秦大苏
　　王中信　尤德炳
纪检组长　白晶玉
政治部主任　唐荣军
反贪局局长　张　科
公诉处处长　潘玉亭
反渎局局长　李明芳

南阳市中级人民法院

院　长、书　记　庞景玉
副院长、副书记　卢光明　刘　鹏
副院长　史成群　王　定
　　宋黎晓　王振国
政治部主任　门果林
纪检组长　铁松建
执行局长　葛庆河

中国人民解放军南阳军分区

司令员　程德明
政治委员　任　峰
副司令员　傅生华　王　华
副政治委员　祝润安
参谋长　傅生华(兼)
政治部主任　刘新旺
后勤部长　时召龙

中国人民武装警察部队南阳市支队

支队长　田光明

政治委员　郭　炬
副支队长　王天青　李建荣
副政治委员　方亚伟
参 谋 长　耿　普
政治处主任　王　旭
后勤处长　刘　伟

中国人民武装警察部队南阳市消防支队

支 队 长　郭华杰
政治委员　王晓河
副支队长　侯新生　梁永健
副政治委员　梅忠东
指 挥 长　章　锐
参 谋 长　杜秀林
政治处主任　刘文晓
后勤处长　张建良
防火处长　白兆世

市公安局下属实战单位

市治安警察支队
政　委　胡志勤
市刑事警察支队
支队长　张　鍪
政　委　李保山
市交通警察支队
支队长　别占军
政　委　张文媛(女)
市监管支队
支队长　江俊斌
政　委　陆平汉
森林公安局
局　长　周鲁阳
政　委　朱万东

民主党派

民革南阳市委
主 任 委 员　金　星(女)
副主任委员　张　驰
　　李晓兰(女)
民盟南阳市委
主 任 委 员　赵秀玲(女)
副主任委员　华道梅　王贺伟
民进南阳市委
主 任 委 员　刘荣阁(女)
副主任委员　葛宝岳
　　肖庆龄(女)
九三学社南阳市委
主 任 委 员　仝运科
副主任委员　胡宝珍(女)
　　宗香勤(女)

群众团体和工商联

南阳市总工会
主　席　韩奎生
副主席　常　琦　赵建军
　　李　中　聂首梅(女)
共青团南阳市委
书　记　李冠彧(女)
副书记　樊　牛　赵　楠
　　李筱珂
纪检员　王　栋
南阳市妇联会
主　席　张婉婉(女,高山族)
副主席　齐　岭(女)
　　乔　玲(女)
纪检书记　庄旭阳(女)
南阳市科协
主　席　薛江峰(女)
书　记　刘建华
副主席　彭富生
纪检员　刘卫利
南阳市文联
主　席　王遂河
书　记　廖华歌(女)
副主席　凌解放　陈明远
纪检组长　张现实
南阳市社科联
主　席　姚进忠(回族,兼)
书　记　吴朝河(兼)
副主席　石　峰　张建军
南阳市残疾人联合会
理 事 长　宋金海
副理事长　唐圣敬　贾庆红
纪检组长　杨鹏兴
南阳市工商联
主　席　吴冬焕(女,兼)
书　记　陈冉楠
副主席　李光敏　吴桂荣(女)
纪检员　金少鹏

并入有关部门保留牌子的机构

市物价办
主　任　常秀梅(女)
副主任　吕秀成　王志涛
　　丁心长
纪检组长　李　军
文明单位建设指导委员会办公室
主　任　王贵汉
副主任　银　剑　孙起照
纪检组长　杨林云
保密局
局　长　郭荣庆
副局长　刘　进　李文举
政策研究室
主　任　赵显夫
副主任　赵　静(女)
　　曲　岩
市侨联
主　席　刘红跃
市委台湾工作办公室
主　任　徐朝炎
副主任　谢文海

国家部委和省驻宛部分单位、市属企业

南阳市供电公司
总经理　张立庆
书　记　华　峰
副 书 记
纪委书记　倪万立
副总经理　徐　伟　李新伟
　　王　波
工会主席　王正钊
总会计师　周　黎
飞龙公司总经理　赵永强
南阳市邮政局
局　长
书　记　张军政
副局长　魏建峰　崔　嵬

河南省移动通信公司南阳分公司
总 经 理　刘发展
书　　记　王保全
副总经理　杨德志　张红伟
　　　　　闫党辉

中国联合通信有限公司南阳分公司
总经理　陈小星
副总经理　王春生　朱玉平
　　　　　葛华民　符长征
　　　　　焦国群　董晓敏

南阳市气象局
局　长　李海彬
副局长　孙长林　赵丰飞
纪检组长　李文静(女)

中国人民银行南阳市中心支行
国家外汇管理局南阳市中心支局
行　长　姜永跃
副行长　王　强　王　晓
　　　　李相才　王学昌
纪检书记　吴家尧
工会主任　刘卫东

中国工商银行南阳分行
行　长　王　伟
副行长　孙庆阳　王跃进
　　　　宋哲旭　温铁牛
纪检书记　孙君奇

中国农业银行南阳分行
书　记
行　长　赵乐飞
副书记
副行长　于　平　刘子军
纪检书记
副 行 长　武合建
工会主席
党委委员
副 行 长　卢　伟

中国银行南阳分行
行　长　石　磊
副行长　刘　宏　高红梅
　　　　郑英伟
纪检书记　魏建通
督导员　罗惠贤

中国建设银行南阳分行
行　长
书　记　张中歌
副行长　李慧敏(女)
　　　　樊国兴　邬荣平
　　　　李伟农
风险主管　黄俊峰
工会主席　郭保平
纪检书记　涂志堂
行长助理　岁秀训

邮政储蓄银行南阳分行
行　长　杨洪泽

中国农业发展银行南阳分行
行　长　王绍群
副行长　高建民　张富山

市商业银行
行　长
副书记　贾继红
董事长
书　记　杨曙光
副书记　库有亮
副行长　朱建伟　李明建
　　　　曾　凡
纪检书记　陈育新
监 事 长　赵庆增
工会主席　毛　宇

市农信办
主　任
书　记　董金润
副书记　丁广源
副主任　翟　勇　黄汉三

中国人寿保险公司南阳分公司
总 经 理　淡新虎
副总经理　郭文彬(女)
　　　　　胡　峰　查广庆

中国人民保险公司南阳分公司
总 经 理　满占庆
副总经理　王国山　周学峰
　　　　　郝文彬　刘新强
　　　　　吴文光

太平洋财产保险公司南阳分公司
总 经 理　孙常安
书　　记　乔玉勤
副总经理　门道发

太平洋人寿保险公司南阳分公司
总 经 理　宋文伟
副总经理　何心宽　李保瑞

市国家税务局
局　长
书　记　马东起
副局长
副书记　闫西伟
副局长　贾福运　张培红(女)
　　　　曾凡平
总经济师　徐亚东
总会计师　张占伟

市地方税务局
局　长　高新运
副局长　王晨煜　张富升
　　　　刘顺伟
纪检组长　薛兰青
总经济师　张宪立

市工商行政管理局
局　长　李　超
副局长　杜荣峙　陈桂芳(女)
　　　　张松富
纪检组长　武振强

南阳出入境检验检疫局
局　长　郭云超
副局长　刘　强　孙　映
纪检组长　刘　强(兼)

南阳海关
关　长　张新生
副关长　鲁士勇　徐庆立

南阳市烟草专卖局
河南省烟草公司南阳分公司
局　长
经　理　赵明山
书　记
副经理　胡焕兴　张五庆
纪检组长　常　方

市质量技术监督局
局　长　朱　萍(女)
副局长　皮炳申　张　照
　　　　刘振江　刘俊轲
纪检组长　王　林

省无委办南阳管理局
局　长　齐富宇

国家统计局南阳调查队
队　长　潘书林
副队长　李显清　宋　瑞
纪检组长　李俊岭

南阳师范学院
书　　记　苗相甫
院　　长　石恒真
副 书 记　谢东华　黄荣杰
副 院 长　刘湘玉　宋争辉
　　　　　刘国章　卢志文
纪检书记　黄荣杰(兼)

河南工业职业技术学院

书　记　唐伯武
院　长　李生平
副书记
副院长　翟福生　王　伟
副院长　赵德申　李金波
　　　　杜建根
纪检书记　张旭东
工会主席　王仁伟

省经济管理学校

校　长　刘　军
书　记　刘卫红(女)
副书记　杨国敏(女)
副校长　李俊伟　徐世国
纪检书记　贺望琢(女)
工会主席　侯同江

新华书店

总经理
书　记　张广旭
副总经理　张耀华　侯红昕
　　　　郭俊杰

河南石油勘探局

局　长
总经理　李联五
书　记
副局长　唐大鹏
副局长　陶光辉　袁建强
副总经理　樊中海　王　敏
副书记
纪检书记　李　科
工会主席
总会计师　项习文

南方航空集团公司南阳基地

总经理　朱　海
书　记　刘照升
副总经理　张凤翔　张国卿
工会主席
纪检书记　张兴聚

郑州铁路局南阳车务段

段　长　马锡忠
书　记　李德龙
副段长　冯兴宽　邵金民
　　　　李学勤　杨　杰
　　　　张广州
副书记
纪委书记　王世英
工会主席　何铁军

二机石油装备(集团)公司

董事长
书　记　杨汉立
总经理
副总经理　尹永晶(董事)
　　　　张　勇
　　　　曲　宁(董事)
　　　　徐奇清　冯　草
　　　　李　铁
　　　　吕　冰(董事)

乐凯集团第二胶片厂

厂　长
书　记　滕方迁
副书记
工会主席　杨宗锡
副厂长　杜　璠　李　柯
　　　　杨永宽
总会计师　叶抚舜

红阳工业公司

董事长
书　记　张宝振
总经理　王忠平
监事会主席
纪检书记　卢科杰
副总经理　张恒志　戚九民
　　　　郝永林　韩　韬
　　　　马金海　安中兴
　　　　谢　宏
总会计师　范华平
副书记
工会主席　冯其应

红宇厂

厂　长　张振华
书　记　范　军
副厂长　李建平　冯愿军
　　　　张振强　徐金锁
副书记　师增田
总会计师　吕炳强
总工程师　陈振华
工会主席　彭爱莲

向东厂

董事长
总经理　徐爱军
副总经理
书　记　朱超英
监事会主席
工会主席　乔新涛
纪检书记

副总经理
总工程师　辛景平
副总经理　李彦民　刘云生
　　　　田效军
总会计师　刘素强

北方星光工业公司

董事长　张子贤
总经理　袁堂洪
书　记　邓成行
副书记　朱长春
纪检书记
工会主席　褚德安
副总经理　李　域　李付生
　　　　余　宏
总会计师　吕春果

中南工业公司

董事长
书　记　赵玉泉
总经理　贾　攀
监事会主席　周子平
副总经理　郝　玲(女)
副总经理
副书记　牛建伟
副总经理
工会主席　侯　军

中光学集团

总经理　张守启
书　记　王志亮
副总经理　王天洲　魏克伦
　　　　王世先
总会计师　陈鲁平
总工程师　李智超

鸭电公司

董事长　何毅敏
书　记　高志平
总经理　张留锁
副总经理　宋嘉俊　余德忠
　　　　赵安立
总工程师　姚建村
总会计师　李甲林

六四五六工厂

厂　长　宋铁军
书　记
工会主席　朱德法
副厂长　徐明明　陈　磊
　　　　张国庆

副厂长、纪检书记　刘云志
总会计师　朱晨荣

方达发电

总经理　吕学斌
书记　丁亿
副总经理　户传斌　秦溱
纪检书记、工会主席　赵国峰
总工程师　陈广海

三七八处

书记、处长　裴绍营
副处长　姚庆宪
副书记　吴文方

高速公路公司

董事长　陈洪俊
总经理　王士教
副总经理　王景俊　王延风
副书记　周建功
纪检书记　汪岩
总经济师　王斌

河南兵储物流公司

董事长、书记　郭克亭
总经理　王功成
副总经理　杨勇

河南华阳装备制造公司

总经理　吕广波
副总经理　吕涛

南阳卷烟厂

厂长　王恒宇
书记　李贵玲
副书记、副厂长　孟祥军
副厂长　石国强　张喆
副书记、工会主席、纪检书记　曾显峰

中联水泥南阳分公司

总经理　任振河
副总经理　刘天成　孟显军
宋玉安
财务总监　李学功

向东粮库

主任　任国强
书记　宋福太
副主任　苏小强

亚龙筑路机械制造公司

总经理　王志兴
书记　寇宗理

镇平新星光学有限公司

董事长、总经理　王九耀
副总经理　王天法

防爆集团

党委书记、董事长、总经理　魏华钧
副总经理　白照昊　张书启
副书记、纪检书记　田忠义
总工程师　靳芝
总会计师　李连新

天冠集团

党委书记、董事长、总经理　张晓阳
副总经理　路明章　刘宏
贾永文　晋兆林
郭凯　李玉新
翟光校　韩永玉
副书记　冯文成　刘宏
工会主席　王福祥
纪检书记　胡天增
总会计师　郭功合
总工程师　杜风光

衡湇制药

董事长　谢清喜
总经理、书记　余国全
副书记　陈永新
副总经理　郑山亭　黎喜才
郭更武　冯景仲
侯耀东　李健
工会主席　胡辉

南纺集团

董事长　张合谦
总经理　袁清智
书记　余德聚
副总经理　袁宁华　孙德顺
白新民　杜思凡
朱庆生　何建
蔡芳芝　谢清旺
副书记　杨振国　李俊廷
工会主席　张伟

天泰水泥

董事长、总经理　余强
副总经理　孙德明　姜克献
曾跃进　李泓冰
王森　张文庆

金冠王码公司

董事长　闫成喜
总经理　赵子光
副总经理　李永祥　吕呈祥
海本霞
副书记　金宪章

神龙塑胶集团

书记　齐德斌
副总经理　樊自新　杨永章
崔付全　李业军
曾庆长
工会主席　王琪

长风机械制造厂

厂长、书记　王万彦
副厂长　张珂瑜
总会计师　尚玉洲
纪检书记、工会主席　王伟
副书记　潘茂伍

新旺氯碱化工

董事长　张相生
总经理　田建军
书记　朱克胜
工会主席　徐传谦
副总经理　李海明　程文波
白荣甫　朱光新
马金贵　卢俊杰
李遂堂

普康药业公司

董事长　席春迎
首席执行官　符蓬旭
党委书记、副总经理　牛牪
副总经理　张小贝
副总经理、总工程师　张华
工会主席、纪检书记　赵海光

副总经理 刘振敏

金冠集团

总经理 刘怀章

天工集团

总经理、书记 张连喜

副总经理、纪检书记 曹华

宛运集团

董事长、总经理 胡逸云

纪检书记 吕锐矛

副书记 熊富有

工会主席 韩永庆

财务总监 杨清霞

2009 年度热词

60 周年——六十一甲子,中国变化翻天覆地。

大阅兵——10 月 1 日,天安门广场,在世界的聚光灯下,中国军人列队昂首而过。

保八——2009 年,中国经济社会各项主要运行指标先抑后扬,实现“保八”承诺。

索马里护航——中国派遣海军舰艇赴亚丁湾、索马里海域执行护航任务。

气候变化——气候变化从未像 2009 年这般引起广泛关注。

低碳——这个原本有些陌生与拗口的词,2009 年开始走进公众生活。

血铅超标——陕西、河南、湖南、云南等地相继出现孩子血铅超标事件,令人痛惜。

校长推荐制——北大推出“中学校长实名推荐制”。

躲猫猫——云南青年李乔明死在看守所,警方称其“躲猫猫”时撞墙。

钓鱼执法——一个名叫孙中界的男子为证明自己不是“黑车”司机,一怒之下自伤手指以示清白,由此引发了地方决策层的高度关注,终于使真相大白,“钓鱼式执法”一时成众矢之的。

欺实码——发生在杭州的“富二代”胡斌飚车撞死人案,引起了公愤,而此前杭州警方对车速“70 码”的表述,迅速催生了一个网络热词“欺实码”。

严打酒驾——在全国多地连续发生酒后驾车撞死人案件之后,国家有关部门开始严打酒后驾车行为。

同命同价——以城乡身份的不同来计算死亡赔偿金,在客观上造成了人与人之间的不平等,在很大程度上损害了生命的尊严。

户籍制度破冰——上海率先推出居住证转户籍。

蜗居——描写“房奴”的电视剧猛然走红,抛出的是中国年轻人一个无法避开的沉甸甸的话题——何时能拥有一套属于自己的“蜗居”?

地王——2009 年,中国经济发展面临严峻形势,房地产业却凯歌高奏,各个城市“地王”频出,房价飙升,工薪阶层们无不望房兴叹。

六连号——武汉经适房电脑公开摇号摇出了概率仅有千万亿分之一的“六连号”,舆论大哗。

楼××——成都的“楼歪歪”,上海的“楼倒倒”,烟台的“楼脆脆”……这一年,关于楼房建筑质量问题,不时成为新闻焦点。

大学生就业——全国普通高校 2009 届毕业生高达 611 万人,他们面临着金融危机冲击下严峻的就业形势。

油价——2009 年,国际油价从熊变牛,国内油价则在“退一步进两步”中不断看涨。

甲流——4 月初甲型 H1N1 流感疫情暴发以来,这个最初被命名为“猪流感”的疫情带来的阴影就一直挥之不去。

被××——从“被增长”“被就业”到“被捐款”……“被”字词屡屡出现,表现出的是公众对个体权利的无奈诉求。

偷菜——一个名叫“开心网”的社区交友网站风靡 2009 年,给金融危机下焦虑的人们带来了很多快乐,“今天偷菜了吗”一度成为流行语。

网瘾训练营——当“网瘾”尚未得到科学界定的时候,各种“网瘾训练营”纷纷出现,原来应该投入爱与责任的“戒网瘾”事业,俨然变为一种利润惊人的产业。

刘翔复出——自从 2008 年 8 月 18 日因伤退出北京奥运会后,刘翔何时复出一直成谜。

人　物

党政军人物

黄兴维　中共南阳市委书记。男，汉族，1953年5月生，河南省固始县人。1982年12月加入中国共产党，1970年11月参加工作，郑州大学化学系毕业，大学文化程度。九届全国人大代表，省七次党代会代表，九届省政协委员，六届中国科协常委。1970年11月～1973年8月，为郑州大学化工厂工人；1973年8月～1976年8月，在郑州大学化学系学习；1976年8月～1978年12月，任郑州大学化工厂技术员；1978年12月～1984年3月，任郑州大学科研处助教；1984年3月～1985年2月，为河南省科学技术委员会科管处干部(其间，1984年10月～1985年1月，在日本东京国际培训中心进修学习)；1985年2月～1988年8月，任河南省科学技术委员会办公室副主任；1988年8月～1994年5月，任河南省科学技术委员会办公室主任(其间，1990年2月～7月，在河南省委党校第十期中青班学习；1991年1月～1992年12月，在河南大学经济学研究生班在职学习；1991年3月～1993年6月，下派偃师县任县委副书记)；1994年5月～2000年3月，任河南省科学技术委员会副主任、党组成员(1997年10月兼河南省科学技术协会副主席)；2000年3月～2002年10月，任河南省科学技术协会常务副主席、党组书记(正厅级)(其间，2000年9月～2001年1月，在中央党校地厅班进修学习)；2002年10月～2004年2月，任河南省科学技术协会主席、党组书记；2004年2月～2004年4月，任南阳市委副书记，市人民政府代市长、党组书记；2004年4月～2006年11月，任南阳市人民政府市长；2006年11月，任中共南阳市委书记。

穆为民　南阳市人民政府市长。男，汉族，1961年11月生，河南省叶县人。1985年6月加入中国共产党，1983年8月参加工作，郑州纺织机电专科学校机械制造工艺与设备专业毕业，政工师，中国人民大学研究生院政治经济学研究生。七届、八届省委候补委员。1980年9月～1983年8月，在郑州纺织机电专科学校机械制造工艺与设备专业学习；1983年8月～1985年9月，任郑州纺织机械厂技术处技术员；1985年9月～1989年4月，任郑州纺织机械厂团委干事、副书记、党委委员；1989年4月～1992年5月，任郑州纺织机械厂党委委员、团委书记；1992年5月～1994年4月，任共青团河南省郑州市委副书记、党组成员；1994年4月～1996年12月，任共青团河南省郑州市委书记、党组书记、青联主席(其间，1992年9月～1994年6月，在河南省委党校经济管理专业夜大本科班学习)；1996年12月～1997年3月，任河南省巩义市委副书记；1997年3月～2000年12月，任河南省巩义市委副书记、市长(其间，1995年9月～1997年9月，在中国人民大学研究生院政治经济学专业在职研究生班学习)；2000年12月～2003年6月，任河南省巩义市委书记；2003年6月～2006年12月，任河南省郑州市委常委、巩义市委书记；2006年12月～2009年3月，任河南省郑州市委常委、副市长；2009年4月，任南阳市人民政府市长。

贾崇兰　中共南阳市委常委、市委副书记。女，汉族，1952年11月生，河南省镇平县人。1972年7月加入中国共产党，1970年1月参加工作，开封师范学院政教系毕业，大学文化程度。1970年

1月～1973年9月,任镇平县张林公社民办教师;1973年9月～1976年8月,在开封师范学院政教系学习;1976年8月～1984年8月,任南阳卫校人事科干事;1984年8月～1985年10月,任南阳卫校学生科副科长;1985年10月～1989年11月,任南阳卫校学生科科长;1989年11月～1992年6月,任南阳卫校党委副书记;1992年6月～1994年5月,任南阳地区教委副主任、党组副书记(1993年2月提正处级);1994年5月～1995年5月,任南召县委书记;1995年5月～2000年2月,任南阳市教委主任、党组书记;2000年2月～2004年3月,任中共南阳市委常委、宣传部长;2004年3月,任中共南阳市委副书记。

朱长青 中共南阳市委常委、市人民政府常务副市长。男,汉族,1959年1月生,河南省方城县人。1983年11月加入中国共产党,1982年7月参加工作,郑州大学历史系毕业,大学文化程度,学士学位。1978年9月～1982年7月,在郑州大学历史系历史专业学习,获历史学学士学位;1982年7月～1984年10月,任社旗县下洼乡团委书记、经联社副主任;1984年10月～1985年6月,任社旗县田庄乡乡长;1985年6月～1989年2月,任社旗县朱集乡党委书记;1989年2月～1990年3月,任社旗县人民政府副县长;1990年3月～1991年12月,任内乡县委常委、宣传部长;1991年12月～1992年10月,任共青团南阳地委书记;1992年10月～1994年5月,任共青团南阳地委书记兼邓州市委副书记;1994年5月～1997年8月,任桐柏县委书记、县人大常委会主任;1997年8月～1999年1月,任南阳市人民政府副市长;1999年1月～2003年11月,任中共南阳市委常委、市委秘书长;2003年11月,任中共南阳市委常委、市人民政府常务副市长。

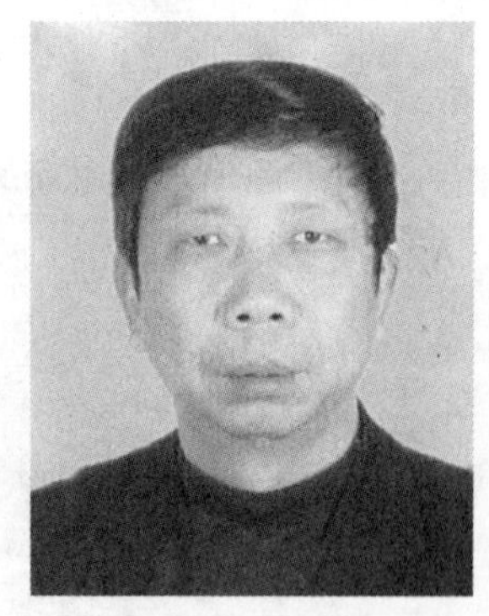

刘朝瑞 中共南阳市委常委,邓州市委书记。男,汉族,1958年6月生,河南省淅川县人。1983年5月加入中国共产党,1976年8月参加工作,在读博士。1976年8月～1978年4月,任淅川县盛湾乡马湾初中民办教师;1978年4月～1980年4月,在内乡师范学习;1980年4月～1983年12月,在淅川县盛湾高中任教;1983年12月～1985年8月,历任淅川县盛湾乡党委秘书、副书记、乡长;1985年8月～1988年3月,任淅川县滔河乡党委副书记、乡长;1988年3月～1989年9月,任淅川县宋岗电灌局党总支书记、主任,县农经委副主任;1989年9月～1991年12月,任淅川县滔河乡党委书记;1991年12月～1993年12月,任南召县人民政府副县长;1993年12月～1996年2月,任南召县委常委、县人民政府副县长(其间,1994年9月～1996年7月,在河南农业大学农业经济管理专业函授班学习);1996年2月～1998年8月,任南阳市乡镇企业局党组书记、局长;1998年8月～2000年8月,任西峡县委副书记、县人民政府县长;2000年8～11月,任西峡县委书记、县长;2000年11月～2003年11月,任西峡县委书记;2003年11月,任中共南阳市委常委、邓州市委书记。

王建民 中共南阳市委常委、市委统战部部长。男,汉族,1954年5月生,山东省莱阳市人。1976年2月加入中国共产党,1970年12月参加工作,河南大学历史系毕业,大学文化程度,学士学位。1970年12月～1972年12月,在内乡县插队当知青;1972年12月～1976年3月,在部队服役;1976年3月～1978年3月,在南阳地区邮电局、方城县文化馆工作;1978年3月～1982年1月,在河南大学历史系学习;

1982年2月～1984年12月，历任社旗县陌陂乡团委书记、乡党委副书记、经联社主任、乡党委书记；1984年12月～1988年12月，历任社旗县委常委、政法委书记，县委副书记（其间，1988年3～7月，在省委党校学习）；1988年12月～1991年2月，任社旗县委副书记、县人民政府县长；1991年2月～1992年6月，任社旗县委书记、县人大常委会主任；1992年6月～1995年4月，任南阳地区（市）工商局局长、党组书记；1995年4月～1999年1月，任南召县委书记、县人大常委会主任（其间，1997年9月～1998年1月，在省委党校学习）；1999年1月～2004年3月，任南阳市人民政府副市长；2004年3月～2009年3月，任中共南阳市委常委、政法委书记；2009年3月，任南阳市委常委、市委统战部部长。

杨其昌　中共南阳市委常委、市委组织部部长。男，汉族，1954年11月生，河南省长垣县人。1981年9月加入中国共产党，1970年8月参加工作，河南广播电视大学汉语言文学专业毕业，大专文化。1970年8月～1975年6月，为安阳震动器厂工人；1975年6月～1984年1月，在河南省安阳市机械工业局工作；1984年1月～1986年11月，任河南省安阳市重工局办公室副主任（其间，1982年8月～1985年8月，在河南广播电视大学文科汉语言文学专业函授班学习）；1986年11月～1987年8月，任安阳市人民政府办公室一办副主任；1987年8月～1991年4月，任安阳市人民政府一办主任；1991年4月～1994年12月，任安阳市人民政府办公室副主任（其间，1991年9月～1993年7月，在河南大学经济管理专业进修研究生班学习）；1994年12月～1998年2月，任安阳市人民政府副秘书长；1998年2月～1998年12月，任安阳市人民政府副秘书长、办公室主任；1998年12月～2001年12月，任河南省安阳县委书记、县人大常委会主任；2001年12月～2004年2月，任河南省农业科学院副院长、党委委员；2004年2月～2004年3月，任河南省农业科学院副院长，开封市委常委、市委宣传部部长；2004年3月～2009年2月，任开封市委常委、市委宣传部部长；2009年2月，任中共南阳市委常委、市委组织部部长。

孙丰年　南阳市委常委、市纪委书记。男，汉族，1957年10月生，河南省巩义市人。1985年11月加入中国共产党，1976年8月参加工作，郑州大学中文系汉语言文学专业毕业，大学文化程度，学士学位。1976年8月～1978年3月，任民办教师；1978年3月～1982年1月，在郑州大学中文系汉语言文学专业学习；1982年1月～1989年6月，在河南省政府办公厅信访处、政法科教处、省长综合办、秘书处工作；1989年6月～1996年9月，任河南省政府办公厅秘书处副处级秘书；1996年9月～2000年10月，任河南省政府办公厅一处处长（1997年～1999年在禹州市委挂职副书记）；2000年10月～2002年8月，任河南省政府办公厅三处处长；2002年8月～2006年12月，任河南省开封市副市长；2006年12月～2009年3月，任河南省开封市委常委、市委秘书长；2009年3月，任中共南阳市委常委、市纪委书记。

姚进忠　中共南阳市委常委、市委宣传部部长。男，回族，1957年7月生，河南省漯河市人。1978年12月加入中国共产党，1975年10月参加工作。历任新疆塔城军分区战士、班长，解放军西安政治学院学员，乌鲁木齐军区军医学校政治部政教室副连职教员。1985年12月～1988年12月，任中共郑州市委组织部干事、办公室副主任、主任；1988年12月～1989年6月，任中共郑州市委办公室秘书；1989年6月～1992年8月，任中共郑州市委办公厅第一秘书处处长；1992年8月～1996年12月，任中共郑州市二七区委常委、常务副区长；1996年12月～2001年4月，任中共郑州市管城回族区委副书记、区长；2001年4月～2004年2月，任中共郑州市管城回族区委书记;2004 年 2 月,任中共南阳市委宣传部部长。

陈光杰 中共南阳市委常委、南阳市人民政府副市长。男,汉族,1959 年 9 月生,河南省淮滨县人。1982 年 12 月加入中国共产党,1981 年 7 月参加工作,河南大学经济管理专业毕业,大学文化。1978 年 9 月～1981 年 7 月,在开封师范专科学校中文专业学习;1981 年 10 月～1984 年 5 月,任淮滨县防胡乡办事员、副乡长;1984 年 5 月～1985 年 4 月,任淮滨县计划委员会主任;1985 年 4 月～1988 年 7 月,任淮滨县栏杆乡党委书记;1988 年 7 月～1990 年 5 月,任淮滨县政府县长助理;1990 年 5 月～1996 年 2 月,任淮滨县政府副县长(其间,1989 年 9 月～1992 年 7 月,在河南大学经济管理专业学习);1996 年 2 月～1998 年 7 月,任信阳县委副书记、县长;1998 年 7 月～1998 年 10 月,任信阳市平桥区委副书记、区长;1998 年 10 月～2003 年 12 月,任信阳市平桥区委书记;2003 年 12 月,任南阳市人民政府副市长。

原永胜 中共南阳市委常委、市委秘书长。男,汉族,1965 年 12 月生,河南省温县人。1988 年 4 月加入中国共产党,1991 年 7 月参加工作,华中科技大学西方经济学专业毕业,经济学博士。1984 年 9 月～1988 年 7 月,在郑州大学政治系政治专业学习;

1988 年 7 月～1991 年 7 月,在郑州大学政治系科学社会主义专业学习,硕士研究生;1991 年 7～11 月,任河南省委办公厅第二秘书处干事;1991 年 11 月～1994 年 1 月,在河南省武陟县挂职锻炼,任县委办公室干事、县委办公室副主任、木城镇党委第二书记;1994 年 1 月～1996 年 8 月,任河南省委办公厅第二秘书处主任干事;1996 年 8 月～1998 年 8 月,任河南省委办公厅综合处主任科员;1998 年 8～12 月,任河南省委办公厅综合处助理调研员;1998 年 12 月～2000 年 10 月,任河南省委办公厅常委办公室副处级秘书;2000 年 10 月～2004 年 2 月,任河南省委办公厅常委办公室正处级秘书(其间,2002 年 3～7 月,在河南省委党校第三期青干班学习;2001 年 9 月～2004 年 7 月,在华中科技大学经济学院学习,获经济学博士学位;2003 年 6～12 月,在美国马里兰大学学习,任党支部副书记、副班长);2004 年 2 月～2004 年 4 月,任南阳市委组织部副部长(正处级);2004 年 4 月～2006 年 12 月,任方城县委书记;2006 年 12 月,任中共南阳市委常委、市委秘书长。

常　康 中共南阳市委常委、政法委书记。男,汉族,1954 年 6 月生,河南省栾川县人。1984 年 9 月加入中国共产党,1973 年 2 月参加工作,新乡师范学院化学专业毕业,大学文化程度。1973

年 2 月～1975 年 10 月,任栾川县双台小学民办教师;1975 年 10 月～1978 年 8 月,在新乡师范学院化学专业学习;1978 年 8 月～1984 年 6 月,为栾川县教育局干部;1984 年 6 月～1987 年 3 月,任栾川县人民检察院副检察长、检察长;1987 年 3 月～1993 年 1 月,任汝阳县人民检察院检察长;1993 年 1 月～1994 年 6 月,任洛阳市郊区人民检察院检察长;1994 年 6 月～1999 年 4 月,任洛阳市人民检察院副检察长、党组成员;1999 年 4 月～2004 年 3 月,任洛阳市人民检察院副检察长、党组副书记(其间,1999 年 9 月～2001 年 7 月,在河南大学诉讼专业研究生课程进修班学习);2004 年 3 月,任南阳市检察院党组书记;2004 年 4 月～2009 年 3 月,任南阳市人民检察院检察长;2009 年 3 月,任中共南阳市委常委、政法委书记。

任　峰 中共南阳市委常委、南阳军分区政委。男,汉族,1957

年3月生，江苏省如东县人。1977年12月加入中国共产党，1976年2月入伍，南京政治学院政治工作专业毕业，研究生学历。1976年2月～1978年7月，任六十七军高炮师高炮团一营战士；1978年7月～1979年11月，任六十七军高炮师高炮团一营营部排长；1979年11月～1983年6月，任六十九师政治部宣传科副连职干事；1983年6月～1986年5月，任六十七军政治部宣传处正连职干事；1986年5月～1988年5月，任十四军独立团一营副教导员；1988年5月～1991年6月，任六十七集团军政治部宣传处正营职干事，(其间，1986年3月～1988年7月，在南京政治学院政治工作专业学习)；1991年6月～1994年1月，任六十七集团军政治部宣传处副团职干事；1994年1月～1995年4月，任六十七集团军政治部宣传处处长；1995年4月～1996年4月，任六十七集团军政治部组织处处长；1996年4月～1998年8月，任六十七军通信团政委(其间，1993年9月～1996年7月，在南京政治学院经济管理专业学习)；1998年8月～2000年12月，任河南省军区政治部宣保处处长；2000年12月～2007年3月，任河南省漯河军分区政治部主任(其间，2001年9月～2003年7月，在南京政治学院政治工作专业学习)；2007年3月～2010年6月，任河南省南阳军分区政治委员；2010年6月，任中共南阳市委常委、南阳军分区政委。

李天岑　南阳市人大常委会主任、党组书记。男，汉族，1949年12月生，河南省镇平县人。1982年7月加入中国共产党，1970年12月参加工作，河南电大党政干部班毕业，大专文化程度。1970年12月～1972年7月，在镇平县农修厂当工人；1972年7月～

1979年2月，任镇平县柳泉铺公社、遮山公社团委书记；1979年2月～1983年2月，任共青团镇平县委秘书、副书记；1983年2月～1984年4月，任镇平县纪委秘书；1984年4月～1990年11月，任镇平县委办公室副主任、组织部副部长(其间，1984年9月～1986年7月，在河南广播电视大学党政干部专修班学习)；1990年11月～1992年2月，任镇平县委常委、组织部长；1992年2月～1994年2月，任南阳地委副处级组织员、组织部干部科科长；1994年2月～1997年4月，任南阳地(市)委组织部副部长(其间，1996年9～10月，在省委党校学习)；1997年4月～1998年12月，任中共邓州市委书记；1998年12月，任南阳市人民政府副市长；2000年2月～2003年11月，任中共南阳市委常委、市人民政府副市长；2003年11月～2006年12月，任中共南阳市委副书记；2006年12月，任南阳市人大常委会党组书记。2009年4月任南阳市人大常委会主任、党组书记。

杨德明　南阳市人大常委会副主任。男，汉族，1950年8月生，河南省南召县人。1970年3月加入中国共产党，1969年2月参加工作，解放军兽医大学毕业，大专文化。1969年2月～1983年1月，在部队服役；1983年1～10月，任南召县人事局股长；1983

年10月～1986年9月，任南召县皇后乡党委书记；1986年9月～1994年5月，任南召县委常委、纪委书记、副书记、县长；1994年5月～11月，任南阳地区行署副秘书长；1994年11月～1997年3月，任新野县委书记、县人大主任；1997年1月～2001年9月，任南阳市人民政府秘书长；2001年9月～2002年1月，任南阳市人大常委会党组成员；2002年1月，任南阳市人大常委会副主任。

金　星　南阳市人大常委会副主任。女，汉族，1949年7月生，河南省方城县人。民革成员，1965年8月参加工作，在职研究生学历。十届全国人大代表、民革河南省委常委。1965年8月～1979年8月，任方城县唐楼小学、二郎庙高中教师；1979年8月～1981年9月，任方城县九中教师；1981年9月～1985年1月，任方城县新建中学教师；1985年1月～1992年11月，任南阳市(县级)归侨侨眷联合会干事、秘书(其间,1985 年 6 月～1988 年 6 月,在郑州大学法律专业函授班学习);1992 年 11 月～1996 年 8 月,任南阳市(县级)、卧龙区侨联副主席兼秘书长;1996 年 8 月～2004 年 1 月,任民革南阳市委副主委兼秘书长(其间,2002 年 5 月～2004 年 7 月,在中国人民大学财政金融学院在职读研究生);2004 年 1 月,任民革南阳市委主委兼秘书长;2004 年 4 月,任南阳市人大常委会副主任。

马东升 南阳市人大常委会副主任。男,汉族,1950 年 12 月生,河南省内乡县人。1973 年 9 月加入中国共产党,1970 年 12 月参加工作。1970 年 12 月～1979 年 9 月,为部队战士、营部文书;1979 年 9 月～1981 年 9 月,任内乡县检察院书记员;1981 年 9 月～1983 年 9 月,任内乡县委组织部干事;1983 年 9 月～1984 年 5 月,任内乡县委组织部秘书;1984 年 5 月～1989 年 8 月,任内乡县委组织部副部长;1989 年 8 月～1992 年 3 月,任内乡县委常委、组织部部长;1992 年 3 月～1994 年 1 月,任镇平县委常委、组织部部长;1994 年 1～11 月,任镇平县委常委、副县长;1994 年 11 月～1998 年 8 月,任西峡县委副书记、县长(其间,1993 年 9 月～1995 年 7 月,在河南师范大学高等教育实用人才班经济管理专业学习;1996 年 4 月～1998 年 3 月,在中国社会科学院工业经济专业在职研究生班学习);1998 年 8 月～2000 年 5 月,任南阳市卫生局局长、党委书记;2000 年 5 月～2007 年 4 月,任南阳市财政局局长、党组书记;2007 年 4 月,任南阳市人大常委会副主任。

李东武 南阳市人大常委会副主任。男,汉族,1950 年 10 月生,河南省桐柏县人。1974 年 4 月加入中国共产党员,1972 年 7 月参加工作,中央党校经济管理专业毕业,中央党校大学文化程度。1972 年 7 月～1975 年 6 月,任桐柏县朱庄公社团委干事、副书记(1972 年 7 月选干);1975 年 6 月～1983 年 3 月,任桐柏县果园公社党委秘书;1983 年 3 月～1986 年 8 月,任桐柏县委办公室干事、秘书(其间,1984 年 9 月～1986 年 7 月,在河南省委党校理论班学习);1986 年 8 月～1990 年 11 月,任桐柏县委办公室副主任;1990 年 11 月～1996 年 2 月,任桐柏县委常委、县委办公室主任(其间,1993 年 8 月～1995 年 12 月,在中央党校经济管理专业函授班学习);1996 年 2 月～1997 年 12 月,任桐柏县委副书记;1997 年 12 月～2001 年 9 月,任方城县委副书记、县长;2001 年 9～12 月,任方城县委书记、县长;2001 年 12 月～2004 年 4 月,任方城县委书记;2004 年 5 月～2007 年 4 月,任南阳市政府秘书长、党组成员、政府办公室党组书记;2007 年 4 月,任南阳市人大常委会副主任。

秦　俊 南阳市人大常委会副主任。男,汉族,1954 年 11 月生,河南省邓州市人。1984 年 9 月加入中国共产党,1973 年 2 月参加工作,河南师范大学历史专业毕业,大学文化程度,学士学位。1973 年 2 月～1976 年 11 月,任邓县白牛高中代课教师;1976 年 11 月～1978 年 8 月,在内乡师范学校中文班学习;1978 年 8 月～1982 年 7 月,在河南师范大学历史系学习;1982 年 7 月～1982 年 11 月,任南阳教育学院教师;1982 年 11 月～1984 年 11 月,任南阳行署地方史志办公室编辑;1984 年 11 月～1986 年 8 月,任南阳行署地方史志办公室副主任(正科);1986 年 8 月～1989 年 4 月,任南阳行署地方史志办公室副主任、副总编(副处);1989 年 4 月～1996 年 2 月,任南阳地区(市)文联副主席;1996 年 2 月,任南阳市地方史志办公室主任;2009 年 4 月,任南阳市人大常委会副主任。

党光德 南阳市人大常委会副主任。男,汉族,1954 年 11 月生,河南省邓州市人。1984 年 11 月加入中国共产党,1973 年 2 月参加工作,南阳师范专科学校中文专业毕业,大专文化程度。1973 年 2 月～1978 年 3 月,任邓县二中民办教师;1978 年 3 月～1980 年11月,在南阳师专中文系学

习；1980 年 11～1984 年 7 月，任邓县二中教师；1984 年 7 月～1985 年 6 月，任邓县教育局办公室副主任；1985 年 6 月～1987 年 2 月，任邓县教育局副局长；1987 年 2 月～1991 年 3 月，任邓县（邓州市）教育局局长、党组书记；1991 年 3 月～1994 年 2 月，任邓州市教委主任、党委书记；1994 年 2 月～1997 年 12 月，任邓州市委常委、宣传部长；1997 年 12 月～2000 年 12 月，任内乡县委常委、纪委书记；2000 年 12 月～2001 年 12 月，任内乡县委副书记；2001 年 12 月～2004 年 5 月，任内乡县委副书记、县长；2004 年 5 月～2007 年 3 月，任南阳市人事局局长、党组书记；2007 年 3 月，任南阳市委组织部副部长（正处级）；2009 年 4 月，任南阳市人大常委会副主任。

谢先锋　南阳市人大常委会副主任。男，蒙古族，1957 年 1 月生，河南省内乡县人。1982 年 12 月加入中国共产党，1974 年 4 月参加工作，河南农学院果树专业毕业，大学文化程度，学士学位。1977 年 4 月～1978 年 2 月，任内乡县余关公社谢寨学校民办教师；1978 年 2 月～1982 年 1 月，在河南农学院园林系学习；1982 年 1 月～1982 年 12 月；任南阳县青华公社团委副书记；1982 年 12 月～1983 年 12 月，任南阳县青华公社管委副主任；1983 年 12 月～1984 年 6 月，任南阳县潦河乡经联社主任；1984 年 6 月～1986 年 6 月，任共青团南阳地委组织部副部长；1986 年 6 月～1991 年 12 月，任共青团南阳地委组织部部长；1991 年 12 月～1994 年 2 月，任共青团南阳地委副书记；1994 年 2 月～1997 年 12 月，任镇平县委常委、纪委书记；1997 年 12 月～2001 年 12 月，任镇平县委副书记；2001 年 12 月～2004 年 5 月，任南阳市委副秘书长；2004 年 5 月，任南阳市委副秘书长（正处级）；2009 年 4 月，任南阳市人大常委会副主任。

李建豫　南阳市人民政府副市长。女，汉族，1956 年 4 月生，山西省和顺县人。1975 年 4 月加入中国共产党，1973 年 5 月参加工作，郑州大学中文系毕业，大学文化。1977 年 9 月～1978 年 4 月，在周口市团委工作；1978 年 4 月～1982 年 6 月，在周口地区教育局工作（其间，1980 年 9 月～1981 年 7 月，在郑州大学中文系进修）；1982 年 6 月～1984 年 7 月，任淮阳县搬口乡党委委员、副乡长、副书记（其间，1984 年 2～7 月，在省委党校中青班学习）；1984 年 7 月～1988 年 5 月，任中共淮阳县委宣传部部长；1988 年 5 月～1993 年 8 月，任周口地区劳动局副局长、党组成员；1993 年 8 月～2000 年 8 月，任周口地区劳动局局长、党组书记（其间，1998 年 8 月～2000 年 12 月，在中央党校经济管理专业学习）；2000 年 8 月～2003 年 11 月，任周口市劳动和社会保障局局长、党组书记（其间，2003 年 3～7 月，在河南省委党校中青班学习）；2003 年 12 月，任南阳市人民政府副市长。

姚龙其　南阳市人民政府副市长。男，汉族，1962 年 10 月生，河南省伊川县人。1985 年 8 月加入中国共产党，1983 年 7 月参加工作，兰州大学历史系毕业，大学文化程度，学士学位。1983 年 7 月～1994 年 8 月，任河南省委统战部党派处干事、副主任干事、主任干事；1994 年 8 月～1996 年 11 月，任河南省委统战部党派知识分子工作处副处级调研员；1996 年 11 月～1998 年 12 月，任河南省委统战部办公室副主任（1995 年 7 月～1997 年 7 月挂职锻炼任信阳县委副书记）；1998 年 12 月～2001 年 6 月，任河南省委统战部政策理论研究室主任；2001 年 6 月～2004 年 2 月，任河南省委统战部党派知识分子工作处处长(其间,2002 年 9 月～2003 年 1 月,在河南省委党校第 31 期中青班学习);2004 年 2 月,任南阳市人民政府副市长。

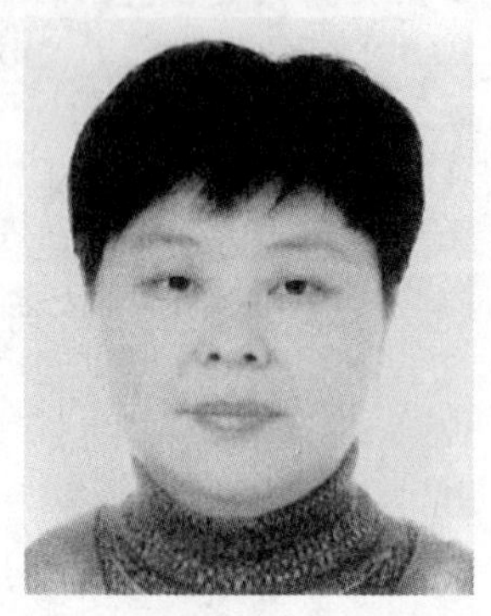

冯晓仙 南阳市人民政府副市长。女,汉族,1961 年 6 月生,安徽省无为县人。1982 年 7 月参加工作,西北电讯工程学院物理系毕业,大学文化程度,学士学位,高级工程师。九届省政协常委。1978 年 10 月～1982 年 7 月,在西北电讯工程学院红外技术专业学习;1982 年 7 月～1984 年 6 月,任电子工业部 773 厂技术员;1984 年 6 月～1989 年 10 月,任安徽省科技研究中心助工、工程师(其间,1986 年 6 月～1988 年 11 月,抽调安徽省科委大别山办公室从事科技扶贫工作);1989 年 10 月～1991 年 10 月,任国家人事部专家服务中心工程师;1991 年 10 月～1999 年 8 月,任中国农村技术开发中心工程师(其间,1997 年 6 月～1999 年 8 月,下派南阳市卧龙区任科技副区长);1999 年 8 月～2004 年 4 月,任南阳市市长助理(其间,2001 年 12 月兼市工商业联合会会长);2004 年 4 月,任南阳市人民政府副市长。

张振强 南阳市人民政府副市长。男,1956 年 8 月生,北京顺义人。1976 年 12 月加入中国共产党,1974 年 7 月参加工作,海军政治学院毕业,河南省委党校

经济管理专业在职研究生学历。历任海军某航空军械库勤务连战士、连长,军械库保管队政治指导员,军械训练队队长,业务处副处长、处长;1991 年 10 月,任河南省商管委办公室主任科员;1993 年 11 月,任河南省商管委办公室行政负责人;1996 年 2 月任河南省贸易厅物业管理中心主任;2000 年 6 月,任河南省商业贸易行业管理办公室副主任、党组成员;2002 年 8 月,任河南物资集团公司副总经理、党委委员。2005 年 6 月,任南阳市人民政府副市长。

贺国营 南阳市人民政府副市长。男,汉族,1964 年 7 月生,河南省平顶山市人。1991 年 3 月加入中国共产党,1985 年 8 月参加工作,经济学硕士学位。1983 年 9 月～1985 年 8 月,在河南省会计学校财政专业学习;1985 年 8 月～1988 年 10 月,在财政部办公厅工作;1988 年 10 月～1991 年 9 月,任河南省平顶山市财政局农财科副科长(其间,1988 年 9 月～1991 年 6 月,在中国青年政治学院夜大经济管理专业学习);1991 年 9 月～1994 年 7 月,任河南省平顶山市财政局预算科副科长(其间,1990 年 7 月～1992 年 1 月,在河南省财税干部大专班学习);1994 年 7 月～1997 年 12 月,任河南省平顶山市财政局副局长、党组成员(其间,1996 年 6 月在河南财经学院会计专业自考毕业);1997 年 12 月～2000 年 4 月,任河南省平顶山市财政局副局长、党组副书记(其间,1996 年 9 月～1998 年 2 月,在财政部研究生班财政管理专业学习);2000 年 4 月～2003 年 7 月,任河南省平顶山市政府副秘书长、市政府办党组成员兼市工农关系协调办公室主任;2003 年 7 月～2004 年 3 月,任河南省平顶山市政府副秘书长、市政府办党组成员;2004 年 3 月～2005 年 11 月,任河南省鲁山县县长;2005 年 11 月～2008 年 10 月,任河南省鲁山县县委书记;2008 年 10 月,任河南省南阳市人民政府副市长。

崔　军 南阳市人民政府副市长。男,汉族,1962 年 4 月生,河南省新野县人。1985 年 1 月加入中国共产党,1981 年 9 月参加工作,河南省委党校行政管理专业毕业,省委党校研究生文化程度。省十届人大代表、市四次党代会代表、四届市委委员、市三届人大代表。1979 年 9 月～1981

年9月，在南阳工业学校电机专业学习；1981年9月～1982年3月，在新野县乡镇企业管理局工作；1982年3月～1984年1月，在新野县五星乡政府工作；1984年1月～1984年12月，为共青团新野县委干部；1984年12月～1987年4月，任共青团南阳地委学校部副部长；1987年4月～1991年1月，任共青团南阳地委学校部部长(其间，1988年9月～1990年6月，在南阳地委党校大专班学习)；1991年1月～1993年4月，任共青团南阳地委宣传部部长；1993年4月～1995年3月，任共青团南阳地(市)委组织部部长；1995年3月～1997年12月，任共青团南阳市委副书记；1997年12月～2001年12月，任淅川县委副书记；2001年12月～2007年9月，任淅川县委副书记、县长(其间，2003年6月～2006年6月，在河南省委党校行政管理专业研究生班学习)；2007年9月～2009年4月，任淅川县委书记；2009年4月，任南阳市人民政府副市长。

文学林　南阳市政协副主席。男，汉族，1950年9月生，河南省邓州市人。1972年5月加入中国共产党，1972年11月参加工作，新乡师范学院物理系物理专业毕业，大学文化程度。1972年11月～1974年9月，任邓县文营学校民办教师；1974年9月～1977年8月，在新乡师范学院物理系学习；1977年8月～1982年1月，任南阳宛运子弟学校教师；1982年1～8月，任南阳市(县级)化纤厂宣传科科长、秘书；1982年8月～1985年7月，任南阳地区纪委办公室干事、审理科副科长(正科)；1985年7月～1986年7月，任南阳地区纪委审理科科长(副处)；1986年7月～1989年8月，任镇平县委常委、纪委书记；1989年8月～1994年5月，任南阳地区纪委委员(正处)；1994年5月～1999年4月，任南阳地区(市)纪委副书记；1999年4月～2000年12月，任南阳市纪委副书记、市监察局局长；2000年12月～2004年4月，任南阳市劳动和社会保障局局长、党组书记；2004年4月，任南阳市政协副主席。

赵秀玲　南阳市政协副主席。女，汉族，1957年8月生，河南省南阳市宛城区人。1976年4月参加工作，1989年3月加入民盟，河南大学政教系政治思想教育专业毕业，大学文化程度。政协河南省九届常委、南阳市二届人大常委、民盟河南省委常委、民盟南阳市委主委、南阳师范学院经济与管理系主任、教授。1976年4月～1978年9月，任南阳四中教师；1978年9月～1982年7月，在河南大学政教系学习；1982年7月～1995年10月，任南阳师专政教系教师(其间，1994年9月～1995年8月，为北京大学经济学院访问学者)；1995年10月～2002年6月，任南阳师专(师范学院)工会副主席；2002年6月，任南阳师范学院经济与管理系主任；1998年1月，任民盟南阳市委主委；2004年4月，任南阳市政协副主席。

仝运科　南阳市政协副主席。男，汉族，1951年11月生，南召县人。1969年10月参加工作，2000年8月加入九三学社，中山医科大学医疗系毕业，大学文化程度。河南省九届政协常委、南阳市二届人大常委、九三学社南阳市委主委、南阳市中心医院副院长、主任医师。1969年10月～1978年9月，任南召县太山庙乡马庄村乡村医生；1978年9月～1983年7月，在中山医科大学学习；1983年7月～1988年1月，任南阳地区医院医师；1988年1月～1993年12月，任南阳地区医院主治医师；1993年12月～1998年10月，任肿瘤内科副主任医师；1994年3月～1998年1月，任肿瘤内科主任；1998年1月，任市中心医院副院长；2001年9月，任九三学社南阳市委主委；2004年4月，任南阳市政协副主席。

宋　蕙　南阳市政协副主席。女，汉族，1957年7月生，河南省南召县人。1973年6月参加工作，河南医学院医疗系毕业，大学文化程度，副主任医师。1973年6月～1978年2月，为南召县马

市坪插队知青；1978年2月～1982年12月，为河南省医学院医疗系学生；1982年12月～1989年12月，任南召县医院妇产科医师；1989年12月～1991年11月，任南召县医院妇产科主任；1991年11月～1997年2月，任南召县医院副院长；1997年2月，任南召县人民政府副县长；2004年4月，任南阳市政协副主席。

赵金文 南阳市政协副主席。男，汉族，1953年10月生，河南省邓州市人。1976年4月加入中国共产党，1973年3月参加工作，大专文化。1973年3月～1974年11月，任邓县孟楼中学民办教师；1974年11月～1982年11月，任解放军基建工程兵第三支队战士、正排职干事；1982年11月～1984年9月，任西峡县人事局办事员；1984年9月～1986年8月，在河南省委党校理论班学习；1986年8月～1989年9月，任西峡县委党史办秘书，组织部副科长、科长；1989年9月～1992年3月，任西峡县委办公室副主任；1992年3月～1994年2月，任西峡县西坪镇党委书记；1994年2月～1997年12月，任西峡县委常委、办公室主任；1997年12月～2001年12月，任西峡县委常委、副县长；2001年12月～2004年3月，任镇平县委副书记、县长；2004年3～4月，任镇平县委书记、县长；2004年4月～2007年4月，任镇平县委书记；2007年4月，任南阳市政协副主席。

张志安 南阳市政协副主席。男，汉族，1952年2月生，河南省方城县人。1969年10月加入中国共产党，1968年2月参加工作，大专文化。1968年2月～1976年4月，为部队战士、班长、助理员（其间，1974年9月～1976年1月，在解放军后勤学院学习）；1976年4月～1982年7月，任南阳地区计划委员会干事；1982年7月～1985年8月，任南阳地区物价局人秘科干事（其间，1982年9月～1984年7月，在郑州大学干部专修科经济管理专业学习）；1985年8月～1988年10月，任南阳地区商业局业务科科长、人事科科长；1988年10月～1994年12月，任南阳地区（市）商业局副局长；1994年12月～1999年4月，任南阳市商业贸易局局长、党委书记；1999年4月～2004年5月，任南阳市对外经济贸易局（对外经济贸易合作局）局长、党委书记；2004年5月～2007年4月，任南阳市发展和改革委员会主任、党组书记；2007年4月，任南阳市政协副主席。

贺国勤 南阳市政协副主席。男，汉族，1954年9月生，河南省镇平县人。1973年11月加入中国共产党，1970年12月参加工作，中央党校经济管理专业毕业，中央党校大学文化程度。市四次党代会代表、四届市委委员。1970年12月～1976年4月，任解放军83028部队战士、班长；1976年4月～1978年9月，任镇平县石佛寺镇贺营村党支部书记；1978年9月～1981年9月，在南阳师专中文系学习；1981年9月～1983年9月，任镇平县委党校教师；1983年9月～1984年5月，任镇平县马庄乡党委副书记、书记；1984年5月～1988年10月，任共青团南阳地委副书记；1988年10月～1991年12月，任共青团南阳地委书记；1991年12月～1994年2月，任桐柏县委副书记、县长；1994年2月～1995年7月，任南阳市教委副主任、党委副书记；1995年7月～2006年5月，任南阳市林业局局长、党组书记（1994年8月～1996年12月，在中央党校经济管理专业函授班学习）；2006年5月～2009年3月，任南阳市教育局局长、党委书记；2009年3月，任南阳市政协副主席。

刘荣阁　南阳市政协副主席。女，汉族，1964年8月生，河南省唐河县人。2006年6月加入中国民主促进会，1990年3月参加工作，北京大学经济学院经济学专业毕业，研究生文化程度，硕士学位，讲师。十届省政协常委。1982年9月～1986年7月，在北京大学中文系学习；1986年9月～1989年7月，北京大学经济学院研究生；1989年7月～1990年3月，待分配；1990年3月～1996年1月，任南阳市委党校经济管理教研室讲师、生活服务处经理；1996年1月～2003年12月，任南阳高新技术开发区管委会副主任科员、副局长；2003年12月～2007年4月，任南阳市高新技术开发区管委会助理调研员、副主任；2007年4月～2008年11月，任卧龙区政府副区长；2008年11月，任南阳市发改委副主任；2008年12月，当选民进南阳市委主席；2009年3月，任南阳市政协副主席。

吴冬焕　南阳市政协副主席。女，汉族，1956年1月生，河南省邓州市人。1979年8月参加工作，新乡医学院医学系毕业，大学文化程度，副主任医师。十届省政协常委、三届市政协常委。1976年9月～1979年8月，在新乡医学院学习；1979年8月～1997年2月，任邓州市人民医院医生、医师、儿科副主任(1993年3月～1997年2月，任邓州市政协副主席〈不驻会〉)；1997年2月～2004年10月，任邓州市政府副市长；2004年10月，任南阳市工商联主席、总商会会长；2009年3月，任南阳市政协副主席。

韩奎生　南阳市总工会党组书记、主席。男，汉族，1952年11月生，河南省方城县人。1982年9月加入中国共产党，1978年11月参加工作，河南省委党校干部培训班毕业，省委党校大专文化程度。1976年9月～1978年11月，在南阳师范学校美术班学习；1978年11月～1983年8月，任方城县教育局办事员、秘书股副股长；1983年8月～1985年7月，在河南省委党校党政干部培训班学习；1985年7月～1989年4月，任方城县券桥乡、城关镇党委书记；1989年4月～1992年11月，任方城县委常委、政法委书记；1992年11月～1996年2月，新野县委常委、政法委书记；1996年2月～2001年9月，任唐河县委副书记、县长(其间，1999年8月～2001年8月，在河南大学诉讼法学专业研究生班函授学习)；2001年9月～2001年12月，任唐河县委书记、县长；2001年12月～2006年12月，任唐河县委书记；2006年12月～2008年10月，任唐河县委书记(副厅级)；2008年10月～2009年4月，任南阳市总工会党组书记；2009年4月，任南阳市总工会党组书记、主席。

程德明　南阳军分区司令员。男，汉族，1962年12月生，湖北省当阳县人，硕士学位。1980年9月入伍。1982年10月加入中国共产党，先后荣立三等功七次，二等功一次，2004年9月，被授予大校军衔。1980年10月入信阳陆军学院学习；1983年7月，任四十三军一二七师三八〇团一营一连排长；1984年3月，任四十三军一二七师三八〇团一营炮连司务长；1984年10月，任四十三军一二七师三八〇团政治处宣传股正排职干事；1985年6月，任四十三军一二七师三八〇团一营三连连长；1986年1月，任五十四集团军一二七师三八〇团一营一连连长；1989年3月，任五十四集团军司令部军务装备处正连职参谋；1989年9月，任五十四集团军司令部军务装备处副营职参谋；1993年6月，任五十四集团军司令部军务装备处正营职参谋；1996年6月，任五十四集团司令部军务装备处副团职参谋;1998年10月,任五十四集团军装备部战技勤务处副处长;1999年2月,任五十四集团军装备部战技勤务处处长;2002年10月,任五十四集团军装备部副部长(其间,2005年3月～2007年1月,入国防大学中青班学习);2009年12月,任河南省南阳军分区司令员。

庞景玉 南阳市中级人民法院党组书记、院长。男,汉族,1966年1月生,河南省巩义市人。1984年12月加入中国共产党,1985年7月参加工作,中国政法大学法律专业毕业,大学文化程度。1981年9月～1985年7月,在中国政法大学法律专业学习;1985年7月～1986年8月,任河南省高级人民法院代理书记员;1986年8月～1989年5月,任河南省高级人民法院书记员;1989年5月～1996年5月,任河南省高级人民法院审判员;1996年5月～1997年8月,任河南省高级人民法院党组秘书;1997年8月～1998年2月,任河南省高级人民法院研究室副主任;1998年2月～2001年9月,任河南省高级人民法院审判员;2001年9月～2004年5月,任河南省高级人民法院研究室主任(其间,2002年3月～2002年7月,在河南省委党校第三期青年干部培训班学习);2004年5月～2007年6月,任河南省高级人民法院研究室主任、审委会委员(其间,2002年10月～2004年10月,挂职汝南县委副书记、副县长);2007年6月～2009年3月,任河南省高级人民法院政治部副主任、审委会委员;2009年3月,任南阳市中级人民法院党组书记、院长、审委会委员。

刘在贤 南阳市人民检察院检察长,男,汉族,1954年4月生,河南省正阳县人。1974年4月加入中国共产党,1970年12月参加工作,郑州大学法律系法学专业,法学硕士学位,研究生学历。1970年12月～1976年3月,在空军高炮四师服役;1976年3月～1979年12月,在驻马店市水利局工作;1979年12月～1983年9月,任河南省人民检察院驻马店分院书记员、助检员;1983年9月～1987年11月,任驻马店市委政法委办公室副主任、主任(其间,1984年9月～1986年6月,在郑州大学法律系学习);1987年11月～1993年1月,任遂平县人民检察院党组书记、检察长;1993年1月～2002年8月,任河南省人民检察院驻马店分院党组成员、副检察长,党组副书记、常务副检察长(其间,1998年9月～2000年7月,在郑州大学刑法研究生班学习);2002年8月～2007年1月,任河南省人民检察院办公室主任、检察委员会委员(其间,2004年7月～2006年12月,挂职泌阳县县委常委、副县长、省联县驻村驻泌阳工作队总队长);2007年1月～2009年3月,任河南省人民检察院公诉处处长、公诉一处处长、检察委员会委员、全省检察机关首批业务专家;2009年3月,任南阳市人民检察院党组书记、检察长。

逝 世 人 物

李海景(1969.7～2009.6) 男,汉族,1969年7月4日出生,唐河县郭滩镇人,1990年参加工作,任市教育学院教师,1995年调入市信访局,1998年入党,历任市委群众工作部、市信访局接访科科员、办信科副科长、科长、接访科科长、综合调研科科长。李海景从事信访工作15年,殚精竭虑为群众谋利,千方百计为群众解难,一心一意为群众办事,履行了一名信访干部的应尽职责。从事接访工作的5年中,每年都接待来访群众近2000人次,累计接待万人以上,其中2003年至2004年初,一人承担起一个科室的工作任务;从事办信工作5年中,累计处理群众来信1万余件,立案交办3000余起。在接访科和办信科工作的10年里,李海景先后收到锦旗近20面,感谢信

300余封。任综合科科长的5年间，起草、修改各种材料3000余份800多万字，组织、筹备全市性的工作会议及专题会议100多次，参与或单独编写的多篇先进经验和做法，被《人民信访》、《民情与信访》等媒体刊登报道。李海景以高度的事业心和强烈的责任感，在平凡的工作岗位上创造了不平凡的业绩，为南阳的信访事业做出了突出贡献。2009年9月16日，李海景因积劳成疾，不幸因公殉职，年仅40岁。10月26日，南阳市委下发《决定》开展向李海景学习活动。10月30日，南阳市政府追记李海景为二等功！12月19日，河南省委下发在全省开展向李海景学习活动《决定》。2010年1月21日，李海景高票当选“2009感动中原十大年度人物”。同时，入围“2009感动中国人物十大人物”评选活动候选人。新华社、人民日报、光明日报、中央电视台等中央、省30多家新闻媒体先后对李海景的先进事迹进行报道，在社会上引起强烈反映。

政　　权

中国共产党南阳市委员会

综　　述

【市委工作概况】 2009年是新世纪以来南阳市经济发展最为困难的一年，也是南阳人民化危为机、克难奋进、取得令人鼓舞成绩的一年。一年来，在省委、省政府的正确领导下，南阳市委以中共中央总书记胡锦涛、国务院总理温家宝、全国政协主席贾庆林等中央领导亲临南阳视察为动力，紧紧围绕保增长、保民生、保稳定的目标，深入贯彻科学发展观，扩大投资保增长，调整结构提效益，推动转型增后劲，改善民生促和谐，国民经济逐步企稳向好，保持了跨越发展的良好态势，取得了战危机、保增长的阶段性胜利。全市生产总值完成1780亿元，增长11%，连续七年保持两位数以上增长；全社会固定资产投资完成1153.18亿元，增长28.7%；地方财政一般预算收入56.17亿元，增长9.5%；城镇居民人均可支配收入13498元，比上年实际增长10.2%；农村居民人均纯收入4931元，剔除价格因素，比上年实际增长7.7%。与此同时，政治、文化、社会和党的建设协调推进。

一、以项目建设为抓手，扩大投资保增长。坚持把保增长与调结构、增后劲结合起来，紧紧扭住项目建设不松手，抓住国家实施积极财政政策、扩大投资的机遇，迅速组织谋划和实施了一大批结构调整、基础建设、民生工程等项目，共争取中央、省投资19.6亿元。工作中，重点抓好了南水北调中线工程南阳段、高庄核电站、粮食主产区建设、筹办第七届全国农民运动会“四大工程”。南水北调中线渠首枢纽工程开工建设，1.08万试点移民已实现顺利搬迁，第一批6.5万大规模移民工作已经启动，至2010年8月底可安置到位。高庄核电站工程可研报告已编制完毕并上报国家发改委，中核河南核电有限公司筹建组已于4月份在南阳注册。粮食主产区建设规划得到国家发改委批复，水利工程建设、中低产田改造等重点工作正有序开展。第七届全国农民运动会筹办工作全面展开，主体育场、游泳馆、综合训练馆、新闻中心开工建设。与此同时，二胶厂CTP数码版材生产线、安棚碱矿三期、天冠年产10万吨全降解塑料、机场二期改扩建、鸭河口水库除险加固、内邓高速等一批事关长远发展的重点项目建成或开工建设，南阳核电、天池抽水蓄能电站、宁西铁路复线南阳段、郑渝高铁南阳段等重大项目前期工作取得进展，发展后劲明显增强。

二、以产业集聚区为载体，全力推进农区工业化和高新技术产业化。把产业集聚区作为推动南阳科学发展的最有效载体，推动项目集中布局、产业集群发展、资源集约利用，提高产业集中度和承载力。一是高标准建设产业集聚区。按照项目集中、产业集聚、产城一体的理念，编制完成首批省定13个产业集聚区总体发展规划，通过省专家组评审。重点抓基础设施建设、投融资平台建设，完成投资158.5亿元，搭建投融资平台14个、融资43.5亿元，建成标准化厂房171万平方米，入驻企业680家，其中投资超亿元的重大工业项目76个。二是大力培育战略支撑产业。围绕培育形成一批销售收入超百亿元的大型骨干企业和企业群体，筛选确定天冠、中光学、龙成等20家优势企业，深入开展“企业服务年”、“项目推进年”等活动，实行市四大班子联系重点企业制度，在项目、资金、用地、政策等方面予以倾斜，促其快速做大做强。推进企业战略重组，中光学集团、金光数显、飞龙电器、天冠集团、英宝电子等企业，分别与长虹电器、首钢控股、全球500强ABB集团、创维集团等进行战略合作，实现借梯上楼、借力发展。防爆集团、宛西制药、安棚碱矿等7家企业跻身河南企业百强。三是狠抓招商引资。突出优势产业招商、面向大企业招商、沿海地区招商三个重点，由市委、市政府主要领导带队，先后赴上海浦东、深圳、杭州、厦门、台湾等地有针对性地开展招商活动。举办第七届玉雕节暨宝玉石博览会、第八届张仲景医药科技文化节等，引进一批大项目、大投资。累计签约项目397个，投资总额860亿元，合同引资619亿元；实际利用外资1.33亿美元，增长12.3%，提前3个月完成省下达的年度目标任务。

三、以农民增收为核心，扎实推进新农村建设。把新农村建设摆在统筹城乡发展、区域协调发展的突出位置，坚持分类指导、规划引领、典型带动、有序推进。突出抓了三项工作。一是加快推进村镇规划。按照中组部部长李源潮的指示，组织党政代表团赴苏北考察，借鉴先进地区经验，出台《南阳市村镇规划工作实施方案》，着力抓好县域村镇体系规划、乡镇总体规划和村庄建设规划，年底前全面完成县(市)域村镇体系规划，基本完成村庄体系规划和中心村(社区)的规划编制工作。二是大力发展现代农业。以产业化、标准化、市场化为方向，积极发展高效特色农业，集中建设优质粮食、油料、中药材、林果、畜牧等十大优势农产品基地，农业综合效益和市场竞争力显著提高。积极推进农业产业化经营，着力培育22家国家和省农业产业化重点企业，龙大牧原年屠宰加工100万头生猪、科尔沁牛业年屠宰加工10万头肉牛、三色鸽豆业等重点项目建成投产，产业链条进一步拉长，产品附加值明显提高。三是分类推进新农村建设。以搞好水、电、路、气等基础设施建设为重点，以村容村貌整治为突破口，累计投入各类资金2.37亿元，集中建设200个试点村和54个示范村，培育出一批新农村建设的典型和亮点。开展垃圾乱倒、柴草乱堆、污水乱流等村容村貌综合整治活动，完成1782个行政村的整治任务。

四、以建设区域性中心城市、全省次中心城市为目标，加快中心城市发展。抓住举办第七届全国农民运动会的机遇，坚持拉大框架与产业支撑、硬件建设与软件建设、新城开发与旧城改造并重，完善基础设施，推动内涵发展，全力提升中心城市的首位度和辐射力。全市城镇化率达到36.9%，比上年提高2个百分点。一是抓规划。聘请中国城市规划设计研究院、美国易道公司等单位，对中心城区和白河两岸区域进行高水平规划。中心城市总体规划已上报省委、省政府待批，白河两岸区域规划已拿出初步设计方案。二是抓建设。立足独山、白河、南水北调中线干渠和六条内河纵横交错的城市特质，在显“山”露“水”上做文章，精心打造白河两岸，逐步改造六条内河。投资近20亿元，实施了10多项重点市政工程，完成了3条道路大修改造和54条背街小巷改造任务，80公里环城高速、独山大道南延、机场新航站楼建成投用，仲景大桥、污水处理厂二期、滨河路污水管网改造等工程加速推进，新投入出租车近300辆、公交车100辆，是南阳城建史上施工项目最多、投资力度最大的一年。三是抓管理。以创建国家生态园林城、优秀旅游城、双拥模范城、环保模范城、卫生城、文明城，迎接第七届全国农民运动会“六创一迎”活动为载体，集中整治交通秩序、环境卫生、出入市口形象，着力解决脏、乱、差问题，城市面貌明显变化，市民素质明显提高，宜居程度明显增强。四是抓城市经济发展。针对中心城市实力不强、辐射带动能力弱的现状，把中心城市发展摆上重要位置，出台支持加快中心城区经济发展的政策措施，全面实施“一体两翼”发展战略，加快新能源、高新技术、光电三个产业集聚区建设，中心城区工业实力和辐射带动力逐步提高。

五、以文化旅游产业为龙头，加快发展第三产业。把第三产业发展作为结构调整的战略突破口来抓，大力发展现代服务业，改造提升传统服务业，加快发展物流、房地产业，第三产业发展得到质的提高和量的提升。全年第三产业增加值完成510亿元，增长14.5%，明显高于一、二产业增速。文化产业坚持抓项目、育龙头、创品牌三管齐下，做大做强光电视听设备、印刷材料等相关产业，加快玉雕、中医药等特色文化产业发展，重点抓好镇平文化发展改革试验区和武侯祠文化旅游产业综合改革试验区，被评为全省文化产业发展先进市。成功举办“南阳与丝绸之路”文化论坛和南阳文化旅游经贸宝岛行活动，《小鼓大戏》荣获全国第三届“农村小康电视节目工程”二等奖，《玉皇岭》等8部作品荣获河南省第五届文学艺术优秀成果奖。突出“生态伏牛、休闲胜地”主题，狠抓资源整合，推出主打品牌，重点完善恐龙遗迹园、宝天曼、丹江口水库三大核心景区，加快中心城区旅游业发展，旅游业成为经济发展新的增长点。全年接待游客1351.6万人次，实现旅游综合收入69.3亿元，分别增长25%、23.5%。

六、以改善民生为重点，扎实推进和谐南阳建设。重点抓了三个方面的工作：一是解民难。注重改善民生，十大实事得到有效落实，社会保障体系建设不断加强，教育、卫生、文化等社会事业全面发展，人民群众更多地享受到改革发展的成果。全年新修农村公路3690公里，解决21.5万人饮水问题，发展沼气用户9.8万户。新增城镇就业9.6万人，下岗失业人员再就业3.2万人，新增农村劳动力转移就业13万人，劳务输出总量达235万人。社会保障覆盖面持续扩大、标准不断提高，3个县列入全国新型农村社会养老保险工作试点。城市低保、农村低保、农村五保覆盖人员分别达13.2万人、43.8万人、8.2万人,救助水平有较大提高。新型农村合作医疗覆盖全市,农民参合率达96.05%,在全省率先建立了新农合农民就诊"一卡通"和定点医院直补制度,被誉为"南阳模式"在全省推广。经济适用住房竣工20.2万平方米,廉租住房保障1.5万余户,部分中低收入家庭住房得到保障。二是促民和。把国庆安保和社会稳定作为第一位的政治任务,以前所未有的决心和力度抓信访稳定,制定出台了《关于进一步加强新时期群众工作的意见》等文件,实行党政领导定期接待、书记市长网上接待、公检法司"四长"联合接待"三位一体"的接待模式,开展"百日春暖行动"和"零积案行动",一大批不稳定因素得到及时有效化解,实现了信访总量、赴省以上集体上访、重复上访"三下降",受到省信访工作领导小组的通报表扬,被评为全省信访稳定工作显著进步市、集中处理涉法涉诉信访工作先进市。三是保民安。以平安南阳建设为载体,加强综合治理和基层基础工作,完善人防、物防、技防"三网"建设,坚持不懈地开展"两抢一盗"和打黑除恶专项斗争,组织开展了中心城区治安集中整治、冬季严打等行动,组建了中心城区治安巡逻支队,有力地维护了社会大局稳定,人民群众的安全感明显增强。扎实开展安全生产年活动,严格落实安全生产责任制,加大隐患整改和危险源监控力度,全市安全生产形势继续稳定好转,事故起数和死亡人数分别下降9.75%和10.07%。

七、全面加强党的建设,执政能力不断提高。一是扎实开展深入学习实践科学发展观活动。把学习实践活动作为推动南阳科学发展的一次重大机遇,突出"推动科学发展、加快南阳崛起"这一主题,把活动与战危机、保增长结合起来,与为人民群众办实事好事结合起来,扎扎实实完成规定动作,结合实际搞好自选动作,收到了"党员干部受教育、科学发展上水平、人民群众得实惠"的明显效果。第一批学习实践活动圆满结束,第二批学习实践活动转入整改落实阶段。

二是努力提升基层组织建设水平。加大村支部书记队伍建设力度,出台《关于进一步加强村党支部书记队伍建设的实施意见》,建立健全村党支部书记选拔任用、教育培养、激励保障等制度,形成长效管理机制。投资近6000万元,完成926个村建设任务,农村党的阵地建设得到加强。突出抓好"四议两公开"工作法的总结推广工作,重点在完善提高、典型培育、拓展延伸上下功夫,选择一批交通便利、"两委"班子好、经济发展好、推行"四议两公开"工作法规范的村,集中扶持,精心培育不同层面的典型。狠抓后进村整顿,从全市4583个村中排查出280个后进村,采取县乡干部分包、派驻工作队等办法,逐个进行整顿并全部整改到位。按照"四议两公开"工作法的理念,积极做好在乡镇、街道、社区等的探索推广工作。"四议两公开"工作法已覆盖全市100%的行政村,运行质量得到很大提高。与此同时,加强机关、学校、社区、非公有制经济组织党建工作,基层党组织创造力、战斗力、凝聚力明显增强。机关党建被省评为先进,市委在全省机关党的建设暨七一表彰会上作了典型发言。

三是加强领导班子和干部队伍建设。坚持从各级领导班子抓起,从思想政治建设入手,以贯彻执行民主集中制为核心,以作风建设为保证,进一步提升各级班子的执政能力。坚持用发展统一思想,用事业凝聚人心,引导各级干部把思想统一到科学发展、跨越发展上来,形成了心齐劲足、风清气顺、合力奋进的良好局面。树立正确的用人导向,旗帜鲜明地鼓励开拓、支持实干。全年共调整处级干部111人,其中提拔65人,平调46人,社会反映较好。进一步深化干部人事制度改革,采取市委全委会差额票决方式选拔4名县(市、区)长,提高了选人用人的透明度和公信度。

四是切实加强党风廉政建设。坚持一手抓经济发展不动摇,一手抓反腐倡廉不放松,全面落实党风廉政建设责任制,加快推进教育、制度、监督并重的惩治和预防腐败体系建设。在全市深入开展"讲党性修养、树良好作风、促科学发展"教育活动,大力弘扬焦裕禄精神,加强党员干部党性修养教育,促进良好风气养成。加强廉政文化建设,桐柏红色廉政文化展馆、内乡县衙被省纪委首批命名为"河南省廉政教育基地"。加大案件查处力度,全年新立案件1300件,结案1300件,受党政纪处分1418人,其中立案查处县处级干部29人,移送司法机关处理12人,彰显了市委惩治腐败的决心。以"两转两提"为总要求,深入推进效能建设活动,着力解决群众和基层反映强烈的不作为、慢作为、乱作为等问题,制定出台了机关工作人员转变作风"十禁止"及其处理办法,对违反规定的人员进行严肃处理,干部作风进一步转变,发展环境进一步优化,群众和基层满意度明显提高。

五是高度重视常委会自身建设。始终把建设学习型班子作为第一位的任务,结合学习实践科学发展观活动,采取请进来与走出去相结合,邀请中央党校原教育长李兴山教授、中央党校博士生导师韩庆祥教授等专家学者做专题辅导报告,先后赴苏北、上海浦东、重庆、厦门、信阳等地考察学习，解放思想，开阔视野，领导科学发展的能力进一步提高。按照总揽全局、协调各方的原则，支持人大、政府、政协领导班子认真履行职能，支持统一战线成员发挥各自优势和作用，支持工会、共青团、妇联等人民团体依照法律和各自章程开展工作，致力于形成同频共振、合心合力、优势互补、有呼有应的工作格局。坚持把民主集中制作为增强班子创造力、凝聚力、战斗力的重要保证，按照“集体领导、民主集中、个别酝酿、会议决定”的原则，在重要干部任免、重大工作决定、重大项目安排等问题上，都由集体研究决定。大力弘扬求真务实的工作作风，对全市重点工作、重点项目、重点企业，实行市委常委分包制度，四大班子成员参与，确保每项工作都有人抓、有人管、有人落实。同时，班子成员带头执行领导干部廉洁自律的各项规定，时刻注意检点自己的言行，始终保持政治上的坚定性和思想上的纯洁性。

【市委四届十二次全体(扩大)会议召开】 1月5日，市委四届十二次全体(扩大)会议在宛召开，市委书记黄兴维主持会议，并向全会作常委会工作报告，市委副书记、市长朱广平作经济工作报告，市委副书记贾崇兰作总结讲话。市委常委朱长青、郭庆之、李森林、刘朝瑞、王建民、姚进忠、申延平、陈代云、陈光杰、原永胜出席会议。会议学习了省委八届九次全体(扩大)会议精神，确定了2009年全市工作的总体要求和主要目标，强调要抓好南水北调中线工程南阳段工程、南阳高庄核电站工程、南阳粮食主产区建设工程和筹办第七届全国农民运动会“四大工程”，突出保增长、调结构、促转型、抓和谐“四个重点”，保持和发展来之不易的跨越态势，在富强美好和谐新南阳建设上迈出坚实步伐。

【刘怀廉到南阳市调研】 1月6日，省委常委、省委统战部部长刘怀廉在市领导黄兴维、朱广平、郭庆之、申延平等陪同下，到西施兰(南阳)生物工程有限公司、南阳市拓宝玉器有限公司等部分民营企业调研。刘怀廉勉励民营企业要认清形势，坚定信心，抢抓机遇，做大做强，为地方经济社会又好又快发展作出贡献。

【市级领导干部会议召开】 3月7日，市级领导干部会议召开，传达省委关于南阳市主要领导职务调整的决定：穆为民任南阳市委副书记；杨其昌任市委常委、组织部部长；孙丰年任市委常委、市纪委书记；王建民任市委常委、统战部部长；常康任市委常委、政法委书记；提名李天岑为市人大常委会主任候选人，朱广平为市政协主席候选人；郭庆之任省辖市市长级干部；提名秦俊、党光德、谢先锋为人大常委会副主任候选人，崔军为市政府副市长候选人，贺国勤、刘荣阁、吴冬焕为市政协副主席候选人，庞景玉为市中级人民法院院长候选人，刘在贤为市人民检察院检察长候选人；李森林、申延平、王树茂交流到外地工作；杨炳旭、刘新年到外地担任领导职务。3月8日，南阳市人大常委会举行第三十九次会议，接受朱广平辞去南阳市人民政府市长职务，任命穆为民为南阳市人民政府副市长、代理市长。

【韩启德视察南水北调中线水源保护工程建设】 3月16～18日，全国人大常委会副委员长、九三学社中央主席韩启德到南阳市，对南水北调中线水源保护工作进行专题视察。河南省委书记、省人大常委会主任徐光春，省委常委、秘书长曹维新，南阳市领导黄兴维、穆为民、贾崇兰、褚庆甫、李天岑等陪同视察。韩启德对南水北调中线水源保护工作给予充分肯定，对南阳经济社会发展给予高度评价。韩启德指出，要深入学习实践科学发展观，创新工作思路和工作方法，着力转变发展方式，正确处理好经济发展与资源环境的关系，确保经济发展、清水长流，确保京津和沿线人民用上放心水。

【徐光春两次到南阳市调研】 3月17日，中共河南省委书记、省人大常委会主任徐光春，省委常委、省委秘书长曹维新，带领省直有关部门主要负责人，到南阳市进行调研。市委书记黄兴维、副市长姚龙其陪同。徐光春先后到社旗、方城两县，深入田间地头和企业车间，对南阳市小麦长势、病虫害防治和高新技术产业发展情况进行深入调研。徐光春还考察了赊店古城，全面了解山陕会馆的历史、商业文化，对加快文化旅游发展作出重要指示。徐光春在调研中对南阳市经济社会发展取得的显著成绩给予充分肯定，要求南阳市各级各部门务必进一步增强忧患意识、责任意识，保持经济社会发展的良好势头，力争经过新一轮调整，使南阳综合经济实力有一个大提高、发展方式有一个大转变、区域竞争力有一个大提升，为实现中原崛起提供重要支撑。

8月26日，徐光春在市领导黄兴维、穆为民、原永胜、谢先锋、崔军等陪同下，到南阳市唐河县、桐柏县等地调研指导移民安置、产业集聚区建设和文化旅游产业发展工作。徐光春对南阳市的整体工作特别是南阳市丹江口库区试点移民迁安工作予以高度评价，并就下步工作提出具体意见，强调要深入贯彻科学发展观，认真落实中央和省委、省政府应对金融危机的各项政策措施,以保持经济平稳较快发展为首要任务,坚持"三保两抓一推动"的工作格局,确保经济社会跨越发展的良好态势,以优异成绩迎接新中国成立60周年。

【全市深入学习实践科学发展观活动动员大会召开】 3月23日,召开全市第一批深入学习实践科学发展观活动动员大会,省委学习实践活动第五指导检查组组长周培荫到会指导,市领导黄兴维、穆为民、贾崇兰、褚庆甫、解朝来、李天岑、朱广平、郭庆之、朱长青、刘朝瑞、王建民、杨其昌、孙丰年、陈光杰、常康等出席会议。市委书记黄兴维强调,要紧紧围绕"推动科学发展、加快南阳崛起"这一主题,以高度的政治责任感、良好的精神状态、有力的工作措施,扎实开展深入学习实践科学发展观活动,为建设富强美好和谐新南阳提供坚实的思想、政治和组织保证。

【贾庆林视察南阳】 4月17～19日,中共中央政治局常委、全国政协主席贾庆林亲临南阳视察。省委书记、省人大常委会主任徐光春,省委副书记、代省长郭庚茂,省委常委、省委秘书长曹维新,南阳市领导黄兴维、穆为民、贾崇兰等陪同视察。在宛期间,贾庆林主席看经济、察民情、谈形势、论发展,深入乐凯集团第二胶片厂、南阳二机石油装备有限公司、内乡县衙等地,就应对金融危机,企业如何化危为机,逆势而上,打造民族品牌,以及保护、开发利用内乡县衙,彰显衙署文化的独特魅力,发挥传统文化的教育作用等发表重要讲话。

【省委、省政府在全省推广邓州市"4+2"工作法】 5月8日,河南省召开推广邓州市农村党支部、村委会"4+2"工作法电视电话会议,贯彻落实中央关于加强农村基层党组织建设的重要指示精神,在全省村级组织推广邓州市农村党支部、村委会"4+2"工作法,推进农村基层组织建设。自2005年以来,邓州市在所辖578个行政村全面推行"4+2"工作法,逐渐成为一把破解"三农"诸多问题的金钥匙。省委书记、省人大常委会主任徐光春强调,要认真总结邓州市"4+2"工作法的成功实践,准确把握推广"4+2"工作法应当坚持的重要原则,充分发挥农村基层党组织推动发展、服务群众、凝聚人心、促进和谐的作用,为推进社会主义新农村建设、加快中原崛起提供坚强组织保证。

【李克莅宛调研玉文化改革发展试验区规划和建设工作】 7月10日,带着省委书记徐光春的重托,带着对南阳经济社会发展尤其是文化强市建设的高度关注,省委常委、常务副省长李克率领省发改委、省财政厅等省直有关部门领导,深入镇平县,专题调研玉文化改革发展试验区规划和建设工作,并就南阳城市总体发展规划提出重要指导意见。李克在调研中强调,要紧紧抓住省委、省政府把镇平县列入全省文化改革发展试验区这一千载难逢的重大历史性发展机遇,进一步挖掘玉文化内涵,拓宽构思创意,提升工艺水平,多出精品,多出大师,善于把文化资源优势打造成为市场品牌优势;要高水平做好玉文化改革发展试验区的规划和建设工作,切实做到规划大气、建设大气、管理大气、理念大气;要注重改革创新,在管理体制、发展机制等方面大胆试、大胆闯,着力增强文化产业发展壮大的动力活力;要突出抓好"六个一",做大产业规模,提升产业层次,奋力打造"中国玉都",努力把镇平建设成为"全省文化产业的集聚地、文化创新的试验区、文化强省建设的排头兵"。

【市委四届十五次全会召开】 8月5日,中共南阳市委四届十五次全体会议在宛召开,市领导黄兴维、穆为民、贾崇兰、朱长青、刘朝瑞、王建民、杨其昌、姚进忠、陈光杰、原永胜、常康等出席会议。会议提出,下半年工作的总体要求是:以邓小平理论和"三个代表"重要思想为指导,深入贯彻科学发展观,认真落实中央和省委、省政府应对金融危机的各项政策措施,以保持经济平稳较快发展为首要任务,以开展深入学习实践科学发展观活动为动力,继续实施"三大战略"、"四大突破",扎实推进"四个重点"、"四大工程",保发展、调结构、增后劲、惠民生,确保完成全年各项目标任务,确保民生有效改善,确保社会大局稳定。

【李源潮到邓州农村调研】 8月25日,中共中央政治局委员、中央书记处书记、中组部部长李源潮和中央组织部副部长欧阳淞,到邓州市农村调研深入学习实践科学发展观活动。省委副书记陈全国,省委常委、组织部长叶冬松,市委书记黄兴维,市长穆为民陪同调研。李源潮充分肯定邓州市运用"四议两公开"工作法推进新农村建设取得的成效,认为这是党领导的村级民主自治机制的创造性实践。李源潮指出,在第三批学习实践活动中,要认真总结推广邓州农村推行"四议两公开"工作法的经验,发展和完善党领导的村级民主自治机制,使之成为建设社会主义新农村的重要动力、增强村级党组织凝聚力的重要举措和改进党员干部作风的重要抓手。

【市委全委(扩大)会议召开】 9月28日,市委召开全委(扩大)会议,学习贯彻十七届四中全会精神和省委全委(扩大)会议精神,市委书记黄兴维,市委副书记、市长穆为民,市委副书记贾崇兰,市委常委朱长青、刘朝瑞、王建民、孙丰年、陈光杰等出席会议。会议全面深入分析了南阳经济、政治、文化、社会建设和党的建设面临的新形势、新任务,根据十七届四中全会和省委全会精神,结合南阳实际,提出加强和改进党的建设的总体要求是:全面贯彻党的十七大、十七届四中全会和省委全委(扩大)会议精神,以邓小平理论和“三个代表”重要思想为指导,深入贯彻落实科学发展观,以改革创新精神全面推进党的建设新的伟大工程,把加强党的执政能力建设和先进性建设作为主线,坚持党要管党、从严治党,全面加强思想建设、组织建设、作风建设、制度建设和反腐倡廉建设,使全市各级党委的领导核心作用、基层党组织的战斗堡垒作用和共产党员的先锋模范作用得到充分发挥,为推动南阳科学发展、跨越发展提供强有力的政治保证。工作中,重点抓好四个方面:一是加强理论武装,全面提升广大党员思想政治水平。二是积极正确地推进党内民主建设,不断增强党的活力。三是以深化完善“四议两公开”工作法为重点,全面加强基层组织建设。四是切实加强党风廉政建设,密切党同人民群众的血肉联系。

【吴双战到南阳市视察】 10月27～28日,武警部队司令员吴双战上将在武警河南省总队总队长陈进平少将、政委刘生辉少将,市领导黄兴维、贺国营陪同下,到武警南阳市支队视察工作。在宛期间,吴双战先后视察了武警南阳市支队卧龙区中队、直属大队一中队、警通汽车勤务中队和支队机关,对武警南阳市支队的各项建设给予充分肯定。

【颜纪雄到南阳市调研】 10月29日,省委常委、省军区政委颜纪雄少将莅临南阳调研,市领导穆为民、陈代云、李建豫,南阳军分区政委任锋先后陪同调研。在宛期间,颜纪雄少将先后到镇平县、唐河县,就部队全面建设情况和2009年冬季征兵工作进行调研,对南阳军分区全面建设工作给予充分肯定。

【南阳代表团参加“中原文化宝岛行”活动】 12月14～21日,市委书记黄兴维,市委常委、宣传部长姚进忠带领南阳代表团,参加“中原文化宝岛行”系列活动。在台湾期间,南阳代表团成功承办了阿里山探亲联谊活动,掀起了“中原文化宝岛行”活动的高潮,被河南代表团团长、省人大常委会主任徐光春誉为“中原文化宝岛行”活动的一大亮点。南阳市代表团通过交流、对接、洽谈,促进了部分在谈项目、协议项目的成熟。此次活动,南阳市与台湾有关企业共签约10个合作项目。(杜全增)

市委办公室工作

【服务全市中心工作】 (一)服务市委重要工作会议。精心准备市委常委会、市委四届十二至十六次全会、全市领导干部会议等,高质量做好会议文件、领导讲话的撰写和会务服务工作,确保市委重大战略决策的及时部署。(二)服务市委重点工作。围绕全市“四大工程”、“四个重点”等中心工作,本着实事求是、突出重点、统筹兼顾、注重实效的原则,充分发挥参谋助手作用,协调左右、联系内外、沟通上下,加强同县(市、区)、市直部门、驻军部队、基层群众等方面的联系,掌握面上情况,解决实际问题,凝聚各方面力量,千方百计抓好落实,推动市委重点工作顺利开展。(三)服务全市重大活动。统筹组织,完成全国政协主席贾庆林、中组部部长李源潮、省委书记徐光春、省长郭庚茂等中央、省级主要领导视察南阳的汇报准备、接待服务和接待宣传工作。做好第七届玉雕节暨宝玉石博览会、第八届张仲景医药科技文化节、南阳与丝绸之路文化论坛、南阳文化旅游经贸宝岛行、第四届全国牛业发展大会、全国供销社工作南阳现场会、南阳市党政考察团赴苏北、信阳考察等活动的筹备和组织落实工作。

【综合材料工作】 以对重点工作的系统研究、前瞻性思考为基础,以“深”、“新”、“实”、“简”、“精”为标准,全年共撰拟各类文稿300多份200多万字,准确体现领导意图,反映工作要求。

【公文处理工作】 按照规范化要求,严把公文程序、内容、格式、政策、文字等各关,共处理各类文件、电报等400多份200多万字无差错,受到省委办公厅表彰,《秘书工作》通联工作被省委办公厅评为一等奖。认真办理省、市人大议案和政协提案,完成《南阳年鉴》撰稿任务。

【信息工作】 充分发挥党委信息主渠道作用,坚持及时、全面、准确、高效方针,着力提高信息编发质量,全年共编发各类信息300多期1200多条。

【调查研究工作】 围绕市委中心工作和社会热难点问题等13个

重大课题展开,形成调研报告、理论文章50多篇,总结了南阳工作的新亮点、新特色,多数调研成果在省市以上报刊发表并进入市委决策。其中《政绩溶在清水里,丰碑树在绿山上》在《河南日报》发表,《党领导下的村级民主自治机制的创新实践》获省委组织部征文活动特等奖,《粮食生产大市六大举措保增长》刊登在省委政研室《内部参阅》上。《南阳通讯》围绕市委中心工作,加大改革创新力度,全年编发12期。

【督查工作】 围绕中央、省委、市委重大决策和重要工作部署,重点督查了贯彻落实市委全会、市委常委会等主要会议精神落实情况,省委、省政府和市委、市政府2009年分别承诺的十件实事办理情况,市"六创一迎"、信访稳定等重点工作进展情况,共编发督查通报、专报62期,被省委督查室采用32期,采用量名列全省第一,办理中央、省、市领导及新闻媒体批示件270件,办结率100%,办理人民网网民给省委书记、省长留言6批837条,开通了网上《给书记市长说说心里话》栏目,办理网民留言2.7万余条。加强市委门口的维稳工作,保障市委机关的正常办公秩序。

【目标管理工作】 紧紧围绕战危机、保增长的目标任务,注重发挥约束激励鞭策作用,合理设置目标体系,细化、量化考评细则,强化目标运行监控,加大督查通报力度;实施高位启动,由市四大家领导带队,多次专项开展全市目标运行监控督查,对重点目标、弱项目标紧盯不放,跟踪督查,一线督查,确保在国际金融危机影响下年度目标圆满完成。

【会务事务服务】 会务工作全年共组织服务各类会议150余次,做到了周密计划,精心操作,严密组织。值班工作常年坚守岗位,热情接待来访来客,妥善处理事务,全年共发出各类会议活动通知800多次,编发《值班快报》120多期,分发资料、信函3万余份,接待来访来客1000多人次。文档工作细致收发、传阅文件,认真整理、立卷、归档、清退文件,完成市委各类大型会议材料的印制和分发工作。完成《中办通讯》、《河南内参》订阅等工作,机要文件管理和《中办通讯》征订工作被省委办公厅评为先进单位,市委办公室被省保密委员会评为保密工作先进单位。

【机要、保密工作】 机要工作加强密码业务管理,完善保障措施,努力提高通信保障能力和服务水平,完成贾庆林主席、李源潮部长等中央领导莅宛期间密码通讯服务,确保防治甲型流感、汛期和国庆60周年等重要敏感时期密码通信的安全畅通,全年共传输办理各类电报4万多份。保密工作不断完善工作机制,强化领导,加强教育,狠抓管理,严格落实保密工作责任制,突出抓好规范党政以及军工企业等要害部门、涉密计算机信息系统、重大涉外活动、涉密人员的保密工作培训、检查、监控和服务,促进保密工作健康发展。

【机关党委工作】 切实加强机关党的思想、组织、作风和制度建设,组织开展支部换届选举、发展新党员、培训入党积极分子、民主双评等项工作,切实发挥了基层党组织的战斗堡垒作用和党员的先锋模范作用。组织举办市委机关迎新春联欢会、建国60周年纪念活动、全国道德模范评选活动、缅怀革命英烈教育活动、爱国主义教育活动和职工体育运动会等一系列活动,提升了市委机关文明单位创建水平。

【后勤服务】 以开展学习实践科学发展观活动为契机,继续深化后勤服务规范管理,着力加强后勤服务队伍建设,管理水平、保障能力有了新的提高。"六创一迎"路段整治初见成效,农民运动会新闻中心建设进展迅速,机关后勤服务巡查成效显著,机关办公条件有新的改善,市委机关被评为省平安建设先进单位,保持了市级"园林式单位"、"卫生达标先进单位"称号。勤俭节约,保证了市委和机关重大活动的顺利开展。接待工作坚持照章办事,重大活动接待文明热情、细致周到,提高了南阳的知名度和影响力。机关车辆全年安全行驶无事故。更新、完善机关安防设施,实行24小时全天候监控。组织老干部进行健康巡诊、外出参观考察及参与全市重大活动,努力帮助解决老干部生活中的困难和问题。(杜金增)

纪检监察

【惩防体系建设】 按照《〈南阳市建立健全惩治和预防腐败体系2008～2012年工作方案〉任务分工》,加强对工作落实情况的监督检查。通过以信念为重抓教育,以落实为重抓制度,以实效为重抓监督,以治本为重抓改革,以民利为重抓纠风,以查案为重抓惩治,教育、制度、监督、改革、纠风、惩治等方面工作呈现整体推进的态势。调整充实了市惩治和预防腐败体系建设工作领导小组,制定《南阳市反腐倡廉建设工作检查考核办法(试行)》、《南阳市2009年度反腐倡廉建设检查考核工作实施方案》,通过日常检查、单位自查、年度考核和问卷调查,对各县(市、区)和市直单位反腐倡廉建设工作进行检查考核,促使各地各单位加快推进以完善惩治和预防腐败体系为重点的反腐倡廉建设。党风廉政建设责任制工作进一步加强。制定下发《2009年全市党风廉政建设责任制工作安排意见》，将党风廉政建设和反腐败工作任务分解到市四大班子成员和各牵头部门，形成了一级抓一级、层层抓落实的党风廉政建设工作体系。组织实施对2008年度全市党风廉政建设责任制工作的考评。首次吸纳社会公众参与评价，在人大代表、政协委员、企业经营者、知识分子、一般公职人员中随机等量抽取调查对象，确保党风廉政建设责任制考核更加科学有效、客观公正。重视考核结果的运用，开展责任追究工作。对县(市、区)领导班子考核结果前3名和市直单位领导班子考核结果前10名的进行通报表彰，对县(市、区)考核结果最后1名和市直单位考核结果后3名的领导班子进行廉政谈话。经常性地开展对党风廉政建设工作的监督检查，全市共责任追究党员干部248人。

【反腐倡廉教育】 市纪委监察局与南阳广播电视报社联合创办《廉政专刊》，拓展宣传教育阵地，集中展示全市反腐倡廉建设工作情况。注重网络宣传，共上报网络评论476篇，网络跟贴1万余条。在全市组织开展向淅川县纪委原副书记任朝学学习活动，组织任朝学先进事迹报告团在市直和13个县(市、区)巡回报告。8月25日，省纪委下发向任朝学学习活动的《决定》。组织反腐倡廉豫剧《七品青莲》和警示教育豫剧《铁窗》在全市巡回演出。对全市新进纪检监察干部进行培训。召开南阳市第二届廉政文化理论研讨会暨廉政文化“六进”示范点命名仪式，评选出优秀理论文章17篇，对70个廉政文化“六进”示范点命名挂牌。创新廉政文化建设工作，开展“廉政文化进景区”和“廉政文化进建筑项目”活动。桐柏红色廉政文化展馆和内乡县衙廉政教育基地被省纪委首批命名为“省级廉政教育基地”，邓州市开设廉政文化茶馆的经验被评为“省级廉政文化建设创新奖”。全年有144篇纪检监察信息被中央、省纪委采用，4篇被中央、省主要领导批示。全市各级共撰写各类纪检监察调研文章、理论文章400余篇，完成调研课题275个。

【领导干部廉洁自律】 以深入开展“讲党性修养、树良好作风、促科学发展”主题教育活动为契机，狠抓领导干部作风建设，纠正奢靡、浮躁、贪占、跑要“四股歪风”。出台《南阳市机关工作人员转变工作作风“十禁止”处理办法》。全市共查处违反“十禁止”规定人员112人。出台《关于在人大、政府、政协换届和政府机构改革工作中进一步严明纪律的通知》，加强对地方人大、政府、政协领导班子换届工作的监督检查。规范财务签批工作，加强对“一把手”监督，纠正市直和县(市、区)直“一把手”直接签批财务现象。加强对领导干部配置公务用车和报销通讯费用的审批管理，组织开展治理“节日病”、公务费用支出情况专项检查和小灵通捆绑办公电话专项治理。全市因公出国(境)经费比2008年同期减少180.24万元，车辆购置及运行费用比2008年同期减少4614.30万元，公务接待费用比2008年同期减少4497.08万元。全市共查处违反廉洁自律规定的案件57件，处理党员干部59人。

【案件查处】 全市各级纪检监察机关全年共受理群众来信、来访、电话举报2029件，初核1177件，立案1299件，结案1300件，给予党政纪处分1418人，其中县处级干部28人、乡科级干部207人；移交司法机关47人，其中县处级干部21人。通过查办案件，共收缴违纪资金1.02亿元，挽回经济损失3.5亿元。治理商业贿赂工作进一步深化，全市共查结商业贿赂案件80件，涉案金额1199.2万元。畅通信访渠道，实施信访监督276件(次)，占受理信访总量的15%。出台《关于进一步加强纪检监察工作的意见》，解决了多年来影响和制约纪检监察机关办案工作的机构、编制、经费保障、办案装备和办案环境等一系列问题。建设南阳市党员干部警示教育基地，进一步提高依纪依法办案水平，加大警示教育工作力度。建立健全查办案件工作组织协调机制。坚持和完善执纪执法机关移送案件线索和协作配合制度。执行关于严格依纪依法办案的规定，保障被调查人的合法权益。强化案件监督和管理，改进案件审理和申诉复查复议工作。加强案件剖析，研究案发规律，发挥查办案件的治本功能。

【纠风治乱】 以解决社会关注程度高、群众反映强烈的突出问题为重点，相继开展减轻农民负担、确保食品药品安全、纠正医药购销和医疗服务中的不正之风、治理教育乱收费、治理公路“三乱”等专项治理工作，并针对多发性、苗头性问题建章立制，建立健全防止不正之风的长效机制。查处学校乱收费904.6万元；通过查处涉农乱收费、乱罚款和集资摊派，减轻农民负担2381.78万元；处理涉及药品购销和医疗服务中不正之风案件责任人49人；查处公路“三乱”案件30件。开展社保资金、住房公积金、扶贫资金、救灾资金专项检查工作“回头看”

活动,共查处贪污、截留、挤占、挪用、骗取资金等违纪违规案件20件,党政纪处分18人。以落实各级政府监管责任为重点,确保食品药品安全。全市共查处食品药品安全事件1044件。开展专项治理,规范行业协会、市场中介组织服务、收费行为。严肃查处卧龙区生活垃圾费乱征收事件,对3名处级干部和15名党员干部进行责任追究。对中心城区行政事业性收费进行检查,清理规范党群等系统评比达标表彰工作。民主评议政风行风工作取得新进展。更新评议代表库和企业代表库,扎实开展"惠民实践活动"和"千企评机关活动",市直82个参评部门和行业共实施惠民项目150余项。以创建"人民满意的基层站所"活动为载体,在全市4052个基层站所和窗口单位中开展评议工作。10月28日,全省评创群众满意的基层站所工作经验交流会在南阳召开。三级纠风网络建设取得新突破,全市13个县(市、区)共成立纠风工作组239个、聘任纠风工作监督员6545名。

【行政监察】　把保增长、保民生、保稳定作为反腐倡廉工作的主线,会同有关部门集中开展对中央、省、市扩大内需促进经济平稳较快发展政策措施执行情况的检查,督促各地各部门严格遵守党的政治纪律,严格执行各项政策要求,确保政令畅通。围绕"扩内需、促增长"加强专项监督检查。市县两级先后4次安排75个检查组,共检查资金21亿元,发现问题资金400万元,督促整改345万元,收缴55万元;检查发现未按时完成项目8个,涉及资金5698万元。开展对节约集约用地政策落实情况、节能减排和环境保护政策措施落实情况、抗旱应急灌溉工程项目的监督检查,并认真治理房地产开发领域的突出问题,加强对安全生产责任事故调查处理和尾矿库治理工作的监督检查。围绕第七届全国农民运动会场馆建设开展执法监察,出台《关于南阳市中心城区违法建设责任追究的意见》,严肃查处宛城区汉冶街道办事处辖区内违法建设等问题,对相关党员干部进行责任追究,确保场馆建设顺利进行。严明南水北调中线移民工程征地拆迁暨丹江口水库移民安置工作纪律,加强监督检查,维护移民权益。成立重点项目监督检查办公室,重点实施对"企业服务年"、"项目推进年"活动的监督检查。建立企业生产经营环境监测制度,市、县两级纪检监察机关从不同类型企业中选择520家作为企业生产经营环境监测点,通过定点监测,定人联系,定期走访、座谈和测评,对执法部门的公务活动进行全方位监督,优化经济发展环境。全市共查处损害经济发展环境的违纪违法案件44件,处理党员干部85人,查纠违规违纪资金58万元。开展"小金库"专项治理工作,全市共查出"小金库"131个,涉及资金3700多万元。开展工程建设领域突出问题专项治理,共排查政府投资和使用国有资金的建设项目338个,发现问题57个,纠正问题46个。

【农村基层党风廉政建设】　以清理规范乡村财务、加强农村集体"三资"管理为重点,加强对强农惠农政策贯彻落实情况的监督检查,开展"两强两推",推进农村惩治和预防腐败体系建设,开创农村基层党风廉政建设工作新局面。一是强化农村"三资"管理,建立农村基层财务管理长效机制。4月至9月,开展清理规范乡村财务,加强农村集体"三资"管理专项工作。全市自查资金总额167.2亿元,资产总额37.7亿元;核查资金72.49亿元,整改资金9.44亿元。共立案73件,党政纪处理64人。全市238个乡镇全部建立农村集体"三资"委托代理服务中心,所有行政村签订委托代理服务协议,将资金、资产、资源全部纳入中心管理,共代理资金49.2亿元,代理资产31.6亿元。二是强化涉农案件查处,确保党的强农惠农政策落到实处。全市各级纪检监察机关充分发挥职能优势,受理群众来信、来访中涉农违纪违法行为的投诉和举报。全市各级纪检监察机关共受理涉农信访举报320件,查处涉农案件153件,处理117名违纪人员。三是推行"四议两公开"工作法,维护农民群众的民主权利。全市所有行政村运用"四议两公开"工作法共决策村级重大事项7386件,保证广大群众的知情权、参与权和表决权。12月2日,邓州市在中央纪委组织的座谈会上就"四议两公开"工作法作典型发言。四是推行农村基层"两述两评",进一步提高基层党员干部勤政廉政意识。全市共有6805个行政村和基层站所围绕2008年度党风廉政建设工作开展"两述两评",通过评议,收集意见建议5260条,解决问题983个。同时,重视考核结果的运用,全市共表彰农村基层干部524人,提拔重用118人,诫勉谈话175人,免职村干部39人。农村党务公开工作取得新突破,宛城区溧河乡作为全国乡镇级唯一代表,在全国党务公开工作座谈会上介绍经验。

【第四届南阳市纪委四次全会】
3月19日,召开第四届南阳市纪委四次全会,学习贯彻中央纪委三次全会、省纪委四次全会和市委四届十二次全会精神,总结2008年反腐倡廉工作,研究部署

2009年全市党风廉政建设和反腐败工作，全面推进全市反腐倡廉建设深入开展。市委常委、市纪委书记孙丰年在会上作题为《深入贯彻落实科学发展观扎实推进党风廉政建设和反腐败斗争》的工作报告。市委书记黄兴维对南阳市2008年的党风廉政建设和反腐败工作所取得的成绩给予充分肯定，强调要抓好四个方面：一是加大监督检查力度，推动科学发展决策部署的贯彻落实，二是加大教育监督力度，确保权力正确行使，三是加大查办案件力度，着力解决重点领域的腐败问题，四是加大维护民权力度，解决群众反映强烈的突出问题。(王慧)

组织工作

【学习实践科学发展观活动】 把开展学习实践科学发展观活动作为2009年全市党建和组织工作的重中之重，抽调精干人员，投入主要精力，会同有关部门全力组织实施。整个活动分两批进行，共涉及党组织14929个、党员40.8万名。3月至8月底完成第一批活动，9月上旬启动第二批活动。活动中，突出"推动科学发展、加快南阳崛起"这一主题，严格按照三个阶段六个环节的规定任务和工作步骤，坚持落实"规定动作"不走样，探索"自选动作"有创新，整个活动组织周密、发展健康、成效明显。具体工作中突出抓了四个方面。一是加强规划指导，精心组织实施。协调成立市委学习实践活动领导小组，并牵头组建活动办公室；分批次分类别研究制定了活动的总方案、分方案和各项具体工作细则；向各参学单位派驻了指导检查组，加强督导把关；聘请二月河等19名社会各界知名人士担任监督员，全程参与并监督活动开展；通过召开培训会、现场观摩会、座谈会、汇报会、下发文件等方式加强工作指导，确保整个活动扎实有序健康开展。二是创新活动载体，强化活动效果。结合两批活动参学对象的特点和实际，精心设计活动载体，采取党委组织集中学、专家教授辅导学、领导干部引领学、先进典型引导学、实地考察现场学、结合实际深化学等"六学"方式深化学习。开展"七访七问"，广泛征求"两代表一委员"、企业经营者、老干部、老党员、上访户、下岗职工、贫困农户的意见建议。组织实施以集中整顿一批软弱涣散基层党组织、重点治理一批村容村貌较差的村、着力解决一批环保和矿产资源保护方面的突出问题等为主要内容的"七个一批"活动，增强活动的针对性、实效性。三是突出实践特色，有效解决问题。组织引导各参学单位党组织和广大党员，把开展活动与推进全市四大工程、"六创一迎"、移民迁安、深化完善"四议两公开"工作法、推进社会主义新农村建设等中心工作结合起来，制定和落实转变干部作风"十禁止"、"项目推进年"、"企业服务年"、村镇规划编制等工作举措，大力抓好十件实事，推动全市经济社会又好又快发展。全市共整改问题6087个，修订和完善各类制度2115项，为群众办实事好事4万多件，取得了显著的理论成果、实践成果和制度成果。经组织群众测评，全市第一批学习实践活动群众满意率达98%以上。四是强化舆论宣传，营造良好氛围。组织开展深入学习实践科学发展观"县市区委书记访谈"、"基层党组织负责人访谈"、"科学发展观知识万人竞赛"和"纪念建党88周年、践行科学发展观知识竞赛"等活动，编发活动简报206期，在中央学习实践科学发展观网站和省活动《简报》上发稿200余篇(条)，营造了浓厚的活动氛围。

【服务市人大、政协换届】 一是周密部署，扎实做好前期准备工作。2008年年底省换届工作会议后，市委组织部立即开展换届筹备工作，协调成立换届工作领导小组和办公室，两次召开专题会议，统一思想认识，进行具体安排部署。二是严格把关，认真做好代表、委员推选工作。先后两次召开会议，集中听取各推选单位关于代表、委员推选情况的汇报，从思想政治表现、参政议政能力、群众认可度、结构比例、推选程序等方面对代表、委员人选逐一严格把关，确保推选出的639名市人大代表、433名市政协委员的名额、条件和比例均符合省、市委要求。组成13个联络督导组，由处级领导干部带队，对各县(市、区)"两会"进行现场指导，确保代表、委员推选工作顺利进行。三是坚持党管干部原则，切实搞好人事安排工作。按照省、市委确定的政策和有关原则，起草制定人事安排方案(草案)，组织市人大、市政协"两委"候选人初步人选推荐会，并对初步人选进行全面考察，按规定程序推选出的市人大、市政协常委会组成人员候选人预备人选114名，均符合省委要求。四是加强对大会选举工作的组织领导，保证换届选举圆满成功。市"两会"召开期间，成立会议临时党组织，加强对党员代表、委员的教育引导，把加强党的领导和发挥党员代表表率作用贯穿大会始终。派驻14个联络组对各代表团加强联络协调，及时掌握工作动态，严格执行组织人事纪律，杜绝各种非组织活动，营造风清气正、团结奋进的良好会风，顺利实现省委关于南阳市换届人事安排的格局。

【“四议两公开”工作法推向全国】 坚持把推行“四议两公开”工作法作为重大而紧迫的政治任务来抓，认真贯彻落实胡锦涛、习近平、李源潮等中央领导的指示精神和省、市委的安排部署，加大工作力度，狠抓薄弱环节，强化工作落实，在全市掀起了推广运用“四议两公开”工作法新高潮。一是加大工作推进力度。把推进“四议两公开”工作法纳入党建工作整体格局，研究制定《进一步深化完善和科学运用“四议两公开”工作法的意见》、《关于深入学习贯彻李源潮部长在南阳调研时重要讲话精神，进一步深化完善提高“四议两公开”工作法的意见》等一系列规范性文件。明确县、乡、村三级党组织书记为第一责任人，实行市级领导包县、县级领导联乡、乡科级领导包村、乡镇干部包组、村党员干部包户制度，进行全过程的督促检查。先后召开 8 次不同层次的专题汇报会、推进会和经验交流会，加强具体指导。由组织部机关处级干部牵头组建 13 个督导组分包县(市、区)，先后进行 4 次集中督查和不间断跟踪问效。二是强化宣传培训。成立“四议两公开”工作法宣讲报告团深入各地巡回宣讲，组织编印“四议两公开”工作法资料汇编和实用手册，对全市 236 名乡镇(街道)党(工)委书记、乡镇长和 1000 名优秀村支部书记、村委会主任分期分批进行专题培训。全市共举办各类培训班 1787 期，培训 47.6 万人次。三是完善配套制度。指导县(市、区)建立健全了科学提议、党员联系群众、村民代表联系户、民主监督、决策失误责任追究、村民质询、村干部述职评议等配套制度，设立村务公开监督小组和民主理财小组，使推广运用工作更加科学、规范。四是狠抓后进村整顿。采取领导干部分包、派驻工作队等方法，逐一进行调查摸底，找出薄弱环节，深入分析原因，有针对性地进行整改。全市排查出的 280 个后进村，全部整改到位。五是注重亮点培育。坚持点面结合，在抓好“面”上推广的同时，指导各县(市、区)从实际出发，选择一批交通便利、工作基础好的村进行重点培育，提高运用质量和水平，充分发挥南阳市作为“四议两公开”工作法发源地的示范带动作用。六是积极拓展延伸。探索把这一工作法向城镇社区推广，制定工作实施方案，明确具体工作程序，建立社区党建协调会、居民议事会。“四议两公开”工作法在全市 373 个城市社区得到有效推广。同时，以“四议两公开”工作法理念为指导，在乡镇(街道)、“两新”组织中进行了试点。

【领导班子建设】 突出抓好领导班子思想政治建设，结合开展学习实践科学发展观活动，采取中心组学习、专题辅导、研讨交流、自学研读等灵活多样的方式，强化对领导干部进行以中国特色社会主义理论体系特别是科学发展观，以及党的十七大、十七届三中、四中全会精神为主要内容的学习教育，组织县(市、区)委书记赴兰考县瞻仰焦裕禄纪念馆，学习弘扬焦裕禄精神，引导和促使领导干部自觉加强党性修养，不断提高思想政治素质，树立和坚持正确的事业观、工作观、政绩观。按照科学执政、民主执政、依法执政的要求，指导各级领导班子以贯彻执行民主集中制为核心，建立完善民主议事和科学决策的具体制度。加强对领导班子民主生活会的指导检查，会同市纪委派出指导组参加市直和县(市、区)领导班子贯彻落实科学发展观专题民主生活会，督促领导干部在严肃的党内政治生活中锻炼党性，提高解决自身问题的能力。落实年度考核制度，年初组织对市直和县(市、区)处级领导班子、领导干部进行 2008 年度考核。131 个县处级领导班子中，被评定为好班子 126 个，较好班子 5 个。根据考核结果，有针对性地提出加强县处级领导班子建设的意见。结合市人大、政协换届和移民迁安、筹办农民运动会等工作，做好市人大、政协内设机构、市移民局、市投资公司等单位的领导班子调整配备。全年共调整处级干部 111 人，其中提拔 65 人(正处 51 人，副处 14 人)，平调 46 人(正处 25 人，副处 21 人)，社会各界反映较好。坚持从严管理领导干部，完成 56 名省管干部收入申报工作；严格县处级干部出国(境)审批，共受理出国(境)申请 195 人次，有 2 人因不符合规定未予批准；委托市审计局对 42 名县处级干部进行离任经济责任审计；建立 12380 电话举报、信访举报、网上举报“三位一体”的举报网络，及时受理查办干部群众反映的问题。

【干部教育培训】 先后选派 139 名处级以上干部参加省以上调训。依托市委党校举办县处级干部研修班、乡镇党政正职研修班、县市区直局长进修班、中青年干部培训班等 12 期，培训干部 709 人。围绕提高培训质量，探索推行个性化、差异化教学，开展干部学习需求问卷调查，根据调查结果优化教学内容，满足不同层次、不同岗位干部的需要。重视学风建设，建立学风建设督促检查制度，成立学风建设督导组，并会同所在单位加强对参训干部的跟踪教育管理，促进优良学风的养成。

【培养锻炼年轻干部】 选派 32 名市直机关优秀年轻干部到乡镇基层挂职锻炼。选派 4 名优秀年轻干部(县长 2 名、35 岁以下副处级后备干部2名)到沿海发达地区和省直机关挂职锻炼。做好分配到南阳市的9名省选调生的面试、考察和安置工作。从优秀年轻村干部中考录7名乡镇公务员,进一步激发年轻干部扎根基层、锻炼成长的决心和信心。

【干部人事制度改革】 先后两次采取市委全委会差额票决方式选任4名县(区)长。指导市委办、市统计局、市发改委等8个单位对125个缺职岗位进行竞争上岗。强化对干部选拔任用全过程的监督,分两批对65名拟提拔对象进行任职资格审查,对102名拟提拔对象和试用期满干部征求执法执纪部门意见,有1人被取消提拔资格;对所有拟提拔对象全部进行任前公示;结合开展“一报告两评议”,对各县(市、区)2006年以来贯彻执行《干部任用条例》情况进行集中检查;在调研试点的基础上,制定《关于规范县市区委书记用人行为的办法(试行)》。

【人才队伍建设】 着眼于未来10年和更长一个时期南阳市经济社会发展对人才的需求,牵头组织人事、教育、科技等20多个市直单位和各县(市、区)研究制订出本单位本地人才工作规划。在此基础上,制定《南阳市人才队伍建设中长期规划(2009——2020年)》。加强人才队伍建设,收集整理曾在南阳市挂职服务的科技副职、博士服务团成员、“兴豫之光”计划申报人员等信息,建立急需专业人才信息库,为有关单位引才引智提供及时有效的服务。结合县(市、区)工作需要,协调引进了3名高层次人才到南阳市挂职服务。分两批次集中对13名服务期满的科技副职和博士服务团成员进行考核。

【大学生村干部工作】 召开大学生村干部工作经验交流现场会,指导各县(市、区)普遍建立健全大学生村干部管理机构。加强对大学生村干部的跟踪培养和管理,采取召开座谈会、问卷调查、量化打分等形式对大学生村干部到岗履职情况进行全面检查;协调有关部门把大学生村干部纳入小额信贷对象,为有创业意向的大学生村干部提供信贷支持;选取大学生村干部中的优秀典型组成报告团,巡回各县(市、区)作先进事迹报告,激励广大大学生村干部扎根基层,拼搏奉献;组织大学生村干部开展主题征文、民情日记评比、文艺汇演等活动,促进大学生村干部健康成长。同时,做好2009年度大学生村干部选聘工作,从6600多名大学毕业生中考选1500名大学生村干部,实现每村至少有一名大学生村干部的目标。

【基层党组织建设】 重点抓好六项工作:一是进一步深化农村党建“三级联创”活动。制定下发《关于进一步深化农村党建“三级联创”活动的意见》,组织对2007—2008年度全市农村党建“三级联创”活动进行考评。“七一”前夕召开全市庆祝建党88周年暨“三级联创”表彰大会,对7个基层组织建设先进县(市、区)、59个“五个好”乡镇(街道)党(工)委、200个“五个好”村(社区)党组织、26个基层满意的县(市、区)涉农部门、26个群众满意的乡镇站所进行表彰。二是加强村党支部书记队伍建设。以落实“一定三有”为重点,制定《关于进一步加强村党支部书记队伍建设的实施意见》,建立健全村党支部书记选拔任用、教育培养、激励保障、监督管理等方面的制度机制。狠抓教育培训,组织75名优秀村党支部书记到新乡刘庄培训考察;与南阳理工学院、广播电视大学、农广校合作举办大中专学历班,鼓励年轻村党支部书记参加学历教育;指导西峡县对推行村党支部书记队伍职业化管理进行实践探索,为村党支部书记队伍注入新的活力。三是推进村级组织活动场所建设。成立全市村级组织活动场所建设领导小组和办公室,制定了《关于进一步解决我市部分村级组织无活动场所问题的意见》,市、县两级共筹措投入建设资金5980余万元,完成全市926个村级组织活动场所建设任务。四是认真做好新农村建设驻村帮扶和艾滋病防治重点村帮扶工作。组织对市直工作队驻村到岗和开展工作情况进行拉网式检查,指导各工作队建立健全“一志四簿”(工作日志、民情登记簿、学习记录簿、工作进展记录簿、考勤登记簿),深入群众走访座谈,共召开座谈会1300多次,走访群众3万多户,在此基础上,帮助所驻村制定发展规划、培育发展支柱产业、改善生产生活条件、加强村级组织建设、开展扶贫送温暖活动,受到群众广泛好评。五是进一步规范社区党建工作。完成宛城、卧龙、内乡、西峡、桐柏等5区县社区“两委”换届工作;会同民政局举办了社区干部培训班,培训社区党组织书记、主任202名;落实全国街道社区党建工作经验交流会精神,以落实“三有一化”为重点,在全市选取31个社区党建工作示范点进行重点培育。六是扎实推进非公有制经济组织党建工作。督促县(市、区)加大在非公有制经济组织建立党组织工作力度。全市486家规模以上非公有制企业全部建立党组织,应建、组建率均达100%。

【党员队伍建设】 一是抓好党员教育培训工作。对全市234名街道党工委书记、乡镇长进行学习贯彻十七届三中全会精神专题培训;依托农村党员干部培训基地举办村"两委"干部和村级后备干部培训班、农村实用技术培训班256期,培训1万余人,农村党员干部队伍素质有新的提高。二是认真做好党员发展工作。注重在生产一线的工人、知识分子、农村"双强"青年农民、高中生和优秀外出务工创业人员中发展党员,完善发展党员公示制、"两票制"、责任追究制,探索实行发展党员预审制度。坚持标准、保证质量,全年发展党员1.25万名。三是做好党员管理服务工作。指导唐河、西峡、新野、淅川等县建成了一批党员服务中心,并对开展服务情况进行了检查督导;在全市开通12371党员咨询服务电话,建立完善接听受理制度,全市共接听党员来电五千多个,妥善答复或解决有关问题。组织对2004年以来担任县级以上"两代表一委员"和受到县级以上表彰的优秀农村党组织书记、村委会主任进行健康体检。进一步完善外出务工创业党员"双向共管"机制,继续在外出创业党员中组织开展"为创业地作贡献,为家乡添光彩"主题实践活动。南阳市推进流动党员"双向共管"机制创新的经验被全国基层组织建设工作情况通报刊发。

【党员电化教育】 配合开展学习实践科学发展观活动、推进"四议两公开"工作法、"六创一迎"等重大活动和重要工作,制作优秀课件30期,发行音像教材1.5万套,拍摄播出《农村科学发展的新法宝》等系列专题片10部。全年在党员干部远程教育频道和南阳电视台《党建视窗》栏目制作播出党员教育节目80余期;完成30部国选课件制作任务,《国家至上》、《孤独的宛梆》在全国第十届党员电教片观摩评比中分别荣获特等奖和一等奖,《农村民主自治的金钥匙》、《菜篮子进行曲》在全省现代远程教育课件大赛中分别荣获二、三等奖;拍摄电影《士兵武文斌》,并在第十八届金鸡百花电影节上展映;《南阳党建》网站被评为全市"十佳网站"。在继续推进远程教育进村入户工程的同时,加强教学管理,狠抓学用转化,远程教育的影响力和覆盖面进一步扩大。

【组织部门自身建设】 把学习实践科学发展观活动与组织系统"讲党性、重品行、作表率"深化拓展年活动并轨开展,采取灵活多样的方式组织开展学习,邀请市委党校教授到组织部作学习实践科学发展观专题辅导,组织机关干部赴桐柏县参观红色廉政文化展馆,围绕"学习王彦生先进事迹,做让党放心、让人民满意的组工干部"召开座谈讨论会,组织市委组织部机关处级以上领导干部分赴各县(市、区)为基层广大党员干部作学习贯彻十七届四中全会精神辅导报告13场。结合开展学习实践活动,推进"学习型机关"建设,制定《建设"学习型"机关的实施方案》,召开市委组织部机关干部读书学习座谈交流会,在机关上下营造浓厚的学习氛围。开展"双联双解"组织部长下基层活动,普遍建立组工干部工作联系点,围绕工作中的热难点问题深入调查研究,撰写调研报告300余篇;与党员干部谈心谈话3000多人次,解决信访问题335件;与1206名困难党员、群众结成帮扶对子,为群众办实事好事,进一步树立"三个之家"的良好形象。(赵军)

宣传工作

【理论学习和党员教育】 一是结合学习实践科学发展观活动,加强干部理论学习教育。制定《关于进一步加强和改进党委(党组)中心组学习的实施意见》及《市、县两级党委(党组)中心组2009年理论学习安排意见》,并邀请全国政协委员、中央党校原教育长李兴山等专家教授为市委中心组作专题辅导报告,增强中心组学习的实效性。11月,省检查组对市中心组学习情况进行检查验收,给予了充分肯定。二是在全市组织学习贯彻党的十七届四中全会精神和《六个"为什么"》集中宣讲活动。作宣讲报告220多场,直接听众达2.5万余人,现场解答群众问题1000多个,市委宣传部被评为全省"科学理论进基层"组织工作先进集体。三是组织举办"深入学习、大力弘扬焦裕禄精神"理论研讨活动,举办纪念新中国成立60周年理论文章征集和研讨活动;结集出版《天翻地覆慨而慷》一书;举办"纪念建党88周年、践行科学发展观"知识竞赛活动,得到省委宣传部的充分肯定。四是协助省委宣传部开展"助推河南发展"大型调研对话活动。配合省专家学者深入基层,寻症把脉,总结经验,解答问题,提出对策,为科学应对危机、助推南阳发展提供智力支持。五是组织开展"推动科学发展,加快南阳崛起"主题党课活动。各级领导干部为广大党员上党课5000多场,直接受教育党员20多万人次,被省委宣传部评为组织工作奖。六是加强基层党校建设。召开全市基层党校建设经验交流会,编印《2009党员教育学习读本》,下发《关于组织全市基层党校深入进行党的十七届四中全会精神学习培训的实施意见》,基层党员教育内容更加丰富,教育覆盖面不断扩大。七是加强社科研究工作。围绕市委、市政府中心工作确定176项课题,组织开展重点课题研究。开展社科知识大篷车进基层活动 13 场;邀请作家二月河和南阳师院教授聂振弢等举办“中原大讲堂·南阳讲堂”活动 9 场,反响良好。

【新闻舆论宣传】 一是围绕庆祝新中国成立 60 周年和“战危机、保增长、保稳定”,开展宣传报道,统一思想、振奋精神、凝聚力量。二是围绕市委、市政府组织实施“四大工程”、开展“六创一迎”活动、加快推进产业集聚区建设、开展深入学习实践科学发展观活动、第七届玉雕节暨宝玉石博览会、第八届张仲景医药科技文化节、推行“四议两公开”工作法等重点工作和重要活动,组织开展系列宣传,为推进市委、市政府各项重点工作鸣锣开道、加油鼓劲。组织推荐上报的典型人物李海景被评为感动中原十大年度人物和感动中国年度人物候选人。三是对上报道工作实现新的突破。全年全市在省以上主要报纸、电台、电视台发稿 3900 多篇(条),其中在省以上主要报纸发头版头题 41 个,在中央电视台新闻联播发新闻 22 条,在中央人民广播电台发新闻 26 条,在省电视台发头条新闻 26 个,在省电台发头条新闻 37 个,展示南阳科学发展、跨越发展、充满生机与活力的良好形象。“南阳净化社会文化环境”、“四议两公开”工作法被中宣部列为重大宣传报道典型,在中央主要新闻媒体进行广泛宣传。发表在人民日报、经济日报、河南日报等媒体的《和谐大合唱》、《农业大市南阳搭建农村体育大舞台》、《河南南阳:加快基础设施建设促进产业优化升级》、《南阳:风景如画入眼来》等一批重点稿件较好地宣传了南阳。《南阳:四大工程促进经济发展》荣获 2009 年度省委、省政府好新闻特别奖。四是开展新闻战线“三项学习教育”活动,切实加强新闻管理和舆论引导,召开全市庆祝记者节暨新闻工作者协会第三届理事会议。开展南阳新闻奖、十佳新闻工作者、优秀新闻工作者评选工作。五是广播电视村村通工程和农村电影放映工程进展顺利。完成 566 个自然村(20 户以上)通广播电视工程。全市农村公益电影放映 51116 场,超额完成任务。

【思想道德建设】 一是以庆祝新中国成立 60 周年为契机,开展声势浩大的群众性爱国主义教育活动;举办以“走进新农村,感受新变化”为主题的干部职工走进百家市级文明新村观光巡礼活动等,得到省委宣传部充分肯定。扎实开展先进模范人物的评选、推荐、宣传工作,推荐的彭雪枫将军当选“为新中国成立做出突出贡献的 100 位英雄人物”,张星江、彭之久当选“河南 60 位为新中国成立做出突出贡献的英雄模范人物”,二月河、冯友兰、黄炳新、王永民、姚雪垠、杜凤瑞当选“60 位新中国成立以来感动中原人物”,“抗震救灾英雄战士”武文斌当选“敬业奉献模范”。二是组织焦裕禄事迹宣讲会,从不同侧面、不同角度讲述了焦裕禄的感人事迹,市直各部门 1000 多名党员干部听取报告。三是在全市未成年人中开展“学‘三理’知识,做美德少年”实践活动,组织全市中小学生参加“向国旗敬礼、做一个有道德的人”网上签名活动。开展中华经典诵读等活动,弘扬中华优秀传统文化,增强民族凝聚力。加强对文化市场的执法检查,为未成年人健康成长创造良好的社会文化环境。四是完成农研会换届及相关工作。召开南阳市农村思想政治工作研究会第四届理事会议,审议通过《南阳市农村思想政治工作研究会章程》修改意见,选举产生新一届南阳市农村思想政治工作研究会理事会。创办用于指导全市农研会成员单位工作的《南阳农研会工作通讯》,推动全市农村思想政治工作。五是加强学校思想政治工作。会同教育部门开展学校思想政治工作先进单位、先进工作者和优秀研究成果评选活动。六是开展“百企千店践行道德承诺”活动。7 月,市中心城区与 11 个县(市)同步举行践行道德承诺宣誓仪式,全市食品药品的生产销售企业代表现场宣誓承诺恪守职业道德,加强企业诚信文化建设。

【精神文明创建】 一是推进文明城市、文明社区、文明景区创建活动。参与开展“六创一迎”活动,改善城市面貌、提升城市品位、提高市民素质。桐柏县荣获全国文明县城称号,西峡县、邓州市分别被评为全省文明县城和创建工作先进城市。老界岭风景区被命名为国家 4A 级景区,全市 4A 级景区达到 6 家。二是开展文明新村创建活动。组织各县市区观摩文明新村、文明县城、文明乡镇创建工作;召开全市文明新村创建工作会议,总结文明新村创建工作经验,安排文明新村创建工作。编写 20 多万字、涉及五个方面内容的《文明新村创建工作手册》。该书由市委书记黄兴维作序,印刷 5000 册,分发到全市 4000 多个行政村,指导全市文明新村创建工作。开展农村“清洁家园行动”,整治农村环境卫生,改善村容村貌。新命名市级文明新村 71 个,市级文明新村总数达到 514 个。三是举办全市第二届十佳新型农民评选活动,开展文明信用村、文明生态村、文明示范村和文明信用户、文明卫生户、文明新风户创评活动,开展好媳妇、好妯娌、好婆婆、好邻居评选活动,促进乡风文明建设。

【文化艺术和文化产业】 一是推

动文艺精品创作。二月河的《雍正皇帝》入选“新中国60年中国最具影响力的600本书”。《玉皇岭》等8部作品荣获河南省第五届文学艺术优秀成果奖，市委宣传部获得组织工作奖。20集电视连续剧《小鼓大戏》荣获全国第三届“农村小康电视节目工程”二等奖，并先后在中央电视台和省、市电视台播出。数码电影《野茱萸》在郑州首映。摄影作品《心荷独灵》、《树影婆娑》荣获第八届“中国摄影金像奖”创作奖。《南阳艺术作品集成》一书，展示了南阳市艺术创作的实力和创作新成果。二是实施文化惠民工程。建成215个村级文化大院，在1200个行政村实施了文化信息资源共享工程，建成新农村书屋283个，舞台艺术送农民工程完成演出200场，覆盖城乡的公共文化服务体系逐步形成。邓州文化茶馆建设荣获全国第三届文化创新奖，实现河南省零的突破，中宣部专门刊发信息肯定了这一做法。开展“欢乐南阳”群众文化活动。组织举办全市庆祝新中国成立60周年爱国歌曲大家唱合唱比赛，在全省爱国歌曲大家唱合唱比赛决赛中，南阳市选派的两支代表队分别获得一、二等奖。举办《南阳回眸—影像见证60年》大型摄影图片展。举办“2009诸葛亮文化活动周”，开展丰富多彩的文化活动，吸引观众20余万人次。三是推进文化产业发展。制定10家重点文化企业和10个重点文化产业项目发展规划。加大省文化产业专项资金的争取力度，社旗古镇商业文化中心、镇平独山玉俏色工艺开发等2个项目获得省委、省政府专项扶持资金150万元。全面启动镇平文化改革发展实验区建设。推动二胶厂紫激光CTP印刷版材在全省新闻出版行业的推广应用。四是贯彻全省文化产业发展和文化体制改革工作会议重要精神，提出南阳市文化体制改革和进一步加快文化产业发展的初步意见，探索推进文化体制改革工作。

【对外宣传】 一是组织系列外宣活动。围绕全市扩大开放、促进经济发展工作大局，组织第七届玉雕节暨宝玉石博览会、第八届张仲景医药科技文化节，杭州、深圳大型招商活动，西安旅游推介活动以及“中原文化港澳行”、“中原文化新西兰行”等大型经贸、文化活动的对外宣传，塑造了南阳开放、发展的良好形象，有力地服务全市扩大开放和经济发展大局。二是对外新闻宣传。借助中央、省主要涉外新闻单位和境外一些媒体的力量，聚焦南阳市优势、亮点，展示南阳市发展成就。组织全市外宣通讯员在人民日报海外版、中央电视台国际频道等涉外媒体刊发各类稿件2000余篇(条)。做好涉外媒体采访接待服务工作，全年共邀请、接待美国美联社、彭博通讯社、英国路透社、澳大利亚联合新闻社、日本共同社、德国法兰克福汇报、悉尼早报、日本朝日放送、丹麦电视台、香港文汇报等30余家境外新闻媒体200多名记者到南阳采访，刊发一批客观积极的报道，扩大南阳在海内外的知名度和影响力。三是外宣品制作。完成《南阳十大历史名人》外宣图书和《南阳十大历史名人》邮册的编印工作。拍摄制作新版《印象南阳》外宣画册和《神韵南阳》城市形象片。城市形象片《约会南阳》在由中国电视艺术家协会组织的“新中国城市发展宣传电视片”评选中荣获二等奖。《中国南阳》大型外宣画册、《南阳之最》外宣图书、新版《魅力南阳》外宣折页正在加紧编辑制作。各县(市、区)、市直有关单位也制作发放了一大批外宣品，全市外宣品种类进一步丰富，数量、质量和宣传效果进一步提升。四是参与中原文化宝岛行活动。12月18日在台湾阿里山成功举办了“中原文化宝岛行”探亲联谊活动。活动前，会同市台办、市文化局和邓州市委、市政府研究确定探亲联谊活动整体方案，组织赴台人员进行专题培训，对南阳市赴台表演的文艺节目进行筛选排练。活动期间，加强与中央驻台媒体和台湾主流媒体的联系，在台湾《经济日报》、《太平洋日报》等主流媒体刊发4个宣传专版，全面介绍南阳的历史文化、秀美风光、经济社会发展状况以及与台湾的深厚渊源等。接待台湾《联合报》等台湾媒体和新华社等新闻单位的采访，台湾《联合报》等媒体对南阳市进行全方位、多角度的宣传报道。在活动现场，向参会人员发送《印象南阳》画册、《神韵南阳》城市形象片光盘等。探亲联谊活动的启动仪式、文艺联欢、走访台湾邹族家庭、采购阿里山特产、祭祖仪式等系列活动增进了中国共产党与中国国民党之间的党际交流，加强了南阳与台湾阿里山邹族的亲情交流和文化交流，宣传了南阳，提高了南阳在台湾的知名度。

【互联网新闻宣传管理】 一是围绕全年宣传工作重点和中心工作、重要活动，开展重大主题网上宣传活动。南阳网等新闻网站先后围绕开展深入学习实践科学发展观活动、庆祝新中国成立60周年、庆祝建党88周年等主题制作专题网页、开辟专栏，创新宣传手段，加大宣传力度。同时，推动市内各重要网站与国内重点新闻网站实现链接，为南阳经济社会发展营造良好的网络舆论氛围。加强对上网络新闻宣传，全年在省级以上重点新闻网站发稿3500余篇，图片1200余幅。组织开展“沧桑巨变看河南—庆祝新中国成立60周年"网络作品大赛，被省委宣传部授予组织工作奖。二是加强网络舆论引导。整合各方资源，协调多方力量，共同开展网上舆论引导，形成工作合力。做好与中央、省级重点新闻网站和门户网站的协调联络工作，遇到重大突发公共事件和群体性事件及时发布权威信息，最大限度挤压负面信息的传播空间。运用手机短信、音频视频等手段，通过论坛话题、专家在线访谈等形式，增强了网络舆论引导的吸引力、说服力。三是整合网络资源，加快网站集群建设，市、县、乡三级互联网新闻宣传网站集群正在形成。四是加强网络监控管理。建立覆盖全市的网络舆情信息员队伍，实施网上舆情直通上报和督办工作机制，完善南阳市网络文化建设和管理工作联席会议制度，发挥全市网络文化协会纽带作用，强化行业自律，为做好网络管理工作拓宽途径。整治网上低俗之风，倡导文明上网、文明办网、依法办网。承办"全省网络文化建设和管理研讨会"，组织举办南阳市首届"十佳网站"、"优秀网站"、"先进网站"评选活动，促进网站建设管理水平的提高。

【第七届全国农民运动会筹备工作宣传】 建立农民运动会市筹委会宣传部，制定农民运动会宣传工作总体方案，明确宣传部各处工作职责，责任落实到人。加强农民运动会新闻报道工作，为第七届农民运动会筹备工作营造良好的舆论环境。开通第七届全国农民运动会官方网站。成立第七届全国农民运动会开幕式、闭幕式文艺演出专项工作领导小组，制定详细的工作方案，启动演出创意大纲撰写工作。本着广泛、有效、节俭、精品的原则，以宣传南阳、扩大影响为目的，制定《第七届全国农民运动会吉祥物、主题口号、会歌征集方案》。完成农民运动会新闻中心建设项目立项工作。制定农民运动会新闻中心技术方案。

【南水北调中线工程库区移民搬迁安置工作宣传】 围绕推动形成积极迁安、和谐迁安、文明迁安的良好局面，开展一系列移民安置宣传工作。组织、协调市内外新闻媒体浓墨重彩、客观准确地宣传报道南阳市移民迁安工作，组织拍摄制作移民迁安专题纪录片，组织力量到移民迁安工作第一线采风，并着手创作一部反映南阳市移民迁安工作的电视剧本，创作一部反映南阳市移民迁安工作的长篇报告文学，拍摄一套反映南阳市移民迁安工作的图片。开展优秀电影送移民活动，组织开展丰富多彩的文艺活动，丰富移民群众的精神文化生活。在丹江口库区和移民安置区开展创建"迁安移民文明村"和"移民迎送亲人文明县、乡"活动。泛开展社会宣传活动，营造全社会参与支持移民安置工作的浓厚氛围。

【宣传系统党风廉政建设】 一是在年初全市宣传思想工作会议和7月份全市宣传工作座谈会上，专题就加强反腐倡廉建设的重大意义、重点工作、方法步骤和组织领导等作出具体安排，提出明确要求，反复强调宣传系统的广大干部职工特别是党员干部，一定要从提高党的执政能力、巩固党的执政地位的战略高度，充分认识新时期反腐倡廉建设的极端重要性，深刻理解和准确把握中央、省、市关于加强反腐倡廉建设的重要部署，切实增强行动上的自觉性，确保反腐倡廉建设的各项措施得到认真贯彻执行，做到宣传思想工作和反腐倡廉建设一起谋划、一起部署，一起落实、一起检查考核。二是经常深入宣传系统各单位检查反腐倡廉建设情况和党风廉政建设责任制等各项规章制度落实情况，指导督促各单位落实廉政承诺。三是在全市宣传战线深入开展争建文明单位、争创文明科室、争做文明个人、争当文明家庭和创建文明系统的"四争一创"活动，开展"三个代表"重要思想和科学发展观、马克思主义新闻观(文艺观)和唯物史观、职业精神和职业道德"三项学习教育"活动，在市委宣传部机关组织开展"讲学习、促工作、比贡献、树新风"活动，加强宣传干部队伍思想政治建设和廉政建设，提高拒腐防变能力。在配合反腐倡廉宣传教育方面，一是会同市纪委组织全市新闻媒体创新宣传形式，加大反腐倡廉建设宣传报道力度。南阳日报开设《新闻热线·特别版》、《报网互动》、《每周时评》等专版，开设《书记市长网上留言板》、《现场督办》、《热线反馈》等专栏；南阳电视台开设《聚焦行风》等栏目；南阳电台开辟《廉政建设之窗》栏目，南阳晚报开设"重磅新闻"版和《行风直通车》栏目，开展反腐倡廉建设宣传。二是组织各新闻媒体搭建"热线"平台，及时反映群众呼声。南阳日报以"63160000"热线电话为平台，针对群众关注的热点问题，邀请有关职能部门领导接听热线，接受监督，解决问题。南阳电台在继续办好"行风热线"的同时，开播"预防职务犯罪热线"，先后邀请48个职能部门的主要领导和相关人员走进直播室，解释有关法律法规，接受群众咨询和投诉。南阳晚报充分发挥24小时热线作用，开设"与您互动"专版，设置"百姓话题"、"说吧"、"热点热议"等栏目，对群众反映的热点问题进行充分反映，协调有关职能部门进行解决。三是组织构建反腐倡廉"大宣传"工作格局。

坚持理论宣传、舆论宣传、社会宣传和文化宣传一齐上,组织全市党员干部认真学习党章,学习中央、省、市领导有关讲话,宣传先进典型,统一党员干部思想。四是开展党员教育培训。利用基层党校开展宣传教育培训,全年共举办培训班6800余期,培训党员38万人次。五是推进廉政文化建设。指导媒体开设专栏,宣传廉政文化,播出反腐倡廉文艺片,通过组织春联征集、图片展览等措施,倡导以廉为荣、以贪为耻的社会风尚。(李忠)

统战工作

【服务非公有制经济发展】 围绕"保增长、保民生、保稳定"的目标,积极应对国际金融危机造成的不利影响,千方百计为民营企业办实事、解难题。一是深入民营企业开展大走访、大调研活动。5月份,市委统战部组织工商联、发改委调研组深入内乡、西峡、桐柏等县,就金融危机条件下民营企业经营状况进行调研,走访了十余家重点民营企业,全面了解金融危机对民营企业的影响,及时向市委、市政府反映问题和困难,引起市委、市政府的高度重视。黄兴维、穆为民分别批示统战部,组织有关部门召开全市民营企业"扩内需、促发展"座谈会,切实帮助企业解决在融资、生产、销售等方面的困难,坚定民营企业战胜危机、加快发展的信心。二是为民营企业渡过金融危机提供服务。通过经济形势报告会、企业家高峰论坛等多种形式,开展应对危机的培训服务和信息服务;通过参与民营企业投融资担保体系建设,召开融资对接洽谈会,协调银企关系,拓宽融资渠道,帮助民企解决融资难问题。三是引导民营企业参与民生工程。组织引导民营企业参与新农村建设,继续开展"百企帮百村"活动,制定帮扶项目,树立帮扶典型,扩大帮扶成果,不断增强活动的实效性和影响力。发挥民营经济就业主渠道作用,开展"帮扶万人创业活动",组织秦英林、贾小平等民营企业家在南阳师院、理工学院举办民营企业进高校创业报告会,与市总工会、劳动局等单位联合开展"企业用工招聘周"活动。市民营企业在危机中找机遇,在逆境中求发展,做到了不停产、不裁员、不减薪,保持了平稳较快发展的势头。2009年,全市非公有制经济增加值占全市GDP比重达到62.4%,企业销售收入、利税总额等均实现两位数的增长。

【民族宗教工作】 坚持以发展促稳定,以团结促和谐,切实加强民族宗教工作。一是加快少数民族聚居区经济社会发展。组织统战、民宗部门深入卧龙区靳岗街道邵沟回民村,调研邵沟村发展特色产业脱贫致富、维护民族团结稳定和建设文明新村、科技环保新村的经验,召开全市少数民族村经济发展暨维护稳定现场会,在全市推广邵沟经验,推进少数民族村经济发展。城区以河街回民聚居区为重点,树立民族经济发展典型。召开河街社区发展座谈会,制订加快河街社区经济社会发展的工作思路和措施。在加快少数民族经济发展上实现新的突破:全市各级统战部门共争取少数民族发展扶持资金734.3万元;全市农村信用社共支持少数民族发展小额贷款2.3亿元;全年为5家少数民族特需用品定点企业申领财政贴息3000余万元。二是加强对宗教事务的依法规范管理。对小东关清真寺擅自建设"女寺"的问题进行全面调查,并采取措施做好"女寺"拆除前后相关人员的思想稳定工作,为顺利实施拆除提供了保障;抵御境外宗教渗透,继续推进天主教地下势力的教育转化工作;依法开展对非法宗教活动的斗争,对重点地区、重点人物加强控制,切实做好维稳工作;开展宗教"四争创"活动和创建"和谐寺观教堂"活动,引导宗教与社会主义社会相适应。

【巩固多党合作政治基础】 2009年是市人大、政协换届年。为做好换届中党外人士的安排工作,搞好新老交替和政治交接,市委统战部与各党派、人民团体和有关单位党组进行了充分协商。坚持进步性和代表性相统一的原则,严格遵照换届工作程序,对各方面的代表人士和优秀分子进行妥善安排。换届后,市各民主党派主委和市工商联主席进入市人大、政协领导班子。新一届人大、政协中党外人士安排不仅达到规定比例,而且在年龄结构上得到优化,在专业与知识结构上得到改善。以换届为契机,进一步加强多党合作和政治协商的制度化、规范化、经常化建设,帮助各民主党派解决办公经费等实际问题,关心民主党派成员工作、生活中的困难和问题。加强对党外干部的教育培训工作,6月上旬,组织市直党外领导干部赴西藏、成都等地进行学习考察,9月在市委党校举办全市非中共领导干部培训班。

【参与"大招商"活动】 2009年下半年,南阳市开展新一轮招商引资集中行动,市委、市政府先后组织赴上海、厦门、香港的考察招商活动。市委统战部、市工商联为活动的承办单位。活动前期,做好各项筹备工作。一方面,将全市具有一定基础、成长性好、发展前景广阔的经济技术合作项目,提前在当地发布、推介、对接;

另一方面，积极与当地河南籍知名人士及党政界、工商界人士联系，扩大社会影响。在上海期间，邀请上海市委常委、统战部长杨晓渡和上海市委常委、浦东新区区委书记徐麟参与。活动中，发挥统一战线人脉广、朋友多、信息灵的优势，借助商会组织的力量，开展以商招商，成功举办了南阳—上海、南阳—厦门经贸合作洽谈会和香港南阳市情说明会，邀请到多家世界500强、国内500强知名企业与会，一大批好项目成功签约。通过上海招商活动引进的中国石材基地项目，总投资80亿元、占地面积1万亩，已在内乡开工建设。

【对台经贸文化交流】 两岸全面实现双向“三通”后，宛台间经贸文化交流日益增多。8月，市委、市政府在唐河县召开南阳市台资企业现场会暨对台招商工作专题会。大力支持台企发展，大力开展对台招商。

9月、10月，分别组织经贸考察团和文化考察团，赴台开展经贸文化交流。重点联络南阳在台乡亲感情，宣传南阳的发展变化，推介南阳的经贸项目。交流考察团到台湾后，台湾“立法委员”曹尔忠、前“立法委员”蔡豪、屏东县议员徐荣耀等知名人士分别宴请考察团，交流情况，联络感情。台湾河南同乡会、南阳同乡会分别在台北和中部的屏东召开同乡联谊会。考察团在台北灿坤集团总部和屏东举办三场市情说明和经贸洽谈会，参观多家台湾知名企业、工业园区、科技园区，观摩了台北、台中、桃园等城市的规划建设和管理模式，与国父纪念馆等文化界人士进行了交流。通过一系列的活动密切了南阳台胞与家乡的亲情感情，联络了台湾政商界、文化界知名人士，宣传推介了南阳，结识了台湾企业界的朋友，发布、对接了南阳的经贸项目，实现市统战部门赴台开展经贸文化交流的重大突破。

【非公有制经济组织学习实践科学发展观活动】 市非公有制经济组织学习实践活动自9月下旬全面启动，由统战部牵头成立活动指导小组。指导小组根据非公有制企业的特点，结合企业自身生产经营实际，灵活安排学习活动，不局限于形式，注重效果，鼓励企业通过开展学习实践活动，实现又好又快发展。11月下旬，指导小组深入陆德公司、二机集团、金牛彩印公司三家非公有制企业进行检查指导，总结学习实践活动中好的经验，并帮助企业解决实际困难和问题。学习实践活动加强了非公有制经济组织党建工作，新建党支部18个，发展新党员222人。（项宁）

政法工作

【明确政法工作发展方向】 2009年南阳政法工作，挑战和机遇并存。经过执法巡视，一些深层次的问题和矛盾显现，一些薄弱环节亟待整改。市委政法委新一届领导班子从确定发展目标、科学谋划工作入手，在深入县（市、区）基层开展调查研究的基础上，先后组织6个考察组，围绕平安建设，对获得全国平安建设先进称号的鹤壁市、新乡市、漯河市、三门峡市进行考察学习。围绕政法队伍和机关建设为重点，对平顶山市和湖北襄樊、宜昌市进行考察学习。综合内情外策，确定了“迅速找准工作定位，尽快扭转被动局面，圆满完成省定目标任务，为南阳平安建设工作进位次、上台阶，走在全省前列奠定基础”的年度工作目标。提出“以提高公众安全感和执法满意度，加强政法基层基础建设为重点，切实解决政法委职能弱化等问题，在思想上跟上形势、跟上上级党委政法委和市委要求，跟上人民群众需求，抓重点、克难点、推亮点”的总体工作要求。按照这些目标要求，市委政法委从提高领导和管理政法工作的能力上着手，采取一系列行之有效的工作措施，敢抓、敢管、敢于负责，树立党委政法委领导权威，强化对政法工作的组织协调。密切与省委政法委的工作联系，主动寻求督导帮助，争取到了省委政法委对南阳的了解信任。自觉服从服务于市委、市政府的领导，积极靠前汇报请示，争取到了党委政府主要领导对政法工作的重视支持。

【健全政法工作机制】 市委政法委把政法委机关规范化建设作为提高领导、管理政法工作能力和水平的重要载体。在机关建设层面，成立政法纪工委，增设案件评审办公室，公开选调5名年轻优秀干部充实机关工作力量。同时，规范业务工作运行机制，健全机关工作管理机制，完善干部队伍绩效考评机制，通过工作管理台账化、绩效考评公开、内务管理制度化等措施的落实，机关内部管理体系进一步健全，工作结构更加完善、工作责任进一步落实，市委政法委整体工作水平和领导驾驭政法工作的能力明显提升，对政法部门和政法干警执法行为的监督管理有效加强。在机制建设层面，修订完善《政法委员会工作规则》，健全政法委员会工作例会、政法委书记办公会议制度。由政法委牵头，与市委组织部共同修订加强政法系统干部管理的办法，发挥政法委协管干部职能。一系列工作机制的建立和运行，奠定了政法委在全市政法系统的领导地位，为政法委各项职能的履行创造了良好条件。从措施落实层面，把督查作为实现领导管理政法工作的主要手段，建立立项督查、现场观摩督查、暗访督查、联合督查四项督查工作机制。全年共组织全面督查5次，部门督查21次，专项督查18个项次，提出整改意见34条，推动各项工作部署和工作措施的落实。

【维护社会稳定】 按照“要站在全省政法工作总体部署中谋划政法工作，站在全市工作大局中思考政法工作，紧密结合南阳实际推进政法工作”的总体部署，全市政法部门把维护社会大局稳定，促进经济社会发展作为政法工作的核心内容，以国庆60周年安保工作为载体，积极预防和化解各种不稳定因素。一是积极预防和处置群体性事件。年初，市委维稳工作领导小组制定《南阳市积极预防和妥善处置群体性事件应急预案》，对预防和处置群体性事件工作的处理原则、组织指挥、预警、应急反应、工作机制、领导责任等作出明确规定，建立了统一领导、分级负责、反应及时、规范有序、科学高效的应急处置体系。各个敏感日期间，各地各单位都建立严密的应急预案，并按照属地管理、“谁主管、谁负责”的原则和“抓系统、系统抓”的要求，健全应急指挥网络，制定完善相关措施，加强应急准备工作，全市没有发生大的突发性、群体性事件，国庆60周年庆典期间首都北京没有发生来自南阳的干扰和影响。二是开展矛盾纠纷排查化解工作。狠抓矛盾纠纷排查调处五项制度的落实，健全市县乡村四级网络，探索人民调解、行政调解与司法调解相衔接的工作制度。在市县乡三级建立由主管副职牵头的联席办公会议制度，每月召开一次会议，排查梳理矛盾纠纷，及时研究解决影响社会稳定的突出问题。同时，坚持市每季度、县(市、区)每月、乡镇(街道)每半月、村(社区)每周开展一次不稳定因素大排查，对排查出的矛盾纠纷等不稳定问题，逐级建立工作台账，逐一落实责任单位、责任领导和责任人。本着排查和调处同步进行的原则，对要求合理、符合政策的，一次解决到位；对问题已经解决、再提过高要求的，落实稳控措施，由专人负责做好思想政治工作；对问题已经解决，思想工作无效，仍然无理上访的，依法进行打击处理。全年共调解民间纠纷36563件，调成35671件，调成率95%，防止民转刑186件，防止群体性上访356件，解决了一大批涉及群众利益的实际问题，避免了矛盾纠纷的升级和激化。三是集中处理涉法涉诉信访问题。针对涉法涉诉信访案件总量大、积淀矛盾多的严峻形势，开展集中处理工作。7月份，由市委政法委牵头，抽调政法机关业务骨干、法学专家、资深律师组成6个工作组，分领689件涉法涉诉信访案件，深入各县(市、区)开展带案下访专项活动，帮助县(市、区)和基层责任单位理清处理思路，研究息诉措施，提出质量要求和结案时限，使一大批案件得到及时消化处理。全省集中处理涉法涉诉活动开展后，按照省委统一部署，9月1日至10月20日，由市委政法委牵头组织，在全市开展集中处理涉法涉诉信访问题专项活动，省综治办副主任孙建国带领省督查组人员，在南阳帮助工作开展。各县(市、区)党委、政府及政法部门把集中处理活动放在空前突出的重要位置，投入大量人力、物力、财力，扎实做好案件调查、处理、回访、督查等各项工作，市委政法委派出6个督查组，划分6个战区开展驻地督查，采取日碰头、周通报等制度，确保各项措施有效贯彻、落到实处。通过集中处理活动，使大量涉法涉诉矛盾纠纷得到有效化解，一大批疑难复杂信访案件得到及时处理，实现了省交案件办结率、回访满意率两个100%的目标，一举扭转了南阳市涉法涉诉信访工作的被动局面。被评为全省集中处理涉法涉诉信访工作先进省辖市。四是巩固深化无邪教创建工作。重点开展创建“细胞工程”，在无邪教乡村创建的基础上，把创建工作覆盖到学校、单位、厂矿、企业、部队、家庭等各个方面，消除了创建的空白点。至11月15日，破获“法轮功”等邪教案件58起，抓获涉案人员295名，摧毁团伙6个，端掉活动窝点17处，实现了“法轮功”等邪教人员赴省进京上访滋事、电视插播事件“零”的目标。12月份，市防范办组织对各地无邪教创建工作进行检查验收，80%的乡镇(街道)、90%的村(社区)达到创建标准。

【打击犯罪】 全市政法机关把提高公众安全感和执法满意度作为政法工作的首要任务，以严密防范、严厉打击“两抢一盗”犯罪和黑恶势力犯罪为重点，切实解决群众关心、社会关注的治安热点、焦点问题，政法工作与广大人民群众的血肉联系进一步密切，公众安全感和执法满意度进一步提升。在打击“两抢一盗”犯罪斗争中，全市政法机关紧紧抓住打现行、挖团伙、抓逃犯三个重点，建立打击专业队，成立案件专办组，实行快侦、快捕、快诉、重判的打击处理策略，全方位地推进专项斗争深入开展。为提高综合打击效能，市公安局抽调精兵强将，集中优势兵力，多渠道获取犯罪线索，在案件高发时段和重点区域采取便衣跟踪、蹲坑伏击等手段，对盗抢犯罪活动予以迎头痛击。检、法、司等部门密切配合，形成了合力打击、强力攻坚的良好态势。在打黑除恶专项斗争中，坚持把打击的锋芒指向那些盘踞一地危害一方、群众反映强烈的黑恶犯罪团伙，把主攻目标放在那些易滋生黑恶犯罪的工程建设领域、利润较高的行业和重点区域，打早打小，力求改善重点领域、行业和区域的治安状况。为推动打黑除恶斗争顺利进行，市委、市政府加强了市公安局有组织犯罪侦查大队警力，将大队的力量增加到25人；在黑恶犯罪比较突出的卧龙、宛城、南召、镇平等地，公安机关成立专门的打黑队伍，建立打黑专案经费和装备保障机制；市纪委、市委政法委联合下发对打黑政法干警的依法保护机制，解除了办案民警的后顾之忧。同时，政法机关还相继组织开展中心城区社会治安集中整治、“天网”行动、冬季严打整治斗争等，始终保持了对各类刑事犯罪的主动进攻态势。至11月30日，累计破获各类刑事案件15105起，查获各类犯罪团伙167个，抓获各类违法犯罪嫌疑人9384人。其中破获“两抢一盗”案件8786起，打掉盗抢团伙100个；打掉并判决涉黑犯罪团伙5个，涉恶犯罪团伙54个，一审判决团伙成员308人；全市新发命案130起，破获130起。命案侦破、打黑除恶、追逃、打击“两抢一盗”等成绩均居全省前列。

【治安防控】　在强化打击的同时，全市按照城乡结合、人技物结合的原则，突出在“防”字上做文章，加强人防、物防、技防“三网”建设，提升整体治安防控水平。重点抓了三项工作：一是组建中心城区治安巡防支队。从退伍军人和大中专毕业生中公开选拔400名队员，投入1320余万元，购置摩托车、电动车、自行车等巡防装备，24个标准化治安岗亭和乡镇一样发挥着专职巡防队的作用，在保障人员、经费落实的基础上，加强使用管理，健全各项制度，做到全天候巡防。二是探索市场化防范模式。保安公司与商户签订“保安＋保险”协议，商户支付一定费用，保安公司做到“你出门、我看家，你损失、我赔偿”。全市有1.5万多家商户参与。三是加大技防力度。在建成市公安局视频监控中心的基础上，2009年市政府又投入380余万元，在部分治安岗亭辐射不到的区域安装视频监控设备，在街道、门面、商户、居民家庭安装各类报警监控器，并实现了各个监控点报警视频信息与城区视频监控指挥中心管理平台的有效对接，做到案件早发现、早处理。全市各级共建成市局一级监控中心和15个县(市)区局二级监控中心，城乡监控覆盖面进一步扩大，监控的整体功效明显提升。

【平安建设】　进一步健全了党委、政府统一领导，综治部门组织协调的基层政法和平安建设工作体系。乡镇(街道)综治工作中心实行一个窗口对外、一站式办公、一条龙服务的工作模式，建立健全治安防范、矛盾排调、普法教育、协调督查、经费保障等工作体制，在乡镇(街道)形成了组织有力、协调有序、齐抓共管的工作合力。全市236个乡镇(街道)综治工作中心主任，全部由乡镇(街道)党委副书记兼任，综治办主任任工作中心副主任，文化程度均达到大专以上，工作中心现有工作人员1037人，平均每个乡镇(街道)4.4人。同时，全市3132个村、社区成立了以党支部为核心，融治保、调解、巡逻、普法、帮教“五位一体”的综治办(站)，实现了中心工作职能向村、社区的有效延伸。同时，由综治、公安、妇联、工商等12个部门牵头，40多个部门参与，在全市范围内广泛开展平安新村、平安社区、平安校园等十大平安“细胞工程”建设。把创建平安新村作为推进农村平安建设、服务社会主义新农村的有效载体，纳入总体规划，采取以点带面、整体推进的方式，以平安家庭创建为基础，以农民法制学校为阵地，以治安“双向”承诺为纽带，强力推进实施，取得较好效果。全市已命名平安新村1536个，形成了治安有人管、纠纷有人调、帮教有人做、巡逻有人干、普法有人教、信访有人抓的工作体系，成为基层平安创建工作的一个亮点。

【政法队伍建设】　全市政法系统以“深入学习实践科学发展观”和“大学习、大讨论”等活动为载体，坚持把查摆整改问题作为重中之重来抓，组织政法干警重点查摆执法思想不端正，执法不严、不公、不文明和不作为、乱作为等行为，共查摆整改7个方面42项不规范问题，制定了业务、队伍、司法政务三大类90多项制度，政法队伍的工作作风进一步转变，政治素质、业务能力明显提高。政法机关公开承诺办实事和干警下基层帮助工作活动得到落实。各级政法部门把公开承诺办理的35件实事，进行任务分解，落到具体单位和具体人，建立服务承诺制、首问负责制、公开办事制、限时办结制等制度，服务群众、方便群众。市直政法机关首批选派84名机关干警，到县乡基层政法单位帮助解决实际困难，促进基层政法工作有效开展。为进一步加强政法部门领导班子和政法干部队伍建设，政法各部门分别建立和完善了集中政治培训制度，对新任政法领导干部、新进政法干警定期进行社会主义法治理念教育培训。特别是针对一些县(市、区)政法领导干部调整较多的情况，市委政法委先后组织3期培训班对新任领导干部进行专题任职培训。同时，全市政法系统广泛开展各种形式的争先创优活动，进一步激发干警干事创业的积极性，全市政法队伍素质不断提高，政法机关形象明显改善，先后涌现出了“全国模范检察官”、“全省优秀共产党员”杜军翔、“全国优秀法官”王舒、公安部“一级英模”段大军等先进个人，宛城区检察院荣获“全国先进基层检察院”、“全国精神文明建设工作先进单位”称号，内乡县法院荣获“全省优秀基层法院”称号。

【全市政法工作系列会议】 1月22日，召开全市政法工作会议。回顾总结2008年全市政法工作开展情况，表彰先进单位和个人，签订平安建设目标责任保证书，并对2009年政法工作进行全面的安排部署。2月19日，召开全市技防体系建设协调会议。确定“6月底前完成市级监控平台建设工作，年底前完成全部县级平台的建设工作”的目标。3月4日，召开全市铁路护路联防工作会议。贯彻省铁路护路联防工作会议精神，回顾总结2008年全市铁路护路联防工作，并对2009年铁路护路联防工作进行安排部署。3月12日，召开全市维护稳定暨防范处理邪教工作会议。贯彻落实全国、全省维护稳定暨信访工作电视电话会议与省委防范和处理邪教问题领导小组(扩大)会议精神，回顾总结2008年全市维护稳定和防范处理邪教工作开展情况，并就上述两项工作进行了具体安排部署。7月10日，召开全市无邪教创建工作现场会。省委政法委副书记、防范办主任王伟，市委常委、邓州市委书记刘朝瑞，市委常委、政法委书记常康出席会议。会议观摩了邓州市无邪教创建工作做法，研究部署了全市无邪教创建的规范深化工作。8月14日，召开南阳市深入推进打黑除恶专项斗争动员大会。肯定了三年来南阳在打黑除恶斗争中取得的成绩，深刻分析了存在的问题，对下步工作进行了具体部署。9月1日，召开全市处理涉法涉诉信访工作会议。部署建国60周年大庆涉法涉诉稳定工作。9月24日，召开市四大家领导关于国庆期间信访稳定及安全保卫工作会议。市四大家领导专题听取市委政法委关于国庆期间信访稳定及安全保卫工作情况汇报。11月17日，召开全市政法系统“大学习、大讨论”活动总结表彰大会。回顾总结全市政法系统“大学习、大讨论”活动开展情况，对在活动中涌现出的先进集体和先进个人进行命名表彰，并就几项重点工作进行了安排部署。12月4日，召开全市集中处理涉法涉诉工作总结表彰大会。

【执法巡视“回头看”】 2月13～15日，省委政法委执法巡视检查组到南阳市对2008年执法巡视工作进行“回头看”。期间，听取案件汇报40余起，走访、座谈人大代表、政协委员90人，并对9个县(市、区)进行实地检查。

【政法工作调研】 3月10日、13日、18日，市委常委、政法委书记常康分别在中心城区、内乡县、唐河县召开政法稳定工作座谈会，分片听取了各县(市、区)政法稳定工作情况汇报，有针对性地对下步政法稳定工作进行安排和部署。

【中心城区社会治安集中整治专项行动】 3月19日～4月20日，市委政法委、市综治委集中一个月时间，组织开展中心城区社会治安集中整治专项行动，进一步深化打击“两抢一盗”和“打黑除恶”专项斗争，净化社会治安环境，增强群众安全感。

【中国法学会莅宛调研】 4月8～10日，中国法学会会长韩杼滨、中国法学会会员部地方处处长肖育斌等领导在省委常委、省委政法委书记、省法学会会长李新民和省法学会秘书长杨文杰的陪同下，莅临南阳调研检查指导工作。南阳政法及法学会主要工作的情况汇报，并深入内乡、西峡、淅川等县，接见基层法学会会员，了解法学工作开展情况。

【省委政法委莅宛调研】 6月22～27日，省委政法委副书记卢永礼带领省委政法委调研组，对2008年执法巡视工作南阳整改情况和整改效果进行全面调研。期间，听取了市委政法委、市中级人民法院、市人民检察院、市公安局、市司法局的工作情况汇报。分别召开人大代表、政协委员、基层干部群众等不同层次的座谈会。走访市委、市人大、市政府、市政协及市委组织部、市纪委的有关领导。并深入邓州市、南召县、方城县进行实地调研。

【白玉岗黑社会性质组织案一审宣判】 7月3日，南阳市中级人民法院依法对白玉岗等27名被告以组织、领导、参加黑社会性质组织案进行一审宣判。以犯组织、领导黑社会性质组织罪、故意伤害罪、寻衅滋事罪、敲诈勒索罪、聚众斗殴罪、破坏生产经营罪、强迫交易罪，判处被告人白玉岗无期徒刑；以参加黑社会性质组织罪、故意伤害罪，数罪并罚，判处被告人沈进位无期徒刑；其他25名被告人分别被判处有期徒刑、管制或免于刑事处罚。对这起团伙成员多、社会影响大、群众反映强烈的涉黑案件，南阳政法各部门高度重视，密切配合，公开公正，快审快结，社会反响良好。

【李新民到南阳调研】 8月3～4日，省委常委、政法委书记李新民，省政法委常务副书记李承先、省政法委副书记卢永礼，省高级人民法院常务副院长郝东亚，省人民检察院副检察长李晋华，省公安厅副厅长华敬锋，省司法厅副厅长陈宪中等领导到南阳调研指导政法工作。8月4日上午，南阳召开全市政法领导干部大会，李新民书记一行出席会议并分别作重要讲话。市领导黄兴维、穆为民、贾崇兰、李天岑、常康、党光德、贺国营、马学民和庞景玉、刘在贤、万保平及市直政法各部门中层正职以上领导干部，县(市、区)政法委书记、公、检、法、司四长，南阳武警、消防支队主要负责人参加会议。李新民书记发表讲话，与会的省直政法部门领导对南阳政法工作进行讲评，并提出明确要求。

【机构调整】 8月6日，经市编办批准，市委政法委增设政法纪律检查工作委员会和案件评查办公室。

【南阳首例黑恶势力犯罪首要分子被执行死刑】 8月13日，黑社会性质犯罪头目吴天喜被执行死刑，成为南阳黑恶势力犯罪首要分子被执行死刑的首例。

【省委平安建设考核组莅宛检查考核】 11月18～22日，以省委政法委副书记王伟为组长的省委平安建设考核组莅临南阳市检查和考核。考核组先后深入4个县(市、区)和部分市直单位、公共场所实地察看平安建设工作情况。王伟代表省委考核组高度评价南阳市平安建设工作，认为南阳市委、市政府对平安建设工作高度重视，各级各部门工作主动，在抓打防结合、抓基层基础等长效机制建设方面取得明显成效，公众安全感明显提升。(赵毅辉)

机构编制

市编办主任　夏广军

【行政管理体制改革】 一是积极推进市县政府机构改革。在充分调研的基础上，经过认真梳理分析，澄清市县两级政府行政机构职能配置、内设机构、人员编制、领导职数、职责交叉和行使行政职能事业单位基本情况。针对市政府35个行政机构及相关直属事业单位，就政府转变职能、经济调节、市场监管、社会管理和公共服务、部门职能权责和行政运行机制、依法行政和制度建设等问题进行调研，摸清各部门在机构设置、人员编制、职能配置、运行机制等方面的状况和存在的问题。根据《省委、省政府关于市县政府机构改革的意见》，结合南阳实际，拟定《南阳市人民政府机构改革方案(草案)》、起草《关于南阳市人民政府机构改革方案的说明》，提出《中共南阳市委南阳市人民政府关于县市区政府机构改革的初步意见》等一系列文件。9月初，召开县(市、区)编办主任会议，安排南阳市县(市、区)政府机构改革工作。下发《市委办公室市政府办公室关于严明纪律确保政府机构改革顺利进行的通知》，确保机构改革顺利推进。11月27日、12月4日市委两次召开常委会专题研究南阳市政府机构改革工作，上报《南阳市人民政府机构改革方案》，12月4日，市委、市政府下了发《南阳市县市区人民政府机构改革意见》。12月25日，省委办公厅、省政府办公厅下发《南阳市人民政府机构改革方案》，同意南阳市人民政府设置34个工作部门(市监察局与市纪律检查委员会机关合署办公，不计入政府工作部门)：办公室、发展和改革委员会、教育局、科学技术局、工业和信息化局、民族宗教局、公安局、监察局、民政局、司法局、财政局、人力资源和社会保障局、国土资源局、环境保护局、住房和城乡建设局、交通运输局、水利局、农业局、林业局、商务局、文化广电新闻出版局、卫生局、人口和计划生育委员会、审计局、外事侨务办公室、国有资产监督管理委员会、畜牧局、体育局、统计局、旅游局、粮食局、安全生产监督管理局、食品药品监督管理局、城乡规划局、城市管理局；设置部门管理机构2个：市政府法制办公室、市政府金融服务办公室(由市政府办公室管理)；同日，省委办公厅还下发《关于南阳市机构编制委员会办公室和市委农村工作办公室设置问题的批复》，同意南阳市机构编制委员会办公室单独设置，为市委工作部门，同意设置南阳市委农村工作办公室，为市委工作部门。12月30日，组织召开了在此次机构改革中不涉及职能划转任务的市政府20个局(委)机构改革“三定”工作会议。二是深化和完善乡镇机构改革。为了认真贯彻中编办《关于深化乡镇机构改革的指导意见》，加大深化乡镇机构改革的指导力度，强化乡镇机构编制监督检查。8月，配合省编办对全市乡镇机构编制管理情况进行重点检查。通过检查促整改，着力推进乡镇职能转变,切实提高社会管理和公共服务水平。严控乡镇人员编制,确保乡镇机构编制和实有人员在"十一五"期间只减不增,确保乡镇干部队伍和社会稳定,认真落实乡镇在编人员定期公示制度。各县(市、区)对所辖乡镇的机构编制和实有财政供养人员情况在人事编制网或政府网开辟专栏,定期公示,逐步提高乡镇机构编制管理的公开化和透明度,推进全市乡镇机构编制管理规范化建设。三是深化行政审批制度改革。按照市政府"两转两提"工作领导小组办公室的要求,会同有关单位开展全市行政审批事项专项清理和规范工作,审核33个单位的非行政许可项目224个,进一步加强行政审批工作的规范管理,为组织开展全市行政审批事项的集中清理工作奠定基础。四是推进全市电影行政管理体制改革。市编办会同市委宣传部、市文化局、市广电局联合下发《关于进一步理顺南阳市电影管理体制的实施方案的通知》,对全市电影行政管理职能进行调整划转。由广电部门全面负责指导电影制作、发行、放映等管理工作,建立完善责权一致、分工合理、执行顺畅、监督有力的电影管理体制,为电影业的发展提供体制保障。

【事业单位分类改革】 一是完成全市事业单位分类改革调研工作。按照省编办要求,对市直及13个县(市、区)所属9171个事业单位,依据事业单位承担的工作职能任分为三大类5小类逐一进行详细调研,并将每个事业单位规格、编制、经费形式、实有人员、参加社会保障情况及分类情况统计上报省编办,对如何开展事业单位分类改革提出具体建议。二是完成省编办、省教育厅、省财政厅、省人力资源和社会保障厅联合关于开展中等职业学校基本情况的调研。对全市47所中等职业学校(含8所技工学校)的机构、编制、在校生情况及存在问题进行认真调研,对内设机构、教辅机构、技工学校、实习工厂的设置等有关问题提出建议。三是对全市乡镇卫生院、社区卫生服务站及专业卫生机构的机构编制、人员情况进行调研,并对市直所属医院及县(市、区)部分医院的人员编制、床位等基本情况进行调研,为全面开展全市医疗卫生体制改革做好准备。四是对部分行业事业单位进行改革。完成水管体制改革工作,并从市水利局等单位抽调人员组成5个检查组,对市直和13个县(市、区)水管体制改革进行检查验收。根据省编办安排,完成交通规费征稽管理机构改革工作。

【机构编制管理与监督】 一是完成市县森林公安机构的设置和政法专项编制的核定工作。市森林公安局由市林业局的内设机构改为市林业局的直属机构,挂南阳市公安局森林警察支队牌子。核定政法专项编制40名。为全市11个县(市)森林公安机构共核定政法专项编制179名。明确了各县(市)森林公安机构由林业部门的内设机构改为林业部门的直属机构。二是调整增加移民县的人员编制和领导职数。根据省编办文件要求,市编办下发《关于淅川县移民乡镇增加编制和党政领导职数的通知》,为淅川县增加50名公安政法专项编制,为淅川县库区10个移民乡镇增加财政全供事业编制120名,并各增加领导职数2名,专抓库区移民工作。三是建立完善机构编制审核制度。初步建立机关事业单位进人机构编制审核程序,2009年,大部分单位进人、公务员招录、事业单位招聘等都做到先审核编制,再办理进人或考录、招聘等手续。全年共办理人员增减册手续1182人,并分两次对市直行政事业单位的机构编制和实有人员情况进行审核,共清理不及时办理核减手续人员120人,保证市直在编在册人数的真实、准确,进一步遏止吃"空饷"人员。在审核的基础上,印制两期《南阳市市直行政事业单位机构编制人员情况统计表》,为各级领导和相关职能部门决策提供重要依据。四是开展全市机构编制监督检查。根据国家和省机构编制监督检查的有关条例和规定,3月,市编办组成3个督查组,分别深入到13个县(市、区)对执行机构编制管理规定情况进行全面监督检查。通过检查摸清各地机构编制管理的现状和存在的问题。检查结束后进行总结,并下发《关于全市机构编制管理监督检查情况的通报》,要求各县(市、区)对存在的问题进行整改和完善。五是认真做好"12310"举报电话、乡镇机构改革遗留问题、以及其他违反机构编制管理规定的信访事项的咨询、受理和处理工作。按照监督检查的有关规定,共受理"12310"举报和咨询、省编办批转件、市信访局转办件共16起,多次深入唐河县、西峡县、新野县、宛城区进行现场调查和督办。所有信访事项均在规定时限内做出妥善处理。

【事业单位登记管理】 一是开展专项监督检查,规范事业单位法人行为。对市直登记的各院校和教育、卫生部门所属的事业单位法人所挂牌子和刻制印章情况进行专项监督检查。各县(市、区)按照省市要求,同步进行专项监督检查。全市共审核3395个单位所挂的3590块牌子和4487枚印章,其中市直审核62个单位所挂的121块牌子和179枚印章。对县(市、区)和市直事业单位进行抽查,重点抽查7个县(市、区)、24个市直事业单位,保留牌子3314个,摘除牌子112个,保留印章4082枚,修正印章198枚,销毁印章208枚,全面规范南阳市事业单位法人的行为。二是建立登记管理台帐,进一步提高事业单位登记率。全市已全部建立《已登记事业单位台帐》、《未登记事业单位台帐》和《未年检事业单位台帐》制度,并在机构编制方面落实推进事业单位登记管理工作六条制约措施。三是把好关口,认真做好2008年度事业单位法人年检工作。2009年,为做好事业单位法人年检工作,市编办专门进行安排部署,要求各县(市、区)、各有关单位明确专人负责,按时完成任务。全市应年检事业单位5311个,通过年检5209个,年检率98%。其中,市直年检328个,年检率97.3%。四是以法人代表人队伍建设为突破口,深化工作领域。协调有关部门对事业单位法定代表人开展离任审计工作,其中市直对41个法定代表人实行离任审计;加强法人培训,全市举办新登记和新变更登记法定代表人培训班7期,培训事业单位法定代表人496名。(杨胜亚　向国兴)

信访工作

市信访局局长　李　鹏

【信访工作成效】　(一)信访工作受到肯定。2009年,在严峻的信访形势和繁重的工作任务面前,各级党委政府把信访工作摆上重要工作位置,理清工作思路,强化薄弱环节,呈现出“积极、向上、务实、高效”的良好局面。3月,省委副秘书长、省信访局局长李新华亲赴13个县(市、区)和部分乡镇检查指导工作,肯定了南阳市信访工作措施得力,成效显著,大有可为。9月,中央信访稳定工作督查组组长、国家信访局接待司副司长桑福江深入唐河、淅川、西峡、内乡等地检查后,对南阳市“四议两公开”源头预防矛盾、全方位工作法、零积案行动、基础建设等工作,给予高度评价。6月、9月和12月,中央联席办副主任、国家信访局副局长许杰,先后专题听取南阳市信访工作汇报,并深入实地调研工作,对畅通信访渠道、创新工作思路、健全工作机制、扎实解决问题等给予充分肯定,特别指出南阳市的“三公开一评查”工作机制具有典型意义和推广价值。省信访局党组书记王宏,省信访局副局长周永华、马恒心、段玉楼、谢海洋等领导,先后到南阳检查指导工作或到市驻京工作组看望慰问市信访工作人员,对南阳信访工作充满希望和期待。省委信访工作领导小组还下发文件,对南阳的信访工作在全省进行通报表扬,年终授予南阳市“2009年信访工作显著进步省辖市”荣誉称号。(二)信访形势明显好转,信访工作实现新突破。各级各部门把解决群众反映的问题作为信访工作的出发点和落脚点,根据“属地管理”和“谁主管、谁负责”的原则,强化首办工作责任,落实领导包案制度,采用行政、司法、调解、听证等措施,有效地把问题解决在基层。按照中央“化解信访积案”的要求,全市先后开展“百日春暖”行动、“零积案”行动和“干部下访”行动等专项治理活动,使近2000起信访积案得到有效化解,解决了信访“存量”较大的问题,扭转了越级上访高发的势头,取得明显工作成效。南阳市信访工作呈现“三下降、二上升、一好转”的趋势,即:全市信访总量下降(5.5%)、赴京、省集体(个体)上访下降(12%)、重复上访率下降(17.8%),县乡两级信访量上升(12.1%)、网上信访件上升(20%),信访秩序持续好转,是全省发生赴京集体上访最少的省辖市之一,实现南阳信访工作的历史性突破。

(三)维护社会稳定能力明显提高,社会和谐稳定的根基进一步夯实。各级群众工作部门注重发挥参谋助手作用,紧紧围绕全市工作重点,服务工作大局,注重运用形势分析、趋势预策、群情特报等措施,及时向各级领导和部门反映信访动态,为各级领导科学决策提供了依据。各级领导统筹兼顾,精心组织,扎实推进,标本兼治,确保了信访工作深入健康开展。全市信访干部通过外出考察、寻计问策、培训提高等有效形式,着力提高调处社会矛盾、解决信访问题的实际能力和工作水平,对各类矛盾纠纷“早排查、早化解”,按照“有理解决到位、部分有理部分解决到位、无理教育引导到位、困难帮扶救助到位”的原则,解决了一大批信访问题,做到了“小事不出村、大事不出乡、难事不出县、矛盾不上交”,有效维护了社会稳定,特别是在国庆60周年庆典以及中央领导到南阳视查等重要活动期间,各级信访干部埋头苦干,无私奉献,确保了全市大局稳定,维护了南阳对外的良好形象,社会和谐稳定的基础得到了全面巩固和夯实。

【创新信访机制体制】　打造南阳信访工作品牌。坚持信访工作制度,在体制机制建设方面进行有益探索。一是开展"和谐信访杯"争先创优竞赛活动。市委信访领导小组制定《2009年"和谐信访杯"争先创优竞赛活动考评方案》,围绕"夯实一个基础(县、乡两级信访工作基础建设)、强化两项制度(县(市、区)委书记大接访制度、责任追究制度)、突出六项指标(区域集体上访率、集体上访重访率、万人京省个访率、赴京非正常上访处置率、重大案件结报率、群众满意稳定率)",实行季度考评工作量、年终叠加选优的"四进一"动态考评法,明确"信访总量下降、省市先进位次"的工作目标,增强了信访考评工作的科学性、合理性,调动各级各部门争先创优的积极性。二是创新"三位一体"接待模式。在全市各级群工部门全天候、无间隙接访、县乡两级领导天天接访的基础上,创造性开展市级领导排班轮流每周一定期接访、市委书记、市长网上接访和公检法司四长周一联合接访模式,切实为信访群众构建起畅通高效的"绿色信访通道",有效地把群众吸引在基层,把问题解决在当地。三是强化"三公开一评查"工作制度。各级各部门在办理信访案件过程中,通过公开告知、公开答复、公开听证、质量评查四个环节,及时将信访案件办理责任单位、包案领导、责任人、办理时限和办理结果、救济渠道等情况告知信访当事人,方便群众及时了解信访诉求的受理、办理、办结情况,接受群众监督,促进"案结事了"。四是首创CT工作法。成立由市委群工部副部长带队的暗访组,深入问题突出县区的所有乡镇,对信访接待场所、领导接访、信访工作制度落实情况进行明查暗访,集中会诊工作中存在的问题,提高化解信访问题的能力,夯实信访工作基础。五是加大信访文化建设。市委群工部投资20余万元,唐河、宛城、方城等地也加大投入,进一步加强信访特色文化建设,设计了信访徽记,引用名人名言、图片、典故等,制作近百幅宣传板面,装饰接待大厅和办公场所,构建和谐信访文化,以传统文化和温馨环境教育引导群众,理顺情绪、化解恩怨,积极调动信访干部干事创业的激情。全市着力探索信访工作机制创新,"邓州市推行'4+2'工作法做好农村信访工作"、"三公开一评查解信访积案"等30多篇信访工作经验和做法,分别被《人民信访》、《民情与信访》、《南阳日报》等媒体刊登报道。

【打造信访工作新格局】 落实信访工作责任制,初步形成齐抓共管的新格局。着力加强对信访工作的领导,市委、市政府对市委信访工作领导小组和集中处理信访突出问题及群体性事件联席会议成员,进行了调整和加强,进一步健全了工作机构,明确了工作责任。着眼于推动责任落实,进一步强化各级党政主要领导的责任,市委、市政府同各县(市、区)和部分市直部门签订了目标责任书,按照"谁决策、谁负责,谁惹事、追究谁"的原则,对责任追究的标尺进一步明确和细划。各级党政主要领导严格履行信访稳定工作第一责任人的职责,亲自阅批群众来信,亲自包案处理重大信访问题;分管领导具体抓,靠前指挥,亲自协调处理信访问题,亲自督促检查工作的落实;按照"一岗双责"的要求,在抓好业务工作的同时,抓好分管战线和部门内的信访稳定工作,形成一级抓一级、一级对一级负责、层层抓落实、齐抓共管的信访工作新格局。

【确立信访工作思路】 市委、市政府确立了"在战略上坚持改革发展稳定,在战术上坚持稳定发展改革"的工作思路,采取积极有效措施,教育引导各级各部门把信访稳定工作放在心上、抓在手上,把"发展是第一要务,稳定是第一责任"的要求落到实处。市委、市政府制订《关于进一步加强新时期群众工作的意见》,在更高层次上实现对信访工作的组织领导。先后6次召开市委常委会、9次市政府常务会和"千人信访大会"及10次不同规格的全市信访工作会议,尤其是"5·26"千人信访大会,对扎实做好当前和今后一个时期的信访工作起到十分重要的推动作用。市委、市政府、市委信访工作领导小组和市委群众工作部下发文件、电报200余份,指导各地开展工作。市委书记黄兴维、市长穆为民等市领导逢会必讲信访稳定工作,先后12次作出批示,5次看望慰问信访干部,126人次接待来访群众,38次协调解决信访问题,推动了花鸟市场拆迁等一批疑难信访案件的妥善解决。各县(市、区)党委、政府和市直部门把信访工作摆上重要工作位置,进一步统一思想,明确任务,扎实安排,精心组织,健全强化组织领导体系,推动全市信访工作的深入开展。

【加强源头防范】 各级各部门严格贯彻落实《中共南阳市委、南阳市人民政府关于对涉及群众利益的重大决策事项进行信访评估的实施意见》,推行邓州市"4+2"工作法,对市原小东关清真女寺拆迁、农民运动会场馆建设等40多个重大问题进行信访评估,有18个重大事项因涉及群众切身利益被延期或否决,从源头上有效减少了信访问题的发生。各级各部门以县、乡、村三级例会为载体,以县(市、区)委群众工作部、乡镇群众工作站、村群众工作室和大学生民情信息员所形成的四级网络为依托,在全市深入开展矛盾纠纷大排查、大调处活动,针对群众反映强烈的农村土地征收、城镇房屋拆迁、国有企业改制、水库移民、环境保护等问题,坚持定期排查和集中排查、全面排查和重点排查相结合,积极把各类不稳定因素纳入视线和掌控之中,真正做到了“发现得早、化解得了、控制得住、处理得好”。全市共排查各类矛盾纠纷隐患9389起,98%的信访隐患被化解在基层、消化在萌芽状态,源头防范工作取得明显成效。

【畅通信访渠道】 在畅开大门接待来访群众的基础上,全市创造性地开展“三位一体”的接待模式。一是党政领导定期接待。市委、市政府出台《关于市领导定期接待来访群众的通知》,市领导列表排班每周一定期接待群众来访,县、乡领导天天接待。全年,市级党政领导干部接待来访群众241批2500人;县级党政领导接待群众10184起41319人,当场解决3549起,立案交办6635起,按期办结率100%,群众满意率90.2%(其中,县(市、区)主要领导接待3128起11217人,当场解决1278起,立案交办1850起,按期办结率100%,群众满意率达95%以上)。二是书记、市长网上接待。设立书记、市长网上信箱,群众通过留言板进行网上投诉、反映诉求,对群众反映有实质性内容的近3000起信访问题,市委督查室和市政府督查室全部立案交办,督促限期解决。三是公检法司主要领导联合接待。全市实行公检法司主要领导联合接访制度,公安、法院、检察、司法部门负责人,每周一联合接待信访群众,集中研究解决涉法涉诉类信访问题。联合接访3000多起,办结2456起,解决了一大批涉法涉诉问题。同时,着眼于便民高效的目标,全市进一步拓宽信访渠道,积极开展网上信访工作,全年共受理群众网上信访2000多件起,绝大部分信访问题得到有效处理。不少地方进一步创新接访模式,开展联合接访、带案下访、干部陪访等工作,有效地把群众吸引在基层,把问题解决在当地,使全市形势呈现出“赴京省上访逐月下降、市以下来访明显增多”的良好工作局面。

【解决信访问题】 为切实维护群众合法权益,市委、市政府制订《关于办理信访案件三公开一评查制度》,强化案件办理工作。全市各级各部门在保持有效信访案件立案率100%的基础上,按照“三公开一评查”的办法,坚持“案结事了,息访罢诉,群众满意”的结案标准,力争“件件有着落、事事有回音”。全年,市、县两级群工部门共立案交办信访案件5897件,年终办结5462件,按期结案率95%,群众满意率91.4%,群众的合法权益得到及时维护。全市各级各部门采用灵活多样形式,加大信访工作宣传力度,强化舆论引导,营造良好的工作氛围。南阳日报、南阳晚报和南阳电视台开辟信访工作宣传专栏,通过刊登信访工作的法律法规,公安局长、群工部长“答记者问”、举行新闻发布会、开展信访知识讲座等形式,广泛宣传《信访条例》和有关法律政策,教育引导群众。4月,全市组织开展“信访稳定宣传月”活动,采用信访宣传一条街,设置宣传专栏,制作宣传标语等,教育引导群众合法有序上访。各县(市、区)也利用电视、印制宣传单等不同形式,加大对信访工作的宣传力度,在全社会营造“非访不是访,不但不利于解决问题,还要受到追究”的舆论导向,把握信访工作的主动权。信访干部李海景的先进事迹受到省、市领导高度评价,中央领导周永康、马凯作出重要批示,中央、省、市新闻媒体高度关注,大力宣扬,赢得广大群众对信访工作的理解和对信访干部的支持。

【信访专项治理】 按照中央“化解信访集案年”的要求,市联席会议办公室制订下发《南阳市开展“信访积案化解年”活动实施方案》,重点开展三项活动:一是“百日春暖”行动。3月初,全市开展以依法处置赴京非正常上访行为和化解越级上访为主要内容的“百日春暖行动”。二是“零积案”行动。7月,开展以“化解积案”为主要内容的“零积案行动”,全市认真排查积案,采用司法调解、帮扶救助、真情感化等有效措施,强力攻坚。三是带案下访活动。市联席会议涉法涉诉专项工作组抽调政法部门业务骨干、市人大、政协的法律专业人员和部分资深律师组成6个执法巡视评查组,分赴13个县(市、区),开展带案下访活动。市联席会议办公室建立“日碰头、周通报”制度,并印发《工作简报》,及时掌控进度,宣传典型,推广经验,解决问题。通过三项活动的开展,全市共排查交办信访积案2209件,其中市本级排查信访积案820件,13个县(市、区)排查交办积案1389件。省联席会议交办的51件案件(含全国人大交办的16件案件)全部办结,息诉率达91.4%。市、县排查的2209件,年终结案2013件,结案率91.1%;息访1651件,息访率82%。全市动用包括应急储备资金在内的各类资金1031万元,用于赔偿、补偿和帮扶救助,取得良好的效果。

【处置非正常上访】 加大对违法上访行为的处置力度,依法公开快速处置违法上访行为,维护市委、市政府机关的正常办公秩序。贯彻“9·26”、“11·16”全省依法处置非正常上访电视电话会议精神，先后召开依法处置非正常上访工作唐河现场会、依法处置培训工作会议和依法处置非正常上访工作县委书记紧急会议，并成立由市委政法委、市委群众工作部、市公安局主要领导为组长的督查工作组，3次深入全市13个县(市、区)，对依法处置工作进行明查暗访，进一步规范依法处置工作。各级各部门按照市委、市政府的统一安排部署，均成立了规范信访秩序依法处置非正常上访工作领导小组，按照“坚决、积极、及时、稳妥、到位”十字方针和“全覆盖、无遗漏”的工作要求，强化舆论引导，落实工作责任，对591名赴京非正常上访人员，全部进行依法处理，其中：训诫警告203人、行政拘留373人、劳动教养15人。通过加强对非正常上访的依法处置，树立法律的权威，维护社会秩序，使全市非正常上访人数呈现显著下降态势。

【信访基础建设】 一是强化队伍建设。市委群工部增加了5名行政人员编制，新组建督查专员办公室；市直信访工作任务较重的40个单位增设信访科，其他单位均明确3～4名兼职信访专干；绝大多数县(市、区)群工部副职领导已高配为正科级，一部分乡镇群众工作站站长已按副科级配备，部分县(市、区)，大学生村官被明确为“群情信息员”，信访信息网络进一步健全。4月份，市委群众工作部组织各县(市、区)群众工作部长到义马、沁阳等全省信访工作先进单位进行参观学习，并对所有乡镇分管信访工作领导和群众工作站长约400人进行了分期分批培训，提高其业务素质和实际工作本领。二是强化阵地建设。市委信访工作领导小组制定下发《南阳市基层群众工作站(科、股)建设标准》，在唐河县召开基础建设现场会议，进一步强化全市信访阵地建设。邓州、南召、方城、社旗、卧龙、镇平等地加大信访阵地的建设力度，新建或改建办公大楼、接待大厅，配备电脑、桌椅等办公用品，提高全市信访基础建设的整体水平。三是强化经费保障。全市信访机构的日常办公经费，参照政法部门经费标准，纳入年度财政预算，逐月按时拨付，重大活动、特殊时期的群众工作经费，全额保障，为信访部门提供坚强的后勤保障。绝大多数县(市、区)设立疑难信访问题专项救助资金，全市帮扶救助总额达1031.671万元。

【落实督查问责制】 市直单位22名处级领导干部被任命为兼职信访督查专员，市委信访工作领导小组先后抽调189名干部，采用全面督查与专项督查、明查与暗访、实地督查与会议督办相结合等方法，共17次对领导干部定期接待群众来访、案件办理、责任追究等工作开展情况进行督促检查。各督查组按照“问题不查清不放过，问题不解决不放过，责任追究不到位不放过”的原则，强化工作责任。全年，对一个科级单位列入重点管理、13个科级单位给予黄牌警告、一个乡镇实行一票否决。对144人实行了责任追究(处级1人、科级和科级以下143人)，其中3人被追究刑事责任，18人受到通报批评，123人受到行政警告以上的党政纪处理，推动了工作开展和制度落实。

【信访工作面临的问题】

一是信访总量仍在高位运行。虽然2009年以来全市信访形势发生了根本好转，但全市信访总量仍然比较大，仍然在高位徘徊，在全省还处较靠前位次。二是越级上访特别是赴京非正常上访仍比较突出。虽然在控制越级上访和赴京非正常上访工作上取得了明显成效，但与全省总体情况比，越级上访特别是赴京非正常上访问题仍比较突出，稍有不慎极易发生大幅度反弹。三是信访热点问题较为集中。信访问题主要分布在土地征用、房屋拆迁、涉法涉诉、国企改革、劳动保障等方面，再加上市直28家企业改制进一步深入、南水北调移民搬迁全面启动、全国农民运动会场馆建设全面展开，使南阳市信访工作面临更大的压力。另外，复退军人、清退民师、艾滋病患者等特殊群体还没有实现根本稳定，稳控的责任越来越重。涉及群体性的信访问题，如果处置不好，极可能引发群体性越级上访甚至诱发群体性事件。四是信访秩序有待继续规范。2009年，南阳市信访群众采取静坐示威、围堵冲击国家党政机关、阻断道路交通、扯横幅、呼口号等非法信访行为仍时有发生，上访人试图用对抗过激方式给政府施压，要求解决问题，严重干扰了党政机关的正常办公秩序和社会秩序，造成较坏的社会影响。(姚中伟)

市直工委工作

【工委机关概况】 2009年，市直工委和市直机关党组织以贯彻落实党的十七大、十七届四中全会精神为重点，以科学发展观学习实践活动为契机，整体推进机关党的思想、组织、作风、制度和反腐倡廉建设，把党建新的伟大工程引向深入，使机关党建工作取得新进展新成效，呈现新特点新亮点，并获得一系列荣誉：被国家体育总局命名为全民健身活动先进单位；连续第四年被省直工委命名为先进市委市直工委；被市委、市政府命名为完成责任目标优秀单位、防范和处理邪教工作先进单位、预防职务犯罪工作先进单位；被市委宣传部命名为网络管理工作先进单位、宣传思想工作先进单位；被市委机关党委命名为先进基层党组织；被市委组织部命名为老干部工作先进集体等。

【市直机关思想宣传】 加强对市直机关党组（党委）中心组学习的指导，有10个单位的中心组受到市委宣传部表彰；开展“深入学习大力弘扬焦裕禄精神”理论研讨活动，市直22篇参评论文有5篇获优秀奖，市直工委宣传部被评为全市征文活动组织工作先进单位；组织开展“推动科学发展，加快南阳崛起”主题党课活动，动员市直各级领导干部带头讲党课300多场；开展庆祝新中国成立60周年爱国歌曲大家唱活动，市教育局获全省合唱比赛一等奖，市建委、国税局获全市合唱比赛二等奖；组织开展全国“双学”及全省“双60”评选活动；开展“六个为什么”为主题的科学理论进基层活动，并评选表彰市直首届思想政治工作先进单位和先进个人，23个单位和44名个人受到表彰；举办市直机关庆祝新中国成立60周年“移动杯”歌会，演唱经典歌曲；组织市直机关评选全市首届“十佳网站”、“优秀网站”、“先进网站”；加大新闻宣传和党报党刊发行工作力度，2010年度党报党刊征订创历年来最好水平。

【市直机关精神文明建设】 深化文明单位创建活动，实行分类管理，市直共有16个单位被评为省级、17个单位被评为市级文明单位；切实加强未成年人思想道德建设，组织开展“学三理知识，做美德少年”实践活动；组织市直280多个各级各类文明单位开展向淅川县移民“献爱心、送温暖”活动，收到捐赠书刊1万多册，洗漱用品1300多套；组织开展“迎国庆讲文明树新风”礼仪知识竞赛活动；组织开展“第三届全国道德模范评选投票活动”和“我推荐、我评议身边好人”活动。

【市直机关组织工作】 加强基层党组织建设和党员队伍建设，在市直一级单位换届选举机关党委7个，总支、支部4个，并对新任机关党委专职副书记进行任前谈话；抓好党员教育培训，使用留成党费发放科学发展观教育读本及十七届四中全会辅导读本67900册；进一步理顺党组织隶属关系，油田教育中心党委、中线办党总支、地震局党支部、移民局党支部由市直工委直管；即新建立市律师协会党委和南阳汽车联运总公司党支部2个党组织；举办党员发展对象培训班6期，培训1259人，审批发展新党员1223人；“七一”前夕召开纪念建党88周年暨“一先双优”表彰大会，表彰市直100个先进基层党组织、300名优秀党员、100名优秀党务工作者，并拿出7万多元首次给予物质奖励；使用留成党费14万多元，在2009年春节前夕救助市直307名困难党员。

【市直机关纪检监察工作】 以学习贯彻中纪委三次全会和省市纪委全会精神为重点，开展警示教育、示范教育和岗位教育；以“做党的忠诚卫士、当群众的贴心人”主题实践活动为载体，加强纪检干部队伍自身建设；签订年度党风廉政建设和预防职务犯罪工作责任书；宣传贯彻《建立健全惩治和预防腐败体系2008～2012工作规划》，撰写信息和论文10多篇，其中3篇被市纪委采用或评为优秀论文；组织市直机关纪检监察干部参加市纪委四期纪检干部培训；及时受理并妥善处理信访接待事宜。

【市直机关群团工作】 加强市直机关工会组织建设，改选换届工会组织8个，市直工会组织有6个被评为省级、16个被评为市级、26个被评为市直机关“六好”基层工会；指导帮助部分市直单位开展文艺体育活动，丰富机关文化生活。加强共青团基层组织建设，改选换届团组织17个；“五四”前夕评选表彰64个先进团组织、85名优秀团干部、165名优秀团员；命名36个市直级“青年文明号”集体，推荐3个国家级、5个省级、12个市级“青年文明号”集体；组织250多名优秀青年志愿者服务第八届张仲景医药科技文化节；组织市直青年志愿者艺术团承办纪念“五四”运动90周年纪念大会文艺演出。了解掌握市直机关妇女工作开展情况，逐步建立健全妇委会组织，完成市妇联交办的有关任务，探索妇女工作新路子。

【市直机关防范和处理邪教问题】 开展反邪教宣传教育，推进反邪教警示教育进机关、进学校、进企业活动，编印《警示教育知识读本》3000多本，免费发放给离退休人员；加强防范控制，建立定期排查制度和信息上报制度；建立教育转化工作责任制、目标责任制、考评机制、督导机制等四项帮教工作机制，对8名已转化人员进行后续帮教，并依据有关政策妥善解决2名已转化人员的就业问题；深化创建无邪教单位、无邪教系统活动，在7月10日全市无邪教创建工作邓州现场会上介绍做法和经验。

【市直党校教育】 发挥教育培训主阵地作用，全年举办培训班6期，培训1259人次；加强基层设施建设，对教学楼和餐厅楼地下管道进行改造和更换，临街门面房加装水表和电表；规范楼园及家属院管理,及时妥善处理“3·12”幸福小区爆炸案所引发的连锁反应,维护住户切身利益,并优化周边环境,协调有关方面硬化东墙外巷道,为下一步家属院推行物业管理打下基础;完成房产登记,法人代表到位,已做好正式纳入事业单位管理和收支两条线的准备。

【指导县(市、区)直工委工作】 11月初在桐柏召开全市第七次县市区直机关党建工作座谈会,专题研讨学习《中共中央关于加强和改进新形势下党的建设若干重大问题的决定》。工委解读《决定》,并结合市县两级工委和机关党建的实际,提出落实意见;加强县(市、区)直工委工作情况的反馈和交流,在《机关党的工作》上发出11期此类信息;及时与县(市、区)委和组织部沟通,帮助县(市、区)直工委解决困难和问题。

【市直机关党建研究】 逐步发挥好研究会的功能性作用,年初确定5项重点调研课题和10项相关课题,组织指导市直机关党组织和县(市、区)直工委分头承担;12月18日召开首次年度优秀调研成果表彰座谈会,市直有9篇论文获奖;作为省机关党建研究会所明确的第二课题即“讲党性修养,树良好作风,促科学发展”课题组组长单位,组织协调9个兄弟市分会,完成子课题撰写及总课题汇总任务,并在西峡召开第二课题组研讨会。课题论文被省机关党建研究会评为2009年度课题调研成果一等奖,另有4篇论文分别被评为一等奖和三等奖,市机关党建研究会还被评为组织调研先进单位。

【全市机关党的建设工作会议】 12月10日召开全市机关党的建设工作会。市委书记黄兴维作重要讲话,市委副书记贾崇兰主持会议,在宛市委常委和部分市级领导干部出席。省直工委副书记王书义到会并讲话。市直部门党组(党委)书记、县(市、区)委书记和组织部长等参加会议。市直工委汇报近年来全市机关党建工作开展情况,市地税局党组、淅川县委、南阳供电公司卧龙供电分局党组织主要负责人分别发言。这是从南阳地委到南阳市委,数十年来首次以市委名义召开全市性的机关党建工作会议。会后,市直各部门分别召开党组(党委)会,各县(市、区)委分别召开常委会,传达贯彻会议精神,结合各自实际,落实机关党建责任制,加大管党治党力度,加强机关党组织和党务干部队伍建设,解决机关党建方面存在的实际困难。内乡县委将机关党建纳入全县经济和社会发展目标管理,并将所需经费列入财政预算;淅川县委对机关党建工作实行百分制考评;新野县委设立党员关爱基金和党员服务中心。

【建立健全市直机关党内激励关怀帮扶机制】 根据党的十七大和十七届四中全会的要求,市直工委在对市直机关困难党员情况进行广泛调查的基础上,经过充分研究论证,向市委提出可行性建议。9月28日,市委出台文件,明确设立“两金一中心”:设立困难党员救助基金,改春节前一次性救助为按月定补;设立党务工作者奖励基金,使党内表彰具有“含金量”;设立党员服务中心,为党员排忧解难。省直工委以文件形式转发全省。市直工委10月22日召开专题会议进行具体安排。对困难党员的定补,从2009年元月执行,2010年春节前一次性兑现到位。符合定补条件的14个单位的105名困难党员,按每人每月80、70、60、50元的定补标准,共发放定补金7.4万多元。鉴于是第一年实行定补,对没有纳入定补范围的19个单位的58名困难党员实行一次性救助,共救助2.7万多元。两项合计,使用留成党费10.3万多元。市直工委组织部将及时受理党员的倾诉和要求,发动党内外的力量,帮助解决党员个人及所在单位无力解决的重大困难和问题。党务工作者的奖励,在去年“七一”表彰已有所体现的基础上,今后将形成规范。

【兰营水库绿化捐款及伏牛路综合整治】 按照“六创一迎”工作分工,市直工委主抓兰营水库绿化捐款,同时任伏牛路综合整治路长单位。市直工委会同市林业局,成立兰营水库绿化捐款办事机构,数次召开协调会,广泛发动,精心组织。经过近两个月的努力,募捐400多万元。伏牛路虽在中心城区18条主干道之列,但处于城乡结合部,基础设施不配套、不完善,脏乱差状况严重。工委组织协调辖区各相关单位,重点解决:取缔店外经营、马路市场,以及无证摊点、沙石料场和废品收购站;拆除乱搭乱建,制止乱停乱放;清运积存垃圾,规范门店标牌等。伏牛路综合整治受到市“六创一迎”工作指挥部的通报表彰。(张建设　马珂)

老干部工作

【离休干部概况】 2009年底,全市共有离休干部3863人。其中享受地专级待遇64人、正县(处)级待遇62人、副县(处)级待遇1415人、其它待遇2322人,行政事业2938人、企业925人。全年离休干部逝世327人。

【落实老干部生活待遇】 加强国有改制企业破产企业离休干部管

理服务。全市 13 个县(市、区)企事业单位所有离休干部离休费参加基本养老保险统筹,医药费全部收归县级财政负担,市直 129 名困难企事业单位离休干部医药费收归本级财政负担。市直国有改制、破产企业 186 名离休干部收归主管部门服务管理,国家规定的特需经费、公用经费由市财政统一拨付主管部门,用于老干部的学习、慰问、外出活动及安排非生产性福利。完善离休干部医疗保障机制。根据离休干部整体进入高龄、高发病期的实际,2009 年市直离休干部医疗统筹标准大幅度提高。各县(市、区)相应提高离休干部医疗统筹标准。邓州市离休干部医疗统筹标准实行每年递增 5%,西峡县离休干部用药不再受用药目录限制,淅川县离休干部看病全部实行记账,其他县(市、区)也都制订相应的优惠政策,并实行财政保底。按照文件要求,提高了离休干部护理费标准,提高了 4 名红军时期、98 名抗战时期离休干部医疗、用车待遇,分批组织 100 名老干部外出健康疗养。建立特困离休干部和遗属帮扶机制。在坚持走访慰问的基础上,市直从 2007 年开始,对改制、关停企业离休干部遗属收归主管部门管理,经费列入市财政预算,并向 130 名生活困难离休干部发放十万余元补助费。各县(市、区)通过调查摸底,将大部分改制、破产企业离休干部遗属收归主管部门或老干部局管理,费用由县级财政负担。

【落实老干部政治待遇】 一是组织离退休干部参加学习实践科学发展观活动。指导各地各部门通过多种形式,组织离退休干部深入学习党的十七大、十七届三中、四中全会、中央经济工作会议精神,加深对科学发展观的认识和理解;利用老干部大学举办培训班、形势报告会、读书会、演讲比赛,宣传党的政策;引导老干部与党和国家同心同德、共克时艰,组织引导离退休干部继续发扬党的优良传统和作风,成为保发展、保民生、保稳定、保中央政策落实的积极力量。二是加强离退休干部党组织建设。落实全国、全省离退休干部"双先"表彰大会精神,按照"支部班子好、党员队伍好、组织设置好、活动开展好、群众反映好"的目标要求和社旗经验,加强离退休干部党组织建设。全市共建离退休干部党支部 840 个,社旗、淅川、镇平、方城、南召先后建立离退休干部党工委。在离退休干部党支部中开展创建"五好"支部活动,167 个支部受到各级表彰。出台南阳市离退休干部党支部党费收缴管理意见,规定留成 50% 的党费用于支部活动。2009 年 5 月、10 月先后举办市直和县市区离退休干部党支部书记培训班,培训离退休干部党支部书记 263 名。加强了新形势下离退休干部思想政治工作的研究,指导各地各部门有针对性地做好离退休干部思想政治工作。三是全面落实老干部政治待遇。以庆祝新中国成立 60 周年为契机,按照中组部和省委、省政府的要求,在国庆节前广泛开展走访慰问老干部活动。市委老干部局对居住在外省 6 名、居住在本省外地 5 名、地厅级待遇 58 名、市直破产倒闭企业 196 名、住院 15 名离休干部直接慰问看望。各级各单位也都对本辖区、本单位的离休干部普遍进行一次走访,做到一个不漏、人人见面,把党和政府的温暖送到离休干部的心上。市委组织 24 名地厅级老干部到秦山核电站及杭州等地参观考察,唐河、新野、镇平、宛城、卧龙等县(区)分别组织县级老干部到外省参观考察,各级各单位也都组织本地区、本部门老干部外出参观考察,增强老干部对中国经济社会发展的感性认识。在中组部和省委召开的离退休干部"双先"表彰大会上,全市 16 名离退休干部受到省委表彰,1 名受到中组部表彰,6 个先进离退休干部党支部受到省委表彰。全国老干部先进个人宋清梅,代表河南省"双先"代表到北京人民大会堂参加表彰大会,接受中央领导颁奖,并参加全省组织的先进事迹报告活动。

【老干部发挥作用工作】 全市建立老干部发挥作用组织 1672 个,有的参政议事当参谋、有的考察督查促廉政、有的热心传播先进文化、有的自办或帮办企业、有的从事民事调解、有的参加新农村建设、有的倾心培育下一代,60% 以上的离退休干部在不同领域发挥着作用。建立关工委组织 7000 多个,发展会员 18 万余人。老干部以培育"四有新人"为核心,深入开展科技教育、法制教育和社会主义道德教育,创建"讲政治、育新人、学科学、奔小康"市级先进村 796 个,成立"五老"义务网吧监督队 78 个,对 100 名青少年思想道德模范暨思想道德教育先进工作者进行隆重的表彰。

【老干部活动中心、老干部大学建设】 一方面加强硬件建设。2009 年下半年,市财政投入 160 万,全面装修改造市老干部大学。县(市、区)政府也都加大资金投入。继南召县新建老干部活动中心投入使用后,西峡县、唐河县新建活动中心、淅川县新建老干部大学 2009 年相继投入使用,方城县新建活动中心即将投入使用,桐柏县将新建活动中心列入 2010 年全县 10 大民心工程开始兴建,宛城区新建活动中心开始选址,老干部大学、老干部活动中心的设施和环境得到改善。另一方面开展老干部文体活动。市活动中心组织老干部合唱团，参加省委组织部、宣传部、老干部局组织的全省离退休干部庆祝新中国成立60周年"爱国歌曲大家唱"合唱比赛，取得金奖和优秀组织奖。市老干部风筝协会参加江苏省南通市举办的2009年全国风筝锦标赛，获"一金、一铜"的好成绩，并被授予"体育道德风尚奖"。

【老干部工作部门自身建设】 一是强化业务培训。通过市县两级有计划地举办老干部工作人员业务知识培训班、选送机关骨干到各级党校培训，使工作人员的工作能力和服务水平明显得到提升。二是注重调研宣传。继续实施分片组织、集体攻关的办法，对中组部及省重点调研课题进行调研，形成《依托社区资源为离退休干部提供"四就近"服务问题的调查与研究》、《新形势下如何发挥离退休干部作用的调查与研究》两篇报告。三是老干部工作机构领导班子得到加强。继邓州、卧龙、宛城之后，西峡、镇平、新野老干部局领导班子成员进行大幅调整，一批乐于奉献、业务精通、作风过硬的干部得到提拔重用，老干部工作部门干部年龄和知识结构更趋合理。(赵扬波)

党　校

市委党校常务副校长　郑德扬

【工作概况】 2009年，市委党校坚持"三靠"(靠团结凝聚人心，靠发展振兴事业，靠开放带动工作)工作指导思想，深化改革，锐意进取，全面推进教学科研、行政后勤建设，进一步提高办学质量，提升办学层次，整体工作继续走在全省市级党校前列，为建设新南阳提供了有力的智力支持和人才保证。保持了省级"文明单位"、市级"先进基层党组织"，再次蝉联全省党校系统"优秀科研工作组织奖"，获得了全省党校函授教育教学管理先进奖和招生工作先进奖等多项集体荣誉。

【主体班次】 围绕提高培训质量这一中心，牢固树立现代培训理念，以提高执政能力为重点，以满足学员需求为导向，以从严治教为保障，在培训轮训高素质执政骨干中充分发挥了主阵地主渠道作用。其中举办县处级干部进修班、中青年干部培训班等主体班次16个，培训学员1200余人次。

【教学改革】 教学内容不断深化，在坚持"三基本、五当代"的基础上，把马克思主义中国化的最新理论成果纳入到主体班教学中去，开设了科学发展观、和谐社会建设、执政能力建设、新农村建设、"四议两公开"工作法等重要教学专题，受到学员普遍欢迎。教学方法不断改进，突出抓好研究式、调研式、体验式、案例式、讨论式教学，实现了课堂讲授与课外自学相结合、理论与实践相结合、提高素质与增强党性相结合、校内与社会相结合。组织主体班学员开展户外拓展训练，在全校推行课间广播操运动。通过培训，学员的综合素质、执政能力、领导水平和党性修养得到了全面的提升。教学手段不断优化，充分发挥中央党校远程教学网的作用，严格落实教学计划，组织学员收听收看远程教学20余场。同时，不断提高图书馆数字化程度，增加电子图书种类，较好地发挥图书馆第二课堂作用。

【科研工作】 坚持正确的科研方向，加强管理，强化激励措施，实施科研精品战略。发表学术论文120余篇，其中国家级10余篇；中标各级科研课题80余项；获得各级科研成果奖70余项。《南阳论坛》编发6期，载文90余篇，计50万字。

【函授教育】 实施精细化管理，重点把好教学、考试、班级管理三关，严肃办学纪律，积极作好学员思想政治工作和服务工作，切实提高函授教育质量。丰富教学活动，先后召开了全市党校函授招生会、教师座谈会、教学观摩会等，提高教师理论素质和授课艺术。(裴先东)

保密工作

【保密工作部署】 一是全面筹划全年保密工作，及时制定2009年工作要点。二是组织传达学习中央、省、市有关领导关于做好保密工作重要讲话、指示精神，及时调整工作重点，坚持科学发展观。三是及时组织召开三个会议：即全市保密工作会议，全市保密局局长、市直党政机关及驻宛军工企业保密协作组组长单位工作会议和市委保密委员会扩大会议，传达学习上级有关保密工作会议、文件、批示精神，为保密工作的开展指明方向，明确目标。

【保密宣传教育】 一是按照"五五"保密法制定宣传教育规划，对全年保密法制宣传教育工作作出全面部署，明确任务和责任，确保不走过场。二是在全市范围内认真组织实施中共河南省委保密委员会《关于学习贯彻令计划、徐光春、曹维新同志重要批示精神的通知》学习活动。三是组织开展庆祝《保密法》实施20周年宣传教育活动。据不完全统计，全市各级保密部门和组织在活动期间，各级领导撰写纪念文章或发表讲话10余篇，举办座谈会20余次，组织展板近千块，张贴宣传和悬挂宣传横幅600余条，放映保密教育片150余场次。四是发挥各级党校（行政院校）在保密宣传教育工作中的重要作用。做到教师、教材、时间、效果四落实。据不完全统计，全市全年共有1800多名县处级干部和中青年干部接受了保密教育培训。五是办好《南阳保密工作》，搞好《保密工作》杂志的征订发行和学刊用刊工作。六是充分利用政府网站，开辟《保密在线》宣传教育专栏，在社会层面进行保密知识普及教育活动。

【保密监督管理】 一、明确标准，规范程序，切实强化保密监督检查工作。首先是按照全省统一安排部署，在全市范围内组织开展党政机关保密检查工作。全市共检查计算机38750台，其中涉密计算机150余台；移动存储介质4900余个，其中涉密介质300余个；办公网络75个，其中涉密网络19个；涉密载体17000余份，其中纸质载体16845份，电子文档120余份，移动存储介质35个。其二是根据省委保密委员会对市“十一五”保密技术发展规划中期落实情况检查反馈意见和要求，迅速理清全市“十一五”保密技术发展规划落实工作存在的主要问题，提出有针对性的解决意见，向市委、市政府专题报告。其三配合市政府信息公开办公室，督促全市各级各部门落实保密审查制度，确保政务信息公开工作保密管理到位。其四及时总结推广先进典型经验，在全市组织开展2008～2009年度保密工作综合检查考评工作。二、狠抓全市党政机关保密要害部门、部位的保密管理。首先是以各类涉密人员的保密管理为重点，做好保密工作承诺书签订工作。全市共签订保密承诺书29551份，其中在岗人员签订28941份，离岗人员签订610份。其次是以保密员持证上岗为主题，精心组织，强化业务培训。其三是进一步明确全市党政机关、要害部门、部位的保密标准，工作职能，涉密人员工作职责和必须具备的基础设施、设备，确保各级各部门工作职责规范、工作标准规范、工作程序规范、工作考核规范。其四是发挥保密协作组织的作用，采用互查和工作座谈等形式，总结交流经验，互相查找不足。2009年全市各级党政机关共组织经验交流86次，互查1次；驻宛军工科研生产单位组织经验交流和互查各1次。三、规范专项保密管理。首先以规范化“三室”建设活动为载体，促使全市党政机关保密管理规范化建设活动向纵深发展。其次是推行定密工作责任制，全面规范各级各部门密级确定与管理工作。其三是组织开展涉密载体统一清理工作，排查漏洞，完善制度，确保涉密载体的保密管理规范有序。其四是强化中高招和其它国家统一考试期间的保密管理工作。其五是采取措施对全市印刷、复印定点单位进行严格的复查年审工作。其六是及时对废旧物品收购站点进行检查。四、狠抓军工企业的保密管理。其一是根据属地管理的工作要求，将驻宛军工企业的保密管理工作纳入年度目标管理规划，实行目标管理。其二是立足服务企业发展，确保企业经济利益免受损害，继续做好《南阳市企业商业秘密管理规定》的落实工作。五、强化保密技术管理。首先是按照全省统一安排部署，及时组织排查摸底，建立涉密计算机台帐，并明确标识。其二是完善涉密计算机非法外联监控管理平台，明确专人，切实强化对涉密计算机非法外联监控平台的日常保密管理工作。其三是强化对现代化办公机具的保密管理，严肃保密纪律和制度。其四是推广运用成熟保密技术成果，争取财政支持、配备保密技术检查设施、设备。其五是举办全市计算机信息系统安全保密管理培训，普及技术保密知识。其六是实行上网信息审查备案制度，逐级签定保密责任书，实行分级保护。其七是实施涉密计算机、涉密计算机网络审查备案制度，做到同步建设，严格审批，规范管理。

【保密服务保障】 一是明确保密服务保障任务和职责。二是实行保密工作责任制。三是“中国·南阳2009年诸葛亮文化周”、“中医中药中国行”河南省南阳站活动暨中国·南阳第八届张仲景医药科技文化节期间，确保节会保密工作不出问题。四是落实人防、物防、技防措施，提高全市各级各部门的技术防范能力。

【保密理论调研】 围绕保密工作如何做好服务保障、《政府信息公开条例》实施给保密行政执法带来的新课题等，开展保密调查研究工作。全年评出优秀论文102篇。（周永卫）

南阳市人大常委会

【人大工作概况】 2009年,市人大常委会在中共南阳市委的领导下深入贯彻落实科学发展观,围绕"保增长、保民生、保稳定"的决策部署,把应对国际金融危机、促进经济平稳较快发展作为重大任务,把推动科学发展、促进社会和谐作为重要责任,依法履行职责,扎实开展工作,较好地发挥地方国家权力机关的作用,实现本届人大工作的良好开局。

一、坚持以科学发展观为指导,明晰人大工作的总体思路。2009年是四届人大常委会依法履行职责的第一年。面对换届后的新形势新任务,常委会认真学习科学发展观,学习人民代表大会制度理论,就如何围绕中心、服务大局进行深入讨论,进一步明确做好人大工作必须坚持的重大原则、指导思想和总体要求。一是坚持和依靠党的领导。坚持和依靠党的领导,既是人大工作必须坚持的重大政治原则,又是做好人大工作的根本保障。围绕市委工作中心和全市工作大局,开展人大工作,及时把市委的重大决策经过法定程序变成决议决定,使全市人民共同为之奋斗;坚持党管干部与人大依法任免干部相统一,按照法定程序,实现市委人事安排意图;自觉维护市委总揽全局、协调各方的领导核心地位,坚持重大事项请示报告制度,依靠市委的领导推动人大工作。二是用科学发展观统领人大工作。人大工作只有以科学发展观为统领,并以推进科学发展为价值取向,才能顺应时代潮流,谋求更大发展。要把科学发展作为履职尽责的"方向盘",把履职尽责作为科学发展的"驱动轮",使工作理念符合科学发展观,工作方法体现科学发展观,工作效果经得起科学发展观的检验。三是正确把握监督工作的原则。突出监督重点,把关系改革发展稳定大局和群众切身利益、社会普遍关注的重大问题,特别是市委、市政府正在推进、需要人大支持并动员方方面面的力量共同解决的问题作为监督重点;处理好监督与支持的关系,人大与"一府两院"是决定与执行、监督与被监督的关系,同时,都是党领导下的国家机关,工作方向、工作目标是完全一致的,不是相互掣肘,因此把监督工作的着力点放在支持和促进"一府两院"依法行使职权上,在监督中支持,在支持中监督;把握好监督工作的力度和节奏,既重视事后监督,又注重前移监督关口,把事前、事中、事后监督结合起来,努力实现监督的最大有效化。

二、服务全市工作大局,积极开展工作监督。为应对国际金融危机,中央和省市作出"保增长、保民生、保稳定"的重大决策部署。市人大常委会紧紧把握这个大局,精心选择议题,加强监督,发挥职能作用。全年共听取审议有关专项工作报告12项,就应对危机挑战提出许多重要的审议意见。

(一)监督经济运行情况。全力以赴保增长,圆满完成年度经济社会发展目标,是常委会始终关注的重大问题。7月份,常委会领导带队,深入部分企业和金融、财税、审计部门,就上半年国民经济计划运行、预算执行和审计工作,进行一周专项视察,了解企业生产经营情况,分析经济形势,适时听取审议计划、财政和审计工作报告。常委会组成人员对南阳应对危机采取的举措给予充分肯定,对经济呈现平稳向好态势发展表示满意。针对实现全年目标任务艰巨、中心城区经济发展相对滞后等问题,建议市政府加大项目建设力度,加快经济结构调整步伐,高度关注中心城区发展,进一步落实应对危机措施,并突出抓好工业财源建设,强化预算约束,严格支出管理,积极防范和化解财政风险。这些审议意见的落实,促进国民经济计划和财政预算的健康运行。10月下旬,常委会部分成员,深入卧龙、宛城、高新区,对20多个重点项目建设情况进行现场视察,听取意见,研究对策。在此基础上,常委会又听取审议市政府项目建设情况,对建设资金不足、土地瓶颈制约和外部环境不够宽松等问题,督促市政府就组织领导、抢抓发展机遇、解决好项目落地难问题、做大做强三个工业园区等提出整改要求。

(二)监督第七届全国农民运动会筹备工作。第七届全国农民运动会将于2012年在南阳举行。四届人大常委会十分关注农民运动会筹备工作。5月份以来,新一届常委会第一次会议就对筹备情况进行认真审议,针对工作进展慢、资金缺口大等情况,建议市政府加快工作节奏,科学编制规划,积极筹集资金,加大宣传力度,推进筹备工作顺利启动。11月份,常委会第四次会议听取审议市政府《关于农民运动会场馆及配套设施建设项目贷款有关问题的报告》,建议市政府加大向中央、省争取资金、项目和政策的力度,加大专项土地储备力度,加大招商引资力度。项目资金使用要充分论证、统筹安排、科学决策、专款专用,推进筹备工作健康运行。举办全国性体育赛事,对城市基础设施建设要求很高。常委会抓住中心城区内河污染严重和道路建设存在的突出问题，听取审议市政府的专项工作报告。组织有关人员和人大代表，深入大街小巷、街道社区和内河治理、道路施工现场，视察调研，强调要把内河治理摆上重要位置，全面规划、分步实施，下决心根治污染源，加快重点污染企业的搬迁，加快污水处理厂建设，把治理与开发结合起来，破解资金瓶颈，加快治理步伐。(三)监督南水北调中线工程南阳段建设情况。9月，常委会成员对南阳膨胀土试验段建设和城区段规划情况进行视察，听取审议市政府的报告，提出四点意见：一要充分认识实施南水北调对南阳经济社会发展带来的机遇，趋利避害，因势利导，使南阳市在新一轮竞争中抢占先机；二要按照有理有利有节的原则，积极向上级争取有关项目和政策，促进南阳持续发展；三要及早启动干渠工程征地拆迁准备工作，抓好试点，取得经验，稳妥推进，维护社会大局稳定；四要积极营造讲政治、顾大局、抓机遇、促发展的浓厚氛围，确保工程顺利实施。

1. 保护好库区水质。5、6月份，常委会执法检查组，深入淅川、内乡、邓州等县市，就丹江口水库汇水区域水质保护、群众反映强烈的环保问题和污水处理厂建设运营情况进行检查，暗访部分企业。责成解决好部分河流水质不能稳定达标、环保基础设施不完善、高耗能高污染企业比重大、农村水源污染严重等突出问题，使水库水质稳定保持在Ⅱ类标准。

2. 库区移民。丹江口库区移民16.2万人，移民迁安任务大、责任重、敏感度高。为完成移民迁安“四年任务、两年完成”的目标，常委会及时调整工作重点，适时听取审议《南阳市南水北调丹江口库区移民安置实施办法(草案)》和《南阳市南水北调丹江口库区移民安置新村建设管理办法(草案)》。建议坚持以人为本，保护好移民的合法权益，深入细致的做工作，实现安全搬迁、顺利搬迁、和谐搬迁；关心移民生产生活，确保移民迁得出、稳得住、能发展、可致富，促进移民迁安工作的顺利开展。

三、监督执法落实情况

(一)开展执法检查。常委会把人民群众最关心的现实问题，作为执法检查的重点，突出执法检查的针对性，集中力量检查法律法规的贯彻实施情况。

1. 安全生产检查。为促进安全生产法的贯彻实施，常委会执法检查组，对南召、西峡、桐柏3个县的10多个冶炼企业、矿山和尾矿库进行明察暗访，对发现的问题，责成有关部门限期整改。针对企业安全主体责任落实不到位、综合监管机制不健全、隐患排查治理力度不够和投入不足、装备落后等问题提出整改要求，有效遏制各类生产安全事故的发生。

2. 计生检查。人口与计划生育工作涉及千家万户的切身利益。常委会坚持依法行政，开展综合治理，完善利益导向机制，促进市人口资源与经济社会健康协调发展。

3. 监督专题调研。常委会还对监督法实施情况进行专题调研，受省人大常委会的委托，对20多部法律法规开展立法调研，不少建议被采纳。

(二)抓好司法监督。常委会在广泛调查研究涉诉信访问题的基础上，听取审议市中级人民法院涉诉信访工作情况的报告，全市法院要切实加强源头管理，落实信访终结机制，完善责任追究制度，提高司法裁判公信力，促进涉诉信访问题的解决。两次组织人大代表旁听法院部分案件的审理，组织人民监督员对检察机关办理的部分案件进行评查，拓宽人大监督渠道，促进公正司法。

(三)加强信访工作。常委会把人民群众来信来访工作，作为构建和谐社会的基础来抓。在全省率先实行人大信访机构与党委、政府信访部门微机联网，避免信访事项重复办理，提高工作效率。全年受理人民群众来信来访621起726件，事事有回音、件件有着落。及时梳理信访反映的突出问题，对典型案件和共性问题跟踪督办，推动有关部门启动内部监督制约机制，纠正一批处置不当或久拖不决的案件，维护各方的合法权益，促进社会和谐稳定。

四、做好代表工作和人事任免工作。一是做好代表建议办理工作。实行各专门(工作)机构按照职责范围分类督办代表建议制度，形成督办合力；召开不同类型的座谈会、协调会、督办会，了解办理情况，督促办理进度，评估办理质量；对市发改委、教育局、公安局等8个重点单位承办的139件建议进行视察，听取审议市政府代表建议办理情况。年底，市四届人大一次会议代表提出的278件建议，所提问题已经解决或基本解决的110多件，正在解决或列入规划逐步解决的130多件，受条件限制需以后解决以及所提问题留作参考的30多件。二是为代表履职搞好服务。分期分批对300多名市人大代表进行履职培训，提高代表参与管理国家事务的能力。按照便于组织、方便活动和联系的原则，各县市区对人大代表进行编组，为代表开展闭会期间的活动提供组织保证。召开全市代表工作座谈会，交流工作经验，明确努力方向。完善常委会组成人员联系代表制度，每人联系市人大代表3～5名，形成规范的联系机制。组织代表参加重要的视察、调研和执法检查,组织驻宛全国和省人大代表进行集中视察和专题调研,为代表履职创造有利条件。三是做好人事任免工作。常委会根据人大换届和政府机构改革的需要,依法任免地方国家机关工作人员83名。

五、隆重纪念地方人大常委会设立30周年。2009年是地方人大常委会设立30周年。为全面总结30年来市人大工作的成就和经验,推动人大工作顺应科学发展新要求和人民群众的新期待,常委会开展以纪念地方人大常委会设立30周年为主题的系列宣传活动。一是隆重召开纪念座谈会。请市委主要领导出席会议并讲话,常委会主要领导发表电视讲话,《南阳日报》、《南阳人大》开展纪念征文活动,全市掀起了宣传人民代表大会制度的高潮,为更好地开展人大工作创造良好的舆论氛围。二是召开人大宣传工作会议。开展宣传工作先进单位、先进工作者和好新闻评选活动,研究解决队伍建设和阵地建设中存在的问题。支持新闻单位加强和改进对人大工作的宣传报道,宣传领域不断拓展,形式有所创新,实效进一步增强。市人大被评为全省人大宣传工作先进单位。

六、加强自身建设,提高履行职责的能力。一是加强思想建设。抓好学习实践科学发展观活动,提高践行科学发展观的能力。采取专题辅导、举办专题讲座和观看专题片等形式,对常委会组成人员进行履职培训,增强做好人大工作的光荣感、使命感和责任感,提高业务水平,适应工作需要。二是加强作风建设。全年安排12个调研课题,组织人员深入基层、深入实际,倾听群众呼声,了解群众诉求,集中群众智慧,反映群众意愿,督促解决一批群众反映强烈的问题。常委会组成人员把履行职责与从事个人职业活动严格区分开来,不得以履行职责为名从事个人职业活动。三是加强制度建设。依法履行职责,建立和完善听取审议专项工作报告、执法检查制度;规范履职行为,建立常委会组成人员履职档案等制度,提高常委会组成人员履行职责的自觉性;增强监督实效,建立健全常委会与"一府两院"定期联系、审议意见跟踪督办制度等,使常委会各项工作逐步规范化、制度化。四是加强机关建设。组织机关党员干部深入学习胡锦涛总书记、吴邦国委员长关于人大工作的重要论述,用党的最新理论成果武装头脑。确立建设"学习型、务实型、服务型、和谐型、创新型"机关的目标,形成讲学习、重实干、比奉献、顾大局的良好之风。

【市三届人大常委会第三十九次会议】 3月8日上午,市三届人大常委会举行第三十九次会议。市人大常委会主任褚庆甫,副主任李天岑、袁晴超、杨德明、周明军、金星、马东升、李东武,秘书长韩自林及委员共43人出席会议。会议审议并通过市人大常委会关于召开南阳市第四届人民代表大会第一次会议的决定和南阳市人大常委会工作报告(审议稿);会议还表决通过人事任免事项。市人民政府副市长陈光杰,市人民检察院检察长常康以及市政府办、市中级人民法院的负责人和市人大常委会机关副处级以上干部列席会议。

【市三届人大常委会第四十次会议】 3月25日上午,市三届人大常委会举行第四十次会议。市人大常委会主任褚庆甫,副主任李天岑、袁晴超、杨德明、周明军、金星、马东升、李东武,秘书长韩自林及委员共42人出席会议。会议听取市人大常委会关于市四届人大一次会议筹备工作情况的报告。会议审议通过市人大常委会关于南阳市第四届人民代表大会代表资格的审查报告、关于设立南阳市第四届人民代表大会法制委员会和财政经济委员会的决定草案;审议并通过南阳市第四届人民代表大会第一次会议主席团和秘书长名单草案、南阳市第四届人民代表大会第一次会议议案审查委员会主任委员、副主任委员、委员名单草案、南阳市第四届人民代表大会第一次会议计划、财政预算审查委员会主任委员、副主任委员、委员名单草案,决定了南阳市第四届人民代表大会第一次会议列席人员名单。市人民政府副市长陈光杰,市中级人民法院代院长庞景玉,市人民检察院代检察长刘在贤以及市政府办的负责人和市人大常委会机关副处级以上干部列席会议。

【市四届人大一次会议】 3月29日～4月2日,召开市第四届人民代表大会第一次会议。大会听取并审议通过了市人民政府工作报告、市2008年国民经济与社会发展计划执行情况和2009年计划(草案)的报告、市2008年财政预算执行情况和2009年财政预算(草案)的报告、市人大常委会工作报告、市中级人民法院工作报告、市人民检察院工作报告。大会选举李天岑为四届人大常委会主任,杨德明、金星、马东升、李东武、秦俊、党光德、谢先锋为副主任,何新华为秘书长,马俊等49人为市四届人大常委会委员。选举穆为民为市人民政府代市长,朱长青、陈光杰、李建豫、姚龙其、冯晓仙、张振强、贺国营、崔军为副市长。庞景玉为市中级人民法院院长。刘在贤为市人民检察院检察长。

【市四届人大常委会第一次会议】

5月25～27日，市四届人大常委会举行第一次会议。市人大常委会主任李天岑，副主任杨德明、金星、马东升、秦俊、党光德、谢先锋，秘书长何新华及委员共45人出席会议。会议听取审议市人民政府关于落实2008年市人大常委会审议意见情况的报告和关于第七届全国农民运动会筹备情况的报告；审议通过市四届人大常委会关于加强自身建设的决定；审议通过市第四届人民代表大会常务委员会代表资格审查委员会名单和人事任免事项。市人民政府副市长陈光杰，市中级人民法院院长庞景玉、市人民检察院检察长刘在贤以及市政府办、市体育局、市规划局的负责人，各县市区人大常委会主任、高新区人大联络处主任和市人大常委会机关全体干部职工列席会议。

【市四届人大常委会第二次会议】

7月14～15日，市四届人大常委会举行第二次会议。市人大常委会主任李天岑，副主任杨德明、金星、马东升、李东武、秦俊、党光德、谢先锋，秘书长何新华及委员共48人出席会议。会议听取并审议市人民政府关于2009年上半年国民经济和社会发展计划执行情况的报告、关于市2008年财政决算草案和2009年上半年财政预算执行情况的报告、关于2008年市本级财政预算执行情况和其他财政收支情况的审计工作报告、关于贯彻实施《中华人民共和国水污染防治法》情况的报告；听取审议市人大财政经济委员会对《关于2009年上半年国民经济和社会发展计划执行情况的报告》的初审报告，市人大常委会预算工作委员会关于2008年市级财政决算(草案)的初步审查报告和市人大常委会执法检查组关于《中华人民共和国水污染防治法》贯彻实施情况的报告；审议通过市人大常委会关于批准2008年市级财政决算的决议和人事任命事项。市人民政府市长穆为民、副市长李建豫，市中级人民法院院长庞景玉、市人民检察院检察长刘在贤以及市政府办、市直有关部门负责人，各县(市、区)人大常委会、高新区人大联络处负责人和市人大财政经济委员会组成人员列席会议。

【市四届人大常委会第三次会议】

9月24～25日，市四届人大常委会举行第三次会议。市人大常委会主任李天岑，副主任杨德明、金星、马东升、李东武、秦俊、党光德、谢先锋，秘书长何新华及委员共43人出席会议。会议听取和审议市政府关于《南阳市南水北调丹江口库区移民安置实施办法草案》和《南阳市南水北调丹江口库区移民安置新村建设管理暂行办法草案》(以下简称"两个办法")及说明；关于南水北调中线工程南阳段工作情况的报告；关于贯彻实施《中华人民共和国安全生产法》情况的报告；关于中心城区建设用地节约集约经营情况的报告；听取审议市中级人民法院关于全市法院涉诉信访工作情况的报告；听取审议了市人大常委会执法检查组关于检查《中华人民共和国安全生产法》贯彻实施情况的报告。市人民政府副市长姚龙其、崔军，市中级人民法院院长庞景玉、市人民检察院检察长刘在贤；市政府办、市安监局、市国土局、市水利局、市规划局、市移民局、市南水北调中线工程办公室的主要负责人，各县市区人大常委会、高新区人大联络处的负责人和市人大常委会机关副处级以上干部列席会议。

【市四届人大常委会第四次会议】

11月16～17日，市四届人大常委会举行第四次会议。市人大常委会主任李天岑，副主任杨德明、马东升、李东武、秦俊、党光德、谢先锋，秘书长何新华及委员共44人出席会议。会议听取并审议市政府关于中心城区2009年重点工业项目建设情况的报告、关于中心城区道路建设及内河治理情况的报告、关于贯彻实施《中华人民共和国人口与计划生育法》和《河南省人口与计划生育条例》情况的报告、关于市四届人大一次会议代表建议、批评和意见办理情况的报告、关于第七届全国农民运动会场馆及配套设施建设项目贷款有关问题的报告和市中级人民法院关于市四届人大一次会议代表所提建议办理情况的报告；会议审议并通过市人大常委会关于批准《南阳市人民政府关于第七届全国农民运动会场馆及配套设施建设项目贷款有关问题的报告》的决议。市人民政府副市长张振强，市中级人民法院院长庞景玉，市人民检察院检察长刘在贤以及市政府办、市发改委、市财政局、市交通局、市国土资源局、市计生委、市体育局、市规划局、市公路局、市农民运动会办公室的负责人，各县市区人大常委会负责人，高新区人大联络处主任、市人大财经委员会组成人员和市人大常委会机关副处级以上干部列席会议。

【市四届人大常委会第五次会议】

12月25日，市四届人大常委会举行第五次会议。市人大常委会主任李天岑，副主任杨德明、金星、马东升、李东武、秦俊、党光德、谢先锋，秘书长何新华及委员共47人出席会议。会议补选卢展工、穆为民为河南省第十一届人民代表大会代表，接受朱广平辞去河南省第十一届人民代表大会代表职务。市委常委、组织部长杨其昌，市人民政府副市长陈光杰，市中级人民法院院长庞景玉以及市政府办、市人民检察院的负责人和市人大常委会机关副处级以上干部列席会议。(王琪)

南阳市人民政府

综　述

【政府工作概况】 2009年，是新世纪以来全市经济社会发展最为困难的一年，也是战胜严峻考验、取得重大成效的一年。一年来，在国内外经济形势发生深刻变化的情况下，市政府认真贯彻落实中央、省各项宏观调控政策，紧紧围绕建设富强美好和谐新南阳目标，积极实施工业强市、开放带动和创新推动"三大战略"，强力推进传统农区工业化、中心城市建设、新农村建设、文化旅游产业发展"四大突破"，创造性开展工作，全市经济社会保持平稳较快发展的良好态势。全年生产总值增速达到11%，城镇固定资产投资增长31.2%，社会消费品零售总额增长19%，地方财政一般预算收入增长9.5%，城镇居民人均可支配收入实际增长10.7%，农民人均纯收入实际增长7.7%。

一、立足当前，解难题、办大事。面对金融危机导致经济下行压力加大、南水北调丹江口库区移民搬迁全面启动、第七届全国农民运动会筹办等大事、急事、难事多的复杂形势，抓住影响全局的关键问题，集中全力实施突破。一是千方百计扩大投资。大力开展"项目推进年"活动，确保项目早开工、早投产、早见效。城镇固定资产投资完成929.5亿元、增长31.2%，全年总投资3000万元以上新开工项目达1132个，是上年的4.3倍。省定166个各类重大项目共完成投资200亿元，58个项目相继建成；市定245个重点项目完成投资230亿元，二胶厂CTP数码版材、安棚碱矿三期等42个项目竣工投产，南阳机场二期改扩建、鸭河口水库除险加固、内邓高速等75个项目开工建设。南阳核电、天池抽水蓄能电站、宁西铁路复线南阳段、郑渝高铁南阳段、南邓一级公路、宛西电厂等重大项目前期工作取得重要进展。二是突出抓好工业经济发展。深入开展"企业服务年"活动，认真解决了企业反映的1700余个问题；组织开展了全市工业品产销对接活动，签约金额141亿元；加强煤电油运协调调度，保证市场稳定供应。全市规模以上工业增加值486.4亿元，同比增长14%。三是加快南水北调中线工程建设和库区移民迁安工作。膨胀土试验段一期完工并转入全面试验阶段，陶岔居民点、渠首管理用房、交通桥正在建设中，渠首枢纽工程开工建设，库区水质稳定在Ⅱ类标准。按照省移民安置"四年任务、两年完成"的要求，完善组织机构，强化政治责任，扎实宣传动员，深入细致工作，库区1.08万试点移民实现了安全、顺利、和谐搬迁，第一批6.5万移民安置工作正按计划顺利推进。四是积极筹备第七届全国农民运动会。成立了高规格的市级筹委会，制定了筹备工作总体规划及场馆建设、宣传推介、融资开发等工作方案，市场开发和社会捐赠工作初显成效，全市上下形成支持参与农民运动会的浓厚氛围。省政府常务会、省委常委会先后专题听取南阳市工作汇报并给予大力支持。农民运动会场馆区域拆迁工作按时完成，游泳馆、综合训练馆、主体育场、群众安置房开工建设，新闻中心奠基。

二、着眼长远，打基础、促转型。围绕构建"一个载体、三个体系"，充分发挥规划的先导作用，注重产业发展规划与城市发展规划的对接，聘请名院大家，对南阳市城市建设、重点区域和产业发展等规划进行修编论证，启动实施产业集聚区建设、中心城区经济发展、企业上市等重大工程，为南阳市在新一轮发展中抢占先机、培育竞争新优势打下了坚实基础。一是搞好产业规划，引领科学发展。根据国家、省10大产业振兴规划纲要，聘请高层次专业机构编制了南阳市现代产业发展规划；坚持以技术创新为动力，加快产业结构优化升级，全降解塑料、纤维乙醇、多晶硅、光电等新产品新技术开发和产业化生产进展顺利，新增国家高新技术企业1家、省创新型企业4家。强化节能减排，预计万元GDP能耗降低5.8%，COD减排2.44万吨，SO_2减排3.95万吨。按照项目集中、产业集聚、产城一体的理念，编制完成了首批省定13个产业集聚区总体发展规划并获省专家组评审通过，南阳光电产业集聚区纳入省产业集聚区发展规划，鸭河电力能源、官庄石油化工2个产业集聚区总体发展规划已编制完成。全市产业集聚区完成投资158.5亿元，搭建投融资平台14个、注册资金总额7亿元、已融资43.5亿元。二是加强城市规划管理，打造区域性中心城市。中心城区规划工作取得新突破，完善了城市总体规划，完成了一大批专业规划、综合整治规划和规划设计方案；完成了第二轮土地利用总体规划修编。围绕建设省际区域性中心城市，组织召开了"南阳城市发展战略高峰论坛”、“南阳市白河两岸暨东北分区空间发展战略高端论坛”、白河两岸区域城市设计国际征集活动、第七届全国农民运动会场馆建设论证会等，将专家的智慧、思路和观点融入到城市规划设计的理念中，科学指导城市长远发展。围绕“六创一迎”活动，建立完善了城建项目储备库，研究制定了中心城市重点建设项目规划；组织编制了《南阳市东北分区规划》等5个分区规划、《南阳市中心城区内河水系及沿岸整治规划》、《南阳市综合交通规划》等9个专项规划和中心城区44条主要道路及沿街景观综合整治规划方案。围绕统筹城乡发展，制定出台了《南阳市村镇体系规划编制实施方案》，县乡规划实施稳步推进。城市基础设施得到加强。完成了3条道路大修改造和54条背街小巷改造任务，80公里环城高速、独山大道南延、机场新航站楼投用，4条新建道路、仲景大桥、滨河路污水管网建设等工程加速推进，新增城市绿化面积21万平方米，新投放出租车近300辆、公交车100辆。城市管理体制进一步理顺，5大类、39项城市规划建设管理权限下放或委托给三区。深入开展“六创一迎”活动，市容市貌明显好转，违法建设和工程建设领域突出问题得到初步解决。县城和小城镇通过完善功能、拉大框架、打造亮点、强化管理，面貌明显改观，呈现各具特色、竞相发展的良好局面。全市城镇化率达到36.9%，提高2个百分点。三是切实加快中心城区经济发展。围绕“聚焦中心、加快中心、强化中心”，出台了《加快中心城区经济发展实施意见》，进一步强化中心城区经济发展在市域经济发展中的龙头地位。鼓励支持具备条件的企业早日上市，借助资本市场的力量，带动全市优势产业加快发展，通过打造行业龙头，形成有竞争力的优势产业群。

三、抢抓机遇，扩内需、促发展。一是紧紧抓住国家实施积极财政政策的机遇，迅速组织谋划和实施了一大批结构调整、基础设施、节能环保、民生工程等项目。二是紧紧抓住国家实施适度宽松货币政策的机遇，加快地方投融资体系建设，深入推进银企对接、银政合作。市政府分别与省建行、中行、工行签署了战略合作协议，合同意向融资800亿元。三是紧紧抓住国际国内产业转移的机遇，坚定不移的实施开放带动战略。企业战略重组迈出新步伐。中光学集团、金光数显、天冠集团、英宝电子等企业分别与长虹、首钢控股、国开投、创维集团合作；市政府与平安集团签署战略合作框架协议，在机电、金融等多个领域实施战略合作。全力实施大招商活动，组织参加或举办了20多个大型经贸洽谈活动，累计签约项目397个，投资总额860亿元，合同引资619亿元。实际利用外资1.33亿美元，增长12.3%，提前3个月完成省定目标任务。

四、统筹兼顾，重民生、保稳定。一是重视加强“三农”工作。认真落实各项支农惠农政策，全市发放各项涉农补贴资金25.5亿元。农业生产在大灾之年再获较好收成，全年粮食总产达115.9亿斤，连续六年增产且连续四年超百亿斤。农业产业化经营水平不断提升，龙大牧原年屠宰加工100万头生猪、科尔沁牛业年屠宰加工10万头肉牛、三色鸽豆业等农业产业化项目建成投产。新农村建设累计投入各类资金2.37亿元。二是深入推进各项改革。市属国有企业改革继续深化，商贸流通企业改革取得进展，农村水利工程管理体制改革全部完成，集体林权制度改革已完成87%，政府还贷二级公路收费站撤站工作顺利完成，义务教育绩效工资全面实施，市县两级政府机构改革正稳妥推进，第二次全国经济普查圆满结束。三是不断提高社会保障和住房保障水平。社会保障覆盖面持续扩大、标准不断提高，3个县列入全国新型农村社会养老保险工作试点。在全省率先建立了新农合农民就诊“一卡通”和定点医院直补制度，被誉为“南阳模式”在全省推广。经济适用住房竣工20.2万平方米，廉租住房保障1.5万余户。四是大力发展社会事业。争取省以上重大科技项目、低碳经济项目和国际科技合作项目资金1.38亿元，增长84%，蝉联全国科技进步先进市。人口自然增长率控制在5.07‰以内，荣获全国人口和计划生育综合改革示范市。基础教育稳步推进，职教攻坚全面启动。加快公共卫生基础设施建设，甲型H1N1等重大传染病防控工作取得明显成效。文化旅游产业快速发展，全年共接待游客1351.6万人次、实现旅游综合收入69.3亿元。五是全力做好安全稳定工作。安全生产形势稳定好转，事故起数和死亡人数分别下降9.75%和10.07%。认真化解各类矛盾，切实解决群众合理诉求，信访秩序持续好转。严厉打击各类违法犯罪，持续开展社会治安、火灾隐患排查、食品药品安全等一系列专项整治活动，群众安全感指数进一步提高。

【郭庚茂三次到南阳市指导工作】

4月15日，省委副书记、省长郭庚茂在副省长史济春，省长助理、省政府秘书长安惠元，省政府副秘书长赵瑞东的陪同下率领省观摩团莅临南阳市，先后深入南阳二机集团和生态工业园区，参观考察了二机集团大型数字化钻机、二胶厂数码印版工程、防爆集团新型电机等重点项目建设。观摩期间，郭庚茂听取了南阳市的工作汇报。郭庚茂对南阳市重点项目建设取得的扎实成效给予充分肯定，称赞南阳市重点项目建设科技含量高、市场前景好、进度快，应对危机、加快发展的各项措施坚强有力；表示相信南阳一定会在传统农区工业化、高新技术产业化道路上不断取得新的跨越。

7月2～3日，省委副书记、省长郭庚茂，副省长刘满仓一行，在市领导黄兴维、穆为民、朱长青、崔军等陪同下，先后到淅川、内乡、西峡等地调查研究指导工作。郭庚茂对南阳市的整体工作给予充分肯定和高度评价，并强调指出，各级党委、政府要把科学发展观作为推动经济社会发展的行动指南，按照省委、省政府提出的"一个载体、三个体系"(以产业集聚区建设为载体，着力构建现代产业体系、现代城镇体系、自主创新体系)的发展思路，坚持改革开放和创新发展，加大招商引资力度，千方百计战危机、保增长、保民生、保稳定，推动经济社会实现跨越式发展。

11月4～5日，省长郭庚茂率领省观摩团到南阳市，对南阳重点项目及产业集聚区建设情况进行观摩点评。市领导黄兴维、贾崇兰、李天岑、陈光杰等陪同观摩。郭庚茂先后到南阳娃哈哈昌盛饮料有限公司、天冠集团、宛西制药股份有限公司、西峡龙成集团等地观摩，对南阳市重点项目和产业集聚区建设给予充分肯定。郭庚茂指出，要把重点项目及产业集聚区建设作为贯彻落实科学发展观的重要载体，作为战危机、保增长、调结构、促转型的重大举措，全力以赴上项目，千方百计破难题，抢抓机遇，加快发展，决战决胜第四季度，确保圆满完成全年目标任务。

【秦玉海三次到南阳市指导工作】 1月19日，副省长秦玉海带领省政府办公厅、省民政厅、省劳动和社会保障厅以及省总工会等部门负责人，来南阳慰问困难农户、特困企业职工、重点工程工地农民工，送上党和政府的温暖与关爱。在宛期间，秦玉海一行先后到宛城区黄台岗镇大夫庄村和南阳机场航站楼改扩建工程工地，慰问优抚对象、老复员军人、五保老人和工地上的农民工，向他们一一拜年。秦玉海嘱咐有关部门负责人一定要照顾好老人们的起居，把老人的生活安排妥当，使他们安享晚年。在困难企业南阳市齿轮厂，秦玉海一行亲切询问企业的经营现状，鼓励企业迎难而上，改变现状。并为该厂特困职工、市水泥厂困难劳模送去慰问金。

5月12日，副省长秦玉海莅临南阳检查指导经济运行工作。在宛期间，秦玉海一行先后深入南防集团、天冠集团、乐凯集团第二胶片厂等企业，实地查看工业经济运行状况，并与企业负责人进行座谈。秦玉海强调，当前南阳的企业发展空间很大，技术含量很高，在同行业处于"领头雁"地位，活力足、后劲大，有一批大的战略合作伙伴，跨越发展势头强劲。对此，要进一步坚定信心，坚信能够取得良好发展。一要努力确保工业经济平稳运行，要扎实抓好企业服务年活动，加大金融部门信贷支持力度，积极推进产业衔接；二要切实抓好重点项目，加大项目争取力度，加快在建项目建设进度；三要强力推进产业集聚区建设，突出功能定位，科学编制规划，抓好产业发展，完善基础设施；四要加快中小企业担保体系建设；五要千方百计扩大消费需求，扩大廉租房供应规模，对房地产企业加大信贷扶持力度，扩大旅游消费，进一步扩大家电、汽车等大宗产品消费，做好汽车、摩托车下乡补贴实施工作，坚定不移地按照省委、省政府决策部署，强化责任，狠抓落实，决战二季度，为全省经济平稳较快增长作出应有贡献。

12月19日，副省长、省公安厅厅长秦玉海来到联系点西峡县，出席双龙镇党委学习实践科学发展观活动民主生活会。秦玉海在认真听取与会人员的发言后说，双龙镇资源丰富，一、二、三产业结构合理，领导班子积极进取、团结奋进，工作能力强。下一步要继续加强学习，明确努力方向，抓好工作落实。要把前一阶段的学习成果进行认真总结，并贯彻到下一阶段的巩固活动成果中去，结合双龙实际，按照既定的努力方向，从推动经济发展、保持社会稳定、改善民生等方面，制定出切实可行的新举措，形成实施方案，并扎扎实实向前推进。每一位领导干部对学习实践科学发展观活动都要持之以恒地坚持下去，用科学发展理论去武装头脑，放眼国际国内市场，把努力方向找得更准、更符合实际，把双龙镇真正建设成为经济强镇、生态大镇、旅游名镇，综合经济实力逐年攀升，经济社会协调发展。

【史济春到南阳市指导工作】 2月8日，副省长史济春带领省政府督查组莅临南阳市，检查指导抗旱浇麦工作。在宛期间，史济春一行先后深入到方城、社旗两地部分乡村，实地查看抗旱浇麦工作开展情况。在听取了相关情况汇报后，史济春对南阳市抗旱浇麦工作给予了充分肯定。史济春强调，南阳作为河南粮食生产核心区中的主产区，对于确保国家及省粮食安全至关重要。各级党委政府要充分认清当前旱情对河南省的夏粮生产构成严重影响的严峻形势，充分认清抓好农业生产、再夺丰产丰收对于有效应对危机、保持经济平稳较快发展的重大意义，认真贯彻落实胡锦涛总书记、温家宝总理等中央领导人的重要批示精神，按照省委、省政府的部署要求，再下决心，再鼓干劲，克服困难，坚定信心，开创抗旱夺取小麦丰收的新局面。

在与南阳市重点工业企业的企业家举行座谈时，史济春要求，做好当前经济工作，促进工业企业发展，要特别注意把握好四个方面：一要全面准确地判断形势，坚定战胜困难的信心和决心；二要更加自觉、更加坚定、更加紧迫地贯彻落实科学发展观；三要矢志不渝地推进改革开放；四要充分发挥政府的服务作用。保企业就是保发展、保就业、保稳定。

【张大伟三次莅宛】　4月25日上午，中国·南阳第七届玉雕节暨宝玉石博览会在南阳体育中心隆重开幕。中国珠宝玉石首饰行业协会常务副会长兼秘书长孙凤民，河南省副省长张大卫，省政协副主席、省宝协名誉会长刘其文，省人大常委会原副主任、省宝协名誉会长王明义，省长助理何东成，省政府副秘书长张庆义，省邮政局局长杨汉振，省珠宝玉石首饰行业协会会长刘长秀，省工业和信息化厅副厅长胡宽广，省国土资源厅厅长助理刘洪波，南阳市委书记黄兴维，市长穆为民等出席开幕式。张大伟代表省委、省政府作重要讲话。

11月7～8日，由中国核能行业协会理事长张华祝、副理事长赵成昆带领的中国核能行业协会专家组莅临南阳市，就南阳核电厂厂址进行实地踏勘、咨询研讨。张华祝、赵成昆出席南阳核电厂厂址评价会。副省长张大卫致欢迎词。张大卫指出，河南人均GDP已突破2000美元，进入了工业化、城镇化快速发展的阶段，能源和电力需求旺盛。加快核能建设，是河南优化能源结构、改善环境状况的必由之路和迫切要求。希望专家组抱着科学严谨的态度、站在对人民负责的高度，客观公正地对南阳核电厂址进行评价。

11月18日上午，国家开发投资公司与南阳市政府、天冠集团合作框架协议签约仪式隆重举行。国家能源局技术装备司处长刘群，国家能源局技术装备司高级工程师范海涛，国家开发投资公司副总裁冯士栋，国投高科公司总经理邓华，副省长张大卫，省发改委副主任、能源局局长裴志扬，市领导黄兴维、穆为民、李天岑、朱长青、陈光杰、崔军、刘荣阁等出席签约仪式。

【刘满仓八次莅宛】　1月20日，副省长刘满仓带领省南水北调中线办、移民办等省直有关部门负责人，深入淅川县丹江口库区慰问移民群众，向他们致以新春的祝福。刘满仓认真听取了市县汇报和移民试点村干群代表的发言后，对南阳市移民工作取得的成绩给予高度评价。刘满仓指出，南水北调中线工程成功与否，做好移民工作是关键；移民工作能否顺利进行，做好移民试点工作是重中之重。各级各部门务必要把移民试点工作作为当前重大而又紧迫的政治任务、民生任务，摆上重要议事日程；要以工作的力度、效果，衡量执政能力的大小、执政水平的高低。要坚持以人为本，带着感情，带着责任，学会做群众的思想工作，甘于做群众的思想工作，善于做群众的思想工作，消除群众一切后顾之忧。要讲究工作方法，积极引导群众以发展的眼光看问题。要加强领导，增派力量，抓紧一切时间赶进度，确保移民试点工作圆满成功，为南水北调中线工程作出新的更大的贡献。

4月24～24日，副省长刘满仓先后深入新野县、邓州市和南召县，对农业产业化发展、丹江口水库移民迁安及病险水库除险加固等情况进行调研。刘满仓指出，南水北调工程是党中央、国务院确定的重点工程，是一项功在当代、造福子孙的千秋伟业。库区移民安置工作是南水北调工程建设的重点和难点，各级各有关部门一定要统一思想，提高认识，切实把移民迁安工作当做当前和今后一个时期重大而紧迫的政治任务，千方百计帮助移民群众克服困难，坚决完成库区移民安置任务。要遵照“搬得出、稳得住、可发展、能致富”的总体要求，集中力量，集中精力，加大力度，科学组织施工力量，在加快工程建设进度的同时，严把工程质量关，认真扎实地组织实施好移民新村建设工作，让库区移民早日住上新房。

6月6～7日，副省长刘满仓来宛就丹江口库区移民工作进行调研。刘满仓首先听取了南阳市相关情况汇报，并作重要讲话。刘满仓指出，移民工作是南水北调中线工程建设的关键性工作，省委、省政府将进一步在政策上加大支持、资金上予以倾斜、政治上予以关心、工作上创造条件，确保移民工作顺利进行。各级各部门要按照省政府既定目标要求，积极支持移民工作，形成工作合力，加快推进移民试点工作，真正使移民搬得出、稳得住、能发展、可致富。在宛期间，副省长刘满仓还到唐河县察看“三夏”生产工作。

6月24日，副省长刘满仓在省南水北调办、省政府移民办主任王树山，省政府移民办主任助理范治晖的陪同下，深入淅川陶岔调研渠首枢纽工程移民征地拆迁及规划设计进展情况。刘满仓强调,各相关部门要立足当前,着眼长远,做好规划,高水平建设,打造渠首的亮丽景观,使之成为展示河南形象的窗口。外围的新农村建设规划,要做到与渠首建设工程相配套,严禁在工程区域内每一寸土地上私搭乱建。要继续做好渠首水土保持工作和水质保护工作,确保一渠清水送京津。

7月29日,省委、省政府在淅川县召开全省南水北调丹江口库区移民安置动员大会。国务院南水北调办副主任李津成,省委副书记、省丹江口移民指挥部政委陈全国,省委常委、郑州市委书记王文超,副省长、省丹江口移民指挥部指挥长刘满仓,省政协副主席、省丹江口移民指挥部副政委靳绥东等出席会议。刘满仓强调,要明确目标,着力抓好丹江口库区移民重点工作。要切实做好第一批大规模移民库区外业规划工作,继续做好移民安置方案优化整合工作,高标准做好移民安置对接工作,认真编好第一批大规模移民实施规划要点,抓紧做好试点移民新村建设收尾工作,全力组织好试点移民搬迁工作。要强化保障措施,确保丹江口库区移民安置工作顺利快速推进。要强化组织领导,抓好移民政策落实,积极履行职责,抓好移民总体要求的贯彻落实,抓紧落实派驻移民工作组制度,加强基层班子建设,确保移民工作顺利推进,确保南水北调中线工程通水目标顺利实现。

10月16日,副省长刘满仓带领省直有关部门负责人来到淅川县,听取第一批大规模移民搬迁安置工作进展情况,详细了解移民工作中存在的问题和困难。刘满仓强调,各级各有关部门要按照省委、省政府提出的丹江口库区移民"四年任务、两年完成"的总体要求,做好第一批大规模移民搬迁安置工作。要做好虚假人口剔除、移民规划编制工作,为下步移民安置工作的顺利进行奠定基础。要进一步做好第一批移民库区外业规划工作,把原来规划设计大纲和第一批移民总体的最新要求结合起来,根据试点移民中暴露出来的问题,需要完善的尽快完善。要强化移民资金管理,建立严格的移民资金管理制度,切实提高资金使用效益,确保移民安全、工程安全、干部安全。要重视做好移民稳定工作,重视移民关注的热点难点问题,重视移民群众的思想动态,对极个别不怀好意的人一定要依法依纪严肃查处。要创新移民搬迁工作的方式方法,以认真负责的态度解决好移民群众和安置地群众的实际问题,坚决维护社会稳定,实现和谐搬迁。

11月14日,省委、省政府在南阳市召开全省南水北调丹江口库区第一批移民新村征地暨"三通一平"工作现场会。副省长、省丹江口库区移民安置指挥部指挥长刘满仓出席会议并作重要讲话。刘满仓要求,各地各部门在第一批移民安置新村建设过程中要做到"四个切实"。一是切实加强领导。各级各部门主要领导要亲自挂帅,分管领导要靠前指挥,充分发挥各包县工作组督导协调作用,为完成各项工作任务提供组织保障。二是切实落实责任。要将任务分解细化,落实到各基层单位和有关责任人,实行严格的责任追究制。三是切实加强监管。要严把工程招投标关、工程质量关、资金管理关。四是切实科学组织。要倒排工期,交叉工作,压茬作业,抓紧开展新村建设招投标工作,尽快开展房屋基础建设。

12月6日上午,省南水北调丹江口库区移民安置工作南阳协调会在邓州举行。副省长、省移民安置指挥部指挥长刘满仓出席会议并讲话。刘满仓强调,在移民新村建设中,南阳一定要走在全省移民安置的前列。要加强领导,主要领导一定要站在全局和讲政治、关注民生的高度去认识和对待移民安置工作。要保证工作进度,扎实推进移民新村建设,圆满完成第一批移民安置工作。要总结移民试点工作经验,梳理问题、统筹兼顾,同步进行移民房屋和公益事业建设。要严格程序、严格把关、严格招投标,筛选优秀的建设单位和监理单位参与建设,同时以县乡政府为主体,协调相关部门履行职责,强化工程质量监管、监督;发扬民主,推选移民代表严把质量监督关。要建立奖惩制度,定期评比,及时通报,切实兑现奖惩。要建立健全迁安两地协调机制,切实加强两地沟通、协调,尽快形成共识,避免走弯路;推行两地互派干部制度,打通解决移民问题的"绿色通道",准确把握问题,及时到场解决,快速进行处置;发挥移民干部的领导、引导作用,依靠群众、组织群众,稳妥推进移民新村建设,多为群众谋福祉。

【宋璇涛莅宛参加"中医中药中国行"南阳站活动启动仪式暨中国·南阳第八届张仲景医药科技文化节】 10月25日上午,备受关注的"中医中药中国行"南阳站活动启动仪式暨中国·南阳第八届张仲景医药科技文化节在南阳市体育中心隆重开幕。原甘肃省委书记、全国人大环境与资源保护委员会副主任委员宋照肃,卫生部副部长、国家中医药管理局局长王国强,科技部副部长刘燕华,文化部副部长周和平,"中医中药中国行"活动组委会副主任、总后卫生部副部长陈新年少将,河南省副省长宋璇涛等出席开幕式。宋璇涛代表河南省委、省政府作重要讲话。他指出，河南是中医药的重要发祥地，一直以来，河南高度重视中医药事业发展，中医药科技创新和产业发展为振兴河南经济发挥了重要作用。南阳是医圣张仲景故里，本次节会的举办，是河南中医药界的一大喜事，也是全国中医药界的一大盛事，对推动中医药事业振兴和河南经济社会的发展必将起到积极作用。

【市政府四届一次全体会议】 4月7日，市政府四届一次全体会议召开。会议的主要任务是：贯彻落实国家、省、市人代会和国务院、省政府廉政工作会议精神，分解落实市四届一次人代会《政府工作报告》目标任务，安排部署当前工作和政府自身建设等有关问题，表彰先进，进一步动员全市上下加快工作节奏，推动工作落实，以良好的工作面貌，开创政府工作新局面，确保年度工作目标任务圆满完成。市政府领导穆为民、朱长青、陈光杰、李建豫、姚龙其、冯晓仙、张振强、贺国营、崔军、马学民、李中杰等出席会议。市人大常委会副主任杨德明、市政协副主席文学林以及法检两院有关负责人应邀出席会议。市长穆为民发表重要讲话。

【市政府四届二次全体会议】 7月17日下午，市政府四届二次全体会议召开。会议的主要任务是，贯彻落实郭庚茂省长来宛考察调研时的讲话精神，总结回顾上半年政府工作，安排部署下一步工作。市长穆为民强调，要坚持不懈，继续努力，在决战二季度的基础上，大战下半年，做到以丰补歉，确保实现全年经济社会发展目标，向省委、省政府和全市人民交上一份圆满的答卷。市长穆为民发表重要讲话。副市长陈光杰、李建豫、姚龙其、冯晓仙、张振强、贺国营、崔军分别通报了上半年各自分管重点工作进展情况，并对下半年工作作了具体安排。市人大常委会副主任马东升，市人大常委会党组成员、市总工会主席韩奎生，市政协副主席吴冬焕应邀到会。市长助理马学民、李中杰、王中、田向和、康连星等出席会议。

【市政府四届三次全体会议】 12月1日，市政府四届三次全体会议召开。其主要任务是：贯彻落实省政府四次全会精神，总结回顾2009年以来政府工作，安排部署当前工作，研究谋划2010年工作，确保全年各项目标任务落到实处，力促2010年工作开好局、再上新台阶。市政府领导穆为民、朱长青、陈光杰、李建豫、张振强、贺国营、崔军、马学民、李中杰、王中等出席会议。市人大常委会副主任李东武、市政协副主席仝运科等应邀出席会议。市长穆为民作重要讲话，市委常委、常务副市长朱长青主持会议。

【重要决定】 2009年，市政府先后作出的重要决定有：

2月11日，作出关于命名表彰新野县等四个县城为南阳市园林县城的决定

3月25日，作出关于表彰2008年度全市重点项目建设先进单位的决定

4月6日，作出关于表彰支援四川地震灾区抗震救灾先进集体和先进个人的决定

6月3日，作出关于表彰质量管理先进企业的决定

7月7日，作出关于表彰南阳市2008年度社会科学优秀成果的决定

10月12日，作出关于对南阳市第五届自然科学优秀学术成果进行表彰的决定

11月23日，作出关于表彰全市林业工作先进集体和先进个人的决定

12月16日，作出关于表彰企业上市工作先进单位的决定

【重要通知】 2009年，市政府先后发出的重要通知有：

1月8日，发出关于下达2009年工业发动机计划项目的通知

3月20日，发出关于举办南阳市第三届运动会暨首届农民运动会的通知

4月19日，发出关于印发南阳市开展爱国卫生运动暨手足口病等传染病防控工作实施方案的通知

5月5日，发出关于印发南阳市2009年国民经济和社会发展计划的通知

7月4日，发出关于印发推进产业集聚区科学发展指导意见的通知

8月27日，发出关于印发南阳市人民政府工作规则等制度的通知

10月30日，发出关于印发南阳市南水北调丹江口库区移民安置实施办法试行的通知

11月15日，发出关于印发南阳市中心城区土地储备实施办法的通知

市政府办公室

市政府秘书长　姚国政

【公文办理工作】 2009年,牢固树立“以文立室、以文辅政”理念,把提高办文质量作为主攻方向。文稿起草坚持以提高领导满意度、基层认同感和对实际工作的指导性为原则。在“新”和“实”上下功夫,努力做到用简短的篇幅容纳丰富的内容,用通俗的语言表达深刻的道理,用清新的文风增强表达的效果,杜绝空话、大话、套话、废话,多讲实话、新话、短话、管用的话。公文处理上,坚持从严、从精、及时的原则,进一步规范办文程序,严把文件政策关、格式关、审批关,可发可不发的不发、质量不高的不发,使公文的规范性、权威性、操作性明显增强。全年,办公室共起草《政府工作报告》等重要文稿和领导综合性讲话、专业性讲话、工作汇报材料、署名文章等400余篇;印发各类文件900余份;接收处理中央、国务院、省委、省政府等电子公文2000余件、纸质公文1000余件,机要信件1万余封;收集处理各类归档文件1200余件;为进一步提高全市政府系统办公室文秘工作质量,市政府办公室8月在全市组织开展了以政策性文件、调研报告、领导讲话稿为主要内容的公文“三个一”竞赛活动,产生了良好反响。

【信息调研】 继续实行全员办信息制度,畅通信息渠道,采取定目标、定任务等措施,使信息质量和上报信息采用率大幅提高,基本做到重大敏感信息、突发事件不漏报、不迟报,实事求是,喜忧兼报,为领导科学决策提供及时有效的参考。全年共编发《南阳政务信息》117期,《政务要情》33期,《南阳政务信息·专报》51期。其中《我市争取财政转移支付再创佳绩》等12篇信息受到市政府领导批示,有力推动了相关工作开展。同时,加大上报省政府办公厅信息力度。全年共上报《南阳工作信息》1387期,被省政府办公厅《政府工作快报》、《政务要闻》、《政务要闻·专报》等刊物采用98期。其中《穆为民市长谈新形势下的政务信息工作》等10篇信息受到省政府领导关注和批示,并被省政府办公厅《政府工作快报》专期刊发,有力宣传了南阳市工作。全市政务信息工作继续在全省保持先进位次。充分发挥调查研究“谋事之道、成事之基”的作用,抓住牵动全局的重点、热点、难点问题,深入调查,潜心研究,精心锤炼,力求出精品力作,使调研成果更多地进入领导视野。在深入学习实践科学发展观活动中,办公室党组成员结合各自工作职责,确定调研课题,深入一线,通过多种形式听取基层干部职工的意见建议;并集中组织处级领导干部到金光数显、天冠集团、二胶厂等高新技术企业观摩调研;其他党员干部也结合实际,积极深入对口工作领域和基层调研,共形成25篇具有较强针对性、指导性的调研报告。同时,围绕南阳中心城区发展战略、软环境建设、全市产业集群发展、机关效能建设等多个主题进行了数十次调查研究,推出了《南阳市政府赴渝蓉学习考察报告》、《关于建设省际区域性中心城市的调查与思考》等一批调研文章,及时为领导决策提供了依据。全年共编发《市长参阅》42期,精心改版了《南阳市人民政府公报》,刊物质量得到进一步提升。

【目标管理及督查】 坚持把目标管理和督促检查作为推动政府工作落实的有效手段,进一步创新机制、健全网络、强化力量,确保目标完成、政令畅通。一是切实加强目标管理。对全市政府系统各单位责任工作目标进行了科学制定、严密监控和认真考评,为全市年度目标工作任务的圆满完成提供了有力保障。二是开展项目和企业发展问题专项督查。围绕“企业服务年”活动,对全市77家重点服务企业生产经营中存在的169个问题和20个项目推进中需解决的36个问题逐项分解到各责任单位,下发督查通知76份,编发《南阳市人民政府督查通报》8期,集中解决了一批企业反映的突出问题,确保了“战危机、保增长、促发展”各项措施落到实处。三是抓好群众关心问题的落实。在南阳新闻网开办了《给市长说说心里话》栏目,与南阳日报社联办了市长热线,共受理网民留言7500余条,受理群众来电3800余个,有效化解了社会矛盾,保证了市政府决策的顺利实施,受到广大群众好评。四是抓好领导批示件办理。进一步规范工作程序,采取逐件登记、迅速转办、限期办理、定期催办等措施,唱响大督查,做到批则必查、查则必果、果则必报、报则必准。全年共办理市领导批示件136件,办结率100%。五是做好市委、市政府十大实事的督查。对工作分解立项,实行台账管理,严格执行通报制度,为市政府领导和有关部门掌握实事进展情况提供依据。

【协调服务】 努力做到“身在兵位,胸为帅谋”,在吃透上情、把握下情、了解外情的基础上,积极适应领导的工作思路,把问题想在前面,把工作做在前头,积极向市政府领导提出一些现实的、操作性强的对策建议,切实发挥好参谋助手作用。全年共组织或参与组织项目建设、产业集聚区建设、“六创一迎”、第七届农民运动会筹备、国企改革遗留问题、南水北调库区移民迁安、农民运动会场馆拆迁安置、城市违法建设整治、城中村改造等重要事务协调300

多次，使一些棘手问题得到妥善解决。同时，积极发挥好承上启下、联系左右的中枢作用，在工作中做“粘合剂”、奏“协奏曲”。首先密切内部协调。要求办公室人员加强协作，相互补位，形成团结、有力的战斗集体。认真做好各位市长之间公务活动的协调，既填补“盲区”，又避免“撞车”。组织领导公务活动，细致考虑，周密安排，协调到位，没有发生大的纰漏，各位市长都比较满意。其次搞好上下协调。主动密切与上级有关部门的沟通联系，积极争取上级更多的支持；通过多种形式，加强与县市区政府办的联系沟通，形成上下贯通、协调发展的良好格局。其三加强横向协调。注意与市委办、市人大办、市政协办及市直各部门的沟通联系，在重大活动、重要会议、接待安排等方面搞好衔接，促进协调，为政府工作顺利开展创造了良好环境。

【后勤管理】　以构建文明机关、和谐机关、节约型机关为目标，加强精细管理，合理利用资源，努力降低行政成本，确保中心工作正常运转。一是认真搞好接待服务。本着热情周到、节俭隆重、坚持制度、注意细节的原则，进一步明确接待范围、改革接待办法、严格接待标准、规范接待程序，不断提高接待水平。圆满完成了贾庆林、李源潮、徐光春、郭庚茂等领导人来宛视察和第七届玉雕节暨首届宝玉石博览会、兄弟地市到南阳市参观考察等各类接待任务373批次、10500多人次。二是切实维护信访稳定。畅通行政复议渠道，创新行政复议方式，积极推进仲裁发展，共办结行政复议案件76件、仲裁案件7件，促进了社会稳定；对基层的来信来访，认真听取意见，及时批转有关部门办理。并通过反映社情民意的形式，协助群众解决困难。全年共组织接待到市政府的上访群众533批次，疏导上访群众12879人次，使政府机关办公秩序明显好转。三是不断改善机关环境。积极筹措资金，完成了管辖区房产维护、办公房调整及装修工作，对家属区和办公区实施了美化、绿化，疏通下水管道近千米；对政府西家属院进行了墙体节能材料改造试点，针对2号加层住宅楼特殊情况制定了汛期应急预案；对政府东家属院礼堂危旧房制定了拆除方案并正在抓紧实施；新建机关物资库房200余平方米，对花房进行改造，继续完善机关小食堂建设等，切实改善了干部职工的工作和生活环境。

【机关自身建设】　以科学发展观为统领，结合办公室实际，把“讲服务、讲质量、讲规矩、讲创新、讲和谐、讲责任”六讲作为机关核心价值观和干部队伍自身建设的目标，突出以人为本，实行民主管理、科学管理、人性化管理。努力营造尊重人、理解人、关心人、培养人的氛围，树立新风正气，凝聚生机活力，促进团结和谐，使领导班子和干部队伍的素质作风得到明显提高和转变。一是建设团结民主班子。致力于建设一个“政治上强、业务上精、按章办事、和谐共事、充满活力”的领导班子，班子内部既有分工，又有合作，努力实现高站位虑事、高水平谋事、高效率办事、高风格处事，不断增强班子的凝聚力和战斗力。政府办党组能够自觉遵守党内生活有关规定，切实贯彻民主集中制原则，坚持按职责、按程序、按制度办事，对重大决策和全局问题，广泛听取意见，充分讨论，集体研究决定。二是坚持正确用人导向。政府办党组在用人上注重引导同志们正确处理苦与乐、得与失、奉献与索取、个人利益与集体利益的关系，加强学习、提高修养，努力工作、乐于奉献，团结协作、树好形象，把功夫下在平时。在选拔干部时坚持任人唯贤、德才兼备，群众公认、注重实绩的原则，采取公开、公平、公正的形式，不让素质高的人吃亏，不让干事的人吃亏，不让老实人吃亏，营造风清气正的选人用人环境。三是狠抓机关效能建设。坚持以制度促效能。认真总结办公室长期积累的好经验、好做法，深入研究办公室工作内在规律，积极探索和推进制度创新，做到用制度管事、用制度管人。严格执行《市政府办工作绩效综合考评办法》和办公室十三项工作制度，奖优罚劣，激发潜力。为更好适应新形势需要，2009年，专门制定下发了《南阳市人民政府工作规则》和《南阳市人民政府秘书长副秘书长工作规则》两个文件，对办文办会、机要保密、督办查办、信息报送、值班应急等项工作内容和程序进一步加以规范完善，确保各项工作高效有序运行。（谢春平）

人事人才工作

2009年，紧紧围绕“保增长、保民生、保稳定”目标，深化落实“一二三四五”的工作思路，积极转化国际金融危机严峻挑战为发展机遇，以保持就业局势稳定为中心，把促进大中专毕业生就业摆在更加突出的位置，大力实施两大战略（扩大就业战略和人才强市战略），稳步推进两项改革（工资收入分配制度改革和事业单位人事制度改革），统筹加强两支队伍建设（公务员队伍建设和专业技术人才队伍建设），做到学习、业务工作和党风廉政建设互为促进、相得益彰，切实为南阳经济社会平稳较快发展提供强有力的体制机制保障和人事人才保证。

【积极实施扩大就业发展战略,促进大中专毕业生充分就业】 受国际金融危机冲击,全市大中专毕业生就业群体增大,就业空间变窄,就业渠道不畅,就业任务更加艰巨。坚持把促进大中专毕业生就业作为整体工作的重中之重,采取有效措施,突出重点,统筹兼顾,确保全市毕业生就业局势基本稳定。一是认真落实促进大中专毕业生就业各项扶持政策。全面贯彻落实国家、省、市高校毕业生就业工作会议精神,制订印发了《南阳市人民政府关于切实做好大中专毕业生就业工作的通知》,明确了引导毕业生到城乡基层就业、鼓励毕业生到中小企业和非公有制单位就业、鼓励骨干企业、科研项目单位和事业单位积极吸纳和稳定毕业生就业、鼓励和支持毕业生自主创业、强化毕业生就业服务、提升毕业生就业能力、强化对困难毕业生的就业援助等7个方面优惠措施,为促进毕业生就业创业提供有力的政策保障。同时结合南阳市实际,制定有效配套措施,分解细化职能部门具体落实办法,实实在在为毕业生就业服务。二是强化大中专毕业生就业服务。收集编制了《2009年南阳市人才需求目录》,及时发布市党政机关、企事业单位急需专业、岗位信息,为毕业生求职择业提供"风向标"、"指南针"。结合全市"企业服务年"、"项目推进年"活动,围绕全市优势产业、重点企业和高新技术发展,建立用工发布制度,充分发挥企业吸纳毕业生就业主渠道作用和重点项目对毕业生的吸附作用,拉动毕业生新增就业,实现经济发展与扩大就业的良性互动。联合市直相关部门和驻宛高校举办形式多样的校园招聘活动,组织600余家大中型企业、民营企业、非公有制企业以及扩大内需投资开工建设项目和省内外企事业单位进场招聘,先后提供就业岗位9500个,4000余名毕业生与用人单位达成初步就业意向。不断完善"南阳市人才交流与毕业生就业网",做到有形市场和网络市场人才需求信息同步发布。广泛推行人事代理制度,先后深入15家企事业单位为1400余名临时聘用毕业生办理了人事代理手续,切实为未就业和到城乡基层、中小企业、非公有制企业就业及灵活就业、自主创业、体制外聘用等各类毕业生,提供档案保管、工资调整、职称评定等一系列代理服务,真正解除他们就业创业的后顾之忧。积极开展高校毕业生就业见习促进活动,对到驻市大型企业就业的高层次紧缺专业毕业生进行政府补贴。目前,市直第一批11家就业见习单位已接收安置208名毕业生参加就业见习,已确定12名高层次紧缺专业毕业生享受政府补贴。三是通过区域合作实现毕业生输转就业。充分利用"沪宛人才合作"、"汉江中上游地区人才协作"等平台,指导南阳工业学校、南阳农校、南阳经贸学校与上海、浙江等地在就业培训、需求信息发布等方面,开展全方位的合作,助推毕业生输转就业。全年共向外输送毕业生5600余人,在扩大就业的同时,提升了毕业生就业能力和综合素质,为实现人才循环增值和回乡就业创业打下了坚实基础。四是加强毕业生就业宣传引导。抓住毕业生离校前和期末联系工作的有利时机,多次深入南阳师范学院、南阳理工学院、南阳医专等高校,通过举办报告会、发放宣传单、设置咨询台等形式,开展"人事局长校园行"、"就业服务校园行"、"创业助我行"等系列活动。联合南阳党员干部远程教育频道,通过"阳光人事"电视栏目,先后制作播发"政策篇""需求篇""服务篇""院校篇""创业篇""讲座篇"就业专题节目6期,深度解读毕业生就业政策,大力宣传秦英林、朱艳霞等本土自主创业典型,引导毕业生认清就业形势,摆正就业观念,提升就业能力,掀起创业热潮。同时局领导先后两次做客南阳电视台《直播南阳》栏目,与大中专院校毕业生面对面交流,现场解疑释惑。一年来,全市大中专毕业生就业工作受到上级和社会有关部门充分肯定,市人事局作为省辖市人事部门唯一代表在全省高校毕业生就业工作经验交流会上做了题为《建好四个平台助推大学生充分就业》的典型发言,《中国人事报》、"人民网"先后刊发和转载南阳市有关做法。全年往届毕业生实现就业3680人,其中到城乡基层企业就业2160人、自主创业或灵活就业毕业生1200人,2009届毕业生在南阳联系到就业单位、签订就业协议2865人,先后帮助150名就业困难毕业生实现了就业。

【积极实施人才强市战略,加快人力资源强市建设】 为有效改善全市人才资源总量不足、素质不高、结构不优、短板突出的现状,实现由人口大市向人力资源强市的跨越,坚持把人事人才工作放到全市经济社会发展大局中去思考、去定位、去落实,着力提高人事人才工作和经济工作的融合度,坚定不移地推进人才强市战略实施。一是会同市委组织部开展了全市2009年至2010年人才队伍建设中长期规划工作,统筹开发各类人才资源。目前,市级人才规划正在编制中。二是围绕重点项目建设,加大引进国外智力工作力度。全市共有26项引智项目(其中国家重点项目1项、省重点项目3项、引智示范推广项目3项)获得国家、省外专局批准,聘请外国专家36人次,投入引智经费90余万元,帮助项目单位解决关键性技术难题36项，产生直接经济效益近2亿元；向省外专局申报2010年引智项目45项，其中重点项目10项，农业引智推广项目7项，一般项目28项；组织桐柏、社旗、唐河等3县外专局及二机集团、防爆电器研究所、二胶集团、三色鸽等多家企事业单位组团赴深圳参加“2009年中国国际人才交流大会”，发布高层次人才需求信息164项，向瑞典、法国、奥地利等国家专家组织投递引智项目9项，并与新加坡国际管理学院、新西兰中国国际培训中心等培训机构初步达成人才合作协议；“一村一品”工作进展顺利，西峡县黄狮村和宛城区英南村被省厅授予“一村一品”引智示范基地。三是圆满完成2009年军转安置工作任务。坚持“考试、考核、公平竞争、阳光安置”的分配办法和“三公开、一见面”的工作机制，妥善安置了91名(计划分配83名、自主择业8名)军队转业干部和15名随调家属，实现了部队、转业干部和接收单位“三满意”。进一步加强完善自主择业军转干部管理服务工作，调整规范退役金计发项目，引导帮助自主择业军转干部就业创业。目前，全市自主择业军转干部就业率达81%。以落实政策为重点，积极做好企业军转干部解困维稳工作。及时建立了全市企业军转干部联席会议制度，积极履行了联席会议办公室具体职责，有效发挥了解困维稳工作协调督办职能，多次与企业军转干部面对面或赴京、赴省做好思想教育和信访接待工作，较好地维护了全市企业军转干部稳定，为促进社会和谐做出了贡献。目前，全市共有企业军转干部6466人，纳入解困范围2707人，相关解困政策已全部兑现落实，做到了“一人不漏、一分不少、一天不拖”。四是深化沪(长三角)宛人才合作，搭建人才区域合作新平台。继续与以上海市为代表的长三角地区人事部门、培训机构建立定期沟通机制，在高层次人才和高新科技项目引进、专业技术人员继续教育、高等职业培训等方面达成了广泛的合作共识，探索出了“不求所有、但求所用”的柔性人才引进模式。市人事局先后邀请上海行健学院和联合国全球技术产权交易所来南阳市考察，为全市旅游产业发展和高新技术合作献计献策。其中上海行健学院工艺美术大师陈海龙(上海市非物质文化遗产获奖者)与南阳市拓宝玉器厂合作设计开发的玉雕产品已成功入选世博会，有力提升了“南阳玉”的美誉度和市场定位。五是着力打造人事考试品牌，公开公平公正选拔人才。围绕“科学、公正”这一主题，在依法考试、科学考试、公平考试上出实招、求实效、创品牌，人事考试的权威性、公信度不断增强。同时，跳出就考试论考试低水平状态，把人事考试提升到人才开发、人才增值、有效发挥人才作用的新高度来组织每次考试，着力提高笔试、面试的科学性，确保优秀人才能够脱颖而出。全年共组织和协助上级人事考试机构完成各类人事考试55项，报考39885人次；承接市域内和周边市、区、县企事业单位委托的考试32项，报考3098人次。六是强化人事公共服务，进一步发挥人才资源市场配置功能。加快以“南阳人事人才网”为重点的人事系统信息化建设，成功打造现代人事公共服务新平台。目前，网站点击量累计达120万人次，吸引30个省市用户登录，被市政府授予政府部门“十佳网站”，被市委宣传部等部门授予南阳首届“铁通杯”“十佳网站”。继续通过“阳光人事”电视栏目对人事人才工作中的热难点问题及重大政策法规进行深度解读，向社会及时发布最新的人事人才资讯。节目自开播以来，已累计播发42期，发布各类人事资讯220条，邀请嘉宾作客“人事会客厅”10次，解答观众咨询500余人次。创新招聘会形式，完善社会化人事档案公共管理服务，着力提升人才市场服务效能和服务水平，提高人才对接率和签约率。2009年全市共举办常规招聘会82场、大型招聘会4次，招聘单位1416家，与会4.2万人(次)，达成就业意向13600人次，南阳人才市场已成为豫西南地区最具影响力的人才市场。

【推进机关事业单位工资收入分配制度改革，促进收入分配更加合理】 工资收入分配关系到每个人的切身利益，社会关注度高。严格按照市委、市政府的要求，正确处理公平和效率的关系，统筹机关事业单位工资收入分配工作，推动形成合理有序的收入分配格局。一是认真做好义务教育学校绩效工资的组织实施工作。制订下发《南阳市义务教育学校绩效工资实施意见》，并会同财政、教育部门就全市义务教育学校实施绩效工资工作做出具体安排部署，检查督促县区工作落实情况。目前，市直义务教育学校绩效工资实施办法已起草完毕，绩效工资标准也已确定，待市政府批准后，即可组织审批、落实兑现。全市13个县市区的实施方案也已全部批复，其中4个县(南召、方城、西峡、淅川)已制定了具体实施办法和农村教师补贴办法，待县政府批准同意后即可兑现落实，其余9个县市区正在抓紧制定具体的实施办法。二是做好机关事业单位工作人员正常晋升工资、津贴补贴变更、离退休人员离退休费审核等日常工资工作。三是开展全市工资收入调查摸底工作。先后对全市公共卫生与基层医疗卫生事业单位工作人员和公务员、事业单位工作人员的工资收入情况进行统计汇总，为上级推行医疗卫生制度改革及其它事业单位实施绩效工资提供真实全面的参考依据。

【积极稳妥推进事业单位人事制度改革，深化职称制度改革】 2009年，市人事局全面推进以岗位设置、公开招聘为主要内容的事业单位人事制度改革，通过选人用人机制的转变，真正提高事业单位公共服务能力。一是做好事业单位岗位设置管理实施前的各项准备工作。目前，全市共有事业单位8195个(已批准为参照公务员管理的事业单位除外)，其中市直292个、县市区6628个、乡镇1275个，管理人员27497人，专业技术人员119680人，工勤技能人员76145人。二是进一步规范事业单位公开招聘工作。坚持“公开、公平、公正”原则，先后为市规划局、南阳医专附院、市地震局、南阳工业学校公开招聘专业技术人员218名，事业单位新进人员公开招聘制度得到了广泛推行，“凡进必考”得到了社会各界的普遍认可。三是职称制度改革推出新举措。对部分专业和申报人员实行“以考代评”、“考评结合”、“直接认定”、“面试、答辩与评审相结合”的评审办法，职称评价方式实现多样化，确保了人才评价的客观公正。坚持结构比例一次审核完毕，当年不再调整。严把推荐关、资格审查关和评审关，评审质量进一步提高。突出向高层次人才倾斜、向主系列倾斜、向优秀中青年人才倾斜、向基层一线人才倾斜。全年共审批高级空岗职数1712个，中级空岗职数4051个；共推荐申报高级职务1660人、中级职务3576人，其中1472人取得了高级职务任职资格，3416人取得了中级职务任职资格；通过考察、现场观摩、深入田间地头等多种方式，为100余名农民专业技术人员和民间艺人免费进行中初级职称评定；为全市110名非公有制经济组织专业技术人员申报了高、中级专业技术职务。

【建设高素质公务员队伍，为打造人民满意的政府提供坚强保障】 以“两转两提”为重点，围绕打造人民满意的政府，在建设责任政府、创业政府、效能政府、法治政府、廉洁政府，加强公务员队伍建设。一是依法加强公务员队伍管理。深入贯彻落实省委组织部、省人力资源和社会保障厅《公务员职位管理实施办法》、《公务员调任规定》、《公务员奖励规定》和《公务员辞退规定》等公务员管理配套法规，逐步建立起符合全市实际的公务员管理体制。二是严把进口关，坚持“凡进必考”，切实做到依法考录、科学考录和公平考录。按照“招录有序、公开公正、统考择优、定向培养、严格管理”的原则，圆满完成2009年河南省政法干警招录培养体制改革试点基层政法机关公安职位的面试、体检和政审工作。做好了全市77名拟招录公务员计划的上报工作和3876名考生的资格审查工作。会同市委组织部从优秀村干部中考录6名公务员充实到乡镇机关公务员，从普通高等院校选调18名应届优秀大学毕业生到基层工作。三是进一步规范科级非领导职务晋升工作。认真执行《河南省综合管理类公务员非领导职务设置管理办法》，严格市政府工作部门和市直参照公务员法管理事业单位工作人员非领导职务配备，进一步明确了晋升人员条件和民主推荐程序。四是进一步加强行政表彰奖励管理。严格行政表彰奖励报批制度，控制行政奖励种类，全年共批准开展了32次行政表彰项目，先后表彰了826个集体、3266名个人。其中宛城区检察院案件审理中心主任杜东翔被授予第七届“全国满意的公务员”称号，填补了全市这项荣誉的空白；内乡县余关乡党委书记刘晓、桐柏县信访局局长朱盛和市纪委分别被授予河南省第三届“人民满意的公务员”和“人民满意的公务员集体”称号。

【建设高水平的专业技术人员队伍，为全市经济发展注入持续动力】 全市专业技术人才尤其是自主创新、高层次人才较为短缺，现有人才经济贡献率不高，助推经济社会发展的动力明显不足。从人才培养、使用、激励的关键环节入手，围绕“三大战略”、“四大突破”，瞄准重点产业群、高新技术产业基地、产业集聚区发展，有重点地培育经济社会发展新的人才支撑点。一是继续实施“南阳市111人才工程”。开展了第十三批学术技术带头人的推荐选拔工作，99人通过评审并向社会公示。二是博士后科研工作站建站工作稳步推进。积极指导方城迅天宇公司、防爆电气研究所、普康药业集团、安棚碱矿4家企业申报博士后科研工作站。目前全市设立博士后科研工作站的企业9家，进站博士10余名，紧随郑州之后。三是切实加强高技能人才队伍建设。完成全市机关事业单位1.3万名技术工人培训任务，考核(考试)选拔工人技师496名、高级工5952名、中级工3012名。四是畅通渠道，吸引留学回国人员来宛创业。共为5名留学回国人员登记建册，为2名留学回国人员介绍安排工作，为2名留学回国人员申报科技活动项目择优资助经费。

【统筹兼顾，保持人事人才工作协调推进】 抓住南阳市举办第七届全国农民运动会的机遇，整合资源，集中力量，会同配合单位和相关职能部门，积极开展“六创一迎”创建活动，分包的民主街在较短时间内使街区面貌发生明显变化，沿街商(住)户创迎意识明显提高，为农民运动会的筹备召开做出了积极贡献。及时办理老年人优待证，把为老年人服务落到实处。积极稳妥地处理人事争议案件，化解了社会矛盾，促进了社会和谐。不断加强人事人才规划工作，研究建立事业单位人员和工资总量管理调控机制。机关党务、人事管理、老干部工作、人事宣传、人事信访、人大代表建议和政协委员提案办理、综合治理、计划生育、机要档案、移民安置、行政审批项目入中心、后勤服务、房产管理等也取得了明显成效，为人事人才工作的开展提供了有力的保障。(田彤)

民族宗教事务

市民宗局长　杨光才

【民族】　南阳市是一个多民族的人口大市。2009年，全市共有44个民族成分，除汉族外，计有回、蒙、满等43个少数民族，总人口26万余人，占全市总人口的2.4%，战全省少数民族人口⅕强，占全省17个市地少数民族人口之首。

由于种种原因，南阳市少数民族人口的分布呈大分布小聚居的格局，事典型的杂散居地区。其中回族158930人，主要分布在南召、镇平二县；蒙古族68769人，以镇平、南召内乡居多；满族26299人，以淅川县居多。全市少数民族万人以上的县(市、区)有10个，其中卧龙区15789人，宛城区29348人，邓州市24388人，镇平县56030人，南召县30457人，方城县20548人，淅川县12789人，唐河县15776人，新野县13276人，内乡县19920人。全市共有少数民族千人以上的乡镇82个，2个民族乡，218个少数民族聚居村。

【宗教】　南阳市的宗教历史久远，在全市有佛教、道教、伊斯兰教、天主教和基督教五种宗教，信教群众达56万余人，遍及全市13个县市区。从事各种宗教教职人员共有2080人，其中佛教321人，比丘190人，比丘尼131；道教381人，乾道147人，坤道109人，道士103人，道姑22人；伊斯兰教阿訇147人；天主教25人，神甫10人，修士10人，修女5人；基督教1206人，牧师6人，长老56人，传道员1144人。佛教活动主要分布于桐柏、南召、社旗、唐河等县；道教主要分布于南召，方城，邓州，西峡，卧龙，宛城等地；天主教活动主要分布于唐河，邓州，镇平，卧龙，宛城，南召等地；伊斯兰教和基督教活动遍及全市，至2009年底全市共登记开放宗教活动场所964处，其中寺观教堂493处，固定场所471处。其中基督教655处，伊斯兰教120处，道教107处，佛教72处，天主教10处。全市共有各级宗教团体47个，其中市级7个，县级40个。

【创新载体，广泛开展民族团结进步创建活动】　一是筹备召开了全市第五次民族团结进步表彰会，对四年来全市民族团结进步创建活动中涌现出的60个模范集体、41名模范个人进行表彰，对全市的民族团结进步创建工作进行安排部署；二是围绕庆祝建国六十周年，认真回顾总结全市改革开放30年来民族工作取得的成绩和经验，指导各县市区编写宣传材料，重点在社区、学校开展了民族知识、民族政策宣教普及活动，并及时对全市贯彻落实国办发〔2008〕33号文件进行督导检查，得到省政府贯彻落实民族政策检查组的充分肯定；三是完成了国务院和省政府第五次民族团结进步表彰大会模范集体、模范个人的评选推荐工作；在9月份召开的国务院第五次民族团结进步表彰会上，市民宗局、镇平县郭庄回族乡、方城县袁店回族乡党委书记李龙晨分别作为模范集体、模范个人受到国务院隆重表彰；11月份召开的全省民族团结进步表彰会上，南阳市政府、邓州市委等9个集体和市民宗局局长杨光才、市委统战部民宗科长买书广等9个个人分别作为先进集体和先进个人受到省委、省政府隆重表彰。

【强化服务意识，主动为民族特需商品定点生产企业服好务】　认真落实“民族企业服务年”活动，对8家民族企业进行了调研，抓住国家扩大城市商业银行、农业发展银行、农村信用社为民族特需用品定点企业流资贷款承贷行的有利时机，组织召开了金融部门和民族特需用品定点企业座谈会，邀请金融部门专家对贴息工作进行详细讲解，为做好贴息工作奠定了基础。2009年，新纺、南纺、邓州雪阳、新野鹏升、纵横丝绸等5家少数民族特需用品定点企业享受到财政贴息3607万元。

【认真做好民族发展资金的申报、管理,着力改善民族聚居地方的基础设施】 组织人员对全市13个县(市、区)2008年扶贫发展资金的到位情况、使用情况、群众满意度以及2009年度项目申报情况进行了检查、调研;年度为民族聚居地方筛选上报省民族发展资金扶持项目21个,资金325万元;为民族乡争取财政转移支付资金200万元。同时加强和完善财政扶贫资金网络监测系统管理制度建设,提高了民族发展资金的科学化、规范化管理。

【挖掘整理南阳优秀民族文化,促进少数民族文化体育事业蓬勃发展】 一是开展"优秀民族文化资源挖掘、城市少数民族权益保障、民族村经济发展情况"等专题调研活动,为科学决策提供依据;二是完成全市清真名寺和少数民族知名人士的搜集整理,为《河南清真名寺》、《回族人物志》的编印提供了资料;三是完成《南阳少数民族民俗文化》的编纂工作,已进入再审阶段;四是协助南阳师院抓好省少数民族传统体育项目南阳蹴球基地队员的训练工作。

【加强和改进城市民族工作,积极帮助城市少数民族解决各种实际问题】 一是开展城市民族工作的调研,为做好城市民族工作提供理论依据;二是结合"六创一迎",召开了加快河街回民社区发展座谈会,形成了《南阳市民族宗教工作领导小组关于加快河街回民社区发展的会议纪要》,达成了河街社区改造的初步意见;三是为提高南阳市城市民族工作的服务水平,按照河南省少数民族事业"十一五"发展规划要求,做好南阳市民族事务服务中心的立项筹建工作,目前,民族事务服务中心已进入立项阶段;四是完成了南阳城区回民仪地的前期建设并投入使用,解决了城区广大回民群众关注的问题。

【清真食品管理工作】 一是在2008年检查的基础上,查漏补缺,对未检的寄宿制学校进行了重点排查,规范了市二十八中、市工业贸易学校和宛城区溧河二中的清真灶;二是在全市开展清真食品大检查,下发了《关于在全市进行清真食品大检查的实施方案》和《关于对全市清真食品大检查活动进行抽查验收的通知》,并邀请市政协视察清真食品管理工作,提高了各县市区委、政府对清真食品管理工作的重视程度;三是及时处理了镇平石佛寺镇"天外天美食园"违法经营清真食品事件;四是为提高清真餐饮行业经营水平,弘扬南阳伊斯兰饮食文化,与南阳晚报社共同开展了首届"南阳市清真食品放心单位"评选活动,丽都花园民族饭店、南阳光友薯业有限公司等13家被评为"清真食品放心单位"。

【深入贯彻落实两个《条例》】 一是认真研究解决"条例"贯彻落实过程中遇到的新情况、新问题。根据市三届人大常委会第37次会议对全市贯彻《宗教事务条例》情况的评议意见,对各县市区贯彻落实《条例》情况、宗教活动场所规范化管理及宗教界开展"和谐寺观教堂"活动情况进行了认真深入地检查。对查出的问题研究整改措施,迅速予以处理完善;二是抓好宗教界人士教育培训。指导市县两级宗教团体制定学习培训规划,对教职人员和场所民管组织成员进行集中培训;选拨各宗教中青年骨干教职人员参加了省组织的专门培训;指导市基督教"两会"举办了传道员学习班;三是帮助宗教界解决实际困难和问题。在省宗教局支持下,同湖北省民宗委进行深入沟通和协调,妥善处理了南阳市天主教在武汉房产管理中存在的问题。

【加强抵御境外宗教渗透,切实做好维稳工作】 一是全面开展天主教综合整治和对地下势力的教育转化工作。通过大量耐心细致的工作,使地下势力得以分化瓦解,绝大部分地下神职人员思想转变明显,靳红彬等5名地下神甫向宗教部门和"两会"递交了公开身份的申请。指导市天主教"两会"对申请公开身份的5名地下神甫履行了相关手续;二是组织指导有关县市区妥善应对"为中国教会祈祷日"、上海佘山朝圣以及8月2日山西板寺山朝圣问题,通过周密部署,重点监控,耐心劝导等措施,确保了全市无一人参予上述活动;三是认真查处制止境外伊斯兰教势力在南阳市的非法活动。组织专门力量对伊斯兰教重点地区进行全面清查,对重点清真寺的教职人员和穆斯林群众进行法规政策教育,防止撒拉教派向南阳市渗透;密切关注南阳市擅自赴巴基斯坦留学人员的情况,并采取了必要的控制措施;四是妥善处理"2·11"境外基督教渗透事件,会同公安、安全部门在卧龙区杏花村查获韩国人员参加的非法基督教学习班,对韩国基督教宣教人员进行了训诫谈话,并限期离境;五是根据市委、市政府要求,对小东关清真寺擅自建设"女寺"的问题进行了全面调查,配合有关部门依法拆除了小东关清真寺违法建设的"女寺",并进行了细致的稳控工作,在全市伊斯兰群众中强化了依法办事的意识,为妥善处理涉及穆斯林群众的问题探索出了好的做法和经验;六是国庆期间根据省宗教局和市领导的指示,会同公安部门圆满完成了对基督教非法组织"中国家庭教会联合会"会长张明选的稳控工作；七是积极协调解决石桥清真寺、云阳清真寺、南召基督教“两会”信教群众上访，妥善处理了互联网广场南街论坛侮辱穆斯林的图文事件，保持了宗教领域的持续稳定。

【积极推进宗教事务规范化管理】　一是依法做好设立宗教活动场所的审批、登记和宗教活动场所管理人员、教职人员的备案，推动宗教活动在法律法规范围内进行。全年共受理行政申请 6 件，批准筹备设立宗教活动场所 4 处；二是继续开展对基督教私设聚会点、佛道教乱建寺庙、乱塑宗教造像的治理整顿，对未经批准擅自设立的 3 处宗教活动场所予以取缔；三是对全市宗教活动场所各项规章制度建立完善和贯彻落实情况，以及宗教教职人员和宗教活动场所主要教职人员备案情况进行检查，督促宗教团体领导班子建立分片包干负责制，组织人员经常性深入宗教活动场所检查指导；四是根据伊斯兰教朝觐报名排队办法，对 2009 年南阳市的朝觐人员进行了筛选，确定 14 名穆斯林赴沙特朝觐。通过周密组织，热情服务，14 名朝觐人员圆满完成了朝觐功课；五是在宗教“四争创”活动的基础上，安排部署在全市宗教界开展了创建“和谐寺观教堂”活动，通过宣传发动、组织观摩、推广典型经验、评比表彰等措施，激发了宗教界开展创建活动的热情，全市涌现出一大批“和谐寺观教堂”。

【挖掘宗教文化资源，积极引导宗教与社会主义社会相适应】　一是打造重点寺观教堂，为历史文化名城增色，促进旅游经济发展。市、县两级分别选定一定数量的宗教活动场所，指导帮助其挖掘整理宗教文化内涵，制定发展规划，搞好软硬件建设，已有 10 所经省宗教局批准；二是根据“全市旅游发展规划”要求，对独山风景区内的玄妙观、祖师宫、豫山禅寺的宗教文化资源进行整合，促使宗教文化为打造独山旅游亮点服务；三是为提高南阳宗教文化在海内外的知名度，服务南阳文化大市、旅游大市建设，举办了“走进南阳宗教”摄影大赛；四是鼓励宗教界积极开展对外文化交往，指导桐柏水帘寺举办了八关斋戒和短期出家活动，圆满接待了香港佛教访问团、澳门道协访问团及挪威基督教徒旅游访问团；五是大力弘扬南阳宗教文化，积极编纂出版《南阳宗教文化》；指导市伊协开展了《南阳清真寺志》的编写工作；六是指导各宗教团体围绕新中国成立 60 周年，在宗教界积极开展了形式多样的“为祖国祈福”纪念庆典活动和“祖国在我心中”、“国旗在我心中”为主题的爱国主义教育活动；八是积极推动宗教慈善事业发展。成立了南阳佛教普渡功德会，组织各宗教团体积极开展扶危济困献爱心活动，全市宗教界共计捐款捐物（折合人民币）120 多万元，救助失学儿童 78 人，贫困大学生 26 人，特困家庭 280 多户，宗教慈善活动已成为南阳市社会救助体系的一支重要力量。（李海阳）

外事侨务工作

市外侨办主任　赵天才

【为全市经济社会发展服务】　2009 年，应对国际金融危机、保稳定、保增长、保民生的形势下，外侨办以帮助外向型企业走出国门为己任，主动为企业在国际上找市场、谋发展、促增长，提供优质服务。南阳石油二机公司改制后未取得因公出国资格，不能办理和持有公务证件出国，被部分国家拒之门外，市外侨办为其申请了因公出国渠道资格，申办了公务出国证件，使该公司顺利出国开展商务谈判，签订了三千多万美元的出口钻机设备合同；主动为新野棉纺公司争取了一次申办半年多次往返香港签证的资格，促进了该公司业务的稳定发展。促成社旗县民营企业昊德公司与莫桑比克在农业、纺织、印染等多个领域的合作，昊德公司先后在莫桑比克投资兴建了“工业园区”、“农业种植示范园区”和“河南工业品展销中心”，得到了莫桑比克国家高层的高度关注和支持，是河南省实施“走出去”经济战略的重要成果。

【对全市因公出国（境）工作首次实行了年度计划管理】　2009 年初经过科学组织、周密安排，首次制定全市全年因公出国（境）计划，对全市各级各部门申报的因公出国（境）团组和人员认真审核，压缩申报计划 35％以上。在实际执行中严格把关，全年仅派出出国（境）团组 22 个 112 人次，均比原申报计划减少 40％以上，既有效的压缩了没有实际内容的团组和人数，节约了大量出访经费，又确保了必要的高层出访和实质性的考察活动。

【外事管理工作得到了进一步的规范和加强】　结合南阳市实际，先后制定了《进一步加强因公出国（境）管理工作的通知》、《关于规范因公出国（境）审批和加强外事接待工作的通知》等文件，明确了外侨办归口管理全市因公出国（境）管理的工作职能，规定了所有因公出国(境)的审核、审批程序,规范了外宾来宛进行公务活动的接待程序和礼仪工作,对规范管理因公出国(境)工作和树立南阳的对外形象,起到了良好的作用。针对全市军事基地多、宗教问题复杂,又有南水北调移民热点的情况,及时制定了《南阳市外国记者采访管理办法》,有效地规范了对外国记者来宛采访的管理。同时根据上级规定和市领导的指示,成立了由外事办牵头,市纪委、组织部、财政局等单位参加的"治理公款出国(境)旅游工作小组",对全市2007年以来因公出国(境)团组进行了逐一复查,并对所查出的问题进行了严肃处理。通过有效的工作,使全市公款出国(境)旅游和因公出国(境)违规违纪行为得到了根本遏制。

【对外友好交流的渠道进一步拓宽】 先后与韩国、日本、瑞典等国家的有关城市开展友好交流,就旅游观光、光电产业、体育产业发展等事项达成良好合作意向,促成南阳理工学院与日本企业达成学生定向培养,南阳师院与韩国合作办学等协议。帮助西峡县成功入围中英低碳试点城市,是全国四个入围城市(广州、上海、天津、西峡)中唯一代表县级层面的城市,和美国德州在农业科技方面的合作也取得了明显进展。

【外事服务整体水平明显提高】 圆满完成各项外事公务接待,优质高效地组织安排高层出访,各项礼宾工作逐步规范,积极主动做好领事保护工作。2009年度,市外侨办配合中国驻外使领馆,先后圆满处理了三起南阳市市民在海外受虐待、拖欠工资、劳务纠纷等涉外事件。

【侨务引资引智工作不断深化】 组团参加"华侨华人中原经济合作论坛",共发布140多个招商项目,广泛接触华商代表和华侨华人专家、学者,宣传推介南阳市的投资环境和投资项目。通过联络争取,引进海外捐赠资金50余万元人民币,分别在方城、新野、镇平三县捐建3所贫困小学。深入开展了"万侨助万村"活动,引导海外侨胞以多种形式支持南阳市的新农村建设,内乡县师岗镇时店村被确定为河南省"万侨助万村"试点村,香港应善良福利基金会代表应邀实地考察了新野县施庵镇曾营村沼气改造项目,拟捐资帮助该村实施沼气"一池三改"。引导开展了各种寻根活动,加强对外经济文化交流。11月份,邓州市成功举办了"邓姓文化研究座谈会",新野岑氏、唐河廖氏等姓氏宗亲也先后举办了不同形式的寻根和文化交流活动。

【为侨服务工作得到了进一步提升】 设立全市首家"侨法宣传角",搭建保护归侨侨眷合法权益和为侨服务的新平台。实施"归侨侨眷关爱工程",加强对归侨侨眷的职业技能和科技知识培训,帮助他们实现就业和脱贫致富。按照国侨办"维护侨商投资权益行动年"的要求,深入侨资企业帮助解决实际困难,扶持他们应对危机,做大做强。认真贯彻落实《关于进一步加强我省侨务信访工作的意见》,依法做好侨务信访工作,维护了侨界的和谐与稳定。(郝以昆　王峰)

侨联工作

市侨联主席　刘红跃

【深入开展学习实践科学发展观活动】 2009年,全市各级侨务部门认真开展了学习实践科学发展观活动,对照科学发展观的要求,深入查摆思想观念、精神状态、工作作风等方面存在的问题,深刻剖析问题产生的根源,明确今后的努力方向。通过召开座谈会、发放征求意见表等形式,共向社会各界征求意见60余条。市侨联侨办对收集到侨界人士的意见、建议进行梳理,结合全市侨情,明确了当前和今后一个时期南阳市侨务工作的思路。通过学习实践科学发展观活动,进一步统一全市侨务干部的思想,加深对科学发展观的科学内涵、精神实质、基本要求的理解和认识,增强贯彻落实科学发展观的自觉性和坚定性,明确侨务工作科学发展和服务科学发展的方向。

【引资引智工作】 充分发挥侨务工作的优势,坚持"走出去"、"请进来"相结合,积极牵线搭桥,引资引智,服务南阳经济发展。一是在归侨侨眷中开展"五个一"(贡献一条计策、提供一条信息、介绍一个人才、引进一个项目、推销一种产品)活动,广泛宣传动员,通过走访慰问、座谈联谊、排忧解难等多种形式,访侨情、维侨益、解侨忧、暖侨心、聚侨力,帮助引导广大归侨侨眷在与海外亲属联系的过程中自觉主动的宣传推介南阳,以多种形式服务全市的经济社会发展。已传递有价值信息30多条。二是以省、市举办的各种招商引资、经贸洽谈活动为平台,以侨引侨,以侨引外,联络邀请客商来南阳参观考察、投资兴业。如内乡县侨联通过参加"中原文化港澳行暨2009年豫港投资贸易洽谈会",成功引进了香港德泰行国际投资有限公司年产150万件工艺品项目和菲律宾华侨投资有限公司年产6000吨铝制品项目，邓州市侨联通过积极对外联络推介，使香港天虹实业发展有限公司投资300万元的皇家御足休闲会馆和朗文集团投资160万元的朗文少儿英语学校两个项目成功落户邓州。三是组团参加了2009华侨华人中原经济合作论坛。市侨联侨办先期认真征集各县市区的招商引资项目，并与市发改委联系，了解全市的重点招商引资项目，共征集140多个招商项目在华合论坛网站上发布，涉及旅游文化、农产品深加工、基础设施、高新技术等领域。在论坛举办期间，南阳市代表团利用各种机会接触参会的各地华商代表和专家、学者，宣传推介南阳市的投资环境和投资项目，共发放宣传册300多册，推介了100多个项目，达到了“结交一批朋友，推介一批项目”的参会预期目标。四是加强与深圳潮商会联系，积极进行前期的对接，已陆续向商会会员推介项目60多项，并就一些项目进行了前期洽谈，宣传推介南阳的优势和项目，开展经贸交流活动。五是深入开展“海外百名博士故乡行”活动，加强与学术上有造诣的海外中青年专家和南阳市企业及科教部门的联系，了解双方的需求，搞好衔接，架起桥梁，利用他们回乡探亲之机组织讲学交流，传递国际前沿科技信息，助推南阳科教事业发展。例如，美籍生物学博士窦德献利用回乡探亲之机到母校社旗一高做报告，并与普康集团化学制药有限公司进行了实质性商谈，达成了合作议项，将为该公司引进国外的先进技术和产品。加州大学教授张金中先生到南阳理工学院参观考察，并被该学院聘任为客座教授。六是依托姓氏文化优势，积极开展寻根活动，加强经济文化交流。3月，来自罗马尼亚、比利时、香港、澳门等地的200多名廖氏宗亲在唐河县湖阳镇拜祭了廖氏先祖叔安公，活动中廖氏宗亲累计捐款150余万元，整修道路和修建蓼王叔安纪念馆等。5月份，来自加拿大、巴拿马、香港、澳门及内地的岑氏宗亲300余人，赴新野县前高庙乡下庙村参观了“岑公祠”、古棘阳城遗址等，在始祖岑彭墓前举行祭祖大典，并捐资近40万元拟修建“岑氏文化纪念馆”。11月初，邓州市成功举办了河南邓州邓姓文化研究座谈会，来自美国、法国、德国及国内邓氏宗亲200多人出席，成立了炎黄邓氏宗亲联谊会，创办了《邓姓文化》杂志。市侨联侨办在工作中不断加强对寻根活动的统筹协调和规范管理，引导寻根活动和对外经济交流活动有机结合起来，突出经贸主题，以达到宣传推介南阳，服务经济发展的目的。七是积极开展“万侨助万村”活动，引导海外侨胞多种形式支持南阳市的新农村建设。经积极申报争取，内乡县师岗镇时店村已被省外侨办确定为河南省“万侨助万村”试点村，香港应善良福利基金会代表也应邀实地考察了新野县施庵镇曾营村沼气改造项目，将捐资帮助该村实施沼气“一池三改”。

【引资助教工作】 受全球金融危机的影响，海外爱心基金会和爱心人士的捐资项目大幅减少，给引资助教工作增加了难度。面对不利局面，主动出击，加强联络，深交老朋友，广交新朋友，巩固已有的引资渠道，不断开辟新的引资渠道。2009年，累计引进海外捐赠资金近90万元，帮助6所农村小学新建了教学楼，并先后资助了155名贫困高中生。香港应善良福利基金会、加拿大河南同乡会均连续第三年在南阳市捐建学校，美国爱心助学基金会与市侨办建立了长期合作关系，该基金会在国内共捐建了23所学校，而其中的21所都建在了南阳市，在南阳市累计捐款近200万元人民币，该会还在南阳市增加了资助高中生名额，在上一学年资助105名贫困高中生的基础上，秋季新学期开学又增加了50个资助名额，每人每年资助200美元。

与此同时，市侨联侨办进一步加强对在建和已建项目的监督管理，以扎实的工作赢得捐资人的信任。7月份，专门下发通知，对全市范围内的侨捐项目进行了一次清查，重点检查了侨捐项目是否改变用途、是否存在安全隐患等情况，9月份又与市政协港澳台侨委联合组织了侨界政协委员对部分侨捐项目的管理使用情况进行了视察。

【为侨服务工作】 2009年，以打造“归侨侨眷关爱工程”品牌为载体，认真做好为侨服务工作。一是经过积极争取，省外侨办已确定在河南油田设立“侨法宣传角”，把“侨法宣传角”做为保护归侨侨眷合法权益和为侨服务的平台，真正将其办成宣传侨法的阵地和归侨侨眷思想教育的阵地，努力营造依法护侨的社会氛围。二是按照全国侨务系统“维护侨商投资权益行动年”和市委市政府“企业服务年”活动的有关要求，积极深入侨资企业，帮助解决遇到的困难和问题，扶持他们应对危机，做大做强。如方城县港商陈爱玲女士在投资新建商务宾馆的过程中遇到资金周转困难的难题，县侨联主动找金融部门联系，为其协调贷款200多万元，保证了该宾馆顺利建成投入运营。三是依法做好侨务信访工作，促进侨界的和谐稳定。全年市侨联侨办共接待来信来访78人（件、次），接受咨询180余人（件、次），反映的问题都得到了较好解决。如在处理新西兰华侨王秀芬反映其弟被误抓、归侨郭佛华反映其伤亡抚恤金未按规定发放等信访事件中,市侨联侨办高度重视,认真督查,妥善处理,使问题都得到了圆满解决。四是加强对归侨侨眷的职业技能和科技知识培训,帮助他们实现就业和脱贫致富。如社旗县侨联为回乡的外出务工侨眷联系培训场所,协助他们利用小额贷款新上肉兔养殖、蔬菜大棚等项目,方城县侨联将返乡归侨侨眷农民工纳入县里的就业困难人员安置计划,使47名返乡归侨侨眷农民工实现了异地和南阳就业,新野县侨联与县农业局联合成立"侨界农民工转移培训基地",对归侨侨眷进行知识技能培训,使180余名农村及下岗归侨侨眷实现就业和再就业。五是认真审核、严格把关,圆满完成一年一度的高考、中招对归侨侨眷学生的加分认证工作。

【侨务对台工作】 侨务对台工作是全国对台工作的重要组成部分。2009年,利用"侨中有台、台中有侨"的特点,开展了形式多样的侨务对台工作。一是在台湾8月初"莫拉克"台风灾害发生后,积极组织全市侨务干部及归侨侨眷为台湾灾区捐款,并致电致函台湾邓氏宗亲总会、台湾慈心慈善基金会等组织,表示诚挚的慰问。二是依托亲情、乡情,不断加强与台湾涉侨社团、海外华侨华人社团联系,宣传祖国和南阳的建设成就,主动邀请他们回来看看,增进文化认同和民族凝聚力;三是在热情接待侨胞的同时,积极宣传"和平统一、一国两制"方针和《反分裂国家法》,引导他们做好反"独"促统工作。

【侨务外宣和信息工作】 2009年,全市各级侨务部门紧紧围绕"让世界了解南阳,让南阳走向世界"这一主题,加大外宣力度,利用侨务渠道积极开展形式多样、富有成效的宣传活动。全年全市各级侨务部门共组织归侨侨眷向海外发出以推介南阳为内容的信函538封,向海外寄发宣传册、图片、音像等75册(幅),发电子邮件、贺卡224封,向上级部门报送信息48篇,被采用21篇,为《人民日报》海外版、《根在中原》网站、厦门鹭风报等外宣媒体撰稿30余篇。(张硕)

对台事务

市台办主任　徐朝炎

【贯彻中央和省委对台工作会议精神,把握对台工作大局】 2009年,是对台工作任务十分繁重的一年,全市各级对台工作部门,认真把握两岸关系发展的历史机遇,学习领会中央对台工作会议精神,把中央的决策部署落在实处。一是市台办全体同志认真学习了胡锦涛总书记在纪念《告台湾同胞书》发表30周年座谈会上的重要讲话精神。使台办的全体同志对胡总书记的讲话精神有了更进一步的认识;对新形势下对台工作大政方针有了更进一步的了解。二是组织全体同志认真学习全省统战工作会议精神,并结合全市对台工作现状进行了梳理归纳,帮助大家理清思路,找准了重点。三是为深入贯彻落实《南阳市第一批深入学习实践科学发展观活动工作方案》,市台办集中学习了《科学发展观重要论述摘编》、《毛泽东邓小平江泽民论科学发展》等书籍和资料,学习实践科学发展观活动对于解放思想,转变工作作风都具有重要的现实意义。四是召开了全市对台工作会议。市委书记黄兴维,市委常委、统战部部长王建民,副市长李建豫出席会议并作重要讲话。市委书记黄兴维要求各级各部门和领导干部要切实加强领导,认真履行职责,确保中央和省委对台工作重大方针和决策部署的落实;要进一步强化和完善对台工作领导协调机制和工作网络,按照职责和分工,齐抓共管,形成合力。各级党委、政府要大力支持台办工作,为完成各项工作任务提供有力保障。

【加大招商引资力度,对台经济工作又上新台阶】 2009年,对台经济工作以中央制定的"积极主动,优势互补,互惠互利,共同发展"的工作原则为指导,利用台海两岸政治趋暖,台湾放开台商投资大陆资本限制等有利条件,努力拓宽对台经济合作领域,加强宛台深层次合作,对台经济工作取得了新的突破。

一是利用节会平台,加大对台招商引资力度。积极组织和参与各类招商引资活动,利用节会平台,介绍南阳的经济建设成就、投资环境、招商项目和优惠政策,吸引台胞台商来宛投资兴业。2月17日,借助河南省委、省政府"中原文化港澳行暨2009豫港投资贸易洽谈会"与台商签约了2个项目。分别是:南阳华祥光学有限公司与台湾精伦超音波设备有限公司合作的超音波清洗设备生产项目;南阳华祥光学有限公司与台湾巨群光学有限公司合作的手机屏幕生产项目。11月16日,南阳与海峡两岸地区经贸合作洽谈会在厦门国际会展酒店隆重举行。共有48个项目成功签约，其中台湾棋彦科技与高新区合作的年产25万吨可降解塑料胶粒项目成功签约，总投资4.8亿元。

二是实施“走出去，请进来”的战略，加强宛台经济文化交流。南阳市2009年共组织三次大规模的赴台交流考察活动。交流考察活动以联络南阳在台乡亲感情为主线，以宣传南阳的发展变化，推介南阳的经贸项目为重点，参观了台湾知名企业、工业园区、科技园区，观摩了台湾的城市规划建设和管理模式。通过交流活动密切了南阳台胞与家乡的感情，联络了台湾政商界知名人士，宣传推介了南阳，结识了台湾企业界的朋友，发布了南阳的经贸项目，对接了一部分企业项目，取得了丰硕成果。8月17日，台湾国民党评议委员、台南市议会顾问郭荣丰先生一行4人到南阳进行投资考察，市长穆为民亲自接见并同台商座谈，郭荣丰先生详细了解了南阳的投资环境、资源优势和历史文化。市农业局、市商务局、市台办及卧龙区政府相关负责人陪同郭荣丰一行参观了龙升工业园区。郭先生对南阳的投资环境、资源优势和园区建设非常满意，认为南阳是投资兴业的好地方，当即表示要在南阳建餐饮泔水处理项目。在南阳文化旅游经贸宝岛行中，南阳市根据自身资源和产业优势，结合台湾资本雄厚、技术先进、信息富集等特点，经过反复论证和对比筛选，带去216个成长性好、发展前景广阔的经济合作项目，总投资超过600亿元人民币，项目涉及新能源、机电、纺织、农业、轻工业、化工及冶金建材业、文化旅游及基础设施、中医药等领域。16个项目现场签约成功，总投资21亿元。项目的签约实施，谱写了宛台两地合作发展的新篇章。唐河县开展的“2009台商唐河行”活动，利用唐河籍同胞和已落户唐河台资企业的关系，在岛内大力宣传唐河，广泛联系台湾各界人士，搭建了唐河与台湾联系与交流的平台，收到良好效果，不仅推动了在建台资项目的建设速度，还达成了多个投资意向。

三是加强台商投资园区建设，打造台资聚集平台。唐河县把对台经济工作作为发展县域经济的最佳切入点，按照高起点规划设计、高水准建设管理的要求，采取政府投资和多元化融资相结合，精心打造让台资企业集中布局、产业集聚发展的精品“园中园”，吸引更多的台商台资企业入驻。已有7家台资企业入驻县工业园区，投资总额达25亿多元。

四是优化投资环境，为台商做好协调服务工作，营造一个亲台商、护台商、爱台商、富台商的投资环境。市县台办继续加大贯彻执行“两法一细则”的宣传力度，会同人大、政协和政府职能部门对照“两法一细则”，联合开展执法检查，认真听取台商的意见和呼声，协调解决了一些用水、用电、子女就学等实际问题。新野县台办坚持与台资企业的联系制度，多次深入台资企业——嘉元食品有限公司调研，关心企业的经营状况，对遇到困难和问题，及时帮助协调解决。对于企业所需的生鲜蔬菜，由县、乡政府出面为其安排落实种植计划和面积，并签订合同，保障供应，免去了企业的后顾之忧。桐柏县积极为台资企业服务，当在调研中了解到东裕(桐柏)精密金属有限公司因金融危机影响，造成该公司产品国内外销售市场滑坡，企业经营不够良好状况时，县委、县政府领导多次深入该企业倾听台商意见和要求，共同商讨对策，鼓励台资企业负责人振奋精神，积极应对金融危机，减少对企业风险。该公司年生产精密阀门15万，创外汇320万元，企业已步入良性发展轨道。8月28日，南阳市台资企业现场会在唐河召开。市委书记黄兴维，市委常委、统战部长王建民，市人大常委会副主任李东武，副市长李建豫，市政协副主席刘荣阁、吴冬焕出席现场会。黄兴维要求，各县市区要在优化环境上下工夫。首先，要明确责任，把对台招商引资作为重要工作，牢固树立服务意识，认真落实市直各部门的各项优惠政策，学习借鉴外地的先进经验，为台商提供全方位、最贴心的服务。其次，要简化手续，决不能推诿扯皮，影响政府的公信力。第三，要在硬件环境和软件环境上下大气力。要借鉴唐河的做法，在产业集聚区划出台商产业园，让台商在南阳创业安心、放心、舒心。2009年全市新增台资企业5家，投资额26亿元。全市正常运转的台资企业共39家，台资企业已成为全市新的经济增长点。

【对台交往交流频繁、组织联络工作成效显著】 2009年，全市各级台办继续按照中央关于做好台湾人民工作的指导方针和“积极主动、坚持双向、以我为主、对我有利”的原则，扎实有效地开展对台交往交流和组织联络工作。

一是做好接待工作。全年共接待探亲、旅游、经商、参节参会台胞612人，团组21个67人。市台办接待了台湾中国电视公司“大陆寻奇”栏目记者一行4人到南阳市进行的采访拍摄活动。摄制组一行先后采访了南阳府衙、医圣祠、武候祠、汉画馆、南阳烙画厂、镇平石佛寺玉雕湾玉器加工及交易市场、玉文化博物馆、内乡县衙、丹江口水库、香严寺、恐龙蛋化石博物馆等著名景点及历史遗迹。台湾中视“大陆寻奇”栏目为最早在大陆拍摄、在岛内播出的栏目之一,在岛内具有较高的知名度和收视率。这次到南阳市首次采访拍摄,将会进一步扩大南阳在岛内的影响力,对提高南阳的旅游文化、历史文化的知名度和影响力、推动宛台文化交流起到积极作用。

二是南阳文化旅游经贸宝岛行取得丰硕成果。在台期间,市委副书记贾崇兰、市人大常委会副主任杨德明、市政协副主席贺国勤会见了台湾部分高层人士及社会各界名流;举办了宛台文化旅游经贸交流合作洽谈暨南阳同乡恳谈会,推介了南阳的市情,发布了对外招商项目,举行了签约仪式,举行了南召辛夷研发中心落户台湾阳明大学揭牌仪式,考察了台湾的文化旅游产品和文化旅游服务设施,赴阿里山特富野邹族社区寻亲联谊等活动。充分展示了南阳的良好形象,在台湾产生了广泛影响。为加深两岸的文化交流,南阳市选派市曲剧团的知名演员和南阳本土歌手,在洽谈会和寻亲活动中表演了豫剧、曲剧、宛梆和现代歌曲等精彩节目,为宛台文化旅游经贸交流合作圆满成功增添了更多的喜庆色彩。

三是宛台交流频繁。4月13日,由国民党荣誉主席连战先生亲笔签名的4套《台湾通史》经由南阳市学者丁湇清先生之手,赠给了南阳师范、南阳理工学院、南阳市档案馆、南阳市图书馆。市委常委、统战部长王建民出席了当天下午举行的赠送发放仪式。《台湾通史》是连战祖父连横历时十余载编著的鸿篇巨著,三册六卷八十八篇。该书祥尽记述了隋朝大业元年(公元605年)至清光绪21年(1895年)中国人开发台湾、建设台湾、保卫台湾的历史,于抗战胜利后首次出版。之后,连战先生将该书进行了重新编辑,出版为线装珍藏善本。四家受赠单位向连战先生回赠了书法作品和南阳烙画。5月19日,应南阳华夏文化艺术交流协会邀请,台湾中华博远经济协会会长卢博文一行6人莅宛,与南阳市书画名家同台挥毫泼墨,并进行了笔会交流。活动会上,台湾中华博远经济协会会长卢博文给南阳华夏文化艺术交流协会赠送了锦旗,双方又互送了聘书并结为"姊妹会"。《南阳日报》、南阳电视台记者对活动进行了跟综采访和报道。2009年"河南天冠杯"全国围棋锦标赛(团体)于5月13日在南阳梅溪宾馆拉开战幕。来自台湾及北京、河北等大陆省市的16支男子丙级代表队和广西、湖北等地的27支女子甲级、乙级代表队参加比赛。中国棋院院长华以刚,河南省体育局党组书记彭德胜,副市长张振强、市政协副主席赵金文等出席开幕式。2009年全国围棋锦标赛(团体)由国家体育总局棋牌运动管理中心主办,南阳市体育局承办。全国围棋锦标赛(团体)是全国三大围棋赛事之一,承办如此高规格的围棋比赛,不仅在南阳市,在河南省也是第一次。

四是扎实细致地做好涉台捐赠工作,全年累计接受涉台捐赠近300万元。争取台商捐资建设"明德小学"4所,争取捐款180万元,接受曹仲植基金捐赠轮椅350辆,价值14万元。8月8日,50年未遇的台风"莫拉克"造成台湾中南部地区经济损失新台币700多亿元。宝岛台湾灾情牵动着全市人民的心。台湾灾情发生后,市委统战部和台办号召各界人士伸出援助之手向灾区奉献爱心,支援台湾的救灾工作。宛城区委统战部、台办向全区广大干群和社会各界发出倡议,号召向台湾受灾地区捐款,共募集捐款达23万余元。全市先后筹集捐款50余万元,由市台办统一汇往台湾灾区。内乡县大桥乡台胞张振西虽身在台湾,但心系家乡,当他得知家乡大桥乡程岗村村道还没硬化,乡亲们出行不方便时,张振西和儿子张继智一道慷慨解囊,为家乡捐资14万元用于修路。已建成了1700米长、3.5米宽的水泥路方便群众出行。五是主动为台胞台属提供优质服务。各级台办共为台胞台属提供各类信息服务2600余次,解决具体问题380余件,深受台胞台属好评。元旦过后,市台办积极响应市委、政府开展的"向贫困家庭送温暖"活动的要求,先后到邓州市、社旗县等6个县(市、区)走访看望了24户贫困台胞、台属,为他们送去了面粉、被褥、棉衣、食用油、鸡蛋等慰问品。组织参加了南阳市举行庆祝新中国成立60周年招待宴会,筛选6位在宛的台胞台属出席宴会。市长穆为民向参加宴会的同胞台属致以节日的问候,体现了党和政府对同胞台属的重视和厚爱。

【对台宣传和涉台教育工作重点突出】 一是利用传统节日进行宣传。充分利用南阳去台人员多、台属多的优势,发动台属给在台亲人写信,通电话,宣传"一国两制、和平统一"的对台方针政策,加强了同台胞的感情联系,进一步争取了台湾民心。淅川县台办利用台湾淅川同乡会聚会的时机,向淅川同乡会邮寄《丹江风光》光碟30余盘,邮寄《大江北去》、《丹江记忆》、《紫荆关》等反映淅川风土人情和南水北调工程的有关书籍50余本。镇平县利用接待慰问、参访交流等时机,向台胞台商赠送《镇平经济技术洽谈项目》、《镇平工业园区发展规划》等宣传资料60余份,宣传推介镇平的资源优势和投资环境。据统计,全市共向台湾同胞打电话5600余次,发信件、信函1900

余封，邮寄各类资料21000余份。

二是突出重点，加强入岛宣传。全市各级台办积极同岛内媒体和人士联系，利用河南同乡会会刊《中原文献》等媒体，组织入岛宣传，全市共组稿63篇，被采用41篇，取得了良好效果。3月份，台湾《联合报》记者来南阳采访二月河，台湾媒体给予宣传报道。

三是利用特殊载体进行对台宣传。邓州市继续以“台湾村”为主线进行对台宣传，两次组织邓州“台湾村”村民赴台进行寻亲活动，利用入岛机会宣传两岸同根同祖的血脉联系和文化渊源。

四加强赴台交流中的对台宣传。2009年，多次组织赴台交流活动，每次交流活动南阳市均有新闻媒体赴台进行宣传报道，台湾的电视、报纸等传媒也在重要的时段、以较大的篇幅报道交流实况。在“南阳文化旅游经贸宝岛行”活动中《中国时报》记者自己包车前往阿里山采访寻亲活动，并在第二天“两岸新闻”版上，以《离散血脉回乡　邹族热情相迎》为题，推出了这一感人心怀的重点报道。台湾《联合报》、《中国时报》、中天电视台、TVBS电视台、东森电视台、年代电视台、新华社台北驻点等新闻媒体纷纷以大篇幅、多角度报道南阳市情及“宝岛行”活动情况。代表团所到之处受到了台湾民众热忱欢迎，在台湾岛内刮起一股强劲的“南阳风”。

五是积极组织对台宣传稿件。全市各级对台工作部门共向涉台新闻宣传媒体撰写稿件、作品430余篇(幅)，被采用260余篇(幅)；向市级以上新闻单位供稿150余篇，被采用近百篇；组织编写《对台信息》23期114条，保证了信息的畅通和及时传递。

六是认真做好涉台教育工作。2009年，全市共组织大型涉台报告会26场，举办研讨会、座谈会、专题讲座和知识竞赛活动70余场次。党校、大中专院校均开有涉台知识及两岸关系内容的课时。市台办主任徐朝炎先后应邀到南阳老干部大学及内乡、南召、方城等12个单位做台海形势专题报告。在今年南阳市的政协换届中，因台胞台属界别的委员有⅔是新进的，为帮助委员们尽快熟悉政协的功能，了解对台工作的新情况、新进展，市台办利用市政协四届一次会议委员组讨论时机，进行了对台工作的基础知识、基本政策和发展前景的培训，向委员发放了《南阳对台工作概况》小册子和《涉台法规政策汇编》一书，并就如何发挥代表作用，如何利用政协的平台建言献策，参政议政，进行了讲解，受到了新老委员的好评。西峡县五里桥镇农民张中秀，在《告台湾同胞书》发表30周年前夕，把自己创作的万言诗郑重地交到西峡县台办工作人员手中，表达自己反对分裂、企盼祖国统一的迫切心情。“中华文明五千年，民族统一代代传，祖国富强皆企盼，两岸统一是民愿……”这是他耗时20余年写出的《统一与分裂，民族与团结》万言诗中的诗句。张中秀说：“作为一个中国公民，我希望贡献自己的力量，愿祖国和平统一大业早日实现。”作为一名农民，自发创作以“反对分裂、企盼两岸统一”为题材的万言诗，张中秀在全国尚属第一人。

七是圆满完成了《台湾工作通讯》和《两岸关系》的征订任务。

【涉台事务管理扎实有效】 一是为贯彻落实全省、全市对台工作会议精神，全面掌握全市对台工作开展情况，查找和解决存在的突出问题，印发《2009年对台调研工作实施方案》。通过调研，掌握全市对台工作现状，发现工作中存在的问题，分析产生这些问题的原因，并提出对策和建议，先后形成6篇调研报告上报相关部门。为了全面了解全区外出务工人员的现状，卧龙区台办在全区范围内开展外出务工人员普查活动。共印制《卧龙区外出务工人员登记表》、《在台资企业务工人员登记表》400余份，分发到各乡镇街道，了解外出务工人员的基本情况，使之成为区台办捕捉招商引资信息的传感器，发挥外出务工人员作用促进招商引资。二是妥善处理来信来访112件，其中人访57件，信访55件，维护了大局稳定；完成了2008年的年鉴编写工作；三是对300余名赴台人员进行了行前教育和归后反馈等其它涉台事务管理工作。机关文明单位建设工作和支部工作也都有了新进展。

四是收到省委台办转来海协会的投诉协调案件6件，均已查结上报，无积案。五是立足本职工作，加强台办自身建设。对台工作部门，以学习实践科学发展观为契机，以强化学习、深入调研为主题，以打造学习型机关和服务型机关为目标，切实加强自身建设。机关的思想政治建设、作风建设和服务意识均得到加强，政治素质和业务能力均有较大提高。(谢文海)

台联工作

【强化理论政策武装，把握对台工作大局】 当前两岸关系进入和平发展新阶段，两岸两会制度性协商已经恢复，两岸直接双向“三通”也已实现。然而由于两岸意识形态、政治理念方面的差别，两岸关系所面对的障碍和难题依然复杂，两岸关系和平发展仍将是复杂的艰巨的长期的任务。市台联根据两岸关系发展的新形势，深入学习中央对台方针政策，及

市台联会长 王艳丽

时调整工作思路,始终保持对台工作的正确方向。(一)坚持经常性政治业务学习。市台联把学习放在首位,抓平时的学习积累。坚持自学与集中辅导相结合,每周集中学习一个工作日雷打不动,记笔记、写心得、作交流,保证学习时间、效果的落实。3月5日,召开机关全体干部会议,组织大家专题学习胡锦涛总书记在纪念《告台湾同胞书》发表30周年座谈会上的重要讲话精神。经过讨论,与会同志进一步明确了党中央关于继续推进两岸关系和平发展、促进祖国和平统一的重大主张和政策思想。市台联还下发通知,要求全市各级台联组织把学习贯彻"讲话"作为当前和今后的主要工作任务,深刻领会、准确把握精神实质,切实把思想认识统一到"六点意见"上来,抓住机遇,开拓创新,推动对台工作大发展,推动两岸关系大发展。(二)扎实开展学习实践科学发展观活动。根据市委安排,市台联扎实开展了学习实践科学发展观活动,进行了充分动员和安排部署,做到了"早"(早着手、早部署、早分析、早整改、早见效)、"全"(全面启动、全程参与、全员参与、全心投入)、"活"(载体灵活、主题灵活、动作灵活)、"实"(扎实稳步推进、解决实际问题、力求整改实效),切实解决了不适应新形势下台联工作的党风党性、思想认识、能力素质等方面存在的突出问题,真正用科学发展观统领新形势下的台联工作,处理好"四个关系"(台联工作的民间性和政治性的关系,立足当前和志在长远的关系,求同和存异的关系,继承和创新的关系),不断深化台胞台属团结联络服务工作上档次上水平。(三)组织台联领导班子学习。根据年初工作安排,组织市台联会长与外市地台联会长开展联谊学习交流,建立友好合作关系。坚持台联会长例会制度,在每季度的会长办公会议上,适时安排学习内容,了解中央对台工作重大动态,研究中央对台工作新思想,确定每季度工作重点,明确责任。组织领导班子听取国台办领导以及台湾问题研究专家的讲课录音,印发台湾问题辅导材料,组织研讨,不断增强领导班子的业务能力和政策水平。

【开展联络联谊,广交朋友,真诚服务】 市台联充分发挥亲情、乡情优势和民间性质的特点,广泛深入地开展与台湾岛内外台胞、台属及台商的联络联谊,热情接待,广交朋友,相互沟通,增进共识。(一)积极开展向台胞台属送温暖活动。元旦、春节期间,市台联共向岛内外的台胞台商打电话600多次,寄贺年卡800余份。又抽出专项资金购买了牛奶、鸡蛋、白酒等慰问品,走访慰问市直、县(市区)重点台胞、台属、台资企业60多家,向部分困难台胞台属发放补助金2万余元。在走访中,协调解决台商宽带上网、用地融资、防疫等实际困难20余件。通过这些活动,拉近党和政府与广大台胞台属的距离,增进了两岸同胞的互信和感情。(二)热情接待来宛台胞台商。市台联贯彻"寄希望于台湾人民"方针,对来南阳探亲、旅游、考察的台胞台商热情接待,并邀请市领导参与接待。全年市台联成功接待了台湾中华博远文化经济协会会长卢博文带领的文化交流团、台湾靳慧心园主带领的佛家文化交流团等团组6起56人。在接待中充分体现人情味、家乡味,使台胞台商在潜移默化中受到感染,更加拥护"和平统一、一国两制"基本方针,增强了祖国的向心力和凝聚力。(三)组织台胞台属向台湾灾区踊跃捐款。8月份台湾遭受"莫拉克"台风侵袭。市台联向全市发出倡议,号召各界人士伸出援手,向灾区奉献爱心。8月17日,机关全体人员积极参加了市委统战系统的捐款仪式。各县市区台联也纷纷响应,举行了不同形式的捐款活动。据不完全统计,全市台联系统共向灾区捐款27万多元,其中宛城区台联捐款1.21万元,内乡县台联捐款1万元,方城县台联捐款1.04万元,支援深受重灾的台湾同胞,帮助他们重建家园,恢复美好生活。(四)组织台联干部赴大连等市地学习考察。与兄弟市地联谊交流是多年来台联每年都要开展的一项重点工作。省台联也多次要求能够"走出去",互相学习,取长补短,共同提高。10月14日,市台联组织部分县市区主管对台工作的副部长、台联会长共14人赴大连、长春等市进行学习考察。市台联一行所到之处受到热情接待,考察了胜利广场等台资企业,听取了台资企业的经营情况和管理方面的报告,观看了台资企业专题片。座谈会上,大连市、长春市台联介绍了对台联络、招商引资、服务台商台属等方面的成功经验。南阳市台联会长介绍了南阳市台联、台资企业发展等方面的情况,重点介绍南阳独特的区位优势、丰富的资源优势、良好的生态优势和深厚的人文优势,热情邀请台商到南阳考察、投资、旅游。通过参观考察，提高了台联干部对台工作能力，开阔了视野，增长了见识，还与大连市、长春市台联建立了友好合作关系。(五)举办海峡两岸书画交流笔会。经过多方联络积极筹备，市台联与南阳华夏文化艺术交流协会、台湾中华博远文化经济协会于4月10日～12日在南阳商务会馆共同举办了海峡两岸书画交流笔会。两岸书画名家、台资企业家、台联会长等各界人士50多人参加笔会。来自台湾的卢先生、谢女士、包先生等六位画家在两岸书画界拥有较高知名度、艺术造诣很深。通过书画交流、座谈，以书画为媒，六位艺术家表达对祖国大陆、对故乡的殷殷情怀、深深眷恋以及多年来回大陆交流书画的夙愿。两地书画家共同探讨艺术，切磋技艺，加深了解，增进友谊，提高艺术水平。

【围绕市委中心工作，加大对台招商引资力度，服务南阳经济建设】

按照中央制定的“积极主动、优势互补、互惠互利、共同发展”要求和市委、市政府确定的招商引资工作目标，市台联积极引导台商作桥梁，以“台”引“台”，实现共赢。市台联履行职能，主动加强与在宛台商的联络，突出服务，凝聚“台”心。(一)做好调研。市台联经常深入到台资台属企业，调查了解情况，提出发展建议，向台商宣传解释相关政策，协调有关部门解决其实际困难，维护台胞台商的合法权益。(二)主动服务。与东裕精密金属有限公司、合室家建材公司、鸿中五金制造、畅鸿塑胶等台资企业保持经常联系，随时了解企业生产经营情况。时刻关注台属企业，引导他们合理利用台湾亲属汇款，促使企业健康发展。2009年以来，全市台联为台资台属企业提供咨询服务120多次，提供车辆服务60多次，解决各种纠纷难题90多次。(三)共同筹备召开台资企业现场会。经过精心准备，8月28日，在唐河县召开南阳市台资企业现场会。市委书记黄兴维、市委常委、统战部部长王建民、市人大常委会副主任李东武、副市长李建豫、市政协副主席吴冬焕、刘荣阁等领导出席现场会。市发改委、商务局、中小企业局、土地局、建行、中行、农行、工行等市直有关部门和各县市区委、政府分管对台工作的领导、台办、台联的负责同志80余人参加会议。全体与会人员在市委书记黄兴维带领下，参观唐河县台湾产业园内的台资企业畅鸿塑胶有限公司、合室家建材有限公司。实地参观后，在唐河台湾产业园区召开对台招商工作专题会议，唐河县委、桐柏县委作了发言，介绍了经验。黄兴维作了重要讲话，要求加强宣传推介，宣传部、统战部、台办、台联、工商联等部门要找准切入点，宣传南阳的人文优势、资源优势、政策优势、环境优势。要加强交流，联络联谊。要拓宽招商引资渠道，打造以商招商优势。此次现场会是对台招商的一次动员会，提高了全市对台招商的工作热情，极大地推动了对台经济的大发展。

【依照中央对台政策，狠抓信息宣传调研工作】　市台联密切关注海峡两岸的发展形势，根据中央要求以及自身工作的特点和优势，狠抓对台宣传信息工作，使其在做好台湾人民工作中发挥重要作用。在对台宣传中，坚持以胡锦涛总书记在纪念《告台湾同胞书》发表30周年座谈会上的讲话为指导，以宣传“和平统一、一国两制”基本方针为重点，在针对性上下功夫，做到了入情、入理、入心。拓宽宣传渠道，入岛宣传，接待宣传，通过举办茶话会、座谈会、走访等多种形式开展宣传。努力办好台联内部刊物《南阳台联通讯》。2009年全市台联在《两岸关系》、《台声》等中央级对台刊物以及台湾的《中原文献》、南阳日报等媒体上发稿20余篇以上。针对人大、政协换届，“新人”增多，采取多种形式加强培训，积极引导对台界别的人大代表、政协委员履行职责，调查研究，不断提高参政议政能力。2009年“两会”，人大代表、政协委员在充分调查研究的基础上向“两会”提议案、提案共计70余件，受到大会的表扬，显现出了台界代表、委员极高的社会责任感和综合素质。

【加强机关自身建设，提高干部素质，改善办公条件】　市台联始终注重机关队伍建设，提出建立一支学习型干部队伍目标，坚持经常性学习教育和集中培训，不断提高机关干部综合素质和工作水平。参考其它地市台联先进工作经验，完善工作规章制度，实现机关规范化管理，以制度管人管事，保证了机关工作高效运转。及时召开“三会”，更好地发挥台联会长、常务理事、理事的骨干作用。加强了与省台联、县(市区)台联的联系，疏通了渠道。积极协调，争取市委、市政府的重视支持，更换了公务用车、办公桌椅，工作人员人手一台电脑，为服务台胞台属创造了良好的物质条件。(梁波)

中国人民政治协商会议南阳市委员会

【政协工作概况】 2009年,市政协在中共南阳市委的领导下,紧紧依靠政协各参加单位和全体政协委员,发挥独特优势,牢牢把握团结和民主两大主题,围绕党政工作中心,履行政治协商、民主监督、参政议政职能。

一、深入调研,专题议政,为南阳经济社会平稳较快发展建言献策。从5月份开始,用一个多月的时间,组织部分市政协委员和相关职能部门负责同志,到13个县市区85个中小企业进行调研,形成《关于南阳市中小企业发展情况的调研报告》。报告着重分析中小企业面临规模普遍较小,抗风险能力弱;生产技术相对落后,产品开发能力较弱;经营管理水平不够高;企业融资难;发展环境仍不宽松等主要问题,提出:一是多措并举、多管齐下,切实解决制约中小企业发展的融资难问题;二是创新机制、完善制度,建立优化经济发展环境的长效机制;三是积极引导,大力扶持,为企业发展注入后劲与活力;四是提升素质,增强实力,切实提高中小企业的市场竞争能力等4个方面的意见和建议。《中共南阳市委、南阳市政府关于进一步加快中小企业发展的若干意见》中得到采纳和体现。市政协各专委会结合自身工作特点和工作实际,开展9次调研活动,形成《百万农民饮水困难亟待解决—关于对南阳市农村饮水困难状况的调查报告》、《关于全市基层卫生服务体系建设情况的调研报告》、《关于全市文化体制改革与发展创新情况的调研报告》、《关于中心城区社区建设情况的调研报告》、《关于南阳市台资企业发展情况的调研报告》等具有前瞻性、针对性和可操作性的意见建议。

二、突出主体,创新机制,充分发挥委员作用。市政协重视发挥委员的主体作用,积极创新机制,为委员履行职责,展示风采,展现作为创造条件,搭建平台。一是建立委员活动组,广泛开展活动。出台《南阳市政协关于建立委员活动组的意见》,成立10个市直委员活动组和13个县市区活动组,开展调研17次、视察13次,座谈15次、组织学习28次。

二是发挥委员表率作用。坚持“一岗双责”,在履行委员职责的基础上,在各自的岗位上发挥模范表率作用。经济界委员创办各类企业,参与各类招商活动,扩大生产规模,壮大经济实力,成为市经济建设的一支重要力量;文艺界委员组织文艺下乡,丰富群众的文化生活;医药界委员送医下乡,为群众开展义诊;科技界委员组织科技下乡活动,推广先进的科技知识;其他委员开展扶贫帮困活动,关爱弱势群体,奉献社会,回报社会。

三、发扬民主,增进团结,开展联谊活动。市政协加强与全市各民主党派、工商联、人民团体、无党派人士、各族各界人士的联系,主动邀请党派、团体、界别委员参加调研、视察、座谈等,支持发表意见,提出建议,为知情参政搭建平台,营造和谐共处,合作共事的良好氛围,营造心齐气顺、和谐稳定的政治环境。增进与上级政协、外地政协组织的交流,参与和接待全国政协领导来宛视察调研活动7次、省政协专题调研等活动19次,外地市政协来访考察活动31批次。加强对县(市、区)政协的联系与指导,联动合作得到强化。协助市委、市政府做好对台、民族、宗教工作。组织宗教工作专项视察,重视民族宗教界人士及人民群众来信来访工作,发挥民族宗教界委员作用,维护宗教团体合法权益和信教群众信仰自由,引导宗教与社会主义社会相适应,推动全市民族宗族事业和谐发展。妥善处理信访案件,接待和处理人民来访65件(次),主动协调关系、理顺情绪、化解矛盾、凝聚人心,促进社会和谐稳定。编辑出版《南阳文史资料》等7辑,发挥文史资料“存史、资政、团结、育人”的作用。

【市政协四届一次会议】 3月28日~4月1日召开市政协四届一次会议。会议听取和审议政协南阳市第三届委员会常务委员会工作报告和三届一次会议以来提案工作情况的报告。选举政协南阳市第四届委员会主席、副主席、秘书长、常务委员会委员。审议通过政协南阳市委第四届委员会第一次会议政治决议;审议通过政协南阳市第三届委员会常务委员会工作报告的决议;审议通过政协南阳市第三届委员会常务委员会提案工作情况报告的决议;审议通过政协南阳市第四届委员会第一次会议提案审查委员会关于政协四届一次会议提案审查情况的报告。

【市政协四届一次常委会议】 6月23~24日召开市政协四届一次常委会会议。中心议题是:围绕推进全市中小企业发展建言献策;审议通过政协工作规章制度;审议通过机关内设机构工作人员任职名单。

【市政协四届二次常委会议】 9月27日召开市政协四届二次常委会议。主要议题是:庆祝共和国和人民政协成立60周年、围绕加快全市重点工业项目建设建言献策。

【提案工作】　2009年,共提交提案632件。经审查,立案602件。其中委员提案505件,各民主党派、工商联、人民团体提案95件,政协专门委员会提案2件。经济建设方面的287件,占全部提案的47.67%;教科文卫体领域的141件,占全部提案的23.43%;政法、统战、劳动、人事和社会保障等方面的174件,占全部提案的28.90%。未予立案的30件提案,作为委员来信转送有关部门研究处理。至11月底,全部提案办复完毕。(季夏玲)

民主党派和工商联

民革南阳市委员会

【民革概况】 2009年各级人大代表、政协委员中的南阳民革党员共提交议案、提案达83件。其中在省政协会议上提交2件，在市人大市政协会议上提交提案59件(集体提案38件)，在两区政协会议上提交提案14件，在市人大会议上提出10件。所提提案全部立案，立案率达100%。有7件提案被列为重点提案。副主委张弛在省政协会议上提出的《关于正确处理涉法涉诉信访与公证裁判的关系的建议》得到省政法委、省市人民法院的重视，《河南法制日报》记者给予专门采访。薛灵环委员在市政协会上提出的《城市建设要突出的地方文化特色》受到市政府的高度重视，《河南民革》杂志2009年第二期在参政议政栏目中予以刊登。《关于规范市幼儿园收费的建议》、《关于加快仲景路拆迁改造进程的建议》、《关于对南阳市数字电视安装副座及减少初装费的建议》、《关于建立白河游览区水上救护的建议》、《关于南阳市解放广场增建厕所并免收入厕费的建设》提案分别被《南阳日报》、《南阳晚报》报道。提案和建议受到承办单位的高度重视，市公安局、市交警支队、市农业局、市工商局、市消协、市商务局等单位领导先后到民革市委机关征询意见，提案议案中所涉及到的停车场问题很快得到治理，道路停车位也得到设立，社会治安管理力度明显加大，交通秩序明显好转等，所提意见建议逐步得到落实。

【思想建设】 民革南阳市委结合新中国成立60周年，认真学习党的发展史，号召全体民革党员继承和发扬党的光荣传统，组织各支部撰写纪念文章，经民革南阳市委把关后推荐给民革河南省委和《团结》杂志社，组织广大民革党员通过召开自身建设研讨会、茶话会等，就加强参政党自身建设、参政议政的重点和未来参政议政的主要方向及正确行使民主监督职能等问题展开讨论，使广大民革党员更加深刻认识到坚持中国共产党的领导，是历史的选择，人民的选择，多党合作事业繁荣发展的选择，提高接受中国共产党领导的自觉性和政治鉴别力。提高领导班子政治把握能力、参政议政能力、组织领导能力和合作共事能力。

【组织建设】 民革市委坚持“三为主”的方针，做好组织发展工作。全年发展民革党员10名，其中大学本科以上9人，占90%；中级以上职称10人，占100%。全市共有民革党员152人，平均年龄45.82岁，知识结构和年龄结构逐步得到改善。

【制度建设】 规范完善《组织发展制度》、《会议制度》、《工作制度》等规章制度，确保民革自身建设健康发展，避免和减少失误，同时充分调动各基层组织和党员的工作积极性和创造性，使广大党员更自觉地融入集体，更多地了解和参与民革的制度建设。

【履行职能】 民革南阳市委把民革党员中素质高、能力强的同志推荐担任特约监督员、行风评议员、市纪委党风廉政监督员，积极参加市纪委的《十条禁令》、“党风廉政效能年”督察活动及行风评议活动等，大胆建言献策，受到有关领导好评。

【社会服务】 11月9日，民革南阳市委将民革党员捐献的7600元人民币捐献给第七届全国农民运动会南阳市筹委会。这是农民运动会筹备工作启动以来，筹委会收到的首笔社会捐款。第七届全国农民运动会在南阳召开是新中国成立以来河南省举办的规格最高、规模最大的综合性体育赛事。是对南阳市综合实力、组织能力和精神风貌的大检阅，关乎南阳的形象、南阳的发展、南阳的未来。在捐款仪式上，主委金星向全市各民主党派、工商联、各人民团体及社会各界人士，发出为筹备农民运动会奉献力量的倡议。市媒体在显著位置予以报道，并对此善举给予高度评价。7月份，为支持新农村建设，丰富农村文化大院，民革党员捐献各类书籍1100余册，捐赠给卧龙区溧河乡樊营村。用党费为患白血病的小佳霖捐款1200元，用实际行动给患者带去安慰。6月份，在府衙举办“南阳市民主党派爱国文化宣传周”活动，内容涉及义诊、法律咨询、心理咨询和文艺演出等，受到群众的热烈欢迎。秋季，民革南阳市委协助民革河南省委联络处在宛城区黄台岗镇推广秸秆生物反应堆技术，农民得到实惠，也为政府找到合理分流处理秸秆的有效途径。

【建功立业】 立足本职建功立业。主委金星在市人大协管选工委和环资委工作。今年5月组织对《中华人民共和国水污染防治法》贯彻实施情况进行检查。10月份对中心城区道路建设及内河治理情况和对中心城区建设用地集约经营情况进行调研；继续开展“环保世纪行”活动；听取市人民防空办公室、市地震局、市住房公积金管理中心等单位的工作汇报，积极出席社会活动。副主委、淅川县副县长李晓兰在淅川县分管旅游、文化、广电、民族宗教、人防、共青团和史志工作，为“全国文化先进县”复查验收做了大量工作，县文化信息资源共享工程由全省试点县提升为全国示范县；县宗教局在全省五年一次评比中，被省委、省政府授予南阳唯一一家“河南省民族团结进步模范集体”。党员杨明的凤凰电动车广场连续六年全国销量第一，上缴税金40余万元，安排下岗职工56人。他还出资15600元，为市聋哑学校购买羽绒服；徐道胜被市政府授予“优秀园丁”称号，被南阳广播电视报社评为唯一的首席记者，全年撰写新闻稿件100多篇，20多万字，其中《真好眼宝仪专门忽悠老年人》、《改革开放三十年系列报道》等获得市好新闻一等奖；陈云参与完成《南阳市地质灾害防治研究》课题，该课题首次对南阳地质灾害进行系统调查研究，填补市地质灾害研究的空白，达到国内先进水平，该课目荣获市级科技进步二等奖。（薛灵环）

民盟南阳市委员会

【思想建设】 2009年是新中国成立60周年和国家多党合作制度确立60周年，民盟南阳市委带领广大盟员深入学习贯彻科学发展观，学习中共十七届四中全会、民盟十届二中全会和省委、市委会议精神，学习贯彻全国“两会”精神，学习胡锦涛总书记在民盟、民进联组会上重要讲话精神，增强应对危机的信心，坚定多党合作的信念。召开多次主委会、市委会和市委扩大会，以新中国成立60周年和中国多党合作制度确立60周年等纪念活动为载体，在全市盟员中开展爱党、爱国、爱社会主义和发扬民盟的光荣传统教育，进一步加强思想建设工作。9月10日，参加市委统战部举办的主题为“庆祝新中国成立60周年时事政治报告会”，市委统战部李志广副部长作专题辅导报告。“十一”前夕，积极参与盟省委、市政协等举办的“庆祝新中国成立60周年暨多党合作制度确立60周年书画摄影展”，参展作品10余幅。其中邱永军、陈龙海、崔云、张廷会送展的4幅作品在盟省委“书画摄影展”获奖。同时广大盟员积极参与各类报告会、座谈会、演唱会、书画展、图片展、征文活动和演讲比赛等活动，进一步提高全市盟员的政治素质和理论水平，使广大盟员更加深刻认识到坚持中国共产党的领导，是历史的选择，人民的选择，提高接受中国共产党领导的自觉性和政治鉴别力。

【组织建设】 一是注重盟市委领导班子建设。盟市委始终坚持民主集中制原则，以保证决策的民主化和科学化；盟市委一班人还十分注重发挥团队的作用，各班子成员对盟务工作既有明确分工，又能通力合作，进而巩固领导班子内部的团结和稳定。二是组织发展工作稳步推进。全年共发展新盟员13名。其中具有大专以上学历的13人，占100%；具有研究生学历的6人，占46%；具有中高级职称的13人，占100%。这些盟员的加入，为市盟组织注入新的活力，增添新鲜血液、储备新的人才。截止目前，盟市委下辖12个基层支部，盟员总数为230人，平均年龄51.7岁。三是努力激发基层组织活力。盟市委结合实际情况，开展学习教育活动和开展“争创活力支部”活动，重点加强对支部领导班子成员的培训工作，着力提高参政议政能力、组织领导能力和合作共事能力，鼓励支持各支部积极开展相关活动。南阳师院支部利用有限的活动资金组织支部成员对麒麟湖游览区生态保护及旅游发展近况进行考察。同时，该支部针对有些盟员年龄偏大，行动不便但仍十分关注盟的工作的实际问题，采取进行室内座谈或家访的形式，努力活跃盟的基层组织生活。南阳医专支部积极发挥本支部教育资源优势，面向社会举办专题学术讲座，对提高护理人员专业素质，更好服务社会做出积极贡献。四是加强盟员培训和后备队伍建设，提高盟员素质。11月份，盟市委举办新盟员培训班，对新盟员强化《盟章》、盟史、盟情等教育。王贺伟副主委和华道梅副主委结合自身工作经历，就如何做好参政议政工作和努力提高参政党意识等问题向大家介绍经验。华道梅、杨超分别参加河南省社会主义学院举办的党外实职干部培训班和中共市委党校举办的党外干部培训班。

【机关自身建设】 机关建设是盟市委对外服务的窗口和对内联系盟员的纽带。把盟市委机关建设成为文明、高效的办事机构,盟市委一方面以不断完善各项规章制度为重点,力求机关工作的制度化、规范化。另一方面着力改善机关的办公条件,初步实现政务工作的电子化处理和盟员信息的网络化管理。对盟员信息基本情况进行核对和及时更新,提高工作质量和工作效率。10月27日—30日盟省委在新乡召开全省盟务工作研讨培训会议。盟市委机关的陈龙海参加研讨培训会。

【提案议案工作】 民盟南阳市委在继续开展“一人一议”活动的基础上,组织实施集中调查研究,4月份,盟市委组织全体盟员到西峡县丹水镇进行参观调研。为全市旅游业发展献计出力。每年“两会”的提案议案工作是民主党派参政议政工作的主要渠道。盟市委坚持围绕全市经济社会发展大局,努力抓好提案议案工作。在各级“两会”上以集体或个人名义共提交议案、提案和建议70余件。赵秀玲主委在省政协全会上提出的《打造“养在南阳”品牌,培育河南新的消费热点,形成与中原城市群良性互动局面》的提案,受到市政府高度重视,其“养在南阳”的理念,被市政府采纳,并写入政府工作报告。王贺伟副主委在省人大全会上提出的《制定相关条例进一步规范和完善我省新型农村合作医疗制度》的议案,作为南阳代表团所提交的唯一议案。盟市委在市政协四届一次会议上提出的《关于白河水污染问题的分析与对策》(吕保华同志撰写)和《抓住机遇,打造全省次中心城市的建议》(韩博同志撰写)等两件提案,被市政府确定为关乎民生、富有建设性的重点提案跟踪问效,入选数量占全部10个重点跟踪问效提案的五分之一。

【队伍建设】 全市民盟成员中有省政协常委1名,委员2名,省人大代表1名,市政协副主席1名,常委3名,委员7名,区政协常委1名,委员5名,各级人大代表,政协委员共计20名。

【政治协商】 盟市委十分重视民主政治协商工作,班子成员多次参加市委、市政府、市人大,市政协组织召开的民主协商会、情况通报会、征求意见会等活动,积极参与协商,坦诚建言献策,提出的多条合理化建议,受到市委、市政府领导重视。盟员中的政协委员、人大代表,在不同界别,不同层次的“两会”中,积极反映社情民意,为促进各级党委、政府的科学决策、民主决策发挥积极作用。

【民主监督】 特邀监督员工作是民主党派履行民主监督职能的一种积极有效的形式。市盟员中现有1位同志被市纪委聘为党风廉政监督员,有2位同志被市政府纠风办聘为政风行风评议代表。此外盟员中还有市特邀监督员6名,区特邀监督员2名。盟员积极参与各相关部门开展的一系列视察和评议工作,认真建言改进措施,为全市的党风、政风、行风建设做出一定贡献。

【社会服务】 社会服务工作是民盟外树形象的重要工作。盟市委按照胡锦涛总书记“诚心诚意办实事、尽心竭力解难事、坚持不懈做好事”的要求,注重发挥自身优势,积极探索,不断拓宽社会服务新领域。根据民盟中央社会服务部、民盟河南省委《关于民盟与清华大学合作建立教育扶贫现代远程教学站的通知》精神,盟市委8月26日成立了申请建站工作领导小组。清华大学远程教育扶贫工程是以清华大学教育资源为依托,以现代化的远程教育为载体,面向国家扶贫开发工作重点县,由清华大学免费提供卫星接收设备,在符合建站条件的县级教育机构建立远程教学站,免费输送适合县、乡镇干部、中小学师生、医疗卫生和技术人员、以及农民需求的远程培训资源(数字影像课件)。盟市委结合南阳实际情况,与符合建站条件的国家级贫困县淅川县、南召县沟通联系,调研在当地与清华大学合作建立教育扶贫现代远程教学站的可行性及相关情况,实地勘察拟选建站单位的实际建站条件,并将调研情况和建站申请于9月28日前及时报送到民盟河南省委及民盟中央社会服务部,盟市委12月初接到清华大学教育扶贫办公室的受理通知。6月7日,民盟与市其他民主党派在南阳府衙财神庙举办“南阳市民主党派爱国文化宣传活动”。活动内容有义诊、法律咨询、心理咨询和文艺演出等,展示南阳非物质文化遗产的独特魅力,受到群众的热烈欢迎。

【成果展示】 赵秀玲主委完成国家课题《关于增强我国文化核心竞争力问题研究》的结项工作,并申报和获准立项《关于南阳城市发展路向问题的研究》的省级课题《打造“养在南阳”品牌的时代价值和对策》,并发表在建设部主管的核心刊物上,获市社科课题一等奖。华道梅副主委在西峡县政府副县长岗位上工作成绩突出,被市政府记二等功1次。王晋康的科技知识和科幻小说受到中央电视台《探索·发现》栏目的专访。王肇基完成26集电视剧《姚雪根》剧本的创作,剧本由中国戏剧出版社出版发行。全年盟员在各级报刊、杂志发表论文近百篇，著书6部。其中获得国家级论文奖2篇，省、市级18篇，荣获“先进工作者”、“优秀教师”以及各类专业能手等有12人次之多。（陈龙海）

民进南阳市委员会

【思想建设】 2009年是新中国成立60周年和多党合作制度确立60周年，民进南阳市委以此为契机，深入开展富有特色的思想教育，把政治理论学习与纪念新中国成立60周年和多党合作制度确立60周年结合起来，同民进河南省委安排部署的学习教育活动结合起来，利用网站宣传、座谈会、报告会、论文征集、书画展、文艺演出等进行爱国主义、优良传统和社会主义核心价值观教育活动。组织和撰写纪念建国60周年征文、人民政协成立60周年征文、参加民进河南省委、市政协、市委统战部组织的庆祝新中国成立60周年书画摄影展等活动，激发广大会员的爱国热情；配合民进河南省委建国60周年大型宣传活动，报送参政议政、社会服务、代表人物等方面的视频材料和图片资料。今年是民进南阳市委成立20周年，邀请新老会员召开座谈会，总结回顾南阳民进20年的历程，表达展望多党合作美好前景，抒发广大民进会员对中国共产党、对社会主义制度、对伟大的祖国、对多党合作事业无限热爱的情怀，使广大会员受到深刻的爱国主义、社会主义和多党合作优良传统教育，更加坚定走中国特色社会主义政治发展道路的信念。

【宣传工作】 按照民进中央和民进河南省委的部署，民进南阳市委把宣传工作作为树立民主党派形象的重要手段摆在突出位置，建立和完善宣传工作机制，物色选拔一批责任心强、文笔基础好、热心党派工作的骨干会员，建立起宣传队伍，凡是与工作有关的信息，都及时宣传上报至民进河南省委、市委统战部和相关渠道，做到报纸有文字、电视有图像、档案有记载。在宣传工作中，以参政议政为中心，以社会活动为载体，抓典型塑形象，利用多种舆论宣传阵地，多层次、多形式、多渠道开展宣传工作。开展的学习教育、会史教育、政治交接学习教育、扶贫助教、创建和谐社会等活动都为宣传工作提供很好的素材，相关活动消息陆续被南阳市各大媒体、《中国政协报》、《大河新闻网》等新闻媒体采用，提升南阳民进的知名度和影响力。全年共开展各种各样活动30余次，其中的活动报道稿件，被省委会网站、《河南民进》登载23篇（次），被《南阳日报》、《南阳晚报》、《南阳电视台》、《青年导报》登载报道的8篇（次）。荣获民进河南省委授予的“新闻宣传工作先进单位”。

【组织建设】 组织发展坚持“三为主”原则，注重质量、保持特色、优化人才结构。各总支和支部班子对空缺位置进行补充和调整，有效地推动基层工作的开展。今年推荐10名会员任市人大代表、市政协委员，选送3名会员分别参加省社会主义学院、市委党校学习，接受统一战线理论方针政策、多党合作优良传统及参政议政基本知识的系统教育，帮助他们深化对参政党地位、性质和作用的认识，增强履行参政议政职能的使命感和责任感。

【参政议政】 民进河南省委统一下达课题立项的任务，民进南阳市委向省委上报“南阳市民办教育可持续发展研究”、“南水北调中线移民心理问题调查”的课题。为保证调研工作的开展，切实提高调研成果质量，把立项课题作为年度参政议政的重点，对立项的课题进行深入的调查研究和反复论证，主要领导同志挂帅，及时研究解决调研中的困难和问题，经过南阳师院、理工学院支部的努力工作，使立项课题调研工作取得明显成效。民进就经济社会、民生等问题积极建言献策，所提的意见建议和提案得到市政协和有关部门的肯定；“关于解决我市计划外民办教师历史遗留问题的建议”，引起民进中央和民进河南省委的关注；“借农运会东风开展和完善我市体育的经济功能”，对于办好农民运动会这一重大赛事做足硬件设施准备提出有益的建议，受到市政府的关注；针对民进关于整治市区内河、关注城市污水处理的提案，市政府制定内河整治具体时间表，并已启动项目招标和施工图设计工作；“加强交通管理，保证百姓出行安全畅通”的提案提交后，在全国罕见的交通秩序之混乱状况引起相关部门的重视，7～11月市委、市政府出台一系列整治措施，市公安局出动10倍于往年的警力，向交通顽疾宣战，使交通混乱之状况得到很大的改善，受到市民称赞。

【社会服务】 民进高度重视社会服务工作，把这项工作作为发挥参政党作用和展示民进形象的重要内容，本着“量力而行、尽力而为、突出特色、发挥优势”的工作思路，积极推动智力扶贫、助学助教和送科技、送文化、送医疗下乡等活动的深入开展。1、发挥优势和特色开展社会服务工作。教育、文化等领域的社会服务工作是民进优势和特色。创办的民进中学已经发展成为一所拥有中、小学、幼儿园部近两千学生的综合学校，获得良好的社会效益；2月，民进南阳市委邀请广东文化传播学会中国时代之声演讲团到南阳市民进中学举行《让生命充满爱》大型素质教育演讲活动，民进南阳市委、共青团南阳市委、市教育局等单位的有关领导及周边学校的负责人、南阳民进中学的全校师生及学生家长聆听此次演讲。在第14个世界读书日来临之际，以文宣支部为主的青年作家会员在市二十六中学组织“民进青年作家群、走进校园话读书”读书报告活动，既激发青年学生的读书热情，又传播社会主义先进文化；9月，民进理工学院支部赴南召县太山庙乡鲁新小学为贫困山区的小学生送去爱心奖学金1000元；国庆节期间，政法总支的会员们为南召县坂山坪乡大青小学送去600套作业本，并向学校赠送国旗，激发学生的爱国主义热情。2、结合党和国家、民进周年大庆开展社会服务工作。9月19日，南阳民进庆祝建国六十周年构建和谐联欢会在南阳市宛城区樊营村文化大院内举行。本次联欢会演出各类戏曲、歌曲等20多个节目，民进会员们还向樊营村委和村小学捐赠10余幅书法作品。3、利用“三下乡”等活动载体开展经常性社会服务活动。5月，在南水北调中线工程渠道所在地淅川县姚湾村，南阳民进医疗卫生、法律、心理咨询等方面的10多位专家为库区移民群众提供热心细致、无微不至的议诊咨询服务，带领爱心艺术团的演员为移民区群众献上精彩纷呈的文艺节目。2月至5月期间，民进在宛城区溧河乡的樊营村、十八里河等村庄循环开展送医药、送文化、送法律下乡活动。村卫生室与会员郝建平创办的南阳和平医院签订医疗合作协议，并为村医们争取到市二院的村医培训计划；会员刘国印为群众赠送价值1000多元各类中草药；南阳张仲景医院的会员们为群众开展乙肝免费普查活动；张思赫联系南阳永源医疗器械公司为村卫生室捐赠血糖仪、按摩器、拔罐器、数码经络疼痛治疗仪、颈椎牵引器、输液恒温器等30台价值3000余元的医疗设备，缓解群众“看病难”问题。3月至6月，大学生村官会员张思赫任职宛城区溧河乡樊营村，欲建立的农家书屋苦于无书难以开办，民进南阳市委通过动员会员捐献、市委购置图书的方式，分期分批向新开办的农家书屋捐献2500多册农民适用的图书。此外，响应民进河南省委“向地震灾区中小学生捐书”的倡议，出资购置50套精装版中外名著捐给灾区孩子们；6月中宣部、中央文明办等10部委倡导的“爱国歌曲大家唱”群众性歌咏活动以及市“非物质文化遗产宣传月”活动，民进在南阳府衙举行“爱国文化宣传活动”，现场设立医疗、法律、心理公益服务台，现场为市民提供义诊咨询等服务。同时，民进南阳市委还邀请了市文艺界名流参与爱国文化宣传演唱会，共同展示南阳非物质文化遗产的独特魅力。11月，在南阳市人民公园举办“与民同乐，构建和谐”戏曲演奏会。被民进河南省委授予“社会服务工作先进单位”称号。

【成果展示】 民进会员把履行参政党职能和做好本职工作结合起来，进一步调动干事创业的积极性和创造性。陈同振、李文献被授予“南阳市拔尖人才”；会员大学生村官张思赫着力在为村里和群众办实事受到中共南阳市委组织部通报表扬；殷德杰和张传奇分别完成出版新作《无弦》、《智美人》；世界艺术家协会出版的《庆祝建国60周年当代名家经典》收录郭继军6幅油画作品；张思赫长篇小说《青春爱歌》由中原农民出版社出版，《租的对象成了郎》、《大学生村官》分别由天津电视台边演边看栏目和南阳电视台草庐故事栏目拍摄并播出；沙超十年如一日，潜心研究诸葛亮躬耕地，不仅《南阳日报》整版发表他的有关诸葛亮学说的文章，南阳电视台《宛都播报》栏目又在黄金时段为他做宣传报道；张思赫在民进河南省委《多党合作共铸辉煌》征文活动中获得二等奖；民进河南省委编印的《河南民进书画作品集》收录黄宗恒四幅、刘国方、王天运各一幅书画作品；张振东获省级优秀课题奖；崔建春获市级论文一等奖；石东华被中国音乐学院考级委员会授予“优秀指导教师”称号；刘修元获中国首届曲剧节“曲剧十大名角”最佳提名奖；陈同振、刘修元二位南阳戏曲名家，随省、市领导前后两次远赴宝岛台湾义务慰问演出，为促进海峡两岸文化交流作出较大贡献。(肖庆玲)

九三学社南阳市委员会

【组织建设】 完善学习制度。定期组织召开主委会5次、社市委扩大会5次等。深入贯彻中共中央十七届三中、四中全会，社省委六届三次、四次、五次常委会及社务工作会议精神，加强各位委员的政治理论学习，提高班子成员的思想觉悟、政治觉悟和政策理论水平。完善领导机制。坚持领导班子集体领导与个人分工负责相结合，重大问题经集体讨论决定。政协委员、行风评议代表、后备干部推荐、发展社员等重大社务工作，均与统战部门积极沟通，全年共与统战部门协商沟通5次，有力地推动各项工作的开展。注重基层建设。社市委进一步完善基层组织工作制度，调动各基层组织的工作积极性。主委、副主委全年深入基层4次，指导基层组织工作。建立社员信息库，及时掌握社员信息情况，对全体社员进行动态化管理。重视后备建设。实施"人才强社"战略思维。把发现、考察、培养、选拔后备干部工作当作是一项战略任务，先后选派3名社员到省社会主义学院和市委党校参加培训学习。提高政治素养，增添后劲，培育新生力量。优化队伍结构。坚持优化人员结构，严格发展程序，积极主动吸纳有影响的人士，使市社委的年龄结构、界别结构明显优化，社会地位明显提高。在新发展的9名成员中，高级职称4人，中级职称5人；研究生2人，本科7人；40岁以下3人；新阶层1人，金融部门1人，政府机关1人，社员组成结构得到进一步改善。目前，全市共有9个基层组织109名社员，平均年龄仅46.3岁。其中，科学、教育、医药卫生界的社员88人，占社员总数的80.7%；男社员63名，占社员总数的57.8%，女社员46名，占社员总数42.2%；大专以上学历107人，占社员总数的98.2%，其中高级职称70名，占社员总数的64.2%。全社共有省政协常委1人，省人大代表1人，市政协副主席1人，市人大常委1人，市政协常委3人，市人大代表2人，市政协委员7人，宛城区政协委员2人，厅级干部1名，处级干部3名，较往年相比有大幅提高。

【科学发展观活动】 社市委领导高度重视科学发展观活动，坚持将学习实践科学发展观活动，与建国60周年和多党合作制度确立60周年系列纪念活动结合起来，与传承学社爱国、民主、科学的优良传统结合起来，与参政议政的具体问题和实践结合起来，与提高全体社员政治思想素质结合起来，以提升学习的实效性和实用性。全年共组织学习会3次，座谈会2次，组织社员深入各县市区进行参观考察，将学习实践活动贯穿到社市委的各项工作中，深入到全体社员的心中，成为指导工作的主要思想武器，提高全体社员参与活动的主动性和积极性。

【庆祝建国60周年纪念活动】 一是组织庆"三八"红歌比赛。3月6号，社市委组织全体女社员进行红歌比赛，农业一支社副主委郭普演唱的《祖国》获一等奖，妇女委员会主任张丰敏的《走进新时代》获二等奖。二是参加社中央、社省委、市政协、市委统战部组织的征文活动和书法、绘画、摄影展。经过筛选，共选出4篇文章上报社省委。社员郑中立、曹宗鹏、周林以书法绘画摄影作品形式，抒发爱党爱祖国的情怀。郑中立、周林的书法作品荣获省直统战系统庆祝新中国成立60周年、多党合作制度确立60周年书法摄影展书法作品一、二等奖，并受到社省委的表彰。郭洪林撰写的文章《立足九三优势，建功和谐社会》、艾春萍的《祖国，我为您自豪》、司荣圣的《巩固和发展最广泛的爱国统一战线》、卢永刚的《我这三十年》，在社中央组织的庆祝新中国成立60周年暨多党合作制度确立60周年征文活动中均被评为三等奖。三是举办庆祝新中国成立60周年时事政治报告会。9月10日，学社与其它党派联合，特邀市委统战部常务副部长李志广，对全体社员作庆祝新中国成立60周年时事政治专题报告。通过对60年来取得的成就、基本经验的回顾，结合当今国际、国内形势，就如何面对当前的金融危机，如何看待乌鲁木齐7·5打砸抢烧暴力事件等问题进行阐述，给全体社员上了一堂生动的时事政治和爱国主义课，增强全体社员的爱国热情。

【参政议政】 一是参政议政工作成绩显著。在市人大、市政协四届一次全会上，共向大会提交集体提案6份，代表委员议案提案36份。8月份和10月份提交调研报告2份。其中，社市委提交的《积极引导土地流转、发展适度规模经营》被市政协评为优秀提案，《关于打造南阳人文景观，提高城市品位，迎接第七届农运会成功举办的建议》的提案，受到有关部门的高度重视，该提案由于符合"六创一迎"工作，并与《南阳市城市总体规划》、《南阳历史文化名城保护规划》、《南阳市白河两岸区域城市设计方案》、《南阳张仲景纪念地和中医文化博览园规划》和《南阳市道路综合整治规划》相一致，具有较高的可操作性，在新的城市规划中被采纳。社市委撰写的论文《推进省管县财政体制改革的若干思考》，被社中央第四届"九三论坛"采用，副主委胡保珍应邀参加该论坛。胡保珍提交的《关于对中小企业融资难问题的探讨》被市政协评为优秀提案。各基层组织和政协委员提出的提案，受到各承办单位的高度重视。其中市建委专门组织了提案人、建议人视察南阳城市建设及体育设施，市农业局、市公安局交警支队等单位专门派人到社市委征求意见，部分建议已经得到落实。7月中旬，九三学社南阳市委组织社市委的部分市政协委员、骨干社员和市水利局等单位,深入淅川县、方城县、社旗县等地进行调研,撰写的《关于对南阳市农村饮水困难状况的调查与建议》、《关于对南水北调中线工程渠首所在地、主要水源地淅川县农村饮水困难情况的调查及建议》,受到市委、市政府的高度重视,国家和省市政府已专门立项拨款给予解决。全年共上交社省委提案10余件。二是政治协商受到重视。社市委仝运科主委和其他领导,经常利用参加中共南阳市委常委扩大会、市政府会议及其他各种重要会议的机会,就南阳近期的主要工作、重点工作(南水北调中线工程、高庄核电站建设、第七届农运会承办、粮食核心区建设)、重大人事安排等协商交流了多项建设性意见和建议,受到市委市政府的重视和充分肯定。三是民主监督工作扎实有效。学社在政府部门、司法机关担任特约监督员11名,都能认真参与相关执法检查和社会监督工作,参与有关法律法规执行情况的调查研究,特别是在行风评议和民主监督的过程中,积极发挥作用,履行职责,正确行使权利,严格履行义务。对几十个单位政风行风评议中发现的问题进行研究,提出一些有价值的意见和建议,得到相关行业部门领导的高度重视和充分肯定,推动部门工作作风的转变,加快民主政治建设进程。

【社会服务】 一是开展慰问丹江水库库区移民“三下乡”活动。5月5日,社市委组织市中心医院、市中医院、市骨科医院、市二院、市风湿疼痛医院、张仲景研究所的9名九三学社的医疗专家、心理专家、法律专家,及南阳市爱心艺术团的38名演职人员,到南水北调中线工程渠首所在地淅川县金河镇姚湾村移民试点村,开展免费诊病免费送药品、免费提供心理咨询、法律咨询及义演活动。共诊治中老年人和儿童400余人,免费发放药品2000余元,免费提供心理咨询及法律咨询8人。2000余人观看精彩的文艺节目。二是开展爱国文化宣传活动。6月7日,九三学社南阳市委与其它民主党派一起,在南阳府衙财神庙举办爱国文化宣传活动,现场设立医疗、法律、心理咨询公益服务台,现场为市民提供咨询服务100余人次。还邀请市文艺界名流参与爱国文化宣传演唱会,600余人冒雨观看演出。三是开展第21届中国“国际科学与和平周”活动。市有关领导和剑兴家电的杨宇剑董事长,到方城县券桥乡敬老院开展免费送家电、送生活用品活动。免费发放生活用品1200余元,赠送价值1300余元的电视机一台。四是开展向台湾受灾地区捐款活动。8月17日,社市委领导积极参与市委统战部组织的市直单位向台湾受灾地区捐款仪式,胡保珍副主委代表九三学社向台湾同胞献上一份爱心。五是开展科技服务工作。市农科所曹宗鹏副研究员、南阳理工学院史恒欣副教授被聘为河南省第一批科技特派员,分别派驻到南阳庄稼人花生专业合作社和南阳天冠集团醋酸分厂开展科技服务工作。南阳理工学院副教授、市科技特派员张群安,主持南阳润祥公司油泥处理科研项目现已完成建厂、试生产,参与河南天工集团木塑实业公司的塑料建筑模板改性研究项目现已接近完工。

【成果展示】 全年社员中有42人获国家、省、市级奖励,发表论文86篇,出版专著8部,获得科技成果22项。其中,仝运科主委作为肿瘤专家、在专业方面有很深的造诣,发表多篇有影响的论文,连续四届市科技拔尖人才。社获副处级调研员苏子礌多年来潜心研究,培育玉米新品种,取得突破性进展,具有很大的发展潜力。《南阳日报》在社会早刊头版作大篇幅报道,目前已与北京中东天基科贸有限公司和柬埔寨王国柬华新禧公司签订10133.33公顷种子繁育基地合同。社员吴汉卿在长期临床实践中,将南阳医圣祠“刀针”针与水针疗法结合,发明水针刀新疗法。该疗法被国家中医药管理局列为中医药1类继续教育项目,已先后举办全国性学习班百余期,培训国内外学员包括香港、台湾、马来西亚、新加坡、韩国等地的学员万余名,不少省级医院及大专院校派专家学者前来南阳进修学习。这些医生学员不仅在当地成为名医,同时为宣传南阳、繁荣南阳经济、弘扬张仲景思想、推动中医药事业发展起到非常积极的作用。社员陈延华在卫生领域贡献突出,被评为河南省劳动模范。

【学社宣传】 社市委举办的重大活动,都邀请市电视台、市日报社进行及时报道,扩大九三的社会影响。社市委在各个支社设立一名信息员,及时上报有关信息,强化学社宣传工作。《河南九三社讯》和《河南九三网站》采用社市委的信息达到18篇,数量较去年有明显增加。(胡宝珍)

南阳市工商联

【调研参政】 2009年针对国际金融危机对南阳民营经济发展的影响,市工商联系统上下联动,深入民营企业调查研究,了解企业现状,反映企业诉求,提供决策依据,推进工作创新。5月份,市委统战部、市工商联组成联合调研组,对市民营企业发展情况进行专题调研,形成《民营企业是我市扩内需、保增长的生力军》的调研报告,市委书记黄兴维、市长穆为民均作出重要批示,并在《领导参阅》上专期刊发,在《南阳日报》上全文刊登,促成全市民营企业"扩内需、促发展"座谈会的成功召开,市委书记黄兴维,市长穆为民,市委常委、统战部长王建民,副市长崔军等市领导出席会议。《我们开展行业商会工作的主要做法》在河南省工商联行业商会工作经验交流现场会上作典型发言,并在《时代中国》南阳视点刊登;《关于我市中小企业发展情况的调研报告》在《南阳民营企业》第4期发表;《调研参政,促进"两个健康"》在《南阳政协》党派聚焦栏目上刊登。调研活动的开展及调研成果的转化运用,对进一步营造非公有制经济发展的良好环境,促进全市经济社会健康发展起到积极推动作用。

【服务企业】 根据市政府开展"企业服务年"活动的总体要求,结合工商联实际,出台《关于进一步加强服务工作切实帮助民营企业应对金融危机的意见》,切实为民营企业提供服务。一是提供培训服务。针对国际金融危机带来的影响,6月份举办南阳市民营企业应对危机培训班,特邀全国著名危机管理专家艾学蛟教授现场授课,讲解应对危机之策,提高企业应对危机的能力,拓宽视野和企业发展思路。12月份,召开民营企业家座谈会,市长穆为民在认真听取企业代表发言后,充分肯定市民营企业在战危机、保增长、保民生、保稳定过程中作出的突出贡献,并就培育核心竞争力,深化体制机制创新,加快企业上市融资步伐,对各位企业家寄予殷切希望。二是提供融资服务。市工商联与市银监局、《躬耕》杂志社联合举办银企联谊会,促进银企双方的沟通和了解,为民企融资搭建平台。引导、支持有实力的会员企业和商会组建投资担保公司、小额贷款公司,努力推进投融资担保体系建设。年底,全市已组建17个中小企业投资担保有限公司,共为民营企业融资达22亿多元,其中已建立的8个民间融资机构为民营企业融资达8亿元。三是提供信息服务。在继续办好《南阳商会》内刊和"南阳商会"网站的基础上,开通手机短信平台,全年累计为民营企业提供政策信息6000余条。

全市民营经济占全市GDP比重达62.4%,完成销售收入,实现利税等均以两位数的速度增长。南阳宛运集团被国家人力资源和社会保障部、全国工商联、全国总工会评为"就业与社会保障先进民营企业",贾小平、袁中告、朱任发、王守成、胡逸云、陈连法等6名企业家被评为"河南省优秀中国特色社会主义事业建设者"。

【"百千万工程"】 根据省委统战部、省工商联安排部署开展"百千万工程"。市工商联持续开展"百企帮百村"、"百企进南阳"、"帮扶万人创业"等系列活动。一是把开展"百企帮百村"活动与光彩事业相结合。全市共有3185个民营企业参与新农村建设,其中699个企业与654个村结成帮扶对子,实施帮扶项目485个,投资总额4.95亿元。实施光彩项目达544个,总投资7.87亿元,帮助10万多贫困人口脱贫致富,转移农村富余劳动力15万人,救助贫困大学生530多名。二是把开展"百企进南阳"与大招商活动相结合。发挥商会联系广泛、信息灵通的优势,主动出击,多方联络,积极开展招商引资活动,先后参与承办市委、市政府在上海、厦门、深圳、香港举办的市情推介及招商考察活动,引进项目21个,引进资金41.6亿元。邀请台港澳海外工商社团、经济界人士来宛考察,投资兴业,引导在外创业人员回乡投资创业。民营企业走出去工作取得新进展,民营企业在境外投资达3500万美元,其中社旗县河南昊德实业公司投资2120万元在莫桑比克建成的占地700多亩工业园,成为中国在莫桑比克投资的最大工业园。三是开展"帮扶万人创业"活动与引导民营企业安置就业相结合。在南阳师院、南阳理工学院举办民营企业家进高校创业报告会,帮助即将步入社会1500余名大学生树立正确的创业就业理念。与工会、劳动保障局等单位联合举办"民营企业招聘专场"活动,全市共有55个企业参与活动,提供用工岗位2000余个。市工商联先后荣获省委统战部"落实统一战线十件实事先进集体"、市委、市政府"新农村建设先进集体"、市委、市政府招商引资工作"优秀服务单位"等荣誉称号。

【宣传教育】 一是积极开展迎接建国60周年宣传活动。参与省工商联系统庆祝新中国成立60周年书画摄影展和文艺汇演,上报书画、摄影作品23幅,上报文艺节目9个。其中,有2个文艺节目参加省工商联组织的庆祝建国60周年汇演,有5幅书画摄影作品获奖。二是多渠道、多形式宣传中央、省市经济工作会议精神。引导非公有制企业认清当前经济形势,围绕市委、市政府确定的"保增长、调结构、促转型、抓和谐"的总体部署,积极促进非公有制经济平稳较快发展。向全市民营企业发出倡议:在金融危机形势下,不裁员、不减薪,为社会稳定和谐发展尽一份责任和力量。三是指导非公有制经济组织深入开展学习实践科学发展观活动,引导民营企业树立科学发展理念、转变发展方式、提升发展水平,大力推进非公有制经济组织党建工作,扩大党组织的覆盖面和党的基层工作的覆盖面,促进非公有制经济健康发展和非公有制经济人士健康成长。

【组织工作】 加强基层组织建设。贯彻落实《全国工商联关于加强县级工商联组织建设的若干意见》精神,加大工作力度,加强督促指导,积极推进县级组织及乡镇、街道基层组织建设,进一步提高工商联的覆盖面和影响力。全市236个乡镇办事处均成立工商联分会,并按照有地点、有人员、有经费、有活动、有成效的"五有"要求,切实抓好基层工商联组织作用的发挥。巩固和壮大会员队伍。注重通过行业商会集中发展会员,注重发展规模大、有影响的企业会员,增强相关产业会员企业的集中度和会员企业的代表性。一些规模大、实力强、有代表性的民营企业加入到工商联组织,工商联队伍不断壮大,素质进一步提高。加大行业商会建设力度。把"建立组织、发挥作用、科学管理"有机结合,真正发挥商会提供服务、反映诉求、规范行为的作用,不断提高行业商会的代表性和影响力。全年市县两级新增行业商会8个,异地商会2个。在全省18个省辖市中率先完成县市区工商联行业商会业务主管单位授权工作,为进一步做好商会工作打下良好的基础。

【自身建设】 贯彻省委、省政府《关于进一步加强新世纪新阶段工商联工作的意见》精神,市工商联立即组织学习,并通过调研,向市委、政府提交关于落实《意见》精神的若干建议。市委、市政府对此高度重视,在广泛征求意见的基础上,研究出台南阳市委、市政府《关于进一步加强新世纪新阶段工商联工作的意见》,对指导当前和今后一个时期工商联工作,充分发挥工商联的职能作用具有重大意义。加强班子建设。充分发挥领导班子集体领导作用,坚持民主集中制原则,加强班子团结,坚持大局至上,工商联领导班子的凝聚力、战斗力进一步增强。加强制度建设。建立服务会员、联系会员制度,推进服务会员、联系会员工作的常态化、规范化。出台《南阳市工商联执委、常委、领导班子成员履行责任义务的有关规定》,并以此作为执委、常委、领导班子履行职责、发挥作用的评价依据之一。加强机关建设。建立健全各项规章制度,着力推进机关工作的制度化、规范化、程序化。同时,在机关内部深入开展创建学习型、服务型、和谐型、创新型机关活动,不断提高机关干部服务大局、服务会员能力,在机关内部形成讲学习、讲团结、求实效的良好氛围。扎实开展学习实践活动。结合工商联实际,精心组织,严格程序,求真务实,取得良好的成效,达到预期的目标要求,在推动民营经济科学发展和工商联实现自身科学发展等重大问题上形成新共识,探索新途径,实现新突破。(邹粤)

群 众 团 体

南阳市总工会

市总工会主席 韩奎生

【"学习实践科学发展观"活动】 按照"干部受教育、发展上水平、群众得实惠"的要求，深入开展学习实践科学发展观活动，扎实做好学习调研、分析检查、整改落实各环节的工作。全市各级工会干部政治意识、大局意识和责任意识明显增强，工作方式和工作作风明显转变。学习活动期间，干部职工撰写心得体会150余篇，调研文章13篇，发放调查问卷120份，收集意见建议30余条，制定整改措施15项，推动解决一些影响职工队伍稳定的热点难点问题，为职工群众排忧解难办实事办好事。

【开展"十万农民工援助行动"】 全市拥有200多万农民工，由于今年受金融危机的冲击，农民工就业困难。针对这一问题，市总工会充分发挥工会优势，整合社会资源，以就业援助为重点，开展就业培训、岗位援助、创业指导、维权服务、生活帮扶等措施，对农民工实施援助。制订"十万农民工援助行动"实施方案，在全市实施"214331"帮扶计划。即全年全市工会筹集帮扶资金2000万元，其中用于生活救助、医疗救助1000万元，用于小额借(贷)款促创业400万元，用于技能和创业培训300万元，用于子女助学300万元，全年援助农民工10万名。开展职业介绍。全市工会组织招聘活动50场，为农民工提供就业岗位23288个，达成用工协议12109人。市总工会与泉州市9个骨干企业在南阳联合举办农民工就业洽谈会，共有农民工、技校毕业生800余人参加洽谈会，230多人达成就业意向。市总工会与泉州市总工会建立城市工会职工就业维权联盟，为维护农民工的合法权益奠定良好的基础。市总工会与市劳动和社会保障局、市工商联联合举办"迎五一、送岗位"招聘会。全市有55个企业前来招贤纳才，提供3000多个岗位，共有下岗职工、大中专毕业生、农民工等8000余人参加招聘会。1800余人与招聘企业达成用工意向。

【帮扶中心建设】 市总工会、卧龙区、方城县、西峡县、内乡县等5个困难职工帮扶中心达到省总五星级标准，并开展信访接待、法律援助、困难救助和就业指导"一站式"服务，较好地发挥帮扶中心作用。

【开展"双节"送温暖活动】 双节期间工会共筹集慰问金830万元，慰问20037户特困职工。市总工会困难职工帮扶中心集中一周时间，向市直2258名困难职工现场每人发放200元慰问金。市总工会连续11年与南阳日报社联合举办"对口捐助百户特困职工活动"，此项活动开展11年来，先后有1200多户特困职工家庭获得救助。

【小额借款】 上半年全市各级工会已投入小额借款210万元，为1366名农民工和下岗失业人员实现创业或再就业提供资金支持。

【开展金秋助学活动】 市总工会统筹规划，今年全市工会组织共筹集资金300万元，帮助1500名困难职工子女圆了大学梦。

【职工劳动竞赛】 在全市广大职工中广泛开展"同舟共济保增长，建功立业促发展"竞赛活动。一是深入开展"当好主力军、建功'十一五'、和谐奔小康"建功立业竞赛活动。在全市举办50个工种的职工职业技能大赛，全市有2524个企业参加，70.3万职工参赛，比上年分别提高16.8%、10.7%，培养创新能手3120人、创新示范岗372个、节约标兵4120人，进行技术改造、技术革新5万多项。在全省组织的速录师和维修电工技能大赛中，南阳有3名选手进入前三名,并代表省参加全国职工职业技能总决赛,其中维修电工在全国职工职业技能比赛中取得第15名的好成绩。二是围绕"项目推进年",在全市选定20个重点建设工程项目,开展以"保安全、保优质、保高效、讲文明、讲协作、讲节约"为主要内容的"三保三讲"重点项目建设竞赛立功活动,推动重点建设项目又好又快发展。三是协助政府继续在38个能耗、排污大户中开展以"比管理、比技术、降能耗、降排放"的"双比双降"节能减排竞赛,为建设资源节约型和环境友好型社会作贡献。四是以建筑、危化、矿山等高危行业和非公有制企业为重点,大力开展"安康杯"竞赛和"一法三卡"工作,加强班组安全建设和群众监督。市总工会认真履行市安委会成员的职责,深入各县(市、区)进行安全检查指导,有效地遏制和防范重特大事故的发生。

【履行维权职责,建立和谐劳动关系】 一是加强职代会制度建设。建立职代会预审监督报告制度,凡工会关系在南阳、并建立职代会制度的企事业单位,召开职代会前要报告、会后要反馈信息及备案,并由市总工会、各县(市、区)总工会在会中进行指导监督。这一做法被8月30日《工人日报》刊登,受到上级工会的肯定。目前,全市国有集体及其控股企业建立职代会制度的有1039个,事业单位1003个,非公有制企业3123个。全市232个乡镇建立职代会制度,覆盖企业3612个,职工225957人,使广大职工参与决策和管理。二是抓好厂务公开工作。全市国有、集体及控股企业实行厂务公开制度的有1057个,事业单位1021个,非公有制企业2845个。三是抓好集体合同、工资专项集体合同的签订工作。全市国有、集体及控股企业建立签订集体合同制度1046个,非公有制企业建立签订集体合同制度3220个;签订工资集体专项合同分别为759个和2256个。3月份在内乡县召开工资集体协商及"共同约定行动"专题现场会。有效地维护职工合法权益。四是深入开展创建劳动关系和谐企业活动。全市136个企业签订"共同约定行动倡议书",企业承诺承担社会责任,不裁员,不欠薪,不减薪。全市开展创建活动的企业4385个,占企业总数的83.4%,规模以上企业621个,占90%,非公有制企业2917个,占79.1%。

【工会组织建设】 市总工会按照"组织起来,切实维权"的工作方针,在重视和加强公有制企业、机关、事业和社会团体的工会组织建设,同时以非公有制企业和外资企业为重点,以农民工为主要对象,通过完善目标管理、跟踪督察、考核激励、工会筹备金等制度,提高工会建会率和职工入会率。全市新建工会1158个,发展会员107911名。按照省总工会制定下发的县、乡镇(街道)、基层工会"六好"标准及开展活动的意见,制定《南阳市总工会关于开展争创"六好"县(市、区)、乡镇(街道)、基层工会活动的实施意见》,制定规划和分类考核目标及措施。8月份在新野县召开争创"六好"活动现场会,不断提高创建水平,努力把基层工会建设成为党政支持、组织健全、维权到位、工作规范、作用明显、职工信赖的职工之家。

【劳动模范评选及管理工作】 全市共评选、推荐河南省劳动模范和先进工作者93名,推荐全国"五一劳动奖状"获得单位1个,全国"五一劳动奖章"获得者4人,评选市"五一劳动奖状"获得单位27个,市"五一劳动奖章"获得者71名。双节期间,市总工会对47名全国劳动模范、111名困难省部级劳动模范进行慰问、帮扶、救济。发放全国劳动模范三金29.38万元,省部级困难劳模救济金20万元,共计49.38万元,把党和政府的温暖送到困难劳模的心坎上。

【宣传工作】 市总工会围绕工会重点工作,加大宣传力度,营造全社会关心、重视、支持工会工作的良好氛围。举办"庆三八"职工和谐家庭才艺展,展示新时期女职工的风采。五一前夕,举办庆五一"劳动者之歌"职工文艺晚会。市委书记黄兴维,市长穆为民等四大家领导亲临晚会为劳模代表披红戴花,在全社会唱响劳动伟大、劳模光荣的主旋律。举办南阳市庆五一职工书画摄影展,共展出作品278幅,在全社会产生强烈反响。开展"新时期工人阶级和劳动模范宣传月"活动,在新闻媒体开办《劳模风采》专栏,大张旗鼓地宣传劳模的先进事迹,在全社会形成学先进、干事创业的热潮。(温阳)

共青团南阳市委

【共青团工作概况】 2009年全市各级团组织围绕南阳经济社会发展大局,以青春创业就业工程和基层团建创新工程为重点,着力塑造"青春、和谐、开放、创新"的新时期南阳共青团新形象,以增强团的吸引力和凝聚力为核心,不断创新活动方式和工作方法，进一步健全工作责任机制和工作竞争机制，各项工作都取得显著成效。

【三届三次全委(扩大)会】 1月20日，共青团南阳市三届三次全委(扩大)会议在南阳召开。会议总结回顾全市上年团的工作，表彰2008年全市共青团工作先进集体和团市委机关的先进部室，就传达落实共青团河南省委十三届四次全委(扩大)会议精神作了具体部署。

【三届四次全委(扩大)会】 2月17日，共青团南阳市三届四次全委(扩大)会议在南阳召开。会议安排部署今年工作任务，传达市委副书记贾崇兰的批示精神和《南阳市基层团建创新工程实施方案》、《南阳市青春创业就业工程实施方案》、通过《团市委委员卸职递补、候补委员卸职确认案》。就如何推进落实基层团建创新工程和青春创业工程进行发言交流。

【纪念五四运动90周年】 5月4日，纪念五四运动90周年大会在南阳影剧院举行。市领导黄兴维、穆为民、贾崇兰、李天岑、朱广平、常康、冯晓仙、市总工会主席韩奎生及各界团组织负责人1100余人参加纪念大会。市委书记黄兴维发表重要讲话，表彰了全市第八届杰出青年、首届杰出青年民营企业家和共青团工作先进集体和先进个人。观看"青春之歌——南阳市纪念五四运动90周年文艺联欢会"。

【青少年思想道德建设】 一是强化理论武装，坚持用中国特色社会主义理论体系武装青年，2月13日召开南阳市第十六届青少年爱国主义教育读书活动动员大会，掀起青少年学习贯彻科学发展观的热潮。二是结合新中国成立60周年、五四运动90周年、少先队建队60周年等重大节庆日、纪念日，深化青少年爱国主义教育活动。3月7日在全市开展"保护母亲河，共植建国六十周年青少年纪念林"活动。3月11日，建国六十周年青少年纪念林揭碑仪式在兰湖森林公园举行。4月21日上午，启动"关注鸟类、保护自然"——南阳市第28届"爱鸟周"活动。三是注重创新方式。根据不同类型青年群体在职业背景、社会阅历及思想意识方面的显著差异和具体需求，相继创心开展"六个为什么"青年报告会、法律咨询援助等活动，将思想引导工作具体落实到大学生、企业青年、进城务工青年、农村青年等不同特点的青年群体身上，牢牢把握教育引导青年的主动权。

【青春创业就业】 一是成立青年创业就业组织领导机构，出台《南阳市基层团组织创新工程实施方案》和《南阳市青春创业就业工程实施方案》，同时安排"摸清底子，服务就业"为主题的统计工作，对返乡未走青年的数量、年龄、特长等基本情况进行调查统计。2月13日，南阳驻郑青年服务大厅成立。5月22日，市青年创业志愿服务总队成立，团省委副书记郭鹏，省青联秘书长张敬旗及各县市区团委主要负责人，全市青年创业志愿服务总队部分成员100余人参加成立大会。二是深化实施农村青年创业小额贷款项目，全市青年创业项目小额贷款(贴息贷款)总额达到8900万元。开展为青年农民工送岗位下乡"春暖行动"，为全市青年农民工提供就业用工岗位3000余个，有1000多人达成上岗意向。3月3日，市委副书记贾崇兰、市人大常委会副主任周明军等领导在南阳解放广场出席为青年农民工送岗位"春暖行动"启动仪式。

【实施青年志愿者行动和青年文化行动】 一是先后组织3000多名青年志愿者参加以"做文明青少年，建和谐新南阳"为主题的志愿服务，开展"六创一迎"青少年文明行、共青文明示范路等系列志愿服务活动。5月22日，中石化南阳石油分公司"三夏"青春行动保供誓师签名仪式在市长江路魏营加油站举行。7月10日，市2009年西部计划基层工作专项行动志愿者欢送仪式在豫宛宾馆举行。9月12日，在市城区开展青少年志愿服务"六创一迎"集中活动日活动。二是实施青年文化行动。举办少先队员形象大使"南南"、"阳阳"评选、全国第六届青少年英语竞赛南阳分赛区比赛活动。组织南阳青联经贸考察团赴台湾进行访问交流，搭建宛台青年合作共赢平台。

【青少年权益保护】 一是深化希望工程行动，继续开展送温暖活动和救助贫困大学生和捐资助学活动。6月27日，南阳在郑爱心人士资助家乡寒门学子慈善午宴在郑州英协剧院举行。7月4日唐河县源潭镇在郑同乡资助唐河二高贫困学生启动仪式在郑州世纪星酒店会议室举行，捐助善款7.36万余元。8月24日，举行"黄鹤楼助学活动"大学新生入学欢送会暨希望工程"爱心接力"活动启动仪式，资助95名贫困大学生。二是完善以"12355"维权和心理咨询服务中心和热线电话为平台的青少年权益保护网络，为权益受到危害的青少年提供服务和帮助。

【组织建设】 一是农村基层团组织迸发新活力。深化团建"三级联创"活动，发挥县级团委的桥头堡作用，并联合市委组织部门，出台大学生村干部担任团支书部书记的政策，通过编制内与编制外相结合的方式，调整和充实乡镇、街道团委领导班子，全市80%以上的乡镇、街道建立团的工作委员会和青年工作委员会。二是驻外团工委建设不断加强。南阳驻郑团工委采取市场化运作模式，在郑州设立全省首家“青年服务大厅”，打造为南阳外出青年创业就业、施展抱负、维护合法权益的综合性专业服务平台，成为全省驻外团组织的典范。三是创新团组织设置模式。联合工商银行南阳分行启动实施南阳青春E家卡项目工程。（王庆峰）

南阳市妇联

【妇联概况】 2009年市妇联以学习实践科学发展观为动力，围绕中心，立足党政所急、妇女所需、妇联所能，实现南阳妇女儿童工作的再突破、大跨越、创新高。先后荣获全国“三八”红旗集体、全国维护妇女儿童权益先进集体、全国第七届五好文明家庭先进协调组织奖、全国创建学习型家庭示范城市（城区）和示范社区、省级文明单位、全省妇联宣传工作读书活动先进集体、全市平安建设先进集体等国家、省、市级10项荣誉。

【学习实践活动】 按照科学发展观要求，向市直各单位、各县市区妇联和广大妇女发放、回收征求意见表350份，梳理归纳6个方面的意见建议15条，形成凝聚集体智慧、反映实际情况、体现群众意愿的专题调研报告12篇，增强工作的针对性和实效性，使围绕科学发展、服务民生改善、推进社会和谐的思路更加明确；服务大局、服务妇女、服务基层的工作机制更加健全；落实科学发展观的能力进一步增强，宗旨观念、责任意识进一步提升，为做好各项工作奠定坚实的思想和组织基础。

【创业就业】 面对国际金融危机带来的严峻形势，各级妇联紧紧围绕战危机、保增长、促就业，创新载体，协调资源，搭建平台，为保持经济平稳较快发展贡献力量。一是启动“百万妇女信用创业大行动”，掀起创业热潮。年初，解决金融危机引发的妇女的失业潮、返乡潮已成为摆在各级党委政府和妇联组织面前不容回避的现实需要和紧迫任务。市妇联认真研究，主动寻找对策，决定借船出海、借力发展，在全市农村妇女中开展“百万妇女信用创业大行动”。经过与市农信社协调，决定以5.94‰的利率每年向农村妇女发放2个亿的小额信用贷款，并在3月底前迅速掀起“大行动”的热潮，6月底前完成全年放贷任务，后半年见到经济成效。“大行动”作为一项应对危机，促进经济发展的有力举措，在具体实施中为妇女创业就业注入经济实力，增强发展活力，使农村妇女在就业中找回自信，在创业中找到动力，实现创业不离家，从根本上解决夫妻分居和留守流动儿童问题，在稳定家庭、促进和谐中发挥积极作用。止目前，已从全市农村100多万成年妇女中筛选13563个信贷户，发放小额贷款2.3亿元，培养650名创业典型，直接安置1万多名妇女就业，带动6.6万名妇女自主创业。《南阳市人民政府公报》用4000多字做专题介绍，省科学发展观活动办公室以“亮点工作”在第206期简报上予以登载，《中国妇女报》、《南阳日报》、南阳电视台、南阳电台多次进行报道，各级党委政府称其为民心工程、创业工程和妇联的品牌工程，广大妇女赞其为贴心事、实心事、大好事。二是开展“春风送岗位”活动，搭建就业平台。开展以“求职就业有门路，岗位信息送到家”为主题的春风送岗位就业服务活动，组织务工返乡妇女、女大学生参加“春暖农民工就业洽谈会”、“大中专生招聘会”等专题招聘会38场次，提供就业岗位2915个，参加招聘会妇女达23047人。以“巾帼星火科技工程”为依托，携手科技、农林、畜牧等部门采取自办、联办、组织讲师团、流动课堂等形式，开展各类专业技能培训。上半年，共建立妇女创业就业实践基地51个，提供实践岗位1009个，培训妇女5240人。三是延伸“岗岗争创、岗村联创、岗位建功”领域，引导妇女建功立业。市、县妇联不断扩大创建范围，层层动员，广泛发动市、县、乡各级党政部门和企事业单位开展技能竞赛、风采展示、优质文明服务、巾帼志愿者队伍等各具特色的主题活动，激励女干部职工岗位建功、岗位成才，使“巾帼文明岗”成为城乡妇女内强素质、外树形象、建功立业的广阔平台。市、县直岗村联创单位主动为帮带村送项目、送资金、送技术、送信息、送温暖，实现城乡妇女发展资源的有效对接。上半年全市新建县级以上“巾帼文明岗”135个，其中市级23个，止目前共有263个市、县直部门开展“岗岗争创”活动，305个全国、省、市级文明岗开展“岗村联创”活动。

【六创一迎】 组织全市各界妇女代表举行“六创一迎”誓师大会，宣读誓言、振奋斗志，以主人翁姿态投身“六创一迎”工作，争当城市建设的参与者、实践者、管理者和维护者。市妇联承担的南阳

"迎宾大道"的治理整治工作，坚持不懈净化周边环境、规范小摊小贩、自觉宣传文明理念，高标准完成定点乡、定点村及城市路段的分包任务，为提升城市品位、打造宜居城市，建设和谐美丽新南阳做出积极的贡献。积极响应市委、市政府号召，组织市、县各界妇女为"农运会"捐款11.5万余元，表达参与农运、服务农运，共建文明家园的强烈愿望。

【推动男女平等】 市妇联在本职工作中，始终不忘抓计划生育国策的宣传，主动征求市计生委的意见，优先考虑有利于人口和计划生育工作的开展，做到妇联工作与计划生育政策的有机衔接，把计划生育宣传教育工作与"维护妇女儿童合法权益"、"巾帼建功"、"留守流动儿童关爱工程""十大女杰"评选、"十大农民女状元"评选等活动相结合。一是利用"三八"等节日活动，大张旗鼓地宣传"男女平等基本国策"、谴责遗弃、虐待女婴、非医学需要的胎儿性别鉴定和选择性人工终止妊娠等非法行为，保护妇女身心健康，维护妇女儿童合法权益。据不完全统计，在"三八"节期间，全市各级妇联组织在宣传活动期间共展出版面5000块，横幅、标语一万余条，设立咨询台1200多个，接待群众咨询50万余人，发放宣传单和宣传资料250万余册。悬挂宣传横幅1000条，组织秧歌宣传队15个，宣传车87次，制作妇女维权宣传专栏446块，现场解答法律咨询1500多件，受益群众达350万余人次。二是将"计生"纳入各类评比。各级妇联在"三八红旗手"、"双学双比先进个人"、"巾帼建功标兵"中，把落实计划生育的情况作为评选标准之一，并列入"五好文明家庭"评比标准，同等条件下优先考虑计划生育工作者及计划生育户，对违反计划生育政策的，实行"一票否决"，有力地推动计划生育"三结合"工作和利益导向机制的建立。三是切实加强家庭教育工作。结合家庭教育实践月活动，全市各级妇联广泛开展"优生、优育、优教"知识传播和"双合格"实践活动，通过举办家庭书画展、家庭音乐会、手工艺比赛、妇女儿童健身运动等，表彰一批"好家长"、"好儿女"，巩固各类家长学校，促使全市育龄妇女受教育面达到80%以上。目前，全市已建家长学校270所，儿童教育指导中心516个，示范家长学校584所，累计举办各类家长培训班400多期，参加培训的家长达30000多人。四是开展防艾宣教活动。在"12·1"艾滋病宣传日活动中，各县市区妇联借助宣传日活动，加大维权力度，不能歧视艾滋病患者，并向广大妇女普及健康知识尤其是向未婚女青年普及性健康知识教育，共展出版面4660块，横幅、标语3400余条，设立咨询台190多个，接待群众咨询15万余人，发放宣传单和宣传资料8万余册。

【宣传教育】 各级妇联以促进和谐社会建设为目标，宣传妇女工作，凝聚妇女力量，展示女性风采。一是选树女性典型，引领时代精神。"三八"节期间，中共南阳市委、市政府对"十大女杰"和20名"优秀女性"，"十大农民女状元"和11名"农民女致富能手"进行隆重表彰。其中，"十大女杰"评选经由社会推荐、媒体公示、群众投票、组委会评定四个环节，市妇联在南阳日报刊出30名候选人的简介和事迹，公开征集投票，并将活动颁奖词全文刊登，短短20多天里，收到选票达60多万张。"十大女杰"自强不息、拼搏进取、攻坚克难、勇攀高峰的进取意识和自尊、自信、自立、自强的时代精神给予全社会以强大震撼。二是传播母爱精神，倡扬中华美德。"母亲节"期间，为呼吁全社会感恩母亲、回报母爱，大力弘扬母爱精神，传承中华美德，倡导文明和谐新风，各级妇联通过筛选推荐、社会投票，评比表彰2009年南阳市"十佳母亲"。市妇联与万正集团在白河岸边共同举办"白河母亲"揭幕仪式暨十佳母亲"颁奖典礼，向"十佳母亲"和20名"优秀母亲"颁奖。与此同时，市妇联还与市工商银行联合举办工行杯"我的母亲"有奖征文活动，16天内收到征文作品640篇，参与者最高的年龄80多岁，最小的年龄8岁，经过评委会的多轮认真筛选，评定一、二、三等奖共60篇，其中10篇一等奖作品在《南阳日报》全文刊登。这些作品篇篇感人至深，件件充满深情，字里行间洋溢着爱我中华、建设国家的赤子之心和热爱母亲、感恩父母的儿女之情，读来让人为之动容，许多读者来信来电表达感恩之情，诉说感同身受，掀起全社会的敬母、孝母、爱母热潮。三是借助媒体优势，宣传妇女儿童工作。各级妇联以庆祝新中国60周年华诞为主题，抓住"三八"、"六一"等节日契机，在报刊、广播、电视、网络等媒体上开专版、登稿件、发图片，彰显妇女儿童工作内涵。3月份，市妇联与《南阳晚报》联合推出"话说女性60年"专栏，邀请南阳各行各业的杰出女性代表，畅谈60年来女性的地位、婚姻、家庭、事业、健康、品味等方面的变化，充分展示新时期女性风采，激励广大妇女奉献聪明才智，投身改革发展。"六一"节前夕，市妇联与移动公司、《南阳日报》社共同策划"迎新中国60华诞，庆儿童节60载生日"特刊，以"儿童伴祖国成长、祖国依儿童富强"为主题，刊发专题文章3000多字，图片11幅，回顾

60年风雨历程,展望祖国儿童美好未来,呼吁全社会关心儿童、尊重儿童,呵护儿童少年健康成长。在抓住契机开展专题活动同时,各级妇联继续推进专栏专刊宣传,上半年《花样女人》栏目播出242期,《女性故事》栏目推出12位女性典型,《妇女生活》发行量稳中有升,达到52844套,发行量达到全市总人口的5‰,真正起到教育妇女、引导群众、提高素质、激励奋进的良好社会效果。

【维护妇女儿童权益】 各级妇联坚持以人为本,不断强化依法维权、源头维权和社会化维权,促进妇女儿童与经济社会协调发展。一是抓宣传,广泛开展普法教育。充分利用"三八"维权周、禁毒宣传月等契机,大力开展"法制教育进家庭"、"安全知识进家庭"、"和睦新风进家庭"等宣传实践活动,并在《女性故事》栏目中新增《律师支招》版块,每周录播一期,滚动播出6次,邀请义务法律顾问解答疑问、以案释法。3月份,市妇联以"反家暴"为主题,在《南阳日报》的《新闻纵深》栏目发表2000多字的专栏文章,分析主要特点和诱因,普及预防知识和制止办法,鼓励广大妇女拿起法律武器维护自身权益;"6·26"国际禁毒日期间,县、乡妇联深入乡村农户,广泛开展一条街普法宣传、免费咨询、义演义诊等活动,呼吁广大妇女自觉抵制毒品、珍爱生命健康,集中展示宣传板面856块,悬挂标语2265条,向广大妇女赠送图书7600册,发放宣传单近20万份,受教育群众达10多万人次。二是抓典型,凝聚工作合力。市妇联与市综治办、市人事局联合开展首届"南阳市十大巾帼卫士"评选活动,重点表彰公、检、法、司部门为保护妇女儿童合法权益,维护社会稳定做出突出贡献的杰出女性,并对市维权协调领导小组进行调整充实,进一步强化维权工作合力。三抓服务,提高信访接待水平。不断健全四级信访网络,热情接待每位来访群众,认真做好释疑解惑、疏导情绪、化解矛盾的工作,引导妇女以合理合法方式表达利益诉求,竭尽全力为受害妇女提供法律援助,推动妇女利益协调机制、诉求表达机制、矛盾调处机制和权益保障机制不断规范完善。上半年,全市共接待处理信访案件909件,结案率达95%。

【为妇女儿童办实事】 一是开展免费检查,提高女性健康水平。3月份,与乳腺病医院和骨科医院联合启动"庆'三八'送健康,关爱女性大行动",在《南阳日报》刊登启示,持续一年免费开展乳腺病和骨密度检查,重点救助农村因病致贫、因病返贫的妇女。全市发放体检卡4万多张,9000余名妇女接受免费检查。各县市区妇联也都联合有关部门,采取不同形式为各界妇女进行健康检查。二是凝聚社会力量,帮扶弱势儿童。各级妇联继续开展"春蕾计划"、"代理妈妈"、关爱留守流动儿童"春暖行动"等,发动社会各界为贫困儿童、孤残儿童、留守儿童献爱心、送温暖,组织公益捐赠、看望慰问等活动40多次,捐助扶困助学资金48万元,图书5万多册,新捐建爱心书屋5个,留守儿童之家1个,与4896名儿童结对帮扶,市妇联对市"春暖行动"先进集体和儿童工作先进集体、先进个人进行表彰。"六一"节期间,市、县、乡三级妇联以"祖国伴我成长"为主题,组织少年儿童接受红色教育,开展"美德少年"评选、"民族精神代代传"演讲比赛、"向国旗敬礼、做一个有道德的人"签名活动等,引导未成年人增强爱国情感、树立远大理想、养成文明习惯、提高道德品质。市委书记黄兴维在与市四大家领导亲切看望幼儿园小朋友之后,亲笔为"六一"儿童节60周年题词:"祖国繁荣昌盛,儿童健康成长!"节日前夕,市妇联与飞鹤乳业共同开展"非凡宝宝"征文评选活动,其中6篇作品分别荣获全国一、二、三等奖。联合东方爱婴举办"爱和自由"科教公益讲座,特邀全国知名早教专家授课,帮助广大家长更新理念、科学育儿。三是积极协调呼吁,推动落实妇联干部待遇。解决好基层妇联干部的政治、生活待遇,是凝聚人心、团结力量,扎实做好工作的重要保障,也是从源头上培养妇女干部,促进妇女参政议政的需要。自市委组织部和市妇联联合出台的宛妇字〔2008〕38号文件下发以来,市、县两级妇联把这项工作时刻挂在心上,抓住每一次机会主动汇报,争取同级党委支持,多方奔走呼吁,力争把妇联干部的待遇问题纳入干部调整的整体规划。目前,全市已有2个县决定运作,其他各县有序推进,总体进程不断加速。(勾志峰)

人民武装

地方军事

南阳军分区

【军分区工作概况】 2009年，南阳军分区坚持以党的十七大精神为指导，深入贯彻落实科学发展观，着眼全面履行我军历史使命，突出抓好部队思想政治建设，突出抓好深入学习实践科学发展观活动，突出提高应急应战能力，突出抓基层、打基础、促稳定，全面建设稳中有进，大项任务完成较好，部队安全稳定，军地关系融洽，民兵预备役建设呈现出良好的发展局面。

一、高举旗帜、强根固本，官兵思想政治建设基础更加牢固。紧紧围绕“三个确保”时代课题，坚持把学习贯彻科学发展观和党的十七大精神作为思想政治建设的首要任务。突出抓好中国特色社会主义理论体系武装，采取“联学共教”、“三统三分”的办法保证了党委中心组、机关理论学习的落实和质量。积极参加军区、省军区组织的师团职领导干部轮训和军区远程网络同步培训，党员干部的理论素养和思维层次得到提高。突出抓好培育当代革命军人核心价值观这一基础工程，主题教育活动氛围浓厚。认真落实思想形势分析和领导干部作形势报告制度，注重做好重要敏感期的舆论宣传和思想引导，确保了部队高度稳定和集中统一。贯彻落实新修订的《思想政治教育大纲》，加强和改进“每月四堂课”教育，经常性思想工作得到较好落实。继续加大对“抗震救灾英雄战士”武文斌的学习宣传力度，“编外雷锋团”被军区作为实践当代革命军人核心价值观的典型进行宣传，国防教育和新闻宣传工作取得了较好成绩。军分区和社旗县人武部、邓州市人武部被省军区政治部表彰为新闻报道先进单位。

二、注重实践、解决问题，学习实践科学发展观活动成效明显。各级党委坚持把学习理论、解决问题、创新机制、领导带头贯穿始终，上下联动，扎实推进，学习实践活动取得明显的认识成果、实践成果和制度建设成果。各级党委立项解决的问题80%以上落实到位，探索建立的制度机制发挥了重要作用。军分区党委坚持以落实“五件实事”为载体，积极协调南阳市委、市政府做好优抚安置工作，一次指令性安置随军家属82人，解决驻军42名军人子女的入学问题，协调55名军转干部全部安排到公务员岗位或事业全供单位。先后投资25万余元，对机关勤务队宿舍、食堂进行了整修。两个干休所分别自筹资金9万元、11.7万元，用于医疗设施的升级改造。通过学习实践活动，广大党员干部进一步增强了贯彻落实科学发展观的自觉性和坚定性，科学发展观的指导地位更加牢固，有力地推动了各级党委和部队全面建设。军分区开展学习实践活动的一些经验被《解放军报》、《前卫报》报道，有些做法被省军区《情况反映》刊载。

三、任务牵引、聚焦使命，部队遂行多样化军事任务能力不断加强。坚持以省军区“作战训练任务部署会议”和省国动委第六次会议精神为指导，进一步采集补充作战数据，修订完善战备计划(方案)，研究细化可能担负的多样化军事任务，增强了军事斗争准备的针对性和实效性。按照“三化四力”要求突出应急分队力量建设，积极推进民兵预备役整组改革创新，编组更加科学，结构更加合理。坚持按纲施训、科学施训，组织进行应急处突、防汛抢险等实用性演练，全区完成训练任务数7365人，民兵应急分队遂行任务的能力得到较大提高。全区民兵在抗旱浇麦、“三夏”生产、抗洪抢险和“跨越－2009”支前保障演习等任务中发挥了积极作用。依托军队院校和预备役团对50名专武干部和民兵骨干进行了挂钩培训，组织5名新兵进行了手榴弹实投训练。广泛开展了岗位练兵活动，较好地提高了所属人员的岗位任职能力，经验做法被省军区转发。新野县人武部、邓州市人武部被省军区表彰为军事训练先进团级单位。围绕打造“河南兵”品牌，坚持廉洁征兵、规范征兵，圆满完成了14个专业72名士官招收任务和4400名新兵征集任务，高学历青年入伍比例明显提高。

四、加强修养、改进作风，党

委班子和干部队伍建设有明显进步。结合新的形势和党员干部思想实际,着力加强“五种修养”,深入开展“四个深化”系列教育,较好地解决了党委班子和党员干部队伍中的一些现实思想问题。认真贯彻“十六字”原则,坚持把民主集中制内容纳入党委中心组理论学习计划,切实增强党委决策科学性。大力抓好班子团结,不断提高班子的凝聚力战斗力。牢固树立从严治军首先是从严治官的思想,认真抓好团以上干部的政策纪律教育,党风廉政建设得到进一步加强。采取选送院校培训、聘请专家讲座、以会代训、岗位练兵等方式扎实抓好干部培训,不断提高干部队伍的整体素质。老干部服务管理移交、转业干部安置、计划生育等工作取得新成绩。

五、依法治军、从严治军,安全发展理念进一步强化。认真贯彻《安全条例》,坚持在规范秩序,狠抓整治,落实制度上下功夫,官兵安全防范意识、规避风险的能力进一步提高。突出抓好“十项综合清理整治”活动,一些重难点问题得到有效解决。密切关注人车枪弹密等安全管理重点,研究下发了《关于严格请销假规定,进一步加强干部管理的通知》;投资8万余元,对军分区民兵武器装备仓库的监控设施进行了升级改造,对高频电网及其附属设备进行了维护,并为库区加装了净化水设备,使仓库的安全、生活设施得到了进一步加强和改善。镇平县人武部荣获省军区“四无”活动先进单位。

六、科学管理、改革创新,后勤综合保障效能有新提高。贯彻落实《全面建设现代后勤纲要》,开展后勤动员潜力调查,修订完善后勤战备计划(方案),组织后勤干部业务培训,后勤战备质量得到提升。认真落实党委集体理财、军政主官“双签”、联审会签等财经法规制度,经费保障效益得到提高。进一步加大对人武部、干休所资产的统管力度,规范资产购买、收缴、处置程序。经费预算与资金收付相分离、公务卡支付结算、行政消耗性费用货币化支付与限额管理相结合,三项改革取得较好成果。在职师职以下干部及其他人员住房专项清理工作成效明显。继续探索完善售房区物业管理模式。努力创新部分行政消耗性开支货币化支付改革,率先推行水电费、通讯费货币化支付,每年节约经费 16 万余元。树立厉行节约思想,制定下发了《军分区节电节水管理规定》。协调社会事业单位养老保险处,补交 24 名合同制职工养老保险金 85 万元。下大力解决了与富强公司 13 年的经济纠纷,军分区没有欠债和经济遗留问题。

七、相互支持、融合推进,军政军民关系更加和谐顺畅。积极发挥桥梁纽带作用,注重在服务部队、服务社会中争得地位、赢得信任。在抗洪抢险救灾中,宛城区、卧龙区和新野县人武部民兵应急分队发挥作用突出。先后组织民兵成建制地参加抗旱浇麦、南阳市“六创一迎”、移民迁安等重点工作,完成任务出色。积极协调市委、市政府出台了《关于加强新形势下拥军优属拥政爱民工作的意见》、《南阳市驻军随军家属就业安置办法》,召开了创建全国双拥模范城动员大会,全市上下形成了浓厚的拥军优属拥政爱民的良好氛围,军政军民关系迈上了新的台阶,进入历史上最好的时期。(乔相豹)

【“跨越一2009”支前保障】 南阳军分区始终坚持把承担“跨越一2009”支前保障任务,作为全面加强国防动员能力建设和强化全民国防意识的难得机遇,作为检验和提高民兵重点分队遂行多样化军事行动能力的重要抓手,以实战为背景,科学筹划,精心组织,加强协调,严密实施,确保了支前保障任务的圆满完成,受到军地领导和演习部队的充分肯定。在这次支前保障演习中,军分区协调南阳市国动委专门成立了由市主要领导亲自挂帅,军分区司令员、政委任指挥长的南阳市“跨越一2009”支前保障演习指挥部,先后组织召开了“跨越一2009”支前保障任务部署会、支前保障工作协调会和国防动员委员会成员单位联席会,研究制定了《“跨越一2009”支前保障方案》,并根据演习部队的行军计划制定了多套保障预案。为保障演习部队顺利过境,军分区组织民兵车辆维修分队、医疗救护分队和油料保障分队在演习部队途经的高速公路、国道、省道沿线以及宿营地遂行定点和机动保障任务,共出动各型车辆 150 余台(次)、基干民兵 700 余人;协调南阳市粮食局、军供站、卫生局和石油公司为过境部队提供了军粮、油料、卫生服务,共出动支前保障车辆 30 台(次),人员 150 人;组织各种欢迎和慰问活动 16 次,慰问品(金)价值 20 余万元,悬挂欢迎标语、横幅 800 余条(幅);出动特警、交警和公安干警 1000 余人,车辆 200 余台次,为参演部队提供道路疏通和宿营地的外围警戒服务。支前保障过程中,共为参演部队维修车辆 8 台次、补充油料 5 台次,提供医疗服务 30 余人次。通过遂行这次支前保障任务,使南阳市的国防动员能力得到了一次全面检验,使民兵分队遂行任务能力得到了一次全面加强和提高,达到了锻炼队伍、锤炼思想、磨炼意志和密切军政军民关系、强化全民国防观念的目的和效果。(何应华)

【刘孟合莅宛检查指导工作】 11月25～26日，省军区司令员刘孟合、副司令员杨宏杰率领省军区考核组对南阳军分区机关年度工作完成情况进行考核检查。军分区司令员陈代云、政委任锋、副司令员傅生华、副政委祝润安、参谋长李建伟、政治部主任刘新旺、后勤部部长时召龙先后陪同并接受了考核。在对南阳军分区工作全面检查考核后，刘孟合司令员对南阳军分区过去一年的工作给予充分肯定，同时指出，广大官兵要坚决贯彻胡锦涛总书记关于新形势下国防和军队建设重要论述，着眼全面履行新世纪新阶段我军历史使命，坚持以军事斗争准备为龙头，突出思想政治建设，严格训练、严格要求、不断提高部队以打赢信息化条件下局部战争能力为核心的完成多样化军事任务的能力，在新的起点上推动部队建设科学发展。关于年度征兵工作，刘孟合要求，要严格把握标准，细化目标任务，强化责任意识，严肃工作规程，突出高学历青年征集的重点，狠抓廉洁征兵，不断提高兵源素质，圆满完成今年征兵任务。(何应华)

【总政治部纪检部领导莅宛检查廉洁征兵工作】 11月13～15日，解放军总政治部纪检部戴朴雷大校、济南军区纪检部丛培光大校等到南阳检查指导廉洁征兵工作。南阳军分区政委任锋、副政委祝润安、参谋长李建伟、政治部主任刘新旺先后陪同。检查期间，工作组先后深入到南阳市征兵办公室、内乡县、镇平县实地察看了廉洁征兵工作，听取了南阳军分区征兵工作情况汇报。戴朴雷对南阳市廉洁征兵工作给予了充分肯定并强调指出，廉洁征兵事关征集新兵质量、事关兵役机关形象，应受社会各界关注。要充分认清廉洁征兵面临的形势，采取有效措施，认真抓好廉洁征兵工作。一定要加强领导，切实把廉洁征兵工作摆上重要位置；健全制度机制，把廉洁征兵的各项措施贯彻到末端；搞好军地协调，严肃查处征兵工作中的违规违纪问题。(何应华)

【6·18宛城区民兵防汛分队抢险】 6月18日23时许，南阳市宛城区人武部接到宛城区防汛办的求援电话，请求救援白河瓦店段被困采沙船上的5名群众。短短10分钟之内，宛城区人武部抢险救援分队15名干部、职工集结完毕，2台指挥车和1台冲锋舟运输车与区防汛办2台指挥车火速赶往事发区域。行进途中，他们边对照地图判断地形，边通过电话与40公里外瓦店镇武装部取得联系，指令该镇立即出动基干民兵防汛突击队20人，迅速赶往现场做好接应准备，为救援工作赢得宝贵时间。到达现场后，他们及时分析了当地的地形、水文和被困人员情况后，采取先通过喊话稳定情绪、坚定信心，接着选派驾驶技术好的操舟手和副手，由向导带路迂回接近采沙船只并向船上抛掷救生衣，最后选择合适时机慢慢靠近被困船只，经过90多分钟的战斗，安全营救出两处5名被困人员。参加防汛抢险指挥的宛城区副区长张智广感叹地说："没想到民兵分队集结得这么快、战斗力这么强、完成任务这么好！"。(何应华)

【组织民兵参与抗旱浇麦】 针对南阳市冬季的严重干旱，军分区主动请缨，积极应战，先后组织民兵8万余人次，协调驻军560余人(次)，机械设备100余台(套)，共浇灌麦田50余万亩，为当地取得抗旱浇麦决定性胜利做出了应有贡献，受到地方党委、政府和人民群众的高度评价，同时得到了省军区的充分肯定。(何应华)

【邓州市人武部乔迁新址】 邓州市人武部"三位一体"营区位于北京大道北段，占地面积50亩，综合办公楼建筑面积3769平方米。该营区始建于2007年9月，在南阳军分区和邓州市委、市政府的大力支持下，于2009年8月1日建成搬迁。新营区安装了重要目标监控系统和投影显示设备；开通了集军内计算机网络、程控电话、视频会议、重要目标监控于一体的"四网合一"系统，实现了指挥信息、视频会议、重要目标监控与上级的对接和交流。(武阳)

【更新完善营地地籍档案】 7月份，按照省军区统一部署安排，由信息工程大学测绘学院对军分区8处军用土地面积和坐标进行了测绘。9月份，对13个县(市、区)人武部营区的土地权属、房屋坐落情况进行了调查统计，摸清了底数，掌握了实情，并更新完善了营地地籍档案。

【对团级单位离任主官进行经济责任审计】 3月份，以副政委祝润安为组长、后勤部长时召龙为副组长的审计领导小组，对桐柏、唐河、内乡、社旗、邓州、新野等6个人武部7名离职主官进行了经济责任审计，共审减不合理开支20余万元，为被审单位下发整改通知书，提出合理化建议10余条，收到了较好的经济效益和军事效益。(吴周)

【聘用非现役公勤人员】 南阳军分区干休一所非现役公勤人员编制5人，干休二所非现役公勤人员编制4人。2009年7月，根据省军区后勤部2007年下发的《关于做好军队非现役公勤人员聘用管理工作的通知》，组织招聘干休一、二所非现役公勤人员。在公开、公平、公正的基础上，对招聘人员进行了体检、政审和考核，经军分区党委研究，择优录用9人。8月份，与聘用人员签订了合同，并上报省军区。(吴周)

【续缴部分合同制职工养老保险金】 军分区现有85名职工中，24名合同制职工于1996年参加了社会养老保险，但1999年至今中断缴纳。根据军区联勤部司令部2009年8月份职工检查调研时要求、军队有关人事劳动制度改革文件、新的合同法和劳动法规定，以及从军分区长远利益和职工个人利益出发，并经军分区党委研究决定，为24名合同制职工补续缴社会养老保险。在与南阳市劳动局和社会养老保险处大力协调下，12月31日，为24名合同制职工补缴了养老保险84.6万元，其中单位负担75.1万元，个人负担9.5万元，滞纳金及利息约67万元全部予以减免。经验做法被省军区后勤部转发。(吴周)

【积极做好应对甲流工作】 为严格防控全区甲流传染，确保部队安全稳定，根据上级通知要求，积极做好甲流应对工作。制定了应急预案，大力宣传应对甲流措施和办法，免费为官兵、职工发放预防药品，并先后组织对营区进行了10余次消毒。5月份，协调市卫生部门，为分区机关28名现役干部注射了甲流疫苗。(吴周)

武　装　警　察

武警南阳市支队

支队长　田光明

政委　郭炬

【武警支队工作概况】 2009年，武警南阳市支队坚持以科学发展观为指导，认真贯彻落实武警总部、省总队指示要求，以《支队建设发展三年规划》为牵引，狠抓各项工作落实，圆满完成以执勤和处突为中心的各项任务，部队建设呈现稳中有升、持续发展的良好态势，支队连续四年被省总队命名为“基层建设先进支队”。

一、政治工作成效明显。扎实开展第二、三批学习实践科学发展观活动，各级党组织和党员队伍能力素质得到提高，做法分别被省总队、武警总部转发。精心组织“培育当代革命军人核心价值观，永远做党和人民的忠诚卫士”主题教育，积极开展“双十一”配合活动，打牢官兵的思想根基。以“官兵携手建和谐”为主题，认真开展“三兵”(真知兵、深爱兵、诚育兵)、“三真”(真心关爱、真诚帮助、真情相待)教育和“三学习一尊重”(学习解放军、学习人民群众、学习公安干警，尊重地方党委政府和用兵单位)活动，内外关系进一步融洽，支队团委被省总队表彰为“先进团委”，被共青团中央和武警总部联合表彰为“全国警地‘四联’活动先进单位”。严密组织“五个过一遍”活动，有针对性地做好一人一事的思想工作，确保官兵思想稳定。扎实开展政治工作机制“学、建、用”活动，探索建立政治工作“十个一”，提升政治工作层次，在全总队得到推广。积极创新思想政治教育模式，教育的针对性、实效性得到增强，邓州市中队代理政治指导员王博被省总队评为“十佳‘四会’优秀政治教员”。广泛开展建国60周年系列文化活动，在省总队组织的歌唱、演讲和乒乓球比赛中取得优异成绩，特色文化队伍建设彰显活力，被武警总部表彰为“影视文化工作先进单位”。扎实做好新闻宣传工作，被省总队表彰为“新闻工作先进单位”，荣获总队网上信息三等奖。政治处自身建设得到进一步加强，被省总队表彰为“先进政治机关”。

二、中心任务完成圆满。严格落实执勤三项纪律、八项制度和省总队《加强执勤工作的补充规定》，认真开展勤务教育整顿、网管值班员网上培训和专勤专训，抓好备勤室和“三员一兵一组”建设，严密组织“三共”、“三个一遍”、执勤等级评定活动，确保固定目标安全。成功筹备召开总队军事工作会议，武警部队司令员吴双战、副司令员薛国强来支队视察时，对支队全面建设特别是信息化建设给予充分肯定和表扬，支队信息化建设的录像片和经验做法被武警总部转发。狠抓部队军事训练，新兵教育训练被省总队评为优秀。扎实做好战备处突准备，先后圆满完成“4·17”全国政协主席贾庆林莅宛视察一级加强警卫勤务、“6·19”抗洪抢险以及处置“9·18”南阳防暴厂群体性闹事事件等各类勤务××余次，遂行唐河“8·14”抓捕涉枪涉黑犯罪团伙任务和新野“8·17”制止人犯脱逃事件，分别受到武警总部司令员吴双战、副司令员刘红军的表扬。支队司令部被省总队表彰为“先进司令部”。

三、安全稳定态势良好。紧紧围绕省总队确立的“零事故案件”目标，持续加大“五个重点问题”的治理力度，扎实开展“百日安全无事故”、“增强安全意识，争当安全标兵”活动，各级安全发展的观念更加牢固。严密组织以“防骄破满、防松治散、防粗戒虚”为主题的学习教育和“迎大庆、树形象、保稳定”、“学规章、正秩序、保安全”为主要内容的专项整顿活动，较好地消除安全隐患。认真贯彻落实武警总部、省总队关于做好哨兵和营区防袭击工作的一系列紧急通知精神，确保哨兵和营区安全。严格落实国庆期间特殊管理措施，经验作法被省总队转发。支队被武警总部表彰为“连续六年预防事故案件工作先进单位”、“连续5年以上‘三无’支队”，被省总队表彰为“安全工作先进单位”。

四、基层建设全面加强。认真落实武警总部《各级党委（支部）班子考察帮建工作实施意见》和省总队“双看双评”意见，组织支部书记、士官支委培训和新《纲要》网上集训，提高基层党支部“三个能力”，×个中队党支部被省总队表彰为“先进党支部”。广泛开展“两基”（干部基本功训练、战士基本常识学习）、机关“三争”（争当先进部门、争当先进股室、争当先进个人）活动，营造“靠素质立身、靠实干创业、靠政绩进步”的浓厚氛围。选拔××名士官担任代理排长，充实稳定一线领导力量。采取各种形式加强干部在位履职情况检查，强化干部的工作责任心。制作官兵“帮难解困连心卡”，分批次组织××多名机关干部下基层代职，保证基层干部能够正常休假和及时调休，拿出×××余万元用于干部补助和奖励。广泛开展“夺旗争星”评比竞赛活动，认真组织季度“双向讲评”，邓州市中队被省总队表彰为“基层建设标兵中队”，唐河、新野、镇平、一中队、淅川县中队被省总队表彰为“基层建设先进中队”。

五、后勤保障扎实到位。后勤处自身建设进一步加强，经费管理规范严格，被省总队表彰为“先进后勤机关”和“四类经费管理先进单位”、“审计工作先进单位”、“军械装备管理先进单位”。严格落实伙食管理五项制度，扎实开展“伙食指导周”活动，官兵对伙食满意度较高。继续加大“四项设施”建设力度，新野中队搬入新营区，西峡、淅川2个中队新营区正在建设之中，支队新生活区建设即将竣工。加强后勤队伍建设，举办司务长、军械员、驾驶员、炊事员、卫生员等集中培训，提高后勤队伍的思想素质和专业技术水平。注重发挥双重保障优势，协调召开市委常委议警会议，下发《市委常委会纪要》和《关于进一步加强和支持武警南阳市支队建设的意见》，有效解决各级财政预算、经费保障、“四项设施”建设和教导队搬迁等问题。

六、党委机关建设得到加强。积极参加武警总部理论学习网上集训，扎实开展“加强党性修养，振奋革命精神”学习教育。以学习实践活动为牵引，自觉运用创新理论指导实践、谋划建设。制定《支队建设发展三年规划（2009—2011）》，确立支队建设方向，明确支队建设目标，并从党委、机关、基层、干部、战士五个层面分别提出分目标，起到用方向引领发展、用目标凝聚人心、用思路推动工作的目的。努力改进工作作风，扑下身子真抓实干，在筹备总队军事工作会议任务异常繁重的情况下，坚持一手抓现场会，一手抓好部队全面建设，确保双促进、双丰收。深入开展“读书思廉”活动，慎重处理部队热点敏感问题，在基础设施建设、官兵热点敏感问题上，坚持按制度、按程序办，上下都很认同。

【担负南阳市“盛世之光”元宵节焰火晚会安保任务】 2月9日晚，支队出动×××名官兵担负南阳市“盛世之光”元宵节焰火晚会安全保卫任务。支队长姬志刚、政委郭炬亲自审定执勤方案，亲临一线组织指挥，全体执勤官兵依法执勤、文明执勤，任务完成圆满，受到与会领导和群众的好评。

【举办“春满警营十六圆”文艺晚会】 2月10日晚，支队通过电视会议系统举办“春满警营十六圆”文艺晚会，整台晚会节目丰富、高潮迭起，受到广大官兵的好评。

【参加种植“连心树”活动】 3月11日，支队出动××余名官兵到南阳兰湖森林公园，参加南阳“连心树”植树活动，种植红李、香樟等名贵树木共370余棵。

【担负中央首长莅宛视察一级加强警卫勤务】 4月17～18日，全国政协主席贾庆林莅宛视察工作，支队担负首长来宛期间专机、住地警卫和机动备勤任务。受领任务后，支队立即召开专题会议，研究部署勤务。执勤中，省武警总队副总队长曲杰亲临一线组织指挥；支队首长坚守一线组织勤务；参加执勤人员服从命令，听从指挥，坚持依法执勤、文明执勤，受到总队首长和市委、市政府领导的高度赞誉。

【担负中国·南阳第七届玉雕节暨首届宝玉石博览会安保任务】 4月25日，中国·南阳第六届玉雕节暨首届宝玉石博览会在市体育中心隆重开幕。全国政协原副主席张思卿、全国人大农业与农村委员会副主任委员孙文盛和市领导黄兴维、穆为民等国家、省、市领导和宝玉石专家出席会议。支队受领任务后，高度重视，支队首长亲临一线部署勤务，进行现场指导；执勤官兵依法执勤，文明执勤，以严谨的作风、过硬的素质、热情的服务圆满完成安保任务，受到与会领导、嘉宾和群众的赞扬。

【邓州"编外雷锋团"团长宋清梅到支队作报告】 5月13日，邓州"编外雷锋团"团长宋清梅到支队作报告。报告会上，宋清梅团长围绕"学雷锋精神、做雷锋传人"这个主题，给官兵作生动而又精彩的辅导报告。

【组织机关党员干部参观见学】 6月3日，配合学习实践科学发展观活动，支队组织部门以上领导、机关干部和直属分队党员，到乐凯集团第二胶片厂、河南天冠集团实地参观，切身感受解放思想、更新观念给经济社会发展带来的深刻变化，使官兵进一步加深对科学发展观的理解和领悟。

【开展后勤应急保障演练】 6月8日，支队模拟处置大规模群体性事件，着眼实战要求，开展后勤应急保障演练。演练前，应急演练领导小组制定严密的实施方案，召开动员部署大会。演练中，各应急分队根据担负任务实际，贴近实战需要，立足自我保障。通过开展后勤应急保障演练，确保一声令下，后勤工作能够拉得出、供得上、保障好。

【参加"6·19"抗洪抢险】 6月18日夜，南阳市普降暴雨，白河水量猛增。19日11时30分，位于宛城区新店乡北新店街段的白河大堤被洪水冲开一个大口，随时有决堤危险，危及到北新店街一万多名群众的安全。6月19日，支队出动××名官兵，在支队长姬志刚、政委郭炬的带领下，顶烈日，战洪魔，连续奋战4个小时，运填土方1000多立方米，圆满完成护堤任务，确保白河大堤安全。

【参与"天网一号"巡防整治行动】 6月23～26日，支队出动××名官兵，参与在南阳市中心城区举行的"天网一号"的巡防整治行动。此次行动全市全面启动二级防控模式，设置31个治安卡点，组织开展武装巡逻查控，对可疑车辆、人员、物品实行全面查验，形成对社会治安管控的高压态势。

【组织实战演练】 7月14日上午9时30分，支队结合新疆"7·5"暴力事件，出动×××名兵力、×台车辆，往返行程50余公里，组织首长机关针对群体性暴力事件，进行实兵实战演练。演练重点围绕召开作战会议、分析研判形势、确定处置兵力、下达预先号令、组织等级转换、装载携行物资、临战动员、下达开进命令、封控现场、强行驱散、组织撤离、总结讲评等环节，严格按照处突程序组织实施，检验部队快速机动的能力，提高部队处突、反恐能力。

【举办新闻报道员和网管员培训班】 7月21～25日，支队举办新闻报道员和网管员培训班，来自基层的××名学员参加培训。培训期间，南阳日报社和南阳晚报社的资深记者给学员进行"怎样写好消息"、"怎样用好手中相机"的辅导授课。

【举办"军歌嘹亮颂祖国"歌咏比赛】 7月22日下午，支队利用电视会议系统，组织所属××个基层中队举行"军歌嘹亮颂祖国"歌咏比赛。经过激烈角逐，卧龙区中队摘得此次比赛的桂冠，社旗县中队荣获二等奖，警通汽车勤务中队、直属大队一中队、唐河县中队、直属大队三中队获得三等奖。

【省武警总队总队长陈进平到支队检查指导工作】 8月11日，省武警总队总队长陈进平、副总队长曲杰、参谋长许亚非、副参谋长熊先海等到支队检查指导总队军事工作会议筹备工作。陈进平一行先后检查支队机关和警通勤务汽车中队、直属大队一中队、镇平县中队，查看支队营区和作战指挥中心、警史馆等各个库室；观看战地宣传车功能展示；观摩分队网上考核的组织实施、标准化训练的组织管理、队务会和班务会召开程序等科目的演示。陈进平对军事工作会议的筹备工作给予充分肯定，对下步工作提出希望和要求。

【圆满完成"8·14"涉枪涉黑团伙抓捕任务】 8月14日凌晨，支队出动××名官兵，协助公安机关圆满完成一起涉枪涉黑团伙抓捕任务，抓获犯罪嫌疑人4名，缴获自制左轮猎枪1支，子弹5发，砍刀1把，消耗56普通弹1发，参战官兵无一人伤亡。犯罪嫌疑人刘根、安家双伙同其他无业村民，经常流窜作案，多次偷盗南阳油田石油原油、摩托车和面包车等。此次抓捕任务的圆满完成，受到武警总部司令员吴双战的肯定。

【成功制止“8·17”在押犯企图脱逃事件】 8月17日，新野县中队出动×名官兵，成功制止一起在押犯企图脱逃事件，抓获在押犯1名。在押犯张士锁于17日10时10分，利用到看守所医务室看病之机，企图在监墙西南侧猪圈下水道处逃跑，被中队2号哨哨兵和中队勤务值班员、网络监控员通过视频监控同时发现，果断报警，“三员一兵一组”联动反应，官兵配合值班民警仅用4分钟就将该犯成功制服，武警总部副司令员刘红军予以肯定：“情况处置很好，要对哨兵给予奖励。”

【省武警总队政委刘生辉到支队检查指导工作】 8月19～20日，省武警总队政委刘生辉到支队检查指导工作。在支队长姬志刚、政委郭炬的陪同下，刘生辉先后对支队机关和直属大队一中队、警通勤务汽车中队、社旗县中队、镇平县中队进行检查指导，查看支队营区和作战指挥中心、指导员之家等各个库室；观看战地宣传车等功能演示。刘政委充分肯定支队在部队全面建设和总队军事工作会议筹备所做的工作，并结合当前部队形势，明确具体任务，提出具体要求。检查期间，刘生辉还与基层中队官兵合影留念，代表总队党委向执勤一线官兵表示亲切慰问。

【新野县中队搬入新营区】 8月26日，新野县中队乔迁新营区，官兵的学习、工作、生活环境得到极大改善。

【圆满筹备召开总队军事工作会议】 9月7～9日，省武警总队在南阳召开军事工作会议，总队长陈进平、政委刘生辉、副总队长丁信志、曲杰，后勤部长卓远、副参谋长商建军、熊先海，政治部副主任于福长以及总队相关处室处长、主任，各支队支队长、参谋长、政治处（部）主任、作训、通信、警务股（科）长，指挥学院、医院、训练基地的有关领导共×××人参加会议。会议以支队为现场，依据条令条例、《纲要》和军事建设有关法规，紧紧围绕推进军事工作“六化”建设、规范四个秩序、高标准实现“两个确保”这一会议主题，突出导向性、示范性、前瞻性。总队长陈进平、政委郭炬分别作《适应形势任务，主动迎接挑战，高标准推进军事工作全面安全创新发展》和《紧紧围绕推动军事工作科学发展，充分发挥政治工作服务保证作用》的重要讲话；副参谋长商建军对近年来军事工作进行总结回顾，对下步工作如何推进执勤工作正规化、战备工作常态化、训练工作标准化、管理工作精细化、网络信息一体化、机关指导机制化进行安排部署；市委书记黄兴维在会上发表热情洋溢的致辞。会议期间，组织与会人员参观支队机关和镇平县、邓州市中队正规化建设现场，观摩执勤、训练和管理科目演示，观看军事工作“六化”建设录像片和政治工作“十项内容”录像片；洛阳、直属、鹤壁、南阳四个支队分别从执勤、训练、安全管理和信息化建设上作经验交流。

【圆满完成南阳市防爆机电厂群体性闹事事件机动备勤任务】 9月18～20日，支队先后出动兵力×××人次，圆满完成南阳市防爆机电厂群体性闹事事件机动备勤任务。南阳市防爆机电厂因企业改制，因对赔偿问题不满，部分职工要求解决待遇及后顾之忧，围堵到厂门口闹事，围观群众达上千人。受领任务后，支队首长高度重视，多次深入一线检查指导，参战官兵准确把握政策界限，严守群众纪律，受到市委、市政府领导和广大群众的好评。

【省公安厅副厅长吕宏跃莅临支队检查指导工作】 9月23日，省公安厅副厅长吕宏跃、省武警总队副总队长曲杰、监管总队政委等一行8人，莅临支队检查指导工作。吕宏跃一行首先听取支队工作开展情况汇报，副总队长曲杰从总队军事工作会议的设想、筹备、召开三个方面作了介绍。吕宏跃对支队近年来取得的工作成绩、特别是总队军事工作会议在支队圆满召开给予充分肯定，认为支队监管执勤设施的改造很管用、很实用，全省监狱、看守所都要按照南阳支队模式进行推广。会后，吕宏跃一行还参观支队信息化建设情况，观看支队作战指挥中心功能演示，并深入邓州、镇平中队检查监管执勤设施建设情况。

【参加南阳市2009“利剑－4号”反恐应急演练】 9月28日，支队出动××名官兵，以娴熟的动作、过硬的作风、灵活的战法圆满完成南阳—2009“利剑4号”反恐演练任务，受到市公安局领导和参演单位的高度评价。此次演练以南阳市重点目标遭遇小股、多路恐怖分子袭击为背景，武警、消防、特警等多警种联合作战，卫生、环保、水利、电力等多部门密切协同。通过演练，提高部队的实战能力，为反恐怖战斗积累宝贵经验。

【**严密组织南阳市城区武装巡逻勤务**】 9月25日～10月10日，支队每天出动××名官兵，协助公安机关对南阳市城区重点路段、党政机关、火车站和飞机场等场所实施武装巡逻，加强城区国庆期间社会面控制，防范和打击各类违法犯罪活动，充分发挥武警部队职能作用。巡逻中，支队领导坚持靠前指挥，执勤官兵警容严整、精神振奋、举止文明、动作规范，并广泛开展助民爱民活动，赢得地方领导和人民群众的一致好评。

【**担负“中医中药中国行”河南省南阳站活动暨中国·南阳第八届张仲景医药科技文化节安保任务**】 10月25日上午9时，“中医中药中国行”河南省南阳站活动暨中国·南阳第八届张仲景医药科技文化节在南阳市体育中心隆重开幕。支队出动××名官兵担负安全保卫任务，支队领导亲临一线组织指挥，执勤官兵坚持依法文明执勤，注重树好自身形象，受到与会人员的高度赞誉。

【**举办“难忘军旅送老兵”文艺晚会**】 11月24日晚，支队利用电视会议系统隆重举行“难忘军旅送老兵”文艺晚会，为即将退出现役的老兵送行。晚会上，来自南阳东方舞蹈队、南阳艺术学校和各县市中队用兵单位、共建单位的老师、同学们分别以不同的形式，载歌载舞，为即将退伍返乡的老兵表演精彩的文艺节目，各个县市区中队官兵也都以兵演兵、兵唱兵形式表达对老兵的美好祝愿。

【**积极参加南阳市“六创一迎”活动**】 支队积极参与南阳市“六创一迎”活动，先后出动官兵×××人次，车辆××台次清理路面13公里，清运垃圾11吨，铲除小广告千余张，体现出驻宛武警官兵对第二故乡的真情厚意。

【**支队团委被共青团中央和武警总部政治部联合表彰为“全国警地‘四联’活动先进单位”**】 近年来，支队团委坚持以“三个代表”重要思想和科学发展观为指导，以《军队共青团工作条例》为依据，按照胡锦涛主席“四个新一代”的指示要求，紧紧围绕履行新世纪新阶段历史使命，坚持“党建带团建”，按照“班子建设好、主题活动好、支部建设好、活动阵地好”的基本标准，广泛开展“四联活动”，较好地发挥党的助手作用、完成任务的突出作用和联系广大青年的桥梁作用，不仅有力地推动部队全面建设和中心任务的圆满完成，而且为地方的“四个文明”建设做出突出贡献，多次被团河南省委和省武警总队表彰为“先进团委”，先后涌现出“全国共建社会主义精神文明先进个人”田云、“河南省百名优秀卫士”何伟、“河南省优秀青年”唐洁等先进典型。2009年5月，支队团委被共青团中央和武警总部政治部联合表彰为“全国警地‘四联’活动先进单位”。（袁松林　马攀）

武警南阳市消防支队

支队长　郭华杰

政委　王晓河

【**消防支队工作概况**】 2009年，武警南阳市消防支队坚持以科学发展观为指导，以胡锦涛总书记“忠诚可靠、服务人民、竭诚奉献”重要批示为指针，紧紧围绕“保增长、保民生、保稳定”的总要求，以宣贯《消防法》为主线，以打造南阳消防铁军为重点，求真务实，攻坚克难，开拓创新，确保了火灾形势和部队内部“两个稳定”，为建设富强美好和谐新南阳创造了良好的消防安全环境。支队被公安部评为国庆安保工作先进支队，被总队评为年度工作先进支队，支队党委被省公安厅评为先进党委。

【**社会消防工作**】 认真履行各项消防工作职责，大力开展消防安全宣传教育，积极构建依法防控、基础防控、重点防控“三位一体”的火灾防控体系，努力消除各类火灾隐患，社会化消防工作全面推进，社会防控火灾能力不断提高，全市火灾形势持续稳定。

(一)始终坚持依法防控，全力抓好责任制落实。支队以责任制为牵引，强化各级政府的责任主体意识，使各级政府主动把消防工作纳入政府工作目标和“平安创建”、社会治安综合治理内容，落实消防工作“一票否决制”。市政府进一步健全了“定期督导、半年考评、年终验收”的工作机制，先后17次召开会议、5次组织专项督查、下发15份政府督查通报，有力推动了全市消防工作。各相关职能部门认真执行“联合会战、集中排查、合力攻坚”、“一次分包，全年督办”的消防安全责任机制，从严从重惩治各类违法违章行为。继续坚持重大火灾隐患政府挂牌督办工作机制，加强督促检查和技术指导，确保了省、市政府督办的重大火灾隐患全部整改销案。

（二）始终坚持基础防控，着力夯实火灾防控基础。选取卧龙岗等15个乡镇、街道办事处为试点，大力推进消防安全网格精细化管理，明确管理平台和工作运行机制，先后召开了网格精细化建设试点观摩会、全市消防安全基础防控工作会，派驻文职人员现场指导，使全市176个乡镇、街道消防工作全面运行。加强对乡镇专职消防队建设的督导，提请市政府对建队工作开展专项督查，对进展缓慢的重点督办，5个乡镇专职队全部如期建成。将派出所消防监督工作纳入市、县两级公安机关综合绩效考评和派出所等级评定内容，建立了派出所消防业务培训指导机制，派出所消防管理“四项制度”有效落实。

（三）始终坚持重点防控，坚决落实从严管理措施。以鸿德百货、金凯悦东方酒店等30家标准化管理示范单位为试点，着眼火灾防控实际，分行业、分类别制定了6项消防安全管理标准，完善了操作性强、简单管用的10项防控措施，深化“消防标识化”和“三提示”工作，提升了单位自我管理水平。紧盯容易发生火灾的关键环节，从高设防，从严管理，全市2家大型仓库和2家大型市场分别建立了专职消防队，提高了重点场所防火、灭火能力。大力实施重点单位消防保安派驻制度，向重点单位派驻专职消防保安80人，并结合消防安保工作特点，采取课件教学、实地参观、实际操作等形式，对消防保安队员进行业务技能训练。强化先进技防手段的应用，自主研发消防安全重点单位信息管理系统，建立起“互动式”的管理模式，实现了消防安全重点单位与消防部门之间管理信息共享。继续推动城市消防安全远程监控系统建设，新入网单位33家，监控火灾报警探头、自动消防设施等点位达13425个，实现了火灾事故早发现，早处置。全省重点防控工作会议上推广了南阳市的做法。

（四）始终坚持品牌战略，打造南阳特色消防宣传。深入开展《消防法》宣传月活动，通过举办大型广场宣传活动、在主要媒体开设消防法条款释义专栏、组织知识竞赛等多种形式，掀起《消防法》宣传高潮。做大做强《南阳消防报》宣传阵地，定期推出专题专版，赠送党政领导和社会群众阅览。抽调文职人员组建消防宣传服务队，开展错时消防宣传。联合团市委、市文明办、教育局等13个部门，成立10万人的消防志愿服务总队，深入社区、农村、企业、学校开展消防宣传。与省、市新闻媒体签订了宣传合作协议，建立宣传联动机制，及时播报消防信息。加大消防宣传保障力度，补贴基层单位配备消防宣传车、印制消防宣传品，为打造南阳特色消防宣传文化奠定了基础。

【消防执法监督】 按照“规范化、服务型”的执法要求，强化执法机制建设，创新执法方式方法，执法质量和效益大幅提升。针对新《消防法》对消防监督工作的改革，统一印制了《消防法》和配套规章，做到人手一册，组织全体消防官兵和公安派出所消防民警进行集中培训，做到一人不漏，人人过关。狠抓执法队伍素质建设，精心组织执法业务“一口清”大比武活动，执法人员业务素质明显提升。进一步强化执法监督，每月对各基层单位执法情况进行网上督察，每季度召开执法例会，组织案卷评查，下发执法通报16次，纠正执法过错87处，对21名执法过错责任人进行了责任追究。完善执法服务措施，改版升级南阳消防网，丰富网上业务咨询、受理和办理结果查询服务。认真落实保障社会服务民生六项措施，收集群众的意见和建议120条，为企业、群众解决实际问题78件，对50个省、市重点项目、民生工程上门服务，获得社会各界群众一致好评。

【执勤训练和灭火救援】 紧紧围绕打造南阳消防铁军，在科学谋划、建强队伍、苦练硬功、规范勤务上下功夫。支队、大队增设指挥长15人，改任13名战训专业技术干部，选拔18名优秀士官担任中队长助理，成立了15名具有中、高级技术职称的灭火救援专家组。3次举办大、中队战训干部培训班，3次开展战例分析研讨活动，2次开展练兵比武对抗赛，成立了15个灭火救援攻坚组，开展了超标准、超强度集中强化培训，官兵体能、技能、战术训练合格率达100%、优良率达83%，提升了攻坚组队员的攻坚克难能力。坚持“六熟悉”训练日和灭火演练周制度，深入高层、地下建筑和公众聚集场所以及重点单位，开展火情侦察、火场内攻、救人、破拆、排烟等“六熟悉”训练1276次，组织大型灭火演练55次，夜间演练34次，完善灭火救援预案、重大危险源、重点单位等基础数据库，提高了科学决策的效率和水平。全市部队共参加灭火救援5075起,出动消防车1.46万辆次、警力6.1万人次,抢救群众327人,保护财产价值3.8亿元。圆满完成了玉博会、医药节、诸葛亮文化节和中央领导莅宛等16次大型消防安保任务,在成功扑救"4·16"清华乡加油站爆炸火灾和"7·23"天麒化工储罐爆炸火灾中,19名官兵分别荣立二、三等功。市委书记黄兴维称赞支队是一支过硬的消防铁军!

【消防部队建设】 支队党委团结和谐,科学决策,以人为本,锐意进取,抓班子、带队伍、促业务、争一流能力强,大队、中队两级班子团结和谐,求实创新,堡垒作用发挥好。配齐配强了15个大队(科)军政主官,各级班子核心领导和战斗堡垒作用得到充分发挥,10个基层党组织、32名优秀党员和优秀党务工作者受到总队、支队表彰。公开选拔提升58名营、连、排职干部,4次组织大、中队干部参观见学,6次举办战训、管理、政工、后勤、消防执法干部培训班,所有干部参加培训20天以上。参加全国消防岗位资格考试的48名干部合格率达100%,21名干部获得三级心理咨询师资质,心理工作在总队政治工作座谈会上作了典型发言。在总队组织的消防执法"一口清"大比武活动中,支队荣获集体二等奖,1人被评为全省执法标兵,4人被评为执法业务能手。8篇论文获得总队优秀论文奖。制定了《部队正规化建设实施细则》,实行以精细"代码、量化、布局、标示"化管理为主要内容的精细化管理模式,部队正规化建设不断向精细化延伸。严格教育管理,官兵条令条例意识进一步增强,四个秩序正规,营区管理规范,执勤训练有序,制度落实到位,杜绝了各类违纪事件和责任事故的发生。大力加强装备和队站建设,全市部队新增A类泡沫车、移动充气电源车、多功能抢险救援车、高喷车、普通泡沫消防车5辆,所有现役及合同制中队消防车辆总数均达到5台以上。特勤中队、镇平、西峡、内乡大队新营房建成投入使用,全市部队新建、迁建、扩建营区11个,征地262亩,新增营房面积2.1万平方米、绿化面积6000平方米、各类营具3600件套,营房设施落后面貌得到根本改变。强力推进信息化建设,全市部队高标准建成了消防指挥中心、移动指挥中心和信息中心。为15个中队配备了集三方通话、录音录时、远程监控、出警联动、GPS卫星定位等功能为一体的119接警调度系统,配齐了350MHZ集群、常规两大无线通信网络和灭火救援指挥箱,实现了"三台合一"消防接警调度系统三方通话功能,极大提高了工作效率。

【火灾综合情况】 2009年,全年共发生火灾90起,亡2人,无人员受伤,直接财产损失220.73万元,上年同比,火灾起数下降47.55%,伤人数持平,亡人数由零上升了100%,经济损失上升了5%。未发生较大以上火灾事故,火灾形势总体平稳。(闫振强)

人　防

【人民防空法律法规的宣传和学习】 2009年,将人防法律法规的宣传学习摆上重要位置,纳入目标管理,利用报纸、电视、电台、宣传一条街、形势报告会以及发放彩页等多种形式,对各级领导、社会群众和重点服务对象进行了广泛宣传。在国防教育日人防警报试鸣之际,市政府、军分区领导以及各县(市)区政府、武装部领导纷纷在电视台、电台就人防工作发表讲话,全市人防系统开展了宣传周活动,在南阳日报开设了《落实科学发展观,构建和谐人防》专栏,并将人防杂志、报刊等资料,定期向市领导和市直有关部门领导报送,争取他们对人防工作的理解、重视和支持。把有关人防法律法规政策和办理人防审批事项的有关程序,打印装订成册,依托人防行政服务窗口,向服务对象单位和群众发放,争取社会各界群众的理解和支持。全市人防系统全年在各级各类报刊共刊发各类稿件、文章80篇,其中国家级6篇,省级36篇,地市级38篇,发送各类资料共2000余份,发放宣传彩页共30000余份。

【人防工程建设】 一是人防指挥所建设。2009年11月10日,市政府召开了有关单位参加的协调会,专题研究市人防指挥所建设问题。会议决定在市区独山大道与天山路交叉口向东50米处,市住房公积金管理中心已征用的29.1亩土地上建设市人防指挥所,地下为3000平方米的人防指挥所,地上由市人防办、药监局和公积金中心联合建设办公大楼。市发改委已于11月17日批准该工程立项,12月18日举行了奠基仪式。二是结合民用建筑修建防空地下室工作。以国发〔2008〕4号和豫政〔2008〕39号文件为重点,加强同规划部门的沟通,在工程建设项目人防行政审批中,按照人防法律法规和文件规定,严格落实"以建为主,以收促建"原则，确保了人防工程面积有大的突破。2009年全年审批人防工程27个，面积8.5万平方米；在省人防质量监督站报监人防工程20个，面积68909平方米；开工建设人防工程27个，开工面积11万平方米；竣工项目19个，面积54671平方米，完成全年任务的136%，同时，收取人防易地建设费678万元。县市区人防工程建设项目2个，面积3600平方米，完成全年任务的180%。7月审批了中达房地产公司中达明淯新城项目人防专业队掩蔽工程10138平方米，其中，专业队队员掩蔽部1930平方米，专业队装备掩蔽部7870平方米，电站338平方米，目前基坑已经开挖完毕，正在建设中。三是加强人防工程维护管理，工程良好率达90%以上。2009年，全市完成维护管理面积13000多平方米，排查出险工险段3个，拆除回填面积400余平方米。进一步加强了对已建成和已使用人防工程的管理，组织了在用工程消防检查，检查的重点是人员集中、易发生火灾的地下商场、歌舞厅等娱乐场所，共检查工程30余处，消除火灾隐患5处。四是规范人防工程建设程序，加强质量管理。在人防工程建设前，严格落实国家规定。在建设过程中加强质量监督检查，工程建成后，严格落实验收备案管理制度。五是切实加强各县市人防工程建设管理，举办了全市人防工程建设管理培训班，对各县市人防办人防工程建设负责人进行了集中培训，并交流了经验，提高了县级人防工程建设管理水平。2009年，全市人防工程建设程序规范，管理严格，图纸设计资质合格率100%，送审率100%，全部按规定办理了人防监督、监理手续。六是积极做好人防工程的平战结合工作。在加强人防工程维护管理工作的基础上，促进了人防工程的开发利用，提高了人防工程的三个效益。全年新增人防工程使用面积2.1万余平方米，开发利用的面积达到5.6万多平方米，营业额增加1050万元，利润增加105万元。七是落实人防工程平战转换措施。对新建人防工程，严格按照省人防办的要求，在报送省人防办人防施工图审查中心审查时都提供了人防工程平战转换预案，并且在工程的竣工验收备案时，都要求必须有人防工程平战转换预案才报送省人防质量监督站备案。八是做好城市人防工程规划。桐柏县、方城县、邓州市已经委托省人防设计院编制了人防工程规划，并且积极组织评审。

【组织指挥、通信警报和人防知识教育】 一是组织指挥工作。13个县(市)区人防办分别组织了对人民防空指挥部编程人员进行了点验或培训，提高了指挥部成员的战时防空袭抢险抢修和人口疏散的组织指挥能力。对辖区内15个重要防护目标单位，按照区别情况、重点防护的原则重新进行了调整，由原来的15个调整为11个，同时，对天冠集团，燃气集团，704油库三个易燃易爆的重要目标制定了周围群众紧急疏散方案，组建了防护专业队，配备了必要的防护器材，制作了突发事件的处理程序图。依据宛政办〔2008〕109号文件要求，认真抓了人民防空专业队编组训练工作，全市共组建1800人，7种人防专业队，并认真组织了抢险抢修，通信医疗，消防等专业队的在岗训练。13个县(市)区人防办会同武装部在民兵整组期间，也对专业队进行了培训，全市共培训专业队人员3200人，提高了人防专业队的应急救援，处置突发事件的能力。在市直机关疏散基地建设上，加强协调，保证经费投入，对作战室和战斗值班室增添了指挥程序图和指挥、值班工作制度，重新划分了市直机关疏散办公区域。按照豫防办〔2009〕141号文件，《关于切实抓好防空防灾人防应急专业队伍建设》的通知要求，积极同宛运集团协调，由宛运集团公司承担组建了100人的应急运输分队，做到了编制、人员、车辆三落实，并于11月28日举行了防空防灾应急分队组建授旗仪式，确保战时和平时救灾紧急运输任务落到实处。二是通信警报建设。认真贯彻落实《河南省人民防空办公室关于人防通信警报建设有关问题的通知》，并向13个县(市)区人防办转发，进一步明确了建设目标和警报设备选型，提供了人防警报建设的经费申请依据。2009年，购置了11台2000w电声警报器及控制终端，试鸣前组织两区人防办精心选点，焊制天线，逐台安装。确保了国防教育日警报试鸣前安装调试完毕。淅川、内乡、方城、桐柏、唐河、新野、邓州、南召等8个县(市)人防办积极筹措资金购置了欧丽集团生产的2000W多功能电声警报器，并都在国防教育日前夕安装调试完毕，参加了警报试鸣。各县市人防警报音响覆盖率均达到60%以上。三是利用国防教育日，结合警报试鸣开展人防宣传活动，13个县(市)区人防办都组织了警报试鸣仪式，举办形势报告会，召开相关单位参加的座谈会，悬挂过街联，制作宣传版面，发放宣传资料，领导发表电视讲话等广泛宣传人防法律法规方针政策，提高了社会各界对人防建设的认识，增强他们关心支持人防事业的责任心。下大力抓了各级党校、大中专院校和初级中学的人防知识教育工作。全年投入3万元订购教材，同时制定了新开课学校任课老师培训计划。同时加大投入，认真搞好人防宣传“五进”活动。共制作高质量的防空防灾知识宣传版面60块,防空法实施办法以及防空杂志等宣传资料6000余份,分别摆放分发到社区、企业、学校,并为示范社区示范学校示范企业制作了标识牌。周密组织了全市初级中学防空防灾知识竞赛活动。6月19日由市人防办、市教育局、县(市)区人防办和教体局共同组织了28000余名初中学生参加的防空防灾知识竞赛活动,激发了学生学习人防知识的热情,获得了防空防灾知识竞赛组织奖和电视大赛三等奖,取得了“人和杯”全省人防摄影书法绘画大赛的组织奖。先后获得二等奖1名,三等奖6名,优秀奖6名。

【加强人防法制建设】 按照《行政许可法》的要求,建立完善多项人防执法工作制度和执法文书。做到一个窗口对外,积极推行“阳光作业”,全年“人防窗口”接收群众咨询1000余人次,受理行政审批事项132件,全部按规定程序和时限办结,已连续6年被市政府授予“行政审批先进单位”。全市人防系统共立案82起,处理23起,申请法院执行18起,纠正违法行为41起,补建人防地下室3089平方米,补缴人防易地建设费120余万元。

【人防机关建设情况】 一是做好机关“准军事化”建设,确保政令畅通。将人防机关的“准军事化”建设摆上重要议题,采取措施狠抓落实。在思想政治建设方面,坚持党的基本路线、自觉实践“三个代表”重要思想,深入落实科学发展观。努力提高领导班子科学判断形势、驾驭市场经济、应对复杂局面、依法行政和总揽全局的能力。在战备制度方面,制订了市、县、街道三级防空袭预案、突发事件应急处置预案,建成了人防指挥自动化信息管理系统、防空警报遥控系统。坚持战备值班制度,保证24小时通信畅通。在业务素质建设方面,积极组织干部职工参加公务员知识更新培训、现代化办公设备应用培训和省人防办统一组织的业务培训,提高了干部职工的复合素质。在作风纪律方面,结合“深入学习贯彻科学发展观”活动,认真查找人防行政审批、行政执法等工作中的不足,制订整改措施,增强了工作人员的依法行政和服务为民意识。在办公秩序方面,硬化、绿化了办公庭院,制订完善了《环境卫生管理制度》、《机关考勤制度》、《党风廉政建设制度》等一整套工作管理制度,规范了干部职工的行为,促进了各项工作的开展。二是严格财经纪律,加强人防财务管理。能严格执行《人民防空预算管理规定》、《人民防空预算外资金管理规定》,强化预算约束,杜绝无预算支出。实行收支两条线管理,能做好各项经费征收工作,易地建设费能够做到专款专用。能坚持严格支出审批,做到勤俭节约,做好节能减排工作,管好人防资产,防止资产流失。三是做好办公室日常工作。做到行文规范,公文格式符合要求,能按照要求上报工作总结和有关材料,能及时上报信息、简报。在档案、保密、综合治理、卫生创建等工作上,做到有场所、有专干、有制度、有检查监督、有齐备的资料档案。全年无失、泄秘事件发生,无违法违纪和上访案、事件,被授予省级卫生先进单位、全市保密先进单位、全市平安建设先进单位等荣誉称号。(辛世云)

法　　制

公　　安

【公安工作概况】 2009年全市公安机关牢牢把握“保增长、保民生、保稳定”的总要求，坚持“打基础、树形象、上台阶，维护社会大局稳定，建设平安南阳”的总体思路，以国庆60周年安保工作为主线，以“三项建设”和“中原卫士杯”竞赛活动为载体，顽强拼搏，扎实工作。市局在省委政法委组织的测评中，群众安全感由上年的93.56%上升到今年的94.32%，上升了0.76个百分点；在市政府纠风部门组织的行风评议中，由上年的第9位跃升到今年的第3位，并连续5年被市政府评为“全市行风评议优秀单位”。国庆安保万无一失，确保首都没有发生来自南阳的干扰。维稳工作成效突出，确保重要会事、重大警卫任务及节庆活动的安全。公安信访工作成效显著，被省厅、市委政法委评为集中处理涉法涉诉工作先进单位。综合打防效能显著提升，追逃工作、打击“两抢一盗”、打拐、打黑除恶、“中原卫士杯”竞赛综合成绩均居全省前列。社会治安防控体系建设进一步完善，防控能力明显增强。公安行政管理严格高效，全年全市没有发生重大涉爆涉毒等恶性案事件，没有发生重大群体性治安事件、群死群伤恶性交通事故和重特大火灾事故。公安信息化建设、执法规范化建设、和谐警民关系建设稳步推进，警民关系更加和谐。服务全市重点工作水平不断提升，队伍建设再上新台阶，立功创模氛围日益浓厚。

【维护政治稳定】 成功侦破公安部、省厅督办的一批有影响的专案，重点加强新疆“7·5”事件后维族集聚区的管控，有效处置网上煽动性信息，抓获1名潜逃到南阳的新疆“7·5”事件逃犯和2名涉嫌分裂国家罪的逃犯。成功举行2009“利剑4号”反恐实战演练，提高处置突发恐怖事件的组织指挥能力和反恐第一梯队人员的实战水平。依法妥善处置因城市拆迁改建、医疗纠纷、就业安置、养老保险等人民内部矛盾引发的各类突发性事件，没有发生处置不当引发矛盾升级的事件。市县两级公安机关全部建立健全教育训诫中心，出台规范依法处置非正常上访工作的有关规定，依法处理赴京非正常上访人员。开展“大走访”爱民实践活动，信访积案化解专项治理百日会战、打击非访等一系列专项活动，确保国庆60周年期间未发生因公安信访问题来自南阳的干扰。完成各类警卫、保卫任务，确保贾庆林等中央、省级领导莅宛视察和第七届玉雕节暨宝玉石博览会、第八届张仲景医药科技文化节等会事活动的绝对安全。

【打击刑事犯罪】 全市各级公安机关牢固树立主业意识，以命案攻坚、打黑除恶、打击“两抢一盗”为重点，相继开展中心城区社会治安集中整治、“天网”1、2、3、4号行动和冬季严打整治斗争等，始终保持对刑事犯罪的主动进攻和严打高压态势。一是严打“两抢一盗”犯罪。全年全市共侦破“两抢一盗”系列案件982起，打掉“两抢一盗”犯罪团伙400余个；起诉“两抢一盗”犯罪嫌疑人2615人；省厅督办案件8起，破获7起；省厅督捕逃犯14名全部抓获，均完成省厅确定的工作目标。全市打击“两抢一盗”犯罪综合成绩位居全省第5名。二是开展命案侦破攻坚。全年共发现行命案144起、破获139起，破案率达到96.53%，再创南阳历史新高，积压未破命案数为历年最少，百名民警破获积案数在全省位于第3名；命案侦破综合成绩位于全省第8名。三是严打黑恶犯罪。全年全市公安机关共立案侦办涉黑犯罪案件15起，一审判决14起、终审判决生效或一审判决直接生效的7起，成功摧毁宛城区白玉岗、唐河县常雨等部省督办的涉黑犯罪团伙；共打掉恶势力犯罪团伙127个，判决716人；部省转办线索共32件，办结30件，办结率为93.75%。市打黑除恶综合成绩位于全省第6名，创历年最好成绩。四是全力以赴缉捕逃犯。全年全市共抓获各类网上逃犯2793名，抓获历年逃犯290名、外省上网本地籍逃犯327名、公安部B级通缉令逃犯1名。追逃工作综合成绩位于全省第3名，并连续5年进入全省先进行列。五是开展打击拐卖妇女专项行动。全市共破获拐卖妇女儿童案件66起,打掉拐卖妇女儿童团伙17个,打击处理涉拐犯罪人员151名,解救被拐妇女儿童90人,其中公安部核查失踪儿童3名。打拐工作综合成绩位于全省第5名。六是深入开展狱内攻势。监管部门共挖掘案件线索1979条,破获刑事案件3324起,抓获犯罪嫌疑人927余人,其中在逃人员899人,缴获赃款赃物折款540余万元,取得挖破案件总数、网上追逃总数、挖破命案总数3个全省第一的优异成绩,市局监管支队被评为"全国公安监管系统深挖犯罪工作先进集体",连续4年被评为"全国追逃先进单位"。七是严厉打击经济犯罪、涉毒犯罪和网络犯罪。共破获各类经济犯罪案件405起,抓获各类违法犯罪人员459人,为国家、集体和个人挽回经济损失6959.24万元。破获毒品案件66起,逮捕107人,缴获毒品K粉895.6克、冰毒877.3克、鸦片膏1072克,抓获外省涉毒逃犯6名。破获涉网案件62起,抓获各类违法犯罪嫌疑人459人。成功打掉涉外网上诈骗团伙2个,并为受害外籍人士追回全部被骗款项。

【治安行政管理】 以社会治安整治行动为载体,持续开展乱点整治、治爆缉枪危险物品整治、打击组织妇女卖淫嫖娼、打击赌博、"三电"专项斗争、校园及周边治安环境治理等专项行动,收到阶段性成效。全市44个治安乱点均得到有力整治,极大改善社会治安环境。进一步健全完善三、四级治安巡逻防控体系,中心城区30条主干道全部实现动态治安巡逻和防范控制。城乡社区(村组)安全防范体系日趋完善,群众参与社区(村组)防范积极性充分调动,村组、楼院和基层单位平安"零发案"单位不断增多,城乡技防建设快速推进,社会治安管理进一步强化,群众安全感明显增强。开展"落实网吧实名登记制度专项整治行动",对全市网吧留存的"公卡"和虚假身份登记的会员卡进行全面清理,网吧实名率较去年提高32%。查处取缔黑网吧60个,清理未成年人上网400余人次,有效遏制黑网吧发展蔓延的势头。

【道路交通管理】 全市全年共发生适用一般程序处理的交通事故787起,死亡236人,受伤865人,直接经济损失164万元,4项指数与2008年同比分别下降15.01%、17.62%、19.53%、28.38%。开展"六创一迎"城区交通秩序集中整治工作,努力创建人民群众满意的交通秩序,着力改革中心城区勤务机制,加大静态交通环境治理,重点解决中心城区交通不畅问题,持续开展三轮车集中取缔整治工作,共查扣违规违法三轮车2350余台,强制收缴非法营运三轮车1832台,分4次对强制收缴三轮车进行集中销毁,有效遏制三轮车非法营运的反弹。

【消防管理】 围绕"保增长、保民生、保稳定"的总要求,以减少火灾总量、遏制重特大火灾事故为目标,扎实开展"迎国庆,保安全,促和谐"百日清查整治行动,"平安中原"、"中原旋风"等专项行动成效明显,省市两级挂牌督办的29处重大火灾隐患全部整改完毕,确保火灾形势的持续平稳。全市全年共发生火灾90起,与去年同比下降了47.5%;伤亡人数与去年持平,直接财产损失220.7万元,与去年同比上升了15%。

【队伍建设】 开展学习实践科学发展观活动、"大学习、大讨论"、弘扬"河南公安精神"活动,进一步打牢公安民警"忠诚为民"的政治本色,相继涌现出累倒在工作岗位上的全国公安系统一级英模、原枣林派出所所长段大军等一批先进典型,先后有24个集体、171名民警立功受奖。全年共组织全市13个县级公安局长、253名派出所长分别参加公安部、省厅"三项建设"专题培训,基层公安机关领导素质进一步提升。全面推行"轮训轮值、战训合一"训练模式,共举办大练兵、警衔晋升、警务综合信息应用等各类训练班23期,参训总人数3387人,达总警力的80.09%,超额完成省厅规定的年度调训任务,有效提高队伍战斗力。坚持从优待警,民警年休假、体检和人身保险制度得到落实;切实做好民警优抚工作,全年共发放公安部因公牺牲特别慰问金37人次18.5万元、特别补助金7人次70万元,发放年度子女助学金62人次4.7万余元,使因公牺牲和伤残民警家庭感得到组织的温暖和关怀。市局被评为2008－2009年度全省公安优抚工作先进单位。

【公安三项建设】 一是加速推进公安信息化建设。投资360万元建成警务综合信息平台,并在全市公安机关全面应用,至年底,平台录入数据14507935条,有效服务实战。投资226余万元,建成边界介入平台,212个社区和农村警务室开通公安网、互联网"双网"。加大培训应用力度,对全市公安机关50岁以下民警进行警务信息综合平台应用专项培训,共举办培训班15期,培训民警1200余人,提高信息化应用水平。二是扎实推进执法规范化建设,采取"百堂讲座、百案评析、百场测试"、民警执法资格考试认证、常用法律法规"一口清"等形式，不断加强法制教育培训，全市共培训民警 8200 余人次，6000 余名民警通过初级执法资格考试。加大执法监督工作力度，共下发《执法建议书》9 份，下发执法通报 177 期，执法问题整改通知书 5 份，下达纠正违法通知书 5 份，认定执法过错 9 起，下发追究执法过错责任建议书 9 份，追究民警执法过错 9 案 11 人，切实扭转执法监督失之于宽、失之于软的倾向。推进制度建设，出台 60 多项执法制度，形成一套覆盖执法各个环节、较为系统的制度体系。三是推进和谐警民关系建设，开展企业服务年活动，出台服务重点项目建设六项措施，全力为重点企业、重点建设项目提供优质高效服务。开展“大走访”爱民实践、“三深入、四进、四送”和以“零发案、零事故、零上访”为目标的社区（农村）警务竞赛活动，及时解决群众反映的热点、难点问题；向社会公开承诺办理八件实事，出入境、户政、消防、车管、高速交警等部门分别结合实际出台便民利民措施，提高群众满意度。

【重大案事件】 1. 市局成功摧毁一个特大盗抢耕牛犯罪团伙。1 月中旬，在市局的统一指挥下，刑警、治安、技侦等多警联动，方城、宛城公安机关密切配合，打掉以张居亭（男，43 岁，方城县广阳镇人）为首的特大盗抢耕牛犯罪团伙，抓获犯罪团伙成员 21 人，带破案件 74 起，累计涉案价值 36 万余元。经查，该团伙自 2008 年以来，采用结伙交叉作案的形式，在方城、卧龙、宛城、社旗、南召以及平顶山鲁山、驻马店确山等 7 县区 11 乡镇疯狂盗抢作案 74 起，涉案耕牛 36 头、羊 158 头、摩托车 8 辆、电动车 4 辆，以及其它牲畜、粮食、现金等。1 月 7 日、13 日，专案组在前期摸排的基础上，通过缜密侦查，迅速摸清该团伙人员的犯罪规律，掌握犯罪证据，先后抓获张居亭、史学提（34 岁，方城县博望镇人）等 21 名盗抢犯罪嫌疑人，群众无不拍手称快。

2. 内乡县局成功打掉一刑释人员组成的特大系列盗窃犯罪团伙。3 月初，内乡县局经过澄底摸排和强力攻坚，成功打掉一个跨平顶山、南阳两市 4 县作案的特大盗窃团伙，抓获团伙骨干 4 人（均为刑满释放人员），破获盗窃案件 40 余起，缴获赃款赃物总价值近 40 万元。经查，犯罪嫌疑人庞青江（男，29 岁，西峡县丁河镇邪地村村民，1999 年曾因盗窃罪被西峡县法院判刑 7 年）、段召亮（男，38 岁，南召县云阳镇人，2000 年曾因盗窃罪被南召县法院判刑 7 年）、赵磊（男，27 岁，西平县丁河镇人，2000 年曾因盗窃罪被西峡县法院判刑 4 年半）、刘录松（男，现年 33 岁，南召县云阳镇人，2000 年因故意伤害罪被南召县法院判刑 7 年）自去年 9 月以来，结伙在平顶山鲁山县、南阳市南召县、西峡县、内乡县两市 4 县 10 余个乡镇，以城乡结合部的商店为对象，采取撬门扭锁等手段，先后盗窃作案 40 余起，盗窃摩托车 1 辆、手机 80 余部、现金 20 万余元以及大量烟酒等物品，赃款赃物总价值近 40 万元。

3. 市局成功侦破一起重大跨省贩毒案件。3 月中旬，根据群众举报，市局组织禁毒、技侦支队与邓州市公安局缜密侦查，成功破获一起重大跨省贩毒案件，抓获魏兴旺（男，31 岁，绰号“根”，邓州市裴营乡人）、许峥（男，18 岁，邓州市花洲街道办事处人）、刘遂合（男，27 岁，新野县上庄乡人）等 6 名涉案人员，缴获毒品 662.9 克、作案用汽车 1 辆及大量吸贩毒工具，斩断一条由湖北武汉、襄樊通往南阳的贩毒通道。

4. 成功侦破邓州“3·19”系列劫车杀人案。3 月 19 日，邓州市罗庄乡南古村一麦地内发现一具被焚烧的尸体。案发后，省、市、县三级公安机关领导高度重视，亲自赶赴现场指导、协助破案。根据该案特点，在前期工作的基础上，专案组决定在全省范围内进行串并案件分析，经与洛阳、三门峡公安机关沟通联系，认定该案可与洛阳偃师“3·14”杀人焚尸案、三门峡灵宝“3·30”杀人案并案侦查，并在省厅的指导和协调下，迅速锁定平顶山汝州市夏庄乡人贾海宽（男，37 岁）、鲁帅强（男，16 岁）、李中羊（男，20 岁）、甄威飞（男，16 岁）4 人有重大作案嫌疑。4 月 1 日凌晨，在省厅的正确指导和平顶山市公安局的密切配合下，专案组一举抓获 4 名犯罪嫌疑人，涉案的 4 台车辆悉数被追回，至此，邓州“3·19”系列劫车杀人案成功破获。

5. 快速破获邓州“8·23”持枪抢劫杀人案。8 月 23 日，邓州市发生一起持枪抢劫杀人案件。案发后，南阳、邓州两级公安机关在省厅刑侦总队的指导下，快速反应，缜密侦查，仅用 24 小时快速破获此案，成功将犯罪嫌疑人赵新龙（男，37 岁，新野县溧河乡人，暂住邓州市汲滩镇元庄街）抓获归案，收缴其自制枪支，及时消除了一个国庆安保工作隐患。经查，犯罪嫌疑人赵新龙于当日凌晨潜至汲滩镇元庄街魏庄村村民黄平印家中，毒死其家的两条狗后，持枪威逼其拿钱，遭到反抗后开枪将黄平印打死。

6. 弩弓箭射伤幼女案成功告破。9 月 4 日，南阳市城区南关戏院附近一 4 岁小女孩被箭射伤，伤情严重，该案受到社会各界的广泛关注。市局领导高度重视，责成宛城分局尽快破获此案。经专案人员的调查走访和细致摸排,迅速将犯罪嫌疑人连焕安(男,53岁)抓获归案,该案成功告破。经查,犯罪嫌疑人连焕安家养了不少信鸽和观赏鸽,案发当日下午,连在喂鸽子时,发现一只大猫想吃鸽子,遂找出藏匿的弓弩,向大猫射去,但射中正在路边玩耍的小女孩,当连得知射伤人后,即对家中的弓弩进行销毁。

7. 唐河县局成功侦破"10·21"命案。10月21日,唐河县苍苔镇村民涂兴房(男,53岁)在家中被人杀害。案发后,市、县两级公安机关立即开展侦查工作,迅速锁定该县苍苔镇邵庄村村民谢永钱(男,30岁)有重大作案嫌疑,即组织进行追捕。10月24日,在湖北省荆门市公安机关的配合下,专案组将犯罪嫌疑人谢永钱抓获归案。经查,谢永钱因积怨于21日凌晨持木棍窜至涂兴房住处,用木棍击打其头部致其死亡后逃离现场。(彭星)

检　　察

【侦查监督】 1. 打击严重刑事犯罪,维护社会稳定。全年共受理提请逮捕3506件5182人,经审查后批准逮捕各类刑事案件3102件4541人。其中受理提请逮捕"两抢一盗"犯罪案件956件1538人,经审查,批准逮捕838件1502人。严厉打击偷税骗税、制售假冒伪劣食品、药品等严重危害人民群众身体健康和生命安全的犯罪,批准逮捕严重破坏市场经济秩序犯罪94件129人,维护良好的市场经济秩序。适时介入侦查,引导侦查取证,共参与重大案件讨论69件,参加现场勘查47件。加大惩治商业贿赂犯罪力度,共逮捕职务犯罪案件115件138人。2. 狠抓审查逮捕案件质量保障机制建设。完善《审查逮捕案件管理制度》,规范审查逮捕案件受理审查、审查逮捕案件意见书制作、规范审查逮捕证据参考标准。①进一步深化"审查逮捕双向说理机制",使检察机关不捕理由说明与公安机关提请案件逮捕必要性说明良性互动成为常态,提升执法水平和办案质量。②加强立案监督和侦查活动监督。建立与本院公诉、监所检察、反贪、反渎职侵权、控申等业务部门的联系制度,使侦监部门能及时地收到其他部门在工作中发现的监督线索和信息。把严重危害社会,尤其是黑恶势力犯罪及其"保护伞"案件,有罪不究、以罚代刑问题作为重点,强力监督纠正。共监督公安机关立案侦查64件109人,逮捕43件67人,法院作出有罪判决60件113人(含往年监督立案案件),其中判处3年以上有期徒刑60人。判处10年以上有期徒刑13人。监督纠正不应当立案而立案34件50人,监督自侦部门立案1件。③进一步加大追加逮捕工作力度。重点追捕案情重大、罪行严重的犯罪嫌疑人。共依法纠正漏捕106件153人,法院已审结有罪判决148人。其中判处10年以上有期徒刑25人。3. 开展刑事拘留后未提请逮捕案件专项监督活动。对公安机关2007至2008年度刑事拘留案件未提请逮捕的5044人实施专项检查监督,对侦查人员办理案件中有职务犯罪嫌疑的44件,组织专人进行重点审查。经检察长批准对其中的5件6人已由市院反渎部门初查。4、对危害河南油田生产秩序的"三盗一炼"犯罪集中整治专项活动。市公安局、南阳油田公安局集中八、九两个月时间,开展整治油田区内盗窃原油、盗窃油田电力、盗窃油田设施和非法土炼油点的"三盗一炼"等涉油犯罪专项行动。查破各类刑事案件250余起,查处违法犯罪嫌疑人67人,依法刑事拘留涉油犯罪嫌疑人19人,逮捕7人,提起公诉18人。取缔土炼油炉8座、收缴被盗原油100余吨,同时针对涉油犯罪向专业化、集团化发展且暴力性、破坏性增强的倾向,探索建立联打联防的长效机制,实现油区检察、公安在联合执法上的进一步协调配合。

【公诉工作】 全市两级公诉部门共受理审查起诉案件5073件7744人,其中自侦案件301件386人;决定提起公诉4726件7184人,其中自侦案件262件338人;决定不起诉184人,其中自侦案件14人。出庭支持公诉2795件次,适用简易程序审判1574件。法院作出判决4254件6384人,均为有罪判决。一是继续深入开展打击"两抢一盗"和"打黑除恶"专项斗争。全市共受理抢劫、抢夺和盗窃犯罪案件1242件2133人,提起公诉1199件2032人;受理黑社会性质组织犯罪案件18件85人,起诉14件88人。白玉岗等27名被告人组织、领导、参加黑社会性质组织、故意伤害、寻衅滋事、敲诈勒索、聚众斗殴、强迫交易、破坏生产经营一案,卷宗近60册,涉案人员分别被关押在省内外多个地市,专案组加班加点,仅用两个月零十三天就将该案提起公诉(期间退回补充侦查一次)。市中级人民法院一审判处主犯被告人白玉岗、沈进位无期徒刑。二是加大惩治商业贿赂等破坏市场经济秩序犯罪力度,维护良好的经济秩序。两级公诉部门落实上级院治理商业贿赂专项工作的决策部署,快审快诉,依法起诉一批发生在工程建设、产权交易、政府采购等领域内的商业贿赂犯罪案件。全市共受理商业贿赂案件149件190人，提起公诉136件176人。三是加大指控职务犯罪力度，保持对腐败犯罪的高压态势。全市两级公诉部门共受理职务犯罪案件301件386人，其中贪污贿赂案件195件257人，渎职侵权案件106件129人；提起公诉262件338人，其中贪污贿赂案件166件222人，渎职侵权案件96件116人。四是开展刑事审判法律监督专项检查活动。对2008年至2009年6月30日前判结的5547起案件全部进行检查。对查出的19件判决书认定事实、情节错误或者适用法律不当导致量刑畸轻畸重的案件依法提起抗诉；对33起认定事实、情节错误导致量刑偏轻的案件提出再审建议，法院启动再审程序，年底已审结21件，全部改判。对错误裁判涉及的24个职务犯罪线索进行初查后由渎职侵权检察部门立案查办5案(1案法院已作出有罪判决)，2人被纪律处分。与市中级法院等部门就强制措施的适用、检察长列席审委会、刑事错案监督检查等问题联合制定长效工作机制。五是强化侦查监督，依法追漏纠错。全市共追诉漏犯115人，防止和纠正一批错案。通过建议侦查机关(部门)撤案或作出绝对不起诉等形式，共纠正侦查机关错误移送起诉案件88人。六是坚持机制创新。建立死刑案件办理工作新机制和对不起诉案件的被害人救助制度。

【反贪污贿赂】 全市两级检察机关共立案查处贪污贿赂等职务犯罪案件170件231人，其中贪污74件，占43.5%；贿赂59件，占34.7%；挪用公款35件，占20.5%；私分国有资产2件，占1.3%。一是突出查办大案要案。全市共立案查处贪污贿赂等职务犯罪大案要案142件192人，占立案总件数的83.5%，同比上升15.9个百分点，创历年最佳成绩。立案查处副处级以上干部犯罪要案22人，居全省第三。全年立案查处贪污贿赂犯罪大案170人，其中涉案金额千万元以上的7人。市院直接立案侦查大要案16人，同比上升6.6个百分点，其中查办发生在党政机关的县处级干部贪污贿赂犯罪要案11人，占68.7%，同比上升28.7个百分点。二是推进查办涉农职务犯罪、商业贿赂犯罪和工程建设领域贪污贿赂犯罪专项斗争。立案查处涉农贪污贿赂犯罪案件75人，占立案总数的32.4%；国家工作人员涉嫌商业贿赂犯罪案件36人，占立案总数的15.5%；发生在工程建设领域的贪污贿赂犯罪案件43件49人，占立案总数的21.2%。四是侦查质量和办案效果进一步提高。全年立案231人，侦查终结230人，侦结率99.5%；起诉218人，起诉率94.3%；法院已作出有罪判决203人，有罪判决率87.8%。

【反渎职侵权】 全市两级院共立案侦查渎职侵权犯罪案件106件124人，其中重特大案件118人，要案1人，大案要案率为95.9%，侦查终结并移送审查起诉102件，法院已作出有罪判决98件113人。市院依法严厉查处渎职侵权犯罪，对待群众来信来访，切实做到案案有着落，件件有回音，对上级机关和领导批转的案件积极认真查办，全年共接待群众来信来访84人(件次)，所反映的问题已解决57件，办理上级院和有关领导要结果案件26件。

【监所检察】 全市监所检察部门强化对看守所、监狱监管活动监督，共向监管单位发出《纠正违法通知书》171件，已纠正171件；发《检察建议》353件，发现司法工作人员职务犯罪案件线索63件，立案22件22人；办理刑罚执行期间又犯罪案件，审查批捕32件42人，审查起诉40件55人，提出抗诉1件1人。一是开展看守所执法专项检察活动和审判监督专项检查活动。在全市两级院审判监督专项活动中，配合公诉部门清查案件2251件，其中清查超期羁押案件3案10人，均已纠正。在监狱开展打击"牢头狱霸"专项整治活动。先后收集违法线索30余起。发现处理"牢头狱霸"行为11人次，监管单位行政处罚罪犯9人。二是安装驻所检察独立掌控的电子监控系统。为严厉打击"牢头狱霸"，有效遏制"跑风漏气"问题，规范监管秩序，在全市13个看守所建成由检察院独立掌控的驻所检察音视频监控系统，共安装摄像头292个，有效覆盖看守所所有重点部位，进行24小时监控录像。该系统使用后，共监督纠正违规提审3次、违规使用械具2次、违规会见3次、提审后在押人员不及时关押乱串监室门口攀谈等看守所监管不到位现象3次。

【民事行政检察】 全市检察机关共受理不服法院民事行政生效裁判申诉案件405件，立案审查354件，提请抗诉90件，市院依法提出抗诉81件；法院共审结市院抗诉案件60件，改变59件，改变率为98.3%；共发出再审检察建议144件，法院全部采纳依法启动再审程序；办理侵害公益案件111件，办理执行监督案件22件，法院纠正22件。全年共办理抗诉案件81件，占全省民行抗诉案件的11.8%，居全省第一。方城南水北调移民建房纠纷系列案件，通过抗诉有效维护多位移民的合法权益。监督纠正的南召县建设银行虚假诉讼案、卧龙区刘朝阳虚假诉讼案被评为南阳市检察机关2009年度十大精品案件，两案分别为国家和当事人挽回数千万元的损失。查办窝案串案，占抗诉总数的43.2%；办理息诉案件61起，件件做到矛盾化解，案结事了；共发现与民事审判、行政诉讼活动相关的职务犯罪案件线索20件，初查20件，立案4件，移送审查起诉2件，移交主管部门作党政纪处理13人；办理执行监督案件22件，纠正22件；办理涉企案件15件，为企业挽回经济损失3000余万元。

【控申举报】 全市两级院控申部门共受理群众来信来访728件，其中受理举报478件(举报贪污贿赂365件，举报渎职侵权113件)，审查处理478件；举报中心初查117件，移送反贪、反渎部门立案45件；受理控告申诉250件，立案复查刑事申诉案件14件，维持原决定4件，改变1件，提出抗诉意见6件，不予抗诉3件；受理刑事赔偿申请10件，立案9件，支付赔偿金13.71万元；全市共办理涉检信访案件95件，全部办结。一是开展检察长接访制度。市院党组把信访工作摆到突出位置，共安排检察长接访22次，接待来访群众136人。全市共排查信访积案17件，17件信访积案当事人无一赴省进京上访。二是开展举报工作。坚持举报中心统一管理举报线索，逐件登记，实现微机化管理。开展以“反腐倡廉保民生、公平正义促和谐”为主题的举报宣传周活动，受理举报线索119件，受理控告32件。三是开展刑事审判监督专项活动，按照上级的要求排查清理5起涉检信访案件，经复查提出抗诉1件，提请省院发出再审建议1件，5起案件当事人全部息诉。四是开展窗口搭建便民平台。重点建好控申接待室和面向社会的市检察院心连心网站，搭建检察机关与人民群众联系沟通的平台，方便群众向检察机关反映问题，接受人民群众监督。网站开通以来，访问量已超过1万余人次，通过网络接受群众举报23件，控告、申诉16件，已办理并答复17件，通过检察专网和互联网安排视频接访230余次。

【预防职务犯罪】 全市检察机关开展职务犯罪预防调查93件，其中系统性、共性问题调查70件，涉农资金和南水北调工程专项预防调查62件。结合反贪、反渎部门办案，开展犯罪分析263件。发出预防检察建议238件，被采纳226件，开展南水北调中线工程等重大建设项目的同步预防189件。一是完善社会预防网络。在税务和金融、城建、交通等18个国有行业22个单位建立预防联络机构的基础上，确定社会预防联络人员410名，市预防办对13个县市区的382个联络机构实行统一备案管理。二是突出重点预防主线。全年全市开展重大工程等专项预防项目189件。三是开展预防职务犯罪培训和专题讲座249场(次)。市院预防局在油田、天冠集团、医疗卫生、城建等16个单位作专题讲座，召开8次专题预防研讨和经验交流会，撰写和编发调研文章39件。

【检察技术】 两级院检察技术部门在案件受理、检验鉴定、文证审查等方面严格把关，共办结检验鉴定、文证审查案件1781件，占含有技术性证据的批捕、公诉案件的98%，其中对批捕、起诉案件中的公安机关法医伤情鉴定和社会鉴定机构的鉴定审查率达到100%。发现和纠正原鉴定机关错误鉴定结论37件。一是落实刑事技术性证据分流审查制度。全市检察技术部门共办结检验鉴定、文证审查案件1781件，纠正错误鉴定结论37件，避免冤错。镇平县院技术部门在协助公诉部门审查李××故意伤害致死一案被害人赵××死因鉴定中，发现卷中的鉴定书分析论证不周延，结论有失科学性，遂出具不同意原鉴定结论，建议重新鉴定的文证审查意见。在多家鉴定意见相左的情况下，又通过省院报请高检院检察技术信息中心召集技术专家出具论证意见。3月，市、县两级检察院法医综合该案中前后所有鉴定结论，又进行详细分析、论证，认为赵××的死亡与在案嫌疑人李××的殴打行为没有刑法上的因果关系。该案的成功办理得到省院、高检院组织的专家论证认可，最终使关押一年多的李××无罪释放，成功平息一起多次赴京上访。二是开展自侦案件讯问犯罪嫌疑人同步录音录像工作。全市共进行自侦案件讯问嫌疑人同步录音录像362案472人，941次，累计1954.5小时。为自侦案件的讯问取证过程提供可如实再现的技术保障。三是整合检察鉴定资源。成立“河南省南阳市人民检察院司法鉴定中心”，统一行使全市检察机关司法鉴定权。高检院授权的全市39名鉴定人员为市院司法鉴定中心成员。调查研究、论证和完善“侦捕诉技管”一体化协作办案机制。内乡县院的“技术证据‘三维’审查模式”、淅川县院的“涉案物品价格鉴定的审查监督机制”、镇平县院的“刑事技术证据“三关”审查机制”，都推动检察技术工作的发展。

【案件监督管理】 全年两级业管部门共收理、登记、分流各类案件10988件次，向侦查机关、审判机关送达法律文书及卷宗21233余次。监控管理各类案件10988件次，发出预警催办通知书832份，杜绝超期办案、超期羁押现象；对“四不一撤一无”案件进行实体审查，促进了案件质量的提高。对检察业务部门拟作不立案、不批捕、不起诉、不受理处理实体审查。全年两级业管部门共实体审查各类案件988件，改变业务部门意见或决定55件；考评已结案件10988件，对四大类共性问题进行通报，促进案件质量提高。市院4月29日开通面向社会的心连心网站，社会各界通过网站案件查询系统，对检察机关办理各类案件受理、在办、审结时限、处理结果进行查询。两级业管部门对侦监、公诉、反贪、反渎等8个业务部门所办理的8667起案件数据客观真实地及时录入，增加办理案件的社会透明度。

【服务企业发展】　实施《南阳市人民检察院联系企业制度》，两级院共建立经常性联系企业441家，选聘317名联络员。市院直接联络52家，聘请53名联络员。开展“送法进企业活动”。全市检察机关批准逮捕危害企业治安环境的黑恶势力犯罪、严重暴力犯罪，以及针对企业的抢劫、抢夺、盗窃、敲诈勒索等犯罪191件272人，其中监督公安机关立案34件。立案查处利用职权吃、拿、卡、要损害企业利益，涉嫌职务犯罪的行政执法人员46人；查办利用国有企业改制之机，贪污挪用私分国有资产或收受贿赂的国企人员38件43人；对涉及企业生产经营，确有错误的民事行政案件生效裁判，依法提出抗诉35件，监督纠正行政违法收费9起；依法纠正民事执行违法行为86起，帮助赊店酒厂等企业处理职工纠纷70起，为卷烟厂、市商业银行等企业提供法律帮助，避免经济损失三千余万元。

【队伍建设】　一是建立选人用人机制。报经市委组织部和人事部门批准，面向全市基层院公开选拔市院所需业务人员，通过笔试、机试、面试、考核、体检等程序，共从基层院选拔侦监、公诉、文秘人员9名。在两级院统一开展面向符合检委会委员任职条件检察员公开选拔检察委员会委员工作，共有11人被选拔进入两级院检委会。二是开展争先创优活动。宛城区检察院连续第三次被高检院评为“全国先进基层检察院”，并荣获“全国精神文明建设工作先进单位”荣誉称号。中共南阳市委作出《关于开展向宛城区人民检察院学习活动的决定》，并隆重举行表彰大会，省检察院检察长蔡宁、市委书记黄兴维等领导出席会议。社旗县院、南召县院顺利通过省级文明单位验收，市院和十三个基层院已全部进入省级文明单位行列。市检察院侦查监督处被省院荣记集体一等功，市院反贪局、卧龙区院反贪局被省院荣记集体二等功。宛城区院业管中心主任杜东翔被中共中央组织部、中共中央宣传部、国家人力资源和社会保障部、国家公务员局联合授予“全国人民满意的公务员”称号。宛城区院检察长王金荣、邓州市院反贪局副局长时青红被省院荣记个人一等功，邓州市院检察长杜海宛、桐柏县院检察长冯景合等14人被省院荣记个人二等功。卧龙区院检察官毕冬云被授予河南省“五一”劳动奖章。新野县院检委会专职委员马婉珍被南阳市委市政府授予第六届“南阳市十大女杰”称号。三是廉政建设。建立基层院检察长向市院党组述职述廉制度。全市13个基层院检察长每年向市院党组进行一次述职述廉，实施对基层院班子成员考核评价制度。开展反腐倡廉教育。开展廉洁自律、纪律处分条例、案例警示教育、廉政文化建设等专题教育活动56次，市院对中层以上干部进行廉政谈话27次586人，党组研究廉政建设情况52次，党风廉政建设分析、讲评69次；党组成员、中层干部拒礼拒贿50余万元。监督内部执法办案。制定《监察部门案件调查启动制度化及调查工作规范化》监督机制。实行持《侦查证》办案制度，对案件流程是否合法、办案安全制度是否完善和落实，涉案款物收缴是否合法有据、管理规定是否得到认真执行等问题上进行备案和跟踪。查处违法违纪案件。全年共受理违法违纪案件线索35件，初核25件，立案查处2案6人，有6名干警受到政纪处理，其中撤职1人，行政记大过处分1人，行政记过4人，清退借调人员2人，诫免谈话6人，通报批评7人，办理上级要结果案件11件。（尚文来　王永强）

审　　判

【审判工作概况】　2009年，市中院的审判工作取得结案、调解、服判息诉上升，上诉、申诉、发还改判下降的良好成绩。全年共受理各类案件4759件，办结4185件，结案率为87.9%。保持省级文明单位和“青年文明号”荣誉，被授予全国法院“司法警察工作先进集体”等，各项工作在全省对口考核中均居领先或排前位次。

【刑事审判】　全年共受理刑事一、二审案件729件，审结623件。一是深入开展严打整治斗争。积极参与打击“两抢一盗”和“打黑除恶”专项斗争,与公安、检察建立联席会议和案件会商制度,强化工作上协作、配合、制约;二是建立案件质量联组把关制度。开展创建“三零刑庭”和“四升四降”竞赛活动。一审案件发还改判数量大幅下降,刑事附带民事调解率达到40%以上。刑事附带民事案件调撤率达68%;受理的刑事一、二审及国家赔偿案件全部办结,结案率、归档率均为100%。审结白玉岗涉黑团伙犯罪案及郭红军团伙300余起盗窃抢劫等重大案件,有力地打击犯罪分子的嚣张气焰。

【民事审判】 共受理一、二审民事案件2749件,审结2428件。出台《全市法院调解年活动方案》和《全市法院审理企业破产案件指导性意见》,首创立案预登记和委托调解制度,弘扬马锡五审判方式,推动调解活动深入开展,受到上级的充分肯定,委托调解的案件调解成功率达到40%以上,形成南阳特色,调解率和人均结案数都与前年同比增幅较大。

【行政审判监督】 一是依法受理案件,加大协调力度,制作行政案件司法审查报告,促成市委、市政府批准成立“预防和化解行政争议协调委员会”,完成省法院下达控制论案件超千件的任务,协调和解率达30%以上,树立南阳法院行政审判工作的品牌。受理行政一二审案件199件,审结176件,受理非诉行政执行案件93件,结案93件。二是突出“强化调解、强化纠错”原则,强化再审案结事了意识。制作工作进度公示版面,强化内部管理;积极完善办理减刑假释案件的公开听证、跟踪回访制度等,通过“四把关”、“四见面”,全面提高减刑、假释案件的办理质量。审监庭共受理各类案件275件,审结229件;并办结减刑假释案件998件,实现年度“零存案”。

【执行工作】 出台八项管理制度,进一步规范执行工作秩序,较好地解决“执行乱、乱执行”的问题,中院机关本身案件执结率也有较大幅度提升。全年共受理各类执行案件394件,执结350件,执结标的额6.9亿元。

【涉诉信访】 积极争取党委政府重视支持,强化领导责任,实行全员参与,加重考核分值,坚持院长天天接待,加大案件调解,强化源头治理,仅国庆节集中攻坚活动就办结“三类案件”179件,办结率100%,受到省市委政法委和省法院的充分肯定。全年接待申诉人员4141人次,调卷复查360件,办结353件。在人员不足的情况下,采取“5+2”、“白加黑”工作法,连续奋战,逐案甄别,澄清底子,完善台账,相继组织开展“百日春暖”、“下访连心”、“大接访”和集中化解涉诉信访案件专项活动,解决一大批长期困扰两级法院的信访老案,信访工作首次进入全省法院前列。

【立案工作】 加强诉讼指导和风险告知,引导群众依法行使诉讼权利;加强审判流程管理,完善事前监督和事后问责;加大司法求助力度,对涉及弱势群体和困难群众的29件案件,依法缓、减、免交诉讼费用61.5万元。立案工作在全省对口考评中名列第二。

【审判业务建设】 组织法官参加晋级培训、开展专题研讨,抓好法官续职培训;以提高五种能力为目标,组织开展岗位练兵,提高法官综合素质和职业技能;鼓励法官参加更高层次的学历教育,全院本科学历203人,33人取得硕士学位,去年全院有3人通过国家司法资格考试,学习型法院建设收到明显成效。

【审判绩效考评】 对司法绩效的考核重点关注办案质量、效率和效果,设置了结案率、调解率、发还改判率、引发涉诉信访、省院个案等考量指标;对综合部门的业务考核新设了省院对口考评位次、服务质量测评等指标,强化落实责任意识和创先争优意识;对法官队伍和个人的绩效评价重点关注素质能力、工作业绩和廉洁形象,细化岗位职责和任务,实行自我总结、民主评议、部门长和院主管领导审核的方法,使考核更加直观科学。

【审判监察】 完善个人廉政档案,通报违法违纪案件,抓好警示教育;规范案件评查,修订完善《案件评查暂行办法》,全年评查2210件案件,使案件瑕疵进一步减少;抓好党风廉政建设,落实廉政监督员和廉政监察员制度,共聘请监督员22人,邀请参加活动6次,听取意见和建议,查摆问题不足,落实整改措施,严明工作纪律,促进作风转变。监察室的整体工作在全省对口考评中名列第三。

【审判理论研究】 积极发挥职能作用,较好地完成了全市法院院长会、人大会等重要会议的组织工作,撰写各类综合性材料160余篇,80余万字;调研、信息、案例编报、司法统计、《公民与法》通联工作,全部被省法院评为先进;起草并组织实施全市法院和中院机关的绩效管理制度和其他管理制度,认真做好审委会会务和疑难案件咨询调研会;组织“十件实事”、社会法庭等重点工作;共召开专题调研会5次,全年共上报调研文章1708篇,被上级采用

277篇。理论研究的整体工作在全省对口考评中名列全省第二。

【司法装备】 建立完善财务制度，对固定资产使用情况进行登记造册。加大资金投入，更新信息网络设备，推进网络应用。积极筹措资金，购置业务用车、更新办公设施。科学规划，多方筹资，狠抓“两庭”建设，建成人民法庭2个，改建、新建审判庭各1个。加强对物业公司的管理，确保机关和家属院的整洁和安全。整体工作在全省对口考评中名列全省第八。

【法官培训】 开办司法资格培训考前培训班。使135名同志得到专家的指导，71人通过司法考试，通过率达52.6%。

【司法警察】 全年共完成值庭375场次，押解罪犯2100余人次，处置突发事件50余次，圆满完成“迎国庆、大阅兵”“六创一迎”等各项任务，连续六年在全省年度考评中位列第一，继续保持省级“青年文明号”和全国法院“司法警察工作先进集体”荣誉称号。

【机关党委工作】 党建工作摆在突出位置，建立全院信息库，全年发展11名新党员；圆满完成省级文明单位续届工作；成功举办第五届职工运动会和“干警健身月”活动。整体工作在全省对口考评中为满分。

【司法技术】 完善规范，全面落实统一对外委托制度，加强对册司法技术专业机构的监督管理。共办结对外委托案件37件，无一差错。司法技术处的整体工作在全省对口考评中名列第二。（何志　牛永权）

司　法　行　政

市司法局局长　杨志刚

【司法行政工作概况】 2009年，司法行政系统落实向社会公开承诺办理实事，把着力改善民生，构建和谐社会，维护大局稳定，服务经济社会发展作为全市司法行政工作的出发点和落脚点，求真务实，圆满完成全年工作目标任务，为确保南阳社会大局稳定，促进经济社会又好又快发展做出积极贡献。全市司法行政系统共有7个集体、38名个人分别荣立二、三等功；16个集体38名个人分别受到各级党委、政府和上级司法行政机关的表彰。

【依法治市】 全面贯彻依法治国方略，深入落实“五五”普法规划，全力推进“法治城市”，“法治县（市）区”“法治乡（镇）”创建工作，以“法律六进”为载体，突出重点，扎实工作。依法治市工作100个先进集体，100个先进个人受到市委、市政府表彰。市依法治市办公室被市委政法委评为双十佳先进集体。一是开展“法律进机关”活动。对全市2111名县处级干部，20000名科以下干部进行普法考试，参考率97%，优秀率75%。二是开展“法律进乡村”活动。培训农村党员干部200余人，免费下发《农村党员干部法律知识问答》8400册，下发《农民必备法律常识》10000本，开展农民工引导性培训5.2万人、技能培训4.7万人，农村劳力转移就业18.7万人。三是开展“两地书，话亲情”、“城乡儿童拉手结对”活动。市直单位一次结对帮扶达2000多对，“代理妈妈”总数达9000多名，资助金额1750万元。四是开展“法律进学校”活动。组织预防青少年犯罪报告2300多场次，组织重点帮教小组3512个，利用罪犯现身说法234场，配备法制副校长4871个，建立青少年法制教育基地15个。五是开展“法律进社区”活动。为社区居民解答法律问题27600条，进行非诉讼调解2235起，为社区居民换回经济损失1362万元。六是开展“法律进企业”活动。为企业印发《企业职工维权法律援助知识读本》35000份，为非公有制经济组织挽回经济损失8000多万元，预防涉法案件1300多起，通过法律手段避免矛盾纠纷2400多起。七是开展“全国法制宣传日”活动。发放法律宣传单、宣传册10万余张（册），发放普法读本近3万册，展出法制宣传图板4800余块，刷写标语2450余条，出动宣传车近200辆，悬挂标语、横幅1500余条，播放专题录像108场次，演出法制文艺节目530余场，解答群众法律咨询9万余人，法制宣传受教育120万余人。9月29日，市普法网站开通，省司法厅副厅长黄庚倜、省依法治省办公室副主任尚海、市委政法委书记常康参加南阳普法网的启动仪式。

【律师工作】 紧紧围绕市委、市政府中心工作，抓律师队伍建设，抓工作责任目标落实,健全、拓展、创新律师业务。全市应参加年检的律师事务所52个,全部合格,考核合格执业律师502人。律师共办理各类案件12807件,其中经济民事8924件,刑事辩护代理3773件,行政269件,再审上访案件437件,担任企事业单位、政府部门及民营企业常年法律顾问2723个,办理非诉讼法律事务8192件,办理法律援助575件。积极参与打黑专项斗争,指导河南梅溪、大为、雷雨等11个律师事务所30多名律师参加办理黑社会性质组织罪白玉岗等28人的涉黑案、孙行田涉嫌寻衅滋事涉黑案、唐河县赵盘龙、刘家伶涉黑案、镇平县唐兆帅涉嫌参加黑社会性质组织案等重大案件辩护,取得良好社会效果,得到有关部门和领导的一致好评。组织律师积极参与政府信访工作,共接待信访群众咨询3739次,通过律师信访工作息访或通过法律途经解决387件,平息上访20余件。积极开展律师法律宣传活动,全市律师事务所共开展1085场次,接受群众咨询20361余人,化解矛盾6341起。全市共有律师党总支1个,律师党支部25个,其中单独建立党支部14个,联合支部11个,党员律师有124人。11月10日至15日,在南阳经济管理学校举办为期5天的全市律师继续教育培训班,共有553名专、兼职执业律师参加培训,完成2009年度律师继续教育培训工作。

【基层司法行政】 一是人民调解。全市已建有236个乡镇(街道)调委会,4848个村(居)调委会,企事业单位调委会188个,区域性行业调委会414个,共有45017名调解员。共调解民间纠纷53268件,调成50605件,调成率95%,防止民转刑239件,防止群体性上访465件。接受县法院委托调解案件188件,已调解成功175件,调成率93.1%。组织开展"百日大排查"人民调解专项活动,排查出矛盾纠纷3937件,调处3878起,调成功3780起,调成率达96%,防止民间纠纷引起自杀34件,防止民间纠纷转化为刑事案件87件,避免群体性上访事件112起,避免群体性械斗事件53起,移交有关部门处理36起,发现犯罪线索26起。开展人民调解培训工作,举办人民调解员培训班18期,培训人民调解员3800余名。二是安置帮教。全市有市级机构1个,县级机构13个,乡级机构236个,做到机构健全,衔接安置帮教工作顺利开展。全年共接收刑释解教人员2518人,全部得到妥善安置。三是司法所建设。全市有236个司法所,工作人员650人。第四批司法所国债建设项目42个,目前已全部建成,第五批司法所国债建设项目28个,在资金尝未到位情况下,已有12个开工建设,还有6个与所在地政府达成置换意向,其它10个也在积极协商中。四是基层法律服务。全市注册205个法律服务所,592名法律服务工作者,担任法律顾问4437家,代理民事诉讼6211件,代理非诉讼事务44285件,为维护基层经济社会秩序,维护群众合法权益作出积极贡献。

【公证工作】 以科学发展学习教育活动为契机,充分发挥公证职能作用,落实"一法三章"。根据《公证机构考核办法》和《执业公证员考核办法》采取个人总结,群众评议,机关考评的方法进行考核,全市共有15个公证机构和53名执业公证员通过考评,合格率达100%,全部通过司法部和省司法厅备案。全市公证处共办理公证业务37331件,其中经济14626件,民事18298件,涉外3724件,涉台659件,涉港澳24件,业务收费321余万元。建立常年法律顾问点210个,提供法律援助640件,援助资金达3.4万元,拒绝公证204件,避免经济损失3200万元。开展公证宣传活动,设立法律咨询台50个次,出展板60余块,悬挂过街横幅40余条,出动警车40辆次,发放公证宣传材料3万余份,现场解答群众法律咨询事项3600余件。举办公证员培训4期,培训人员300余人次,撰写心得700余篇,研讨文章30余篇,评出优秀论文5篇。组织两次大型公证质量检查活动,共查公证卷宗900余份,质量合格率达95%以上,受到市局和省厅领导的肯定。

【司法鉴定管理工作】 以服务经济建设和社会稳定为己任,以创新发展为动力。全市共有40个司法鉴定机构,280多名司法鉴定人参加年度登录工作,49个司法鉴定执业人进行申请延续。办理司法鉴定案件2800多件,减免司法鉴定费用案件466起,其中全免5起,共减免费用11620多元。利用行风热线宣讲全国人大常委会关于司法鉴定管理决定2次,现场解答司法鉴定管理热点难点问题17个。8—9月份组织全市司法鉴定宣传一条街活动2次,出动宣传车24台次,制作宣传版面112板,挂过街横幅98幅,张贴宣传标语近千条,设立咨询台83个,发放宣传资料10000余份,解答群众提问383人。开办司法鉴定人培训班4期,培训人员达400余人次,完成省厅下达的培训任务。

【国家司法考试】 全市共报名参加国家司法考试人数2029人,报名人数位居全省前列,设立考点1个,考场71个,监考人员200

余人，巡视组3个，考试过线466名。举办国家司法考试培训班4期，参加培训人员达1000余人次。司法考试多个考评项目均获优秀，受到司法部和省司法厅的通报表彰。

【法律援助】 全市法律援助经费保障工作取得新突破，法律援助经费总额达到141万元，较2008年增长7%，市中心经费实行帐户单列，经费预算达到32万元，并追加拨款5.5万元。设立法律援助受理点263个，其中市级法律援助受理点3个，县(区)法律援助点260个。办理法律援助案件3004件，其中民事案件2189件，刑事案件626件，接待来访咨询17356人次，为受援人换回损失708.6万元。对农民工案件开辟绿色通道，办理农民工案件260件，追回拖欠工资和取得人身损害赔偿金412.56万元，受援农民工2315人，接待农民工咨询1290人次。3月16日全市法律援助12348咨询电话全面开通，接听率为61.3%，规范礼貌用语使用率达到100%。开展法律援助工作宣传，共悬挂过街横幅300余条，印制宣传单23万张，在市级以上报刊杂志发表文章26篇，发放法律援助知晓率调查表1.3万份，制作宣传板面152块，编辑上报各类信息130余期，出动宣传车280台次。6月16日，召开全市法律援助应援尽援工作会议，市委常委、政法委书记常康120余人参加会议。

【监狱工作】 一是紧紧围绕“三个确保、两个力争、两个达标”工作目标，以确保监狱安全稳定为重点，以强化规范化管理和落实规章制度为保证，着力构建监管安全长效机制，实现国庆期间监狱的绝对安全稳定，二、四监区经自验达到省级规范化监区标准，三监区会见室达到省级文明会见室标准。全年共排查“四类矛盾”100余起，排查“三类”罪犯42名，收集罪犯交揭查犯罪线索103条，成功侦破1起预谋脱逃案件。下发整改建议书32份，提出整改建议156条，106名罪犯给予行政处分及严管，77名罪犯被隔离，表扬罪犯4622人次，记功416人次。7月25日，监狱与武警联合将65名罪犯实施异地调动，确保长途押解任务安全完成。二是罪犯教育改造质量进一步提高。坚持“首要标准”和“首位意识”，把改造人放在第一位。罪犯“三课”教育共进行480个课时，入学率100%，出监教育时共发布各类就业信息、供求信息24期，有700余名罪犯参加实用技能培训，220名罪犯参加省局职业技能鉴定，通过率占全省第四名，有19名警察获得三级心理咨询师资格证，对罪犯开展心理疏导教育790余人次，组织5次大型帮教会，签订帮教协议1669份，确定顽危犯147名，转化88名，转化率达60%，监狱新增加图书3126余册，人均藏书已达11本。6月份，开展罪犯体育运动会，有150余名罪犯参加10个项目的体育比赛。在全省组织的对刑释人员“法轮功”解教活动中，全年无一起事件发生，被省委政法委评为优秀组织单位。三是刑罚执行工作进一步规范。严格按照法定程序和法律规定，做好罪犯的收押、释放、减刑、假释和保外就医。全年共收押罪犯988人，释放821人，暂不收监或拒收9人，办理临时离监37人，对923名罪犯提请减刑，2名罪犯提请假释，新认定老病残罪犯142名，办理保外就医罪犯53人，续保25人次。协助公、检、法机关调查案件94起，律师会见调查6件，在狱内协助法院开庭73起，开展监狱长接待日制度，深入了解罪犯及其家属思想诉求，切实解决罪犯实际问题，群众对监狱执法工作满意度达98%以上。四是生产经营稳步发展。开展“安全生产年”“安全生产月”“生产现场整顿”等活动，先后投入20余万元对监狱生产现场设施进行整治，全年共有14人取得安全管理资格证，增加安全管理人员20人，查处生产隐患24处，全部及时整改。全年监狱安全生产，无发生重特大安全生产事故，共完成工业总产值2115万元，总收入2019万元，其中主营业务收入6.9万元，外加工收入1114万元，其他收入286万元，企业弥补经费不足201万元。年度预算拨款4545.1万元，比上年增加1055万元，省财政追加拨款650万元，比去年增加100万元，返还2008年度增值税114.2万元。五是干警队伍素质进一步加强。在开展学习实践科学发展观活动和开展监狱警察素质教育活动中，广大干警每人写读书笔记12000余字，学习心得6篇，论文1篇。有10个科室、监区、分监区被评为省、市文明单位。在配合市城区社会治安集中整治活动中，先后两次出动警力40余人次，出动车辆20台次，被市委政法委评为城区社会治安集中整治先进单位。(赵春付)

政 府 法 制

市政府副秘书长兼主任 燕军庆

【推行依法行政责任制】 2009年,法制局注重抓好行政执法责任制落实,体现责权利的统一,做到有权必有责,用权受监督,违法受追究。制定年度行政执法责任制考评方法、内容、评分办法和时间要求,对全市13个县市区、市直53个部门行政执法责任目标进行考评,落实行政执法责任制,达到预期目的。

【规范性文件审查和备案】 法制局共对691份规范性文件进行了审查把关,其中市政府出台文件90份,市政府办公室出台文件111份,其他文件490件,经审查把关所有文件均未出现与现行法律相违背的问题。一是做好规范性文件上报备案及审查工作。按照规范性文件备案制度的要求,认真做好市政府及市政府办出台的规范性文件的上报备案工作。全年向省政府法制办备案市政府规范性文件62份,市政府办规范性文件73份,做到应备尽备,确保备案率100%。二是做好各县市区及市政府相关部门规范性文件的备案审查工作。全年审查县市区及市直部门各类文件400余份,有效监督市县(区)两级政府及市直部门的行政行为。

【行政复议】 全年共受理行政复议申请85件,已办结76件。在办结的案件中,维持39件,撤销3件,申请人撤回申请21件,其他方式协调结案13件。行政应诉3件,均被法院判决维持。

【执法证件审验】 建立全市行政执法人员信息网上查询系统,将全市1.6万余名执法人员相关信息录入查询系统,供社会查询。全市共发放“河南省行政执法证”16025个,“行政执法监督证”1202个,其中市直发放“行政执法证”2523个,“执法监督证”218个。对取得执法证和监督证的人员,按照《河南省行政执法条例实施办法》对行政执法证件进行年度审验,对不符合行政执法人员条件、不在执法岗位、有违规违纪行为受到处分的、法律考试不合格的人员,坚决不予审验发证。

【推行仲裁】 法制局积极推进仲裁工作开展,认真做好仲裁法律制度的宣传工作,办理民商事仲裁案件。克服仲裁工作刚起步之经验不足,积极受理仲裁案件,通过仲裁案件的公正、合法、快捷裁决,扩大社会影响,赢得社会好评,树立南阳仲裁委的权威和信誉。

【法制信息】 编发《政府工作信息》(法制专号)9期,刊发各类法制信息50余条,向省政府法制办及法制网报送信息120余条,积极宣传南阳市政府法制工作。深入县市区和相关部门,开展调研工作,撰写《我市行政执法存在的问题和对策》、《乡镇政府推行行政执法责任制工作的调查》等调研报告,为领导决策提供依据参考。

【较大市申报】 根据市委、市政府的工作安排,启动2009年南阳“较大市”申报工作,由法制局具体承办。经过不懈努力,申报“较大市”工作已通过省政府批准,待省政府上报国务院批复。(周博)

交 通 邮 政

铁 路 运 输

【铁路运输概况】 南阳车务段是郑州铁路局的南大门，管理区域为十字型，跨焦柳、宁西两线，管辖49个车站。全段车站按技术作业性质分区段站2个、中间站46个、线路所1个；按地理位置分焦柳线车站16个、宁西线车站33个；按业务性质分客货运站18个、仅办理客运站10个、不办理客货运业务站31个；按车站等级分一等站1个、二等站2个、三等站9个、四等站12个、五等站25个。2009年坚持客货共赢的营销策略，全段营运里程合计556公里，共发送旅客405.7万人，发送货物587.3万吨，实现运输收入7.30亿元。

【主要技术设备】 管内焦柳线为双线双向自动闭塞区段，计算机微机联锁及6502集中联锁设备，宁西线疏解区至南阳东、南阳西、南阳站间以及南阳西、遮山站间为单线半自动闭塞区段(64D型单线继电半自动闭塞，6502集中联锁设备)，其余区段为单线自动站间闭塞(ZP30CA型计轴设备)，其中南阳西站及以西为电力机车牵引区段、南阳西以东为内燃机车牵引区段。全段共有到发线(含正线)176条，调车线16条，货物线45条，牵出线24条，专用线36条，专用铁道5条。管内有旅客候车室16座，行包房10座，售票厅10座，旅客站台21座，地道6座，雨棚11座。货运设施有货场20个，货物仓库32个。

【运输安全】 坚持"安全第一、预防为主、综合治理"的方针，牢固树立以人为本、安全发展、和谐发展的理念，严控接发列车防错忘办、防溜逸、切割正线调车、货物装载加固，防关折，消防安全、施工安全、劳动安全、铁路交通安全"九个关键"；巩固基层、基础、基本功"三个重点"，着力提升科室专业水平、中心站管理水平、干部职工业务水平，实现创建安全标杆单位的目标，结合洛张电气化施工时间紧、任务重、责任大，春运、调图、防洪、除雪等关键阶段对运输安全的极大干扰和严峻考验，不断加强现场作业控制，强化干部包保，建立健全预警分析、信息处置、应急管理、干部考核、责任追究等措施，实现安全生产的持续稳定，获得郑州铁路局授予的"安全生产优质单位"荣誉称号。截至2009年12月31日18时实现连续安全生产8107天，再创车务段历史新记录并继续保持全局一流水准。

【运输生产】 面对国际金融危机的不断冲击和全局经营形势的日趋紧张，全段干部职工迎难而上，紧紧抓住春运、暑运、"十一"、调图等有利时机，强化客运营销，积极探索5.0版本售票、席位复用、电话订票等规律，大力实施"截流"、"拦流"战略，最大限度实现客运增运增收，其中春运40天共发送旅客58.3万人，实现客运收入4528.6万元。坚持以货补客、客货共赢的营销策略，将年产量超过100万吨的5个企业定为车务段货运营销大客户，在运能服务上给予优先保证。同时积极开发流失的河沙市场，内挖潜力、外抢市场，搭建路企沟通平台，开创逆势增长、困境突破的局面。全年发送旅客405.7万人，发送货物587.3万吨、92325车，实现运输收入7.30亿元，同比分别增长2.1%、5.6%、4.9%、11.0%，分别完成年计划的93.0%、107.8%、106.7%、102.7%。静载重、中停时也较好完成计划任务。南阳车务段被郑州铁路局评为"运输收入管理基础工作规范化单位"。

【经营管理】 全段坚持以收定支、量入为出原则，广泛开展节支降耗活动，不断加强成本控制，严格预算支出，建立成本逐级约束、动态考核、责任追究体系，全年控制在有权支出以内。抓好路风路誉教育，认真开展自查自纠，规范经营行为，解决南阳站代理业务收费历史遗留问题。同时投入资金100多万元，帮助困难职工720人，解决集体职工的生活保障问题，确保职工队伍的稳定。(李新功 鞠文基)

公路运输

【交通管理概况】 2009年，全市交通系统广大干部职工贯彻落实科学发展观，团结拼搏、迎难而上，战危机、保增长，加快基础设施建设，提高服务水平，各项改革稳妥推进，交通运输管理规范，精神文明建设和廉政建设进一步加强，整体工作取得显著成绩。(一)交通基础设施建设进一步发展。全年交通基础设施建设计划完成投资9亿元，实际完成15.69亿元(高速公路0.59亿元、干线公路3.4亿元、农村公路10.85亿元、运输场站0.83亿元、水运0.02亿元)，占目标任务的175%。(二)高速公路建设取得新成就。高速公路建设计划投资5000万元，实际完成投资5867万元，占年度计划的118%。岭南高速公路蒲山特大桥于9月底建成通车，实现南阳城区绕城高速的全线贯通。高速公路通车总里程553公里，继续保持全省第一。(三)干线公路建设取得新成果。干线公路建设计划投资3亿元，实际完成投资3.4亿元，为年度目标任务的114%。沪陕高速公路至河南油田连接线工程、S335线桐柏境毛集至泌阳界改建工程、S103线南阳出市段等30多个项目工程圆满完成。(四)农村公路建设成效显著。全市争取省下达农村公路计划建设项目2619.8公里，其中县乡公路计划项目1163.2公里，占全省县乡公路项目6000公里的19.4%，通村公路计划项目1456.6公里，占全省通村公路项目6000公里的24.3%；危桥改造项目149座11091.5延米，占全省2009年危桥改造4万延米的27.7%。全年共完成建设投资10.85亿元，占年计划投资的238%，完成农村公路建设里程2778.5公里，超额1778.5公里完成全年目标，其中县乡公路完成1223.9公里，是历年来县乡公路建设史上完成最好的一年；危桥改造项目完成11314.5延米，占年度目标10000延米的113.1%，超过全市前10年危桥改造任务的总和。(五)场站(渡口)建设工程进展顺利。公路运输场站建设完成投资8304万元，在建项目有6个，分别是淅川县西城区客运站、唐河县汽车客运站、西峡县社会化汽车客运站、内乡县汽车客运站、豫龙社旗县客运站、南召县汽车客运南站；水运基础设施建设项目完成投资155万元，改造渡口5个、建造渡船21艘。(六)交通运输服务能力进一步提高。农村客运网络化建设、客货运基础设施建设实现新突破。深入开展城区交通秩序整治、打击非法营运等专项治理活动，稳妥推进中心城区新增出租汽车投放工作，圆满完成移民试点搬迁运输保障任务。全市新增货车7053辆、类别以上维修企业60个、培训从业驾驶员1.2万人。运输生产持续增长，公路、水运运输生产完成客运量12657万人次，客运周转量1211022万人公里，货运量12767万吨，货运周转量2944958万吨公里。市运管局被省交通运输厅授予"河南省道路运输管理先进单位"。(七)交通改革稳步推进。2009年国家实行成品油税费改革，取消公路养路费等6项收费，以税代费，市交通局按照省厅和市委、市政府的部署要求，积极争取政策支持，制定改革涉及人员的安置实施方案。完成成品油税费改革部分人员的安置工作和取消政府还贷二级公路收费的"债务锁定"工作。5月，原市交通规费征稽处更名为市交通路政管理处，在全省率先实现交通规费征稽工作向路政管理工作的平稳过渡。公路物资仓库、地方铁路局、汽车配件总公司等单位的改制工作稳步推进，确保各项交通改革工作的深入开展和大局稳定。(八)治超工作成效明显。全市共投入治理超限超载人员9万人次，检测车辆80万辆次，查处超限超载车辆2.2万辆次，卸载货物1.6万吨，拆解非法改装车1087台。车辆严重超限超载态势得到有效遏制，基本消除辖区内55吨位以上超限超载车辆。(九)安全生产形势稳定。全市交通系统始终坚持"安全生产，预防为主"的方针，切实加强对安全生产工作的领导，全年全系统未发生一起重大安全责任事故。全年全市道路运输百万车公里责任肇事、死亡、受伤、经济损失4项频率均比省控指标下降90%以上，水上运输、工程施工和消防工作连续3年零事故。(十)大力开展纠风治乱和政风行风建设。切实履行治理公路"三乱"部门职责，建立完善查处公路"三乱"问题的快速反应机制和值班制度，严格信访举报首问负责制、定期回访制、定期通报制以及案件查处月报制度，系统内全年公路"三乱"电话信件举报数量均明显下降，最大限度地维护群众的合法权益。以巩固提升文明单位创建质量为着力点，扎实开展文明单位创建活动。继续开展"创文明机关，做人民满意的公务员"活动，加强思想道德建设工作。2009年，市交通系统共创建16个省级文明单位和一大批市级、县级文明单位。(侯政敏　高新海)

【二广高速岭南段蒲山特大桥竣工】 2009年9月底，投资1.8亿元的蒲山特大桥建成通车。该桥位于二广高速岭南段与兰南高速公路的联络线上，桥长1703米，主跨长225米，连续横跨焦柳铁路和南水北调总干渠，被誉为“中原第一跨”，跨度居国内同类型结构桥梁之首。随着蒲山特大桥和南阳北绕城高速段的全线贯通，南阳市高速公路通车总里程已达553公里，占全省通车高速公路的1/9，位列全省第一。同时，80公里绕城高速公路投入使用，通车里程在全省18个地市位居第二，仅次于省会郑州。为南阳打造区域性中心城市和全省次中心城市起到重要支撑作用。（侯政敏 高新海）

【沪陕高速油田连线竣工】 沪陕高速河南油田连接线全长15.717公里，是河南油田通往南阳市中心城区的唯一快速通道，属于南阳市2009年的重点工程。沿线涉及宛城区、唐河县、河南油田、信南高速公路等诸多单位。由于临近油田城区，建设用地和拆迁附着物较多，资金紧缺、施工困难多、协调工作量大。为确保连接线如期建成投入使用，市交通局积极协调河南油田、高速公路公司，尽快落实匹配建设资金，保障工程建设需要，按时建成并投入使用。

【南阳市完成高速公路重命名工作】 11月22日，南阳市完成高速公路重命名工作。按照国家高速公路网统一命名、编号的要求，全市境内许平南高速更名为兰南高速，路网编号S83；南邓高速、岭南高速更名为二广高速，路网编号G55；信南高速、宛坪高速更名为沪陕高速，路网编号G40；焦桐高速及南阳环城高速的路网编号分别为S49和S8311，包括出入口预告、出入口、起终点、地点、距离、服务设施预告、收费站名称等1324块高速公路标识牌全部于11月22日更换完毕，标志着全市圆满完成高速公路重命名工作。在重命名工作过程中，高速公路管理部门增加信息标志、可变信息板等提示标牌，及时发布动态信息，并在收费站、服务区、停车区等场所向司乘人员免费发放新旧命名编号对照地图，努力减少更名给出行者带来的不便。

【农村公路管理养护】 2009年，南阳市在全省首届农村公路养护管理“好路杯”竞赛中夺得金杯，农村公路养护管理工作走在全省前列。一是养护资金筹措得力到位及时。全年南阳市财政安排1600万元用于农村公路管理养护；各县（区）将管养资金纳入县级财政预算，并按季度、按比例足额拨付，全年共拨付2680.6万元，到位率102.6%。二是农村公路养护工作扎实开展。全年大中修养护工程超计划完成，水毁路段均得到及时修复，大部分县（区）路基稳定、路面整洁，路肩完整，边沟通畅。三是示范创建活动成效突出。全年创建“文明示范路”11条196.6公里、“安保工程”20公里、“示范养路乡”11个并通过市级验收，创建12所中心养护站。特别是卧龙区创建的“文明示范路”循环圈联网近300公里，实现县、乡、村道全面覆盖，新野县、淅川县等县的示范路，展示了农村公路的良好形象。（侯政敏 高新海 王铁峰）

【南阳市交通规费征稽处更名为南阳市交通路政管理处】 2009年1月1日，成品油价格和税费改革正式实施，交通规费征稽部门光荣地完成历史使命。经南阳市编委同意，南阳市交通规费征稽处于2009年5月22日更名为南阳市交通路政管理处，征稽人员整建制转岗从事交通路政管理相关业务，13个县（市、区）交通规费征稽所也相继更名为交通路政管理所，转岗从事农村公路路政管理和其它公路相关业务工作。标志着南阳市率先在全省成立专职路政管理机构，顺利完成征稽人员安置工作。（侯政敏 高新海 侯辛）

【车辆超限超载治理】 市交通路政管理部门为保障辖区公路安全畅通，多措并举，严厉打击车辆超限超载运输行为。（一）从源头堵载车辆超限超载行为。各级路政管理部门对本辖区超限超载密集的重点部位和重点区域进行排查摸底，会同运政部门组建巡查大队，深入厂矿、企业、各运输单位，大力宣传治超工作政策法规，坚持一日多查，每日必查，隔日巡查，严把进厂、开票、装载、出厂“四关”，对违规企业和车辆签发限期整改通知，有效杜绝超限超载车辆和抛洒车辆驶出货场。（二）加大对重点路段、重点时段超限超载车辆治理力度。采取固定和流动检测相结合的方式，坚持干线公路、县乡公路和村村通公路同步治理，坚持“依法治超、标本兼治、倒查责任、奖惩并举”的工作方针，突出重点路段、重点时段、重点车辆、科学布控，全面推进。路政部门依托流动治超检测车，由路政、公安、运管等部门组成流动治超执法大队，确定交通与公安部门联合执法的职责分工与工作流程，即公安交警负责拦车受检、运管负责车辆营运手续查验、路政负责车辆称重检测、卸载处罚。通过24小时不间断巡查，加大对重点路段、重点时段超限超载车辆的治理力度，实现“无缝隙、拉网式”集中整治，有力地打击车辆超限超载行为。（三）开展打击非法改装车辆专项治理行动。对擅自改变车辆外廓尺寸、加拦板、加钢板以及荷载质量等技术参数明显不实的非法改装车辆,强制拆解、恢复原状。(四)规范执法行为、提高执法水平。在执法过程中,严格执行国家有关法律和法规,做到统一处罚卸载标准、统一处理违章车辆、统一制作法律文书、统一使用罚款票据。一些治超办还给执法队配备摄像机或照相机,对执法现场进行录像或拍照。止年底,全市共出动公安、交通执法人员9万人次,共检测车辆80万辆次,查处超限超载车辆2.2万台次,卸载货物1.6万吨,拆解非法改装车辆1087台,查处非法改装车辆厂家和汽车修理厂15个,处理车主及运输从业人员100余人,列入黑名单37人,车辆严重超限超载态势得到一定遏制,运输环境逐步改善,辖区内公路大面积非正常损坏减少,公路桥梁得到一定保护,交通事故明显减少。(侯政敏 高新海 冯卫东)

【农村客运网络化建设】 全年共新开通农村线路45条,新增农村客车151台,更新农村客车138台,使农村客车达到2383台。全市行政村通车率达98%以上,部分县已实现行政村100%通车的目标。按照一个县选择1～2种车型的要求,社旗、新野、方城、内乡等县选择一批适合本县域特点的车型。方城、桐柏、社旗、宛城等县(区)按照一条线路一种车型,统一外观设计,实施农村客运公交化运营。淅川等县实施司乘人员统一着装,公开服务承诺等,开展农村客运的精品班线创建活动。农村客运的车辆技术状况、从业人员素质、服务质量、安全管理水平都得到规范和提高,确保广大农民坐上舒适车、放心车。社旗县、淅川县基本实现城乡客运一体化运营。

【规范客运市场秩序】 南阳市运管局充分调动和发挥一些骨干企业的积极性,大力推进辖区客运线路公司化改造工作。南阳—油田、南阳—新野、南阳—内乡、南阳—唐河、南阳—邓州、南阳—方城、南阳—社旗、南阳—淅川都基本实现模拟公司化改造。邓州市运管局在难度最大的南邓线上,一次调整下线12台过剩运力。实行线路公司化改造,对规范经营行为、解决无序竞争、提高服务质量和运输效率是一种积极的探索。(侯政敏 高新海 丁松涛)

【驾培市场管理】 为维护培驾市场良好秩序,对全市驾校采取"严控新增,鼓励升级"的办法,严格准入标准和办学条件,并加强对教练员的持证情况进行检查和年度审验培训。对教练车进行等级评定,安装教练车标志,加强车辆技术管理,严禁非教练车、报废车等进入培训市场。对培训质量进行监督,实施培训学时记录和培训结业证制度。组织对培训市场的专项整治,对私设训练场行为坚决予以打击,净化全市驾培市场。对验收合格的学校市运管局与市交通警察支队在媒体上联合发布公示,接受社会监督。对从业人员的培训严格执行学校培训考试纪律,建立电子考场,防止弄虚作假,保证公开、公平、公正。最大限度压缩考试发证的时限,增加考试次数,方便从业人员培训。(侯政敏 高新海 丁松涛)

【市交通部门圆满完成移民搬迁试点运输保障任务】 2009年8月,南水北调中线首批移民搬迁试点工作开始,交通系统干部职工对参运车辆统一进行综合性能检测,对参运企业资质进行审定,对司机进行统一体检和移民知识培训,配备维修救援车辆,确保10个移民村、69个村民小组、2537户10627人的移民运输任务顺利完成。(侯政敏 高新海 丁松涛)

【基层交管站标准化建设】 全市已初步建成27个基层交管站,验收合格12个。卧龙区、唐河县、内乡县、新野县、方城县等对过于松散的基层站(所)进行撤并,集中财力在1～3个乡(镇)区域内选择一个比较大的、交通便利的乡(镇)建立中心站(所)。(侯政敏 高新海 丁松涛)

【市政府制定出租车行业管理规定】 2009年,市政府制定《南阳市出租汽车行业管理规定》。该《规定》明确客运出租汽车行业发展要控制总量,优化结构,严格控制盲目发展以及坚持统一管理,逐步实行规模化、公司化经营,提倡在出租汽车行业推广使用清洁能源和统一配置车载GPS等多项指导性原则。《规定》不仅对出租汽车客运经营许可条件、出租汽车公司管理、车辆管理、从业人员管理、站点管理等内容作出详细规定,还在行业监督与管理方面提出规范化要求。(侯政敏 高新海 丁松涛)

【市中心城区新增400辆出租车投入营运】 自2009年9月7日起,南阳市中心城区新增400辆出租车陆续投入营运。该批出租车全部采用公司化经营模式,即由公司全额出资购置车辆,对车身着色、计价器设置、规费缴纳及牌证、保险、营运手续办理等统一管理,实行单车租赁经营。该批出租车全部配备GPS卫星定位系统。中心城区18个出租车公司整合为8个。(侯政敏 高新海 丁松涛)

【成功举办南阳市首届"中原杯"机动车驾驶教练员技能竞赛】 2009年11月6日,由南阳市总工会、南阳市道路运输管理局主办，市中原道路运输职业学校承办的南阳市首届“中原杯”机动车驾驶教练员技能竞赛成功举办。全市共有33所驾校67人参加竞赛。竞赛分理论知识、趣味驾驶、场地驾驶等项目。参赛选手充分展现“敢于竞争、勇创一流”的精神风貌，市中原道路运输职业技术学校荣获团体一等奖，南阳宛运驾校荣获团体二等奖，南阳油田驾校荣获团体三等奖。此次竞赛的成功举办，对加强南阳市驾培市场行业管理，促进驾培教学科学化、规范化建设，提高教练员队伍整体素质起到积极的推动作用。（侯政敏　高新海　丁松涛）

公路建设

【公路建设概况】　2009年公路工作以迎接全国干线公路养护管理大检查和全省“好路杯”竞赛为契机，坚持发展第一要务，把握机遇，奋力拼搏，突出重点，攻坚克难，取得显著成绩，干线公路建设超额完成年度投资任务，达24273万元，工程合格率100%；完成公路养护工程投资9771万元，确保境内干线公路安全畅通。在全市16个二级公路收费站全面准时撤销后，认真做好1510名收费人员的转岗安置、公路建设债务锁定工作。强化全员安全生产意识，实现全系统全年安全生产零事故。市公路局被省交通厅授予全省交通系统2009年度“公路工作先进集体”，被省公路局表彰为“纪检监察先进单位”，被市委、市政府授予“平安建设先进单位”。

【干线公路建设】　全年全市干线公路在建项目共11个，总投资99874万元，其中，中央和省政府补助资金44708万元（含油田连接线11000万元），地方配套资金55266万元。在地方配套困难多、建设资金缺口大的情况下，市公路局按照保重点、抓质量、促进度的工作思路，多方筹措资金，努力协调环境，严把质量关，强化安全生产，狠抓项目管理，严格合同控制，加快工程进度，确保信南高速连接线、S331南召旅游路、S335毛泌路、S331黄土岭隧道等一批重点项目顺利施工，信南高速油田连接线、S335毛泌线已建成通车。在建项目累计完成投资73165万元，本年度完成投资24273万元，超额完成年初计划，实现质量合格率100%、优良率95%以上、安全生产零事故的目标。

【公路养护】　全市公路养护工作以“迎国检”为重点，以全省“好路杯”竞赛活动为载体，积极实施“科学养护、预防养护、精品养护”，针对全市干线公路列养里程长、养护任务重，尤其是取消政府还贷二级公路收费后，车流量激增，超限超载车辆对公路损坏加剧的状况，克服养护资金严重不足等不利因素，突出抓好经常性养护和危桥改造，全年小修保养投入资金2400万元，完成基层坑槽挖补7.56万平方米，面层坑槽挖补8.9万平方米，预防性养护4.5万平方米，处治路面反射裂缝89.26万米，标准化路基整修达标1657公里。为搞好公路绿化，种植各类苗木23.6万株，平均成活率达96%以上。完成养护工程项目建设投资9771万元，其中养护大中修工程项目6个44.1公里，完成投资6251万元；危桥改造工程项目31个2705.98延米，完成投资3000万元，危桥加固改造率达80%以上；安保工程完成投资520万元。同时，巩固保持303公里的文明示范路，确保干线公路安全畅通，公路优良路率比上年提高6%以上，实现干线公路无明显影响行车病害和无差等路，公路整体路况和服务能力稳中有升。

【路政管理】　面对收费站撤销后超限超载车辆剧增、管理难度加大、治超形势严峻的新情况，市公路局积极学习借鉴陕西、驻马店等省、市经验，以超限超载治理为重点，全面履行路政管理各项职能。一是按照上级治超“百日攻坚”和市政府超限超载车辆专项治理会议要求，积极配合交通运政、公安交警等部门，严厉打击非法超限超载运输行为，充分发挥全系统11个固定超限检测站的骨干作用，强化流动治超，重点对车货总重超过55吨的车辆实行“严管重罚”，全年依法检测车辆55万台次，卸货10282吨，检测费收入298万元，罚没收入1116万元，车辆严重超限超载态势得到有效遏制。二是加大公路综合整治力度，依法拆除违章建筑341处，搬迁集贸市场32处，拆除非公路标牌438块。三是全力做好南水北调移民搬迁、冰雪雨雾灾害天气、鲜活农产品“绿色通道”以及建养工程、危桥改造路段的保通工作，确保道路畅通。四是加大依法行政力度，全年共查处路政案（事件）1346起，依法索赔322万元，索赔率99%，有效地维护路产路权。在全面履行职能的过程中，注重规范执法行为，强化文明执法，全年无公路“三乱”发生。

【安全生产】　市公路局把安全生产列入全年工作的重要议事日程，落实安全生产各项措施，全面推行目标管理责任制，层层签订安全生产目标责任书，不断完善安全生产"平时为主、基层为主、自查为主"的"三为主"防范措施，制定安全生产工作预案，建立健全安全生产管理网络体系。广泛开展"安全生产宣传服务咨询一条街"、"关爱生命、安全发展百题问答竞赛"等活动，强化全员安全生产意识。切实加强对重点领域、重点隐患监督检查，发现问题及时整改，全年下发整改通知20余份，并及时督查整改情况。特别是收费站撤销后，汲取外地因车辆超载造成桥梁坍塌酿成重大安全事故的教训，由局班子带队，分四个组对干线公路1023座桥梁、隧道全面进行隐患排查，建立危桥险桥数据库，对重点桥梁实施专人监控并设置安全警示和限行标志，在及时上报争取危桥改造项目的同时，千方百计筹措资金，主动实施危桥加固改造工程。全年实现全系统安全生产零事故。

【全市政府还贷二级公路收费站撤销】 在全省一次性取消政府还贷二级公路收费工作中，南阳市作为全省设站最多、收费人员最多的地市，撤站工作任务最重、难度最大，市公路局按照省政府统一要求，对全市16个二级公路收费站于4月30日12时准时停止收费，并在规定时间内拆除收费大棚，及时修复站区路面，对收费站固定资产进行清理封存。按照中央和省政府关于取消政府还贷二级公路收费后收费人员在转岗待安置期间待遇不变原则，严格落实收费人员相关待遇，同时制定培训方案，编写培训教材，分市、县两级对全市1510名收费人员进行为期3个月的转岗培训，保持收费人员队伍稳定，为做好转岗安置工作奠定基础。收费人员的安置方案已初步拟定，待市政府研究后实施。按照省交通厅关于厅属高速公路运营单位专项安置收费人员精神，认真组织分配给全市的357个安置名额的招录工作。

【全面做好债务锁定工作】 根据国家燃油税费改革的有关政策精神，在取消政府还贷二级公路收费后，对历史形成的公路建设债务进行锁定，以此作为中央财政补助的依据，这对全市解决公路建设债务是一个重大的历史机遇。市公路局抽调200多名专业人员，集中3个月时间，对全市1992～1998年、1998～2008年2个阶段共109个干线公路利用银行贷款建设项目进行交竣工验收、工程决算、财务决算及项目审计工作，完善相关档案资料，主动做好认定工作。全市上报的53.6亿元债务已经省政府认可，并已上报国家三部委做最终认定。(邹爱民　蒋天栋)

交　通　战　备

市交通战备办主任　张建强

【交通战备概况】 2009年，南阳市交通战备办公室坚持平战结合、军民兼容原则，为国防建设、驻军部队和地方经济建设服务的宗旨，扎实推进各项工作。6条在建国防公路进展顺利，全年完成投资41982万元；共完成8个国防交通项目申报工作；"跨越2009"军事演习中，认真做好南阳境内交通保障工作。南阳市交通战备办公室被河南省委、省政府、省军区评为双拥工作先进单位，被济南军区评为正规化建设先进单位和交通保障先进单位。

【国防公路建设】 2009年在建国防公路建设项目有6条，总里程333.4公里，总投资69426万元，其中国家投资20735万元，省补助资金19323万元，地方自筹29368万元。至年底已累计完成投资41982万元，其中国家投资15327万元，省补助资金13352万元，地方自筹13303万元。在国防公路项目建设中，市交战办认真执行国防交通工程监督管理工作实施意见，加强对工程质量、资金使用管理，项目建设进展顺利。

【国防交通项目申报】 市交战办十分注重国防公路项目申报工作。成功将社旗县步庄(驿宛界)一小河流公路纳入2009年国家投资计划，建设里程33.5公里，按二级公路标准建设，总投资6650万元，其中国家投资2010万元，全年已到位资金600万元。争取到位南召县城一宛洛界一西峡县军马河国防公路续建中央资金3235万元。市交战办会同市发改委、市交通局等部门积极向中央、济南军区和省上报国防交通项目。有8个项目已通过省交通厅审查和省发改委批复。上述项目预计建设总里程253.38公里，总投资51280万元，申请国家补助资金23624万元。

【国防公路及部队进出口道路"十二五"规划编制】 根据国家交通

战备办公室、交通运输部办公厅《关于编报"十二五"国防公路水路战备建设规划有关问题的通知》和济南军区、河南省交通厅通知精神，市交战办在调查研究、衔接论证的基础上，会同市发改委、市交通局、市公路局和驻军等有关部门，编制完成《南阳市国防公路"十二五"规划》。规划总结"十一五"国防公路建设情况，明确"十二五"国防公路建设指导思想和原则，初步规划南阳市"十二五"国防公路建设项目22个，总里程1003公里，总投资206034万元，申请国家补助资金113870万元。部队进出道路项目14个，里程56.8公里，总投资7521万元，申请国家补助资金3823万元。

【交通保障方案编制】 根据济南军区和省交通战备办公室重点保障目标部署，将南阳大桥列为军区三级保障目标。市交战办按照上级要求，会同市公路局等有关单位，认真研究，周密计划，已初步完成编制战时保障方案。同时进一步完善《南阳市国民经济交通动员预案》。

【完成"跨越—2009"演习交通保障任务】 2009年8～9月，按照中央军委部署，全国4大军区进行"跨越－2009"军事演习，这是建国以来规模最大、兵种最多、跨越距离最长的一次综合演习。根据济南军区和省交通战备办公室关于做好演习部队交通保障的通知，按照任务划分，南阳市主要负责演习西路纵队交通保障。市交通战备办公室制定周密方案，明确职责分工，组织高速交警、交警及市、县(区)交通、公路部门保障人员560人、车辆75台、管制哨位27个、事故应急车4台，圆满地完成南阳境内交通保障任务，得到济南军区和过境部队好评。

【交通战备正规化建设】 按照《济南军区交通战备正规化建设工作实施细则》要求，市交通战备办公室加强交通战备正规化建设，继续完善有关资料和硬件设施，建立国防交通信息数据库。该数据库包括国防交通组织机构、交通运输基础、战备工程设施、民用运力动员潜力、交通专业保障队伍、国防交通储备物资、业务工作等7大类交通数据信息。同时，进一步明确工作职责，完善工作制度，改善办公条件，增设办公设备，提高办公效率。7月，南阳交通战备正规化建设顺利通过济南军区考核验收，市交通战备办公室被评为"正规化建设先进单位和交通保障先进单位"。(崔振平)

宛运集团有限公司

宛运集团公司董事长
总经理、党委书记　胡逸云

【生产经营概况】 2009年南阳宛运集团有限公司面对金融危机影响、铁路客运冲击、燃油价格持续走高及公路客运市场竞争日益加剧的严峻形势，围绕"效益、安全、稳定"目标，精心组织生产经营，不断创新发展模式，强化企业内部管理，全面完成年度各项目标任务。集团公司全年实现利润总额1026万元，超计划106万元。集团公司在中国道路运输协会发布的"中国道路运输百强诚信企业"中名列第16位，在"南阳市企业50强"中名列第22位，被中华全国总工会授予"全国五一劳动奖状"，被人力资源和社会保障部、中华全国总工会、中华全国工商业联合会授予"全国就业与社会保障先进民营企业"，并获得"河南省优秀民营企业"、"河南省安全生产工作先进单位"、"南阳市民营企业50强"、"南阳功勋企业"、"南阳书香单位"等荣誉称号。

【客运生产】 2009年春运期间，共安全运送旅客161.6万人次，实现营运收入5634.6万元，再创历史新高。"十一"黄金周安全运送旅客34.9万人次，实现营运收入923.8万元，比去年同期增长42%。为扩大客运市场，提高经济效益，全年成功开通省际线路26条，上车参运40台；市际线路22条，上车参运22台；县际线路5条，上车参运9台。共恢复省际班线营运手续17条，增车23台；恢复市际班线营运手续15条，增车15台；调整恢复闲置班线营运手续26条。集团公司大力推行公车公营。全年实行公车公营车辆157台，实现利润748.4万元，使公车公营成为客运经营创利的主体。尤其是新野分公司、五分公司实行公车公营后经济效益特别突出，为集团公司全面推行公车公营起到良好的示范作用。以"抓质量、树形象、创品牌、增效益"为目标，在组织开展"旅途如家"活动的基础上，对客运服务质量进行阶段性整顿；加大对站容站貌、车容车貌、仪容仪貌等服务质量的检查、督查力度，建立“企业质量信誉档案”；积极组织业务知识培训，促使客运服务水平明显提高。集团公司荣获“AAA”级质量信誉评定，高客分公司南郑班线获得河南省“工人先锋号”荣誉称号。积极推进客运结算微机化进程，利用科技手段提高收入核算的时效性、准确性和资金回收率。全年共审核总车数19435台次，总收入28685万元，对内办理结算金额2829万元，对外办理结算收入5547万元，清欠回收资金2985万元。制订《客运班线经营权招投标办法》，全面推行新增客运班线经营权公开招投标，先后组织30余场新增经营权招投标活动，52条线路、87台车辆通过公开招投标后实施经营，建立健全公开、公平、公正的线路经营权招投标机制。

【**机务管理**】 行车安全管理贯彻“安全第一、预防为主”的方针，全力抓好安全隐患排查整改，开展安全专项教育和“GPS使用管理规范年”等活动，落实各项安全管理制度，促使安全形势持续平稳。全年客车总行程18454万公里，未发生特大行车责任事故，重大行车责任事故得到有效遏制。行车安全4项频率分别为0.19次、0.02人、0.15人和1.07万元，比省定标准分别下降95%、95%、96%、76%。机务管理以公车技术管理为重点，以开展公车整修活动为载体，严格落实机务管理各项规定，全面提高机务管理人员业务素质和修理工队伍维修技能，确保车辆技术状况良好。2009年共报废车辆99台，更新车辆118台，新增车辆11台，车辆完好率99%，公车一、二级维护费用预提率100%。

【**多种经营**】 集团公司大力支持下属公司积极开拓市场，努力实现效益最大化。检测公司的安检资质、计量认证证书通过省专家组的评审验收后又取得环保检测资质。顺利争取到营运客车冬检项目，全年检测车辆28000台。驾培公司利用“部级文明驾校、省级先进驾校、市级文明单位、南阳市成立最早的老牌驾校”的优势，扩大影响，全年共招收初办驾驶证学员4000余名、从业资格证学员4100余名。亚飞公司奋力开拓外部销售市场，重点销售“宇通”、“依维柯”、“金龙”等品牌客车；与建行、中行、商行及郑州光大银行合作，稳妥开展汽车消费贷款业务；开发货车品牌二级代理，取得依维柯公司厢式货车二级代理权。全年共销售车辆318台。金方正公司积极开发新品种，与郑州金翔荣星公司合作开发出量贩冷柜专用型材模具2套、无塔供水系统专用型材模具1套；新上彩色喷涂型材生产线1条。全年生产销售型材2050吨，门窗制作、安装2.8万平方米，中空玻璃生产销售1.6万平方米，胶条生产销售46吨。石油公司加强与中石油的合作关系，争取优惠政策，降低集团公司公营车辆的运营成本；根据市场变化，逐步扩大销售规模，石化副产品销售收到良好经济效益。货运公司立足于巩固老客户，发展新业务，业务量逐渐回升。九州公司、平安公司严把车辆入户关，加大保险额，增加保险险种，有效降低经营风险。

【**企业管理**】 集团公司注重整合优势资源，拓宽发展空间。2009年8月，发挥集团公司车辆、场站和线路网络资源优势，与郑州信美投资咨询有限公司合作组建“南阳宛运广告有限公司”和“南阳宛运速递有限公司”。广告业务合同金额已达30万元；速递公司设施设备已经到位，人员正在岗前培训。为满足市场需求，集团公司于2009年12月29日组建“南阳宛运集团有限公司客运旅游分公司”，进一步拓宽客运发展空间。发挥财务部门的审核、监管职能，严格资金管理，为集团公司各项决策提供资金保证。加大审计工作力度，坚持离任经济责任审计制度，积极开展专项审计，发挥审计的监督作用。集团公司被河南省审计协会、南阳市内部审计协会评为“2008～2009年度先进单位”。建立健全三级考核体系，完善经营管理目标考核奖惩办法，重点对中层以上管理人员进行绩效考核，坚持日常考核和月考核兑现，实现考核网络化。坚持对集团公司确定的重大工作事项及董事会的决定、决议执行情况进行督促检查，有效促进各项工作的落实。坚持每月10日召开工作例会和每周召开领导班子、部处室工作例会，通报上月和上周工作完成情况，分析存在的问题和不足，对当月和本周工作进行安排部署。12月7日至8日，经集团公司二届十一次董事会决定成立“三会”换届领导小组，经精心组织，规范操作，顺利选举产生新一届集团公司股东代表会、董事会、监事会，为企业持续稳定发展提供组织保障。

【**业务竞赛**】 为提高员工业务素质，集团公司举办客运业务知识竞赛，共有22个代表队88位选手参加，经过竞赛活动激发员工比业务、比技能、比创新的工作积极性。在省总工会和运输局联合举办的“河南省机动车驾驶员节能技能大赛”活动中，集团公司荣获团体第一名；新野分公司李峰、五分公司张波、高客分公司党祖政分别荣获个人第三、四、六名。在南阳市首届“中原杯”机动车驾驶教练员技能活动中，驾培公司获得团体二等奖、白建坤获得个人一等奖。

【关爱职工与公益活动】 集团公司继续深入开展帮扶特困职工和“送温暖、献爱心”活动,春节前,集团公司及基层单位对特困职工、退离休员工及家属、先进模范人物、住院病号进行看望慰问,送去慰问金33万余元。继续为1200余名女职工办理特病保险;拨款16.3万元为中层以上管理人员和中级以上专业技术职称人员、全体离退休人员、全体女职工进行健康体检;为职工普调5级工资,人均月增资95元;出资16万元为2000多名离退休人员发放春节慰问品和邮寄贺年卡。中秋节期间,出资近2万元为老干部发放和邮寄月饼。八一建军节和建国60周年之际,出资8万余元对军转干部和建国前参加工作的老员工进行慰问看望。出资7万余元分别组织离退休干部和内退中层干部外出旅游等活动;出资2万余元为离退休干部订阅《老人春秋》等报刊杂志;为生病住院的老员工送去慰问金、慰问品6万余元;为亡故干部职工亲属送去吊唁慰问金6万余元。在对内做好回报职工的同时,还积极回报社会,为兰营水库生态防护林工程绿化捐款3.2万元,在“南阳慈善日”活动中捐款3万元,向第七届全国农运会筹委会捐款50万元,在送温暖献爱心活动中捐款2.2万元,为新农村建设捐资2万元,树立了企业良好的社会形象。(韦献新 郑向华)

海　事　管　理

【船员培训与船舶管理】 市海事局严格执行船员任职证书三级审批制度,做好船员考试和发证工作。为加强渡工、漂流工安全知识和专业技术技能,市海事局与新乡海运学校合作,组织全市第一期漂流工和渡口渡船船员安全知识培训班,对辖区206名漂流工和渡工进行培训考试。全年对参加长江干线营运的船员和省内船员进行理论和实操考试。积极推行船舶“一卡通”工程的实施,全年共办理船舶入户登记144艘,发放签证卡213张,发证率达到98%。(侯政敏 高新海 李强)

【市水路交通应急救助】 为提高应急反应能力,市海事局进一步完善水上交通事故应急处置预案、汛期水上交通安全应急处置预案。在麒麟湖和鸭河口水库组织开展水上救助和消防演练。救助演练内容主要包括模拟乘客落水以及船舶突发火灾等事故发生后,海事机构按照预案要求迅速进行施救的过程,力争在关键时刻联得上、拉得出、救得下,增强海事处置水上交通安全突发事件的能力,逐步完善南阳市水上交通安全应急保障体系。2009年3月20日傍晚,丹江库区石桥至张营河段一艘农用船舶迷失方向,淅川县地方海事处得到水上110报警求助电话后,立即启动应急救助预案,迅速出动搜救船舶和10名海事搜救人员赶赴现场援救,成功地解救被困人员。(侯政敏 高新海 李强)

【水路基础设施建设】 市海事局对3个重点库区的海事站房、码头等基础设施进行建造,并配置监督艇、趸船和监控系统,加强监管能力,提升海事执法形象。加大对农村渡口、渡船改造力度,市、县两级交通海事部门主动联系有关乡(镇)政府和造船厂家协调进度,圆满完成5个渡口和21艘渡船的改造任务。止2009年底,全市已有36个渡口、渡船得到改造,确保群众过上平安渡,乘上放心船。(侯政敏 高新海 李强)

【水路运输管理】 市海事局加强对辖区4个旅游公司和13个省际运输企业管理。对发现的问题及时通报,要求限期整改,使全市17个水运企业顺利通过省、市航务部门核查,保持良好发展势头。为加快航运事业发展,南阳市海事局积极为企业服务,全年共争取低息贷款近1亿元投入船舶运力发展,使市船舶运力提高到43.3万吨。全年水路运输生产完成客运量55万人次,客运周转量1674万人公里;货运量259万吨,货运周转量169333万吨公里,分别为年计划的101%、96%、112%、248%。(侯政敏 高新海 李强)

【河南省船检机构资质复核现场会暨《河南省漂流艇(筏)检验管理暂行规定》研讨会在南阳召开】 2009年7月20～22日,全省船检机构资质复核现场会及《河南省漂流艇(筏)检验管理暂行规定》研讨会在南阳召开。会议要求全省相关单位提高对船检机构资质审核工作的认识,抓紧完善资质复核资料,加强船检队伍建设,提高船检装备能力,完善各项管理制度,确保船检资质审核一次性通过。会议听取了南阳市地方海事局开展对漂流船检验的经验及存在问题的汇报,并就《河南省漂流艇(筏)检验管理暂行规定》展开研讨。(侯政敏 高新海 李强)

【河南省最大万吨巨轮顺利启航】

2009年10月16日,南阳市大型水运企业——河南省曙光水运有限公司在湖北省汉阳造船厂订造的万吨巨轮顺利下水启航驶入长江航道。该轮船长118米,宽20.2米,船舱深7.4米,整船陆地高度24米,单船载重量1.4万吨,在全省水运系统中名列第一。(王立献)

民用航空

【南航南阳基地概况】 2009年,南阳基地以"保障飞行训练为主、兼顾航班运输"的生产架构基本构成。在生产量大幅度增加的情况下,确保飞行安全、空防安全和地面安全。全年基地共保障各类飞行训练24886架次,同比增长17%;飞行时间2035小时33分,同比增长28%;安全保证航班3019班,同比增长38.3%。完成旅客吞吐量134098人次,同比增长42%;货邮吞吐量582.9吨,同比增长55.6%;安全检查旅客70339人次,检查行李260264件,查获各类违禁物品3201件。南阳机场每周航班量达到70班,旅客吞吐量和货邮吞吐量创下历史新高,航班平均客座率达到69.8%,同比增长3.9%;平均座公里收入0.51元,同比增长8.9%。在航班量大幅提高的情况下,客座率、座公里收入、平均票价、航班收入4个收益同步增长。4月17日,南阳基地圆满完成中央政治局党委、十一届全国政协主席贾庆林的专机保障任务。(李英)

【南阳机场新航站楼启用暨机场扩建工程奠基仪式隆重举行】 11月18日,南阳机场新航站楼启用暨机场扩建工程奠基仪式隆重举行。新航站楼启用,使南阳机场升级成为中原最现代化的支线机场,也跃升为河南省第二大机场。新航站楼采用前列式一层半布局。外观屋顶取意汉瓦和竹简,前后墙面以南阳汉画浮雕点缀,突出体现南阳楚风汉韵的浓厚文化底蕴。整个建筑风格简约、运行高效、流程便捷,在充分表达南阳独特文化的同时,给旅客营造出一个愉悦的出行环境。南阳机场扩建工程总投资5.12亿元,是国家拉动内需4万亿投资的基础设施建设项目之一,建设工期为18个月,扩建项目主要包括飞行区场道工程,运营指挥楼等。扩建后的南阳机场占地2746.7亩,跑道长2800米,可满足近百万的年旅客吞吐量和近万次的年客机起降架次。河南省副省长张大卫、南航集团总经理司献民、市领导黄兴维、穆为民、李天岑、陈光杰等出席仪式。(王立献)

邮政

【邮政概况】 2009年,南阳市邮政局全市共有邮政网点278处,其中储蓄网点239处,ATM自动柜员机36台,邮政车辆188辆。邮路总长5535公里,城市投递段道235条,农村投递段道672条,农村投递线路(单程)2.80万公里。从业人员3445人,其中合同工1377人,劳务工2038人,非全日制用工30人。全年完成业务总量45572.72万元,较上年增长16.63%;完成业务收入36567万元,较上年同期增长16.01%。全员劳动生产率10.6万元。市邮政局被市委、市政府评为目标管理先进单位,民主评议政风行风优秀单位。新野县歪子支局荣获"全国邮政先进集体"和省级"群众最满意的基层站所"称号。南阳市局和5个县局被省公司授予河南邮政"优秀企业"称号,6个县局被授予河南邮政"先进企业"称号。36个农村支局被授予全省邮政"农村明星支局所"称号。

【《千年玉都魅力南阳》个性化邮票和多媒体邮票及特种邮票发行】 2009年4月25日,《千年玉都魅力南阳》玉雕金奖作品个性化邮票在南阳第七届玉雕节暨宝石博览会开幕式上隆重发行。本次发行的个性化邮票包括1套两版及纪念张1枚,限量发行3000套。同时发行纪念封1枚,活动现场启用系列邮戳12枚。同步限量发行3000套《魅力南阳》邮票珍藏册。9月13日,举办世界上首套多媒体邮票——《唐诗三百首》特种邮票首发式。《唐诗三百首》特种邮票是世界上第一套集"可视、可听、可触、可闻"功能于一体的多媒体邮票,共收录24位河南籍诗人的109首诗,其中包括南阳籍诗人的15首诗。此套邮票一共6枚,全套面值9.30元,具有很强的收藏价值。11月28日,《马连良舞台艺术》"借东风诸葛亮"特种邮票首发式在南阳举行。河南省邮政管理局局长杨汉振,市委常委、宣传部长姚进忠为《马连良舞台艺术》"借东风诸葛亮"特种邮票揭幕。全国著名邮票邮品设计家、《马连良舞台艺术》设计者刘钊现场为邮迷签名留念。

**【豫南函件业务发展启动会在南

阳召开】 2009年11月23日，河南邮政豫南五市函件业务发展启动会在南阳局召开，来自平顶山、驻马店、漯河、信阳四市局的领导齐聚南阳，围绕“区域联动、函件振兴，实现全省“1+4”区域函件业务互动”的主题，全面打响豫南函件业务发展大会战。

【邮政金融】 邮政企业和邮储银行双方相互支持，共谋发展。全年储蓄余额净增16.5亿元，规模达到124亿元；销售理财产品10.56亿元，居全省第一位；发放小额贷款8.7亿元，贷款结余6.42亿元，年净增贷款4.17亿元，三项指标均居全省第二位。代收保费8.67亿元，银保市场占有率达65%以上。

【分销物流】 建立覆盖村级的邮政服务“三农”网络体系，2009年，绿色长廊13个，“三农”服务网点3650个，覆盖率达到81%，其中精品网点1109个，累计配送农资1.83万吨，玉米种子233吨。

【党报党刊发行】 2009年，党报党刊发行实现稳中有升，发行量突破6万份，流转额达2238.8万元，完成中央及省、市级党报刊的收订计划工作。

【服务中小企业】 发挥行业优势，加强与地方政府和中小企业局合作，扎实开展数据库商函、账单业务邮寄工作，利用邮政数据库商函服务中小企业，累计寄发商函135.5万封。（刘力扬）

信 息 产 业

无 线 电 管 理

省无委办南阳管理处处长　齐富宇

【无线电管理概况】 2009年,南阳市无线电管理处内设党务办公室、行政办公室、业务科、监测站和监督稽查站共5个机构。截止12月底,全处实有人员47人,其中在岗人员42人,退休人员5人。年末全市各类无线电发射设备已发展到450余万部(台),各类专业台站发展到8613多个,广泛应用于经济社会各个领域,在航空导航、城市应急、市政管理、安全保卫、公众通信、军事保障等方面发挥着重要作用。市无线电管理处被省无线电管理局表彰为全省无线电管理工作先进单位,被市政府办公室表彰为"2009年度市政府机关社会治安综合治理安全保卫工作先进单位",有10人次受省局和市政府办表彰。(王访安)

【无线电频率、台站审批】 2009年,市无线电管理处紧紧围绕市委、市政府实施"三大战略"、开展"六创一迎"活动、实现"四大突破"等城市发展战略,认真做好了2012年第七届全国农民运动会、南水北调中线南阳段工程等重点项目的频率规划和预留工作,确保中心工作和重大活动的频率需求与安全。规范台站审批,加大技术管理力度,加强对无线电台站的电磁兼容分析和技术审查,强化对无线电台站的日常管理,建立健全各项频率台站数据库,有效地纠正乱占频率、擅自设台等违规违章行为。加强对合法无线电台站的保护,对重点台站、重点频率实行不间断监测,确保航空导航、广播电视、防汛抗灾、遇险救助等重要通信台站的安全,有效地维护空中电波秩序,减少有害干扰,保证无线电通信事业健康发展。在各类短距离、微功率无线电台站数量急剧增加,特别是公众对讲机、车载台继续保持高速增长态势下,全年共办理141份新设电台执照,其中业余无线电台14份。(王勇)

【固定站建设】 10月份,省无线电管理委员会为市无线电管理处配发1套价值300多万元的DDF—255固定站设备。该设备包括固定频率测量、中频分析、频段扫描、离散扫描、信号搜索、离散信号搜索、电视监控和中频测向几大模块。12月份,深圳嵘兴公司安排两批工程师对设备进行硬件(包括天馈系统和通信设备)和软件的安装调试。本套设备较以往有很大改进。(包长青)

【设备管理】 2009年,市无线电管理处使用的主要监听监测设备有:E4407B频谱分析仪、HR—5搬移式测向系统、JAM7无线电压制系统、AR—2002监听仪及功率计、频率计等。为加强对各种设备的日常管理,7月份,制订完善无线电监测车及设备管理制度,规定无线电监测车由处统一管理和使用,专用于监测工作。每月第二个星期五上午为设备维护日,进行集中维护保养,进一步规范无线电监测车及设备的管理和使用。(包长青)

【监听监测】 市无线电管理处监测站在做好日常监测工作的同时,面对突发事件时能及时启动应急联动机制,开展专项监测工作。据不完全统计,2009年监测站进行监测监听时间累计2137小时,其中频段占用度监测2043小时,各类考试监测42小时,机场电磁环境监测16小时,机场改扩建电磁环境监测10小时,移动3G路测6小时,对讲机清理整顿期间移动监测20小时。重点做好公安、民航、防汛、3G等业务和20—150MHz、566—606 MHz、2483.5—2500 MHz、223.025—235 MHz、368—372/396—400 MHz、798—806/843—851 MHz等频段的监听监测。(包长青)

【干扰防范与查处】 2009年,共受理上级批转、本市级干扰申诉6起,查处干扰5起。即3月2日南阳市沼气公司通讯主台受干扰案、

3月26日南阳民航空话受干扰案、4月1日南阳市电视台卫星直播信号受干扰案、4月17日南阳市建委城管支队执勤频率受干扰案、6月18日南召县人民医院生化设备受干扰案。协调并处理7起卫星干扰器事件。(包长青)

【无线电安全保障】 重点做好2009年"两会"期间和60周年国庆期间的无线电值班和安全保障工作。全年保障考试4次,分别为研究生考试、高考、医师资格考试、注册会计师考试。高考期间发现并阻断可疑作弊信号5个;9月12～13日医师资格考试期间发现并阻断一批作弊信号;9月19～20日注册会计师考试期间,发现并阻断可疑作弊信号2个。(包长青)

【通信基站抽检】 11月10日,市处组织开展对中国移动、联通、电信南阳分公司3个通信运营商通信基站的抽检工作,确保运营商移动通信畅通,为3G业务创造良好的空中电磁环境。此次共抽检移动通信基站38个,载频169个。其中抽检中国移动基站10个,载频85个,不合格载频10个,合格率88%;抽检中国联通基站16个,载频48个,不合格载频42个,合格率13%;抽检中国电信基站12个,载频36个,不合格载频18个,合格率50%。(包长青)

【清理违法使用无线电对讲机专项行政执法活动】 7～10月,重点开展清理违法使用无线电对讲机专项行政执法活动。会同市公安局和工商局等部门,对市区的销售市场和小区物业、建筑工地等单位进行拉网式排查和夜间突击检查,共下发《责令限期改正通知书》70份、《证据先行登记保存书》28份,扣押无线电对讲机30部,责令36个单位和个人按规定补办相关手续。(王勇)

信息化建设

【信息工作概况】 2009年,市信息中心全面落实科学发展观,以强化政府门户网站群建设、推进政府网站的应用为重点,狠抓政府信息公开和部门子网站建设,强化信息资源的开发利用,推动全市电子政务和信息化进程,各项工作取得新进展。全年共更新信息1000余条,发布图片226副,播放视频78期,编发参考900余条,转发部门信件2600余件,报送省中心经济信息401条,报送省政府网站信息2100条(其中被采用1700余条),上报率和采用率均列全省各市前列。

【信息化推进】 (一)贯彻落实《河南省信息化条例》。组织召开贯彻学习《河南省信息化条例》研讨会,县(市、区)政府、市直各单位负责信息化工作领导和有关专家及计算机技术人员120余人参加会议。在调查研究基础上起草上报《加快推进我市信息化发展的建议》、《南阳市人民政府关于加快推进信息化建设的意见》、《关于加快电子政务建设,构建阳光政府的意见》等。(二)组织开展全市信息安全检查。印发《关于开展全市政府信息系统安全检查工作的通知》、《关于切实做好国庆期间信息安全工作的通知》,联合市委保密局、市公安局组成联合检查组对全市电信、广播电视、金融、交通、电力等基础信息网络重要信息系统、政府信息系统以及新闻网站等24个重点单位进行检查测试。进一步增强各县(市、区)、各部门的信息安全责任意识,及时发现安全漏洞,消除安全隐患,提高信息安全保障能力。(三)做好信息化调研和上报工作。印发《关于开展三网融合工作调研的通知》、《关于开展2009年软件与信息服务外包产业调研的通知》,开展调查研究,回收调查表格,撰写调查报告,圆满完成国家、省信息化主管部门确定的工作任务,得到了国家、省信息化主管部门的好评。

【政府门户网站群建设】 (一)强化政府网站的应用。围绕"公开、服务、交流",加大政府信息公开力度,推进网上公共服务,加强政民互动交流。一是组织实施南阳市政府门户网站主站的系统改版升级。为使政府网站真正成为政府提高效率的平台、为民办事的平台、助民生活的平台、监督政务的平台和与民交流的平台,借鉴先进经验,结合南阳实际对主站进行系统改版。南阳市政府门户网站主站,突出信息公开、公共服务、互动交流等三个功能,体现政府信息公开的全面性、网上办事的便捷性、互动交流的有效性。二是动态栏目时时更新,政府信息适时发布。今日南阳、周边动态、县市区动态、部门动态、信息参考等内容,做到信息日日更新,图片周周更新,视频月月更新,部门报送信息做到时时更新。全年共更新今日南阳1000余条,发布图片226副,播放视频78期,信息参考编发900余条,极大地丰富了网站内容。三是公共服务事项更贴近社会需求。全年补充完善部门办事事项100余项,刊登公示公告80余条,极大的方便了公众的生产与生活。四是交流互动栏目紧贴市情民意。市长信箱全年共转发部门信件2600余件,信件内容涉及农业农村、城市建设和管理、交通、国土、教育、规划、公共安全、人事劳动、房产管理等各个方面,其中部门回复率达90%。在线访谈栏目抓住民众关注的社会热点、焦点问题,邀请公安、人事、发改委等相关单位组织4期在线访谈,均收到良好的社会效果。(二)政府信息公开系统顺利运行。全年对市政府各部门、垂直部门、双重管理部门、公共企事业等117个单位分别组织3期技术培训,有效推动政府信息公开工作。(三)加强政府网站群安全保障和维护管理。印发《南阳市政府门户网站维护管理规定》、《南阳市政府网站群用户和权限管理办法》,严格管理,严防泄密事件的发生。同时做好政府网站软硬件系统维护、数据备份管理和安全监控,保证网站群安全运行。(四)积极推进政府各部门网站的建设与改造。一是组织全市政府系统网站评估活动。年初采取在线测评、网上投票、专家评比和综合考评相结合的方式,从政府信息公开、公共服务、交流互动、网站建设、内容保障、公众认可等六个方面,对各县(市、区)政府网站和市政府各单位网站进行评估,分别评选出市直部门十佳和县(市、区)十佳网站,有效促进各部门政府网站质量提升。二是对中心已建成的人事局、发改委、财政局、教育局子站的有关技术内容进一步完善更新,使其顺利上网运行。三是部署落实部门子网站建设。下发《南阳市政府门户网站建设和应用暂行办法》、《南阳市政府门户网站子站建设实施方案》,有效推动县(市、区)政府网站各部门子站建设。

【信息与信息技术服务】 (一)编发《网络舆情快报》。随着互联网应用的日益广泛,网络已成为表达民意和舆论监督的重要方式,为搭建网民与政府良性互动的沟通"平台"和"桥梁",创办了《网络舆情快报》。在做好通过市政府门户网的网民来信、来访、举报、投诉的同时,组织人员每天浏览各大综合门户网站、重要的新闻网站和网络论坛,搜寻与我市有关的重点内容,整理后以《网络舆情快报》报市主要领导参阅。自6月4日创办止年底,一共刊发123期和1期特刊,转发网友各类留言、建议、投诉、时评共725条,其中转发"人民网"上南阳网友给省委书记和省长的留言139条,南阳本地网站上网友留言586条。为市领导提供一个速效了解民意和解决问题的窗口。(二)做好全市工业企业景气调查。根据省发改委要求,精选24个有代表性的市级重点企业和高成长企业作为全市工业企业景气调查对象单位,每季度按要求组织实施,对全市工业经济运行状况进行有效地监控和指导,得到省发改委和省信息中心的肯定。(三)有效开展行业信息服务。针对全市烟草系统的《烟草信息》,提高办刊质量,增强服务的针对性,编发信息24期,得到用户好评。(四)完成省中心及省政府网站信息上报。全年报送省中心经济信息401条,省政府网站信息2100条,其中采用1700余条,报送上报率和采用率均列全省各地市前列。(丁光照)

移　动　公　司

中国移动南阳分公司
总经理、党委书记　王保全

【移动通信概况】 2009年,中国移动通信南阳分公司深入践行科学发展观,以效益最大化为目标,以品牌营销为重点,与时俱进,精细营销,再创新优势,提升新品质,努力实现企业的健康、协调发展,较好完成各项计划指标任务,有效服务南阳改革开放和经济建设。全年累计净增用户37.1万户,增量位居全省第二;客户总数达到347.8万户,客户规模位居全省第二位。深入开展TD网络质量大会战,全面完成TD三期建设任务,共计新建TD站点(宏站、室内分布)180个;完成23轮TD拉网测试优化,TD覆盖率99.80%,接通率98.98%,下载速率1362.88kbps,各项技术指标全部达到省公司考核目标要求。4月6日在南阳市人民政府表彰2008年度政府工作先进单位的大会上,南阳移动分公司被授予"政府工作先进单位""2008年度完成责任目标优秀单位"荣誉称号。

【通信保障】 全年新增交换容量470万户;新建基站325座,直放站212套;新敷设光缆1438公里。围绕集团客户发展需求,已完成1090个集团客户A、B类光缆预埋,开通129个,为后期集团业务发展奠定良好基础。本着互惠互利原则,分公司与联通、电信共建基站19个、共享基站25个,迈出了资源分享、成本分担的新步伐。扎实推进2G网络质量提升、重大故障预防和快速处理等活动，网络质量现场测试、全网忙时半速率占用比、无线接入等指标位居全省前列，为市场持续发展提供有力网络支撑。

【客户服务】 南阳移动分公司以“便捷服务、满意100”活动为载体，以搞好行风评议为动力，提升一线基础服务能力，推动客户服务满意度稳步提升。分公司营业厅服务月度考核平均成绩达到99.14分，全省排名第二位。在2009年全省服务管理考核中，分公司取得排名第一的优异成绩。

【创新工程】 南阳移动分公司以建设创新型服务企业为目标，深入开展“创新效益提升年竞赛”活动，提升全员创新意识，塑造创新文化。公司先后荣获省公司企业创新文化示范点和河南移动质量管理(QC)小组活动优秀组织奖，两次荣获季度创新组织奖，年度创新评估得分进入全省前三名，实现三个突破：一是专利申报实现零突破。分公司和省公司网管中心共同研发项目《移动网元监控控制方法及监控中心》，获得(发明)专利申请号，填补专利空白。二是研发项目实现新突破。《基于直流负反馈技术的基站风力发电节能技术研究》和《铅酸防隔爆电池基站应用研究》，分别荣获省公司科研项目二等奖和鼓励奖。三是创新成果质量实现新突破。《移动式发电机的远程跟踪及维护管理系统》荣获河南移动管理创新成果三等奖，《南阳12319城管通综合信息平台》项目荣获省公司2009年度创新成果优秀奖，与省公司计划部等合作的《利用GSM/TD融合MSC POOL技术打造“零切换核心网》项目荣获省公司2009年度科技进步创新成果二等奖。(杨建朝)

联 通 公 司

联通南阳分公司总经理　陈小星

【联通公司概况】 2009年，南阳市联通公司以经营发展为主线，以促进企业持续、健康、科学发展为着力点，积极稳妥推进融合改革，在调结构、打基础，建网络、强支撑，保增长、重持续等方面迈出新步伐，取得新成效。全年新增宽带端口5.52万线，新增宽带节点241个，扩容宽带网点90个，超过前10年总和。全年累计实现通信服务收入6.08亿元，上缴税金2195万元，移动业务客户和收入增幅双双排名全省第二。

【市场经营】 南阳联通加快信息化发展步伐，积极推进“数字工商”、“E税通”等众多信息化应用项目，促进融合业务发展。在提升自有渠道、社会渠道效能基础上，全面加强渠道的规划布局，强力推进渠道建设。做到“人员、产品、考核三到位”，实现对客户和区域无缝覆盖。5月，对“三夏”农机跨区作业农机手和农机服务人员提供贴心的信息服务。7月28日，率先在全市县城以上开通手机电视、视频电话、手机上网、手机报、彩信、炫铃等3G通信服务。

【网络建设与维护】 南阳联通积极争取上级投资，加大通信网络建设力度，实施移网和宽带双覆盖工程。第三代(3G)移动通信WCDMA网络覆盖南阳市区、所有县城和主要干道，其中2009年移网基站建设数量超过以往10年的总和。新增宽带端口5.52万线，新增宽带节点241个，扩容宽带网点90个。围绕提升宽带网络质量和打造精品网络，重点组织开展线路专项整治、宽带网络优化、大客户双路由改造和强化动力安全保障等工作，有效改善网络宽带瓶颈，有力提升客户感知度和满意度，在省公司综合考评中，南阳宽带畅通工程全省排名第一。同时，不断加大行政村、重要干线公路及A级风景区等对全市发展关系密切场所的网络深度覆盖率，进一步提高移网通话质量。全网性能在大批新建基站入网情况下，实现稳中有升。积极支持南水北调和“六创一迎”工作。新建4个县移民新村、1000余户的通信配套设施。对市区18条主干道的架空光、电缆进行分期、分批入地改造，全年已完成工业路、中州路、建设路管道入地和仲景路配套改造建设工程，完成客户电路改造6万多线。

【企业管理】 南阳联通组织开发房地产资源管理系统，使之在精细化、精准化、精确化管理上形成长效机制。为深化房地产管理和盘活资源提升效益，提供有力的技术支撑。组织搭建物资消耗管理信息系统，构建本地化物资消耗的标准化管理机制，实行实名制领料和电子化审批、物资集中配送和远端监控。研发南阳联通综合管理支撑平台，分部门空间、民主评议等10余个子项目，借助该系统公司内部邮件、对全市所有员工的工作效能评价等都在网上进行，节约成本，提高办公、办事效率。荣获省公司创新工作二等奖1个，优秀奖2个。

【服务创新】 南阳联通全面实践“为你做得更多，为你做得更好，服务没有终点”的“红逗号”服务理念。积极落实市委、市政府确定的十件实事和“履行职能、服务民生”惠民实践活动。结合公司实际，推出“宽带网络畅通工程”和“移动网络畅通工程”惠民活动，建立健全10余项以客户满意度为导向的服务质量管理考核体系，统一营业厅VI形象标志。建立全市客户经理和宽带支撑人员数据库，设立技术支撑热线。宽带无法上网障碍投诉解决措施在全省推广。全面推进最小营销服务单元实施工作。探索推出《宽带服务“880”方案》，在全市乡镇所在地、县城、市区范围内承诺：固话、宽带装机、移机8小时；固话、宽带障碍修复8小时，全市乡镇以上宽带覆盖0盲区，规范入户服务的标准动作。客服热线全年受理量87.26万次，在省公司服务考核中，5次获得第1名，2次获得第2名。（王新成）

建 设 环 保

城 乡 规 划

【城乡规划概况】　2009年，全市规划系统干部职工坚持科学发展观，不断加快规划编制步伐，科学指导城乡建设；加大规划实施力度，推进城市快速发展；完善基础设施和公共服务设施，提升城市功能；加强规划监督管理，提高依法行政水平；强化县乡规划管理，引领社会主义新农村建设；充分发挥城乡规划的综合调控作用，较好地完成各项工作任务。全年完成绿地系统规划、综合交通规划、内河水系及沿岸整治规划、入市口综合整治规划等专项规划编制9个，完成中心城区道路及沿街景观综合整治规划编制44个，编制完成13个县(市、区)产业集聚区规划，办理各类规划审批项目213件，推动城乡健康有序发展。

【规划编制】　根据面临的新形势、新机遇和城市快速发展的需要，紧扣城市发展重点，围绕服务“六创一迎”活动，按照城市总体规划要求，确定今后3年的城市建设工作计划，加快各类规划编制步伐。一是组织召开“南阳城市发展战略高峰论坛”、“南阳市白河两岸暨东北分区空间发展战略高端论坛”、“农运会场馆建设论证会”、“南阳市仲景大桥、光武大桥、雪枫大桥规划设计方案优化论证会”，开展白河两岸区域城市设计国际征集活动，广泛征求、吸纳各方意见和建议，增强规划的科学性、前瞻性。二是加快分区规划编制步伐，先后组织召开《南阳市东北分区规划》、《东北分区控制性详细规划》、《河南分区规划》、《南部新区总体规划》评审会，有关规划编制单位正在根据评审意见完善规划成果。三是结合城市发展需要，完善专项规划体系，先后组织编制《南阳市城市绿地系统规划》、《南阳市中心城区城乡结合部规划》、《南阳火车站区域控制性详细规划》、《南阳市中心城区内河水系及沿岸整治规划》、《南阳市背街小巷综合整治规划方案》、《南阳市综合交通规划》、《南阳市中心城区七个入市口综合整治规划》、《南阳市中心城区商业网点规划》、《南阳市中心城区燃气规划》等9个专项规划。四是委托南京大学规划设计研究院、重庆大学规划设计研究院编制中心城区产业集聚区空间规划和控制性详细规划，加快新能源、高新技术、光电、鸭河、官庄五个产业集聚区建设，突出产业特色，实现产城互融，真正使产业集聚区成为中心城区经济社会科学发展的核心增长极。五是服务“六创一迎”活动，聘请华中科技大学、重庆大学规划T设计研究院与南阳市规划设计院结合，编制中心城区44条主要道路及沿街景观综合整治规划方案，为全市“六创一迎”活动的顺利开展积极做好规划服务工作。六是认真组织、积极参加“中原城乡规划与风景园林建设成果展暨绿色建筑新技术新产品博览会”，获得博览会组织奖、特别贡献奖和最佳设计奖三项大奖。

【规划实施】　根据城市总体规划和各类专项规划的要求，统筹考虑城市发展需要，充分发挥规划的龙头作用，合理安排用地布局和项目建设，推进城市快速发展。2009年，紧紧围绕“保增长、保民生、保稳定”，深入开展“企业服务年”和“项目推进年”活动，较好地服务全市经济社会发展。一是实行业务工作办公会制度，调整简化审批流程，规范建设用地、建设工程、道路交通等审批程序，加快项目办理速度。全年共组织召开20次业务办公会，研究讨论354个项目，办公会上通过265个项目。共办理各类规划审批项目213件，其中选址项目52件，面积448.24公顷；用地项目109件，面积637.72公顷；工程项目43件，建筑面积107万余平方米；规划竣工验收项目9件，建筑面积17.35万余平方米，有效保证重点项目的顺利实施。二是对市政府批准的“城中村”改造项目，分组进行调研，详细察看现场，与市“城中村”改造领导小组办公室搞好对接，以科学严谨、实事求是的态度，集中进行研究。第一批6个“城中村”项目已全部下达规划设计条件，第二批11个“城中村”项目中有10个已经下达规划设计条件，推动“城中村”改造的顺利实施。

【基础设施和公共服务设施规划】

功能完善的现代化基础设施和公共服务设施是建设南阳区域性中心城市的关键。2009年,根据城市发展的要求,进一步加强交通市政、园林绿地及基础设施项目的规划建设。先后完成仲景南路、独山大道南延、光武东路、光武西路、健康路、明山路、医圣祠东路、312国道、车站南路、滨河北路、北外环路、白河大道北延、白河大道南延等道路改扩建规划方案和中州路、建设路、工业路、八一路、中州西路整治改造规划;抓好中心城区污水处理厂二期、白河南污水处理厂、垃圾处理厂二期、建筑垃圾填埋场、滨河路污水管网建设工程规划和污水厂配套管网建设规划方案;做好城市公用事业项目规划工作,先后完成白河南自来水加压站、龙升园区水厂、公交停车场、环卫车辆停放场等建设项目的规划选址;同时加强城市绿化建设,完成18个公园、33个游园等项目的初步规划选址定位,进一步完善城市功能。

【规划管理】 全市规划部门深入贯彻落实城乡规划法,不断加强规划管理工作。一是组织开展了“一书三证”专项检查,加强对全市各级规划行政部门核发“一书三证”情况的监督检查,依法确保“一书三证”在规划实施过程中的作用。二是认真开展房地产开发领域违规变更规划、调整容积率专项治理工作,与市监察局、市房管局联合研究制定专项治理工作方案,对2007年1月1日至2009年3月31日期间领取规划许可的所有房地产项目进行清理,重点对涉及提高容积率以及改变土地使用性质的房地产项目逐一进行清理检查,建立健全违法违纪行为的责任追究机制。三是深入开展规划法宣传教育活动,采取宣传版面、邀请开发商和建筑企业召开座谈会、组织培训班和印发宣传学习资料等形式强化规划管理工作。

【规划执法】 认真组织开展违法建设综合整治工作,对中心城区违法建设情况进行调查摸底,严格规划执法监察,强化规划执法工作。一是组织人员在中心城区范围内排查摸底和鼓励群众举报相结合的办法全面掌握违法建设的第一手资料。二是组织大规模集中拆除行动。先后组织40多次大规模的集中拆除行动,对20余个单位以及317户村民或个人的300多处违法建筑进行集中拆除,共拆除违法建筑39000余平方米有效遏制各类违法建设行为。三是积极发挥职能,参加“六创一迎”整治工作。按照各路长单位要求,及时派出执法人员,在违法建设、大型户外广告整治上发挥主力军的作用,先后派出执法人员对文化路、白河大道、长江路、独山大道、工农路、仲景路、伏牛路、民主街等20余条主次干道乱搭乱建、门店招牌不规范等突出问题进行清理、整治,共清理占道经营和店外经营470余户,拆除、没收不规范门店招牌2149余块,拆除户外大型广告招牌17块。

【县乡规划】 全市统筹城乡规划,加强县乡规划管理,引导城镇化健康发展。按照城乡互动、协调发展的思路,加强业务指导,强化工作服务,促进全市县乡规划稳步推进。一是组织召开全市村镇规划编制工作会议,对全市村镇规划编制工作进行全面安排部署。制定《中共南阳市委、南阳市人民政府关于结合全市第二批学习实践科学发展观活动搞好村镇规划编制工作的实施意见》和《南阳市村镇体系规划编制实施方案》,积极有效、科学稳妥地推进村镇规划编制工作。二是加强对各县(市)产业集聚区控制性详细规划编制工作的指导,进一步规范产业集聚区空间发展规划和控制性详细规划的编制、初审工作,全市12个产业集聚区规划率先顺利通过省评审。由于产业集聚区规划起步较早、起点较高,工作走在全省前列,受到省厅的充分肯定。三是全市县乡规划实施稳步推进。方城、社旗、内乡、镇平、新野5个县的总体规划正在修编;邓州、淅川、南召、西峡、社旗、方城、新野等7个县(市)已经完成或正在进行县(市)域村镇体系规划编制工作,县城规划和县域村镇体系规划逐步完善;乡镇总体规划和村庄规划编制步伐逐渐加快,规划覆盖率占全市行政村总数的40%左右,有效地指导了全市新农村建设和城乡一体化建设。(徐建)

城 乡 建 设

市住房和城乡建设委员会
主任 廖玉安

【城乡建设概况】 2009年，市建委全面落实科学发展观，以加快城乡建设为龙头，集中精力抓重点，攻坚克难求突破，保持城乡建设发展的良好态势。在深入开展科学发展观教育活动和行风评议活动中，收集各类意见建议100多条，接听12319城建服务热线电话5783次，处理派单2339件，问题办结率达95%以上。全市建设系统涌现出省级文明示范窗口1个，省级文明单位6个。全市城镇化率达到36.6%，中心城区完成基础设施建设投资20多亿元，新增城市绿化面积21万平方米，全市建筑业总产值达159.4亿元。创"中州平安杯"8项，创省"结构中州杯"奖工程24项、省"中州杯"奖工程5项、省级文明工地15项。

【中心城区建设】 2009年，完成3条道路大修改造和54条背街小巷改造任务，80公里环城高速、独山大道南延、仲景中路快车道、机场新航站楼投用，2条道路改扩建工程、4条新建道路、仲景大桥、污水处理厂二期、梅溪河示范段综合整治、滨河路污水管网建设等工程加快推进，新增城市绿化面积21万平方米，新投放出租车近300辆、公交车100辆。全年完成基础设施建设投资20多亿元，是多年来开工项目最多、投资数额最大的一年。

【县城建设】 各县(市、区)通过完善功能、拉大框架、打造亮点、强化管理，城市面貌明显改观。桐柏县以"双创"为载体，实施40多项工程；方城县坚持重点突破，投资5亿元，实施"四路"改造，新建一批亮点工程、精品工程；西峡县着力抓好专业市场、居住小区、供排水等公用设施建设，推动县城扩容提质；内乡县按照"积极有力、量力而行、不建则已、建则精品"的原则，重点实施10余项工程；淅川县高标准、高质量完成一批功能性工程；唐河县加快推进城镇化进程，新建一批生态宜居工程；新野县投资4.9亿元，实施一批供排水、绿化和道路、背街小巷改造工程；镇平县围绕"八件大事"搞建设，开工上马"三路一桥"建设工程；南召县按照"山城、水城、绿城、生态旅游城"定位，强力推进城乡基础设施建设；社旗县围绕打造"文化名城、商贸古城、现代新城、环保绿城"的目标，加快赵河公园、山陕会馆周边开发、道路改造等八大工程建设；卧龙、宛城、高新三区加大城市综合整治，积极参与支持中心城市建设，围绕农运会场馆建设、城中村改造、道路建设做了大量深入细致的工作。

【小城镇建设】 继续深入开展"星级镇"创建活动，加强动态考核管理，全面提高小城镇建设质量，突出抓好50强镇，大力发展特色小城镇，全市乡镇总数206个，其中，办事处30个，建制镇122个，其中有8个建制镇被评为省级特色景观旅游名镇，镇平县石佛寺镇、淅川县荆紫关镇、西峡县丹水镇成为国家特色景观旅游名镇。止2009年年底，全市城镇常住人口401万多人，基础设施不断完善，积极推进建制镇生活垃圾集中处理设施建设，全市全年共建成镇级生活垃圾收集点121个。

【城镇管理】 中心城区以"靓丽杯"竞赛活动为抓手，进一步理顺城市建设管理体制机制，部门联动，重拳出击，组织开展大规模的环境卫生、交通秩序、市场秩序专项治理行动，有力扮靓城市形象。加大城管综合执法力度，全面整顿规范店外经营、占道经营、流动摊贩、早夜市摊点、沿街促销等市场行为，城区市容秩序明显改观。全面加强市政道路、园林绿化、河道、广场设施等维护管养，有效净化美化城市街景。各县市以创建园林城市为载体，大力开展环境综合整治，不断延伸城镇建设管理的广度、深度和精细度，努力改善城市形象，城市面貌整体发生较大变化。

【城建招商引资】 坚持解放思想，拓宽思路，加快多元化融资步伐，吸引各类资金参与城市建设。全市向上申报项目110项，总投资42.4亿元。利用日元贷款综合整治中心城区的项目资金已到位，市污水处理厂二期工程、内河综合整治工程和市沼气利用工程等子项目相继落地建设；采取BT模式与中建股份公司合作的仲景大桥建设进展顺利。成功举办城市发展高峰论坛暨房地产与城建项目招商推介会，21个房地产与城建项目在前期成功对接的基础上顺利实现了签约，合同引资200亿元以上。

【城镇基础设施建设】 全年新改建道路146条,新改建城市道路97.85公里,新改建道路面积224.78万平方米,新改建桥梁7座;新铺设、改造供水管网20.6公里,全年供水量达到2112万立方米。新铺设燃气管网22.6公里,发展居民用户1万多户。城市污水集中处理量达到2756万吨,消减COD9913吨。新铺设供热管网11公里,集中供量达到26.39万吨。

【城市综合开发拆迁改造】 2009年,全市完成房地产开发投资45.86亿元,房屋竣工面积51.1万平方米,实现销售额31.54亿元。全市共拆除各类建筑面积109万平方米,涉迁单位22个,居民2960户,安置率达100%。

【建筑业管理】 2009年,全市建筑业总产值达159.4亿元,竣工房屋面积668.5万平方米。有形建筑市场规范运作,建筑工程招标、在建工程质量安全监督和工程监理均达100%;建筑产业结构进一步优化,全年共有41个企业资质得以升级增项,其中3个建筑企业晋升为一级总承包企业,1个勘察单位晋升为甲级企业。

【建筑市场管理】 加强建筑市场管理,改善有形建筑市场软硬件服务设施,市建委先后建立信息网络系统、计算机辅助评标系统、监控系统、评标专家语音抽取系统。同时,紧紧围绕加强监督、依法行政这条主线,突出完善规章、提高素质两个重点,狠抓招投标过程监管、评标专家动态管理、完善依法查处三个环节,切实加强房屋建筑和市政基础设施工程项目招投标监管。全年全市房屋建筑和市政基础设施工程依法招标项目328项,工程造价85亿元,建筑面积460万平方米。

【工程质量管理】 牢固树立科学监管理念,加大监督力度,采取巡查、抽查、强制介入及随机抽查和集中检查相结合的监督方式,开展地基基础、主体结构建筑节能等专项整治工作,对市政工程、中小学危房改造工程、住宅项目以及农运会体育场馆、移民新村等一大批重点项目实施重点监控,全力确保工程结构安全。全年创"卧龙杯"工程112项,创市级优良工程70项,市级优质结构38项,省"结构中州杯"奖工程24项,省"中州杯"奖工程5项。

【建筑施工安全】 认真贯彻安全生产法律、法规,紧扣安全生产目标,采取有力措施,全面落实各级安全生产责任制,通过狠抓宣传教育、狠抓专项整治、狠抓隐患排查、狠抓安全监督队伍建设,大力推进安全质量标准化工作,消除大批安全隐患,有效预防事故发生。全年创市级文明工地63项,省级文明工地15项,"中州平安杯"8项。

【勘察设计咨询】 开展资质动态考核、执法检查等活动,建立和完善进宛备案制度,强化勘察设计审查管理。先后组织全市业务骨干赴外地参观学习,派出专人对2个企业实施岗位监管,定期或不定期对勘察现场的管理、勘察手段以及工作量、原始记录、取样、试验等环节进行督查。全年获市优秀勘察设计项目21项,省优8项,1个单位被评为全省优秀施工图审查机构,8个单位被授予全省优秀勘察设计企业。

【新型墙材发展】 在新型墙材发展工作上以改革引导、大力宣传、强化市场监管、提高产品质量等方面入手,加快新型墙材推广步伐。全年全市完成升级改造、完善手续的小型"免烧砖"厂459个,关闭拆除542个,全年新墙材生产线12条,全市新型墙材产量38亿块标砖,占墙材总量98%,应用比例达97%。在"禁止使用实心墙材"工作上,11个县全部完成任务。

【工程造价与标准定额管理】 全市进一步加强工程造价与标准定额管理,开展《建设工程量清单计价规范》等标准的宣传贯彻工作,加大监督检查力度,强化合同管理,全年对127项工程实施检查,查处45个违反强制性标准条文的施工企业,相继对9000多种建筑材料、设备价格予以公布。

【清理拖欠工程款和农民工工资】 在清理拖欠工程款和农民工工资上采取健全机构、督查检查、重点约谈、张贴公告、完善联动机制等措施,主动深入施工现场,了解清欠动态,有力推动清欠工作深入开展。全年共受理投诉案件371起,清欠金额2680.33万元。

【建筑节能工作】 组织实施可再生能源建筑应用示范工程,大力推进并启动实施政府相关办公建筑和大型公共建筑节能监管体系建设,积极落实建筑节能统计报告制度,全面加强建筑节能执法监管,中心城区建筑节能工作共完成节约标准煤2.9万吨,超额0.1万吨,新建民用建筑节能标准执行率达100%,节能标准实施率达95%,既有建筑节能改造超过8万平方米。

【建设科技教育】 2009年,完成市政工程、园林绿化、法律法规、公用事业等各类培训,培训人员1170人,组织开展《民用建筑节能条例》宣传培训工作。全年共办培训班13期,培训人员达1247人,组织开展建筑农民工岗位职业技能培训19期,培训人员达3000人。

【举办南阳首届房地产业与城市发展高峰论坛】　2009年11月17日,举行首届房地产与城市发展高峰论坛,诚邀业内领导、专家和实业家,对南阳的房地产业和城市发展进行把脉会诊,共同探讨房地产与城市发展的关系,总结经验,分析问题,展望未来,促进发展。国家住房和城乡建设部住宅与房地产业司副司长姜万荣,中国房地产业协会副会长兼秘书长朱中一,中国房地产业协会副会长、省房地产业商会名誉会长、建业住宅集团有限公司董事局主席胡葆森,北京科技大学教授、经济学博士、博士生导师、中国体改研究会特约研究员赵晓主讲,省住房和城乡建设厅副厅长黄旭升等有关领导,国内知名专家、实业家,国内主流媒体和业界主要经济媒体等300余人出席论坛。市长穆为民、副市长陈光杰、市政协副主席文学林等出席。本届论坛由市政府主办,市建委、市房管局、市规划局、市国土资源局共同承办。举办这次南阳市城市发展高峰论坛暨房地产与城建项目招商推介会,目的是充分挖掘南阳区位、资源、交通、房地产、经济、文化等方面的潜力,科学确定城市发展目标,明确城市发展定位,壮大城市实力,实现城市跨越式发展。论坛上,姜万荣从国际的高度深刻分析了房地产业与城市良性互动、协调发展的重要性和必要性,指出当前房地产市场面临的良好机遇,并对本次高峰论坛提出殷切希望。朱中一、胡葆森、赵晓分别作了题为《城镇化与房地产业的协调发展》、《谈中国房地产市场的几个问题》、《中国楼市与经济何以迅速复苏》的专题报告,并对南阳房地产业与城市发展提出客观且符合实际的观点和建议。此次推介会上共签约21个项目,投资总额达207.4亿元。(罗玉有)

房　产　管　理

市房产管理中心主任　陆行任

【房地产管理概况】　2009年,市房管系统全体干部职工以科学发展观为指导,倾心关注住房民生,认真贯彻落实房地产业宏观调控政策,全面推进住房保障工作,大力整顿和规范房地产市场秩序,圆满完成各项工作任务,全年完成商品房施工面积和投资分别为343万平方米、28亿元,占年度计划的127%和128%。

【商品房建设】　2009年市房产管理局认真贯彻落实国家、省、市拉内需、保民生、促增长的各项政策措施,努力推动房地产业平稳发展。一是积极协调落实各级政府促进房地产业持续稳定发展的各项政策,确保优化房地产开发投资环境、规范和整顿房地产市场秩序、个人住房消费等政策措施得以全面贯彻落实;二是为解决房地产开发企业融资难,主动为房银企业牵线搭桥,携手破困局。

4月,以“携手应对困难,合作谋求双赢”为主题,举办2009年南阳首届房银企业洽谈联谊会。会上38个房地产企业与7个金融机构洽谈对接开发项目66个,合同(意向)金额40.93亿元,其中现场合同签约项目44个,金额25.24亿元,签订意向合同22个,贷款金额15.69亿元。三是积极营造良好的住房消费环

2009年4月南阳首届房银企业洽谈联谊会

2009 年 10 月 市长穆为民等领导深入施工现场

境，举办 2009 年春季房产交易会，100 多个房产企业参展，推出各类房产项目 1 万余套，现场成交 800 余套，有力地促进房产市场的发展。在一系列积极政策扶持下，住宅建设克服各种不利因素影响，2009 年全市完成商品房施工面积 343 万平方米，占年度计划的 127%，完成投资 28 亿元，占年度计划的 128%。

【住房保障】 全面实施保障性安居工程是为民所办十件实事之一。全年对 17747 户城市低收入住房困难家庭进行保障，占年度目标任务的 149%。中央投资补助廉租住房建设项目 32 个，已全部开工建设。经济适用住房续建项目共 6 个，已全部竣工，竣工面积 20.22 万平方米。新开工建设项目共 6 个，开工面积 36.8 万平方米，占年度目标任务的 109%。

【产权产籍和房地产市场监管】 (一)产权户籍管理。2009 年，中心城区登记发证 10155 本，面积 16.92 万平方米；房地产抵押登记 4339 起，面积 122.38 万平方米，借贷发生额 20.88 亿元；二手房交易 6468 起，面积 81.49 万平方米，交易额 7.13 亿元；商品房交易 10611 起，面积 113.45 万平方米，交易额 29.54 亿元。(二)房地产市场监管。一是加大市场开发管理力度。根据市委、市政府的要求，加强房地产开发企业资质管理，建立严格的市场准入和清出机制，房地产开发企业信用档案建设。全年已有 94 个房地产开发企业建立信用档案。以房地产市场警报的形式，对房地产开发企业的投诉和行政处理情况进行发布，从源头上制止违法违规建设，对违法违规建设的开发企业，采取公开曝光、经济处罚、停批新建项目，降低或取消资质等强硬措施予以处罚。二是站在保障民生的高度，积极解决城市建成区国有土地房屋登记发证的遗留问题。出台《南阳市城市建成区国有土地房屋登记发证有关问题的处理方法》，明确解决历史遗留问题的时间、方法、步骤，切实保障群众的切身利益。三是加强交易市场管理。严格实行商品房预(销)售合同网上即时登记备案，完善市场监管制度，严肃查处违规开发和预(销)售行为，优化市场发展环境。四是强力推进信息化系统建设。南阳市是住房建设部确定的全国第二批 50 个房地产市场信息系统建设城市之一，2009 年以来，经全局不懈努力，4 月 1 日房地产市场信息系统顺利通过建设部的验收，7 月 5 日正式实现商品房网上即时备案、信息网上直报和信息即时发布，房地产市场管理的科技水平得到显著提高。五是完善诚信体系建设．及时通过媒体和互联网向社会公布优秀企业和服务较差企业，促使企业依法诚信经营，规避群众购房风险。六是紧抓房地产交易大厅建设。实行一条龙服务，一站式办公，完善各项工作制度，加大政策法规和服务承诺制度宣传，方便群众办事。七是建立咨询投诉快速反应机制。成立咨询投诉中心，实时监控，迅速解决群众咨询投诉，全年已接收各项咨询 500 余件。

【货币化分配】 全年共完成审批审核住房货币补贴 1557 人，604.3 万元，占年度目标任务的 100.7%。一是针对住房货币补贴工作中存在的难点，及时查摆问题，分析原因，找到解决问题的工作方法。二是进一步加大政策宣传力度，利用多种途径宣传有关货币化补贴的政策规定。三是加强协调督促，把经济效益好的企业作为工作重点，尽快落实住房货币补贴；四是加大与市财政部门的协调力度，努力争取落实财政补贴资金。五是严格把关，热情服务，准确核定审批补贴对象。

【物业管理】 市房管局进一步加强物业管理，切实保障群众切身利益。一是贯彻落实《物权法》和《物业管理条例》，抓好物业服务市场的整顿和规范，净化物业服务市场。二是建立完善诚信体系建设，加强物业企业信用档案建设。全市已有 124 个物业企业纳入信用档案管理。三是界定工作范围，广泛宣传物业管理部门职能，使全社会了解物业管理工作的有关政策、法规、规定，依法行政。四是着重解决被盗丢失纠纷等突出问题，平息矛盾，规范物业服务市场秩序。五是依托物业管理专业委员会，着力提高行业素质，规范物业管理工作。2009 年 10 月组织召开物业管理会员大会暨现场观摩交流会，进一步增强物业企业服务意识。六是加强从业人员培训。目前全市居住小区物业管理覆盖率达 70%，其中全国物业管理示范小区 1 个，省级物业管理优秀小区 1 个，市级物业管理优秀小区 9 个。七是加强物业维修资金监管，开设维修资金专户。全市建立维修资金个人账户 9871 户，归集维修资金 3066 万元，有效保证资金使用安全。

【行业管理工作】 (一)装修装饰行业管理。2009 年，全市共有装修装饰企业 126 个，其中二级资质 24 个，三级资质 96 个，设计资质 6 个，从业人员近 3 万人，转移社会剩余劳动力约 2 万人。装饰装修企业中 95%以上为民营企业。全市装修装饰企业数量和设计企业数量位列全省第三位。装饰装修行业管理主要从优化环境、强化市场监督、加强施工现场管理、规范家庭市场等四个方面入手。着重加强对业主执行法定建设程序、企业执行国家强制性标准等情况的监督检查。(二)房屋租赁管理。以大型商场、专业市场的管理为突破口，适时开展房屋租赁市场清理整顿工作，已有 8 个大型商场和专业市场纳入管理。全年实现登记备案单位 268 个，发放房屋租赁证 1523 份，管理租赁房屋 4100 间，面积 125760 平方米。(三)房地产中介管理。对全市房地产中介评估机构进行清理整顿。全市有 66 个房地产中介机构续期备案，11 个房地产中介机构撤销备案。配合省住建厅对 19 个评估机构进行检查，进一步规范房地产评估行业。(刘志远)

环 境 保 护

市环保局局长　宋宽军

【环境保护概况】 2009 年，以创建国家环保模范城市统领全市环保工作。坚持面向社会树形象、面向企业搞服务、面向群众办实事，各项工作取得明显成效。全年整治污染排放企业 16 个；完成非电行业企业脱硫工程 4 个；依法取缔、整治违法企业 48 个；炸毁违法钒窑 129 座(978 门)，冶钒浸泡池 132 个，强制拆除矿棚 28 座，清缴粉碎机、制球机等主要设备 30 余套，查封钒土 2000 余吨，没收钒土 760 余吨，没收五氧化二钒 20 吨、半成品 4 吨；全年完成各类监测技术数据共计 196360 个，全市二氧化硫提前 1 年完成“十一五”减排任务，化学需氧量连续 4 年完成年度减排任务。

【环境综合整治】 一是按照国家环保部 2008 年发布的污染排放新标准要求，对造纸、电镀、制药、合成氨等行业共 16 个企业进行分类整治。对 1 个硫酸企业桐柏顺河化工有限公司实施关闭；严格监控因市场原因长期停产的邓州嘉田化工有限公司、南阳晨光化工有限公司、方城华丰化工有限公司、淅川永丰化工有限公司、新野新大地化工有限公司等 5 个化肥企业，未通过环保验收的禁止生产；监督仙鹤纸业、老廷纸业 2 个造纸企业严格落实“三同时”规定，按时向省环保厅申请验收；金骐电镀厂、卧龙电镀厂、宛西制药有限公司、华茸堂制药厂、南阳德润化工有限公司等 5 个企业通过核查，污染物排放达到新标准要求；淅川福森药业有限公司治污工程通过验收，对未按时完成限期治理任务的普康药业有限公司及镇平分公司采取限产 50%的措施，确保污染物排放达到新标准要求。二是积极推进非电行业脱硫工程建设。2009 年全市应完成 4 个非电行业企业脱硫工程建设任务，其中桐柏旭日等 3 个碱矿脱硫工程如期完工；淅铝集团炭素分厂的脱硫工程拟一、二期同建，已于 11 月底停产治理。三是集中开展化工企业专项整治。自 7 月份开始，对全市化工企业进行拉网式排查，对 48 个存在违法行为的企业，依法分别采取取缔、责令补办环保手续或限期治理等措施逐一处理。并将化工企业排查情况及处理意见在《南阳日报》向社会公示，接受监督。四是被市委、市政府列入为民办好的十大实事之中的淅川钒土冶炼综合整治任务圆满完成。淅川县共炸毁违法钒窑 129 座(978 门)，冶钒浸泡池 132 个，强制拆除矿棚 28 座，清缴粉碎机、制球机等主要设备 30 余套，查封钒土 2000 余吨，没收钒土 760 余吨，没收五氧化二钒 20 吨、半成品 4 吨，整治成效明显，钒土开采、冶炼秩序得到有效规范。

【生态环境保护与建设】 生态创建有序开展。(一)桐柏县圆满完成创建生态县年度任务,全市5个乡镇成功创建省级环境优美小城镇,21个村顺利创建省级生态文明村,10个规模化畜禽养殖企业完成污染治理工程。(二)企业清洁生产审核工作按期完成。省目标确定的石化河南油田第一采油厂、河南天冠燃料乙醇有限公司、内乡仙鹤纸业有限公司等3个企业均已完成清洁生产审核工作。(三)秸秆禁烧工作成效显著。全年全省卫星遥感监测火点共计908个,其中南阳市有22个火点,大面积焚烧秸秆现象基本得到遏制,禁烧效果明显好于往年。(四)切实加强对全市尾矿库的环境安全监督管理。对全市54个重点尾矿库进行重点监控,责令9个尾矿库企业限期整改存在的环境安全隐患,8个企业限期制定完善尾矿库环境安全应急预案并进行演练。

【建设项目环境管理】 一是深入开展"企业服务年"活动。提前介入、主动服务建设项目环评前期工作,指导企业及时办理环评手续。重点对58个列入省"8511"重大工业结构调整项目、省环保厅确定的13个重点项目和50个市重点项目,指定专人跟踪服务,加快审批。对全市经济社会发展有重大影响的项目以及符合中央投资要求的项目,实行特事特办,随到随批。加强对产业聚集区规划环评工作的指导与服务,保证全市14个产业集聚区规划环评全部按期通过省直有关部门评审。加大对重大建设项目的协调力度,对需省以上环保部门审批的项目,市局抽派专人进行业务指导、跟踪服务、协同汇报、帮助送审,协调解决在评估及审批过程中存在的问题,努力使项目尽早获得审批。深化环评审批制度改革,实行"行政服务大厅受理,业务科室审查相关资料,联审联批会议审定",审批结果及时上网公布。二是严把建设项目审批关。全市共受理项目617个,其中否决不符合国家产业政策和环保政策项目67个,其中市局否决7个,县(市、区)环保局否决60个。共审批建设项目550个,其中市局审批147个,县(市、区)环保局审批403个,严格控制建设项目的环境准入关。三是加强建设项目"三同时"管理,逐步扭转"重审批、轻管理"的局面。由市环境监察支队对项目建设情况进行施工期监察,实现月报和季报制度,及时制止和查处项目建设中的环境违法行为。对已建成申请试生产的建设项目,按照环评及批复要求严格进行现场核查,存在问题的建设项目不允许其进行试生产,并下达整改通知;符合条件的建设项目,批复试生产申请,同时督促其在规定期限内完成环保设施的验收。全年通过环保"三同时"验收的建设项目115个,其中市局验收21个。四是不断加大工程建设领域突出问题监管力度。下发《关于对工程建设领域存在问题整改的通知》,组织4个检查组对全市环保系统治理工程建设领域突出问题进行专项检查,通过检查进一步摸清2008年以来建设项目的进展情况,加快环境突出问题的整改进度。

【核磁辐射环境管理和危险废物监管】 一是规范对17个涉源单位、301个射线装置单位的环境监管。制定下发《南阳市环境保护局关于加强辐射环境安全与防护监督管理工作的意见》,明确市、县两级辐射监管机构的监管职责、工作范围以及辐射工作单位的管理职责及要求。编印《辐射环境管理法规文件汇编》,配发到县级监管部门和涉源单位,作为日常执法和管理的依据。与各涉源单位签订《辐射安全管理责任书》,与县(市、区)环保局签订《辐射安全监管责任书》,提高涉源单位和县(市、区)环保局的责任意识。2009年全市共安全收贮放射源27枚,实现放射源安全处置率100%。二是开展辐射工作单位检查,确保辐射环境安全。对辖区内涉源单位进行两次全面的安全检查,对存在问题的12个单位逐一监督整改,确保辐射环境安全。三是积极开展医疗废物专项检查和危险废物专项检查。为防控手足口病和甲型H1N1流感,5月份以来,对南阳中心城区30多个医疗机构医疗废物、废水处置设施达标运行情况和医疗废物处置中心(医疗废物管理)进行全面检查整治。

【环境自动监控系统建设】 全面完成省定目标96个国控、省控重点排污单位自动监控基站更新改造任务,并移交第三方运行。12个污水处理厂全部安装视频监控系统。市政府拨付150万元资金建成规范化市级环境监控平台。全市10个空气自动站、9个水质自动站如期建成。2个新建辐射质量自动监测站和油田放射源库自动站完成年度建设任务。

【国家"十一五"重点流域水污染防治规划项目实施】 全市纳入国家"十一五"重点流域水污染防治规划项目共27个,已完成24个,正在建设的项目1个,已完成前期工作的项目2个,完成率85.2%,达到省定80%完成率的目标要求,为全面完成"十一五"建设任务奠定扎实的基础。

【环境保护基础工作】 环境监察能力建设水平得到提升,完成市环境监察机构中部分地区二级标准化建设任务。环境监测工作进一步加强,全年完成各类监测技术数据共计196360个,为环境管理和目标考核提供及时、可靠的技术依据。第一次全市污染源普查任务圆满完成,顺利通过省普查办的全面验收;会同发改委联合编制的《南阳市环境保护"十一五"规划中期评估报告》,已按时上报省发改委和省环保厅。编制《南阳市典型乡镇饮用水水源地基础环境调查及评估工作实施方案》,从2009年4月底开始全面开展全市典型乡镇饮用水水源地基础环境调查,已建立近34万余字的数据信息库。

【环境质量状况】 (一)环境空气质量。2009年,南阳市建成区环境空气质量指数为0.77,空气质量属良好级别。全年南阳市建成区环境空气质量达到国家二级标准天数为338天,占总天数的92.6%。可吸入颗粒物是首要污染物,其次为二氧化硫,市中心城区污染特征仍以煤烟为主。全年降水PH值范围为5.42～7.98之间,PH均值为6.48,酸雨发生频率为2.6%。与2008年相比,市建成区二级天数达标率与去年基本持平,环境空气质量继续保持在良好水平。(二)水环境质量。1、地表水 白河:新甸铺断面(国控、省控)水质类别为Ⅳ类,满足规划水质要求。唐河:梅湾断面(国控、省控)水质类别为Ⅲ类,满足规划水质要求。湍河:内乡怀乡桥断面水质为Ⅱ类,满足规划水质要求;汲滩断面水质为Ⅱ类,能够满足规划水质要求。鹳河:淅川张营断面水质为Ⅲ类,满足规划水质要求。鸭河口水库:鸭河口水库水质除总氮为Ⅲ类水质标准外其余指标均满足规划Ⅱ类水质要求。丹江口水库:陶岔监测点所测指标中除总氮为Ⅳ类水质标准外其余指标均满足规划Ⅱ类水质要求。与2008年相比,鸭河口水库水质、丹江口水库水质类别、营养状态均无大的变化。2、地下水 2009年南阳市建成区水水质良好,5个监测井位水质均符合《地下水质量标准》(GB/T14848－93)Ⅲ类标准,达标率为1100%,与2008年相比,南阳市建成区地下水水质基本不变,比较稳定。(三)声环境质量。1、城市区域环境噪声:2009年南阳市建成区区域环境噪声共设200个有效监测点位,等效声级范围为44.8～58.3分贝(A),平均等效声级为52.4分贝(A),符合Ⅰ类标准,声环境质量为较好级别。与2008年相比,南阳市建成区区域环境噪声平均等效声级略有上升。2、功能区噪声:2009年南阳市建成区功能区噪声年平均等效声级昼间、夜间均达标。根据监测点次达标情况,居民文教区、混杂区、工业区、交通干线两侧区域达标率为100%。与2008年相比,居民文教区噪声达标率上升25%外,其他各功能区噪声达标率无变化,全市功能区噪声总测电磁达标率上升3.1%。3、道路交通噪声:2009年南阳市建成区19条主干线噪声等效声级范围在62.8～71.7分贝(A),平均等效声级为67.0分贝(A),符合《声环境质量标准》(GB3096－2008)4a类标准,道路交通声环境质量为"好"的级别。建成区19条主干线达标干线长度为61.1公里,占总长度的92.1%,超标干线长度为6.1公里,占总长度的7.9%。与2008年度相比,2009年全市交通噪声平均等效声级降低0.3分贝(A),超标路段比例降低7.3%,污染程度有所减轻,声环境质量比较稳定。

【固体废物污染防治】 (一)工业固体废物管理。2009年南阳市工业固体废物产生总量为448.82万吨,综合利用量381.1万吨,综合利用率为84.9%,贮存量40.7万吨,处置量27.02万吨,排放量为0万吨。(二)危险废物管理。1、工业危险废物产生及处置 2009年南阳市共有工业危险废物产生企业30家,主要分布于石化、制药、化工、机械等行业,工业危险废物产生总量为102208.78吨,其中,综合利用102063.76吨,处置量120.40吨,贮存量24.62吨。2、医疗废物的产生及处置。2009年南阳市县(市、区)级以上医疗机构和部分乡镇卫生院共产生医疗废物1396吨,全部送往南阳市医疗废物处置中心焚烧处置。(三)城市生活垃圾管理情况。1、生活垃圾产生及处置 2009年,南阳市中心城区生活垃圾日产生量为860吨,全年共产生31.39万吨,由环卫部门清运,全部送往南阳市生活垃圾综合处理场进行安全填埋处置。2、建筑垃圾产生及处置 2009年南阳市区共产生建筑垃圾约23万吨,均由环卫部门清运送往城区周边填坑,综合利用率为100%。3、城市污水处理厂污泥 2009年,南阳市污水净化中心污泥产生总量为31134吨,所辖11个县(市)的污水处理厂已全部建成并投入正式运营,污水处理厂共产生污泥20275吨,全部送往生活垃圾填埋场卫生填埋或做农肥使用。

【生态环境保护】 截至2009年底,全市有桐柏、邓州2个县(市)开展生态县创建工作,已建设国家及省级生态示范区4个,创建完成国家级环境优美乡镇1个(西峡县城关镇),省级环境优美乡镇8个,省级生态文明村35个,市级生态文明村59个。全市共有8个自然保护区,总面积20.85万公顷,占全市国土面积的7.92%。其中国家级自然保护区4个:伏牛山国家级自然保护区、南阳恐龙蛋化石群国家级自然保护区、河南省宝天曼国家级自然保护区、河南丹江湿地自然保护区。省级自然保护区4个:西峡大鲵自然保护区、内乡湍河湿地自然保护区、桐柏太白顶省级自然保护区、桐柏高乐山省级自然保护区。

【主要污染物排放及减排】 (一)主要污染物排放。2009年全市废水排放总量24678万吨,其中工业废水排放量为9742万吨,比2008年下降1.1%,城镇生活污水排放量为14936万吨,比2008年增加2.1%。全市化学需氧量排放量为68399吨,其中工业化学需氧量排放量为32518吨,比2008年减少9.76%,生活污水中化学需氧量排放量为35881吨,较2008年增加7.1%,2009年全市工业废水达标率为98.3%,比上年增长2.1%,城镇生活污水处理率为46.46%。2009年,全市工业废气排放总量为14152888万标立方米,工业二氧化硫排放量为560056吨,比上年下降11%,烟尘排放量为18582吨,比上年降低40%,工业粉尘排放量为8708吨,比上年增长3%。(二)主要污染物减排情况。2009年,经国家和省核查,总量减排核定结果为:化学需氧量排放量为6.84万吨,比2008年下降1.6%,超过省定目标任务0.3个百分点;二氧化硫排放量为6.34万吨,比2008年下降7.8%,提前1年完成"十一五"二氧化硫减排目标任务。(王瑞琴)

农　业

农业综述

市农综办主任　赵玉坤

【农业和农村工作概况】　2009年，全市农业部门认真贯彻落实中央一号文件和中央、省、市农村工作会议精神，战胜特大旱灾，化解金融危机带来的市场波动，扎实推进农业和农村各项经济工作。全市第一产业增加值达367.07亿元，增长4.2%；农民人均纯收入达4931.4元，增长7.9%。一是粮食生产抗灾夺丰收。在全市遭遇罕见的冬春连旱、偏重发生的病虫害、"三夏"期间持续降雨和秋作物后期大风暴雨等自然灾害的情况下，农业部门采取不同措施积极应对。在大灾之年再夺粮食丰收，总产达57.93亿公斤，比上年增1.7%，实现连续6年增产、连续4年超50亿公斤。在小麦受灾萌动发芽、品质下降的情况下，为维护农民利益，千方百计全力收购，全市共收购夏粮20亿公斤，接近上年水平。二是农业结构进一步优化。全年粮食种植面积112.13万公顷，增1.8%；棉花、花生、小辣椒、烟叶种植面积分别达到10.67万公顷、19.73万公顷、9.8万公顷、1.73万公顷。完成烟叶收购60.47万担。新建300头畜位以上肉牛育肥场41个，新增年出栏万头以上养猪场26个，新增200头畜位以上奶牛养殖场15个，肉蛋奶总产量达121.25万吨，成功举办第四届中国牛业大会。水产品产量达30万吨，其中鱼产量达9.4万吨。三是农业基础设施建设成效显著。全年共争取到位省以上项目投资14.36亿元，是历年来争取项目和资金最多的一年。全年总投资2.03亿元的1.2万公顷农业综合开发项目已全部竣工。完成水利项目总投资14.99亿元，以鸭河口、引丹、宋岗灌区续建配套、水库除险加固、灌溉工程等为重点的大型水利工程建设有序推进，新增、恢复灌溉面积5.61万公顷，改善除涝面积22.6万公顷。完成造林8.67万公顷，超省定目标30个百分点，是历年来生态工程造林最多的一年。全市农机总动力达到1075.6万千瓦，完成机耕面积130.20万公顷，气象综合观测体系进一步加强。四是现代农业建设步伐明显加快。科尔沁牛业、河南龙大牧原屠宰、三色鸽豆业项目相继建成投产，初现拉动效益。新发展农民专业合作社654家，累计达到1024家，入社成员1万余人，年销售收入12.7亿元。农村现代流通网络基本完善，建成市级配送中心3个，县级和区域性配送中心55个，村级日用品农家店、农资店7000多个。引进试验农作物新品种198个，新认定无公害农产品生产基地12个，无公害农产品30个，绿色食品1个，有机农产品2个。75家畜牧企业通过省级畜产品产地认定和产品认证验收。五是惠农政策全面落实。落实种粮直补、综合补贴10.61亿元，亩均补贴80.5元。良种补贴资金1.65亿元，补贴面积100.73万公顷；农机具购置补贴资金8431万元，共补贴各类农机具12860台，受益农户12275户。完成"阳光工程""雨露计划"培训3.8万人。新建农村户用沼气池10.2万个，建设服务网点568处。投入扶贫开发财政资金1.05亿元，完成143个整村推进村的扶贫建设任务，解决12.31万贫困人口的温饱问题。完成总投资1.62亿元，解决农村饮水安全25.1万人。六是新农村建设扎实推进。全年共投入各类新农村建设资金2.37亿元，新修通村公路1476公里，营造围村防护林670余万株；新修村内排水沟1800公里、清除垃圾780余万方，新建、改建村级标准化卫生室(所)132个，新建、改扩建村级文化大院126个，新建新农村书屋(图书室)123个，添置体育健身器材782套。76个乡(镇)和920个行政村完成规划编制任务。200个试点村、54个示范村和1782个村容村貌整治村完成基础设施建设任务。建成村级党员活动场所1284个，农村基层党组织建设进一步加强。七是农村各项改革不断深化。完成非国有粮食购销企业改制86个，改制面达90.5%。供销系统改革基层社190个，全系统完成年度购销总额152.7亿元，实现利润总额5324万元。集体林权制度改革取得阶段性成效，超额完成省政府下达的75%以上年度目标任务。水利工程管理体制改革全面完成。兽医、农业科研体制改革有序推进。信贷支农投入不断加大，2009底涉农贷款余额421.3亿元，较上年底净增104.7亿元。

【新农村建设】 全市新农村建设工作以“向荣杯”竞赛活动为载体，狠抓规划编制、强化示范村、试点村建设，全面开展村容村貌整治，取得显著成效。全年投入各类新农村建设资金2.37亿元，76个乡镇和920个行政村完成规划编制任务，200个试点村、54个示范村全面完成基础设施建设任务，1782个行政村完成村容村貌整治任务。一是农村公共基础设施建设明显加强。以水、路、气、电等基础设施建设为突破口，全面改善农村生产生活条件，新修“村村通”柏油路(水泥路)和村内主干道路、村组入户道路3690公里，解决25.1万农村人口安全饮水问题，新建沼气用户9.83万户。二是加大村镇整治力度。以抓好村庄布局和环境卫生综合整治为重点的村容村貌整治活动，取得明显成效。累计营造围村防护林670余万株，新修村内排水沟1800公里、疏峻排水沟渠1925公里，清除垃圾780余万方，拆除违章建筑1200多座、新安装路灯568盏。三是农村社会事业发展步伐明显加快。新建、改建村级标准化卫生室(所)132个，新建、改扩建村级文化大院126个，新建新农村书屋(图书室)123个，添置体育健身器材782套，新发展农家店和农村连锁超市397个、农民专业合作社523个。四是农村精神文明水平明显提升。通过大力推广“四议两公开”工作法，实行政务村务公开，开展各种形式的精神文明评比活动，遵纪守法、明礼诚信、赡养老人、勤俭自强正在成为农民群众的自觉行为，健康文明的娱乐活动，不断丰富着农民群众的业余生活。

【农业综合开发】 年初，面对上年冬季全市出现的特大干旱，认真贯彻落实省、市关于抗旱浇麦夺丰收的决策部署，高标准实施农业综合开发应急灌溉工程项目，打破常规，在农业综合开发中低产田改造项目计划尚未上报国家批复下达的情况下，率先启动2009年农业综合开发1万公顷中低产田改造项目水利灌溉工程建设，新打机电井1198眼，延伸疏浚塘库工程渠道119.5公里，开挖土方工程96.2万方，新增有效灌溉面积0.69万公顷。3月底全部完成建设任务，并及时投入抗旱浇麦。2009年度全市农业综合开发争取项目总投资2.03亿元，比上年度增长29%，计划完成土地治理项目任务1.2万公顷，其中改造中低产田1万公顷，高标准农田示范工程0.13万公顷，自然灾害损毁工程修复0.07万公顷；实施财政补贴项目9个，贷款贴息项目8个，投资产业化经营项目资金4726万元。至年底，圆满完成项目建设任务。

【世行三期灌溉农业项目】 世行三期灌溉农业项目改造中低产田0.28万公顷，开发范围为方城、社旗、宛城、新野4个县(区)的4个乡(镇)、15个行政村。项目总投资2111万元。新增节水灌溉面积2136公顷，增加农田林网防护面积1544公顷，为改善生态环境、提高项目区农业综合生产能力起到很好的推动作用。项目区全年新增粮食3106吨、棉花117吨、油料670吨、蔬菜4792吨、其它农产品218吨，直接受益农业人口28409人，有力推动农业农村经济持续快速发展。

【世行五期扶贫项目】 2009年世行五期扶贫项目工作在省扶贫办的正确指导和帮助下，以项目手册为准则，以社区协助员为骨干，坚持社区主导、各级政府部门协调、指导和动员全社会共同参与的原则，坚持扶贫开发与新农村建设相结合，充分调动各方面积极因素，使各项工作有序推进。主要特点：一是扎实做好村级项目管理组织组建工作。年初，组织各县召开项目乡镇专干和先导工程实施村支书和村协助员专题培训会，发放有关培训和宣传资料5100余份，制定村级项目管理组织组建工作的方法与步骤，各县对先导工程村进行验收。二是稳妥推进项目竞争评选工作。各县陆续召开由乡镇项目专干及社区协助员参加的专题培训会，发放培训资料1000余份。各村项目进行不少于3天的公示，然后确定实施的建设项目。三是认真细致做好项目审核工作。36个先导工程村共审核确定各类项目68个。其中新建村内道路51.3千米、建桥12座、打井5眼、改造蓄水塘9个、改造灌渠9千米、修建护坡500平方米、村容村貌整治1处、修建文化广场400平方米、建图书阅览室125千平方米、植树6300株、建乡村排水管道3.2千米。

【扶贫开发】 坚持以加快贫困地区脱贫步伐为目标，以强化基础设施建设为重点，严格管理，至年底项目全部建成并发挥效益，全面完成省下达全市解决和巩固12.27万贫困人口温饱的任务。一是争取上级扶贫资金总量有较大增长。省下达全市财政扶贫资金8708万元，比上年增加1478万元。其中争取中央、省扶贫开发整村推进项目资金6110万元，比上年增加820万元，实施整村推进村143个，比计划多争取13个；到位搬迁扶贫资金850万元，比上年增加50万元；到位连片开发试点项目资金1000万元，比上年增加500万元。争取科技项目总投资245万元，比上年增加65万元。二是项目建设进展顺利。整村推进项目，全市完成143个整村推进村，实施财政扶贫项目174个；搬迁扶贫项目，共8个安置点，计划搬迁贫困农户709户、2846人；科技开发和淅川县国家级连片开发试点项目已获省政府批复，各项目乡村正按规划有序实施。

【10万亩现代农业示范区建设】 10万亩现代农业示范区继续围绕建设现代农业示范区、高新农业的展示区、新农村建设的样板区的总体方向，大力发展支柱产业，深化各项改革，加快推进土地规模化经营和农业产业化进程，使示范区建设迈上一个新台阶。一是基础设施条件明显改善。示范区通过农业综合开发、世行开发及鸭灌配套建设等基本完成水、电、林、路、沟渠、涵桥、闸、井等基础设施建设任务，基本上实现田成方、林成网、路相通、沟相连，旱能浇、涝能排。全市农业、林业、水利、农机等部门投入农业基本建设项目资金420余万元、县(区)投入138万元、社会资金投入216万元，硬化道路32公里，改造、硬化斗农渠22公里，修整渠系建筑物182座，购置大型农业机械25台，建林果基地16.67公顷，造林76万株；建钢骨架大棚320个、高标准温室大棚470座；使66.67公顷的淡水养殖设施进一步完备。二是科技水平明显提高。示范区坚持现有技术与引进技术相结合，采取示范带动与整体推进相结合的办法，加速农业新技术、新品种的推广步伐。全年市、县(区)两级有关部门开展农林牧渔和农机新技术培训3.77万人次，发放科技资料8万余份。示范区农民的科技水平明显提高，科技普及率达95%以上，模式化栽培率达90%以上。种植业良种覆盖率达100%，优质专用小麦种植面积占小麦总种植面积的60%左右。三是农村合作经济组织健康发展。在示范区建设中，始终把发展农村合作经济组织，建立和完善市场机制放在十分重要的位置，坚持以产业为基础和政府引导、农民自愿的原则，充分发挥基层党组织和村委会及广大党员的作用，采取“支部＋协会”、“党员＋协会”、“能人＋协会”等形式，因地制宜发展，不断规范完善。全年新发展农民专业协会6个，有3个乡(镇)成立农村合作经济总会，设立产业分会，较好地开展新品种、新技术和市场信息在农作物产前、产中、产后服务，提高市场化水平。

【科技开发工作】 全年科技项目总投资369万元。12个省级和1个国家级科技项目高标准、高质量地完成施工建设任务，已发挥较好的经济效益和社会效益。共引进新品种38个，新技术29项，推广示范面积0.06万公顷；引进种畜12122头(只)；印发技术资料2.08万份，培训农民1.63万人。年实现利润453.1余万元，使项目区2514个贫困户、0.98万贫困人口实现脱贫致富；可带动项目区周边地区1.22万户、4.87万人增加收入。科技项目拓宽了项目区农民的增收渠道。

【贫困地区劳动力转移培训】 全市贫困地区劳动力转移培训工作，以实施“雨露计划”为载体，以提高农民自身素质、增强“造血”功能为切入点，狠抓基地认定、规范化管理、培训质量和跟踪服务等关键环节，培训质量及转移就业人数实现新的提高。全市共投入培训资金503万元，举办各级各类培训450余期，免费培训贫困地区农民1.71万人，其中技能培训7500人，引导性培训0.96万人；转移就业1.56万人，全部完成年度计划任务。(周晓义　刘万欣)

种　　植　　业

种植业综述

市农业局局长　谢广平

【种植业概述】 2009年，全市农业和农村经济保持快速发展的良好势头。农业综合生产能力稳步提高，粮食生产跨上新的台阶，农业结构调整步伐加快，农产品质量安全水平不断改善，产业化经营实现新的突破，农民收入持续增长。全市粮食、棉花、油料总产分别达到579万吨、11.3万吨、107.8万吨，比上年增加1.7%、3.7%、5.7%，特别是粮食生产连续6年取得丰收、连续4年突破50亿公斤。第一产业增加值为367.07亿元，比上年增长4.2%；全年农村居民人均纯收入4931元，剔除价格因素，比上年实际增长7.7%；农村居民人均生活消费支出3606元，比上年增长10.7%；农村居民家庭恩格尔系数为37.8%。

一、提高农业综合生产能力。一是落实惠农政策。全市小麦、玉米、棉花、水稻实行良种补贴全覆盖，补贴资金2.22亿元。落实"阳光工程"资金1038.5万元，培训转移劳动力20700人。落实测土配方施肥资金605万元。二是加强项目建设。围绕标准良田、植保工程、农产品质量检测、基层农技推广体系等内容，共争取省以上项目资金34572.7万元。三是提高耕地质量。在配合国土资源部门做好基本农田保护的同时，通过积极争取，全市13个县市区全部成为国家测土配方施肥示范县，推广测土配方施肥458.2千公顷。

二、抓好粮食生产，调整农业结构。一是发展粮食生产。抓住国家粮食战略工程河南粮食生产核心区建设机遇，积极争取项目，打造南阳粮食主产区，全市13个县(市、区)均列入项目建设范围。围绕粮食生产，制订生产方案和措施，抓好良种推广、良种配套、社会化服务、高产创建、土地流转等关键措施的落实。努力克服干旱、洪涝、病虫害等自然灾害影响，粮食总产达579万吨，再创历史新高。二是调整农业结构。发展一村一品，以推进专业村、专业乡建设为重点，集中抓好优质粮、棉、油、烟、蔬菜、中药材、食用菌等10大优势农产品生产基地建设，在项目、资金、技术、信息等方面做好服务。全市10大优势农产品生产基地基本形成，特色优势日趋明显，特别是蔬菜、小辣椒、中药材、食用菌、花生等优势产业进一步巩固壮大。三是发展标准化生产。制订发布蔬菜生产标准24项，新认定无公害农产品生产基地12个、面积达4.73千公顷；新认证无公害农产品30个、绿色食品1个、有机农产品2个。全市累计认定无公害农产品基地117个、面积达422.93千公顷。四是农产品出口创汇逆势增长，全年共出口1214批货物，货值1.06亿美元，同比增长28.6%，占出口检验检疫总货值的73.6%，占全省出口量的1/5。出口农产品质量稳定，无退货、召回等质量安全问题。南阳植酸酶、木聚糖酶产品首次出口韩国，新鲜蔬菜顺利出口俄罗斯。西峡县香菇出口4205吨，货值5900万美元，再创历史新高。

三、发展农业产业化经营，提高农业组织化水平。一是对市重点龙头企业实行动态管理，建立完善监测体系，推荐49个企业申报河南省农业产业化重点企业。全市农业产业化组织达到8041个，参与农业产业化经营的农户142.49万户，占全市总农户的59.5%，户均增收1314.5元。粮食、棉纺、中药材、烟叶、地毯、奶业等6个产业链进一步发展壮大，蔬菜、食用菌、林果、黄牛等优势产业链条已具雏形。二是广泛招商引资，发展农产品加工。10月全市36个企业参加河南省农业产业化银企合作会，签订招商引资项目16个，银企对接项目19个，引进资金总额25.4亿元，居全省第三。三是大力发展农民专业合作社。全市新发展农民专业合作社654个，累计达到1024家，社员1.13万户，年销售收入12.72亿元。13家农民专业合作社被农业厅认定为全省第一批农民专业合作社示范社。

四、建立完善农业社会化服务体系，创新服务模式。一是建立新型的农技服务体系。邓州、方城、南召3个县(市)实施"基层农技推广体系改革与建设示范县"项目。该项目连续实施5年，每年每县投资100万元用于基层农技推广体系的软硬件建设。二是农产品质量安全体系不断完善。邓州、桐柏、新野、淅川、宛城、卧龙、方城、西峡等10个县级检测站已具备农产品快速检测能力，全市初步形成农产品质量检测体系。三是建立以电话语音系统为核心，结合计算机网络、电视媒体、电话、手机等多渠道的“三电合一”信息采集、整理、发布系统。全市农业信息网站编发农业动态、市场信息5.3万多条。四是创新服务方式。开展“千名科技人员包千村行动”，1247名科技人员分包全市4500多个行政村，进村入户开展技术指导和服务，建立重大病虫害应急防控专业队伍139个；“12316”三农热线和“12582”三农短信平台运行水平不断提高，全年接听电话3994个，发展短信用户32600户。

五、加强农业执法，维护农民合法权益。一是推动农村土地流转，建立完善土地经营权流转机制和纠纷仲裁制度。二是加强农村集体资产与财务管理。完善农村财务公开制度，重点开展村干部离任审计、土地补偿费管理使用等专项审计，指导建立征地补偿费专户管理制度。三是加强农资市场整顿。开展春季农资市场专项整治、“放心农资下乡进村宣传月”、秋冬季农资市场专项整治、农药市场监管年等专项行动。全年出动执法人员11462人次，检查农资市场门店5618个，查处案件472件，挽回经济损失701.2万元。窗口办理审批事项1483件。四是开展农产品质量安全整治。全年出动执法人员238人次，检查无公害农产品、绿色食品、有机食品生产企业260个次，农产品批发市场130个次、生产基地150个次，查处违规使用农产品质量认证标志行为5起，立案4起。（王林胜）

【命名20家农业旅游观光园】 12月23日，市旅游局、农业局联合命名20家“南阳市农业旅游观光园”，分别是卧龙区金岁月生态园、卧龙区石桥月季观光园、卧龙区古庄渔村石榴采摘园、卧龙区后庄仲景养生园、宛城区郑家园、宛城区锦江南观光农业生态园、宛城区新阳光高尔夫度假村、宛城区红磨房度假村、新野县蔬菜产业园、新野县大圣猕猴山庄、西峡县英湾村农业观光园、西峡县孙沟李杏基地、淅川县河南丹江大观苑、镇平县卢医杏李园、镇平县老庄镇樱桃园、内乡县赤眉镇生态文明新村、社旗县农业科技生态园、唐河县朱庄农业生态观光园、桐柏县月河笔架山花木古树观光园、桐柏县栗子园休闲度假山庄。（王林胜）

粮食作物生产

【夏粮生产】 2009年农业部门认真贯彻落实各项支农惠农政策，加大资金投入，改善生产条件，强化科技支撑，特别是面对严重的冬春持续干旱和小麦中后期严重的条锈病、吸浆虫危害，加大抗旱和防治力度，使大灾之年夏粮仍然取得丰收。全市夏粮种植面积666.27千公顷，其中小麦660.96千公顷。夏粮总产356.23万吨，每公顷5346公斤；其中小麦总产354.8万吨，每公顷5367公斤。夏粮生产有以下特点：一是明晰主导品种。全市小麦亩穗数33.6万穗，增加1.1万穗；穗粒数33粒，减少0.5粒；千粒重略有增长。主导品种进一步确立，郑麦9023、豫麦70－36种植面积分别为289.93千公顷和104千公顷，2个品种占小麦总面积的59.6%。西农979、偃展4110、新麦208等种植面积发展较快，衡观35、内乡201等新品种也表现较好。优质小麦区域化布局、规模化种植格局初步形成。全市以郑麦9023、西农979等为主的优质强筋小麦的种植面积达350.87千公顷，占小麦种植总面积的53.08%。形成以唐河、邓州、宛城、新野、镇平等9个县（市、区）为集中产区的优质小麦生产基地。二是打好抗旱攻坚战和病虫害防控歼灭战。针对冬春持续严重干旱，累计投入抗旱资金1.6亿元，动用机电井4.95万眼，投入机动抗旱设备29.2万台套，浇灌小麦374.87千公顷，占可浇面积383.1千公顷的97.9%。针对小麦中后期以条锈病、吸浆虫为主的病虫害，财政投入防控资金560万元，设立286个基层测报点，动用器械29万台套，投入机防专业队798个，防治病虫害1204千公顷，其中条锈病防治230.67千公顷，吸浆虫防治253.33千公顷，呈流行态势的小麦条锈病被控制在初发、局部危害阶段，严重爆发的小麦吸浆虫得到有效控制。三是良种良法配套。抓好适用技术落实，在不同生产环节，突出抓好适时适量播种、科学施肥、化学除草、病虫害防治等技术的落实。实施千人包千村活动，围绕“抗大旱、促春管、夺丰收”的目标，组织1000多名农业技术人员，分包全市4540个行政村服务到户，开展测土配方施肥，依据不同土质、不同肥力和产量，制定多种类型的施肥配方，建立耕地质量动态监测和预警系统。全市共推广小麦测土配方施肥技术317.53千公顷。四是开展小麦高产创建活动。全市建立小麦高产创建示范区32个、面积23.33千公顷，其中承担农业部下达的高产创建示范片15个。五是遭受雨涝灾害。5月22～29日，全市普降中到大雨，降雨量达40～114毫米，特别是27～29日，连续70个小时的不间断降雨，全市小麦不同程度萌动发芽，籽粒萌动发芽10%以上的面积达555.33千公顷，其中萌动156.2千公顷，突破种皮326千公顷，生根发芽73.13千公顷，萌动发芽率平均达40%以上。全市33.33千公顷小麦良种繁育基地有30千公顷报废。（王林胜）

【秋粮生产】 秋粮生产注重推广优良品种,强化田间管理,对秋作物早期洪涝灾害、后期大风暴雨灾害,抗灾应变措施得力,田间管理及时到位,秋季农业生产再次取得丰收。全市秋粮种植454.82千公顷,每公顷产量4905.2公斤,总产量223.1万吨。其中水稻49.2千公顷,总产31.33万吨;玉米262.9千公顷,总产144.49万吨;豆类83.15千公顷,总产16.48万吨;红薯62.72千公顷,总产31.75万吨。突出特点:一是种植结构进一步优化。全市以郑单958、浚单20、金海5号、中科4号、鑫丰6号等为主的高淀粉玉米、粮饲兼用玉米达到98%,以Ⅱ优725、冈优725、绵Ⅱ优838等为主的优质水稻达到86%,以豫薯8号、12号、13号等为主的高淀粉、优质红薯达到81%,以豫豆25号、郑92116、郑9805、豫豆29等为主的高油大豆达到60%。在桐柏县、唐河县、南召县等地推广Ⅱ优明86、新Ⅱ优1号、奥优938等超级杂交稻3.33千公顷。二是粮食生产区域化布局初步形成。全市形成以唐河、邓州、方城等县(市)为主的133.3千公顷专用玉米生产基地,以唐河、南召、桐柏等县为主的33.33千公顷优质水稻生产基地,以唐河、社旗、方城等县为主的53.3千公顷的优质脱毒红薯生产基地,秋粮生产形成区域化布局、规模化种植、专业化生产格局。三是农业先进适用技术得到普及。玉米积极推广"一增四改"技术措施,合理增加种植密度、改种耐密型高产品种、改套种为平播、改粗放用肥为配方施肥、改人工种植为机械化作业。水稻积极推广"一增四推"关键技术措施,合理增加穗数,推广精确定量栽培、病虫害统防统治、配方施肥、机械化作业,秋作物种植科技含量稳步提高。四是创建高产示范片。全市建立33个秋粮高产创建示范片,面积51.33千公顷,其中玉米27个、45.2千公顷;水稻3个、4.07千公顷;大豆3个、2.07千公顷。单产普遍提高10%以上。五是遭受洪涝灾害。8月28～30日,全市出现大风降雨天气,玉米倒伏86千公顷,其中严重倒伏26.67千公顷,表现为大片倒伏或茎秆折断。(王林胜)

【中共河南省委、省政府表彰全市粮食生产先进单位和个人】 2月25日,中共河南省委、省政府下发《关于表彰全省粮食生产先进单位和先进个人的决定》,对在全省粮食生产中做出重大贡献、取得突出成绩的单位和个人进行表彰。唐河县、邓州市、方城县被授予全省粮食生产先进县(市)称号,南阳市被授予全省粮食高产创建活动组织奖,授予卧龙区蒲山奔康农机专业合作社等8家合作社为全省农机合作社先进单位,吴立、王林胜等19人获全省粮食生产先进工作者称号,授予海国勇、张丰奇全省粮食生产大户标兵称号。(王林胜)

【全市粮食生产先进单位和个人受农业部表彰】 12月,农业部下发《关于表彰2009年全国粮食生产先进单位和个人的决定》,对全国粮食生产先进单位和个人进行表彰。唐河县、邓州市被授予"全国粮食生产先进县(市)"称号,市政府副市长姚龙其被授予"全国粮食生产先进工作者"称号,王德正(邓州市张楼乡谷楼村)、丁怀中(唐河县上屯镇丁岗村)、赵保健(社旗县李店镇西杨庄村)、高山峰(方城县博望镇东风村)被授予"全国粮食生产大户"称号。(王林胜)

经济作物生产

【棉花生产】 2009年,全市棉花种植面积106.56千公顷,比上年的118.03千公顷,减9.7%,总产90033吨,比上年的109150吨减17.51%。(一)生产特点:1、棉农植棉积极性低,种植面积下降幅度大。由于2008年度棉花开磅收购较晚,价格太低,最低每公斤籽棉仅为4.2元,与棉农期望最低价格每公斤6.8元相距甚远。偏低的价格导致棉农增产不增收,严重影响棉农的植棉积极性,致使2009年棉花种植面积下降较大。2、实施高产创建,高产典型多。新野县植棉11.4千公顷,全县平均每公顷皮棉产量达1323公斤,全市平均每公顷皮棉产量超过1200公斤的县有6个,超过1125公斤的县有1个,共有7个县跨入高产行列;唐河县昝岗乡植棉面积666.67公顷,平均每公顷单产1621.5公斤,其中,昝岗村二组农户葛应彬种麦套棉0.27公顷,每公顷平均产籽棉5880公斤;方城县袁店回族乡四里营村庄科组棉农王来祥,运用搬钵移栽技术种植棉花0.59公顷,平均每公顷产籽棉3885公斤。3、气候影响利大于弊。4月份干旱少雨,5月降雨量101～217毫米,棉区降雨量均多于常年,特别是邓州市、内乡县、淅川县降雨量列历史前三位高值。降水过程时间长,雨量大,温度低,影响棉苗生长。6～8月日照时数368小时(镇平)～547小时(唐河),所有县(区)均少于常年均值,镇平列历史第一位低值。6～8月降水量328毫米(新野)～678毫米(方城),南召县、镇平县、方城县偏多,其余县(市、区)接近常年。8月除日照时数偏少影响棉花开花结铃、成熟期推迟和霜后花增加外,其它气候因素基本正常，但8月28～29日全市多数棉区遭受风雨袭击，瞬时最大风速18.2米/秒，导致棉花倒伏较重，对棉花产量和品质造成严重的不利影响。9月份温度正常，10月份大部分天气晴好，利于后期吐絮成熟，对棉花后期生产比较有利。4、以气候因素影响为主，病虫害中度发生。6月至8月份，降水偏多，特别是7月下旬至8月中旬，遭遇阴雨天气，气温较常年同期偏低，光照时数也偏少，造成棉花部分病虫害发生较重。虫害重于病害，后期重于前期，突出的有棉盲蝽、棉叶螨、棉蚜、棉铃虫、烟粉虱和枯黄萎病、红叶茎枯病等。5、棉花开磅收购晚，价格较上年略有回升。新棉到9月20日才陆续开始，开磅时间与上年一样，比正常年份晚一月，籽棉刚上市售价每公斤5.94～6元，高于上年同期的5.6～5.8元，11月初每公斤达6.6～6.8元，亩效益与上年相比增加15～20%。据宛城区棉办对瓦店、溧河、红泥湾、汉冢等乡(镇)20户棉农的调查，2009年植棉面积4.05公顷，平均每公顷产籽棉3957公斤，籽棉售价6.0元/公斤，每公顷产值23742元，每公顷投入15085.5元，每公顷净收入为8656.5元，每公顷产值、收入与上年的20760.3元、2674.8元相比分别增14.4%和69.1%。(二)主要做法：1、提高良种覆盖率。2009年全市优良品种推广面积105.8千公顷，良种覆盖率达99.2%。2、精心育苗。棉花育苗自3月底开始，4月15日左右达到高潮，4月25日全部结束。基本达到苗齐、苗匀、苗壮。全市育苗移栽面积102.83千公顷，占总面积的96.5%。3、加强棉田管理。移栽结束后，棉区各地及时开展以中耕除草、科学施肥、防治病虫害等为主的田间管理工作。麦收后，各地全力以赴，积极进行中耕灭茬、封根培土和抗旱保苗工作，加强病虫害防治，及时防治地老虎、棉红蜘蛛、白粉虱、黄枯萎等病虫危害，同时大力推广配方施肥、化学调控等高产技术措施，为棉花丰收打下坚实基础。4、大力推广抗虫杂交棉和杂交棉。全市共推广抗虫棉、杂交棉、抗虫棉杂交棉达104.11千公顷，占总面积的97.7%，品种以湘杂棉8号、鄂杂棉6号、豫杂37、银山2号、湘杂棉3号、鄂杂棉10号、中棉所63、中棉所50、宛棉9号等为主。5、推广普及包衣棉种。全市组织包衣棉种76.7万公斤，其中本市加工0.3万公斤，外调76.4万公斤，种植面积97.93千公顷，占棉播面积的91.9%。6、推广无土育苗技术。全市示范推广棉花无土育苗640公顷，其中唐河县266.7公顷、社旗县6.67公顷、镇平县200公顷、邓州市133.33公顷、方城县33.33公顷，移栽成活率均在95%以上，而且长势稳健。7、示范搬钵移栽。全市共示范种植200公顷。8、狠抓良种补贴工作。全年国家棉花良种推广补贴项目涉及唐河、新野、宛城、社旗、邓州等11个植棉县(市、区)。按照“全面覆盖，整体推进，因地制宜，补贴农民”的思路，使国家在棉花上的惠农政策再一次得到较好落实。9、圆满完成高产创建工作。按照省农业厅的安排布署，全市承担棉花高产创建工作共落实种植面积4189.3公顷，平均每公顷单产皮棉达到1570.05公斤，比全市平均产量1206公斤增364.05公斤，增产30.2%。10、继续抓好棉花保险试点工作。全市入保面积100.55千公顷，占植棉面积的94.4%。7月份遭暴雨灾害，部分棉田受损，保险公司拟理赔533.33公顷，拟理赔资金1500万元。为建立全省棉花生产风险防范机制，最大限度建立棉农植棉风险，促进全省棉花产业持续稳定发展作出积极有益的探索。(王志刚)

【小辣椒生产】 全市小辣椒播种面积98.26千公顷，总产535050吨。共种植三鹰椒34.87千公顷，子弹头12.87千公顷，新一代13.67千公顷，内椒系列1.47千公顷，其它良种14千公顷，优良品种总面积达95.31千公顷，良种覆盖率达97%。加大科技投入力度，实现小辣椒生产高产高效。共进行各类技术培训862场次，受训人员达82万人次，印发资料103.5万份。有效提高小辣椒生产科技含量，涌现出一大批小辣椒高产高效的典型，宛城区金华乡徐堂村六组张海群，种植小辣椒0.2公顷，每公顷单产4500余公斤，产值1.3万元，比种粮食每公顷净增45000元；茶庵乡下曹营村温宾第种植小辣椒0.4公顷，每公顷单产3900公斤，每公顷效益54000元。各地推广无公害生产技术，普及先进实用技术。全市共建成各类示范方101处，总面积7.73千公顷。由于示范方的带动，地膜覆盖面积达29.73千公顷，间作套种面积36.67千公顷，配方施肥面积56.2千公顷，分别占种植面积的30.3%、37.3%、57.2%，全年无公害种植面积41.73千公顷，占种植面积的42.5%，其中已通过无公害基地认定的面积达25.65千公顷。(王志刚)

【猕猴桃生产】 全市年末果园面积8.35千公顷，比上年增5.83%，总产206989吨，比上年增19.9%。主要成效：1、基地管理迈上新台阶。严格按照标准化要求抓好每一个生产环节，全面提高基地规范化管理水平。落实单主干上架，上架率达到80%以上；配方施肥面积50%以上；推广疏花疏果、定量挂果基地面积达到90%以上;病虫害生物防治面积占挂果基地总面积的90%以上。在开展以上4大丰产技术基础上,又推广人工授粉、果实套袋、套种绿肥、高接换头、优化品种等先进实用技术,其中共完成高接换头、改良品种面积256.67公顷;人工授粉2千多公顷,其中优良品种海沃德、红心果授粉率均达到100%,使优果率、商品率分别达到60%和95%以上。西峡县向欧洲联盟尤尔盖普认证体系组织申报333.33公顷基地项目进展顺利,已通过认证133.3公顷,下余的认证工作正在进行中。取得认证后产品可直接销往欧洲。2、贮藏加工得到较快发展。猕猴桃主产区西峡县新增储藏保鲜设施1050吨,累计贮藏能力达到7200吨。以南方航空食品有限公司为代表的猕猴桃加工业,不断加大产品研发和市场开发力度,加工能力不断提升,市场稳步扩大。全县加工猕猴桃鲜果5600多吨,产品销售覆盖全国10多个省;供应外地加工果5000多吨,价格与往年相比提高30%左右。3、鲜果销售实现重大突破。销售价格与2008年同期相比均提高10%～30%,徐香、红心果等优质鲜食品种涨幅达到50%以上。鲜果销售总效益首次突破1亿元,比上年增加2000万元;平均每公顷效益达到60000元,最高达到202500元;每公顷产值90000元以上的户占总种植户的30%以上。4、品牌建设取得新成绩。西峡猕猴桃被评为河南省“地理标志十大名牌产品”。全国猕猴桃标准化管理示范项目进展顺利,西峡1号和2号新品种鉴定正在顺利进展中。5、农民专业合作社建设取得新成果。新建猕猴桃专业合作社11个:福莱尔、阳城牛王村、丹水陈沟村、屈沟村、袁店村,五里桥黄狮村,寨根桑树村、田关曹楼村、丁河寺山、北峪、简村猕猴桃专业合作社,全县猕猴桃专业合作社累计达到26家。(王志刚)

【食用菌生产】 全市发展袋料菌类2.12亿袋,比上年增4.4%;地栽菌类700万平方米,比上年增7.7%。其中,香菇9100万袋、平菇1700万袋、金针菇1250万袋、木耳5800万袋、白灵菇1600万袋、杏鲍菇150万袋、灵芝380万袋、鸡腿菇1200万袋、鲍鱼菇10万袋、黄背木耳10万袋、天麻230万平方米、巴西菇250万平方米、双孢菇100万平方米、草菇100万平方米、猪苓25万平方米、茯苓30万平方米。年总产干品109434吨,比上年增9.7%。主要做法:1、加强组织引导和部门合作。面对世界金融危机食用菌出口受阻的困局,各级政府充分发挥组织、协调职能,及时为菇农提供准确的市场信息,内引外联,扩大订单生产,降低菇农种植风险。2、实施生产战略转移,进行内部结构调整。西峡、内乡、南召、桐柏等山区县在发展香菇的同时,大力发展鸡腿菇、木耳、天麻、鲍鱼菇、杏鲍菇等珍稀菌;新野、唐河、卧龙、宛城等平原县(区)大力发展平菇、草菇、双孢菇、金针菇、鸡腿菇、巴西菇、鲜香菇等鲜品,全市基本形成以香菇为主,多菌并举的局面。3、培育龙头企业,强化服务体系。大力扶持各类食用菌龙头企业,拉长产业链条,搞精深加工,提高附加值;通过培育典型、示范带动产业发展;建立健全服务体系,为菇农提供产前、产中、产后的系列化服务。4、加强环保意识,实现菌业持续发展。各地在大力发展食用菌产业的同时,采取相应措施,加强对自然环境的保护。西峡县为限制香菇过度发展,将栽培规模控制在5000万袋以内,所用木屑均购自东北、湖北等地,并大力发展小平菇、鸡腿菇等草腐性菌类。其他山区县也加大对环境保护的宣传力度,运用政策杠杆,采取封山育林和林木再植相结合的办法,增加林木储备;实施节木工程和替代料栽培技术研发。5、加大科研开发力度,提高菌产品科技含量。一是推广标准化栽培新模式。西峡、内乡、南召、桐柏、卧龙等县(区),按照无公害食用菌标准要求,实施工厂化栽培;二是坚持食用菌生产基地备案制度;三是提高栽培管理水平,提高菌产品质量和产量;四是推广科学采收及产后深加工技术研究,提高产品性能和附加值。6、积极培育市场,拓宽购销渠道。注重市场规范管理,完善设施,扩大购销队伍,提高市场运行质量;通过加强市场软硬件建设,继续培育西峡双龙、丁河、西坪、内乡夏馆、桐柏朱庄、黄岗等为代表的大中型食用菌专业市场,年交易额突破22亿元,其中双龙市场已成为全国最大的食用菌干品集散地,年交易额达15亿元。在注重市场硬件设施建设的同时,加强软件设施的建设,优化经营环境、开展诚信经商、建立网上交易平台等,及时将市场信息传递给农民。7、严格菌种市场管理,保护菌农利益。全面贯彻落实《食用菌菌种管理办法》、《种子法》,打击非法制种经营单位45家、取缔10家,切实保护菌农利益。(王志刚)

【蔬菜生产】 全年蔬菜及菜用瓜播种面积239.27千公顷,总产9009080吨(含小辣椒和食用菌干重),比上年分别减少17.4%和16.04%。全年果用瓜类播种面积34.83千公顷,总产1871679吨,包括西瓜28.76千公顷、1679822吨,甜瓜5.74千公顷、185436吨,草莓0.32千公顷、6421吨。主要做法:(一)大力建设蔬菜生产设施。全市温室发展到8240座,面积414.7公顷,大中棚23.34万栋、7.24千公顷,小拱棚37.22万栋、6.22千公顷,地膜覆盖42.28千公顷,集中连片3.33公顷以上的温棚基地全市达到59个。桐柏县规定县财政每年拿出120万元对在规划区内连片发展设施蔬菜的农户进行补贴,建一座占地半亩的轻质水泥骨架大棚补贴1000元,建一座占地一亩的日光温室补贴5000元,对连片新建设施2公顷以上的,每公顷奖乡(镇)4.5万元。(二)努力降低市场风险和自然灾害造成的危害。6月11日,市委书记黄兴维了解到宛城区黄台岗镇3万多亩土豆滞销的情况,亲自打电话联系土豆销路,安排部署基层干部广开信息渠道,搭建销售平台,并由《南阳日报》刊发专题报道,号召社会各界前往黄台岗镇采购"爱心萝卜""爱心土豆",帮助菜农渡过难关。11月全市连降2场大雪,13个县(市、区)的农业设施全部受灾,受灾面积达14.67千公顷,其中损坏温棚1.33千公顷,有1500座日光温室倒塌,3万个大中棚被大雪压跨,13.33千公顷露地菜受冻,直接经济损失近1亿元。市委书记黄兴维深入卧龙区农业高新科技示范园和青华食用菌基地察看农业受灾情况,要求切实做好防雪灾、防冻害各项应急准备工作,及时关注灾情,做好救助工作。各级涉农部门、科技人员深入灾区和重点专业村,现场帮助指导群众加固棚体,修复受损大棚、给大棚增温抗寒,将损失减少到最小程度。(三)制定标准,实施蔬菜标准化生产。为加快全市蔬菜标准化生产步伐,针对生产实际,从产地环境、农药和肥料等投入品的施用以及生产过程的技术要求等方面立足无公害生产,以基地主要蔬菜品种为主,全年共制定并发布《南阳市蔬菜标准化生产技术规程》24个。(王志刚)

【水果生产】 全市年末果园面积77.29千公顷,比上年增3.1%,总产量617466吨,比上年增9%。其中:苹果9.95千公顷、58541吨,梨10.7千公顷、83448吨,柑桔10.11千公顷、39335吨,桃15千公顷、124698吨。(王志刚)

【中药材生产】 2009年全市中药材播种面积20.41千公顷,较上年下降43%。生产特点:(一)种植面积、产量大幅度下降。受国际金融危机的影响,中药材市场疲软、价格偏低,销路不畅,种植面积下降。(二)中药材与其它作物间作套种模式多样化。西峡、淅川、南召、唐河等药材种植大县,"果药套种,菜药套种"的种植模式已相当普遍。(三)订单生产快速发展。白云山制药厂在方城县建有丹参标准化生产基地、宛西制药厂在西峡建有山茱萸等标准化生产基地,而且均为订单生产。(王志刚)

【茶叶生产】 2009年全市实有茶园面积1.88千公顷,比上年减1%,采摘面积1.73千公顷,与上年持平,茶叶产量1286吨,增长15.7%。主要做法:(一)科学规划,合理布局。在桐柏、内乡、西峡、淅川等县适宜地区集中连片发展新茶园,使茶树种植形成区域化、规模化、良种化。搞好老茶园、低产茶园及野茶园改造,提高茶产业整体效益。(二)建立健全标准体系,推进无公害标准化生产。研究制订茶叶产制标准,促使地方标准、企业标准与行业标准配套完善,使茶叶产制的各个环节都有严格的标准可依,保证茶叶质量安全。(三)培育龙头企业和专业合作组织,促进产业化经营。一是扶持龙头企业发挥示范带动作用。形成"龙头企业+茶叶专业户"的产制模式。通过龙头企业的成功运作,示范带动茶叶产业发展。二是加强茶叶合作组织建设,发展合作经济。按照"民办、民管、民受益"的原则,培育发展茶叶专业合作组织,广泛吸纳茶农、茶企、茶叶基地参与组建茶叶合作组织,有组织的参与市场营销。(四)加大科技投入,强化科技支撑。一是加强茶叶科技队伍建设,培养科研型、创新型人才;二是加快科技成果转化,积极进行技术创新,探索科技示范场、科技致富带头人、茶叶合作组织等相结合的技术推广模式;三是组织实施茶农、茶企科技培训工程,全面提高茶农、茶企科技文化素质,保证先进实用技术尽快实施;四是组织推广无性系茶树良种繁育和栽培技术及名优茶机制加工技术、机械化制茶与修剪技术、无公害标准化生产技术,以及高产、优质、高效综合配套技术。(五)建立健全市场营销体系,加大市场开拓力度。认真研究国内外市场,多渠道、多形式地宣传、促销,积极应对市场变化,扩大南阳茶叶的市场占有份额。(王志刚)

【油料生产】 全市油料种植面积305.54千公顷,总产111.4万吨,其中花生197.2千公顷,总产88.72万吨;芝麻60.38千公顷,总产9.4万吨;油菜48千公顷,总产13.28万吨,其中"双低"油菜达到82%。油料品种结构进一步优化,白沙1016、鲁花15、豫花15、豫芝8号、10号、驻芝8号、豫油4号、5号成为主导品种。油菜重点推广双低杂交油菜规范化栽培技术、稻田免耕直播技术、硼肥施用技术。花生重点推广地膜覆盖技术。油料生产区域化布局、规模化生产格局已经形成,建成以方城、邓州、桐柏、唐河、镇平、新野6县(市)为主的花生生产基地,以淅川县、邓州市、方城县为主的油菜生产基地,以淅川县、唐河县、邓州市、社旗县为主的芝麻生产基地。全市建立4个花生高产创建示范片,6个油菜高产创建示范片。(王林胜)

农业产业化经营

【龙头企业】 按照"高水平、大规模、专业化、外向型"的思路和"龙头+基地+农户"的经营模式,积极发展多层次精深加工,倾力打造农产品加工群体,打通一、二、三产业,推进初级农产品最大限度进入加工领域,提高农产品的附加值。在培育壮大龙头企业中,着重以资本运营和优势品牌为纽带,整合资源,开展跨区域、跨行业、跨所有制的联合与合作,推进优势产品向优势企业集中、优势企业向优势产业和优势区域集聚。全市农业产业化龙头企业942家,其中年销售收入500万元以上的343家,1亿元以上的34家。固定资产总额110亿元,年销售总收入246.4亿元,净利润21.1亿元,出口创汇7417万美元,带动种植基地594.47千公顷,养殖18411.25万头(只),养殖水面51.33千公顷。全市形成以烟草公司为代表开展产前、产中、产后全程服务的运作模式,以宛西制药、三色鸽乳业公司为代表开展定向投入、定向服务、定向收购的运作模式,以天冠集团为代表实行"公司+农户"订单生产的运作模式。(王林胜)

【农民专业合作社】 2009年全市新发展农民专业合作社654家,累计达到1024家,社员累计出资总额12.8亿元,入社成员总数1.13万户,其中农民成员1.09万户。发展特点:一是覆盖领域不断拓展。从事种植业的合作社占38%,养殖业占25%,与农业生产经营有关的技术、信息服务占13%,农业生产资料购买占8%,农产品加工、运输、贮藏、销售占7%,其它占12%。二是服务区域不断扩大。随着市场的不断开拓,一些农民专业合作社服务范围已从本乡本村为主转向跨乡镇、跨县域拓展。三是合作层次不断提升。越来越多的农民专业合作社从单一的产前、产中等生产领域合作,向流通、加工、品牌等经营领域拓展,一些合作社还实行农资供应、质量标准、生产技术、品牌包装、市场营销、基地认证等统一服务。四是带动农民增收作用明显。入社农户比一般农户收入高出10%以上。同时在发展过程中,一大批农民专业合作社的带头人当选为省、市、县劳动模范、带头人、行业标兵,在发展现代农业、示范带动农民致富方面发挥重要作用。(王林胜)

【南阳市13家合作社被命名为河南省第一批农民专业合作社示范社】 10月26日,省农业厅下发《河南省农业厅关于公布第一批农民专业合作社示范社的通知》,认定全省116家农民专业合作社为"河南省第一批农民专业合作社示范社"。全市13家合作社入选,分别是新野县宛绿蔬菜专业合作社、宛南绿色瓜菜专业合作社、唐河县新农辣椒专业合作社、南阳市卧龙区石桥月季合作社、方城县绿仕香梨业农民专业合作社、西峡县重阳乡富民猕猴桃专业合作社、淅川县惠丰桑蚕品深加工农民专业合作社、社旗县兴太农机农民专业合作社、镇平县众兴猪业专业合作社、南阳市卧龙区英庄镇南屯蔬菜专业合作社、桐柏县王湾茶叶专业合作社、邓州市穰原农作物种植专业合作社、邓州市黄土地种植业农民专业合作社。(王林胜)

【农产品市场】 全市形成以城镇大型专业批发市场为龙头,产地市场为主体,城镇量贩、乡村集贸市场为依托,农民经纪人和购销大户为纽带的市场网络,建成规模较大、拉动力较强、有一定影响的小辣椒、香菇、蔬菜、花生、玉雕等专业市场。全市年交易额1000万元以上的农产品批发交易市场达109家,其中年交易额5000万元以上的48家,年交易总额94.8亿元。7家市场为农业部定点农产品批发市场。年交易额10万元以上的经纪人达到4765人。加强电子结算、信息采编发布、质量安全检测、物流服务、秩序监控、环境卫生等建设,发展经纪人代理、农产品拍卖、连锁配送经营、网上交易等现代流通方式,逐步实现市场交易、结算、仓储、运输、配送的智能化管理。(王林胜)

农产品质量安全

【检测体系建设】 2009年,全市积极争取中央、省对口项目,完善配套农产品质量安全检测网络。全年共争取中央及省项目配套资金1170万元,中央分别投资400万元、300万元的唐河县、西峡县农产品检测体系建设顺利完成,邓州市获得中央投资400万元;市中心争取到省例行检测专项经费10万元、体系建设项目配套资金30万元。邓州、桐柏、镇平、新野、淅川、宛城、唐河、卧龙、方城、西峡等10个县级检测站已具备对农产品进行快速检测的能力。全市农产品质量检测体系已初步形成,共有市级检测中心1个,县级检测站13个,7个部级农产品定点批发市场、23个无公害蔬菜产地和市中心城区12个大型超市建立了农产品质量安全检测室。1月13日，南阳市编委批复市农业局农产品质量检测中心加挂南阳市粮油饲料产品质量检验中心牌子，负责全市粮油饲料产品质量检验、检测试验及污染检测工作，开展粮油质检技术服务。4月8日，市农业局农产品质量检测中心获得河南省质量技术监督局颁发的资质认定计量认证证书。（王林胜）

【农产品质量检测】 市农检部门加强对农产品质量检测工作，全年共检测化验80944个样品。一是城区例行检测。市中心城区市场准入共检测样品80112个，其中城区批发市场、农贸市场及超市的蔬菜水果农药残留例行监督抽查25批次、5412个样品，农药残留检测合格率99.5%。二是全省例行监测。6月份、11月份分2次对开封、许昌2市及中牟县的蔬菜质量进行监督抽检，抽取220个样品。三是社会委托检测服务。作为农业部无公害农产品定点检测机构和省无公害农产品产地环境定点检测机构，全年接收社会委托检测样品、市场准入产品、已获证基地产品、无公害产地认定、无公害产品认证及农产品质量安全专项整治样品612个。（王林胜）

【三品一标认证】 按照“三位一体，整体推进”的农产品认证思路，开展无公害农产品、绿色食品、有机农产品、地理标志农产品认证工作。全年认定无公害农产品基地12个、4.73千公顷；认证无公害农产品30个，绿色食品1个，有机农产品2个；上报待批地理标志农产品1个。全市累计认定无公害基地117个、422.93千公顷；认证无公害农产品84个、绿色食品5个、有机农产品6个。（王林胜）

【农产品质量监管】 自2009年1月1日起在全市范围内全面实施农产品市场准入制度。市农监部门认真贯彻执行《农产品质量安全法》，加大对批发市场、超市的监管力度，及时收缴和销毁不合格蔬菜、水果2860公斤。加大对农产品质量安全执法力度。在“元旦、春节”、“3·15”、“五一”、“中秋、国庆”期间进行4次大规模的农产品安全监管专项整治；采取“市县联动”形式对辖区销售的“三品”（无公害农产品、绿色食品、有机农产品）及“三品”获证单位进行拉网式清查。检查三品生产企业260家次、农产品批发市场130个次、生产基地150个次、生产经营企业及门店186家次；查处违规使用农产品质量认证标志行为5起，立案4起。全年共督查无公害农产品基地86个，抽检无公害产品84个，产品抽检率达100%。（王林胜）

农村经济管理

【土地承包】 2009年，全市农村土地流转面积为69千公顷，占家庭承包耕地总面积的8.3%，转出土地的农户数为20.6万户，占全市总农户数的8.7%。土地流转形式以转包和出租为主，占土地流转总面积85.8%；流转主体以本村、组农户之间自发流转为主，农村专业大户、农民专业合作组织、农业企业参与流转的很少。受让方土地以种植粮食作物为主，占土地流转总面积的85.2%；土地流转大多数以1～2年的短期流转为主。全市农业部门运用信访、调解、仲裁等手段解决土地承包纠纷，受理农村土地承包信访162件，立案查处100件。（王林胜）

【农民负担监管】 市农监部门认真落实“五项制度”（涉及农民负担收费文件“审核制”、涉农价格和收费“公示制”、农村公费订阅报刊“限额制”、农民负担监督卡制、涉及农民负担案（事）件责任追究制）和惠农政策，全市共发放粮食直补17224.2万元，综合补贴83385.95万元，良种补贴22197.5万元，农机购置补贴8431万元，农业保险保费补贴1626万元。开展对农村义务教育、农民建房、殡葬、计划生育、农民外出务工以及农业生产经营服务等方面乱收费、乱罚款的专项治理，纠正和查处面向农民的各种集资、摊派行为，切实维护农民利益。加强对2008年省农监办年度考核不合格的邓州市实施专项治理。推行农民负担监督卡制度，农民负担监督卡采取由邮政部门逐户投递的方式发放，全市共发放240万份。组织农民负担专项检查和审计，7月25日，市农监办下发《关于开展全市农民负担大检查的通知》，由市、县农监办组成4个检查组，检查26个乡（镇），52个村，112个村民小组。10月20日至12月5日，由市农监办、市纠风办组成2个专项检查组分赴各县市区开展检查工作。共检查审计27个乡（镇）、76个县（市、区）涉农部门、61个行政村，审计金额128700万元，查处违纪资金2100万元。坚持和完善农民负担信访接待制度，加大案件查处力度。受理涉及农民负担来信来访220件，立案查处156件。（王林胜）

【农村财务管理】 按照《南阳市清理规范乡村财务加强农村集体“三资”管理工作方案》的部署，配合做好农村集体资源、资产、资金管理工作，从民主管理和民主监督机制、资产运营形式、财务管理模式和手段等方面着手，探索农村集体资产和财务管理的运行机制。一是完善农村财务公开制度,搞好民主理财,接受群众监督,保证农民对农村集体经济财产的知情权、监督权。二是开展农村集体经济审计。重点开展村干部任期离任、土地补偿费管理使用等专项审计;对群众反映强烈的问题进行重点审计。三是加强村级征地补偿费分配管理。按照农业部《关于加强农村集体经济组织征地补偿费监督管理指导工作的意见》,指导各地建立健全征地补偿费专户管理制度。(王林胜)

农业科技教育

【阳光工程】 2009年省下达全市(不含邓州市)阳光工程培训任务20600人,其中外转培训15500人、农村服务业培训4900人、农民创业培训200人。全市投入资金1038.5万元,完成招生培训20700人,其中外转培训15600人、农村服务业培训4900人、农民创业培训200人。在阳光工程带动下,全市外出务工人员230万人,创收230多亿元,主要从事建筑、纺织、皮革、餐饮等工作,足迹遍布全国及30多个国家和地区。全市形成"唐河保安"、"南召绣女"、"邓州护工"、"镇平玉雕"、"社旗渔工"、"内乡建筑"、"方城焊工"等7大劳务品牌。唐河县在京保安2.3万人,占北京保安总数的⅓以上,年创收2亿元以上。南召县4万余名绣女走出家门在外务工,年创经济效益5亿元。邓州市护工超过1万人。镇平县玉雕产业从业人数达12万人以上,5万人在全国各地从事玉雕产业。社旗县渔工年输出量1万多人次,分布在世界20多个国家和地区,常年在海外工作的人员近2000人,年收入上亿元。方城县外出电焊工1万多人,年人均收入2万元以上。内乡县常年在外务工人员13万人,其中有四分之一从事建筑业。(王林胜)

【农村教育和职业技能鉴定】 全市出动农业技术人员31115人次,举办不同形式、不同规模的农业技术培训班6385次,送科技录像带1.2万盘,发放技术资料311.2万份,培训农民187万人,推广先进技术83项。2月5日,市农干校与华中农业大学共同开办的首届研究生班进行复试,华中农业大学的教授3人来校对36名考试过线人员进行复试。8月10～13日,市农干校组织全市机关事业单位图书资料员技师的考核工作,795名考生参加考核,这是全市首次开设图书资料员技师工种。9月17日,在2009年首届河南省农业技术工人技能竞赛中,市农业局荣获优秀组织奖,选派的5名参赛选手中有3名获得"河南省农业技术能手"称号。(王林胜)

【千名科技人员包千村活动】 围绕"夺丰收、降成本、增效益"的目标,由市农业局组织,市农科所、南阳农校等涉农部门配合,在全市范围内开展千名科技人员包千村活动。全市共有省专家9人、市专家100人、县乡科技人员1138人,分包全市13个县(市、区)4500个行政村,实行技术承包责任制,科技人员以村为单位,包服务、包产量。共发放培训光盘36000多张,出动宣传车3200多台次,印发培训资料848万份,举办培训班8.9万次,指导培训农民651万人次。(王林胜)

【科技入户】 围绕全市十大优势产业实施"四个一"工程,即每个专家组确定一个示范点,主推一个新品种,实施一项新技术,培养一批科技明白人。在此基础上,每个基层技术指导员联系5个科技示范户,每个科技示范户带动20个农户。做到"五入户":一是技术指导入户。采取"手把手"、"面对面"的方法,在农业生产关键环节主动入户,突发事件及时入户,技术咨询随时入户。二是技术培训入户。采取集中培训与分户培训方法,把主导品种和主推技术培训到户。三是信息服务入户,为农户提供及时、准确、权威的政策、科技、生产和市场信息。四是物化补贴入户。五是技术手册入户,确保做好技术指导和生产经营情况等相关记录。(王林胜)

种　　子

【种子生产与推广】 2009年建立小麦种子生产基地31.93千公顷,产种量14400万公斤,其中原种20.09千公顷,良种6.04千公顷。完成国家及省安排的小麦、玉米、棉花3个作物、123个新品种、13个点次的试验、示范工作。开展小麦、玉米、棉花等作物新品种展示88个品种、10个点次,其中,小麦50个品种、6个点次;玉米18个品种、1个点次;棉花20个品种、3个点次。考察小麦品种150多个、1640个种次;考察各类秋作物品种400多个、2000多个种次。组织夏秋两季小麦、玉米、棉花等作物品种观摩会7次,参加人数达3000余人。(王林胜)

【种子市场管理】 全市加大对种子市场管理力度,对小麦品种进行登记,逐一核实品种审定证号、生产许可证号、经营许可证号等标注内容的真实性。加强小麦种子广告的审批和发布管理,对发布虚假广告、损害农民利益的依法按程序严厉查处。通过全市市场检查清退违规小麦品种6个，取消虚假广告1起、没收虚假宣传资料10000余份。查处未审先推品种和种子标签与标注不符的案件5起。全市种子经营许可证、生产许可证发放正确率100%。检查企业及个人经营门店1606个，查获假劣种子58.611吨、价值23.4万元，涉案人员5人，立案29起，执法正确率100%。全年共接待群众来访80余人次，接受6次田间鉴定申请，并及时出具科学公正的鉴定报告。（王林胜）

【种子质量管理】 5月17日，市农业局召开"南阳市小麦品种观摩会暨小麦直补品种质量鉴定会"，观摩小麦品种近60个，对2008年小麦直补品种进行田间质量鉴定。全年共检验小麦、玉米、棉花、大豆、西瓜、花生等十余个作物品种，抽检1450个批次、1707份样品。对38份不合格的种子样品及所涉及的95万公斤种子立即下达停止销售通知书，坚决予以报废。全市种子检验数据准确率达到100%，全年没有发生重大质量事故。（王林胜）

【召开豫西南第六届种子信息发布暨产品展示会】 11月16日，豫西南第六届种子信息发布暨产品展示会在南阳市中心广场举办。展示会由南阳市种子协会主办，来自北京、山东、河北、湖北、安徽等省、市的250余家企业参会，到会参观群众2000余人。会上展示、介绍农作物新品种300多个，发布2010年春、夏种子供求信息。（王林胜）

【良种补贴】 全市小麦、玉米、水稻、棉花良种补贴实行全覆盖，共计补贴资金2.22亿元，其中小麦补贴740.13千公顷、11102万元；玉米补贴492.47千公顷、7387万元；水稻补贴47.28千公顷、1063.8万元；棉花补贴117.54千公顷、2644.7万元。小麦、玉米每公顷补贴150元，水稻、棉花每公顷补贴225元。玉米、水稻、棉花补贴采用现金直接补贴方式补贴给农户，小麦补贴采用售价折扣补贴方式。8月25日市农业局、财政局、发改委、监察局共同组织召开南阳市2009年小麦良种补贴项目供种企业开标评标会议，省小麦良种补贴项目督导组组长、省农业厅种植业处副处长张金龙、省农科院小麦研究中心副主任雷振生、省植保站研究员楚桂芬和市农业、财政、发改、监察部门的负责人及13个县（市、区）农业局局长、投标企业的法定代表人或授权代表出席会议。经过评标委员会评标44家企业中标，成为南阳市2009年小麦良种补贴项目供种企业，其中市内企业30家、省内企业14家。全市执行统一的供种价格，每公斤包衣种子3.58元。（王林胜）

土壤肥料

【土壤肥料概况】 2009年，全市以实施测土配方施肥补贴项目为突破口，以培肥地力为目的，大力推广测土配方施肥技术和其它土肥新技术，不断提高耕地质量。全市配方施肥面积648千公顷，其中施配方肥266.67千公顷；小麦留高茬、麦秸糠盖田500千公顷。印发《南阳土壤肥料》信息简报26期、共700多份。全年农用化肥施用量766494吨，其中氮肥275710吨、磷肥159436吨、钾肥95467吨、复合肥235881吨。共化验土样1000多个、肥料样品300多个、植株样品60个。（王林胜）

【肥料管理】 全市有肥料生产企业45家，其中复混肥生产企业11家，年设计能力5万～10万吨的复混肥生产企业6家，有机肥生产企业14家，其余为微肥、配方肥等生产企业。在肥料厂生产过程中严格登记证的初审工作，考核办理肥料登记证10个。对企业实行定期检查，建立企业档案。4月、9月对全市24个监控乡（镇）和肥料生产企业进行2次全面检查督导。出动执法人员3500余人次、检查农资市场（门店）4200余个次，检查企业80家次、立案78起、结案77起，查处涉案肥料150余吨、货值达35多万元。（王林胜）

【测土配方施肥】 农业部门根据全市主要土壤类型耕层养分状况及小麦需肥规律，结合肥效田间试验和多年配方施肥经验，制定小麦生产具体的施肥配方。积极推广化肥深施、秸秆还田、氮肥后移、叶面喷肥等技术。推动大中型肥料企业参与测土配方施肥，生产配方肥料。小麦推广测土配方施肥技术317.53千公顷，施用配方肥面积162.13千公顷，全市共建立万、千、百亩示范方182个，示范区17.3千公顷，化验土样20235个、植株样1450个。测土配方施肥推广区与习惯施肥区比较每公顷增产460.5公斤、节肥31.5公斤、增收965.85元；测土配方施肥示范区与习惯施肥区比较每公顷增产645公斤、节肥22.5公斤、增收1227元。（王林胜）

【召开第五届豫西南肥料（农资）产品交易和信息交流会】 12月8日，由南阳市农业局和南阳市供销社联合主办，南阳市土壤肥料站、南阳市土壤肥料协会联合南阳市农业生产资料流通协会承办的第五届豫西南肥料（农资）产品交易和信息交流会在南阳市召开。市人民政府副市长姚龙其、市农业局局长谢广平等到会并致辞。到会参展的龙头企业近100家,共布展台100个,参展肥料品牌200多个,各企业代表和南阳代理商、经销商、教学、科研单位代表等2000余人到会。经过大会专家委员会评审,评出大会推介品牌19个。(王林胜)

植物保护植物检疫

【病虫草害测报防治】 2009年,全市病虫草害中度偏重发生,其中小麦条锈病、纹枯病、麦蚜、吸浆虫、棉花黄萎病、红叶茎枯病、芝麻叶斑病、玉米锈病、辣椒疫病、炭疽病、稻飞虱、稻纵卷叶螟、花生地下害虫、玉米螟、蟋蟀等病虫害在部分地区发生严重,全年累计发生595.87万公顷,防治617.16万公顷,农药施用量19172吨,其中病害发生199.60万公顷,虫害发生299.72万公顷,草害发生96.67万公顷。主要特点:(一)小麦病虫草害中度偏重发生。全年共发生病虫草害245.642万公顷,其中病害发生110.5万公顷,虫害发生135.15万公顷,草害发生76.76万公顷,共防治280.29万公顷,挽回小麦损失30108.3万公斤。小麦条锈病中度偏重发生,其中唐河、邓州、新野、淅川等县(市)发生较重,其余各地均为偏轻或轻度发生,全市共计发生25.51万公顷。纹枯病中度发生,新野、唐河、西峡、卧龙、社旗、等县(区)达到偏重程度。叶锈病、麦蜘蛛中度偏重发生,白粉病、赤霉病、吸浆虫中度发生。麦蚜重发生,危害程度是近年来最重的一年。粘虫轻发生,局部中度,地下害虫中度偏重发生,部分地区严重。麦田杂草中度偏重发生,部分麦田重发生,发生面积46.76万公顷,化学防治面积53.66万公顷,主要杂草有猪殃殃、荠菜、牛繁缕、婆婆纳、野燕麦等。全市出动机动器械5.47万台,手动器械85.32万部,使用杀虫剂1096.36吨,杀菌剂868.36吨,除草剂259.8吨,总计防治病虫害280.29万公顷。综合防治田比未防田纹枯病病指下降85.41%,条锈病降低91.5%,地下虫保苗率88.9%,散黑穗病下降100%,吸浆虫降低91.5%,杂草数量减少88.9%,增产率8.9~35.7%。(二)秋季病虫害中度偏重发生。秋作物病虫害发生面积253.68万公顷,其中病害发生89.11万公顷,虫害发生164.58万公顷,比上年增加60.08万公顷。玉米锈病、芝麻茎点枯病、叶斑病、辣椒疫病、炭疽病、稻纵卷叶螟、稻飞虱、花生地下害虫、玉米蚜虫、玉米螟、蟋蟀等病虫害发生较重。玉米病虫害中度偏重发生,发生面积87.14万公顷,其中病害发生26.51万公顷,虫害发生60.63万公顷,突出的有玉米锈病、大小斑病、玉米螟、蚜虫和部分地区的玉米褐斑病、玉米瘤黑粉病。水稻病虫害中度偏重发生,部分病虫严重,总发生面积10.39万公顷,突出的有稻纹枯病、稻曲病、二化螟、稻纵卷叶螟、稻飞虱。大豆病虫害中度发生,发生面积18.88万公顷,防治面积15.25万公顷。花生病虫害中度偏重,叶斑病中度偏重发生,花生根茎腐病偏重发生。芝麻病虫害中度偏重发生。棉花病虫害中度发生,累计发生35.62万公顷,虫害重于病害,后期重于前期,突出的有棉盲蝽、棉叶螨、棉蚜、棉铃虫、烟飞虱和枯黄萎病、红叶茎枯病等。蔬菜病虫害中度发生,全市蔬菜病虫害累计发生37.79万公顷,防治38.41万公顷,挽回经济损失17006.2万公斤。果树病虫害中等发生,发生面积10.55万公顷,其中病害发生4.83万公顷,虫害发生5.71万公顷,总防治面积12.16万公顷。全市共出动劳力181.68万人,组建机防专业队635个,动用弥雾机6.68万部,手动喷雾器83.88万台,使用农药3269.6吨,共防治秋作物病虫害244.27万公顷,其中防治病害71.37万公顷,防治虫害172.89万公顷,综合防治面积81.64万公顷,统一防治面积29.85万公顷。(王林胜)

【农药监督管理】 全市以"绿色植保"为理念,禁用、限用高毒农药,控制农药过量使用,加强对农药市场的监管力度,提高农产品的安全用药水平。农监部门以标签抽查为契机、加大对违法标签的查处力度。与农药生产企业签订责任承诺书,对武侯路、长江路、新华西路、新野路口等农资市场进行多次检查。全年共出动执法人员3909人次,检查农资市场(门店)2703个,查处案件81起,结案80起,查处假劣农药和假冒登记证农药7.58吨,收缴甲胺磷等5种高毒农药8.6公斤。货值8.69万元,挽回经济损失86.2万元。(王林胜)

【植物检疫】 全市完成小麦种子基地产地检疫1.32万公顷,花卉苗木产地检疫0.13万公顷,生产无疫良种546.02万公斤、苗木7600万株,完成烟草、中药材、小辣椒、油桃等农产品产地检疫14万公顷,完成调运检疫业务5808批次,其中绿色通道检疫大幅提高,达到2844批次。有害生物监测治理主要以邓州市、宛城区、唐河县、镇平县、新野县、内乡县等植棉大县(市、区)为重点对扶桑绵粉蚧进行全面调查,调查乡(镇)36个,设监测点260个,代表面积2万公顷。开展大豆疫病、黄瓜绿斑驳花叶病菌、稻水象甲、梨枯梢病、苹果蠹蛾等调查。建立防控示范区4个,设立监测

点45个，铲除疫情点31个，铲除疫情面积86.7公顷。（王林胜）

农村能源环保与农场工作

【农村沼气建设】 2009年，全市争取沼气建设资金5782.76万元，其中中央沼气建设资金4721.1万元，省级沼气建设资金431.96万元，市级沼气建设资金320万元，县级沼气建设资金1309.7万元。全市共建农村户用沼气池10.24万户，超额完成省、市政府下达的建设任务（省定任务9.6万户，市定任务10万户）；新培训沼气技能工1200人，超过省下达的任务（省定任务400人）。全市累计建设户用沼气44.4万户。全市新建沼气工程165处，新增池容13790立方米，累计建设沼气工程661处、池容10万立方米。卧龙区和镇平县分别新建500立方米和200立方米的秸秆沼气工程。全市新建农村沼气服务网点568处，沼气使用率在95%以上，尤其是偏僻农村，沼气使用率接近100%。（王林胜）

【农村环境保护】 按时完成第一次农业污染源普查第一阶段的工作，8月，通过省验收组验收。做好农产品产地质量安全调查采样工作，确定3个工矿企业区和3个污水灌区为疑似污染区。对疑似污染区内土壤、农产品和灌溉水进行取样，完成135个水样、876个土样、438个农产品样的采集和预处理工作。对全市农作物秸秆资源和水源地农业污染情况进行调查，2～5月对全市13个县（市、区）主要农作物秸秆产量进行调查。调查、整理丹江库区流域32个乡（镇）的各种农业污染数据资料，顺利通过国家专家组审核。加强农业野生植物资源保护，认真防范外来有害野生植物入侵，做好农业野生植物保护项目的申请和实施，西峡县野生猕猴桃保护项目通过验收，桐柏县野生大豆保护项目已进入农业部的验收阶段。（王林胜）

【农场工作】 全市10个农垦企业（场）共有土地面积2473公顷，其中耕地750公顷，牧草11公顷，林地1379公顷，茶、果、桑园69公顷，水面15公顷，人口5657人。34个农业二场土地面积5559公顷，人口1246人。农垦企业（场）以农业制种为主，采取企业化管理，自负盈亏，主要为短期承包经营和长期租赁经营。春季以小麦为主，秋季种植水稻、玉米、大豆、花生、棉花等，兼有畜禽、水产养殖。小麦、玉米、水稻、棉花良种共补贴185570元。全年生产粮食5174吨，油料373吨，棉花129吨。年末存栏大牲畜165头，猪1257头、羊996只、家禽39150只。肉类总产量192吨，水产品55吨。实现工农业总产值20357万元，实现国民生产总值3881万元，农业增加值1256万元，人均纯收入3820元。（王林胜）

烟　叶　产　业

市烟办主任　赵国交

【烟叶生产概况】 2009年全市优质烟叶种植面积1.73万公顷，较上年增加15%，大方烟田数量增多、规模增大，其中66.67公顷以上大方田36块，33.33～66.67公顷连片田49块；种植1.33公顷以上的农户3121户，烟叶农场6个，烟农户均植烟0.68公顷，较上年提高0.12公顷，增长21.2%，促使规模经营快速发展。标准化生产面积达到1.6万公顷，占种植面积的92.3%，达到“国家级烤烟标准化示范区”要求。全市签订合同份数15820份，合同入户率达到100%，收购烟叶60.47万担，比上年增加16.1万担，完成省定年度计划的144%。每公斤收购均价14.85元，比上年高0.32元，烟农收益5.1亿元，为地方财政贡献1亿元，烟农收益和地方财政贡献等经济指标均创历史最高水平。

【烟叶生产先进单位】 市政府对2009年度在烟叶生产中做出突出成绩的先进集体进行表彰。先进县3个：方城县、社旗县、内乡县；先进乡（镇）13个：邓州市高集乡，社旗县朱集镇、苗店镇、下洼镇，内乡县余关乡、赵店乡，方城县广阳镇、清河乡、古庄店乡，镇平县遮山镇，唐河县少拜寺镇，西峡县丹水镇，淅川县九重镇；服务烟叶工作先进单位11个：南阳市公安局、气象局、地税局、农业局、工商局、质量技术监督局、信息中心、烟叶生产办公室、烟草局、农机局、中国邮政储蓄银行南阳市分行。

【植烟项目建设】 圆满完成年度烟叶生产基础设施建设项目4188个，项目总投资1.2亿元，并通过国家烟草局验收。全市烟田水利受益面积达1.34万公顷，占全市基本烟田面积1.93万公顷的69.3%；新建、改建烤房6555座，0.71万公顷的烟叶实现智能化、密集化烘烤。

【植烟科技】 全市烟叶品种进一步优化，优良品种应用率达100%。积极推进集约化育苗工作，集约化育苗大棚达1381座，集约化育苗比例达到100%，高于上年10个百分点；商品化供苗比例达到95%，高于上年15个百分点。1.73万公顷烟田全部落实平衡施肥技术，亩均施氮量达到4公斤以上，保证烟叶生产的营养供应；推广地膜覆盖面积0.89万公顷，较上年增长16.5%，并做到揭膜、培土、封根等配套措施的综合运用。

【烟农服务体系建设】 一是加大科技投入，提升整体生产水平。按照浓香型质量特色定位，加强同国家烟草栽培研究基地和科研院校的合作，重点开展土壤改良、配方施肥、科学栽培、生物防治等方面的研究，加快科研成果的转化应用，建立县、乡、村三级技术推广体系，严格按照标准化技术措施对烟农加强培训，培养一支符合发展现代烟草农业的职业烟农。大力推广先进实用技术，建设19个、总面积1000公顷的标准化示范区，硬件设施和科技水平达到国家优质烟叶科技示范基地核心区的建设标准，烟叶生产和效益达到省内一流水平。利用自主开发的管理软件，对烟农实行户籍化管理，利用网络发布生产、植保、气象等信息，为生产提供咨询指导；利用电视、广播等媒体，发布烟叶政策、管理技术等信息；利用手机短信业务，发布生产要点，传达技术信息。信息化管理手段的应用促进烟叶生产水平不断提高。二是推行专业分工，提高社会化服务水平。全市拥有烟草专用机械1129台(套)，使多个环节实现机械化作业，保证每133.33公顷烟田有一套烟叶生产专用机械，使现代烟草农业的优越性得到充分体现。引导组建育苗专业户422个，提升烟叶育苗集约化程度；机耕服务队301个，对6.67公顷以上连片烟田实行统一免费机耕起垄；植保服务队135个，对大棚苗床和烟叶大田进行统防统治；烘烤专业户145个，推进烘烤环节专业化；分级服务队66个，探索更加高效的专业化分级模式。同时，建立烟叶气象服务和消雹抗灾减灾防范体系，全市投入烟叶生产保险金264万元，对核心区的733.33公顷烟田进行社会保险，减轻烟农种烟后顾之忧。三是实施突破带动，推进现代烟草农业建设。除集中建设“1乡2村”试点，还规划建设“5村”共8个试点区，建设规模达到800公顷，试点区基本实现水、路、林、机、炕、电的综合配套，做到全部集中连片种植，工厂化育苗、密集化烘烤、机械化深耕、起垄、植保达到100%，烟叶机械化移栽、覆膜达到80%，亩用工减少到25个以下，专业化分工、社会化服务、信息化管理等现代农业要素初步显现。试点区烟叶亩均产165公斤，较全市平均亩产高出49公斤，亩效益高出平均水平794元。四是建立监督体系。全市烟区完善以户籍化管理为核心的责任制，实行“六包一联”，对农户分户建档，分类指导，分类管理，加强对烟农的跟踪服务，认真落实服务措施，密切与烟农的关系，与烟农签订双向承诺书，明确双方的责任和义务，规范生产行为；在生产环节及时把肥料、农药等烟用物资送到田头，供应到户，同时深入到所承包的村组及时指导烟农生产，现场答疑解难；在烟叶收购之前，及早进村入户宣传政策、方法和措施，并帮助烟农分级、挑拣，提高进站烟叶等级纯度，加快收购进度；在收购中设立便民设施，为烟农提供周到、细致、快捷的服务，提高对烟农的服务水平。贯彻落实全省烟叶收购工作会议精神，积极推行“入户预检、轮流交售、密码验级、封闭收购”的模式和“委托付款、限时收购”的方法，坚持规范，健全网络，重奖举报，服务到位，较好地解决烟叶等级合格率，使全市烟叶收购工作实现秩序稳定、质量稳定和价格稳定的良好局面。

【郑建民来宛调研】 2009年8月26～28日，河南省烟草局(公司)书记、局长、总经理郑建民带领省烟草局有关部门负责人到宛，对烟叶收购工作和实现跨越式发展等问题进行调研，并先后深入方城县古庄店烟叶烘烤中心和石寨烟站、内乡县赵店烟站、西峡县丹水烟站指导烟叶生产、收购工作。在宛期间，市政府副市长姚龙其、市烟办主任赵国交、市烟草局局长赵明山陪同调研。(马丽珍)

畜　牧　业

市畜牧局局长　王放

【畜牧工作概况】　2009年，全市畜牧系统着力培育肉牛、生猪、奶牛三大优势产业，突出发展规模养殖、培育龙头企业、防控动物疫情、提高畜产品质量安全4个工作重点，落实政策推动、项目支撑、示范带动、服务联动、宣传引导5项保障措施，倾力打造南阳特色畜牧业，促进全市畜牧业又好又快发展，为农村经济发展和农民增收发挥重要作用。全年肉蛋奶总量达到128万吨，比上年增长6%。畜牧业产值实现193亿元，比上年增长8%，占农业总产值的比重达到31%。畜牧业发展的主要特点：一是优势产业发展势头强劲。为打造南阳特色畜牧业，继续把肉牛、生猪、奶牛3大优势产业做大做强。以新野、邓州、唐河、方城、社旗5县(市)为核心区的肉牛饲养量占全市的70%以上。全市新建300头畜位以上肉牛育肥场41个，其中1000头畜位以上肉牛育肥场10个。以唐河、邓州、内乡、宛城、卧龙、方城、镇平等7县(市、区)为主的优质生猪产业生产基地生猪饲养量占全市的72%。全市新增年出栏1万头以上的养猪场26个。以宛城、卧龙、镇平、社旗等4县(区)为核心区的奶牛产业，奶牛存栏量占全市的80%以上。全市新增200头畜位以上的奶牛养殖场15个。二是产业集聚效应明显增强。以年屠宰加工100万头生猪的河南龙大牧原肉食品加工有限公司、年出栏50万头生猪的内乡牧原公司为主导，以产品加工、生猪饲养、种猪生产、饲料加工、沼气发电、科研开发为一体的生猪产业集聚区基本形成。以年加工屠宰10万头肉牛的科尔沁牛业南阳有限公司、5000头畜位育肥场和18个1000头畜位育肥场为主的肉牛产业集聚区，辐射带动肉牛生产核心县(市)肉牛产业水平显著提高。以特色优势产业为主导，以龙头加工企业培育、产业配套发展为重点的产业集聚区建设进展顺利，拉动效应明显。三是畜牧业投入进一步加大。以财政投入为导向，以农民和企业投资为主体，以信贷资金为支撑，以社会资金为补充的资金投入机制基本形成。全年全市完成省以上财政投入7396万元，14个招商引资项目协议引进资金14.7亿元，当年完成投资3.25亿元。全年畜牧贷款达到40亿元以上。

【畜产品生产和加工基地建设】　(一)畜产品生产。采取宣传引导、政策扶持、典型示范、系列服务等措施，以发展规模养殖场为主，着力转变畜牧业养殖方式。全市新发展大型规模养殖场142个。全市年出栏100万头肉牛、500万头生猪、存栏5万头奶牛的三大优势产业生产基地基本形成。(二)畜产品加工。一是以唐河肉牛产业集团、南阳众益食业等原有加工企业为基础，狠抓技术改造，扩大生产规模。二是利用招商引资，以资源优势吸引外地企业来宛投资建厂，使畜产品加工业建设取得新突破。科尔沁牛业、河南龙大牧原已建成投产，三色鸽乳业二期工程建设进展顺利。香港莱茵哈特公司投资4300万美元建设年屠宰加工10万头肉牛项目和年屠宰加工肉鸡3000万只的江苏雨润集团合作项目已进入前期筹备阶段。

【重大动物疫病防控】　(一)动物疫情防控。全市以基层防检队伍建设和基础设施建设为重点，强化畜禽免疫、预警预报、检疫监督、应急管理、源头防控等重点工作，全面提升动物疫情防控能力。基层动物防疫队伍建设及选聘工作全部完成，共选聘基层动物防疫员2202名。新野、内乡、方城等7个县已将防疫员报酬列入财政预算。总投资952万元的67个乡(镇)防疫基础设施项目已全部完成建设任务，全市乡(镇)防疫基础设施项目累计达到229个。除南召县外，12个县(市、区)实验室建设项目均已建成。(二)重大动物疫病防控。全面实施动物防疫公开承诺服务制度，强化疫情监测、免疫消毒、检疫监督、无害化处理等综合防治措施，共免疫畜禽2.4亿只(头)次，应免畜禽的免疫密度达到100%。全年无重大动物疫病发生。(三)检验检疫。全市产地检疫畜禽1133.8万头只，屠宰检疫畜禽472.7万头(只)。查处动物卫生案件540起，结案486起，案件办结率90%。散养畜禽的产地检疫率达到90%以上，规模养殖场畜禽的产地检疫率达到100%。耳标回收率、同步检疫率、动物产品上市持证率、检出病害动物及产品的无害化处理率均为100%。全市6个省境临时动物监督检查站全部取消消毒收费，全年无公路“三乱”事件发生。

【畜产品质量安全管理】 积极推广无公害畜产品标准化生产技术,强化畜产品生产一体化管理。全年全市有164个畜牧企业申报畜产品产地认定和产品认证,其中有75个通过省级验收,全市通过认证的企业累计达到287个。开展“瘦肉精”、兽药、饲料专项整治,强化畜牧业生产资料市场管理。全年共抽检“瘦肉精”3300批次、饲料产品641批次、兽药761批次,抽检合格率分别达到100%、96.1%、83.3%,均高出省定标准。贯彻落实《乳品质量安全监督管理条例》,对63个奶牛养殖场和37个奶站进行规范管理,发放生鲜乳收购许可证34份,抽检生鲜乳进行三聚氰胺检测225批次,全部符合规定。全市奶牛养殖场区和生鲜乳收购站生产记录建档率、生鲜乳收购站许可证持证率、生鲜乳运输车辆准运证明和生鲜乳交接单使用率、生鲜乳三聚氰胺等违禁物质检验合格率均达到100%。进一步深化饲料专项整治,严格饲料市场准入,杜绝无证生产,共检查饲料生产企业82个,经营企业1341个,查处无证生产企业4个,不合格饲料产品53吨。扎实推进畜产品准入工作。市中心城区和13个县城区全部实行规范化的畜产品市场准入。在宛召开的全省畜产品市场准入工作现场会上,南阳畜产品市场准入工作规范在全省得到推广。

【畜牧业项目建设】 全市畜牧系统以项目建设统揽工作全局,共申报省级以上财政支持畜牧项目22个,省以上财政投入到位资金11476万元,占全省财政投资的1/8以上。4个肉牛养殖大县、2个国家级秸秆养畜示范县、67个乡(镇)防检中心站、规模场补贴等项目建设进展顺利。全市招商引资工作成效显著,共有14个招商引资项目签约,协议引进资金14.7亿元,当年完成投资3.25亿元。湖南太子奶、内蒙古科尔沁、山东龙大、江苏雨润、山东六和等一批大型畜牧企业纷纷到南阳投资建厂。各级金融部门创新贷款机制,采取小额贷款、担保融资、贴息贷款等多种形式,加大对畜牧业的支持力度。在河南省银企对接签约会上,龙大牧原、科尔沁牛业、三色鸽乳业等10家畜牧企业,与市农发行、市农行现场签约贷款5.6亿元,全年全市畜牧贷款额度达到40亿元以上。

【成功举办第四届中国牛业大会】 2009年11月9～11日,河南省畜牧局、南阳市政府联合承办的第四届中国牛业发展大会在宛举行。农业部副部长高鸿宾,全国政协常委、原农业部副部长、中国畜牧业协会会长张宝文,河南省委常委、统战部部长刘怀廉、河南省政协副主席李英杰,农业部、中国农科院等单位有关领导和专家出席会议。来自全国各地的牛业行业专家、学者、企业家、业内知名人士和相关行业的企业家以及来自爱尔兰、澳大利亚、美国、法国、日本等国家的代表600余人参加会议。会议规模、规格创历届之最。市委书记黄兴维亲临大会并致辞。大会提出发展牛经济、振兴牛产业、弘扬牛文化、打响牛品牌的鲜明主题,介绍、推广南阳肉牛产业发展模式,组织开展科尔沁牛业南阳公司开业庆典、肉牛品种展示、南阳牛文化展览、南阳肉牛产业发展模式参观、南阳肉牛产业发展战略研讨等活动。为加快南阳现代畜牧产业化发展进程,南阳市人民政府聘请全国畜牧兽医总站站长谷继承、中国农科院畜牧研究所研究员许尚忠、西北农林科技大学教授张英汉、中国农业大学副教授曹兵海、河南省畜禽改良站站长李鹏飞为南阳市人民政府畜牧业发展顾问。大会期间,中央电视台、《人民日报》、新华社、人民网、新华网、《河南日报》等13家省以上新闻媒体对第四届中国牛业发展大会盛况、南阳肉牛产业和风土人情进行广泛宣传,进一步提高南阳肉牛产业品牌在全国的影响。(杜红渊)

林　　业

市林业局局长　宋运中

市林业局党委书记　张荣山

【林业概况】 2009年,全市林业工作重点围绕林业生态建设和集体林权制度改革，加大科技和资金投入，发展林业产业，强化森林资源管护，实现林业建设持续快速发展。全市完成造林8.67万公顷，完成森林抚育和改造2.73万公顷，建成林业生态村653个。全市完成义务植树1859万株，参加植树568万人次。西峡县、唐河县达到林业生态县建设标准。全市新发展速丰林1.67万公顷，新发展名优经济林0.36万公顷，年培育苗木0.46万公顷，森林旅游年接待游客560万人次，旅游收入3.53亿元。全年林业产值达70.27亿元。林业投资力度进一步加大，全市共争取省以上林业投资2.88亿元，占全省林业总投资的1/8强。全市林木凭证采伐率、办证合格率均达95%，征占用林地审核率达91%，森林、林木年采伐限额4.91万立方米，林业案件查处率达95%以上；森林火灾受害率控制在0.45‰，林木病虫害成灾率控制在3.8‰。全市没有发生重大毁林、乱占林地和破坏野生动物资源案件及重大森林火灾和林木病虫害，森林资源得到有效保护。

【林业生态建设】　市委、市政府为建设“生态大市、绿色南阳”目标，全市林业部门加快推进林业生态建设。全年共完成造林8.67万公顷，其中山区生态林5.04万公顷，农田防护林0.56万公顷，通道造林0.45万公顷，环城防护林及城郊森林0.19万公顷，村镇绿化0.57万公顷，林业产业工程1.85万公顷。南阳中心城区完成造林233.33公顷，兰营水库森林公园高标准植树150公顷。市委、市政府明确各级党政一把手是林业生态建设第一责任人，分管领导是主要责任人。市政府与各县（市、区）政府签订林业生态建设和森林防火目标责任书，强化目标管理，严格考核奖惩。对完成林业生态县创建任务的县奖励资金10万元，授予“全市林业生态建设先进县”荣誉称号。继续组织开展“常青杯”劳动竞赛活动。在省、市投资基础上，各地采取多种形式拓宽筹资渠道，加大资金投入，全年市财政投入林业生态建设资金1500万元。南阳中心城区兰营水库生态防护林建设工程采取市财政安排一部分、动员机关团体和社会各界捐助一部分、通过其他项目和途径争取一部分的办法，共筹集资金430万元，高标准造林150.67公顷。对生态林建设项目严格检查验收，实行县自查、市抽查、省核查三级检查验收制，在县级自查的基础上，组织技术人员，按县（市、区）上报造林面积的15%随机抽取，对高速通道林、农田林网、山区生态林、村镇绿化进行重点抽查。

【集体林权制度改革和非公有制林业】　市委、市政府把集体林改作为农村改革重点，扎实推进集体林权制度改革，为林业生态建设夯实基础。淅川县、方城县、社旗县、内乡县等分别召开林改工作会，调整充实领导小组，形成“四级书记抓林改”的良好工作格局。市林改办举办专题培训班，邀请省林改专家，对各县（市、区）林改技术骨干进行培训，全市举办培训班350期，培训林改技术人员2万余人，推动集体林权改革全面发展。集体林权改革促进非公有制林业发展，各地不断探索造林新办法，改革造林机制，新野县实行“两权”拍卖，落实造林用地1013.33公顷；内乡县采取拍卖、承包等形式，吸引山东浩林果业公司发展薄皮核桃1300多公顷；西峡县新发展非公有制造林基地18处，面积630多公顷。全市吸引社会资金1.18亿元投入造林绿化，其中65%以上的新造林地由造林业主管护。

【林业科技】　2009年实施省级林业科技项目5个，引进林果新品种20个，推广应用新技术10余项；完成科研攻关项目5个，编写制定市级林业标准文本1个。扶持27类优质种苗培育资金141万元。争取到《杨树丰产栽培新技术推广》等5个省级科技项目，组织申报《南水北调中线工程水源地丹江库区生态防护林树种选择及营造模式技术推广》项目，争取资金135万元。积极组织开展科技下乡活动，组织林业专家和技术人员600多人次，举办培训班和技术讲座180场次，培训林农21万多人次，现场技术咨询服务106次，服务咨询群众3.6万余人次，发放科普资料1.3万余份。围绕林业生态建设，组织开展第四届林业优秀论文评选活动，对71篇论文进行认真评选，积极参加省林业学术年会论文评选活动，获得一、二、三等奖7篇，荣获“优秀组织奖”。组织科技人员编制《林业产业发展规划》、《种苗花卉发展规划》和《河南省太行山森林重点火险区综合治理二期建设项目可行性研究报告》等20余项。完成《伏牛山红豆杉育苗技术规程》市级林业标准的制定工作，促使内乡油桃被确定为“省无公害水果标准化基地”。

【林业产业】　全市林业产业注重以通道两侧、农田林网和荒沟荒滩为重点，大力发展以杨树为主的速生丰产用材林，提高以山茱萸、猕猴桃、板栗、木瓜、桃、核桃为主的经济林的种植质量，培育以月季、玉兰为主的苗木花卉基地。全市新发展速丰林1.67万公顷，发展名优经济林0.36万公顷，培育优质苗木0.46万公顷，第一产业完成产值55.55亿元。

做好木材加工、林药加工和经济林产品深加工,全市年加工木材60万立方米,年加工中药材8.6万吨,年产各种干鲜果97万吨,第二产业产值达到10.08亿元。以森林公园和自然保护区为依托,不断改善基础设施,加快景区建设步伐,森林旅游及休闲服务业发展势头良好,旅游收入达到3.5亿元,第三产业完成产值4.64亿元。

【资源保护】 全市林业部门严格林政资源管理,坚持实行限额采伐,严格凭证采伐、凭证运输、凭证经营加工制度,严把木材源头关、流通关,规范木材采伐运输经营加工行为。全市审核上报征占用林地30起、面积238公顷,征缴森林植被恢复费765.6万元。全市组织开展"春季严打整治专项行动"、"绿盾三号行动"等7次涉林行动,严厉打击各类破坏森林资源的违法犯罪行为。全年共查处各类涉林案件2705起,其中刑事案件129起,治安案件32起,林业行政案件2544起;刑事拘留129人,行政拘留128人,行政处罚2761人;收缴木材7468.8立方米,为国家挽回经济损失680万元。认真落实森林防火行政首长负责制,严格火源管理和24小时值班制度,抓好春节、元旦、清明节、重点风景名胜区等重点时段、重要部位的森林防火工作,全市发生森林火情174起,过火面积500公顷,受害森林面积413.33公顷,全年没有发生大的灾情。积极开展主要林木病虫害的预测、预报和防治工作,扩大"飞防"和无公害防治面积,抓好检疫工作,严防外来有害生物入侵。全市发生各类林木病虫害10.67万公顷,有效防治9万公顷,做到有害不成灾。加强对驯养场、马戏团、动物园等野生动物繁育和经营单位的管理,加大对市场、酒店等非法经营野生动物及其产品的打击力度,搞好野生动物疫源疫病监测工作。开展国有林场棚户区调研规划及改造工作,加强自然保护区管理和基础设施项目建设。

【捐款430万元建设城区生态防护林工程】 为加快城区绿化步伐,建设生态宜居城市,1月8日,市委、市政府召开绿化捐款动员大会,动员社会各界捐款建设以兰营水库为重点的生态防护林工程。市委书记黄兴维和市政府、市人大、市政协负责人率先垂范带头捐款。驻宛"两属"和市属大中型企业慷慨捐赠,河南石油勘探局、移动南阳分公司各捐款20万元,天冠集团、二胶厂等企业各捐款10万元。市中心城区干部职工、社会各界共捐款430万元。

【谢晓涛检查指导南阳造林绿化工作】 2月24～26日,省林业厅副巡视员谢晓涛到南阳检查指导造林绿化工作。出席南阳市春季造林绿化观摩督查会议、卧龙区春季造林千人誓师大会,并深入宛城区和新野县督查指导植树造林工作。

【开展"希望林"、"喜迎建国六十周年共植青少年纪念林"认种活动】 3月7日,南阳市绿化委员会与南阳日报社联合开展"希望林"认种活动,团市委组织广大青年团员栽植"喜迎建国六十周年共植青少年纪念林"活动,市区机关、社会团体、市民及中小学生5000余人在兰湖森林公园种下2000余棵冬青树。

【豫京两地青年共建渠首生态林】 4月11日,北京市青年考察团成员与河南省青联委员和南阳市青联委员300余人,在淅川县共同营建"饮水思源——南水北调渠首豫京青年生态林"。北京市青联常委赵威、河南省南水北调办公室副主任薛显林、南阳市副市长张振强出席生态林建设启动仪式,并为"豫京青年生态林"揭牌。团省委副书记、省青联副主席郭鹏主持仪式。省青联与北京市青联签署了战略合作协议书。

【举行第28届"爱鸟周"活动】 4月21日,南阳市林业局、南阳市教育局和共青团南阳市委联合举办第28届"爱鸟周"活动启动仪式。市人大副主任谢先锋、市政协副主席贺国勤、团市委副书记樊牛、市林业局党组书记张荣山等出席活动,南阳市兴宛小学、书院小学、二机厂子弟学校以及各县市区林业系统干部职工等约2000人参加。

【全省集体林权制度改革工作会议在南阳市召开】 5月26日,全省集体林权制度改革工作会议在南阳市召开。省林业厅副厅长刘有富、副巡视员谢晓涛、市政府副市长姚龙其出席会议并作重要讲话。全省各省辖市主管林改工作的副局长、林改办主任,各重点林改县林业局长、林改办主任、南阳市各县市区林业局长等共计100余人参加会议。会议全面总结2009年全省各地林改工作取得的成绩,认真分析存在的主要问题,并就下步林改工作进行安排部署。

【南阳市林管站获得"国家丙级咨询资质"】 南阳市林管站积极组织申报国家丙级工程咨询资质单位的各项工作。经认真审查,该站技术力量、技术水平、装备、管理等方面均达到或超过资质标准要求。2009年8月,国家发展和改革委员会批准授予南阳市林管站国家丙级工程咨询资质。

【国家林业局调研组来宛调研】 9月9日，国家林业局基金总站站长孔明带领调研组，在省林业厅常务副厅长刘有富等陪同下，深入南阳市和内乡县就贯彻落实中央林业工作会议和集体林权制度改革工作进行专题调研。孔站长对南阳市和内乡县集体林权制度改革工作给予充分肯定和高度评价。

【召开全市林业工作会议】 11月25日，市委、市政府召开全市林业工作会议，贯彻落实中央和省政府林业工作会议精神，动员全市立即行动起来，掀起冬季造林绿化高潮，加大林业改革力度，大力推进林业生态建设，力争在2012年全国农运会召开之前实现城乡绿化再上新台阶。市长穆为民、市委副书记贾崇兰、市人大副主任谢先锋、副市长姚龙其、市政协副主席贺国勤等领导出席会议。各县（市、区）党委或政府的主要领导，主管林业工作的副书记、副县（市、区）长、林业局长、26个造林绿化先进乡（镇）的主要负责人和市直有关部门主要负责人参加会议。会议对2009年度林业工作先进单位和个人进行表彰，明确全市林业重点工作。市长穆为民与各县（市、区）长签订林业生态建设、森林防火目标责任书。（王保刚 马国丽）

水 利

【水利概况】 2009年，全市水利部门加强水利建设与管理，加快水利工程管理单位体制改革，积极推进病险水库除险加固、大型灌区续建配套节水改造、农村饮水安全、水土保持等重点工作，为全市战危机、保增长、保稳定和粮食丰收做出重要贡献。2009年底，全市有大中小型水库494座，其中大型2座（鸭河口、赵湾）、中型22座、小型470座，总库容24.67亿立方米，兴利库容13.32亿立方米；塘堰坝22056座，总库容4.52亿立方米；修建河道堤防845.6公里；建成大中小型灌区3300处，设计灌溉面积410.25千公顷，有效灌溉面积251.52千公顷，其中1万亩以上灌区38处，设计灌溉面积352.71千公顷，有效灌溉面积219.89千公顷；机电井84305眼，其中配套78279眼，灌溉面积222.05千公顷，纯井灌面积150.73千公顷；固定机电灌站787处，灌溉面积36.96千公顷。全市有效灌溉面积达到464.24千公顷，旱涝保收田达到332.16千公顷，节水灌溉面积达到112.71千公顷，除涝面积达到217.87千公顷，治理上浸地101千公顷。治理水土流失9474.4平方公里，其中小流域治理5504.7平方公里。累计解决农村饮水困难155万人、饮水安全113.92万人。小水电站共有66处，装机3.80万千瓦。

【抗旱】 全市自2008年10月23日至2009年2月5日没有出现有效降雨过程，遭遇50年不遇的特大干旱，小麦受旱面积达到54万公顷，重旱26.67公顷，因旱造成农村饮水困难29.13万人，小型水库干枯86座，6200多眼机井出水不足。1月8日、2月2日、2月7日，市防汛抗旱指挥部先后启动Ⅲ、Ⅱ、Ⅰ级抗旱应急响应，在市委、市政府和上级水利部门的领导下，动员一切可以动员的力量，掀起抗旱浇麦高潮。市、县水利部门和水利工程管理单位认真做好水利工程调度，搞好水源工程建设和恢复配套，密切关注旱情发展，掌握抗旱动态，为领导科学决策当好参谋助手。水利局工作人员牺牲节假日休息时间，全力以赴投入抗旱浇麦，领导班子成员分包县（市、区）、乡镇，组织工作组深入一线做好技术指导和服务，争取抗旱资金950万元，有力地促进抗旱工作的深入开展。全市共投入抗旱资金9852万元，累计浇灌小麦63.6万公顷，为夺取夏粮丰收做出重大贡献。

【防汛】 一是及早开展汛前检查。3月下旬组织3个检查组对重点防洪部位和在建工程进行防汛检查，针对存在问题下发整改通知书13份、清障通知书10多份并监督执行，及时消除防汛隐患。二是认真落实防汛责任制。4月30日，市委、市政府召开全市防汛工作会议，安排部署防汛工作，明确防汛指挥部成员单位职责，与各县（市、区）签订防汛目标责任书。三是认真制定防洪措施。在完善全市防洪抗旱应急预案、唐、白河防洪应急预案、鸭河口水库防洪应急预案的基础上，编制其它23座大中型水库防洪应急预案。举办县（市、区）及市直有关部门业务骨干参加山洪灾害防御知识培训班。做好防汛料物储备，组织市防汛抢险突击队进行为期1周的防汛抢险实战演练。召开全市水库除险加固工程质量和安全会议，安排在建项目度汛工作。严格执行汛期24小时值班制度，建立健全防汛交接班、值班、请示汇报、汛情会商和汛情发布等规章制度。四是及时组织抢险。6月17日至19日，全市普降暴雨，局部地区降特大暴雨，卧龙区龙王沟水库大坝散浸，宛城区白条河新店街堤防坍塌，鸭河口灌区大占头活动坝、白桐干渠和鸭东干渠等6处工程水毁严重。市水利局领导迅速赶赴现场,组织工程技术人员研究制定处置方案,调集60名武警紧急抢险,成立鸭河口灌区应急抢险领导小组,筹措资金,全力以赴抢修水毁工程,确保防洪安全和工程设施运行。

【水利项目建设与申报】 (一)水利项目建设。全市水利部门全力以赴,抢时间、赶进度,配合有关部门合力攻坚,3月底前完成上年第4季度新增水利项目建设任务,包括7座病险水库除险加固,15万人饮水安全,鸭河口、引丹灌区续建配套节水改造和内乡、南召2县水土保持项目。全年全市共下达4批中央扩大内需新增水利项目,涉及病险水库除险加固、大型灌区续建配套节水改造、农村饮水安全、水土保持、小水电、节水灌溉示范区建设等6类项目、21项工程,总投资6.95亿元。全市在建水利项目投资规模近15亿元,占全省的⅐,创历史最高水平。水利重点项目建设取得重大进展,全市列入国家除险加固规划的70座水库,除鸭河口水库外投资计划全部下达,其中51座已竣工并通过验收。鸭河口水库除险加固工程于9月开工建设,努力实现水利部确定的"2010年汛前基本完成主体工程,确保安全度汛,年底前完成除险加固任务"的目标。南阳市病险水库除险加固工程进度快、验收率高,受到省水利厅高度评价。(二)水利项目申报工作取得丰硕成果。已完成全市中小河流近期治理规划、河流规划和治理项目、中央扩大内需新增水利投资项目计划、全市2010～2020年新农村电气化县规划的编制工作。加快推进南阳市粮食主产区中型灌区续建配套暨节水技术改造项目和病险水库除险加固项目前期工作,为更多地争取上级资金支持奠定基础。

【农田水利建设】 2月中旬河南省实施抗旱应急灌溉工程,下达全市1.12亿元。至5月完成打井7747眼,修旧井5533眼,疏浚、延伸渠道842条1431公里,新增、恢复灌溉面积5.61公顷,完成省下达任务的115%。7月,河南省实施防洪排涝夺取秋粮丰收"450行动计划",下达全市投资计划1210万元,至8月中旬共完成沟渠清淤4876公里,改善除涝面积22.6公顷,完成计划任务的128%。2008年度鸭河口、引丹、宋岗灌区续建配套节水改造项目全部完成;中央扩大内需第4批鸭河口、宋岗灌区续建配套节水改造项目和唐河县虎山灌区国家节水灌溉示范项目工程进展顺利;镇平县赵湾灌区农业综合开发中型灌区节水改造项目进入招标阶段。9月8～9日河南省灌区工作会议在南阳召开,推广鸭河口灌区高标准建设管理经验。鸭河口灌区被水利厅确定为全省2个现代灌区示范区之一,计划建设5万亩现代灌区示范区,在小型农田水利建设项目上,宛城区争取到中央新增农资综合补贴建设资金2000万元。新野、宛城、邓州3个县(市、区)列入中央财政小型农田水利建设重点县2009～2011年规划,2009年度项目已下达实施。全市抓住冬春有利时机,结合扩大内需新增水利项目、抗旱应急灌溉工程和防洪排涝工程积极组织开展农田水利基本建设,实现工程投资和建设规模的新突破,全年新增有效灌溉面积15.17千公顷、旱涝保收田10.96千公顷、节水灌溉面积7.63千公顷。

【农村饮水安全】 2009年3月,完成上年第4季度新增农村饮水安全项目,涉及12个县(市、区)45个乡(镇)98个行政村15万人,总投资7500万元,市委、市政府继续将解决农村饮水安全问题列入着力办好的十大实事,下达2批项目,解决32.32万人饮水安全问题。这2批项目共涉及全市13个县(市、区)68个乡(镇)220个行政村,总投资1.62亿元。

【水土保持】 3月顺利完成长江中上游水土保持重点防治工程治理任务78平方公里,涉及内乡县、南召县7条小流域,总投资2300万元。全年全市治理水土流失706.76平方公里。淅川、西峡2县丹江口水库水源区水土保持重点防治工程及桐柏县淮河源水土保持科技示范园2期工程、桐柏县国家重点水土保持项目正在抓紧施工。内乡县完成坡改梯233公顷,抽槽整地100公顷,栽种薄壳核桃29万株,完成投资近500万元。

【水资源管理】 全市水利执法部门利用"3·22世界水日"、"中国水周"和《水土保持法》宣传月等时机,开展多种形式的水法规宣传教育活动。加大水政执法监察,共查处水事、渔事违法案件400多起。开展节水型城市创建活动,强力推进南水北调基金征收工作,全市共征收水资源费3720万元,创历史最好水平。积极做好水资源开发、利用、节约和保护,在确保城市供水水源地鸭河口水库水质安全的同时,对全市大中型河流35个功能区河段和150眼地下水观测井进行监测。编制《南阳市中心城区地温空调取用水管理暂行办法》和《南阳市中心城区自备水源整顿方案》,促使中心城区水资源管理基础工作得到进一步加强。及时调处豫鄂边界丹江段、虎山水库上游段和泌阳河上游段等省、市边界水事纠纷，确保社会稳定。

【水产养殖业】 在上年度实施南阳市中心城区水产品市场准入制度的基础上，2009年水产品市场准入在各县（市、区）全面推开。开展水产品质量安全整治执法年、渔业安全生产年、渔业科技服务年活动和水库施肥养鱼专项治理，组织2次较大规模的增殖放流活动，培训渔民500多人次，开展小龙虾、泥鳅等品种的示范推广，水产业结构得到有效调整，促进水产养殖的健康发展。全年全市水产品总量达到30万吨，其中鱼产量9.4万吨，水产业总产值37亿元。

【水利改革】 截止3月底全市71个水利工程管理单位基本完成体制改革，其中市直单位有白河橡胶坝管理处、鸭河口灌区管理局、鸭河口水库工程管理局，4月顺利通过省水利厅验收。全市水管系统共批复事业编制2555名，其中全供事业编制2400名，落实公益性工程人员经费5590.52万元，公益性工程维修养护经费逐步落实。水利事业单位和农业水价改革取得新进展，顺利完成鸭河口灌区农业水价综合改革试点项目建设任务和南阳市水利建筑勘测设计院“一院两制”改革。

【水利获奖】 2009年，鸭河口灌区管理局和内乡、镇平2县水利局分别被授予全国、全省水利系统先进集体。组织参加“河南省十大最美丽的湖”评选活动，方城县望花湖、卧龙区龙王沟水利风景区、西峡县石门湖获得提名奖，南阳市水利局、方城县水利局获得组织奖；卧龙区龙王沟水利风景区跻身国家级水利风景区行列。全市水利系统共获得6项市政府科技进步奖，其中一等奖1项。（阎海涛）

南　水　北　调

市南水北调办公室主任　刘浩安

【南水北调概况】 2009年市南水北调办公室认真落实市委、市政府部署，积极服务南水北调工程建设和南阳经济社会发展，各项工作取得较好进展。膨胀土南阳试验段在一期工程完成的基础上，已转入全面试验阶段；作为南水北调中线重点控制性工程的陶岔渠首枢纽工程于12月顺利开工建设。工程规划设计进一步完善，征地拆迁和谐推进，建设环境进一步优化，水质保护取得新突破，项目争取工作取得较大进展，至年底，库区水污染防治和水土保持共完成投资5.75亿元。干部队伍建设得到加强，党的建设和党风廉政建设不断提升。办公室获得市政府嘉奖，被评为目标管理先进单位和“市级标兵文明”单位。

【工程建设】 一是南阳膨胀土试验段工程建设顺利进行。工程全长2.05公里，征地拆迁渠线长度2.42公里，永久占地31.98公顷，临时用地39.44公顷。建设征地涉及南阳市卧龙、高新2个区、4个乡（镇）、5个行政村，专项设施涉及国道1条、机耕道路6条、通讯光缆2条以及部分地面附着物。规划生产安置人口314人。上级批复征地拆迁资金3167万元。止2009年11月30日，南阳试验段工程上级已下拨征迁资金3135.23万元，市已下拨征迁资金2599.39万元，膨胀土试验段工程一期顺利完工，已转入全面试验阶段。工程交叉桥梁建设有序进行。二是做好陶岔渠首枢纽工程建设前期工作。陶岔渠首枢纽工程是南水北调中线输水总干渠的引水渠首，位于淅川县九重镇陶岔村，是丹江口水库的副坝，属中线重点控制性工程。陶岔渠首枢纽工程设计为新址重建加电站方案，安装2台2.5万千瓦机组，工程总投资8.6亿元，施工总工期42个月。董营土坝也是丹江口水利枢纽大坝加高工程的组成部分，纳入渠首工程项目一并建设。陶岔渠首枢纽工程建设征地拆迁涉及2个县（市）、2个乡（镇）、8个村、5个单位、1个企业、6个村组副业及部分专项设施。渠首工程建设永久征地24.04公顷，临时用地45.54公顷，拆迁房屋约1.5万平方米，搬迁安置人口364人。涉及专业项目有交通、电力、通信、广播电视、供水管道、电灌站等。董营土坝永久征地1.8公顷，临时用地1.6公顷。上级批复征地拆迁资金2065万元。止2009年11月30日，已完成渠首建设永久征地和房屋拆迁工作，搬迁安置364人，上级已下拨征迁资金2009.93万元，市已下拨县（市、区）征迁资金1473.4万元，征迁工作基本完成。12月28日，南水北调中线陶岔渠首枢纽工程正式开工建设。

【工程干线征地拆迁】 2009年干线陶岔渠首枢纽工程征地拆迁涉及淅川、邓州2个县(市),2个乡镇(淅川县九重镇、邓州市杏山管理区),8个村(淅川县九重镇陶岔、张家、武店、张冲、程营、桦栎扒6个村和邓州市杏山管理区董营村、花梨树2个村),5个单位(九重供销社、陶岔信用社、南阳引丹局陶岔管理处、淅川县电灌局陶岔一级提灌站、淅川县烟草公司陶岔烟草仓库),1个企业(陶岔电灌局塑编厂),6个村组副业及部分专项设施。工程建设征地范围包括永久征地和临时用地。永久征地由枢纽工程征地及管理范围构成,临时用地由砂石料加工系统、施工机械停放场、土料场、骨料场及弃渣场等构成。陶岔渠首枢纽工程征地拆迁工作从5月6日至6月26日,共完成对62户和5个单位的1.5万平方米房屋、15公里通信、电力、广播线路、1168米供水管道、排水、场镇主干道的拆除工作及364人的搬迁任务,保障渠首前期项目顺利开工建设。

【工程规划设计】 市南水北调办公室配合国家中线局、长江委水利勘测有限公司、省南水北调办等有关部门,积极做好南阳段各项规划设计。一是积极搞好干线工程初步设计。南阳段共规划各类建筑物328座,其中公路桥梁177座。对4处渠渠交叉、82座跨渠桥梁的规划设计进行优化,力争满足全市交通发展需要,特别是通过中心城区的6座桥梁按照城市发展规划加宽、加长,新增投资3.1亿元,待中央审查批准后组织实施。二是认真搞好配套工程总体规划,将中心城区的龙升工业园区供水厂纳入供水规划。三是对临时用地进行优化调整。年初,对南阳段总干渠沿线38处弃土弃渣场进行优化调整,由38处调整为61处,运距全部调整到5公里范围内,调整优化弃土(渣)量4790万方,占总弃土(渣)量的60%。

【丹江口库区水质保护】 市中线办积极开展库区生态建设,加强相关规划项目前期调研,对规划项目提出修编意见并上报。止2009年底,库区水污染防治和水土保持项目已完工50个,在建项目44个,共完成投资5.75亿元,其中工业点源治理项目完成投资1.78亿元,污水及垃圾处理项目完成投资1.64亿元,水土保持项目完成投资2.30亿元。筛选上报远期调近期项目33个,总投资6.37亿元;新增项目56个,总投资12.5亿元,工业点源治理投资调整项目6个,新增投资7663万元,工业结构调整项目2个,总投资5亿元。积极开展水质保护课题研究,与国家南水北调办公室政策与技术研究中心、北京大学、清华大学合作开展《老灌河污染源调查分析》和《南水北调水源区(南阳市)面源污染控制调查分析》课题研究工作,对丹江口库区水质造成的污染源进行全面调查、分析和研究,提出治理措施和建议。课题通过国家专家组的评审,为争取库区生态补偿资金和项目支持,加快水源区环境治理提供理论指导。

【南水北调项目申报】 为服务地方经济建设,市南水北调办公室积极到国家南水北调办公室、省南水北调办公室、省政府移民办公室等单位申报争取项目,使一批南水北调项目得到落实。一是库区淅川、西峡、邓州、内乡4县(市)全部纳入《丹江口库区及上游经济社会发展规划》。二是邓州、内乡及与已确定的淅川、西峡4个县(市)一道纳入南水北调生态补偿财政转移支付范围,补偿资金在上年基础上有较大增加。三是引丹灌区补偿得到批复,共批复补偿资金近2亿元,用于引丹灌区范围内的张沟水库续建和解决施工期间对灌区灌溉及人畜饮水的不利影响等。

【南水北调中线陶岔渠首枢纽工程开工典礼】 2009年12月28日,备受世人瞩目的南水北调中线陶岔渠首枢纽工程开工典礼,在淅川县九重镇陶岔村渠首工程施工现场隆重举行。陶岔渠首枢纽工程是南水北调中线工程的重要组成部分,既是南水北调中线输水总干渠的引水渠首,也是丹江口水库的副坝。建筑物主要有引渠、重力坝、引水闸、消力池、电站厂房和管理用房等。引水闸设计流量350立方米/秒,加大流量420立方米/秒。电站为河床径流式,安装2台2.5万千瓦机组。工程总投资8.6亿元,其中电站投资2.87亿元。渠首枢纽主体工程施工单位为中国水电十一工程局,计划施工总工期为42个月。开工动员大会由南阳市政府副市长崔军主持,中共南阳市委书记黄兴维宣布南水北调中线陶岔渠首枢纽工程开工,市委常委、市纪委书记、市南水北调工程建设征地拆迁暨丹江口库区移民安置工作领导小组副组长孙丰年讲话,淅川县委书记袁耀生、淮委陶岔建管局副局长孙业文、中国水电十一工程局有限公司总经理孙玉民分别在会上发言。最后出席开工典礼的负责人为工程开工培土奠基,10余台大型机械开始施工。

【韩启德到南阳视察南水北调工作】 3月16～18日,全国人大常委会副委员长、中国科协主席韩启德带领考察组到宛考察调研南水北调中线水源保护情况。考察组对淅川县和西峡县的小流域治理、城市污水处理厂和垃圾处理厂进行考察调研，并在南阳宾馆召开座谈会。河南省委书记、省人大主任徐光春，省人大副主任刘新民及南阳市委书记黄兴维、代市长穆为民等市领导参加座谈汇报会。韩启德指出，解决南水北调中线水源环境保护问题，最关键还是要深入落实科学发展观；要以体制创新、机制创新和科技创新，推动水源地污染治理和环境保护。

【汪纪戎到南阳视察南水北调工作】　5月14日，全国人大常委、全国人大环境与资源委员会副主任、农工党中央副主席汪纪戎到南阳调研南水北调工作。调研内容包括南水北调中线工程对丹江口水库库区、上游地区以及下游汉江流域的水量、水质和泥沙等方面的影响、丹江口库区及上游地区生态环境保护、建设情况以及对当地经济社会发展的影响、南水北调中线工程水源区生态补偿机制与途径、如何破解水源区环境保护与社会经济发展矛盾的模式与途径、水源区移民搬迁与可持续发展等问题。

【张基尧视察南水北调环境保护工作】　5月22日，国务院南水北调办公室主任张基尧一行在省长助理何东成、省南水北调办主任王树山、中共南阳市委书记黄兴维、副市长崔军、副秘书长曾光春、市南水北调办主任刘浩安等陪同下，实地察看淅川县污水处理厂和生活垃圾处理厂建设和运行情况。他要求各地要结合实际情况，积极做好已建成污水处理厂的管网配套工程建设，确保污水处理厂发挥效益。张基尧指出，保护好南水北调中线水源地丹江口水库的一池清水，任重道远。针对丹江口库区及上游当前水污染治理和水环境保护工作，他强调：一是要加快实施《丹江口库区及上游水污染防治和水土保持规划》。随着南水北调工程建设提速，水污染治理和水环境保护工作也要加快进度。要加快实施已安排项目的建设，积极推动产业结构调整。进一步加大生态环境保护项目的投资力度。二是要对库区规划项目进行妥善梳理。要合理安排保护性项目和治理性项目，推动污水处理厂、垃圾处理厂及点源污染治理等项目建设。要尽快编制丹江口库区及上游水污染治理后续项目规划，尽早启动相关项目建设，为改善水环境状况，扩大内需、拉动地方经济发展做贡献。三是要会同国务院有关部门尽快审查完成丹江口库区及上游地区经济社会发展规划，处理好库区生态环境保护和经济建设发展之间的关系。四是要做好工业布局，合理调整经济结构，促使库区周边企业向生态型、资源节约型发展。要在加强工业点源治理各项工作的同时，积极推进农业面源污染治理工作。（李家峰　王晓梅）

鸭河口水库

【水库大坝管理】　工程管理局认真贯彻执行“安全第一，常备不懈，以防为主，全力抢险”的总方针，做好防大汛、抗大洪的各项准备。大坝日常管理中坚持“四无、四随、四固定”的观测工作要求，除水库除险加固已拆除观测点外，其余大坝观测点和观测指数保持完好。严格闸门管理和运行操作规程，强化内部管理，对设备采用经常检查、运用前检查和汛前检查相结合的办法，保证工程设备安全高效运行。

【防汛灌溉】　防汛工作健全和完善以行政首长负责制为核心的各项防汛责任制度，及时编制水利调度计划、防洪预案和度汛方案，确保水库安全度汛。注重水情预报、洪水调度和汛期检查抢修等工作，汛前集中力量进行全面细致的检查，排除大坝工程和闸门等设施的安全隐患。为确保雨量遥测系统、准确报汛，对上游16个雨量遥测站进行检修，重点对辛庄、廖庄2个遥测站点进行重新安装，对7台端机和太阳能充电设备进行维修，确保汛期通讯报讯性能稳定。及时编制、归档有关技术数据，保持工程技术档案完整准确。聘请湖北麻城白蚁防治研究所的专家，对库区白蚁进行全面灭杀，查挖出蚁穴97个，挖白蚁隔离带1147.5米，确保水库工程安全。做好防汛物资储备和代储工作，及时增补防汛物资，保证储备物资数量、质量符合规范要求。加强防汛队伍建设，成立防汛专业机构和队伍，完善汛期相关制度，切实做好防大汛、抗大洪的各项准备。到12月底，水库共来水10.38亿立方米，总供水13.66亿立方米，保障全市的工农业生产和城镇居民用水及城市环境用水需求。鸭河口灌区全年配水1.9亿立方米，其中农业配水1.7亿立方米，灌溉面积10.67万公顷，复灌15.47万公顷，增加粮食2.2亿公斤，增加社会效益3.9亿元。

【水力发电】　水电站结合除险加固工程建设降低水位的实际，抢机遇抓生产，全年开机268天，共发电3000多万千瓦时。水电站紧紧围绕“安全生产是龙头、素质教育是基础、设备管理是关键、和谐发展是目标”的整体思路，取得安全生产、运行管理、职工教育、企业管理和和谐电站建设等方面的明显成效，形成一整套安全运行、管理规范、职工教育和技术更新的长效管理机制。

【除险加固工程】 鸭河口水库除险加固可行性报告和初步设计方案在顺利通过国家发改委和水利部批复后，于9月29日正式开工建设。工程主要内容有加高加固主坝和各副坝，拆除重建1号溢洪道，维修2号溢洪道，加固左右岸输水洞及马沟输水洞，更新改造金属结构，改造水文自动测报系统，改建坝区防汛道路等。工程总投资2.2亿元，工期24个月。截止到年底已完成投资2500多万元，各项工程建设进展顺利。(温春东)

农 机 管 理

市农机局局长　张胜海

【农业机械化概况】 2009年，全市农机系统深入落实科学发展观，积极应对国际金融危机、围绕农业发展、农民增收、农村繁荣的目标，全面实施“调结构、保增长、保民生”战略方针，抓住机遇，把握关键，突出重点，扎实工作，不断提高农机管理服务水平，强力推进农业生产方式快速转变，全市农业机械化工作在国际金融危机影响加深的背景下，逆势发展，成效突出。年末，全市农机固定资产总值达到60.9亿元，较上年增长8%；农机总动力达到1075.6万千瓦，增长3%；各种拖拉机94.9万台，增长2%；配套机具231万部，增长4%，机具配套比达到1∶2.45。农机装备结构得到明显优化，小型拖拉机达到92.6万台，增长0.9%，增速明显放缓，大中型拖拉机则增长23%，达到2.28万台，其中80马力以上大型拖拉机达到0.31万台，增长121%；大中型配套农具达6.4万部，增长16%；联合收获机达到5900台，增长28%，其中玉米联合收获机达到1000台，增长163%；玉米收获专用机械达到340台，增长278%；秸秆还田机达到1980台，增长58%。全年完成机耕面积130.2万公顷，在适宜机械化作业的地区，小麦生产已基本实现机械化，小麦机收面积60.26万公顷，机收水平92.2%，机播水平达95%；玉米生产机械化水平取得重大进展，机收水平达到22%，玉米机播面积23.47万公顷，机播水平达88%；机械化免耕播种面积达12.05万公顷，增长30%；机械秸秆还田面积21.2万公顷，增长50%；水稻机械化育插秧试点进一步扩大，示范效果明显，已具备大面积推广应用的条件；保护性耕作技术试验示范工作也取得较大进展。

【农机化项目建设】 全市共争取中央和省级专项农机补贴资金8431万元，其中中央财政资金7900万元，省财政资金531万元，是上年补贴总额的4.2倍，补贴机具种类涵盖耕、耙、播、收、管、浇等机械化生产的各个环节和林、牧、渔、加工各个领域。共补贴各类农机具12860台(件)，其中拖拉机6951台，玉米、水稻联合收获机591台，抗旱机械1745台(套)，奶业机械12台(套)，秸秆还田机、旋耕机和其它配套机具3561台(件)，受益农户12275户，拉动农民直接投资1.9亿多元。

【农机监理】 全市农机监理部门坚持“安全第一、预防为主、综合治理”的方针，实施依法行政，健全责任体系，加强监督检查。以“农机安全生产年”活动为契机，大力宣传贯彻《道路交通安全法》、《农业机械安全管理规定》等法律法规，深入开展安全生产宣传教育。以农机安全生产“三项行动”为动力，深入推进“创建平安农机，促进新农村建设”活动。以落实安全生产责任目标为手段，加大安全生产工作督查考核力度，进一步完善安全生产责任体系，全面提高农机安全管理工作水平。全年共检验拖拉机、联合收割机4.5万余台，新入户拖拉机、联合收割机8030台，新办驾驶证9542本，补发行驶证60本，换发驾驶证261本，补发驾驶证149本。全年组织驾驶人安全教育培训200余次，出动宣传车15000余次，印发宣传材料8万余份，举办事故案例展览10余期。全年执法检查共16000余次，查处违章载人、拉客、超载等违法行驶拖拉机9825台次，排查未年检拖拉机8575台。明确目标，强化责任体系建设。农机安全生产列为市、县政府部门监控的一项重要责任指标，形成层层抓落实、部门总协调的共同管理机制，农机部门多层次、多级别的签订目标责任书，进一步完善《重特大农机事故应急处理预案》，建立协调高效的工作机制。加大监管力度，从源头上消除事故隐患。对农机道路交通安全进行拉网式检查，重点查处“黑车”、酒后驾驶、超速超载、违法载人等严重违法行为。严格机车检验，做到“检验见车、审验见人”，及时排除事故隐患。止11月底，全市共查处一般安全隐患9825起，消除9758起，查处无证驾驶2571起，为平安农机创建工作打下坚实基础。

【农机推广鉴定】　2009年推广青贮铡草机66台，油菜收获机6台，烟草畦垄机、覆膜机200余台，大型畜牧挤奶机12台(套)，大型粮食烘干机2台，其他配套机具1000余台。全市共争取部、省级农机化技术试验示范项目8个。在省推广站、市农机局的具体指导下，全市项目工作进展顺利。一是薯类收获机械化试点开局良好。为完成省农机推广站下达的《薯类收获机械化试验示范项目》，市农机推广站专门成立项目小组，选择卧龙区高新农业示范区建立20公顷试验田。组织召开薯类收获机械化现场演示会，按照试验大纲要求对三种薯类收获机械进行试验检测，圆满完成示范项目，得到省农机推广站的肯定。二是水稻机插秧在南召、桐柏、唐河项目区步入快速发展轨道。南召县是第一年实施水稻育插秧机械化试验示范项目，为确保项目成功实施，成立由县政府分管副县长为组长的项目实施工作小组，建立6个水稻育插秧机械化技术示范点，全年推广插秧机8台，机插水稻33.33公顷。经机收后对比实测表明，同一试验地块机械插秧亩产为636.5公斤，与以前人工插秧相比亩产增加91公斤，增产率为16.7%，增产幅度远远超出预期。桐柏县水稻育插秧机械化试验示范项目工作成绩突出，全年推广插秧机16台，实施面积进一步扩大达466.67公顷。唐河县试验示范项目也有较大进展，全年实施面积达85.33公顷。三是保护性耕作面积稳步扩大。方城县连续3年承担河南省保护性耕作试验示范项目。在2007～2008年取得经验的基础上，建立200公顷小麦示范区，为保证项目顺利实施，举办2期管理干部和机手培训班，召开1次演示现场会，以会代训。项目实施中，严格按照规程操作，组织机械作业。镇平县在实施保护性耕作实验示范项目中建设173.33公顷玉米试验田，聘请农艺专家从选种、播种、施肥、病虫害防治等环节全程指导，实施农机农艺相结合，通过玉米收获后产量测试，试验田玉米亩产量达430公斤。项目的实施，促使耕作方式改变，使优质粮机械化保护性耕作种植面积进一步扩大，粮食产量和品质进一步提高。宛城区、新野县承担的花生收获试验项目，进入大面积推广应用阶段。

【农机服务】　2009年全市农机户达85.8万个，农机作业服务组织达312个，比上年增长27%，从业人员增加61.6%。其中固定资产在50万元以上的服务组织比上年增长105%，从业人员增加118%。农机专业合作社蓬勃发展，在工商部门登记注册达到171个，注册总资金1.67亿元，拥有大中型农业机械及机具6305台，作业面积20万公顷，实现生产经营收入1.03亿元，纯收入5000多万元。全市乡村农机从业人员达103.5万人，比上年增长3.4%。全市农机服务总收入达22.4亿元，比上年增长5.1%。农机经营使农民人均实现纯收入250元，占农民人均纯收入的5%。全市投入抗旱机械42万台(套)，投入技术人员1520人(次)，检修机械29.8万台(套)，抗旱浇麦33万公顷，机械施肥5.4万公顷，为争取全市农业大丰收奠定坚实基础。

【农机跨区作业】　全市农机部门按照市委、市政府的总体部署，以确保夏粮大旱之年丰产丰收，维护粮食安全，增加粮食有效供给为目标，集中全力服务夏收，扩大引机数量和机收面积，积极倡导、组织本市机械外出跨区作业。全市三夏联合收割机跨区机收小麦60.2万公顷，占麦播面积的92%，共投入联合收割机16600台，其中从外地引进11500多台，本地出勤5100台，组织本地3500台联合收割机外出收麦。农机部门重点做好五个方面工作:一是加强三夏工作领导。市政府于5月4日成立跨区机收工作领导小组，要求农机、公安、农业、交通、环保、公路、物价、消防、石油等部门同心协力，服务好联合收割机跨区机收工作。市农机局于5月8日召开三夏农机工作专题会议，对跨区机收工作进行统一部署，并成立4个督导小组，由局领导成员和业务科室负责人分片包县进行督查。县(市、区)农机部门成立三夏工作领导小组，制定《农机服务三夏工作意见》、《三夏农机应急预案》，安排三夏工作。二是做好三夏收割机的引进工作。全市三夏期间约需联合收割机1.6万台，全市保有量只有5109台，为确保三夏麦收工作顺利进行，各县(市、区)农机部门春节过后就积极开展组织引机工作，共签订引机协议和作业合同952份，合同协议引机9100台。5月以后，各平原县(市、区)加大引机工作力度，派专人分赴河北、山东、安徽、江苏、山西、陕西、湖北及本省兄弟地市联系机车。社旗县农机局协议引机520台,是近2年来该县引机数量最多,到达时间最早,到位率最高的一年。三是确保三夏用油供应。4月,市农机部门主动与石油部门联系,建立三夏用油沟通联系机制,并联合开展三夏用油情况调查,设置联合收割机加油绿色通道。5月18日又与中石化河南南阳石油分公司联合下发《关于做好三夏农业生产用油保供服务工作的通知》,对农业生产用油服务工作进行明确分工,落实责任。四是加大对跨区机收市场的管理力度。严格遵循支农、惠农,服务三农的精神,对联合收割机跨区作业证实行免费按程序规范发放,并以跨区作业证发放为调控手段,引导联合收割机有组织外出跨区收麦。全年共组织跨区作业队228个,外出机械3500台,促进跨区作业市场有序发展。鼓励县乡农机部门、农机作业服务组织、农机专业合作社、农机大户等组建跨区作业中介服务组织。由农机专业合作社、农机手组成的农机经纪人达7800余人。五是积极开展小麦秸秆综合利用和禁烧的宣传工作。各级农机部门通过宣传车、现场会等形式积极配合政府相关职能部门开展小麦秸秆禁烧的宣传工作,利用农机优势在全市范围内组织推广并倡导联合收割机配置小麦秸秆粉碎机,大力倡导联合收割机低茬收割,推广玉米灭茬播种,扩大秸秆还田面积。

【农机服务组织建设】 市农机局通过加强理论研究、政策引导、宣传表彰、资金倾斜、服务指导等措施,大力扶持农机合作社建设,按照"强基础、拓市场、重规范、增效益"的工作要求,努力推进合作社上规模、上水平、上效益,提高可持续发展能力。在落实农机购置补贴和国家优质粮项目时,把农机专业合作社作为重点补贴对象,实行优先报名、优先安排,把补贴资金重点用于农机服务组织发展和大型新式机械的购置上。在省农机局、省政府金融服务办公室、省工业和信息化厅、省财政厅、省农业厅、省银监会等单位联合主办的河南省农业机械化银企(社)合作对接会上,全市87个农机专业合作社、16个农机企业与金融部门对接,签订融资意向1.12亿元,其中农机合作社4390万元、农机企业6790万元。11月,市农机局组织26个农机专业合作社、12个农机企业参加全省农机化银企合作对接会,与银行签定贷款合同和协议38份。争取省财政扶持农机专业合作社4个、扶持资金10多万元。全市有8个农机专业合作社被评为河南省先进农机专业合作社,各奖励价值10多万元的大型玉米收割机1台。狠抓规范化建设。进一步完善组织结构、规章制度、运行机制,全市农机部门编制印发合作社章程、作业合同、制度管理等多种实用示范文本,推动合作社规范化建设进程。积极引导农机合作社在三夏三秋生产服务的同时,组织外出跨区作业,投入工程建设、抗灾救灾活动,拓宽服务领域,增加服务收入。

【农机科教培训】 全市完成无证机手培训11388人,农机管理干部和技术人员培训18369人,送教下乡4.1万人次,超额完成省局下达的指标任务。农机科技教育培训主要做法:一是组织对农机管理干部和技术人员培训。先后组织36位县(市、区)农机基层负责人和技术骨干参加省农机局举办的理论教育培训班。市农机局在3月份采取以会代训的方式组织县乡农机人员进行农机综合执法培训,并通过现场演示、送教下乡等形式向农民机手宣传政策法规,讲解农机实用技术。二是积极争取资金、开展社会化培训。全市8所驾校争取"阳光工程"项目资金115万元,对2402名拖拉机机手和300名农机修理工进行免费培训,对实施政府公益性农机手免费培训做出有益探索,受到上级的充分肯定。三是持续强化农业机械化科技试验示范工作,全年争取到省级机械化花生收获、水稻育插秧和保护性耕作3个项目,在7个试点组织实施,投资总额为55万元。省农机局在肯定方城县机械化保护性耕作试验示范成效的同时,把镇平县纳入示范县行列,邓州市、宛城区、唐河县被列入农业部(2009~2015)《保护性耕作工程建设规划》;桐柏县和唐河县、南召县分别争取到部、省级水稻育插秧技术试验示范推广项目;宛城区继续承担花生机械化收获在建项目,新野县被纳入省级花生机械化收获项目试点。各项目县按照试验大纲要求,认真组织专业技术培训,严格规范操作,项目实施工作进展顺利。在薄弱环节机械化生产方面,充分利用农机购置补贴政策,大力推广新机具新技术,提升机械化生产水平。在加大科技投入、加强试验示范区建设以及国家购机补贴政策的强力带动下,玉米机收和水稻机收水平获得重大进展,分别达到25%和60%,旋耕机达到1.19万台,秸秆还田机达到1550台,小麦机械化播种水平提高到95%以上,主要粮食作物综合机械化水平达到60%。

【农机市场管理】 农机市场管理工作以开展"企业服务年"活动为契机,通过联合执法、受理投诉、产品鉴定认证、开展多种形式消费维权活动,对全市农机生产维修和供应市场进行规范整治,严厉打击制假售假不法行为,依法保护生产、经营和消费者的合法权益。全市累计出动执法人员432人次,查获假冒伪劣产品519台件,受理投诉23起,结案率100%。开展对农机修理工和相关工种的职业技能鉴定,培训鉴定各类从业人员1064人。农机职业鉴定工作走在全省前列,被农业部和省农机局评为先进单位。贯彻落实《农业机械维修管理规定》,把农机维修行业管理纳入法制化建设轨道。加强对农机维修人员进行职业技能鉴定,严格遵守办证发证程序;坚持理论和实践相结合,按照行业标准实行专业理论知识教育和实际技能考核,农机维修人员的综合素质明显提高。根据维修企业申请,联合工商部门对农机维修网点,进行实地勘查验收,凡设备简陋、技能低下的坚决予以取缔,农机维修企业资质认证工作得到明显加强,农机维修质量不断提升。全年共有892人取得职业技能认证书,农机维修企业资质认证工作也取得较大进展。(楚鹏)

工　　业

工业经济综述

【工业经济】 2009年，南阳市进一步加快推进产业调整振兴，加大技术创新改造投入，强力推动战略合作，积极承接产业转移，引导促进产业积聚发展，工业经济呈现企稳回升的良好态势。全年完成工业增加值790亿元，同比增长10.2%。(一)产业结构进一步优化。围绕推进工业主导产业结构升级，制定实施现代工业调整振兴“6312”规划，即巩固提高装备制造、纺织、冶金建材、油碱化工、食品和电力六大传统产业，推动发展新能源、光电和生物三大新兴产业，着力培育12个骨干企业群体。委托国家发改委产业经济与技术经济研究所、工信部电子信息规划院等知名院所编制《南阳市建设现代产业规划纲要》及新能源、光电、生物、装备、油碱化工、纺织、冶金建材、食品等重点产业专项规划。编制完成12个骨干企业或企业群体2009～2015年发展规划。督促14家省“双百”重点企业完成2009－2015年发展规划。2009年装备制造、纺织、冶金建材、油碱化工、食品、光电、新能源、生物等8大产业共实施重点项目93个，占全市重点工业项目总数的88%，全年完成投资121亿元。8大优势产业完成增加值占全市工业增加值的比重达到80%以上。在多晶硅光伏、光学显示系统、二氧化碳综合利用、新能源装备等领域取得了新突破，装备制造、冶金建材、油碱化工、纺织、食品等传统行业内部结构进一步优化。(二)重大工业项目建设进展顺利。强化目标责任制，实行项目联审联批，加强政策引导，加大工业投入，实施一批重大结构升级项目。全年争取国家和省专项资金1.1亿元，105个项目列入省重大工业结构调整项目(1074项目计划)，完成投资132亿元，占年度计划的103.5%。新开工47个项目，50个项目竣工投产，年度完成投资48亿元，新增销售收入129.8亿元，利税21.8亿元。15个项目列入省“双百”项目，完成投资20.66亿元。(三)集聚区规划建设全面展开。坚持“三规合一”，强化政策扶持，集中资源配置，推进集聚区科学规划科学发展，至年底，14个省定产业集聚区的总体发展规划均已上报省发改委，13个首批省定产业集聚区总体发展规划已通过专家评审。进一步加强政策引导，先后完成《南阳市推进产业集聚区科学发展的指导意见》、《南阳市人民政府产业集聚区管理办法》、《南阳市产业集聚区招商引资优惠办法》、《南阳市产业集聚区发展监测方案》、《南阳市产业集聚区发展考核方案》和《南阳市关于投融资平台建设的奖励办法》等一系列政策措施。研究提出了县市区事权管理新体制方案，对产业集聚区实行动态管理。采取资源整合、飞地分税、异地共建等方式对产业集聚区进行连片综合开发，推动链式、集群式产业转移。努力推动和引导投资项目向产业集聚区集中。全市集聚区实施投资额1000万元以上项目225个，其中新开项目196个，投产项目165个，全年完成投资158.5亿元。基础设施和工业项目分别完成投资33.8亿元和125.7亿元。20个产业集聚区的投融资平台全部建立。

【工业运行】 2009年，南阳市坚持部门、行业、重点企业月度经济运行分析例会制度，加强对35个重点监测企业生产、销售、用电量等多个指标的监控，随时掌握重点企业运行情况，及时发现问题苗头并做出应对措施，使问题解决在萌芽状态。(一)加强煤电油运等生产要素的协调与保障。加强煤、电、油、汽、运协调工作，帮助鸭电、热电做好用煤的保障，为龙成协调解决铁矿砂铁路运输的问题，为普康制药等企业协调解决了用电和供汽等问题，帮助市重点企业解决影响生产经营过程中出现的重大问题，保证企业的生产经营。(二)认真组织开展企业服务年活动。成立高规格的“企业服务年”活动领导小组，并建立信息直通车制度。坚持市、县各抓100个重点企业的做法，实时动态管理。坚持领导分包制和对口帮扶责任制。坚持督查指导制度，加大督查督办力度，加强跟踪问效。积极贯彻落实上级有关会议精神，出台相关政策措施，先后制定出台共8条26项《关于应对金融危机、保持全市经济平稳较快增长的若干政策措施》，制定《关于决战二季度全力谋发展工作方案》。在工业运行、项目投资、扩大消费、企业融资、民生工程、产业集聚区建设等方面给予优惠政策扶持。(三)加强产销对接，帮助企业开拓市场。全年组织召开产销对接会15次，参会企业305个，共签约项目280个，合同资金120亿元，年底已落实资金86亿元。通过多种渠道帮助企业融资，县市共召开银企洽谈会30次，签约项目548个，签约合同资金249.9亿元。加强困难企业帮扶，全省确定的我市110个停产半停产企业中除3个不符合国家产业政策关闭，其余全部复工复产。(四)经济企稳回升态势更加明显。2009年全市限额以上工业增加值完成480亿元，同比增速可达13.8%，实现利润90亿元，同比增长4.5%。(黄晨阳)

石　油　工　业

【河南油田概况】 2009年，河南油田机关设27个职能处室。分公司下属12个二级单位，勘探局下属15个二级单位。共有105个矿(大队)、415个基层队(车间)、1933个班组，其中地震队9个、钻井队45个、油建施工队11个。有各类专业技术人员7682人，其中教授级职称68人，高级职称1584人，中级职称3351人，初级职称2679人。享受政府特殊津贴1人，石化集团公司有突出贡献的科技和管理专家8人，石化集团公司优秀青年知识分子13人，石化集团公司学术、技术带头人25人。河南油田是以油气生产为主，集油气勘探、开发、炼油化工、施工作业、辅助生产和多种经营、社会服务于一体的国有大型一类企业，地跨河南省南阳、驻马店、平顶山和新疆巴音郭楞蒙古族自治州、克拉玛依市、塔城地区6市(州、区)10个县(区)，占地面积1057.11平方千米(其中新疆1024.39平方千米)。油田总部设在河南省南阳市宛城区油田"五一"村，其所属塔里木河南勘探公司位于新疆维吾尔自治区焉耆县县城西。止2009年底，河南油田已取得探矿权的勘探面积31199.805平方千米，油气资源总量达14.36亿吨，已找到15个不同类型的油气田，获得1个油田的勘探开发权，累计探明石油地质储量3.26亿吨，探明天然气地质储量90.20亿立方米，已投入开发15个油气田，累计生产原油6785.36万吨、天然气18.46亿立方米。2009年，河南油田拥有固定资产原值216.64亿元(其中分公司185.56亿元)，净值108.3亿元(其中分公司84.09亿元)；实现工业总产值108.495亿元，销售收入110.18亿元，实现利润-4.91亿元，实现各种税费15.24亿元。

【石油资源拓展】 2009年，河南油田获得原属胜利油田的新疆伊犁盆地伊宁、霍城和准噶尔盆地春光等3个区块的勘探开发权，增加7482平方千米勘探面积，每年可增加原油产量47万吨。在交接过程中，边接收边生产，力保资产、资料、项目、在建工程完整移交，实现过渡期内产量不降、效益不减。顺利接管后，春光油田两个月生产原油7.5万吨。

【油气勘探】 2009年河南油田以寻找规模储量和可动用储量为重点，新增探明储量1049万吨、控制874万吨、预测889万吨，连续10年实现油气储量稳定增长。泌阳凹陷南部陡坡带中段立体评价勘探取得新发现，储量规模进一步扩大；深凹区东部程店地区岩性油藏、毕店地区构造—岩性油藏和王集核三下段勘探取得新突破，泌354井试获日产油168立方米、气3800立方米自喷高产工业油气流。南阳凹陷白秋地区滚动评价、焉耆盆地岩性及低幅度构造油气藏研究、南华北盆地选区评价研究取得新进展，进一步夯实资源拓展基础。

【原油生产】 2009年，河南油田生产原油187.5万吨，老区连续14年保持180万吨以上硬稳定。三次采油增油18.5万吨，推广应用水平井27口，单井日均产油为同期投产直井的2～3倍。

【外部市场创收】 2009年，河南油田国内扩大新疆市场规模，承接石化系统外延长气田二维地震采集、平顶山煤层气开发、榆济天然气管道工程等一批新项目。海外市场争取到叙利亚技术服务项目，物探在印尼、钻井在科威特相继实现零突破，国际市场新签合同额同比增长52.5%。全年完成外部创收16亿元。

【精蜡化工】 2009年河南油田精蜡化工依托资源技术，实施新项目，形成特色发展优势。8万吨/年特种蜡扩能、汽油质量升级项目获得批准，凡士林加氢装置完成搬迁，4吨/年高纯精炼石蜡工程建成投产。新开发保鲜蜡等8种新产品，生产特种蜡3.55万吨，创历史最高水平。环保型芳烃橡胶填充油工艺填补国内空白，特种蜡产销率保持100%，炸药蜡、橡胶防护蜡等成熟产品市场占有率稳步上升。开展大盐化、生物柴油等项目研究论证，使其发展空间得到拓展。

【科技工作取得新成果】 2009年,河南油田共安排科技进步项目150项,其中中国石化集团公司项目16项。科技项目开题率100%。申请专利20件,授权专利10件。《泌阳凹陷核三下成藏条件研究及勘探目标优选》、《超薄层稠油油藏蒸汽吞吐经济开采技术研究》、《稠油污水生化处理技术研究与应用》3项成果获集团公司科技进步三等奖。河南油田共评出局级科技进步奖95项,其中一等奖10项,二等奖20项,三等奖65项。科技创新贡献率进一步提高。开展泌阳凹陷岩性油气藏勘探技术攻关,取得岩性油气藏勘探重大突破;推进开发先导试验,丰富复杂断块油藏、难动用储量开发手段,稀油自然递减控制在13%以内。采用直井、定向井、水平井组合开发,扩大特浅薄层特稠油油藏难采储量动用规模,稠油开发再创新高。实施高精度三维地震勘探采集技术等先导试验,推广应用低阻油气层测井识别评价等成熟技术,石油工程支撑作用得到有效发挥。全年实现科技增油10.9万吨、增效1.8亿元。

【开展"精打细算深化管理年"活动】 2009年,河南油田深入开展"精打细算深化管理年"活动。大账管细,小账算精,严格成本管理。组织实施竞赛项目141个,树立"所有发生的费用都有优化空间"理念,人人关注成本,时时控制消耗,充分挖掘增产增效、创收增效、节约增效潜力,实现降本增效3.28亿元。

【开展"技术攻关"竞赛】 2009年,河南油田开展"技术攻关"竞赛活动,146个技术攻关项目累计创效6616万元。2个技术攻关项目被评为河南省"百项职工优秀技术成果"。1人获河南省"十大能工巧匠"称号,并被授予"五一劳动奖章"。河南油田首次获得"全国五一劳动奖状"。

【职工教育】 2009年,河南油田为建设高素质的职工队伍,培训职工13999人,完成年计划的118.6%。其中局统一组织的技能操作人员各类专业技术培训77个班4099人次,特殊作业人员培训175个班9900人次。各单位组织的各类操作人员培训16500人次,岗位练兵9800人次,名师带徒学艺206人次。正式启动首席技师制度,与4名首席技师签订《聘任协议》。开展第十四次职业技能竞赛,共有14个工种的339名职工参加局级决赛,并首次将两名获奖的劳务工转招为全民劳动合同制工人。在各级各类比赛和评比中,2人分获"集团公司2009年职业技能竞赛"电焊工银牌、测井工铜牌,1人获河南省"知识型职工先进个人",1人获全国"知识职工优秀个人"。

【安全环保】 2009年,河南油田扎实开展"我要安全"和HSE管理"基层基础年"活动。在基层队推进"四个一"(一本《基层队HSE管理手册》,规范基层队HSE管理;一本《基层HSE作业指导书》,规范基层队作业活动;一本《基层队HSE工作记录本》,规范基层队HSE记录;一套特殊作业票证,规范基层队直接作业许可)规范化建设,强化直接作业环节执行力。完善境内外项目风险应急预案和评估机制,落实临时性重大安全隐患应急整改资金300万元。加大隐患排查治理和责任追究,落实安全环保隐患治理资金2038万元,完成9项隐患治理任务。坚持走资源节约型、环境友好型发展之路,污染源治理效果明显。采油污水回注率、外排污水达标率、钻井废水合格率等指标均控制在计划之内,河南油田被评为集团公司"环境保护先进单位"。坚持把节能降耗作为硬指标、硬任务,大力实施节能降耗工程,勘探局、分公司万元产值、单位油气综合能耗指标顺利实现,相继被评为集团公司"节能达标先进单位"。

【创国内地震勘探最深、剖面最长纪录】 2009年,河南油田地质调查处2235地震队完成中国地质科学院"松辽盆地—虎林盆地深地震反射剖面探测技术实验"项目部署的596千米测线1条。采用60秒记录长度,深地震反射剖面696.25千米,创国内最深、最长的深地震反射纪录,首次获得岩石圈与软流圈地幔的界面反射及大陆地幔盖层的地震反射界面(约100±10KM)。

【完成中国石化基础地质地理基础平台(SGIS)项目】 2009年,河南油田信息中心立足于中国石化油田企业对基础地质地理基础平台应用的需求,完成空间数据对象组织和管理、矢量图库管理、坐标变换、空间查询检索与判定等基础平台功能的设计研发,并利用SGIS在双河油田进行以油水井、油水管网、站场为主要内容的试点应用,完成全部试点数据的转换、处理、分层、建库管理,实现试点对象的空间展示、查询、分析、编辑修改等,初步展现了SGIS功能。该项目具有中国石化自主知识产权,并通过集团公司验收。

【张42井完井】 2009年11月11日,由河南油田钻井工程公司承钻的大斜度三靶心定向井——张42井完井,完钻井深3000米,实际水平位移1688米，钻井周期36天。该井是河南油田水平位移最大的一口井，创造油田大位移钻井技术新纪录，为今后形成大位移井配套钻井技术奠定基础。

【油田对外贸易】 2009年，河南油田通过培育战略供应商，从物流供应链入手，为油田海外项目打造一条快速物资供应通道。全年办理进口业务8单，总计1877.11万美元。办理出口包括尼日利亚、阿曼、沙特阿拉伯、印度尼西亚、叙利亚、科威特等国家业务20单，总计6262.23万美元，出口货物货值增量在河南省位居第1。（韩伟　杨振明　王丽萍　吴献立）

感光材料工业

【胡锦涛总书记关心、肯定第二胶片厂】 2009年6月中旬，一份来自第二胶片厂的汇报材料呈报给胡锦涛总书记，汇报了该厂两年来技术创新、生产经营、重点项目建设等取得的成绩。总书记百忙中审阅了这份材料，并委托6月20日来河南视察工作的李克强副总理向滕方迁厂长及全厂干部职工转达口信，对二胶技术创新取得的成绩给予充分肯定。2007年4月30日，胡总书记视察第二胶片厂时提出："把华光品牌在国际市场上叫响"。两年来，第二胶片厂干部职工牢记胡总书记的重要指示，加大技术创新力度，在主导产品的核心技术上取得突破。热敏CTP版、紫激光CTP版在配方研制、版基处理、多层涂布等核心技术取得重大突破。柔性树脂版在感光层配方研制、版材生产工艺路线等均为国内首创，2009年9月通过河南省科技成果鉴定，将打破国外同类产品对中国市场的垄断。同时完成16项发明专利申报。项目建设、市场营销、管理创新等工作也取得可喜成绩。核心技术的突破、新产品的快速推进，在企业应对金融危机中发挥重要作用。

【生产经营】 2009年，全球金融危机、经济衰退既对印刷行业造成严重影响，第二胶片厂生产经营遭受前所未有的严重冲击。面对严峻形势，该厂把市场开发作为工作的重点，努力提高营销管理水平，全力扩大市场份额。首先把CTP版推广作为市场开发重点，细化任务，层层分解，以开发重点客户带动市场开发，实现快速突破。抓住国际胶片市场变化的契机，大力开发新客户，加大国际市场推广力度，印刷胶片销量呈现良好增长势头。创新营销模式，推动柔性树脂版开发工作。强化风险控制，加大监控力度，严格控制账期和发货，确保货款安全。进一步完善和推行营销人员绩效考核机制，完善并制定用户档案管理制度、风险防范程序，实现营销管理制度化、规范化。制定营销体系提升方案，理顺营销公司内部组织架构。强化内部管理，稳定和提高产品质量，努力扩大产能，满足市场需求。紧紧抓住印刷胶片市场个别竞争对手退出的机遇，扩大生产能力，做大做强印刷胶片。重点解决CTP版生产中的质量问题，扩大产量，实现稳定生产。强化技术创新管理，抓好重点研发项目落实，基本实现产品结构调整的3年目标。加强原材料采购管理，努力降低采购成本，提高企业经济效益。加快重点项目建设，努力培育新的经济增长点，数码版材生产线及配套公用工程提前完成项目建设，实现"当年投产当年不亏损并有盈利"的目标。据统计，第二胶片厂2009年胶印版材、印刷胶片销量同比分别增长12.49%和25.50%，其产量分别增长15.39%和35.12%，重点新产品CTP版产销同比分别增长61.42%和45.56%，柔性树脂版产销同比分别增长352%和792.31%。全年实现主营业务收入同比增长0.52%，实现利润同比增长81.48%。

【贾庆林视察第二胶片厂】 2009年4月17日下午，中共中央政治局常委、全国政协主席贾庆林，全国政协副主席兼秘书长钱运录等领导在河南省委书记、人大常委会主任徐光春，河南省政协主席王全书、南阳市委书记黄兴维、南阳市市长穆为民等领导陪同下，到第二胶片厂华光工业园区视察，亲切看望和慰问生产一线职工。在数码印版生产线西大厅，第二胶片厂厂长滕方迁向贾庆林主席等领导汇报企业发展历程、华光品牌的知名度、华光品牌的影响力、华光产品在国内外市场的占有率、技术创新和产业化进展及发展目标等，并陪同视察正在进行72小时考核试车的数码印版生产线。在视察中，滕方迁厂长介绍胶印版材生产工艺、数码印版生产线的先进装备和技术。贾庆林主席临行前，嘱咐滕方迁厂长："你们要坚定信心，克服困难，把新的建设项目搞好，继续加大技术创新力度，加快产品升级步伐，增强产品核心竞争力，加快产品结构和发展战略调整，生产出更好的产品支持印刷工业发展，积极参与国际竞争，把企业做大做强，把华光这个民族品牌打造得更好，为中华争光！"滕厂长表示："请贾主席放心，我们有信心有决心克服当前经济危机给企业带来的困难,一定要把企业做大做强!"

【隆重举行庆祝胡锦涛总书记视察二胶两周年暨华光数码印版生产线投产典礼】 2009年4月30日,第二胶片厂隆重举行庆祝胡锦涛总书记视察二胶两周年暨华光数码印版生产线投产典礼。第二胶片厂厂长、党委书记滕方迁首先致辞;市委副书记、市长穆为民,河南省工业和信息化厅副厅长、国防科工局局长刘宛康,中国印刷及设备器材工业协会常务副理事长王德茂、中国印刷技术协会名誉理事长武文祥、北京印刷学院副院长蒲嘉陵、北京华联印刷有限公司董事长张林桂、河南明泰铝业有限公司董事长马廷义、中国乐凯胶片集团公司副总经理王瑞强在会上讲话。河南省工业和信息化厅副厅长胡宽广,市委副书记贾崇兰,市人大常委会主任李天岑,市委常委、常务副市长朱长青,市委常委、宣传部部长姚进忠,市人大常委会副主任马东升,副市长冯晓仙,中国化工报副社长、总编辑刘双鑫,中国乐凯胶片集团公司副总经理、中国感光学会理事长马礼谦等前来祝贺并出席投产典礼。河南省,南阳市,中国印刷及设备器材工业协会,中国印刷技术协会等有关部门领导,新闻记者,经销商,印刷企业,兄弟企业代表,第二胶片厂领导及部分职工共400余人参加投产典礼。因参加省委重要会议而不能参加投产典礼的南阳市委书记黄兴维专门发来贺信,对二胶华光数码印版生产线投产表示热烈祝贺,希望二胶全面贯彻落实胡总书记的重要指示精神,做大做强华光品牌,为国争光。投产典礼结束后,来宾们在滕方迁厂长的陪同下,兴致勃勃地参观数码印版生产线,观看制作出来的CTP版印版和华光紫激光CTP制版系统及刚刚生产出来的热敏CTP版。第二胶片厂华光工业园区2006年12月31日奠基以来,项目建设稳步推进。经过设计、工程管理、施工、试车单位的共同努力和厂有关部门的密切配合及当地政府的大力支持下,数码印版生产线及配套的公用工程于胡锦涛总书记视察二胶两周年之际的2009年4月30日举行投产典礼,实现"当年投产当年盈利"的目标。

【柔性树脂版生产线工程开工建设】 2009年6月16日,柔性树脂版生产线工程在华光工业园区开工建设。该项目计划投资1.15亿元人民币,年生产能力30万平方米,计划建设工期一年。到年底,该工厂土建项目已经完工,基本具备设备安装条件。

【南阳大河印务有限公司在华光工业园区开工】 2009年9月17日,南阳大河印务有限公司在华光工业园区开工。这是第二胶片厂和河南日报报业集团、南阳日报社3方投资建设的合作项目。该公司计划投资4000万元,一期投资2000万元,建成后拥有4开32版一次套印成叠的3条彩印生产线,日产能力达240万对开张,将是南阳及豫西南地区报印能力最强的报纸印刷企业。2010年元旦,该项目基本建成,并开始印刷报纸。

【CTP版月产量突破百万平方米大关】 2009年11月,第二胶片厂CTP版产量首次突破百万平方米,销量也首超80万平方米,双双创造月产销最高纪录,扭转CTP版供货不足的局面,成为该厂CTP版产销的转折点。为破解制约CTP版供货紧张的难题,快速抢占CTP版市场,第二胶片厂在2009年11月份的生产经营平衡会上提出,要力争当月实现产销CTP版100万平方米的目标任务。为实现这个目标,全厂上下一盘棋,采取措施,相互支持,通力合作,做细做实各项工作,确保任务目标能够按期实现。据12月份的《生产经营快报》显示,12月份的CTP版产销量再创月度最好成绩通过大家的共同努力,当月入库CTP版完成月计划的108%,出库也达到月计划的101%。

【郭庚茂率观摩组到第二胶片厂观摩】 2009年4月15日上午,河南省委副书记、省长郭庚茂、副省长史济春率领省重点项目建设第一观摩组在市委书记黄兴维、市长穆为民等陪同下,到第二胶片厂数码印版生产线观摩考察。该厂厂长滕方迁汇报企业技术创新、项目建设和发展战略等工作,并陪同参观考察数码印版生产线。在观摩中,郭庚茂省长饶有兴致地察看了该厂研发生产的CTP版,询问新产品研发、产品质量、市场推进等情况,并称赞二胶厂为中国印刷工业发展做出突出贡献。郭庚茂省长指出,二胶厂在CTP技术研发方面取得了一系列重大突破,走在了世界的前列,使企业具备了直接参与国际竞争的实力,非常了不起。对二胶厂CTP版这样的高科技项目、高附加值项目,省政府将加大扶持力度。下一步首先要全力推动我省在全国率先实现报业制版系统数字化,加快文化强省步伐。他希望第二胶片厂在应对经济危机中,重新审视发展战略,要以加强自主研发、增强产品核心竞争力为重点,加快产品结构和发展战略调整,把企业做大做强,把产品做精做深,以实际行动落实好胡锦涛总书记亲临企业视察时的重要指示精神,实现又好又快发展,“把华光品牌在国际市场上叫响”。

【召开第五届科技大会】 2009年1月10日,第二胶片厂召开第五届科技大会,总结5年来技术创新工作,提出今后一个时期的科技创新工作要求,表彰奖励5年来获得的科技创新成果。共有214项科技成果受到表彰奖励,其中特等奖1项,一等奖10项,二等奖35项,三等奖51项,四等奖52项,五等奖65项;TP—Ⅱ型阳图热敏CTP版的研制获得特等奖。

【博士后工作站揭牌】 2009年3月18日11时,第二胶片厂博士后工作站揭牌。为培养、使用和吸引高层次专业技术人才,促进企业技术创新体系建设,第二胶片厂于2007年11月开展博士后工作站申报工作。按照设立博士后工作站的条件和要求,经过层层推荐、选拔,并经专家初评,河南省人事厅向人力资源和社会保障部申报;人力资源和社会保障部批准该厂等345个单位设立博士后工作站。博士后工作站的建立,标志着第二胶片厂在加强人才队伍建设、吸引和培养高层次技术人才方面迈出一大步,将进一步促进产、学、研结合,加快科研成果转化,提高技术创新能力,为印刷影像材料事业的发展做出更大的贡献。

【和武汉大学联合开办工程硕士班】 2009年3月15日,在美丽的武汉东湖之滨的测绘遥感信息工程国家重点实验室报告厅里,来自第二胶片厂工程硕士班的31位学员接受了武汉大学研究生学院颁发的工程硕士证书。第二胶片厂和武汉大学印刷与包装系于2003年开始筹办二胶工程硕士班,2004年年初进入学习阶段。31位学员经过5年多时间的努力,全部获得工程硕士证书,已成为该厂生产、科研、技术管理岗位的中坚力量。

【表彰专利先进】 2009年4月1日,第二胶片厂召开专利工作会议,总结和部署企业专利工作,表彰奖励2008年专利发明人、专利申请先进单位和先进个人,并举行首届专利知识竞赛抽奖仪式。2008年,该厂获得授权发明专利1项,申报专利9项。截至2008年,第二胶片厂共获授权专利10项,其中发明专利4项,实用新型6项;拥有专利申请号28个,基本涵盖了企业的研发、生产的新产品及关键设备。

【秦玉海到第二胶片厂检查指导工作】 2009年5月12日,河南省副省长秦玉海在省住房和城乡建设厅副厅长、省经济运行督查组组长陈海勤,南阳市委书记黄兴维,副市长崔军等领导的陪同下,到第二胶片厂华光园区检查指导工作。秦玉海副省长在听取第二胶片厂工作汇报后,对该厂的各项工作给予充分肯定,希望第二胶片厂坚定信心,加大新产品研发力度,全力以赴谋发展,把各项工作做得更好,促进企业又好又快发展。为全省经济平稳较快增长作出应有贡献。

【与美国ECRM公司进行战略合作】 2009年5月12日,第二胶片厂在北京新国际展览中心会议厅举行“乐凯二胶与美国ECRM公司战略合作暨华光新产品发布会”,美国ECRM公司和乐凯集团第二胶片厂结成战略伙伴关系,在紫激光CTP业务方面进行全面合作,为印刷业同仁提供紫激光CTP系统解决方案。美国ECRM公司麦先生介绍华光紫激光CTP系统的ECRM紫激光制版机使用方法等,第二胶片厂研究所紫激光专题组组长王泳介绍华光CTP系列版材及热敏、紫激光无处理版材。

【和浙江大学合作研发电子纸】 2009年初,国家科技部下发国家高技术发展计划(863计划)课题任务合同书,第二胶片厂和浙江大学共同承担研发“快响应、高稳定的微胶囊型电子墨水材料及其显示技术研究(电子纸)”项目。其中第二胶片厂承担项目中“微胶囊型电子墨水精密涂布技术的研究和精密涂布设备的设计与制造”课题。

【柔性树脂版通过省级科技成果鉴定】 2009年9月3日,第二胶片厂自主研发的柔性树脂版通过了由河南省科技厅组织的科技成果鉴定。鉴定委员会认为,该项目通过对产品配方优化和先进生产工艺及装备技术研究,开发出具有自主知识产权的柔性树脂版,产品经检测和实际应用,具备良好的印刷适性,符合标准要求,用户使用反应良好,经济效益和社会效益显著。该产品研制技术路线可行,创新性突出,技术指标先进,达到国内领先水平。柔性树脂版符合绿色印刷、环保印刷的指导思想,有利于节能减排和经济发展。该成果打破国外产品对中国市场的垄断,填补国内空白。柔性树脂版主要用于包装印刷,有利于环境保护,减少污染。

【组团参加美国国际印刷展览会】 2009年9月11日至16日,世界六大印刷展之一的美国国际印刷展览会在芝加哥麦考密克展览中心举行,第二胶片厂组成参展团携华光系列产品参展。展会期间,中国乐凯胶片集团公司总经理张建恒、第二胶片厂厂长滕方迁参观展会,深入调研国际印刷技术和市场发展动向，约见多位国际公司总裁和经销商，共同商讨市场及技术合作事宜，并签订合作意向书。第二胶片厂展出的华光系列CTP版、柔性树脂版等产品吸引众多观众，前来咨询和洽谈的国外客人客户络绎不绝，对华光产品表示出浓厚的兴趣和合作意向。

【通过排污许可证审核】 2009年10月，南阳市环保局通过了第二胶片厂排污许可证审核，并颁发排污许可证。从2008年开始，南阳市环保局变以往实行注册制度为实施排污许可及排污许可证发放制度。根据第二胶片厂申请，南阳市环保局于2009年8月下旬召开第二胶片厂排污许可证审核会。与会专家在检查该厂环保设施、污水排放和审查有关环保资料后，认为第二胶片厂高度重视环保工作，能够认真执行环保各项制度，组织机构健全，处理设施完善，环保技改工作扎实，积极开展资源综合利用，实现了“三废”达标排放，一致同意通过该厂排污许可证审核。

【被评为中国印刷业“十大民族制造商”】 2009年5月13日，在中国印刷业评选活动中，第二胶片厂荣获中国印刷业“十大民族制造商”。

【被评为全国化工系统企业文化建设先进单位】 2009年11月6日，在首届中国石油和化学工业企业文化促进大会上，第二胶片厂被中国石油和化学工业协会授予“企业 文化建设先进单位”称号。

【滕方迁厂长荣获河南省劳动模范】 2009年4月28日，第二胶片厂厂长、党委书记滕方迁被授予“河南省劳动模范”称号。此外，在2009年5月13日举办的2008中国印刷业十大评选活动颁奖典礼上，滕方迁被授予中国印刷业“十大风云人物”称号；在2009年12月11日举行的第十届毕昇印刷技术奖颁奖典礼暨“新中国百名杰出贡献印刷企业家”、“全国印刷行业百名科技创新标兵”评选表彰大会上，滕方迁被授予“新中国百名杰出贡献印刷企业家”称号。

【被授予信用建设示范单位称号】 经过严格按照评定标准和程序，由企业自主申报，河南省工商、国税、地税、质监、人力资源社会保障、发展改革、环境保护、住房城乡建设、安全生产监督检查等部门严格审查，省企业信用评审委员会评审会议评审通过，评定83个企业为第二批河南省信用建设示范单位。第二胶片厂榜上有名。

【印版分厂荣获中央企业先进集体称号】 2009年“五一”前夕，在国务院国资委召开的中央企业劳动模范和先进集体表彰大会上，第二胶片厂印版分厂被被国家人力资源和社会保障部、国务院国资委授予先进集体称号。(赵国庆)

民 营 工 业

市中小企业局局长　李洪

【非公有制经济概况】 2009年，全市进一步优化生产环境，开展企业服务年活动，使非公有制经济发展显著加快，园区集聚效应凸现，外来企业增多，整体实力明显增强。(一)主要经济指标快速增长。全年非公有制经济完成总产值3360亿元，比上年增13.2%；营业收入3439亿元，比上年增19.5%；增加值1132亿元，比上年增19%；税金55.4亿元，比上年增22.4%；利润309亿元，比上年增18.6%；工资总额270亿元，比上年增15.5%；固定资产原值829亿元，比上年增11%；年末职工人数221万人，比上年增7.7%。中小企业完成总产值1931亿元，比上年增16%；营业收入1990亿元，比上年增26%；增加值644亿元，比上年增16.4%；税金39.9亿元，比上年增32%；利润总额162亿元，比上年增14.6%；资产总额922亿元，比上年增19.7%；劳动者报酬114亿元，比上年增24.1%；从业人数98.3万人，比上年增9.2%。(二)产业结构和组织形式进一步优化。全市民营经济的发展，为增加居民收入和全市经济社会发展作出重要贡献。民营经济(不包含市直和高新区)占GDP的比重达到65%。民营经济由传统的流通、服务业为主向第二和新兴的第三产业领域拓展，由家族企业向公司制形式转变，由粗放型逐步向集约型方向转变。产业结构、产品结构都得到明显优化。(三)产业聚集效果明显，重点产业得到巩固。高新区的光电产业企业达29个，产值20亿元；机电装备制造产业企业46个，产值26亿元；电子信息和新材料产业企业19个，产值8亿元。镇平产业聚集区新入驻企业12个，总数达到67个。新野县纺织聚集区全年新增就业6200人。社旗县产业区投产企业达到33个，为提高服务水平，专门成立产业聚集区投资开发公司、中小企业信用担保有限公司，并投资3000万元进一步完善基础设施。桐柏碱化工产业加大投资，完善产业链条。通过技术创新、扩大规模、完善产业链，大大提高资源综合利用效率，扩大市场份额。(四)新项目建设规模宏大。全年新上技改项目1113个，总投资135亿元。其中投资亿元以上项目有：新野科尔沁牛业南阳分公司年加工5万吨牛肉项目、神力聚能公司总投资1.2亿元年产18万支多元素电动汽车专用电池项目、淅川减振器公司年产20万支高速列车减振器项目、南阳市乐乐牛乳业有限公司年产10万吨豆奶生产线、内乡投资1.1亿元的龙大牧原肉食品加工项目、三色鸽食品豆制品项目、投资20.6亿元的汉冶特钢400万吨宽厚钢板技术升级项目、华祥光学扩建项目。这些大项目建设顺利，大部分已建成。(五)企业服务体系建设取得明显进展。担保体系建设在中央财政8864万元担保资金引导下，各县(市、区)政府均匹配资金，建立起以财政资金为依托的政策性担保机构，同时鼓励、支持民间资本成立商业性担保机构。全市担保机构已发展到31个，担保资本金达到7亿元，全年担保额超过20亿元。企业信息化服务水平明显提高，建起以中国中小企业南阳网为核心、覆盖全市的信息网络服务体系，全市75%的限额企业制作了网页，企业利用网络营销。《南阳民营企业杂志》覆盖面更大、成为交流推广经验的平台、受到企业欢迎。市、县两级中小企业服务部门积极为企业开展服务，企业经营环境明显改善。

【开展企业服务年活动】 3月3日南阳市中小企业局召开全市各县(市、区)局局长会议，研究部署2009年企业服务工作。会后市局下发《关于印发〈企业服务年活动方案〉的通知》，出台《服务企业年活动十项措施》，下发《对2009年投资3000万～1亿元工业建设投资项目实行分包的通知》，对项目分包科室跟踪服务。4月2～4日，河南省工业与信息化厅副厅长胡宽广一行三人代表省政府对南阳市“企业服务年”活动开展情况与一季度工业经济运行情况进行督查。4月，市局对冶金辅料、棉纺、碱化工、民营光电产业进行调研并分别撰写调研报告。5月，对中心城区民营经济情况进行调研，并撰写调研报告提交市政府。5月18日至6月1日，配合政协南阳市委员会，对全市中小企业发展情况进行专题调研，向市政协汇报中小企业发展情况，起草《关于我市中小企业发展情况的调研报告》。根据市委组织部的要求，完成《中小企业经营管理人才队伍建设研究报告》。

【南阳市民营企业受省委、省政府表彰】 5月27日，中共河南省委、省政府在郑州隆重召开全省民营企业表彰大会，南阳市西保冶材集团有限公司等11个企业被评为全省优秀民营企业，内乡县牧原养殖有限公司等10个企业被评为全省高成长型民营企业，宛西制药股份有限公司董事长孙耀志等4位企业家被评为全省优秀民营企业家，受到省委、省政府的隆重表彰，获奖总数仅次于郑州市，列全省第二位。

【召开南阳市工业产品产销对接会】 6月1日，由南阳市政府主办、市中小企业服务局承办的“南阳市工业产品产销对接会”在南阳宾馆召开，全市参会民营企业162个，现场签订协议100个，签约金额84.2亿元。

【项目申报】 按照省工业和信息化厅部署，全年组织上报自主创新项目、信息化项目、节能减排、装备制造、产业转移等各类产业扶持项目40多个，协助企业争取上级扶助资金500多万元。

【市政府召开全市民营经济工作会议暨南阳市民营企业协会换届会议】 7月10日市政府召开全市民营经济工作会议暨南阳市民营企业协会换届会议，市委书记黄兴维、市长穆为民出席会议并作重要讲话。会议出台《中共南阳市委、南阳市人民政府关于加快民营经济发展的决定》，对先进单位和优秀民营企业家进行表彰，会上选举产生新一届南阳市民营企业协会。

【《南阳市中小企业发展报告》在中国国际中小企业大会上交流】 10月15日，由国家工业和信息化部、中国中小企业国际合作协会主办的“中国国际中小企业大会”在沈阳召开。鉴于南阳市委、市政府和有关部门牢固树立服务中小企业的理念，并作出显著成绩，省工业和信息化厅特意向大会推荐《南阳市中小企业发展报告》，使南阳市成为会议8篇入选材料中唯一的地市级材料，材料以翔实的数据、独到的做法及经验、新颖的观点和理念受到大会好评。

【南阳市中小企业服务局荣获“扶持中小企业创新发展成绩显著单位”】 10月30～31日，由国家工业和信息化部、中国中小企业协会举办的第三届中国中小企业节暨中小企业国际论坛在上海市举行。会上,中国中小企业协会表彰了2009年扶持服务中小企业发展先进单位,南阳市中小企业服务局等15个单位被授予“扶持中小企业创新发展成绩显著单位”。

【招商引资】 9月22日,全市8个高成长型、高科技型企业参加在广州举办的第六届中国国际中小企业博览会暨中西部中小企业博览会。签约总额4200余万元,引进资金1200余万元,贸易总额1300余万元,协议总额1100余万元,现场销售额近200万元,引进先进技术6项。9月中旬,组织参加河南省在深圳举办的“2009豫粤产业转移合作共赢洽谈会”,全市近百人参加洽谈会,会上发布招商项目55个,重点签约项目3个,引进资金4.5亿元。9月20～24日,市委书记黄兴维率领全市代表团参加驻马店全国东西合作会议,共展示农产品加工产品16个系列93个品种,签约项目55个,总投资54亿元,落实资金19亿元。

【民营企业人员培训】 全市大力开展对民营企业管理人员和技术人员的培训工作,先后举办《中国企业如何应对金融危机》、《中国宏观经济走势及其对策》、《信息化重塑企业核心能力》等6期培训班,在第2期培训班上,特邀国家发展和改革委员会学术委员会委员、宏观经济研究院经济所教授、博士生导师常修泽为全市260多名民营企业家授课。全年培训民营企业家和技术人员2万余人次。在培训形式上,采取集中办班、分片办班,长班短班相结合,受到企业好评。

【企业融资】 2009年全市新成立民间投资担保公司13个,新增担保资本金39430.4万元,新增担保能力10亿～15亿元。至年底,全市已成立各类担保机构31个,拥有担保资本金70128.3万元,为664个中小企业提供2236笔贷款担保,担保额20.1亿元。南阳市担保中心担保资本金达到5000万元。全市成立四个小额贷款公司,注册资金9000万元。

【中小企业信息化建设】 市中小企业服务局进一步拓宽中国中小企业南阳网信息采编渠道,全年为企业进行商业宣传2000余次;更新发布各类信息7.8万余条,有48条原创信息被省、国家网站采用;收集录入3019个企业资料信息,企业数据库建设位于全省前列;网站日访问量不断攀升,浏览率全年保持在全省前3位。利用“中小在线”的技术优势,帮助150余个企业建立网站,为1000多个企业建立静态企业宣传网页。(周涛)

商　业

商　务

市商务局局长　郑国炳

【商务工作概况】 2009年，全市商务系统围绕“扩内需、保增长、促稳定”的目标，大力开展招商引资活动，努力扩大对外贸易，着力提升居民消费水平，圆满完成年度目标任务。(一)招商引资。先后组织参加23个大型经贸洽谈活动，累计签约项目397个，合同引进资金619亿元。全市实际利用外资13303万美元，同比增长14.3%，提前3个月完成省定目标任务。到位省外资金135.3亿元，占省定目标的111%，增长22.4%。(二)居民消费。全市社会消费品零售总额累计676.7亿元，稳居河南省第三位，增长19%，完成年目标的104.4%。增速从4月份的18.1%持续上升到12月份的20.2%，居民消费增速持续加快。(三)对外贸易。2009年11月，全市进出口、出口分别增长45.9%和16.7%，均实现正增长，扭转自2008年10月以来出口持续下滑的不利局面。全年进出口完成6.38亿美元，降幅比11月底减少2.1个百分点。全年进口18385万美元，增长13.2%，完成省分目标的103%。(四)外经工作。新签合同额5872万美元，营业额5039万美元，外派劳务5240人次，均提前两个月完成省商务厅下达的年度目标任务，同比依次增长13%、6%和10%。

【招商引资】 全市开展大招商活动，突出面向长三角、珠三角、港澳台、新马泰等重点地区招商，利用外资在上半年急剧下滑的严峻态势下实现弯道超越。全市先后组织参加23个大型经贸洽谈活动，分赴香港、澳门、澳大利亚、新加坡、泰国、印尼、深圳、杭州、温州、宁波、广州、天津、合肥、厦门、台湾等国家和地区，共发布项目1000多个，涉及能源、化工、医药等11个产业，累计签约项目397个，总投资额860亿元，合同引进资金619亿元。(一)推进重大招商项目落实。全年共签约1亿元以上项目138个，占项目总数的35%，开工建设率达55%，履约率显著提高。尤其是市领导联系分包的33个重点项目进展迅速，其中方城迅天宇多晶硅项目、内乡龙大牧原肉食品加工项目等10个项目已竣工试投产，内乡石材基地建设项目、淅川LED节能灯具及太阳能系列产品生产项目、镇平梦瑶二期建设项目等15个项目开工建设，内乡仙鹤纸业木浆项目等8个项目正在进行开工前准备，重大签约项目的快速推进，为南阳市经济发展增添新的动力。(二)创新招商引资方式。坚持“走出去”，组织开展以商招商、展会招商、产业招商、小分队招商、委托招商和驻点招商。自7月份起，市、县两级累计外出招商180余人次，市、县、乡三级共组织300多支招商小分队，内乡县还选派100名大中专毕业生到知名企业学习锻炼。力促“请进来”，邀请河南籍外地商会、外籍驻南阳商会以及南阳在外创业人员到南阳联谊恳谈，商务局邀请上海河南商会到南阳考察，促成总投资20亿元的“大上海生活广场”项目。南召县邀请在外经商人员回家乡投资，签约26个项目。(三)加强与境内外大企业、大集团的战略合作。南阳飞龙电器公司与瑞士ABB公司合资建设输配电开关设备项目，开创南阳市与世界500强企业合作的先河。中光学集团、金光数显、天冠集团、英宝电子等分别与长虹集团、首钢控股、国开投、创维集团等大企业集团进行战略重组，为南阳市企业做大做强奠定基础。(四)狠抓招商引资基础性工作。突出抓好项目库、客商库、企业库、政策库、活动信息库建设。紧紧围绕全市战略支柱产业转型升级、战略先导产业发展培育、战略基础产业夯实“三大”工程的实施，筛选、包装1000多个项目对外发布。同时，做好各种展会、客商、项目信息资料的收集、分析、整理,“五库”规模迅速扩大。2009年底,入库项目达980个,客商资源库收录重点客商2250多名,企业库入库企业1820个,收录相关政策260条,发布活动信息57个。

【国内贸易】 商务部门坚持把扩大消费需求作为战危机、保增长的基点和着力点,开拓市场,搞活流通,扩大消费。一是农村消费稳步攀升。县以下消费逐月递增,增幅从年初的15.6%攀升到年底的19.6%,与市级消费的差距从5.1%缩小到0.9%。家电下乡效果明显。全年销售家电下乡产品42万台(部),销售额6.99亿元,均居全省第4位,补贴资金9787万元,拉动农村消费增长3.5个百分点。稳步促进“万村千乡市场工程”建设。新建和改造633家农家店,全市农家店总数达3719个,覆盖75%以上的行政村,近500万农民受益。扎实推进农产品现代流通网络建设。新野蔬菜批发交易市场等3个农产品市场获国家“双百市场工程”项目支持,南阳大统集团及新野宛绿蔬菜合作社获“农超对接”项目扶持,南阳果品批发交易中心等5个企业获省级农产品流通网络建设资金支持。加快“信福工程”建设。新野、桐柏和唐河3县被确定为省级农村商务信息服务试点县,占全省试点单位总数的30%。组织春、夏、秋三次农产品网上购销对接会,发布信息8000余条,成交2.6亿元,缓解农产品卖难问题。二是城市消费进一步活跃。全年县以上社会消费品零售总额增幅从年初的18.3%递增到年底的20.3%,有力拉动消费增长。完善社区便民服务体系。市总工会中等职业学校等3个培训机构被国家商务部确定为国家级家政服务培训基地。宛城区东关街道玄妙观社区被初选为国家级商业示范社区。卧龙区刘庄社区等5个社区成为省级商业示范社区。推进菜市场改造。规划北京路、仲景路等29个菜市场,有11个开工建设。抓好放心早餐工程。河南三色鸽乳业有限公司和刘兵餐饮有限公司被确定为国家级“早餐示范工程”试点企业。三是市场调控能力不断增强。加强城乡市场监测,全年共编写各类市场分析报告330余篇,发布市场信息1882条,有效引导消费。初步建立春节期间肉、糖储备制度,应急商品数据库重点联系企业3个,涉及8种食品、生活用品,提高应急调控能力。四是商务综合执法开局良好。成立市商务执法综合稽查支队,建立市级12312商务举报投诉中心,淅川、社旗、邓州、桐柏等县(市)建立举报投诉站和12312服务热线,南阳市被商务部确定为全国商务行政综合执法试点市,淅川、社旗2县被省商务厅确定为全省商务行政综合执法试点县。组织开展食品药品安全、农资市场等十多个专项整治活动,查处案件3700余起,查处违法违规经营加油站点255个,37个生猪屠宰企业被限期整改,查处各类酒类违法、违规经营案件800多起。

【对外贸易】 2009年,面对多年未遇的严峻外贸形势,市商务局千方百计组织企业外拓市场,内调结构,强力实施全民外经贸战略、科技兴贸战略、品牌发展战略和市场多元化战略,大力培育新的出口增长点,促使外贸出口稳步回升,进口保持增长。一是稳定重点企业出口。围绕二机、二胶等重点企业和农产品、石油机械、纺织品等重点商品做文章,加大资金、政策支持力度,重点企业出口稳步回升。11月份,重点企业出口同比增长45.6%。到12月底,重点企业出口降幅较10月底收窄6.5个百分点。二是引导中小企业扩大出口。先后组织中源、明星和博源化工等100多个企业参加进出口业务培训,帮助企业结识客户,开拓国际市场。全市有50个企业新获进出口经营资格,25个新获权企业开展出口业务,新增出口企业出口1778万美元。三是着力培育农产品出口。重点抓好香菇、辣椒干、绿色蔬菜等特色农产品出口,农产品出口8829万美元,同比增长28.4%,占全市总额的20.6%,较2008年底增加10.7个百分点。四是大力引进出口型项目。注重在招商引资工作中突出产品出口型项目的引进,邓州熙华纺织、内乡龙大牧原肉食品等一批产品出口型项目成功落户南阳中心城区。五是促进“三外”联动。全年外资企业出口15014万美元,同比增长2.9%;承包工程出口6243万美元,是2008年同期的5.6倍。外资企业和承包工程出口成为南阳市出口新亮点。

【对外经济技术合作】 2009年,全市对外投资步伐加快,“走出去”战略进一步提速。抓住金融危机和人民币升值给企业“走出去”带来的机遇,引导企业加快“走出去”步伐,促成南阳红棉棉业集团有限公司、南阳红棉天使纺织有限公司、南阳陆运口岸有限公司、河南昊德实业有限公司4个企业分别在乌兹别克斯坦、土库曼斯坦、莫桑比克3地投资办企业。开展劳务输出。社旗县、邓州市成为国家级外派劳务基地,为4个外派劳务培训中心争取外派劳务培训资金39万元。开展外派劳务专项整治,妥善处理20多起外派劳务纠纷。争取国际援助。镇平县关爱下一代职业技能培训公益学校获得1000万日元(约人民币63万元)日本利民工程无偿援助资金。

【和谐商务建设】 2009年，市商务局始终坚持把加强学习型机关建设作为一项重要任务来抓，工、学结合，促进工作开展。(一)牢固科学发展理念。围绕“推动科学发展、加快对外开放、构建和谐商务”主题，认真学习了《科学发展观重要论述摘编》等重要文献，机关人员的政治理论素养显著提高。同时，联系商务工作实际，用科学发展的理念来思考、安排、部署商务工作，商务工作的体制机制得以创新。(二)提升机关效能。落实服务承诺制、首问负责制和限时办结制等工作制度，提高机关工作效能显著，为企业办实事、办好事。全年共为企业争取到国际市场开拓、早餐工程、万村千乡、家电下乡、进口贴息等各类资金1.53亿元，为困难企业争取救助金45万余元，使近3000户困难职工得到照顾。为企业办理原产地证明688份，代办国际商事证明62份。承办实事超前践诺，“家电下乡”使42万多农户受益，“万村千乡市场工程”惠及500万农户。(三)推进企业改制。年初列入改制目标的企业中，南阳商场兑付工作基本完成，五交化等5个企业已进入职工兑付阶段，黄牛清真破产已终结，金汉丰等3个企业的破产工作正稳步推进。全系统已完成和已进入改制程序企业的24个，占企业总数的51%。(四)千方百计确保系统内大局稳定。全年共接待企业职工上访、信访、咨询人员百余起1000余人次，与5人以上职工对话20余次，成功化解赴郑、赴京上访苗头10次以上，为全市大局稳定做出贡献。

【中原文化澳洲行】 2月2日，南阳市组织参加中原文化澳洲行活动。在中原文化澳洲行启动仪式暨经贸合作项目签约仪式上，发布招商项目300个，投资总额24亿美元，发布项目总数和投资额度处于全省领先位次。签约经贸合作项目3个，投资总额2.15亿美元，合同引资额6300万美元。3个签约项目是：南阳防爆集团防爆电机出口贸易项目，合同引资额3000万美元；唐河县畅鸿塑胶扩建工程合资项目，合同引资额2000万美元；社旗县高档建材深加工股份制合作项目，合同引资额1300万美元。

【中原文化港澳行】 2月15～20日，南阳市组团参加在香港、澳门举行的“中原文化港澳行暨2009豫港澳投资贸易洽谈会”。2月17日，南阳在香港举行“南阳市情说明暨合作项目签约仪式”，共签约20个项目，投资总额2.98亿美元，合同引资额2.78亿美元。项目涉及光电、光伏、机电、农副产品加工、机械制造、冶金、纺织、生物工程、旅游等产业。会上，南阳市邀请香港资深银行家、知名社会活动家、工商金融界领袖人物、众多企业集团及投资公司的高管和海内外多家主流媒体重要宾朋150余人到场参会和洽谈项目，由于筹备时间早，邀商层级高，推介展示好，媒体阵容强，南阳自身的活动组织的非常成功，影响巨大，在港引起轰动，刮起一阵强劲的“南阳风”。南阳市九乐天然日用品有限公司是全省在港20个与双汇齐名的参展单位之一，展出的果蔬原粉、中药含片、纯植物面膜等产品受到香港各界消费者的青睐。副省长史济春和香港立法会主席曾钰成在专程查看后称赞说“特色鲜明、定位准确，是发展食疗文化的方向”。

【第四届中博会】 4月26～28日，第四届中国中部投资贸易博览会(简称第四届中博会)在安徽省合肥市举行。南阳市由市委书记黄兴维、市长穆为民、副市长张振强带队参会。会上，南阳市有7个项目参加河南省签约仪式，项目总投资23.12亿元人民币，合同引资22.26亿元人民币，签约项目数和郑州市并列全省首位，总投资和合同引资额均居全省前3位。

【南阳—杭州经济贸易合作洽谈会】 8月12日下午，南阳市在杭州举行南阳－杭州经济贸易合作洽谈会市情说明暨合作项目签约仪式。全市共有31个项目成功签约，投资总额72.8亿元，合同引资额64.8亿元。新野县城郊乡政府与浙江大学中山胶囊有限公司合作的药用胶囊生产项目、桐柏县人民政府与南阳市温州商会实业开发有限公司合作的中心城区改造项目、南阳市诚发房地产开发有限责任公司与绍兴中海投资发展有限公司合作的都市新城房产开发项目等31个项目签约，投资总额72.8亿元，合同引资额64.8亿元，项目涉及纺织、化工、生物、机械制造、制药、食品、冶金建材、新能源、房地产等产业。

【东南亚—河南投资贸易洽谈会】 8月19日，东南亚—河南投资贸易洽谈会在泰国曼谷拉开帷幕。南阳市由副市长张振强带队的经贸代表团参加此次洽谈会，代表团共在会上推介发布200多个项目，涵盖轻工、纺织、化工、医药等十多个领域。有3个项目在会上签约，金额2.1亿美元，居全省前列。省长郭庚茂对南阳市积极参与项目和取得的丰硕成果给予充分肯定。8月21日下午，新加坡——河南投资贸易项目说明会在新加坡举行，南阳市在会上签约项目1个，金额7100万美元。

【第十三届厦洽会】 9月8日，第13届国际投资贸易博览会在厦门召开，副市长张振强带领9个县市共43人的代表团参加本届厦洽会。有5个项目在会上签约，投资总额10.8亿元，合同引资10.5亿元。在河南省代表团的签约仪式上，方城与厦门国贸集团合作的物理法年产3000吨多晶硅项目、淅川与际华三五一七橡胶制品有限公司合作的贴牌生产三五一七防滑迷彩鞋项目、邓州与杭州游游乐玩具有限公司的游游乐玩具项目、内乡与新加坡伟加利公司合作的宝天曼观光索道项目、南召与厦门易成石材有限公司合作的石材基地建设项目在会上成功签约。

【南阳—上海经济贸易合作洽谈会】 2009年10月，南阳市在上海举办南阳—上海经贸合作洽谈会。会上，全市围绕电子、能源、服装、机电、电器、房地产开发、轻工建材、医药、旅游、纺织、基础设施建设等10多个大类，推出符合国家产业政策导向和南阳市产业发展规划，科技含量普遍较高，与南阳市产业结构、产业发展主导方向结合紧密的400多个项目，总投资1010亿元。签约项目51个，投资总额226亿元，合同引资205亿元。

【宛台文化旅游经贸合作洽谈会】
11月29日，宛台文化旅游经贸交流合作洽谈会在台湾台北市召开。共推介项目216个，总投资额848亿元，有16个项目在会上签约，合同引资21亿元。此次交流活动从11月29日开始至12月5日结束，通过开展台湾阳明大学成立南召辛夷研发中心揭牌仪式、宛台旅游经贸合作暨南阳同乡恳谈会、宛台文化旅游经贸交流合作洽谈会、寻亲联谊活动等，多角度、宽领域向台湾同胞展现南阳在文化、旅游、经贸等方面的资源优势，推动宛台交流合作进一步向全方位、多层次的方向迈进，扩大南阳在台湾的知名度和影响力。（王琳）

供销合作商业

市供销社主任　张兴珍

【经济效益快速平稳提升】 2009年南阳市供销合作社坚持以经济效益为中心，以现代流通网络为依托，狠抓五大主营业务、资产开发、专业市场营销、宾馆业经营、龙头企业和合作经济组织发展，开拓新的经济增长点，创新经营、扩销增效。市供销社与各县(市、区)社和直属各单位分别签订目标管理责任书和经济效益承包责任书，制订严格考核和奖惩办法，加强督查，狠抓落实，促进经济运行质量和效益快速提升。全系统完成商品购销总额152.7亿元，较上年增长20.7%；商品销售额完成78.8亿元，较上年增长21%；实现利润总额5324万元，较上年增长48.2%；上缴国家税费8198万元，较上年增长11.9%。

【供销企业改革】 一、社属企业改革。对所有新上项目和新建企业坚持以股份制为主要形式，加速推进投资主体多元化，社有资产控股参股，经营者和职工持股，真正实现贴心经营。对现有企业着力抓好内部机制转变，重点进行人事、劳动、分配三项制度改革。市供销社和部分县级供销社成立“资产经营管理公司”，行使出资人职能，统一运营和管理使用社有资产，发挥整体优势，以实现社有资产保值增值。二、基层供销社改造。根据区域经济发展特点和城镇建设规划要求，调整建制，以强带弱，组建中心基层供销社和专业合作社；以“新网工程”建设为契机，以股份制改造为主要形式，发展一批乡镇超市、村级农家店和农资店，建立多种经济成份的基层供销社。全系统共改造基层供销社190个，其中组建中心供销社26个，托管12个，破产重组56个，租赁承包等其它形式改革90多个。

【新农村现代流通服务网络建设】
市供销社把新农村现代流通网络建设当做一号工程来抓，着力打造日用工业品、农资、棉花、再生资源和烟花爆竹五大经营网络。特别是2008年7月全国总社新农村现代流通网络建设工程(简称“新网工程”)建设南阳现场会和2009年11月全国县级供销社工作南阳经验现场会的成功召开，推动了市供销社在全系统实施“五网并举”、“三网突破”战略，按照“一县三中心”、“一乡两超市”、“一村三店”和主攻商品配送比例提高的总体要求，狠抓各项措施的落实。全系统建成市级配送中心3个，县级和区域性配送中心55个，县、乡日用品和农资超市428个(年新增28个)，村级日用品农家店4536个(年新增

74个)，村级农资店4715个(年新增5个)，村级农产品购销店500多个，基本形成覆盖全市的农村现代商品流通网络，在新农村建设中发挥重要作用。

【农村合作经济组织发展】　全市供销系统以贯彻落实《农民专业合作社法》为契机，规范和发展各类农村合作经济组织。找准位置，发挥优势，贴近“三农”，领办、创办、联办农民专业合作社，促进农业产业化经营。全系统领办、联办各类专业合作社400多个(年新增7个)，注册登记264个(年新增214个)，带动社员30余万户。各类行业协会115个，吸收会员2.3万多个。其中邓州、唐河、淅川、宛城、卧龙、社旗、新野、桐柏等县(市、区)专业合作社发展较快、质量较好。唐河栀子、新野蔬菜等专业合作社被全国总社命名为示范专业合作社，17个专业合作社被全国总社确定为“千社千品富农工程”，2个专业合作社被评为省级示范专业合作社，13个专业合作社被市政府评为市级示范专业合作社，在为三农服务，促进农业产业化经营方面发挥重要作用，强化为农服务功能。

【资产开发和项目建设】　市供销社加大资产开发、资产经营和项目建设力度，取得显著成效。全系统当年资产开发50多处，新增社有资产3亿多元，在建和建成重点项目30个，投入资金13800万元。淅川、邓州、内乡、镇平、宛城、卧龙、南召、方城等县(市、区)在项目建设和资产开发上迈出实质性步伐。市供销社直属单位资产开发成效显著：南都宾馆、银河宾馆客房餐饮设施成功改扩建，取得良好效益，收入再创新高；市惠农达集团26层装饰商务大厦主体工程顺利竣工，全国供销总社、省供销社及市委领导为大厦竣工剪彩，成为南阳市又一标志性建筑；红棉集团棉花储备库和市兴合公司转运站改建项目及吉翔公司污水处理项目建成投入使用；欣华公司装饰商务中心有关手续报批基本完成，广发公司陶瓷市场改造开发方案正在规划设计，南阳A型保税物流中心建设项目稳步推进。积极争取国家资金扶持项目，已申报惠农达、红棉、吉翔公司、邓州中储棉基地、淅川农资配送中心和商贸城及再生资源工业园、唐河城关花厂改造开发等十余个项目，投资总额达6亿元以上。

【农业产业化龙头企业初具规模】　3月，在桐柏召开全市供销社农业产业化龙头企业暨项目建设现场会，实地观摩桐柏县供销社的精米加工和新合作洗涤用品等项目，市、县供销社把培育发展农业产业化龙头企业作为推进农业产业化经营，促进农民增收的主要措施来抓，全系统经县级以上人民政府或其它有关部门确定的各类农业产业化龙头企业共19个，其中南阳红棉集团、南阳兴合棉业公司、南阳惠农达农资集团、方城县健民食品有限公司、唐河县棉麻公司等9个企业被全国总社确定为农业产业化重点龙头企业，还有10个企业分别被市、县政府确定为市、县级重点龙头企业。全系统农业产业化龙头企业年销售收入17.4亿元，帮助农民实现收入3.6亿元。

【主营业务】　2009年供销社主营业务取得新成效。一是以红棉集团、兴合公司为龙头，科学决策，切实抓好棉花的稳健经营。在金融危机冲击、风险加大、资金困难的情况下，创新经营，扩大棉花购销业务，共购销棉花(副产品)10万吨，取得较好经营效果。二是以惠农达集团和13个县(市、区)农资公司配送中心为龙头，开展农资流通网络建设和农资供应，年供应化肥130万吨、农药6370多吨，销售各种小件农机具3万多台(套)，创历史最高水平。三是以市广发公司和各县烟花爆竹配送中心为龙头，积极应对国际金融危机对经营业务的影响，废旧物资和烟花爆竹经营成效较好，共销售烟花爆竹1.2亿多元。同时市供销社四大专业市场加快升级改造步伐，勇于面对同行业激烈竞争，加大营销力度，留住商户，保证经营收入不减。四是以南阳新合作公司和各县日用品配送中心为龙头，发展日用品连锁经营业务。全系统日用品经营网点已达4500余个，连锁经营额达40多亿元。五是狠抓“双总”业务。发展总经销、总代理、连锁、加盟、电子商务等新型业态，“双总”业务品种达3900多个，经营效果大大提高。六是实施“走出去”发展战略，走出国门寻找商机。红棉集团大胆开拓国际市场，开展进出口贸易和机电设备工程外包业务，年出口创汇1062万美元，成为南阳市重点出口企业，受到市政府通报表彰。特别是红棉集团在土库曼斯坦继做电子产品贸易后，又承建棉花种子包衣建设项目，4月份成功投产运行，被称为该国农业技术革命，土库曼斯坦总统致电祝贺并亲自视察。该国决定将价值约3000万美元的另外一个棉花加工和五个棉花种子包衣项目继续由红棉集团承建。同时红棉集团又在乌兹别克斯坦投资1200万美元建设棉纺项目，2010年2月可运行。红棉集团在这两个国家承建的项目赢得当地的高度评价，树立中国形象，打出南阳供销和“红棉”品牌，培育新的经济增长点。七是供销干校新班子上任后，开拓创新，奋力拼搏，转变办学理念,走开放办学、联合招生之路,迅速扭转被动局面,招生工作取得显著成绩,学校面貌发生崭新变化。

【全国县级供销合作社工作南阳经验现场会】 11月,召开全国县级供销社工作南阳经验现场会,全国总社和省市领导、17个省(区)供销社代表380多人参会,实地参观市供销社惠农达集团和市新合作配送中心及西峡、淅川县供销社等12个网点。大会取得良好效果:一是炒热叫响南阳经验。南阳市的改革发展经验得到与会代表的广泛赞誉,一致认为南阳的经验管用有效,非常值得借鉴。二是规范完善一大批服务网点。在筹办过程中,市供销社完善一批为农服务设施,提升一批企业和网点标准水平,新建一批为农服务项目,特别是惠农达和淅川农资配送中心及西峡新合作大卖场,创造了闪光的新亮点。三是激发全市供销系统干部职工加快发展的干劲和热情。这次现场会是市供销社历史上第一次全国性盛会,成为推动南阳供销事业发展的强大动力。

【支农服务】 市供销社系统农资经营部门积极开展多种形式的优质服务措施,在农资销售、信息服务、文化服务、新科技推广、农副产品收购等方面全力服务三农。市惠农达集团投资12万元购买测土配方仪器,为农民免费测土配方,并建立多个测土配方实验基地,指导农民科学合理使用农资商品。为了不误农时,还采取拆整卖零,电话预约,延长服务时间,送货上门,送货到田间地头等措施,方便群众购买。全年共开展农业科学技术培训32万人次,组织农业专家送科技下乡360次,技术咨询10万人次,印发新型实用科学技术资料7万份,测土配肥18万亩。(李志明 赵书钦)

【废钢铁经营】 全市供销社系统充分发挥人才、业务技能优势,主动研判市场、不断调整思路,拓展经营领域,实现再生资源经营的又好又快发展。2009年受全球金融危机的影响,针对持续低迷的废钢营销形势,全市供销社系统坚持以社会效益和经济效益为中心,直面困难,抢抓机遇,巧妙运作,全年购进废钢铁51000吨,实现毛利610万元。一是利用区域代理优势,协调与厂方关系,沟通信息,争取支持,采取定向销售的方式,通过磋商探索,互惠互利,规避市场风险。二是认清形势,研究市场,适时调整经营结构,价格上扬时,跟进收购,下跌时,少进快销,不留库存。三是立足区内,放眼区外,长短线相结合。四是狠抓内部管理,提升运行质量,增收节支,危机之年取得较好的经营成果。(郑建立)

【棉花经营】 2009年度全市棉花种植面积170万亩,较上年177万亩减少7万亩,减幅4%,亩产75公斤,总产12.8万吨。全市具有棉花加工资格的企业48个,参加400型打包机技术改造的企业42个。生产经营特点:一、收购开秤较晚,价格一路上涨。9月中旬新棉上市,因天气原因,籽棉含水量较大,轧花厂收购迟缓。国庆节后棉花逐渐干燥,收购趋于正常,收购价格由每公斤籽棉5.5元一直上涨到7.90元。二、棉花质量指标正常。2009年度棉花平均品级以3~4级为主体,平均衣分38.5,主体长度29毫米。三、南阳棉、新疆棉、进口棉经营形成三分格局。南阳市是棉纺大市,南阳棉花不能满足需求,大部分棉花企业开始经营新疆(包括甘肃棉)棉花,加上棉纺企业自购,新疆棉购进总量达40万吨左右。四、农贷资金对重点龙头企业支持力度加大。农业发展银行坚持"区别对待择优扶持"政策,加大对棉花产业化龙头企业和进行400型技术改造的企业的支持力度。供销社系统的市兴合棉花有限公司、红棉集团、宛城区天骄棉业集团和南阳大地棉业有限公司等都获得重点支持,成为市棉花流通的主渠道。五、市供销社直属的兴合、红棉两个产业龙头企业发挥作用明显。市兴合棉花有限公司、红棉集团两个棉花经营企业,充分发挥龙头企业和所属的铁路专用线及仓储作用,建成豫西南最大的棉花收购平台。南阳市兴合棉花有限公司棉花转运站作为"全国棉花交易市场指定交割仓库"和农发行的"第三方监管仓",与全国棉花大市场相连,年周转量达20万吨,办理南阳农发行监管棉花和新疆农发行等金融机构监管移库棉花55000多吨。南阳市红棉集团所属的棉花储备库是"郑州商品交易所棉花期货交割库"。2009年承储国家储备棉23100多吨,完成期货交割周转棉近20吨。这两家企业交割转运棉花,在满足南阳棉纺业需要的同时,还辐射鄂、渝、川及河南的平顶山、漯河等地,成为区域性棉花物流中心交易平台,在全国棉花市场中有较大的影响。(李志明 徐成彬 鲁怀民)

【农资经营】 2009年,供销社系统销售化肥130万吨,销售各种农药6300吨,销售农膜1700吨,种子、兽药、小件农机具等销量较往年有所提高。全年农资经营总体情况:一是随着市场和价格政策的全面放开,原有经营格局被打破,各类投资主体进入化肥流通领域,经营主体有所增加,挂靠经营减少。二是全市小型复合肥厂有所增加。由于成本低，其产品在市场的份额逐步扩大，并受到经销商和农民的好评。但少数不良企业，厂商相互勾结制假、售假、坑农、害农事件有所上升。三是农资价格波动幅度较大。全年价格走势基本上呈“V”字形，年头年尾价格高，中间月份价格低。3月份尿素最高出厂价每吨2100元，8月份最低出厂价1430元每吨，波动幅度达到30%。10月在原材料价格上涨、通货膨胀预期加大、国际尿素价格上涨、淡储启动等多种因素的影响下，尿素价格又出现大幅上涨走势。12月下旬，尿素出厂价每吨1880元，比上年同期高出200元。四是为保护农民利益，国家继续加大对农资进行综合直补力度。对化肥进行宏观调控，稳定化肥价格，减少农业生产成本，减轻农民负担。五是继续实施“新农村流通网络工程”。鼓励农资经营企业开展农资连锁配送经营业务，对经改造符合要求的农资农家店给予资金补贴，同时对农资配送中心建设给予贴息，补贴标准较往年有所提高。六是农产品收购价格偏低，农业生产成本相对过高，影响农民种粮用肥积极性，导致农民购买力不足，市农资总体需求下降。七是淡季储备量减少。大部分经销商对销售市场不看好，备货风险较大，另外资金周转减少也影响淡储计划，淡储市场启动缓慢，淡季农资商品库存量较同期下降18%以上。市供销社系统农资经营部门根据农资经营实际，充分发挥农资供应主渠道作用，服务社会主义新农村建设。一是继续大力抓好农资连锁配送网络建设。抓住《国务院关于加快供销合作社改革发展的若干意见》和“新网工程”建设新机遇，加快现代化流通网络建设步伐，推进农资连锁经营，依托市惠农达集团、新合作公司等龙头企业，在全市发展5000多个(终端)网点。二是供销社惠农达农资集团有限公司继续承担市级化肥淡季商业储备任务，共储备3万余吨，并适时投放市场，对于缓解旺季农资需求，平抑农资价格发挥积极作用。三是在农资供应旺季，组织人员深入农村搞好调研，了解农作物种植结构调整和基层网点的备货情况，及早组织适销对路的农资物品，确保旺季不脱销、不断档。四是自觉维护市场秩序，确保农资质量。要求各经营网点树立责任意识，自觉维护市场秩序，积极发挥市农资流通协会作用，大力发展会员，倡导行业自律，组织会员单位多次开展自查自纠活动和诚信农资经营、放心农资下乡活动，树立行业良好形象。(李志明　赵书钦)

【烟花爆竹经营】　市供销社系统依托自身商品营销网络体系优势，以保证安全营销为原则，以社会效益兼顾经济效益为中心，以构筑市、县、乡、村4级连锁配送服务体系为重点，以服务城乡群众需求为落脚点，按照相关法律和技术规范，投入巨额资金提升硬件设施，严格内部管理提升运营水平，确保市烟花爆竹安全、保质、有序经营，全年购销额1.2亿元，实现安全生产无事故。一是对基础设施进行规范提升。按照国务院《烟花爆竹管理条例》和省、市烟花爆竹生产经营有关规定，投入5000多万元分别对市、县级仓储设施进行建设和提升，配备适量的配送车辆，设立专兼职安全员，经常对仓库、门店进行巡查，确保安全生产经营。二是强化培训，提高素质。采取以会代训、现场观摩等形式对仓储、配送、经营门店负责人等相关人员进行商品知识、安全知识专项培训，确保实现经营无事故。三是积极组织货源，确保市场供给。利用旺季到来前夕，选派业务能手分赴湖南省浏阳、江西省萍乡、广西自治区合浦等地，按照质量优先、杜绝假冒的原则，看样订货，筹集资金，储备货源，满足市场供应。四是强化连锁配送功能。充分发挥市、县级供销社烟花爆竹配送中心的优势，紧紧抓住销售旺季，拓展思路，运用先进的经营管理技术改变传统营销方式，推进配送中心与网点的直接链接，提高效率，降低费用，优化提高经营管理成效，不断提升经营业绩。五是严格监管，有序经营。加大与公安、安监、工商等职能部门的协调，开展烟花爆竹生产经营专项整治，杜绝假冒伪劣产品流入，使烟花爆竹经营逐步走上法制化、规范化。(李志明)

【张兴珍率团考察土库曼斯坦合作项目】　4月7～13日，中国合作贸易企业协会副会长、南阳市供销社理事会主任张兴珍率领有关人员参加红棉集团在中亚土库曼斯坦国所承建的棉籽包衣项目开业及移交仪式，并对该国农业加工项目进行考察。考察期间张兴珍分别会见土库曼斯坦阿什哈巴德市市长、达绍古兹州州长、国家商务部、食品工业部、纺织部、棉花工业部等部门的官员，就双边农业技术方面的合作项目和商业贸易进行广泛的交流和洽谈，达成一系列合作意向。通过考察，提升南阳供销社及红棉集团在中亚国家的知名度，确定市供销社中亚合作发展战略。

【红棉集团出口项目建设】　红棉集团作为南阳市重点出口企业，积极贯彻市政府“走出去”战略，立足高端，研判国际市场发展趋势，打破传统棉花进口模式，参与土库曼斯坦教育框架协议电子产品的出口业务，取得突出成绩。至6月中旬已完成出口额206万美元,折合人民币 1407 万元,其中出口电脑 2000 台、打印机 1000 台,共 168.84 万美元,机械设备 37.5 万美元。6 月下旬,又向土方争取订单电脑 5600 台,8 月底完成出口。7 月 1 日又取得乌兹别克斯坦第 182 号内阁决议,8 月 1 日前签订总投资 1800 万美元的纺纱合作合同。这是红棉集团在轻工业领域境外投资的成功范例,将为红棉集团带来更加广阔的贸易商机。7 月 17 日,市委、市政府授予该企业“全市对外经济技术合作先进企业”称号。

【市兴合公司“兴合”牌棉花商标获准注册】 2009 年市兴合公司注册的“兴合”牌棉花商标正式通过国家商标局审核,已获准使用。这是兴合公司落实市供销社提出的经济效益、社会效益、品牌效益“三位一体”发展战略的重要举措。

【第五届豫西南肥料(农资)产品交易暨信息交流会】 12 月 8 日上午,由南阳市农业局、市供销社共同主办的第五届豫西南肥料(农资)产品交易暨信息交流会在惠农达农资集团物流配送中心召开。市政府副市长姚龙其、市农业局局长谢广平、市供销社理事会主任张兴珍、市供销社监事会主任王奇等出席会议。来自全国各地肥料生产、经营行业界的代表、全市各县(市、区)农资经销商代表共计 2000 多人参加交流会。据统计,这次“双交会”共布置展位 286 个,参展的肥料品牌 478 个,当天签订购销合同 1.12 亿元。“双交会”还邀请市肥料行业的专家组成肥料品牌推介委员会,共评出 19 个大会推介化肥品牌。(李志明)

粮 油 管 理

市粮食局局长　畅强

【粮食购销】 2009 年夏粮收购前,全市各级粮食部门认真做好夏粮收购的各项准备工作,备空仓 18 亿公斤,备足收购所用的各类器材和各项服务设施,培训各类工作人员 3193 人。5 月下旬,全市普降中到大雨,小麦收获面积 980 万亩,出现萌动发芽面积 833 万亩以上,雨后总产 35.5 亿公斤,其中不完善粒在 20%以内的小麦 10 亿公斤,20%～40%的 13.5 亿公斤,40%以上的 12 亿公斤。6 月 8 日,国家发改委、国家粮食局等 6 部委联合出台新政策“同意将不完善粒 20%以内的等内小麦列入最低收购价收购范围。”市粮食局组织全市各收储企业对不完善粒在 20%以内的小麦敞开收购,协调、发动全社会各类粮食经营、加工企业入市收购不完善粒在 20%以上的小麦。全市夏粮收购近 20 亿公斤。在小麦受灾、收购难度大的情况下,收购量接近 2008 年水平,维护种粮农民利益,实现农民、政府、企业三满意。全市全年收购粮食 24.7 亿公斤,占省下达 14.5 亿公斤目标任务的 170%。执行国家粮食销售政策,督促粮食购销企业及时出库。全市国有及国有控股粮食购销企业销售粮食 18.3 亿公斤,占省下达目标任务 12.43 亿公斤的 147%。

【粮食执法检查】 全市严格执行粮食市场准入制度,维护粮食流通秩序。(一)审核、办理粮食收购许可证。5 月,对以前年度办理的粮食收购许可证进行审核换证,对符合条件的申请者发放许可证。全市办理许可证 935 份,其中国有及国有控股企业 453 个,集体、私营企业及个体工商户 482 个。(二)开展粮食执法检查。夏粮收购期间,组织多个工作组,深入各收购现场,检查粮食收购企业执行国家粮食收购政策情况,维护种粮农民利益。加强案事件的查处办理工作,打击各类收购主体的违规经营行为。(三)开展粮食清仓查库工作。4～7 月,抽调全市粮食部门 379 名工作人员组成 67 个检查组、5 个督导组、2 个巡视组,对全市 629 个库点进行清查,清查粮食实物数量 2423221 吨,清查结果均账实相符。

【粮食安全】 市粮食局重新修订完善《粮食应急预案》,建立粮食市场监测预警机制,规划设置粮食应急加工系统、运输系统和供应系统,确保紧急状态下粮食市场供应正常和供求局势基本稳定。开展全市粮食供需平衡调查,为政府宏观调控提供科学依据。修订完善《地方储备粮管理办法》,建立市、县级粮食储备制度。全市 7000 万公斤储备粮任务,已完成市级储备粮 1500 万公斤,县级储备粮 3309 万公斤。实行各级粮食行政管理部门一把手负总责的安全储粮责任制,严格各项安全储粮规章制度,规范粮食出入库手续。开展安全储粮大普查,加强夏季防汛和消防安全工作，改进设施，提高科学储粮水平，确保储粮全年安全无事故。全市储粮“四无”率达到99%以上，超过省定96%的目标任务，基层库所“一符四无”比率达到98%，做到“一符三专四落实”。各级粮食行政管理部门层层成立粮油食品安全领导小组，在中心城区实行粮油市场准入制度，对市场供应粮油质量进行监督检查，开展全市原粮品质调查，对流入市场原粮质量加强管理，确保市场供应粮油食品质量。

【国有粮食非购销企业改革】 全市非购销企业95个，已完成改制86个。县(市、区)的非购销企业改制服务已基本完成。重点改制对象是市直白河面粉公司和市面粉厂大院内的7个企业。对白河面粉公司的改制工作，通过多次协调沟通，已妥善处理部分分流安置职工的遗留问题，对职工分流安置后的部分债务处理、产权过户、内退人员双金、留守人员工资等后续工作已安排工作人员具体负责落实。市面粉厂大院7个企业的改制工作，因开发商资金实力不足而暂时搁置。

【招商引资】 专门成立招商引资工作组，加强引资环境建设，采取灵活多样的招商引资方式，多渠道招商引资。一是引进资金，通过资产置换，技术改造，采取兼并、合作等办法，转变企业生产经营方式，对老粮食企业进行改造改制，使老企业焕发新的生机活力。二是通过招商引资，新上项目，发展壮大粮食产业。三是争取国家、省对粮食产业投资，加强粮食基础设施建设，夯实粮食流通产业发展基础。全市粮食系统论证、上报及开工粮油产业项目20个，项目总投资约19亿元。争取国家粮仓维修资金325万元。

【军粮供应】 全市严格执行军粮供应政策，落实各项管理制度，规范军供手续，确保军粮供应无差错无事故。加强军粮质量管理，完善检测化验设施，加大检测力度，确保军供粮油质量。加强军粮服务网点和军粮供应队伍建设，采取灵活多样的军供方式，不断提高服务水平，随时满足部队用粮需要。广泛征求部队官兵对军粮供应工作的意见和建议，不断改进工作方法和措施，提高军粮供应保障能力和军民共建水平。

【粮油社会化服务】 (一)加强农村粮油服务网点建设。完善服务网点基础设施建设，提高从业人员素质，规范服务行为，开展粮食购销、农业生产和农民生活用品下乡、农产品及畜产品进城等项业务，切实为“三农”服务。全市农村服务网点在2008年836个的基础上，新增98个，总数达到934个，占省下达新增70个目标任务的140%。(二)开展农业产业化经营。指导农民优选种子，连片种植，规模化生产，提高种田效益。培育、壮大粮食产业化龙头企业，发挥龙头企业的辐射带动作用，带动农民致富。鼓励龙头企业开展多种产业化经营，就地加工消化农产品，增加农民收入。(三)开展“放心粮油”进农村进社区活动。以城乡粮油服务网点为载体，开展多种形式的宣传，增强“放心粮油”在城乡的影响力，扩大“放心粮油”普及率，全市“放心粮油”示范店和“放心粮油”在农村市场的占有率均达50%。市粮食行业协会被中国粮食行业协会评为“全国放心粮油进农村进社区先进单位”。(四)大力推广粮油科学新技术。提高全民粮油科技知识水平，指导农民科学储粮，减少产后储粮损失。5月，在全市粮食部门组织开展粮油科技宣传周活动，共印发粮油科技知识宣传册20000多份，制作宣传板200多块。

【粮食财务管理】 市粮食局下发《关于进一步加强粮食企业财务管理的若干规定》，明确企业资产处置、资金使用、费用支出等方面的管理办法。在全系统推广费用定额管理办法和费用送审制度，量化财务管理目标，使财务管理规范化、具体化。实行财务会计委派制，严格财务审批制度，把好财务费用支出关。加大财务审计力度，杜绝一切不合理支出和违规现象的发生，对查处的违规行为，及时进行纠正，并严肃处理。大力开展增收节支活动，每季度进行检查评比，奖优罚劣，达到减少开支、增加效益的目的。全市国有粮食购销企业剔除历史因素后，实现利润8744万元，占省下达年度目标任务4240万元的206%。(李秀坤)

盐　业　专　营

【盐业概况】 2009年，全市盐产品总购进65818吨，盐产品总销售66466吨，年销售额8988万元，实现利税676万元，全市食盐计划完成率、碘盐覆盖率及合格碘盐食用率均达到国家规定的标准。市盐业局保持省级社会治安综合治理先进单位、省级卫生先进单位、全省平安建设先进单位、市级文明单位、市级园林单位、市级平安建设先进单位、全市预防职务犯罪工作先进单位等多项荣誉称号，并相继荣获全省食盐专营目标管理达标单位、全市政府法制工作先进单位、全市目标管理工作先进单位等荣誉。南阳市盐业管理局城区分局、南阳市盐业管理局郊区分局、内乡县盐业管理局、淅川县盐业管理局分别荣获全省食盐专营先进单位荣誉称号;朱玉召、雷学锋、薛长明、刘华业被评为全省食盐专营先进个人。

【食盐专营】 (一)完善目标管理考核机制,促进专营计划落实。依据全省食盐专营计划分配办法和考核标准,以2006年至2008年连续三年的销售平均数为考核基数,制定《食盐专营任务书》,突出计划购进、市场销售、合理库存、盐款结算和盐政管理等主要业务指标。坚持"量化考核为主,定性评价为辅,综合评定,奖惩兑现"的原则,细分目标任务,逐级落实责任,加大奖惩力度,调整完善年度行业目标考核办法。采取市盐业局领导班子划片包干、按季清库核资、市场走访调查等手段,健全督查机制,强化目标管理,促进各项目标任务落实。(二)狠抓乡、村食盐批零网点建设,巩固盐业发展基础。结合全省"食盐安全村"创建活动,市、县盐业部门开展乡村食盐批零网点统计调查,逐乡逐村重新筛选确定批零网点,全面推行合同化管理和户籍化管理制度,提高食盐批零网点建设的标准化、制度化水平,奠定全市盐行业发展非盐经营业务基础。(三)开展食盐营销创新,促进食盐专营计划落实。履行《河南省盐行业自律公约》,全面加强食盐质量监管,确保居民合格碘盐供应。强化企业经营意识和效益观念,在全市保增长、保民生的经济发展大局中找支点,闯新路。淅川、邓州、社旗、方城、内乡等县(市)盐业局面对2008年辣椒病害严重,农民种植积极性受挫,金融危机蔓延造成辣椒销售市场疲软的严峻形势,采取组织当地种植大户、致富能人外出参观考察,与农业技术部门联合举办辣椒病害防治培训班,在辣椒主产区兴修水利,为加工户提供市场信息、联系销路,以及省外采购辣椒省内加工销售等多种措施,示范带动农民发展辣椒种植加工产业,成为弥补年度食盐计划完成缺口的主流。内乡、西峡、南召、唐河、社旗、南阳城区等县(区)盐业部门,分别在畜牧养殖、食品加工、饲料加工、饭店、机关学校食堂用盐的供应管理上找出路,想办法,取得良好经济效益。城区、邓州、唐河等县(市、区)盐业部门拓展多品种营养盐销售市场,开辟新的效益增长点。2009年,全市累计调进食盐52212吨,销售食盐51735吨,分别占年度计划50000吨的104%和103%。经市卫生局、市盐业局、市财政局、市疾病控制中心联合考核评估,全市碘盐覆盖率、碘盐合格率及合格碘盐食用率均达到97%以上,防治碘缺乏病成果得到进一步巩固。

【盐政管理】 一是扎实开展盐政法治宣传教育。遵照"引导在前,预防在先,正面宣传与警示教育相结合"的原则,将"3·15"、"5·15"重大节日宣传与利用南阳电台、《南阳日报》等新闻媒体宣传、开展盐政法治宣传月活动、食盐安全进万家、进课堂活动紧密结合起来,广泛宣传盐业政策法规,传播科学用盐知识,访查涉盐案件线索,营造浓厚的食盐安全舆论氛围。二是加强盐政执法队伍建设,提高依法治盐能力。在狠抓人员、装备、办案经费等硬件建设的同时,坚持模拟演练、以老带新、岗位练兵、积极参加全省盐业行政执法骨干人员培训班等形式,强化素质教育,提高办案能力;注重配套完善的岗位责任制度、依法办案制度、考评奖惩制度建设,健全完善盐业行政执法监督制约机制,规范盐政执法行为,全市盐政执法队伍的规范化、制度化建设水平显著提高。三是严厉缉私打假,维护群众食盐安全。突出道路交通环节监管,主动争取公安、交通、监察等部门配合支持,以不违背治理公路"三乱"相关规定为前提,依据举报线索,市、县机动联防,依法查处通过高速公路贩运私盐的大案要案,遏止省外私盐冲击南阳乃至全省盐业市场的势头。推进盐业市场专项整治工作。在节假日期间进行盐业市场集中整治,有关执法部门密切协作,排查市场,加大打击力度,杜绝涉盐安全事故的发生,为全市人民群众营造良好的食盐消费环境。全面加强日常监管工作。采取对私盐泛滥乡镇派驻专人严防死守,与辖区学校食堂签订用盐安全责任协议书,反复开展市场大走访、大排查活动等措施,扩大盐政执法社会影响,提高市场监控能力。全年累计查处涉盐案件194起,其中10吨以上的重大案件20起,查获私盐614.8吨。

【小工业盐管理】 面对国际金融危机导致全市工业企业开工不足,南水北调工程建设关闭冶矾企业造成工业盐销售下滑的严峻形势,全市盐行业开展"企业服务年"活动,竭诚为各用盐户提供优质服务,携手战危机,保增长,服务地方经济发展,遏止工业盐销售下滑颓势。严格落实工业盐用户档案管理制度、销售台帐制度和点对点供应制度,尤其在南阳市新旺氯碱化工有限公司破产清算过程中,市盐业局依照相关法规,强化对其库存工业盐的监管工作,协调唐河、西峡、城区等县局以协议价收购盐品860吨,防止了国有资产流失,杜绝工业盐冲击食盐市场，确保专营大局稳定。全年累计完成工业盐购进13606吨，销售14731吨。

【非盐产业发展】 2009年3月，全国性盐业体制改革再次被提上议事日程，延续千年的国家食盐专卖制度将被打破。为积极应对改革，在“后专营”时期通过建立倒逼机制，自我改革，主动求变，实现由“吃政策饭”向“吃市场饭”的转轨变型，市盐业局以河南省盐业总公司买断湖南酒鬼酒系列产品河南区域4年期总经销、总代理权为契机，采取国有控股占大头，职工入股占小头的办法，筹措资金148万元，成立南阳市宛盐酒业股份有限公司，主营酒鬼封坛年份系列酒和湘泉原浆系列酒。12月8日，该公司位于中州东路的中国酒鬼酒专卖店开业。（史宏伟）

烟　草　专　卖

【烟草专卖概况】 2009年南阳市烟草专卖局（河南省烟草公司南阳市公司）下辖镇平县、内乡县、西峡县、淅川县、邓州市、唐河县、新野县、社旗县、方城县、桐柏县、南召县、油田和城区13个县级烟草专卖局（分公司），1个卷烟营销配送中心，1个金业烟草有限责任公司。从业人员3209人，其中聘用员工408人。全年销售卷烟15.35亿支（30.7万箱），同比增长3.99%。“两烟”销售收入387467万元，同比增长19%，其中卷烟销售收入312861万元，同比增长17.26%。“两烟”税利77505万元，同比增长36.75%，其中卷烟税利64656万元，同比增长26.83%。“两烟”利润38132万元，同比下降4.32%，其中卷烟利润37710万元，同比增长1.02%。

【烟草稽查】 专卖管理查处违法案件12061起，查获卷烟2221万支，拘留268人，批捕55人，判刑40人，劳教8人。破获网络案件13起，其中千万元案件2起，分别被列为部级和省级督办案件。

【烟草收购】 全市共种植烤烟16.1万亩，收购烤烟3万吨（60.46万担），收购均价为14.82元/千克。烟农收入4.49亿元，同比增加1.27亿元。

【植烟项目建设】 全年投入烟草生产建设资金1.15亿元，烟草行业补贴1.1亿元，其中申请国家烟草局补贴6257.6万元，省内烟草系统配套投资4781.2万元。年内完成烟叶生产基础设施建设项目3172件，建成水池13个、沟渠6条、管网7条、塘坝47座、泵站19个、机耕路105千米。新建卧式密集型烤房2300座。烟水配套工程实际受益面积累计24.5万亩，受益农户1.3万户。

2009年南阳市烟草专卖基本情况统计表

项　目	完成情况
销售卷烟（亿支）	15.35
卷烟销售毛利率（%）	25.79
卷烟税利（万元）	64656
卷烟利润（万元）	37710
烟叶税利（万元）	12849
烟叶利润（万元）	422
烟叶种植（亩）	161000
烟叶收购（担）	604600
零售户数（户）	39225

（孙善兴）

供　电

【供电概况】 2009年是南阳电力公司应对挑战、团结奋进、突破创新的一年。面对金融危机和各种自然灾害的不利影响，公司充分发挥“责任铸金牌”、“三节约”和同业对标三大载体作用，共克时艰，拼搏进取，各项工作取得新进展，保持平稳健康发展的良好态势。全年完成售电量113.66亿千瓦时，同比增长2.97%；售电均价415.82元/千瓦时；钱损率4%，同比下降0.11个百分点；销售收入49.55亿元，同比增长4.14%；电费回收率100%；农网还贷资金完成14565万元，比省公司下达指标增收552万元。

【电力安全生产】 公司全面落实上级关于安全生产的各项部署，积极应对夏季强对流、冬季雨雪冰冻等恶劣天气，确保电网安全运行，安全生产保持稳定局面。深化扩展集中检修，精心组织白河变电扩建等重点工程，集中治理设备陷患，提高设备健康水平。加强调度运行管理，科学安排运行方式，220千伏调度权下放平稳交接。公司电网实现220千伏电压等级与省网开环运行，无人值班变电站和调控一体化建设走在全省前列。完善应急体系建设，强化反事故演习和应急演练，取得抗灾抢险一系列重大活动的胜利。积极开展基建、农电、多经安全专项检查，建立安全检查常态机制。加大反窃电和打击破坏电力设施工作力度，获全省打击“三电”犯罪专项斗争先进单位，实现连续安全生产1869天。

【电网建设】 公司全方位做好特高压工程建设各项配合工作，获国家电网特高压交流试验示范工程突出贡献集体。启动南阳供电区“十二五”电网规划编制，开展2010年至2012年电网诊断分析。电网建设32项、核准38项500千伏南阳项目前期工作进展顺利。实施“1811”电网发展提速工程，全年主网累计投资8.37亿元，完成计划的107%；新增110千伏及以上变电容量1663兆伏安、线路391.6千米，分别完成计划的120%和136%。500千伏和220千伏网架在全省率先具备开环运行条件。220千伏白麒Ⅱ回、群渠Ⅱ回输电线路工程获省公司安全文明施工样板工程。220千伏桐柏贤能、西峡山城两项工程被国网公司评为优质工程。设计院顺利晋升甲级资质，公司连续3年荣获省公司电网建设管理专项标杆单位。

【电力营销服务】 公司全力开拓市场，积极主动服务全市“四大工程”、高成长型企业、优势产业和工业发动机计划等重点用户。建立“责任到岗、挂牌服务”的客户服务经理制度，开展岗位责任挂牌服务。全面推进业扩报装“契约式服务”，签约高压客户60个，报装容量3.6万千伏安。开辟“三色鸽”超市代收和“缴费通”网点26个，拓展收费渠道。广泛组织“迎祖国60华诞，展供电服务风采”活动，全面展示了供电部门的良好形象。新营销系统、95598系统顺利上线。建立客户投诉快速反应机制。深入实施配网区域性联合检修、零点作业和带电作业。巩固行风评议“五连冠”成果，3个省级基层满意站所通过验收。代表国网公司接受国家电监会和质检总局联合组织的在用电能表性能抽检，抽检合格率100%，为国网和省公司赢得了荣誉。

【农电工作】 公司进一步规范县级供电企业管理，扎实开展各类“违章”排查整治。积极开展专业管理创标杆活动，新野局被评为国网公司可靠性管理标杆单位。稳步推进农电标准化建设，建成1个国家级、49个市级标准化供电所，所有县局全部实现线损规范化达标，并获得市技术监督局计量授权。农电安全、市场占有率等5个指标在省内同业对标中并列第一。西峡县“农电连心”工程、桐柏县“光明使者”服务队等农电特色服务品牌深入人心。加快新农村电气化建设，全年完成投资6619.98万元，累计完成电气化县2个、乡镇69个、行政村872个，对全省贡献率达14.32%。精心组织实施扩大内需农网完善工程，完成投资2.25亿元，其中用于“农田机井通电”工程资金3820万元。

【电力行业管理】 公司进一步强化行业监管，提高管理水平。(一)全面、全员开展“三节约”活动。加强预算执行监管力度，强化降本增效重点指标管理，建立降本增效长效机制，大力增收节支，取得显著成效。经营管理、基建运行等各类专项指标均超额完成省公司下达的压降任务，被省公司评为“三节约”活动先进单位。(二)稳步推进人财物集约化管理。完成规范公司机构设置方案编制上报。作为省公司采样单位，有序推进全员绩效管理。公司ERP项目在全省16个二级推广单位中率先高质量上线，人资模块被省公司选为典型模块，财务模块在全省首批单轨运行，荣获省公司ERP项目实施先进单位，为人财物集约化管理提供强力支撑。成立物流服务分中心，履行物资统一配送职责，确保物资及时到位，获省公司物资配送工作第2名。(三)多经产业实力不断增强。飞龙集团公司具备电力施工国家一级资质申报条件，电力设备公司新厂房启用、非晶合金变压器项目具备批量生产能力，飞龙电器与全球500强北京ABB公司合作项目顺利签约。飞龙电器、铁塔厂、电缆厂通过国网公司招标资质验收，铁塔厂500千伏产品进入国网招标产品目录。三色鸽豆业正式投入运营，乳业二期扩建项目进展顺利。

【电力科技】 公司科技创新工作得到强化。在省公司科技成果评估中综合成绩为优秀，在6个参评单位中排名第一。全年申请国家授权专利20项、受理专利111项，分别占省公司总量的1/10和1/7，公司荣获河南省知识产权工作先进集体。落实省公司全员培训部署，全员培训率达98.4%。公司技能竞赛和调考总成绩在省公司排名由2008年13名跃升至第4名。在省公司电力技术院新一届专家评选中，公司分别有11名技术、7名技能专家入选，在基层单位中继续保持领先。(白占成 张宗国)

石　油　供　应

【中国石化河南南阳石油分公司简介】 中国石化河南南阳石油分公司作为中国石化驻宛的大型国有独资地级分公司，是南阳市成品油供应的主渠道单位，担负着全市工农业生产和居民生活用油的供应任务。公司下辖14个县级公司，员工1250人，成品油仓库两座，在营加油站170座，农村网点200个。2009年度成品油经营量突破60万吨。

【主要指标完成情况】 2009年，中石化河南南阳石油分公司石油经营总量60万吨，完成全年计划50万吨的120%，完成总量在中国石化河南省系统排第二名。零售量41万吨，完成全年计划38万吨的110%，零售量完成在中国石化河南省系统排第二名。直销量14万吨，完成全年计划11.44万吨的120%，任务完成在中国石化河南省系统排名第二。销售润滑油1.84万吨，完成全年计划0.96万吨的192%，总量完成在中国石化河南省系统排名第一。"易捷"便利店非油品销售1166.84万元，位于全省系统第四。

【油品经营】 一、物流工作保障有力。物流工作以服务经营为重点，以优化物流流向为关键，落实中国石化河南分公司各项资源政策措施，为全年经营目标的提前完成提供有力支撑。全年购进成品油54万吨，保障全市工农业生产用油需求。二、零售工作成效显著。(一)健全机制抓落实。建立健全信息反馈制度，通过"经营快讯"、手机短信、内部网络等平台，及时将公司的经营策略传达到一线，为零售经营、直销互动提供方向指导。建立全员营销考核机制，充分调动员工关心竞赛活动、参与竞赛活动的积极性。推行机关部门到片区、加油站现场办公制度和部门负责人深入基层督导制度，既确保了各项工作部署的落实，又帮助基层解决工作中的问题，传递压力与关爱员工有机互动，有力地推动了经营工作的开展。(二)克难攻坚保市场。依靠优质服务扩销增量，实现首季开门红。以抗旱浇麦为契机，"服务抗旱夺丰收，支持三农促发展"，充分发挥网络优势，2月份仅在农业用油上就投入柴油资源8000余吨。同时，积极回访客户，维系客户群体，促进加油卡销售。建立了"日监控、周通报、月考核"机制，采取各项激励措施，使高速公路板块的日常量实现突破性增长，服务客户水平得到提高。在优质服务月活动中，评选出样板站14座、服务明星20位，起到了以点带面的作用，员工的服务意识、服务技能、现场服务水平得到提高。(三)多策并举促营销。在全区开展"学先进、找差距、树标兵"活动，加强县公司之间、加油站之间、员工之间的相互交流。强化沟通，确保内部经营部门统一思想、统一策略，共同培育市场；向上沟通，争取中国石化河南省公司的政策，在重点区域采取出租车专供、站内优质服务、站外送货上门等措施，提高服务市场、服务客户的能力。三、直销经营取得突破。受经济危机的影响，2009年南阳区域内市场需求严重下滑。面对这种不利的市场形势，公司认真贯彻落实中国石化河南省分公司关于直销分销工作的指示精神，克服经营中的困难，以服务客户为宗旨，积极拓展市场空间，提前77天完成全年目标任务，在全省系统排第二名，直销分销工作取得新突破。坚持客户走访回访制度。围绕"一切从'心'做起"等活动的开展，加强与天冠集团、中建材西安工程公司南阳项目部等南阳大用户的交流与沟通，稳定了销售渠道。创新营销手段。对终端客户，采取服务先行、品牌带动等措施，培育客户的忠诚度，稳定直销份额；对经营用户，本着"优化服务质量"原则，开展以"品牌、服务、双赢"为目标的促销活动，扩大销售量，用形象提高市场份额。拓展区外市场，扩大销售空间。在中国石化河南分公司的指导和支持下，多次到湖北、陕西两地进行市场调查，走访了湖北省枣阳、襄樊等地各类客户30余家，以互惠互利、合作共赢为目的，建立长期稳定的合作关系，5月向区外销售油品790吨，辐射周边小网点近20座，达到"以点带面"扩大销售的营销目标，为后续成功开发区域市场创造便利条件。6月，邓州库启动后，该公司及时开发湖北老河口市场，采取"由近及远，逐一走访"的方法向区外市场迈进。全年区外销售2.59万吨，使区外销售成为直销量提升的亮点。四、润滑油销售效果明显。采取"一户一价"营销策略，参与终端大客户的用油招标。先后与中联水泥、南阳防爆集团等终端大客户签订了购销协议，拓宽了销售渠道。按照"以量为主，兼顾效益"的经营导向，主动与南阳信誉好的代理商和经销商开展纵向联合，采用批量促销的方法拓市场、增销量。全年共分销包装油160余吨，占全年包装油销量的7%。开发目标客户，努力拓展终端。与河南油田签订供油协议，建立稳定的供货关系。五、非油品销售实现跨越。转变观念，开展全员营销。利用网络平台开设一线交流论坛,让大家在论坛中畅所欲言,互相交流实际工作中的经验及心得体会,促进销售技能的提高。抓好培训,提高现场销售能力。通过开展各类学习、培训活动,提高一线员工在现场做好销售的意识,提升其销售技能;使用文明用语,增强服务客户的规范化。拓展思路,采取多种营销手段。"三八"节期间,多数县公司与知名商家合作促销;"情人节"期间,加油站把巧克力玫瑰搭配出售;"端午节"前后,有部分加油站采取各类饮料组合销售的手段;"国庆节"期间,加油站实行车友互动的办法等。

【石油经营管理】 一、完善考核激励机制。在坚持以前薪酬考核办法的基础上,对部分项目进行调整,对部分办法进行修订,将农村网点经营情况、非油品经营情况纳入考核指标体系,农村网点经营情况与农网管理员、经营管理员、综合管理员的薪酬挂钩。为增强机关科室的服务意识,将县公司的经营情况与分包科室人员的薪酬挂钩。二、提高财务管理水平。财务工作全面实行预算管理,落实降本增效措施,防范资金风险,规范业务流程,深化财务参与经营、指导经营、监督经营、服务经营的管理职能。面对社会站低价竞争的不利情况,财务、零售等部门紧密配合,确保在激烈的市场竞争中取得好的经营实效,降本增效效果较为明显。三、完善安全质量管理。不断完善安全生产责任制,落实市委市政府、中国石化河南石油分公司安全生产禁令和销售企业安全纪律,建立健全预警、联防体系,强化安全培训、隐患治理和预案演练,提高安全技能和应急水平,实现全年安全生产无事故。进行多次不同类别的安全检查,消除安全隐患。在安全检查中,发现个别加油站存在站房倾斜、罐区围墙裂逢严重,部分加油站未按规定对设备、电器进行等电位跨接、对消防器材未落实"四定"管理制度等问题,检查人员要求责任人立即加以整改,消除安全隐患。在安全检查中,还发现全区有100多台加油机不整体防爆,向中石化河南省公司汇报后,省公司对这些加油机全部进行更换,消除这一安全隐患。深入开展"我要安全"主题活动。"我要安全"活动是2009年安全管理的一项重要工作。通过内部网络、内部报纸等媒介,积极宣传、营造氛围,使干部职工实现了从"要我安全"到"我要安全"质的提升。四、提升加油站管理水平。不断完善管理信息系统的应用,深化ERP、BW系统处理事务的能力,积极推进电子提单项目和零售电子帐表册系统的成功在线操作,使规范流程、监管经营、提高效能等方面得到进一步加强。

【网点建设】 以城区和高速路口加油站建设为重点,抢抓机遇,强化资金投入,网络质量不断提高,网络布局更加优化。全年完成6座加油站的建设并投入运营,对25座形象破损的加油站进行改造升级,为今后的发展打下基础。(宋磊)

经 济 管 理

计划与投资管理

发展和改革委员会主任 李甲坤

【发展改革工作概况】 2009年全市生产总值增速为11%,高于全省平均水平0.3个百分点。农业生产重灾之年再夺丰收,全年粮食、油料总产分别达到115.9亿斤、111.4万吨,分别比上年增长1.7%和9.2%。粮食总产连续4年突破50亿公斤,在特殊年份为保障国家粮食安全做出特殊贡献。工业生产稳步回升,规模以上工业增加值增长13.8%。服务业发展保持良好势头,增加值增长14.5%,高于全省3.8个百分点,文化旅游、现代物流等现代服务业健康发展。内需对经济增长的拉动作用进一步增强,全社会固定资产投资首次超1000亿元,达到1200亿元,增长31.7%,其中城镇固定资产投资增长32.7%,两者均高于全省0.7个百分点。社会消费品零售总额680亿元,增长19.1%。财政预算顺利完成,财政总收入100.8亿元,增长6.2%;地方财政一般预算收入完成56.2亿元,增长9.5%。招商引资成效显著,实际利用外资1.33亿美元,到位省外资金130亿元。节能减排取得新进展,万元生产总值能耗降低5.8%;化学需氧量减排量2.71万吨、二氧化硫减排量6.72万吨,分别超出目标值5.56倍和0.94倍。民生持续改善,城镇居民人均可支配收入13600元,增长9.5%;农民人均纯收入4931元,增长7.9%;"十大实事"全面完成;科技、教育、文化、卫生等各项社会事业全面发展。

【农村经济】 全市围绕社会主义新农村建设,强化支农惠农政策,扎实推进农业基础设施建设力度,着力优化调整农业结构,突出抓好粮食生产,成功克服春季干旱、夏收连阴雨等自然灾害,全市农村经济保持平稳发展的良好态势。第一产业增加值完成359亿元,比上年增加4%;农民人均纯收入达到4931元,比上年增长7.9%。一是农业生产能力进一步增强。粮食主产区建设工程是市委、市政府2009年确定的四大工程之一,虽遇历史罕见的春季大旱、"三夏"持续阴雨、秋季大风暴雨等自然灾害,粮食仍取得好收成。全年粮食总产量58亿公斤,比去年增加1.8%,连续6年增产,连续4年超50亿公斤;棉花总产达到11.3万吨,比去年增加3.7%;油料总产达到107.8万吨,比去年增加5.7%。二是农业结构调整深入推进。优质粮食种植面积112万公顷,优质化率达到70%,其中优质小麦种植面积达到38.67万公顷,占麦播总面积的58%。畜牧养殖实现平稳较快发展,全年肉蛋奶总产140万吨,比上年增长10%,其中肉类总产量达到70万吨,蛋类产量达到34万吨,奶类36万吨,畜牧业产值比上年增加15%,占农业总产值的35%。规模养殖发展势头强劲。全年新上各类限额以上的规模养殖场(小区)93个,其中300畜位以上的肉牛场(小区)21个,年出栏1万头以上的养猪场41个,200畜位以上的奶牛场(小区)10个,3万只以上的鸡场16个,400畜位以上的肉羊场5个。全市完成合格造林面积8.66万公顷,比上年增长45%以上,为历年来最多的一年,使农村生态环境进一步改善。三是农业现代化水平显著提高。农业机械化特别是秋粮机械化快速发展。小麦机收水平达到92%、机播水平达到95%以上;玉米机播水平达到71.5%,机收水平达到25%;农民专业合作社发展到1024个,农机专业服务组织达到400个。四是农民增收形势明显好转。通过认真落实小麦最低保护价收购、粮食直补等支农惠农政策,使农民增收形势好转,全市已落实各类农业补贴12.58亿元,其中种粮补贴和综合补贴10.06亿元,中央农机购置补贴8111万元,良种推广补贴资金16522.26万元,测土配方施肥资金补贴项目资金585万元。五是农村基础设施和新农村建设成效显著,重大项目进展顺利。受益于国家投资拉动政策,农村重大基础设施建设和新农村建设成效取得显著成效。包括2008年四季度中央新增投资,全年国家共安排批复南阳市农业项目资金9.06亿元,其中国家及省以上资金6.4亿元,止年底,项目进展顺利,累计完成各项投资6亿多元。完成47.3万人农村饮水安全工程,其中2008年新增的15万人饮水安全工程已验收,新增鸭河口、引丹等3个大型灌区灌溉面积3.3万公顷,对桐柏二郎山等9座中型病险水库进行除险加固,新建农村沼气用户2.56万户、农村大型沼气工程3处,建设农村沼气服务网点242个,治理重点区域水土流失面积594.4平方公里,营造防护林8600公顷。除鸭河口水库除险加固工程、鸭河灌区、宋岗灌区及丹江口水库水土保持项目续建外,其余项目已全部完成。

【固定资产投资】 全市固定资产投资持续增强。一是积极争取中央、省资金。全年争取中央、省资金19.6亿元,其中,新增中央投资14.7亿元,位居全省前列,圆满完成争取上级投资占全省1/9的目标。二是落实中央投资项目。执行好国家、省有关新增中央投资项目实施工作的规定和要求,统筹组织好计划转发、资金配套、项目管理、监督检查等工作,抓好中央投资项目的实施。截止上年11月底,4批扩内需中央投资项目进展顺利,整体进度居全省前列。三是抓新开工项目,扩大投资规模。强力推进列入“8511投资促进计划”的重大项目开工建设,明确市县、部门责任分工,加大政策支持,加强监督检查,列入重点监控的43个亿元以上项目全部开工建设,全年完成投资超过50亿元,全市新开工5000万元以上投资项目超过200个,重大投资项目的实施有力支撑全市投资目标的完成。四是持续加强基础设施、基础产业投资。特高压交流试验示范工程顺利投运,南水北调中线渠首工程、内邓高速公路项目、鸭河口水库除险加固等重大项目开工建设,第七届农运会场馆拆迁、西气东输二线和14个城镇供水、污水、垃圾处理项目进展顺利。五是推进投资结构调整。农业基础地位进一步加强。服务业投资逐月回升。工业投资继续快速增长,认真组织实施纳入省1074个重大工业结构调整计划的项目,全年累计完成投资132亿元,超额完成全年投资计划。截至年底,48个计划开工项目中47个开工建设,二胶厂PCB胶片生产线项目、龙成集团年产500台(套)冶金机械项目、天冠集团10万吨/年聚碳酸亚丙酯树脂、30万吨玉米深加工、日产49.5万立方米民用沼气等项目进展顺利。全年前11个月全市城镇固定资产投资完成773.7亿元,同比增长33.1%,超出去年同期增长水平。全年全社会固定资产投资完成1200亿元,增长31.7%,城镇固定资产投资完成950亿元,增长32.7%。固定资产投资率达到53.4%,固定资产投资增长对全市GDP增长的贡献率达到80%以上。

【重点项目建设】 全市把加强重点项目建设作为调结构、战危机、扩内需、保增长的重要举措来抓,开展“项目推进年”活动,全力“决战二季度”、“大干三季度”、“决胜四季度”,重点项目建设成效显著。实行重大项目联审联批制度,开展重大项目观摩点评活动,有力地促进一批重大项目开工建设。一是省重点项目。全市22个省重点项目年度计划完成投资26.3亿元,实际完成投资28.4亿元,占年度计划的108.2%。二胶厂CTP数码板材生产线、安棚碱矿三期年产40万吨纯碱和南阳机场航站楼相继建成并投入使用;鸭河口水库除险加固工程、内邓高速已开工建设;南阳利用日元贷款城市环境综合治理工程、民用沼气工程、国际玉城、南阳奥博物流中心项目、世行贷款新野县供水工程等项目全面超额完成年度目标。二是市重点项目。245个市重点建设项目完成投资230亿元,占年度投资计划的101.3%,第七届全国农运会主体育场、游泳馆、综合训练馆等75个项目开工建设;南阳防爆集团防爆机电、龙大牧原10万吨高档肉食品加工等42个项目建成投产(使用);一大批重大项目前期工作加速推进。核电站项目,中核河南核电有限公司筹建组已于4月10日在南阳注册,项目可研报告已编制完毕并报国家发改委。天池抽水蓄能电站项目于9月23日取得国家发改委同意开展前期工作的批复,列入国家电网2010年计划开工项目名单。鸭电三期,已取得项目筹备所要求的所有市级批文及大部分省级批文。南阳火车站站房改造经过争取已纳入宁西铁路复线建设计划。郑渝高铁郑州至南阳段已纳入部、省会谈纪要,计划2010年启动郑州至南阳段前期工作。

【高技术产业】 全市高技术创新能力显著增强,省以上企业技术中心总数达到31个,其中国家级4个。获优秀企业技术中心的企业达到8个,全市企业技术中心研发经费投入达5.23亿元。全市高技术产业实现销售收入147.1亿元,同比增长26%,高于全省0.7个百分点;完成工业增加值46.2亿元,全年实现高技术产业工业增加值57亿元,销售收入158亿元。

【综合交通建设】 (一)交通运输生产稳步回升。年初,受国际金融危机影响,全市交通运输生产增速明显放缓。进入二季度后,随着中央、省和市扩内需、保增长一揽子政策效应的显现,交通运输生产稳步回升,全年全社会货运量和货物周转量分别完成12520万吨和2789507万吨公里,增长28.56%和29.1%;客运量和旅客周转量分别完成12601万人和1209277万人公里,增长12.2%和17.29%。(二)交通项目建设顺利推进。内邓高速公路调整进入河南省高速公路规划网,已开工建设。南邓一级公路可研报告已上报省发改委待批。上年四季度新增1000亿元中央投资项目中,安排260公里的村道项目已全部建成。全年国家新增1300亿元中央投资项目中,安排625.8公里的县乡公路已全部开工建设,完成投资2.6亿元,占计划投资的100%。大中险危桥改造完成规模10429.8延米,完成投资2.3亿元。唐河、西峡、南召、内乡、镇平、淅川县等县级社会化客车站项目建设顺利,已完成投资6730万元。新建南阳市汽车北站、改扩建中心站项目可研报告已上报省发改委,并通过省发改委组织的专家评审,待报国家审批下达资金计划;南阳机场航站楼改扩建项目已正式投入使用。机场二期改扩建项目纳入中西部支线机场建设计划,已开工建设;宁西铁路新增二线已开工建设。南阳火车站站房改造已纳入宁西铁路新增二线建设计划。郑州至重庆铁路郑州至南阳段纳入部、省会谈纪要,计划2010年启动前期工作。全年完成交通建设投资17亿元,较上年投资下降26%。其中公路完成投资14.4亿元,民航1.5亿元,运输场站6730万元。(三)交通领域改革取得新进展。燃油税费改革顺利推进,全市16个政府还贷二级公路收费站点全部撤销,所有职工按相关政策得到妥善安置,成功实现平稳过渡。

【能源建设】 全市发电装机288万千瓦,全年发电量143亿千瓦时,增长19.17%;最大用电负荷为229万千瓦,全市全社会用电量可达到132亿千瓦时,同比增长6.1%;全市石油、天然气产量分别为180万吨、6000万立方米;乙醇产量38万吨。南阳核电项目可研报告已报国家;天池抽水蓄能电站项目取得国家发改委同意开展前期工作文件;秸秆发电新开工5.4万千瓦;河南天冠集团建设的镇平万吨级纤维乙醇示范项目投入试生产,并与国家开发投资银行正式签订企业重组协议;鸭电三期可研、白河南热电厂预可研已上报省发改委,宛西电厂、邓州热电厂正在积极争取列入国家南水北调中线工程水源地保护补偿项目。实施"1811"电网提速工程,建成一批220千伏、110千伏输变电工程,共完成投资3.72亿元;农村电网项目实施南阳市2008年、2009年第二批、第三批新增中央预算内投资合计26921万元。

【城市基础设施建设及城镇化进程】 紧紧围绕把南阳建设成为区域性中心城市和全省次中心城市的目标,强力实施中心城市突破战略,加快城市基础设施建设,着力带动县城和小城镇发展。止年底,全市新增城镇人口20万人,全市城镇人口达到400万人,城镇化水平提高2个百分点,城镇化率达到37%。市区建成区面积扩大到92平方公里,驻地人口91万人。(一)规划科学示范区建设。根据省委、省政府关于实施中心城市带动战略的工作部署和要求,按照复合型城市理念,从全省经济社会发展大局出发,经过深入调查和专题研究,提出建设"南阳新区"的总体方案。(二)中心城市建设实现快速发展。以建设区域性中心城市和全省次中心城市为目标,积极开展城市基础设施建设有关问题的研究,坚持拉大框架与完善功能、新区建设与老城区改造并重原则,加大城市基础设施建设力度,全年中心城区基础设施投资突破20亿元,较去年增长58.3%。相继完成工业路、中州路、建设西路拓宽改造工程;仲景大桥、独山大道南延、滨河路污水管网改造、市污水二期正在加紧施工;梅溪河内河治理工程、市危险废物处置中心建设工程已经开工,温凉河、三里河治理项目正在进行前期工作;投资2000万元改造背街小巷54条;完成城中村拆迁改造280万平方米;仲景路等道路拆迁涉及城中村改造项目已完成14.4万平方米;农运会场馆的主体育场、游泳馆、综合训练馆已开工建设,其它比赛场馆和配套设施已规划选址到位,部分比赛场馆和配套设施已完成拆迁工作。(三)县城和小城镇建设各具特色。各县(市)充分发挥比较优势,各展所长,竞相发展,走出一条特色鲜明的城镇化发展之路。各县城新建一批城市道路、文化广场、公园游园等功能性工程,形成各具特色的工业园区和产业带,11县(市)污水处理厂和垃圾处理场正在正常运行,人居环境明显改善。小城镇建设以"争星创强"为载体,突出抓好"五个一"工程,大力发展沿线、沿边城镇带和全市50强镇,着力构建经济支撑有力、基础设施完善、服务功能齐全、人居环境优美的现代化城镇体系。(四)城市经营管理成效显著。中心城市和各县(市)积极探索、尝试,放开城市经营性基础设施建设和管理项目,把一批有效益、有回报的经营性公共项目推向市场,通过特许经营等多种合作方式,吸引有实力的企业进入市政领域,提高市政公用行业建设经营水平。创新城市管理体制,着力解决影响城市管理的深层次问题,按照"两变两不变"原则,建立市区分级管理的环卫新体制,实现城市环境卫生的全覆盖。城管执法体制改革按照"两级执法、三级管理、以区为主"的目标,已基本理顺,运行正常。(五)优化城市快速发展环境。加快发展城镇基础教育,按照"小学中心化、初中乡镇化、高中城市化、中心城区学校布局合理化"的目标,调整全市教育布局。中心城区投资1.5亿元,改扩建21小、17中等11所中小学。(六)保障性住房建设。全年共争取22个项目(资金1.4亿元),用于廉租住房建设,止年底已完成投资1.14亿元,已建成9.92万平方米,1784套住房;在建33.38万平方米。确定经济适用房建设,至11月底,已竣工17.27万平方米,新开工21.8万平方米。

【经贸流通】 (一)消费品市场平稳较快发展。贯彻执行国家、省制定的一系列扩大居民消费的政策措施,确保消费的快速增长,全年全市共实现社会消费品零售总额680亿元,同比增长19.1%,高于全国平均增幅0.6个百分点。(二)对外贸易大幅下降。受国际金融危机影响,对外贸易出现大幅下滑,全年进出口贸易额6.23亿美元,同比下降28.5%,出口总额4.2亿美元,同比下降39%。(三)重要商品总量基本平衡。粮食价格稳中有升,小麦最低收购价提高0.1元/斤,粮食收购工作进展顺利,全年按照最低收购价累计收购小麦200万吨,其中不完善粒在20%以上的小麦100万吨。最大限度地减少农民因小麦出芽造成的损失。积极申请把油菜籽纳入最低收购价政策范围,累计收购菜籽10万吨。圆满完成粮食清仓查库工作。(四)推进棉花流通体制改革。棉花质量检验体制改革取得新的进展,走在全省前列。止年底,列入改造计划的棉花加工企业已有36个改造完成,年加工能力达到15万吨,新建和改建仪器化公正检验实验室1个,购买HVI测试仪4台,仪器化公正检验能力达到6万吨。(五)现代物流业较快发展。研究制定市现代物流业发展中长期规划,积极培育骨干物流企业,推进南阳惠农达农资配送体系建设项目等一批有发展前景的物流项目,筛选上报商圣保税物流中心等一批符合产业发展方向的项目,贯彻落实国家省促进物流业发展的政策。抓住国家扩大内需、增加国债投资的机遇,发展现代物流业的意识得到极大提高,力争得到国家资金支持。(六)农产品流通体系进一步完善。对全区农产品批发市场摸底调研,引导骨干农产品批发市场加快升级改造步伐,积极争取国家、省扶持资金对全市项目建设支持,以农产品批发市场国债项目为切入点,加快市场信息系统和检验检测系统建设,提高市场硬件设施档次和信息化水平,努力扩大市场辐射半径,为促进农产品流通、提高经济效益创造条件。

【服务业发展及产业政策】 全市以旅游、文化、物流、金融等重点产业为突破口,全力推动服务业发展,取得明显成效。前三季度,全市服务业完成增加值366.93亿元,同比增长15.3%,占全部GDP的比重为27.9%,对GDP贡献率为42.3%,拉动GDP增长4个百分点。同时,加快淘汰落后产能工作,淘汰10个落后产能的企业。争取中央财政淘汰落后产能转移支付奖金2800万元。上报2009~2015年现代服务业重大建设项目,已有17个企业进入河南省2009~2015年服务业发展规划。编制《南阳市2010~2020年服务业发展规划》。组织开展全市现代服务业发展规划研究编制工作。

【利用外资】 全市实施开放带动主战略,全面落实招商引资行动计划。全年实际利用外资1.35亿美元,同比增长12.5%;实际到位省外资金130亿元,同比增长18%。(一)大招商活动成果显著。相继组织参加和举办中原文化港澳行、中原文化澳洲行、第四届中博会、河南—浙江经济技术合作项目洽谈会、南阳—杭州经济贸易合作洽谈会、东南亚—河南投资贸易洽谈会、河南省承接纺织服装玩具产业转移洽谈会、第十三届中国国际投资贸易洽谈会、深圳豫粤产业转移共赢合作洽谈会、2009全国农产品加工业博览暨东西合作投资贸易洽谈会、南阳市产业集聚区深圳招商会、河南省承接台资企业产业转移洽谈会、上海南阳市情说明暨经贸洽谈会、中国?南阳第七届张仲景医药科技文化节、南阳—海峡两岸地区经贸洽谈会、宛台文化旅游经贸交流合作洽谈会等共计23次全市性的大型招商活动,共发布项目1000多个,累计签约项目397个,总投资额860亿元,合同引资619亿元。至11月底,引进省外资金投资总额在1亿元以上项目112个,总投资额365.7亿元,合同引资144.63亿元,已开工建设61个。(二)战略合作深入推进。制定《南阳市关于加快推进与央企战略合作的意见》，大力推进与央企及国内外知名企业的重组合作。中光学集团与长虹电器共同组建南阳南方长虹科技有限公司，金光数显与首钢控股集团合作成立南阳首控光电公司，南阳英宝电子有限公司与创维集团签订战略合作协议，市政府先后与国家开发投资有限公司、平安集团签订战略合作协议，在多领域、多层次开展全方位合作。确定“南阳国投产业园”、创维集团社旗电子产品生产基地等一批大型合作项目。中光学集团年产20万台DLP投影机、首控光电年产10万台互动式多媒体教学一体机、英宝电子20万套家用防盗系统协作生产等项目开工建设。桐柏安棚碱矿与内蒙古博源合作开采加工天然碱项目、南阳金光数显与首控光电合作项目、内乡牧原与山东龙大肉食加工项目、内乡仙鹤纸业项目等一批重大项目正在积极推进中。(三)利用国外贷款项目进展顺利。利用日元贷款城市环境治理项目，除白河南污水处理厂外均已开工，共完成投资3.15亿元，其中日元贷款1.2亿元，设备开始供货。世行贷款扶贫五期、亚行贷款内乡牧原农村能源生态建设项目前期工作正在全力推进。(四)投资环境进一步优化。召开高规格的全市对外开放工作招商引资工作动员大会，研究出台《中共南阳市委南阳市人民政府关于进一步加强招商引资工作的意见》，相继制定《关于建立重大招商引资项目市级领导联系分包推进机制的意见》、《南阳市招商引资工作目标管理考核奖惩办法》、《南阳市招商引资项目无偿代理制实施办法》、《南阳市招商引资专项资金管理办法》等配套政策文件。

【资源节约和综合利用】 市发改委认真研究分析资源环境与经济发展的矛盾，正确处理发展与节约的关系，以节能工作为重点，大力开展资源节约活动，全面推行清洁生产，积极发展循环经济、资源节约与综合利用工作，取得显著成绩。(一)督促加快节能减排工程建设，推进10大重点节能工程。南阳防爆集团有限公司年产150万千瓦高效节能电机项目、中联卧龙水泥余热发电项目、宛西制药股份有限公司清洁生产技术改造项目等一批项目已全部竣工，可形成节能能力18万吨标准煤；组织申报的2009年节能技术改造财政奖励项目实施计划(第一批)共有5个项目获得国家资金支持，这5个项目总投资1.95亿元，建成后可形成节能能力10.6万吨标准煤。(二)开展节能降耗行动。与27个重点耗能企业签订2009年年度节能目标责任书，节能量11.8万吨标准煤；下达2009年南阳市节能监测计划，开展“免费节能诊断，服务企业发展”活动，对7个企业免费提供节能诊断，挖掘6万吨标准煤的节能潜力；对全市年综合能耗在5万吨标准煤以上的重点耗能企业进行考核，计划节能量131595吨标准煤，实现节能量198337.5吨标准煤，对没有完成节能目标的5个企业关停。发展循环经济。第六四五六工厂2.5万台/年汽车发动机总成再制造项目已建成投用；天冠集团城市民用沼气工程、10万吨/年二氧化碳全降解项目和能量系统优化工程正在顺利实施；增建内乡牧原废水综合处理工程4套。推广绿色照明工程，按照上级部署，全市共计推广32万只高效照明产品。加强资源综合利用产业发展，完成《南阳市秸秆资源及综合利用情况的调查报告》，对南阳热电有限责任公司等企业资源综合利用进行认定。

【社会事业】 根据中央提出的扩内需、保增长、惠民生的要求，集中实施一批教育、卫生、农村基础设施和公共服务、安居工程等民生项目，确定691个中央投资社会事业项目，总投资2.68亿元，其中中央资金1.65亿元，止年底已累计完成投资2.2亿元。(黄晨阳)

国有资产管理

【国企改革】 企业改革取得新成效。市委、市政府确定28个重点改革企业，11个完成改制任务，17个申请破产。其中向东厂、红宇厂等6个企业完成终结，铜矿、石化等9个企业资产处置、职工安置的主要工作已完成，柴油机厂、康远厂2个政策性破产企业资产处置已经启动。新启动的天冠啤酒等5个企业改制进展顺利，其中天冠啤酒产权转让、职工安置全部完成，天冠生化公司改制的基础工作正在实施。西施兰化工厂1600万元国有股转让价款已经到位。晶体管厂资产处置、职工安置费测算已经启动。市医药公司改制方案已制订，清产核资、财务审计和职工安置费测算已基本完成。同审计、劳动、财政等部门对南纺集团新增14项改革成本进行复核，提出处理意见。市水泥厂立窑拆除损失认定、防爆集团改制复审和金冠集团遗留职工安置费复核全部完成。解决一批职工安置遗留问题。一是积极推进破产改制企业养老保险挂账核销。争取财政资助547万元，采取职工补交和财政挂账，完善7个企业2400多名职工的养老失业保险个人账户。

二是多渠道筹措职工安置费。对已复核的破产改制企业发放安置补偿金和部分职工内债5400多万元。三是解决退休职工待遇差别。对13个企业1200名职工补算待遇差,市财政拨付资金1500多万元,解决退休职工历史欠费。四是妥善处理破产企业退休职工医保问题。对全市34个依法破产企业25000余名退休职工进行剥离,争取中央及省医保资金1.48亿元。对市属11个政策性破产企业6173名退休人员进行剥离,争取国家财政资助5665万元,使城镇职工足额享受基本医疗保险待遇。

【国资监管】 全市进一步加强国有资产管理。一是加强财务监督。进一步规范市属企业财务决算,及时、准确地完成月份财务快报统计工作,为领导掌握监管企业运营的基本情况和科学决策提供依据。按省国资委的统一部署,完成全市317个国有及国有控股企业的国有资产统计工作,汇总报表显示资产总额2,807,921万元,同比增长5.78%;负债2,184,877万元,同比增长2.45%;所有者权益623,044万元,同比增长19.4%;全年营业收入共计2,370,829万元,同比增长26.1%;实现利润53,671万元,同比增长9.17%。二是做好产权转让工作。在《河南日报》发布产权转让公告10次,办理完结产(股)权交易业务12个,成交价款2亿余元。全年采取拍卖方式进行国有产(股)权交易10个,采取协议转让方式交易2个,企业改制进场率达到100%,实现国有产权保值增值。举办拍卖会18场,成交额9307.19万元,盘活大量国有资产。三是加强产权管理。补办产权登记证企业4个,其中国家资本556.8万元,法人资本10万元,变动1个,国债转增资本270.5万元。完成长风集团在石桥镇的13.33公顷土地的国有资产界定工作。为壮大南阳酒精总厂对中国开发建设投资集团合资的实力,将天冠集团生物销售公司80%国有股权和天冠生物化学公司50%国有股权合计5800万元无偿划转给南阳酒精总厂。批复评估备案企业4个,评估净资产价值3511.34万元,评估增值率50.6%。委托市国有资产运营公司收缴和管理普康药业国有产权9099.70万元。帮助河南新野纺织集团增发债券1亿元,促进企业的发展壮大。四是对帐销案存资产和非经营性资产进行调查摸底。加大对市属企业账销案存资产、非经营性资产和边缘性资产的自查、复查、核准和管理工作。汇总统计17个改制企业账销案存资产共计12749万元。对市属53个企业非经营性资产进行普查,统计上报非经营性国有资产帐面价值6464.96万元,评估价值4366.01万元。

【资本运营】 全市国有及国有控股企业资本运营状态良好。一是天冠集团对外合作取得实质性进展。年初天冠集团与中储粮河南公司签订相互参股战略投资协议,出资收购中储粮在河南新瑞生化集团公司的部分股权,组建天冠集团控股的年产18万吨酒精生产能力的漯河天冠生物化工有限公司,生产能力和整体竞争能力大大提高。11月,天冠集团与国家开发投资公司正式签订合作框架协议,合作开发生物能源产业,企业清产核资等基础性工作正在积极推进。二是防爆集团对外合作工作迈开步子。根据省政府与中国平安集团签订的战略框架协议,中国平安集团拟对防爆集团进行收购重组,已签订合作意向书,待条件成熟时可适时推进。三是招商引资。在协调有关方面的基础上,对项目进行重组,促进闲置资产的再生利用,培育新的经济增长点。

【企业班子建设】 市国资委突出抓好国企改革、国资监管两大工作重点,探索"双向交流、交叉任职"的工作机制,实现新老"三会"在股份制企业的融合统一。一是构建符合现代企业制度要求的党建工作机构。党委成员分别依法进入董事会、监事会和经营班子,有效发挥党组织职能。二是构建党组织参与重大决策的制度。建立健全党政联席会、党委集体议事会议制度,充分发挥党组织的政治核心作用。三是构建企业党建工作评价机制。开展以创建"四好"班子为载体的争先创优活动,调动企业领导班子积极性。对天冠集团、金冠电气等企业的党委领导班子进行考核和调整充实,任免企业领导人员2人。

【企业党建】 以"五好基层党组织"和"四好"班子活动为载体,加强企业党组织和领导班子建设,先后对天冠集团、金冠电气、宛运集团等企业的党委班子进行考核和调整充实。对185名入党积极分子进行教育培训,全年发展新党员176名。开展企业思想政治工作,企业文化建设调研,组织参加全国"双百"评选、第二届全国道德模范评选、举办建国60周年系列宣传庆祝活动参加市第三届运动会暨首届农民运动会,取得良好成绩,并荣获道德风尚奖。按照"一岗双责"的要求,落实党风廉政建设责任制,开展"小金库"清查和治理商业贿赂工作,进一步规范企业改制行为。

【安全生产】 搞好安全生产是国资监管的一项重要职责。按照市政府的要求,及时召开全系统安全生产工作会议，开展企业安全教育培训和宣传工作，扎实开展安全生产大检查。企业通过自查和检查督查，排查安全隐患100多处，并及时进行整改，全年无较大事故发生。（徐沙）

统　　计

市统计局局长　王书延

【统计工作概况】　2009年是南阳统计工作开创新局面、推动整体工作上水平的一年，围绕市委、市政府工作大局，突出“统计数据质量、服务经济发展、大型普查调查”三个工作重点，以提升特殊时期统计服务能力为目标，以提高数据质量为中心，以强化基层建设为保障，以深化统计改革为动力，圆满完成各项工作任务。精神文明建设成效显著，连续15年保持省级文明单位、连续7年保持“全市文明单位建设先进系统”荣誉称号。荣获全国第二次经济普查先进集体，全省统计服务先进集体。获市政府服务农业生产先进单位、全市目标管理先进单位、全市政务信息先进单位。在2009年全市政风行风评议中，统计系统位次由上年的第26位跃升至第11位。

【统计调查与普查】　2009年，全市统计系统始终围绕“提高数据质量、提高统计公信力”这条主线，努力提升数据质量控制能力，建立“数据质量控制工作小组统一组织协调、分管局领导分工负责、相关专业认真抓落实”的数据质量控制工作模式。制订《南阳市主要统计指标数据质量评估监控办法》，不断完善数据联审、“下算一级”和数据质量责任追究通报制度，形成GDP核算评估与专业评估联动机制，确保统计数据的准确性、真实性。一是圆满完成第二次全国经济普查。共登记完成42.9万个法人单位、产业活动单位和个体经营户，平均漏报率和差错率均明显低于国家规定的标准，顺利通过国家和省经济普查数据质量核查验收。二是推进全国第六次人口普查筹备工作。扎实开展各级普查领导机构和工作机构组建、人口普查深入宣传、人口普查城乡划分工作、人口普查综合试点谋划等工作。三是组织实施第二次全国R&D资源清查、城乡划分清查工作，开展农民义务用工意向调查、区域经济发展环境考核评价、产业集聚区发展状况、政府宏观调控政策实施效应调查等专项调查，继续开展县域经济发展评价、中心城区经济社会发展评价、乡镇经济社会发展评价、平安建设群众满意度调查等一系列调查工作，服务各级党委政府、部门和社会公众对统计信息的需求。四是全面完成2008年年报和2009年定报工作，主要数据比较客观、真实地反映全市经济社会发展水平、结构和动态变化，得到市委、市政府和社会各界的认可。

【统计服务】　2009年把做好特殊时期、特殊形势下的统计服务作为一切统计活动的出发点和落脚点，在提升统计服务科学发展能力上狠下功夫，以优质高效统计服务带动统计事业发展。一是创新形式，推出并落实特殊时期统计服务“十大举措”。从2008年11月起，在全省率先启动并坚持重点工业企业生产经营形势快速调查半月报制度，经对全市重点行业260个重点企业跟踪监测，客观反映金融危机冲击下南阳工业运行轨迹。4月专门召开全市统计服务工作会议，推出特殊时期做好全市统计服务工作的十大举措。如主要指标公开通报制度、每月在《南阳日报》公布全市及县（市、区）主要经济指标完成情况、项目进展情况；月度主要指标预报制度、统计服务应急保障和工作奖惩机制等，及时发现和反映经济生活中出现的苗头性、趋势性问题。二是抓住重点，提升统计部门话语权。把统计分析研究作为统计服务工作的重要手段，准确反映经济运行态势，努力做到态势全面反映、问题找准说透、对策有的放矢，使统计局真正成为党政领导分析形势、科学决策的参谋。先后有4篇分析文章被作为全市性重要会议材料印发。积极站在领导角度想问题、谋发展、提建议。年初以政协提案的形式提出《做大做强中心城区经济实力，带动南阳跨越发展》，得到市领导的高度重视，并撰写出4篇相关报告，为市委、市政府出台《加快中心城区发展的意见》提供重要参考。三是积极借力，联合市直部门、重点企业共同做好服务工作。6月份，联合市财政局、发改委、人民银行，召开由市直部门、重点企业共同参与的全市经济形势分析例会，在共同研讨的基础上形成专题报告，被市政府《市长参阅》全文转发。四是继续做优传统产品。全年全局共撰写各类分析研究文章

297篇,组织开展各种重点调查、专项调查近30次,先后有80余篇次被市及市以上党政内部刊物采用,120多篇次在市级以上新闻媒体发表,22篇次获得市级以上奖励,在市委、市政府政务信息工作考评中,统计部门投稿量、采用量均名列前茅。同时资料整理不断出新。结合南阳实际,对《南阳统计月报》进行彻底改版,《南阳统计提要》、《南阳统计年鉴》出版时间较上年提前10天左右。五是不断丰富服务内容。7月份,专门收集编印《年中统计报告:金融危机下的南阳经济发展》,向市领导及全市1000余名人大代表、政协委员发送或邮寄,得到充分肯定。六是积极拓展信息载体。先后和市级主要新闻媒体联合举办纪念建国60周年、经济普查等宣传专栏,并通过政府门户网站公开统计信息,服务社会大众。特别是在1月中旬,在南阳电视台演播大厅举办经济普查暨统计知识电视大奖赛并在南阳电视台多次播出,大大提升统计部门社会影响。

【统计制度方法改革】 全市统计系统围绕经济社会发展的新形势和统计自身发展的需要,积极推进统计制度方法改革。研究制定产业集聚区调查和监测制度,建立能源、服务业统计制度,强化节能降耗、服务业统计监测,进一步完善文化产业统计制度,积极推进物流业统计制度、劳动工资和就业统计制度、批发零售和住宿餐饮业统计制度改革。行政区划代码库和城乡划分代码库的维护以及全市统计调查单位名录库的动态维护和更新稳步推进。

【统计基础建设】 全市统计基础建设进一步加强。一是统计信息化工程建设实现新进展。乡镇和企业联网直报工作顺利推进,市统计局投入19万元,对市到县13条SDH线路统一出资租用,与新联通公司合作投入7万元新购4000用户VPN1台,保证市、县网络的畅通和统一数据采集处理平台的运行平稳,县乡联网直报覆盖率达到100%。市局中心机房及100多台终端计算机投入18.5万元进行防雷改造,在中心机房加装自动消防系统。视频会议系统投入使用;网站管理更加规范,建立网页定期考核评比机制,确保网站群的运营维护。网络运行更加安全、高效,市局投资26.5万元,购置入侵检测、宏观数据库操作系统软件及服务器,在全市统计系统统一部署VRV防病毒监控系统和网络安全管理系统,加大对内、外网系统的安全监测和维护。二是部门统计工作进一步加强。全市建立"部门统计联席办公会议制度",召开部门统计工作会议,加强对部门统计工作的有效指导,明确部门统计的职责、管理渠道、组织领导、信息化建设等具体工作。建立部门统计数据报告制度,初步理顺部门资料上报渠道,搭建部门间统计信息共享机制。三是规范化建设稳步推进。完善各专业统计业务规范化建设实施方案、考核标准和考核办法,建立上下对口、衔接配套、相辅相成的规范化建设保障措施,规范有序的统计生产流程得到进一步巩固。努力推进统计业务规范化向基层延伸,起草、修订乡镇、企业和部门统计工作规范化标准(方案)。

【统计法制建设】 全市共对464个统计调查单位进行执法检查,发现87个存在不同程度的统计违法行为,立案查处统计违法案件75起,执结75起,有力保障正常的统计工作秩序。在全省统计巡查中,南阳主要统计指标数据质量、大型普查、推进依法统计、政风行风建设等方面得到省局巡查组的充分肯定。(杨光　马彦彬　安红波)

国情市情调查

国家统计局南阳调查队队长　潘书林

【国情市情调查概况】 2009年,南阳调查队以科学发展观为统领,不断提高服务科学发展的能力和调查事业科学发展的能力。调查队多次深入县市区、企业、样本点进行监督检查,确保基层调查数据的真实可靠,调查掌握农业、工业、服务业、食品价格等方面情况。全年撰写南阳各类调查信息资料959篇条,畜禽养殖大户,走访率达到55%,样本户回访率达90%以上。

【调查工作】 南阳调查队认真开展国情市情调查监测工作,及时准确反映全市经济运行情况。(一)农业监测。坚持走访主要畜禽监测养殖大户,走访率达到55%。对小麦苗情及管理情况、产粮大县的夏收粮油生产动态情况开展跟踪调研;对秋粮播种面积情况、8月份受灾秋粮倒伏情况和秋粮生产形势开展专题调研。(二)工业监测。多次深入企业解决上报过程中的实际问题,及时回访样本户,上半年样本回访率达90%以上。维护样本的稳定并按制度轮换样本,做好企业景气联网直报试点和采购经理系统新增样本点工作。(三)服务业监测。按总队要求建立部分服务业专业调查电子台帐,制定加强数据管理工作的具体措施,受省调查总队服务业处委托完成金融危机对南阳计算机服务业的影响、国家粮食购销企业夏粮收购中面临的问题等服务业专项调查工作。(四)食品价格调查。主要食品价格调查人员每月10日深入集贸市场,对食品价格进行实地调查。(五)专项调查。按总队要求完成公众对城市环境满意度调查、公众对气象服务满意率调查、河南省国有企业反腐倡廉民意调查、河南省城市公共文明指数调查、2009年组织工作满意度调查和2009年党风廉政建设民意调查等工作任务。11月,南阳调查队借鉴外市队先进经验并结合本地实际,为更好的服务民生、反映民意,注册成立"南阳市国统调查咨询服务中心"。

【调查服务】 全队共撰写调查资料478篇,政务信息189篇,其他信息292篇,合计959篇条。国家局内网采用调查资料28篇条,政务信息6篇条,中办国办和国家局采用10篇条;省委、省政府刊物采用33篇条。特别是《金融危机影响下河南农村经济发展中存在的主要问题》一文被国务院发展研究中心主办的《经济要参》采用。

【调查数据质量建设】 全队按照国家统计局报表制度要求,坚持数据质量第一,强化基础,完善措施,严格审查,保质保量的完成国家、省按各种报表制度下达的调查任务和专项调查任务。7月中旬全面完成调查数据质量及基层基础工作检查。南阳调查队在强化调查基础建设上,下发《调查工作业务基础工作规范化方案》、《南阳调查系统数据质量审核控制办法》和《国家统计局南阳调查队数据质量问题责任追究的决定》,成立数据质量审核机构,明确调查数据质量和基础工作要求。把强化检查与指导作为提高调查数据质量的重要方法,队班子成员多次深入县、企业、样本点进行监督检查,确保基层调查数据的真实可靠,调查了解掌握具体情况,帮助解决工作中遇到的具体困难及问题。特别是变事后检查为事前监督,强化调查管理,夯实基层基础工作,从源头上保证数据质量。以出台的《统计违法违纪行为处分规定》为契机,加大宣传和执法力度,坚决查处统计调查过程中的违法违纪行为,使调查工作逐步走上规范化、制度化、法制化,做到坚持依法独立调查、独立上报,确保调查数据质量。(赵春风)

审 计 监 督

市审计局局长　杨鸣哲

【审计监督概况】 2009年,全市审计机关共完成审计单位826个,查出违规金额57亿元,应上缴财政3.1亿元,已上缴财政1.8亿元,应归还原渠道资金8497万元,已归还原渠道资金8449万元,向各级党委、政府和上级审计机关提交宏观报告和信息629篇,被批转采用373篇。市局配合市纪委等有关部门开展"小金库"检查86个单位,查出违规金额11.4亿元;向有关部门移交案件线索2件,公告审计结果4篇。市局再次被中央文明委命名为全国文明单位,桐柏、新野县审计局省级文明单位到届重新申报获得成功,全市审计系统连续19年保持文明系统荣誉。

【市本级预算执行情况审计】 完成财政预决算审计,查出违规金额14亿元,上缴财政2.5亿元,归还原渠道资金7529万元,调账处理金额9.8亿元,进一步规范财政资金管理。市局向市政府、市人大提交的2008年度市本级财政预算执行和其他财政收支情况的审计结果报告、审计工作报告受到充分肯定。

【专项资金审计】 围绕服务民生民利和市委、市政府确定的10件实事,全市审计机关组织开展农村饮水安全专项资金、城镇低保资金、尾矿库安全治理专项资金、南水北调移民资金、国外贷援款资金等22项专项资金使用情况审计调查,查出违规金额2.1亿元,上缴财政89万元,归还原渠道资金5635万元。市局完成对农业综合开发项目资金和特大抗旱专项资金审计情况的报告。对全市农村饮水安全工程项目审计发现的问题,在《南阳政务通报》上予以通报,要求有关单位对审计发现的问题认真整改,促进惠民政策落实。

【企业审计】 围绕确保国有企业资产安全,市局开展对全市30个中小企业国际金融危机对资产安全产生影响情况审计调查,揭示中小企业面临的安全隐患,提出应对危机、增强中小企业抵御风险能力的建议,促进中小企业抓住机遇升级转型、健康发展。开展对烟草行业审计,查出违规金额2100万元。开展南纺公司企业改革成本和南阳天泰水泥公司、金冠集团等企业改制职工安置费审核,审减费用12626万元,产生良好的经济效益和社会效益。

【重点项目审计】 围绕重点建设项目资金使用情况,组织开展对市张衡东路建设项目、城市中小学改扩建项目、镇平赵湾水库除险加固工程项目、河南省对口支援江油市恢复重建项目审计,重点检查工程项目资金运用、项目招投标与工程管理等方面存在的问题,查出违规金额5919万元,其中市张衡东路建设项目审减造价3532万元,为政府节约大量资金,受到市政府领导充分肯定。

【经济责任审计】 坚持"积极稳妥、量力而行、提高质量、防范风险"的原则,继续巩固提高县级以下党政领导干部和国有及国有控股企业领导人员的经济责任审计,全面推进县处级党政领导干部的经济责任审计,积极推动部门单位经济责任审计,强化对领导干部的经常性监督。全市审计机关开展领导干部经济责任审计218名,其中县处级38名,乡科级180名,查出违规金额1.4亿元,管理不规范金额1365万元,对加强各级领导干部管理起到积极作用。

【审计法制建设】 全市审计机关进一步加强审计法制建设。一是抓规范执法。认真贯彻《审计机关审计项目质量控制办法(试行)》等规定,严格落实审计质量过错责任追究制,坚持实行五级复核,积极推进"四规范"、"四公开"措施。开展"五个一"和审计档案检查评比活动,规范审计人员的审计行为,切实做到依法审计,规范审计,公正审计,廉洁审计,文明审计,在省审计厅组织的审计执法检查中予以充分肯定。二是抓审计整改。6月,市局按照党组统一部署,由分管局领导带队,组成6个检查组,对市财政局、地税局等有关部门和县级财政2008年度落实审计决定情况进行检查,有力地推进审计决定和整改建议的有效落实。三是抓案件线索移交。制订《南阳审计工作移送暂行规定》,注重审计发现移交案件线索,并跟踪督促落实。全年发现案件线索2件,均已移交市纪委处理。全市审计机关没有因审计责任出现行政复议、行政诉讼和政府裁决事项,审计质量得到新的提高。市局对社旗县政府财政决算审计项目被省审计厅评为精品审计项目,被审计署评为全国优秀审计项目,对全市人口和计划生育经费管理使用情况及农村中小学校舍维修改造资金审计受到省审计厅通报表彰。

【审计队伍建设】 按照"政治合格、业务过硬、作风优良、纪律严明、团结和谐、监督有力"的要求,提高广大审计人员的审计能力,抓好审计队伍建设。开展学习实践科学发展观活动、"讲党性修养、树良好作风、促科学发展"教育活动、"讲党性、重品行、作表率"活动和学习焦裕禄活动,进一步增强政治责任感和工作使命感;二是开展学习《中华人民共和国审计法》、《财政违法行为处罚处分条例》等有关法律法规活动,组织参加南京审计学院成人教育专升本函授学习。三是开展计算机AO与OA交互演示竞赛活动,积极参加计算机AO认证考试,促使审计人员学习掌握新知识、新理论、新方法,扩展知识面,并在审计工作中加以运用,计算机辅助审计达到计划审计项目的60%以上,使广大审计人员的审计能力和服务发展、服务大局、服务群众的能力不断提高。

【审计宣传与理论研究】 全市审计信息宣传成效明显。据不完全统计,全年全市审计机关提供的宣传稿件被《中国审计报》采用22篇,被《南阳日报》采用48篇,被其他新闻媒体采用69篇。市局共组织编发《南阳审计信息》51期,被市委、市政府和省审计厅采用30篇。审计科研工作成绩突出,市局和邓州、桐柏、方城、唐河、新野、镇平、宛城等县市区审计局撰写的科研论文获得省审计厅优秀审计科研成果一等奖1篇、二等奖2篇、三等奖4篇、优秀奖3篇。市局被省审计厅评为审计科研工作优秀组织奖。(刘彦忠)

工商行政管理

市工商行政管理局局长　杜耀先

【工商行政概况】　2009年，面对严峻的金融危机，全市工商系统继续巩固、深化"联千企结万户、促服务正行风"活动，创新措施扩内需，营造环境保增长，有力推进"兴企强市"、"兴农富民"两大工程。全市新发展企业3269个，年检企业2236个，新登记农民专业合作社664个，新发展农村经纪人625人，帮助5492名农民工实现创业就业，为实现全市经济企业稳定回升做出积极贡献。市局机关继续保持省级文明单位称号，被省工商局评为"全省工商系统政风行风建设优秀单位"，被市委、市政府评为"民主评议政风行风优秀单位"、"全市招商引资工作优秀服务单位"、"政府法制工作先进单位"等。

【新建办公楼启用】　2009年11月12日上午，市工商局举行新办公大楼正式启用仪式。新办公楼坐落在市张衡东路296号，占地1.87公顷，为9层框架结构，建筑面积10860平方米。该楼于2007年元月奠基开工，经过两年多时间竣工并正式启用。

【服务全市经济发展】　一是不折不扣地落实战危机保增长各项优惠政策。采取放宽前置审批、放宽名称核准、放宽经营场所登记条件等措施，营造更加宽松准入环境。全市新发展各类企业3269个，其中内资企业884个、私营企业2374个、外资企业11个。二是服务政府重点项目建设。积极寻找在符合法律法规前提下特事特办的路径，为南阳国际保税物流中心、市政府融资平台建设、南阳光电产业、核电前期筹备、农运会资源开发等政府重点项目提供优质高效的市场准入服务。三是开展争创"优质服务窗口"活动。继续在各级行政审批服务中心工商窗口设置AB岗，完善双休日正常办理企业请办事项制度。止年底，全市共有8个工商窗口被省优化办评为"优质服务窗口"。

【开展"企业服务年"活动】　全市工商管理系统扎实推进"企业服务年"活动取得显著成效。以"联千企结万户、促服务正行风"活动为载体，采取"送检助企、护标强企、打假保企、融资活企"等4项措施，积极搭建支持服务企业发展的互动平台。全系统共为2236个企业提供优质高效年检服务；指导帮助8个企业新认定河南省著名商标，10个企业重新认定河南省著名商标，指导企业办理商标专用权许可21件、注册商标转让34件、商标续展61件，全市新申请注册商标223件(其中涉农商标85件)；共受理企业维权诉求67件，先后开展"蒙牛"、"五粮液"、"三维白乳胶"等打假治劣专项执法行动86次，查处侵犯企业合法权益行为187起，为企业挽回经济损失940余万元。市工商局与市中小企业管理局建立融资企业登记会商制度，认真研究国家及河南省有关小额贷款公司和投资担保公司的设立办法和程序，全市小额贷款公司和投资担保公司由去年的1个发展到今年底的34个。通过办理股权出质登记，帮助河南华祥光学集团等58个企业融资近3亿元；通过办理动产抵押登记，为企业融资8亿多元。

【服务"三农"发展经济】　市工商业管理部门全力服务"三农"工作，为全市农村经济发展创造宽松环境。一是开展"农民工服务月"活动。市工商局研究出台《关于支持返乡农民工创业就业的若干意见》，为农民工创业就业提供11条优惠政策，在各级登记注册窗口设立农民工创业"绿色通道"，提供快捷优质服务。扎实推进"一带四重点帮扶工程"，投资研发"南阳市工商局帮扶农民工就业创业信息管理系统"，主动为农民工、企业提供就业、用工供需信息。单独或会同有关部门联系辖区企业举办"农民工就业洽谈会"20余场。全系统共帮助5492名农民工实现创业就业。二是发展农村经济组织和特色农业。新登记农民专业合作社664个，同比增长89.7%，是市政府确定发展目标的2.2倍，全市农民专业合作社总量达到1024个，成员11293人。新发展农村经纪人625人，经纪人总量达到8700人；共鉴证、备案涉农订单合同7.8万余份，金额1.93亿元。三是支持商业企业下乡进村。开展放心农资下乡进村活动，支持南阳市惠农达农资集团有限公司在乡镇、农村建立农资连锁店和农资配送中心，实行连锁式经营。支持五菱汽车经销商——南阳第一机电有限公司在各县、市设立分公司，解决农民买车难问题；积极支持市供销社改革,成立新合作万客来商贸连锁有限公司,在全市设立乡村便民店200余个。

【食品安全监督管理】 开展元旦和春节食品专项整治、夏季食品专项整治、校园周边食品专项整治、十一和仲秋节日市场专项整治、打击违法添加和滥用食品添加剂等多项执法整治活动,抽样送检商品共计8大类20余个品种,利用快速检测设备检测食品3352组。全市工商系统共取缔食品无照经营406户,捣毁制假窝点6个,查处案件339起,销毁不合格食品和假冒伪劣食品79234公斤。继续深化食品安全信息化建设,在上年推行"一票通"的基础上,积极推行商品质量和食品安全查询系统。联合联通公司,在全市各大超市推行商品质量和食品安全信息触摸屏查询系统,全市共有2041个食品供货商和76022种食品扫描进入食品安全信息数据库,实现电子备案。督促各大商场、超市、食品零售商积极接入VPN专网,实现食品终端查询。全市大型商场、超市基本安装触摸查询系统,部分中小食品经营户安装成本较低、操作简便易行的电话机备案查询"放心通"系统。

【重要商品市场监督管理】 (一)农资市场监管。以查处制售假冒伪劣农资为重点,集中组织开展"打假冒保春耕、保三夏、保秋冬种"专项行动。共检查农资经营单位4100户,查处农资案件422起,取缔农资无照经营123户,查扣涉嫌假劣化肥5.06万公斤、农药598公斤、种子1320公斤,为农民挽回经济损失85万余元。(二)粮食市场监管。落实《粮食流通管理条例》,进一步增强深化粮食流通体制改革、加强粮食市场监管工作的责任感,依法履行职责,管住管好粮食市场,确保粮食市场放而不乱、活而有序。严格执行粮食收购市场准入制度,加强监管执法,打击无证经营、掺杂使假等违章违法行为,维护公平交易秩序。共查处粮食案件46起,罚款6.38万元。(三)棉花市场监管。进一步加强对棉花收购、加工活动进行监督管理,组织执法力量对重点地区进行针对性的专项检查。对93个棉花加工企业资格进行复查,其中合格81个,不合格12个;对未经资质认证,擅自从事棉花加工的企业和个人予以取缔;对掺杂使假,以次充好的违法违规行为进行查处,共查办棉花案件19起,罚款8.7万元。(四)成品油市场监管。严把市场准入关、强化"经济户口"管理、强化日常巡查、强化部门协作,规范成品油市场经营秩序,确保"三夏"油品市场供给与安全。全年共检查成品油经营企业、加油站(点)662户,取缔无照经营21户,查处各类成品油案件182件,罚款90.12万元。全系统还认真开展汽车市场监管、卷烟市场"百日整治"、节日市场专项整治等工作,配合有关部门,开展春运、消防安全大检查、交通秩序、生猪产品、禽类产品、烟花爆竹等多次专项整治行动。

【公平交易执法】 全市工商系统共办理各类案件12133起,罚没金额1771万余元。一是商标专用权保护力度进一步加大。切实加强驰名、著名商标的保护力度,严厉打击商标侵权、假冒行为。共立案查处商标侵权案件157起,查扣侵权商品外包装7.8万套(件)。二是开展虚假违法广告专项治理。坚持和完善广告监管联席会议制度,健全联动工作机制,把关系人民群众身心健康的药品、保健食品、化妆品、医疗、美容服务和危害未成年人身心健康的涉性低俗不良广告作为整治重点,加强广告监测,加大违法广告查处力度。共监测媒体发布各类广告16300条,给予行政告诫、责令整改470条、责令停止发布310条,收缴违法违规印刷品23万余份,立案查处违法广告案件234起。三是治理商业贿赂和反不正当竞争执法工作实现新突破。全市工商系统共办理商业贿赂案件7起,反不正当竞争案件6起,案件数量和案值同比均有较大提高。四是严厉打击非法传销。市工商局先后3次向市政府呈报《关于南阳市打击传销工作的紧急报告》,及时做好工作汇报、提出合理化建议。积极参与市政府统一组织的"打击传销百日执法行动",有力打击传销行为。全市共打掉传销窝点365个,遣散传销人员5466人次,解救上当受骗群众36人,移送司法机关15人。五是重拳整治"黑网吧"。落实《互联网上网服务营业场所管理条例》,坚持"先证后照",严把市场准入关。6月1日至9月30日,在全市集中组织开展查处取缔黑网吧专项行动,共取缔黑网吧41户,查扣电脑278台。对查处的黑网吧,采取立案查处、查扣设备、提交法院强制执行、通知通信部门切断接入信号等有力措施,全部予以关停。六是集中开展查处取缔无照经营工作。根据省工商局统一部署,自8月25日至12月6日在全市范围组织开展查处取缔无照经营百日专项行动,共引导办理营业执照1868户,取缔无照经营2269户。

【内资企业登记管理】 全系统继续加强内资企业登记管理工作。一是放宽准入门槛。进一步放宽企业登记前置审批、经营场所登记和企业名称核准等条件,凡是法律、法规无明文规定的一律不作为企业设立时的前置审批条件，积极支持企业冠省名。全年共支持企业核省名32个，办理冠省名企业8个。累计登记内资企业24270个。二是服务国有企业改制。市改制企业的重点是中央驻宛企业，全市工商系统积极为国有集体企业改制开辟绿色通道并提供延时、预约服务，全年共登记改制企业11个。三是做好年检工作。进一步加强对经营范围中有前置审批项目的审查，对提交不出有效前置审批许可的，年检不予通过，并依法要求其变更经营项目；对前置审批手续超过有效期的，责令其提交新的审批手续。全年共对提供不出有效前置审批许可的24个企业进行变更，为2个企业办理注销手续。开展创优服务，免费在南阳主流媒体发布公告，提醒全市企业及时到工商部门办理年检手续，宣传年检政策，告知企业年检须提交材料，并根据实际情况承诺能当场办结的实行当场办结制度，进一步提高行政效能，为企业节省时间。在年检中，对年检需要提交材料提出能减则减、能免则免的指导思路，把年检作为服务企业的载体抓紧抓好。对省局确定的10个重点企业、市政府公布的重点服务企业实行送检上门。先后对12个企业实行上门年检，现场办公。对分支机构多的连锁企业、金融、保险企业实行预约集中年检。大大提高年检效率，受到企业好评。全市共年检企业19624个，占登记企业总数的90%。四是开展各项专项整治工作。开展违法排污企业保障群众健康环保专项行动，共查处无照经营企业2个，清理整顿污染企业14个，为3个企业办理变更登记手续。配合市安委会开展危险普查和安全生产专项检查，澄清企业底数，建立清理整顿台帐，对许可手续不全的配合市政府责令其停产整顿，限期补办相关手续，共清理企业236个，其中法人企业58个，分支机构178个。配合政府做好分包县(市)的安全生产督促检查。国庆节前夕，与分包县(市)一起对安全生产工作进行拉网式检查，发现问题及时督促解决，对重大安全隐患提请市安委会挂牌督办，确保国庆节前分包县(市)安全生产零事故。

【外资企业登记管理】 按照国家工商总局和省工商局要求，全市外资企业实行网上年检，网上年检率为86%。至年底，全市全年共登记各类外商投资企业1061户，其中法人企业171户，分支机构990户，投资总额13.97亿美元，注册资本7.87亿美元，其中外方认缴5.14亿美元。

【个体私营经济登记管理】 全市全年共登记个体工商户107344户，从业人员249060人，注册资金209896万元。登记私营企业12921户，投资人数31301人，雇工人数86504人，注册资金1635332万元。登记企业集团公司12个，注册资金51762万元。

【消费维权】 市工商局与移动、联通、自来水公司、燃气公司等企业建立联络协作制度，企业安排专职人员及时处理相关消费投诉，形成快捷高效的投诉处理机制，维权合力明显增强。“一会两站”建设不断加强，“五进”工作深入推进，逐步形成以市局12315中心为龙头、县(市、区)12315中心为主干、工商所和基层联络站为支线的上下互动、内通外联的消费维权网络。全年共在媒体发布消费警示、提示19次，共受理消费申诉、投诉17165起，为消费者挽回经济损失380余万元。8月，市工商局及时叫停市酒店行业商会130余个会员单位“谢绝顾客自带酒水”、对自带酒水者加收开瓶费的霸王条款行为，受到消费者的一致好评。(陈向北 邓玉顺)

物 价 管 理

市物价局局长 常秀梅

【物价指数】 全年居民消费价格比总水平上年下降0.4%，其中，食品类价格上涨0.3%，居住类价格下降8%；城市下降0.5%，农村下降0.3%；商品零售价格下降0.7%，农业生产资料价格上涨1.4%。

【价格管理】 市物价局积极疏导和化解价格矛盾，为全市经济健康协调和可持续发展创造良好的价格环境。一是做好成品油价格管理工作。2009年，国家先后八次调整成品油价格，3次降低、5次提高。认真组织落实，跟踪监管，并密切关注成品油价格调整后对全市公路客运、农村道路客运、城市出租车造成的影响，保障国家政策顺利贯彻实施。二是做好燃气价格管理工作。对宛城区东风燃化厂煤制气供应成本进行测算,报经市政府同意,就宛城区东风燃化厂煤制气出厂价格及停炉养炉费给予明确。三是落实国家小麦最低收购价政策,密切掌握收购动态,及时向上反映实情,落实国家的惠农政策,督导小麦收购工作。四是继续做好药品价格管理工作。组织各医疗机构和药品生产销售企业及时进行调整,并对医疗机构、药品经销单位的政策执行情况进行抽查和跟踪检查。对6个医院76种自制药品进行审核,制定零售价格。五是加强房地产价格和物业服务收费管理。继续开展经济适用住房审价工作,对《物业服务收费管理实施办法》进行修订。六是加强景点门票价格的管理。制定《南阳市游览参观点门票价格管理目录》,对现行价格偏低的南召五朵山、西峡老君洞等6个景区门票价格进行适度调整。七是对南阳市中心城区房屋拆迁货币补偿及房屋附属设施补偿标准进行测算并报市政府,于6月对南阳中心城区房屋拆迁货币补偿及房屋附属设施补偿标准进行调整。八是加强生活垃圾处理费管理工作。根据《河南省城市生活垃圾处理管理办法》的有关规定,结合南阳实际,报经市政府同意,于6月5日对南阳城区部分生活垃圾处理费征收标准进行调整。

【价格监督检查】 按照国家和省统一安排,物价部门在市场监管方面主要抓住"保增长、稳秩序、安民生、畅诉求",采取多项措施加大价格监督检查力度,使得全市价格秩序得到明显改善。一是保增长,做好增收和减负两篇文章,优化经济增长的价格环境。开展农资价格、粮食收购价格和涉农收费专项检查,维护农资价格稳定,减轻农民不合理负担,维护农民的切身利益;组织开展涉企收费检查,大力整治涉企收费秩序,为企业发展创造宽松的环境。在5月至11月份开展的全市涉企收费专项检查中,查处各类涉及企业乱收费案件72起,为企业减轻负担1200余万元。二是稳秩序,着力维护市场公平竞争秩序。严厉打击不正当价格行为。有针对性地对重点行业进行市场价格专项检查,严厉打击价格欺诈、压级压价、行业自律价等不正当价格行为,营造良好的市场消费环境。加强节假日市场价格监管,充分运用提醒告诫的手段,在五一、十一、春节前召开价格政策提醒告诫会,加强市场巡查,引导经营者加强价格自律,营造良好的节假日市场氛围。三是安民生,着力加强民生价格收费监管。开展教育收费、药品及医疗服务价格、经济适用住房价格等专项检查,努力维护市场价格的基本稳定,为人民群众幸福安定的生活提供坚强保障,促进社会和谐进步。四是畅诉求,着力畅通价格利益诉求渠道。切实落实价格举报工作责任,加强重点案件跟踪督办,做到群众投诉件件有落实、事事有回音。一年来,市价格举报中心共接受群众举报267起,构成立案61起,查处61起,其中省批转1件,移交县级查办23件,退还群众0.45万元,罚款1.85万元,反馈率达到100%。

【价格服务】 市物价部门全面深化价格服务,切实服务好基层、企业和广大人民群众。一是深入开展"价格服务进企业"活动。建立涉企收费登记制度,抽调业务骨干人员成立"企业服务办公室",承担服务企业相关工作。设立热线电话,24小时为企业开通。把市政府确定的100个企业作为对口服务的重点单位,市县两级物价部门联动,建立长期联系制度,主动上门服务,深入企业调查了解交费情况、详细掌握各项行政事业性收费减免政策、价格优惠政策落实情况、企业在生产经营中遇到的价格和收费问题以及对价格工作的意见建议。二是做好广播电台"行风热线"工作。对"行风热线"反映的具体问题,能现场解答解决的,现场解答解决;现场不能解答解决的,限时解决,并将处理情况按时、按要求进行反馈。三是加强行政审批服务大厅工作。选派业务骨干到行政服务大厅窗口工作,所有行政审批事项一律由行政审批服务大厅受理,杜绝"两头"跑、"两头"办理的问题。

【价格调节基金】 市物价部门继续加大价格调节基金的征收力度和宣传力度,积极协调代征单位与被征单位之间的关系,在完善基金征收手续、加强宣传的基础上,选择部分行业或领域进行重点突破,逐步延展征收范围。全年市本级共征收调节基金近400万元。同时,还对对三色鸽绿色食品加工销售中心、红泥湾农贸市场、光武兴达农贸市场等单位使用价格调节基金情况进行跟踪问效。

【价格认证】 贯彻《河南省赃物罚没物管理条例》,严格执行价格鉴证师签字生效制度。以服务司法、服务社会、服务政府、服务系统为导向,全年共接受价格鉴证60起,标的额2000余万元,车物定损334宗,标的额264万元,及时为司法机关和行政执法机关依法办案提供服务和证据支持,为解决价格矛盾纠纷,维护当事人的合法权益发挥了积极作用。

【价格信息监测】 落实《价格监测规定》,及时完成对"重要消费品和服务价格"、"重要能源价格"等项监测报告制度400多个品种规格组织、监测和落实工作，做好“双节”以及“五一”、“十一”期间价格监测分析上报工作，及时关注市场动态，为各级政府实施宏观调控和价格决策提供可靠的第一手资料。

【价格成本】 组织实施新的农产品成本核算指标体系，完成工农业产品常规调查和直报调查工作。按照国家和省有关成本监审工作要求，完成市2所高校7个企业11个品种(规格)的定期监审上报工作，对主要农产品、副食品、农业生产资料3大类62种商品价格进行成本监测分析。对新野县、镇平县及市直5所医院自治药品、宛城区东风燃化厂煤制气成本、内乡县医院床位费、管道混合气、中凯物业服务、方城县自来水、西峡灌河漂流等景点价格共29个成本项目进行审核，原报成本总额达62407.15万元，核减不合理费用10721.59万元，核减率17.18%，为定调价提供科学依据，保证调定价(审价)工作的顺利开展。(张振强　刘云)

国土资源管理

市国土资源局局长　包建铎

【国土资源管理概况】 2009年，南阳市国土资源管理工作以构建保障科学发展新机制为主线，以落实“两保一高”为总体要求，按照围绕发展抓工作，发挥职能搞服务，改革创新求实效，严管厚爱带队伍的工作思路，狠抓资源保护，积极保障社会发展，不断创新管理机制和工作措施。全市耕地保有量持续稳定在99.41万公顷，基本农田保护面积连续保持在86.41万公顷，超额完成省厅和市政府下达的考核指标，连续11年实现耕地占补平衡。2007年以前下达的国家投资土地开发整理项目全部竣工并通过验收。全年共盘活存量建设用地578公顷，完成省定指标的160.58%，新建标准厂房80万平方米，完成省定指标的187%，保障性住房用地供应40.237公顷。全年共上报建设用地95个批次308个项目1684.62公顷(25269.32亩)，国家、省、市重点项目用地得到有效保障。土地利用总体规划修编工作进展顺利，已通过国土资源部审查，上报国务院待批。第二次土地调查稳步推进，工作进度和质量在全省处于领先位次。集体所有权发证率96.5%，集体建设用地使用权发证率86.1%。矿产资源勘查开发秩序进一步规范，规模化、集约化程度不断提高。勘查和采矿许可证持证率100%，辖区内甲类矿山储量动态检测率100%。各类国土资源违法案件大幅度减少，结案率达100%，年度违法占用耕地占新增建设占用耕地面积比例小于9%。多年来高位运行的信访工作得到扭转。省厅批转、交办信访事项办结率100%，本级年度信访事项办结案件群众满意率达85%以上。市本级及地质灾害易发县(市、区)《地质灾害防治规划》和《矿山地质环境保护与治理规划》全部编制完成，地质灾害群测群防网络健全，预警预报及时有效。圆满完成年度各项规费征收任务，各项财政资金使用规范，无违反财政纪律现象发生。依法行政工作进一步加强和提高，基层国土资源所规范化建设达标率75%，超过省定指标15个百分点。党风廉政建设责任制得到贯彻落实。纪检信访案件办理率100%，结案率95%以上。2009年，南阳市国土资源局被省国土资源厅授予“目标管理先进单位”和“信访稳定工作先进单位”，被河南省人力资源和社会保障厅、河南省测绘局授予“河南省测绘系统先进集体”，被国土资源部授予“国土资源依法行政先进单位”和“双保行动成效显著单位”。

【土地利用】 全市贯彻执行节约集约用地法规政策，积极盘活存量土地，大力推广标准厂房建设。全年新建设标准厂房80万平方米，盘活存量建设用地578公顷。巩固整治成果，有效遏制粘土砖瓦窑反弹。全年累计拆除新建复建砖瓦窑122座，复垦土地253公顷。稳妥推进集体建设用地使用权流转工作。提请市政府下发《南阳市农民集体所有建设用地使用权流转管理暂行意见》，邓州、新野被确定为全省集体建设用地流转试点。建立建设项目复核验收制度。提请市政府下发《关于严格土地登记规范建设用地管理的意见》，遏制批而不用、闲置浪费、随意改变用途等违法违规现象。加强中心城区土地的调控力度。提请市委、市政府成立由市委书记任主任、市长任常务副主任的市土地储备管理委员会，21个相关单位共同参与、协同做好土地储备工作，出台《南阳市中心城区土地储备实施办法》，初步构建“大储备”工作格局。提请市委、市政府成立由市长任组长,纪委书记、政法委书记及人大、政府、政协有关领导为副组长的南阳市闲置国有土地处置工作领导小组,出台《南阳市闲置国有土地处置办法》等规范性文件,确保中心城区土地供应“一个池子蓄水、一个龙头放水”,实现土地节约集约高效利用。进一步完善规范国有土地市场建设,有计划、有步骤地调控土地供应的数量和规模。2009年全市累计出让土地253宗、874.06公顷,成交价款27.656亿元。

【耕地保护】 市、县、乡政府和村、组、农户层层签订耕地保护目标责任书,耕地保护五项制度得到较好落实。扎实推进土地开发整理提速工程。首次将土地开发整理项目列入对县(市、区)政府年度目标考核内容,确保2007年以前下达的国家投资土地开发整理项目全部竣工验收。指导协调邓州、淅川成功申报渠首土地整理重大项目,通过国土资源部、财政部专家审查论证。进一步规范土地综合整治项目管理。建立土地综合整治项目库。入库项目38个、规模64633公顷。邓州市、新野县被确定为全省首批土地综合整治试点,15个村被定为首批试点项目。建立2009年耕地占补平衡项目库,全市入库项目103个、规模4554.67公顷,实施后可新增耕地4219.75公顷。完成补充耕地项目53个,储备补充耕地2262.8公顷,建设项目全部做到先补后占,连续11年实现耕地占补平衡,耕地面积持续稳定在99.41万公顷,基本农田面积持续稳定在86.41万公顷,为全市粮食超100亿斤作出积极贡献。

【建设用地管理】 全市国土资源管理部门积极应对金融危机,按照国土资源部保增长、保红线行动的部署和要求,在做好耕地保护的同时,积极做好用地服务工作。对重点项目开辟用地报批绿色通道,与有关部门共同建立联审联批制度,提前介入,高效运作,跟踪服务,为企业排忧解难。全年全市累计上报各类建设项目用地95个批次308个项目1684.62公顷,南水北调中线一期膨胀土试验段、西气东输二线、日贷沼气、第七届农运会主体育场馆、内邓高速、南阳机场、兵工新城二期、瑞发风电等国家、省、市重点建设项目用地全部得到保证,为南阳经济社会发展提供用地支撑。

【土地利用总体规划修编】 市国土资源管理局按照把南阳市建设成鄂豫陕三省交界的区域性中心城市、全省次中心城市的战略定位,按照粮食核心区和中部交通枢纽,服务文化旅游产业、国家新能源产业等支柱产业建设发展的客观要求,保证区域中心城市和产业集聚区10～15年发展的空间。市级土地利用总体规划与城市规划、产业集聚区规划“三个规划”无缝对接的做法,得到济南局的充分肯定,中国国土资源报社对此进行专访。规划期内南阳中心城区预留新增城镇工矿用地指标5200公顷,占全市所有新增城镇工矿用地指标约¼。到2020年按城市人口180万人,人均用地标准92平方米计算,确定到2020年中心城区用地规模为165平方公里,扩展规模为35平方公里。市级规划已于9月10日通过国土资源部审查。11个县(市)的土地利用总体规划于11月底全部经省政府审查批准。乡级规划成果已于11月28日通过省、市、县联合初步审查。

【第二次土地调查】 全市积极开展第二次全国土地调查,按时完成调查任务,建立土地调查数据库,并完成基本农田上图和城镇土地调查工作。在全省地级市中率先组织统一的航空摄影测量,节约飞机调用费用80万元。首家将二次调查工作细化到自然村内部,使第二次土地调查在全市实现真正意义的全覆盖。在全省启动全市统一招标的工作模式,公开选拔优秀作业单位、有效降低调查成本,使全市调查费用大大低于全省平均水平。全市13个县级行政单位的调查成果经市、县两级严格检查,已顺利报全国第二次土地调查办公室,整体工作进度和质量在全省处于先进水平。

【基层国土资源所规范化建设】 基层国土资源所规范化建设得到加强。将基层国土资源所规范化建设纳入对县市区政府、县市区局目标管理,印发《关于进一步加强基层国土资源所规范化建设的意见》,规范基层国土资源所建设标准。全市投入国土资源所基础设施建设资金达5000多万元,新建158个国土资源所,达标率75%,超额完成省定目标任务。

【测绘管理】 全市强化测绘统一监管,深化测绘资质专项治理,规范测绘市场秩序。制订年度注册方案,组织专门机构对辖区测绘资质单位实行百分量化考核,对辖区从事房产测绘的单位进行专项检查。加强对地图编制的管理,完善地图审核制度,严把地图审核关,将展会、户外展示地图监管工作纳入地图巡查中,加强对外国组织和个人来宛测绘活动的监管和涉军测绘工作。建立国土资源、国家安全、公安等部门联动机制,密切关注外国组织或个人来宛测绘活动。完善测绘质量管理体制和机制。重点加强对影响面广、社会反映强烈的重大测绘项目和重大建设工程测绘项目质量的监督检查。市政府下发《南阳市人民政府办公室关于转发南阳市国土资源局等部门整顿和规范地理信息市场秩序工作实施方案的通知》,对全市地理信息市场整治工作进行安排部署。加快"数字南阳"地理空间框架建设。全年积极筹措资金,在河南省测绘工程院的帮助支持下完成全市域2.66万平方公里D级GPS大地控制网建设,并向13个县(市、区)及驻宛部队提供D级GPS成果数据,全市先后有8个县(市、区)建立GPS连续运行基站(CORS)建设。

【矿产资源管理】 全市扎实开展矿产资源勘查开发违法违规行为专项整治行动。在全市范围内部署开展矿产资源勘查开发违法违规行为专项整治行动,重点打击无证采矿、越界开采、以采代探等矿业违法行为。共查处取缔无证采矿77起、越界开采3个、违法勘查9个,拆除、查扣、没收非法采矿设备137台(套),没收爆破物品百余公斤,移送司法机关处理19人,检查矿业安全生产制度不健全10个。矿业权管理不断规范。强化采矿权人实地年检,属市国土资源局年检的采矿权人,全部进行实地年检。全年应审查矿山314个,实际参加年检矿山企业314个,年度检查率100%;合格率95.2%,不合格矿山15个;实地检查矿山223个,实地检查率71%。抽检矿山企业35个,抽检率11.1%。在年检中,全市共查处矿山企业违法行为12起,追缴补偿费25万元,采矿权使用费54万元,罚没款1.5万元。大力开展资源整合。钼矿资源整合方案已获省厅批复,资产及采矿权评估完成总量90%以上,7个矿产资源集中的县(市、区)上报整合方案。加强矿山储量动态监督管理。实地测量矿山450多个,完成率100%。编制《南阳市矿产资源整装勘查规划》,争取成为全省整装勘查试点市。南阳市金土矿业开发有7限公司成功注册,为实施整装勘查奠定机制基础。

【地质环境保护】 市国土资源管理部门编制《南阳市2009年度地质灾害防治方案》,建立市地质灾害防治部门工作责任制,明确市直23个相关单位在地质灾害工作中的责任。建立地质灾害防治信息网络。全年排查地质灾害隐患点103个,与气象局、电视台、电信部门联合发布地质灾害预警预报7次,避免因地质灾害造成的人员伤亡事故。西峡县、镇平县被国土资源部批准命名为"地质灾害防治十有县"。探索建立矿山环境保护与治理恢复机制,为矿山环境恢复治理争取主动权。成功申报伏牛山世界地质公园国土资源科普基地,伏牛山世界地质公园规划修编工作进展顺利。

【政务公开】 全市国土资源管理系统认真实行政务公开,坚持依法行政。设立宣传栏、政务公开栏、告示板,将国土资源业务工作的服务指南、工作流程、审批环节、办事时限、收费标准、重要事项、内部重大业务会审结果等进行公示。制定公开目录,发挥政务网站作用,借助报纸和电视新闻媒介加强政务信息公开。行政服务大厅窗口办文实行首问负责制,一次性告知制,封闭运行制,主协办科室责任制、定期会审制、传件签收制等10项工作制度,做到一个窗口对外,一站式办公。同时,强化窗口便民服务意识,实行急办事项双休日正常办理制度。2009年窗口累计受理报件424件,受理预审报件56件,接受咨询服务1643人次,收费122.77万元。市国土资源局窗口办文工作得到市政府行政服务中心和社会各界的好评。认真落实行风建设各项制度。强化对岗位责任制、服务承诺制、限时办结制、首问负责制、失职追究制、效能考评制、一次性告知制等制度的监督检查,对制度落实不到位的单位和个人严格追究责任,切实转变机关作风。市局先后深入镇平、方城、宛城区等县区现场对受理行风案事件进行督办,全年,通过领导交办、行风热线、热线民生、信访投诉、电话接访等渠道,共受理行风案事件76件,纪检信访投诉案件3件,受理率达100%,结案率达100%。

【企业服务年活动】 全市国土资源管理部门进一步优化经济发展环境,积极开展服务企业年活动。市国土资源局成立优化经济发展环境工作领导小组,开辟重点项目服务"绿色通道",确保重点项目顺利开工建设,营造良好的用地环境。建立快速反应机制,对上级批办的涉企"四乱"案件或企业用地环境治理问题,坚决做到严查快办,为企业发展创造良好的外部环境。强化服务意识,改进服务方式,提高服务质量,对用地审批、土地采矿权审批等事项,实行预审、会审,建立公开、透明、高效的国土资源审批制度,优质高效服务企业发展,保障"发动机"项目、"8511"项目和一大批重点项目的开工建设,被国土资源部评为"双保行动成效显著单位"。

【国土资源执法监察】 市局出台《南阳市国土资源执法监察动态巡查办法》、《南阳市国土资源行政执法及错案责任追究办法》、

《南阳市国土资源局关于国土资源破坏程度及鉴定的通知》等规范性文件，健全规范国土资源违法案件巡查、处理、报告、备案、督办及违法案件移送等工作制度。探索建立联合办案机制。桐柏、淅川、新野、宛城等4县区组建国土资源警察保卫大队。全市聘任村级国土资源协管员4404人。全面开展集中整治违法违规用地活动。全市共清理国土资源违法案件114宗，已全部结案。违法占用耕地占新增建设占用耕地的比例控制在9%以内，土地违法违规案件宗数和面积分别比2008年下降24.82%、31.39%。2009年，市国土资源局被市政府授予“法制工作先进单位”，被国土资源部授予“国土资源依法行政先进单位”。（宋伟　许喜发）

质量技术监督

【质量技术监督概况】　2009年全市质量技术监督部门，围绕“服务、发展、和谐、建设”八字要求和“质量和安全年”、“企业服务年”、“素质提升年”三大主题，发展势头良好，工作取得新进步，事业发展跃上新台阶，全面完成省局和市政府下达的目标任务。市局荣获全省系统“目标管理”、“党风廉政建设”、“精神文明创建”优秀单位和市“五一劳动奖状”荣誉称号；被市委市政府评为“民主评议政风行风优秀单位”、“优化经济发展环境先进单位”；内乡县和镇平县质监局获“省级文明单位”称号，全市质监系统“省级文明单位”达到7个。镇平县局和桐柏县局稽查队被评为“全省质监系统群众满意基层站所”，市局荣获全省“质量和安全年”优秀单位。

【质量兴市战略】　全市质检部门围绕质量兴市战略，设立质量奖，纳入市、县两级财政预算450万元为奖励费用。全年获省优质产品20个，创历史新高。一是质量监督工作有效性有新提高。产品抽检合格率达93.8%，较上年提高2.5个百分点。二是标准化战略取得新成绩。西峡弥猴桃、山茱萸，方城丹参，唐河桅子入选河南省最具影响力地理标志产品。公共信息图形符号标准化工作在市“六创一迎”中凸显作用。创新探索的《农业事业合作社标准化模式的调研报告》引起省市局高度重视。三是计量工作围绕民生和节能降耗，受到广大企业和社会的广泛好评。

【食品安全】　食品安全工作成效显著。食品抽检合格率达到92.1%，较上年提高3.8个百分点。在彻查问题乳粉专项整治行动中，重新启动驻厂监管和零报告制度措施。

【特种设备安全监察】　开展专项整治、安全大检查和安全技术检验，严把特种设备市场准入关，在隐患治理、重点监控、动态监管、应急反应、技术服务等方面都取得新成效，开展贯彻《特种设备安全监察条例》的宣传和安全知识“进企业、进社区、进校园”活动。

【服务企业】　一是发挥职能作用和技术优势。联合全市9个国家专标委、分技术委员会（工作组），举办标准化技术委员会年会或标准化战略论坛，助推骨干企业标准技术水平提升；帮助开展能源计量培训，推进节能降耗。二是出台扶持中小企业发展的10条措施，构建服务企业长效工作机制。三是开通行政审批服务绿色通道，提高行政效能。市局多年来重点服务河南油田的典型做法连续被《经济日报》、《河南日报》和《中国石化报》重点刊载，市局被评为河南省“优质服务窗口单位”。

【技术机构建设】　市、县两级技术机构总投入492万元，占全年总收入的14.6%，完善和新上质检、计量标准项目466项，新增检测设备181台套，新建、改造实验室面积360平方米，县级技术机构装备总值超过100万元的已达到8个。市检测中心投入近100万元，承检能力比去年提高29.2%。市纤检所投入195万元扩建HVI实验室。市锅检所更新和增添检验设备价值100余万元，顺利通过国家资质换证评审，检测能力已接近省锅检院的水平，检测业务成功中标赤道几内亚，首次走出国门。桐柏天然碱化工产品、新野棉纺产品、市珠宝玉器3个省级检测站也已经获得批准筹建，填补全市系统无省级检测机构的历史空白。

【服务保障能力建设】　全市质检系统投入行政执法装备建设110万元，投入信息化建设82万元，实现省、市、县三级视频联网。基层单位交通、通讯工具、办公自动化设备、影像设备等信息化装备的配备率逐年提高，应急反应能力进一步加强。全市非税收入达3365万元，实现年度目标的112%。邓州市、唐河县已突破200万元，8个县级局收入超100万元，市检测中心、锅检所、特检所、纤检所等龙头技术机构也保持稳步发展的态势。

【打假治劣】　围绕市政府中心工作和群众关心的热点、焦点问题，组织开展农资、建材、食品、加油机、特种设备、仿瓷餐具、建筑工地等专项整治7次，查处案件

423起,查获假冒伪劣产(商)品货值162.48万元;办理省局交办案件10起,受理群众举报投诉43起。(陈晓文)

食品药品安全监管

市食品药品监督管理局
局长 张树华

【食品安全综合监管】 加强协调,当好政府参谋助手。做好市食品安全工作领导小组办公室和“安委会”办公室的日常工作,组织协调各成员单位共同抓好全市食品安全。

【食品安全宣传教育】 组织开展“食品安全法宣传周”活动,通过布置展板,悬挂横幅,设立咨询台和假劣食品展示台等方式,大力宣传食品安全知识。精心组织,广泛宣传,发动社会各界群众积极参与第三届全国食品安全知识竞赛活动,市局喜获优秀组织奖,是省内唯一获此殊荣的单位,连续第三届获此殊荣。

【食品安全专项整治】 突出重点,扎实开展食品安全专项整治。按照2009年食品安全专项整治工作方案要求,针对专项整治的重点时段、重点环节和重点单位,先后组织开展打击违法添加非食用物质和滥用食品添加剂、“五一”期间、“端午”期间、“中高招考试”期间、“国庆”“仲秋”期间、学校食堂和儿童食品安全等专项整治,并对专项整治工作进行暗访督查。共检查食品生产企业526个,经营企业1.2万个,各类食堂饭馆7800个,查处案件168起,货值金额80余万元,没收违法所得12.6万元,责令整改360个,捣毁制假窝点13个,查处不合格食品5000公斤。

【创建食品安全示范县市】 南阳市再次被省食品安全工作领导小组授予“食品安全优秀城市”称号,同时市局积极支持、引导各县市区争创“食品安全示范县”,努力提高地方党委、政府对食品安全工作的重视程度。西峡县、唐河县、社旗县通过加强各部门间的沟通协调,积极探索食品安全综合监管模式,逐步形成食品安全“大宣传、大监管、大督查”的工作格局,顺利通过省食品安全工作领导小组的验收,被省食品安全工作领导小组确认为“河南省食品安全示范县”。

【药品生产质量安全监管】 推进实施以品种为单元的GMP管理工作。严格落实新修订的GMP认证检查评定标准。全市14个药品生产企业全部完成197个在线品种的以品种为单元的药品GMP文件体系的建立工作,建立、修订完善近万个文件,辖区企业在线品种生产过程均能按照GMP组织生产,工艺参数经过验证,达到药品质量安全可控的目标。经严格考评,有4个企业为A类企业,10个企业为B类。推行药品质量授权人制度。制定下发《关于在全市药品生产企业实施质量授权人制度的通知》,共有10名质量授权人和40余名转授权人经过资格认定,并报省局备案,各企业已建立质量授权人制度实施细则及相应的规章制度,质量授权人制度在市药品生产企业已全面推行。加强日常监督检查。创新监管模式,采用突击检查的方法,加大对企业检查力度,有力震慑违法违规行为。对14个药品生产企业进行跟踪检查,强化特药生产经营企业的监督检查,增加检查频次,检查覆盖率100%。对辖区内的14个医疗机构制剂室进行专项检查和工作调研,监督检查的覆盖率达100%;完善市、县、乡、村四级ADR监测网络,共收到不良反应病例报告4000例,其中新的、严重的ADR报告81份。全年无发生药品生产质量责任事故。

【药品流通环节专项整治】 一是继续深化药品流通环节专项治理。召开专题会议明确全市药品流通环节专项治理的总体目标、主要任务和工作措施,建立市局领导督导制度、企业质量负责人承诺制度、企业约谈制度和企业信用分级管理制度。对全市批发企业进行拉网式检查,加强对企业药品购销中票据管理的监督检查,依法查处挂靠经营等违法违规行为。通过检查,全市批发企业已基本消除出租出借许可证的违法行为,基本达到省局的目标要求。二是加大对连锁企业不统一配送药品的整治力度,对不能统一配送药品的连锁门店进行剥离,全部按单体药店进行认证管理。三是做好GSP认证、换证和跟踪检查工作。制定《2009年全市药品经营企业GSP认证计划》,有计划按期上报认证,全市19个批发企业通过GSP复认证,20个换发新的《药品经营许可证》,486个零售及剥离门店通过省局认证,37个单体药店通过认证跟踪检查。四是扎实推进医疗机构药房规范化建设。全市已有92%以上的县级医疗机构药房达标,80%以上的乡级医疗机构药房达标。五是加强违法药品广告监测工作。共监测并移交市工商部门违法药品广告84起,其中上报省局暂停销售药品1起。六是加强对终止妊娠药品的管理。共检查医疗机构、经营企业3438个次,立案47起,查封扣押药品货值2153元,罚款5.97万元。七是坚持政务公开,严格办理程序,规范行政许可行为。实行"一站式"服务和"阳光"操作,严格按程序、标准审批。全年核发《药品经营许可证》61个,审核办理药品经营许可事项181个次,审查办理GSP认证事项424个次。八是继续推进农村药品两网建设。全市229个乡镇均有药品供应网点,供应网络乡级覆盖面达100%,村级达90%。229个乡镇建立协管站,设置884名协管员,3832个村设置信息员,覆盖率达100%。

【医疗器械监管】 对市区18个医疗器械生产企业、100个经营企业、各县市36个经营企业和全市71个县级以上医疗机构进行监督检查,对医疗器械生产经营企业检查覆盖率达100%,取缔无证生产单位2个,无证经营单位3个,对其中1个无证经营单位实施行政处罚。坚持抽样工作与监督检查相结合,完成抽样170批次。加强对医疗器械违法广告的监测工作,将5起医疗器械违法广告移交工商行政管理部门,依法予以查处。继续做好医疗器械不良事件监测工作,健全完善网络体系,扩大医疗器械不良事件监测面,提升报告数量和质量。推行生产企业质量责任承诺制度,明确企业第一责任人的责任。对重点监管品种的生产企业,实施原材料备案制度,按照产品标准要求,建立原材料供方合法资质档案,并实施动态监管,加强企业生产和检验过程控制,实施年度质量管理报告制度。扎实开展医疗器械信用分级监管,对136个医疗器械经营企业、18个生产企业进行信用等级评定,建立信用等级档案。

【药品稽查抽验】 全市共办理各类药品案件977件,监督检查覆盖面达98%以上。对具备追踪案件条件的假劣药品全部进行追踪或协查,执行罚没款73万元,移交公安机关案件3起。组织开展对甲型H1N1流感防控药械生产、经营、储备和使用等环节质量安全的专项检查,并对防控药械进行现场抽样,保证防控药械的质量安全。

【药品检验执法】 一是深入学习宣传《食品安全法》、《食品安全法实施条例》及《医疗器械监督管理条例》等法律法规;二是进一步健全完善县市区局法制机构,明确责任领导和专职人员。三是开展行政执法监督检查和行政执法责任制实施情况检查,对全市系统的行政处罚案卷进行检查评比,推进依法行政,规范监管执法行为。全年未发生行政复议案件和行政诉讼案件,行政相对人未提出听证申请。

【药品监管能力建设】 制定《全市系统2009年培训计划》,多层次、多渠道、多形式开展监管知识和执法培训,全面提升依法科学监管能力。加强技术支撑体系建设,稳步提升技术监督能力。重视国家级重点药检所创建工作,加强实验设施、检验能力和人才队伍建设,全面提高检验检测能力。强力实施县级药检所整顿达标工作,提升县级所技术支撑能力。努力推进基础设施建设。全市县级局基础设施建设基本完成,市级食品药品检验检测中心建设项目建设的立项、可研、审批、拆迁、设计等前期工作已基本办理完毕,已于2009年12月18日举行奠基仪式,破土动工,项目完成后将为全市食品药品监管工作提供良好的物质基础保证。(张明旭)

安全生产监督管理

市安全生产监督管理局
局长　周建国

【安全生产监督管理概况】 2009年,全市安监部门强化"安全第一,预防为主,综合治理"的方针,紧紧围绕年度目标任务,加大监管力度,狠抓措施落实,深化专项整治,全市安全生产形势继续保持稳定好转的发展态势。全市有各类企业13万多个,其中非煤矿山企业500多个,危险化学品(烟花爆竹)生产经营单位1200多个,各类从业人员150多万人。有各级各类学校8447所,在校学生近270万人。辖区内有注册机动车辆100万台,驾驶员120万人,农用车50多万台。6条高速公路通车历程508公里,4条国道17条省道260余条县乡公路通车历程8000余公里,村村通公路15000余公里,通车历程全省第一。6大旅游景区100多处景(区)点,其中国家、省级旅游景区(点)77处,星级宾馆38个,农家宾馆600多个。有各型水库495座,其中大型2座(丹江口、鸭河口),中型21座,小型86座。建筑施工企业245家。民爆器材生产企业1个,销售经营企业10个。各类压力容器4870台(套);各类压力管线6618条,总长度555.49公里。电梯867台,厂内机动车1113台。大型游乐设施42台,客运架空索道1部。全市重特大事故得到有效遏制,较大以下事故总量大幅下降,实现年初确定的减少一般事故,有效控制较大、重大生产安全事故,杜绝特别重大生产安全事故的目标。全年共发生各类伤亡事故824起,死亡241(省定303)人,同比事故起数和死亡人数分别下降9.75%和10.07%。死亡人数占省定控制指标的79.54%。其中道路交通事故728起,死亡224人,同比事故起数和死亡人数分别下降8.54%和12.984%。火灾事故86起,死亡2人,同比事故起数下降22.52%,死亡人数上升100%。工矿商贸事故9起,死10人,与去年同期相比,事故起数上升50%,死亡人数持平。全年没有发生死亡3人以上较大生产安全事故,去年同期发生死亡3人以上较大事故一起,造成3人死亡。死亡人数占省定控制指标的30.30%。其它事故1起,造成5人死亡。南阳市被省政府评为2009年安全生产优秀市。

【安全生产专项整治】 把非煤矿矿山、危险化学品(烟花爆竹)、交通运输、公众聚集场所、冶金建材和建筑施工等6个事故多发行业确定为安全生产专项整治重点,按照“领导得力、标准严格、排查认真、整治坚决、效果明显”的要求,联合安监、公安、工商、质监、供销、农业、电力等有关部门,进行综合整治。

【非煤矿矿山专项整治】 针对2008年尾矿库治理工作前期底数不清、情况不明、筹划不到位、对治理工作难度认识不足等问题,市政府成立尾矿库专项治理工作领导小组,市安委会派出尾矿库治理工作督导组,市局领导分包尾矿库治理重点县市区,切实加强尾矿库治理工作的督查检查。全年市县两级组织矿山专项检查650多个(次),查出事故隐患1178条,整改1138条,依法取缔无证开采矿山68个,关闭各类矿山、尾矿库150余个。

【危险化学品专项整治】 对全市危险化学品企业的987个进行普查登记,协调省局,组织省市专家组对依法受理行政许可264件危险化学品生产企业经营单位进行审查验收。针对全市危险化学品领域非法生产经营活动,组织突击检查17次,对39个未依法取得《危险化学品安全生产许可证》或《危险化学品安全生产(经营)许可证》过期,仍擅自从事非法生产经营活动的企业下发责令停产停业整顿通知书。对群众举报的淅川县11个、宛城区23个、社旗县7个非法加油站依法进行打击取缔。全市共检查危化品生产经营单位1245个次,查出事故隐患2111条,整改隐患2018条,对86个加油站实施停业整顿。

【烟花爆竹专项整治】 加强对烟花爆竹生产、经营、储运各个环节的安全监管,严厉打击非法违法生产经营活动,集中治理生产企业“三超一改”问题,查出事故隐患1352条,整改1339条。

【道路和水上交通、消防安全专项整治】 全年全市共查处各类交通违法行为4.9万起,吊销驾驶证258本,拘留189人;排查公路危险路段476处。一是开展以渡口渡船为重点的水上交通安全专项治理,进一步落实水上交通安全“三关一排查”,重拳打击“三无”船舶。排查航运企业12个,船舶190艘。二是开展5次消防安全专项整治行动,整改消除火灾隐患1200余处。

【建筑施工安全】 全市全年检查建筑施工企业498个,查出隐患2489处,已整改2245处,整改率90.19%。检查在建项目170个,查出隐患453处,下达隐患整改通知书86份,停工整改通知书40份。清理不合格安全网425张,责令停用设备29台,约谈重大隐患责任单位负责人6人(次)。全市建筑施工行业伤亡事故大幅下降,未发生较大以上事故。

【事故查处与责任追究】 对发生较大以上生产安全事故的单位和企业,严格实行安全生产“一票否决”。同时按照事故原因没有查清不放过,事故责任人没有严肃处理不放过,广大职工没有受到教育不放过,防范措施没有落实不放过的严肃追究相关单位和责任人的责任。市政府依法调查办结6起较大生产安全事故,对60多名事故责任人进行处理。

【安全宣传教育】 开展第8个全国“安全生产宣传月”活动,提高公民安全意识。全市共向手机、小灵通用户发布20多万条安全提示短信,发送宣传品21万多份,组织安全文化活动1000多场(次),培训各类全要人员21万多人。10月份组织开办第一期全市安监干部培训班,进一步加大高危行业企业负责人、管理人员和特种作业人员的安全培训力度,提高安监干部的能力素质全年举办各类培训班149期,培训特种作业人员1.4万人,生产经营单位负责人和安全管理人员5000余人;生产经营单位从业人员安全技术培训和"三级安全教育"率达95%以上,企业安全管理水平和作业人员操作技能得到提高。

【安全生产执法监察】 在全市范围组织开展全员额、全过程、全方位的由企业自查自纠,政府部门督查检查的安全生产大检查5次。监督检查生产经营单位4143个,排查检查出各类事故隐患5417条,整改5213条,整改率96%,其中检查矿山企业650多个,查出事故隐患1178条,整改1138条。检查危险化学品生产经营企业1245个,查出事故隐患2111条,整改隐患2018条,对86个加油站实施停业整顿。烟花爆竹行业查出事故隐患1352条,整改1339条。同公安、交通等部门联合扎实开展春运安全大检查大整治行动,收到良好效果。同消防、文化等部门开展2次公众聚集场所专项治理行动,消除火灾隐患1200余处。质监、旅游、农机、卫生等部门行业也都认真开展隐患排查治理和专项整治行动,都取得明显成效。采取集中行动、单项抽查,明察暗访等方式,对无证照或证照不全,私自生产经营、违反安全"三同时"进行以及无证上岗操作等行为进行执法检查。共检查生产经营单位4143个,使用安全生产执法文书1908份,查出非法生产、非法建设、非法经营行为1207处,拆毁机器设备521台(套),捣毁非法生产小作坊、小经营162个,简易房舍162间,有效规范生产经营秩序。严格行政许可,颁发非煤矿山、危险化学品、烟花爆竹行业企业生产经营许可证345个。高危行业安全生产质量标准化工作进一步强化。在原来试点基础上,在20个企业进一步扩展推广。应急救援管理能力进一步提高。应急预案进一步完善,应急救援队伍进一步加强,12个企业修订完善应急预案,成立应急救援队伍,并进行实战演练。"五级监管"网络进一步加强和健全。各级政府及部门进一步完善措施制度,充实监管执法人员,新增村组专兼职安全监管人员96人。安全生产责任险全面展开。3月26日召开全市安全生产责任险专项工作会议,对安全生产责任险工作进行全面安排部署。安全"五进"活动继续深化。各县市区在原来的基础上又增加新的示范乡村社区,夯实安全生产基层基础。(王博)

出入境检验检疫

南阳出入境检验检疫局
局长 郭云超

【检验检疫概况】 2009年共检验检疫出入境货物2640批、货值2.05亿美元,比2008年分别下降2.65%和30.69%;其中出境2252批、货值1.69亿美元,同比分别下降1.1%和6.05%;进境338批、货值3676万美元,同比分别下降10.8%和68.55%。检验检疫规费收入181.46万元,减免农产品收费98.83万元,减免数额与2008年的64.41万元相比大幅增长53.44%,惠及市63个外贸出口企业。出具各类检验检疫证单4275份,签发各类产地证书1360份,签证金额8387万美元。新开验防爆空调、珠光颜料、锰铁、菌棒、植酸酶、干燥蒜粒、干甜椒、猕猴桃片、头巾、毛毯、婴儿尿布等10余种商品。

【农产品出口】 全年农产品检验检疫出口货值首次超1亿美元,达到1.27亿美元,比2008年增长了35.6%。农产品和食品出口占南阳出口总货值的75.1%,占河南省农食产品出口总量的五分之一。西峡香菇出口4347吨、货值6116万美元,分别比2008年增长120%和125.2%,再创历史新高。

【把关效能】 全年检出进出口不合格商品及包装品47批/51万美元。出具索赔证书65份,其中进口机械和配件索赔证书1份,索赔金额13万美元;进口棉花不合格39批,短重162吨,出具索赔证书64份,索赔金额26万美元。

【检验监管】 (一)发挥卫生注册、登记备案等措施的作用,对涉及安全、环保、卫生方面的工业品、涉及人身健康的农产品、食品等进一步严格准入条件,把好审查关,从源头上提高质量安全水平。全年新增卫生注册企业7个,复查换证3家,全市一共34个,为历年来最多;新增木质包装标识加施企业3个;对新申请的5个卫生注册登记企业进行食品防护培训,帮助其建立有效的食品防护计划。在市局的大力帮扶下,南阳植酸酶、木聚糖酶产品首次出口韩国,新鲜蔬菜顺利出口俄罗斯。(二)开展进口医疗器械安全警示宣传及集中稽查活动,走访全市20多个医院,将总局发布的进口医疗器械风险预警信息宣传到各相关单位,对进口医疗器械的安全使用情况进行调查摸底,并现场讲解进口医疗器械的检验鉴定知识,深受医疗单位特别是新建医院及民营医院的欢迎,既提高医院守法意识和安全意识,也预防逃漏检等行为发生。(三)以宣贯《食品安全法》为契机,认真开展食品添加剂专项整治活动,组织开展对进出口敏感农产品质量专项检查。严格农业投入品的使用管理,建立出口农产品药物残留动态监测系统,以牛肉、香菇、辣椒、生猪为重点,开展出口农产品农(兽)药残留动态监测,掌握违禁药物使用情况,完善出口农产品产地监管措施等。在实蝇监测工作中,今年首次发现4个具条实蝇。(四)在出口农产品方面,以出口谷朊粉、香菇为突破点,推进检验检疫监管模式改革,制订了作业指导书,对谷朊粉实行"一次抽检,分批核销,监管放行"的检验监管模式,对香菇实行"残留监控+重点检测+抽批检验"的检验监管新模式,对相关企业实施分类监管,既降低了企业成本,提高了通关效率,又确保了检验检疫监管的有效性,全年出口香菇438批次、谷朊粉255批次,批次多但效率未减,深受企业欢迎。(五)在出口工业产品方面,深化分类管理,基于产品风险、企业诚信、企业产品质量保证能力相结合的综合评价,对企业进行科学管理。正确把握检验和日常监管的关系,以检验验证监管,以监管情况对检验方式进行调整。市、局第二大宗出口产品电机,全年共出口330批次/2276万美元,南阳防爆集团成为最大的受益者。

【服务经济】 (一)认真开展赴县(市、区)上门服务暨调研活动,采取局领导包片、科室包县、党员同志包企业的方法,积极开展宣传服务活动,共召开宣讲会14场,走访企业90多家,发放检验检疫法律、法规文件120份,免费向近百家企业提供标准和规范420个,对企业40多名质量管理人员进行法规知识培训,有力地促进全市优势农产品出口,全年农产品检验检疫出口货值首次超1亿美元,达到1.27亿美元,比2008年增长了35.6%。农产品和食品出口占南阳出口总货值的75.1%,占河南省农食产品出口总量的五分之一,创历史新高。(二)优化帮扶举措,打造高效环境。制订"三个一工程"的实施方案,确定培育、扶持、提升企业名单,一企一策,落实到人,跟踪求效。乐凯集团第二胶片厂是全国最大的印刷光电信息记录材料科研、生产基地,在总局下发对部分非洲国家出口产品进行装运前检验要求时,我局第一时间向企业通报,帮助企业符合新政策新要求,全年该企业对非洲国家出口产品13批,货值77万美元,成为出口新的增长点。(三)工作主动前移,全力帮扶企业成长。实施前期指导,帮助企业建立完善质量保证体系,缩短企业注册周期。河南龙大牧原肉食品有限公司是国内一家大型专业养猪企业,年屠宰生猪100万头,被市局确定为"三个一工程"的重点培育企业,局领导带领相关科室人员多次到企业进行全程跟踪指导和服务,帮助其8家供宰猪场顺利通过养殖场备案考核,获得卫生注册登记资格,成为南阳首家、河南最大的出口冻猪肉备案养殖场。(四)发挥技术优势,促进企业产品质量提升。利用自身技术和人才优势,送科研、送技术、送政策进企业,主动上门服务。桐柏县安棚碱矿为亚洲最大的天然碱矿,贮量世界第三位,为促进该企业出口,我局组织人员深入企业,做好帮扶工作,缩短检验周期,针对企业提出的社会检测机构检测周期长、费用高的情况,一是利用局本部实验室资源取代,二是派员现场培训,提高企业质控能力及实验室水平,全年该企业累计出口纯碱3.2万吨、600万美元,比2008年增长了42%。(五)及时通报质量安全综合信息,为各级各部门提供决策支持。坚持每季度为市政府、行业协会、龙头企业等提供《出入境检验检疫业务综合信息》。6月份,南阳市政府对我局提供的《质量分析报告》和《综合信息》作出评价:《报告》内容充实,《信息》及时具体,分析全面科学,执行国家政策法规严格认真,掌握国际贸易规则准确灵活,对地方外向型经济发展具有积极指导意义,为地方政府决策提供了重要参考依据。

【科技工作】 (一)坚持系统立项和地方立项相结合,向河南检验检疫局及南阳市科技局申报《PS铝基材版酸洗碱洗废液回收氢氧化铝工艺研究》、《高档柞蚕丝丝麻交织服装面料新技术攻关项目》等科研项目13个,其中,《气爆中空柞蚕丝新技术研究与应用》顺利通过市科技局组织的成果评审。(二)倡导与工作实际结合,撰写科研文章,在《江西畜牧兽医》、《实验室科学》和《南阳理工学院学报》等核心期刊上发表科技论文3篇。(三)加强实验室建设,《南阳出入境检验检疫重点实验室》已获市科技局批准立项;向总局申报了国家级香菇重点实验室;实验室顺利通过CNAS组织的能力验证和监督评审现场考核,新开验碳酸钠和小苏打中总碱含量、氯化物含量等检测项目9项,开展了出口谷朊粉、进口奶粉中三聚氰胺的普查检测;全年共检测法检样品1210批/5654项,未发生任何客户投诉和质量问题。(董炅)

南阳海关

南阳海关关长　张新生

【海关业务概况】 受世界金融危机影响,全市对外贸易首次呈现下降态势,进出口总值6.4亿美元,与去年同期(下同)相比下降27%,其中进口2.1亿美元,增长13%;出口4.3亿美元,下降38%。对外贸易呈现以下特点:(一)进口方面:总体来看,略有增长。一般贸易增长较快,主导地位愈加明显。民营企业和国有企业构成南阳市外贸进口的主体。其中,尤以民营企业增长幅度最为迅猛。铁矿砂、木薯干、酚醛树脂等原材料进口大幅增长。一般贸易进口总值1.8亿美元,增长31%,占全市进口总值的84%;加工贸易进口总值0.3亿美元,下降26%,占全市进口总值的13%。民营企业进口总值1.3亿美元,增长83%,占全市进口总值的63%;国有企业进口总值0.6亿美元,下降22%,占全市进口总值的28%。(二)出口方面:全球金融危机对南阳市外贸出口产生较大影响。一般贸易占据主导地位,对外承包出口增长明显。民营企业出口大幅下降,私营企业和外商投资企业出口逆势增长。干香菇和石油钻井设备出口较去年同期均有较大幅度增长。一般贸易出口总值3.3亿美元,下降47%,占全市出口总值的76%;对外承包出口总值0.6亿美元,增长457%,占全市出口总值的15%;加工贸易出口总值0.4亿美元,下降34%,占全市出口总值的9%。国有企业出口总值1.7亿美元,下降5%,占全市出口总值的40%;外商投资企业出口总值1.5亿美元,增长3%,占全市出口总值的35%;民营企业出口总值1亿美元,下降71%,占全市出口总值的24%;私营企业出口总值0.03亿美元,增长24%,占全市出口总值的1%。

【对外贸易简况】 2009年南阳海关共受理进出口报关单1929票,与去年同期相比(下同)下降7%。其中进口报关单154票,下降41%;出口报关单1775票,下降3%。监管进出口货运量223.4万吨,增长71%,创历史新高。其中进口221.6万吨,增长78%;出口1.8万吨,下降72%。进出口总值2.8亿美元,下降26%。其中进口2亿美元,下降18%;出口0.8亿美元,下降42%。征收税款2.5亿元人民币,增长14%。其中关税0.1亿元,下降66%;增值税2.4亿元,增长23%。办理减免税审批业务39笔,下降73%;减免税审批货值1900万美元,下降73%;减免关税997万元人民币,下降63%;减免增值税1920万元人民币,下降78%。办理加工贸易手册86份,增长37%;备案货值4094万美元,增长2%。

【综合治税】 南阳海关在全球经济危机、关区进出口总值大幅下降的不利情况下,全面增强综合治税意识,大力加强税收征管工作力度,通过不懈努力,实际入库税款2.7亿元人民币,增长25%。其中关税0.1亿元,下降64%;增值税2.6亿元,增长35%。其中公式定价补税30余万元,加工贸易内销补税1400万元,查验补税1万余元。

【加工贸易】 南阳海关审批电子化手册备案资料库共计13份,备案电子手册77份,备案金额1032万美元;审批台账专用手册2份、货值1811万美元;联网监管电子账册企业累计3个,进口货值2225万美元,出口871万美元;辅料备案10份;办理分册16本;纸质合同变更共计81次,合同展期共计82次,电子帐册变更等手续38次;跨关区深加工结转14批,关区内深加工结转共计8批;共计办理核销结案纸质手册共计90本,核销电子帐册1次;内销征税1439万元。

【海关稽查】 围绕综合治税,对3个企业进行专项稽查,对2个企业进行验证稽查。加强企业管理,改进和优化企业分类管理制度和方法,积极帮助企业申请AA类、A类企业。开展企业信息核查,对900多个企业信息进

2009 年南阳市进口前 10 位企业情况

企业名称	2009 年进口值（万美元）	2008 年进口值（万美元）	同比(±%)
南阳汉冶特钢有限公司	12448	5600	122
河南天冠企业集团有限公司	2232	502	345
河南新野纺织股份有限公司	1914	4348	－56
乐凯集团第二胶片厂	1395	2199	－37
南阳南方智能光电有限公司	556	984	－43
南阳迅天宇硅品有限公司	460	211	118
利达光电股份有限公司	454	806	－44
河南省西保冶材集团有限公司	332	13	2438
南阳防爆集团股份有限公司	231	225	3
南阳露丝地毯有限公司	127	49	155

2009 年南阳市出口前 10 位企业情况

企业名称	2009 年出口值（万美元）	2008 年出口值（万美元）	同比(±%)
中国石化集团河南石油勘探局	6243	1120	457
乐凯集团第二胶片厂	5117	1239	313
南阳二机石油装备(集团)有限公司	3485	4973	－30
南阳明泰食品有限公司	2113	1308	62
南阳普康药业有限公司	1790	1073	67
利达光电股份有限公司	1771	2091	－15
南阳防爆集团股份有限公司	1743	2318	－25
河南天冠企业集团有限公司	1556	2471	－37
河南龙成集团有限公司	1430	20386	－93
南阳华源食品有限公司	1094	596	84

行核查，对 300 多个没有申报且报关过期企业信息进行清理。做好新企业的注册登记和企业信息变更工作，其中企业备案 78 个，企业信息变更 150 个。

【南阳海关迁建征地安置补偿工作】 7 月 10 日，市政府召开南阳海关迁建工作领导小组第一次会议。会议由南阳市政府副秘书长李力主持，会议就当前的土地赔偿等问题进行安排部署。9 月 2 日、10 月 26 日，南阳海关迁建征地安置补偿协调会在南阳海关顺利召开。市土地局、市宛城区土地局、市宛城区汉冶办事处、占地村村委、村组代表以及南阳海关相关人员参加了会议。会议就土地补偿标准及程序、社保基金缴纳等问题进行明确与政策解释。至此，南阳海关迁建项目征地补偿工作圆满完成。

【南阳国际保税物流中心建设】 为解决制约南阳外向型经济发展的瓶颈问题,市政府经多方考察论证,开始立项建设物流保税中心(A型)。自项目提出以来,南阳海关充分发挥服务职能,为南阳保税物流中心(A型)的筹建做大量的工作。一是确定专人负责对项目进行跟踪式服务,帮助保税物流中心做好前期规划工作,以点对点的方式加强与地方政府的联系沟通。二是主动为地方政府提供政策支持,把保税物流中心(A型)的监管办法及海关监管场所的设置标准、管理制度等情况向有关部门做详细通报,供地方政府参考。三是积极向企业宣传建设保税物流中心的积极意义。

【南阳香菇出口】 西峡县是南阳出口香菇的主要生产基地。近年来,经过地方政府的扶植培育和南阳海关的大力支持,南阳香菇产业发展迅速,自2006年开始对外出口,并以年均90%左右的增幅高速增长,全年香菇出口达5500多万美元,与去年同期相比增长1.1倍,已成为市外贸出口的一大支柱产业。目前,西峡香菇80%对外出口,主要销往东盟、美国、中国香港、韩国、日本、欧盟、加拿大和澳大利亚等国家和地区,成为全国香菇出口大县。外资企业和集体企业构成市香菇出口的主体。

【做好驻村帮扶工作】南阳海关选派两名队员组建郑州海关第五批驻艾滋病高发村帮扶工作队。工作队认真贯彻落实郑州海关党组帮扶工作要求,扎扎实实地开展好各项帮扶工作,取得显著成效。一是多方协调资金,做好主干道入村道路修建工作。经过多方努力和协调,筹集资金40万元,修建1500米长4米宽的水泥路,极大地改善村民的生活条件,促进该村经济活动的开展。二是完成村委会活动室的补漏工作。帮扶队协调资金1.7万元,对村委会活动室楼顶进行补漏处理,并在每扇窗户加装遮雨棚。三是落实困难家庭学生资助工作。在秋季开学之际,及时为在兰州大学就读的贫困家庭学生王朋送去资助金2000元,送去关党组的温暖,切实解决后顾之忧。四是深入开展走村到户慰问帮扶活动。"国庆、中秋"双节及其它重大活动期间,做好相关人员的思想工作,确保没有发生一起艾滋病病人及其它人员上访事件。教师节、端午节、中秋节、国庆节等节日期间,到艾滋病及贫困户家中走访慰问,为他们送上过节的生活用品和慰问金,送去海关人的关心,对整个帮扶工作的开展起到积极的促进作用。五是积极参与,精心组织,营造健康向上的社会氛围。在第22个"世界艾滋病日",组织高白玉村村民参加在上蔡县中华红丝带家园举行的河南省首次艾滋病帮扶村农民运动会,获得优秀组织奖。《人民日报》(海外版)以《红丝带家园的"特殊"运动会》为题,对帮扶工作进行报道。在中国上蔡第七届重阳节上,帮扶队大力宣传尊老敬老爱老的传统美德,收到良好的效果。(赵建德)

财　　税

财　　政

【财政概况】 2009年全市一般预算收入完成56.2亿元，为预算的100.9%，增长9.5%，增收4.9亿元。其中，市级一般预算收入完成17.3亿元，为预算的100%，增长8%；县(市、区)级一般预算收入完成38.9亿元，为预算的101.2%，增长10.2%。全市地方税收收入完成41.6亿元，增长8%，增收3.6亿元，税收占一般预算收入的比重74%。其中，增值税7.8亿元，下降17%；营业税13.5亿元，增长12.7%；企业所得税3.3亿元，增长16.3%。全市非税收入完成14.6亿元，增长14.1%，增收18080万元。全市一般预算支出突破200亿元，完成203.5亿元，为调整预算的96.4%，增长24.7%，增支40.3亿元。市级一般预算支出40.4亿元，为调整预算的88.8%，增长18%；县(市、区)级一般预算支出163.1亿元，为调整预算的98.4%，增长26.4%。主要支出情况：教育支出39亿元，增长13.5%；科技支出2.9亿元，增长0.9%(扣除2008年上级一次性补助后，增长24%)；农林水支出25.3亿元，增长37.7%；文化体育与传媒支出2.3亿元，增长37.7%；社会保障与就业支出27.8亿元，增长27.8%；环境保护支出16.1亿元，增长4.3%；一般公共服务支出31.6亿元，增长23.4%；公共安全支出完成12.1亿元，增长31.6%。全市基金预算收入16.5亿元，增长101.4%；基金预算支出24.3亿元，增长41.5%。市级基金预算收入5.4亿元，基金预算支出3.5亿元。全市预算外资金收入11.3亿元，支出10.7亿元。市级预算外收入4.7亿元，支出4.5亿元。

【财政收支】 (一)强化收入征管。重点加强“组织领导、协调服务、目标责任、分析督导、调研监控”等机制建设，真正形成组织收入工作的合力。全市地方财政总收入突破100亿元，完成101.6亿元。其中一般预算收入完成56.2亿元，增长9.5%，总量位居全省第4位。(二)强化支出管理。积极整合资金，集中财力保重点，为促进经济平稳较快发展提供有力支撑。全市一般预算支出突破200亿元，完成203.5亿元，总量比2006年增长近1倍，保持全省第3位。(三)强化资金争取。全市共争取上级各项转移支付和专项资金116.6亿元，且南阳市部分享受与黄淮4市同等的优惠政策，全市有效财力增加，保障能力增强。(四)强化厉行节约。在全市收支矛盾突出的情况下，对临时追加预算控制比较严格。各部门各单位严格执行财务管理制度，厉行节约。全市因公出国(境)经费、车辆购置、公务接待费用与往年相比明显下降。

【保障经济平稳较快增长】 (一)支持扩大投资和消费。争取扩大内需资金15.6亿元，市、县两级落实配套资金5.4亿元，争取中央代理发行地方政府债券3.6亿元，加大对民生工程、结构调整和重大基础设施建设等方面的投入。全市实际兑付家电和汽车摩托车下乡补贴1.6亿元，100多万农民受益。(二)推动产业结构优化升级。加大专项资金整合力度，提高资金规模效益。市级整合资金1亿元，支持企业改制和重点工业项目的顺利实施。筹措1.34亿元，支持产业集聚区投融资平台建设。筹措8.7亿元，支持重大科技项目、低碳经济项目、环境保护项目的快速发展，加快新产品新技术开发和产业化生产。(三)保障招商引资和重点项目建设。开展“项目推进年”活动，筹措资金支持以“四大工程”为龙头的重点项目建设。市级筹措1400万元，支持各类招商引资和项目争取工作。筹措3.3亿元，确保农运会各项筹备工作顺利开展。筹措5000余万元，支持南水北调生态保护和移民搬迁安置。深化投融资体制改革，推进银政、银企合作，为经济社会发展提供信贷支持。(四)改善经济发展环境。开展“企业服务年”活动，落实涉企税费优惠政策，综合运用财政贴息、政府采购和参股经营等手段，支持重点行业企业恢复产能和产品升级。向市中小企业担保中心注资1000万元，提高其融资担保能力。统筹财政间歇资金6亿元支持企业生产，缓解部分优质企业短期资金困难。

【保障民生改善和社会事业发展】 全市坚持把解决民生问题作为财政保障的重中之重，确保省、市“十大实事”全面完成，加快社会事业发展。一是促进就业和社会保障。全市社保与就业支出27.8亿元，增长27.8%，较好地落实各项社会保障政策。落实小额担保贷款财政贴息政策，允许企业缓交和阶段性降低部分社保资金费率，促进社会就业。二是推进教育发展。筹措资金，实现农村义务教育经费保障机制改革政策目标，确保义务教育教师绩效工资改革顺利实施，支持中心城区中小学校建设，改善城乡义务教育办学条件，推进职教攻坚计划的实施。清理锁定农村“普九”债务，化债工作全面展开。三是启动医药卫生体制改革。支持新型农村合作医疗、城镇居民医疗保险，保障城乡基本公共卫生服务经费保障机制建设和甲型H1N1流感等突发卫生事件防治工作。四是加大住房保障力度。筹措1.8亿元，支持新建、改建、收购廉租住房，发放困难家庭租赁补贴，为1.5万户困难家庭提供廉租住房保障。五是改革司法经费保障体制。积极争取并严格落实政法转移支付资金2.8亿元，支持建立分类保障机制，为保稳定和平安南阳建设提供有力支持。六是提升中心城区建设管理水平。通过城建融资和预算安排，拨付资金2.5亿元，保障3条道路大修改造，54条背街小巷整治以及机场新航站楼等重点基础设施建设。新购置公交车100台。全力做好“六创一迎”活动资金保障，提升南阳城市形象。此外，大力支持实施文化惠民工程，公共文化服务体系进一步完善。

【统筹保障农业农村发展】 严格落实各项强农惠农政策，支持保障粮食丰产增产，促进农村经济协调发展、农民收入稳定增加。一是提高粮食生产能力。加大支农投入，打造粮食生产核心区，筹措1.5亿元，支持实施抗旱保丰收应急灌溉工程。争取产粮大县奖励1.1亿元，调动县、乡政府发展粮食生产积极性。筹措1.7亿元，支持农田水利基本建设，促进粮食连续增产。二是支持农业结构调整和农村经济发展。以粮食、畜牧两大产业为重点，支持现代农业生产发展。安排畜牧业发展专项资金1000万元，落实生猪调出大县奖励资金2280万元。支持畜禽疫病防控，促进畜牧产业化发展。拨付保费补贴1626万元，支持玉米、棉花等农业保险工作。采取贴息、补助、信贷担保等方式，支持龙大牧原、科尔沁牛业等一批农业产业化龙头企业发展。三是改善农村生产生活条件。筹措资金5.4亿元支持农业农村基础设施建设，促进农村沼气和道路建设，解决部分农村居民饮水安全问题。兑付各类涉农补贴25.5亿元，促进农民群众增收。筹措资金1300万元，对3.7万名农村和贫困地区劳动力进行职业技能培训。投入财政扶贫资金1.4亿元，带动贫困人口脱贫致富。拨付村级经费1.5亿元，确保村组正常运转。

【财政改革】 市财政局坚持推进财政管理体制机制改革，提高财政资金支出绩效。一是深化财政各项改革。落实省与市、县(市、区)财政体制改革政策，研究完善市、县(市、区)财政体制的政策措施。二是完善部门预算管理改革，严格预算约束，规范追加预算管理。三是开展预算支出绩效评价，为加强专项资金分配使用与管理提供有益参考。四是深化国库管理制度改革，规范财政资金管理，提高财政资金拨付效率。

【财政监管】 一是强化财政监督检查。开展“财政监督管理年”活动，对扩大内需资金和政策落实、社会保障资金和“十大实事”资金管理等情况开展专项检查，确保各项财政资金规范安全、有效运行。开展“小金库”专项治理，查处一些违规违纪问题，堵塞财务管理漏洞，规范财经秩序。二是巩固其他各项财政监管职能。严格收支两条线管理，促进非税收入应收尽收，应纳尽纳。全年实现政府采购25.3亿元，增长13.9%。完成财政投资评审项目942个，审减投资7亿元。增强政府债务分析预警能力，促进财政可持续发展。加强资产评估和行政事业单位国有资产管理，防止国有资产流失。(李晓波)

国　家　税　务

市国税局局长　马东起

【国家税务概况】　2009年全市国税系统累计完成税收总收入56.26亿元，占计划56亿元的100.47%，增收2600万元。比2008年同期完成57.96亿元下降3%。其中：增值税完成35.44亿元，同比下降12.1%；消费税完成11.28亿元，同比增长65.67%；企业所得税完成5.88亿元，同比下降20.7%；个人利息所得税完成0.45亿元，同比下降57.4%；车辆购置税完成3.19亿元，同比增长36.65%。全市落实增值税转型政策抵扣进项税1.6亿元；共为2800户企业办理减免退税1.2亿元；共办理出口货物免抵退税3.88亿元；共为13户企业审批办理2.58亿元的财产损失及税前扣除审批手续。市国税局被市委、市政府评为2009年度目标管理先进单位。

【税收综合整治】　市国税系统开展综合整治，取得显著成效。一是确定6类企业为整治重点。确定农产品加工企业、重点税源企业、废旧物资抵扣和经销企业、运输发票抵扣企业、税收管理薄弱纳税异常企业（户）、连续3年整治税负仍然较低企业为整治对象，开展税收专项治理。全年共整治企业4258户，整治入库税款7.56亿元，整治成效率达13.43%。经综合整治，全市食品制造业、黑色金属矿采选业、非金属矿采选业、废弃资源和废旧材料回收加工业、商业零售业增值税税负同比分别提升1.63、2.6、0.75、0.85、0.06个百分点。二是精心组织税收专项检查。组织开展省控、市控重点企业、金属冶炼及压延加工企业、机械制造加工企业、房地产行业、大型连锁超市、建筑安装企业专项检查，共计检查39户查补收入2874.2万元。全市稽查部门共检查案件597户，查补入库税收7885万元，与2008年相比净增1827万元，增幅30%。其中市国税稽查局共检查134户，查补入库税收4929万元，同比净增1309万元，增幅36%。市国税稽查入库及全市查补入库税收额均创历史同期新高。三是以普通发票为重点，开展发票专项整治。加强普通发票库存管理，定期通报各单位库存情况，特别是将库存超过半年仍未发售的发票作为管理重点。采取计划管理，实行定向供应。严防普通发票出现长期库存，避免因换版造成损失。扩大推行发票刮奖活动，全年共兑现发票奖金48万元，全社会索票用票意识不断增强。制定《2009年普通发票重点整治方案》，将纳税人开具使用发票情况、发票取得情况、制售假发票和非法代开发票、以票控税制度落实情况、税务机关内部发票管理制度落实情况等纳入发票重点整治的内容，继续开展普通发票整治工作。加强与公安、地税部门协作，坚持“端窝点、打团伙、破网络”的方针，开展打击制售、使用假发票的“铁帚行动”。全年破获制售假发票案件18起，抓获犯罪分子24人，捣毁售假窝点9处，收缴各类假发票43937份。协同公安部门治理发票违法手机短信75条，关停、整顿登载发票违法网站3个，发票违法信息板块21个，网站发票违法信息49条，涉及使用假发票单位151户．四是以税收分析为突破口，利用信息化手段有针对性地开展纳税评估。特别是在百日会战阶段，市国税局成立6个征管指标疑点数据分析小组，借助于系统网络和专业软件，适时开展数据分析，定期下发数据分析通报。整理下发重点税源类、流转税类、所得税类、征收管理类4个方面10140条疑点问题，提出税收分析、纳税评估、加强管理的具体工作要求。同时，分解下发省国税局督导的流转税类、所得税类、征收管理类3个方面7370条疑点问题，为基层加强征管、杜塞漏洞、抓好收入提供数据支持。市国税局印制3本长达21万字的《百日会战督导工作手册》和《百日会战年督导项目分解落实工作手册》，内容涵盖重点税源类、流转税类、所得税类、征收管理类等方面，有针对性地指导和推动各单位组织收入工作的开展。抽调32人成立4个重点企业行业纳税评估组，对全市重点行业企业有针对性的开展纳税评估工作。各县（市、区）国税局也组成75个纳税评估小组，充分利用评估模型、数学模式、行业指标、调查分析、实际测算等方式方法，开展纳税评估工作。通过评估增税6.77亿元，占税收整治成效89%以上。

【税政管理】　一、流转税管理。（一）采取积极措施确保流转税新政策的贯彻与衔接。针对2009年流转税政策变化较大的实际，制定全市流转税改革贯彻实施方案、召开全市流转税会议、在内联网建立“流转税改革”专栏、及时发布各项流转税政策、编印流转税改革宣传辅导资料、举办全市流转税师资培训班、开展短信政策发布业务,抓好流转税税收政策的宣传贯彻落实。(二)加强对流转税薄弱环节的管理,堵漏增收。先后组织开展对企业预收账款、虚抵成品油进项税、农产品收购发票等11项专项核查评估,查补税款合计8900万元。(三)推行海关进口增值税专用缴款书稽核系统和机动车销售统一发票税控系统。海关进口增值税专用缴款书稽核系统上线运行以来,共稽核比对企业36个次,稽核结果异常的40份,涉及不得抵扣进项税2600万元。全市共有43个企业使用机动车销售统一发票税控系统,开具机动车销售统一发票3844份。(四)继续巩固金税工程运行成果,一般纳税人存根联采集率达100%,列全省第一位。以新政策落实为关注重点,加强政策运行情况的监测,组织开展增值税转型、农民专业合作社政策执行等情况调查,为正确决策提供依据。二、所得税管理。圆满完成2008年度企业所得税汇算清缴,全市共调增应纳税所得额16845万元,调减亏损6129万元。三、国际税管理。坚持市、县“两级联动”机制,搞好国际税收入分析。抓好对享受过渡时期优惠政策的外商投资企业的普查工作。进一步强化非居民税收管理,落实源泉扣缴管理办法,建立和完善国际税收税源控管机制。健全居民企业境外贸易往来事项备案报告制度,从源头上及时掌握纳税人跨国投资交易行为。组织召开由外汇管理局、市地税局、国税局3个单位参加的联席会议,就税务证明提交、信息共享等事宜形成会议纪要,初步实现信息共享。2009年全市国际(涉外)税收收入共完成1.75亿元,占全年计划的335.62%,同比增收1.28亿元。四、日常出口退免税审批办理。审批出口货物免抵退税3.88亿元,其中退税1.7亿元,免抵税额2.18亿元,通过免抵调库拉动税收增长2.1亿元,支持了外贸出口及地方经济发展。五、车购税管理。完善“车辆购置税网上申报分析系统”,推行机动车税控系统。加强与公安部门联合,开展部门协作,加强信息交流,提升车辆税收管理的质量和效率。全年共办理应税车辆61551辆,同比增长55.5%,组织税收收入2.9亿元,占计划的126%,占上年2.21亿元的131%,增收6900万元。

【纳税服务】 牢固树立“一手抓执法,即使形势再困难,也要做到应收尽收;一手抓服务,即使任务再紧,也要严格落实政策”的思想,开展“企业服务年”和“纳税服务年”活动,帮助企业共渡难关,努力实现税企双赢。一是紧贴企业经营发展,全面开展纳税服务。围绕开展企业服务年和纳税服务年活动,制定10个方面共32项具体落实措施,将基层单位开展“纳税服务年”工作情况列入年度目标考核内容进行考核,确保纳税服务活动取得实实在在的效果。全年,国税部门累计走访企业3300户次,提供政策咨询2100项,解答税收政策657条,落实税收优惠措施22项。三是积极完善服务措施,切实落实“两个减负”。在继续做好“一站式”、“一窗式”、“限时服务”、首问负责制、延时服务、提醒服务、预约服务等多种服务方式的同时,采取切实措施,尽可能减少纳税人报送的涉税资料,减轻纳税人负担。四是推行网上申报,实施网上纳税一体化。在省控重点税源企业、增值税一般纳税人、所得税纳税人中进一步扩大推行网上申报。抓好宣传培训工作,及时解决运行过程中的问题。全市网上申报企业4225个,占全部申报一般纳税人企业的99.5%。推行财税库银横向联网,实行网上申报纳税一体化。全市有1553户纳税人纳入了网上申报纳税一体化,通过财税库银联网系统扣款成功2044笔,税额1.75亿元,申报纳税方式取得新突破,极大地方便了纳税人。五是发挥服务热线功能,搭建税企互动平台。制定《12366纳税服务热线服务工作规程》,明确专人开展坐席服务,提出保证服务时间、保证业务熟练、保证对网上举报案件及时传递“三保证”承诺措施,建立纳税服务的互动平台。12366热线全年共受理各类咨询2137件,其中政策咨询431件,征管咨询89件,发票违章举报748,涉税举报80件,行风及廉政投诉12件,其他咨询776件,直接回复率达98%。

【税收信息化建设】 全市税收信息化建设实现新进展。一是应用系统的运行水平不断提高。完成V2.0、车辆购置税征收管理系统等原有系统的升级维护,累计升级原有系统15次,更新配置人员权限、角色模板等初始化数据965条,清理垃圾数据67条。在为原有系统提供有效技术保障的基础上,实现机动车销售统一发票稽核系统、海关进口增值税专用缴款书稽核系统、财税库银横向联网系统等新系统的推行工作。二是数据质量管理全面加强。数据质量管理更加日常化、精细化、规范化,通过监控检测,全年共发布数据质量报告8期,通过FTP服务器发布日常监控指标137次,检测出疑点数据4661条,纠正1905条,有效降低

2009 年南阳市国家税收组织收入情况表

单位：万元

项目	年度计划	本月			累计			
		完成	同期	占同期%	累计完成	同期完成	累计完成占	
							同期%	计划%
一、税收收入总计	623800	43486	34647	125.51	562630	579572	97.08	90.19
1、国内增值税	426170	35423	28981	122.23	354191	403274	87.83	83.11
其中：免抵调		126	－1		21007	23381	89.85	
扣除免抵调直接收入		35297	28982	121.79	333184	379893	87.70	
2、国内消费税	102665	220	616	35.71	112872	68131	165.67	109.94
3、企业所得税	64110	4710	2538	185.58	59112	74222	79.64	92.20
其中：内资企业	58910	3709	2436	152.26	40810	69523	58.70	69.28
外资企业	5200	1001	102	981.37	18302	4699	389.49	351.96
4、利息税	6248	120	742	16.17	4510	10595	42.57	72.18
5、车购税	24607	3013	1770	170.23	31945	23350	136.81	129.82
6、其他税种								
二、海关代征		6713	1306	514.01	26104	19360	134.83	
三、出口退税		－859			－37529	－40532	92.59	
四、其他收入合计		50	43	116.28	571	522	109.39	
附：1、税款查补收入		658	675	97.48	10570	10959	96.45	
2、本年新欠								
3、清理欠税		－1	1			8		
4、先征后退税款		－1506	－2033	74.08	－5866	－7355	79.76	
5、个体税收		1643	1748	93.99	15613	19074	81.85	

市 V2.0 数据的差错率，数据质量管理工作在全省名列前茅。三是数据分析应用更加深入。通过技术与业务的紧密配合，充分运用数据综合平台的资源，围绕全年工作重点，整理发布税收管理薄弱环节数据分析报告，详细分析低零申报率等征管指标及增值税、消费税等异常情况。全年共提取数据 24 次，涉及表格 54 个，数据 50967 条，为堵漏增收、专项整治及百日大会战及日常税收管理提供强有力的数据支持。

【国税廉政建设】　一是严格落实党风廉政建设责任制。召开全市国税系统党风廉政建设会议，传达省国税局党风廉政建设工作会议精神，安排部署党风廉政建设工作，逐级签订了党风廉政建设和预防职务犯罪目标责任书。同时，抓好党风廉政建设目标的分解，把党风廉政建设目标细化分解到局领导、相关科室和具体人员，做到目标明确、责任明晰，确保"一岗两责"落到实处。二是认真加强领导干部廉洁自律。全局加强领导干部廉洁自律组织领导，健全了组织机构，大力进行动员部署，进一步提高了国税干部的廉洁自律意识。继续推行税收管理员预警机制工作。对税收管理员预警机制进行了修订完善，并制定文件下发各单位执行，将纪检监察有力地渗透并融入税收中心工作。根据"两办"关于厉行节约和坚决制止公款出国旅游的通知精神，压缩经费。以内部审计和财务监督为依托，以国库集中支付改革为契机，以落实各项财务制度为主线，全面加强预算管理。清理"小金库"，明确责任，强化自查自纠工作。严格控制经费支出，2009 年车辆购置及运行费在近 3 年平均基础上压缩 15%，公务接待费在 2008 年基础上压缩 10%，水电费在 2008 年基础上压缩 5%，燃油费在 2008 年基础上压缩 5%，会议费实现零增长。三是开展"廉洁兴税教育月"活动。查找税收执法、行政管理风险点"回头看"活动，增强风险意识。各单位和机关科室结合工作实际，共查出问题隐患 6 类 20 项，针对暴露出的管理上薄弱环节，完善了 24 条整改措施，进一步降低执法风险。开展机关干部公开承诺和廉政宣誓活动，增强廉洁从政意识。在整个活动月期间，全系统共组织上廉政党课和形势报告会17次，知识竞赛15场，警示教育15次，廉政宣誓17次，开门评廉活动16次，观看警示电教片26部，撰写心得体会2700余篇，查找风险点20个，为企业排忧解难165户次，营造良好廉洁兴税氛围。四是抓紧抓好系统政风行风建设。把全年行风评议工作列为全年目标管理的重要内容，加强日常督查考核，并实行行风评议单项奖，对评议成效突出的单位实行重奖。全市国税系统以省政府开展的“服务企业年”和省国税局开展的“纳税服务年”活动为契机，落实向社会承诺的服务措施，建立健全较为完备的纳税服务体系，丰富纳税服务内容，改进纳税服务方式，切实减轻纳税人的负担。开展“上门访廉、开门评廉”活动，强化服务意识，进一步征求纳税人的意见和建议。积极参与行风热线节目，强化外部监督。市国税局领导带领有关科室负责人4次走进“行风热线”直播室，向广大听众介绍了国税工作情况，以及流转税改革的有关政策，进一步宣传国税工作，促进行风建设。落实南阳市委、市政府关于在全市开展“效能建设年”活动，强化执法权力公开和执法监督，不断提升服务效能。要求全体国税人员增强八种意识，就是要增强政治意识、责任意识、服务意识、创新意识、效能意识、精品意识、廉政意识、配合意识，提高机关效能，树立良好形象。(王振凤　赵燕)

2009年南阳市国家税收分征收品目收入情况表

单位:万元

序号	项　目	本月			累计		
		完成	同期	占同期%	累计完成	同期完成	累计完成占同期%
1	一、国内增值税	35423	28981	122.23	354191	403274	87.83
2	卷烟	2464	0		27089	21862	123.91
3	酒	26	22	118.18	1833	3053	60.04
4	纺织	1830	1801	101.61	15343	17339	88.49
5	成品油	1012	0		3832	13	29476.92
6	原油	3868	5798	66.71	30829	80320	38.38
7	化工产品	2855	1194	239.11	23897	31850	75.03
8	建材	1098	1197	91.73	35532	34463	103.10
9	钢坯钢材	1170	50	2340.00	13505	18799	71.84
10	有色金属	970	1007	96.33	3538	6961	50.83
11	机械、运输设备	2399	1468	163.42	21675	21062	102.91
12	电力	4562	4000	114.05	54528	54314	100.39
13	商业	6924	6248	110.82	63525	57259	110.94
14	其他	4554	4577	99.50	42581	42223	100.85
15	二、国内消费税	220	616	35.71	112872	68131	165.67
16	卷烟	51	1	5100.00	81368	59314	137.18
17	酒	156	155	100.65	2979	3052	97.61
18	汽油、柴油	0	350	0.00	20314	4778	425.16
19	其他	4	-5	-80.00	9	19	47.37
20	三、企业所得税	4710	2538	185.58	59112	74222	79.64
21	工业	4379	2193	199.68	36553	52073	70.20
22	商业	126	100	126.00	15012	16947	88.58
23	金融保险	49	2	2450.00	4530	2394	189.22
24	房地产	223	201	110.95	2388	1843	129.57

2009 年南阳市国家税收分经济类型收入情况表

单位:万元

序号	项　　　目	本　月			累　计		
		完成	同期	占同期%	累计完成	同期完成	累计完成占同期%
1	税收收入合计	43486	34647	125.51	562630	579572	97.08
2	其中:国有控股	7263	6881	105.55	47331	138981	34.06
3	其中:国有企业	8880	7957	111.60	190361	171160	111.22
4	集体企业	473	317	149.21	4235	6511	65.04
5	股份合作企业	96	78	123.08	1157	1401	82.58
6	股份企业	24376	16916	144.10	238846	291474	81.94
7	私营企业	2062	2083	98.99	19520	21110	92.47
8	涉外企业	2623	921	284.80	52404	28008	187.10
9	其它企业	4976	6375	78.05	56028	59908	93.52
10	(一)国内增值税	35423	28981	122.23	354191	403274	87.83
11	其中:国有控股	5685	6123	92.85	41032	103776	39.54
12	其中:国有企业	7861	7514	104.62	88002	89765	98.04
13	集体企业	467	303	154.13	4167	6426	64.85
14	股份合作企业	93	73	127.40	1135	1356	83.70
15	股份企业	21592	15157	142.46	191908	238632	80.42
16	私营企业	1952	1958	99.69	17272	19319	89.40
17	涉外企业	1615	816	197.92	34124	23254	146.74
18	其它企业	1843	3160	58.32	17583	24522	71.70
19	(二)国内消费税	220	616	35.71	112872	68131	165.67
20	其中:国有控股	97	51	190.20	1220	1066	114.45
21	其中:国有企业	52	1	5200.00	81370	59315	137.18
22	集体企业	3	3	100.00	3	9	33.33
23	股份合作企业		2		2	5	40
24	股份企业	151	601	25.12	30974	8159	379.63
25	私营企业	8	11	72.73	372	518	71.81
26	涉外企业	7	3	233.33	57	55	103.64
27	其它企业	—1	—5	20.00	94	70	134.29
28	(三)企业所得税	4710	2538	185.58	59112	74222	79.64
29	其中:国有控股	1481	707	209.48	5079	34139	14.88
30	其中:国有企业	967	442	218.78	20989	22080	95.06
31	集体企业	3	11	27.27	65	76	85.53
32	股份合作企业	3	3	100.00	20	40	50.00
33	股份企业	2633	1158	227.37	15964	44683	35.73
34	私营企业	102	114	89.47	1876	1273	147.37
35	涉外企业	1001	102	981.37	18223	4699	387.81
36	其它企业	1	708	0.14	1896	1371	138.29
37	(四)个人所得税	120	742	16.17	4510	10595	42.57
38	(五)车购税	3013	1770	170.23	31945	23350	136.81

2009 年南阳市国家税收分单位完成情况表

单位:万元

单位	年初计划	地方级收入					其中:省级收入				市级及市级以下收入			
		本月		累计			本月		累计		本月		累计	
		完成	比同期±%	累计完成	比同期±%	占计划%	完成	比同期±%	累计完成	比同期±%	完成	比同期±%	累计完成	比同期±%
合计	131000	10768	25.8	113323	−7.2	86.51	684	635.5	13572	−0.1	10084	19.1	99751	−8.1
卧龙	18670	1203	135.9	21253	25.6	113.84	−1		187	17.6	1204	136.1	21066	25.7
宛城	22080	1874	78.8	22692	17.3	102.77	685	621.1	13379	14.6	1189	24.8	9313	21.4
高新	9650	1010	224.8	12842	48.0	133.08			6		1010	224.8	12836	47.9
油田	22720	1327	−17.8	9820	−54.6	43.22			0		1327	−17.8	9820	−54.6
邓州市	3950	406	20.5	3995	9.2	101.14		−100.0	0	−100.0	406	20.1	3995	13.9
唐河县	2400	231	15.5	2154	−8.6	89.75		−100.0	0	−100.0	231	14.4	2154	−4.5
方城县	3400	837	67.4	3525	9.3	103.68		−100.0	0	−100.0	837	67.7	3525	17.9
镇平县	4400	276	−64.5	3306	−24.7	75.14			0	−100.0	276	−64.5	3306	−19.4
社旗县	1000	53	−27.4	1002	−14.4	100.20			0	−100.0	53	−27.4	1002	7.1
新野县	4200	370	4.8	4987	28.8	118.74			0	−100.0	370	4.8	4987	30.9
内乡县	3360	386	80.4	3168	−12.4	94.29			0	−100.0	386	80.4	3168	0.6
淅川县	6670	693	−6.7	5407	−13.6	81.06			0	−100.0	693	−6.7	5407	−12.8
西峡县	17950	1369	2.3	12795	−23.5	71.28			0	−100.0	1369	2.3	12795	−23.1
南召县	3550	347	57.7	2088	−35.7	58.82			0	−100.0	347	57.7	2088	−35.1
桐柏县	7000	386	21.8	4289	−38.7	61.27			0	−100.0	386	21.8	4289	−38.3
市车购办														

地方税务

市地税局局长　高新运

【地方税收概况】 2009 年受国际金融危机影响,地方税税收形势严峻。全年共组织各项收入 33.7 亿元,同比增长 9%。其中完成税收收入 31.9 亿元,同比增长 9%,实现均衡增长;完成一般预算收入 29 亿元,同比增长 11.7%,占财政一般预算收入的比重为 51.6%,同比提高 1 个百分点,对地方财政的贡献率明显提高;完成地方级税收 27.4 亿元,占年计划 27 亿元的 101.4%,同比增长 11.8%,实现平稳增长;完成市本级税收 9.4 亿元,同比增长 19.5%,实现较快增长。全市地税收入和地方级税收总量在全省 18 个省辖市排名第 4 位,地税收入呈现“规模不断扩大、收入稳定增长、质量逐步提高”的态势。

【地税服务经济发展】 (一)落实减免税政策。2009 年,办理 401 个企业各类减免税,减免税款 16099 万元,为 4 个企业审批财产损失税前扣除 4594 万元,审核认定 2 个高新技术企业适用企业所得税优惠政策,为 2134 名下岗职工办理减免税 398 万元,支持了经济和社会事业发展。(二)代征“三费两金”。全年代征教育费附加 15792 万元,同比增长 10.4%;代征文化事业费 175 万元,同比增长 6.7%;代征工会经费 2378 万元,同比增长 13.8%;代征残疾人保障金 1109 万元,同比增长 19.4%;代征价格调节基金 200 万元。(三)开展“企业服务年”活动。开展辅导讲座 32

期，召开座谈会837次，成立现场办公服务小组68个，帮扶重点企业560个，为企业提供经营信息8599条，为156个企业协调资金2.3亿元，帮助企业战危机、谋发展。以第18个税收宣传月活动为契机，在市地税局外网开办“税收？发展？民生”网上论坛，加强税企沟通交流；在南阳电视台举行地税发展惠民生征纳互动电视直播活动。“三条热线拉起全市地方税收知识宣传网”获得全省税收宣传月活动一等奖。（四）优化纳税服务。健全纳税服务体制机制，统一和规范纳税服务标准，开通“12366纳税服务热线”，提升服务效能。以外部网站为依托，公开涉税信息，保障纳税人的知情权、参与权、表达权、监督权。高新区地税局办税服务厅成功入选全省办税服务厅试点单位。河南油田地税局开通“税信通”短信互动平台，创办地税手机彩信月刊，为企业提供便捷服务。桐柏县地税局探索出“服务前准备、服务中交流、服务后分析、服务完回访”的纳税服务“四步法”，受到纳税人的赞誉。

【地税征管】　（一）规范征管基础。探索“抓大、控中、规范小”的税源分类管理新模式，健全分析预警评估机制，加强税源监控。宛城区地税局探索的《餐饮业纳税评估模型》和邓州市地税局总结的《面粉加工业纳税评估模型》被国家税务总局评为“全国百佳行业纳税评估模型”。（二）加强信息化建设。建立数据监控、分析模型，加强网络和信息安全管理，拓展网络增值应用，为全市地税工作开展提供技术支撑。建设市地税局内部新网站，成为宣传、交流工作经验的主要平台。（三）征管质效提升。按照“全面上机、上机全面、简便易行、监管有效”的总体要求，科学设置2大类6大项25个考评指标，各单位认识到位、输机到位、管理到位、考核到位，实现“以机控税”，提升税收管理水平，铲除腐败滋生的土壤。（四）完善法制建设。各单位以“一项活动三个讲座”为载体，开展普法宣传。采取逐月通报、纳入目标管理、严格申辩调整备案、开展责任追究等措施，执法考核系统呈现“一高两低”的良好态势。2009年，执法正确率位居全省第1位。严格预审，开展规范行政处罚裁量权工作，提高案件质量和查补税款入库率。（五）税种和行业管理深化。旨在全面提高全市税种、行业管理服务水平的“两创一提”活动，全面展开，开局良好。营业税各行业管理得到全面加强。通过严格认定、严控限额、规范财务核算等有力措施，货物运输业税收管理进一步规范。以建筑业和房地产业为突破口，实行严格项目管理，实现建筑业和房地产业营业税6.7亿元，创历史新高，经验被省地税局推广。不断完善、深化以票控税、先税后证的房地产一体化管理措施，仅南阳中心城区二手房交易实现税收1500多万元。加强企业所得税汇算清缴，调增应纳税所得额9亿元，汇算入库企业所得税1.6亿元。规范建筑企业所得税管理，堵塞征管漏洞，实现该行业所得税收入翻番。继续推进个人所得税自行申报，全市1073名年收入超12万元个人申报补缴税款548万元。推广应用个人所得税管理系统，全市已有1060个企业成功实现网上申报，入库税款达688万元。推进“两税”信息比对，协调国税部门代征，城建税和教育费附加实现平稳增长。在主体税种遭受危机冲击、增长乏力的情况下，通过加强对“小税种”的规范化管理，全市资源税、土地增值税、房产税、土地使用税、印花税、车船税、烟叶税等7个“小税种”全年实现增收13714万元，占地方级增收总额的47.4%，其中资源税和房产税都首次突破1亿元大关，车船税连年大幅增长，管理经验被省地税局推广。“小税种”有了“大作为”，成为税收工作的一大亮点。国际税收管理得到全面加强，全年入库税收8233万元，提前21天完成全年收入任务。（六）强化发票管理。开展发票违法犯罪集中打击和宣传活动，形成强大震慑。开展发票内外部检查，进一步规范发票管理。搞好旧版发票的核销、清理，全市共核销发票760万份。加强基础数据清理和专题培训，实现新发票管理（查询）系统上线。开展发票“双奖”活动，提高消费者索票积极性。（七）发挥税务稽查作用。推行分级分类稽查，组织开展银行、保险、旅游行业等税收专项检查，开展“稽查案卷质量年”活动，2009年，全市稽查部门共检查473户，查补税款、滞纳金、罚款11472万元，入库10824万元，发挥以查促管、以查促收作用。航运业发票协查受到国家税务总局和省地税局的好评。打击涉税犯罪，全年查办涉税案件180余起，查处税款罚款1677万元，移送涉税案件4起。

【地税基层建设】　标准化税务所建设是近两年全省地税系统的一项重点工作。各单位按照“硬件要标准、软件要规范”的思路，高标准、抓试点、创特色、求突破，打造“功能完善、执法规范、管理有序、整洁美观”的税务所。硬件建设做到统一、朴素、简洁、美观，软件建设重点在优化纳税服务、实施精细管理、涵养税收文化、提升地税形象上下功夫。市地税局适时召开基层所建设观摩会，组织观摩宛城办税服务厅、新野县沙堰所、卧龙区七里园所3个试点，各单位学习借鉴试点经验，取得明显成效。西峡县地税局标准高、措施实、进度快、效果好，基层面貌发生根本改变。在基层建设中，市地税局重点引导、监督，出台加强基层所建设与管理工作的实施方案和监督意见，把监督预防作为一项重要内容，贯穿于基建工作的始终，打造“优质、高效、安全、文明、廉洁”的基建工程。各级纪检监察部门全程参与，严把预算、施工、决算三关，严把决策、程序、财务管理三个环节，化解基建风险。完成97个基层所的新建、修缮和规范任务，为各项工作有效开展奠定坚实基础。(马顺利)

2009年南阳市地方税收分单位税收完成情况

单位:万元

单位	税收完成情况				地方级			
	完成数	增幅%	排序	同比增收	完成数	增幅%	排序	同比增收
卧龙区	31733	7.7	8	2274	28326	9.1	11	2371
宛城区	19214	4.3	10	794	17125	2.6	14	430
邓州市	17989	16.0	4	2476	16102	15.4	5	2153
唐河县	15194	8.2	7	1154	13928	10.4	9	1310
方城县	12091	−15.7	17	−2259	11287	4.1	13	449
镇平县	16269	7.0	9	1062	14245	10.0	10	1292
社旗县	6930	14.3	5	865	6521	15.0	6	853
新野县	13235	2.5	14	324	10754	1.6	16	173
内乡县	11923	3.5	12	404	10560	12.4	7	1167
淅川县	14168	−1.8	15	−260	11790	2.1	15	246
西峡县	33291	2.7	13	887	24069	0.0	17	1
南召县	10406	21.0	3	1805	9367	20.6	3	1603
桐柏县	18574	−7.4	16	−1490	14754	10.5	8	1399
开发区分局	9755	12.4	6	1077	8810	16.6	4	1257
市直分局	58065	26.8	1	12268	48446	25.7	1	9899
油田分局	22280	25.8	2	4568	20467	24.1	2	3975
涉外分局	8233	3.7	11	297	7279	5.0	12	346
合计	319350	9.0		26246	273830	11.8		28924

2009 年南阳市地方税收分税种完成情况

单位:万元

项　　目	南阳市				全省	
	完成	占全省%	增幅%	增幅占全省位次	完成	增幅%
营业税	134895	5.3	12.7	16	2528117	20.6
企业所得税	41253	3.9	−14.0	11	1056231	−19.2
个人所得税	34617	4.5	6.9	14	765671	17.5
资源税	10118	4.2	9.5	6	242308	−0.5
土地使用税	28129	6.1	23.8	9	462837	24.4
城市维护建设税	34244	6.2	5.5	14	549502	12.0
印花税	3983	3.5	7.0	14	112242	9.4
土地增值税	7907	3.6	31.8	14	219327	33.9
车船税	5075	7.5	112.6	6	67676	78.9
房产税	10831	5.1	14.2	15	211137	25.0
烟叶税	8298	14.8	17.3	5	56020	20.0
教育费附加	15792	6.1	10.4		256817	9.0
文化事业建设费	175	1.9	6.7		9320	8.5
残疾人保障金	1064	6.3	14.7		16938	6.0

2009 年南阳市地方税收分产业完成情况

单位:万元

项　　目	南阳市				全省	
	完成	占全省%	增幅%	增幅占全省位次	完成	增幅%
二产	160619	5.5	10.2	7	2916652	2.3
工业	104175	5.5	5.5	4	1878820	−8.1
采矿业	26751	3.4	−7.7	3	796596	−12.6
制造业	63738	6.8	9.1	3	931020	−5.8
电力、燃气及水	13686	9.1	20.6	3	151204	4.8
建筑业	56444	5.4	20.0	17	1037832	28.7
三产	158731	4.7	7.7	20	3354416	18.5
交通运输	19306	5.8	−5.0	11	334273	−3.7
批发零售	23826	7.3	9.4	11	325186	11.9
金融	31784	5.0	25.4	5	631649	24.6
电信	9223	7.1	1.0	11	130557	4.7
住宿餐饮	11868	7.6	10.2	14	155143	15.6
租赁及商务服务	16531	4.2	−21.6	18	396836	−1.9
房地产	35416	3.5	16.6	17	1025921	28.6

金　　融

人　民　银　行

【人行南阳市中心支行概况】 2009年,面对金融危机背景下严峻的经济金融环境,市人行认真贯彻适度宽松的货币政策,不断优化信贷结构,有力地支持地方经济又好又快发展。年末全市金融机构人民币各项存款余额1145.9亿元,各项贷款余额较年初增加148.17亿元;外汇各项存款较年初增加1357万美元,外汇各项贷款增加2895万美元;银企合作项目签约金额875.73亿元,中小企业小额担保贷款14252万元。市人行被郑州中支评为宏观调控先进单位,被南阳市政府评为"支持地方经济发展先进单位"和"支持地方外向型经济发展先进单位"。

【金融运行】 2009年,南阳市各金融机构围绕南阳市经济发展目标,全面落实刺激经济的一揽子计划和相关政策措施,进一步发挥金融对经济平稳较快发展的支持力度,经济金融发展的协调性显著增强。一是各项存款持续增长。金融机构人民币各项存款余额1145.9亿元,比年初增加224.73亿元,增长24.4%,同比多增90.53亿元。二是信贷投放显著增长。金融机构人民币各项贷款余额较年初增加148.17亿元,增长26.90%。三是信贷结构进一步优化。各金融机构按照人民银行信贷政策要求,加大对三农、消费以及民生工程的支持力度,信贷投放结构出现新变化,农业贷款较年初增加31.61亿元,增长17.93%,增幅比去年同期提高7.11个百分点。受中央和地方一系列投资政策措施的合力推动,基本建设贷款较年初增加21.64亿元,增长37.49%,增幅比去年同期提高11.31个百分点。个人短期、中长期消费贷款比年初增加10.64亿元,增长57.89%,增幅比去年同期提高22.41个百分点。四是外汇形势出现新变化。受涉外经济企稳回升影响,南阳市金融机构外汇各项存款比年初增加1357万美元,同比多增1261万美元;外汇各项贷款由负转正,比年初增长2895万美元,同比多增4246万美元。

【货币信贷】 全市金融机构认真贯彻执行国家货币信贷政策,大力支持地方经济发展。一是紧紧围绕"扩内需、保增长、调结构"这一主题,制定《关于贯彻适度宽松的货币政策加大金融支持经济发展力度的指导意见》和《关于金融支持高新技术产业发展的指导意见》,市政府批转全市执行。二是坚持通过金融联席会议、信贷管理座谈会、季度经济金融运行分析会等形式,分析和把握经济金融运行情况,有针对性地加强窗口指导。三是加强银企合作平台建设,分别组织召开"2009年银企洽谈会"和"房地产与银行业洽谈联谊会",共达成银企合作项目493个(427+66),签约金额合计875.73亿元,创历年之最。四是着力推进信贷结构优化,进一步加大对生物能源和生物化工、光电、多晶硅及光伏、石油化工、机电装备及先进制造业、制约、电力等产业的信贷投入,重点支持培育12个销售收入超100亿元的骨干企业或企业群体。五是引导金融机构加强对中小企业和弱势群体的信贷投放,继续推动"小额担保贷款+创业培训+信用社区"的长效机制建设,积极支持高校毕业生、返乡创业农民工等自主创业和合伙创业,继续推动助学贷款工作取得新进展。2009年末,全市累计到位担保基金4658万元,全市金融机构累计发放各类小额担保贷款5290笔,金额14252万元。六是积极推进金融产品创新,引导农业银行推出"活体牲畜抵押+保险"的信贷模式,为河南牧原养殖公司发放贷款5000万元,解决了引起温家宝总理高度重视的养殖企业贷款难问题,受到地方党委和政府的好评。继续大力推广"贷款+保险"、"担保协会+农户"、"个体信用担保协会"等行之有效的信贷运作模式,促进金融机构加大对"三农"有效资金投入,在河南省政府召开的金融支农创新动员大会上,南阳中心支行作典型发言。

【金融稳定】 全市各金融机构进一步加大金融风险控制,规避金融风险。一是加强金融稳定机制建设,进一步推进区域金融合作。完善《南阳市金融稳定工作实施细则》,定期召开金融稳定分析会议，不断创新工作方法，健全考核机制，夯实工作基础，促进金融稳定工作更加规范化、制度化。在继续做好环丹江库区金融稳定协调机制的基础上，指导邓州市支行与湖北省老河口、丹江口、谷城等县市支行建立豫鄂毗邻4县(市)金融稳定合作机制，推进金融合作机制继续县域层面的发展。二是加强金融风险监测分析，及时化解金融风险。进一步完善金融改革信息报送制度，重点监测考核农村信用社的经营情况，督促农村信用社在转换经营机制、完善法人治理结构、增强服务功能方面取得实质性成效。密切关注辖区银行业、证券业、保险业和交叉性金融工具发展状况，开展风险分析，研究跨行业、跨市场金融风险的防范措施，认真撰写金融行业风险分析报告。三是加强应急管理和应急演练，提高应对突发事件的能力。修订《南阳市金融机构突发事件应急预案和应急预案演练方案》，组织开展大、小额支付系统、同城票据交换系统、支票影像系统、国库会计核算系统、人民币发行库管理系统等专项应急演练，保证各项金融服务系统的正常运行。四是加强信用体系建设，不断改善和优化金融生态环境。组织开发“1＋3＋5”(1个系统、3套信用档案、5项机制)农村信用体系建设模式，建立涵盖79项信用信息的农村信用体系建设评价指标体系，切实将“创建信用县、信用乡镇，评选信用村、信用户”活动与信贷服务有机结合，体现支农、惠农的实际成效，推动农村信用建设创建活动的深入开展，南阳金融生态环境不断得到改善和优化，资金洼地效益进一步显现。2009年，工、中、建三家银行与南阳市签订3～5年投放贷款800亿元的战略合作协议。区外金融机构在南阳市贷款余额达140多亿元，为地方经济发展提供坚强的资金保障。

【金融服务】 坚持以标准化建设为抓手，以规范、高效为重点，狠抓各项基础建设，逐步实现由业务操作型向科学管理型、优质服务型转变，全面提升辖区人民银行的金融服务水平。一是夯实基础求创新，切实做好各项金融服务工作。进一步深化金融统计数据共享的力度和深度，创建“宏观经济时间序列数据管理系统”南阳数据库，为货币监测和宏观经济金融分析工作提供有力的数据支撑。选择邓州市作为农村支付环境建设试点，逐步将支付系统、账户管理系统、非现金支付工具等推广延伸到乡镇村，得到郑州中支的充分肯定。完善反洗钱联防联控协作机制建设，加强反洗钱非现场监管，发现1起可疑交易并配合公安机关进行查处，被郑州中支评为反洗钱专项行动突出成果奖。加强发行基金调拨和现金投放，调入发行基金40.4亿元，投放现金82.5亿元，回笼现金118.2亿元，保证现金需求。组织各金融机构4800人参加南阳市反假货币上岗资格证网络化考试，新建反假货币宣传网点12个，破获万元假币案件4起，收缴假币500余万元。认真开展财税库银横向联网系统的测试和运行工作，指导社旗县支库成功开展国库直接支付业务，大大减少库款支拨环节，提升国库服务社会的水平。二是加强检查促管理，保证业务规范有序开展。组织对金融机构一线人员进行人民币防伪知识及有关法律法规的考核，有效提高金融机构服务水平和履职尽责能力。先后组织对银行业金融机构的161家支行级营业网点反假货币、人民币管理情况，对农村信用联社、邮政储蓄银行账户管理情况，南阳市农联社系统15个营业网点、证券期货行业的反洗钱工作情况，金融机构金融统计数据质量情况进行检查。先后组织对辖区内3家外商投资企业利润汇出及股权改制情况、工行南阳分行2008年度外汇业务开展情况、3家外商投资企业违反外汇管理登记和变更案件等进行检查。对检查中发现的问题，分别依法进行处理，有效地规范金融机构的金融业务行为。三是优质服务提效率，树立良好社会形象。采取“现场办公，上门服务”的方式，深入辖区内有关进出口企业了解情况帮助解决实际问题，举办外汇政策法规培训会2次，为两家企业解决进出口贸易过程中收结汇和购付汇额度不足等问题，促进辖区外向型经济发展。组织金融系统“微笑大使”评选活动，评选出9名“微笑大使”和36名“微笑使者”，推进优质服务活动开展，收到良好社会效果。被郑州中支评为金融服务先进单位。(刘波)

工　商　银　行

【工商银行概况】 2009年，全行实现拨备前利润27216万元，同比增加7060万元；实现拨备后利润21676万元，同比增加3473万元；实现税后净利润16423万元，同比增加3263万元；实现经济增加值10910万元，同比增加3118万元。年末各项存款余额136亿元，各项贷款余额67.3亿元。

【工商银行贷款业务】 2009年紧紧抓住国家扩大内需这一有利时机，根据南阳市重点项目规划，按照行业产业政策选准项目，积极实施前期项目对接,采取定人员、定项目、定时间、定进度、定效果的"五定"措施,促进各项贷款业务的开展。各项贷款余额达到67.3亿元,较年初增加11.1亿元,同比多增9.7亿元。一是抓紧对接项目落实,运用新产品,超前谋划,紧密结合客户特点"量身裁衣",为部分企业制作固定资产支持融资项目服务方案。固定资产融资项目贷款即将到位。二是抓贸易融资。在流动资金贷款投放方面,认真贯彻"大小兼顾、多产品营销"原则,及时掌握企业资金需求,提高优质贷款市场份额。大力推广以现金流管理为基础的贸易融资业务,推进贸易融资业务的大发展。优化流动资金贷款产品结构,有效防范信贷风险,全年累计办理贸易融资业务13亿元,三是抓贷款质量。认真研究行业信贷政策,结合每个项目的需要,认真选择适合项目建设的贷款品种,对照贷款条件,严格审查,严格把关,确保每笔贷款营销的安全性和效益性。四是扩大个人贷款产品在市场和客户中的覆盖面。积极发展个人商用房贷款、个人房屋抵押贷款、个人汽车贷款和个人经营贷款等个人贷款产品。在加大对城区支行资源配置倾斜力度的同时,把个人贷款产品向县域延伸和发展,指导县支行做大商用房、房屋抵押贷款业务,提高个贷产品收益。五是抓小企业贷款。成立机构,选派人员,加强小企业信贷业务的营销与管理。采取小企业信贷业务推介会、座谈会、银政签约会、银企签约会等形式,多渠道、多方式、多层面的宣传小企业信贷政策,推介小企业信贷产品,提高社会对市分行小企业信贷产品的认知度和影响力。全年小企业贸易融资类产品占整个小企业贷款余额的72%。

【工商银行存款业务】 2009年底,人民币各项存款(含同业)余额达到136亿元,较年初增加32.4亿元,同比多增19亿元。一是确定存款目标任务。本着抓早、抓好、抓实的工作思路,年初即召开专业会议,全面安排部署2009年储蓄工作,制定储蓄存款日通报制度,按季联系绩效,激发先进,鞭策落后。二是完善存款监测考核。落实日监测、月通报、季考核制度,通过召开对公存款分析会,分析、解决营销中存在的问题,促进公司存款增长。三是制定增存考核措施,确保有贷户销售收入的合理归行。重视资产业务对存款业务的拉动作用,吸收更多的客户在市分行开户,增加对公存款。四是创新增存。全年连续举行大型银企签约会、银政银企联谊会,极大地提升工行金融产品在企业及党政单位的覆盖率。五是抓大户存款。抓住财政、社保、公积金、军队、同业五大龙头客户,强力营销,跟踪服务,12月底五大系统比年初增存达20.7亿元,创历史新高。六是实施激励增存。结合省行机构业务五项劳动竞赛活动的奖励政策,按产品营销额度进行奖励,促进机构存款增长。

【工商银证中间业务】 工商银行南阳分行积极开拓中间业务和新兴业务,增加经营效益。一是狠抓中间业务"一把手"工程,要求支行行长和部门经理亲自抓,亲自营销、亲自过问。结合中层干部考核,对中间业务收入任务完成较差的支行和部门负责人进行问责,并扣减一定比例的绩效工资,对中间业务收入贡献大的支行和部门给予重奖。二是狠抓组织推动。深入客观地剖析全行中间业务收入状况,及时找出制约中间业务发展的瓶颈,提出具体对策和措施,不断扩大增收优势。三是加强沟通交流,推进联动营销。在中间业务营销上注重部门与部门之间的横向沟通协作配合,部门与支行之间的纵向帮扶指导,真正形成上下协调、整体联动的营销体系。四是狠抓激励机制,落实奖惩措施。在产品计价、绩效考评和费用分配中,提高中间业务产品的计价价格,提高考核权重,加大资源倾斜力度,充分调动全行组织拓展中间业务收入的积极性。

【信贷风险管理】 全行强化风险管理,确保安全营运。一是认真贯彻国家宏观调控政策,准确把握信贷投向。加强信贷政策的执行和监督,坚持稳健的信贷经营方针,以行业信贷政策为指引筛选客户,对行业政策明令禁止、管理不规范、信誉度低的客户,一律不予支持,杜绝"双高"企业贷款,坚持绿色信贷政策,支持节能高效企业发展。二是大力发展贸易融资和小企业信贷业务,推进传动流动资金贷款改造进程。今年通过压缩传动流动资金贷款转化贸易融资业务8000多万元,11月末贸易融资业务余额达9.4亿元,较年初增加7.5亿元。通过办理风险较低的贸易融资业务,减少了资本占用,优化信贷资产结构。三是实现流动资金贷款业务复牌。加大对剩余不良贷款的清收力度,通过多方努力,7月,完成不良贷款清收处置工作,不良贷款和不良率双降为零,实现流动资金贷款业务的顺利复牌。四是明确信贷工作防范重点,突出抓好信贷管理工作。重点加强对关注类贷款、到期贷款、个人逾期贷款、集团关联企业贷款以及房地产贷款等重点客户的监测和管理,确保贷款质量。五是积极推进信贷作业监督前移。认真履行放款前提条件核准、放款前手续完备性和合规性监督等职责。

加强信贷操作风险管理，把好“入库关”，确保入库信贷档案资料的完整性、有效性和合规性。六是制定完善《内控管理积分考核办法》、《内控管理奖励办法》、《案件管理办法》、《南阳分行网点营业经理绩效考核办法(暂行)》、《南阳分行风险管理委员会工作规则》、《南阳分行操作风险管理委员会工作规则》为强化内控管理、规范业务运作、促进业务发展提供制度保障。七是实行案件防控目标责任制。市分行与各支行、各部门签订《案件防范工作目标责任书》、《廉政建设目标责任书》，支行也通过签订目标责任书的形式，将案防工作目标层层分解到各职能部门和各分支机构，落实到每位员工。八是落实案件防范分析会制度。对照省行确定的11个风险点和银监部门提出的7个重点环节，进一步加大防范力度，及时清除业务运行各环节存在的风险隐患和不安全因素。加强员工行为动态管理，对重点环节、重点对象、重点岗位进行排查，对排查出的关注对象，落实责任人，进行重点帮控和教育，防患于未然。九是加强计算机安全管理，围绕场地安全、网络安全、信息安全、应用安全、操作流程安全和问题变更安全等6个方面，采取建立规范的操作流程和文档资料管理办法、建立安全生产责任制、扩大场地和系统监控范围、提高场地和系统监控频率等多项措施，确保全行计算机信息系统安全稳定运行，无计算机事故和案件发生。

【工商银行服务管理】 全行进一步加强金融服务，提升服务管理水平。一是先后制定出台《南阳分行服务工作考核办法》、《南阳分行营业网点服务工作管理办法》、《南阳分行优质服务工作管理办法》、《第三方检查考分办法》等，明确责任，强化管理，为进一步做好服务工作夯实了基础。二是聘请第三方进行服务检查。每月对网点进行2次“神秘人”服务检查，通报服务检查情况，提出检查发现的问题，坚持处罚到人，整改到网点，全行服务意识明显增强，整体服务水平大幅提升。三是加强服务渠道建设。在省行的大力支持下，市行共对8个支行营业场所进行改造升级，美化营业环境，整合业务流程，体现人性化服务，树立南阳分行崭新形象，为业务发展奠定基础。四是加强客户经理、大堂经理队伍建设。在各网点配齐客户经理和大堂经理，并对其进行综合业务、营销技能、服务礼仪培训。制定《客户经理、大堂经理管理办法》，明确岗位职责和目标任务，以业绩定绩效，以营销论英雄，适当拉开收入距离，调动两支队伍的营销业务积极性和创造性，有力促进业务营销和客户管理维护工作。(刘万强)

建　设　银　行

【建设银行存款】 2009年末全行各项存款余额1453520万元，较年初新增387696万元。其中对公存款余额653519万元，金融同行业排名第1位，较年初新增221234万元，金融同行业排名第1位。储蓄存款余额795808万元，金融同行业排名第3位，较年初新增163214万元，金融同行业排名第1位。同业存款余额4193万元，新增3247万元。

【建设银行贷款】 2009年全行累计投放公司类非贴现贷款269168万元，个人住房贷款56711万元，个人消费贷款12121万元。累计办理贴现294682万元，承兑158467万元。

【经营效益】 全行实现考核利润22516万元，同比增加2281万元。实现经济增加值12949万元，同比增加1598万元。

【经营转型】 全行加快网点转型，建立全行所有网点的视觉识别档案。网点建设稳步推进，新装修网点7个，其中对5个网点实行迁址装修，改造11个网点门楣，全行所有网点均按照“蓝色银行”新形象的要求改造完毕。新建设7个自助银行，其中2个离行式自助银行。稳妥推广网点转型二代项目。成立网点转型二代项目实施推广小组。通过上门指导、督促落实、注重过程、强化效果等方式，顺利完成市建行2009年网点二代转型工作，共有1个总行级网点、3个省分行级网点通过总行、省分行的转型验收，其中镇平县支行的网点转型验收在全部63个省分行级验收网点中综合排名第1，4个转型网点的各项业务指标都呈现了良好的发展势头。同时启动对公网点转型工作，对公商务中心申报、选址工作也有序进行。

【优化结构】 贯彻“树品牌、创氛围、上台阶”9字方针，将服务满意度纳入核心指标考核，加强服务督导检查，开展“学习服务明星，争创服务品牌”活动，坚持每月评选优质服务单位5个和服务明星10名并进行表彰。加大业务技能培训力度，先后4次组织全辖区柜面员工进行业务知识、计算机操作、单指单张点钞业务技能考试。实行城区16台离行式ATM集中管理，完成电子验印统一项目建模工作,共建模4085户。累计代发代扣财政统发工资户数19余万户,金额2.5亿元。累计向营业机构集中配送重要单证及一般单证62次,总计120多万份。

【内控风险】 (一)强化资产风险管理。切实重视风险文化建设,进一步做好新客户筛选和风险排查工作,严格执行上级行信贷准入政策,把好客户准入门槛。实行所有公司类客户授信的平行作业机制,在风险评价、授信条件审查、项目评估等工作中,及时联动。细化贷后管理措施,制订《贷后平行作业实施细则》,提高工作的有效性。每月召开贷后管理例会,每月进行客户风险排查,每季度对公司类信贷客户实施业务检查。严格执行个人贷款“面谈面签”的规定。调整充实贷后管理人员,推行前、中、后业务全程风险控制等措施,严格消费类贷款资金用途管理,加强贷后资金流向监管,加强对关注类、次级类贷款的管理。建立对公和个人贷款风险联动监控机制,严格控制授信总量,防止重复借款和过度负债。(二)重视业务操作规范化。开展个贷业务、抵押物权证、个贷流向、个贷数据清理、个人征信系统等专项自查自纠活动。制定柜员主管考评办法,改进会计主管考评办法。细化资金管理,全行现金备付率控制在省分行核定范围之内,连续11次受到省分行的通报表扬。加强集中采购管理,完成本部办公大楼装修九个标段的公开招标工作及网点、自助银行的购置、租赁、门头改造等事项。启动“操作规范化,管理上水平”活动,开展对公会计业务检查7次。强化内外部资金对账和账户合规管理,账户对账率一直保持在100%,账户合规率由2008年末的82.27%提高到2009年11月末的99%。坚持每季度对全辖网点进行1次个人业务全面检查,共开展常规性录像监控检查12次、重点检查及专项检查6次,接受省分行及银监分局专项检查4次。(三)深入推进从严治行工作。加大防范案件风险力度,制定案件防控及整改方案,认真落实案件防范工作责任制,坚持每季度组织召开一次案件防范联席会,基层营业机构每月召开一次违规案例分析会,狠抓各项措施的落实。进一步提高检查质量和制度执行力,认真开展员工行为排查活动,排查人数2411人次。加强内外部监管整改力度,整改率达100%。加大责任追究力度,共追究违规违纪人员19人。深入推进积分管理工作,共对34个基层机构和133人次进行违规积分。(四)认真开展法律、例规教育。加大对各类被诉案件的管理和协调力度,维护建行合法权益。全年共结案13起,其中胜诉8起,避免经济损失172.78万元。深入推进合规文化建设,建立合规值班员制度和合规热线制度,开展以合规为主题的5期员工户外训练活动,举办专题警示教育讲座、新员工入行警示教育讲座等,进一步增强员工的合规意识。(五)进一步加强安全稳定。开展“平安建行”创建活动,推进安技防设施建设和管理。投入110余万元,新安装电视监控设施25套,防尾随互锁联动门10套,安装防弹玻璃60余平方米,新购置110报警装置10套,改造电视监控设备20套。为营业网点新购置、配备防卫器械60余支。完成远程监控联网系统建设并投入运营,全行互联网统一接入省分行互联网接入平台。(孙君泽)

农　业　银　行

【农业银行概况】 2009年,南阳市农业银行紧紧围绕股份制改革、风险防控、业务经营、服务“三农”等中心工作,统筹兼顾,稳步推进,取得显著成效。全行各项存款较上年净增14.02亿元,各项贷款较上年净增9.32亿元,实现中间业务收入5769万元,累计处置收回委托资产6437万元,累计清收自营不良贷款501万元,清收总额在全省位居第5位。实现帐面利润23679万元,办理惠农卡授信26172户,惠农卡发卡新增69333张。累计投放各类贷款172970万元,其中投放小额农户贷款47818万元,投放小企业及涉农贷款20126万元,重点支持辖区内一批高等级优良客户、大额农户、中小企业和涉农企业。

【农业银行业务转型】 南阳市农行始终把全力推进负债业务(存款)、中间业务和不良贷款清收作为立行、强行、持续有效发展的重中之重,抓紧抓好,取得显著成效。全年全行各项存款余额达172亿元,较上年净增14.02亿元;全年全行实现中间业务收入5769万元,对全行经营利润的贡献度明显提高;全年全行累计清收自营不良贷款501万元,处置收回委托资产6437万元。(一)借助活动,营造竞赛氛围。一季度根据省分行“开门红”活动部署,精心组织活动开展,制定《开门红主要指标业务费用奖励办法》,拿出400万元业务经费,用于奖励对公存款、中间业务、贷款清收等主要业务指标。同时,强化约束机制,严格落实《科级干部动态管理办法》。强化业务督导,对主要业务指标实行每日通报制度，利用内部网天天排队、通报，增强加快发展的紧迫感。通过有力措施，全行实现首季“开门红”，在全省综合绩效考评中位居第7名。二季度以来，按照省分行年中工作会议精神的工作导向，开展“三项”重点业务竞赛活动，保持良好发展势头。7月份以来，结合自身实际，在保持下半年年度绩效考评连续性的同时，又拿出500万元专项资金(其中绩效工资360万元、费用140万元)，用于推动各项存款、中间业务收入、委托资产处置“三项”重点业务。实行工资、费用万元含量奖励，对“三项重点业务”按计划完成情况，分档次实行万元工资、费用含量奖励。对市场份额进行考核奖励，对各项存款和中间业务兑现增量市场份额提升奖和位次提升奖两项奖励。同时，制定相应的问责机制，强化对县支行领导班子的约束。(二)加强督导，落实“班子工程”，推行班子和部室分包业务和支行制度。制订《市行领导班子成员和机关部室分包业务和县(市、区)支行实施办法》，明确领导班子成员和机关部室对分管业务、分包支行的业务发展责任，深入基层，加强督导，推动业务发展。

【服务“三农”】 南阳市农行认真落实上级行服务“三农”的工作部署，加大“三农”工作力度，下发《关于配置‘三农’业务客户经理的通知》，通过机关整合、岗位调整，配备“三农”客户经理300多名。制定《南阳市分行三农业务计价考核实施细则》，以机制促进“三农”业务快速推进。加强对“三农”业务的督导，定期对“三农”业务进行通报、问责。加强银政合作，探索建立风险补偿机制。探索开展信用村、信用户创建活动和建立县、乡、村三级联络员制度，拓宽“三农”发展渠道。创新担保方式，对内乡县牧原养殖有限公司贷款种猪抵押问题进行积极探索，大胆创新，在省分行的大力支持下，以该公司存栏种猪为抵押对象顺利投放养猪贷款5000万元，确保该企业正常经营。重点把握准入风险、操作风险和道德风险，加强对“三农”业务各个环节和全过程风险控制，明确客户经理责任，严格制度流程，加强贷后管理和监督检查。组织“三农”业务风险专项检查，保障“三农”业务健康发展，新发放贷款没有发生不良行为。全行全年办理惠农卡授信26172户，占省分年度计划19803户的132.2%。直接服务“三农”贷款累计发放67545万元，其中发放小企业及涉农对公贷款20126万元；发放农户小额贷款47818万元，占省分计划41781万元的114.5%；投放大额农户3335万元，占省分计划的124.3%。

【资产业务】 2009年度南阳市农行始终把加快资产业务营销放在重要地位，努力克服有效资产存量不足造成的“瓶颈”和“短板”，不断提升有效发展速度。围绕总行、省分行核心客户在当地的分支机构，围绕市委、政府“发动机”计划和县(市、区)重点工程项目，加大信贷投入，全行全年法人贷款累计发放105026万元，较上年多发放53986万元，重点支持辖区内一批高等级优良客户。成功营销安棚碱矿、金冠电器、南棉、内乡牧原养殖、龙成特材、森霸光电等优质客户。同时，对核电项目积极介入，加强沟通协调，对农运会项目紧盯不放，着力通过优质客户营销，优化信贷结构，提高全行赢利能力。各县(市、区)支行和市行主管部门加强贷后管理，及时采取措施，严防贷款劣变，使存量正常贷款收息率和到期收回率均达100%。

【基础管理和案件防控】 2009年度，南阳市农行面对加快业务经营、管理模式、经营机制、网点功能、队伍建设等五个方面的转型，全行上下牢固树立“全面风险管理”的理念，贯彻落实各项风险防控措施，扎实开展合规文化教育活动，全行的基础水平不断提升，内部控制力进一步增强，实现安全营运。在2009年内控综合评价中，全辖有9个行被评为一类县支行、7个行被评为二类县支行，整体内控水平跨上一个新台阶。不良贷款较年初下降420万元，不良贷款和年初相比下降0.31%，实现不良贷款“双降”，信贷风险得到有效控制。(一)加强“合规文化”学习教育。各支行坚持制度学习，实行市分行班子成员到基层面对面领学制度。举行规章制度知识闭卷考试，增强学习效果。(二)签订责任书。对县支行和机关部室签订案件防控、党风廉政建设和安全营运等责任书。确保全行安全营运。(三)扎实做好案件风险集中排查活动。市分行和审计办成立案件风险集中排查活动领导小组，抽调54名业务骨干，组成11个现场排查小组，对所有经营机构进行排查，并实行市行班子成员督导案件风险集中排查工作包片责任制，案件风险集中排查活动取得明显成效。(四)扎实做好整改工作。对各类审计检查发现的问题，澄清底子，建立台帐，逐一销号。成立专门组织，扎实做好对总行集中审计发现问题的整改工作，整改率达100%。

【机制建设】 2009年度，南阳市农行始终坚持“靠机制推动业务发展”的导向，按照股份制的改革发展要求，进一步完善经营管理机制。制定《综合业绩考评办法》，引导各行转变观念，围绕新业绩考评标准部署工作,推动业务有效发展。制定《零售业务产品计价办法》、《对公业务产品计价办法》、《三农业务产品计价办法》,调动全行员工营销积极性。制定《费用配置管理实施细则》,按照"战略引导、价值激励、公开透明、适度调控"的原则,优化费用资源配置。制定《委托资产处置机构管理及绩效考核办法》,理顺委托资产处置体制、机制,加快处置清收进度。制定了《电子渠道建设实施意见》,重视电子渠道建设,促进电子银行业务快速发展。制定完善《规范化服务管理办法》、《业务经营转型实施方案》、《全面加强风险管理的意见》等经营管理机制,促进和保障各项业务健康、快速发展。(徐新东 谢国雄)

中国银行

【中国银行概况】 2009年中国银行南阳分行围绕落实总行"十八字"方针,积极应对宏观经济和金融形势变化,解放思想,拼抢市场,扩大规模,调整结构,控制风险,树立品牌,促进绩效进步,全面提升市场竞争力,实现又好又快发展。全行实现本外币帐面利润1.25亿元,完成省行目标95.5%;拨备前利润1.92亿元,完成省行目标97.82%;人均利润18.15万元;实现本外币净收入3.3亿元,同比增长0.25%。全行人民币贷款58.74万元,较年初新增19.28亿元。其中公司贷款36.81亿元,较年初新增7.4亿元;票据融资14.6亿元,较年初新增10.27亿元;零售贷款7.33亿元,较年初新增1.59亿元。外汇贷款689万美元,较年初新增485万美元。全行各项人民币存款92.69亿元,较年初新增17.17亿元。其中公司存款37.76亿元,较年初新增8.16亿元;储蓄存款55.94亿元,较年初新增9亿元。各项外汇存款2922万美元,较年初新增456万美元。

【公司与金融市场业务】 中国银行南阳分行积极扩大业务规模,优化客户结构,提高市场竞争力。一是密切银政合作,搭建高层平台。抓住国家"扩内需、调结构、保增长"的政策机遇,省分行与南阳市政府签署全面战略合作协议并达成226亿元授信意向,以此为契机与重点企事业单位开展全方位、多层次、宽领域的金融合作,重点向全市能源、电力、光电、化工、纺织等行业20个企业提供授信支持。二是积极支持重点项目建设、城市基础设施建设项目和民生工程。向信南高速、飞龙汽车零部件有限公司、中南金刚石、非税收入管理局、中心医院等投放贷款9.5亿元。成立中小企业服务中心,启动"中银信贷工厂",为西施兰、西峡双枪冶金、起重机械、瑞发水电等24个企业投放贷款1.5亿元。三是与全市90个旅行社签订质量保证金存款协议书,代收保证金存款1800余万元。四是成功营销南阳市重点外汇招商引资项目——莱茵哈特农业种养殖有限公司基本账户。五是稳妥发展票据贴现业务.引入高效营销服务模式,提高资金利用效率,实现风险关口前移,六是巩固提升国际结算业务优势。加快贸易融资业务发展,共叙作外币贸易融资1035万美元,同比增长70%。强力拓展信用证、保函、商业发票贴现业务市场。先后为重点客户办理国内信用证业务3.96亿元、融付通业务140万美元、进口汇利达业务386万美元。

【个人金融业务】 全年重点发展批量型的储蓄存款业务,全辖区累计叙作批量型代发工资单位36个,实现储蓄新开户5500户,资金沉淀率达到40%以上。积极抢占第三方存管业务市场,全行新增第三方存管账户410O户,成功营销日本清水(香港)有限公司、富士能佐野株式会社、明汇国际有限公司机构第三方存管业务。稳健拓展消费信贷业务。重点发展住房按揭贷款、两个循环额度贷款、汽车消费贷款等,积极稳妥拓展投资经营贷款。注重把风险管理贯穿于业务发展始终,零售贷款不良率继续保持良好水平。积极培育银行卡业务市场,新增借记卡30217张、新增中银卡6429张、国际卡518张。开展"消费有礼"特色营销活动,有效提高贷记卡活动率和直购额,借记卡年费收入122.23万元,同比增幅10%。加快个金板块内部联动营销,新增个人网银8015户,网银交易量20840万元。提高财富管理业务竞争力,推进理财体系标准化建设,完善理财中心、理财室、理财专柜三级体系。细分高端市场,为VIP客户提供高附加值服务。先后举办财富论坛、健康养生讲座、周末理财沙龙和100万元以上高端客户体检活动,有效提升客户满意度和忠诚度。新增个人中高端客户388户,增幅50%。人民币理财产品销售26亿元,完成目标任务600%。外币理财产品销售736万美元,完成目标任务195%。

【中国银行中间业务】 (一)巩固财务顾问业务、敞口承兑承诺费收入和转贷款费用收入,以存放同业、票据咨询服务费收入为增长点,加强企业网银、工商验资、银税通业务营销。(二)以人民币结构性理财、周理财、委托理财等产品为突破口,拓展重点目标客户群,理财业务量86090万元。(三)加强金融机构业务拓展,积极营销代签银行承兑业务,叙做人民币资金存放同业16.5亿元,开辟新的利润空间。(四)加强国际结算产品推广。为重点企业成功叙作融易达9笔,金额16340万元。国内福费廷业务取得历史性突破,共叙作4636万元。出口融信达实现零突破。(五)健全联动发展机制,强力推介国债、基金、保险、理财等产品,累计实现销售额10亿元。全行实现中间业务净收入6718万元,同比增长29.67%。中间业务净收入占比20.32%,同比提高4.61个百分点。

【风险管理和内控防案】 全行调整授信投向,严格风险管理,提高资产质量。一是紧跟国家政策和授信策略的变化,加大对重点行业内优质客户的授信支持,建立客户退出管理机制,加大行业调研力度,实行差异化授信政策。在客户选择方面,优先投放信用评级为BBB以上、抵质押类贷款。对于重大授信项目,风险管理通过“提前介入”、“平行作业”等加快授信项目上报审批速度。二是严格控制新增不良,强力清收存量不良。采取现金清收和分类上调相结合的方法,共清收化解不良资产5374万元。全行不良授信资产余额1175万元,较年初下降1954万元,综合不良率0.2%,较年初下降0.59个百分点。BB级以上客户占比为100%,较年初增长5.53个百分点。关注类授信占比由年初的9.07%降至5.15%,下降3.92个百分点。三是贯彻推行“初始融合,全程渗透”的内控管理模式,完善“三道防线”和“五个系统”建设,加强内控运营板块整合,强化内控评价和压力传导机制,加大问责追究力度。健全防案预警机制,全面提高技防能力,有效防范化解隐患。强化基层网点“双十禁”、《员工违规处理办法》的贯彻执行。采取多种形式组织开展“举报违法违规违纪行为宣传教育月”活动、“私事远离客户,反对奢侈浪费”教育活动,推进内控防案工作纵深推进。注重员工合规教育和行为管理,构建良好合规文化,实现无案事件、无责任事故的目标,促进全行健康发展。(宋歌)

农业发展银行

【信贷支农】 2009年末,全行各项贷款余额118亿元,较年初实际增加8.5亿元。全年累放各项贷款68亿元。贷款余额及累放额均居全市各家行(社)第2位,政策性金融支农主体作用得到充分发挥。一是全力支持粮棉油购销调储。累放收购贷款29.2亿元,支持收购粮食23.6亿斤,棉花128万担。特别是针对全市小麦大面积受灾发芽、70%以上不符合放宽后的托市收购标准的特殊情况,把握政策,积极作为,多渠道支持收购,把灾情造成的影响控制在最低限度。共发放小麦最低价收购贷款16.77亿元,收购小麦18.5亿斤,确保收购资金需求。向天冠、牧原2个企业发放收购贷款2.87亿元,收购芽麦2.88亿斤。收购工作在遭灾之年实现执行政策与防范风险的有机统一。二是择优支持农业产业化经营。加强客户维护工作,做好南棉、天冠等优质客户新增和接续贷款发放。支持宛西制药、牧原等抗风险能力较强、发展前景较好的企业扩大生产规模,延伸产业链条。全年累计对龙头及加工企业发放各类贷款21亿元,确保企业在经济危机中实现生产经营基本稳定。三是大力拓展农村基础设施建设、农业综合开发和县域城镇建设贷款等新业务。唐河、南召、社旗、邓州、淅川等县级行先后发放贷款2亿多元,重点支持水库除险加固、农村公路、水电、卫生教育等一大批涉及民生的中长期项目。

【风险防控】 全行把强化信贷基础管理,防范化解信贷风险作为重中之重,取得明显成效。一是抓重点行业的动态预警和定期分析。以受金融危机冲击最为严重的棉纺行业为重点,对支持的10个棉纺企业开展4次专题分析调研,先后发出14次风险提示,消除风险隐患10个。二是抓大额贷款客户的“穿透式”管理。1亿元以上大客户由市分行前台部门直接管理,定期深入企业现场检查。逐企业在用信额度、用信方式、产品组合、贷款期限等方面制定个性化的维护和贷后管理方案。三是抓客户经理管贷责任落实。建立起“管户到人、责任到人、目标到人、考核到人”的管理责任制,全辖区178家客户实现全覆盖。通过扎实有效的工作,全行贷款无一形成逾期和不良,商业性贷款利息收回率达到100%。全年不良贷款净下降15792万元。不良贷款占比2.78%,下降1.6个百分点。资产质量进入全省前5位。

【业务经营】 开展县级支行等级行管理活动。完善经营绩效考评办法,增加存款、不良贷款清收在季度绩效考评中的权重。继续实行组合费用制和组合薪酬制，加大财务资源和绩效工资与考评结果的挂钩力度。实行重点工作专项奖励，对新业务发展、不良贷款清收等6项重点工作实行专项奖励，激发调动全行的经营活力和动力，实现全行经营绩效的逆势向好。年末，全行各类存款余额31.6亿元，较年初净增16.3亿元；人均存款742万元，居全省首位，较上年增加366万元，实现翻番；中间业务收入172万元，创历史新高；实现经营利润1.94亿元。

【基础管理】 全行深入开展“合规经营年”活动，把基础管理和基层行建设贯穿始终。以审计署审计为契机，开展大规模、全方位的自查自纠，全行制度执行力和风险防控能力明显提高。围绕合规控制要点，开展合规经营及案件专项排查活动4次，对排查出的问题，下发整改通知，记入问题台账，实行“销号制”，逐一进行查纠整改和制度完善，充分发挥“三位一体”监督作用。全面推行综合柜员制，开展“星级柜员”争创活动，会计监督和核算质量进一步提高。扎实做好案件防控和维护稳定工作，组织开展“遵章守纪、合规经营”专项教育，全系统连续13年实现“四无”创建目标。在全国、全省性各类检查中，以扎实过硬的基础管理水平，得到总分行的充分肯定和好评。(张晓军)

农村信用联社

【信用社改革】 2009年，全市农信社初步形成社员大会、理事会、监事会和高级管理层构建的现代法人治理架构。全市13家县联社全部完成统一法人工作。13家联社全部完成专项央行票据兑付工作，共获得专项央行票据资金44954万元。选定方城、西峡和桐柏3家联社作为组建农商(合)行的试点，并计划在未来3年内完成全辖区县级联社30%的农商(合)行组建工作。市政府成立了南阳市农商(合)行组建工作领导小组，并印发《关于加快农村信用社体制改革的意见》和《关于集中处置全市农信社不良贷款的意见》，为全市农信社深化改革提供政策依据。桐柏、西峡两家联社已达到筹建农商行的改革指标。

【存款业务】 2009年底，全市农信社各项存款余额达355.81亿元，较年初净增67.72亿元，增幅达23.51%，完成市委、市政府分配计划26.86亿元的252.12%。新增存款占全市金融机构新增存款额224.73亿元的30.13%，份额仍保持第1位次。

【贷款业务】 2009年底，全市农信社各项贷款余额达281.37亿元，较年初净增53.96亿元，增幅达23.73%，完成市委、市政府分配计划18.8亿元的287.02%。全市农信社新增贷款额占全市金融机构新增贷款额148.17亿元的36.41%，居全市金融机构第1位。

【信贷支农】 2009年全市农村信用社围绕服务新农村建设，不断优化信贷投向，有效解决农民、中小企业贷款难问题。一是支持春耕助“三夏”。紧紧围绕支农重点，坚持做到对农民所需化肥、农药、种子、农机具资金优先供应，对农田水利基本建设资金优先安排，对科技兴农项目资金优先满足，对农业产业化资金优先发放，并努力做到人员到位、措施到位、资金到位、服务到位。二是大力推广小额贷款。适时调整贷款期限、额度，简化手续，规范操作。如，新野联社开展的“金水道”、“雁回归”、“兴业保”贷款，镇平联社尝试探索应收帐款质押、存货质押、厂商银、商商银贷款担保模式，较好促进农村商户、企业的经营发展。三是积极支持农业产业化企业。按照省联社《关于支持农业产业化龙头企业的意见》要求，建立健全农业产业化龙头企业项目库，重点支持农业产业化龙头企业的发展。至2009年底，全市农信社已建立551家项目库企业，其中省级14家，市级107家，县级430家，发放贷款18.65亿元，贷款额达23.86亿元，较去年同期增长14.94亿元，占新增贷款的27.67%。

【盘活资金】 2009年，全市农信社在总结和分析过去清收盘活不良贷款工作经验的基础上，按资产类型、结构选准清收突破口，继续采取经济、行政、法律等手段强力清收。同时，严格落实清收责任制，明确清收方向和重点，不拘清收形式，创新清收方法，确保清收任务落实到岗，责任到人。全年全市农信社不良贷款较年初下降18.79亿元，完成市委、市政府分配计划6.3亿元的298.25%；不良贷款占比较年初下降13.79个百分点，完成市委、市政府分配计划5.2个百分点的268.19%。

【业务创新】 全市农信社在信贷服务过程中，结合实际，在贷款模式、利率定价、担保方式等方面锐意创新，使信贷服务呈现“百花齐放”的态势。新野联社实施的中小企业担保中心贷款、镇平联社推行的活体畜禽抵押贷款、卧龙联社扶持的种植大户担保协会贷款和宛城联社探索的“双加”模式支农贷款等各县特色，支持农业产业化龙头企业、各类农民贷款担保协会及涉农中小企业发展，促进城乡经济的协调发展。

（王家端　张军印）

商　业　银　行

【商业银行概况】　2009年南阳市商业银行（以下简称南阳商行）围绕全市“战危机、保增长”整体部署和自身“巩固风险化解成果、加快业务有效发展”两大主题，克服经济金融环境变化带来的不利因素，战胜改革发展进程中的种种困难，取得业务齐头并进、效益节节提高、管理日益规范、风险有效控制的良好业绩。止2009年末，南阳市商业银行总资产85.9亿元，各项贷款余额48.2亿元，各项存款余额70.4亿元，全年实现净利润0.84亿元，较2008年增盈0.39亿元。

【资本运行】　全行通过采取增资扩股、优化股权结构、加强不良贷款双控、巩固风险化解成果等措施，加上自身业务发展，盈利能力大增，主要监管指标全面达标，并达到历史最好水平。2009年资本充足率达到10.22%，优于监管标准2.22个百分点；不良贷款率1.67%，优于监管标准1.33个百分点；拨备覆盖率150.08%，优于监管标准50.08个百分点；资本利润率和资产利润率分别达到16.64%和1.02%，优于监管标准5.64和4.02个百分点；存贷比为69.64%，保持在75%比例之内；流动性比例52.34%，优于监管标准27.34个百分点。不良贷款率、拨备覆盖率、资本利润率、资产利润率等多项指标达到全省较好水平。

【资产风险管理】　南阳商行面对复杂的经济金融环境，始终将风险防控置于信贷资产管理首位，确保信贷资产安全。通过评级授信工作对客户的全面覆盖和信贷业务审查首问负责制的推行，把好信贷入口关。加大风险监测和预警工作力度，利用新闻媒介等多种渠道加强对信贷客户的信息搜集，有效防范新增风险的出现。编纂、出版南阳商行《信贷管理系统操作手册》一书，强力推广信贷管理系统，全面实现信贷业务程序化管理和信贷数据的集中管理，提高工作效率。分别于2009年的6月和11月进行2次信贷综合大检查，使各支行在执行信贷规章制度方面更加规范，全行贷后管理能力大幅提高。全年新增贷款收息率和到期收回率全部达到100%。

【信贷业务】　南阳市商业银行坚持“三个服务”不放松，加大支持力度，优化信贷投向，为南阳地方经济“战危机、保增长”做出积极贡献。全年累计投放贷款44.38亿元，较上年同期多投33.48亿元，各项贷款（含贴现）年底余额达到48.19亿元，较年初净增8.34亿元，加上承兑业务，信贷增量和累计融资量均创近年最高水平。通过积极贯彻落实“国十条”、“金九条”等宏观调控政策，坚持“有保有压、区别对待”的原则，在继续对地方优质大中型企业强力支持的同时，新增贷款集中投向中小企业和个人，全年中小企业贷款累计投放39.8亿元，个人类贷款累计投放1.4亿元，中小企业贷款、汽车按揭贷款和下岗再就业贷款已逐步形成品牌，在社会上产生良好影响。为更好支持地方经济发展，先后制定出台《南阳市商业银行可循环使用信用管理办法》、《南阳市商业银行中小企业担保中心担保贷款管理若干规定》、《南阳市商业银行个人定期存单质押贷款实施细则》、《关于加强工程机械车辆贷款管理的通知》等规章制度，加快金融产品创新，丰富信贷业务种类，信贷服务能力大幅提升。

【中小企业贷款】　全行认真研究分析中小企业经营特点，找准其贷款难、担保难的症结所在，成立中小企业贷款中心，以专业化机构、专业化服务助力中小企业发展，该中心在有效防范风险的前提下，不断优化业务流程，创新服务手段，在拓展自身服务品种、范围和能力的同时，有效解决一批优质中小企业发展的燃眉之急，实现银企双赢。通过与南阳市中小企业担保中心签订合作协议，全年办理地方优质中小企业担保贷款2720万元，切实加大对地方优质中小企业的信用投放力度，取得良好的经济和社会效益。

【下岗失业人员担保贷款】　2009年南阳市商业银行继续大力开办由财政贴息、担保中心担保的下岗失业人员再就业贷款，通过与劳动部门和南阳市担保中心相互配合，继续大力支持下岗失业人员再就业。全年累计发放此项贷款1399万元，涉及319户。

【中间业务】　全行在做大做强代理保险、代收行政事业费、代发工资、代收学费等传统业务的同时，紧盯市场需求，深挖自身潜力，同业合作、代收代付、委托贷款等业务取得新进展，兴业银行柜面通业务全面开通，税库银业务系统上线运行,代销理财业务系统开发完成,丰富产品体系,提升服务功能,拓展发展空间,增强竞争实力。全年共实现中间业务收入 836 万元,较 2008 年净增 223 万元。

【银行卡业务】 2009 年南阳商行"世纪一卡通"银行卡发行总量突破 27 万张,当年新增 7.2 万张,卡下存款 6.4 亿元,净增 1.7 亿元,POS 消费金额突破 3 亿元,实现各类收入 218 万元,较 2008 年净增 78 万元。在业务实现规模增长的同时,加大市场投入力度,新安装 12 台 ATM 和 CRS 存取款机、BST 服务终端机,全业务自主化服务体系初步构建,服务的科技水平迈上新台阶。

【经营管理】 (一)公司治理。新选任的第三届董事会、监事会在 2009 年度尽职履责,先后召开董事会 4 次,监事会 4 次,股东大会 1 次,健全各专门委员会,建立全面详细的议事程序和工作制度,使全行管理的架构与模式初步实现现代化、规范化和制度化。同时对日常经营管理中的重大事项进行审议决策,全行经营管理的科学性、民主性进一步增强。(二)机构建设。建立中小企业贷款中心,装修改造一部分营业网点,添设 ATM、叫号机、查询机、电子显示屏等便民、利民设施 20 余台(套),使客户享受到更为方便、更加优质的金融服务。(三)内控管理。在全行范围内展开道德风险、财会操作风险、安全保卫风险、业务营运风险、IT 风险、审计监督及遗留风险、人事管理风险等全方位风险排查整改活动,及时发现、排除一批风险隐患。(四)考核激励。根据支行、机关部室以及业务专营部门在机构性质、业务类型上的不同特点,下发不同的绩效考核办法,建立起科学、规范、公正,层次分明的绩效考核体系,指引业务发展。(朱明杰 曾照准)

人保财险

【人保财险概况】 2009 年人保财险南阳市分公司面对严峻的经济形势和激烈的市场竞争环境,深入贯彻"促发展、保效益、防风险"工作主基调,认真落实总省公司发展战略和决策部署,以增效创利为目标、以改革创新为动力,以加强销售能力建设为切入点,以稳定队伍、提升素质为支撑,以合规经营、精细化管理为保障,抢抓机遇,提速发展,优质服务,突出效益,公司的市场竞争能力、创利能力和服务社会经济能力不断增强。公司全年累计实收保费 34229.5 万元,同比增长 16.73%,净增 4906.95 万元,完成省公司下达计划的 107.63%,是 2005 年保费规模的 2 倍。全年公司共承担各类风险责任限额 2825 亿元,是同期全市生产总值的 1.59 倍。

【业务发展】 2009 年,财险公司步入又好又快健康发展轨道。一是实施"车险保效益"工程。从承保源头和理赔关键环节入手,强化风险管控,优化业务结构,确保车险全线盈利。二是落实大客户责任制。围绕省、市重点投资项目计划,从项目来源、项目审批、项目落地、项目建设等关键环节入手,积极参与农村平安建设,继续与政法委合作,推办"和谐家园"社会治安保险。三是重点关注全市重大工程和基础设施建设项目。捕捉发展机遇,把握发展重点,制定发展策略,实现财产险业务新突破,巩固财产险领域优势地位,落实大项目业务续保责任制。继续抓好"一司一单"货运险业务,开展"货运险百万县"活动,推动货运险业务快速健康发展。四是责任意外险业务取得新的突破。与市教育局联合举办全市校园方责任险培训会议取得了丰硕的成果。与市安检系统有效互动,独家承办全市安全生产责任保险,使安全生产责任保险领域得到进一步拓展。充分发挥公司在健康险领域的经验优势,加大力度巩固原有阵地。五是按照"量力而行、规范经营、风险可控、支农惠农"的原则,大力发展农村保险事业。继续做好政策性能繁母猪保险"应保尽保"工作,积极参与社会主义新农村建设,大力发展具有农村特色的分散性保险,在全市推办烟叶种植保险,取得较好的经济效益和社会效益。开展声势浩大的保险"三下乡"宣传活动,进一步扩大公司在农村的影响力。六是大力推进城网、农网建设。健全考核激励机制,加大基础设施投入,优化网点布局,组织开展各种有效活动,使全市财险团队建设迈上新台阶。

【经营管理】 公司健全"三位一体"创利保障机制,加强承保、理赔、财务"三位一体"盈利能力建设,实施"车险保效益"工程,有效防范经营风险。一是把好承保端口,优化业务质量。落实风险评估责任制,实施责任追究,增强风险评估的有效性;继续推行选择性承保政策,适时调整核保政策和市场政策;认真落实差异化费用管控政策,优化费用资源配置效能,全面推行跟单提费;健全出单管理中心建设,推进出单管理的专业化、规范化和标准化。二是推进理赔流程标准化建设,改善理赔管理。加强查勘、定损、报价、医疗审核、核赔、核损等理赔关键环节的管控。发挥理赔稽查大队职能,深入开展理赔反欺诈活动。完善医疗跟踪审核管理,深化医疗审核、医疗跟踪、案件复审"三位一体"管控模式。加强理赔队伍管理,不断改善理赔队伍结构与质量。三是健全财务预算精算体系,优化资源配置。强化差异化费用资源配置模式,加强对成本费用支出管控的过程管理。健全准备金精算管理,加强成本费用管控,提高资源使用效率,强化资金运用管理。四是加强基础建设,提升精细化管理水平。推行数据"日清日结"制度,加强数据质量管理,提升业务管控能力。严格单证管理,明确职责,规范流程,定期检查核对。加强档案管理,加大投入、改善基础设施,坚持高标准、严要求,把好档案入库关、管理关、借阅关和销毁关,不断提高档案综合管理水平。(汤奇)

人寿保险

【中国人寿南阳分公司概况】 2009年,中国人寿实行"质量管理年",坚持以人为本,推行民主管理,以管理促发展,全年保费规模达14亿元,期交业务、团险业务、意外险业务均位于全省先进行列,业务考核再次跨入一类A级公司。南阳分公司被全国金融工会授予"全国金融系统劳动关系和谐企业"荣誉称号,为全国金融系统获此殊荣12个企业之一;中国人寿南阳分公司在广大市民百万选票中脱颖而出荣获"南阳市最受市民信赖的十佳保险公司",在6个入选的寿险公司中排名第一。中国人寿"康宁终身保险"也同时被评为"2008年度最受欢迎保险产品"。

【人寿保险服务】 全年共向163265名国寿客户发放了钻、金、银贵宾卡及普通鹤卡,凡持卡客户均可享受覆盖吃、住、行、购、玩五大消费领域在内的全市37家特约商的优惠、打折附加值服务,用个性化服务满足不同渠道客户需求,体现南阳国寿VIP客户尊贵形象。南阳国寿的电话回访中心于2009年9月成立并正式投入运营,止年底回访新单26884件,帮助客户解决难点、疑点问题,受到客户好评。

【寿险理赔】 2009年3月18日南阳分公司理赔中心成立。全年共处理各类理赔案件5805件,其中受理各县区上报寿险案件2292件,超权限短险案件954件,南阳中心城区集中受理处理案件2559件。理赔质量和理赔时效取得较大进步,案件投诉率大幅下降,在公司品牌形象提升方面做出一定贡献。

【医保通联合工作组成立】 2009年,南阳公司根据省公司工作部署成立医保通联合工作组,由业管中心、团单科、信息科等相关人员组成,在南阳中心城区选择两个医院做试点。随着医保通的开通,客户出院时直接在医院报销保险公司应该报销的部分。

【寿险业务】 公司强化执行力建设,保证寿险业务快速发展。(一)个险业务。1月制定《"金牛闹春"个险业务企划方案》,全市上下共同努力,共完成个险期交保费4486万元。5月,运作《"雷霆五月"企划方案》,从5月17日至6月30日,共组织召开29场高效产说会,意向签单7000万元,实收保费3935万元。(二)团险业务。全年南阳团险渠道工作圆满完成省公司下达的各项年度指标,其中健康险完成1342万元,为101%;意外险完成2109万元,为102%;大病医疗保险完成1075万元,为100%;团寿险完成4430.73万元,为200%;期交完成410万元,为130%。

【人寿档案影像管理】 2009年对2008年12月31日以前所有股份公司长期险业务档案整理上交省公司集中管理。并重新扫描归档21568盒业务档案,其中新契约12760盒、保全7488盒、理赔1220盒,实现保险档案的电子查询。(张锡奇)

教　育

教育综述

【学校·学生·教师】 2009年,南阳市共有各级各类学校8280所,在校学生(学员)2759973人。其中,普通高校4所,在校生79660人;普通中专13所,在校生78272人;普通高中82所,在校生158098人;职业高中66所,在校生51540人;普通初中441所,在校生404470人;普通小学3754所,在校生1053614人;特殊教育学校10所,在校生859人;有独立设置的幼儿园394所,在园儿童184702人;成人高校1所,在校生(学员)16166人;成人中专15所,在校生1286人;成人技术培训学校3480所,在校生(学员)627561人。另有成人中小学20所,在校生119911人。全市共有教职工113535人,其中专任教师101384人。

【教育投入】 全年全市国家财政性教育经费投入为45.4亿元,比上年增长15.4%;预算内教育经费拨款44.05亿元,比上年增加6.05亿元,增长15.92%。普通高中生均预算内教育事业费为2487.22元,生均公用经费983.81元,分别比上年增长12.33%和11.74%;普通初中生均预算内教育事业费为2898.49元,生均公用经费932.70元,分别比上年增长13.50%和15.33%;普通小学生均教育事业费为1782.30元,生均公用经费526.68元,分别比上年增长12.45%和23.29%。全市征收城镇"三税"教育费附加13563万元,比上年增长7.8%;多渠道筹措教育经费8.6亿元,比上年增加0.5亿元,增长6.2%;学校校舍总面积达到1454.7万平方米。

【国家教育部巡视指导组来南阳视察】 12月16日,以人民教育出版社副社长尹鸿祝为组长的教育部学习实践科学发展观活动巡视指导组深入南阳市二十八中和二职校指导工作。巡视指导组认为,这两所学校学习实践活动领导重视、策划缜密、氛围浓厚、主题突出、效果明显、进展顺利。尤其对该校开展"同心同创"活动凝心聚力谋发展、运用"六会两议四公开"工作法破解难题促发展、切实规范办学行为提高质量促发展、加强同有关部门联系借风借力助发展的做法给予好评。市二十八中要以学习实践科学发展观活动为契机,用科学发展观作指导,努力破解学校改制过程中遇到的一系列难题,以"减负、提质、增效、创优"思想,办人民满意的学校,打出二十八中的品牌,确保学习实践活动取得实实在在的效果。

【黄兴维等市领导与少年儿童欢度"六一"】 5月31日上午,市领导黄兴维、穆为民、贾崇兰、秦俊、张振强、贺国勤,在市妇联、市教育局等部门负责人陪同下,来到市第一实验幼儿园,看望慰问少年儿童和幼教工作者,为他们送去节日的祝福和慰问品。希望全市300万少年儿童快乐生活,健康成长,从小就树立远大理想,培养高尚情操,早日成为建设富强美好和谐新南阳的栋梁之才。黄兴维要求,各级各部门都要贯彻好"儿童优先"的原则,更加关心少年儿童的成长,认真落实儿童权利保障有关措施,切实解决好儿童工作中存在的问题,促进全社会共同关心、关注儿童,努力为少年儿童健康成长创造良好的条件和环境。要加强对少年儿童的思想道德建设,大力倡树社会主义荣辱观,让孩子们从小就懂得爱祖国、爱人民、爱父母、爱同学;要加大对义务教育阶段的投入,更加关注困难群体子女的受教育情况,着力解决上学难、上学贵的问题;要帮助和引导家长树立正确的家庭教育观念,共同把孩子们培养成为有理想、有道德、有文化、有纪律的一代新人。

5月30日,由团市委与河南三色鸽集团联合举办的"与爱同行"晚会在南阳电视台演播大厅举行。市领导贾崇兰、谢先锋、李中杰、贺国勤等出席晚会。晚会通过现场介绍10位家贫志坚好少年、主持人与少年面对面交流的形式,发出爱的呼唤,号召全社会伸出爱心之手让家贫志坚的好少年"与爱同行"。自3月份起,团市委、河南三色鸽集团从全市寻访出106名家贫志坚的好少年,拿出10万元资助他们,并从中选出10名少年,将资助他们到高中毕业。

5月31日下午，市领导秦俊、贺国勤等，来到市政府机关幼儿园高新分园，观看孩子们的画展、折纸工艺、科学制作和精彩的文艺演出。秦俊、贺国勤给孩子们送去了玩具、文具等礼物，向孩子们致以节日的祝福。

【省教育厅副厅长李敏深入内乡县调研规范办学工作】 9月24日，省高工委副书记、省教育厅副厅长李敏一行在市政协副主席、市教育局局长贺国勤等的陪同下，莅临内乡县调研规范中小学办学行为推进素质教育工作。李敏充分肯定了该县近年来在规范办学、推进素质教育工作方面取得的成绩，阐述了规范中小学办学行为、推进素质教育的重要意义。与会人员就目前中小学校硬件建设、师资队伍补充与建设、高中公用经费严重不足、制止高中毕业生复读、中小学校作息时间安排、中小学教师工作量的确定等问题，提出了意见和建议。李敏强调：今后一个时期全省基础教育阶段要重点抓好三个方面的工作：第一，规范中小学办学行为。中小学校要从学生素质的全面提高、健康成长，可持续发展这个高度，抓好教育内涵发展，要妥善处理好贯彻执行规范办学相关规定与长期以来学校、教师、社会上形成的一些习惯之间的矛盾，按教育发展规律办事，讲求科学发展。第二，全力推进义务教育均衡发展。省教育厅印发了《河南省普通中小学管理基本规范（试行）》，各地要认真学习，全面理解，要利用这个抓手，加大政府资金投入，努力改善办学条件，加大教师补进和师资培训力度，加强对中小学校校长的培训，不断提高广大校长的治校水平，逐步缩小城乡、乡镇、校际之间的差距，让每一位学生都能享受到较好的教育资源。第三，要扎实推进高中课改工作。要开齐课程，开足课时。要认真研究新课标、新课程，按新课程的理念、要求去落实高中新课改工作。要认真研究河南省高考方案，河南省高招要按照新课标来命题。

【全市规范中小学办学行为推进素质教育暨行风建设工作会议召开】 9月7日，全市规范中小学办学行为推进素质教育暨行风建设工作会议召开。市政府副市长张振强出席会议。会议下发了《河南省人民政府办公厅关于进一步规范中小学办学行为推进素质教育工作的意见》和《南阳市教育局关于全市教育系统2009年民主评议政风行风工作的实施意见》。会议指出，规范中小学办学行为、推进素质教育是一项长期的艰巨任务，必须统筹兼顾、标本兼治，把立足当前与着眼长远结合起来，减负与增效结合起来，在健全长效机制上突出抓好六个方面的工作：一是深化教学改革，积极探索减负增效的有效途径；二是坚持依法治校，提高学校规范化管理水平；三是加强校长和教师队伍管理，发挥校长和教师在规范办学行为、推进素质教育中的重要作用；四是全面加强中小学建设，切实解决好大班额问题；五是不断深化教育评价制度改革，建立健全符合素质教育要求的综合评价体系；六是开发利用校内外教育资源，营造有利于学生健康成长的社会环境。会议要求，各地、各学校要认真学习《教育部关于当前加强中小学管理规范办学行为的指导意见》、《河南省人民政府办公厅关于进一步规范中小学办学行为推进素质教育的意见》和全国、全省会议精神，充分认识规范中小学办学行为、加强教育行风建设和推进素质教育的重大意义，把全市中小学管理和推进素质教育工作提高到一个新水平。当前要着力解决四个方面的问题：一是严禁下达高（中）考升学指标，切实解决单纯以升学率对学校和教师进行排名和奖惩问题；二是科学安排学生作息时间，切实减轻学生课业负担过重问题；三是严格执行课程方案，切实解决随意增减课程或课时、增加课程难度问题；四是加强考试和招生管理，切实解决考试频繁和招生工作不规范的问题。严禁普通高中举办复读班，坚决落实普通高中分校“四独立”政策，凡达不到“四独立”条件的，坚决立即停止招生。纠风部门要密切配合，跟踪问效。凡地方政府及其教育主管部门因监管不力，致使辖区内屡屡出现不规范办学行为又不能及时制止和纠正的，要在全市范围内通报批评，直至实行问责。

【全市教育工作会议召开】 3月24日，2009年度全市教育工作会议在内乡召开，副市长冯晓仙出席会议并讲话，市教育局党委书记、局长贺国勤作了题为《深入贯彻落实科学发展观推动全市教育事业又好又快发展》的报告。贺国勤简要回顾了2008年教育工作主要成绩及改革开放30年来的教育工作成就。会议确定2009年十项重点工作是：强力推进义务教育均衡发展；进一步提升普通高中办学水平；大力实施职业教育攻坚计划；注重提高高等教育质量；全面推进素质教育实施；努力提高教师队伍整体素质；着力推进教育公平；认真研究制定好全市中长期教育改革和发展规划纲要；高度重视安全稳定工作；强化保障机制建设。

【南阳市文理科高考状元】 2009年全市高考文科第一名宋月峰（男），高考成绩613分；理科第一名尹颖颖（女），高考成绩671分。

俩人都是镇平县农家子女，都毕业于镇平县一高中，报考志愿均为清华大学。

【硕士研究生入学考试】 1月10日，2009年全国硕士研究生入学考试开考。全市共设4个考点、157个考场，有4671人准予参加考试，报考人数与上年相比基本持平。本次考试监考采取本地监考和异地巡考方式，巡考人员由驻马店市招生办和泌阳县招生办工作人员担任。

【全市高招共向各类高校输送新生4.9万人】 2009年，全市普通高招共报考79776人，共有22478名考生进入本科分数线，比上年增加971人，被全国各类高等院校录取48954人。全市共有18名考生被空军航空大学录取，占全省录取总数60人的30%，居全省第一名。

【开展县级政府教育工作督导评估活动】 9月21～26日，为推动县域内各级各类教育事业的全面、协调、健康发展，市政府组织3个督导组分别对卧龙区等6个县市区的教育工作开展督导评估。督导评估的主要内容包括义务教育均衡发展、职业教育攻坚、教育经费投入、中小学教师队伍建设、中小学教育教学管理等。督导评估结果显示，全市教育优先发展的战略地位得到进一步落实，国拨教育经费实现了“三个增长”，办学条件得到显著改善，教师队伍建设进一步加强，中小学管理水平有了新的提高。

【部署中小学甲型H1N1流感防控工作】 9月2日，市教育局召开紧急会议，安排部署全市中小学校秋期甲型H1N1流感防控工作。会议要求，全市各级教育行政部门和学校(幼儿园)要进一步认清形势，提高认识，必须把做好学校甲型H1N1流感防控工作、保障学生身体健康和生命安全作为当前的头等大事抓紧、抓实、抓出成效，决不允许有半点松懈麻痹，决不能心存侥幸，掉以轻心。各地教育行政部门和全市中小学校要做到领导到位，重点突出，切实落实六项防控措施：一是要在南阳市甲型H1N1流感防控指挥部的统一领导下，加强与卫生、疾控等成员单位的沟通配合；二是要明确各学校校长、幼儿园园长作为学校防控工作第一责任人的责任，切实负起领导责任；三是要结合实际制定完善学校甲型H1N1防控工作预案，从即日起严格落实“晨检”和“因病缺勤登记”制度，加强对校医和保健教师的专业培训；四是要深入开展以校园卫生综合整治为重点的爱国卫生运动；五是要会同卫生部门加强对学校开展甲型H1N1流感防控工作的督导检查；六是要建立学校甲型H1N1流感疫情报告人制度。学校一旦发现疫情要在2小时内报告当地疾病控制和教育行政部门，并逐级上报。会议强调，全市中小学要大力加强健康教育和正面宣传，维护正常教育教学秩序。要充分利用健康教育课、班会、讲座、板报、广播、电视、网络等形式，集中开展预防甲型H1N1流感知识宣传教育活动，提高学生自我保护意识和能力，使师生认识了解甲型H1N1流感是可防、可控、可治的，消除不必要的恐慌，维护好学校正常的教育教学秩序。经过努力工作和严密防控，全市教育系统没有发生严重的甲型H1N1流感患者和大规模的传染病流行。

【市中心城区新建续建改扩建中小学16所】 市政府投资9000万元，实施市中心城区中小学校建设工程。在市教育局牵头，市财政、规划、文化、城建、土地等相关部门及卧龙、宛城区政府和高新区管委会配合下，中心城区中小学建设得以扎实推进，16所项目学校建设进展顺利，共新增校舍面积91000平方米，新增学位6800个。

【全市共发放“两免一补”资金5.88亿元】 全市春、秋两季累计发放两免一补资金5.88亿元。其中，补助公用经费资金3.88亿元，惠及学生20万人次；发放免费教科书资金1.12亿元，惠及学生209万人次；补助寄宿生生活费资金0.7亿元，惠及学生20.5万人次。落实城市义务教育阶段学生免杂费资金1781万元，惠及学生15.7万人次。

【全市学校建设工程进展顺利】 全市校舍维修改造工程计划投入6722万元，实施危改项目385个。止年底，已到位资金6700万元，310个项目已完工。争取新农村卫生新校园工程项目32个，争取资金960万元。争取农村初中改造工程学校22所，争取资金3379万元，年底所有项目竣工。

【继续加强教育行风建设】 把“行风热线”、大河网省长留言、南阳新闻网“书记、市长留言板”和《南阳日报》市长信箱等媒体栏目作为宣传教育政策法规、接受社会咨询的主阵地，积极参与各种行风评议活动，共答复办理意见、建议1200余条。继续开展“创建教育收费示范县”活动，坚持治理乱收费“月通报”制度，定期对受理投诉的乱收费案件及办理情况进行通报。开展涉教收费项目专项检查活动，对存在违规收费行为的学校及时进行整改。全年共受理群众反映的问题185件，及时纠正个别学校的办学行为，教育乱收费现象得到有效遏止。据统计,全市共受理教育乱收费投诉359件,查处违纪案事件243起,清退违规收费金额235万元,处理责任人63人。

【宛城区教体局统筹使用乡镇教育公用经费】 为解决贫困薄弱学校急难问题,宛城区以乡镇为单位,对农村中小学公用经费的30%实行统筹使用,共统筹集中使用资金614万元,在政策允许范围内对30所农村中小学漏雨屋顶进行维修,对24所农村中小学校园路面硬化,硬化面积8800平方米,新建20所学校围墙,改造41所农村中学食堂、厕所;粉刷、绿化70所农村中小学校。(陈银德)

基础教育

【加强和改进中小学德育工作】 建立中小学德育工作网站,先后开展了争创德育示范学校、德育校本课程研究、“西藏今昔”影片观看评论、庆祝建国60周年等一系列教育活动,加强中小学校德育阵地建设。通过层层选拔,评选出市级三好学生、优秀学生干部1192名,评选推荐省级优秀学生、三好学生、优秀学生干部146名。充分利用网络优势,加强引导,提高德育工作的针对性。以开展庆祝建国60周年活动为契机,组织开展南阳市中小学“迎国庆,爱祖国”网络夏令营知识竞赛活动。深入开展法制教育,做好预防未成年人犯罪工作,引导广大师生运用法律武器维护教师和学生权益。

【全市基础教育工作水平提高】 全市小学、初中适龄儿童少年入学率、巩固率、毕业率、普及率分别达到99.8%、98.9%、99.4%、99.6% 和 98.5%、96.7%、98.8%、96.6%;幼儿入园率大幅度提升,城市、农村儿童学前三年受教育率分别达100%和60.2%。开展基础教育阶段学校管理工作观摩调研活动,全市中小学管理水平显著提升。全面加强教学教研工作,普通高中教学质量有新的提高。开展市级示范性学校创建活动,对首批市级示范性中小学校进行复查验收,33所学校通过复查;对新申报的第四批54所中小学校进行了评估验收。

【加强学校体育卫生艺术教育】 积极开展学生体质健康标准达标测试活动,有100多万名中小学生参加测试,实施面达100%;组织全市61000名初中毕业生参加中招体育考试。举办全市中学生“晨光”体育夏令营暨第八届田径运动会,并组队参加河南省第十届中学生“晨光”体育夏令营,荣获团体二等奖。举办全市中小学第三套广播体操骨干培训,为在全市中小学推广奠定良好基础。举办全市首届中小学体育教师基本功比赛,并组队参加河南省中小学体育教师基本功比赛,取得优异成绩。举办全市第三届中小学生艺术展演活动,推选出12个优秀节目参加河南省汇演。

【组织全市义务教育均衡发展成效显著单位检查验收】 11月23～27日,市教育局组织有关专家组成3个检查验收组对10个县区(除内乡县、卧龙区外)推进义务教育均衡发展工作进行检查验收。检查验收组认为,全市各地对推进义务教育均衡发展工作重视程度高,财政投入大,学校建设步伐加快,城镇薄弱学校和农村学校办学条件改善明显,中小学布局不断优化,师资水平稳步提高,学校管理更加规范,义务教育均衡发展工作取得重要突破。但还存在不少困难和问题。突出表现在:极个别县推进义务教育均衡发展行动较为迟缓,城乡教育仍在原有水平徘徊,部分县城乡教育资源整合步伐缓慢,多数县教师交流制度有待进一步落实等。针对检查验收活动中发现的问题,市教育局下发检查验收通报,要求各县区要找准问题,分析原因,采取有效措施,加快推进县域内义务教育均衡发展,努力办好人民满意的教育。检查验收结束后,市教育局把宛城区和西峡县作为义务教育均衡发展成效显著单位向省推荐表彰。

【深入推进新课程改革】 组织开展全市义务教育新课改调研,查找义务教育课改中存在的问题,就进一步深化义务教育课程改革提出指导性意见。开展课改成果评选活动,全市共评选出优秀成果222项,并推荐上报28项参加省成果评选;召开全市义务教育课改总结会,表彰先进单位和个人,推动义务教育课改向纵深发展;召开全市普通高中校长和有关专家参加的课改座谈会、经验交流会、培训会,及时纠正课改实施过程中的问题;建立普通高中课改工作培训制度、经费保障制度、视导制度,引导课改健康发展;重视学生能力培养,组织61018名初中毕业生参加中招理化生实验操作考试。

【市特殊教育学校迁建工程开工】 1月7日上午,南阳市特殊教育学校迁建工程在新址宛城区白河办事处赵营居委会隆重举行开工典礼。市委书记黄兴维、副书记贾崇兰，市人大常委会副主任袁睛超、南阳市人民政府副市长冯晓仙和市政协副主席张忠祥出席开工仪式并为工程奠基培土。市教育局、发改委、建委、规划局、国土资源局等部门，宛城区及白河办事处，社会各界来宾以及南阳市特殊教育学校的部分师生共200多人参加开工典礼。规划新建的市特殊教育学校计划投资3000万元，一期工程占地60亩，建筑面积达15000平方米。该校建成后将达到42个教学班，其中聋儿教育24个班，盲人教育9个班，弱智教育9个班，成为集小学、初中、职业高中以及聋哑儿童康复为一体，师资、设备相配套的标准化特殊教育学校和全市特殊教育基地，对全市特殊教育起到示范带动作用。

【举办全市幼儿教师基本功大赛】 5月22～24日，全市幼儿教师基本功大赛在南阳市第一实验幼儿园举办。大赛分城市组和乡村组进行，共有55名幼儿教师参加比赛。比赛从幼儿教师基本功所需要的舞蹈、歌唱、说课、案例分析、绘画、幼教理论等方面综合评定。赛场上参赛教师竞争角逐激烈，评委严肃公正，整场赛事紧张有序，活动取得了圆满成功。

【桐柏办起农村寄宿学校】 随着大批农民进城务工，许多学生随亲就读，导致农村学校生源逐渐减少，办学水平和办学效益迅速下降，“三五个教师，十多个学生”成了山区小学的一大特点。为破解这一难题，桐柏县结合自身实际，解决山大坡长入学难问题，积极兴建农村寄宿制学校，合理优化教育资源配置，促进了县域基础教育的均衡发展。该县已先后投入资金2000余万元，建成寄宿制学校21所，惠及2万余名学生。农村小学五、六年级学生全部实行寄宿制，三、四年级寄宿制学生达到79%。通过寄宿制学校建设，基本解决了山区学生上学难、教育资源配置难、教育质量提高难问题。

【内乡县被表彰为全国推进义务教育均衡发展工作先进地区】 11月6～7日，全国推进义务教育均衡发展现场经验交流会在河北省邯郸市召开。会上，内乡县被教育部表彰为“全国推进义务教育均衡发展工作先进地区”。全国共有92个地区受表彰，河南省内乡县、焦作市和新郑市获此殊荣。内乡县的基本经验是“实施四项工程，促进科学发展”。一是实施资源整合工程。按照“统筹规划、合理布局、优化资源配置”的总体要求，以加强农村学校为重点，对全县中小学教育资源重新进行优化整合，基本实现了“高中县城化、初中乡镇化、小学中心化、布局合理化”的布局调整目标。二是实施学校建设工程。坚持教育经费投入向农村学校和薄弱乡镇学校倾斜的原则，建立以政府投入为主、多渠道筹措教育经费的机制，促进了城乡办学条件的基本均衡。近年来共筹措资金近2亿元，对全县中小学进行大规模建设和改造。先后为41所薄弱中小学新建校舍8.5万多平方米，新建改建学生食堂1.8万平方米、餐厅2.3万平方米，使部分农村中心小学和所有中学实现了基本满足学生寄宿要求的目标。三是实施队伍建设工程。针对教师整体缺编、队伍素质不高、结构不合理等问题，不断创新人事管理机制，努力提高师资建设水平；加强师德师风建设，不断提高教师育人水平；加强教师业务培训力度。在全县开展“教师综合素质提高年”、“教师培训年”等活动，多渠道多层次对教师进行业务培训。县财政每年划拨专项培训经费，用于教师培训；投资130多万元，改善县教师进修学校办学条件。建立全县教师合理流动和补充长效机制，实行全员聘任制度，在财政困难、编制紧张的情况下，每年都按照在编在岗教师自然减员和退休情况，足额补进。2006年至今共补进中小学、幼儿园教师426人，有效缓解了中小学教师紧缺的压力。四是实施教育质量工程。县政府下发《内乡县义务教育规范办学若干意见》，开展“规范学校管理推进年”活动，对学校的课程管理、学生在校时间和作业量以及考试管理、教师队伍管理、教育评价管理等进行严格规范。初中班额城区不超过60人，农村不超过55人；小学班额城区不超过50人，农村不超过45人。学生无序流动和超大班额问题得到有效遏制。坚持义务教育学段划片招生和高中分配生制度，把高中50%的招生指标分配到各初中，促进了中小学生源均衡。同时，特别重视进城务工子女和农村“留守儿童”入学工作，实行优先优惠入学。以实施“学校发展计划”课题研究为载体，研究下发《内乡县学校自主发展若干意见》，开展“学校自主发展推进年”活动，实施学校管理重心下移，大力推进学校自主发展。积极构建现代学校管理制度，努力实现学校“自我设计、自我评价、自主发展、科学发展”目标。广泛开展“1+1”学校帮扶活动，实行全县教育资源共享，共同发展，共同提高。积极推行课程改革，研究出台《内乡县基础教育课程改革若干意见》，连续3年开展“教育教学改革推进年”活动，不断深化课程改革，全面提高教育质量。

【常香玉基金会捐助南召县贫困小学】 12月4日，常香玉基金会理事长常如玉一行5人在南召县教育局负责人的陪同下,深入该县板山坪镇大青小学、南河店镇漆树园小学、四棵树乡盆窑小学和北大河小学,共向4所山区学校捐赠价值6万余元的电脑、图书和体育器材,受到学校师生的热烈欢迎。

【市二十二中青年教师李霞在全国赛课活动中获一等奖】 12月10日,在全国初中语文北师大版教材赛课活动中,该校青年教师李霞执教的《最后一片叶子》博得全国中语会理事长、评委会主任苏立康等国内知名专家教授的一致好评,获一等奖,成为河南省唯一一位获得一等奖的选手。此次比赛全国仅评出一等奖两名。

【市二十八中师生为"暴走妈妈"捐款】 11月3日下午,市二十八中全体师生集会,为"割肝救子的暴走妈妈"捐款。"暴走妈妈"陈玉蓉割肝救子的事迹在媒体报道后,该校领导决定利用这一典型对学生进行感恩教育,精心组织学习宣传和捐款活动。全校师生共计捐款5245.2元,并于11月5日晚送到武汉市"暴走妈妈"陈玉蓉手中。

【第一届南阳市少先队员卡通形象大使评选活动结果揭晓】 11月17日,第一届南阳市少先队员卡通形象大使"南南"、"阳阳"评选活动结果揭晓,设计者为南阳理工学院青年教师祝孔涛、孟祥芸,两人共获奖金1万元。著名作家二月河为"南南"、"阳阳"题名。(王炳双　靳俊奇)

高　等　教　育

南阳师范学院

【概况】 学校占地1857亩,建筑面积64.21万平方米,仪器设备总值1.2亿元,图书馆藏书139万册,教职工1263人,具有博士学位教师142人。设21个院系,52个本科专业,全日制在校生19000余人,成人教育在籍生12000余人。2009年招收普通新生6076人,毕业生总数为4554人,其中普通本科生3529人,普通专科生1025人。

【冯美当选2008年度"中国大学生自强之星"】 在团中央、全国学联等单位联合主办的2008年度"中国大学生自强之星"评选活动中,冯美高票当选。20岁的冯美(女)是漯河人,新闻与传播学院2007级播音6班学生,5年前,她父母收养一个患心脏病的男孩儿。为治好这个男孩儿的病,父母花光积蓄,并远赴内蒙古打工。冯美考上南阳师范学院后,利用课余时间打工挣钱替父母分忧。学习上,冯美十分努力,大一上学期成绩就名列全班第二,被评为党员发展积极分子。她身处逆境不气馁,乐观向上,再拼搏的精神感动了全校师生。

【学科建设】 根据"加强重点、突出特色、扩大优势、协调发展"原则,制订学科建设发展规划和管理办法,加大对重点学科建设资助力度。经过严格评审,共遴选出第二批校级重点建设学科8个。中国古代史学科被列入河南省重点学科建设行列。目前学校有2个省级重点学科,初步形成了一般学科、校级重点学科、省级重点学科三级学科建设体系。

【专业课程建设】 主动适应经济建设和社会发展的需要,不断优化和调整专业设置。2009年,自动化、测绘工程、学前教育3个专业实现招生;园林、对外汉语2个本科专业获得批准招生。全力推进本科教学质量与教学改革工程,生物科学专业被评为国家级特色专业,汉语言文学专业获批为省级特色专业。《植物学》、《刑事诉讼法学》2门课程获批为省级精品课程。

【师资队伍建设】 强化人才资源是第一资源的认识,坚持培养与引进相结合,重点抓好高层次人才和学科梯队建设。认真落实"双百计划",全年共引进博士18人,招聘硕士31人。努力抓好骨干人才培养工作,共有21名教师考取博士研究生,18名教师攻读硕士学位,10名教师到国内外知名高校院所做访问学者,3名教师入选省青年骨干教师资助计划。经过层层筛选,有4名教师被聘为第一批卧龙学者。着力抓好职称评审工作,新晋正高9人,副高13人。教师的学历结构、职称结构和年龄结构进一步优化。对青年教师进行"知校、爱校、荣校"教育,开展"双师型"教师培训、"教学优秀奖"、"教学新秀奖"评选等系列活动,不断提高教师的职业道德水平、专业水平和教学水平。在国家教育部基础教育实验中心、国家基础教育实验中心总课题组、国家教育学会总课题组联合表彰的2009年度全国优质教育成果(优质课)中,南阳师院生命科学与技术学院教授杨建伟的《高校生命科学(植物的光合作用)》、张乃群的《高校生命科学(植物细胞和组织)》,经济与管理学院副教授申俊玲的《高校管理学(会计凭证)》均获得一等奖。在河南省第六届高等教育教学成果评选中,共有7项教学成果获奖,师资队伍整体水平显著提升。

【继续实施教学质量工程】 修订人才培养方案,改革人才培养模式,强化实践创新教学。大力实施大学生素质教育,在河南省师范毕业生教学技能大赛、河南省第七届“挑战杯”大学生课外学术科技作品决赛、2009年全国大学生英语竞赛、第二届全国大学生节能减排社会实践与科技竞赛、全国大学生数学建模竞赛、第三届全国大学生广告艺术大赛、全国大学生电子设计大赛、河南省大学生职业规划大赛等多项赛事中均取得优异成绩。全校有583名同学考取研究生,考取率和重点院校录取率均创历史新高。在河南省特岗教师招聘中,学生考试通过率为30%,位居全省同类院校前列。毕业生就业率仍保持较高水平。

【中科院东汉史研究基地落户师院】 南阳是东汉刘秀王朝的发源地。1月6日,中国社会科学院东汉史研究基地签字与揭牌仪式在南阳师院举行,中科院东汉史研究基地从此落户南阳。中国社科院历史研究所代所长卜宪群研究员出席揭牌仪式。

【科研工作】 全年全校教师共申报各级各类科研项目430余项。获立国家级科研项目5项,其中国家自然科学基金3项,国家社会科学基金(艺术类)1项,国家教育规划课题1项;省部级科研项目64项,省高校科技创新团队支持计划和创新人才支持计划项目各1项;地厅级科研项目163项,项目申报、立项数量均创历史新高,科研整体实力明显增强。

【合作办学】 加强与美国布瑞诺大学合作力度,拓宽合作领域,签定多个项目合作计划。与韩国京畿大学达成2加2合作培养项目,双方的合作实现了质的飞跃。学校被批准为河南省汉文化国际推广基地,有4名教师被派出进行小语种培训,并将被派往国外从事汉语教学工作。积极拓展培训渠道,承担了南阳市全部中小学校长培训、教育行政干部培训、教师资格认证考前培训以及全省部分地市骨干教师培训等工作,取得良好社会效益和经济效益。与中国社会科学院历史研究所、文化部曲艺研究中心等单位也建立了密切的合作关系。

【学术交流】 全年学校共举办校内外学术会议30余场,博士论坛16场。特别是承办的河南省植物保护学会、昆虫学会、植物病理学会代表大会暨学术讨论会、“中国文学史上的影响和接受”国际学术研讨会,东汉史研究国际论坛,文化部民族民间文艺发展中心“中原曲艺研究基地”授牌仪式等活动,对搭建学术平台、挖掘学术发展潜力产生了积极影响。据不完全统计,2009年度,《南都学坛》、《南阳师范学院学报》有近50篇论文被中国人民大学报刊资料复印中心、《新华文摘》、《中国社会科学文摘》、《高等学校文科学术文摘》等全文转载或论点摘编;《南阳师范学院学报》自然科学版有50余篇被《中国化学文摘》、《中国数学文摘》等摘录,在全国同类学报中名列前茅。《南阳师范学院学报》(理科版)荣膺2009年全国高校科技期刊优秀编辑质量奖。

【重点研究基地建设】 以生物、化学两个学科为依托,“南水北调源头区域环境保护实验室”被批准为2009年度河南省高校重点实验室建设培育基地。“农业生物质资源化河南省高校工程技术研究中心”被省教育厅批准立项建设。教师教育实训中心被评为河南省实验教学示范中心,并被省教育厅推荐参加国家级实验教学示范中心评选。文化部民族民间文艺发展中心“中原曲艺研究基地”也落户学校。逐步形成了以省级重点实验室、人文社科基地及校内重点学科为核心的优势研究领域和优先发展学科。

【经营管理】 结合“强化管理年”活动,深化行政、教学、科研、后勤管理,修订、完善有关管理制度,进一步规范了学校各项管理工作,为促进管理上水平上层次发挥了较大作用。在全省高校反腐倡廉检查、审计检查、体育评估等活动中成绩显著。健全财务管理,化解债务风险,确保了各项经费的正常支出和使用。全年学校总收入实现新的历史突破,收入与上年相比增收近3000万元,呈现良好的增长态势。全年收支基本平衡,财务运转状况平稳。认真开展了“小金库”清理工作,实施了基建工程项目管理和财务管理分离。围绕学校经济活动,全面开展监察审计工作。先后完成后勤服务中心财务收支、学生食堂伙食成本等项工作的审计和东区道路人行道改造等基建工程的决算审计。坚持对教学仪器设备、大宗物资采购、基建修缮等招标全过程进行监督,规范了各类经济活动。

【基本建设】 西区8.82万平方米建筑面积的建设工程项目已被河南省发改委和教育厅批准,被列入2010年南阳市重点建设项目。图书馆、学生公寓、学生食堂、教学楼等单体建筑设计方案已经敲定,学生公寓已破土动工,西区大规模建设已拉开序幕。先后完成1号公寓楼学生宿舍,中区学生食堂、学生公寓、洗浴中心等工程的改造修缮工作。斥资160余万元,完成南区的光纤铺设、交换机购置安装和网络接入服务等工作。完成了南区健身娱乐设施安装、南区外联道路路面的水泥硬化。新建各类实验室14个、多媒体教室10个,完成近千万元仪器设备采购,满足了扩招需要,切实保证了教学科研工作的正常进行。全年共购置图书25000余册,期刊300余种,地方文献130余种;续订和新订大型数据库30余个;考察、论证并购买了"读秀知识库"综合检索平台,为全校师生的科研和学习提供了强有力的资料支撑。积极推进校园数字化建设,加强网络设施建设和平台维护,不断扩大校园网的覆盖范围。(王晓红)

南阳理工学院

【概况】 学院设10个系:机电工程系、计算机科学与技术系、电子与电气工程系、土木工程系、建筑系、应用数学系、商学系、外语系、艺术设计系、音乐系;7个院:文法学院、生物与化学工程学院、软件学院、张仲景国医学院、教育学院、继续教育学院、国际教育学院;2个部:体育教学部,政治理论教学部。72个本、专科专业。教职员工1300余人,其中专任教师973人。全日制普通在校生16280人,来自全国28个省、市、自治区。学院占地面积86万平方米,建筑面积46万平方米。

【教学工作】 根据事业发展和深化教育教学改革要求,制订《南阳理工学院本科教学质量与教学改革工程五年规划实施方案》和《南阳理工学院重点学科建设管理暂行办法》等7个质量工程五年规划建设项目管理办法,5月份全面启动。按照"要重视重点学科建设、要重视学科群形成、要重视学科方向凝练、要重视特色学科的培养,不要多而杂的专业堆积"的原则,大力加强学科专业建设,学校重点学科、特色专业、精品课程、实验教学示范中心、教学团队、优秀教材建设效果明显;组织开展2009年度校级质量工程建设项目申报评审,立项建设校级重点学科2个、特色专业5个、校级实验教学示范中心3个、教学团队6个、优秀教材建设项目6个。组织评选了首届"教学名师"。电子信息工程专业被批准为2009年河南省高等学校特色专业建设点。为省、校(第一批)两级质量工程建设项目下拨年度建设经费。积极做好应用型本科人才培养方案改革的后续工作,确保改革目标顺利实施。全面完成千门课程教学大纲修编工作,共完成2007级30个本科专业教学大纲全面修编,共计1369门理论教学大纲、164门实验教学大纲、332门实践教学大纲和1297门考试大纲,总字数约750万字。组织开展2007级培养计划的修订和2009新增专业培养计划的制定。强化精品课程建设,带动课程建设水平的全面提高。按照宁缺勿滥的原则,开展年度校级精品课程立项建设,《控制工程基础》等10门课程成为2009年度校级精品课程建设项目,学校精品课程立项建设门数达60门。按照应用型本科办学目标要求和人才培养需要,积极开展教学改革和研究。组织申报评审第二届校级优秀教学成果奖,7个项目分获特、一、二等奖。《大学生全程化就业教育教学内容及教学模式的改革研究与实践》项目获省第六届高等教育教学成果奖二等奖。推荐8个教育教学改革研究项目申报省级教改项目立项,35个申报项目确定为2009年度校级教改研究立项项目。加强学科专业建设,积极稳妥地调整专业结构。申报汽车服务工程、中药学、应用化学、小学教育等4个本科专业和国际商务等11个高职高专拟招生专业。强化校级教师教学技能竞赛活动,从以往的教师个人报名参赛改为统一组织全体教师参赛,首批安排全校40岁以下教师参赛。组织开展2009年度校级优秀教案评选和第二届校级优秀教育教学改革论文评比工作。加强日常教学秩序检查和教学督导。加强对学生上课情况、教师教学情况和教学质量的日常检查和监控。认真组织教学工作总结。顺利组织完成全国大学英语四、六级,计算机等级考试等各类考试。更换新的教务管理系统。充分发挥教学工作例会作用,全年召开教学例会11次。完成2009年度学位授予任务,授予3874名本科毕业生(含专升本学生及成人本科毕业生)学士学位。做好教材管理和建设工作,积极服务教学。积极推动教材信息库建设。与多个出版机构建立良好合作关系,基本形成与学校教材建设工作相配合的稳定、畅通的教材出版渠道。

【科研工作】 继续在"外、高、大"上下工夫,推动科研工作质量、层次同步提升。坚持"教学与科研并举"的思想,继续扩大校际、校企以及与其它社会科研机构在科研项目、课题上的合作,争取更多横向课题和资助。产学研结合工作进一步加强,与南阳高新区签订校地合作协议,与多个企业签订学研产合作框架协议。组织教师到南阳市部分企业考察交流,邀请有关企业技术研发人员来校联合攻关。整合科研人才和科研硬件资源,组建学科梯队,形成科研团队,结构仿真与设计研究所、太阳能与电子技术研究所等科研机构工作全面启动。高层次项目立项取得重大进展,获省级立项21项,是建校以来社科和软科学项目获省级立项最多的一年。

《大学生态校园建设研究》获全国教育科学2009年度规划专项重点课题立项,《高校舆情分析及引导机制研究》获教育部人文社会科学研究专项任务(马克思主义大众化)立项,与清华大学合作项目获国家自然科学基金立项,获国家自然科学基金重点项目子课题立项,立项层次和数量创历史新高。在各级科研主管部门立项科研项目107项,比2008年增加10项。其中河南省科技攻关项目21项,河南省政府决策研究课题4项,河南省哲学社会科学规划项目3项。获各类科研成果奖励79项,比2008年增加13项。其中河南省社会科学优秀成果奖2项,《信仰的选择与实现》获二等奖,是历史上获此类奖项的最高层次奖励。4名教师获南阳市第六届青年科技奖,5名教师获“市优秀青年社科工作者”称号。68项科研成果通过各级鉴定(结项),其中省级鉴定项目42项。发表学术论文686篇,比2008年增加30篇。其中核心期刊论文245篇,三大索引收录论文56篇。出版各类著作88部,比2008年增加20部。2项发明专利获授权,2项实用新型取得专利号,是专利申报和授权数量最多的一年。对已完成科研项目进行结题验收,对在研科研项目进行中期检查,对2008年度科研基金和青年基金项目进行鉴定。对2006年首届科技大会以来制定的各项科研管理制度进行全面修订和完善,进一步扩大科研项目负责人的自主权,加大对高层次科研成果的奖励力度,更好地激发教职工的科研积极性。克服各种困难,争取纵向和横向科研经费。邀请航天专家张厚英、中国工程院院士谭建荣等多位高水平专家来校讲学,中医药创新与产业化发展高层论坛、教育部高校工程图学教指委年会等高水平学术会议在校举行,校园学术氛围日益浓厚。学报顺利创刊、发行,与清华同方、重庆维普、万方等学术期刊数据库签订合作协议。启用学术不端文献检测系统,最大限度地杜绝学术不端行为,不断提高编审质量。围绕学校发展定位、培养目标定位,编印《高教参考》5期。

【学生教育与管理】 突出学生思想教育品牌意识,完善“四项教育”工作平台,尝试建立学生日常思想教育的“菜单式”工作模式,积极探索完善学风良性运转的有效办法。进一步落实“三四四五”学生安全稳定防范工作模式和“零缝隙”校园心理健康教育与危机干预工作机制,狠抓日常管理。继续构筑多元化的贫困学生资助体系,1312名经济困难学生获国家助学贷款;发放各类奖助学金1143万元,重奖174名创新型学生。加强学生工作队伍建设。组建思想政治、高教管理、心理健康教育和就业指导等4个辅导员专业团队;在全体辅导员中推广“个人工作博客”制度;举办学生工作队伍心理健康知识和技能竞赛,开展首届学生干部工作经验交流活动。304名学生考取研究生,其中135名考取“985”、“211”高校。3名学生获全国大学生英语竞赛一等奖,法学专业司法资格考试通过率27.78%,在全省同类高校中名列前茅。同时,获第十一届“挑战杯”全国大学生课外学术科技作品竞赛三等奖1个,“高教社杯”全国大学生数学建模竞赛二等奖1个、河南省赛区一等奖3个,第十届“广茂达杯”中国智能机器人大赛一等奖2个,第二届“高教杯”全国大学生先进图形技能与创新大赛二等奖1个,“NEC电子杯全国大学生电子设计竞赛”二等奖1个,“中联杯”全国大学生建筑设计方案竞赛优秀奖1个,第五届全国ITAT教育工程就业技能大赛二等奖2个,河南省第二届ACM国际大学生程序设计竞赛获一银二铜,河南省第七届高等学校师范教育专业毕业生教学技能大赛二等奖3个。

【师资队伍建设】 根据“高起点、分步走、可持续”的师资队伍建设指导思想,引进与培养相结合,引进40多名硕士学历以上人员到院工作,有计划地支持优秀教师外出进修,高学历、高职称人员比例不断提高。以“教师培训年”活动为契机,积极开展各种形式的教师培训,尤其注重新进教师的岗前培训,教师的教育理念、教学水平、教风等有明显提高。9名教师获教授任职资格,43名教师获副教授任职资格,严格评审质量,引导教师注重科研成果的质量和学术水平,端正学术风气。聘请14名外籍教师来校任教,基本满足了相关专业的教学需要,同时,注重对外籍教师专业水准的要求。评选出河南省学术技术带头人2人,省教育厅学术技术带头人4人,市学术技术带头人3人,市优秀教师4人。继续开展中级职称聘任竞聘上岗,为深入实行全员聘用制积累经验。对编外聘用人员进行摸底清查,着手解决《劳动法合同法》涉及的有关问题。按照“倾斜一线、倾斜教师”的原则,逐步提高教师待遇,激发广大教职工的工作积极性,让广大教职工共享学校发展成果。

【国际交流与合作】 切实落实“由内到外、由外到内”两条路走的中外合作办学模式,拓展国际间校际交流与合作。与新西兰惠灵顿维多利亚大学就开展“应用化学”和“生物工程”专业本科合作办学项目达成,合作协议,与澳大利亚巴拉瑞特大学合作办学项目进入实质性操作阶段。南阳理工学院韩国马山分校已挂牌，实现了学校在国外设立分校的突破。在校本部和国外分校招收37名韩国留学生，学校留学生总数达61名。进一步加强中外合作办学项目管理。切实落实与新西兰惠灵顿维多利亚大学的合作协议及相关补充协议，选派3名教师赴维多利亚大学进修学习，接受3批维多利亚大学教师来校进行教学活动。强力推进教学改革，加强教学管理，合作办学项目教学质量保障体系基本建成。赴维多利亚大学留学学生签证通过率达100%。根据学校办学规模和外语教学需要，聘请20名外籍教师来校任教。

【就业】 积极应对金融危机对毕业生就业的严峻挑战，认真落实就业"一把手"工程，构建"教育全程化、服务全员化"的工作体系，在提升就业"含金量"上下功夫。外出联系就业单位，举办专场招聘会、招聘月活动，挖掘"校友资源"，引导毕业生面向基层就业，做好对家庭经济困难毕业生的就业帮扶工作，开展特岗教师选聘、招收义务兵预征等服务工作。坚持就业情况统计报告制度，加大就业率核查力度，确保统计数据的真实性。毕业生初次就业率、年终就业率处于全省高校前列。

【实验室建设】 立项实验室建设项目40个，项目总预算1174万元。工业微生物、软件工程两个实验室经评审认定具备市级重点实验室条件，重点实验室建设工作取得新进展。对重点部位、重点环节、重点时段实施重点监控，实现连续5年实验室安全事故为零的目标。

【改善办学条件】 加强校园网络建设，基本保证校园网稳定运行。按照本科教学工作水平评估指标要求，加强文献资源和信息化建设，入库新书12003种55444册，编印新书通报12期，订购中文报纸48种，期刊1618种，外文期刊12种。加强数字化资源建设，新增超星名师讲坛文史系列数据库、超星名师讲坛远程全库、万方博硕士论文本地数据库等，丰富了图书馆文献资源。

【潘懋元来校调研】 4月29日，著名教育家、厦门大学教育研究院名誉院长潘懋元教授带领全国社科基金"十一五"规划重点课题"高等教育应用型创新人才培养研究"、"做强地方本科院校"课题组成员来校调研，并作学术报告。

【黄兴维到校调研】 5月13日，中共南阳市委书记黄兴维，市委常委、组织部长杨其昌到校调研。希望学校用科学发展观统领学院各项工作，积极探索现代大学教育和办学理念，处理好改革、发展和稳定的关系，牢固树立教学工作中心地位。继续坚持以人为本思想，处理好学院发展与地方经济社会发展之间的关系，把南阳理工学院建成在全国同类高校中具有高水平、特色鲜明的现代化本科院校。

【举办中医药创新与产业化发展高层论坛】 10月26日，由国家科技部、国家中医药管理局、河南省人民政府联合主办，南阳市人民政府承办，南阳理工学院协办的中国·南阳第八届张仲景医药科技文化节"中医药创新与产业化发展高层论坛"在校举行。科技部社会发展司处长邹建强、天津中医药大学副校长高秀梅、黑龙江中医药大学副校长姜德友围绕中医药产业发展形势及宏观政策、中医药现代化科技产业工程、中药材基地现代化管理、中药材标准化建设和精深加工，以及传统中医药与现代科技创新的有效对接等内容进行了演讲。

【教育部高校工程图学教指委年度工作会议在校召开】 11月21日，教育部高校工程图学教学指导委员会2009年度第二次工作会议在南阳理工学院召开。中国工程院院士、教指委主任谭建荣致开幕词，教指委副主任委员、华南理工大学副院长陈锦昌，北京理工大学教授焦永和先后主持会议。来自清华大学、武汉大学、华中科技大学、浙江大学等全国25所高校工程图学方面的专家参加会议，就高校工程图学课程教学的基本要求、工程图学思维方法、实验及实践方法、计算机工程图学绘图、创新人才培养等进行研讨，并集体研讨工程图学教学基本要求修订方案，初步形成新的工程图学教学基本要求。会议还专门对工程图学教材建设事宜进行了专题研讨。（逯忆）

南阳医学高等专科学校

【概况】 学校占地1141亩，建筑面积46万平方米，固定资产6.3亿元，教学仪器设备总价值5577万元。建有医学形态、医学机能、细胞与分子生物、临床医学、中医等5个实验平台和护理、医学影像技术、药学、中医、针灸骨伤、医学检验技术等6个专业实训基地以及艾滋病解剖标本室、中药标本馆、仲景文化特藏馆等。图书馆藏书88万余册，中外文期刊1503种，创办的《国医论坛》杂志面向国内外公开发行。全校教职员工2000余人（含3所直属附属医院），其中教授30人，主任医师27人，副教授和副主任医师247人，有2名外国文教专家在校任教。各级各类在校生22680人。

拥有直属附属医院3所，规模床位1246张。

【开展教学质量建设年活动】 学校将2009年确立为“教学质量建设年”，建立校内教学评估体系和新的评估信息平台，制定机关处室服务“教学质量建设年”实施方案，召开教育教学研讨会，开展青年教师教学技能比赛、专业教学改革研讨会、“仲景医药沙龙”和“我为教学做贡献”活动，强化专家督导、教案展评、系(部)监督、学生评教四位一体的质量评价体系，稳步提升教学质量。学生专升本考试上线率超过80%，护理专业毕业生护士上岗资格通过率达70%以上。69名毕业生考取研究生。在全国大学生英语比赛中，1名学生获高职高专类特等奖，20名学生分获一、二、三等奖。

【师资队伍建设】 制订《关于对引进和培养高层次人才有关待遇的修订意见》，通过进行名师名医创建对象期中检查，教育系列和卫生系列教师资格互评，进一步提升“双师”比例。全年新引进硕士研究生18人、本科生32人、合同制外籍教师1人；晋职和转评教授6人；在读博士学位5人；3人被命名为全国知名中医优秀人才，2名教师荣获“省学术技术带头人”称号，6人被评为省、市级优秀教师。人体解剖教学团队被河南省教育厅评为省级教学团队。校长方家选当选全国高等中医院校骨伤教学研究会、中国人才研究会骨伤人才分会副会长。

【庞景三教授荣获河南省“名中医”称号】 河南省第一批“名中医”评选结果揭晓。学校中医内科教授、主任中医师、硕士研究生导师庞景三荣获河南省“名中医”称号，全省30人，南阳市只此1人。

【全国中医药职业教育校长论坛在医专举行】 7月，成功举办了“全国中医药职业教育校长论坛”。国家中医药管理局人教司副司长洪净教授，国家中医药管理局人教司教育处调研员、全国中医药职业教育学会理事长徐金香教授，南阳市政府副市长张振强，河南省中医药管理局业务处处长张健锋出席论坛开幕式。来自全国各地高等中医药院校的书记、校长、院长、专家共60余人参加此次论坛。

【全国中医药高职高专专业教材编写会在医专举行】 4月24～26日，全国中医药高职高专教育卫生部规划教材第二版修订中医药专业教材编写工作会议。人民卫生出版社编审呼素华、河南省中医药管理局综合处处长刘品、南阳市人大常委会副主任秦俊、湖南中医药高等专科学校校长邵湘宁出席开幕式。来自全国各地的中医药学专业教材编写专家80余人参加会议。

【实训基地建设】 5月，河南省教育厅批准学校临床医学专业实训基地为2009年度河南省高等职业教育示范性实训基地建设项目。

【中药分析实验室顺利通过国家二级实验室评估验收】 11月，中药分析实验室达到国家中医药科研实验室(二级)标准，顺利通过河南省中医药管理局评估验收。

【专业课程建设】 主动适应区域经济和社会发展需要，有针对性地调整和设置专业。增设眼视光技术、医学检验技术专业，专业总数达到11个。5月，《医学影像解剖》课程被河南省教育厅评为省级精品课程；“医学影像技术”专业被河南省教育厅确定为2009年省高等学校特色专业建设项目。

【科研工作】 制定《科研工作量津贴发放办法》，鼓励专业技术人员申报课题，提升科研水平。全年资助、匹配科研经费和奖励基金40万元，申报科研课题38项，其中国家级立项3项，省、市级立项25项；取得省、市级科研成果奖36项；公开发表论文232篇，其中核心期刊52篇。张东献撰写的论文《阿魏酸钠对氧化低密度脂蛋白诱导人脐静脉内皮细胞基因表达的影响》在美国《心血管药物与治疗杂志》发表，这是学校首次以第一作者被SCI全文收录的论文。25名教师参加了卫生部、人民卫生出版社规划教材的编写工作，编写规划教材8部，专著2部，其中，《医学影像解剖学》和《医学影像学》被评为国家“十一五”规划教材。《国医论坛》杂志突出仲景学说研究的办刊特色，狠抓刊物质量，已被清华同方、万方数据等9家国内知名期刊数据库收录。

【对外交流与合作】 继续加强与教育部、卫生部沟通交流，不断提升海外留学生学历教育层次。选派专家参加“中外护理教育合作发展论坛”，与韩国大田大学达成合作办学意向。加强与省内外知名高校合作力度，与湖北中医学院、河南中医学院签订本科来华留学生联合办学协议。注重外教工作，与2名外籍教师续签了合约。选派13名出国实习护理专业学生，2名护理专业学生赴英国实习，2名教师赴菲律宾远东大学学习。1名教师参加国际注册汉语教师培训，获得优异成绩。外教工作受到省外专局的通报表彰。

【学生管理】　按照教育部《普通高等学校辅导员队伍建设规定》，选派12名辅导员参加省级培训学习；召开南阳医专第三期辅导员、班主任培训研讨会，结集出版《南阳医专辅导员、班主任研讨会论文集》；新引进硕士研究生、本科生全部充实到辅导员队伍中，着力提升学管队伍整体素质。举办优秀毕业生巡回报告会、奖学金获得者学习经验交流会，激发学生自我管理、自觉学习的积极性。完善学生管理网络体系和以国家助学贷款、勤工助学为主，其它资助形式为辅的助学体系，为1万多名学生发放奖助学金1005万元，为800多名家庭困难学生办理助学贷款400余万元，为特困生发放越冬物资价值3.3万元。严格学籍管理，注重奖惩结合，实行考试成绩综合排名，认真执行升留级制度，促进学风建设。全年涌现出省、市、校级三好学生2116名、优秀学生干部784名、优秀团员2959名。07级中医普大学生李许要撰写的散文诗歌集《反射》由中国文联出版社出版发行。

【招生工作】　抓住国家大力发展职业教育的机遇，充分利用教育部"阳光高考"招生信息平台和省、市教育网络、媒体，扩大招生宣传，生源范围扩大到19个省、市。全年共招收各级各类学生8000余名，普通专科第一志愿上线率达198%，成人高招专科录取新生1640名。与新乡医学院、河南科技大学等院校联合招收成人本科生，形成了涵盖中西医各专业，成招和网络教育并重，专科、本科、研究生学历层次齐全的教育格局。

【就业】　完善就业服务指导体系。全年举办毕业生就业洽谈会18场，200多个单位提供就业岗位3500个；积极拓展就业领域。选拔1430名毕业生到基层就业，139名毕业生应征入伍，448名毕业生顺利升本，48名学生参加"三支一扶"计划，3名学生通过"西部计划"到新疆就业，毕业生一次性就业率达到85%以上。

【甲型H1N1流感防控】　学校高度重视甲型H1N1流感防控工作，成立了由校长方家选任组长的防控工作领导小组，制定了防控工作方案，建立了系部——保健室——附属医院三位一体的应急防控体系。严格学生晨检、因病缺勤、病因追查和登记制度，在学校大门口设立体温监测点，对出入师生及社会人员进行体温测量，并在第二附属医院设立留观室，切实做到对甲型H1N1流感早发现、早报告、早诊治、早隔离、早控制。

【创建节约型校园】　财务部门积极与贷款委托方协商，为学校减少贷款利息及委托费近100万元；落实省、市审计部门要求，将中医药学校和一职专的账目同医专账目进行了移交整合，统一了财务管理。严格执行政府采购，全年竞标采购20余项，资金200多万元。加强废物改造利用，全年修缮办公桌椅1万余套，检修学生宿舍1584间；搬迁实验设备和生活设施17000台(件)。强化水电管理，在办公楼和2号教学楼加装了电脑控制系统，每月节约电费1.6万余元。在进行核算的基础上制定了新的发展规划，提高走向市场的能力，年业务收入180万元。

【基础设施建设】　抓住国家加大项目投资机遇，先后确定立项实验实训楼建设、第一附属医院改扩建工程、附属中医院新建项目、第三附院病房楼筹建项目等，计划总投资3.9亿元。其中实验实训楼建设项目是国家中职建设资助项目，争取国家投资300万元，主体即将完工，交付使用；第一附属医院改扩建工程项目正在施工，附属中医院新建项目用地赔偿接近尾声，第三附院病房楼筹建项目已经通过规划部门审批。主校区东侧113亩新征用地手续全部完善。

【附属医院建设】　在3所附院开展"医疗质量万里行"、医院规范化管理年等活动。一附院坚持"以德立院、以规治院、人才兴院、科技强院"的办院方针，完成了中层行政干部全员竞聘。选派技术骨干到上级医院进修学习、开展新技术培训，努力提高医务人员的整体业务水平。全年开展新技术、新项目40余项，完成省、市科研项目13项，心内直视手术继续保持全省领先水平。年门诊量24万人次，住院人数2.6万人次，完成大中型手术5570例，实现业务收入1.96亿元。二附院坚持"综合发展西医，突出中医特色"的办院思路，深化专科专病建设，扩建病房，培训专业人才，新增心血管内科和泌尿外科，扩建内一科、儿科和120急救站，服务功能进一步完善。全年开展中西医结合治疗重症胰腺炎、干细胞移植治疗股骨头坏死等12项新技术，门诊量12万人次，住院病人3200多人次，大中型手术920例，业务收入2100多万元。三附院投资110多万元购置设备、扩建病房，提升整体实力。配合宛城区残联"曙光行动"，开展白内障免费手术520余例，占全区总数90%以上；实施角膜缘干细胞移植等手术18例。年门诊3.9万余人次，住院病人2243人次，业务收入975.3万元，顺利通过

国家二级医院初审。(田琳 毕大鹏)

南阳广播电视大学

【概况】 有教职工64人,其中专职教师50人,管理人员16人。具有高级职称的6人,中级职称的28人,初级职称的16人。外聘专兼职教师15人。各类在校生6800人,下设8个分校(工作站)。学校占地66亩,总建筑面积38000平方米。学校拥有现代化教学大楼、电教实验中心,数控机床实训工厂、图书馆、体育馆、计算机中心、校园网络、投影室、语音室、卫星接收系统及物理、电工、电子实验室等教学设施,固定资产4000余万元。图书馆拥有藏书8万余册,各类中外期刊150种,报刊35种,微机500多台,投影室10个。新购30台微机,组建数控车床模拟编程实验室。

【招生】 成人教育。共招收开放教育本、专科生860人,成人大专生206人,网络教育生286人。中职中专教育。广泛走访企业和单位,加大联合招生力度,按照市教育局和市社会劳动保障局《关于进一步加强2009年中等职业教育招生工作的通知》,扩大招生范围,加大对青年农民、进城务工人员、下岗失业人员的招生力度,建立生源基地,创新办学形式,采取联合办学、校企合作、半工半读、工读结合的形式,为学生就读提供便利和服务。2009年中职中专共招生2416人,其中普通中专招生383人,职业中专招生2033人。全年共组织保险代理人资格电子化考试286场,总计13409人次。举办中学数学老师培训5期共592人次,中学班主任任职资格培训4期,参训486人,圆满完成市教育局安排的培训任务。

【教学改革】 明确"以服务为宗旨,以就业为导向"的中职教育办学方针。逐步从传统的知识教育为主,学历教育为主和课堂教育为主转向以技能教育为主、就业教育为主和实践教育为主的思想观念。一是深化课堂教学改革,科学选定教材,改进教学方法,着力提高课堂教学质量;二是完善学生学业成绩评价体系,结合期中考试、平时作业、课堂考勤、期末考试等综合评定学生学业成绩;三是强化实践环节,加大实践教学力度和强度,着力提高学生职业技能水平。四是继续实施套读大专计划,探索"双学历"人才培养模式;五是强化以证代考,以赛促学工作。组织了会计电算化证书、电工证书、数控车工证书等考试。参加河南省中职学生技能竞赛活动,成功举办第二届技能月竞赛活动。加大了校企合作力度。首次与嘉世达签署合作办学协议等。开放教育工作,一是认真贯彻开放教育"两导两学"和"六三一"教学管理模式,对学员公修课集中辅导,专业课以自觉为主,辅以个别指导答疑的办法,收到较好效果;二是对教学过程进行规范,加强了学员实名注册、网上学习以及平时作业考核的管理,配备专业老师负责学员作业的批改、个别答疑、复习指导等项工作;三是强化薄弱环节的管理。及时督促学员上网学习,专门为学员聘请考,在指定时间指导学生完成网上作业。对毕业答辩,采取相应措施,统一审定毕业论文题目,指导论文的写作,提高答辩通过率;四是把服务理念贯穿于教学管理过程中去,充分考虑各教学点的实际情况,切实做好指导和服务工作,最大限度地减轻教学点的负担和工作上的失误。对秋期使用新教务管理系统的学员采用了由市校统一课程注册的办法,减少了中间环节,保证了新系统的正常使用;五是加强教学及考务信息交流工作,除了继续坚持联系人制度外,QQ上组建的"南阳电大教务群"发挥重要作用,使电大系统的信息交流和沟通更加顺畅、方便。

【学生管理】 重视班主任队伍建设,聘请热爱学生工作,有管理能力的任课老师担任班主任,并强化班主任的责任意识、服务意识,切实履行育人职责。在男女生公寓配备专职辅导员,使学生在生活区、学习区都有老师监护,及时发现问题,解决问题。继续加强学生干部队伍建设,健全学生会、团委会组织,充分发挥群团组织作用,不断提高学生自我教育、自我管理和自我服务的能力。各个处室也都确立了全心全意为学生服务的思想,真正做到一切为了学生,为了学生一切。学校还对学生中涌现出来的先进典型人物和事迹及时进行表彰,在学生中产生了积极影响。

在新中国成立60周年之即,在学生中开展社会主义、爱国主义、集体主义教育活动,组织学生开展迎国庆60周年歌咏比赛、书画展览,男子篮球、女子乒乓球比赛,观看国庆阅兵仪式,培养学生的民族自豪感和学习成才、立志报国的坚定信念。坚持"课堂灌输、活动渗透、制度约束、实践强化"方针,充分发挥课堂主渠道作用,以祖国60年巨变的事实,强化学生热爱党、热爱祖国、发展社会主义的思想教育。重点在学生中开展"六个为什么"学习宣传活动,阐述社会主义核心价值体系的6个重大问题。加强以敬业诚信为重点的职业道德教育,努力做好中国特色社会主义理论进教材、进课堂、进学生头脑工作。有116名学生向党组织递交了入党

申请书,并发展68名学生成为新党员。(李春雷)

职业技术教育与成人教育

【全市职业教育攻坚计划】 7月11日市政府召开全市职业教育攻坚大会,确立了4年攻坚目标。从2009年～2012年,南阳市将多渠道筹资12亿元用于职业教育攻坚,占全省职教攻坚经费的⅙以上,力求以下几个主要方面取得新突破:一是在学校布局调整上取得新突破。全市105所各级各类中等职业学校通过资源优化逐步整合为50所左右,做大做强职业学校,为扩大办学规模、提高办学质量奠定坚实基础。二是在办学规模上取得新突破。为推动职业院校聚集发展,市政府决定以资源整合为抓手,以职教集团为载体,在南阳中心城区重点建设职教园区,搭建职业教育发展平台,打造豫西南职业教育航母。职教园区建设规模为7000亩,分两期进行:第一期征地3000亩,用3～4年时间分期进行建设。第二期征地4000亩,用5年时间完成建设任务。三是在农村职业教育发展上取得新突破。支持各县市区以职教中心建设为重点,努力办好1～2所规模在3000人以上的中等职业学校,每个乡镇建设好一所独立建制、单门独院的成人学校,每个行政村依托小学建设农民文化技术学校,形成以县职教中心为龙头、乡镇成人学校为骨干、村成人学校为基础的三级农村职业教育和培训网络。四是在改善职业学校办学条件上取得新突破。实施职业教育攻坚计划,重点建设7所以上省级示范性中等职业学校、10个以上省级职业教育专业性实训基地和1个区域性公共实训基地,重点支持8所以上薄弱中等职业学校达标建设,改善办学条件、扩大办学规模、提升办学水平。

【教育部调研组在南阳调研】 12月3～5日,以国家督学、教育部基础教育质量监测中心副主任胡平平为组长的国家教育部中等职业教育调研组一行4人,到南阳市调研中等职业教育工作。调研组对南阳市中等职业教育所取得的成绩给予充分肯定,并就改革和发展中等职业教育事业的有关政策问题进行探讨。

【实施职教攻坚计划】 镇平县拟投资2.3亿元,整合资源建设新的玉雕中等职业学校,一期工程建设用地490亩已获国家批准。社旗县为职教中心新征地67亩,投资600万元新建教学楼一幢,预留学校发展用地150亩,为职教中心发展备足后劲。新野县实施资源整合后,县中等职业学校占地面积由45亩增加到110亩,办学规模扩大一倍。内乡县为县中等职业学校划拨土地60亩,投资400万元新建学生公寓一幢。方城县为加强县职教中心建设,新增教师编制202人,新征地127亩,投入1018万元,建成学生宿舍楼两幢,并预留150亩建设用地。南召县优化学校布局结构,规划到2012年,全县中等职业学校由目前的5所调整为2所,每所学校办学规模达到3000人以上。

【争取职教建设项目资金2753万元】 以实施"三项工程"为契机,积极争取中央和省职教攻坚项目资金,共争取到中央和省财政支持"三项工程"资金2753万元,占全省项目资金的⅙。其中,中央和省财政支持项目4个:宛东中专、新野县中等职业学校、方城县机电中等职业学校、南阳市电子中等职业学校,资金分别为310万元、343万元、300万元和资金150万元。省财政支持项目6个:南阳农校区域性公共实训基地建设,资金600万元;西峡县中等职业学校基础能力建设,资金250万元;南阳工业学校、社旗县中等职业学校示范性学校建设,每所学校250万元(计500万元);南阳艺校、内乡县中等职业学校薄弱学校建设项目,每所学校150万元(计300万元)。通过项目资金带动,调动了地方政府加大对职业学校建设投入的积极性,办学条件逐步改善,办学水平明显提高。

【内乡县通过全省职教强县评审验收】 12月1日,内乡县职教强县创建工作顺利通过省政府专家团评审验收。内乡县委、县政府以创建职业教育强县活动为契机,加入投入力度,改善职业学校办学条件,扩大办学规模,为内乡县中等职业学校划拨土地60亩,投资400万元新建学生公寓一幢;为宛西中专划拨土地80亩;征地20亩并拨付启动资金筹建"内乡宛梆艺术学校";将城市教育费附加的30%用于职业教育。通过积极创建,实现了职业教育在办学规模、办学效益、师资水平和办学体制机制的新突破,形成了基础教育与职业教育双轮驱动、协调发展的良好局面。

【社旗县镇平县被省教育厅等七部门认定为职业教育强县】 3月,社旗县、镇平县被省教育厅等7部门认定为河南省职业教育强县,分别给予100万元的奖励。

【全市成人教育教学教研工作获

省奖励】 全市共有230余名各级各类成人学校教师参加省市优质课教学评选活动,260余名成教教师参加了省市优秀论文评选活动,28名优质课教师和10名优质课指导教师获得省级奖励,200余名优质课教师获得市级奖励。有50篇教学论文获得省优秀教学论文奖,210篇教学论文获得市级优秀教学论文奖。市成人教研室被省教育厅评选为"优质课教学评选活动先进单位"和"优秀论文评选活动先进单位"。同时,市、县两级教研室教研员撰写的20余篇成人教育教学理论研究文章在省级以上CN刊物上发表。教研室参与研究的课题《社旗县成人教育发展的研究和思考》获得省教育厅职业教育教学成果一等奖。

【方城县成教兴农工程】 根据"持续高效农业发展行动计划"工作安排和总体目标,积极推进"成教兴农"工程。狠抓以回乡知青为重点的农民实用技术培训,搞好人才开发,壮大农村成人教育科技推广队伍。据统计,全县共培养中级以上农民技术员1856人,初级技术20378人,科技明白人5458人,为实施"科技兴县"战略,推进"成教兴农"工程,提供了人才保证。强化实施示范基地建设。以点带面推动全县"成教兴农"工程的实施。止年底,全县专师共建立实验示范基地689个,总面积1076亩;创办科技示范项目372个,示范园278个,总投资158.7万元,辐射带动周边127415户农民发展高效农业、养殖业和加工业。(朱全永)

【新野县举行县中职校与省外高职院校联合办学挂牌仪式】 6月12日,新野县中等职业学校与陕西服装艺术职业学院联合办学揭牌仪式在该县中等职业学校举行。县委书记方显中和陕西服装艺术职业学院董事长、院长吕明为陕西服装艺术职业学院南阳分院揭牌。陕西服装艺术职业学院与新野中职校达成如下协议:两校联合招收2+3学制(初中毕业起点)国家统招五年制大专学生,前2年在新野中职校就读,后3年在陕西服装艺术职业学院就读,陕西服装艺术职业学院负责为毕业生联系就业单位,发放毕业证和就业报到证。(于宏志)

【河南省南阳市农业学校】 学校两个校区占地38.22公顷,校舍建筑面积13.5万平方米,图书馆藏书18万余册,教学仪器设备1500万元,固定资产1.5亿元。教职工278人,设有农学、牧医、农经、计算机应用、机电工程、电子技术、汽车应用7系17个专业,2009年招收新生6153人,毕业学生2634人。在籍生11600人。

加强教师队伍建设。加强师德师风建设,强化教师教学基本功训练,重点加强年轻教师教育教学能力培训,选送16名教师参加国家、省级骨干教师培训,7名教师在河南省中等职业学校学生技能大赛中获优秀辅导奖,5名教师荣获"市第十三批学术技术带头人"称号,上报省市级优秀论文6篇,优秀课件6个,申报省职业教育优秀教育教学成果2项,教师在CN级刊物发表论文38篇,获市科技进步奖一项。

教学工作。规范教学行为,落实《南阳农校教学工作规范》,严格教学纪律,加强教学督导,坚持校系领导听课制,完善教学质量监控体系,规范教学行为。深化教学内容,改革教学方法,突出实践教学。构建、组合课程体系,建设精品课程;组织学生开展各项技能竞赛和实践活动。在河南省中等职业学校学生技能大赛中,9名学生分获一、二、三等奖。"金蓝领"班学生参加全省"阳光工程雨露计划技能大赛",汽修专业参赛队获得团体三等奖。加快实验室建设,新建电子、机电、汽修3个实训室,改革学生见习方法,共有900名学生在昆山富士康、仁宝等企业见习3~6个月,提高了学生就业竞争力。

学生管理。强化养成教育,开展"文明卫生强化教育月"、"学雷锋活动月"等主题教育活动,学生讲文明、懂礼貌、守纪律观念得到加强,充分利用宣传栏、广播、《文学书画报》、国旗下的演讲等多种渠道对学生进行思想道德教育和文明行为规范教育;召开学生思想品德工作研讨会,开展"三理"教育和健康心态训练活动;开设由校级领导及全体中层干部担任主讲的德育综合课讲座,分48个专题对全校学生进行择业创业、行为规范等方面教育,培养良好的职业道德和职业技能;开展阳光体育活动,举办全校师生"健身月"、第八套广播体操比赛、排球赛、篮球赛、秋期运动会等,营造浓厚的校园健身氛围。

招生。扩大外省、地市生源,深化校企合作,依托市场、企业办学,开办"广达班"、"福源班"等校企联合办学班,为学生搭建从上学到就业的直通车;新成立汽车应用系,进一步拓展办学空间;采用多种形式举办现代农业实用技术中专班,进行学历教育和现代农业实用技术培训。

就业。开拓就业渠道,强化校企合作。华为公司、格力公司、中兴、上海广达等知名企业先后到校进行校园招聘46次,全年安排入职学生2220人,就业率98%以上;健全实习学生管理规章制度,建立学生顶岗实习教师带队制度、巡回检查指导制度,加强与企业、与学生的沟通。学校成为河南省财政支持的南阳市中心城区中等职业学校公共实训基地，河南省农村基层农业技术推广人员培训基地，河南省农村劳动力转移培训阳光工程农民创业培训基地，获得项目资金支持1800万元。

新校区建设。完成教学、实验、餐厅、学生公寓、后勤服务中心等基本建设，建筑面积5.91万平方米，初步形成了4500人的中职办学能力，为南阳市职教园区发展奠定了基础。学校在新校区承担2012年农运会体育场馆（女子篮球项目）建设，场馆的初步设计已完成。

为三农服务。完成450名劳动力转移培训、485名农村基层农业技术推广人员培训和200人农民创业培训任务。举办现代农业实用技术中专班。主动送教下乡。采用多种形式举办现代农业实用技术中专班，招收农村基层党员干部、专业户、有志青年及返乡农民工4153名，教学工作有序开展。学校作为南阳市优质高产小麦栽培项目技术依托单位，在镇平县贾宋镇推广“豫农949”良种繁育，平均亩产550千克，高出其它品种20%。绿白奶业公司积极为区域经济建设服务。奶源建设有重大进展，建立了三个标准化养殖小区，增强了学校服务社会的功能。（刘青霞）

【南阳经济贸易学校】 学校有教职工114人，其中专任教师70人，高级讲师26人，讲师32人，在校生2305人。学校建筑面积26055平方米，藏书46000余册。学校获得2009年度全国德育管理先进学校、全市思想政治工作先进单位，保持市级文明单位、省级卫生先进单位等称号。科研成果显著，开展省、市级课题研究7项，省级课件、论文、成果获奖22项，在各级各类报刊杂志上发表论文27篇。

教学工作。深化教学改革，实施新的应试教育。面对金融危机和新的就业形势，学校实施与考证考级对接的新的有职业特色的应试教育，确定了会计证、电工证、焊工证、营销证等13个考证课目，涉及20门考证课程。在以专业课技能为先、实用为主的指导思想下，组织与其相应的课堂改革、课程改革。加强专业建设，注重学生职业技能教育。在专业建设与教学改革中，坚持以就业为导向，以考证考级为具体目标，狠抓职业能力训练。以知名企业为依托，新建焊接（远洋焊接）、现代商务2个专业。注重学生技能教育，加强实训室建设，装备了焊接实训室、电子电器实训室、微机组装维护实训室、餐饮与客房服务实训室等7个实训室。投资40余万元，在17个班级装备了多媒体教学设备，并新建了一个微机教室。教学过程中突出技能教育，充分调动学生动手、动脑积极性，组织45名学生参加全国计算机NIT资格证考试、313名学生参加普通话考试、90名学生参加会计证考试、29名学生参加导游证考试等等，全部通过。开展会计知识竞赛、计算机基础知识比赛、客房服务技能竞赛等活动，狠抓学生职业能力训练。抓好教学常规管理，加强教师队伍建设。进一步严肃教学纪律，执行各项教学管理规章制度，加大过程评价力度。加强考试纪律管理，以考风转变促学风转变。继续鼓励教师参加在职学历进修和各类专业技能培训，为适应现代化的教学手段和目标，开展教师课件专项培训，支持教师参加各级各类教学教研活动，鼓励教师向“一专多能”和“双师型”方向发展。

学校管理。树立“以教启智，以育成人，教育并举，育人为主”的新的职教工作理念，把育人、成人作为学校教育教学工作的重中之重。继续以准军事化管理为依托，狠抓学生行为习惯养成，在学生就餐、就寝、出操、升旗、上课、自修、交往、活动等方面，深化和完善准军事化管理，继续开展以“自律、奋斗、荣誉、尊严”为主题的教育活动，在全校范围内开展了荣誉格言征集，共征集荣誉格言700余条。切实加强班主任队伍建设和学生干部队伍建设，提高班主任政治经济待遇。开展班主任谈心、纪律学习双月评比、学生个人卫生大检查、学习园地评比、班级宿舍文化建设等活动，使学生管理呈现出团结紧张、严肃活泼、生动而精彩的局面。招生就业。全年招生701人。在就业工作上，基本实现按所学专业对口就业的目标要求，先后与青岛海尔集团、温州人本、深圳爱普生、江南重工，北京、广东的高尔夫球场等签订了就业协议书，逐步实现校企直供，全年共安置毕业生673人，就业率达98.3%。（刘新　焦中群）

【南阳市体育运动学校】 学校共有教职工133人，其中专任教师、教练105人，高级职称24人，中级职称52人，硕士研究生1人，在校学生300余人。校园面积50余亩，建筑面积32000平方米，藏书5000多册，固定资产3500万元。年度招收新生91人。

训练工作。在济南全运会上，34名南阳健儿参加比赛，占河南省参赛总人数（393人）的十分之一，是南阳市参加全国运动会运动员人数最多的一届。其中学校培养输送的运动员有23人，9人获得名次。参加全国赛艇青年锦标赛获四至八名5个。全校共派出16个代表队代表南阳市参加省年度锦标赛，获金牌28枚，银牌12枚，铜牌14枚，四至八名60个，224人获2010年河南省第十一届运动会决赛资格(南阳市为297人)。校赛艇队年度比赛成绩尤其突出。11月20～25日,在舞钢市举行的2009年河南省赛艇锦标赛暨河南省第十一届运动会资格赛上,学校赛艇队派出26人,年龄最大的17岁,最小的14岁,获8金4银6铜,团体总分191分,在全省15支代表队中,位列金牌榜第一,领先于焦作、平顶山等老牌强队。备战省十一运会。2009年距省十一运会开幕仅剩一年时间,备战工作进入关键阶段。学校通过请进来与走出去的办法对教练员进行业务培训,促其学习先进的训练方法和技术,充分尊重训练规律,科学选材,科学训练,科学管理。充分发挥科研室服务指导训练的作用,加强对优秀运动员的跟踪检测和服务,不断提高运动训练的科技含量。

招生。学校借市体育局7月份下达的《关于选拔推荐优秀体育后备人才的通知》的东风及2008年学校成功创建"国家高水平体育后备人才基地"的良好声誉,在各县市区建立招生选材机构,加大资金投入,大幅度提高招生奖励标准。招生人数猛增至91人,扭转了近几年学校招生逐年下滑的势头。

基地创建。南阳体校4月28日"国家高水平体育后备人才基地"正式挂牌。国家给基地配备资金28万元。同时,争创"河南省单项高水平体育后备人才基地"。

桃李风采。8月23日,学校选拔培养输送的优秀运动员、中国女子田径的代表性人物周春秀,在世界田径锦标赛(柏林)女子马拉松赛中,忍着伤痛,以领跑的方式,帮助队友白雪夺得冠军,自己也获得第四名的好成绩。10月18日,在丹麦哥本哈根进行的2009年世界跆拳道锦标赛中,来自解放军队的南阳籍运动员韩颖颖一路过关斩将,奋力夺得女子73公斤级冠军,这是中国跆拳道队在本届世锦赛上获得的第二枚金牌。韩颖颖,1986年出生于桐柏县;2000年考入南阳市体校,师从于市著名篮球教练刘红霞(女)、杨新生,主攻篮球。2001年被北京军区体育运动大队选走,重点练习跆拳道。入伍后她曾多次参加国内、国际重大比赛活动,多次获得大赛奖牌,受到部队嘉奖。10月20日,学校培养输送的国家自行车名将冯永,在第十一届全运会男子自行车场地争先赛上夺得银牌。10月21日冯永杀入第十一届全运会自行车凯林赛决赛,以领骑的方式协助队友高亚辉为河南队夺得一金,自己得了第五名。(王秀林)

师资队伍建设与师范教育

【全市中小学教师学历达标率和高学历比率持续上升】 全市共完成60332名中小学教师培训任务。普通高中、初中、小学教师学历达标率及高学历比率分别达到96.2%、98.6%、99.5%和4.9%、45.2%、73.9%。各比上年提高0.72、0.18、0.02和0.38、4.9、4.4个百分点。

【希望工程教师培训中心专家组深入方城调研】 2月16～20日,中国青少年发展基金会希望工程教师培训中心专家组一行7人,深入方城县考察调研希望工程学校教师培训工作,服务农村基层教师的专业发展。2月20日,方城县教体局举行报告会。专家组成员、上海市特级校长、特级教师、全国"小班化教学"首创者、团中央青基会希望工程教师培训中心执行副主任张锦堂作《以生命影响生命,以生命发展生命》专题报告。调研期间,专家组先后深入券桥乡、袁店乡和杨楼乡的12所农村小学就"如何提高希望工程学校教师培训的质量"展开调研。2007年12月,南阳市被团中央青少年发展基金会希望工程教师培训中心确定为GE(美国通用电气公司)希望工程教师培训项目实施地区,计划用三年时间分别在北京、上海、西安等地为南阳免费(免食宿费、培训费、资料费、考察费,每人约3000元)培训希望工程学校教师300名,共计扶持教师培训120万元。该项目实施地区全国仅有甘肃省天水市、河南省南阳市、四川省阿坝藏族自治州、陕西省汉中市4家。此次调研,旨在详细了解农村希望学校发展现状,找准希望学校教师培训需求,对提高南阳甚至全国希望学校教师培训将产生积极影响。

【中国青年基金会全国教师培训中心为西峡县开展义务送教活动】 7月17～21日,中国青年基金会全国教师培训中心义务讲学团深入到西峡县,开展义务讲学活动。讲学团成员包括上海市金山区海棠小学校长蒋水清,美国核心竞争力(中国)中心执行总裁、中国青基会教师培训中心高级顾问李亚平,上海市闸北区八中教师、"上海市优秀园丁"楼蓉嬉,上海市中小学心理协会教授张静涟等全国著名教育专家等。各位专家针对当前农村基础教育改革与发展实际,分别做了《校长与教师的有效沟通》、《为孩子的人力资本增值奠定基础》、《用心去教育,用爱去感化》、《处理学业、生活、职场的心理辅导》等多场报告。

【国务院参事室师资队伍建设调研组来宛调研】 8月28日～9月1日，国务院参事室师资队伍建设调研组组长、浙江师范大学职业技术学院副院长陈明昆博士一行4人，莅临南阳开展师资队伍建设专题调研工作。调研组深入内乡县中小学校、中等职业学校、幼儿园、特殊教育学校，了解南阳市特别是农村师资队伍建设现状和存在的问题，认真听取加强师资队伍建设的对策和建议，对南阳师资队伍建设给予充分肯定，并就当前及今后一个时期师资队伍建设提出指导性意见。

【招录“特岗计划”教师1123名】 河南省分配南阳市11个县(市)特设岗位教师1120名(除宛城、卧龙和高新区)，共有4895名考生报名，3392名合格。其中专科学历690名，占20.3%；本科2686名(含双学士2名)，占79.2%；共有16名研究生报考南阳市。考生中除南阳市和河南省内考生外，还有部分来自河北、陕西、湖北、北京等省市的考生。招聘全省统一笔试于6月21日进行，全市共设置考点3个(一、二、五中)，考场114个，实际参加考试考生2725名，缺考667名。全市11个县市面试工作于7月11日一天进行完毕。面试工作共有493名评委、1000多名工作人员参与。按照各学科要达到1∶1.2比例的要求，全市共有1456名考生参加面试。由于报名人数不平衡，一些学科报名人数不足，部分学科达不到1∶1.2的面试人员比例要求，按照程序，坚持志愿优先、择优录用的原则，认真、细致地进行了面试人选调剂工作，全市共录用1123名特岗教师，调剂考生169名，于秋期开学前全部分配到各乡镇中小学任教。

【市教育局负责人深入贫困县慰问教师】 1月17日上午，市教育局驻村工作组在局党委书记、局长贺国勤的带领下，到桐柏县城郊乡申铺村慰问部分特困教师和困难群众，送去党和政府的关怀。进入元月份后，市教育局广泛开展慰问特困教师和困难群众活动，共送去价值6万余元的物资和现金。1月15日上午，市教育局调研员徐照民，深入社旗县部分贫困教师家中慰问。

【全市幼儿教师自制玩教具比赛成功举办】 为激励广大幼儿教师重视和广泛开发各种教育资源、动手动脑、勤俭办园、交流经验，促进幼儿教师素质的提高，全面提高幼儿教育质量，市教育局于7月举办全市幼儿教师自制玩教具比赛。各地共推荐77件作品参加比赛。共评出一等奖15名、二等奖10名、三等奖20名。

【开展教师教学技能竞赛活动】 4～7月，在全市农村中小学开展青年语文、美术、信息技术教学技能竞赛。全市共有近万名教师参加活动，其中有185人获市级一等奖、196人获市级二等奖、95人获市级三等奖，256名教师代表南阳参加省级决赛，200余名教师获奖。

【全市中小学班主任任职资格培训首开法制课内容】 11月15日～12月21日，市教育局共举办八期中小学班主任任职资格培训班。首次开设题为《依法执教，依法管理，切实做好未成年人保护工作》的法制讲座。讲座以新修订的《中华人民共和国义务教育法》、《中华人民共和国未成年人保护法》和教育部制订的《中小学班主任工作规定》为主要内容，结合大量学校发生的各种案例，就学校的法定责任和义务、班主任在未成年人保护工作中的地位和作用、未成年受教育者的法定权利、新时期未成年学生的心理特点、新形势下未成年人保护工作面临的新问题、学校侵权案件法律分析、班主任如何做到依法执教依法管理等内容进行了详细讲解。

【开展中小学心理健康教育教师岗位技能培训】 9月10日～12月15日，市教科所共举办8期中小学心理健康教育教师岗位技能培训班。专家、教授们以理论实践、团队心理辅导为载体，结合大量学校和社会上的案例，进行了生动翔实、深入浅出地讲解。通过培训，广大教师进一步认识了心理健康教育在学校教育教学中的重要作用，并纷纷表示在今后的教学和管理中，一定要科学地运用心理健康教育知识，正确地对待学生心理发展规律，用心理学的理论去指导学生成长，让学生成为身体和心理都得到健康成长的天使。

【宛城区整治教师在编不在岗现象】 自6月份开始，宛城区教体局在全区范围内逐校开展对在编不在岗和人员变动后编制不核销的“吃空饷”人员清查工作。将成人教育学校并入乡镇中心学校，将富余人员充实到教学一线；根据实际精简管理机构，撤销两个乡镇中心学校，使90名教师回归教学一线；要求所有脱岗教师必须于6月底前回归岗位，否则立即停发工资、核销编制。又有85名教师重回教学岗位；对于长期请病假的88名教师，按照国家规定，完善手续。至秋期开学，持观望态度的15名教师重新回到讲台。据统计，短短4个月，共有190名教师重回教学一线。为防止清理工作出现反弹，还出台了

《宛城区中小学教师队伍管理暂行规定》,促使"在编不在岗"现象彻底清除。在此基础上对中小学教职工实行编制管理,学校在编制内定员、定岗、定责。同时规定,未经教体局批准,任何单位不得随意占用中小学编制,抽调教师从事其他工作,学校不得同意或安排教师脱离学校教育教学岗位从事其他工作,教师也不得擅自脱离学校教育教学岗位另谋职业和停薪留职。否则,按照有关规定严肃处理,并追究有关人员责任。(陈银德)

【镇平县实行五个结合为师资队伍增活力】 一是"招"、"留"相结合,补充教师总量。近年来,通过将优秀教师直接调入、高校选拔、全县招聘等途径,共补进教师500多名;从2009年起,每年招聘200名左右二本以上示范类大学本科毕业生和优秀教师充实到教师队伍中;对身体条件好、教学水平高,愿意继续任教的退休教师,县政府每月补助400元,争取更多的退休教师发挥余热,缓解农村中小学教师不足的压力。二是"设岗"、"支教"相结合,为边远及山区教育提供源头活水。在二龙、高丘、老庄等3个乡镇的19所深山区学校设立山区教师特殊岗位67个,对自愿到这些学校工作的老师除每月给予300元特岗津贴外,工作满三年后,由本人申请、经考核合格后,可调入城区学校任教;每年选派100余名城镇优秀教师到农村学校支教,同时,受援学校也组织教师到对口学校跟岗学习,进修提高。三是"评"、"树"相结合,提高教师的思想政治素质。在全县评选师德先进个人及师德标兵600多名,并组成师德报告团,在全县巡回演讲;把30名名师及支教山区数载的退休教师王克勤的事迹拍成宣传片,在县电视台黄金时段连续播出,充分展示优秀教师风采,营造事争一流、爱岗敬业、无私奉献的良好氛围。四是"培"、"用"相结合,提升教师的业务素质。县政府每年拿出20多万元用于对中小学校长、骨干教师、名师的培训,年培训教师3000名左右。同时采取骨干教师上示范课、承担实验课题、优秀教师"传帮带"等办法,充分发挥示范和引领作用,形成比教学技能、比教学效果、比教学修养的良好教研氛围。五是"奖"、"惩"相结合,调动广大教师干事创业的积极性和创造性。每两年在高中、初中、小学一线教师中评选师德素质高、教学能力强、教学效果好的名师各10名,由县委、政府授予"镇平县名师"称号。在任期内,高中、初中、小学名师每人每月享受政府津贴分别为500元、300元、200元。下发了《关于中小学教职工绩效工资分配的意见》,实行津贴二次分配,多劳多得,优劳优酬;严查在编不在岗人员,对无故离岗、外出经商人员坚决予以辞退,严肃了人事管理纪律;进一步修订、完善中小学教职工量化考评意见,建立健全教师绩效考核制度和考核指标体系,进一步激发广大教师干事创业的积极性。(杨小岩)

【南阳市宛西中等专业学校】 2009年,宛西中专在编教职工134人,共招收新生801人,在校生人数达到1600多人。加强师资队伍建设,鼓励教师开展紧缺专业进修学习,多渠道引进高素质人才,使双师型教师比例有更高的提升;加强科学管理,引进创新机制,积极沟通协调,切实解决一些学校科学发展的关键问题和群众关心的实际问题,建立健全了学校科学发展的体制机制,促进学校健康持续发展。

(一)加快教学创新步伐,全面提升教学质量。围绕市委职业教育攻坚计划,立足学校传统优势,制定职业学校课程改革方案,以学科建设、学科研究为突破口,加大听课力度,教务处牵头,校领导挂帅,各处室负责人参与,强化课堂教学督查力度。在优化师资队伍建设上,学校始终把建设"双师型"教师队伍摆在事关学校长期发展的战略位置,优化教师结构,实施培养一批骨干教师,传带一批新生教师,引进一批优秀教师的人才战略,其中上半年学校就分4批次外派教师参加省市级德育、教育、心理等学科骨干教师培训,分2批次组织全体教师到南阳兄弟学校学习取经;在学生的培养上,以生为本,以学生思想道德建设和技能提高为重点,全面增强学生的综合素质;进一步完善"每周一星"奖评机制,继续探索实行学分制和弹性学制相结合学生评价办法,健全教学过程评价机制。

(二)加强学校管理。(1)严格考评机制,严肃认真开展考勤、考绩工作,明确班主任工作的重要性,提升班主任的地位,强化班主任的责任意识,彻底遏止学生流失势头,改善待遇分配办法。(2)加大学生管理力度,人口过密学校可持续发展。坚持"德育为先,修身为上"办学理念,认真落实各项规章制度。在学生管理上,突出"四加强一确保"。一加强对学生思想道德教育,下大工夫培养学生的文明习惯,组织开展丰富多彩的活动,在活动中塑人;二加强学生纪律观念教育,严格考勤,优化"两操",开设德育培训班;三加强学生干部队伍建设,培养学生自主管理意识,坚持学生干部周例会制度,及时培养入党积极分子;四加强班主任队伍建设,完善班级量化考核积分方案,倡导创新管理,改月例会为周例会;"一确保"是确保学生的身心健康和生命安全,定期对学生进行心理辅导和安全纪律教育，整治学校周边环境，加强警、校协作，尤其今年世界遭遇甲流，学校加强健康宣传与教育，坚持做好日报及疫情分析工作，做好物保障，购买消毒液、体温计等防控物资，并发放到相关处室、班级，确保满足防控救治工作的需要；加强卫生管理，做好校园公共场所的卫生消毒建立自下而上的逐级报告制度，及时通报防控工作动态，发现问题及时进行整改。2009年学校尚无甲型H1N1流感疑似病例，实现防控形势平稳过渡。

（三）招生。2009年是学校乃至全省职业教育的低谷年，招生工作异常艰难，学校加大工学结合办学的力度，增强中职教育的吸引力。由于处于经济欠发达地区，工学结合的办学模式有巨大的潜力，以此为突破口，共招生四批工学结合学生。派出尹丽、付伟教师带队指导，与学生同吃同住，排忧解难，解除了学生家长的后顾之忧。针对实习就业学生，学校每送出一批学生招就办就精心组织，努力做好实习学生的就业指导派出胡廷桢老师外出跟踪。加强与其他职业学校联合办学，实现优势互补。学校先后与河南大学、河南工业学校、方城技工学校、驻马店新蔡党校、驻马店西平技校联手，实现共同发展。由学校提供场地和学生，与之联合的学校提供师资和设备，取长补短，化弊为利，互惠互利。联合办学丰富了办学空间，挖掘学校资源，为学校发展助力。秋季招生最终建立学籍人数达801人。

（四）人事改革。由于2009年生源严重短缺，全省职业教育进入最困难的年头。学校班次减少，班级学生人数不足，且存在继续流失现象，学校整体效益下滑，各学科工作量均不满负荷，部分学科教师更加富余，全员实行公开竞争上岗，分期分批，先急后缓，逐步推进。同时积极创造条件，争取空编补岗名额，引进高素质人才，增强办学能力。

（五）积极筹措申报国家级重点中专。为了提升办学能力，扩大办学空间，为学校的跨越发展创造条件，依照国家级重点中等职业学校的评估指示体系，对学校的实际情况进行了实事求是的自我评估。积极组织实施申办报工作。中报已通过市级和省级验收。

（六）申请筹建学校实习实训大楼，创造科学条件，通过中行贷款45万，向广发行申请贷款，采用教育信息化融资的途径，校新征地资金置换策略。帮助学校走出困境。（张逸）

【南阳市宛东中等专业学校】 2009年，招收新生943人，其中高中633人，中专310人；毕业学生1206人，其中高中818人，中专388人。年底在校学生总数2468人，在编教工192人。高中设本地普通班、体艺特长班（含播音主持、书法）及重庆升学班、新疆升学班。中专设汽车驾驶与维修，幼儿教育、船舶管钳、数控、模具、电子电工等专业。有162人向党组织递交了入党申请书，12人被确定为入党积极分子，6名学生、3名教师光荣加入中国共产党，为团结奋进的生力军注入了新鲜血液。学校被授予南阳市“学习型组织”先进单位。

（一）以研促教，教学水平稳步提高。各教学部广泛开展岗位练兵活动。教学环节扎实，教科研形式多样，比赛课、观摩课提高了教师教学水平，师资培训夯实了教师基本技能。高二、高一课改成功实施，高考成绩稳重有升。中专方面，开展各类专业技能比赛、汇报表演等，促进了课程改革和教学方法的转变。本年度，有26位教师参加了高三备考省、市级培训；39人参加了高中新课改省、市级培训，43人参加了中专职教国家、省、市级培训；有6名教师在省、市级教学比赛活动中获得一、二等奖，为学校争得了荣誉。

（二）学生管理。学校形成了以学生科、团委会牵头，各教学部、教学班为单元的学生培养网络体系。针对学生实际，持续开展养成教育、感恩教育、三理教育、安全文明卫生教育、社会主义荣辱观教育等，先后以知识讲座、征文比赛、演讲比赛、主题班会等形式举办了“告别校园不文明行为”活动、“学生日常行为规范督察”活动、“做一个有道德的人”主题实践活动、“两争两创”活动、“读好书、做好事”活动、“四个一系列感恩教育”活动、“安全文明卫生月”活动等。通过各种活动的开展，提高了学生的思想觉悟、道德水平和文明素质，广大学生遵纪守法、乐于助人的现象蔚然成风。积极开展丰富多彩的文体活动，活跃校园文化生活，提高学生专业技能。春季运动会、球类比赛、故事会、演讲赛、辩论赛、迎“五一、五四”及庆祖国六十华诞歌咏比赛等活动深受学生喜爱，师资部专业技能汇报演出、组队参加唐河县红歌会，以及体育专业学生与教工一同参加唐河县第三届运动会并夺得总分第一、团体冠军。建立、完善了学生动态管理快速反应机制，适时对学生存在状态实行全天候跟踪监控。学校、班级、宿舍形成立体网络，确保学生人身安全，将意外事故的发生控制、消灭在萌芽状态。学生在消防演练、安全自保、危急自救、交通安全等方面的教育中，增强了自我保护意识，积累了自我保护的经验与常识，为学生健康成长提供了保证。本年度全校无重大安全责任事故发生，继续保持市、县综治先进单位称号。

(三)面向市场,创新办班模式。先后开辟了与江苏、重庆、新疆等地联合办学的新模式。在生源紧张、招生形势异常严峻的情况下,为招生工作走出低谷、稳中保增注入了新的活力。就业工作在巩固已有就业基地的基础上,积极探索定单式、合同式培养等就业新模式,不断提高就业保证率、放心率,让有真才实学的毕业生不再有后顾之忧。中专毕业生中有98%的学生签下就业协议,顺利走上工作岗位。创新办班模式,走校内班和校外班相结合、学历班和短训班相结合之路,努力扩大办学规模。学校与企业及社会各类教育机构广泛开展合作,联合招生,生源对象逐步扩展为面向非在校生中的所有人。全年共招收各类中专生近3000人,实现了历史性的突破。学校被考核评定为省职教攻坚工作先进单位,10月份,在全省职教攻坚大会上受到省政府隆重表彰。学校正申报面向学历生的"金蓝领"工程和适合短训班的"雨露计划"培训基地,这将使学校新型办班模式具有更加可靠的政策和资金保障。

(四)改善办学条件。2009年,上级财政支持实训基地建设资金310万元,学校配套22万元,全部用于实训楼建设。合作办学增收的200多万元资金,除还清全部债务外,还保证了教职工津补贴和各项福利待遇的按时发放,在此基础上,又购置了必要的教学和办公设备。校园局域网二期布线工作全部完工,辐射校内所有办公、教学点的互联网基础工程全部到位,为提高办公、教学现代化起到了奠基作用。(五)精神文明建设。以"讲文明、树新风,践行社会主义荣辱观"为主题,广泛开展了"真情庆华诞,文明我先行"活动;在全校范围内大力倡导崇尚文明、弘扬正气的社会风尚,不断强化文明细胞建设,积极开展"两争两创"活动。通过板报、橱窗、广播、知识竞赛等大力宣传共和国英模群体,宣传"六创一迎"知识,通过课堂、报告会、知识竞赛等宣传教育活动,引导师生学习先烈,奉献社会,在和平建设时期更要注重讲社会公德,做模范公民;讲职业道德,做模范职工;讲礼仪礼节,做文明学生。师生文明素质和校园文明程度均有了明显提高。通过组织师生参与"感动中国"年度人物投票活动,使师生学有榜样,赶有目标,潜移默化中受到了深刻的熏陶与教育。在支援新农村建设和渠首移民迁安工作中,全校教工捐献图书500余册,充实移民"农家书屋";年终雪灾冰冻天气突袭,学校为古城井楼村10余房损特困户捐赠5000元,帮助维修房舍,为他们送去2000余元的米、面、油等过年物品,让他们感受到了寒冬中的关爱与温暖。12月,省委、省政府再次授予学校"省级文明单位"荣誉称号,同时,学校被推选为河南省爱心慈善单位。(田立新)

【南阳幼儿师范学校】 2009年,学校招收新生1388人,其中三年制幼儿教育专业852人,学前教育(3+2)165人,大中专371人,毕业生1350人。在校教职工171人,其中专兼教师151人,高级讲级46人。讲师36人。承办的河南省第八次幼师教育协作会取得了圆满成功;申办的河南省重点中等职业学校顺利通过省教育厅评审,为申报项目、申请资金支持创造了条件。

(一)招生。面对初中毕业生数量锐减和各校生源竞争日益激烈的严峻形势,学校采取得力措施,主动应对困难和挑战,及时研究确定了"稳定招生规模,稳定招生机制,稳定招生政策,适当倾斜中专"的招生思路,采取多种方式做好招生宣传工作,扩大外市招生数量。春期招生人数达到224人,比去年同期增加了30%,秋期招生人数达到1252人,比去年同期增加10%,全年共招生1476人,比去年增加11.4%,超额完成了省教育厅下达的全年招生计划,在全市各类中专学校中名列前茅。

(二)继续探索毕业生就业新途径,不断提高毕业生就业质量。在搞好学生就业教育、引导学生转变就业观念的同时,加强学生职业技能训练,提高学生的应聘能力;在按照"全面加特长"培养目标培养合格幼儿教师的同时,积极引导毕业生到就业市场成熟的地区就业,提高学生的就业质量;在鼓励学生自主择业、自主创业的同时,积极做好学生就业安置。2009年共组织召开了春、秋两次幼师生毕业汇报暨供需洽谈会,由于用人单位踊跃参与招聘,毕业生数量供不应求,就业形势异常火爆。涉外财会专业按照合同由华必信会计事务所负责安排就业,学生全部安排在企业从事会计和出纳工作,工作环境好,工资待遇高,学生非常满意。

(三)狠抓教师队伍建设,教育教学质量稳步提高。坚持以提高教育教学质量为目标,狠抓教学常规管理工作,狠抓教学秩序的稳定,狠抓教师队伍建设。强化全体教师以人为本意识,增强其教书育人的自觉性。扎实开展全体专兼职教师参与的优质课竞赛活动,并组织全体中层以上干部深入课堂听课,现场评课,以此来规范课堂教学秩序,提高课堂教学质量。积极组织教师开展教育教学研究,主动承担、申报省市教育科研课题,踊跃参加省、市有关部门组织的科研成果评选活动,共上报省市级课题4个,参编教材、论著12部,发表CN文章60余篇,在省、市教育部门获奖论文90余篇。此外,组织20余名教师参加国家、省、市级骨干教师培训,以适应新形势的要求。在河南省教育厅组织的全省幼师优质课竞赛中,取得了4个一等奖、5个二等奖的成绩,位居全省9所幼师前列。坚持以技能训练和竞赛活动为载体,深化教学改革,全面提高学生素质和教学质量。按照《南阳幼师学生教育教学基本功达标方案》的要求,在学生中广泛开展了职业技能训练和职业技能竞赛活动。成功举办了庆"五一"文艺晚会、庆祝建国60周年文艺演出、河南省幼师教育协作会专场演出、07级幼师生毕业汇报演出,参加了邓州市庆"七一"文艺演出、庆祝建国60周年广场文化演出等,举办了第二十五届田径运动会。在开展理论教学和技能培养的同时,重视学生实践能力的培养,组织学生到邓州市城区五所幼儿园进行"一日常规"观摩活动,加强对理论知识的理解,丰富学生的感性认识。针对计算机和涉外财会专业的特点,开展了对学生动手操作能力的培训,组织了键盘录入、硬件拆装等技能竞赛活动,并安排学生参加会计证考试和助理会计师资格考试。选派学生参加了河南省首届幼师毕业生教学技能大赛,取得了4个一等奖,11个二等奖的好成绩。

(四)加强学生心理教育,学生流失得到有效控制。围绕庆祝建国六十周年开展了"祖国万岁"歌咏比赛、"感受祖国变化"演讲比赛、人民英模事迹展等教育活动。开展了中华诗词诵读比赛、背诵《三字经》、十八岁成人仪式、唱响我心中的歌、纪念"一二九"运动英雄故事汇等寓教于乐活动。还邀请邓州市公安局有关干警为学生做了网络安全教育和消防安全教育报告。心理教育是新时期学生思想教育的重要内容。2009年,学校对心理咨询室进行了条件完善,开展了心理咨询、心理教育、教育者心理培训。学校心理健康教育经验材料《春风化雨解心结润物无声育人才》在全省幼师教育协作会上进行了交流,并受到省教育厅师范处领导的充分肯定。由于心理健康教育的扎实开展,全体学生思想稳定、学习努力、文明守纪,学校全年学生总体流失率控制在5%以内,为历年来流失率最低的一年。加强班主任管理和培养,提高班主任的工作能力和水平。强化班主任早晚自习和进班情况的考勤,鼓励班主任带操和进班督查,充分发挥班主任工作的积极性和创造性。加大对年轻班主任的培养力度,开展经常性的班主任工作经验交流和培训,成功举办了"南阳幼师育人研讨会",不断提高班主任研究学生、研究学生管理、提高育人质量的自觉性。

(五)认真落实规章制度,学校管理逐步规范。高度重视校园安全工作。认真落实门卫值班、夜间巡逻、暂住人员管理制度,严谨社会闲散人员随意出入校园。经常开展安全教育,先后组织了法制教育、网络安全教育、消防安全教育专题讲座,组织了紧急疏散、防踩踏事故演练,增强了学生安全防范意识,提高了安全防范能力。继续深入开展"反邪教"工作和综合治理工作,学校再次荣获邓州市"无邪教创建先进单位"和"平安建设先进单位"。

坚持行政值周制度,值周组每晌对教职工上班情况进行考勤,不定时检查卫生、上课和教职工坐班情况。加强对教师上课情况、教师组织教学情况和学生听课情况的检查,发现问题及时进行处理。加强学生两操、早晚自习、集会和就寝的管理,严禁学生外宿,不断培养学生良好的学习、生活习惯和纪律观念。执行车辆定点加油、定点维护制度和来客定点就餐制度,压缩文印耗材开支,严格出差审批手续,规范购物审批制度。认真执行年度经费包干办法,实行袖珍财本记帐,严格审批手续,坚持杜绝无计划开支和超标准开支,实现了年初制定的公用经费支出节约15%的目标。

(六)改善办公条件。加大对教学设备的购置和维修投入力度,更新了音响设备,为两个电钢教室和两个舞蹈教室安装了窗帘和吊扇,收录、制作了一批教学光盘。实行小型设备经常维修和大型专业设备合同维修制度,提高了设备的利用率。投入8万余元对校园绿化进行了更新换代,美化了校园环境。投资近10万元对配电系统进行了升级改造,投资8万余元重新打了深水井。为了保证师生的安全,对学校建筑物、师生活动场所进行了隐患排查,对避雷系统进行了功能完善,对办公楼、礼堂、家属楼进行了修缮。

(七)成功举办协作会议。河南省第八次幼师教育协作会于11月底在学校召开。学校按照"校园环境有一个新的改善、教学成果有一个新的展示、文化建设有一个新的提升"的目标,以及"呈现一个优美的校园环境,提供一台高水平的文艺演出,提交一篇高质量的经验材料"的具体要求,制定工作方案,明确任务分工,抓好工作落实,扎实做好有关筹备工作。(韩明锋)

【南阳市宛北中等专业学校】 2009年,宛北中专毕业学生362人,招收新生783人,年底在校学生共计875人(不含07级实习学生和联办生),设17个教学班,除普通高中外,中专开设有综合文科(3+2)、综合理科(3+2)、小学教育(3+2)、幼儿教育(幼师)、英语教育(幼师)、计算机技术与应用、电子电器应用与维修、制冷和空调设备运用与维修、磨具设计与制造等专业。年底学校在编教职工86人。

(一)教学工作。一是强化教学常规管理。落实逐堂查课制度,提倡候课制,加大对教师迟到、早退、早辅导、晚自习、自习课等各项常规性检查,规范教师课堂教学行为,保证了课堂教学的质量和效率,端正了教风。加强常规教学检查,本学年组织了4次教案、作业检查和学生评教活动,并及时反馈检查结果,指导了下一步的教学。加大了听评课的督导力度。成立听评课督导小组,对各教研组的听评课情况进行督导,对发现的问题分析研究,并采取相应对策。㈣组织公开课、观摩课,制定了公开课活动计划,对开展情况认真检查督导,通过观摩交流,提高了年青教师的课堂组织能力和教学水平。二是加强对新课标实施的各项培训研究活动。积极组织教师参加省、市、县组织的新课程培训、课改观摩、研讨活动,通过培训进一步更新了教师的教育理念,提高了教师的自身素质和教学水平。三是以考促教,以考促学,严抓考风考纪,搞好教学检测。抓好高中月考和期中、期末的考试工作,做到考前认真教育,组织严密规范,纪律严明严肃,成绩公布及时,从而指导了下一阶段教学,促进良好教风、学风的形成。四是加强毕业班教学工作管理。制定高三复习备考方案,强化培优补差的力度,做到精讲精练,明确目标,充分发挥高三教师团队精神,为高考取得优异成绩奠定基础。在高招考试中,各类本科上线31人,专科一批上线57人,艺体特长生本科上线率达93%。五是加强中专教学和艺体特长生教学。针对学生实际,注重实践教学,突出专业特色,讲究因材施教,注重技能培养,提高学生动手能力,使他们学有兴趣、学有所得、学有所成。六是教研工作常抓不懈,教研成果丰富多彩。指导各教研组制订出切实有效的学期计划及活动安排,确保周周有活动。开展校本研究,认真组织听评课、公开课和观摩课活动,有力地促进了教学水平的提高。以学科组为单位,认真钻研新教材,研讨新教法。教研成果喜获丰收。教师在各类刊物上公开发表学术论文30余篇,在论文评比中10多人次获奖。七是师资队伍建设不断加强,教师素质不断提高。做好教师队伍的管理工作,敬业精神不断提升。完成教师的各类培训工作,开阔教师视野,提高业务素质。八是教学服务工作稳步提高。做好各类教材的征订和发放,杜绝教材和资料的积压。规范理化生和体音美器材的管理工作,为教学活动的开展提供保障。

(二)学生管理。本年度,学生管理工作以勤纪卫生、宿舍安全为重点,以规范学生日常行为和文明习惯养成为目的,深化思想教育,不留管理盲点,学生守纪意识明显增强,文明习惯逐步形成,校园秩序明显好转。一是甲流防控工作扎实有效。及时制定防控工作方案,对学生进行防控宣传并严格执行晨午检制度,采取全面消毒和通风等有效措施,积极联系卫生防疫部门给师生注射甲流疫苗,维护了正常的教育教学和工作秩序。二是强化思想教育工作,规范学生的行为习惯。坚持以"德育为首,育人为本"思想为指导,充分利用三集合及班主任会时间进行讲评。坚持以爱国主义教育为核心,以中华民族传统美德和革命传统教育为重点,引导学生树立正确的世界观、人生观、价值观。对违纪学生加大思想教育力度,做好转化工作。通过开展心理讲座等形式,培养学生团结协作,吃苦耐劳精神和耐挫力,提高学生综合素质。三是加强班主任队伍建设,提高班主任管理水平。利用周例会加大培训力度,不断改进班主任的工作方法,提高教育管理水平。定期组织班主任工作经验交流会,增强了班主任的事业心和责任感。规范对班主任的管理与考核,增强班主任工作的自觉性。四是加强了对学生干部的选拔、管理和使用,学生干部积极性明显提高,在学生管理工作中的作用日益明显,发挥了上传的纽带作用,学生自我管理意识明显增强。五是学校通过班主任晚查寝和校园巡查等手段,严厉查处学生翻墙外出,夜不归宿等违纪行为。加强对"早恋"现象的正确疏导与教育,做好学生的思想转变工作。加大对学困生的教育管理力度,深入细致做他们的转变工作,促进他们积极成才。六是丰富校园文化生活,提高学生综合素质。借助升旗仪式、校园广播、成人宣誓、社会调查、红歌会、手抄报等形式,开展针对性系列教育,出现了动静有序、生机勃勃的德育工作新气象。七是加强学生安全教育,始终把学生安全放到头等重要位置,确保学生人身和财产安全。经常进行全校性的安全大检查,及时排查安全隐患,制定整改方案并付诸实施。利用广播站、宣传栏等形式对学生进行安全知识教育,使安全教育经常化、课堂化,提高了学生的安全意识和防范能力。

(三)招生。本年度招生形势更加严峻,生源竞争更加激烈,学校采取有效措施,共招收录取各类新生783名,为学校的生存和发展奠定了基础。(王秋举　刘付亭)

科 学 技 术

自 然 科 学

自然科学综述

【科技计划与经费】 围绕全市十二大支柱产业发展，从3个渠道争取科技项目和资金。全年共争取国家和省科技技术项目、CDM项目和国际科技合作项目41项，争取资金13786万元，创历史最好水平。"2.0MW风力发电机组关键技术研究与产业化"、"紫激光计算机直接接版板材关键技术研究"、"林可霉素关键工程技术研究"等3个项目被列入省重大科技专项，分别获得省科技资金支持2000万元、1000万元和600万元。宛西制药承担的国家重大新药创新科技专项"现代技术集成在传统浓缩丸中的应用"获得经费支持500万元。"QLL－X1太阳能光电转换聚焦透镜"、"防爆电气设备专业化技术服务"等5个项目被列入国家中小企业创新基金项目，共获得资金支持325万元。泰隆水泥集团、淅川水泥等3个项目成功签约CDM项目，预计自2010～2018年将获得总额1.35亿元的CDM资金支持。利达光电的"新型光学引擎及数字投影机关键技术研究"、西排的"节能环保型欧Ⅲ欧Ⅳ排气管研发及产业化"、宛西制药"年产2000万瓶金芪降糖丸生产线"等3个项目被列入河南省高新技术产业化项目，分别获得科技资金支持500万元、200万元和200万元。

【工程技术研究中心和重点实验室建设】 河南中南工业有限责任公司"河南省金刚石及制品工程技术研究中心"、河南省西峡汽车水泵股份有限公司"河南省汽车水泵工程技术研究中心"、河南中源化学股份有限公司"河南省天然碱开发利用工程技术研究中心"等3个机构被新认定为省级工程技术研究中心。组织筛选南阳理工学院、南阳师范学院等6个市级重点实验室申报2009年省级重点实验室；南阳华祥公司"光学机械工程技术研究中心"等23个机构被新认定为市级工程技术研究中心，南阳理工学院"软件工程实验室"等8个机构被新认定为市级重点实验室。市工程技术中心、重点实验室达80家，其中省级工程技术中心14个、重点实验室2个，市级工程技术中心41个、重点实验室23个。产业技术创新战略联盟建设初具规模。市科技局选择关联度高、带动性强、发展前景好、在全市具有一定比较优势的产业领域，倡导并组织相关企业、高等院校和科研院所建立产业技术创新战略联盟，围绕产业发展的关键技术问题开展紧密的技术合作和联合攻关，以实现创新资源的有效分工和合理衔接。新建产业技术创新战略联盟13个，产学研研发战略创新联盟33个。南阳防爆集团、河南瑞发水电、防爆研究所等3个企业加入国内第一个风电联盟——"河南省风电产业技术创新战略联盟"。

【实施产业集聚区科技创新工程】 西峡汽车关键零部件产业基地被认定为河南省高新技术特色产业基地；南阳光电高新技术特色产业基地晋升国家级特色产业基地，已通过国家科技部验收；南阳防爆高新技术特色产业基地晋升省级高新技术特色产业基地，已通过省科技厅验收；南阳高新区开展以自主创新为核心的"二次创业"，为晋升国家级高新区创造条件。

【实施企业创新能力培育科技工程】 龙成冶材公司、河南油田工程咨询公司、淅川汽车减振器公司、通宇冶材、星光机械等5个企业被认定为高新技术企业；二机、二胶、西排、利达光电等4个企业被确定为河南省创新型企业，西保、西泵、金冠电气等3个企业被确定为河南省创新型试点企业，通宇冶材、西保、宛西制药等3个企业被认定为河南省节能减排科技创新示范企业。至2009年，全市共培育国家高新技术企业18个，国家创新型试点企业2个，河南省创新型企业5个，河南省创新型试点企业4个，河南省节能减排示范企业4个。民营科技企业蓬勃发展。新认定民营科技企业22个，全市民营科技企业总数达到860个。3个民营企业获得"中国民营科技发展贡献奖"。民营科技企业的强势发展，已经成为全市经济增长和发展高新技术产业的生力军。

【科技兴农】 围绕国家粮食安全战略和南阳粮食主产区建设目标，强化农业科技攻关，狠抓技术推广，刺激技术需要，加强农民培训，充分发挥科技进步对农业发展的支撑作用。一是加强科技攻关，实施主要农作物良种选育。共组织实施国家、省星火计划项目20余个，实施国家级农业成果转化资金项目2个、省级6个。选育小麦新品系宛黑057、宛黑064、宛05188、宛麦484、宛麦982参加省新品种区(预)试；选育玉米新品种宛单682参加省玉米预试，宛单739参加省玉米区试；选育棉花新组合宛杂棉6号、宛杂棉168参加省杂交棉区(预)试，棉花新品系198参加省棉花区试。二是抓农业实用技术推广，启动"送科技下乡"活动。利用科技110、科技大蓬车、科技大集、现场观摩等形式，全市全年共组织开展送科技下乡活动61次，举办科普讲座42次，举办科技论坛、报告会13次，展出展板1700块、挂图209张，下发各类宣传资料58万份，直接参与群众近百万人。三是争取科技富民强县专项行动计划。先后有桐柏、邓州、镇平、唐河、方城成为科技富民强县专项行动计划试点县，其中桐柏、镇平、唐河已跃升为国家级试点县。桐柏县通过项目带动，新增中药材生产基地4666.66公顷，建成木瓜、桐桔梗等中药材规范化种植基地3733.33公顷，项目实施地亩均和户均增加收入分别达到810元和1560元。四是组织实施新农村建设科技示范工程。继南召县乔端镇白水河村成为首批国家级新农村建设科技示范村、卧龙区七里园乡达士营村成为省级新农村建设科技示范村之后，邓州市林扒镇、宛城区溧河乡王堂村分别被认定为省级新农村建设科技示范镇和示范村。五是培育特色农业。主要以黄牛、食用菌、中药材为重点，积极培育特色产业。南阳黄牛改良取得实质性进展，南阳成为全国最大的德国黄牛纯种繁育基地和皮南牛核心产区，肉牛饲养量居全省第一。以香菇为主体的食用菌产业得到长足发展。以山茱萸、辛夷、裕丹参等为主的优质道地中药材种植面积发展到12.66万公顷，实现产值24亿元。西峡山茱萸、南召辛夷、方城裕丹参，唐河栀子和半夏5个中药材基地先后获得国家原产地保护认证；西峡和内乡夏馆两个山茱萸基地通过了国家GAP认证。

【知识产权与保护】 实施知识产权培优工程，社会公众知识产权意识进一步增强。乐凯集团第二胶片厂被列为省级知识产权优势培育企业；二机石油装备(集团)有限公司、河南中光学集团有限公司被认定为省级知识产权优势企业。天冠企业集团有限公司、河南福森药业有限公司等9个企业被认定为2009年度第一批知识产权优势培育企业。2009年9月，国家知识产权局正式将南阳市列入"国家知识产权示范创建市"。全年全市共申请专利1114件，比上年增长6%。其中发明专利286件，增长20%；授权专利638件，增长25.1%。共鉴定科技成果264项，其中达到国内领先和先进水平的48项，省内领先和先进的30项。这些成果中，拥有自主知识产权的32项。有16项科技成果获得河南省科学技术进步奖，其中，由邓州市人民政府完成的《县域经济与工业发展研究》等6项成果获河南省科技进步二等奖，河南油田完成的《河南油田高精度三维地震勘探技术研究与应用》等10项成果获河南省科技进步三等奖，获奖数量位居全省第5。三是科技成果转化进一步加快。筛选一批技术先进、能引领产展、市场竞争力较强的高新技术成果，通过搭建网络平台、组织和参加科技成果交易会、召开科技成果信息发布会等，积极推动科技成果转化。全市已登记认定技术合同25项，合同交易总额达到820万元。南阳利民科技开发中心研制的"棉花异性纤维自动清除机"作为自主创新成果获得了"2009年河南省科技进步奖"。为了把科技成果转化为经济效益，市科技局借助技术市场和科技信息网等平台优势牵线搭桥，引来国内多家企业咨询、洽谈合作事宜，利民已和新疆昌恒、江西佳号等公司达成合作意向，生产并销售产品6台，实现销售收入约300万元。

【可持续发展战略】 一是开展全方位、多层次的国际科技交流与合作。通过开展人员交流、信息交流、学术交流、人员培训等形式的国际科技交流，为引进国外先进技术、人才和资金创造条件。组织编纂"河南省南阳市对外科技合作概略"(中英文对照)，内容包括南阳市情介绍、南阳市重点企业简介和南阳市对外经济技术合作重点推介项目等，向国家科技部，中国驻美国、德国、澳大利亚、巴西等30余国大使馆科技处(组)，省科技厅及其它国家级和省级涉外机构介绍宣传南阳，得到了美国、德国等多个国家的积极反馈，已同美国加州贝克菲尔德市等城市建立了友好往来。

二是重点围绕生态农业、清洁生产、节能减排组织科研攻关和示范推广，组织实施了一批可持续发展项目。先后引进推广了香根草、百喜草世界领先水保植物，人工湿地深度处理工业废水技术，沼气综合利用技术和生物能源开发技术等，建立了一批试验基地和示范点。组织实施“南水北调中线工程水源地生态环境保护与管理”项目，先后邀请日本、英国等外国专家11人深入南水北调中线工程渠首、丹江口库区、香根草、百喜草示范基地和南阳师范学院等地考察指导。重点围绕水源地生态建设、库区水土保持和水质监测机制建设、种苗繁育推广、立体绿化种植模式、林草病虫害防治、小流域综合治理和生态旅游等领域，开展技术咨询服务。深入开展可持续发展试验区活动。以南阳被国家确定为“中国21世纪议程试点城市”为契机，不断深化可持续发展试点工作。在镇平县被认定为省级可持续发展试验区的基础上，2009年，南召县被河南省政府批准认定为南阳市第二个省级可持续发展实验区。

三是协助中国21世纪议程管理中心开展丹江库区生态补偿调研活动。2009年4月和12月，市科技局协助中国21世纪议程管理中心，组织中国社科院、北京林业大学、湖南师范大学以及山东师范大学等单位专家20人，先后两次深入丹江库区的西峡县、淅川县、邓州市部分乡村进行生态补偿调研，为丹江库区农民生态补偿寻求并提供科学依据。

【科技体制改革】 南阳市继续深化科技体制改革，建立健全科技创新机制。进一步深化企业科技管理模式改革，把建立健全企业技术创新机制作为建立现代企业制度的重要内容，从根本上确立企业技术创新的主体地位，激发企业以创新求生存、图发展的内在动力。紧紧围绕服务经济和社会发展这一中心任务，把握科技发展的战略重点和主攻方向，组织实施重大科技专项和科技工程，加强原始创新、集成创新和引进消化吸收再创新，着力解决制约经济社会发展的重大科技问题。企业自主创新能力不断提高。初步构建和形成了以“六体系两工程”为主要内容的自主创新体系，即建设产业创新体系、知识创新体系、技术创新体系、创新人才体系、科技投入体系、科技服务体系六个子体系，支持大中型企业建立健全技术开发机制，做到有机构、有人员、有设备、有经费、有技术依托、有科技成果。有条件的企业建立了研发中心，加快产品创新，做到“研究一代、开发一代、储备一代”。继续推进科研单位改革。逐步形成以企业为主体，以市场配置资源为基本形式，以提高经济素质和综合竞争能力为目的，适应社会主义市场经济发展，符合科技发展规律的新型科技体制和创新机制。深化大中专院校体制改革，加强素质教育特别是创新教育，加大对高校优势学科的支持力度，建设研究型和教育型相结合的高等院校，加快产学研结合，鼓励和支持高等学校同企业、科研机构建立多渠道、多形式的紧密型合作关系，充分发挥各方优势，扬长避短，搞好课题协作攻关，整合科研力量，加速大中专院校科研成果产业化、市场化。推进科技计划管理改革。健全完善南阳市科技计划管理体系，规范市级科技计划管理程序、方法、途径，形成以市科技攻关计划为主体，市级重点实验室、市级工程技术中心为补充的功能齐全、覆盖面广的科技计划管理体系。加大科技计划项目招投标力度，推行科技项目评估制度，建立科技经费绩效评价体系和面向结果的追踪问效机制。项目的实施逐步实行课题制，实行全额预算、全成本核算、课题人负责管理制和首席专家负责制。重大项目管理实行责任制，强化过程管理，切实提高项目履约率和实施质量。经过广大科技工作者的共同努力，2009年，科技进步对全市经济增长的贡献份额达到48%。

【“中医中药中国行”南阳站活动启动仪式暨中国·南阳第八届张仲景医药科技文化节在宛举行】

10月25日，“中国中医中药中国行”南阳站活动启动仪式暨中国·南阳第八届张仲景医药科技文化节在南阳市体育中心开幕。全国人大环境与资源保护委员会副主任委员宋照肃，卫生部副部长、国家中医药管理局局长王国强，科技部副部长刘燕华，文化部副部长周和平，“中国中医中药中国行”活动组委会副主任、总后卫生部副部长陈新年少将，河南省副省长宋璇涛等省直有关领导及各新闻媒体，市领导穆为民、贾崇兰、李天岑、朱广平等出席开幕式。市长穆为民发表致辞，市委副书记贾崇兰主持。开幕式结束后，与会领导和嘉宾观看了文艺表演，并在“弘扬国粹、爱我中医”签名墙上签名。之后，与会领导参观了张仲景医药文化及南阳中医药产业发展成果百米展廊，慰问了义诊专家。节会为期3天。25日，在市体育中心多功能厅举行市情说明、项目发布及投资项目签约仪式，共有38个项目签约，投资总额57.4亿元，合同引资额56.2亿元，项目涉及纺织、化工、生物、机械制造、制药、食品、冶金建材、新能源、房地产等。

南阳市第五届自然科学优秀学术成果获奖项目表

序号	项 目 名 称	主要完成人员	获奖等级
1	全剖面改进综合描述在双河油田的应用	王 宁 戚保良等	一
2	漫谈东风 EQ6100－1 型发动机配气机构的检修	王 峰 王 疆等	一
3	应用 SEPA 提高注汽井产量的新技术	谢建军 周建华等	一
4	高强度抽油泵阀罩的研制与应用	龚家勇 贾正旭等	一
5	KTGX－100 提挂式泄油器的研制与应用	孙为民 邱 杰等	一
6	基于环境资源建设的新农村建设评价条件研究	赵敬辛 韩 博	一
7	对新环境下企业财务管理及控制策略的研究	姚晓东 王予超等	一
8	基于 NET 的电力企业信息系统一体化设计及实现	李云强 杨彩霞等	一
9	XR2105 给料机控制器在 130T/h 循环流化床中的应用	李 娜 毕新熙等	一
10	钢筋腐蚀及其对桥梁结构性能影响分析	顾 峰 张兴粉等	一
11	ZJ40CZ(B)车装钻机的研制	刘钦祥 孔海燕	一
12	ZJ40/2250DBT 交流变频电动拖挂钻机的研制	张兴勇 刘延峰等	一
13	热处理工艺对 ZG35GrMo 钢低温性能的影响	刘钢跃	一
14	关于加强支出预算管理的对策建议	周 超 李 刚	一
15	GIS 技术下 1∶5 万区域地质图编制	张秋基	一
16	新野县蔬菜产业化探索与研究	薛东戈 周明理等	一
17	米良 1 号猕猴桃在河南西峡的引种表现及栽培技术	杜 戈	一
18	伏牛山区山茱萸高产栽培技术	王熙龙	一
19	科学防洪促发电保民安——河南淅川丹源水电公司迎战丹江洪水的启示	廉 晔 李保强	一
20	强化成本管理提高经济效益的有效途径	崔本照 李 冰等	一
21	浅谈大学生村官应如何在新农村经济建设中发挥作用	王雅帅	一
22	应用试纸条对南阳地区旋毛虫病试验检测研究	肖喜东	一
23	南阳回龙抽水蓄能电站计算机监控系统设计	姜 斌 杨 玚等	一
24	产后出血防治措施的分析	王志弘 梁力英等	一
25	腹部闭合性损伤 59 例的观察与护理	褚青康	一

续表

序号	项 目 名 称	主要完成人员	获奖等级
26	中医“治未病”及“多元并治”理论在脑动脉硬化症治疗中的应用	王心东 熊 伟等	一
27	不稳定型心绞痛院前急救干预效果分析	郭华林	一
28	针药结合治疗精神分裂症经验	丁德正	一
29	医学数字图像通讯标准图像格式转换技巧	李 萌	一
30	我国古医籍中的养生医学思想研究	沙恒玉 范雪峰等	一
31	南阳市宛城区餐饮具集中式蒸气消毒管理方法的评价	王安林	一
32	TCT 联合 HPV 检测在筛查宫颈病变中的应用	薛国勇 汪爱兵	一
33	从本科教学评估谈高校外事档案的建设与利用	郑 平	一
34	多晶硅薄膜上铜微晶的形成	陈兰莉	一
35	金融关联矩阵随机特性研究	张 斌 徐艳群	一
36	浅谈高校图书馆的知识管理	刘红霞 陈红生等	一
37	3+2 分段制高护班中医护理课的考试现状及对策	唐学敏 魏小萌	一
38	高职高专医学物理实验教学改革探讨	田 琳 黄文海	一
39	基于 SVPWM 的异步电机矢量控制系统仿真	赵德申	一
40	变频器应用系统电磁兼容的实现	张继涛	一
41	SAN 存储技术的应用研究	陶 琳	一
42	不间断电源关键器件分析	胡雪梅	一
43	以“超级女声”产生的新词看流行语	刘素祎	一
44	关于进一步完善提高会计集中核算工作的探讨	魏延军 杨和森等	一
45	用 FMT 和孔隙度测井资料确定地层压力剖面	满 丽 赵建伟等	二
46	消防水系统安全隐患整改	王解芳	二
47	薄层电阻率测井在双 K313 井的应用	王 恺 王含红等	二
48	SKD3000 数控测井仪与伽玛、连斜、井径——微电极组合测井的研究与应用	李 影	二
49	5700 成像测井资料油水层识别关键参数研究	韩颜峰	二
50	用仿真技术实现对 CLS3700 地面系统的改造	申建辉	二
51	产液剖面测试解缠方法研究及应用	田凌旭 廖英泰	二

续表

序号	项 目 名 称	主要完成人员	获奖等级
52	WL 柴油稳定剂在催化裂化装置的应用技术研究	张冬捧	二
53	山区公路水泥稳定砂基础结构设计及运用	迁保昌 符 德	二
54	以减压废油为原料制备石油磺酸盐	宿仕富	二
55	五参数注入剖面测井技术在河南油田的应用	阚朝晖 闪俊梅等	二
56	王集小断块油田高阻水层成因分析	刘 红 李晓华	二
57	南阳黑龙庙地区低孔低渗储层分类标准研究	张建龙	二
58	供应链管理的思想精髓	刘爱民	二
59	注入水矿化度对储层 M、N 值影响规律研究	孙晓芳 李 强等	二
60	压力容器焊接缺陷的产生和防治措施	顾鹏展	二
61	铰孔加工的质量控制	田志红	二
62	论述我国先进机械制造技术的特点及发展趋势	乔永义	二
63	刍议建立科学规范的路面管理系统	秦小兵	二
64	当前县乡公路工程管理中存在的问题及建议	李俊霞	二
65	沥青路面的损坏成因浅探	郭永生 王山朝	二
66	基于 DSP&Matlab 的自动充电装置的研究及实现	李定珍	二
67	企业应收账款形式的原因及对策	李 普 刘 雨等	二
68	山区公路水毁的分析与防治技术	符 德 迁保昌	二
69	防爆风机主轴单元静、动态特性分析	宗荣珍	二
70	对西峡县工业经济发展情况的调查与建议	于向宏 庞舒英等	二
71	车用乙醇汽油消防安全技术初探	曹 昆	二
72	进程同步原理在乙醇多塔段脱水吸附控制中的应用	王建华 杨源源	二
73	谈邓州市垃圾处理的发展方向	朱华国	二
74	岩石矿物中金的分析与测定	樊中玲	二
75	城市浅层地下水可持续开发利用简论	白乐宁 韩建秀	二
76	水泥混凝土路面裂缝成因及防治措施	张兴粉 顾 峰等	二
77	小吨位修井机的最新发展动向	霍丙新	二

续表

序号	项 目 名 称	主要完成人员	获奖等级
78	超级单根液压钻机的传动及控制	郑 南	二
79	车装套管扶正台的研制和应用	王志忠 刘纪超等	二
80	ZJ40CZ/K 直立无绷绳 4000m 车装钻机的研制	范悦栓	二
81	电机顶置式泥浆泵组的研制	徐晓磊	二
82	搅拌磨制备超细凹土粉体的工艺优化	龚占杰	二
83	井场用 XBD5T 定柱悬臂起重机的研制	鞠家奎	二
84	石油机械用新型 NJ110 钢的热处理工艺	赵旭平	二
85	基于刚度灵敏度分析的客车机构优化的研究	任斌斌 龚占杰	二
86	从改革开放以来农村公路的发展变化看农村公路建设的重要性	胡士恩	二
87	哈同高速公路佳哈段速度管理方案研究	聂永成 孙家凤	二
88	“统一与民主”模式在农村饮水工程管理中的应用	刘德晓 王雪梅	二
89	园林绿化实用技术	曾庆东 渠同立等	二
90	南召辛夷产业发展现状与对策	徐功元 石大强等	二
91	内乡县小型农田水利建设新机制探索	胡春祥 徐红义	二
92	南召县经济林发展之我见	黄 杰 杜 奇等	二
93	无公害平菇栽培技术	李 莹	二
94	浅析财政投资评审的职能	付鹏毅	二
95	桃树主要病害及综合防治技术	李 娜 陈新乐等	二
96	桃主要病虫识别及防治技术	赵令华	二
97	黄连木的丰产树形及整形修剪技术	吕贤晓 焦 燕等	二
98	农村饮用非安全地下水成因及工程技术措施探讨	周 彬 王世扬等	二
99	河南省南阳市城市地下水超采区评价及治理对策	韩建秀 白乐宁等	二
100	作物药害的发生与防止对策	王国勇	二
101	变压器遭受雷击的原因及其预防措施	石超峰 马 杰	二
102	花菇优质生产及气象条件	徐艳玉 冯晶晶	二
103	夏大豆高产栽培技术	马 力	二

续表

序号	项　目　名　称	主要完成人员	获奖等级
104	中华寿桃无公害高产栽培技术	黄　蕙	二
105	小流域治理中优良树种的选用	何冀英　王天雷	二
106	再论食用菌领跑新农村	王小玲	二
107	高产玉米的种植技术	周静翠	二
108	“大树进城”的弊端与对策	吴新桥	二
109	大口径混凝土管道输水技术在丘陵水库灌区的应用	胡春祥	二
110	监测评估体系在农村饮水工程管理中的应用	黄红礼　刘德晓	二
111	浅议我国农业产业结构的调整	王　星　王　显等	二
112	“精细农业”的发展与农业科技创新	陈　康	二
113	桐柏县花生化学除草技术试验示范及推广应用总结	魏力军　周俭丽	二
114	对我县花卉产业持续发展的探索与思考	后开斌	二
115	桐柏县小麦条锈病越夏气候试验研究与防治措施推广	陆红权	二
116	花生青枯病的综合防治	李　玮	二
117	桐柏县优质稻产业可持续发展的认识与思考	张旭培	二
118	桐柏县无公害水稻病虫草害综合治理	倪小玉　刘元梅	二
119	桐柏山区生态茶园建设与小流域治理关系	张旭浩　刘合旺	二
120	果树科学修剪技术在产业化发展中的应用	李随安	二
121	棉花盲蝽象的发生与防治	赵保峰　魏修山	二
122	分局电网精益化降损	刘　雨　闫　哲等	二
123	冠心病左房内径与心房颤动之间关系探讨	马本洲　郭丛径等	二
124	镁在支气管哮喘豚鼠气道重塑中的作用	陈焕生　翟淑丽等	二
125	胃术后胃瘫的护理体会	褚青康	二
126	自拟宁心安神汤治疗失眠症临床研究	闫炳远	二
127	滋阴活血安神法治疗慢性失眠症临床研究	范中有　宋　丽等	二
128	大承气汤、桃仁承气汤及复元活血汤合用在骨伤内症的应用	李　伟　张　寒	二
129	南阳市宛城区食品从业人员 HBV 检测结果分析	陈永敏　王安林	二

续表

序号	项　目　名　称	主要完成人员	获奖等级
130	泪囊鼻腔造瘘术治疗鼻泪管阻塞合并慢性泪囊炎	高立敬　刘廷春	二
131	益脾暖肠胶囊治疗脾气阳虚型泄泻202例	田林忠　李富旺等	二
132	井喷致人员伤害的现场急救	郭华林	二
133	三承气汤在精神疾病临床的运用	丁德正	二
134	《神应经》简考	马金龙	二
135	中医二位一体治疗慢性咽炎1000例疗效研究总结报告	李　俊　李　晓等	二
136	五苓散临证举隅	裴建锋　刘怀亮等	二
137	食管癌贲门癌术后顽固性咳嗽诊疗体会	张端孟　王建都等	二
138	中心静脉留置管在临床的应用	李曼迪　黄冬玲	二
139	上消化道大量出血的急救与护理	刘　霞	二
140	调肝和胃法治疗慢性胃炎	汪德夫	二
141	眼睑松弛症的手术治疗	包丰英	二
142	偏头痛治疗过程中血清细胞间黏附因子的变化	马　方　张　永	二
143	高中化学教学中如何渗透创新教育	孙　平	二
144	信息技术与地理教学整合应该注意的几个问题	赵庆红	二
145	普通高校公共音乐教育发展不平衡现状调查及对策	王　雨	二
146	多媒体教学在英语教学运用中的问题之我见	王　杨	二
147	档案管理工作中汉字识别技术的研究及应用	张晓丽	二
148	美术课中标志设计教学与传统图形艺术的结合的分析与研究	翟文辉	二
149	基于VB6.0和RS－232C的无线电力线路报警通信	王林生	二
150	基于AT89C2051的智能频率计系统优化设计	田　磊	二
151	散装农作物连续称重系统的设计与实现	刘明黎	二
152	基于肤色分割和模板匹配的人脸检测技术研究与实现	张继涛	二
153	奥运会中WLAN网络的应用与安全防范	连　晗	二
154	基于SVPWM控制的三相电压型PWM整流器系统的研究	胡应占	二
155	利用PLC进行数控机床的故障检测	王宏颖	二

续表

序号	项　目　名　称	主要完成人员	获奖等级
156	既有居住建筑保温节能改造方案比较与选用	白延林	二
157	信息安全中的社会工程学攻击	闫　兵	二
158	柴油机大气修正实验分析	石社轩	二
159	横向连接板冲压工艺与模具设计	熊　毅	二
160	类比法在刚体力学教学中的应用	皮小力	二
161	基于改进的GP实现组合逻辑电路的设计研究	方华丽	二
162	时序电路的功能验证探析	郑　冰	二
163	机床液压系统常见故障分析与排除	彭二宝	

气　象

市气象局局长　李海彬

【公共气象服务】 2009年南阳自然灾害频繁，从年初的罕见干旱，到汛期的大暴雨、强对流天气，以及初冬的暴雪灾害。面对复杂多变的天气形势，南阳各级气象部门坚持以人为本、无微不至、无所不在的服务理念，认真做好灾害性、关键性、转折性天气的监测预警和预报服务。全年共召开新闻发布会12次，发布《重要天气公告》18期、《农业气象信息》105期、天气预警信息295次。全年共实施增雨作业20次、防雹作业2次，出动高炮330门次、火箭74套次，发射增雨炮弹2113发、火箭弹119枚，为农业防灾减灾做出了积极的贡献。

为应对年初的特大旱灾，市局成立了抗旱应急气象服务领导小组，加密观测墒情，提前制作长、中、短期预报服务材料，不失时机开展增雨作业。2月7日晚9点至次日凌晨2点，市委、市政府领导到多个增雨炮站慰问作业人员，并拨付40万元用于增雨作业。

重大社会活动气象保障服务。市气象台为中国牛业发展大会气象服务、桐柏局全球华人祭祀盘古庆典气象服务、内乡县首届运动会气象服务、唐河县南水北调库区移民安置服务等均取得较好成绩。不断创新公共气象服务载体，镇平县局在电视台开辟“走进天气预报”专题栏目，南召县、社旗县天气预报登陆县政府电子显示屏，唐河县政府网站开辟预报专栏，这些举措进一步扩大了公共气象服务的覆盖面。气候资源开发利用取得新进展。太阳能观测普查开发利用工作，在方城气象局试点的基础上，与市发改委联合印发了《南阳市太阳能观测普查方案》，由县市区政府投资，计划通过两年的观测普查，区划出南阳太阳能的分布情况；方城县风力发电一期工程于1月底并网发电，二期工程又建立6个观测塔开展数据搜集；社旗县政府拨付专项经费建4座70米测风塔。

【现代气象业务体系建设】 加强岗位练兵，狠抓内在质量，为现代气象业务发展奠定良好基础。测报、农气和气候预测预报质量均高于上年；验收通过250班1个、百班54个。与市总工会联合举办南阳首届气象行业地面测报技能竞赛活动。建成3个现代农业气象业务服务试点站。乡村气象信息员队伍建设得到加强，以大学生村官为骨干的乡村气象信息员有15000多名，覆盖4555个行政村，占全市行政村的98%，在传递气象信息、反馈农情农事等方面发挥了积极作用。部门合作开创了新局面。除继续保持与国土、林业、农业部门合作外，又增加了卫生、安监、供销、师院的合作。市、县两级都建立了安监员气象短信平台。完善了重大突发事件信息报告制度，规范重大突发事件报送流程，建立了分工明确、责任到人的报送制度。

【综合观测体系建设】 新建2个

自动气象站，全市12个站全部实现自动化地面观测并安装了实景监控系统；完成7个站观测场室规范化改造和26个区域站、5个自动土壤水分观测站建设任务；完善新一代天气雷达数据自动监控系统、雷达数据实时备份存储系统和网络监控系统。

【科研和人才体系建设】 一是制定《2009年度南阳气象科技创新计划》，建立并实施《数值预报在南阳夏季大降水的应用》和《雷电预报方法研究》2个科技项目。市局科技创新委员会评审出优秀论文27篇。二是加强技能培训。全年举办测报、农气、自动站保障、防雷、行政执法、气象宣传、人工影响天气、气象信息员、现代农业气象科技示范园试点建设等各类业务培训班和研讨会共计15次，有效提高了基层台站业务人员整体素质。在全省行业竞赛中，市气象局取得了测报团体第十、预报团体第八、人影团体第四、农气团体第二(王宇翔获得个人全能第一)的成绩。

【气象依法行政】 加强气象法律法规的社会宣传力度，认真开展以《河南省气象灾害防御条例》为主题的法规宣传活动。气象行政执法能力进一步提高。加大对违法违规案件查处力度，依法保护探测环境，做到早发现、早报告、早处理。年内依法查处破坏气象探测环境案件2起、防雷安全违法案件13起。

【气象科技服务】 影视采编及节目制作水平显著提高。全市开播电视气象服务节目17套。在全省第七届电视节目展评活动中，市气象局选送的电视天气预报节目荣获“最佳科学信息奖”。加大气象信息电话宣传力度，采取制作节会宣传彩页和家电下乡明白卡等多种形式进行宣传。防雷管理进一步规范。防雷、防静电安全继续列入市政府目标考评体系。

【气象宣传】 在《南阳日报》、《南阳晚报》刊发专版专稿，宣传应急抗旱气象服务和世界气象日活动，收到良好效果。南阳气象网成功改版，新增加了天气预报直观图、天气雷达实时更新图等，更具气象行业特色，被评为“十优政府网站”。(苏菡玲)

【南阳市气象状况】 2009年，是气象自然灾害频发的一年。年初50多年一遇的秋冬连旱，夏季的暴雨、冰雹、大风，秋末的寒潮暴雪以及强降温等灾害性天气，给农业生产、交通运输、能源电力以及人民的生产生活秩序带来不同程度影响，特别是干旱、暴雨、大风、冰雹给南阳经济发展和人民生活造成了严重损失。

(一)气候概况

2009年南阳市年平均气温、降水正常，日照偏少。其中，冬季干旱少雨旱情严重；春季雨水丰沛，气候适宜；夏季强对流天气频繁，局地暴雨、大风成灾；秋季气温变幅大，寒潮暴雪出现早。

1. 气温。(1)年平均气温。全市平均气温为14.6℃(方城)～15.5℃(新野)，距平值为－0.4～0.7℃，除南阳略偏高0.7℃外，其余县区接近常年。

(2)季平均气温。冬季气温偏高变幅大。冬季(2008年12月～2009年2月)平均气温3.3℃(社旗、方城)～5.0℃(西峡)，比常年同期偏高0.7℃～1.4℃，所有县区均位于历史同期前10位高值。

季内各月平均气温：2008年12月3.1～4.9℃，2009年1月0.4～2.5℃，与常年同期比属正常；2月6.3～7.5℃，较常年同期偏高2.5～3.2℃，所辖12个县区均列历史同期前5位高值。

春季气温正常。季平均气温14.8～15.8℃，距平值为－0.2～0.7℃，较常年同期比属正常。

季内各月平均气温：3月9.2～10.8℃，与常年同期比除西峡、桐柏偏高外，其他县区正常；4月15.2～16.4℃，5月19.9℃～20.8℃，与常年同期比均属正常。

夏季气温正常。季平均气温25.5～26.6℃，距平值为－0.8～0.5℃，较常年同期比除淅川略偏低外，其它均属正常。

季内各月平均气温：6月25.8～26.9℃，与常年同期比南阳、桐柏偏高，其它县区正常；7月26.2～27.2℃，与常年同期比属正常；8月24.9～25.9℃，与常年同期比除淅川略偏低外，其余县区正常。

秋季气温忽高忽低。季平均气温14.6～15.8℃，距平值为－0.1～－1.1℃，虽略低于常年值，但在正常范围内。

季内各月平均气温：9月20.7～21.8℃，与常年同期比淅川偏低1.3℃，其它县区均接近常年值；10月17.5～19.3℃，比常年异常偏高1.5～3.3℃，其中，南阳、社旗、新野等7县列历史第一位高值，镇平、西峡列第二位高值，邓州、南召列第三位高值，淅川列第六位高值；11月5.2～6.9℃，均比常年异常偏低2.8～3.5℃，所有县区均位于历史前三位低值。

2009年12月，月平均气温2.9～4.2℃，距平值为－0.4～0.4℃，接近常年。其上、中、下旬值均接近常年值。

2. 降水。(1)年降水量。全市降水量为678(社旗)～980毫米(方城)，距平百分率为－19.3～29.3%，除镇平较常年略偏多外，其它接近常年。

(2)季降水量。

冬季降水异常偏少。季降水量7.9～70.0毫米，距平百分率为－19.0～－76.3％，除桐柏较常年偏少19％外，其它县区均较常年显著偏少40％以上。

季内各月降水量：2008年12月，仅桐柏有0.4毫米降水，比常年同期严重偏少98.2～100％。2009年1月0.4～6.5毫米，距平百分率为－96.3～－68.3％，属异常偏少，上旬0.4～6.5毫米，中下旬无降水；2月7.0～63.0毫米，与常年比多少不一，内乡、镇平、南召偏少27.6～40.7％，唐河、邓州、方城偏少13.1～18.4％，社旗偏少1.8％，新野、市区、淅川偏多17.3～29.6％，西峡、桐柏偏多51.2～69.5％。

春季降水偏多时空分布不均。季降水量186～325毫米，距平百分率为－1.1～79.6％，其中，镇平、内乡、淅川显著偏多5～8成，邓州、西峡偏多4成左右，其余县区接近常年。

季内各月降水量：3月21～40毫米，距平百分率为－5.6～－33.9％，属偏少；其中，新野、桐柏、西峡、镇平、内乡较常年同期偏少27.5～33.9％，其余县区偏少25％以下；4月47.5～94.6毫米，距平百分率为0～34％，除镇平较常年偏多34％外，其它县区接近常年，且降水集中在中旬；5月101～217毫米，距平百分率为－2.3～169％，其中，除桐柏偏少外，其余县区均多于常年，特别是内乡、西峡、淅川、邓州列历史前三位高值。

夏季降水正常。季降水量328～678毫米，距平百分率－18.9～46.4％，其中，南召、镇平、方城偏多2－4成，其余县区接近常年。

季内各月降水量：6月64.7～188.5毫米，距平百分率为－38.6～86.1％，除桐柏、淅川、内乡较常年偏少外，其它县区偏多，其中，镇平、新野显著偏多8成以上；7月59～267毫米，距平百分率为－58.7～55.0％，全月有12～17天的降水，分布非常不均：内乡偏多5成以上，淅川、方城偏多近4成，南召、市区、镇平偏多近2成，邓州偏多1成，西峡正常，桐柏、社旗、唐河偏少3到4成，新野偏少5成多；8月85.4～274.2毫米，其中，新野、唐河偏少三成多，方城偏多7成、镇平偏多四成，其余县区接近常年。

秋季降水偏少。季降水量77～216毫米，距平百分率在－55.2～16.8％，较常年同期比社旗、桐柏、方城、唐河、南阳、邓州均偏少，其它正常。

季内各月降水量：9月7～69毫米，距平百分率为－19.3～－90.1％，其中，淅川、西峡偏少2成，南召偏少4成多，其余县区异常偏少5到9成；10月18～55毫米，距平百分率为－7.6～－71.2％，除内乡外，其它县区不同程度偏少3～7成；11月48.0～100.7毫米，比常年值偏多16～244％。

2009年12月，全月有3～7天降水，降水量为0.7～30.2毫米，与常年比桐柏偏多35.7％，其余县区偏少8～88％。其中，中旬偏多，下旬无降水。

3. 日照。(1)年日照时数。全市年日照时数为1340～1762小时，距平百分率为－8.1～－29.2％，较常年比异常偏少。除西峡外，其它县区均位于历史前三位低值。

(2)季日照时数。

冬季日照接近常年。季日照时数271～385小时，距平百分率为－28.5～－1.8％，除内乡略偏少外，其它县区接近常年。

季内各月日照时数：2008年12月，111.3～182.9小时，距平百分率为－19.3～26.0％，较常年比正常；2009年1月113～152小时，距平百分率为－8.6～26.7％，除镇平略偏多外，其它县区接近常年；2月42.5～72.9小时，距平百分率为－36.8～－62.9％，较常年比严重偏少，其中，西峡、社旗列历史第4位低值，南召、淅川列历史第2位低值，其余县区均列历史第一位低值。

春季日照接近常年。季日照时数376～511小时，距平百分率为－24～3.7％，除西峡偏多3.7％外，其它县区均少于常年。

季内各月日照时数：3月98.2～157.7小时，距平百分率为－26.7～12.2％，除桐柏较常年略偏多12.2％外，其它县区略偏少于常年；4月133.8～191.6小时，距平百分率为－22～12％，基本接近常年；5月143～201小时，除新野、内乡偏少外，其它县区接近常年。

夏季日照偏少。季日照时数368～547小时，距平百分率为－10.0～－36.9％，所有县区均少于常年，镇平列历史第一位低值。

季内各月日照时数：6月167.8～219.7小时，距平百分率为－11～14.9％，接近常年；7月80.4～188.7小时，距平百分率为－10.7～－54.2％，较常年偏少；8月84.9～147.8小时，所有县区均少于常年值，特别是新野、桐柏、内乡偏少5成以上。

秋季日照偏少。季日照时数314～390小时，距平百分率为－31.2～－14.8％，所有县区均少于常年值，尤以方城、邓州列历史第一位低值。

季内各月日照时数：9月77～111小时，距平百分率为－37.6～－80.2％，较常年比显著偏少；10月100～160小时，距平百分率为3.4～－34.1％，较常年比淅川、邓州偏少，其它县属正常；11月90～140小时，比常年偏少8.2～52.6小时。

2009年12月，全市日照时数103.4～146.0小时，距平百分率为－24.0～2.7%，较常年比多数县区偏少。其中，上、下旬正常，中旬偏少。

（二）主要气候事件及影响

1. 干旱。（1）秋冬连旱。2008年10月～2009年2月中旬，辖属的12个县市区均遭受不同程度干旱，其中农作物受旱严重，偏远山区人畜饮水困难。与历史同期比，这次干旱，较1995～1996年强，接近1998～1999年，是50多年来比较严重的秋冬连旱。据市政府救灾办统计，全市因干旱造成受灾人口4729万人，饮水困难328万人、大牲畜94万头，农作物受灾面积488万公顷，成灾面积359万公顷，绝收面积1.4万公顷，造成直接经济损失44亿元，其中农业经济损失42亿元。

（2）秋旱。9月份以来，特别是进入10月份，总体降水偏少，出现秋旱现象。10月28日测墒数据显示，多数县区土壤含水率只有10%左右。10月末的一次降水，虽适当缓解了旱情，但大部分县区仍处于干旱状态，对农业生产不利，特别对小麦的适时播种影响严重。

2. 寒潮、低温、雨凇。1月24日社旗、唐河、新野、镇平等县出现低温天气，最低气温达零下14.6℃，致使部分小麦和一些蔬菜受冻。11月9～12日受冷空气和低槽的共同影响，全市大范围出现寒潮低温雨凇天气。尤其唐河，10～11日48小时降温12.9℃，最低气温－0.5℃，最大风速14米/秒，雨雪量30.6毫米，积雪深度2厘米，11日夜到12日由于大风和雨凇天气，造成树木、电杆、线路倒损严重，全县境内数条35千伏和10千伏线路大面积覆冰，部分线路覆冰直径达13毫米，城乡电网不堪重负，先后有64条高压线路发生故障跳闸，仅10千伏以上高压线路故障点就多达517处，其中断线245孔、断杆227基、拉线中断和变压器烧毁45处。据县救灾办统计，此次受灾人口达7.3万人，受灾面积3002公顷，造成直接经济损失1488万元；据林业部门统计，林木受损650万株，苗圃受损243公顷。特别是雨凇天气造成输电线路结冰严重，使电力供应严重受损，对林业、交通运输等行业也有不利影响。

3. 大风。全年有12个大风天气。冬季1个，春季2个，夏季6个，秋季2个，12月1个。其中，6月27日的大风天气范围较大，新野、南召、镇平、邓州等县市均出现大风，瞬间最大风速达21.6米/秒。8月28～29日部分县区遭受风雨袭击，其瞬时最大风速18.2米/秒，致使夏玉米出现倒伏，使农业遭受不同程度的损失。其中，方城因大风天气使玉米倒伏严重，倒伏面积1.86万公顷，造成经济损失3500万元左右。

4. 高温。6月24日淅川、内乡等县区出现高温天气，最高气温达39.2℃，高温天气使电力负荷加重，人、畜感觉不适，无造成灾害。

5. 暴雪。11月11～12日全市普降大雪，其中，南召、南阳站达到暴雪标准，南召24小时降雪量17.8毫米，积雪深度达10厘米，未造成大的灾害。

6. 冰雹。6月6日和27日桐柏、邓州、镇平出现冰雹天气，因风雹天气使农作物受灾面积8979.9公顷，成灾面积3782.2公顷，绝收面积135公顷，受灾人口7.58万人，紧急转移安置人口1862人，倒塌房屋390间，损坏房屋1964间，毁坏树木2万棵，造成直接经济损失5524万元，其中，农业损失1036万元。

7. 暴雨。年内全市共出现13个暴雨日，春季2个，夏季11个，暴雨共造成农作物受灾面积33285.9公顷，成灾面积16694.5公顷，绝收面积4573.1公顷，受灾人口36.56万人，转移安置5.32万人，因灾死亡大牲畜4717头，倒塌房屋3646间，损坏房屋3670间，造成直接经济损失24707.1万元，其中，农业损失13491.8万元。

8. 雷电。6月27日18时左右，镇平县柳泉铺乡青山村一组，一棵大树被雷击劈，靠近大树的民房顶一角被击穿，形成两个直径约15厘米圆洞，与该户相连的五家住户的电扇、电视机等电器被击坏，与该户线路相连的三个水泵也被击坏，造成居民短暂性饮水困难。

8月16日方城因雷电击毁建筑物10起，电器430件，折合人民币258万元。

9. 大雾。全市共出现72个大雾日，最小能见度20米，冬季大雾天较多，秋季次之，12月份8个。受大雾影响，造成全市境内高速公路暂时封闭，交通运输受到一定影响，因其持续时间短，没有造成大的灾害，但给人们的生产生活带来诸多不便。

（三）气候影响评价

1. 气候与农业。年内的气候对农业利弊兼有，弊大于利。秋冬连旱使小麦旱情严重，受旱面积达到40%以上，到2月中旬在自然降水和人工增雨雪的共同作用下，加之各地全力以赴抗旱保麦，旱情才得到缓解；5月份全市小麦先后进入成熟期，但5月22～29日出现多雨天气，全市980万亩小麦有750万亩萌动、发芽，其中发芽生根的有109万亩，对产量和品质造成严重影响；6月份的暴雨使农作物受淹，8月份的大风使夏玉米大面积倒伏；

但春夏季丰沛的雨水对秋作物的播种较为有利，秋季适宜的光温条件和较少的雨水利于棉花吐絮。

2. 气候与林业。几十年一遇的秋冬连旱天气和降水的时空分布不均，对林业利弊兼有。首先是年初的干旱，使大部分林木出现旱象；其次是夏季的暴雨，造成局地洪涝和湿害，对树木生长不利；再次是11月份的寒潮低温雨凇天气使苗圃受冻，林木受损；但7月份的降水对苗木培育有积极作用。

3. 气候与交通运输。2009年的气候对交通运输利大于弊，虽大雾天数多于往年，但由于消散快，持续时间短，没有造成大的灾害；春运期间，晴朗少雨的天气，使全市的火车、客运以及飞机进出港都非常顺利，其运送人次为历史之最，较好实现了春运工作的快捷正常、安全有序。

4. 气候与生态环境。年内虽光照少于往年，但整体气象条件对生态环境利大于弊。伏牛山世界地质公园、宝天曼自然风景区、100多公顷的独山森林公园、480多公顷的城市生态林保护区以及总面积24.5平方公里、水域面积1.6万亩的国家级白河湿地公园等森林绿地和自然环境的生态形成了良性循环，适宜的气候使全年完成造林8.66万公顷，是历年来生态造林最多的一年，为打造绿色、生态宜居南阳奠定了人与自然和谐的可持续发展的生态基础。

5. 气候与畜牧业。冬季气候比较干燥，秋季温差大，猪、羊的发病率较往年有所上升，后期的寒潮低温天气对于露天家禽养殖，产生较大的不利因素，因此，2009年的气象条件对畜牧业发展较为不利。

6. 气候与旅游。2009年的气候对旅游非常适宜。春节、“五一”、“十一”黄金周期间，适宜的气候，为人们出游创造了良好的自然环境，因此，市区各旅游景点游客数量较往年有所上升，全年共接待游客1351.6万人次，实现旅游综合收入60.3亿元，分别增长25％、23.5％。

7. 气候与人民生活。冬季的干旱少雨，使气候显得非常干燥，秋季的忽冷忽热使感冒患病人数较往年有所增加，11月份较早的低温降雪天气以及年末频繁的寒潮强降温使人们感觉2009年的冬天漫长寒冷，人体舒适度与往年相比较差。

8. 气候与水资源。秋冬干旱，为了抗旱保麦，农业灌溉用水量加大，而全市水库、河流蓄水主要来源于自然降水，因此，各大水库蓄水量较往年略有下降，水资源量较往年有所减少。

9. 气候与能源电力。11月中旬，全市出现大范围寒潮低温雨凇天气，造成输电线路结冰，电杆、线路倒损，电力供应受损严重；多次寒潮强降温天气，使用电负荷加大，能源供应紧张，因此，年内的暴雪、寒潮、雨凇等灾害性天气给能源电力造成一定的不利因素。(刘萌)

地　震

市政府副秘书长
市地震局局长　郭鹏

【地震活动概况】　全年全市共发生ML≥1.0级地震60次，其中1.0≤ML≤2.0地震54次，ML≥2.0地震6次。最大地震为9月21日00时27分54.4秒发生在西峡的ML2.3级地震。共出现宏观异常2起。(1)5月8日上午9时，位于唐河县桐寨铺镇政府对面老贾相室门前的一口机井出现水位上升，井口自流长达3小时左右，水质较浑浊。5月9日下午3时左右，唐河县郭滩镇李庄村出现一声巨响后，该处地面出现一条东西向长约100米、宽约2～3毫米的裂缝。经向当地镇政府了解，该村附近没有开矿企业，排除了爆破作业引起的异常。地震局接到上述情况后，立即组织专业人员到异常点进行实地调查，查找异常原因，安抚群众，平息地震谣言。5月14日，河南省地震局监测预报中心主任与南阳市地震局、唐河县科技局的人员一起到桐寨铺、郭滩考察宏观异常现象。初步判断认为：异常点附近的断层蠕动造成地下含水层破裂，高压水层破裂注入低压水层，引起机井水位上升；而出现的地裂缝非地震影响，断层活动造成的可能性不大。(2)位于南阳市宛城区官庄镇的豫16井出现不间断地水位上升异常，导致仪器不能正常记录观测，且井水溢出水面，已成为自流井。通过调查发现井水水质未有异常，井周围也未发现有宏观异常情况。省监测预报中心专门对此进行现场走访调查，对该区域历史小震活动及地震构造进行了解，初步认为：该井附近的朱阳关—夏馆—大河断裂近期可能存在断层蠕动迹象，导致水井管壁内空间产生变化，从而出现水位上升。

【震害防御】　(1)依据新修订的《防震减灾法》和国家、省制订的相关法律条例、规范性文件规定，建立由发改委、规划、土地、建设等12个单位共同参与的抗震设防管理联席办公会议制度。完善审批手续，在工程立项、规划、设计、施工、验收等各个环节加大监管力度，把抗震设防要求落到实处。全市重大建设工程地震安全性评价比率达到100%，中心城区在建工程项目95%以上进行抗震设防要求审批，县市区达80%以上。(2)做好中小学校校舍安全工程。严格按照河南省人民政府办公厅《关于印发河南省中小学校舍安全工程实施方案的通知》要求，对未达到抗震设防标准的中小学校校舍，根据学校实际情况，提出科学合理的抗震加固设计，确保学校校舍达到重点设防类抗震设防标准。(3)为南水北调中线渠首移民安居工程、农运会场馆、仲景大桥等重大项目做好抗震设防管理及安全评价技术服务。

【完善应急救援体系】 (1)完善地震应急预案体系建设和备案工作。市政府先后修订下发《南阳市地震应急预案》、《南阳市人民政府办公室关于调整市防震抗震指挥部成员单位的通知》，指导全市各县市区、各乡镇(街道办事处)制订地震应急预案，备案率达到100%。(2)在南阳卧龙学校、市十三中等学校指导组织开展地震应急知识培训及地震应急演练活动。特别是在5.12汶川地震纪念日当天，在河南工院举行2000多人参加的地震应急大演练。(3)加强应急人员队伍建设和应急物资装备，提高应急工作能力。(4)把南阳市防震减灾指挥中心和技术服务中心纳入新区建设规划，多方争取国家、省财政资金支持，建设集地震台网中心、信息处理中心、地震应急指挥中心、科普宣教中心为一体的南阳市防震减灾指挥中心，提升区域地震基础设施支撑能力。

【地震科普宣传】 2009年是新修订的《防震减灾法》正式实施第一年，全市多形式开展宣传教育活动，学习贯彻新法精神。市委党校把《防震减灾法》和地震知识纳入各主题班课程，提高领导干部对防震减灾工作重要性的认识。市地震局开展“防震减灾法专题宣传月”活动，在《南阳日报》刊发市委书记黄兴维、市长穆为民题词、组织《防震减灾法》宣传一条街、录制《防震减灾，利国利民》专题节目、举办“情系汶川，防震减灾”文艺演出、举行张衡诞辰1931周年纪念仪式等活动，形式多样、深入持久地开展宣传教育。指导教育系统申报省级科普示范学校，河南工院、市第九小学、卧龙区实验学校成功通过了由省地震局、省教育厅、省科技厅共同组织的验收，被命名为“河南省防震减灾科普示范学校”，为地震科普宣传走进校园搭建了平台。

【中国地震观测技术研讨会暨丹江库区地震监测工作论坛在南阳隆重召开】 11月2～6日，中国地震观测技术研讨会暨丹江库区地震监测工作论坛在南阳市召开。此次会议由中国地震学会观测技术专业委员会、河南省地震局、南阳市人民政府主办。中国地震局副局长阴朝民、河南省政府省长助理何东成，河南省地震局局长梁宪章等出席会议。中国地震观测技术专业委员会的专家，丹江口库区周边的湖北、陕西、重庆、四川、河南等省市地震局负责人和专家，南水北调中线工程领导小组办公室、南水北调中线工程水源公司等单位负责人和专家共90多人参加会议。会议以“监测、防灾、安全”为主题，研讨当前地震观测技术发展前沿动态，讨论秦岭构造带东段乃至豫、鄂、川、陕、渝毗邻地区地质构造和地震活动情况，研究丹江口水库、南水北调中线工程以及豫西南重大工程项目的地震安全工作，为如何做好震情监测，预防地震灾害，促进和谐发展出谋划策。会上，中国地震局副局长阴朝民特别指出，南阳地处特殊地质环境和复杂的地质构造背景，在建和筹建着一大批国家、河南重点项目，做好防震减灾工作十分重要，要充分发挥丹江口水库监测台网的作用，全面提升整体地震监测能力。中国地震学会观测技术委员会名誉主任庄灿涛研究员、中国地震台网中心刘瑞丰研究员和腾云田、葛洪魁、王文旭等知名专家先后就“地震观测技术发展、国内外最新研究动态、核电站地震监测技术、水库地震观测技术现状和发展，以及南水北调和丹江口库区地震监测”等相关内容进行了学术交流。

【完善豫西南地震监测体系建设】 针对南阳市地震监测水平及应急指挥系统建设相对滞后、监测设施陈旧、台网布点过少、应急指挥中心仍未建立的现状，市地震局积极申报《豫西南地区地震监测预报暨应急指挥系统项目》，争取国家项目经费支持，该项目约需经费2700万元，采取国家、省级财政支持，地方政府自筹一部分的方式共同完成。由于南水北调中线工程已把丹江口库区地震台网建设列入渠首工程建设，为最优化利用国家投资，最大程度地发挥丹江库区监测系统功效，市局邀请省中线办、长江水利委员会和南水北调中线水源公司负责人和专家，就如何将该系统与南阳现有台网相结合，实现资源共享等问题进行了座谈，并向长江委提出了建议，长江委表示在规划建设方案时侧重在南阳区域内建设测震台，并增设陶岔监测数据备份中心。

【开展防震减灾宣传月活动】 为全面贯彻落实《防震减灾法》、纪念汶川大地震一周年、宣传第一个“防灾减灾日”，市地震局于4月20日至5月15日在全市集中开展“防震减灾宣传月活动”。活动分两个阶段：5月1日前以宣传《防震减灾法》为主，在《南阳日报》开辟专版，刊登市长穆为民的题词——“防震减灾，利国利民”。同时刊登南阳市委常委、副市长陈光杰的署名文章《深入贯彻〈防震减灾法〉增强全社会防御意识》和市政府副秘书长、市地震局局长郭鹏的署名文章《在服务中公正执法在执法中优质服务》，对如何宣传贯彻好新法及加强全市防震减灾能力建设，特别是在地震行政执法服务方面提出了指导性意见。在5月12日前后开展以纪念汶川大地震为主的地震知识宣传活动。5月11日，在《南阳晚报》开辟专刊进行宣传；5月9日与南阳电视台联合录制《防震减灾，利国利民》专题节目，市政府副秘书长、市地震局局长郭鹏和市地震局副局长、总工程师邱海涛作为特邀嘉宾，现场回答主持人和观众的咨询；5月10日上午，在市中心广场与南阳人民广播电台联合举办“情系汶川，防震减灾”文艺演出活动，市委常委、副市长陈光杰，市人大副主任金星、市政协副主席贺国勤、南阳军分区副司令员傅生华、市政府副秘书长、市地震局局长郭鹏出席，活动特别邀请南阳籍“抗震英雄战士”武文斌的父亲武中林出席；5月10日由市地震局牵头，在市中心广场举行新法宣传一条街活动，市防震抗震指挥部成员单位、卧龙区政府和宛城区政府有关部门在活动现场共悬挂近百条宣传横幅，展出板面达200余幅，发放宣传材料2000余份；5月12日下午，在河南工业职业技术学院组织地震应急演练活动，市防震抗震指挥部成员单位，各县市区分管地震工作的副县(区、市)长、科技局局长、地震办主任以及河南石油勘探局、河南建筑学院、南阳城区12所大中专院校主要负责人、中小学校长、幼儿园园长等计200余人参加观摩学习，还特别邀请中国地震局工程力学研究所副所长孙柏涛到学校做了《地震与地震灾害》专题报告。(王晓谦)

科　协

【自然科学优秀学术成果评审】 为了活跃学术思想，促进学科发展、人才成长和科技繁荣，鼓励广大科技工作者总结科学研究和科技实践的理论成果，市科协组织开展南阳市第五届自然科学优秀学术成果评审工作。共收到各类参评项目209项，可分为理、工、农、医4大学科。经过各申报单位初评、评审委员会评审和领导小组审定，共评出优秀学术成果一等奖42项，二等奖115项，三等奖52项。

【学术工作】 经常组织市农学会、医学会、计算机学会、水利学会等市直学会的专家学者，围绕南阳经济社会发展中的重大问题进行研讨，定期向市委、市政府印送参考资料，为领导科学决策提供依据。组织市直各学会及企业院校科协开展学术交流及学术培训活动，促进了学科发展。市农学会积极向各级党委、政府建言献策，全年共编发《科教兴农决策参考》16期；市计算机学会围绕信息化指导职能，多次举办专家讲座和报告会，为信息技术的广泛应用起到了积极的推动作用。市医学会在开展卫生系统职业道德培训、医疗事故鉴定、新技术培训等方面均取得了明显成效。

【科普宣传】 5月19日上午，南阳市第九届科技活动周启动仪式在市中心广场举行。市领导贾崇兰、秦俊、冯晓仙、贺国勤出席启动仪式。本届科技活动周的主题为“携手共建创新型南阳”，全市共有40多个单位在中心广场摆放147块展板，设置18个专家咨询台，通过图片布展和宣传单发放，向广大市民介绍全市近年来在科技事业发展中所取得的伟大成就。“十一”长假期间，在市科技馆举办蝴蝶标本展，共接待中小学生10000余人。为了调动全民参与实施《科学素质纲要》的积极性，市科协与河南油田科协在河南油田文体中心共同举行“科普进社区”活动启动仪式。河南油田五一社区、双河社区、涧河社区群众代表，科普志愿者和学生代表500余人参加启动仪式。启动仪式现场摆放科普展板60余块、少儿科幻画50余幅、科普演示器材24台(套)。现场群众操作演习了科普器材。充分利用电视、广播、报刊等，广泛宣传实施《科学素质纲要》的重大意义，大力营造宣传贯彻落实《科学素质纲要》的浓厚氛围。

【三创一带活动】 “三创”即创科普示范县，创科普示范基地，创先进农村专业技术协会；“一带”是带动农民科技致富奔小康。科普示范县创建工作顺利开展。唐河县委、县政府把创建工作纳入目标管理；宛城区研究制定了《创建全国科普示范县实施方案》，并成立了领导小组；西峡县在《创建全国科普示范县工作规划》中把科普经费人均0.35元标准纳入年度财政预算，并落实到位。目前，方城、新野、唐河已被中国科协命名为全国科普示范县。农村科普示范基地健康发展。西峡县丹水镇绿色猕猴桃等 3 个农村科普示范基地分别被中国科协、河南省科协表彰为科普惠农先进单位；新野县宛绿无公害蔬菜等 3 个示范基地被河南省科协表彰为“三创一带”活动先进单位，庞国芳等 6 人被省科协表彰为“三创一带”活动先进个人。农村专业技术协会助力新农村建设作用越来越凸现。全市共有农技协 697 个，会员 14 万人，有 386 个协会创办了经济实体，资产达 5000 多万元，服务范围遍及 210 个乡镇的 3052 个行政村，有的还辐射到陕西、湖北等省。

【一站一栏一员建设】 全市 210 个乡镇都建起了科普惠农服务站，1087 个宣传栏已全部安装到位，并配备了 1087 个科普宣传员，市科协继续与南阳农业科技连线合作，走市场化运作模式，充分发挥宣传栏作用，有效地提高了农民的综合素质，推动了新农村建设。

【开展青少年科技教育活动】 组织举办 2009 年南阳市青少年科技创新大赛活动。共有 6.5 万名中小学生参加，收到参赛作品 526 份，选出市级获奖作品 468 份。评选出市级优秀科技教师 21 人，优秀组织奖 16 个。上报参加省级评选的优秀作品包括优秀科技创新项目 35 项，优秀科技实践活动 10 项，优秀少儿科幻绘画 35 幅，优秀科技教师创新项目 3 个，优秀科技教师 5 人，优秀组织奖 5 个。

【西施兰杯全国青少年智力七巧板总决赛】 7 月 15 日，南阳赛区开幕式在南阳市二十一小隆重举行。全国青少年科普教育活动组委会副主任马天玉、河南省青少年科技活动中心主任车跃年，南阳市委常委、宣传部部长姚进忠，市政府副市长冯晓仙，市政协副主席贺国勤出席开幕式。全市各有关中小学校长、中小学生及家长共 1000 余人参加开幕式。本届是全国举办的第 14 届比赛，南阳市是全国唯一的分赛区。在当天的活动中，共有 19 个代表队 300 余名选手参加了角逐。最终，获一等奖 76 名，二等奖 83 名，三等奖 78 名，优秀组织奖 12 个。市十二小获“全国青少年科技教育示范学校”称号。其他学生还参加了市科协组织的科普大篷车科教器材演示活动。（王金领）

农业科技

市农科所所长　王玉斌

【科研工作概况】 承担国家、省、市重点科技攻关项目 20 项，国家和省农作物新品种区域试验、生产试验 31 项，自选课题 16 项，研究内容 60 多项，被评为全省农科系统科技创新先进单位。

【新品种(系)选育】 选育的南阳 998、宛麦 5 号、宛黑 064、宛麦 08525、宛麦 982 等 5 个小麦新品系参加省新品种区(预)试，其中，宛麦 982、宛黑 064 在各试验点均比对照增产，表现优秀，双双进入省生产试验；玉米新组合宛单 682 参加省玉米预试，宛单 739 参加省玉米区试；棉花新品系宛棉 198 参加省棉花区试，新组合宛杂棉 6 号、宛杂棉 168 参加省杂交棉区(预)试；花生新品系宛 9911－7 参加省花生区试。新选育出小麦、棉花、玉米、水稻、小辣椒苗头品系 12 个。

【引进和筛选新品种】 从全国重点科研院所共引进农作物新品种 150 个，筛选出增产显著并适宜南阳的郑麦 004、新麦 9817、周麦 9823、漯丰 0618 等农作物新品种 10 个。引进瓜菜新品种 42 个，花卉新品种 20 多个，并进行适应性试验、扩繁和配套技术研究。

【农业新技术研究】 开展棉盲蝽种群动态研究，通过系统调查和铷标放试验，研究棉盲蝽迁移规律，为全市棉田棉盲蝽综合防治提供有效方法。开展茄果类条斑病毒病综合防治技术研究、棉花高产简化栽培研究，水稻、玉米、芝麻、绿豆高产栽培模式研究，从密度、施肥、化控等方面进行高产栽培技术参数的采集、研究。

【科研成果和科研项目】 主持完成的“棉花新品种宛棉 9 号的选育及应用”研究项目获得省政府科技进步三等奖。主持完成的“棉花新品种宛棉 10 号的选育与示范推广”、“小麦新品种宛麦 16 的选育与应用”、“南阳稻区水稻壮、适、平超高产栽培技术的研究和应用”3 个研究项目均获得省农科系统科技进步二等奖。“高产优质抗虫棉花新品种宛棉 10 号的选育与示范”研究项目获得市政府科技进步一等奖，“南阳水稻壮适平超高产栽培技术研究与示范”研究项目获得市政府科技进步二等奖。“小麦新品种宛麦 18 的选育与应用”申报市政府科技进步奖。省审小麦新品种宛麦 18 申报国家新品种权保护。在省以上核心学术期刊发表学术论文28篇。申报获得中央补助地方科研基础条件专项资金项目、国家绿豆良种储备、省成果转化项目、省农科系统科研协作项目各1项，省引智项目3项，新申报国家粮食主产区建设项目1项、省科技攻关项目3项、省科技成果转化项目1项。

【科技示范】 强力实施粮食高产示范带动计划。一是抓好高产攻关。建立小麦高产攻关田3.33公顷，运用配套高产栽培技术，对自主选育的12个小麦、棉花、玉米新品种进行高产攻关，研究配套高产技术，探讨品种增产潜力。小麦、玉米、棉花、小辣椒高产攻关已初见成效，攻关田比大田亩增产均达10%以上。二是抓好科技示范基地建设。建立高产示范田333.33公顷，重点示范展示南阳996、宛麦18、宛麦16、宛单739、宛棉9号、宛棉10号等自主选育农作物新品种及其配套栽培技术，示范推广棉花高产简化栽培、平衡施肥等8项农业实用新技术，新品种新技术示范服务2万公顷以上，辐射带动5.33万公顷。召开小麦、玉米、棉花、绿豆新品种观摩会、培训会8场，在省内外示范推广自选小麦新品种宛麦369、南阳996、南阳997共33.33万公顷，被评为全市粮食生产先进单位。

【服务新农村建设】 积极开展新农村建设驻村帮扶。协助帮扶村—南召县城郊乡东王庄村争取项目，落实村级卫生室建设项目资金2万元，争取农业项目资金3万元。筹措资金2万元，新打机井2眼，协助该村抗旱浇麦。投入5000元，无偿为东王庄村群众更换玉米良种，充分发挥科技优势，组织小麦、蔬菜专家深入田间地头，指导群众科学种田。筹措资金3万元，购置了书柜、办公桌椅，改善村委办公条件，捐赠图书3000册，建好新农村书屋，购买花卉苗木6000株，绿化新农村广场，美化生活环境。东王庄村被评为“全市新农村建设示范村”，市农科所被评为“全市服务新农村建设先进单位”。

【重点项目实施】 承担的国家小麦产业技术体系南阳综合试验站，开展了黄淮麦区小麦新品种筛选试验，播期、播量试验，高产施肥试验。在方城建立的小麦高产攻关田、百亩示范田、万亩示范方在大灾之年取得大丰收，产量超过体系所定指标，顺利通过省农业厅验收。

棉花综合试验站对南阳盆地棉花种植品种、栽培技术等基本情况及生产上存在的问题进行调研、分析，并制订出应对高产技术措施，创建万亩高产示范方3个，顺利通过了省级验收。

国家芝麻综合试验站，开展了芝麻新品种筛选试验、黄淮区芝麻不同播期和密度试验等研究，完成芝麻生产现状和技术需求调研报告，建立了芝麻病虫草渍害调查联络及上报系统。

食用豆试验站，主要完成了南阳市绿豆产业技术需求调研，绿豆高产示范，华中华东绿豆、小豆新品种鉴定及豌豆引种鉴定试验；扩繁国家绿豆核心种质199份，结合繁种进行主要农艺性状鉴定，完成了核心样本遗传多样性图的采集工作。参与财政部、农业部公益性行业专项科研项目“芝麻不同生态区种植模式的规范化栽培技术体系研究及应用”，开展了芝麻新品种区域试验、芝麻重茬药剂筛选试验、芝麻田间化学除草剂筛选试验等研究；在镇平县彭营乡和唐河县桐河乡建立芝麻高产攻关田和高产示范田13.33公顷。承担的“杂交棉简化高产栽培技术研究”、“主要农作物新品种选育”等省市重点科研攻关项目均按项目要求，圆满完成试验任务。

【基地设施建设】 新打机井一眼，泵房等灌溉配套工程建设全部完工；新修灌渠1975米，排水沟2649米，桥涵29座，水利渠系已投入使用；新修主干路894米，区间路1020米，安装路灯13盏，对道路进行高标准硬化、绿化，对基地出路进行整修，晒场进行改造。

【10万亩现代农业示范区建设】 在项目区汉冢、桐寨铺创办高标准农业示范基地，展示自育及引进新品种、新技术，实施成果示范推广。在项目区共建立小麦新品种宛麦16、宛麦18、郑麦366示范繁育基地333.33公顷，按市场价加价10%回收小麦良种100多万公斤；建立优质棉花新品种宛棉10号、宛杂棉6号高产示范田66.66公顷；同时搞好农业科技指导和新品种、新技术推广应用，组织农民技术培训10000人次，发放农业实用技术资料20000份。（柳天芝　梁元春）

社会科学

【学习宣传贯彻先进思想和理论】 市社科联把深入学习实践科学发展观活动和宣传贯彻党的十七届四中全会精神做为全市社科界的首要任务。坚持领导带头，集思广益，深刻查摆，形成指导今后社科事业科学发展的分析检查报告，并建立相应的长效机制。通过活动,机关党员干部对科学发展观的认识和理解得到深化,加快科学发展的意识得到增强,推动科学发展的思路更加明确,两次获得市委活动办的通报表彰。在《卧龙论坛》和南阳社会科学网站开辟学习贯彻十七届四中全会精神专栏,编发有深度、有分量的理论文章,发挥了正确的舆论导向作用。《卧龙论坛》被评为省社科联系统优秀刊物,南阳社会科学网被评为全市首届先进网站。

【学术交流】 10 月份作为主席团成员单位出席了在山东东营举办的全国大中城市社科联第二十次工作会议,并作了《积极作为乘势而上以改革创新精神推动社科事业科学发展》的典型发言。同时,以《卧龙论坛》为依托,加强同全国 29 个省市自治区 200 多家社科联、大专院校社科研究处(所)的联系,实施"走出去、引进来"的学术研讨交流活动战略,突出社会效益主导地位,起到了上传下达,联系沟通各方的作用。

【社科普及活动】 从 5 月份开始,组织开展"社科知识大篷车进基层"宣讲活动 37 场,受众达万余人次;举办"中原大讲堂·南阳讲堂"活动 16 场,受众 1.5 万余人次,对纠正社会认知不良倾向、提升城市整体素质、弘扬社会正气、倡导文明新风和构建社会主义核心价值体系产生了广泛而积极的影响,被省社科联评为活动先进单位。康永超、张利平、邹燕秋等 5 人被评为全省"社科知识大篷车进基层"活动先进个人。

【社科学会(分会)工作】 所属各学会(分会)开展的社科理论研讨及普及工作,领域进一步纵深,形式更加丰富多彩。市精神文明建设协会开展的"迎国庆讲文明树新风"礼仪知识竞赛、"公民守法行,单位创文明"和评选道德模范活动等,有力推进了城乡居民文明素质和未成年人思想道德建设;市地方志学会《南阳市志》编纂工作进展顺利,出版《南阳姓氏历史文化研究》4 集,读志、评志、用志活动不断;市档案学会积极开展调查研究,档案干部教育培训工作又上一个新台阶;市纪检监察学会组织理论研讨和专项调研 34 次,理论研究、成果转化和学会自身建设都有新的突破;市地税研究会创办的《南阳地税》杂志质量和社会效益大幅提升;市法学会组织建设、制度建设进一步得到完善,基层建设稳步推进,研究活动走向正规;市党校教育研究会坚持教学科研一体化战略,各项调研和学术活动频繁开展,优秀成果不断涌现;市哲学学会积极投入科研工作,出版论著、发表论文,申报省、市级社科规划课题都有新突破;市图书馆学会成功召开四届六次理事会,圆满完成市公共图书馆第四次评估定级。南阳师院科研处在认真抓好理论学习的同时,注重人文社科科研项目管理,举办校内外学术交流 30 多场,科研整体实力得到提升。方城、唐河、社旗、南召、新野、镇平、内乡、宛城、卧龙等县市区社科联分会在服务县市区委中心组学习、开展理论研讨调研活动、围绕中心工作组织课题攻关、理论研究和宣传阵地建设、社科知识普及工作等方面实现纵深发展。

【社科研究】 围绕市委、市政府工作中心,为党委、政府提供决策依据。(1)紧紧围绕贯彻落实科学发展观、积极应对金融危机、建设区域性中心城市和省次中心城市、"四大重点"和"四个突破"等中心工作,印发重点课题指南,全年实现课题申报数量比去年净增近百项,达到 320 项,其中 176 项获得立项,结项 156 项。(2)对南召县、宛城区等地新农村建设现状、支柱产业发展、农村合作社作用发挥等进行实地调研,使机关干部对现实的思考得到加深。(3)以《卧龙论坛》增刊形式将 2008 年度具有较高学术和应用价值的规划课题及论文汇集成册,并及时报送,为市四大家领导及相关部门科学决策起到了重要的参考作用。(4)承担完成市委组织部《关于我市人才发展环境的研究》、市委宣传部《我市社科理论人才队伍建设研究》和市社科规划办《当前我市社科类团体和研究机构发展对策研究》等 3 项重大课题,为编制"十二五"全市人力资源发展规划,进一步加强全市社科类团体和民办研究机构管理提供了参考和对策建议。(5)积极参与组织"南阳与丝绸之路"文化论坛工作,诚邀国家大师名家和市内专家学者前往方城县小史店镇考察摩崖石刻,为挖掘南阳文史资料、推介南阳做出了贡献。(6)编撰完成 23 万字的《中原文化记忆丛书·南阳卷》一书,使机关干部队伍得到进一步锤炼,学习型机关建设得到进一步提升。

【理论宣传阵地建设】 坚持发挥社科理论刊物在坚持马克思主义意识形态中的指导地位,努力把《卧龙论坛》打造成为社科界优秀成果展示的平台和社科繁荣程度的晴雨表,发挥了上传下达,联系沟通各方的作用。加强同全国 29 个省市自治区 200 多家社科联、100 多家大专院校社科研究处(所)的联系,实施"走出去、引进来"的学术研讨交流活动战略,加强对前沿性理论问题的研究,使南阳社科工作与全国同步,与时代同步。在理论文章的采编、刊发上,突出社会效益主导地位,并侧重刊发解决改革发展稳定中的热点和难点问题的文章，紧扣中心工作。开辟专栏，重点加强"文化强市"、"新农村"、"十七大精神"、"改革开放30周年"等栏目的文章质量，扩大市委中心工作在全社会的影响。

【学会管理】 开展"学会服务年"活动。深入调查全市社科类团体和研究机构管理现况，认真了解困难，虚心征求意见，及时改进工作。进一步盘清全市社科类团体家底，密切与南阳师院、理工学院等14个重点联系单位，市地税研究会、税务学会、纪检监察学会等39个学会和方城县、卧龙区社科联等14个社科联分会的联系，掌握了全市社科类团体和研究机构的现状和发展特点。加强社科人才培养。进一步充实全市哲学社会科学人才库和全市社科理论界专家库，激发了广大社科工作者投身南阳社科事业研究的热情。

【社科优秀成果评奖】 5月，开展全市2009年度社科成果评奖活动。共评出优秀社科成果125项，其中一等奖18项，二等奖54项，三等奖40项，优秀奖13项。与此同时，还获得省级奖10余项(详见附表)。(迟赵冰)

2009年度南阳市社会科学优秀成果获奖名单

成果名称	作者姓名	获奖等级
《南阳文化概论》	刘湘玉　刘太祥	一等奖
《跨文化交际中汉英语言文化比较研究》	刘明阁	一等奖
《左史比事注译》	高　涵	一等奖
《教育生态理论研究》	杨天志	一等奖
《法律伦理学研究》	余其营　吴云才	一等奖
《企业边界重构》	邢　俊　李晓彦　吴云才	一等奖
《信息检索理论与实践》	周青玲　王　霞　赵振营 刘　欣	一等奖
中共十六大以来对台工作的新主张、新举措	李合敏	一等奖
论公务员创新能力的提升	李永超	一等奖
把贯彻落实科学发展观提高到新水平	康永超	一等奖
烟叶生产保险发展策略探讨	常远程　赵国交　郝身满 贾　苗　马丽珍	一等奖
论叶兆言小说的"反高潮"	熊延柳	一等奖
高校校园网络文化建设管理工作探析	葛晨光	一等奖
试论君子人格实现的客观条件	杨金运	一等奖
我国农村党风廉政建设的现状、问题及对策	樊有平	一等奖
南阳黄山遗址原始农业遗存文化论略	曾昭阁	一等奖
汉代简牍档案的保护	彭子菊	一等奖
恩格斯合力论思想及其当代价值	姜金林	一等奖
《担保物权理论精髓与案例分析》	王志文	二等奖
《中国文法理论》	靳义增	二等奖
《汉代音乐文化研究》	冯建志　吴金宝　冯振琦	二等奖

续表

成果名称	作者姓名	获奖等级
《新编应用写作教程》	李晓彦　何云亭	二等奖
《中国古代乐府音谱考源》	宋光生	二等奖
《魅力方城》	景文建　贺金峰　熊君祥　孙红力　孙　宇	二等奖
《楚长城调查概论》	王贵富　尹彩春	二等奖
农业资金专项审计调查的形式与方法	方　向　孙明秀　黄杰生　杨祖枫　赵文奇　王跃奇　高旭光	二等奖
医院全成本核算的理论与实践	李　霞　杨真豪	二等奖
我国企业参与DFI的必要性及现存问题分析	陶海东	二等奖
基于自愿性会计政策变更的巨额冲销影响因素研究	王　宾	二等奖
对发展南阳文化旅游业的思考	雷化雨	二等奖
青年学生消费现状及对策分析	陈金松	二等奖
传统德治经验的启示与借鉴	毕云芝	二等奖
南阳历史文化资源整合与当代经济社会发展的思考	李延文	二等奖
新农村建设视域中的农民合作组织角色探讨	艾春香	二等奖
试论性质形容词谓语句的主观性等级	王文格	二等奖
《伤寒论》“强几几”音义考辩	赵绍军	二等奖
应急心理干预机制建设探析	包　晓	二等奖
完善“4＋2”工作法的理性思考	和学民	二等奖
南阳汉画像石艺术对南北朝雕塑的影响	逯爱英　柳玉东	二等奖
涉法涉诉信访问题研究	刘化雷	二等奖
从笔记小说释词现象看词语的理据	李娟红	二等奖
高职高专院校学生信息素质教育研究	白雪冰	二等奖
萨特人生观的矛盾性刍议	张元凯	二等奖
社会主义基层民主政治建设的生动实践——邓州“4＋2”工作法	周红谦	二等奖
引领和建设和谐文化是高校的重要职能	王艳秋	二等奖
将美育融入中医教学	庞景三	二等奖
河南南阳与湖北襄樊外贸出口的比较分析	逯　忆	二等奖
科学发展观的理论创新价值	王红璐	二等奖

续表

成果名称	作者姓名	获奖等级
《白鲸》中人物的精神生态困境	李小海	二等奖
健美操课负荷调控教学对大学生健康体适能的影响	王亚立	二等奖
浅谈“执行难”的原因及解决对策	周彩云	二等奖
论网络环境下高校图书馆员角色转变和素质构建	颜海亮	二等奖
高职英语口语培养现状和存在的问题及解决途径	韩　焱	二等奖
基于数字时代的档案网站建设反思	李秀凤	二等奖
推动文艺精品创作生产的思考与探索	邢保林　徐明洲　郑　敏　胡新谱　罗　非　郑　霞	二等奖
南阳市餐饮品牌的守护与创新研究	张小满　张何强　马　利	二等奖
我市农村金融创新发展研究	王天祥　王　克　杨曙光　郭林征　时大选　张博方	二等奖
中等职业学校学生心理状况调查研究	贾兆玉　张卫中　雷德红　杨纪欣　王景健	二等奖
关于白河湿地公园景观规划及环境治理的研究	薛文勇　张　欣　宋　宏　李　欣　张雅妮　倪相娟	二等奖
践行科学发展观构建高校和谐校园的问题研究	徐　涛　连锡军　谢丽敏　赵煜宇　彭　俊　陈煜烨	二等奖
职校生心理健康问题的调查及实践性研究	杜晓平　倪　立　刘　璞　范兴亚　张　端	二等奖
农运会对我市经济和社会发展问题研究	唐伯武　刘　崴　刘龙海	二等奖
发挥我市人力资源优势大力做好劳务经济的对策研究	李荣胜　李　靖　宋江照　袁艳娟	二等奖
我市大学生艺术素质的培养研究	石　磊　刘雪梅　刘洪坡　田中瑞　赵丽霞	二等奖
实现“两个转变”建立“两个体系”促进民生档案建设的研究	靳社强　樊小伟　程相山　陈明英　李　亚　赵　浦　郝　英	二等奖
提高服务保障能力推动我市财政科学发展对策研究	孙月红　金　新　魏延军　曲洪波　王　琳　王　铮　孙媛媛	二等奖
我市农村金融业创新发展研究	周　超　马　斌　王　铮　唐纪纲　王聚伟　李志新　李　刚	二等奖
农民工就业及权益保护问题研究	乔建森　张群峰　刘　松　乔纪全　王之亮　秦小兵　李　晓	二等奖

续表

成 果 名 称	作者姓名	获奖等级
金融危机对我市地方税收的影响及对策	高新运 张富升 杨金龙 侯春艳 杨 冲 胡洪涛	二等奖
2012 年农运会与南阳市新农村体育文化建设双向驱动研究	雷 波 徐鸿鹏 李王杰 钱文军 潘明晓	二等奖
农机专业合作社在新农村建设中的作用	马子斌 资 伟 王全胜 高娅红 张国云 郑申亭 王荣先	二等奖
基层政府应对群体性事件问题研究	胡 娟 张孟超 胡 侠	二等奖

文化旅游

文化事业综述

【文化惠民工程建设进展顺利】 市委、市政府把文化惠民工程建设纳入政府承诺办理的十件实事之一,在全市建设70个乡镇综合文化站和200个村级文化大院;全市4500个行政村每村每月免费放一场电影,在1000个行政村实施文化信息资源共享工程;在280个行政村建设新农家书屋;实施舞台艺术送农民工程,免费演出戏剧200场。年底十件实事文化任务进展顺利。内乡城关镇、卧龙区蒲山镇、安皋镇、社旗县太和乡等70个乡镇已完成建设任务。建成215个村级文化大院,在1200个行政村实施了文化资源信息共享工程。建成283个新农家书屋。舞台艺术送农民工程,已完成演出200场。有力地促进了全市公共文化服务体系建设,覆盖城乡的公共文化服务体系已初步形成。

【文艺演出活动丰富多彩】 全市各级文化机构,紧紧抓住庆祝中华人民共和国建立60周年的机遇,狠抓文艺创作,举办各种文艺活动,使全市文艺活动丰富多彩、异彩纷呈。配合市委、市政府参加中原文化澳洲行活动,南阳巡游彩车受到好评。组织中原文化宝岛行、南阳文化宝岛行活动和上海、厦门招商活动的文艺演出,弘扬和宣传了南阳文化。全市文化系统大力实施艺术精品战略,组织全市庆祝建国60周年作品创作大赛,创作出戏曲剧本《移民情》、《张仲景》等4部剧本和《焦裕禄精神赞歌》、《和谐南阳春满园》等歌曲,举办庆祝建国六十周年艺术作品创作大赛,编辑出版了《南阳艺术作品集成》。春节、灯节期间,举办了丰富多彩的文化表演活动,丰富群众文化生活。在全省庆祝新中国成立60周年“爱国歌曲大家唱”合唱比赛中,南阳市教育局代表队和宛城区代表队参赛,分别获得一等奖和二等奖。内乡宛梆剧团在河南省第十届戏剧大赛上参演的《取宛城》获得金奖。在第十届河南省小戏小品(曲艺)大赛中,卧龙区文化局组织演出的大调曲子《绣香囊》、音乐小品《火红的秧歌扭起来》、小戏《演出之前》和方城县文化局组织演出的三弦书《赌闺女》、小品《碰撞》均获一等奖;方城县组织演出的鼓词《山村新事》获二等奖;唐河县豫剧团演出的小戏《这院那院》、西峡县艺术团演出的小品《山村故事》获三等奖,获奖数量之多在全省居领先位置。市曲剧团参加在河南省汝州市举办的首届中国曲剧艺术节荣获优秀展演奖,展演剧目《儿女传奇》、《夜审潘洪》分别荣获观众最喜爱剧目奖。市曲剧团青年演员张明云荣获“当代中国十大曲剧名角”称号,刘修元荣获“当代中国十大曲剧名角”提名奖。南阳府衙、南阳财神庙举办了“南阳市非物质文化遗产”展演月活动,宣传和弘扬了文化遗产。卧龙区文化局组织举办了“卧龙飞歌”广场文化活动,镇平、唐河等县都举办了丰富多彩的广场文化演出活动,丰富了人民群众的精神文化生活。

【新闻出版和“扫黄打非”工作成绩显著】 在全市范围内开展了政治性非法出版物专项整治工作,重点打击制售政治性非法出版物活动。查处各类大要案6起,刑事拘留6人,逮捕2人,查缴各类政治性非法出版物1200多册(份),法轮功邪教宣传品1000多张,非法宗教类出版物5000多本。开展整治互联网低俗之风专项行动,检查网吧、网站等各类单位46家,处罚7家,警告5家。配合公安部门处置信息14条,删除各类不良信息2640多条,有效地遏制了有害信息的传播,在宛城区金华乡隆重举行南阳市农家书屋图书配送暨全民阅读活动启动仪式,为全市营造浓厚的读书氛围。全市第二批企业软件正版化工作已实施完成。

【文化遗产保护利用创佳绩】 积极宣传文物保护法规,营造“保护文物,人人有责”的浓厚氛围,尤其在5·18国际博物馆日、第四个全国文化遗产日举办了声势浩大的宣传活动。博物馆建设取得长足发展,南阳市文化博览中心于5月18日在解放广场隆重奠基。继上年镇平县彭雪枫纪念馆实行免费开放后,南阳汉画馆、南阳张衡博物馆、淅川县博物馆等8家博物馆、纪念馆再次正式向社会公众免费开放。南阳市博物馆举办了诸葛亮文化活动周和建馆五十周年庆祝活动。在国家二、三级博物馆的验收中，内乡县衙博物馆被公布为二级博物馆，南阳府衙博物馆、南阳市博物馆、镇平县彭雪枫纪念馆被公布为三级博物馆。南阳武侯祠、南阳汉画馆及内乡县衙博物馆圆满完成了全国政协主席贾庆林和中组部部长李源潮的视察接待工作。文物普查及楚长城调查工作顺利进行，已对12105处不可移动文物点进行调查及资料信息采集工作，其中复查1049处，新发现11056处。内乡县、镇平县、邓州市境内的楚长城调查和资料录入工作已全部完成，同时在桐柏县、唐河县、方城县、西峡县新发现长城200余公里，城寨数十个。非物质文化遗产普查保护取得显著成绩。全市非物质文化遗产普查工作已全面完成，进一步完善各级保护机构，建立了数据库。桐柏山歌、丹江号子等10个项目被公布为第二批省级非物质文化遗产。雷恩久、仵海州、李建海被公布为国家非物质文化遗产第三批传承人。在文化部开展的第二批珍贵古籍评选中，南阳市图书馆馆藏《道藏》、《续道藏》，唐河县图书馆馆藏《梁昭明太子文集》、《西湖游览志》被公布为第二批国家珍藏古籍。

【文化市场管理规范、健康有序】 组织市、县文化市场稽查人员加大管理查处力度。先后开展五次大的“闪电”行动，全市累计出动文化执法人员16040余人次，检查各类文化经营单位8178家，处罚违法违规经营单位92家，取缔非法经营52家，清缴盗版教材教辅读物1600余册，收缴非法光盘5万多盘，净化和规范了文化市场。

【文化产业及文化体制改革工作稳步推进】 坚持一手抓文化事业的繁荣，一手抓文化产业开发，大力发展文化旅游产业。聘请上海交大教授胡惠林和河南省发改委教授郑泰森为南阳文化顾问，研究制订南阳文化产业发展规划和南阳卧龙岗文化旅游集聚区发展规划，指导全市文化产业的发展。在镇平彭雪枫纪念馆免费开放逐步完善的基础上，南阳汉画馆、南阳张衡博物馆等8家博物馆、纪念馆再次向社会免费开放，推进全市博物馆建设迈上新台阶。同时，结合学习实践科学发展观活动，在全市文化旅游单位大力开展“三加强（文物保护、旅游发展、队伍建设）、两提升”（管理水平、讲解水平）活动，推动全市文化旅游工作逆势而上，取得较大的发展。组织各县市区主管副县长、文化局局长以及市直文化单位负责人赴上海交大进行文化产业知识培训。组织局直文博单位领导深入学习贯彻全省旅游工作会议精神，赴湖北、陕西、四川等地考察，研究对策，高起点、大手笔规划南阳城区文化旅游产业“一带、三区、八景”的文化旅游发展构思，重点打造南阳卧龙岗文化旅游产业集聚区，形成南阳城区旅游的龙头精品景区，带动全市文化旅游产业快速发展。积极筹措资金，成立南阳新农村华鼎文化传播有限公司，开展电信增值业务经营。建立南阳文化旅游产业联盟和南阳印刷协会、南阳网吧协会，大力扶持和开发文化产业。面对文化大发展大繁荣的新局面，积极转变职能，努力从“办文化”向“管文化”转化，充分挖掘和利用文化资源优势，引导、扶持、鼓励社会力量积极投入文化产业开发。配合南阳第七届玉雕节暨宝玉石博览会和第八届张仲景医药科技文化节，承办了开幕式文艺演出。协调指导镇平文化改革发展实验区建设，强力打造玉文化产业品牌，规划建设国际玉城、玉料市场，筹建玉雕职教集团、玉雕大师创业园的项目进展顺利，有力地推动了南阳玉文化产业快速发展，加工销售产值比上年同期大幅度增长，成为南阳市文化产业的支柱产业。积极探索和稳步推进文化体制改革。全市电影发行和放映企业已顺利划转广电部门。市博物馆、南阳文化艺术学校等30余家公益性文化单位已全面推进和完善全员聘用制，单位岗位设置和绩效工资正在分步实施。市影剧院已制订了转企改制方案，市曲剧团改制工作也正在实施。各县市区文艺表演团体的体制改革也在不同程度向前推进，镇平县剧团转企改制工作正在推进，西峡县曲剧团、内乡宛梆剧团已改出了活力，提高了演出质量和演出场次，社会效益和经济效益明显增强。

文　化　管　理

【全国政协主席贾庆林考察南阳】 4月17～19日，中共中央政治局常委、全国政协主席贾庆林在全国政协副主席钱运录及省、市领导的陪同下，考察了南阳武侯祠、汉画馆、内乡县衙。

【文化部副部长周和平到南阳考察指导工作】 10月24～25日，文化部副部长周和平、文化部非物质文化遗产司非物质文化遗产处处长兰静、省文化厅副厅长黄东升、省文化厅非物质文化遗产处处长甘源对南阳市非物质文化遗产普查和保护工作进行考察和指导。首先观看了南阳市非物质文化遗产保护项目汇报演出。汇报演出的节目全是非物质文化遗产保护项目，如国家级非物质文化遗产保护项目板头曲、大调曲、三弦书、宛梆、曲剧、豫剧、越调等。随后周和平副部长认真观看了南阳非物质文化遗产普查成果汇编并同参加普查的同志进行了座谈，对下一步非物质文化遗产保护特别是中医药文化的保护工作作出了指示。

【南阳市举行聘请文化顾问仪式】 6月27日，南阳市隆重举行仪式，聘请上海交通大学教授、国家文化产业创新发展研究基地办公室主任胡惠林和河南省发改委经济研究所所长郑森两位专家为南阳文化顾问。市长穆为民向市文化顾问颁发了聘书，省文化厅长杨丽萍出席仪式。

社会文化

【河南省非物质文化遗产普查南阳培训班举办】 在省文化厅的大力支持下，河南省非物质文化遗产普查南阳培训班于3月24日至25日成功举办。来自南阳市各县市区文化局、文化馆、乡镇文化站和市群艺馆近300人参加了培训。省、市有关专家讲授了非物质文化遗产普查工作的目的和意义，普查工作的方法及步骤，普查工作的技术要求以及南阳地方历史文化、风土人情等。

【南阳市庆祝第四个全国文化遗产日活动】 6月13日，由中共南阳市委、南阳市政府主办，市文化局承办的庆祝第四个全国文化遗产日活动在南阳府衙隆重举办。市委副书记贾崇兰、市人大副主任秦俊为南阳市文化遗产展演展示基地揭牌。庆祝活动共展出宣传版面100余块，数百人组成文物单位展示方阵和非物质文化名录项目展示方阵。并演出曲剧、越调、大调曲、三弦书等。参观展览及观看非物质文化遗产项目表演的群众络绎不绝，收到了良好的社会效果。

【南阳市举办非物质文化遗产展演活动】 5月28日～6月29日，南阳市文化局在南阳府衙、范蠡纪念馆举办为期一个月的非物质文化遗产展演活动，市文化局先后组织了31场桐柏皮影、唐河汉剧、邓州越调、大调曲、三弦书、板头曲、鼓词、曲剧、锣鼓曲、民间舞蹈、民间艺术等非物质文化遗产表演。中央电视台《朝闻天下》、河南电视台、《大河报》等国内媒体对南阳举办的非物质文化遗产展演活动进行了报道。

【卧龙区非物质文化遗产普查工作成绩斐然】 全年，共普查出非物质文化遗产14大类，线索25000余条，项目资源2012条。其中语言文字46项、民间文学824项、民间美术5项、民间音乐14项、民间舞蹈29项、传统戏曲5项、曲艺6项、传统手工技艺22项、传统体育、杂技、竞技56项、民间习俗120项、民间信仰2项、民间知识196项、传统医药681项、其他6项，收集照片200多张，音像资料10余份，整理文字200余万字，印刷普查成果汇编88本，受到省、市"非遗"普查验收小组的高度评价。

【邓州市文化茶馆建设获奖】 邓州市对原有已建的900个文化茶馆，进行巩固提高，上档升级，2009年新发展300个，文化茶馆达1200个。为了使文化茶馆建设继续保持旺盛的生命力，文化局制定颁布了《关于进一步推进和深化文化茶馆建设工作意见》和《文化茶馆管理规则总则》及《关于打造全市文化茶馆精品线路实施方案》，为文化茶馆的全面建设奠定了坚实基础。文化茶馆建设经过5年创建，以其科学性、创新性、有效性、示范性等优势作为河南省唯一项目，被推荐参评文化部第三届文化创新奖，经层层评审及现场答辩，邓州文化茶馆建设工作从全国申报的128个创新项目中脱颖而出，获得文化部第三届文化创新奖。

【新野猴艺广场建成】 新野县以猴艺被命名为省级非物质文化遗产为契机，对猴艺进行挖掘包装，适时建设新野猴艺广场。广场于2009年7月正式建成。猴文化广场占地3000平方米，以猴文化为主题，以"猴艺之乡大舞台"和四周建筑物为载体，以雕塑和浮雕为表现手法，彰显猴文化内涵。广场以汉代建筑风格和新野汉画像砖的雕刻手法为主，使猴文化与汉文化巧妙地融合在一起，实现了文化艺术性与实用性的统一。"猴艺之乡大舞台"可用于各种露天演出、集会等群众性活动；雕塑既是艺术品又可作为桌椅、棋盘、球案使用；整个广场既是一个开放的休闲、娱乐、健身场所，又充盈着浓浓的历史传统文化氛围。与该广场相应的是新野沙堰镇的猕猴饲养园，占地100亩，规模3000只，已建成猴舍256间，先期投放猕猴1500只。在该园的示范带动下，沙堰镇年猕猴饲养量8200只以上，形成了融繁育、驯养、科研为一体的全国最大的猕猴驯养基地。猴艺广场、猕猴饲养园已形成了一体化运作的态势。

艺　术

【南阳市优秀剧目展演活动】 2月7～9日，由中共南阳市委宣传部、南阳市文化局主办的“南阳市2009年优秀剧目展演”活动在南阳影剧院举行。参加展演的剧目有内乡宛梆剧团演出的《岑彭归汉》，方城县豫剧团演出的《乡里乡亲》，唐河县豫剧团演出的《银杏树下》。副市长冯晓仙与河南省艺术研究院副院长杨扬及省戏剧界专家刘景亮、杨守林、孔繁燕等观看了演出，召开了三个剧目座谈会，为参加河南省第十一届戏剧大赛县区级比赛活动打下了基础。

【南阳市举办纪念张新芳文艺演出活动】 7月27日，在曲剧大师张新芳的家乡南阳，由南阳市文化局、河南电台戏曲广播频道、陕西人民广播电台、河南电视台新农村频道主办，河南省曲剧团，南阳市曲剧团联袂演出的“曲韵流芳—纪念曲剧大师张新芳逝世三周年专场演出隆重开幕。

【南阳市举办庆祝建国六十周年艺术作品创作大赛】 6月，南阳市文化局组织庆祝建国六十周年艺术作品创作大赛。范围覆盖戏剧、小品、曲艺、歌曲创作作品及展演作品，书法、国画、儿童画、摄影作品等。收到参赛作品近千件，获奖作品98件。参赛作品积极向上，歌颂伟大的祖国，向新中国60周年华诞献上了一份厚礼。

【编辑印刷《南阳艺术作品集成》】 9月，南阳市文化局编辑印刷了向新中国60华诞献礼图书《南阳艺术作品集成》。该书收入近年来南阳剧本征集、南阳小戏小品曲艺大赛、戏曲大赛、庆祝建国六十周年艺术作品创作大赛获奖作品共97部，其中曲艺32篇、小戏小品16部、戏剧7部、歌曲42首，填补了南阳没有综合艺术作品集成的空白。

【南阳市在省第十一届戏剧大赛暨省第二届县区级大赛中获佳绩】 在河南省第十一届戏剧大赛暨河南省第二届县区级戏剧大赛中，南阳选送的4个戏剧荣获一、二、三等奖。其中内乡宛梆《取宛城》荣获一等奖，唐河县豫剧《铁窗》和方城县戏曲综艺《山村故事》荣获二等奖，唐河县实验豫剧团《屠夫状元》荣获三等奖，南阳市文化局获优秀组织奖。

文　物

【南阳市举办“张衡杯”讲解员大赛】 为庆祝新中国成立60周年，9月15～16日，市文化局在南阳府衙举办了南阳市“张衡杯”讲解员大赛。来自全市15个博物馆、纪念馆和香严寺、荆紫关两个国保级景点单位的17位讲解员进行了角逐，共评选出特色奖1名、一等奖4名、二等奖6名、三等奖7名。

【南阳市文化博览中心开工奠基】 5月18日，南阳市文化博览中心隆重奠基。国家文物局、河南省文化厅、文物局发来贺信。市领导黄兴维、穆为民、贾崇兰、李天岑、陈光杰等出席奠基仪式。

【南阳汉画馆等8家博物馆免费开放】 5月18日，南阳汉画馆、张衡博物馆、桐柏革命纪念馆等8家博物馆、纪念馆正式向社会公众免费开放，并在南阳汉画馆隆重举办免费开放仪式。

【南阳市举办佛沟摩崖造像专家研讨会】 6月24日上午，南阳市文化局组织北京、河北及河南省古遗迹遗址专家前往方城县小史店乡林场村观看佛沟摩崖造像。下午举办佛沟摩崖造像专家研讨会。北京大学教授李崇峰、清华大学教授李静杰、河南省文物局副局长孙英民、洛阳龙门石窟研究所研究员温玉成、王振国等对方城小史沟摩崖造像的锻造时代进行了考证。南阳市委副书记贾崇兰、副市长冯晓仙、市文化局局长陈华山出席了研讨会。

【南阳与丝绸之路文化论坛】 6月25～26日，由中共南阳市委、南阳市人民政府主办的南阳与丝绸之路文化论坛隆重举行。省文化厅厅长杨丽萍、省旅游局局长苏福功、国家旅游局丝绸之路总体规划组副组长乔然、北京大学教授白化文、中国社科院研究员杨镰等专家与市领导穆为民、贾崇兰、王建民等出席论坛。

【南阳市召开文物普查工作会议】 9月4日，南阳市政府召开2009年文物普查工作会议，要求全市文物工作者强化认识，突出重点，集中精力打好第三次全国文物普查攻坚战。副市长冯晓仙出席会议并作重要讲话。市文化局局长陈华山主持会议。各县市区分管文物工作的县市区长，文化文物局长和文物普查队队长参加会议。

新 闻 出 版

【南阳市举办印刷企业暨内资培训年检工作会议】 1月9日上午，市新闻出版局组织召开2009年度印刷企业暨“内资”培训年检工作会议。市新闻出版局副局长罗佩霞出席会议并讲话。全市印刷企业、内部资料负责人共60多人参加了会议。会议采取以会代训形式，全面安排部署了2009年度印刷企业及内部资料审核登记工作。

【省新闻出版局长詹玉荣来南阳检查指导新闻出版工作】 2月13日，省新闻出版局局长詹玉荣、发行管理处副处长王卫一行莅临南阳，检查指导新闻出版工作。在副市长冯晓仙、市新闻出版局局长陈华山的陪同下，詹局长一行深入卧龙区七里园乡达士营村，实地察看“农家书屋”的建设和管理情况。詹局长一行走进新思维书店、跨越兴邦图书城，现场检查出版物市场。詹玉荣指出，要全面深入地推进“农家书屋”工程建设，保障群众基本文化权益。要规范出版物市场经营秩序，推动新闻出版事业大发展大繁荣。

【南阳市召开农家书屋工程建设工作会议】 元月7日上午，召开农家书屋工程建设工作会议，会议对全市农家书屋建设工作进行了安排部署。市委宣传部副部长吴朝河、市文化局党委副书记马本殿、市新闻出版局副局长罗佩霞及各县市区委宣传部、财政局、文化局(新闻出版局)分管领导40多人参加了会议。

【南阳市举行农家书屋图书配送暨全民阅读活动启动仪式】 4月23日，南阳市“农家书屋”图书配送暨全民阅读活动启动仪式在宛城区金华乡隆重举行。市委常委、宣传部长姚进忠、河南报业集团副秘书长、大河书局有限公司总经理张立新、市委宣传部副部长吴朝河、市新闻出版局局长陈华山、宛城区委书记马瑞平等出席了启动仪式。全市13个县市区文化局长、宛城区金华乡党委、政府负责人及21个村村干部参加了启动仪式。市委宣传部副部长吴朝河介绍了全市“农家书屋”基本情况，大河书局有限公司总经理张立新介绍了“农家书屋”图书配送情况。

文 化 产 业

【南阳专项建设卧龙岗旅游产业聚集区】 7月25日上午，南阳市政府召开景区项目建设汇报会。市长穆为民指出，要把发展文化旅游产业与发展工业、建设城市放在同等重要的位置，抢抓机遇、提高水平，高标准建设，整合文化旅游资源，打造品牌，培育南阳市新的经济增长点。会议将“恐龙遗迹园”、“宝天曼”、“渠首”、“卧龙岗文化旅游集聚区”四大景区列为南阳文化旅游产业重大建设项目，标志着南阳市卧龙岗文化旅游产业集聚区的建设已经拉开帷幕。

【南阳市成立文化旅游产业联盟】 8月14日，举行南阳市文化旅游产业联盟成立大会。该联盟是南阳市全区域内省级以上文物开放单位、国家二级以上博物馆等20个文博单位成立的文化旅游产业经营联盟。联盟大会通过了南阳市文化旅游产业联盟章程，选举了联盟的领导机构，南阳市文化局长陈华山为主席，市文物局副局长陈同庆为副主席。

【南阳市举办文化产业发展专题研修班】 10月27日～11月2日在上海交通大学举办了“南阳市文化产业发展专题研修班”。本次研修班是近年来南阳市和上海交通大学国家文化产业创新与发展研究基地合作举办的规格较高的培训班，由副市长冯晓仙带队，学员都是来自市文化局、各县市区主管文化工作的副县市区长、文化局长和市直文化系统的领导干部。上海交通大学国家文化产业创新与发展研究基地针对培训班学员的特点，精心组织科目，科学安排课时，聘请了在全国有较大影响的专家学者和从事宣传文化工作的领导为学员授课。

市 场 管 理

【文化市场管理概况】 2009年，南阳市文化局进一步加大执法力度，强化对文化市场的日常监管，开展对网吧、电子游戏厅、出版物市场的集中整治活动，严厉打击各类违法违规经营行为，使南阳市文化市场健康有序繁荣发展。

【南阳市开展网吧专项整治活动】 5月，市文化局采取有效措施，狠抓“闪电”2号行动的落实并收到了显著的成效。此次行动，全市共出动检查人员187人，车辆33台，检查网吧362家，查处违规经营网吧91家，其中未按要求凭有效身份证登记上网的网吧50家，接纳未成年人的网吧5家，未悬挂《网络文化经营许可证》的网吧10家，超时经营的网吧10家，暂扣电脑主机43台。通过"闪电"2号行动的开展，严厉打击了网吧市场不法经营行为，规范了网吧市场经营秩序，进一步净化了网吧市场，为未成年人健康成长创造了良好的社会环境。

【南阳市开展中小学教辅印刷专项检查活动】 8月3日，省新闻出版局发出通知，要求利用半个月时间在全省范围内开展教材教辅印刷情况专项检查。市局结合南阳实际，制定下发了专项治理行动方案，各县市区也结合各地情况，突出重点，有针对性地开展工作。这次专项行动的重点是出版物印刷企业和各类学校自办的印刷企业以及有图书印制能力的其他印刷品印刷企业。经过半个月的拉网式排查，全市共出动车辆200多台次，出动各类执法人员1200多人次，检查各类印刷企业130多家，打字复印店百余家，立案查处7起，其中较大案件3起，收缴各类非法出版物10000多册，有效净化了全市出版物市场。

【南阳市开展国庆期间公共文化娱乐场所安全生产大检查】 9月12日，市文化局召开会议，学习贯彻省、市加强国庆期间安全生产的会议精神，会上提出了迅速传达贯彻，迅速排查隐患，迅速监控，迅速上报，迅速惩处"六个迅速"的具体要求。二是下大力气组织好专项检查，消灭安全隐患。重点检查各类文化经营单位的安全工作制度的落实；消防疏散指示标志和应急照明灯是否完好；各种灭火器材是否齐全有效。三是加强治理，明确责任。各县市区制订具体方案，主要领导亲自抓，定人、定岗、定责，从根本上确保文化市场的安全生产不出事故。随即市、区文化行政执法人员对印刷、出版、娱乐、网吧、图书等十余家经营单位进行了安全生产检查，对存在有安全隐患的场所当即责令其整改并下发了执法文书。

【南阳市开展整治出版物市场突击周活动】 12月18日召开市直及两区的"扫黄打非"工作会议，安排布置在南阳市城区针对出版物市场开展"扫黄打非"突击周行动。会议通报了省"扫黄打非"办督办的涉嫌政治性非法出版物王林（刘华）一案的最新进展。在南阳市又抓获了该案的另两名涉案人胡金明、唐建丽，并在其经营的"教育书店"内当场收缴涉嫌政治性、封建迷信类非法出版物370余册；市"扫黄打非"办要求两区通过这个案件追根究底、穷追猛打，于12月19～25日在城区内用一周时间对出版物市场开展全面突击检查。对城区内所有经营单位，包括地摊游商逐家逐户进行清理，实行路段责任到人、门店摊点责任到人的责任制，即对每家每户的检查过程中，注明责任人、写出详细的检查记录，市局稽查大队负责对两区进行抽查，对抽查出的问题将追究相关责任人的责任。（柳玉东 曾宪波）

楹联文化

【隆重推出大型联集《联粹耀京丹》一书】 该书是在2004年开展"南水北调中线工程海内外征联活动"的基础上，由会长张德武、副会长时天源主持、著名联家张克锋先生担任主编并亲自筛选、修改，经过四年努力，倾力打造而成的全国罕见的一部楹联力作，被市委、政府作为珍贵礼品在北京展览会上向贵宾赠送。该书由省委书记徐光春亲自题写书名，具有精美大气、内容丰富、主题鲜明、联语清新、编排新颖、意义重大等多个特点。全书887个页码，71万多字，容纳9000副楹联作品、345幅图片、219副书法以及一定的介绍文章，突显了联、文、图并茂的格局，16开大型版式，手式精装而成。共分一个"卷首特载"和"渠源风采"、"京丹丽语"、"名城对韵"、"胜地联林"、"人文楹帖"五个卷目。所包含的9000副楹联作品，百分之九十是从全国各地上千名联家所创作的数万副楹联作品中精心挑选的妙联佳作。这些作品都紧紧地围绕主题，以饱满的热情、优美的词句、高超的手法、深远的意境，极力歌颂和赞扬了历代中央领导集体及领袖们的正确决策、南阳人民的奋斗精神、建设成就和水源地的优美风光。发行后陕西解维汉、福建高学良等高级专家专门在报刊上发表文章，对该书和南阳联届进行了充分肯定和热情赞扬。

【《联颂荆紫关》编辑出版】 从2008年初开始发布启事，到7月份为止，在全国范围内征集赞颂古镇风貌的对联一万多副。在评选奖励最佳作品以后，又对其中2000多副优秀作品，进行斟酌挑选和润色加工，于2009年5月，编辑出版《联颂荆紫关》一书，适时在全省黄河诗会上发送，受到诗人们的热烈赞扬。此项活动和此册联集为宣传荆紫关发挥了积极作用。

【"国际玉城杯"海内外征联活动】 2009年元月开始到6月份为止,共收到赞誉玉文化、南阳玉产业、镇平石佛寺玉市场及国际玉城的楹联作品近2万副,经评委评选后,于12月举行了颁奖大会,来自省内外的数十名获奖代表,共贺征联活动的成功和南阳玉文化的繁荣。(李玉玺)

文联工作

【文联工作概况】 2009年,南阳市文联及各文艺家协会围绕全市中心工作开展一系列影响大、品位高、效果好的文艺活动。一是围绕新中国成立60周年系列活动,市文联与市摄影家协会共同举办了《南阳回眸—影像见证60年》大型摄影图片展。此次展览被列入全市"新中国成立60年庆祝活动"之中。二是围绕南水北调丹江口库区移民迁安工作,按照市委宣传部的统一部署,市文联组织部分作家、摄影家深入移民工作第一线,走村入户,进行多次采风创作活动,并着手创作反映全市移民迁安工作的一部电视剧本、一部报告文学、一批摄影图片,为这一重要历史性工程留下大量珍贵的文字及影像资料。三是在"中国·南阳第八届张仲景医药科技文化节"上,市摄影家协会承办了"张仲景中医药文化及产业发展图片展"。这是南阳市第一次全方位系统地展出以中医药为题材的大型图片展。四是配合市委外宣办编印新版外宣画册《印象南阳》以及正在编辑中的大型图书《魅力南阳》,组织摄影家创作拍摄、提供图片资料。这些活动围绕着全市改革发展稳定大局,宣传了改革开放和现代化建设的辉煌成就,充分发挥了文艺在鼓舞人心、凝聚力量、增进共识方面的重要作用。在省第五届文学艺术优秀成果评奖中,南阳市共有8件作品获奖,获奖总数名列省辖市前三名,其中廖华歌的《玉皇岭》获一等奖。对此,市委书记黄兴维在省第五届文学艺术优秀成果奖南阳获奖单位个人表彰大会上,称赞全市广大文艺工作者创作了一批富有思想性、艺术性和观赏性的优秀作品。

【文艺创作硕果累累】 由作协组织实施的南阳历史(名人)长篇小说精品工程和签约作家"文化南阳"写作计划,创作出了一批具有现实意义和时代风貌、体现南阳人文精神的优秀文艺作品。"南阳作家群"长篇小说丛书出版了行者的《非斯》、《圣西门》,廖华歌的《玉皇岭》、殷德杰的《无弦》、刘正义的《城脚》,展示了"南阳作家群"的品牌优势和创作实力,其它南阳作家亦出版多部小说、散文、诗歌作品集,并有部分作品在全国重要文学期刊发表和选载。南阳文艺家创作激情全面迸发,多人获得国家级和省级奖项。由李天岑、马本德、刘正义编剧的电视连续剧《小鼓大戏》获中国电视艺术家协会颁发的首届农村题材优秀电视剧二等奖。孙天鹏编剧的电影《士兵武文斌》已拍摄完毕,即将在全国上映。郝树声的长篇小说《镇委书记》获和谐中国2008年度优秀作品金奖。孙晓磊的文学评论《解读发生》获"普罗杯"全国百佳书评大赛银奖。水兵散文《秋天看云》获中国散文年会2009年全国散文百篇奖。市摄影家协会采取多项措施,鼓励创作,使南阳的摄影创作取得了优异的成绩,2009年度先后出版摄影作品集十余部,其中市摄协策划出版的大型摄影画册《中国历史文化名镇荆紫关》、李光成的《叶之神》《叶之魂》、张兼维的手机摄影作品集《转身之间》、封银生的《人体摄影作品集》等作品都引起较大反响;同时,市摄影作者在省以上诸多赛事上全面开花,获奖入展作品百余件(组),其中,李光成凭借其摄影作品《心荷独灵》、《树影婆娑》荣获代表中国摄影届最高个人创作奖"第八届中国摄影金像奖";王肇航作品《脸谱》在丽水第13届国际摄影节上获评委推荐奖;高志平作品《闪光》在《大众摄影》全国擂台上获特等奖;杨遂理、蒋宁宇等六位作者的8件作品在中国摄影家协会主办的"武当山"全国摄影大赛中获奖;赵明山等5位作者在"荆门印象"全国摄影大赛上获奖;杜辉宇等4位作者在《中国摄影报》十堰全国擂台赛上获奖。在省第16届摄影艺术展上,南阳市获奖作品在上届16件基础上再创新高,达到了19件,占全部入选总数十分之一强,位列全省第三位。市书法家协会在"全国第三届'兰亭奖'书法展"、"全国第二届隶书作品展"、"全国楹联书法展"、"全国第二届青年书法展"、"全国'尧山'杯书法展"、"省庆祝建国60周年书法特邀展"、"省第十八届群众书法展"等省级以上展赛中共入选获奖73件。在代表中国书法界最高个人成就奖的全国第三届"兰亭奖"书法展上,南阳市作者史焕全获得三等奖,张青山获提名奖。市美术家协会先后召开了"迎11届国展创作动员会"和"南阳油画创作座谈会",鼓励骨干作者积极参加国家级、省级美术展览和大赛,并取得了优异成绩。在省第11届美展上,南阳市作者入选作品29件，得到了省美协的表彰。其中武安伟的版画作品获省第11届美展金奖并入选全国第11届美展；李虹、姬准的作品获省第11届美展银奖。李晖的中国画作品《水墨组合》22幅连续在全国美术核心期刊《画刊》杂志上发表。市曲艺家协会组织制作《中国曲艺之乡——南阳》电视宣传片，参加全国曲艺之乡展演会，展现优秀曲艺作品，研究提高曲艺作品创作水平提供了宝贵的资料；同时，协助南阳师院筹建了“中原曲艺研究基地”。大型现代曲剧《武文斌》荣获省第十一届戏剧大赛文华演出奖，演员齐红宾获表演一等奖。在首届中国曲剧艺术节上，张明云荣获“当代中国曲剧十大名角”称号，刘修元荣获“当代中国曲剧十大名角提名奖”。史瑞在全国第四届中国戏曲红梅奖河南省选拔赛中获金奖，郝士强、李明生获银奖。音舞家协会组织11名优秀考生参加2009年全国电子琴考级优秀考生展演赛，获得6银5铜的好成绩并荣获组织奖。民间文艺家协会组织南阳玉雕、方城石猴参加第二届中国郑州炎黄文化周·河南民间工艺精品展暨民间艺术展演活动，获优秀组织奖。

【丰富多彩的文艺活动】 市文联充分运用市场机制，采取新思路、新创意、新办法，举办丰富多彩的文艺活动。市作家协会全年举办五期文学论坛，开展“文学与艺术”专题研讨，对“文学与当代艺术”“文学与电影”等一系列话题进行深入探讨；对一批较有创作潜力的中青年作家进行鼓励和扶持，相继举办了贾兆玉、张思峰、魏震罡、水兵等部分作家的作品研讨会。市摄影家协会通过开展一系列活动保证南阳摄影创作的繁荣与发展：一是邀请中国摄影家协会副主席朱宪民来南阳举办学术讲座，南阳百余名摄影爱好者参加。二是主办《大众摄影》全国擂台赛，并邀请著名摄影家林铭述做了精彩的摄影讲座，四百余名摄影家从全国各地来到南阳打擂台、听讲座。三是主办第八届中国摄影金像奖获得者李光成摄影作品展、张兼维手机摄影作品展、杨秀勤花卉摄影作品展等多个艺术展览。四是举办《女性视觉·心灵感悟》——迎“三八”国际劳动妇女节南阳女摄影家作品展。市美术家协会主办“张继山书画汇报展”和“赵河国画作品展”等一系列影响大、效果好的大型活动。市影视家协会召开李敬松《紫仙草》电影文学剧本研讨会；举办电影《建国大业》观摩研讨会等。戏曲家协会与南阳电台长期共同举办“空中大戏台”栏目，弘扬了民族文化，丰富了市民生活。音乐家协会与美术家协会继续承办全国乐器、书画考级，考级人数稳中有升，考生成绩优良，带动了业余艺术教育队伍发展壮大，调动了南阳青少年学习艺术的积极性，为南阳培养了艺术后备力量。

【县市区文联工作】 各县市区文联能够在面向群众、服务基层、加强人才队伍建设上下功夫，积极开展活动，繁荣文艺创作，推出文艺新人。方城县文联创办的《裕州心声》报紧贴县委、政府中心工作，贴近基层、贴近群众、贴近生活，逐渐成长为县里的强势媒体；并编辑了《魅力方城》大型图书，全景式地反映了方城的新姿新貌。内乡县文联通过中国书协的验收，为内乡县拿到了“中国书法之乡”这块金字招牌，对全县经济建设和对外宣传做出了贡献。桐柏县文联筹办“中国·桐柏己丑年祭祀盘古文化”活动，大胆创新活动形式，使这项活动实现了由“官祭”向“民祭”的转变。镇平县文联举办“庆祝第七届玉雕节暨宝玉石博览会书画邀请展”、“学习实践科学发展观活动硬笔书法比赛”两项大型活动等。卧龙区文联举办石桥月季园开园仪式，邀请书协、美协、作协等艺术家进行采风创作活动，为搞好区域性特色旅游进行宣传推介。西峡县文联举办反映社会主义新农村建设的大型摄影展，完成“中国重阳文化之乡”和“中国重阳文化研究中心”的申报材料，上报中国民间文艺家协会。新野县文联积极参与县第三届汉华杯文艺大赛，采取城乡互动的新形式，发现、推出一批文艺新人，使之成为县文艺界的新生力量。方城县文联立足自身优势，以实施书画艺术作品宣传推介工程和编辑出版“魅力方城”图书为载体，集中宣传方城经济社会发展成果；成立了方城县裕州心声文化传媒有限公司，发挥自身优势，努力探索文化产业建设的新思路。社旗县文联组织龙虎山采风创作活动，制作专题片，举办征文大赛和摄影展览，宣传本县旅游资源和矿产资源的优势。邓州市文联全年围绕“新中国成立60周年”、“撤县建市20周年”“新农村建设”、“五一国际劳动节”、“七一建党节”等重大主题开展文学、书画、摄影等艺术门类的大型活动多次。唐河县文联举办庆祝建国60周年及纪念改革开放30周年书画展，通过以展代训的方式，请评委老师就书画作品创作等方面进行了专题培训，全县书画爱好者的创作水平得到了一定的提升。淅川县文联组织县摄影家协会在市委宣传橱窗内展出“秀美淅川”优秀摄影作品；举办移民摄影大奖赛，并出版移民宣传画册《祖与国》。南召县文联利用重大节日举办踩街、灯谜会、书画、摄影展等活动；举办了豫、鄂、陕三省三市硬笔书法联展暨南召县硬笔书法大赛。宛城区文联举办庆祝建国60周年书画展；并与白河办事处、瑞德轩书画社分别联办新春书画白河笔会及宛城区书画现场展评会。

【文艺阵地建设】 全市在文艺人才队伍培养和阵地建设方面有新的发展。南阳市惟一全国刊号的文学杂志《躬耕》期刊不断提高办刊质量，全年运行情况良好，为继续巩固南阳作家的文学创作阵地、锻炼青年文学队伍、推新育人方面提供了一个良好的平台。桐柏县文联创办了《淮源文学》，内乡县创办了《湍河文学》，淅川县开通了淅川摄影网。此外，方城的《裕州心声》、邓州的《穰原》、南召的《杏花山》、《南召诗词》等媒体也都在各自的阵地建设上继续发挥着重要作用。“南阳文学艺术网”和“南阳市摄影家协会网”两个网站，注册会员数、点击率和发帖量都达到很大数量，已经成为南阳文艺爱好者学习交流的阵地。2009年度南阳市国家级会员人数又有新突破，其中书协新增5人，摄协新增4人，美协新增2人，作协新增2人，至2009年，全市国家、省、市三级会员已达到2800余人。特别值得一提的是，武安伟、孙照金两位新会员是南阳历史上首次加入中国美协的画家，是南阳美术界的一次零的突破。市摄影家协会对所属市级会员进行了重新登记，建立了完整的纸质和电子档案，设计印制了与中摄协和省摄协统一的新《会员证》，并配发了可在南阳市所有景区采风创作免门票的《采访证》，为广大会员提供很好的创作条件，大大调动了广大会员的创作积极性。淅川县文联召开县文学艺术专业协会成立大会，继上年组建县摄影家协会后，又成立了县作协、书协、美协、民协、音舞协会等五个文艺家协会，在文艺队伍的发展壮大和文艺人才的培养等方面发挥了重要的作用。(毕怡楠)

新　华　书　店

市新华书店总经理　张广旭

【新华书店工作概况】 2009年全市新华书店在中原出版传媒集团的统一领导下，认真贯彻落实“战危机、保增长、调结构、促转型”的决策部署，大力推进和谐文化建设，精心组织政治理论读物的宣传发行，圆满完成“课前到书，人手一册”的重大政治任务，广泛开展全市性的读书教育活动，不断创新读者俱乐部发展模式，向全市人民供应了大量反映时代气息、积极向上、催人奋进的优秀出版物，为维护社会和谐稳定，促进地方经济社会又好又快发展做出了新的贡献。当年，全市新华书店销售码洋32399万元，实现利税1065万元，固定资产原值达8379万元，发行网点160余处。

在2009年度全省书店系统综合考评中：南阳市店、内乡县店、社旗县店、淅川县店、宛城区店荣获全省新华书店先进店称号；张广旭、卢勇、夏幸福、陈俊国、刘兴超、杨建慧荣获全省新华书店优秀经理称号；范晓(淅川县店)、张蕊(宛城区店)、张简(南召县店)荣获全省新华书店优秀管理者称号；在全省单项工作考评中，卧龙区店、邓州市店、社旗县店、西峡县店荣获教材发行工作先进店称号；南阳市店、方城县店、社旗县店、镇平县店、卧龙区店、内乡县店、宛城区店荣获教辅发行工作先进店称号；南阳市店、宛城区店、卧龙区店、桐柏县店、内乡县店、镇平县店、南召县店、淅川县店荣获豫版图书发行工作先进店称号；卧龙区店荣获一般图书发行工作先进店称号；邓州市店、卧龙区店、宛城区店、唐河县店、淅川县店、南召县店荣获读者俱乐部暨“新农村书屋”建设先进店称号；南阳市店荣获出版物物流配送工作先进店称号；卧龙区店荣获电子音像出版物发行工作先进店称号；内乡县店、南召县店荣获农村网点混业经营先进店称号；卧龙区店、宛城区店、淅川县店、内乡县店、社旗县店、南召县店、西峡县店、邓州市店荣获全省新华书店诚信经营单位称号；姜新丽(南阳市店)、田秋(南阳市店)、梁永星(卧龙区店)、刘晓燕(卧龙区店)荣获三星级营业员称号；刘斌(卧龙区店)荣获优秀推销员称号。

【政治理论读物发行】 一年来，围绕服务党的中心工作，重点推出了纪念新中国成立60周年专题图书营销活动，配合“学习实践科学发展观活动”的开展，精心组织《六个为什么》等理论读物的宣传发行，取得理想效果。

【教材发行】 在春秋两季教材征订中，面对诸多不利因素，全市书店强化宣传，营造好的舆论环境；加强组织协调，创造良好的工作条件；创新工作方式，建立适应新形势的经营机制，使得全市教材经营在保持大局稳定的情况下，副课配套率有了新的提高，课前到书率达到99%以上，全市教材发行总量稳中有升。

【十六届读书活动】 以《英雄中国》为主题的第十六届青少年爱国主义教育读书活动，在各级组委会重视支持下，发行活动用书90万册，全市百万在校师生参与了此次活动。本届活动继续得到驻市大中专院校青年学生的积极响应，河南工院等院校积极支持活动用书的征订发行，认真落实活动方案，精心组织，踊跃参与全市读书活动电视演讲大赛，形成了本届读书活动的鲜明特色。同时继续开展向贫困地区捐赠图书、举办读书征文和知识竞赛等活动，把读书活动不断引向深入，取得良好的社会效果。

【全民阅读活动】 4月20日，市新华书店与南阳移动公司联合开展为期三个月的全球通VIP子女"快乐成长读书月"活动，开创了全市发行业强强联合的先河。11月会同南阳日报社联合开展首届南阳读书月活动。全民阅读活动的广泛开展，为广大读者提供了导向正确、健康有益、丰富多彩的优秀读物，有力推进了和谐文化与和谐社会建设。

【门市经营管理】 以"双星"(星级门市、星级营业员)创建活动为载体，以标准化管理为契机，继续在营业环境、营销策划、员工队伍建设和业务管理上狠下功夫，推动门市工作再上新台阶。一是"双星"培训和评审活动。一年来有计划、有步骤对全市书店销售部门组织专业培训和技能考核，先后对方城、镇平、新野、桐柏、内乡和西峡县店员工进行了巡回培训，对卧龙区店、方城县店营业员进行了星级考评。10月组织现有星级门市(营业员)参加省级复核检查，全部通过验收检查；11月，选拔推荐6名营业员参加省店考评，4名营业员通过了三星级评审。省店有关部门对南阳市"双星"创建活动的成功经验做了总结推广。至2009年底，全市书店有4座中心门市、160名员工相继步入星级行列，"双星"创建活动有力促进了门市经营管理，提升了一般图书和电子音像出版物的销售水平。二是主题营销活动。以纪念建国60周年为契机，围绕爱国主义教育，积极筹备第六届消夏阅读总动员活动，精心组织优秀出版物的展示展销，取得明显成效。

【读者俱乐部建设】 以未成年人思想道德建设、全民阅读活动为载体，围绕联建扩建、功能拓展和会员活动做文章，继续加快读者俱乐部的建设。一是加强典型推广。内乡县店把读者俱乐部提升到未成年人思想道德教育基地建设的战略高度，城乡兼顾，全面推进，会员规模和网点数量迅速扩张，读者俱乐部建设引起了县委、政府的高度重视，形成了独具特色的经营格局，内乡经验在全市书店得到进一步推广。二是精心组织会员活动。社旗、卧龙、宛城、镇平等店在俱乐部快速发展的同时，重视网点巩固和会员活动的开展，积极参与省店统一组织的暑期有奖征文活动，对优秀征文作者及辅导教师进行表彰嘉奖，有效增强了俱乐部的吸引力和凝聚力，为俱乐部快速健康发展打下牢固基础。三是加快网点建设步伐。一年来，卧龙、宛城、桐柏、南召等店又筹建了一批新网点，市店在强化全市读者俱乐部业务管理与指导的同时，克服重重困难，高标准筹建了南阳一中俱乐部。在深入调研的基础上，总结推广卧龙、邓州、社旗等地经验做法。俱乐部的网点数量、会员规模、专版书销售和会费收入较上年大幅度增长，超额完成省市店下达的经营指标。

2009年南阳市新华书店图书销售分类统计表

项　　目	数量(册)	金额(元)
总计	56125058	323991355
哲学、社会科学	1196942	6556962
文化、教育	29312164	151192578
文学、艺术	1515634	11677205
自然科学、技术	1500455	7028782
少儿读物	860385	4774886
大中专教材	13654	212804
课本	20972956	130998058
图片	105296	494668
其他出版物	647572	11055412

2009 年全市新华书店系统主要经济指标统计表

店名 \ 项目	销售		人均购书(元/人)	存货周转次数(次)	利润(万元)	劳动生产率(人均销售:万元/人)	期末职工人数
	册数(册)	金额(元)					
合计	56125058	323991355	29.78	4.00	240.32	18.62	1726
南阳市	13517495	76863391		9.36	93.07	70.16	108
卧龙区	10224202	30032542	33.19	1.48	38.14	19.50	154
宛城区	4343308	30134481	38.14	6.82	38.52	16.83	179
邓州市	4955466	29371893	16.00	6.43	10.05	12.00	267
唐河县	3652450	21628181	16.63	3.91	−122.89	12.65	171
方城县	2038490	18408060	18.41	1.40	22.28	14.05	127
镇平县	2507089	17821768	19.16	5.56	1.10	14.85	120
新野县	2198915	15446983	21.16	3.57	0.02	9.84	154
淅川县	2978475	17021806	24.00	3.14	40.74	27.00	63
内乡县	2526008	20208124	32.06	2.37	58.09	20.40	124
社旗县	2948585	17691524	28.53	5.02	35.81	27.64	64
南召县	1474072	13060506	20.09	4.76	22.76	16.12	81
西峡县	1448486	8136271	18.93	2.50	0.38	15.07	54
桐柏县	1312017	8165825	1.97	3.02	2.25	13.06	60

(王小英)

【物流管理】 在物流管理上,认真落实《储运工作实施细则》,加快发运速度,提高发运质量,保证收货、发货、仓储各环节的协调运转,优质高效地完成全市中小学课本发货任务,全年累计代发 81 个品种 955 万册,确保"课前到书"目标的实现。

【营销宣传】 一年来,从行业发展的实际出发,不断强化出版物营销宣传的组织策划工作,继续与南阳电台、南阳电视台、南阳日报、南阳晚报等地方媒体,《河南图书信息》、《中原书讯》、中国文明网等行业媒体合作,精心策划,组织开展多层次、全方位、系列化的营销宣传活动,收到明显成效;南阳市青少年爱国主义读书教育活动电视演讲比赛的成功经验再次登陆中国文明网,有效提升了新华书店的行业形象。(刘晓宇)

档 案 管 理

市档案局(馆)局(馆)长　武乐善

【档案馆工作】 2009 年,全市 14 个国家综合档案馆馆藏档案 1235168 卷,比上年增加 900 卷;以件为保管单位的档案 90669 件,比上年增加 28423 件;馆藏声像档案 2876 盘,比上年增加 947 盘;馆藏照片档案 61258 张,比上年增加 1630 张;馆藏电子档案 303 件,比上年增加 54 件;馆藏资料 247275 册,比上年增加 7600 册。全市 14 个档案馆现有案卷目录 4988 册,全引目录 12459 册,专题目录 2168 册,重要文件目录 98 册,著录卡片 40004 张。2009 年全市 14 个档案馆的机读目录共 852400 条,比上年增加 7305 条,其中案卷级 93900 条、文件级 758500 条。向社会开放档案 68825 卷,其中建国前档案 1600 卷,开放案卷级和文件级目录 183406 条。新编内部参考资料 14 种 98 万字,公开出版 1 种 140 万字。14 个档案馆全年向社会各界提供档案服务18984人次，调阅档案50900卷次；提供资料服务2259人次，调阅资料7666册次；提供现行文件服务2745人次，调阅文件5990件次；共向利用者提供档案、资料复印件85356页。7个县(区)开通了当地的档案信息网，6个县在政府网站设置了网页。2009年邓州市档案馆晋升为国家二级档案馆。全市14个综合档案馆的整体工作仍居全省同行业之首。

【档案室建设】 全年有58个机关的档案工作通过规范化管理认证，其中29个机关达到省标一级，29个机关达到省标二级。至年底共有150个机关的档案工作通过了规范化管理认证，其中省标特级1个、省标一级82个、省标二级65个、省标三级2个；市检察院、地税局、法院等3个系统被认证为最佳系统，其中检察系统实现了省标一级一片红。

企业档案工作又有一企业晋升为国家二级先进，一家企业被认证为省级先进。国家级、省级先进企业档案室达223个，其中2个企业为国家一级先进、40个企业为国家二级先进、181个企业为省级先进。

南阳供电公司2009年被认定为“河南省档案管理示范单位”，填补了全市无档案管理示范单位的空白。

科技事业单位档案工作又有1个单位通过国家二级复查认证。全市通过国家级、省级规范化管理认证的科技事业单位共有47个，其中国家二级3个、省级44个。

2009年，全市各机关团体、企事业单位按时完成上年度各类文件材料的归档工作；全市364个社区、居委会全部完成建档任务，其中有53个社区建成高标准档案室；全市1350家规模以上民营企业有816家建档，建档率达60.44%；129个市级新农村建设试点村全部完成了建档工作；南阳核电等10个重点建设项目按要求完成了档案管理的登记备案工作；与有关部门一起完善了低保、社保、医保、城镇下岗失业、信用、林权制度改革等档案工作的规范化管理。

【档案科研】 2009年，全市有10个档案科研项目在省局立项，占全省年档案科研立项总数58个的17.24%，位居全省第一；有4个项目荣获省档案局优秀科技成果奖，其中二等奖1项、三等奖3项。2001年至2009年全市档案科研立项共94项，其中国家级4项，省级90项，共有48项获得省局优秀科技成果奖，其中一等奖3项、二等奖12项、三等奖33项。获奖数量与档次均居全省第一。

全市档案学会会员在省以上档案报刊和市以上新闻媒体上发表文章63篇(条)，其中国家级17篇(条)、省级4篇(条)、市级16篇(条)、省局网站26篇(条)；完成省档案局下达的“档案工作如何服务民生”的专题调研工作，上报调研报告14篇，其中2篇荣获省档案调研优秀成果一等奖，一篇荣获三等奖；新发展省级档案学会会员10人。

【档案事业发展综合评估】 2009年12月1～3日，省档案局常务副局长刘延龙带领河南省档案事业发展综合评估小组，在对南阳市档案事业发展状况进行综合评估。全市档案事业的组织领导、条件保障、监督指导、档案保管利用及档案科技创新等五个方面29项内容以总分101的高分顺利通过测评，被认定为“河南省档案事业发展综合评估先进单位”。

【《关于整合民生档案工作的意见》】 2009年6月，中共南阳市委办公室、南阳市人民政府办公室印发《关于整合民生档案工作的意见》。该文件围绕建立健全覆盖全市广大人民群众的档案资源体系和档案利用体系的总方针，就整合民生档案工作的指导思想、组织领导、制度建设和整合民生档案资源的范围与重点、方法与措施提出明确意见。这是全省省辖市中第一个以党委、政府两办名义出台的关于整合民生档案工作的文件。

【《南阳市重大活动档案管理办法》】 2009年10月，中共南阳市委办公室、南阳市人民政府办公室印发《南阳市重大活动档案管理办法(试行)》。该《办法》10条16款，对全市重大活动的内涵与外延，重大活动档案的内容、管理原则、管理机制、管理方法、归档要求、移交接收、责任追究等均作出明确规定。

【《加强政府机构改革中档案管理工作的通知》】 2009年12月，中共南阳市委办公室、南阳市人民政府办公室印发《关于加强政府机构改革中档案管理工作的通知》。该通知对机构改革中撤并、变动、新设单位档案的归属与流向、管理原则、移交接收要求和确保档案安全、责任追究等均作出明确规定。

【邓州市档案馆晋升为国家二级档案馆】 2009年11月18日，国家二级档案馆测评组一行5人按照国家档案局2008年2月21日颁发的《市、县级国家综合档案馆测评办法》和《测评细则》对邓州市档案馆创建国家二级档案馆工作进行测评验收。邓州市档案馆顺利通过测评，被命名为“国家二级档案馆”。这是邓州市档案馆继1995年被命名为“省一级标兵档案馆”后的又一次新突破。邓州市人民政府为此专门下文奖励档案局现金5万元,记集体三等功一次。

【《2008年南阳大事记》出版发行】 由南阳市档案局编辑,河大出版社出版的《2008年南阳大事记》于2009年10月出版发行。《2008年南阳大事记》为大16开精装本,140.3万字;收录大事图片204幅,其内容涵盖全市各行各业发生在2008年的大事、要事、新事。

【《1965——2000年南阳市转录聘干名录》出版发行】 由南阳市档案局编辑的《1965——2000年南阳市转录聘干名录》于2009年10月以内部资料形式发行全市各组织人事和档案管理部门。该《名录》为32开精装本,共2册103万字,收录了包括中共南阳市委、市委组织部、市人事局、南阳市劳动人事局、南阳市人行、建行、农行等7个全宗1965至2000年期间关于转、录、聘用干部信息共计39042条,涉及姓氏444个,其中转干936条,录干19201条,聘干20905条。

【接收周大新文学创作档案】 2009年10月22日,南阳市档案局应著名军旅作家周大新的邀请,委派三人赴京接收其文学创作档案。这是南阳市档案馆自1995年以来第四次接收周大新的文学创作档案。这次接收了7大包2皮箱31捆,是历次接收周大新档案、资料最多的一次。经过2个多月的规范化整理,归档整理周大新的文学创作档案共计1651卷(册件),其中传纪类306卷(件册)、手稿类50卷、出版物(即出版的专著,发表在期刊报纸的各类作品)387册(张)、笔记类10册、改译作品类8卷、作品评介类110册(件)、书信类712封、获奖作品8册;声像视频、字画奖杯等61件,另有各类文学期刊1560册。馆藏现存周大新文学创作档案、资料11710卷(册件),其中档案8370卷(册件)、资料3340册。

【郭家申档案入藏卧龙区档案馆】 2009年3月,南阳藉著名学者郭家申无偿将其参加革命以来形成、积累的2018件档案资料捐赠给南阳市卧龙区档案馆。郭家申先生捐赠的档案资料主要是其几十年来的译作及其部分手稿,诸如高尔基自传体三部曲《童年》、《在人间》、《我的大学》,赫尔岑的《谁之罪》等20多部俄国名著和《赫鲁晓夫回忆录》、《戈尔巴乔夫回忆录》等,郭家申,1935年8月生,南阳市卧龙区七里园达士营村人,毕业于前苏联莫斯科大学语言文学系,退休前为中国社会科学院外文研究所研究员、副所长。郭家申留苏期间,曾受到毛泽东的亲切接见,聆听过毛泽东的谆谆教诲。

【连战向南阳市档案馆捐赠《台湾通史》】 2009年4月13日,南阳市台湾工作办公室在南阳宾馆举行《台湾通史》捐赠仪式,南阳市档案馆和南阳师院、理工学院、市图书馆分别收到了来自祖国宝岛的珍贵礼物——台湾国民党荣誉主席连战先生亲笔签名的《台湾通史》。

《台湾通史》是台湾国民党荣誉主席连战先生的祖父——连横(雅堂)先生呕心沥血十余载于1918年编著的鸿篇巨著,凡三册六卷八十八篇,详尽记述了隋朝大业元年(公元605年)至清光绪21年(1895年)中国人开发台湾、建设台湾、保卫台湾的历史,旨在开启民智,实现国家统一和民族解放,证明台湾自古以来就是中国的领土。革命家、思想家章太炎先生感于连横(雅堂)先生的爱国思想,赞扬他为“英雄有怀抱之士”,并称赞《台湾通史》中的爱国思想是“民族精神之附,为必传之作”,并为之作序,充分肯定了这部著作的历史价值和社会价值。(张怀珍)

地方史志工作

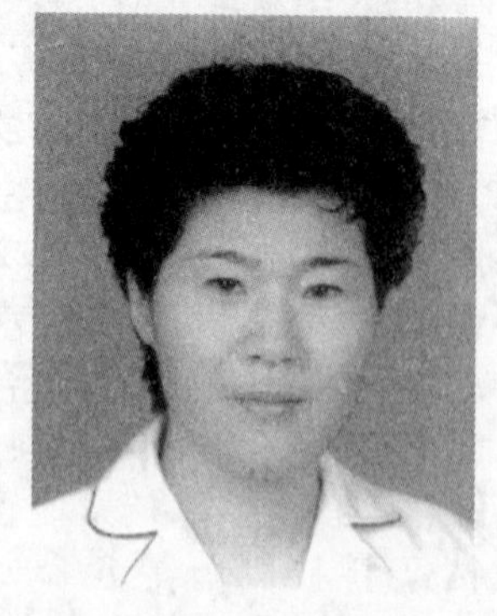
市地方史志办主任　阿颖

党组书记　马秀银

【认真贯彻落实国务院《地方志工作条例》】 为建立健全南阳市地方史志工作管理机制,规范编史修志行为,努力做到全面、准确、客观地记述地情，科学系统地积累保存和开发利用市情信息资源，充分有效地发挥地方史志在经济发展和社会进步中的作用，促进全市史志事业健康有序的发展，依据国务院《地方志工作条例》，南阳市人民政府于 2009 年 6 月印发了《南阳市实施地方志工作条例暂行规定》，《暂行规定》对地方志工作的适用范围、管理机制、编纂时限、编纂业务管理、史志队伍、承编职责、资料征集与管理、审验制度、用志工作和奖励与处罚等作出了具体释解和要求。《暂行规定》的颁布实施，是对国务院《地方志工作条例》的细化和补充，进一步将全市地方史志工作纳入规范化、法制化轨道，在全市第二届志书编修工作的关键阶段及指导今后一个时期的史志工作，必将起到重要作用，具有重要意义。邓州市、镇平县、唐河县等县（市）结合自身实际，以县（市）政府名义细化工作条例实施办法，其它县区政府相继转发了《暂行规定》。《暂行规定》被 2009 年《中国方志通讯》第 40 期转发。

【《南阳市志》编纂工作进展良好】 2009 年，《南阳市志》编纂工作进展较快，141 个承编单位，有 138 个单位完成初稿，占总数的 98%，3 个单位（2 个为新增单位）未完成初稿，占总数的 2%；评审 121 个单位稿件，占总数的 86%，有 111 个单位完成送审稿，占总数的 79%。完成送审稿比较好的单位有市委办、组织部、宣传部、统战部、政法委、纪委、党校、教育局、移动公司、邮政局、粮食局、团市委、妇联、工商联、侨联、社科联、文联、残联、科协、台联、民政局、文明办、档案局、党史研究室、民宗局、人防办、台办、侨办、物价局、人民银行、工商银行、中国银行、农业发展银行、商业银行、电力公司、农科所、检察院、海关、交通局、政协办。特别是检察院，在起步晚的情况下，组建修志班子，迎难而上、扎实工作，两个月的时间拿出了初稿，5 个月又拿出了评审稿。从落后单位，一跃成为先进单位。

【县级志书编纂工作又取得新成果】 2009 年，市地方史志办公室加强了对县级志书编纂工作的指导，精心组织市级评审，确保了县级志书的质量和进度。全市纳入第二届修志规划的 11 部县级志书中，《邓州市志》、《南召县志》、《镇平县志》、《内乡县志》、《宛城区志》已出版发行。《西峡县志》、《社旗县志》、《唐河县志》已批准出版正在印刷中。《桐柏县志》、《方城县志》已通过省评，等报省史志办审批出版。淅川县已修过《淅川简志》，省史志办未向该县下达修志任务，但淅川县史志研究室遵照县主要领导意见，报省史志办批准，改修《淅川县通志》，由于起步较晚，编修任务较重，正处于总纂合成阶段。《卧龙区志》即将完成初稿。

【地方综合年鉴编辑出版质量稳步提高】 《南阳年鉴》已连续出版了 14 卷，2009 年《南阳年鉴》的编辑水平和印刷质量明显提高，通过增加政策性文件和实用信息，及时更新机构及党政军人物信息，扩大经济社会发展各项统计资料的范围和数量，使之更具有完整性、权威性、指导性、实用性和存史价值，为领导科学决策、服务社会诸方面发挥了重要作用。同时，全市已有 9 个县（市、区）开展了地方综合年鉴的编辑出版工作，在全省处于先进行列。

【《南阳月鉴》深受各级领导的好评和青睐】 2009 年，《南阳月鉴》继续保持时效性的特点，无论双休日还是节假日，都能保证每月 10 日前出版，及时发送到参阅者手中。为了提高刊物的可读性和艺术性，刊物增加了农业农村农民、史事今读、窗外一瞥、南阳拾古等新栏目，增加了新闻图片等。同时，在经费十分紧张的情况下，扩大了发行范围，进一步增强了服务功能。大量及时准确的报道，深受各级领导的好评和青睐。同时，桐柏县、唐河县在续修县志任务十分繁重的情况下，克服了种种困难，如期编辑出版了本县的大事月报。

【市情信息库建设步伐加快】 市地方史志办公室先后完成了市级志书、年鉴及地情书和部分县（市、区）志书、年鉴及地情书的输机工作，提高了查阅的快捷性，待时机成熟，即可通过网络实现资源共享。资料室全面向社会开放，全年接待省内外及市内数百人次的查阅，充分发挥了市情信息库的作用，满足了社会各界了解地情信息和地方文化的需求。

（汤永良）

党 史 研 究

市委党史研究室主任　吕德民

【《奶香歌甜》和《渠首金曲》播出】 1月16日市委党史研究室与淅川县、宛城区党史部门和组织部门合作，拍摄出《奶香歌甜》和《渠首金曲》两个电视专题片，先后在省、市电视台多次播出，并由省委党史研究室和河南电视台作为优秀电视片，推荐到中央电视台，播出后反响良好。

【南阳市委党史研究室荣获全国党史先进集体荣誉】 2月4～6日，全国党史研究室主任会议暨全国党史部门先进集体、先进工作者表彰大会在北京召开。会上，南阳党史研究室荣获“2007—2008年度全国党史部门先进集体”荣誉称号，河南省地级党史研究室仅此一家。

【《2008年度中共南阳历史大事年编》出版】 2月11日，《2008年度中共南阳历史大事年编》征稿工作开始，于2009年6月出版发行。该书遵循历史唯物主义观点，坚持以中国特色社会主义理论体系为指导，以市委、市政府的重大决策、重点工作和重要活动为主线，实事求是：广征、慎选、精编，真实记录南阳各级党组织2008年带领全市人民深入贯彻落实科学发展观，推进富强美好和谐新南阳建设进程的成就和经验。

【征集领导干部个人留存党史资料】 4月7日，南阳市委党史研究室印发《关于征集领导干部个人留存党史资料的通知》，并在全市启动此项工作。党史资料征集工作是党史工作的一个重要方面。丰富、准确的党史资料是编写党史和进行党史研究的重要依据，也是正确总结历史经验，对广大党员、干部和群众进行革命传统教育的生动材料。一些领导干部特别是老干部还留存着一些属于个人或由个人保存的党史资料，这些资料从不同角度记录和反映了中国共产党历史的某个方面或某个侧面，具有重要参考价值，长期留存在领导干部手中，可能散失、损坏，甚至造成失泄密事故。根据《中共中央办公厅转发〈中央组织部、中央党史研究室、中央文献研究室、中央档案馆关于征集领导干部个人留存的党史资料的通知〉的通知》精神，南阳市有序有效地开展征集领导干部个人留存的党史资料工作。截至年底，已征集图片资料1200幅，文献资料3000余份，笔记本、回忆录169册(份)，近千万字。

【《中国共产党南阳市历史大事记(1949～2009)》出版发行】 9月27日，市委党史研究室举行《中国共产党南阳市历史大事记(1949～2009)》一书首发仪式。该书由中央文献出版社出版，被列入南阳市庆祝新中国成立60周年10项重点活动之一，由市委书记黄兴维作序，精装印刷，16开本，64万字，收录图片数十幅。系统完整地反映了新中国成立后南阳人民在党的领导下，进行社会主义革命、建设和改革的生动实践、巨大成就和内在规律，是一部集史料性、学术性于一体的大型党史工具书。

【参与全国“双百”、全省“双六十”人物评选活动】 9月，在庆祝新中国成立60周年活动中，南阳市委党史研究室组织全市党史工作者参加全国“双百”、全省“双六十”人物评选活动，推荐南阳党史代表人物彭雪枫、张星江、蔡训明、彭之久、周邦采，成功入选全国100位、全省60位新中国成立60周年做出突出贡献的英雄模范人物。

【庆祝新中国成立60周年活动】 一、组织理论研讨会。根据省委党史研究室的部署，市委党史研究室与市委宣传部联合下发文件，对做好理论研讨会的论文征集、推荐、评选工作进行具体安排部署。全市共征集理论文章111篇。有60篇论文获奖，其中一等奖10篇，二等奖20篇，三等奖30篇。结集出版《天翻地覆慨而慷》一书60万字，12月中旬刊印发行。同时在《南阳日报》、《南阳晚报》、南阳电视台等多家新闻媒体发表纪念文章、新闻报道6篇；在《南阳党史》专辟“庆祝新中国60华诞特稿”栏目，对广大群众进行系统的社会主义、爱国主义教育。其中《为有牺牲多壮志》、《情系祖国光照千秋》等长篇述评纪念文章在社会上引起强烈反响。二、全力配合市直有关部门开展各种形式的纪念活动。按照市委的统一部署，与市直有关单位密切配合，向《南阳日报》、《南阳晚报》、《南阳广播电视报》、南阳电视台等新闻媒体和市文联、市摄影家协会等单位提供各种文字资料200多万字，图片400多幅，提出工作意见、建议80多条，在各种报刊开辟《纪念共和国60华诞——新南阳记忆》、《祝福祖国60华诞——见证南阳》等3个纪念专栏，并协助有关单位联合举办《南阳回眸——影像见证60年》大型图片展，为全市纪念活动的开展作出贡献。三、组织各县(市、区)党史(史志)研究室开展丰富多彩的庆祝活动。13个县(市、区)党史部门共撰写纪念文章67篇，出版图书11种，举办图片展7场次，有9个县举办研讨会或座谈会，并利用电视广播等形式促进工作开展。镇平县史志研究室与县广播电视局合作，在县电视台开办《镇平党史要览》电视专题节目，每周播出两期，此举在庆祝中国共产党成立90周年之前一直作为电视台固定栏目。南召县、方城县、桐柏县党史部门抓住机遇，分别编辑、出版了《中共南召党史资料》、《将帅与方城》、《中共桐柏县历史大事记》等党史著作。

【开展革命遗址普查】 按照全国、全省革命遗址普查工作会议的部署，市委党史研究室从2009年12月起到2010年8月在全市开展革命遗址普查工作。全市革命遗址普查的地域范围是南阳市行政区域，时间范围是新民主主义革命时期(1919－1949)，内容范围是指重要的革命历史文化遗址，包括党的重要机构旧址，重要党史人物的故居、旧居、活动地；重要事件、重大战役战斗遗址，具有重要影响的革命烈士事迹发生地或墓地；能够反映重要历史活动、进程、思想、文化的各种遗迹等。新中国成立以来特别是近年来兴建的各类纪念馆、展览馆等内容涉及新民主主义革命时期的纪念设施也属普查范围。此外，一些已被损坏的不复存在的重大遗址、遗迹也在普查之列，要介绍基本情况，写明损毁原因。

【编印《南阳党史》月刊】 市委党史室编辑、发行的《南阳党史》月刊，主要向市、县领导及时报告全市的大事要事和党史研究成果。2009年在原《南阳党史》的基础上，改进栏目，增辟要事特载、盆地论坛、信息短、红色记忆和专辟"庆祝新中国60华诞特稿"等栏目。各级党史工作者开展专题资政研究，全年共完成专题资政报告26篇，其中13篇在省、市党史月刊发表。(张新玉)

报　　纸

【《南阳日报》新闻宣传工作概况】 2009年，围绕市委、市政府的中心工作和老百姓关注的一系列民生问题，突出搞好报道。全年宣传工作在政治上做到了安全无事故。具体讲凸显了以下10项宣传重点：

一、"两会"的宣传报道。年初，全国和省人大、政协"两会"相继召开，开设"两会"专版专栏，全面报道"两会"盛况和中央及省委的大政方针，尤其是围绕省委省政府提出的把南阳尽快打造成区域性中心城市和全省次中心城市的要求，迅速开辟《奋力打造全省次心中城市特别报道》专栏，连续刊发一组五篇深度报道，引起全市人民的广泛关注。在市"两会"召开期间，在搞好程序性报道的同时，创新报道方式方法，使整个报道充分、准确、全面、有新意。

二、深入学习实践科学发展观活动的报道。一是大造舆论。刊发系列评论，转发省委省政府主要领导的讲话，编发专版等。二是突出重点。突出领导干部的带头作用，请各县市区和职能部门的主要负责人谈如何落实科学发展观，而且连续强势推出。三是典型引路。开设专栏，通过剖析先进典型，起到引领一般的作用。四是反映成果。通过专版展示活动的成果，从多个方面来体现活动所带来的新气象、新变化、新收获。

三、战危机、保增长、促发展的报道。把中央、省、市关于战危机、保增长、促发展的要求和部署，作为新闻宣传的主旋律和最强音，贯穿并领衔全年。围绕这个中心，聚焦这个中心，分阶段、分区域、分重点体现这个中心。比如，先后在要闻版开设《抓机遇促发展保增长决战二季度》、《保增长促发展·产业集聚区典型透视》、《保增长促发展·重点项目典型聚焦》、《保增长促发展·招商引资看项目》、《保增长促发展·招商引资看服务》和《战危机保增长·改革开放典型样本解读》等专栏，刊发了一系列典型和经验，将这一报道步步引向纵深，形成了强大的舆论声势。

四、移民工作的宣传。一是认真学习有关政策，保证不出任何偏差；二是事先精心策划，提前介入；三是组建小分队，深入村户和移民迁建地采访，甚至和移民一道过除夕；四是多形式多体裁全方位报道；五是注重推出一批典型以带动全体。其间，在报纸上开辟《移民新村探营》、《移民列传》、《移民大搬迁》、《认真做好移民安置》等专栏，编发移民特刊，与省内多家省辖市党报联动合作，组织志愿者艺术团赴当地慰问演出等等，为移民搬迁工作营造了浓厚的积极的舆论氛围，得到市委市政府和移民百姓的充分肯定，被评为移民搬迁新闻宣传先进单位。

五、玉雕节、牛业大会、张仲景医药科技文化节的宣传报道。2009年,南阳市先后举办了玉雕节、全国牛业发展大会、第八届张仲景医药科技文化节。对这些节会的报道,会前,典型报道与深度报道并举,为大会的顺利召开营造浓厚的舆论氛围;会中,强势报道会议盛况,并编发专刊、特刊,如“玉文化”特刊、“牛业大会特刊”和“医药节特刊”等,使报道达到高潮;会后,向纵深拓展,跟踪连续报道大会有关议题的具体落实情况。

六、“六创一迎”宣传浓墨重彩。围绕市委、市政府关于“六创一迎”的一系列部署,开设多个专栏,全方位地报道“六创一迎”的新动态、新举措、新成效、新面貌、新经验,尤其是突出报道环境卫生整治、交通秩序整治、背街小巷改造、农运会建设场地拆迁等,形成舆论宣传的强势。

七、庆祝新中国成立60周年的宣传报道。既有对建国60年来取得举世瞩目成就的报道,也有全市各行各业建国60年来取得辉煌成就的报道,还有反映普通百姓日常生活巨大变化的报道,而且力求做到“三贴近”。开设了《纪念共和国华诞·新南阳记忆》专栏,并举办“牵手日报·与你同行”活动,组织市民深入社会各业,亲身体察60年来特别是改革开放的成果;还开展了“红歌会”大型演唱比赛活动。通过深入持久的宣传,使全市人民又一次受到继续解放思想、深化改革开放、推动科学发展、构建和谐社会的深刻教育。

八、大力宣传“4+2”工作法。一是连续反复地、全方位地报道邓州这个典型,运用各种体裁形式在宣传中不断挖掘、升华、丰富这一典型的内涵。二是不遗余力地加以宣传推广。首先报道好它在南阳自身区域内如何嫁接、开花、结果。三是关注上级媒体动态,及时编发转载他们对“4+2”进程的有关报道。四是把握好节奏,一波接一波地向纵深推进。尤其是在中央领导作出批示后,对“4+2”的宣传更是形成强势,达到高潮,形成一大宣传亮点。

九、关注民生的宣传报道。一是要求新闻人员自上而下牢固树立“人本”观念,用以指导采编行为;二是尤其关注重大民生工程方面的报道,如对市政府每年提出要办的十件实事展开连续聚焦;三是加大民生新闻的报道数量,创办《社区新闻》版,拓宽民生新闻的报道视野,并办好服务民生的专版;四是推出一批“草根新闻人物”;五是办好服务民生的热线和网络,利用本报市民呼叫中心平台和南阳新闻网,如通过“书记市长留言板”反映百姓意见诉求,为百姓排忧解难;六是编辑部身体力行,倡导发起组织各种类型的社会公益活动,促进社会慈善事业。如举办的救助百户特困职工家庭活动、救助贫困大学生活动、义诊义演活动、社会志愿者活动等等。

十、本报创刊60周年的宣传独具特色。2009年3月22日,是本报创刊60周年。为了纪念本报这一历史性的大事,推出了冠以“激扬南阳60年”栏题的、持续时间长达一个多月的纪念特刊,从不同侧面、不同主题、不同时期,来反映本报的光荣历史与贡献。与之相匹配的,又策划了由各行各业单位参与的“与时代同行·共贺南阳日报60周年”大型宣传推介活动,取得了社会效益与经济效益双丰收。

【《南阳日报》社获奖情况】 1月,本报被评为全市党史工作先进集体。是月,市第四届文学艺术优秀成果奖揭晓,本报4人获优秀文艺园丁奖。2月,本报被评为08年度未成年人思想道德建设工作先进单位。5月,本报被评为08年度完成责任目标先进单位。是月,河南省第十六届时事新闻奖评出,南阳日报10件作品获奖,其中一等奖2件,二等奖5件,获奖数量和等次居各报前列。6月,全国报纸副刊作品评奖揭晓,南阳日报4件作品获奖。8月,第二十六届河南新闻奖(2008年度)评选揭晓,南阳日报9件作品分获一、二、三等奖。是月,2008年度中国地市新闻奖摄影作品征文评选揭晓,南阳日报6件摄影作品、论文榜上有名。9月,第23届(2008年度)中国地市报新闻奖和第七届(2008年度)中国地市报论文奖评选揭晓,南阳日报84件作品获奖。是月,2008年度“南阳新闻奖”和“十佳新闻工作者”评选揭晓,南阳日报39件作品获奖,杨文彪、廖道善同志获“十佳新闻工作者”称号。10月,2008年度河南省报纸副刊作品评奖揭晓,南阳日报四篇作品获奖。11月,本报被评为库区移民试点工作先进单位。

【《南阳日报》隆重举行创刊60周年纪念大会】 20日,本报创刊60周年纪念大会隆重举行。市领导黄兴维、穆为民、褚庆甫、解朝来等出席,黄兴维发表了热情洋溢的讲话。国家新闻出版总署、中华全国新闻工作者协会及数十家新闻单位发来贺电贺信,南阳市委作出了对南阳日报社表彰的决定,指出报社为南阳经济建设和社会全面发展作出了突出贡献,是全市改革开放过程中艰苦奋斗、开拓创新、锐意进取的一个缩影和典型代表。(赵静)

【《南阳晚报》服务全市中心工作宣传报道概况】 2009年,在对党的十七届四中全会报道中,在一版以《办好中国的事情关键在党》为题做了头条导读，二版以《廉洁、民主激发全党活力》为题整版解读全会公报的主要内容，重点突出。在对中央经济会议报道中，一版头条导读《在发展中转变，在转变中谋发展》，醒目的标题抓住了会议的要旨，二版整版总书记和总理的讲话，三版整版解读《中央经济会议释放五大信号》，鼓舞人心。在围绕市委、市政府中心工作报道上，务求出新出彩。如：对1月6日市委四届十四次全会的报道，在一版制作了抢眼的导读标题《四大工程掀起建设风暴 十件实事惠及千家万户》，在二版以振奋人心的消息《2009南阳充满希望》为题进行了简要解读，做到了重点突出、要点不漏。随后，又围绕“四大工程”、“十件实事”进行了系列报道，形成了浓厚的舆论氛围。8月6日，市委十五次全会召开，在一版头条以《齐心协力克时艰，勇担责任促发展》为题，刊发会议消息，又拿出三个整版，对全市的“六大重点工作”和“十二大任务”进行了解读，形成了宣传强势。同时，有关学习实践科学发展观活动的宣传报道也是有声有色，采写本地活动中涌现的先进事迹、先进人物和先进经验，为活动的开展营造了良好的舆论氛围。

对全国、省、市“两会”的报道使用的信息量都远远大于往年。对全市“两会”报道，大力创新。开辟了“向两会表心声”、“两会热议”、“两会声音”，“两会表情”等特色栏目，增强了互动性和直观性。对全市其它重要会议和重大活动报道，如玉雕节、张仲景医药节、诸葛亮文化周、市三届运动会及首届农运会等重要会议和重大活动，都推出了大型系列报道。

“六创一迎”是南阳市最近几年的一项中心工作，在一版头条发了导读《举全市之力 集全民之智“六创一迎”吹响号角》，二版刊发了会议动态消息，并配发了评论《壮举迎盛会 硕果惠民生》，在三版和四版分别以《举全市之力 誓摘六块金牌》和《17个关键词构出宜居南阳》为题，进行了全面解读，形成了强势宣传。接着，又开辟了“聚力‘六创一迎’共建美好家园”专栏，报道“六创一迎”工作的进展情况，还组织了《“六创一迎”我们的差距还有多大》、《筹备农运会，我们争分夺秒》等一系列重头策划报道，有力地促进了“六创一迎”活动的开展。

做好庆祝建国六十周年宣传报道工作。从6月份开始到9月底，推出了《祝福祖国·见证南阳》大型系列报道，共刊发39个专版，向读者展现了新中国60年南阳波澜壮阔历史画卷。9月30日，在国庆节到来之际，又重磅推出了14个版面的《祝福大中国·见证新南阳》国庆特刊，这是晚报人为新中国60华诞献上的一份厚礼。

南水北调中线移民搬迁宣传，推出大型系列报道“移民·影像”，从7月9日至8月17日，《南阳晚报》刊发了“移民影像”大型系列报道，陆续推出了《记忆》、《亲情》、《故土》、《风物》、《航道》等九个专题报道，让人感到新风扑面。8月17日《见证移民搬迁》报道则是这一系列报道扩展和高潮，动用了8个整版，全方位、多角度报道了“领导关爱”、“依依惜别”、“搬迁花絮”、“盛装迎新”、“为移民办实事”、“移民表心声”等内容，形成了宣传强势。

【组织大型公益活动和主题策划报道概况】 2009年，晚报周周有小活动，月月有大活动，推出一系列有影响的大型公益活动，如：“南阳名家书画义卖，救助老城区贫困户”大型救助活动；“春暖农工，晚报帮你找工作”大型公益活动；“情人节相约，家长相亲会”大型公益活动；5·12汶川地震纪念日前后，与四川《天府早报》联动，组织策划了“捐赠一条裙子，点亮一盏心灯”大型公益活动和系列报道；“妈妈，让我陪你一起过节”大型公益活动。再就是，利用节日和纪念日进行一系列策划报道，如：在学雷锋纪念日策划了《永远的雷锋，永远的精神》特别报道；3·15消费者权益日策划了《揭秘潜规则》系列报道；5月12日，汶川地震一周年纪念日，推出了“祭忆·重生”10个版面的系列专题报道，撼人心灵，感人肺腑。此外，三八节、五一节、端午节、六一节等，都进行了大型策划报道。这一系列公益活动和系列报道，增强了与读者的互动，拉近了与读者的距离，提高了报纸的可读性和影响力。

主题策划版面是改版后推出的一个拳头版面，以重大事件、百姓关注、节假日等平台，精心组织主题策划报道，每月推出十七八个主题策划版面，有许多主题策划版面都在读者中产生了良好的反响。如2月24日，在创建国家园林城市三周年之际，推出了《春风又绿白河岸 满怀豪情迎复检》两个版面的主题策划，为迎复检创造了良好的舆论氛围。9月3日，配合治理醉驾工作，推出了《拘留所里醉驾者肠子都悔青了》主题策划，以崭新的视角报道了醉驾问题，给读者以深刻的印象。

积极发挥晚报密切联系群众的优势，组建了一批服务团队，为广大群众、中小学生，特别是弱势群体提供了帮助。已组建的服务团队有：南阳晚报律师服务团、高考助考团、健康专家团、“晚报宝贝”队、爱心图书联盟。律师服务团每月都举行大型义诊活动；爱心图书联盟为南召、内乡等山乡孩子提供一大批图书。

【国际国内时事新闻报道有新突破】 南阳晚报改版后,时事新闻报道有了新突破,报道力度大大加强,做到了国际国内时事新闻重点不漏,国内外大事报道充分,版面图文并茂,面目一新,可读性强,同时大胆创新编辑思路,重点稿件敢于拿在一、二、三版处理,与全国媒体接轨。如:4月7日新华社授权播发《医疗卫生改革近期重点实施方案》,在一版头条做了导读,又在二版以"异地看病异地报销三年内实现"、三版《新医改向下推进 老百姓喜上眉梢》做了全面解读。5月25日韩国前总统卢武铉跳崖身亡,在一版做了大图片导读,在三、四、五版以统一的报眉进行了三个整版的报道。12月1日卢展工与徐光春同志的握手照片,在二、三版以2个整版刊登了省委干部大会重要内容。

【新闻创新报纸风格有新突破】 继续巩固晚报改革成果,进一步明确南阳晚报的定位,就是"致力于将《南阳晚报》办成一张对本地乃至国内外大事要事快速跟踪、深度解读,掌握第一话语权的主流报,一张为政府分忧、为百姓解难、充满人文关怀的民生报,一张生机勃发、具有地方特色、个性特点鲜明的市民报";把"服务中心、服务读者、服务生活"作为办报和新闻报道的宗旨,把办"最贴近的报纸、最有用的报纸、百姓最喜欢的报纸"作为追求的目标。

改版后的南阳晚报,新设了"重磅新闻"、"主题策划"速读南阳"、"第一现场"、"与您互动"、"民生在线"等贴近性和可读性很强的版面,并实现了套彩印刷。报纸具有"独、亮、活、深、快、动"六大特色,版面语言发挥得酣畅淋漓,南阳晚报报纸实现了"华丽转身、勇敢跨越",深得百姓喜爱。

把新闻创新贯穿到实际工作中,有新思路就试,有新点子就上,不断丰富和完善版面风格。4月份,将"休闲周末"更名为"休闲周刊",并报经省新闻出版主管部门批准,4月22日正式更名。改版后的休闲周刊,出版时间由周六改为周三,与当天的正报同步发行;改版后的周刊,服务性、可读性更强,吸引了大量的读者,也吸引大量的广告客户。

【南阳晚报获奖情况】 6月,2008年度"赵超构新闻奖"揭晓,陈菲菲、李金玺采写,王平、姜旭编辑的《一位老农的奥运情怀》荣获二等奖。侯杰采写,王平、王好学编辑的《绚烂生命怒放在残垣断壁间》荣获二等奖。王勇、王琳采写,张效景、马新峰编辑的《万人空巷迎孩子》荣获三等奖。8月,2008年度"南阳新闻奖"、"十佳新闻工作者"评选揭晓。本报6件作品荣获一等奖,7件作品荣获二等奖,9件作品荣获三等奖,另有16篇论文分获一、二、三等奖,史春雷荣获南阳市"十佳新闻工作者"荣誉称号。9月,第23届中国地市报新闻奖评选揭晓。南阳晚报共有27件作品获奖,其中一等奖2个、二等奖10个、三等奖10个、优秀版面奖1个、优秀标题奖4个。(周建生)

【《南阳广播电视报》宣传报道概况】 2009年度,《南阳广播电视报》进一步深入贯彻"贴近实际、贴近生活、贴近群众"的原则,把服务社会、服务生活、关注民生作为新闻报道的重要一环来抓,紧紧围绕构建社会主义和谐社会、贯彻落实科学发展观这一主题,策划了一系列在社会上产生较好影响的报道,从加油、鼓劲方面有力地配合了政府的工作。

一、密切关注重大新闻,进行全方位深入报道,尽最大能力满足读者的新闻需求。开展南阳旅游宣传月活动,同南阳市纪检委监察局联合创办廉政专刊。专刊内容真实、生动,贴近南阳,读者关注,可读性强。成功组织报社20周年系列庆祝活动。举办的报庆20周年座谈会,社会各界反响强烈。市委书记黄兴维、市长穆为民亲自发来贺信,提升了广电报的社会影响力。开展的南阳市首届幼儿儿童用品展等8项活动,有力地展示了广电报队伍的新形象;开展的建国60周年活动和专刊更具特色;开展的发行工作系列活动和广告创意活动,都提高了报社的社会影响力。

二、继续解放思想,深入贯彻落实科学发展观,实现广播电视新跨越的报道有声有色。在上年年底改版的基础上,再次进行调研,确立了改版方案,加大改版力度并付诸实施。实现了"四个转变":在报纸风格上转变,读者结构上转变,从主要由服务老年人、妇女到主流人群转变,在内容上向经济、时政、服务中间能力的大群转变。形成三个大的板块:经济生活版块、文化娱乐版块、新闻版块。改版后的广电报风格鲜明,内容突出,时尚、实用、贴近性强,为广大读者提供了一份权威的综合性的周刊。

三、挖掘南阳精神闪光点,鼓舞人们为南阳的经济发展奉献力量。"艺界"、"人物"、"理财"是广受喜爱的栏目,它所推出的一些南阳人艰苦创业的故事很是启迪人的智慧,2009年度,近30篇富有启发性的创业经历,引来了数以千计的咨询电话,起到了很好的宣传效果。

四、不断开辟新栏目,满足读者不同层次的需求。探索新的报道形式是每一个新闻单位的不断追求。本报为配合"六创一迎"、"四个带动"的宣传报道,推出了"四个带动南阳行"专栏,从提高市民素质、、引导新型生活方式入手，让读者从变化中感受到改革开放给我们生活带来的新变化。对生活中一些不合时宜的音符进行敲击，促使人们从我做起，从小事做起，呵护南阳的文明，这些报道都获得读者的赞许。

五、实施改版，确定都市报定位。报社全体采编人员充分论证酝酿，决定对广电报重新定位，全面改版，最终定位为"都市周刊"，社会各界对耳目一新的《都市周刊》交口称赞。（马庆文）

广　播　电　视

广播电视宣传

【重大活动宣传】 南阳市广电系统围绕市委、市政府的中心工作和重要部署，上下联动，积极营造科学发展、加快南阳崛起的良好氛围。重点围绕市"两会"、玉雕节、深入学习实践科学发展观、"五四"运动90周年、"六创一迎"、移民迁安、建国60周年、"四议两公开"、以及全市"四大工程"、"四个重点"等工作积极主动开展宣传。南阳电台注重策划，充分发挥各个频道、栏目的优势开展主题宣传活动，同时还通过组织一些社会活动把宣传工作引向深入，提高了宣传效果。南阳电视台除在《南阳新闻联播》节目中开辟专栏，进行重点宣传之外，《宛都播报》、《聚焦行风》、《直播南阳》、《法治时间》等栏目也都从不同的视角、采取不同的形式对重点工作进行大力宣传。广播电视报和各县市区广播电台、电视台也都各自围绕中心工作，努力搞好宣传服务。系统上下各个媒体，在弘扬社会正气、通达社情民意、引导社会热点、疏导公众情绪、搞好舆论监督和保障人民权利等方面发挥了重要作用，为全市的社会进步、经济发展营造了良好的舆论氛围。

【对上报道成绩显著】 2009年，南阳电台在省台发稿596条，其中头题38条，在中央电台发稿26条，其中头题2条，发稿数名列全省第一，总分名列全省第二。南阳电视台在省台发稿762条，其中头题30条，在中央台发稿33条，其中《新闻联播》8条，在全省各地市级台排第二名。各县市区对上报道成绩较好的有广播：镇平、内乡、卧龙、淅川、邓州，电视：西峡、邓州、桐柏、淅川、新野。尤其是邓州电视台，以在全国推广"4＋2工作法"为契机，大力组织有关稿件在中央台、省台播发，《群众事、群众定》专题在中央电视台《焦点访谈》栏目播发，全年发稿中央台12条、省台40条。

【实施精品工程】 南阳电台按照频率专业化、节目对象化、听众目标化、主播专家化的要求对四个频道进行调整改版，取得了明显成效，在全省广播节目各项评比中共获省级特等奖1件，一等奖2件，二等奖4件，三等奖8件。南阳电视台对四个频道重新定位，对《宛都播报》、《乡村纪行》、《新生活》进行整合改版，增设了《法治时间》、《发现》、《财智人生》等栏目，使自办栏目达到12个。在节目创优评比中，《约会南阳》获全国城市形象片评比二等奖，《村官马景龙》获省级好新闻二等奖，公益广告《渠首篇》、《县衙对联》、《思想篇》分获河南省电视文艺牡丹奖一、二、三等奖，《新梨园》获中国第六届电视戏曲文艺兰花奖栏目铜奖和晚会铜奖，《宛都播报》新闻灯光获全国灯光奖金奖。《南阳广播电视报》从2009年开始正式改版为《南阳广播电视报·都市周刊》，从内容到形式都进行了较大改革，突出了报纸的生活性、服务性和都市特色。各县（市、区）广播电视节目也都在大胆探索、不断创新中实现了新突破。宛城电台与南昌好朋友传媒合作，对打造类型化音乐电台做了有益的尝试，其《百姓热线》、《缘分天空》等栏目已具有了一定的社会影响力。卧龙电台的《民生热线》栏目，走出直播室，就百姓关心关注的热点话题与群众进行交流和沟通，取得了较好的社会效果。电视节目如西峡的《西峡旅游》、社旗的《诚信社旗》、内乡的《产业访谈》、南召的《百姓视点》、桐柏的《淮源时空》等栏目，个性鲜明，特点突出，体现了"三贴近"。通过实施精品工程，全市的广播电视节目质量有明显提高，节目的亲和力、吸引力和感染力得到增强。

广电事业产业建设

【广播电视"村村通"工程建设】 内乡、淅川、西峡、南召、桐柏、方城6县投资800多万元，高标准完成566个20户以上自然村通广播电视工程目标任务，还完成了计划外的45个直播卫星覆盖村村通广播电视工程，获全省先进单位。投资900万元，新建农村广播电视网络光缆杆路300公里，10个乡镇、37个行政村实现光缆联网。全市新发展有线电视用户45000多户，超额完成全年发展3万户的目标任务。在这项工作中，邓州市采取行政推动、群众参与、社会投入、市场运作的方法，鼓励社会资金投入农村有线电视网络建设，推动农村有线电视大发展，新发展农村有线电视行政村230多个，96％以上的行政村通了有线电视，基本上实现了有线电视“村村通”。新野县投资200余万元,新开通10个行政村的有线电视,并在六十周年国庆期间,开展“庆国庆、谋发展优质服务月”活动,让利10多万元,新增城乡有线电视用户2700多户。方城县通过招商引资,先后引进郑州邦任公司和山西华望电子公司投资建设农村有线电视网络,已完成赵河、广阳两镇的网络建设任务,安装有线电视用户2000多户。

【有线电视数字化平移步伐加快】 各县市区均开展了有线电视数字化工作,大部分县市完成有线电视数字化整体平移工作,继续保持在全省的领先地位。邓州市投入800余万元,整体平移25000多户;淅川县投入900余万元,整体平移26000多户;西峡县投入1400多万元,整体平移27000多户;社旗县投资100多万元,对8个乡镇进行数字化平移,实现了全县有线电视数字化;南召措施得力,全年新发展数字有线电视用户1500多户。

【广播电视基础设施建设和技术水平再上新台阶】 桐柏、新野、镇平积极筹划广电大厦工程项目。唐河县投资2000万元的广电大厦开工奠基,西峡县计划投资3000万元的广电新闻中心大楼项目有了实质性进展。南阳电台的总控设备安装调试完毕并投入使用,中波发射机扩功改造顺利完成,市区新增160多台公交车定频广播。南阳电视台投资60万元,建成电视节目数字存储平台,投资170余万元,更新了部分摄、录、编、播设备,并对部分信号传输设备和电视发射天线进行了更新维护。其他各县市区电台、电视台也都按照采编播设备数字化、网络化、现代化的要求,不同程度地更新了设备,提高了技术水平。各县市区还多方筹措资金,增加、改造山区差转台,扩大无线覆盖范围,桐柏县差转台搬迁改造全部完成,广播电视无线覆盖率达到98%以上。

【电影工作呈现新气象】 5月份圆满完成了市级电影公司行政职能划转调整工作,并指导、督促各县市区按时按要求完成电影公司职能划转工作。在完成市政府“十大实事”之一的农村公益电影放映工程中,举办多期数字电影放映员培训班,建立数字电影地面接收站,安装GPR全球卫星定位系统和信息回传系统,为顺利完成公益电影放映任务提供了有力保障。2009年,全市共完成农村电影公益放映54552场,超额完成全年5万场的目标任务。市电影公司多方筹措资金100多万元,对多个放映厅进行升级改造,实现了胶片电影向数字电影的转换。全年共投放电影56部,比上年增加9部,收入也有较大幅度的提升。

【广电影视产业发展力度加大】 市广电局在做好直属各单位的广告、旅游、数据增值业务的同时,利用2012年在南阳市举办第七届全国农民运动会的机遇,积极进行招商引资,建设农运会新闻中心和广电有线电视网络双向化改造等工程,满足举办农运会广播电视宣传、节目制作、信号传输、覆盖的需要。开展手机电视、数字电影、地面数字电视等业务,积极开发广播电视高新技术产业。规划“十二五”期间,投入5000余万元,在全市建14个手机电视单频网站、15个地面数字电视发射台、15个大中型数字电影院线,形成广播电视高新技术覆盖网络。南阳广电传媒公司与中视影像影视文化传媒有限公司等单位合作生产的大型电视剧《清明上河》摄制完成。

广播影视行业管理

【卫星广播电视地面接收设施整治力度加大】 2009年,市广电局多次联合工商、公安等部门开展集中行动,对卫星地面接收设施的销售、安装、使用进行专项整治。共查处运输销售卫星广播电视地面接收设施近800起,没收非法销售卫星地面接收设备8000余套,检查居民小区、宾馆饭店700多家,查处没收非法安装、使用卫星地面接收设备800多套。各县市区依法对辖区内的单位和个人非法安装使用卫星地面接收设施、私设小前端行为进行有力查处,取得了明显成效。尤其是镇平县广电局与县防范办、公安、工商、法院、司法等多个部门联合执法200多次,立案120余起,累计收缴卫星地面接收设施3200多套。通过持续有力的整治,非法卫星广播电视地面接收设施泛滥的势头得到有效遏制。

【广播电视传媒机构管理】 9月份和10月份开展广播电视播出和转播秩序专项整治活动。查处电视转播台违规增设频道的问题,取消了一些个人开办的“农家电视”和4个非法开办的电视台。

【广播、电影、电视、网络节目播放管理加强】 制定实施宣传管理三级责任制和节目审查、监测制度,强化播出审查和监听监看,确保导向正确。市局先后于2月份和8月份开展了两次广播电视广告播放秩序专项治理活动,处理8起违规播放广告的问题。另外,还查处4家违规传播视听节目的网站,确保了国家文化安全、信息安全。

【安全播出得到保障】 坚持安全播出工作重点防范和安全运行两手抓，进一步完善安全运行保障体系，提高安全播出保障能力，监督全系统各单位全面落实安全播出责任制，严格执行五项制度，做到人防、技防双重保障，杜绝了错播、误播、停播等技术事故和非法插播行为的发生，有效防范了自然灾害对广播电视节目信号传输、发射的影响，确保庆祝新中国成立60周年等重大活动、重要节日以及敏感时期的安全播出。安全播出工作获得全省先进单位。(张金创)

南阳电视台

【南阳电视台主题报道谱华章】 《南阳新闻联播》对全市“四大重点”工作（保增长、调结构、促转型、抓和谐）和“两节一会”、“六创一迎”以及庆祝新中国成立60周年、农运会、“四议两公开”等重大活动的宣传报道，较好地完成了市委、市政府阶段性中心工作报道任务。特别是在南水北调中线工程试点移民报道中，跟随移民从淅川老家辗转许昌、平顶山、漯河等地，快速及时地发回报道。整个报道策划周密，组织得力。

《宛都播报》3月份改版以后，本着“传播爱心，担当责任”的理念，以民生情怀服务百姓生活，以新闻现场传递最新动态，以媒体眼光观察社会热点，以社会声音表达群众话语权。尤其是《李曼帮忙》等子栏目，贴心服务，切实做到了政府和群众之间的桥梁纽带作用。已报道并带动社会向急需帮助的家庭募捐资金和物资累计40余万元，帮助解决疑难问题、政策法规解读、邻里纠纷调解、帮难助困等100余件。资助十多位家境贫寒、高考成绩优秀的考生顺利跨入大学校门，先后收到群众送来的旌表、锦旗30多面，称赞的信件、短信8000余件(条)。

《直播南阳》紧跟时代步伐，适时推出重大主题访谈节目。在汶川地震一周年之际，策划了“铭记历史防震结合”的回顾节目，结合汶川地震的动人事迹，讲解地震防御和紧急避险等知识。“六一”前策划了《与爱同行》节目，把10位家贫志坚的少年请到现场，并将孩子们顽强拼搏、努力向上的精神品质以故事短片的形式一一回放。7月份播出的《丝绸之路源头探秘》《京城大家宛城探丝源》两期节目，并制作了相关短片，对南阳作为丝绸之路源头的历史进行了全面系统深层的探讨和解读，同时对开发保护利用丝绸之路源头，发展南阳文化旅游产业提出了很好的意见和建议。进一步宣传提升了南阳的知名度和影响力。精心组织纪念建国60周年系列访谈《红歌伴我60年》、《影像南阳60年》。另外，播出的《谁乱了交通》、《合力创建美好家园》等节目，都广受社会好评。

《聚焦行风》及时跟进全市纠风重点，全年共编发监督热线600余条，深度追踪报道20多期，涉及公路“三乱”、教育乱收费、医药销售和损害群众利益的不正之风等；监督反馈率达95%以上，涉及行业和单位以文件处理的责任人达130余人。

《新梨园》根据民生服务要求，及时向民生靠拢，按照娱乐民生、贴近民情、加大本土戏曲文化宣传力度，及时推出《戏里戏外》小版块，让栏目走出演播厅，走进南阳戏迷街头，展现戏迷的风采，受到戏迷朋友的一致好评。

成功承办了《南阳市庆祝新中国成立60周年文艺晚会》，与中央电视台再次合作，成功直播全国男子排球联赛南阳赛区比赛；成功直播玉雕节暨宝玉石博览会、第八届张仲景科技文化节、市第三届运动会暨首届农运会开幕式、闭幕式等活动。

【改版民生栏目】 改版两档民生栏目：《乡村纪行》和《新生活》。《乡村纪行》自9月份改版以来，在坚持“节目一定要办在乡里”、“看乡里人、说乡里事、展乡里情”原有定位、原有风格的基础上，突出民生和农村经济。节目开播以来共播发反映农村热点问题26篇，探讨农村经济问题10篇，为农民朋友帮忙解决问题20余件，为农村朋友解决生产中技术问题20多项，较好地服务了“三农”工作。

改版后的《新生活》既是一本生活实用手册，又是南阳人日常生活的全记录。栏目自8月18日开播以来，收视率节节攀升，深受观众喜爱。难能可贵的是，该栏目利用优势，积极筹办与栏目定位相吻合的各类社会活动。

【开播科教、经济栏目】 科教法制频道于9月20日开播了《法治时间》、10月9日开播了《发现》。栏目宗旨：“传递法制信息，提供法律服务，弘扬法治精神，推进法治进程”，从百姓的视角关注生活中的法制事件，“说法制新闻，讲法制故事”。开播以来，先后播出了一批具有代表性和普法教育意义的典型案例。11月初，为配合“六创一迎”交通整治百日会战活动，《法治时间》创作出了交通整治宣传片《文明，从学会走路开始》。随后，又制作交通整治宣传教育警示片在全市各机关单位播发。《发现》力争在科教题材和深度报道的结合上作一些探索，集科学性、文化性、趣味性和深度为一体，使观众在欣赏节目之余受到科学知识的教育和熏陶，共播出约60期。开播的经济栏目《财智人生》力邀南阳财经风云人物和家喻户晓的企业明星，畅谈创业的艰辛。以演播室主持人对嘉宾的访谈为主，同时穿插前期采访，有关嘉宾工作、生活场景、企业场景等方面的短片以及对嘉宾家人、朋友及创业伙伴的访问，以期对观众创业有所启迪。

【外宣工作出亮点】 拍摄制作的总结南阳廉政文化建设先进经验的汇报专题《"廉"风促开和谐花》受到中纪委领导表扬。解析邓州市"四议两公开"的经验专题，构思精巧，深入浅出，得到上级领导的赞誉，这为"4＋2"工作法被中纪委和中组部树为典型在全国推广锦上添花。反映淅川县原纪委副书记任学朝先进事迹的人物专题《用生命书写忠诚》采访深入，真实感人，受到省、市纪委领导的高度评价。此外，制作的一系列专题片：为申办第七届农运会的《我们准备着》，记录南阳市"六创一迎"的《誓让名城焕新颜》，见证南阳60年城市变迁的《一座特色城市的崛起》，展示南阳中医药科技创新和工作创新的《科技的曙光》、《创新的力量》等专题，在宣传南阳过程中，收到了良好的社会效果。同时，专题片《约会南阳》获全国城市形象片评比二等奖。纪录片《村官马景龙》获省政府改革开放30周年好新闻二等奖；公益广告《渠首篇》、《县衙对联》、《思想篇》分获河南省电视文艺牡丹奖一、二、三等奖。《新梨园》获第六届"兰花杯"中国电视戏曲文艺电视戏曲栏目和戏曲晚会两项铜奖。《草庐故事》获全国栏目剧三等奖。在全国广播电视灯光评比活动中，《宛都播报》新闻灯光获全国灯光奖金奖。

【全力推出具有地域特色的四个专业频道】 南阳电视台将以前的四个频道改为现在的新闻综合、经济生活、科教法制和精选图文频道。新闻综合频道(一套)以《南阳新闻联播》、《宛都播报》等新闻栏目为主，以《聚焦行风》、《新梨园》等为辅，围绕市委、市政府中心工作，正确引导舆论，适时开展监督。

经济生活频道(二套)开设有：《乡村纪行》、《新生活》、《财智人生》等栏目。以民生的理念，时时关注百姓经济生活中有关宏观和个体的经济需求。

科教法制频道(三套)以《法制时间》、《发现》等栏目传播科教思想，打造法制理念。

精选图文频道(四套)以经典影视剧为主干，大容量、密集型的播出方式，向观众奉献中外精彩纷呈的影视剧。(魏亚争　李学芳)

南阳人民广播电台

南阳电台台长　陈建明

【南阳电台"新闻立台"重时效】 2009年，强化"新闻立台"，做好新闻宣传服务，使节目回归新闻本位。为此5月1日对全台四套节目进行全新改版。改版后，新闻、信息类节目成为真正的主体。新闻台以"听南阳声音，知天下资讯"为宗旨，突出新闻的权威性和时效性。从早上6：30至晚上21：00时间中有8档整点新闻穿插在《南阳新闻联播》、《早报南阳》、《新华快讯》、《新闻聊天室》等多档重头新闻节目中轮盘式播出，同时转播中央电台、中央电视台部分新闻节目，突出了新闻随时听的频率特点。在内容上增加了民生新闻、社会新闻、批评报道的数量。交通音乐台从早7：00至晚22：00有16档整点新闻路况信息滚动播出。综合台的自办节目也适当增加了新闻信息的含量。文艺生活台《千色资讯》新闻类节目的信息量和时效性都有了明显提高。

改版后，服务中心工作的效果更加明显。全年围绕市"两会"、抗旱浇麦、学习实践科学发展观、节会、三夏生产、六创一迎、建国60周年、战危机保增长、移民搬迁、招商引资、十件实事等不同时期中心工作在《南阳新闻联播》和其它频率中分别开辟专栏进行集中报道，派出记者深入到田间地头、会议现场、劳动工地，以连线、重点采访、深度报道等形式即时报道，深受广大听众欢迎。

【新闻深度报道和前瞻性报道加强】 坚持"天有主题，周有重点，月有策划"的宣传服务指导思想。一是围绕中心工作策划栏目。在四个频率特别是《南阳新闻联播》中分别开辟了《两会心声》、《学习实践科学发展观》、《多策并举促就业》、《迎玉雕节》、《聚焦三夏》、《六创一迎在行动》、《移民安迁》、《建国60周年》、《决战决胜四季度，全力以赴保增长》等专栏进行集中宣传。特别是移民搬迁宣传中的两次移动直播，节目中大量运用背景资料配合记者连线、录音采访、动态消息等，对移民搬迁工作进行全方位播报，受到省市领导好评和搬迁移民的称赞。在服务"六创一迎"宣传中，每周邀请路长单位领导及相关嘉宾走进《交通大家谈》和《新闻聊天室》节目进行访谈，开办了《交警巡礼》栏目，全面报道"六创一迎"的进展情况、成绩及存在问题，收到了很好社会效果。二是围绕中心工作策划重头系列报道。先后策划组织了“扩内需保增长”、“多措并举促就业”、“劳动者风采”、“4+2工作法”、县域经济运行，“辉煌的六十年”、“移民安迁”;《十件实事》等系列报道，报道全面而富有深度。三是规范频率定位，实现全台节目一盘棋。各系列台基本改变了以某一个主持人单打独斗办节目的格局，强调发挥集体智慧、强调主任副主任、主管台长、台长统筹和主持人报选题报预案制度，突出了节目总体策划，增加了统的功能，实现了全台节目一盘棋。四个系列台的新闻类节目、谈话类节目、娱乐类节目等贴近性上有了较大变化。如综合台自办节目《金色田园》、《空中大戏台》、《独山夜话》、《585 服务热线》等栏目，不但内容充实了，而且节目的贴近性明显增强，主题更加集中。文艺(生活)台的《春来茶馆》、《千色资讯》、《曲苑大观》、《好戏连台》等节目贴近性上有明显增强；新上节目《曲苑大观》定位准、下功夫、节目势头看好；交通音乐台更加注重了服务的人性化。《一路畅通》在疏导交通的同时增加了更多的服务类信息；《七天七事记》把晚间营造成为文学欣赏与情感传递的时段；在双休日又推出大时段、大板块音乐欣赏节目《就听好歌不说话》听众反映良好。新闻台《风情南阳》、《新闻聊天室》主题更加集中鲜明，《华山帮帮帮》、《整点直播》等节目内容更加充实贴近。特别是《行风热线》确定每月 10 日为市领导上线日；与广播电视报联动开办《行风热线》“六创一迎”系列性专题节目；与纠风办联合举办行风评议现场投诉广场活动，受到群众广泛好评。

交通音乐台除每个整点、半点随时插播城区道路路况信息外，特别对城区集中整修的道路，以及高考期间、日全食当天、入冬连降大雪期间的市内道路、高速公路、机场航班等交通状况进行现场直击，全方位服务了市民出行。

【依托节目策划组织系列社会活动】 组织 3·15 消费者权益日纪念会暨《行风热线》广场维权活动。组织文艺节目下乡和大型戏曲节目《空中大戏台》走进居民社区、市区游园以及走进军营和其他演出活动。组织“建行杯”南阳电台听友联谊会。组织“爱我中华”南阳市小学生普通话演讲大赛。策划“2009 温情六月·爱心送考”社会公益活动。组织 5·12 防震减灾日大型公益宣传和广场文艺活动。组织市第二届汽车文化节活动。组织《行风热线》户外特别节目。协办“浪漫金秋·留爱兴发”集体婚礼、九九重阳喊山节活动以及赴洛阳、华山、金丝峡自驾游活动。移动直播还延伸到了襄樊市。全年共进行户外现场直播 138 场。

【多种形式实现优质播出村村通】

电台信号的覆盖工作，是市委市政府“村村通”工程中的重要内容。一是新购置设备提高前端信号质量；二是完成总控设备的安装调试并正式投入使用；三是完成中波 846 发射机扩功改造；四是实现镇平、社旗联合办台和南召信号落地；五是与理工学院联合开发无纸化办公系统并投入使用；六是强化技术维护检修与日常保养。南阳电台信号在各县市区的覆盖盲点正在逐步减少。同时，建立健全了台内部人员监听、网站监控、播控中心监控和社会监听员监听情况月汇报制度，重要时期领导带班、中层骨干靠前值班，2009 年实现了全台节目安全优质播出。(王慧)

有线电视网络公司

【有线电视网络分公司经营概况】

2009 年，南阳分公司努力克服市场竞争、非法卫星接收设施销售猖獗、用户安装非法卫星接收设施多等重重困难，紧紧围绕“以优质服务为保证，稳定基本业务；以完善网络为条件，发展增值业务”的工作思路，积极应对市场形势。市场运营工作按照“以有线电视基本业务为基础，以增值业务和频道落入网业务为补充，以广告创收为突破口”的思路，全面推进，千方百计完成集团公司下达的创收目标任务。一是及时了解本地新建小区、楼盘信息，积极同新建小区、集团用户联系洽谈业务，及时上报项目规划报告，为有线电视用户的增长创造条件。全年共完成上报新建小区有线电视接入工程项目 72 个，覆盖用户 9925 户，促进有线电视新增用户不断发展；二是提高数据专网业务服务质量，保证专网、互联网等增值业务收入的持续稳定增长。运营部加强对政府网、电子警察等专网用户的沟通联系，并举办专网大客户联谊会，了解用户的需求，提高数据专网业务服务质量。共完成上报专网建设项目 12 个，新增专网网点 12 个，增加专网收入 5 万余元；三是开展有线电视促销活动，提高有线电视用户的交费积极性，增加有线电视经营收入。运营部开展一系列市场营销活动，如“缴 240 元收视费送 13 套省台付费频道”和“缴 300 元收视费，送 42 套中数+鼎视付费频道”等，取得了良好效果。截止 12 月底参与促销活动的用户为缴 240 元用户为 10700 户，缴 300 元用户为 1000 户，增加收视费 286 万元；四是对自办频道进行定位细分，提高频道节目质量，增加对观众的吸引力，吸引广告客户,全力实现频道经营创收的最大化。

【网络建设促进安全运营】 在网络建设工作中,始终把工程项目设计、大概预算编制的科学性、合理性放在首位,严把工程质量关,使所有的工程项目均为合格工程。南阳13个县市区网络基本构成环路,唯独淅川、西峡仍处于单独链路上,不具备自愈功能,存在严重安全隐患。通过多次向省集团公司申请,已批准建设,项目进展顺利。该项目位于邓州至淅川公路两侧,需要建设广电杆路115公里,架设光缆116公里,中途建设光中继站一个,使处于网络路由单链上的淅川、西峡两县形成自愈环路,能够安全承载南阳市党务网、政府网等数据专网和市到县数字电视系统。共进行54个项目的建设,另外还有十几个建设项目正在报批中,这些项目涵盖了管道建设、市到县光缆骨干网建设、接入网建设等。管道建设为有线电视网络提供了近10公里的路由,市到县光缆骨干网的建设为南阳分公司和南阳的各县业务合作提供了可靠的网络保障。

【卫星电视传播秩序明显好转】 上半年因无专项费用,停止执法,用户安装、缴费就急剧减少,造成有线电视用户流失达30%以上,经营收入不断减少。南阳分公司高度重视此项工作,以运营部为主导,专门成立稽查队伍进行专项整治活动。以整治源头为重点,打击非法销售和仓储物流,并对非法安装使用的宾馆、酒店等服务业以及小区住户进行治理,取得明显成效。据统计,南阳分公司共开展了48次大规模的集中打击治理行动,累计查处非法销售点114处共227家,收缴天线2288套、接收机1392台、支架1079套、高频头2033个、连接线660条。卫星电视传播秩序明显好转,卫星电视广播地面接收设施管理工作明显加强,基本上遏制住了卫星锅泛滥的趋势。同时广泛开展宣传活动,在电视、报纸等媒体进行报道,在小区、街道以布告、条幅等形式宣传相关法规政策。社会各界依法收看卫星电视节目的意识明显提高,对有线电视事业的发展起到了很好的促进作用。(胡化魁 吴维之)

旅　　游

南阳旅游局局长　黄乐

【旅游业发展概况】 2009年度,全市旅游系统紧紧抓住伏牛山、桐柏山被纳入全省“两带五区”旅游发展规划的难得机遇,以打造旅游经济强市为目标,以开展“六创一迎”活动为载体,以学习实践科学发展观为动力,坚持“快中求好,稳中求进,难中求解”的总体工作要求,大力实施“旅游立市”战略,强力推进旅游业转型升级,使旅游经济在金融危机、甲型流感等不利因素的影响下,保持了逆势上扬、强劲增长的良好态势。一年来,全市共接待游客1351.6万人次,实现旅游综合收入69.3亿元,与上年同比分别增长25.1%和23.5%;旅游投诉率低于0.1‰;无旅游安全责任事故发生,圆满完成市委市政府确定的年度旅游工作目标任务。市旅游局被市委、市政府表彰为依法治市先进集体、责任目标优秀单位、新农村建设驻村帮扶先进集体,南阳市被中国城市经济学会评为“2009年度中国旅游竞争力百强城市”,旅游业发展迈上了一个崭新的台阶。

【旅游机构编制得到加强】 市政府、市编办在机构和编制紧缩的情况下为市旅游局增设1个内部科室和2个二级单位,增加12个编制,以满足旅游工作需要,为旅游业发展注入了新的活力。

【旅游业发展优惠措施】 市委、市政府印发了《关于实施旅游立市战略加快旅游产业发展的意见》,明确了旅游开发建设用地、旅游经营接待单位税费缴纳等方面的优惠政策和支持旅游企业改革发展的具体措施;市委、市政府印发了《南阳市旅行社引客入宛旅游奖励试行办法》,明确了引客入宛奖励的实施对象、奖励条件、奖励标准、申报程序、审核审批、奖励兑现、资金来源、监督检查等事项;从2010年开始,市政府决定每年拿出不少于3000万元的旅游发展专项资金,用于开拓旅游客源市场、补贴重大旅游建设项目、奖励在旅游产业发展中表现突出的单位和个人。良好的优惠措施和发展环境,让更多的旅游投资者和经营者得到了实惠。同时,为刺激本地旅游消费,使南阳市民共享旅游发展成果,市政府办印发了《南阳市旅游景区点年票制度工作方案》,建立年票销售网点37处。持一张80元的旅游年票,可全年无限制游览20家主要景区点，对市民游览本地景区点实施实实在在的优惠，真正做到了让利于民，在全市掀起“南阳人游南阳”活动的热潮。

【旅游项目建设】 抓住国家扩内需、调结构、保增长的重要机遇，广泛开展招商引资，积极向上争取资金，努力扩大旅游投融资渠道，全年共上各类旅游项目41个，计划投资33.8亿元。其中，已建成项目11个，已完成投资2.91亿元；在建项目29个，已完成投资8.18亿元。

【景区点建设】 以“一岗一山一水一龙”为重点，高品位提升内乡县衙、丹江大观苑、五朵山、老君洞等景区20多个，初步开发建成了南召莲花温泉、方城石川、西峡蛇尾河漂流、内乡云露山、唐河石柱山森林公园、卧龙区古庄生态农业旅游区等一批新景区，促进景区发展速度与发展质量的有机统一，老界岭被评为国家4A级景区，南阳伏牛山世界地质公园被评为中国最美十大地质公园；积极推进文化旅游一体化发展，成立了南阳文化旅游产业联盟，卧龙岗文化旅游产业集聚区项目已完成初步规划；宝天曼全面启动创建国家5A级景区工作，完成了宝天曼宾馆、环翠山庄的改造，接待条件明显改善；丹江水库码头、游路和宾馆等基础设施建设齐头并进，渠首形象得到进一步提升；恐龙遗迹园二期工程正式启动，在原有基础上增加了嘉年华等新的游乐项目，景区吸引力大大增强。在旅游服务设施建设方面，以完善旅游产业链条为重点，实施大型配套服务设施建设项目9个，镇平国际玉城初具规模，将成为全市乃至全省的一个独具特色旅游商品销售和研发基地；内乡东湖大酒店、七里坪和太平镇游客服务中心等项目正在加速推进。

【旅游交通】 以伏牛山生态旅游环线建设为重点，新建和改造宝天曼景区、淮源景区旅游公路200多公里，宝天曼至恐龙遗迹园旅游公路、丹江水库小三峡跨江大桥等一批路桥工程正在实施，宏观旅游交通条件得到进一步提升。

【旅游宣传推介】 围绕周边500千米以内地市，努力开拓旅游客源市场。在中央电视台《朝闻天下》栏目中定时播出南阳旅游形象宣传片和“中原氧吧，神韵南阳”这一主题宣传口号；制作和发行由乔羽作词、徐沛东作曲、宋祖英演唱的《南阳，我的家乡》MTV光盘10000张；举行以“走进绿色旅游感受生态文明”为主题的“河南生态旅游年”启动仪式，开展南阳“百城旅游宣传周”活动和南阳旅游风光图片展并派送旅游消费券4200万元；邀请魏小安、韩凡诛等国内外知名旅游专家举办丝绸之路与南阳文化高层论坛、南阳文化旅游产业发展韩国专家讲座、南阳旅游产业发展高层论坛；接待世界旅游小姐冠军总决赛前10名获奖佳丽巡游南阳，面向全省初步选拔了10名综合素质较高的南阳旅游形象大使；组织重点旅行社和景区到西安、武汉、郑州、晋城、襄樊、十堰等市进行集中推介，组团赴台湾举办“南阳文化旅游经贸宝岛行”活动，邀请100余家外地市旅行社老总莅宛考察踩线，利用中国旅游报、河南日报、南阳日报、南阳晚报、南阳电视台、南阳广播电台等主流媒体对南阳旅游进行经常性的宣传报道；在全市范围内进行了国内游客抽样调查，从不同角度、不同渠道对南阳的秀美自然风光和厚重文化积淀以及旅游产业发展情况进行全面推介，拓宽南阳旅游客源市场，扩大南阳旅游的知名度和吸引力，形成了本地游持续火爆、周边游不断发热、高端游明显增多的良好局面。

【假日旅游】 元月1日至3日元旦小长假期间，全市共接待游客18.3万人次，实现旅游综合收入0.87亿元；元月25日至31日春节黄金周期间，全市共接待游客82.3万人次，实现旅游综合收入3.24亿元，与上年同比分别增长15.3%和38.5%；4月3日至5日清明节小长假，全市共接待游客42.1万人次，实现旅游综合收入2.03亿元，旅游市场与往年相比明显升温；5月1日至3日“五一”小长假期间，全市共接待游客135.9万人次，实现旅游综合收入6.4亿元，同比增长8%、4.2%，无发生任何旅游安全事故；5月28日至30日端午节小长假期间，全市共接待游客38.8万人次，实现旅游综合收入1.3亿元，与上年同比略有增长；10月1日至8日“十一”、“中秋”双节黄金周期间，全市共接待游客370.8万人次，实现旅游综合收入17.5亿元，与上年同比分别增长25.4%和25.9%，创历史新高，各大宾馆餐位、床位吃紧，星级饭店客房出租率平均为82%，西峡、内乡、南召、淅川的农家宾馆生意十分红火，几乎天天爆满。各旅行社业务繁忙，在输入游客方面比往年有较大突破，共组接团1416个，累计接待游客5.3万人次，旅游投诉率低于0.1‰，达到了“安全、质量、秩序、效益”四统一目标。

【旅游行业管理】 坚持“以人为本，游客至上”的服务理念，以巩固中国优秀旅游城市创建成果为契机，大力开展“六创一迎”活动。围绕游客规范化、多样化、人性化的消费需求，在提高游客满意度上很下功夫。聘请旅游专家教授举办旅游专业培训班3次,共培训旅游工作人员和旅行社经理、酒店经理300多人次,组织《旅行社条例》知识竞赛,引进和推广先进的经营管理模式,有效提高旅游从业人员特别是管理人员的思想观念和业务素质。积极推进旅游企业标准化建设,全市现有星级饭店、星级旅行社、A级景区达标率为100%,新评定星级饭店4家,新发展旅行社14家,内乡县衙等4家景区被省授予旅游标准化服务示范单位,整体服务质量大幅度提升。大力开展"景区百日优质服务"和优秀景区评比活动,对全市旅行社进行服务质量综合评定,在全行业大力推进诚信旅游建设,形成了"重形象、守信誉、讲文明"良好行风。围绕重点节假日,市假日办组织相关部门开展旅游市场集中整治活动,重点抽查了30多家旅游企业,有力地维护了正常的旅游市场秩序。以主要节假日和旅游旺季期间旅游安全为重点,深入开展"三项行动"(即安全生产执法行动、安全隐患治理行动、安全生产宣传教育行动)和"安全生产月"活动,打造南阳"平安旅游"的新形象,其经验和做法被省委办公厅刊发,在全省进行推广。按照市"六创一迎"指挥部的统一部署和要求,更新完善中心城区主要街道、宾馆等各类公共信息符号标示牌1000多块,为游客提供了规范、系统、准确的城市旅游引导服务。(郭振伟)

旅游服务

【南阳宾馆发展概况】 2009年度,南阳宾馆认真贯彻落实市委、市政府现场办公会议精神和具体要求:一是制定长远发展规划。宾馆指派专人负责宾馆建设和发展工作,聘请郑州设计公司对宾馆整体建设和发展进行了认真的设计,绘制详尽的建设和发展蓝图。二是投资建设北大门。三是开展硬件上档升级工作的前期准备及四号楼装修工程招投标准备工作等,四是投资改造、美化院内环境。

【管理服务改革进展情况】 在管理上,严格按照规范化、制度化、程序化标准进行,改以往的人管人管事为制度管人管事。首先是制订一整套管理制度。其次是成立了服务质量督查组,定期或不定期地进行督查,并把每次的督查情况与部门责任人的工资挂钩联动。其三是加强值班制度的落实。建立了总经理假日和夜间轮流值班制度,确保宾馆二十四小时都有老总值班,各部门也都建立了值班制度。使各项工作在任何时候都能正常运行。其四是加强设备设施的维护管理,确保所有设施设备经常处于良好的技术状态。其五是做好节能降耗工作。加强能源消耗指标量化分配制度,从而减少消耗指数,降低经营成本,提高了服务质量。其六是创新服务内容。培训和提高员工的服务技能,总结出了"四化"和"四心"为标准的优质服务。即:有严谨科学的标准化操作规程,突出规范化;有见人达意的感悟能力和默契适宜的态势语言,突出感情化;有一丝不苟的认真细密和润物无声的自然顺意,突出细微化;有因人而宜的个性服务和特事特办的特色服务,突出个性化。"四心"服务内容是"热心"、"爱心"、"耐心"、"诚心"。"四化"服务是宾馆软件服务的品牌,"四心"服务是增强团队凝聚力、增强宾馆竞争力的内在动力。在宾馆各部门推广后,得到了广大宾客的认可,先后多次在全省旅游星级饭店管理工作会议上介绍经验。其七是开展承诺服务,以创建"青年文明号"为契机,向社会公开三项服务承诺:一是宾客提的正当要求,保证在8分钟内给予答复或妥善解决;二是提供"无障碍"服务和"一步到位"服务;三是保证全天24小时全方位服务。一经推出,受到了各界宾客的欢迎。

【重大政治接待】 2009年,南阳宾馆先后完成了全国政协主席贾庆林、省以上领导卢展工、徐光春、郭庚茂、史济春、李克等光临南阳视察工作等重大政治接待任务16个,省以上行业会议接待129个。(李金星)

【梅溪宾馆发展概况】 2009年是南阳梅溪宾馆有限责任公司(以下简称梅溪宾馆)转企改制后的第三年,也是各项事业蓬勃发展的全新之年。按照改制初确立的"诚信经营、稳定规模、加强管理、控制成本、提高效益"的工作思路,紧紧围绕"安全、经营、服务"三大主题,突出抓好以控制成本为核心的经营管理。面对城区快捷酒店的不断增加、原材料涨价、中州路大修、宾馆2号楼南楼、3号楼的拆迁、客房装修历时长等诸多不利因素,宾馆领导班子带领全体员工,一手抓经营,一手抓房产开发,圆满完成年初所定的目标任务,实现利税300多万元。较好地完成了第七届玉雕节暨第二届宝玉石博览会、第八届张仲景医药科技文化节、河南省武警总队军事会议、南阳市人大会、南阳市政协会、蓝球排球比赛、第四届牛业发展大会等政治性接待任务。2009年2月在南阳市商务局、南阳日报社、南阳市餐饮行业协会组织的服务活动评选中,被评为"2008年南阳餐饮风云榜最佳服务奖"。在下半年,市卫生局对全市县城以上254家宾馆、招待所进行的卫生监督量化评分和卫生信誉度等的评定中，梅溪宾馆获得卫生信誉度A级。

【房产开发项目启动】 按照年初工作会议部署，按计划完成项目立项，图纸设计，施工方案和原2号楼南楼、3号楼的搬迁拆迁工作，并对建筑垃圾进行及时清运。梅溪商务大厦项目于2008年正式立项备案，2009年确定为南阳市重点建设项目，并被第七届全国农民运动会南阳市筹委会指定为主要接待宾馆。该项目集五星级酒店、公寓、大型商场、住宅、休闲娱乐为一体，工程总投资1.6亿元，占地面积1.2万平方米，建筑面积7万多平方米，地上建筑高度为100米，地下为二层停车场，可停车600余辆，大型会议中心一座，能同时容纳1000余人食宿、会务。该项目建成后将进一步提高南阳市的接待能力和服务水平，为农运会成功举办提供重要保障。（牛合震）

卫生体育

卫生

【卫生应急保障】 围绕“一案三制”(突发事件应急预案,应急管理体制、机制和法治)建设,不断完善全市突发公共卫生事件应急处理机制,健全全市突发公共卫生事件应急预案,组织开展全市卫生应急人员培训与演练,加强物资储备,有效提高了突发公共卫生事件预警和应急处置能力。2009年,针对手足口病疫情“分布广、变化快、重症多”的严峻形势,卫生系统围绕“两高一低”(提高重症发现率、抢救成功率,降低死亡率)防控目标和“3十1”(个人卫生、环境卫生、爱国卫生加健康教育)防控措施,建立长效机制,统调卫生资源,全力科学救治,全面建设市县两级儿科重症监护病房,最大限度地降低了患儿发病率、重症患儿死亡率,提高了治愈率,有效保护了广大儿童的生命安全。全市累计报告手足口病病例6589例,住院治疗1594例,其中重症病例174例,死亡1例。在应对甲型H1N1流感的关键时期,卫生部门依靠联防联控机制优势,密切追踪疫情变化,及时调整防控策略,适时开展检查督导,重点加强学校和社区的防控工作,突出重症病例的分类集中救治,取得了明显的阶段性成效。截止2009年底,全市经实验室检测确诊188例,住院治疗117例,其中危重病症64例,死亡3例。

【卫生项目建设】 按照市委、市政府“抓项目、战危机、保增长”的要求,抓住中央扩大内需,增加项目投资的机遇,从项目政策跟踪、项目筛选推介、项目资金争取和项目规范建设等各个方面加大工作力度,共争取到国家4批新增医疗卫生基础设施建设项目110个,总投资32470万元,新增建筑面积159480平米。对1个重点中医院(张仲景国医院)、6个县级人民医院(南召、邓州、社旗、桐柏、唐河、镇平)、69个乡镇卫生院、5个社区卫生服务中心、29个村卫生室进行了基础设施建设。争取省资金1044万元,建成1044个标准化村卫生室。同时,争取省以上资金7340万元,对4个县级中医院、5个妇幼保健院、266个乡镇卫生院、1849个村卫生室进行设备配置。是历年来争取项目最多、成效最大的一年。

【城市社区卫生服务体系建设】 对中心城区社区卫生服务机构建设情况、设备配置、社区居民基本情况等进行全面调查。加强社区卫生服务机构规范化设置工作,为17个社区卫生服务中心配置设备26种54台件。新建成4个社区卫生服务中心、5个社区卫生服务站。累计建成21个社区卫生服务中心,28个服务站。举办社区卫生适宜技术培训班。开展第三批全科医师、社区护士培训班,对476名全科医生、277名社区护士进行培训,提高了社区卫生技术服务能力。

全面开展居民健康档案建立工作,组织社区居民参加健康讲座46153人次,上门服务72228人次,对65岁以上老人免费体检12862人,管理高血压病人22875人,管理糖尿病病人11162人,建立健康档案40万余份,建档率达63.6%。

【农村卫生】 新农合持续健康运行。全市873.91万农民参加新农合,人均筹资100元,参合率96.05%,位居全省前列。进一步完善新农合运行机制,加强对新农合定点机构监管。开展乡镇卫生院新农合监管人员选聘工作。在全市范围内建立参合农民就诊“一卡通”和定点医院直补制度,实现了新农合报销网上审核、监督和报账,方便了农民就医报销。在2008年设立广东东莞厚街医院、上海安国医院等3个省外新农合定点医院基础上,2009年又新确定了青岛市即墨人民医院、大连市第四人民医院等5个省外新农合定点医疗机构,为南阳外出农民工提供了就医方便。全年全市累计补偿医疗费用86155.68万元,其中,住院(大额)补偿67565.49万元,门诊(小额)补偿14276.81万元,门诊慢性病补偿3826.62万元,住院分娩补偿486.77万元。享受新农合补偿的参合农民达612.85万人次。其中,享受住院(大额)补偿56.70万人次,门诊(小额)426.99万人次,门诊慢性病125.41万人次,住院分娩补偿

3.72万人次。补偿金额达到封顶线3万元的参合农民153人。

加强农村卫生三级网络建设。在抓好土建项目建设的同时,认真落实农村卫生人才培养“51111”工程,从全市范围选拔237名高等院校医学类毕业生充实到农村医疗机构;开展基层医疗机构成人学历教育定向培养和成人学历教育选拔毕业生工作。组织开展乡镇卫生院质量管理竞赛活动,对乡村医生执业资格进行考核换证。同时,利用中央专项资金组织举办乡镇卫生院儿科、麻醉师、护理人员、管理人员、村医及县市区卫生局管理人员农村卫生管理知识培训班,培训人员6977人。

【卫生支农】 从市直和县级医院选派266名医师对口支援64个乡镇卫生院,通过技术援助、人员培训、资金帮扶、设备捐赠等方式,帮助受援乡镇卫生院提高技术水平和服务能力。共开展门诊14203人次,完成手术1318人次;义诊20248人次,健康查体9852人次;开展新技术新业务28项,培训医护人员4076人次,开展学术讲座159次,捐资30.9万元,捐赠设备110台件。

【预防保健】 加强监测分析,实行科学防治,全面落实法定传染病防治措施。在实现100%疫情网络直报基础上,进一步提高疫情报告的质量,确保了疫情信息及时、准确,为超前应对各种疫情提供了可靠依据。全市传染病疫情总体稳定,重点传染病未发生大的流行。

积极实施扩大免疫规划。强化县市区相关人员技术培训,补充基层接种网点的冷藏设备,为各县市区疾控中心装备了疫苗运输车,为邓州市7个县市装备了冷库和冷藏车。全市乙肝疫苗、卡介苗、脊灰疫苗、百白破疫苗、麻疹疫苗、白破疫苗等6种疫苗以乡为单位接种率达97%以上,新纳入免疫规划的疫苗接种率均在96%以上。

切实加强艾滋病、结核病防治工作。艾滋病防治工作进一步健全了预防控制体系和医疗救治体系,认真实施高危人群行为干预和母婴阻断、单阳配偶传播措施,全面落实“四免一关怀”政策,切实开展艾滋病疫情监控和救治工作,提高了全市艾滋病病人及感染者新农合住院报销比例和低保补助标准,为保持全市社会政治大局稳定做出了应有贡献。结防工作以结核病防治项目为龙头,以强化结核病归口管理为手段,以提高结核病发现率和治愈率为重点,落实各项政策措施和技术措施,进一步提高了结核病防治水平。全市继续保持DTOS覆盖率100%,保持新涂阳肺结核病人发现率达70%以上,新涂阳肺结核病人治愈率在85%以上,共登记治管新涂阳病人3976例,超额完成省定3966例的年度目标任务。

切实加强妇幼保健工作。进一步强化儿童系统管理和孕产妇系统管理,扎实开展“产科建设示范单位”创建活动,加强了母婴保健技术服务机构考核审批管理,全面实施“降消”项目和农村孕产妇住院分娩补助项目。全市儿童系统管理率为78.52%,孕产妇系统管理率81.72%,住院分娩率95.59%,新生儿死亡率由7.33‰降至5.63‰,孕产妇死亡率由31.61/10万降至23.07/10万。

【医疗质量管理】 坚持抓管理、促规范,抓质量、保安全,继续深化医院管理年活动及“三优一满意”活动。在全市范围内开展“医疗质量万里行”专项行动,全面加强病历质量管理、抗菌药物临床合理应用管理、医院感染管理等工作。组织专家团,先后完成了6000余名医师医疗文书规范化书写培训、5000人次抗菌药物临床合理应用知识培训、600人次院内感染知识培训、434名手术室护士和200名ICU护士的专科护理培训。对29家二级以上医院的管理评价与评比。120指挥运转高效,调度灵活,院前急救网络建设更加规范,医疗急救能力进一步提高。

无偿献血事业稳步发展,基本实现采供血平衡 。由于国家加强对血液制品的控制,全市全面推广城镇医疗保险和新农合工作,医疗服务需求增加迅速,给无偿献血工作带来巨大压力。与2008年同期相比,2009年献血总人次增长6.5%,达到54092人次;供临床用血总量达215310单位,增长15.9%;供血浆量92604单位,增长19.3%;供红细胞制剂103807单位,增长15%;供机采成份量1703,增加4.3%;血液成分分离率达到99.2%,血液报废率4.6%,下降0.8%;固定献血比率56%,增长4%。

【依法行政】 切实加强卫生行政审批工作。市卫生局共保留行政审批、审核项目12个,全部进入市行政服务审批中心办理。全年共办理行政审批事项2395份(全部为免费办理),业务咨询7286人次。在审批工作中,实行一个窗口受理、一站式办公、一条龙服务,所有项目办理严格按要求使用中心六件通知书规范办理,注重受理、审查、审批三个环节配套联动,努力提高办事效率,为企业和群众提供优质高效的行政审批服务,被授予“河南省优质服务窗口”称号。

开展打击非法行医专项行动。5月20日开始,全市范围内组织开展为期2个月的打击非法行医和非法采供血集中行动。8月份继续开展了为期4个月的集中打击非法行医专项行动。共取缔无证诊所1144个，清理坐堂医30余起，没收药品器械88台件，价值58万元，向公安司法机关移交案件22件，申请法院强制执行案件155件。为规范医疗机构和医务人员执业，推行《医疗卫生机构依法执业监督量化管理制度》，并在全市二级以上医院和中心城区一级以上医疗机构试行依法执业公示制度和公示承诺制，主动接受社会监督，对确保医疗安全、构建和谐医患关系起到良好效果。

加大食品餐饮安全监管力度。开展违法添加非食用物质和滥用食品添加剂专项整治活动，进一步加强城市和农村食品抽检工作，推行餐饮业卫生监督公示制度，严格食品卫生执法监督、探索建立长效管理机制，进一步提高食品卫生监管水平。全年共出动执法车辆9572辆次，出动执法人员11700人次，检查68596户次，取缔无证违规经营商户857个，没收非法所得1579万元，没收非违法工具1288件，罚款21.15万元，维护了市场秩序，防止了食物中毒和食源性疾病的发生，排除了安全隐患，确保了全市食品卫生安全。

切实加强职业和放射卫生监察。加强职业病诊断与鉴定管理，开展全市粉尘与高毒物品危害治理专项行动，组织了职业病复查及有害作业体检工作。对全市381台放射诊疗设备进行性能检测及防护检测，对从事放射工作的人员进行健康监察并建立健康档案，有效防范了职业放射卫生事件的发生。

【卫生科教】 继续坚持科教兴医战略，强化专科建设、科研管理和人才引进培养工作。4个省级特色专科通过了省卫生厅中期评估，新增河南油田总医院心内科为省级特色专科。继续开展市级临床医学重点专科、特色专科建设，67个专科初步通过了评审。举办第三批全科医师、社区护士培训班，对476名全科医生、277名社区护士进行培训。加强科研管理，获得河南省医药科技成果奖6项。新申报省级科技成果1项，市级科技成果36项，申报2010年省医学科技攻关项目7个。加大适宜卫生技术推广力度，全市共申报推广项目17项，累计申报项目125个。

【健康快车南阳行】 继2008年之后，中华健康快车再次驶入南阳，为贫困白内障患者免费施行手术。3月19日健康快车抵达南阳，3月26日正式开诊，6月6日结束，共为全市1544名贫困白内障患者免费实施复明手术1548例，超额完成预定的1000例任务。

【中医工作位居全省优势地位】 不断深化中医医院管理年活动，加强医院管理评价工作，中医医疗服务质量持续改善，诊疗服务技术进一步规范，整体服务能力明显提高。张仲景国医院通过省中医管理局评审，被正式命名为三级甲等中医院。在2009年年度管理评价中，全市有10家中医院综合评价得分在900分以上。全市县以上中医院门(急)诊总量和出院人数分别增加28.9%和42.4%，中药收入占药品收入的36.5%，饮片收入占中药收入的57.5%，收入结构持续改善。

在“中医中药中国行”南阳站活动暨第八届张仲景医药科技文化节上，成功举办了医圣张仲景祭拜仪式、中医药科普知识宣传、中医药民众认知度问卷调查、知名中医专家大型义诊、社区医护人员培训、市民中医药健康讲座、大篷车进农村送医送药等活动，丰富了医药节活动内涵，展示了南阳中医药文化优势，促进了南阳中医事业发展。

农村中医药适宜技术推广取得显著成效，累计培训乡村医生4000余人。对照全国农村中医药适宜技术推广工作标准，完善了各种资料，整理建档立卷，为申请国家验收奠定了良好基础。

深入推进“三名”战略。在全市各级中医医疗机构开展名医、名科、名院建设工作，建成一批国家、省级重点特色专科。张仲景国医院儿科被列入国家重点专科建设单位已通过中期评估，并被省局批准设置南阳市小儿脑科、肺科疾病中西医结合诊疗中心；国医院骨伤科、张仲景医院中风科被确定为河南省重点中医专科建设单位；南阳医专中药分析实验室被评为国家二级中医药科研实验室；新野中医院骨科、南阳医专附属中医院胰腺科、骨病科、妇产科建成市级重点专科。南阳医专附属中医院庞景三教授被评为“河南省三十名名中医”。唐河县开展县级名老中医选拔活动，成立名老中医理事会，收集、整理经典医案30余篇，单、验方700余条，在加强县级中医事业发展上起到示范作用。

以市张仲景国医院和淅川县中医院联合组成的南阳代表队参加河南省中医药技术比武决赛，获得全省中医药知识竞赛二等奖；南阳风湿疼痛医院的“水针刀”疗法获得全省中医特色技术二等奖。市中医管理局获得全省优秀组织奖。

【爱国卫生运动】 根据市委、市政府“六创一迎”工作部署，市卫生局牵头启动实施国家卫生城市创建工作，多次召开创卫工作会议和爱国卫生工作会议，承办全省爱国卫生工作会议，实现了创卫工作的高位启动。一是成立创卫分指挥部，制订三年创建规划，细化分解目标任务，明确创卫工作重点。二是加强督导，调动基层创卫工作积极性。三是以“清洁城乡、保护健康”为主题，开展第21个爱国卫生月活动。三是组织专业消杀公司对城区内河及白河游览区和大型游园广场进行每月一次的药物消杀，降低了蚊蝇密度。五是在市中心城区开展“三汤馆”、“五小”行业整治工作，以城区44条道路为重点，开展为期半年的集中整治活动。六是完成了省下达的2008年中央补助地方农村改厕项目4500户。

【卫生政风行风好转】 坚持把全系统党员干部职工队伍建设放在重要位置，不断提高队伍整体素质。一是强化思想政治教育。在市直卫生系统深入开展学习实践科学发展观活动，指导基层医疗卫生机构开展第三批学习实践活动。二是加强行风建设。扎实开展政风行风评议和医院行风专项评议活动，认真解决群众反映的热点问题，及时处理各类违纪违规事件，有力地促进了卫生效能建设，行业形象进一步好转，社会满意度不断提高。三是启动实施卫生文化建设活动，扎实开展精神文明单位创建工作。目前市直卫生系统有省级文明单位5个，市级文明单位、市标兵级文明单位12个，县级文明单位3个。四是加强系统内社会治安综合治理和消防安全工作，在市直卫生系统全面开展“安全生产年”活动，加大各类安全隐患排查和矛盾纠纷排查调处力度。六是高度重视信访稳定工作，保持了社会大局稳定。建立并落实领导分包案件制等一系列制度规范，切实做好群众来信来访、行风热线、市长联线和网上“领导信箱”信件、留言等事项的办理工作，提高了办理质量和办理效率。

体　育

市体育局局长　苏定堃

【筹备第七届全国农运会】 经国家农业部、国家体育总局、中国农民体协批准，第七届全国农民运动会将于2012年10月在南阳市举行。市委、市政府把筹备第七届全国农运会列入市“四大工程”，通过开展“六创一迎”活动，大力营造农运氛围，提高全民素质，开展全方位筹备工作。市长穆为民、市纪委书记孙丰年、副市长张振强率领市发改委、规划局、财政局、农业局、体育局等市直有关部门负责人先后8次赴省进京汇报农运会筹备情况，争取国家和省有关部门的支持；先后3次赴北京、济南、上海考察举办大型赛事的成功作法和经验。5月22日邀请国家体育总局副局长崔大林一行8人来宛指导筹备工作，总局领导对办好第七届全国农运会提出了不少宝贵意见和建议。同时邀请全国知名的体育场馆规划建设和赛事策划运作专家来宛举办高层论坛，研讨农运会场馆规划建设、赛事组织、场馆赛后开发利用等议题，开阔办会思路，明确办会方向。先后聘请担任过两届全国农运会和全国第九届运动会、第十一届运动会组织策划、市场运行顾问的刘清早教授及国家体育总局体育社会科研所的鲍明晓主任担任农运会筹备顾问，组织举办了7场报告会，以会代训，培养赛事组织、市场开发骨干队伍；在此基础上，充实完善《第七届全国农运会筹备工作方案》。国家农民体协主席陈耀邦一行来宛考察指导农运会筹备工作时，对南阳市筹备第七届全国农运会的情况给予充分肯定；结合南阳实际对第七届全国农运会项目设置、比赛场馆布局及运动会参赛人数进行了认真研讨和预测。基本确定第七届全国农运会比赛项目8个大项在市中心城区的主要场馆进行，7个大项分别在6个县市区和河南油田进行。

【南阳市第三届运动会暨首届农民运动会隆重举行】 南阳市第三届运动会暨首届农民运动会于11月24～30日在市中心城区举行。本届运动会组别分为农民组和综合组。共设24个大项、58个小项，金牌总数110枚、总分2960分。农民组和综合组分别录取团体总分和金牌数前八名给与奖励，并设体育道德风尚奖25个，优秀组织奖25个。14个县市区全部报名参加农民组比赛，共有34个市直单位报名参加综合组比赛。本届运动会总规模近8000人，其中领队、教练、运动员近5000人，裁判员、工作人员近3000人，是南阳市有史以来规模最大的一次体育盛会。最终，农民组冠军榜为，中国象棋个人赛：社旗县代表团　颜庆亮，团体赛：社旗县代表团；健身秧歌：淅川县代表队；自行车负重女子组：唐河

县代表队 杨留,男子组:宛城区代表队 徐鹏;风筝龙类:宛城区代表队 许益寿,板类:宛城区代表队 张洪恩,翅类:新野县代表队 齐平甫,规定:唐河县代表队 钟瑞乾;舞狮宛城区舞狮队;武术男子拳术:南召县代表队 李庆国,男子长兵器:方城县代表队 刘鲁,男子短兵器:卧龙区代表队 陈宗斌,女子拳术:卧龙区代表队 肖进娟,女子长兵器:唐河县代表队 白靖,女子短兵器:宛城区代表队 任莹莹。

【农运会场馆规划建设】 全国农运会是国家二类综合型运动会,设置项目较多(15个大项,180多个小项)、竞赛时间长、参赛运动员多。

主体育场总用地面积35.46公顷,其中,代征道路面积8.38公顷,实用面积27.08公顷。体育场建筑面积42000平方米,内设35000个座位,并附设室外田径训练场1个、室外网球训练场8个、广场1个、停车场2个及配套设施等。11月30日,市委常委、副市长陈光杰带领国土、规划、建委等部门及卧龙、宛城两区主要负责人,深入卧龙区七里园乡白塔村和宛城区汉冶街道钓鱼台社区、袁庄社区等农运会场馆拆迁建设现场及涉迁居民安置点,实地察看拆迁工作。白塔村已拆除216栋房屋,动拆居民249户;钓鱼台社区拆除近60栋房屋;袁庄社区已拆除160栋房屋,签订拆迁协议380份,实际丈量460余户,支付拆迁补偿金8000万元。

综合训练馆占地面积15930平方米,总建筑面积10933.48平方米,预计投资5000万元。为满足市区路网规划要求,市政府决定将原在体育馆东北角建设的综合训练馆调整到体育馆东南角建设,已于12月5日正式开工。

游泳馆占地面积5782平方米,建筑面积10372平方米,设100个座位,预计投资5000万元。由原在体育馆西北角建设调整到西南角建设。12月5日开工。

水上运动场(龙舟赛场)占地面积53万平方米(包括陆地和水域面积),航道长2230米,宽135米,10条航道,预计投资6000万元。

12月31日上午,第七届全国农运会新闻中心奠基,市委书记黄兴维出席,市长穆为民致辞。新闻中心位于市中心城区光武路以北、天山路以南、健康路以西、一中路以东,汉冶路以北区域为主建筑区,南侧为体育公园。项目占地约11公顷,主体包括新闻发布中心和广播电视中心两部分。新闻发布中心初步设计为11层,建筑面积7万平方米,主要承担农运会期间的赛事新闻发布、记者办公任务。广播电视中心共4层,建筑面积1.5万平方米,主要承担赛事广播电视节目的直播、转播、制作、传输等任务。工程建设工期24个月,2011年12月底交付使用。

【全民健身日】 8月8日是国务院批准设立的第一个"全民健身日"。是日,南阳市"全民健身日"活动在白河水上运动场启动。市领导穆为民、秦俊、张振强、贺国勤等四大家领导出席仪式。水上运动场举行赛龙舟和拔河比赛;在市体育中心内,1300多名供电系统职工参加了文娱表演、体育竞技、劳动技能等竞赛活动。由民间自发组织的首届场地自行车赛在市体校展开激战,120余名普通市民参与比赛。梅溪街道办事处组织群众参与门球、拔河等比赛,喜迎"全民健身日"。丹尼斯大卖场府衙店积极响应"全民健身日"活动,组织员工做广播体操。按照市体育局总体部署,全市各行各业、各单位都分别组织了丰富多彩的体育健身活动,用不同的方式庆祝全国首个全民健身日。

【参加比赛】 在河南油田举办的豫南八城市羽毛球邀请赛上,南阳市获得女子团体第三名,男子团体第四名;在2009年"迎国庆60周年"第七届香港国际武术节比赛上,南阳市获得健身气功团体第一名,太极拳集体自选套路第二名,个人项目共获4个第一名、6个第二名、3个第三名。

10月,组队参加了在江苏省淮安市举办的第九届全国"市长杯"乒乓球比赛上,市政协主席朱广平、副市长张振强、南阳军分区副政委祝润安、市人大常委会原副主任周明军参加了比赛。祝润安获得嘉宾组第三名,周明军获得55岁以上市长组第五名。

在深圳市举办的第十一届全国传统武术比赛中,南阳市27中小学部三年级学生秦健超赢得少儿组双节棍单棍和双棍两项全能冠军;南阳市65小五年级学生柳岩夺得少年组单棍冠军和双棍亚军。在2009年第六届浙江国际传统武术比赛中,新野三高教师孙浩东夺得少林双流星和单二节棍两项冠军。

【老年体育】 全年参加全国比赛6次,参加省比赛16次,组织全市比赛22次,举办各种培训班4次。3月12～16日参加香港第七届国际武术节取得太极拳剑集体金牌、银牌各一枚,个人金、银、铜牌10多枚;6月15～18日参加河南省2009年太极拳(剑)比赛获得集体拳、剑一、二等奖各一个,17人获一等奖;10月27～28日市风筝代表队在2009年全国风筝锦标赛上,取得翅类风筝比赛第一名、板子类第三名;11月

17～22日市门球代表队代表河南省参加在重庆举办的2009全国门球锦标赛暨第四届全国体育大会预选赛，取得第四届体育大会的入场券。

【农民健身工程】 南阳市农民体育健身工程是国家发改委、国家体育总局的建设项目，分别在全市14县市区共计249个行政村设立“一场两台”（一副标准篮球架，两张室外乒乓球台），整个工程共计投资747万元。市体育局在30个行政村和南水北调中线工程移民新村建设市级农民体育健身工程，为每个村配置了篮球架、乒乓球台和相应健身器材。

【赛艇队勇夺8金】 在2009年河南省赛艇锦标赛暨河南省第十一届运动会资格赛上，南阳市摘取8枚金牌，位列全省第一，为决战省运会奠定良好基础。本次比赛全省共有15个代表队参赛。由于这次比赛也是进入第十一届省运会的资格赛，各队都派出了最强阵容。参赛队员有亚洲冠军、全国冠军，比赛激烈程度超出了历年。

【承办比赛】 承办了2008～2009年全国男子排球联赛天冠男排俱乐部主场赛事、全国第十一届运动会男子篮球预赛（南阳赛事）、2009年全国围棋锦标赛（团体）和河南省围棋段位赛（南阳赛区）等多项赛事。其中2008～2009年全国男子排球联赛天冠男排主场比赛和全国第十一届运动会男子篮球预赛是南阳历史上承办级别水平最高的赛事；2008～2009年全国男子排球联赛（南阳赛区），被国家排球管理中心评为“优秀赛区”。

【业余训练】 加强业余训练网点和传统体育项目学校建设，选拔、培养输送优秀体育后备人才，备战河南省第十一届运动会。组织运动队参加省年度锦标赛。2009年各项目年度锦标赛同时又是河南省第十一届运动会资格赛，全市所有参赛项目都做好了充分准备，已参赛项目自行车队取得第一名8个，第二名3个，第四～八名5个的良好成绩。

【体育市场管理开发】 认真贯彻国家善于积极引导体育消费、推动经济增长的要求，重点加强对从事漂流、攀岩等危险大、技术保障条件要求高的体育经营活动进行检查验收和审批，确保体育健身项目安全运营和体育市场的规范化、制度化、法制化，积极探索体育市场的培育开发。市体育馆承办了一系列全国性比赛和市级重大活动，尝试了市场运作，尤其是为“两节一会”提供展览场地和小沈阳来宛演出进行合作，寻求体育市场化的新路子，为今后的体育市场开发积累了经验。

社 会 生 活

人口和计划生育

市人口计生委主任 李天玉

【人口和计划生育工作概况】 2009年,南阳市人口计生工作以稳定低生育水平为目标,以综合改革为动力,以统筹解决人口问题为重点,紧紧围绕"以宣传教育为先导,依法管理、村(居)民自治、优质服务、政策推动、综合治理"的长效机制建设,努力提高管理和服务水平,全年人口出生率控制在11.50‰以内,政策生育率达到95%以上,避孕措施落实率达到95%以上,出生人口性别比控制在113.4以内,圆满完成了全年人口计划和各项工作目标任务。

【2008年度人口和计划生育工作奖惩单位】 1、人口和计划生育工作先进县市区(7个)

镇平县、内乡县、西峡县、淅川县、唐河县、方城县、邓州市

2、人口和计划生育工作先进乡(镇、街道)(73个)

卧龙区:陆营镇、安皋镇、王村乡、青华镇、卧龙岗街道、梅溪街道

宛城区:官庄镇、枣林街道、红泥湾镇、仲景街道

邓州市:裴营乡、构林镇、湍河街道、腰店乡、张村镇、林扒镇、刘集镇、夏集乡、古城街道

唐河县:滨河街道、郭滩镇、昝岗乡、毕店镇、城郊乡、文峰街道、湖阳镇

方城县:赵河镇、博望镇、四里店乡、广阳镇、拐河镇

镇平县:石佛寺镇、涅阳街道、高丘镇、老庄镇、侯集镇、马庄乡、贾宋镇

新野县:城郊乡、上港乡、新甸铺镇、五星镇、汉城街道

淅川县:马蹬镇、九重镇、荆紫关镇、大石桥镇、老城镇

社旗县:大冯营乡、饶良镇、城郊乡、李店镇、赊店镇

内乡县:赤眉镇、湍东镇、大桥乡、赵店乡、余关乡

南召县:石门乡、皇路店镇、太山庙乡、皇后乡、乔端镇

西峡县:丹水镇、丁河镇、回车镇、西坪镇、五里桥乡

桐柏县:淮源镇、新集乡、埠江镇、城郊乡、吴城镇

惩处单位(19) 1、一票否决的单位(1个)邓州市高集乡

2、黄牌警告的单位(7个)桐柏县平氏镇、唐河县桐河乡、卧龙区蒲山镇、邓州市陶营乡、镇平县枣园镇、内乡县瓦亭镇、南召县崔庄乡

3、通报批评的单位(11个)唐河县古城乡、宛城区汉冢乡、宛城区东关街道、镇平县二龙乡、新野县沙堰镇、方城县券桥乡、西峡县米坪镇、西峡县重阳乡、淅川县毛堂乡、社旗县唐庄乡、卧龙区光武街道。

【人口和计划生育综合改革示范市创建活动】 4月份,国家人口计生委综合改革专家组一行深入南阳市调研指导人口和计划生育综合改革工作,对南阳市人口和计划生育综合改革工作,初步建立的人口和计划生育新机制工作模式,给予充分肯定。南阳市被国家人口计生委确定为全国人口和计划生育综合改革示范市,镇平县被确定为全省统筹解决人口问题示范县。

【计划生育依法管理步伐明显加快】 通过上门走访调研、设立投诉信箱、聘请行风监督员等多种形式,先后发放征求意见卡16万份,召开不同类型座谈会218次,收集、整改各类批评、意见和建议193条,全年共办理阳光热线9起,回复政策咨询32起。及时处理市委书记、市长网上留言及市长信箱反映问题200余件。10月下旬,市人大常委会副主任秦俊带领市人大科教文卫委、市人大法工委、市人大研究室等相关工作委员会负责人,深入新野、唐河、内乡等地专项视察调研全市人口计生行政执法情况,对全市人口计生工作给予高度评价。

【基层基础工作水平显著提高】 市人口计生工作领导小组出台了《关于完善服务体系拓展服务领域推进计划生育优质服务提质提速的意见》，对加快推进全市计划生育优质服务提质提速提出明确目标和要求。8月26—31日，市人口计生委组织对全市37个样本点进行基层计划生育服务能力建设观摩，并对观摩情况进行了通报，有效推进工作均衡发展。全市13个县级服务站全部达到甲级县站标准，建成了91个示范乡所、90个甲级乡所。233个县乡计划生育服务中心已有231个实现了标识化，规范化村室占全部村室的92.7%。

【出生人口性别比偏高问题得到有效治理】 全市共立、结“两非”案件864起，刑事处罚14人，经济处罚1049人，罚款408.18万元，没收终止妊娠药品1354盒，没收B超69台，注销生育证251份，关停个体诊所180家，党政纪处理或经济处罚相关责任人员753名。南阳电视台曾在《宛都播报》栏目中对打击“两非”情况作为首条播放。全市出生人口性别比呈下降态势。

【计划生育“生殖健康进家庭”优质服务活动扎实有效】 市委、市政府把春秋两季计划生育“生殖健康进家庭”优质服务活动作为稳定低生育水平、确保完成全年人口计生工作目标的重要举措，精心组织。市委副书记贾崇兰、副市长李建豫亲自动员部署，安排工作。各县市区逐级签订责任书，实行康检失误责任追究、康检报告责任追究、手术过错责任追究、行政执法过错责任追究“四项责任制”。县、乡严把术前检验、术中操作、术后观察三道关口，对育龄妇女开展温馨服务，为受术者提供各种方便，为偏远地区育龄妇女提供上门康检服务；乡镇计生办对绝育对象和政策外引产对象实行专车免费接送、专人陪护服务。全市累计完成计划生育四项手术17.11万例，避孕措施落实率达96.2%，及时率达89.1%以上；已婚育龄妇女普查妇科病214.3万人次，诊治95万人，为354万名育龄群众提供了生殖健康服务。

【出生缺陷一级预防工程稳步推进】 市委、市政府先后在镇平、社旗等地召开出生缺陷一级预防工作现场会，总结、学习试点经验，逐步建立起“风险评估—咨询指导—孕前筛查—跟踪随访—效果评价”一级预防系列化服务模式，着力降低出生缺陷发病率、提高出生人口素质。一是扩大服务范围。在巩固试点基础上，全面扩大出生缺陷一级预防范围，全市238个乡镇的出生缺陷一级预防工作已全面展开。二是加强专业培训。全市举办31次B超人员优生筛查应用研讨、孕前优生健康检查培训班，加强对孕前优生健康检查项目人员的专业培训，提高出生缺陷预防技术人员的业务素质。三是推进干预工程。全年全市累计投入出生缺陷预防工作专项经费1278.2万元，发放宣传资料22万份、叶酸及复合叶酸营养素10.5万人份；进行婚(孕)前培训7.2万人、优生优育咨询7.3万人、孕前筛查4.8万人。四是加强部门协作。人口计生部门主动与卫生部门联合开展出生缺陷预防知识宣传、医学咨询、出生缺陷筛查等工作，为2234个家庭建立了高危人群健康档案。

【流动人口计划生育管理服务水平进一步提高】 一是积极开展流动人口及返乡农民工计生家庭帮扶活动。市人口计生委出台23项具体措施为流动人口尤其是返乡流动人口提供服务，帮助41332名返乡农民工实现再就业。二是落实维权服务。全市开通流动人口维权电话331部，受理侵权投诉案件45起，查处侵权案件44起。三是加强区域协作。积极与外出务工人员聚集地签订流动人口双向管理协议书，在广东、上海、北京等南阳籍流动人口较为集中的城市分别设置集办公、信息处理、接待民工来访等职能为一体的服务站，建立了流动人口计划生育协会，推选了理事和联系人，为做好流动人口计划生育管理服务工作奠定了组织基础。

【计划生育利益导向机制不断完善】 主要是扎实做好八个方面的工作：一是做好奖励扶助和特别扶助对象资格确认工作。严格按照“村、乡、县三级审核、三级公示”的原则，全市共确定2009年度奖扶对象14275人、特扶对象836人，其中新增奖扶对象2805人、特扶对象329人。二是做好独生子女父母奖励费的落实工作。全市共为30.77万户独生子女家庭落实奖励费4660万元。三是2009年度农村独生子女和计生双女家庭中招加分工作。全市共为2303名计生家庭学生实现了有效加分，共减少学费支出947.7万元。四是做好主动退还二胎生育指标夫妻的奖励工作。全市共为152户主动放弃二胎生育指标的农村计生家庭发放奖励费30.4万元。五是做好农村计生家庭多分一人份经济收入、集体福利、征地补偿金政策落实工作。全市共为5160人落实优待金267万元。六是做好农村独女家庭养老保险补贴工作。全市共为13760户农村独女家庭办理了养老保险补贴(其中2009年新增

1451户)。西峡、邓州、内乡、宛城等县市区把双女结扎户纳入养老保险补贴范围;西峡县对独女家庭养老保险补贴金每户增加50元,内乡县把农村14岁以上独子家庭纳入养老保险补贴范围。七是做好对计生家庭政策倾斜工作。市民政局对享受农村低保政策的独生子女户在进行医疗救助报销时,比原报销比例提高10个百分点;市卫生局明确对农村计生家庭住院报销时,在原报销基础上提高5个百分点,并为28.6万名计生家庭落实新农合参合费补贴金463万元。八是做好困难计生户救助工作。全市共救助困难计生家庭18052户,落实救助资金82.57万元,其中为计生家庭子女考上大中专院校的188名学生颁发救助金22.4万元。

【计划生育协会工作】 市计划生育协会把"生育关怀行动"作为统揽计划生育协会工作的龙头和深化计生协工作的有效载体,扎实推进。立足群众需求,积极组织计生协广大理事会员,把开展集中性宣传与经常性教育相结合,拓宽宣传内容,强化宣传效果。坚持双创活动,加强自治评估,完善章程公约,规范自治行为,村民自治工作进一步加强。全面推行了计划生育节育保险、独生子女伤残亡保险、基层计生干部意外伤害保险和以母婴安康保险为主的计生系列保险。2009年对256名生育关怀对象发放生育关怀抚恤金每人600元,市计生协会被评为河南省生育关怀先进集体。

【计划生育药具管理】 以优质服务满足群众需求为目标,努力建设以免费供应为基础,多种发放模式相补充的药具管理与服务体系。自11月开始全面推广了"批号+编码"管理模式,实现编号管理、实名制发放,从县到乡到村、药具零售点、免费发放点设置编码,制做发放专用章。对国家免费的避孕药具在发放前按照不同的流向,分别用不同的代码进行盖章标识,使国免药具发放过程形成了相对严密的标识管理办法。人口计生、工商、公安、卫生、宣传等部门共同参与,定期开展药具零售市场综合治理行动,规范市场管理。在医药零售店、保健品店粘贴全省统一规范的"禁止销售国家免费避孕药具"红色警示牌,与每个免费发放点签订了委托协议书、"不销售国家免费避孕药具"承诺书。(李长波 张黎)

劳 动 保 障

【企业养老保险】 全市企业参保人数48.1万人,完成年度任务的100.5%。征缴企业养老保险费93750万元,完成年度任务的114.3%。清欠3658万元,清欠率49.7%;为127694名离退休人员发放养老金157615万元,同比增发30065万元,增幅23.5%;按时足额发放率和社会化发放率均达100%。

【机关事业单位养老保险】 全市机关事业单位养老保险参保人数19万人。征缴养老保险费94624万元,征缴率101%。为54638名离退休人员支付养老金91303万元,发放率为100%。

【失业保险】 全市参加失业保险职工61.6万人,完成年度任务的101%。失业保险基金收入9977万元,完成年度任务的128%。清理以往年度欠费2163万元,清欠率为185%。发放失业保险金5961万元,失业保险金的发放率及社会化发放率均达100%。累计培训失业人员12304名,培训率达61%;帮助8714名失业人员实现了再就业,再就业率达到43%。累计领取失业金20239人,充分发挥了失业保险保生活促就业的双重功能。

【医疗保险】 全市城镇职工参保人数69.7万人,完成年度任务的103.2%,其中农民工参保人数2.2万人,完成年度任务的111%。征缴基本医疗保险基金56657万元,完成年度任务的113.3%。支出基本医疗保险费47674万元。城镇居民基本医疗保险参保人数达到77万人,完成年度任务的102.7%。

【工伤保险】 全市新增扩面15469人,参保职工34.5万人,分别完成年度任务的140%、102%;其中农民工参保人数89488人,完成年度任务的108%。征缴工伤保险费2720万元,完成年度任务的158%。清欠176万元,清欠率39%。为675名享受伤残待遇人员、36名因公死亡人员、504名供养亲属共支出待遇1277.6万元。

【生育保险】 全市参加生育保险22.6万人,完成年度任务100%。征缴生育保险费1188.3万元,完成年度任务的113.2%。为1351名符合条件妇女发放生育保险金687.8万元。

【就业再就业】 全市城镇新增就业10.5万人,完成年度任务的139.5%。下岗失业人员再就业31553人,其中"4050"人员再就业11513人,分别完成年度任务的126%和127.9%。创业培训1380人,完成年度任务的115%;下岗失业人员再就业培训26844人,完成年度任务的107.4%。发放下岗失业人员小额贷款16549万元,完成年度任务的165.5%。农村劳动力转移就业13.5万人,完成年度任务的112.2%;农村劳动力技能培训51713人,完成年度任务的103.4%;劳务总收入210.5亿元,完成年度任务的105.2%。投入资金3333万元,开发公益性岗位7560个;为9183名灵活就业人员落实社保补贴1557万元;为下岗失业人员再就业减免费税1248万元;城镇登记失业率控制在3.8%,低于省定目标0.7个百分点。落实"五缓四减三补"政策帮扶困难企业752家,减免各项社会保险费1.57亿元。

【劳动保障监察】 劳动保障监察机构巡察用人单位2310家,涉及劳动者32.15万人;受理投诉举报3385件,立案901件,结案871件,结案率96%;为2694名劳动者追发工资、押金等待遇2347万元;督促182家企业缴纳社会保险费4661.3万元;对全市372家用人单位2008年劳动保障诚信等级进行了评定。

【离休干部医疗统筹】 市直纳入统筹管理离休干部901人。2009年市直离休干部医疗费总收入为1613.2万元。全年合计支出2080.3万元。对驻宛"两属"企业单位离休干部医疗费开展属地管理,首家签约单位预交统筹医疗费23.4万元。

【劳动工资】 完善劳动关系三方协调机制。调查并及时向社会发布城区51个职业(工种)工资指导价位;对全市九大行业人工成本构成情况进行了调查摸底;市直80家企业5万名职工完成用工初始备案;大力推行集体协商和集体合同制度,扩大集体合同覆盖面;全市4个行业60余家企业签订了集体合同;对市直113家企业工资支付情况以及落实最低工资情况进行了书面检查,建立了职工工资正常增长、预防和解决工资拖欠问题的长效机制。组织135家企业发出共同倡议、共同应对危机,不减员,不降薪,有效地稳定了劳动关系。

【劳动争议仲裁】 全年仲裁受案392件,已结案360件,涉案金额达3260.7万元,结案率达92%;调解结案164起,成功率40%以上;劳动合同鉴证96790份,签订率达99%;纠正1230份违法合同不合理条款18320条。

【职业技能开发】 全年企业共培训32758人次。全年新技师培养555人,完成年度任务的101%。技校招生3251人,完成全年任务的102%。民办培训机构培训38096人次,完成全年任务的100.3%。全市职业技能鉴定20340人,合格18120人,其中:初级工1022人,中级工14932人,高级工1609人,技师555人;农民工签定考核鉴定20340人,完成全年任务的103.7%。实施特别职业培训计划,农民工技能培训41609人,城镇失业人员培训29460人,新成长劳动力培训4510人。组织98个工种23万技术工人技能大赛,135人获得南阳市技术能手称号。技工学校共有5972名学生享受了国家助学金。

【退休审批及劳动能力鉴定】 全市共审查正常退休人员档案10850份,为6438名符合条件的人员办理了退休手续;审查从事特殊工种退休人员档案1518份,为857名符合退休条件的从事特殊工种人员办理了退休手续。审核政策性破产企业提前退休档案135份,报省厅核批退休124人。为全市2987名(其中市直343名)因病、非因工(公)死亡退休人员遗属审批生活困难补助费。为全市1891名企事业单位离休干部审批发放了生活补贴,为124名生活不能自理的离休干部增加了护理费。根据国家有关工龄认定政策,对全市及改制企业1896名(其中市直397名)职工重新确定了参加工作时间,为这部分人员在办理各种社会保险手续和享受相关待遇时提供了准确依据。认真落实困难企业军队转业干部待遇工作。为全市2016名(其中市直368名)养老金偏低的困难企业退休军队转业干部审批个案帮扶金额13万元;为全市76名(其中市直18名)困难企业军队转业干部办理了提前退休手续。对10家符合条件企业建立年金制度进行备案。积极筹措发放资金1.8亿元,为全市11.7万名企业离退休人员调整了待遇,月增加养老金总额1409.42万元,人均月增加基本养老金120.85元。(盛锋)

住房公积金管理

住房公积金管理中心主任　冯文胜

【公积金管理中心工作概况】 2009年，市住房公积金管理工作，进一步加强政策宣传，加大归集扩面和住房贷款工作力度，全面深化内部管理和监督检查，着力克服金融危机带来的困难，开拓创新，超额完成了各项目标任务，主要业务指标同比均实现了大幅度增长。全市新增缴存单位574个，职工38331人，同比增长57%，全市实现公积金归集8.2亿元，完成年度归集计划的117.3%，同比增长24.3%；办理公积金提取20792万元，其中消费性提取12883万元，销户性提取7827万元，其他原因提取82万元，提取额占当年归集额的25.3%，同比增长61.5%；全市共为4448户职工家庭发放住房贷款47612万元，同比增长13.7%，完成年度计划的116.5%，当年放贷额占当年归集额的58%；全年业务收入总额5341万元，业务支出2838万元，实现增值收益2503万元，同比增长86.4%。

【公积金归集】 2009年，受全球金融危机对经济实体的影响，大部分企业经济效益下滑，生产经营存在较大困难，给住房公积金整体扩面工作带来严峻的挑战。为应对危机，中心采取有力措施促进归集工作。一是积极争取各方面支持。市中心在做好相关汇报协调工作的基础上，各管理部积极与驻地政府、财政等部门沟通协调，促进当地归集扩面工作，尤其在财政配比公积金方面取得了实质性进展。截止年底，完成公积金机构移交的12个县市区已全部进行了公积金配比，其中卧龙、宛城、新野、方城达到了最低的5%配比，且配比面达到100%。二是努力营造建缴氛围。通过多渠道、多形式的宣传，努力营造政府支持、单位自觉、职工维护的催建催缴氛围。市中心以《南阳日报》为载体，刊登专题文章，宣传住房公积金管理工作。各管理部也通过制作宣传展板，抽派专人深入机关、企业、社区发放宣传资料等形式，加强公积金政策宣传，收到了较好的效果。三是健全和完善住房公积金动态管理机制。坚持完善重点缴存单位信息档案，对缴存大户进行跟踪服务，及时了解单位职工人数变化及工资变动情况，并坚持实行缴贷互促机制，通过对个人住房贷款资料的审查，发现并督促少缴、漏缴单位补缴公积金。四是采取上门走访、宣讲政策法规、启发引导等方式，提高非公企业负责人的社会责任感和执行法律法规意识，扩大公积金归集面。五是加强归集执法力度。通过下发缴存通知书、处罚告知书等手段，促使企业建立公积金制度。全年通过执法补缴公积金700多万元。六是强化目标管理。在市政府把公积金归集工作纳入到对各县市区目标管理内容的基础上，中心结合市政府确定的目标任务，进一步完善了内部目标管理办法，将全年目标任务分别下达到管理部，管理部又将目标分解到个人，形成了一级抓一级，层层抓落实的良好局面。

【公积金使用】 2009年，市中心出台了多项惠民政策和便民举措，扶持职工合理消费，支持经济发展。一是对因特定原因没有足额缴存住房公积金的财政全供行政事业单位职工，只要符合连续缴存住房公积金一年以上条件的，视为具备贷款资格。二是单方或单职工缴存住房公积金的家庭最高限额，可在原规定的基础上，根据家庭收入状况适当放宽，但不超过双职工家庭均符合贷款条件时的最高限额。三是对因改善住房条件二次购房的职工，在原贷款已还清的前提下，只要符合贷款条件可以再次贷款。四是根据贷款时间和还款情况与现行贷款规定，允许更换担保人或有序解除保证责任。五是对符合支取条件的，做到随申请随办理，并本着以人为本的精神，放宽了对长期失业的困难职工及解除劳动关系返乡的外地市户籍职工的支取条件。截止年底，全市住房公积金的使用率已提高到62%(不含油田分中心)，累计支持职工购建房面积330多万平方米，充分发挥了公积金在职工住房中的保障作用。

【公积金风险管理】 市公积金管理中心始终把风险管理放在头等重要位置抓紧抓好。一是建立健全财会岗位目标责任制，明确岗位职责，强化责任意识，规范财务行为。二是加强内部稽核，及时发现和纠正财务管理中存在的问题，确保会计核算及时、真实、准确、全面，公积金帐表、帐证、账实相符。三是通过合并多余账户、下放部分核算业务、启动电子银行等措施，提高会计核算速度和资金的监管水平。四是加强公积金贷款风险控制。严格实行信贷员初审、管理部主任复核、中心领导审批的三级审批制度，强化贷前及贷中、贷后跟踪管理的工作力度。五是严防住房公积金提取风险。认真核对申请者身份证、购房合同等受理材料的真伪。同时加强对内部职工的教育和监督，堵塞"人情"提取等违规行为的发生。六是加强培训。中心组织对全系统财会人员进行专题培训，为内部财务的规范化、科学化管理打下坚实基础。七是努力提高增值收益率。在确保满足职工个人住房贷款需求和支取的前提下，通过研究国家利率政策，合理分配资金，最大限度地增加增值收益，提高增值收益率。全年全市的增值收益率达到1.5%。

【公积金服务】 一是做好窗口服务。全面落实"首问责任制"、"一次性告知制度"，倡导"微笑服务、限时服务、挂牌服务"，统一工作制服、统一服务用语，做到职工办事"来有迎声、问有答声、走有送声"。二是做好上门服务。采取"上门服务、现场办公"的方式，深入宣传公积金制度，帮助解决缴存、提取、贷款业务中存在的问题和困难。三是做好网上服务。在做好网站内容更新、版面调整等工作的同时，增加新的服务项目，及时解答职工反映的热点难点问题，受理网上投诉，利用网站便利、快捷、面广等优势，为职工提供更多的服务。

【公积金专项治理】 市中心围绕健全内部监管制度、加强审计监督、查纠违纪违法行为、增强风险防范能力、提升服务质量、加强行风建设等六方面工作进行自查，并进行了针对性的整改。通过专项检查，进一步增强广大干部的法制观念和风险防范意识，促进各项管理制度的贯彻落实。从自查的情况看，资金运行安全，制度执行良好，未发现违法违纪行为。（张云峰）

人民生活

城镇居民生活

【城镇居民收入】 据抽样调查资料显示，2009年全市城镇居民人均可支配收入13498元，比上年增长8.9%，扣除价格因素，实际增长10.2%。从城镇居民家庭总收入的构成看，人均工资性收入9596元，比上年增长7.4%，占家庭总收入的比重为68.1%，继续占据主导地位；人均经营性净收入1496元，增长11.9%；人均转移性收入2695元，增长16.8%；人均财产性收入310元，增长24.0%。

【城镇居民消费支出】 2009年，随着城镇居民收入的稳步增长和扩大内需政策的逐步落实，全市城镇居民消费水平不断提升，全年城镇居民人均消费性支出9595元，比上年增长14.7%，扣除价格因素，实际增长15.2%。从吃的方面看，人均食品支出3168元，比上年增长10.6%，恩格尔系数降至33.0%；同时面食消费量下降，肉、蛋、水果消费量上升，说明居民饮食质量提高，结构优化。从穿的方面看，人均衣着支出1323元，增长10.7%；全年居民家庭购买服装的数量增长9.7%。从住的方面看，人均居住支出942元，增长8.1%，其中，住房装潢支出增长52.7%。从行的方面看，人均交通支出709元，增长80.8%；家用小汽车已成为代步工具进入城镇居民家庭，年末百户家庭汽车拥有量达到1.29辆；人均通信支出555元，增长8.6%。从家庭设备用品方面看，人均家庭设备用品及服务支出654元，增长13.1%。从医疗保健方面看，人均医疗保健支出830元，增长24.1%。从文教娱乐服务方面看，人均教育文化娱乐服务支出1095元，增长8.9%。从其他用品服务看，人均其他商品和服务支出318元，增长15.6%。其中，金银珠宝饰品支出增长63.3%。

农民生活

【农民收入】 据抽样调查资料显示，2009年全市农村居民人均纯收入4931元，比上年增长7.9%，扣除价格因素，实际增长7.7%。农民纯收入增长的主要特点：一是来自第一产业收入继续增长。当年全市农民人均从第一产业获得的纯收入为2813元，比上年增长4.8%，增收额占到全部农民收入的35.8%；其中，人均农业纯收入2366元，增长5.0%；人均牧业纯收入416元，增长3.5%。二是非农产业是农民增收主力。全市农民人均工资性收入为1446元，增长10.1%，对农民增收的贡献率为36.8%。其中农民人均在本地劳动得到的收入为641元，增长15.3%；农民人均外出从业得到的收入为664元，增长6%。同时，新农村建设给农村二、三产业创造了良好的发展机遇，加快了农村劳动力转移和农民收入增加。当年全市农民人均从家庭经营二、三产业得到的纯收入为342元，增长13.6%。其中，第三产业人均纯收入221元,增长15.8%。三是支农惠农政策落实为农民增收提供了保障。国家进一步增加对“三农”的补贴资金,提高良种补贴和对小麦直补的标准,并新增加对水稻、玉米和棉花的种植补贴,扩大覆盖面;大规模增加农机具购置补贴和农资综合补贴。另外,继续加快推进新型农村合作医疗普及工作、农业保险等等,这些惠农政策的实施成为稳定农民增收的重要因素。2009年农民惠农政策收入人均达172元,比上年增长10%左右。

【农民生活消费支出】 2009年全市农村居民人均生活消费支出3606元,比上年增长10.7%。农村居民生活消费结构呈现以下特点:一是食品消费更加注重营养。全市农民人均食品消费支出1363元,比上年增长5.6%,恩格尔系数37.8%,比上年下降了1.8个百分点。食品消费量中水产品和肉禽蛋产品的消费量有所增加,其它基本持平,反映出随着生活水平的提高,农民食品消费更加注重营养。二是衣着消费更加注重时尚和潮流。全市农民人均衣着消费支出196元,增长7.0%。其中,服装支出135元,增长6.1%;鞋类支出45元,增长20.7%。三是居住条件明显改善。全市农民人均居住消费支出1044元,增长18.0%,人均住房面积31.2平方米,比上年增加1.3平方米。四是家庭设备用品普及率较高。全市农民人均家庭设备用品消费支出190元,增长28.4%。五是交通和通讯更加便捷。全市农民人均交通和通讯消费支出325元,增长5.2%。六是精神文化生活消费不断提升。全市农民人均文化教育、娱乐消费支出180元,同比增长14.1%。七是身体保健更加关注。全市农民医疗保健消费支出229元,同比增长13.6%。其中医疗费同比增长8.3%,看病问题仍然是农民关注的热点。此外,2009年其他商品和服务消费支出人均80元。其中,用于购买首饰同比增长46.6%;用于化妆品同比增长1.15倍;用于美容美发同比增长36.7%。(杨光　安红波)

民　　政

市民政局局长、党组书记　王琴

【民政工作概况】 2009年,南阳市民政部门紧紧围绕市委市政府的整体部署,坚持“以民为本、为民解困、为民服务”的工作宗旨,突出重点,统筹兼顾,各项工作全面进展。

一、城市低保工作。城市低保全面提标,中心城区低保标准由180元提高到200元,内乡、社旗、镇平提高到200元,西峡提高到204元。全市城市低保人数为13.34万人,占全市城镇人口的7.2%,累计支出低保资金2.17亿元,基本做到应保尽保,全部实现社会化发放。

二、农村低保工作。全市共确定农村低保对象20万户43.8万人,动态增加农村低保对象13.6万人,占农业人口的比例由3.3%提高到4.6%。从下半年开始,人均补助标准由40元提高到50元。全年累计支出救助资金2.07亿元。

三、五保供养。五保供养标准按照要求集中供养由每人每年1400元提高到不低于1600元,分散供养由每人每年不低于1000元提高到不低于1100元。全市有五保对象81522人,其中集中供养33163人,分散供养48359人,集中供养率40.7%,累计支出五保供养资金7832万元,全部实行了社会化发放。全市共有五保供养服务机构740所,其中乡镇敬老院309所,分院和村级敬老院431所,基本消灭了乡镇敬老院空白点。

四、救灾救济。汛期市级下拨救灾资金50万元,受灾县乡支出救灾款物291.3万元,确保受灾群众生活安定和灾区的社会稳定。春荒期间,共安排救灾救济款960万元,救济困难群众24.3万人。冬令期间,市本级下拨救灾资金70万元、棉衣3900套、棉被5200条,有效保障困难群众的基本生活。7月16日召开全市城乡医疗救助工作现场会。农村医疗救助42万人次,支出2169万元;城市医疗救助3.5万人次,支出633万元。

五、双拥优抚工作。申报的南阳市、桐柏县、内乡县、邓州市、唐河县全部通过验收,被命名为省级双拥模范城(县),受到表彰。完成各类优抚对象数据库的更新工作,对全市58419名各类优抚对象的资料进行了更新上报,新增享受优抚待遇18594人。协调解决驻宛部队82名随军家属的安置和42名部队子女的入学问题。先后8次组织开展对部队演习、拉练的慰问活动。市烈士陵园扩建工程已竣工,布展前期工作已准备就绪。

六、安置工作。2009年共接收复员退伍军人5009人。符合安置条件的1602人，占退伍军人总数的32%。有331人申请自谋职业，自谋职业率达21%。全面落实军休干部的政治和生活待遇，接收和安置军休人员16人；在全省介绍了军休房改工作经验。军供站、军转站实现了自我保障和基本稳定。西军供站年度接待过往部队96批3.16万人次，高质量、高标准完成任务，被授予济南战区军供站建设先进单位。复退军人稳定工作扎实有效，连续5年被市委、市政府表彰为“全市信访工作先进单位”、“全市维护稳定工作先进单位”，民政信访工作在全国会议上介绍经验，被民政部表彰为“全国民政信访先进单位”，成为全国获此殊荣的三家地级市之一。

七、社区建设。全市于4月至7月份开展社区党组织和全省统一届期的第三届社区居委会换届选举工作。换届工作平稳有序圆满成功，换届率达到100%。进一步加强社区基础设施建设，争取资金360万元，市、县、街道、社区四级投入社区建设资金上千万元，社区基础建设水平进一步提升。积极推进社区服务工作，相关职能部门在社区增设服务站点568个，社区志愿者队伍发展到上万人，社区服务活动日益充实，社区运作规范化水平不断提高。

八、民间组织管理。市、县两级先后培育发展了南阳核能技术协会、食品流通自律协会、中小学体育协会等社会团体77家；登记以科技类为重点的民办非企业18家。切实加强对民间组织的监管工作，依法注销运作不规范、社会效益差的11个社会团体和3个民办非企业单位；与工商部门、新闻单位协作，及时制止了与餐饮业相关的三家行业协会发起的“对饭店自带酒水者收开瓶费”的不良倡议，化解由此引发的负面舆论；与公安、安全部门配合，查处两起非法民间组织和民间组织的非法活动，维护了社会大局的稳定。

九、社会事务管理。在现有政策框架内稳步推进殡葬改革，按照省、市要求，火化率保持在不低于全省平均水平。坚持常年开展中心城区殡仪秩序监管工作，巩固两年来的整治成果，有效服务了文明城市建设。适应新形势对城市流浪乞讨救助工作的新要求，创新工作方法，采用到站救助与流动救助相结合的方法，以宣传教育和物质救助相配合的形式，增强流浪乞讨救助工作的实际效果，全年救助符合条件的流浪乞讨人员6400余人，经教育劝返强讨强要人员600余人次，为115名流浪乞讨人员实施免费医疗救治。婚姻登记规范化建设水平继续提高，全市一年共办理国内婚姻登记99849对，涉港澳台婚姻登记88对，合格率100%；规范办理收养登记224件。全年完成2条市级界线和6条县级界线的联检工作，妥善处理4起与市相关的省内外边界纠纷。县、乡地名设标覆盖面不断扩大；中心城区新增门牌1000余户；创新工作方法，采用广告位招商办法，在财政不投资的情况下，高标准开展了市区主要街道的路名牌设置工作，新增路名牌18块，服务了文明城市建设。

十、社会福利事业。全市福利彩票销售达到1.3亿元，电脑彩票发行稳居全省前列。新办社会福利企业7家，新增残疾人就业100余人；福利企业年检不走过场，切实维护残疾职工的合法权益；邀请专家为福利企业老总举办讲座；协调人大视察福利企业优惠政策的落实情况，为福利企业创造良好的发展环境。对312名艾滋病致孤人员和376名农村因艾滋病导致单亲家庭未成年子女按标准实施了救助。继续开展受艾滋病影响儿童职业技能培训工作。争取引进6个孤儿资助项目，先后资助20名孤儿到周口科技职业学院接受职业技术培训，8名孤儿进入民政部干部学院学习，对23名孤儿高中生和28名孤儿大学生人均资助学费3000～5000元等。组织75名贫困残疾人免费安装假肢。福利机构设施水平不断完善，市儿童福利院基本完工，新野县福利中心已投入使用，新建卧龙区龙兴乡阳光家庭已投入使用。市社会福利院组织职工与孤儿开展“一帮一”活动，为孤儿提供亲情关爱，提高孤儿养育水平；探索开展家庭寄养工作，已有50名孤儿进入家庭寄养，效果良好；2009年涉外送养孤儿19人，为孤残儿童找到良好归宿，中央电视台相关栏目给予了报道。市殡仪馆在火化量下降的情况下，加强管理，内部挖潜，经济收入比上年增加8%。卧龙公墓加强软硬件建设，在市场竞争中保持了较好的经营状况。肢体康复中心主业与辅业并重，实现了经济效益和社会效益的同步增加。

【主要灾情】 2009年，南阳市遭受了旱灾、洪涝、风雹等自然灾害，其中部分地区重复受灾，给灾区群众的生产生活造成了严重影响。据统计，自然灾害共造成全市受灾人口397.78万人，因灾死亡3人，因灾失踪3人，紧急转移安置6.98万人，农作物受灾34.9万公顷，绝收面积1.34万公顷，倒塌民房10940间，损坏房屋10533间，造成直接经济损失9.61亿元，农业直接经济损失6.46亿元。

【生产救灾】 汛期市级下拨救灾资金50万元,受灾县乡支出款物291.3万元。春荒期间,安排救灾救济款960万元,救济困难群众24.3万人。冬令期间,参照"4+2"工作法,对全市的缺粮情况进行了普查。全市需口粮救济人口约47.536万人,需衣被救济人口12.94万人。截止年底,市级已下拨救灾资金70万元、棉衣3900套、棉被5200条。通过协调争取,省财政安排南阳市冬春生活救助资金1800万元也已下拨到位,有效保障了全市困难群众冬令春荒期间的基本生活。

【福利生产】 2009年,福利企业办公室围绕"确保残疾人稳定就业 促进福利企业健康发展"两大中心任务,确保福利企业和谐稳定发展。年初在南阳宾馆召开新福利企业协会成立大会。国庆六十周年前夕,联合市安监局对全市福利企业进行安全维稳大检查,消除不安全因素。强化福利企业监管工作,先后制定《管理暂行规定》、《安全生产通知》、《加强残疾职工冬季生活保障》等文件。全市福利企业残疾职工"四金"参保率达100%,工资发放及时,劳动合同签订率达100%,使残疾职工的合法权益得到有效保护。协调市人大主要领导和人大财经委、宣工委、法制委相关部门对福利生产工作进行视察、督促,把福利企业工作列为人大督办的十大实事。8月份邀请河南财经学院和南阳师院的专家对企业经理会计进行培训,提高企业管理人员的素质。全年新办福利企业7家,115家福利企业从业人数5965人,其中安置残疾人员2843人,全市福利企业年销售收入22.94亿元,利润总额2.51亿元。

【福利彩票】 电脑彩票销量稳中有升,占南阳福利彩票市场总销量的93%。其中"双色球"游戏5500万元,"3D"游戏3700万元,"22选5"游戏2000万元,"七乐彩"游戏300万元,"幸运武林"快开游戏10万元。全市415个投注站达到规范化要求,解决700多个就业岗位。开展奖优罚劣,对11个上年销售业绩突出的优秀投注站,分别给予3000元和2000元奖励,对中心城区销量排名前50名免费订阅《南阳日报》、《南阳晚报》。对8个投注站停机处罚,3个投注站撤销销售资格。设立了站点管理投诉电话。全年市场管理人员到投注站维护服务达5000余次。先后对全市投注站销售人员进行4次大的集中培训和9次分散培训,培训人数达3000人次。积极探索网点即开票销售模式。9月份正式销售网点即开票,在南阳中心城区成立12个中心站。全市连续中出"洛阳牡丹"15万元大奖、"水浒108将"25万元大奖,"节大欢喜"10万元大奖,以及5万元以下大奖16个。经常增添彩票品种,不断满足彩民需求。已上市销售了勇士闯关、大富翁、节大欢喜、国游探宝、锦绣中华等25个品种,吸引了无数的福彩爱好者。2009年,全市福利彩票销售1.3亿元,筹集公益金约1100万元,代征个人所得税95万元,其中电脑票销售1.2亿元,网点即开票销售1200万元,中福在线销售7万元,全市彩票市场占有率44%,南阳市福彩销售总量仍位居全省第三名。

【社区建设】 2009年,社区基础设施进一步加强。向上级争取项目资金和建设资金360万元用于全市社区基础设施建设。积极鼓励社会团体和企事业单位参与社区基础设施建设,市、县(市、区)街道和社区四级共投入社区基础设施建设资金千余万元。全市社区基础办公设施共配备办公桌椅775套(件),电话32部,电脑16台,其它办公设施如档案柜、饮水机等51件。社区服务进一步完善。全市社区已成立社保站72个,社救站59个,卫生服务中心16个,卫生服务站15个,计生服务站186个,治安警务室103个,文体活动中心117个。社区志愿者10878人,无偿服务居民群众720余人次。卧龙区梅溪街道被民政部命名为"全国和谐社区建设示范街道"、宛城区玄妙观社区被民政部命名为"全国和谐社区建设示范社区"。另有4个先进集体和13名先进个人受到省民政厅表彰。

【居委会换届选举】 按照《中共南阳市委组织部南阳市民政局关于认真做好全市社区党组织暨第三届社区居民委员会换届选举工作的通知》要求,5～7月开展社区居委会换届选举工作,共有2200余名社区干部成功当选。具有大中专以上文凭的干部达到40%以上,40岁以下的社区干部达到50%以上,党员比例达到52%。开展村(居)委干部的培训工作,对新当选的397名村委会干部和198名社区居委会干部进行业务知识和法律法规等知识的培训。

【退伍安置】 坚持把退伍安置重心由政府指令性安排就业向全面推进退役士兵自谋职业、技能培训和就业服务方面转移。充分发挥退伍军人培训服务中心作用,在中心城区挑选知名度高、师资力量强的中州技校、华中技校作为退役士兵技能培训基地。通过形式多样的培训,全市全年拿到国家及劳动部门认可的初级资格证书的退役士兵有397人。全年多渠道推荐、介绍就业累计1900

余人。全市共接收复员退伍军人5009人,其中城镇籍退役士兵1771人(含转业士官227人),农村籍退役士兵3235人,复员干部3人。经接收及资格审查全市应安置对象1602人,占退役士兵总量的32%。截止年底全市已有331人申请自谋职业,自谋职业率达21%。

【军休安置】 2009年,南阳市共接收安置军休人员16人。认真执行军休安置政策,全面落实军休干部两个待遇。春节、八一、建国六十周年期间,组织各单位开展形式多样的慰问军休干部活动,组成慰问组13个,走访军休干部家庭250户,看望长期住院卧床不起军休干部及遗孀36人,通过召开团拜会、举办军民联欢会、发放节日补助金、赠送春联等一系列送温暖活动,充分体现了党和政府对军休干部的关怀。严格执行军休干部有关政策文件规定,分别做了军休干部服装费、荣誉金、房租补贴、军粮差价补贴、津贴补贴等五项军休干部待遇调整工作。切实做到离休干部医疗费实报实销,退休干部全部参加医疗保险。阶段性完成军休干部房改工作。成立了南阳市军休干部房改工作领导小组和房改业务工作小组,明确全市军休干部住房改革工作的步骤、方法和程序,建立了定期汇报和研究制度。采取召开座谈会等多种形式做好军休干部及其家属、子女的政策宣讲和问题解答工作。

【城乡居民最低生活保障】 2009年,城乡低保工作坚持制度管理,做到分类施保、应保尽保。先后两次召开全市城乡社会救助工作和农村低保工作会议,南阳市政府办公室下发了《关于进一步完善农村居民最低生活保障制度的通知》,并制定了具体的操作细则,坚持做到低保对象有进有出,动态管理。年初开展农村低保提标、扩面、分类施保工作,把低保人员分为A、B、C三类,三类人员的补助水平分别平均为76元、50元、30元。按照“四议两公开”工作法对新增扩面人员进行摸底分类。通过个人申请,群众评议,张榜公示,乡镇初审,县市区民政局审批,于6月20日前完成复核、分类、扩面和建档工作。共确定农村低保对象200473户438253人,占农业人口的4.6%,其中新增168144人。对城市低保标准进行调整,市区由2008年的180元提高到200元,西峡县提高到204元,内乡、社旗、镇平县提高到200元,其它县市提高到180元。全市城市低保标准平均为190元,月人均补助水平由125元提高到130元。

【农村五保供养】 农村五保供养工作连续五年纳入政府目标管理,按照《河南省实施农村五保供养工作条例办法》,各县都相继出台实施细则。取消了土地收益折款,把五保供养经费列入本级财政预算,坚持按标施保,实现社会化发放。五保供养标准按照省厅要求集中供养由每人每年1400元提高到每人每年不低于1600元,分散供养每人每年不低于1100元予以执行,全年上级补助五保供养资金4227.6万元。全市共有集中供养五保对象33163人,集中供养率达40.7%。下拨完善敬老院内部设施资金897万元,加强和规范敬老院的内部管理。按照工作人员与集中供养对象原则上不低于1:10的比例进行配备,参照南召云阳镇、西峡丹水镇、桐柏月河镇的管理经验,研究制定敬老院各项管理制度,逐步探索一种福利性、公益性、经营性并举的五保供养模式。引导院民自我管理自我服务,把入住的五保对象适当划分成后勤服务、卫生、养殖、种植等若干个小组,实行以副补院,解决敬老院的投入不足问题。自上而下开展文明敬老院评选活动,共评选出省级示范敬老院1所,省级文明敬老院18所,省级优秀敬老院院长和工作人员26名,市级文明敬老院36所。

【医疗救助工作】 2009年,医疗救助工作重点放在全面建立医疗救助信息共享、平台共用、同步结算上。8月份在邓州市召开城乡医疗救助工作现场会,由邓州、西峡、宛城介绍同步结算工作经验,指导各县市区全面开展医疗救助同步结算工作。同时规范救助程序,加大救助力度,统一全市医疗救助审批表格,进一步规范审批程序。一至三季度农村医疗救助421446人次,支出2168.7万元,城市医疗救助34778人次,支出633.1万元。全年上级补助医疗救助资金8170万元,确保医疗救助同步结算工作正常有效地展开。

【双拥优抚】 根据市委、市政府开展“六创一迎”活动的决策,以及以创建全国双拥模范城为突破口带动其他创建目标顺利实现的要求,市双拥工作领导小组制定下发《南阳市创建全国双拥模范城工作方案》。按时间把创建工作进行了细化分工,并明确各县市区、市直有关单位及驻宛各部队的创建职责任务。设立了创建全国双拥模范城工作机构。创建全国双拥模范城分指挥部下设了“一办六组”,即办公室、驻宛部队工作组、政策落实组、宣传教育组、帮建督导组、经费保障组、督查巡视组。明确了各组工作职责及具体负责人,并实行市直单位分包县市区帮建督导。10月28日,召开由各县市区长、分管双拥工作的副职、民政局长、双拥办主任、市直有关单位主要负责人和部分驻宛部队官兵参加的工作会议。市政府与14个县市区政府和27个市直单位签订了创建全国双拥模范城目标责任书。市委、市政府、南阳军分区印发《南阳市关于加强新时期双拥工作的意见》,市政府修订《南阳市驻军随军家属安置就业办法》。10月26日至11月15日,市政府组成4个督查组,对各县市区和各有关单位优抚安置工作进行了专项督查。创建全国双拥模范城分指挥部对驻宛部队需要地方政府协调解决的多个问题进行了协调处理。帮助42名驻宛部队子女协调解决了入学问题,协调政府和有关部门对驻宛部队82名随军家属进行安置。

2009年是建国60周年,市委、市政府对支前拥军更加重视。8月5日至10月26日,市领导及卧龙、宛城、新野、唐河、社旗等县区领导先后对参与"跨越——2009·确山"演习的广州军区75120部队、济南空军某部、"跨越——2009·鹿寨"演习的济南军区71352部队、"前锋——2009"涉外演习的驻宛部队进行慰问;对革命功臣代表进行走访看望;对参加国庆观礼的特邀嘉宾武中林进行了欢送。空军成立60周年纪念日,南阳市委、市政府向人民空军发去了贺信,在空军战斗英雄杜凤瑞的故乡举行系列纪念活动,并到现役飞行员家中慰问。南阳市、内乡县、桐柏县、邓州市、唐河县5个县市被命名为省级双拥模范城(县),驻宛96265部队、市教育局和市交通战备办公室被省表彰为双拥工作先进单位,市民政局局长王琴、邓州市第二人民医院职工武中林和武警南阳支队支队长姬志刚被省表彰为双拥工作先进个人;驻宛71669部队教导队等57个单位和53名个人被市表彰为双拥工作先进单位和双拥工作模范个人。

优抚工作及时到位满意度高。组织人员对全市58419名各类优抚对象的资料进行了更新上报,其中新增18594人。按标准和时限下发优抚对象的定补款。加大对优抚对象医疗保障工作力度,与市财政、劳动和社会保障等部门先后出台了《南阳市优抚对象医疗保障办法》和《南阳市直一至六级残疾军人医疗保障实施办法补充规定》,并在西峡、镇平、南召等县进行了"一站式"报销服务试点。积极做好烈士褒扬工作,利用烈士陵园、烈士纪念馆开展国防教育和革命传统教育,共有3000多人次广大群众和青少年受教育。对497名涉核人员的相关资料进行了审查整理,为下一步的体检做好准备。完成市烈士陵园改建主体工程建设。

【信访稳定工作】 全年共接待处置信访事项214起534人。其中接访答复174起242人,上级交办14起32人,直接立案调查处理9起9人,处置复退军人聚集上访事件17起251人,处置复退军人聚集预警性信息112起,有效维护了社会大局稳定,确保了建国60周年庆典期间北京没有发生来自南阳民政系统的干扰,连续5年被市委、市政府表彰为"全市信访工作先进单位"、"全市维护稳定工作先进单位",并在2月13日全市信访工作会议上,10月12日全国民政信访工作山东现场会上,介绍了民政信访稳定工作的经验。

【社会团体登记管理】 按照"健全组织、提升能力、培养扶持、规范管理、发挥作用"的基本思路,围绕全市产业结构调整和行业发展重点,培养发展了南阳核能技术协会、南阳广州商会、市中心城区食品流通行业自律协会、市预拌混凝土协会、市社会福利企业协会等5个行业协会商会;培养发展了南阳市教育界书画家协会、市中小学体育协会等3个联合性社会团体。截止年底,市县两级民政部门新登记社会团体77家,全市累计登记社会团体2029家(其中市级社会团体326家)。加大对社会团体的监管力度。通过年检管理,对17个社会团体进行了变更登记,依法注销11个社会团体。市直的社会团体由年初的350个缩减到326个,社会团体的布局更加合理,结构进一步优化。8月5日,配合工商部门、新闻单位及时制止"南阳市酒店行业商会、市旅游协会旅游饭店业分会、市餐饮业协会等三家单位发动130余家会员单位,谢绝顾客自带酒水,对自带酒水者加收开瓶费"的不良倡议,责令其限期改正。三家社团及其会员单位被迫放弃不合理决议并向公众道歉,"酒水门"事件得以妥善解决。

【民办非企业单位登记管理】 2009年,按照《民办非企业单位登记管理暂行条例》所规定的登记条件,尝试在共青团、妇联、残联等领域开展民办非企业单位登记,市直共登记各类民办非企业单位18个,其中科技类11个(这些科技类民办非企业单位大多拥有自己的发明专利和知识产权),占登记总数的61%。加强对已经审批的民办非企业单位的监督管理,通过年检,加强对民办非企业单位的财务审计,规范其收支行为,矫正其营利性倾向。继续在全市民办非企业单位中开展以"行业自律、诚实守信"为主要内容的自律与诚信建设活动。经过规范管理,全年依法注销民办非企业单位3个、变更登记11个,市直民办非企业单位共有173个,全市累计登记801个,民办非企业单位已成为全市经济社会建设的一只重要力量。

【殡葬管理】 2009年,殡葬改革工作继续以巩固火化率为目标,以经营性公墓和公益性墓地建设管理为重点,火化率维持在55%左右。开展清理整顿公墓工作,加强公墓监管。通过清理整顿,强化了公墓管理、规范了违规经营行为。查封非法墓葬点20余个,变更缩小超标墓穴3500余个,节约土地160余亩,杜绝了公墓炒买炒卖行为。开展村级公益公墓建设,拟定村级公益公墓建设规划,制止乱占土地、浪费石材、破坏环境等不良状况。完成内乡县龙凤陵园迁址报批。坚持和完善公墓年检制度,对全市经营性公墓进行了2009年度年检。清明祭扫文明、安全、有序。市殡仪馆遗体接运工陈宛生被民政部授予"全国民政行业优秀技能人才"称号。

【儿童福利建设】 严格落实艾滋病救助政策,切实维护和保障艾滋病致孤人员和农村因艾滋病导致单亲家庭未成年子女的合法权益。2009年,共确定艾滋病致孤人员312名,农村因艾滋病导致单亲家庭未成年子女376名。全市拨付救助资金98.89万元,其中省级负担90.2万元,市级负担8.69万元。出台孤儿最低养育标准,即每人每月600元,全面更新孤残儿童信息管理系统资料,全市4800名孤儿数据资料录入完毕。完成第三期受艾滋病影响儿童职业技能培训项目任务,参加培训的30名学员在6个月内分别进行电脑、厨师等6个专业的培训,在培训结业的100名同学中,有80%已就业。组织参加"助孤职业技能培训项目",南阳市20名孤儿受助对象进入周口科技职业学院参加职业技能培训。组织实施孤儿助学工程,选送市社会福利院4名孤儿和唐河县、淅川县4名孤儿到北京,参加民政部管理干部学院组织的考前培训。8名孤儿通过2009年北京市成人高考,免费进入民政部管理干部学院3年制大专班学习。实施"福彩百万公益金,资助孤儿上大学"项目,确定23名孤儿大学生为资助对象,每人5000元。实施"资助贫困孤儿大学生完成学业"项目,经逐级筛选南阳市有5名孤儿入围,每人每年资助额度为3000元。市级儿童福利机构"蓝天计划"建设项目基本完工。高标准、现代化、多功能的儿童福利院建设项目主体工程已建成,儿童康复楼、儿童住宅楼、办公楼已全部建设完毕,进入附属设施配套阶段。

【救助管理】 2009年,拟定了《南阳市人民政府办公室关于进一步明确城市生活无着的流浪乞讨人员救助工作相关单位职责的通知》,明确民政、公安、城管、卫生、财政等部门的工作职责。组织开展救助管理机构规范化建设活动,进一步加强救助管理工作。转发了民政部《关于在全国开展救助管理机构规范化建设的意见》和《关于进一步加强救助管理工作的通知》,进一步健全救助管理工作机制,切实解决救助管理工作中存在的薄弱环节和管理漏洞,并加强各县市救助管理站的交流合作,共同推进救助管理工作迈向新台阶。全年共受理求助6754人,对符合条件的6400人实施了救助。其中,男性5160人,女性1240人;少年儿童309人,青壮年4317人,老年人1744人。开展流浪乞讨人员中危重病人医疗救治工作。积极协调定点医院、财政部门落实医疗救治政策措施,已为115人次流浪乞讨人员实施及时全免费的医疗救治,共计医疗费用289703.15元,充分体现了党和政府对社会弱势群体的关怀。

【婚姻登记】 2009年,继续深入推进婚姻登记规范化建设,使婚姻登记工作的管理和服务水平迈上新台阶。卧龙、宛城、方城、内乡4个县级婚姻登记机关达到规范化标准,被民政部授予"2009年全国婚姻登记规范化建设合格单位"。涉港澳台婚姻登记从12月1日起,正式启用新的涉港澳台婚姻登记系统,使涉港澳台婚姻登记工作更加完善,更加合理。截止年底,全市办理国内结婚登记88949对,国内离婚登记8502对。办理涉港澳台结婚88对,其中,涉港结婚10对,涉台结婚75对,涉澳结婚3对;办理涉港澳台离婚9对。登记合格率100%。

【收养登记】 2009年,坚持依法行政,努力做好收养登记工作。联合市公安局、市司法局、市卫生局、市人口计生委下发《关于转发〈河南省民政厅等5厅委关于解决国内公民私自收养子女有关问题的通知〉的通知》,召开国内公民私自收养子女有关问题专题工作会议,进行安排部署。全市完成办理公民私自收养子女登记2件,安置到市社会福利院36人。全年全市共办理收养登记224件,其中,办理国内收养登记221件,办理涉港澳台收养登记3件,全部符合法律规定。

【地名区划】 2009年,地名设标覆盖面不断扩大,中心城区新增门牌1000余户;按照市"六创一迎"指挥部的要求,对全市44条街路路名牌设置进行调查摸底,采用广告招商的办法,新增路名牌18块。县乡镇设标工作,政府驻地路名牌设置320块，楼门牌设置16512块。206个乡镇政府驻地设置路名牌1168块，乡镇政府驻地楼门牌设置3920块。村标设置完成2737个。完成修订南阳市地名管理办法。完善地名属性库建设，共录入行政区、群众自治组织、居民点、单位、建筑物、道路、山、山峰、河流、湖泊、公交线路、旅游景点12类近5万条地名信息。完成乡镇信息收集工作，收集全市乡镇街道的面积、人口、GDP、社会保障、财政收入、乡镇简介的信息。行政区划调整工作，考虑各县市区的发展方向和发展重点，按照成熟一个、发展一个的原则，对社旗县的下洼乡，镇平县安字营乡、张林乡，唐河县东王集乡拟撤乡设镇进行了实地调研和考察，并进行了材料整理及上报工作。社旗县的下洼乡、镇平县安字营乡已批复完毕。完成了卧龙区设立龙王沟风景区办事处实地调研和考察，并进行了材料整理及上报工作。

【勘界工作】 2009年，完成市级线2条，计365.93公里，沿线涉及10个县，29个乡(镇)；县级6条，卧龙镇平、宛城方城、宛城社旗、桐柏唐河、新野邓州、内乡邓州线，共6条行政区域界线400多公里的联合检查任务。发生边界纠纷4起，涉及豫鄂线淅川老河口市因煤矿资源引起的纠纷、平顶山南阳线叶县方城段因山林资源引起的纠纷、淅川县的九重镇与邓州市边界线因矿产资源引起的纠纷、淅川香花镇与邓州杏山办事处因开发旅游景点修路引起的边界纠纷。通过深入实际走访群众，核对资料，召开相关方面协调会，做耐心细致的思想工作，妥善处理了以上边界纠纷。积极开展平安边界创建活动，建立两市创建平安边界领导机制和突发事件应急处理机制。先后和周边平顶山、洛阳、三门峡、信阳、驻马店五市签定了创建平安边界睦邻友好协议，为实现“纠纷共调、执法共助、边界共保、发展共促”的睦邻友好长效机制打下了坚实的基础。(徐玉顺　崔本恒)

残疾人事业

市残联党组书记理事长　宋金海

【残联工作概况】 2009年，南阳市残联系统深入学习贯彻中央7号文件和省委80号文件精神，坚持以科学发展观统领残疾人工作全局，解放思想，开拓创新，着力为残疾人做好事、办实事、解难事，切实解决残疾人最关心、最直接、最现实的利益问题，使全市残疾人工作在更大范围、更深领域和更高层次上取得了新发展和新突破。

【残疾人培训】 2009年，市残联依托市特殊教育学校、按摩医院和职业培训学校，举办6期盲人保健按摩培训班，免费培训残疾人200余名，减免费用32万元。各县(市、区)残联在向市残联输送学员的同时，多方筹措资金，多渠道、多形式开展城镇残疾人职业技术培训和农村残疾人实用技术培训。桐柏县不仅免费培训，还为残疾人提供来往车费和培训期间的误工误时费。全市残联系统全年累计投入经费300余万元，巩固和新建培训基地23个，完成残疾人职业培训3186人，是年度目标任务的131%。

【残疾人就业】 市、县两级把按比例安排残疾人就业工作纳入政府目标管理，并实行企业残保金由地税部门代征政策。年初，市、县两级签订了残疾人就业目标责任书，并把保障金的征收纳入地税部门目标管理，建立了就业保障金与税收同征、同管、同查的工作模式。邓州、方城、新野、南召等县市机关事业单位残保金实现了财政代扣。同时，市残联对2008年度既不安排残疾人就业，又不缴纳残疾人就业保障金的20多个单位进行了公证送达，并申请法院强制执行。通过采取以上措施，全市残疾人就业保障金征收工作实现了历史性突破。通过抓征收促安排的得力措施，全年按比例安排残疾人就业382人，是年度目标任务的141%；征收就业保障金1494万元，是年度目标任务的132%，受到省残联的充分肯定，被省残工委评为残疾人就业工作先进市。为进一步贯彻落实国务院《残疾人就业条例》，市、县残联不断完善就业服务机制，开展残疾人求职登记和职业介绍，举办残疾人就业供需见面会，为残疾人就业搭建平台。卧龙区、方城县残联积极开展残疾人劳务输出；方城县把安排残疾人公益岗位以政府会议纪要予以明确规定；内乡县通过争取国家扶贫贷款扶持福利企业发展，扩大集中安置残疾人就业；市及两区残联借助取缔三轮车非法营运行动，积极争取市政府及有关部门为残疾人三轮车主安排公益岗位和小额贷款。全年全市新安置残疾人就业2620人，是年度目标任务的131%。

【残疾人康复】（一）多措并举，成功创建“白内障无障碍市”。市委、市政府高度重视，纳入为人民群众承办的十件实事之一。市、县残联上下同心，提前一年圆满完成创建任务。一是市、县两级高度重视。成立创建工作领导小组，制定下发创建工作实施方案和验收标准，明确工作步骤和相关责任，为创建工作的顺利推进提供了有力保障。二是落实资金。市财政拨款300万元，县（市、区）每例匹配250元，市残联从残疾人就业保障金中补贴50万元，为白内障患者实施复明手术提供了经费保证。三是强化宣传。各县（市、区）多措并举，不惜投入人力、财力、物力，开展全方位、多角度、多形式的宣传。内乡县采取车尾设立电子大屏幕、邓州市利用向中小学生发放宣传单、方城县利用手机发送短信等形式，取得了人人皆知的宣传效果。四是认真普查。做到县不漏乡、乡不漏村、村不漏组、组不漏户，随发生、随发现、随报告、随登记。全年共完成白内障复明手术17231例，是省定目标任务数的144%。省创建“白内障无障碍省”领导小组办公室于2009年11月下旬对南阳市创建工作进行了检查验收，给予高度肯定，南阳市被确定为全国第二批“白内障无障碍市”。（二）圆满完成各项常规性年度康复任务。全年全市共为2.2万名重症精神病患者提供综合性防治康复服务，完成目标任务的122%；低视力配用助视器157名，完成目标任务的123%；培训97名低视力儿童家长，完成目标任务的262%；盲人定向行走训练44名，完成目标任务的138%；聋儿听力语言训练189名，完成目标任务的117%；肢残人康复训练195名，完成目标任务的130%；智残儿童康复训练179名，完成目标任务的118%；为肢残人安装假肢及矫形器182例，完成目标任务的120%；为1467名精神病患者进行了免费服药服务，完成目标任务的122%；为残疾人提供辅助器具3734件，完成目标任务的104%。

【残疾人扶贫与社会保障】2009年，全市各级党委、政府继续把残疾人扶贫和社会保障纳入总体规划，做到统一部署，同步实施；同时各级残联结合实际，因地制宜制定年度扶贫计划，积极开展残疾人专项扶贫工作。一是助学。全市共争取国家彩票公益金助学项目资金18万元，对340名义务教育阶段贫困残疾学生进行了救助；市残联自筹资金9.2万元，对46名在校贫困残疾大学生分别给予每人2000元的资助。二是危房改造。争取国家彩票公益金农村贫困残疾人危房改造项目资金275万元，县级财政匹配90万元，在内乡、淅川、方城、社旗、桐柏、邓州6县（市），为780户贫困残疾人户实施了危房改造，完成省定目标任务的156%。三是社会保障。农村贫困残疾人或重度残疾人参加新农合，个人应缴的10元钱，普遍得到了减免；对城镇贫困残疾人或重度残疾人参加城镇居民医保实行补贴政策，惠及所有参保的残疾人。一年来，全市共减免或补贴资金133万元，惠及参保残疾人10.4万人。四是托养服务。依托社会福利院、敬老院等社会托养机构，全年共为1518名残疾人提供了托养服务，完成目标任务数的100%。五是专项扶贫。争取国家残疾人康复扶贫专项贷款500万元，扶持福利企业1个，受益残疾人近300人。六是安排公益岗位。2008年12月份，在全市开展的集中整治交通秩序、取缔机动三轮车非法营运行动中，涉及残疾人三轮车200余辆。2009年，在市委、市政府的高度重视下，在市残联的积极协调努力下，共投入100余万元，解决150名残疾人的公益岗位问题，残疾人每月可领取800元的生活费用。七是助听。全市为100名6周岁以下聋儿免费适配了全数字助听器，免费制作耳膜，免费为每人提供100块电池，累计救助金额100余万元。八是其他常规性救助活动。市、县残联利用助残日、春节以及平时的业务工作，积极开展扶残助残活动，使一部分残疾人不仅感受到了党和政府的关爱，也感受到社会主义大家庭的温暖。2009年，全市累计为残疾人无偿发放轮椅1420辆，免除费用65万元，发放棉衣、棉被、粮油等救济物资及救济款累计62万元。

【残疾人文体活动】（一）成功举办南阳市第一届残疾人运动会，并组团参加全省第五届残运会。2009年6月28日，市第一届残疾人运动会在市体育馆隆重举行。来自全市200多名运动员、裁判员、教练员和3000余名社会各界观众参加了开幕式。残运会设田径、游泳、举重、自行车、乒乓球、羽毛球六大项，116个小项，来自全市十三个县市区和河南油田14个代表队参加了为期两天的比赛。运动会共产生45枚金牌、18枚银牌、18枚铜牌，方城县代表团、西峡县代表团、新野县代表团获团体总积分前三名，十三个县市区残联和河南油田被授予组织奖的称号。省残联给予高度评价，称南阳市第一届残疾人运动会规格之高、规模之大、组织协调之精湛在全省位居前列。市政府对优秀运动员和优秀团体进行了表彰。10月11～14日组团参加了全省第五届残运会，取得了9金9银14铜的好成绩，金牌总数和团体总分首次跨入全省前八强行列，并荣获“体育道德风尚奖”，创全市残疾人体育竞技最高水平。(二)组团参加全省第七次残疾人文艺汇演。南阳市共参赛10个节目，取得一等奖2个、二等奖6个、三等奖2个、团体总分第五名的好成绩，其中有1人被省残联选中参加全国艺术汇演。

【残疾人事业宣传】 在全国助残日、全国爱眼日、国际残疾人日、国际盲人日等重大节日，充分利用各种新闻媒体，宣传相关法律法规，大力表彰扶残助残先进个人。特别是助残日期间，中共南阳市委副书记贾崇兰发表电视讲话，并在市残联党组成员的陪同下，看望市特教学校师生；《南阳日报》刊发副市长李建豫答记者问，并发表了评论员文章；南阳电台举办《独山夜话》栏目，与残疾人面对面宣讲政策，解疑答惑。各县市区也开展丰富多彩的宣传和助残活动。同时，为了使残疾人事业宣传经常化、持久化、制度化，市残联在南阳电台开辟专栏，每天定时为广大残疾人提供服务。2009年，全市通过报纸、电台、电视台发新闻稿件或工作信息56篇，其中省级以上8篇，提高了全社会对残疾人事业的认知度，进一步营造了全社会关心扶助残疾人的良好社会氛围。

【残疾人信访及维权工作】 2009年，全市各级残联按照《信访条例》和中国残联残疾人信访工作要求，进一步完善信访工作制度，规范信访工作程序，使信访工作有领导分管，有工作专干，信访件处理及时，档案齐全，信息沟通、反馈渠道畅通。一是在中心城区集中整治交通秩序、取缔机动三轮车非法营运行动中，市、区两级残联与公安部门密切配合，积极做好残疾人三轮车主的政策引导、说服教育工作，并成立联合工作组，为残疾人争取150个公益岗位，安排部分残疾人三轮车车主就业，既保护了残疾人合法权益，又消除了安全隐患，确保道路安全畅通。二是市残联与市委督查室一起，及时、妥善、合情合理地处理和答复了市委书记、市长信箱来信。市、县两级残联累计接待残疾人来信来访526次，残疾人反映的困难和问题得到了及时的答复和解决，较好地化解了矛盾，消除了上访隐患，全市无残疾人集体赴省、赴京上访案件发生，确保残疾人群体的稳定。(汪立栓)

精神文明创建活动

市文明办主任　王贵汉

【公民文明素质教育、公民思想道德建设】 (一)组织开展“迎国庆、讲文明、树新风”活动。2009年，市文明办在全市组织开展了“迎国庆、讲文明、树新风”活动，深入进行群众性爱国主义教育，在全社会大力唱响共产党好、社会主义好、改革开放好、伟大祖国好、各族人民好的时代主旋律。6月以来，广泛开展“迎国庆、讲文明、树新风”礼仪知识竞赛活动。9月24日，在各县市区及市直、两属单位140个代表队、420人前期竞赛的基础上，举办礼仪知识竞赛总决赛，为庆祝新中国成立60周年营造昂扬向上、热烈喜庆、文明和谐的社会氛围。在全省“迎国庆、讲文明、树新风”礼仪知识竞赛中，南阳市代表队获得优秀奖，市文明办获得竞赛组织奖。

(二)组织开展全国、全省道德模范的推荐及投票评选活动。在第二届全国道德模范评选表彰活动中，全市共收到有效纸质选票102.5万张，27万人次通过手机、网络参与了投票。9月20日，在第二届全国道德模范表彰大会上，南阳市杜东翔荣获第二届全国道德模范提名奖。12月1日，在全省第二届道德模范表彰大会上，南阳市推荐的“抗震救灾英雄战士”武文斌烈士当选为“敬业奉献模范”。

(三)广泛组织“我推荐、我评议身边好人”活动。发动广大市民，在熟悉的人群中推举好人，在日常生活中发现好事；加强宣传报道，大力宣传好人好事，发动广大群众积极参与中国好人榜的投票，营造学习、崇尚、关爱、争当道德模范，学习好人争做好人的良好氛围。全市共向省文明办、中国文明网推荐17名身边好人，经过广大网民评议后，西峡县程武超等5人荣登中国文明网“好人榜”。

(四)广泛开展“我们的节日”主题活动。在春节、清明节、端午节、中秋节等传统节日期间，按照贴近实际、贴近生活、贴近群众的原则，积极开展中华经典诵读、网上拜年、网上祭先烈、爱国卫生运动、科学知识普及以及节日民俗文化娱乐等活动。把社会主义核心价值体系融入到传统节日之中,引导广大干部群众进一步认知传统、尊重传统、继承传统、弘扬传统,充分感受传统文化魅力,在参与活动的过程中接受爱国主义教育,增强爱国情感、树立报国之志。

【文明城市创建】 (一)深入开展“六创一迎”活动。2009年,全市文明城市创建以筹备农运会为契机,以“六创一迎”活动为载体,以解决城市脏乱差为突破口,组织开展城区环境卫生集中整治活动,实施家畜禽养殖场点、废品收购场点外移搬迁,推进背街小巷改造;开展城市交通秩序集中整治,组织百日会战千人执法行动,城区交通秩序混乱的状况有了较大改观;加大城市基础设施建设力度,狠抓城区公厕、垃圾中转站的建设;开展大型农贸市场建设及市场秩序整治工作,店外经营、马路市场、占道经营等突出问题得到初步治理。对城区主次干道进行立体化、全方位整治,积极规范道路广告招牌,全面清理乱贴乱画、乱搭乱建现象。出台了“南阳市民‘十不’规范”,开展“公民守法行、单位创文明”和“迎和谐农运、树文明新风”主题教育活动。中心城区及各县市城区,环境面貌有所改观,交通秩序、经营秩序趋于规范,居民城市意识、卫生意识明显增强。

(二)深入开展“三优三创”竞赛活动。制定下发《关于在全市组织开展“三优三创”竞赛活动的通知》、《南阳市创建文明城市(城区、县城)工作评先管理办法》、《关于在全市组织开展创建文明风景旅游区工作的通知》,在全市开展创建“优美环境、优良秩序、优质服务”活动,全面推进文明城市(城区)、文明社区、文明景区创建工作。2009年,桐柏县荣获全国文明县城称号;西峡县、邓州市分别荣获全省文明县城和全省创建工作先进城市称号;内乡县衙博物馆经复查继续保留河南省文明风景旅游区荣誉称号。

【农村精神文明创建】 (一)深入开展文明村镇创建活动。利用农村各类教育阵地,加强广大农民群众思想道德教育,组织开展“道德评议”、“敬老孝亲”、“扶贫帮困”等道德实践活动,不断提高农民文明素质,广泛开展移风易俗活动,促进乡风文明建设。2009年1月,西峡县双龙镇等6个村镇荣获全国文明村镇、全国创建文明村镇工作先进村镇荣誉称号。

(二)扎实开展农村“清洁家园行动”。制定下发《全市农村深入开展“清洁家园行动”的实施意见》,突出抓好农村环境卫生整治。4月2日,在全省“清洁家园行动”现场观摩会上,方城县代表南阳市,接受省文明办的点名抽查,得到与会领导的一致好评。4月15日,在卧龙区组织召开全市“清洁家园行动”经验交流会,实地参观卧龙区青华镇高老家村等7个“清洁家园行动”试点村,交流了工作经验。

(三)组织开展“南水北调迁安移民”文明创建活动。召开全市南水北调中线工程库区迁安移民精神创建工作会议,传达全省会议精神,下发《在我市南水北调中线工程丹江口库区和移民安置区组织开展创建“迁安移民文明村”和“移民迎送亲人文明县乡”活动的实施方案》,制定了《创建“迁安移民文明村”实施细则》,推动移民安置村完善基础设施、加强村容治理,健全村规民约、建设乡风文明,促进移民安置区和谐稳定建设,提高广大移民的文明素质和移民村的文明程度。9月2日,市文明办深入新野移民新村看望慰问移民,并为他们送去了由全市300多家各级文明单位捐赠的各类书籍、日常用品等价值70多万元的慰问品。

(四)着力为群众办好事、实事。围绕文化、科技、卫生“三下乡”活动,为农民群众送上致富信息、解决看病难、提高法律意识、不断丰富精神文化生活。组织实施“西部开发助学工程”。严格按照程序要求,并经新闻媒体公示,共有6名高中“宏志班”学生受到资助。积极实施“电视进万家工程”,经市文明办积极争取,邓州、方城、唐河、新野4县市1600家贫困农户获得省委宣传部、省文明办捐赠的彩色电视机,解决了看电视难的问题。

【未成年人思想道德建设】 (一)广泛开展青少年道德实践活动。制定下发《关于在全市未成年人中开展“学‘三理’知识,做美德少年”实践活动的实施方案》,以“做一个有道德的人”为主题,在家庭、学校、社会开展“三做、三爱、三争”(做父母小帮手、做孝顺好孩子、做理财小能手,爱学习、爱同学、爱校园,争当爱心小天使、争当文明小使者、争当文明宣传员)活动,倡导在家庭为长辈尽孝心,在学校为同学送关心,在社会为他人献爱心,教育引导广大未成年人积极学习“三理”知识,积极参与多种形式的道德实践活动,争做富有理想、品德高尚、充满活力的新一代青少年;确定33个“做一个有道德的人”主题活动联系点,其中市二十二中被确定为全国“做一个有道德的人”主题活动联系点;“六一”期间,组织全市中小学生参加中央文明办等单位主办的“向国旗敬礼、做一个有道德的人”网上签名活动,开展网上签名,发表感言心声,表达自己对新中国成立60周年的美好祝福，热情抒发对伟大祖国繁荣昌盛、和谐富强的衷心祝愿，推动“做一个有道德的人”主题活动深入发展。在全市中小学校开展“我们的节日·校园国庆中秋”主题系列活动，提高全市中小学生对传统节日的了解和认同。组织评选表彰100名“美德少年”，并推荐13名参加全省“美德少年”评选。在中央文明办组织的中国优秀童谣推荐评选活动中，市第六小学四年级龚昊玥同学创作的《这个家庭叫中华》荣获优秀奖。

（二）大力开展净化社会文化环境工作。4月10日，召开全市净化社会文化环境工作会议，制定下发《关于全市净化社会文化环境工作的实施意见》和《关于进一步净化社会文化环境、促进未成年人健康成长的任务分工》，强调指出，要以净化网吧、网络、荧屏声频、出版物市场及校园周边环境为重点，采取强力措施，对社会文化环境进行集中整治。暑假期间，在全市组织开展净化社会文化环境专项整治活动，重点查处黑网吧及网吧违规接纳未成年人等问题，进一步整治不良广告及出版物市场，严厉打击手机、网络淫秽色情业务，清理校园周边环境。在全省净化社会文化环境工作会议上，市委常委、宣传部长姚进忠介绍了南阳市的经验做法。

（三）建立长效机制，开展网吧市场管理执法监察。2月12日，市文明办召开专题会议，与各职能部门签订《2009－2010年度网吧市场专项整治目标责任书》，进一步明确各职能部门的工作职责。4月，市纪委、市委宣传部、市文明办、市监察局联合下发《关于全市净化社会文化环境工作开展执法监察的通知》，市县联动，以城乡结合部、校园周边等场所为重点，开展以网吧为主的文化市场执法监察，促进各职能部门切实履行管理职责，为未成年人健康成长创造良好的社会文化环境。中央及省有关媒体对南阳市这一作法进行了专访，新华社做了专题报道，新华网、人民网、中国文明网等全国各大网站均进行了转载刊登。2009年11月29日至30日，长沙全国未成年人思想道德建设经验交流会上，南阳市经验《加强管理机制建设——有力推进净化社会文化环境工作》，作为河南省唯一经验材料，在大会进行了书面交流。

【文明单位文明行业创建】 （一）加强对文明单位创建工作的管理。不断健全现场考核、群众评议、社会监督的科学评价体系，制定下发了《文明单位年度复查实施细则》，按照公正、公平、公开的原则，对省级文明单位的领导班子建设、业务工作实绩、创建活动情况、管理规章制度、单位环境面貌、治安秩序状况等方面进行综合评价，进一步加强文明单位经常化、制度化、规范化管理。市审计局等8个单位分别荣获全国文明单位、全国精神文明建设工作先进单位称号；2009年8月，按照全省统一部署，对拟晋升省级文明单位进行知识考试、民主测评、实地检查、社会公示等。

（二）组织开展“百企千店践行道德承诺”活动。市文明办与市委宣传部等有关单位以“诚实守信践承诺、安全健康进万家”为主题，在全市组织开展了“百企千店践行道德承诺”活动。7月23日，采取市、县联动的方式，中心城区主会场与11个市、县分会场同步举行了践行道德承诺宣誓仪式，市委常委、宣传部长姚进忠，副市长崔军，著名作家二月河出席了宣誓仪式，全市食品、药品生产企业和百货、医药、食品销售企业代表现场进行宣誓，进一步加强企业职业道德和诚信教育，强化杜绝生产、销售假冒伪劣产品的社会氛围。

【2009年度国家文明县城】 桐柏县

【2009年度国家级文明单位】 市审计局、西峡县国家税务局。

【2009年度全国创建文明单位工作先进单位】 南阳供电公司、市国税局、市地税局、南阳鸭河口发电有限责任公司、宛城区检察院、河南省经济管理学校。

【2009年度全国文明村镇】 西峡县双龙镇

【2009年度全国创建文明村镇工作先进村镇】 新野县城郊乡李湖村、西峡县丹水镇、邓州市穰东镇、桐柏县平氏镇康庄村、南召县云阳镇东花园村。

【2009年度全省文明办系统先进集体】 南阳市文明办、邓州市文明办、内乡县文明办、西峡县文明办。

【2009年度全省未成年人思想道德建设工作先进城市】 西峡县、宛城区。

【2009年度全省未成年人思想道德建设工作先进集体】 邓州市文明办、南召县崔庄乡马良村、内乡县教育体育局、唐河县关工委、南阳工业学校、方城县文明办。

【2009年度河南省文明城市】 西峡县

【2009年度河南省创建工作先进城市】 邓州市

【2009年度河南省文明村镇】 邓州市林扒镇、西峡县五里桥镇、

新野县上港乡、西峡县阳城乡牛王村、邓州市林扒镇西许村、内乡县赤眉镇夹道村、南阳市卧龙区七里园乡达士营村。

【2009年度河南省创建工作先进村镇】 方城县赵河镇、内乡县灌涨镇、镇平县高丘镇乔沟村、淅川县上集镇槐树洼村、社旗县李店镇狮子庄村、新野县五星镇张店村、南召县四棵树乡大石窑村、南阳市卧龙区石桥镇小石桥村。

【2009年度河南省“迁安移民文明村”】 唐河县东王集乡鱼关新村。

【2009年度省级文明单位】 南阳市中级人民法院、南阳市市政管理处、中国农业发展银行南阳市分行、政协南阳市委员会机关、南阳电力技工学校、中国移动通信集团河南有限公司南阳分公司、南阳市财政局、南阳市农业学校、南阳市眼科医院、南阳医学高等专科学校、南阳市第十二小学、中共南阳市委统战部、南阳市国家安全局、南阳热电有限责任公司、南阳市妇女联合会、南阳市殡仪馆、南阳工业学校、沪陕高速公路宛坪运营管理中心、中央储备粮南阳向东直属库、河南油田分公司井下作业处、邓州市人口和计划生育委员会、邓州市烟草专卖局、内乡县人民法院、内乡县人民检察院、内乡县国家税务局、镇平县质量技术监督局、镇平县民政局、淅川县电业局、淅川县国家税务局、西峡县人口和计划生育委员会、西峡县烟草专卖局、西峡县农村信用合作社联合社、中共南召县纪律检查委员会(监察局)、南召县人民检察院、方城县财政局、方城县电业局、社旗县电业局、社旗县人民检察院、社旗县地方税务局、桐柏县审计局、桐柏县人民检察院、中共桐柏县纪律检查委员会(监察局)、唐河县人民法院、唐河县国家税务局、南阳市宛东中等专业学校、新野县国家税务局、新野县审计局、中国移动通信集团河南有限公司南阳市新野分公司、南阳市卧龙区国家税务局、南阳市实验幼儿园、南阳市宛城区农村信用合作社联合社、中共南阳市宛城区纪律检查委员会(监察局)、社旗县工商行政管理局、内乡县质量技术监督局。

【2009年度南阳市创建文明城市工作先进县(区)】 方城县、南召县、唐河县、社旗县、卧龙区、宛城区。

【2009年度全市未成年人思想道德建设先进县市区】 内乡县、卧龙区、桐柏县、南召县、邓州市、西峡县、唐河县、方城县。

【2009年度南阳市“学‘三理’知识,做美德少年”实践活动组织工作先进县市区】 卧龙区、内乡县、桐柏县、邓州市、淅川县、唐河县、方城县、西峡县。

【2009年度市级文明单位】 南阳市科学技术局、南阳市白河橡胶坝管理处、南阳市人民防空办公室、南阳市市区河道管理处、南阳市地方史志办公室、南阳黄牛科技中心、南阳市张仲景医院、南阳市惠农达农资集团有限公司、南阳市公安局宛城分局、南阳市公安局东关派出所、南阳市张仲景国医院、南阳市公路技工学校、河南省交通试验检测监理技术咨询有限公司、南阳市第四人民医院、南阳市公安局铁西派出所、南阳市国土资源管理局、南阳市林业局、中共邓州市委办公室、中共邓州市委宣传部、邓州市粮食局、邓州市农村信用合作联社穰东信用社、邓州市食品和药品监督管理局、邓州市体育局、邓州市计划生育宣传技术站、邓州市国家税务局赵集税务所、镇平县人民政府办公室、镇平县建设局、镇平县农村信用合作联社侯集信用社、镇平县总工会、中国联合网络通信有限公司镇平县分公司、镇平县人事劳动和社会保障局、镇平县农村信用合作联社杨营信用社、镇平县交通局、镇平县人口和计划生育委员会、镇平县统计局、中共内乡县委宣传部、内乡县国家税务局师岗税务所、内乡县残疾人联合会、内乡县地方税务局赤眉中心税务所、内乡县农村信用合作联社灌涨信用社、内乡县农村信用合作联社夏馆信用社、内乡县灌涨镇卫生院、内乡县地方税务局马山口税务所、中共西峡县委统战部、西峡县交通局、西峡县莲花街道办事处、西峡县规划局、西峡县国家税务局西坪税务所、西峡县五里桥镇中心学校、西峡县内燃机进排气管有限公司、西峡县财政局城关财税所、西峡县公安局交通警察大队、西峡县农村信用合作联社丹水信用社、西峡县质量技术监督局、西峡县双龙国土资源管理所、淅川县安全生产监督管理局、淅川县农村信用合作联社盛湾信用社、淅川县工商行政管理局、淅川县国家税务局老城税务分局、淅川县档案局、淅川县科学技术局、淅川县环境保护局、淅川县农村信用合作联社龙城信用社、淅川县地方税务局丹江水库中心税务所、中共新野县委政法委员会、新野县地方税务局城区分局、新野县财政局城郊财税所、新野县人事劳动和社会保障局、新野县国家税务局城区分局、新野县农村信用合作联社沙堰信用社、新野县地方税务局溧河铺中心税务所、新野县农村信用合作联社汉新信用社、新野县财政局沙堰财税所、新野县国家税务局沙堰税务分

局、桐柏县政协办公室、桐柏县农村信用合作社联合社、中共桐柏县委政法委员会、河南省移动通信有限公司桐柏县营业部、桐柏县安棚镇党委政府机关、桐柏县人民法院埠江法庭、桐柏县规划局、桐柏县国家税务局平氏分局、桐柏县电业局电力抄表公司、桐柏县地方税务局城区分局、桐柏县公安局交通警察大队、南召县人民政府办公室、南召县地方税务局城郊中心所、中共南召县委政法委员会、南召县农业局、南召县发展和改革委员会、南召县会计结算中心、南召县档案局、南召县安全生产监督管理局、南召县基础教育教学研究室、南召县运输公司、南召县地方税务局皇路店中心所、南召县教师进修学校、方城县公安局、方城县交通局、方城县气象局、方城县公路管理局、方城县第二人民医院、方城县财政局清河乡财政所、方城县古庄店乡卫生院、方城县公安交通警察大队、方城县国家税务局赵河分局、中共社旗县委办公室、社旗县财政局朱集财政所、中共社旗县纪律检查委员会(监察局)、社旗县人口和计划生育委员会、社旗县气象局、社旗县食品和药品监督管理局、社旗县财政局城郊财政所、中国人寿保险股份有限公司社旗县支公司、社旗县国家税务局郝寨分局、社旗县司法局、唐河县发展和改革委员会、河南高速公路发展有限责任公司南阳分公司唐河西收费站、唐河县烟草专卖局、唐河县工商行政管理局张店工商所、唐河县司法局、唐河县疾病预防控制中心、唐河县交通路政管理所、中国联合网络通信有限公司唐河县分公司、唐河县工商行政管理局湖阳工商所、河南高速公路发展有限责任公司南阳分公司唐河收费站、唐河县农村信用合作联社源潭信用社、卧龙区中小企业服务局、卧龙区国家税务局城南分局、卧龙区城市管理监察大队、卧龙区统计局、卧龙区财政局卧龙岗街道财政所、卧龙区移民局、卧龙区人口和计划生育委员会、卧龙区人事劳动和社会保障局、卧龙区广播电台、卧龙区医疗保险中心、卧龙区物价局、卧龙区安全生产监督管理局、宛城区人民政府办公室、宛城区人大常委会机关、南阳生态工业园区管委会、宛城区财政局红泥湾财税所、宛城区卫生局、南阳市第三十二小学校、宛城区公路管理局、宛城区统计局、宛城区地方税务局直属税务所、宛城区人事劳动和社会保障局、宛城区财政局汉冢财税所、南阳市第二小学校、宛城区城市管理监察大队、南阳高新技术产业开发区城市管理监察大队、南阳市亚飞汽车连锁有限公司、南阳市企业干部培训中心、南阳市康正医药有限公司、河南石油勘探局双河社区服务中心、河南高速公路发展有限责任公司南阳分公司、河南石油勘探局地质录井公司、南阳南石医院、河南岭南高速公路有限公司南阳北服务区。

【2009年度市级标兵文明单位】 南阳市南水北调中线工程领导小组办公室、南阳市中心医院、南阳市安全生产监督管理局、南阳市水利建筑勘测设计院、南阳市锅炉压力容器检验所、南阳市地方税务局稽查局、南阳市第二十八中学、南阳市建设工程质量监督检验站、南阳市食品药品监督管理局、南阳宛运集团有限公司南阳汽车站、南阳市鸭河口灌区管理局、南阳市高速公路有限公司、南阳市纤维检验所、南阳市教育局油田教育中心、南阳市农业机械管理局、中建七局第四建筑有限公司、南阳市第六人民医院、南阳市水利水电建设工程质量监督站、南阳市第九人民医院、邓州市人大常委会机关、南阳金业烟草有限责任公司、邓州市邮政局、邓州市残疾人联合会、邓州市档案局、方城县审计局、方城县人大常委会机关、方城县政协机关、中国联合网络通讯有限公司方城县分公司、中共南召县委办公室、南召县人事劳动和社会保障局、南召县交通局、南召县疾病预防控制中心、镇平县国土资源管理局、中共镇平县纪律检查委员会(监察局)、镇平县气象局、镇平县第一高级中学、社旗县统计局、社旗县交通局、社旗县邮政局、社旗县国家税务局城郊分局、社旗县财政局大冯营财税所、中共新野县纪律检查委员会(监察局)、新野县总工会、新野县工商行政管理局、新野县汉城街道办事处、中共唐河县纪律检查委员会(监察局)、中共唐河县委组织部、唐河县统计局、唐河县人口和计划生育委员会、唐河县房产开发管理局、中共桐柏县委组织部、桐柏县发展和改革委员会、桐柏县农村信用联社、桐柏县水利局、内乡县统计局、中国移动通信集团内乡分公司、中国移动通信集团西峡分公司、西峡县邮政局、西峡县教育体育局、中共淅川县纪律检查委员会(监察局)、淅川县统计局、卧龙区国土资源房产管理局、卧龙区农村公路管理所、卧龙区独山公墓管理处、中共南阳市卧龙区纪律检查委员会(监察局)、宛城区国家税务局瓦店税务分局、宛城区物价局、宛城区国土资源管理局、河南油田分公司物资供销处、南阳二机石油装备(集团)有限公司。

【2009年度市级文明社区】 邓州市花洲街道办事处三里阁社区、邓州市古城街道办事处蓝湾嘉园社区、方城县城关镇三里岔社区、镇平县涅阳街道办事处大世界社区、镇平县玉都街道办事

处新城区社区、社旗县赊店镇牌坊社区、唐河县滨河街道办事处谢庄社区、唐河县滨河街道办事处冯岗社区、桐柏县城关镇东风桥社区、西峡县白羽街道办事处关巷社区、西峡县紫金街道办事处小城社区、内乡县城关镇民主社区、内乡县湍东镇梨苑小区、淅川县龙城街道办事处春风社区、淅川县商圣街道办事处冬青社区、南召县城郊乡锦江公寓小区、新野县汉城街道办事处西关社区、新野县汉城街道办事处团结社区、卧龙区七一街道办事处滨河社区、卧龙区光武街道办事处刘庄社区、宛城区白河街道办事处龙王庙社区、宛城区红泥湾镇四合社区、河南石油勘探局五一社区服务中心北小区、河南石油勘探局双河社区服务中心香苑小区。

【2009年度被撤销省、市级文明单位】 (1)被撤销省级文明单位:南阳市宛城区规划建设环境保护局、南召县审计局、南阳电视台、南阳市人事局、南阳市中心血站。(2)被撤销市级文明单位:中共内乡县委组织部、中共社旗县委政法委员会、南阳市白河游览区管委会办公室、南阳市商业银行华润支行。(常学豪 孙朝阳)

县市区概况

卧　龙　区

区情综述

【概况】 总面积1017.47平方公里,其中耕地55610公顷,城区面积95.34平方公里。总人口884725人。辖7个街道办事处,7个镇4个乡。

区委书记:田向和(女,2009年4月离)、王吉波(2009年4月任);副书记:王吉波(2009年4月离)、马冰(2009年5月任)、苏定堃、贾星远;常委:王中华(纪委书记)、王子辉(组织部长)、陈天富(宣传部长)、摆向阳(常务副区长,2009年5月离)、吴大革(统战部长)、赵云杰(区委办主任)、郭建国(政法委书记)、常晓革(武装部政委)

人大主任:薛献府;副主任:包红伟、余召、王万春、袁海成

区长:王吉波(2009年4月离)、马冰(2009年6月任);副区长:摆向阳(2009年5月离)、吴明有、于若文、宋瑞(女)、李林(女)、杨振中、李宛生、余永海(2009年10月任)

政协主席:王金彪;副主席:祁娜(女)、魏玉彬(女)、熊建富、王克

法院院长:乔国和

检察院检察长:梁跃进

2009年,全区国内生产总值89亿元,比上年增长12%。其中第一、二、三产业增加值分别为16.58亿元、40.68亿元和31.77亿元,增长4.3%、11%和18%。地方财政一般预算收入2.77亿元,增长11.2%;全社会固定资产投资51.7亿元,增长41.6%,其中,城镇以上固定资产投资42.7亿元,增长45.5%;社会消费品零售总额78.9亿元,增长18.8%;农民人均纯收入5131元,增长7.1%;城镇居民人均可支配收入14761元,增长8.6%;人口自然增长率控制在6.5‰以内;城镇登记失业率控制在4.5%以内;万元生产总值能耗降低5.01%。

【第三产业发展实现新突破】 全年社会消费品零售总额总量居全市首位,全区对外贸易进出口总额达1505万美元,同比增长12%。市场建设快速推进。新华城市广场、多来福家居购物广场、锦江嘉年华、文秀花园步行街等7个商业项目建成开业,总营业面积46.5万平方米。在建房地产项目39个,总投资79.3亿元,总建筑面积402万平方米,实现税收9232万元。旅游经济更富活力。全年旅游总接待176万人次,同比增长18.5%。第三产业在经济总量中的比重持续上升,占生产总值的比重达到35.7%,已成为全区经济发展的中坚力量。

【工业经济步入新阶段】 工业重点项目建设进展顺利。全年投资2000万元以上工业续建新建项目75个,已完成投资21.6亿元,已建成项目49个。其中,中联卧龙水泥余热发电、金牛彩印年产1万吨纸铝塑液体无菌包装、金鹏机电年产2万吨高强度圆环链条等一批重点项目建成投产。扎实组织开展企业服务年活动,争取省"双百计划"扶持资金700余万元、中小企业技改资金300多万元,先后为17家企业担保30笔业务,贷款总额5680万元,"战危机、保增长"取得了明显成效。全年全区工业增加值实现36.1亿元,同比增长10%,其中,规模以上工业企业实现增加值16.5亿元,同比增长17.1%。龙升工业园区建设快速推进。编制了总体发展和控制性详细规划,完善了电力、供水等基础设施,保证了园区项目用水、用电需要,为企业入驻创造了良好的硬件环境。

【农业发展再跃新台阶】 2009年,全区共投资6000余万元,推进28个市区两级试点村建设,初步形成了"五群五线"的发展格局,王村的新农村示范区、蒲山赵官庄"十里画廊",安皋周庄、青华高老家和谢庄小王沟、龙王沟后庄、七里园达士营等村已成为新农村的亮点。全年粮食总产29.7万吨,油料总产5.21万吨,粮油生产连续增产。新增标准化规模养殖小区5个,新建规模养殖场10个。新造林8.01万亩,占目标任务的102%,成为全市林业生态建设先进区。全区花卉种植面积达1.5万亩,食用菌大棚面积103.4万平方米,瓜菜面

积23.2万亩，林果面积14.9万亩。加强农田水利基本建设，新增节水灌溉面积6300亩，解决安全饮水2.85万人。

【"六创一迎"活动深入开展】 投资450万元，完成了21条小街小巷硬化任务，占市下达目标的110%；投资210万元，完成了9条景观巷的建设，搞好了绿化、美化、亮化工作。小城镇建设，全年用于集镇基础设施建设的投资达4600万元；农运会场馆建设拆迁工作圆满完成，涉迁群众安置房建设正式启动。投资200万元，清理垃圾42万立方米，基本解决了垃圾围城问题；在小街小巷设置1545个垃圾箱(池)，解决了垃圾乱倒难题；新建了4座垃圾中转站、3座星级公厕，完成了8座旱厕改造任务。组织开展了市场经营秩序、市容市貌专项整治等一系列行动，共清理、取缔废品收购站65个，畜禽养殖场89个，辖区的面貌有了新的改观，城市环境有了新的改善。

【各项事业稳步发展】 投资9700多万元，修建县乡公路、村道联网路274公里，在市农村公路"通达杯"竞赛活动中取得优异成绩；全年实施科技计划项目42项，获得市级科技进步奖18项，被评为全国科技进步先进区；发放"两免一补"资金4538万元，惠及学生8.6万人；开展"送文化下乡"活动40多次，新建文化大院4座，新发展有线电视用户2300户；全年投资2600余万元，建成13个乡镇计生服务所，全部达到规范化亮点乡所标准；积极做好手足口病、甲型H1N1流感等流行性疾病的防控工作，确保了辖区人民群众的身体健康和生命安全。全区54万农民参加了新农合，参合率达96%，共兑付新农合医疗补助资金5485万元；全区已建成敬老院及村级五保大院21所，集中供养率基本达到省定目标。落实支农惠农政策，兑现各项政策资金9053万元，农民人均减负增收263元；全年城镇新增就业人员11498人，下岗失业人员再就业3316人，其中"4050"人员再就业783人；提高了养老、失业、低保金标准。全年为离退休人员发放养老金1.13亿元；发放失业保险金465.5万元；为26335名城乡低保对象发放低保金1907万元；完成廉租住房保障1285户2664人，补贴金额237万元。南水北调移民安置房建设工程，建设质量在全省25个移民安置县市区中排名第五。

卧龙区各乡镇办主要领导名表

乡镇办	党(工)委书记	乡镇长、主任
梅溪街道办事处	刘小丽(女)	华德奇
卧龙岗街道办事处	魏德林	张玉恒
靳岗街道办事处	冯居轩	王国辉
七一街道办事处	陈世海	王　璞
武侯街道办事处	王　杰	潘同辉
车站街道办事处	刘洪岑	张晓东
光武街道办事处	王宏波	窦晓蓓(女)
蒲山镇	王学显	樊　鑫
石桥镇	冉建国(享受副处级待遇)	田华宇
安皋镇	孙震(副处级)	方传军
潦河镇	刘子杰	王　建
青华镇	陈永平	刘道杰
英庄镇	王天清(享受副处级待遇)	李明敏(女)
陆营镇	华显文(享受副处级待遇)	李卫东
七里园乡	张明团	王志德
王村乡	张建龙	杨建泉
谢庄乡	张建勋	李伟兴
龙兴乡	杨林青	惠广路

乡镇办概览

【梅溪街道办事处】 2009年,固定资产投资9100万元,财政收入867万元。新建项目2个(南阳亿安商贸苑和南阳市商贸中心),新签约项目1个(卧龙区梅溪街道社区服务中心)。利用区位优势,引进多家大型商贸中心入驻,时令电器商业面积5000平方米,总投资4000万元;宜家居家私市场商业面积2000平方米,总投资500万元;裕华商场盛德美超市商业面积10000平方米;投资150万元新建八一路农贸市场,容纳摊位200个;规范改造了文化宫后街农贸市场。"六创一迎"创建活动以来,先后投资130余万元,高标准建设景观巷7条,长3800米。并对辖区26条小街小巷进行了综合整治,清理牛皮癣、小广告6000余处,垃圾死角24处,清运垃圾300余吨,拆除乱搭乱建80余处,拆除违法占地、违法建设10处,在市组织多次观摩评比中受到表彰。全年辖区8640户19899人发放低保金221万元,实行动态管理辖区符合廉租住房条件的300户低收入家庭;辖区6582人参加城镇居民基本医疗保险;成立街道和社区两级困难职工帮扶工作站,社区设立了"爱心助困基金";组织筹建了"再就业绿色通道",分批培训下岗失业人员6650名,已安置849人上岗。2009年被民政部授予"全国和谐社区建设示范街道",被市委、市政府评为信访工作、维护稳定工作、人口计划生育工作先进单位。

【卧龙岗街道办事处】 2009年,固定资产投资2.26亿元,财政收入927万元。新建项目9个,计划总投资4.93亿元,到位资金2.39亿元;续建项目7个,计划总投资30.4亿元,到位资金15.73亿元;拟建项目11个,计划总投资11.58亿元。围绕新农村建设示范村创建要求,调整农业产业结构,改善基础设施建设,全年完成围村林、通道林、成块成片林7.95万株,1215亩。在新农村示范村修建沼气池50个;投资90多万元,建成占地10余亩的群众文化广场;投资50万元新打机井3眼。"六创一迎"活动中,汉画街、牛奶厂路,已投资50余万元,出动人力1000人(次),新硬化路面500多平方,新修花池38个,粉饰墙体4万余平方米,设置垃圾箱46个。投资30多万元植树3万多株,解决了车站路、南邓入市口垃圾围城现象;投资1500万元在十二里河建立了标准综合市场,在车站南路、工业南路建立了临时市场,规范了原来的3个小市场,解决了长期占道经营问题。全年共查处各类违章建设333起,拆除违章建筑76处,1350平方米,清理取缔废品收购点18个,养殖户36户,高标准建设了6条景观路,改变了辖区的环境卫生。荣获"南阳市中心城区社会治安综合整治先进单位"称号,代表卧龙区接受了省平安建设考核组的检查。五保老人集中供养率达52%;辖区201户419人发放城市低保金631128元,298户481人发放农村低保金274760元;发放优抚款142512元,完成贫困居民廉租住房72户。发放医保卡752份,为3000多人办理了续保和新参保的相关手续;新农合参合人数14500人,参合率达100%;免费实施白内障手术33例。发放粮食直补28.3万元、退耕还林补贴35万元、家电下乡惠农补贴238万元、奶牛补贴52.1万元。

【靳岗街道办事处】 2009年,固定资产投资1.85亿元,财政收入562.8万元,农民人均纯收入4341元。续建项目10个,新建项目12个,投资3000万元以上项目15个,已到位资金1.8亿元。其中市发动机项目,金光数显公司与首钢公司合作成立首控光电股份有限公司,累计完成投资6000万元,已经试生产,纵横丝绸公司累计完成投资1.07亿元;达成意向的已签约项目2个,总引资额6800万元。实施"一线一带两园"发展战略。"一线"依托312国道沿线的董岗、邵沟、兰营、靳岗、坡桥5个村,按照成熟一村、改造一村、提升一村的原则,推进新农村建设,形成新农村"精品线"。在精品村和试点村的带动下,累计投资600余万元;"一带"即沿南水北调中线工程4公里区域内的坡桥、董岗2个村,共900亩地全部打造成林业生态带,完成林业生态达标12万株植树造林任务;"两园"即龙升工业园、兰湖森林公园。董岗、邵沟、兰营、香铺等在龙升工业园内的4个村全力发展工业产业,形成工业聚集区;兰营、香铺、崔营、靳岗等4个村依托万亩兰湖森林公园,高标准完成兰湖森林公园3000亩租地、种树任务,大力开发旅游业和农游一体化项目。社会事业方面。新打机井13眼,修复老井27眼;对种粮农民直补资金23.1万元,综合直补资金118.7万元,共计141.8万元,补贴面积1778.65亩,补贴农户3569户;发放农村低保金536户1679人,城市低保金21户38人,救助五保户80人,免费实施白内障手术27例;办理家电下乡补贴52.7万元,汽车、摩托车补贴20.7万元。

【七一街道办事处】 2009年,固定资产投资1.35亿元,财政收入785万元。新开工建设项目9个,总投资11250万元,已投资

8050万元。小街小巷改造,投资18万元硬化卧龙观邸西巷、干休所巷、永安村巷、国税局巷4条背街小巷;新建烟草巷、水利局巷2条景观巷。“六创一迎”活动以来,清运垃圾1500立方米,铲除小广告20万余条,粉刷墙壁15万余平方米,清理垃圾死角100余处,清理、整治取缔废品收购点7个,清运居民点内小型养殖场5个,改善了卫生环境,在市级评比中获得流动红旗。平安建设工作,辖区54个单位技防设施完善,80%以上的商场超市、繁华街道、重点单位、公共场所都已安装技防监控设施。组织大规模安全生产检查4次,整改各类隐患20余处;在全国“安全生产月”宣传咨询日活动中,出动宣传车1台,展出宣传版面12块,悬挂横幅10余条,接待咨询180多人次,发放宣传资料600余份。完成了10个社区的换届选举工作,有11个社区177个机关企事业单位,计生工作进行网络化、信息化管理。发放医保卡1400余张,征收医保费70余万元,免费实施白内障手术31例。办理低保190户410人,发放低保金190万元,为180户低保家庭中无房户发放廉租房补贴32万元,发放优抚金9.5万元。推荐小额贷款66人,贷款金额150万元,“4050”人员认证30人,零就业家庭认证25人。建立辖区人力资源需求库,开发就业岗位219个,安置大中专毕业生59人。被评为省级卫生先进单位,区级文明单位。

【武侯街道办事处】 2009年,固定资产投资2100万元,财政收入553万元,农民人均纯收入5199元。新上项目11个,总投资3亿元。“六创一迎”活动以来,累计清理小广告1.2万个,清运积存垃圾7000余方,搬迁城区养殖场21家,关停搬迁废品收购点11家;制止违法建房21处,拆除违法违章建筑27处1200余平方米;争取上级扶持资金18万元,改造背街小巷4条。新农村建设,投资60余万元整修毛庄至姜沟外环路2.4公里;投资26万元对毛庄科技文化大院和向岗文化广场升级改造,毛庄科技文化大院为群众演出46场次;投资20余万元实施“户户通”工程,全长3.7公里,改造下水道4.3公里,栽植风景树2000余棵,安装路灯76盏。超额完成区定900亩生态林建设任务,植生态林49516株,新打机井18眼(含旧井改造),扩大有效灌溉面积800余亩;为姜沟小学购置标准化桌椅89套,为毛庄小学硬化操场2925平方米,有253名学生享受到“两免一补”。新型农村合作医疗门诊报销2013人83936.1元,住院报销44人85047.7元,有效缓解了群众看病贵问题;办理城镇居民医疗保险2200人,免费实施白内障手术38例。落实五保供养政策23人,优抚政策27人,城市低保383人,发放低保金63.8万元;兑现粮补33万元,家电下乡补贴150万元,汽车、摩托车补贴10万元,能繁母猪补贴7.45万元。在市级以上报刊杂志发稿42篇,电视台发搞33篇,市、区两级网站采用稿200多篇。街道机关小报《武侯视点》,受到了社会的关注和好评。

【车站街道办事处】 2009年,固定资产投资1.13亿元,财政收入609.9万元。新建项目4个(总投资25700万元,已完成投资7230万元),续建项目4个(总投资41100万元,已完成投资39083万元),拟建项目7个(总投资206800万元)。社会治安和平安建设,初步形成了办事处、社区、单位内部、家属楼院四级治安防范网络,并成立了15人的治安巡逻队。在集中整治及百日严打行动中,累计出动人员970余人,出动车辆195台次,清查暂住人口3815人,出租房1982户,娱乐场所297个,驱散传销窝点14处,净化了居民生活环境。全年无法轮功和邪教组织非法集会、进京闹事及影响政治稳定的恶性案事件发生,无重大涉及民族宗教问题的事件发生。“六创一迎”活动以来,集中整治了18条背街小巷,对辖区内的单位、沿街门店签订“门前三包”责任书1163份。全年共清理生活垃圾200余吨,建筑垃圾400余吨,铲除小广告、“牛皮癣”共30000余条,清理辖区内畜禽养殖点1个,废品收购点1个,粉刷小巷17条,26000余平方米,并完成生活垃圾处理费征收169万元;投资96万元,修建小街小巷2条,拆除乱搭乱建23处,简易棚12处,广告牌76个。全年共查处违法建设5宗,占地面积818平方米,建筑面积1200平方米,打击了违法占地违法建设行为。有672户,1496人享受低保,共发放低保金188986元,廉租房补贴437户,对31名优抚对象发放优抚款31080元,免费实施白内障手术23例。

【光武街道办事处】 2009年,非公有制经济总产值10.19亿元,固定资产投资1775万元,财政收入555万元。新引进项目8个,续建项目6个,前期项目和洽谈项目4个。顺利完成了社区“两委”换届选举工作,有8个社区建成了“一站式服务大厅”,9个社区实现了微机化管理。综合治理和平安建设工作,投资30余万元,用于技防建设、表彰奖励先进典型、印制宣传材料、购置统一服装、更新巡逻器械等支出,巡逻队配备专用车辆全天24小时巡逻。共破获各类案件71起,捣毁非法传销窝点24个，驱散非法传销人员277人，抓捕传销人员17人。"六创一迎"活动以来，共投资225万元，清理生活、建筑垃圾9000余立方米，清理小广告12000余条，拆除不规范广告牌470余块，取缔马路市场5处，清理占道经营320余户，硬化小街小巷9条共11000平方米，与沿街商户、居民签订"门前三包"责任协议书1256份。落实惠民政策。新增城市低保61户121人，达556户1195人；新增农村低保78户106人，达185户276人；培训农民工99人，组织800余名下岗失业人员参加再就业培训；办理小额贷款45人，政策性资金补助135万元；发放再就业优惠证520本、医保卡1120张，新增城镇居民医保4407人；家电补贴98.51万元、车辆补贴61741元，粮食直补87675.26元；免费实施白内障手术18例；购买防控物品，印制发放手足口病防治、甲型HINI、艾滋病预防等知识宣传手册8000余份，提高群众的卫生和安全防范意识。

【蒲山镇】 2009年，财政收入915万元，农民人均纯收入3400元。在赵官庄村实施农综开发，总投资200万元，已投资82万元；完成了梅溪河治理、坑塘改造、堤坝修建；发展薄皮核桃600亩，开挖树穴3.3万个，林业生态建设获区第一名。新修农村道路10.5公里，全镇116.2公里农村干线公路，实现养护制度化、经常化，并代表市、区通过了省好路杯检查。新农村建设，初步形成了包括龙祥路、仙桃园和赵官庄文明礼仪示范街区、师杨庄廉政文化示范街区、紫山风景区的"一路一园三区"十里画廊新格局。城镇设施建设。步行街市场、金泰隆综合超市展现了蒲山发展新形象；镇综合文化站建筑面积620平方米，已竣工；环境卫生投入220多万元，添置了2部垃圾车和1部吸尘车，并新建了垃圾中转站，新增垃圾池23座，新建沼气池890个，太阳能用户达300个。成立了三资管理中心，发放汽车、摩托车下乡补贴65.9万元，家电下乡补贴100.2万元，"两免一补"资金42.8万元，良种和综合补贴730万元，水稻、棉花补贴5万元。全年低保人数3277人，五保人数446人，其中集中供养134人，镇敬老院改造竣工，达省示范标准。新农合参加人数77023人，占农村人口94%，城镇医保人数达610人。人口计划生育镇所村室建设达市级先进，并开展了手足口病和H1N1流感监控防制、动物重大疫情防制，没有发生重大疫情。此外，解决了少数民族聚居村清泉村和聚居点洪庄组回民群众发展经济、吃水、行路等问题，开展了多层次的回汉交流与合作，民族团结进一步巩固。

【石桥镇】 2009年，财政收入219万元，农民人均纯收入4000元。围绕月季花卉、瓜果蔬菜、集镇商贸、文化旅游四大支柱产业，新发展月季800余亩，总面积达6000多亩；生姜、韭菜、大葱、蒜苗、西瓜等五类蔬菜获河南省无公害蔬菜认证，全镇蔬菜瓜果面积5000亩，专项产值人均1000元以上。完成植树造林3131亩，17.22万株；畜禽防疫密度达95%以上，牲畜站标准化建设顺利达标，并跨入市区先进行列；农田水利建设，对冢岗庙灌区进行修复，新打机井87眼。新农村建设，打造一群(围绕贾寨、小石桥、施庄、一村、二村新农村建设群带)，一线(蔡官屯、龙窝两村连线)，一园(月季观光园周边村施庄、朱村、郭庄)，朱村新农村建设在区第一次观摩中获得二等奖。发展农游一体化产业，成功举办了石桥月季观光园开园仪式和民俗文化活动展演，共接待游客20000余人。小城镇建设，投资3000万元的宛北大牲畜交易中心，已完成投资960万元，建成商业临街门面房200间3700平方米；投资1200万元，已建成住宅楼120套；投资460万元建自来水厂1座；投资58万元建垃圾中转站1座，配备垃圾清运车2辆；筹资60万元，对豫02线张衡博物馆至镇区段，车站广场至小石路段进行绿化、美化、亮化建设。社会事业，对35户城镇低保户，633户农村低保户及特困户共发放救助款60万元，新增及调整低保对象700余人，粮食直补230.58万元，奶牛补贴16.30万元，家电补贴44.50万元，"两免一补"资金76万元，并争取校建资金100万元，已建成25万元的二中男生公寓1座，镇中招成绩位居全区第二。镇卫生院新增床位120个，新农合参合率达98%，补偿费用118万元。计划生育方面投资60万元对镇所和12个村室进行新建改建，顺利通过上级验收。

【安皋镇】 2009年，固定资产投资15400万元，财政收入161万元，农民人均纯收入4380元。内引外联项目11个，总投资2.79亿元；政策性项目14个，资金达753万元。新农村建设，初步形成了以集镇为龙头，以王安路为轴线的新农村精品示范带，实现了村庄道路绿化、美化、亮化。新造林7600亩41.8万株，建成了2个千亩花生示范方和千亩芝麻示范方。生猪饲养量达2.6万头、家禽饲养量17.3万只，新建规模化养猪场3个，养禽场2个。基础设施建设，投资近300万元，新修大修道路28.5公里。争取资金160余万元，新打机井36

眼，洗井 54 眼，清淤、硬化打磨石岩、彭李坑水库灌区累计长 2300 米，修复了秦岗提灌站，改造了小屯引河渠，新增有效灌溉面积近万亩；完成了徐坪村 430 人的安全饮水工程，东潦河刘庄段小流域得到有效治理，建成了东潦河老李庄桥；新建沼气 532 座，建成村级服务网点 9 个。落实"两免一补"资金 156.5 万元，奖励和救助中、高招优秀学子专项资金 6 万元。新农合受益人数近 2 万人，补助金额达 350 万元；发放低保、五保资金 134.6 万元、民政救济资金和物品合 6 万余元，农村保障对象达 2029 人；发放种粮农民直补和综合直补资金 373.5 万元、退耕还林补助资金 96.1 万元，落实良种补贴 3.5 万亩、家电下乡补贴资金 46 万元、汽车摩托车补贴资金 60 万元。被市命名为"四星级小城镇"、"全市五好党委"、"全市人口计划生育工作先进乡镇"，并顺利通过了省"优秀园林城镇"验收。

【潦河镇】　2009 年，固定资产投资 8863 万元，财政收入 216 万元，农民人均纯收入 3494 元。新建项目 12 个，总投资 1.16 亿元，到位资金 7750 万元。优化农业结构，做大做强奶牛、生猪、蔬菜、花卉、林果、良种基地等特色主导产业，在农业高新园区建设了总投资 2000 万元的南阳山水有机蔬菜种植基地，同时加大了清凉寺、张茂庄无公害蔬菜基地和产品认证，蔬菜面积达 3500 亩，并成立了清凉寺蔬菜专业合作社。林业生态建设，植树 1 万亩 52.3 万株，完成区定任务的 117.4%。完善基础设施，提高城镇品位，主要实施了八项（既绿化、光亮、教育、供水、排水、环卫、街道美化、市场建设）工程。新农村建设试点工作，在区组织的阶段观摩中获一等奖。投资 300 余万元，建设农村公路 20.6 公里，基本实现各自然村之间互通；投资 80 万元新建敬老院 1 座，建筑面积 1500 平方米，可满足 110 位五保对象入住。有 78 户居民享受城市低保，2748 人享受农村低保、五保，发放各类救济金 360 余万元，兑现各种补贴 800 多万元；开展扶贫助困活动，改善了 150 余户贫困对象的生产生活条件；全镇居民参加医疗保险达 318 人，新农合参保人数连续两年达到 96% 以上；培训农民工 200 余人次，为外出务工人员提供政策等咨询 240 余人次，转移和输出农村剩余劳动力 800 余人，提升了农民生活水平。

【青华镇】　2009 年，财政收入 202 万元，农民人均纯收入 4120 元。新上项目 19 个，总投资额 1.56 亿元，累计到位资金 1.4 亿元；续建项目 4 个，投资额 5600 万元，争取上级政策性资金 1600 万元。累计投入 1800 余万元，使全镇 24 个行政村互通油路或水泥路，辖区内程控电话、移动电话、多媒体通信等高科技通信手段构成多功能、全方位通信支架。农业生产条件良好，全镇机井达 2200 余眼，9.9 万亩耕地中农综开发面积达 6.5 万亩，项目区基本达到"旱能浇、涝能排、田成方、林成网、沟相通、路相连"的高产高效农业标准。强力实施"科技兴镇"战略，引进先进品种与技术，培育起了棉花、小辣椒、食用菌三大支柱产业，三大支柱产业效益占农民收入的 70%。基本形成了"一轴两带"的新农村建设格局，即以南邓路为中轴线，王珍庄、远场、高老家村，辐射带动青南、青北村，打造了一个囊括 2 万人 15 平方公里的北环路示范群带，试点村三李营村多次受到省、市、区表彰。教育事业不断发展进步，连续 7 年取得了卧龙区中招质量评估乡镇第一名的好成绩。加强文化基础设施建设，进一步完善镇文化站，配齐娱乐设施，丰富群众文化生活，境内有线电视可接收 45 套节目，抬装古饰为省级非物质文化遗产。荣获省、市"五好乡镇党委"，省"民间文化艺术之乡"、"清洁家园行动先进乡镇"和市"防范处理邪教、人口和计划生育管理、粮食生产"先进单位等荣誉称号。

【英庄镇】　2009 年，固定资产投资 14714.9 万元，财政收入 180 万元，农民人均纯收入 4259 元。引进项目 12 个，其中续建 4 个，新建项目 8 个，项目投资总额达 2600 万元。争取上级政策性资金 400 余万元。区定新农村建设试点村南屯村，先后投资 120 万元，村容村貌呈现新景象。农业产业化发展，重点培育壮大蔬菜和生猪、长毛兔、黄牛等畜牧两大支柱产业，新增蔬菜种植 5000 亩，新增专业养殖场 6 个。新成立农业协会 11 个，各类农业经营合作社达 24 个。实施了抗旱应急工程，全镇新打机井、对口抽 960 眼，维修旧井 190 眼，夏季 7.1 万亩小麦普浇 1～3 遍。实施了粮油倍增计划，建成涉及 8 个村的粮油高产示范田 4000 亩，其中南刘营百亩高产示范田小麦单产达 1100 斤。新植树 44 万株，农田林网控制率达 69.6%，沟渠路河绿化率达 99%，实现了林业生产历史最好水平，被市评为林业生态建设先进乡镇。小城镇建设，实行规划、建设、管理、经营"四位一体"，争取资金 170 万元，实施了镇区的绿化、美化、亮化工程，精心打造"绿色生态城镇"；引资 62 万元新建垃圾处理站 1 座，组建了 10 余人的环卫队伍，购置洒水车 1 辆，垃圾清运车 6 辆对集镇进行全天候保洁管护。村道建设，先后完成了后英庄等村全长14公里的任务,选聘了27名精干道路养护工,投入道路养护;配合服务龙凤路大修工程,完成了4公里路肩培土任务。高标准实施了计生服务中心建设项目,全镇已建成标准化村室27个。建沼气池300座,南刘营村500立方秸秆大沼气运行正常,区在此召开了现场会。

【陆营镇】 2009年,财政收入175万元,新引进项目8个,已建成项目5个,在建项目1个,正在洽谈2个,累计争取上级资金共558万元。投资200万元的金福全大型综合超市已营业;投资50万元完成了镇卫生院门诊综合楼改扩建工程;投资50万元,新建占地面积3000平方米的镇文化站,正在进行外墙粉饰;投资300万元,完成胤达制衣厂二期工程,新建服装生产线2条;投资200万元的沙河大桥重建工程已开工;投资18.6万元,修建连接华庄、徐营村的漫水桥已完工。集镇建设。投资80多万元的陆营村综合贸易市场,新建门面房66间;投资40余万元,对中心大街南段路西侧1000米进行了改扩建,安装路灯80盏;投资200万元的安全饮水工程,第二期工程正在施工,受益群众达2万余人;投资70余万元,建成1座垃圾中转站,配置了1辆垃圾中转车和2辆垃圾收集车,处理集镇的生产生活垃圾。新农村建设,在方营自然村投资68万元,硬化村内道路4公里,实现自然村内所有道路的互通;试点村前田村,占地140亩的新村规划已启动。全年全镇完成造林7900亩,植树45万株,苗木成活力在90%以上。新打机井100眼,修复旧井210眼,并完成了投资31万元的合作灌渠清淤及水闸修复工程。完成了17.8公里连接8个自然村的道路整修任务,超计划12.7公里。新增低保人员906人,达2946人,完成了王庄村敬老院的基础建设。连续4年被评为市人口计生工作先进乡镇,1月被省政府纠风办评为群众满意基层站;并荣获市教科研工作先进单位、第十三届青少年爱国主义教育读书活动先进单位等称号。

【七里园乡】 2009年,财政收入278.5万元,投资项目7个,合同总投资额4.35亿元。农游一体化的产业结构格局已基本形成,并建成了一批精品旅游景点,豫山禅寺、祖师宫搭起了"三月三"庙会的大舞台;独山森林公园、锦绣植物园、独山植物园游人如织;金岁月生态园、五星农家已成为南阳市餐饮及旅游的靓丽风景;位于白河和独山之间的达士营蔬菜认种园一期占地100亩,吸引了不少市民假日休闲、娱乐、农事体验。全乡无公害蔬菜基地3000亩,草莓、桃、美国杏李采摘园面积达1800亩。新农村建设,按照"试点辐射、集中连片、农游一体化、串线成线"的发展方向。西部以大寨、大庄、雷庄为主的以餐饮、采摘、农游为支柱的新农村示范带;中部以边庄城中村改造为契机,在豫02线两侧高标准建成一个小城镇,以工业为支柱产业;东部重点打造以达士营、白塔、大屯、冯楼为主的新农村建设示范带,以蔬菜、林果、畜牧养殖、农游为支柱产业。全乡共植树132185株,占总规划的122.71%;新发展生态环保养猪场2个,3万只以上规模养鸡厂1个。社会事业。全乡各小学建成标准化计算机教室,两所中学实验室教学仪器配备达省一类标准,为学生提供了舒适多样的学习环境。全乡5337户农民享受到178万元的粮食直补和综合直补;全年小家电销售291台,补贴金额71250.48元,汽车销售54辆,补贴金额196961.6元,摩托销售188辆,补贴金额118970.8元。发放五保供养款70万余元,救灾款3万余元;投资50万元改善敬老院,已入住60人,集中供养率达30%。新型农村合作医疗参合率达100%。

【王村乡】 2009年,财政收入1008万元,农民人均纯收入6500元。全年续建项目9个,总投资2.87亿元,累计到位资金1.57亿元,当年建成竣工项目5个;新建项目19个,总投资5.2亿元,累计到位资金1.19亿元,建成竣工11个;拟建项目11个。农业方面。一是林业生态建设。新植树木23.1万株,计4200亩。二是农田水利建设。全年新打井121眼,疏通王村干渠8公里,使沿干渠6000余亩小麦得到及时灌溉;同时整修田间生产道路25公里。三是农业产业结构调整。以方营村为试点的无公害蔬菜基地,累计发展蔬菜大棚150座,蔬菜面积达500亩;发展香菇、木耳30余亩;何营村千头肉牛养殖基地,全年共出栏肉牛500头,促进了农民增收。四是抗灾救灾。8月21号突来狂风暴雨,王安、王闫、王村街一线受灾严重,蔬菜大棚被卷了36座,玉米倒伏,树木被毁,电力严重受损,部分农户房屋进水,面对灾情,开展生产生活自救,把灾情降到了最低限度。五是夏秋秸杆禁烧工作取得胜利。六是办理国家农机补贴30万元;春秋两季动物防疫面达100%,新培育养殖专业合作社3个,新增养殖户80余户。新农村建设方面。乡村两级共投资330余万元,新修长5.6公里,宽6米的环形经济通道,形成一线串六村的环形新农村发展格局。开展"六创一迎"活动的具体任务为四路一市场:即312国道、南邓公路两个入市口、王安、王闫两条道路和王村街市场，重点是搞好了两个入市口和市场整治，维护南阳城区西大门的良好形象。全年发放“两免一补”资金62.7万元，春荒救灾2万元，落实低保户662户、1214人，兑现低保金74.4万元，优抚金15万元。参加新农合28864人，参合率达96%。

【谢庄乡】 2009年，固定资产投资5243万元，财政收入84万元，农民人均纯收入2600元。新引进投资50万元以上项目5个，续建项目1个，总投资5873万元。新农村建设，区级精品村小王沟村龙泉湖景区已初步成为集垂钓、采摘、娱乐、休闲、观光的好去处；区级试点村掘地坪村集镇改造是重点建设项目之一。优化农业产业结构，种植薄皮核桃4500亩，小辣椒8000亩，日本甜柿900亩，无公害蔬菜300亩；新建专业养猪场2家，养鸡场5家；全乡小麦种植面积5.5万亩，产量达3410万斤，秋作物产量比去年增长20%。农田水利建设。一是投资343万元对塔子山水库进行了除险加固，并通过了省、市验收；二是投资25万元，出动1000人次，维护清淤打磨石岩水库东干渠7000米，增强应急抗旱能力；三是结合土地整理项目，新打机井120眼，挖蓄水池5座，扩大水浇地面积3000亩，整修道路45公里，动用砂石2.7万立方米，修复水毁桥涵5座，农田防灾除涝进一步增强；四是解决2135人安全饮水困难问题。林业生态区建设，新栽杨树45.6万棵，林木覆盖率达25%。在架子岗实施了千亩生态园林工程建设，面积达1500亩。社会事业。投资269万元，乡卫生院建成五层病房楼，新增床位66个，全乡有3.7万余人参加了新农合，参合率达98%；投资20万元升级改造了敬老院，集中供养率达40%以上，已申报省级文明敬老院；新核定低保1665人，五保223人，新增外出务工人员800余人。道路建设。筹资370余万元，修建总长25.575公里的靳小路谢庄段、谢刘路、四赵线谢庄段；筹资457.6万元，修建村道28.6公里，超额完成11.6公里；投资21万元，治理安蒲路沿线，打造安蒲路风景线。

【龙兴乡】 2009年，固定资产投资3500万元，财政收入100.6万元，农民人均纯收入2834元。新建项目5个（既乡文化服务中心、乡计划生育服务中心、乡卫生院新病房大楼、乡街道综合整治、乡人畜安全饮水项目）；续建项目1个（南阳地雅投资有限公司）；已签约项目1个（潦河坡村万头养猪厂）。完成通道植树1085亩67600株，其中杨树59600株，辛夷6000株，完成任务的150%；完成片林7327亩510000株，完成任务的124%。在农游一体化建设方面。一是通过制定政策，优先扶持生态旅游产业发展；二是高标准实施绿、洁、畅、亮、美“五化工程”，建设万亩石榴、万亩杂果、万亩荒山绿化项目，使全乡森林覆盖率由22%提高到35%，为招商引资、发展生态旅游业造就了平台；三是突出主题特色、提高服务质量、打造品牌，加强旅游形象宣传，实施多元化的市场促销。新农村建设。高起点规划、高标准建设、高质量服务，全力打造古庄新村，以点带面、整体推进，立足南阳鼓乡和山水渔村的形象定位，从改善设施，培育产业，打造环境入手，累计完成投资135万元。以“清洁家园、美化龙兴”为重点，统一标准，进行村庄整治，清运生活垃圾320吨，拆除违章建筑1700平方米，组建了街道清扫队，建立了维护环境卫生的长效机制。道路建设。投资100余万元，完成县道谢庄界至潦河坡街、杨庄至任闻线和山庄段4.2公里的改道以及崔坊段1.7公里的路基拓宽任务和14.6公里的村村通建设任务。万亩石榴种植示范基地被评为省农村科普示范基地。（刘科峰）

宛　城　区

区情综述

【概况】 宛城区总面积927平方公里。其中，耕地面积62.5千公顷，城区面积86.04平方公里。总人口83.29万人。其中，农村居民57.54万人，城市居民25.75万人。辖6个街道办事处，4个镇和6个乡。

区委书记：马瑞平；副书记：庞震凤（女）、王崇龙、王庆（2010年1月任）；常委：王元敏（纪委书记）、潘自东（政法委书记）、赵金元（组织部长）、梁海磊（宣传部长）、王仁峰（统战部长）、高贵洲（武装部政委）、孟庆剑（区委办主任）、李培彦（常务副区长）；区委正处级干部：陈贞卿、张超、李金有

人大主任：刘荣旭；人大正处级干部、党组副书记：韩兰森；副主任：张进学、高波、马云德、徐存亮

区长：庞震凤（女）；副区长：李培彦、李登刚、李炳武、田西蒲、张智广、胡忠志（2009年8月任）、王玉喜、贾玮（区长助理）

政协主席：程广宗；政协正处级干部：李强；副主席：李明君、刘金波、侯金星

南阳市工业生态园区管委

会:正处级干部、常务副主任:党长双;

副主任:王国林、姚合玉

法院院长:贾志侠

检察院检察长:王金荣(女)

公安分局局长:陈光辉;政委:黄霞(女)

总工会主席:刘少先

群工部长:吴宝毅

2009年,受国际金融危机的严重冲击,宛城区经济发展遇到了很大的困难和挑战。面对严峻的经济形势和艰巨的发展任务,全区上下深入贯彻落实科学发展观,认真落实上级应对金融危机的决策部署,在危机中抢抓机遇,在困境中谋取主动,全区经济社会保持了又好又快的发展态势。

区域经济保持较快增长,产业结构进一步优化。全年完成国内生产总值89.1亿元,比上年增长12.2%;其中第一、二、三产业增加值分别达到23.1亿元、37.4亿元、28.6亿元,三次产业比例达到26∶42∶32,二、三产业比重达74%,比上年提高3.3个百分点。

投资消费持续扩大。完成全社会固定资产投资59.5亿元,增长38.6%,其中城镇固定资产投资50.6亿元、工业固定资产投资23亿元、房地产投资8.6亿元,分别增长44.8%、51.3%、97.7%。社会消费品零售总额达到66.2亿元,增长19.2%。

财政收入增速和质量同步提高。完成财政一般预算收入2.46亿元,占年度预算的110.4%;增速达到20.5%,居全市第一位,比县市区平均增速高10.3个百分点;税收占一般预算收入的比重达到89.2%,居全市第一位,比县市区平均水平高18个百分点。完成财政一般预算支出10.04亿元,比上年增长24.2%。

人民生活不断改善。城镇居民人均可支配收入14717元,农民人均纯收入5533元,分别增长8.7%、7.1%。

【扎实推进项目建设,千方百计扩大投资】 开展“项目推进年”活动,新引进投资超3000万元项目15个,其中超亿元项目11个,引资到位13.5亿元。投资3.5亿元的天羽PS版基、投资1.5亿元的娃哈哈超净生产线、投资2亿元的二胶厂CTP版材、投资2.3亿元的三色鸽食品工业园一期、投资1.7亿元的防爆机电、投资3000万元的大河印务相继建成投产。一统防爆电器、三色鸽液态奶、二胶厂柔性树脂版、天冠沼气、天冠二氧化碳全降解塑料、德益筑路机械、仲盛生物质能发电等项目正在建设。全区项目建设呈现出投资规模大、技术含量高、发展后劲足、组团式发展等明显特点。

【突出产业集聚区建设,工业经济效益明显提高】 投资近千万元,完成了新能源产业集聚区总体发展规划、空间发展规划、控制性详细规划、主导产业发展规划及规划环评报告等编制任务,并顺利通过省专家组评审。着力搭建园区投融资平台,将南阳鑫众投资公司的注册资金提高到5000万元。2009年,园区所在企业实现工业总产值46.5亿元,比上年增长58.3%;实现利税8.7亿元,增长248%。深入开展“企业服务年”活动,帮助企业解决各类问题130多件。成立了区信用担保公司、汇鑫小额贷款公司,引进新民生、万邦等投资担保机构6家,并与工商银行签订了战略合作协议,为企业融资2.6亿元。积极搞好用地报批,为重点项目供地2670亩。通过多策并举,工业经济保持了持续快速发展的势头,圆满完成培育一家销售收入超10亿元企业、实施投资超亿元项目10个以上、完成工业固定资产投资10亿元以上、新增工业销售收入10亿元以上的工业发展“四个十”计划。全区工业增加值达到32.7亿元,增长13.2%。规模以上工业企业发展到75家,比上年增加8家,完成工业增加值15.1亿元,增长22.8%,增速居全市第2位;实现利润4.9亿元,增长90.7%,增速居全市第1位。年产值超亿元企业达到10家,比上年新增光辉厂、宏兴棉业、金马石化3家。娃哈哈南阳生产基地成为全区首家产值超10亿的企业,全年实现销售收入11.2亿元、税收1.6亿元,成为该区的骨干企业和税利大户。

【加强“三农”工作,扎实推进新农村建设】 认真落实各项惠农政策,及时足额发放种粮、农机具购置、良种、畜牧养殖、家电下乡、汽车摩托车下乡等各项补贴资金1.13亿元。粮食生产获得丰收,在大灾之年粮食总产达到38万吨,保持了连续多年的稳定增产。蔬菜、畜牧养殖业持续发展,蔬菜总产量达到89万吨,肉蛋奶产量分别达到3万吨、1.4万吨和10.6万吨;全区获省无公害蔬菜基地认证14个24万亩、省无公害畜产品企业认证90家。积极推进林业生态区建设,完成造林4.2万亩、植树460万株,荣获全省绿化先进单位。投资1.25亿元,新建村级联网公路196.5公里、县乡公路102公里、干线公路8.3公里、桥梁16座,荣获全市农村公路通达杯竞赛金杯;投资7878万元,完成农综开发1万亩、世行三期中低产田改造1万亩、标准粮田二期1.6万亩、土地整理2.9万亩和白桐一分干渠改造、末级渠系改造、抗旱应急灌溉、扶贫开发等项目建设,解决农村安全饮水2.04万人,完成国债项目户用沼气1140个。全面启动南水北调第一批移民安置工作,完成了4个移民新村建设用地划拨、规划设计、招投标工作,移民新村房屋建设正在有序进行。切实加强农民专业合作社建设,全区专业合作社达到108家,带动农民1.5万户;其中宛南瓜菜、三杰农机等6家农民专业合作社被命名为省级先进合作社。实行以奖代补,扶持特色产业发展和基础设施建设,完成了市定新店乡雷庄村、白河街道杨官营村、溧河乡郭店村3个示范村,官庄镇岳庄村、红泥湾镇竹园村等14个试点村建设任务。

【扎实开展"六创一迎"工作,城镇面貌明显改观】 广泛开展市容市貌、市场秩序集中整治行动,管理城市、服务市民意识不断增强,创迎工作取得新进展。狠抓"两场"搬迁,共搬迁城区养殖场82家、废品收购场132家;整顿市场秩序,新建临时市场11处;清理围城垃圾,组织清运入市口和城乡结合部死角生活垃圾20万吨、建筑垃圾90万吨;大力整治违法建设,对重点区域违法建设实施了集中强制拆除,共拆除违法建筑6.7万平方米。推进城中村改造,开工建设安置房、开发房17幢27万平方米。投资820万元,完成第3批背街小巷改造20条。投入小城镇建设资金7000多万元,新建乡镇垃圾中转站4座,新修道路11.3公里,黄台岗、金华2个集镇晋升为三星级小城镇。仲景街道、新华街道大井社区荣获2009年度创迎工作红旗单位。村镇规划全面启动,村庄布局规划编制已经完成。

【社会政治大局稳定】 2009年,始终把维护稳定放在重中之重,着力解决好涉及群众切身利益的热点难点问题,确保国庆庆典等特殊时期首都没有来自宛城区的干扰。深入开展"平安创建"活动,人民群众的安全感和幸福指数不断提高。党的建设明显加强。以深入开展学习实践科学发展观活动为载体,突出特色,创新形式,注重实效,在思想建设、组织建设、作风建设、基层阵地建设等方面取得重大突破,为加快发展提供了坚强有力地组织保障。特别是项目建设、农业生产、维护稳定、拆迁安置等重点工作,四大班子领导进驻一线,各级各部门协同联动,取得了非常好的效果。3000多人南水北调移民安置工程实施顺利。农运会主体育场和新闻中心拆迁工作,大员上前,攻艰克难,不到一个月拆迁房屋54万多平方米,创造了全市历史上规模最大、速度最快、效果最好的拆迁记录,拆出高效率,拆出了大气势,拆出了新形象。

【致力解决民生问题,社会事业全面进步】 认真解决涉及群众切身利益的实际问题,十件实事圆满完成。推动科技进步。做好科技服务、科技推广和科技计划实施工作,获得省级科技成果3项、市级成果18项、专利授权170项,荣获"全国科技进步先进区"称号。高度重视人才工作,为事业单位和农村学校公开选聘各类专业人才100多人。做好就业和社保工作。在非常困难的情况下保持了就业形势总体稳定,全年发放下岗失业人员小额担保贷款927万元,新增城镇就业人员1.16万人,下岗失业人员再就业2320人,"零就业家庭"动态归零。同时,实现农村劳动力转移就业1.03万人。社会保障覆盖面持续扩大,保障标准不断提高,城市低保月人均补差额提高到130元,农村低保覆盖面由3.4%提高到4.5%,农村五保集中供养率达到40%,同时为1907户城镇困难群众发放廉租房补贴383万元。发展教育文化体育事业。加大教育投入,提高了生均公用经费标准,落实了义务教育阶段教师绩效工资,启动优质高中建设,对中心城区教育资源进行了优化整合,投资2100万元,对43所学校校舍进行了改造维修。投资314万元,新建乡镇文化站4个,村级信息资源点158个,农家书屋21个,并开展了舞台艺术送农民、电影放映、广场文化等形式多样的文化活动。在市第三届运动会和首届农运会上,宛城区荣获金牌总数第一、团体总分第一和体育道德风尚奖。努力缓解群众看病难问题。全区新农合参合率达到96.6%,发入医疗补助5231万元,在全市率先推行药品统一配送,覆盖面达到14个乡镇街道;投资1298万元,加强了基层卫生服务体系建设,实施了艾滋病等防治项目;对手足口病、甲型H1N1流感等疫情进行了有效防控。支付医疗救助资金479万元,救助城乡困难群众6.38万人次。投资97万元,为850名白内障患者免费实施了复明手术,被省评为白内障无障碍区。做好人口和计划生育工作。全面落实计划生育奖励扶助、养老保险补贴等政策,优化计生服务,保持了低生育水平;实施了区计生指导站改扩建工程,建成5个乡镇示范计生指导所和12个乡级全民服务大厅。促进社会和谐稳定。搞好安全隐患治理,全区未发生较大安全生产事故。认真办理群众来信来访,切实解决群众反映的实际问题。继续坚持开发、清欠并重,削减"两会一部"存款规模840万元。深入开展打击"两抢一盗"、打黑除恶、食品药品安全等专项整治活动,保证了社会大局稳定。推进民主法制和精神文明建设。认真开展深入学习实践科学发展观活动,坚持依法行政,办理人大代表建议和政协委员提案167件,办结率100%。加强精神文明建设,城乡文明程度得到提升。强化社区功能,65个社区换届选举顺利完成,东关街道玄庙观社区被评为全国和谐示范社区。加强土地管理和环境保护,秸秆禁烧成效显著,节能减排任务圆满完成,荣获全市环保工作先进单位。高度重视武装和民兵预备役建设,国防教育扎实开展。全面落实民族、宗教政策,民族宗教工作水平不断提高。广播、电视等事业健康发展,审计、统计、物价、工商、质量监督、金融、保险、信息、地方志、对台、人防等工作都取得了新的成绩。

宛城区各乡镇办主要领导名表

乡镇办	党(工)委书记	乡镇长、主任
汉冶街道办事处	温东阳	王国光
仲景街道办事处	赵玉鉴	陈联咏(女)
东关街道办事处	李　冰	赵　诚
新华街道办事处	翟　青	付喜荣(女)
枣林街道办事处	徐连会	黎永欣
白河街道办事处	刁仁庆	王宛川
黄台岗镇	王时良	曾宪伟
瓦店镇	杨旭光	马　炜
官庄镇	闫书勇(副处级)	包　鹏
红泥湾镇	王胜普(2009年3月离) 曾庆欣(2009年3月任)	曾庆欣(2008年3月离) 李淑林(女,2009年3月任)
新店乡	周大鹏	马勤成
溧河乡	胡忠志(副处级,2009年3月离) 王胜普(2009年3月任)	赵笏堂
金华乡	李云仓	颜庆奎
汉冢乡	秦世海	罗　理
茶庵乡	翟世阳	张瑞阁(女)
高庙乡	杨明雪	王明东

乡镇办概览

【汉冶街道办事处】 2009年,围绕科学发展与构建和谐为重点,深化"32产业+服务管理城市"战略,众志成城打赢农运会主场馆、新闻中心拆迁漂亮仗。国内生产总值48821万元,财政收入1468万元,城镇居民人均可支配收入13200元。街道中小型企业和民营经济总收入120075万元,其中工业产值14350万元,利税实现5643万元,入库税金2161万元。新上固定资产投资50万元以上项目6个,计划总投资51633万元,已到位资金27550万元,其中引进区外资金26000万元。南阳宏大光学镜片有限公司加工及组装项目、北关淯龙苑商业楼、华鑫苑商务楼、都市春天、万事达生活广场、蔡庄"城中村"改造、旧城改造等项目正在进行中。新增个体私营企业13家,发展个体工商户312家,安排下岗职工800余人。有专业市场12个,市场贸易总成交额超4亿元,利税额500余万元。第七届全国农运会是河南省建国以来举办的规格最高的体育赛事,农运会场馆拆迁是迄今全市规模最大,涉迁房屋最多的空前拆迁,作为此项目的拆迁责任主体,承担着91.7%的拆迁任务。主场馆项目袁庄,钓鱼台区域和新闻中心建设项目老庄区域共2860亩,涉及24个居民小组,1499户6361人,房屋1656套,建筑面54万平方米,其中老宅43.3万平方米,宅内新建4.3万平方米,占耕地建房79户2.7356万平方米,占用过道、空场、坑塘建设4万平方米。此项工作已全部完成有偿拆迁和强行拆除任务。12月22日,农运会主场馆奠基仪式隆重奠基,省、市领导对整个拆迁工作给予了很高评价。

【仲景街道办事处】 2009年,国内生产总值13.1亿元,财政收入1158万元,全社会固定资产投资3.3亿元,城镇居民人均可支配收入15000元,农民人均纯收入6010元。以"经营城市"理念为指导,加大招商引资和项目建设力度,全年建成、在建、主要项目在200万元以上的16个,总投资7.7亿元,已完成投资3.5亿元。总投资2.6亿元,计划投资1.2亿元的阳光海岸商住区;总投资3.8亿元,已投资1亿元的汉景苑商住区;投资3000万元的圣泰假日酒店;投资2300万元的汇鑫小额贷款有限公司;投资1200万元的老洛阳面馆等等均在运营之中。深化完善运用“4+2”工作法，加强基层民主建设，街道党建工作被评为省、市、区三级“五好街道党工委”。健全四项机制，扎实推进“六创一迎”工作。加强领导，加大宣传，清运垃圾，积极配合农运会场馆拆迁。建成农贸市场2个，在建1个，总投资120万元。李苏路建东农贸市场，占地400平方米，摊位50个；东关九组（明山路东）农贸市场，占地650平方米，摊位60个；陈棚建东农贸市场，占地6500平方米，门面78间，摊位170个，分为海鲜畜禽区、熟食区、鲜菜区、水果区和烧烤区等，能容纳300商户入驻，为3万居民提供服务。全力维护治安稳定，除4个社区专业巡逻队、党员义务和社区干部义务巡逻队外，对辖区单位安装视频监控系统45家，家属院安装34家，共安装探头783个。深入开展打击传销活动，捣毁传销窝点52个，驱散传销参与人员300人，遣返传销人员25人，解救传销人员11人，行政拘留9人，销毁书籍3600余册，传销物品8车，有效地对本辖区的社会治安起到稳定作用。11月，区政府安全生产现场会在该处召开，多次代表区接受国家、省、市检查，得到充分肯定，并被市政府授予安全生产工作先进单位。

【东关街道办事处】 2009年，社会总产值11.5亿元，财政收入726万元。辖区非公有制单位1830家，个体商户1500家，限额以上企业2家，限额以下企业31家，第三产业500家。引资在50万元以上项目8个，总投资4500万元，实现出口创汇120万元。利用区位优势，实现以情招商，引进投资在500万元以上企业4家，引进资金总额4500万元。南阳市汇森精密仪器铸造有限公司新厂建设搬迁改造项目，总投资2500万元。新建厂房6000平方米，完善厂区道路及设备配套、新购设备等；东新华商城市场改造项目，投资600万元，已入住130余户；南阳东风石油钻采有限公司扩大生产能力改造项目，投资800万元；南阳市兴泰钢结构有限公司扩建改造项目，新建厂房4000平方米，投资600万元。规范社区建设，构建和谐社区。通过多方努力投资近35万元，新建了宛城社区，对上游、东拐社区进行了改造，结合本处实际，创建社区服务中心、老年服务中心。被评为“全省先进街道办事处”，玄妙观社区被评为“全国和谐社区建设示范单位”。在开展打击和防范“两抢一盗”专项行动中，辖区46个单位安装420个视频探头，有效地提升了增强预防和控制违法犯罪。

【新华街道办事处】 2009年，社会生产总值11.2亿元，财政收入614万元，固定资产投资2.7亿元，城镇居民人均可支配收入14541.57元。全年新引进100万元以上项目有河南华唐镁业有限公司、安瑞通防爆电气有限公司、红都惠利特生活广场等21个，引资2.26亿元。全处个体工商户1500家，非公有制企业450家，从业人员15000人，非公有制经济占全处经济总量的90%。6月，成功举办了中心城区第四届街道联谊会“经济论坛”，中心城区15个街道党工委书记、办事处主任等200多人参加了会议。积极发展南阳府衙周边特色文化市场，吸引古玩、字画、餐饮业入驻，新增个体工商户150家，非公有制企业50家。为满足辖区居民健身、文化需求，小西关、淯阳社区建起了室外文化长廊和活动场地，民权、大井、文正、解放、民主社区按照“五站五室一场”要求，建成标准化社区。建起10个社区“爱心超市”、“爱心服务社”，13个社区均建立了图书服务社和文体活动室，对居民开放。街道办被省、市政府评为社区建设先进街道。对中州东路北侧小东关清真寺旁7层违法建筑成功实施了强制拆除。

【枣林街道办事处】 2009年，国内生产总值9.28亿元，城镇居民可支配收入14530元，财政收入831万元。非公有制经济单位1620家，个体工商户1180家，规模以上工业企业9家，中小企业个数420家，各类专业化市场、综合市场20个。项目建设效果明显，新上投资在50万元以上项目125个。有投资3000万元的南方木业永邦家居馆项目；投资1500万元的时令电器广场长江路店项目；投资3000万元的万邦家具城项目；投资300万元的南阳三金二器材公司项目；投资7000万元的吉翔纺织原料公司项目；投资1600万元的长仁印刷厂项目；投资2300万元的姚庄新型建材厂项目等，总投资2.66亿元，签约引进投资2.33亿元。充分利用闲置资产，带动项目建设，万邦家具城是利用长江路与华山路交叉口处的闲置场院建成的；南方木业永邦国际家居馆利用原南阳市长江汽车维修中心的闲置场地建成的；姚庄新型建材公司是利用姚庄社区废弃的窑坑洼地建成的。市场建设如火如荼，全处的专业化市场20个，其中家具专业化市场11个，市场经营面积120000平方米；服装市场2个，经营面积20000平方米。社区建设步伐加快，建成新型社区服务中心7个，建成社区文化大院6个。

【白河街道办事处】 2009年，国内生产总值5.4亿元，财政收入

797万元，城镇居民人均可支配收入14542元，农民人均纯收入5286元。新上工业企业15家，二期扩建企业4家，投资总额10750万元；限额以上增长值11955万元，增长26%；限额以下工业企业利润860万元；销售收入30929万元，产销率98.5%；实际利用区内外投资额7500万元。位于312国道西的张仲景医院项目征地正在有序进行。引进道路交通等基础建设资金205余万元，新修高标准水泥路11条，23公里。市场项目总投资180万元，占地32亩，街道中心建设8米宽456米长的轻钢房，结合原有门面房，经营面积9700平方米，可容纳商户400个，集蔬菜、干果、粮油、肉类加工等相关服务为一体的综合性农贸市场。投资27.9万元高标准修建了利民路、南都路。全年新修“村村通”高标准水泥路6条，总里程18.8公里，总投资112.8万元。新建农村书屋2处，藏书1万余册。

【黄台岗镇】 2009年，国内生产总值5.72亿元，财政收入190万元，农民人均纯收入5490元。立足镇情实际和村民意愿，将蔬菜基地规划范围扩大到南新路以东区域，以种植特色菜胡萝卜、土豆和大路菜为主。全镇春土豆种植面积突破3万亩，全部推广了“克新六号”、“郑薯五号”等土豆新品种，并采用了土豆与玉米套种的种植新模式，增加了种植效益。李岗大中仓自然庄大路菜种植面积上千亩，张典村发展大棚100多座，显现出较好的种植效益。蔬菜常年供货于南阳大型超市，已成为南阳城区市民的主要“菜篮子”之一。投资100万元，建成2条现代化养鸡生产线，入住的2万只蛋鸡已产蛋见到效益。巩固扩大了包营村王德玉奶牛养殖场，饲养量300多头；建成了大夫庄奶牛养殖小区，饲养奶牛200头。新建的东下河奶牛养殖场，一期建设占地54亩，从内蒙古购进奶牛100头。生猪饲养突出以专业场为主，全镇年出栏生猪2.6万头，涌现千头以上养猪场1家。工业企业58家，限额以上企业4家，完成增加值6307万元，增加值累计2.86亿元，实现利税2968万元。投资100万元对镇区工业路、文化路下水道进行了整修，并硬化了路面。为加快范蠡文化开发，修建以范蠡大道为主的乡道改造工程8公里，修建“村村通”联网路14公里。投资100万元，建成了镇新计生服务中心，投资60万元新建成的镇综合文化站。

【瓦店镇】 2009年，工农业总产值11.3亿元，财政收入223万元，农民人均纯收入5643元。新发展新型建材工业3家，年产值1800万元，新型观光旅游服务业1家。全镇新上100万元以上工业项目4个，总投资4100万元。投资550万元的瓦店镇关帝庙服装厂；投资1500万元界中醋厂扩建项目于8月份建成投产；投资1000万元的红星实业有限公司兽药生产项目于7月建成投产；投资9500万元的豫星车辆技改项目于8月建成投产。民营企业发展到120家，从业人员5100余人。新增造林面积1600万亩，植树21.3万株，成活率均超过95%，率先在全区完成了12880亩林地登记、确权、办证工作，并一次性通过林业局的验收。筹措资金170万元，修建了8条长10.3公里的水泥路。投资117万元，建成镇敬老院和多个村级五保大院建设。投资38万元建成瓦店中心文化站；投资52万元，建成4个村级文化广场和14个村级文化大院。投资190万元，计生服务大楼建成投入使用。

【官庄镇】 2009年，农业总产值6.5亿元，工业总产值13亿元，乡镇企业总产值18.5亿元，财政收入690万元，农民人均纯收入5675元。乡镇企业发展势头迅猛，全年累计吸引区外资金2.5亿元，保持了乡镇企业发展的良好势头。全镇新上投资在500万元以上项目2个。利用油田废弃的机关农场场地，引进投资近2亿元的生物能发电项目，已进入工程实施阶段，投产后可有效解决镇区内秸秆的处置问题，并可为镇区居民提供可观的热能资源。占地17亩的泽鑫商贸城位于官庄振兴路南侧，投资1800万元，建筑面积近20000平方米，可入驻商户近100户，重点经营服装、百货、家具、家电高端品牌产品，不但可安置近300个就业岗位，而且可实现年税利近百万元。全镇各类协会会员3000余人，带动农户4000余户。以新庄为中心，形成了800亩名优花卉基地；以西来为中心形成了3000亩的名优风景树种香樟苗基地；以前营为中心形成了优质奶牛繁育基地；以廖庙农场为中心形成廖庙综合养殖小区，小区内新投资50万元，改善小区硬件设施，并吸纳奶牛饲养大户20户，注册成立惠民奶牛养殖专业合作社。该合作社社员在小区内喂养奶牛500余头，每天产鲜奶近4000公斤，奶牛养殖月收入在20万以上。全镇已发展各类专业养殖场75个，较大规模的养殖小区4个。建成了以廖庙为中心2000亩精细菜、返季节种植基地；以何上寨为中心的大路菜生产基地；建成了6个蔬菜专业村。建成市级文明新村5个，区级文明新村12个。

【红泥湾镇】 2009年，围绕创建“农业强镇、商贸重镇、文化名镇、生态大镇”工作思路。国内生产总值6.08亿元,全社会固定资产投资3.16亿元,农民人均纯收入5249.5元。特色农业稳定发展,小辣椒面积稳定在5万亩左右,是全镇的优势产业和农民的经济支柱。投资16万元建成了基层畜牧检疫中心站,公开招聘了防疫员队伍。农业产业化步伐加快。新成立了2家“沼气合作社”,全镇农民专业合作社达9家。富群小辣椒专业合作社建成了恒温冷库1座,小辣椒收购站7家和庄稼医院及农资配送中心,拥有专营街道1条,晒场3千平方米,入社社员5000余户,入股土地近2万亩,全年收购销小辣椒5240吨。园田化水平不断提升,世行项目建筑物配套完善,林木成活率达到98%以上,农田水利工程在春季大旱中发挥显著效益,还顺利通过了省市验收,多次接待省市外的参观学习。10月,世界银行官员也亲临项目区考察并给予高度评价。春季植树20万株,其中项目区8万株,绿化成果进一步巩固,整个林木成活率保存率均创历史新高,代表宛城接受全市的评比观摩获得全市第一名。成功举办了“南都播报走进红泥湾”、“纪念宛东战役60周年”、以“魅力红泥湾”为主题的庆“七一”文艺汇报演出等活动。

【新店乡】 2009年,瞄准“单项工作争第一、整体工作上水平,提升新店地位、打造强乡形象”的目标。财政收入403万元,农民人均纯收入5500元。个体、私营、民营企业975家,限额以上企业7家,非公有制经济总产值15.6亿元。引进项目6个,总投资额3000万元。其中,投资1000万元的龙蔚建材石料厂已投入运营;引进福建客商,投资800万元的坤泰耐火材料有限公司已批量生产。新建、扩建养猪场38个、养牛场4个、养禽场6个,年可出栏优质生猪30万头,黄(奶)牛近2万头,家禽70万只。经济作物面积扩大。在熊营村新发展月季800亩,产品畅销全国各地并出口到欧洲部分国家;以贾庄村为依托,鼓励引导农民新建大棚30个,每棚年收入1万元;发展小辣椒3700亩,以沿白河各村为主发展优质花生1.1万亩,农民经济收入明显增长。投资80万元,新植树木16万株,完善提高了高速公路绿色通道、农田林网、村囤和围镇绿化,集体林权制度改革2.1万亩,顺利接受了省平原绿化检查验收。道路建设成效显著,累计投资870万元,修建省、县、乡、村级道路40.8公里,极大改善了群众出行条件。抽调乡机关工作人员和南片相关村组干部,配合区路政大队集中上路整治车辆超限4次,延长了公路的使用寿命,代表区接受省、市“好路杯”检查。市场建设取得新进展,投资550万元,新建锦锈大街商品房50间,对淯菱市场锦锈大街的道路进行了硬化,配套建设了排水设施,使市场环境得到进一步改善。

【溧河乡】 2009年,社会生产总值7.35亿元,工业增加值42496万元,固定资产投资41200万元,财政收入550万元,农民人均纯收入5605元。以“六以六促”保增长,园区建设实现跨越式发展。相继开展了“企业服务年”、“项目建设推进年”活动。依托城郊位处优势,加快发展物流业。已建成占地9万平方米豫西南最大的花卉、农资、古玩市场溧河物流园一期项目,吸纳入驻商户878家,解决就业岗位3000多个,市烟草公司物流、南阳鑫泰仓储等6个物流项目正在做入驻前的筹备工作。全年计划实施重点建设项目39个,总投资77.88亿元,止年底前完成项目21个。打造两大产业基地和两个产业集聚区。即南阳新能源国家级高技术产业基地和南阳省级高技术产业基地,成为全省第一批50个产业集聚区中唯一同时拥有新能源产业集聚区、高新技术产业集聚区两个省级集聚区的工业园区。基础设施建设有序推进。重点实施了经一路和仲景路110千伏变电站建设,并开展了外环南路、26号路、污水外排工程的前期工作。投资200万元在袁老家村建设乡敬老院、标准化小学、村部及文化广场为一体的新农村公共设施。争取上级资金295万元,对一中、三小食堂进行了改造,建设了二中和小学办公楼。争取资金130万元,解决了王堂及中心市场商户1800人的安全饮水问题。争取资金35万元,自筹98万元,建设标准化计生中心办公楼一座。全乡共有17个行政村配置了文化科技专用电脑。全乡饲养奶牛近3000头,日供市、区鲜奶60%以上是豫西南最大的奶牛生产基地——西洼奶牛养殖基地。

【金华乡】 2009年,国内生产总值4.8亿元,社会固定资产投资1.5亿元,规模以上企业实现增加值2860万元,财政收入67万元,农民人均纯收入5480元。认真实行“三个三分之一”工作法,开展“四个一”招商引资活动,引资1500万元的供销社大院开发项目,已经开始施工;引资1000万元新建免烧砖厂6个,已全部投产,产值可达2500万元,利税250万元;宛城区金品木业公司金华分厂引资500万元新上年产7000立方米胶合板生产线,年产值5000万元;宝树面粉厂引资100万元新上年产2000吨干面条项目,投产后年产值扩大到3000万元以上。叶营村引资100万元新建2万只规模养鸡场1

个,年产值在200万元以上。积极开展"绿化家园"行动,高标准栽种香樟等风景树8000余棵。新修"村村通"水泥路13.1公里,全长12.9公里的干渠路和全长4.5公里金花路东延接唐河路已高标准建成。大力发展特色农业,建成了5万亩优质小麦基地、3万亩优质棉基地、1万亩土豆、胡萝卜基地、1.5万亩小辣椒基地、5000亩麦瓜萝卜套种基地等十大特色农业基地。5万亩优质麦平均单产466公斤。筹资160万元硬化申伯路商业门面前空地1.6万平方米;高标准修建游园2处,水冲式厕所2座,固定垃圾池30个,摆放玻璃钢垃圾桶36个,小城镇品位明显提高。

【汉冢乡】 2009年,国内生产总值4.45亿元,财政收入110.9万元,农民人均纯收入5700元。粮食生产实现了品质改善,单产提高,总产36万吨,小麦单产410公斤,比全区单产增长30公斤。特色农业种植。着力抓好三八村有机蔬菜大棚示范基地建设。已发展150亩,建成温室2座,春秋棚148座,亩增效益8000元以上,发展露天蔬菜2000余亩,落实小辣椒种植面积2万亩以上。全乡发展水产养殖面积3400亩,在省外发展10.6万亩,成立了汉冢金阳光水产养殖专业合作社,以胡金光500亩淡水养殖基地为中心,有效开展"六统一"服务。全乡肉蛋产量分别为1734吨、5500吨,培育了李金玲万只养鸡场等一批现代畜牧养殖典型。共发展千头以上大牲畜养殖场15个,万只以上养鸡场3个,千只以上养鸡场26个。共引进各类项目14个,总投资6100万元。其中已建成项目5个,在建项目5个,待建项目3个。发展加工企业12家,个体加工厂20余家。开工建设"村村通"项目11个,修筑水泥路17.7公里。

【茶庵乡】 2009年,国内生产总值4.41亿元,财政收入123万元,社会固定资产投资14450万元,农民人均纯收入5731元。继续抓好袁黄庄蔬菜基地建设。新建塑料大棚60个,现代化日光温室10座,对100座大棚进行整体迁移,优化了大棚发展布局。基地内已建成连片蔬菜大棚680座,日光温室70座;积极搞好温室"牧、沼、菜"循环经济。大力发展以肉鸭养殖为主的畜牧养殖业。已形成沿干渠路、牛高路、茶桐路两侧相对集中的4大特色养殖业,养殖板块内猪、鸭、鸡、牛产业占全乡相应畜禽产值的比重分别为66%、71%、50%和61%。加大园区农田水利基本建设,完善末级渠系改造22公里,园区内发展优质小麦1万亩,蔬菜3000亩,建成葛营、樊庄2个畜禽示范专业养殖小区,小区内生猪现存栏5000头,肉鸭存栏8万只,蛋鸡5.4万只,牛存栏2000头。按照"抓大不放小"的工作思路,强力引资招商,争取50万以上项目3个,100万元项目2个,累计460万元,用于产业建设和农建工作上。21个村片全部能熟练运用"4+2"工作法解决村级重大事务。运用"4+2"工作法累计为群众解决村级矛盾6类63件。

【高庙乡】 2009年,以培育亮点为先导,以竞位争先为标尺,精心做好移民安置工作,加大农综开发力度,高度重视植树造林工作,圆满完成沼气建设任务,继续培育畜牧养殖支柱产业,加大小城镇建设和管理力度,实现新农村建设、和谐社会建设两大突破。财政收入61万元。承担丹江水库建设第一批移民两个安置点的建设任务,接收移民1532人,设高庙村和小石碑村两个安置点。在移民安置工作中做到,全员参与,稳步推进,两个移民安置点新村建设各项工作均位居全市前列。在发展畜牧养殖上,按照"标准化建设、规模化养殖"的发展思路,积极整合黄池陂村黄牛养殖、塔桥村肉鸭养殖、南张营村蛋鸡养殖资源,以此带动全乡黄牛、蛋鸡、肉鸭产业高水平、高效益、规模化发展。全乡各类专业养殖场32个,专业养殖户116个。大牲畜存栏2.3万头,生猪存栏2.23万头,鸡鸭鹅存栏37万只,畜牧养殖业已成为农民增收的主要产业之一。大力招商引资,引进大项目1个,汇博医疗器械有限公司已落户生态工业园区,现已开工建设,到位资金5000万元;黄池陂伊利嘉清真肉业公司,新增投资50万元;王良庄小辣椒冷库,投资60万元。上曹村为宛城区扶贫开发整村推进村,6月初全面完成项目建设任务。新修混凝土道路6.8公里,基本上户户通上水泥路。植树造林,以构建张庄村、老薛营村20多个绿化小闭合环,与原林网形成1000亩农田防护林大绿化圈。全乡仅张庄村、老薛营村共新挖树穴10万余穴,新植速生树5万棵,风景树3万棵,保活率100%。2009年全市林业观摩在高庙乡进行。(高孟林　崔艳艳)

南阳高新技术产业开发区

区情综述

【概况】 北区规划面积9.2平方公里，总人口12万，辖2个街道办事处14个社区。2009年12月底接管白河南产业集聚区，规划面积15.63平方公里，总人口2万人。

中共南阳高新区工委书记：梁进；副书记：郭斌、廖新志；委员：韩明国、张照基、王炎欣(纪工委书记)、文华、王晓云(女)、乔永杰、强国省、曹东(群工部部长)

南阳高新区管委会主任：郭斌；副主任：张照基、文华、王晓云(女)、乔永杰、强国省；调研员：李文西、马喜平；副调研员：李萌

南阳高新区人大政协联络处主任：韩明国；副主任：乔云章

2009年，实现国内生产总值46.1亿元，增长16.3%；非公有制经济占地区生产总值的比例达到85%；实现工业总产值70.1亿元，增长20%；实现工业销售收入68.8亿元，增长20%；完成全社会固定资产投资12亿元，其中城镇以上固定资产投资10.2亿元；地方一般性预算收入12345万元，增长15%，其中税收比重占92%。合同利用外资3949万美元，占市全年目标的225.7%；实际利用外资1312万美元，占市下达目标的175%；实际利用省外资金6.44亿元，占市下达目标的104%。出口创汇235.8万美元，占市下达目标的116%。

【保增长，推动经济平稳较快发展】 2009年，面对国际金融危机的冲击，把保持较快的发展速度作为首要目标，全力扩大招商引资成果，强力推进项目建设，千方百计完成保增长任务。一是抢抓投资机遇，组织招商引资。认真研究政策，找准对接点，策划、筛选、包装了47个项目，为南阳防爆集团核电机项目、南阳6456工厂年产2.5万套汽车总成再造项目等争取资金4900万元。出台新的《招商引资项目建设工作方案》，组织三个招商小分队，围绕光电、现代机械制造、电子信息和新材料等特色产业，瞄准境内外500强企业和高成长性企业，反弹琵琶，主动出击，强力攻关，取得了突破性进展。全年新签约、立项和备案的3000万以上工商业项目16个，总投资达27.3亿元。特别是引进ABB电器、用友软件、防爆研究所等项目，有力地改善了项目结构。二是强力推进项目建设。深入开展“项目推进年活动”，建立项目建设月调度制度，完善区领导和区直部门分包服务责任制，强化督查，市定“工业发动机计划”项目和区定重点项目建设扎实推进。南防集团重型电机项目、金冠新型罐式氧化锌避雷器项目、红宇专用车项目、华祥合色棱镜项目建成投产；中光学一期、红阳车桥二期建成；创业中心光电孵化园二期、郑州新中源低辐射玻璃等项目在建；ABB输配电开关设备项目、南阳防爆电气研究所科研项目奠基。三是帮助企业渡难关。通过调研、现场办公、召开座谈会、组织观摩学习等活动，增强了企业战危机、保增长的信心。扶持成立南阳信达投资担保有限公司、南阳百盛小额贷款担保有限公司等中小企业融资担保机构，帮助中小企业融资5000余万元，解决了部分企业的资金困难。加强银地合作，与市商业银行签订银地合作战略协议，积极与银行在分担风险、企业授信评估、金融产品服务等方面进行合作，为中小企业提供便利的融资担保服务。出台《关于鼓励创新创业促进高新技术产业发展的意见》，建立财政性科技投入稳定增长机制，区财政将不低于当年5%的可用财力用于科技创新基金，以资助、贷款贴息、奖励等方式，支持重点企业研发机构建设，核心和关键性技术攻关、技术成果产业化等，向经营效益突出的明星企业、星级企业以及科技创新成效显著的企业进行表彰和奖励，奖金总额417.66万元，调动了企业创新发展的积极性。

【聚产业，夯实持续发展的基础】 根据国家产业政策调整情况，围绕争创国家级高新区的目标，大力调整产业结构，加快形成以高新技术产业为主导、以特色产业为支撑的产业格局。一是打造特色产业基地。依据高新技术产业基地的定位，加快园区经济向产业经济转型，在调查研究的基础上，进一步明确产业发展的指导思想、奋斗目标、工作重点和保障措施，编制了产业规划。对已经建成的3个园区进行拓展、改造和产业布局调整，1号、2号园突出机电制造和新材料，3号园突出光电制造，4号园突出先进设备制造，科技园突出科技研发，园区产业特色更加明晰。依托园区平台，以二机石油、中光学、防爆电机、金冠电气、中南金刚石等优势企业为龙头，“请客做饭”借外力，企业“联姻”促升级，吸引关联企业向园区集聚，使产业规模不断壮大，规模以上工业企业由2008年的57家增加到76家，光学制造、机械制造、电子信息产业年产值占全区工业总产值的比例超过90%。全区省级以上企业

技术中心、重点实验室等研发机构达到14个;新增2个省级著名商标;新增授权发明专利29件,两项科研成果获省“科技进步奖”;新增高新技术企业3家,高新技术企业总数达到49家,高新技术企业销售收入达到31亿元;新增国家和省级创新型试点企业2家,石油二机集团获“中国石油石化装备制造业卓越贡献奖”。二是顺利接管白河南产业集聚区。按照省、市要求,与同济大学、南京大学规划设计研究院等知名机构合作,高质量编制了产业集聚区各项规划,并顺利通过省、市两级评审,其中产业集聚区总体规划获得全市展评三等奖。在市委、市政府的支持下,产业集聚区白河南区域于年底前移交高新区托管。三是积极开展申报工作。高新区工、管委根据国家应对金融危机、加快国家级高新区建设等政策,提出了争创国家级高新区的战略目标,并迅速组织相关力量积极与国家、省、市汇报对接,赢得了多方关注支持。市委、市政府更是把争创国家级高新区作为加快全市高新技术产业发展的战略举措,给予全方位支持。高新区坚持以升促建,按照国家科技部修订的《国家高新技术产业开发区评价指标体系》,努力在发展速度、产业基础、城区建设、科技创新等方面缩短差距。此外,由南阳高新区申报的南阳光电高新技术产业化基地于12月底获得科技部批准,成为全省首批获得认定的3家国家高新技术产业化基地之一。同时,省级防爆特色产业基地也通过预审,为创建国家级高新区奠定了坚实基础。

【创环境,进一步树立高新形象】 一是以“六创一迎”为契机,创优城市环境。成立了“六创一迎”指挥部,制订了工作实施方案,编制了辖区道路和基础设施建设规划,明确了建设和管理责任主体,以312国道、北京大道、人民北路、高新路、仲景北路等主次干道和背街小巷为重点,组织区相关部门、街道办事处和驻区单位,实施了清除垃圾、整顿交通秩序、规范市场经营秩序、拆除违法违章建筑等专项整治行动,清理生活垃圾1万余吨,建筑垃圾近20万立方米,搬迁养殖点和废品收购点86个,拆除违法违章建筑2万多平方米,启动建设农贸市场7个,城区面貌明显改善,城区品位明显提升,“靓丽杯”活动成效突出,得到了市创建指挥部和社会各界的一致好评。二是提高服务质量,创优内部环境。扎实开展“企业服务年活动”,进一步简化办事程序,强化沟通、协调,为辖区企业和群众提供了便捷高效的服务。坚持政府引导和市场运作相结合,加快公共服务体系建设,为企业提供技术培训、产品检验检测、科技研发、电子商务以及餐饮、物流等配套服务。特别是高标准打造了创业中心光电孵化园和创业大厦两个孵化平台,创造了高新区特有的“建园+强孵”模式。三是协调关系,创优外部环境。不断加强对外宣传,争取社会各界对高新区更多的支持,特别注意密切与市直单位和县市区的沟通联系,走出去、请进来,通过座谈、联谊、考察学习等方式,加深理解,加强协作,赢得了更加宽松的外部环境。

【促和谐,进一步改善民生】 坚持把改善民生作为正确处理改革发展稳定关系的结合点,作为保增长的出发点和落脚点,努力做到在加快发展中改善民生、在改善民生中促进发展。进一步理顺工作体制,中央省市政策性资金实现社会化发放,达到了方便快捷、按时足额的要求。形成了以城市低保、农村低保、城镇居民医疗保险和“新农合”为支撑的“四位一体”的社会保障体系。建立工作台帐,明确责任单位,市定“十件实事”全面落实,其中2009年度新农合参合率达98.1%,居全市前列;为50户低收入家庭发放廉租房保障资金8.3万元,超额完成目标任务;市29中和67小教学楼改扩建任务按要求已经完成,农村义务教育经费足额划拨、发放到位;新建、改造背街小巷16条,总长8350米;新建水冲式公厕3座,垃圾收集点5处,垃圾中转站3座,公厕全部免费对外开放。加强精神文明建设、公民道德教育和未成年人“三理”教育,深入开展文明个人、文明社区、文明单位、文明系统创建活动。机关在巩固省级文明单位的基础上,启动了创建国家级文明单位的工作,全区新增市级文明单位4个,推动了文明单位建设上档升级。扎实做好计划生育基础性工作,落实和完善利益导向机制,完成了人口计划。统筹做好南水北调、房管、环保、爱卫等方面的工作,满足了群众更多的利益诉求。

【抓稳定,全力维护社会平安】 把维护社会稳定作为一项政治任务,高度重视,常抓不懈。进一步健全和落实信访稳定工作责任制,建立健全以区群众工作部为龙头、以街道群众工作站和企事业单位信访办为纽带、以社区群众工作室为基础、以居民小组社情民意信息员为前哨的四级信访网络。按照“分级负责,归口办理”的原则,强化各级领导班子和主要领导的责任,采取领导接访、干部下访、包片包案等措施,积极排查、化解各类社会矛盾,从源头上减少和消除不稳定因素,防止了群体性事件发生。在建国60周年、应对金融危机的特殊时期,实现了全年“零赴京、零非访、零赴省”的目标。深入开展平安建设，健全群防群治工作机制，完善人防技防相结合的防控体系，搞好社会治安综合治理。逐步强化检察机关职能，适时建立综合法庭，完善了司法管理体系。落实安全生产责任制，进一步加强应急体系建设，加强源头管理和日常监控，开展专项整治，突出抓好食品、危险化学品、烟花爆竹、燃气油站等重点领域、重点行业，以及学校、娱乐场所等公共聚集地的安全管理与防范，有效防止了重大安全事故的发生，确保了群众生命财产安全。

【抓党建，为发展提供坚强保证】 一是深入开展学习实践科学发展观活动。按照市委的安排部署，党工委把开展深入学习实践科学发展观活动作为全区党建和组织工作的重中之重，从3月份开始全力组织开展第一批学习实践活动，9月上旬又启动了第二批学习实践活动。全区56个党组织、1563名党员分批参加学习实践活动。整个活动组织周密、发展健康、成效明显。党工委组织引导各参学单位党组织和广大党员认真学习科学理论，深入开展调研活动，查摆整改突出问题，积极为群众办好事实事。各参学单位紧密结合高新区实际，不断创新思维、创新机制、创新工作方法，深化招商引资、项目建设、内部管理等方面的改革，切实解决存在的思想僵化、发展模式滞后，体制复归等问题，把科学发展观的要求落实到具体工作中，把活动推进与招商引资、项目建设、“六创一迎”、维护稳定、“四议两公开”工作法等中心工作相结合，做到两不误、两促进，有力地推动了全区经济社会平稳较快发展。二是加强各级领导班子建设。切实加强各级班子自身建设，工、管委班子带头加强思想建设，增强政治敏锐性，严明政治纪律，以思想认识的高度一致保证了行动和工作的高度协调，坚持依法、民主、科学决策，重大事项事先认真酝酿，充分讨论，集中决定，提高了决策水平。街道、区直部门、派出机构等各级领导班子内强素质，外树形象，增强了执行力和凝聚力。贯彻党管干部的原则，坚定不移地执行党的干部政策，认真做好干部选任工作，坚持正确的选人用人导向，引导广大干部树立正确的价值观、荣辱观，为干部成长创造了良好政治环境。加强和改进社区干部管理，将社区干部的待遇与工作结合起来，通过严格考核，奖勤罚懒，调动了基层干部的积极性。三是加强基层组织建设。围绕经济社会发展的重点工作，确定党建工作目标，改进方法，组织开展创先争优活动，创建了一批市级、区级先进党组织，树立了一批先进典型。适时对机关党工委等基层组织进行了调整，健全了工作制度，加强对机关支部的组织领导，扎实推进“三级联创”，围绕发展主题和中心工作，组织机关党员开展爱岗敬业作贡献活动，广大党员勇挑重担，善于攻关，在破解难题中充分了发挥骨干作用。9个“村改居”社区在完成“两委”班子换届的基础上，制定出台《关于在全区推行“4＋2”工作法加强社区基层组织建设的意见》和《高新区“4＋2”工作法实施细则》文件，积极推广黄岗党总支的经验，完善内容和程序，把“4＋2”工作法不断推向深入。企业党工委加强对企业党组织的指导，根据企业特点，组织企业党员开展劳动竞赛、科技发明、技术攻关活动，在帮助企业度过经济寒冬中发挥了积极作用。全年在辖区非公有制企业中发展党员40名。教育党工委结合学校特点，组织各支部开展了争先创优活动。四是加强民主政治建设。加强党对人大政协工作的领导，充分发挥人大政协联络处的作用，健全了机构，完善了制度，开创了高新区人大政协工作新局面，推动了民主政治建设。认真组织市四届人大代表、政协委员换届选举工作，辖区8名市人大代表、6名市政协委员顺利当选。对驻区市、区两级人大代表和政协委员进行集中轮训，提高了履职能力。组织开展视察活动，促进了“十件实事”的落实。充分发挥人大代表、政协委员的参政议政作用，首次对具有行政审批和行政政法权的部门进行评议，规范了行政行为。

高新区街道办主要领导名表

街道办	党工委书记	主任
张衡街道办事处	周锦章	李　伟
百里奚街道办事处	杨东杰	洪保云

街道办概览

【张衡街道办事处】 2009年，社会总产值3.77亿元，固定资产投资6500万元，集体经济收入210万元，居民人均纯收入6800余元。以项目服务为主线，对在建和新引进项目全程服务，确保了中南金刚石、ABB电器、南防集团重型电机、南阳防爆电气研究所、红宇特种车等重点项目建设有序推进。不断壮大社区集体经济，按照“一村一策，一户一业”的发展思路，选准切入点，不断推进社区经济特色化。在七里园社区以七环面业为龙头，拉长产业链条，深挖粮食深加工产业潜力，同时大力发展仓储业，鼓励村组建设标准厂房。引导和庄社区盘活固定资产，通过与新世纪建材市场合作，做大做强物流产业。指导茹楼社区大力发展三产服务业。根据魏营社区实际,探索新村规划,寻求社区经济突破口。切实加强社区管理,以"六创一迎"活动为契机,进一步规范主次干道市场秩序,加大背街小巷综合治理力度,大力开展"净化家园"活动,推动了"六创一迎"工作向纵深开展。积极开展打击"两抢一盗"专项行动,不断强化平安建设,全力保障社会稳定,辖区社会治安大局良好,群众安全感明显增强,被市委政法委授予"社会治安集中整治先进单位"荣誉称号。

【百里奚街道办事处】 2009 年,围绕招商引资,全力服务项目建设,大力发展社区集体经济,维护社会稳定,积极推进民生工程,实现了经济社会事业协调发展。国内生产总值 3.66 亿元,社区集体经济收入 492 万元,居民人均现金收入 6480 元。加快黄岗民营工业园建设步伐,完善了园区水、电、通讯、排污等基础设施,扩展了园区规模,先后吸引 30 多家民营企业入驻。2009 年园区实现产值 2 亿多元,利税 2500 万元,园区产值、利润同比增长 15%、9%。规范了纺织大世界、陶瓷市场、北京路综合市场管理,增加了集体收入。在岗王庄社区组建高新区诚信物业管理有限公司,安排 105 名失地农民就业。在黄岗社区"城中村"改造、文明社区建设以及社区集体经济发展等涉及群众利益等方面,大力推广深化"四议两公开"工作法,受到了群众好评。以开展"六创一迎"为契机,建立巡查制度,提高城管水平,打造了小郭庄、余庄两个文明社区亮点。(渠琳枫)

社　　旗　　县

县情综述

【概况】 总面积 1152 平方公里,其中耕地面积 84169 公顷;总人口 65.9 万人,其中乡村人口 46.3 万人。辖 10 个镇 5 个乡,243 个行政村(街)。

县委书记:秦鹏鸣;副书记:张明体、黄玉杰(女);常委:贾星远(纪委书记)、白洁(县委办主任)、张富强(宣传部长)、刘玉彬(组织部长)、刘世家(常务副县长)、司仁银(统战部长)、王怀雨(武装部长)

人大主任:赵玉生;副主任:陈韬、王德麟、宋运广、李延武、张宛黎(女)

县长:张明体;副县长:刘世家、闫玉华(女)、罗明柱、李明汉、马俊、耿新、王力庆、孙大明、刘凤林(县长助理)

政协主席:孙涛;副主席:杭溪清、白国辉(女)

法院院长:刘宏

检察院检察长:赵新强

公安局长:孙宪斌

总工会主席:李德春(女)

群工部长:陈俊伟

2009 年,全县国内生产总值完成 81.5 亿元,增长 11.5%;全社会固定资产投资完成 43.8 亿元,增长 32.7%;地方财政一般预算收入完成 1.4 亿元,增长 10%;财政支出完成 10.2 亿元,增长 33.2%;社会消费品零售总额完成 26.5 亿元,增长 18.1%;城镇居民人均可支配收入达到 10901 元,增长 10.6%;农民人均纯收入达到 3691 元,增长 8.1%;金融机构各项存款余额 36.7 亿元,增长 32.6%;各项贷款余额 18.8 亿元,增长 26%。

【工业经济】 全县规模以上工业增加值完成 15.3 亿元,增长 18.1%;实现利税 4.2 亿元,增长 20%。工业群体不断膨胀,全年新上固定资产投资千万元以上工业项目 21 个。骨干企业不断发展壮大,赊店酒业公司完成了战略重组,对职工进行了妥善安置,新成立的赊店老酒股份有限公司呈现出新的发展活力;英宝电子与创维集团的战略合作进展顺利,与东莞勤上光电 LED 灯具开发项目正在深入洽谈;华茸堂健康产业园建设进展顺利,其它骨干企业都有新的发展。县产业集聚区快速发展,入驻企业累计达到 74 家,集聚区已成为以工业为主体,设施配套、环境优美的新城区。

【招商及项目工作】 2009 年,进一步炒热招商氛围,深入开展"项目推进年"活动,积极争取各类项目,招商引资和政策性项目争取取得突破性进展。全年共引进招商项目 192 个,合同引资额 12 亿元,到位资金 6 亿元,其中建成项目 45 个,在建项目 101 个,签约待建项目 46 个。其中包括新豪地陶瓷、江苏雨润集团肉鸡加工、广东恒辉包装印刷等亿元以上项目 7 个,5000 万元以上项目 12 个。争取各类政策性项目 91 个,累计争取上级资金 7.43 亿元,争取资金总量在全市位居第四。

【城市建设】 2009 年,城镇建设是继续大投资、大建设的一年。坚持科学规划,区块开发、连片建设,城镇规划建设水平明显提升。编制完成了县城总体规划修编大纲、县城环卫规划、产业集聚区总体发展规划、历史文化名镇保护规划、县域村镇体系规划和部分镇村规划。投资亿元以上,实施了县城建设“八大工程”。赵河公园二期工程进展顺利；新修整修了红旗路、惠民路、粮贸街、香山路西段、西兴隆街等市政道路，完成了西环路城区段的拓宽改造；完成背街小巷整治29条，全长近7000米；实施了长江路、泰山路等主干道的绿化亮化工程。赊店古镇保护开发全面提升，瓷器街、永庆街、万成街改造基本完成；恢复重建了戴家大院、票号、瓷器博物馆、姜家大院、广和堂等5个景点和6个老院落、老民居。同时，聘请知名专家对社旗县的旅游资源进行了高起点规划，加强了宣传推介活动，两大专题片《商埠传奇》、《镖行天下》分别在央视四套、十套播出，赊店古镇的知名度进一步提高，旅游业呈现出良好发展态势。围绕“三城联创”，加强县城精细化管理，对机动车辆乱停乱放、街道乱贴乱挂、占道经营等进行了专项整治，县城面貌明显改观。小城镇建设取得新的成效，朱集、下洼、饶良集镇建设有了大的突破，下洼实现了撤乡建镇，其他乡镇均有明显变化。

【交通建设】 2009年，县政府经过努力争取，S333线社旗段被列入国家战备公路，争取上级投资6700万元，社红路段将按一级公路标准升级改造，前期工作已基本就绪，即将正式开工建设。新修整修社下路、草孟路等县乡路8条114.2公里，新修通村道路73.6公里；公路管护水平不断提高；县汽车站搬迁工作顺利进行。

【新农村建设】 粮食生产获得丰收，全年粮食总产达到5亿公斤，被省政府确定为产粮大县。支柱产业不断壮大，烟叶面积发展到5.8万亩，实际实现税收2630万元，植烟面积、烟叶收购量跃居全市第一，荣获全省优质烟叶生产示范县称号。以奶牛为主的畜牧养殖业快速发展，全县奶牛存栏达到6800头，畜牧业产值达到15亿元。新农村建设有序推进，6个示范村、17个试点村、62个村容村貌整治村建设进展顺利，新农村建设和扶贫开发工作保持省市先进称号。农村基础设施不断完善，全县共解决安全饮水1.4万人，新增有效灌溉面积3.3万亩，改造中低产田1万亩，新建户用沼气池7526座，完成植树造林4.1万亩。移民工作扎实推进，平稳顺利地完成了移民试点安置工作，荣获市先进称号。第一批移民安置工作进展良好。

【和谐社会程度不断提高】 认真落实各项惠民政策，全年发放各类补贴1.1亿元。进一步完善了社会保障体系，全县新增就业人员16435人，实现下岗失业人员再就业2632人。城镇居民基本医疗保险、养老保险、失业保险覆盖面进一步扩大，新型农村社会养老保险被列入全省首批21个试点县之一。积极实施安居工程，开工建设廉租房4万平方米、经济适用房2万余平方米，切实缓解城市困难居民的住房困难。加大对困难群众和弱势群体的救助力度，全年发放低保、五保、救济等资金1.8亿元。省市确定的“十件实事”全面完成。教育事业得到优先发展，投资千万元新建了县二初中，顺利实施了赊店中学和赊店一小的搬迁，城区中小学布局得到优化。医疗卫生条件进一步改善，完成了县保健院病房楼和桥头等5所乡镇卫生院病房楼建设，县医院和中医院搬迁项目已开工建设。新农合工作顺利开展，参合率达到94.25%。文化事业繁荣发展，节庆文化、广场文化、校园文化、企业文化活动丰富多彩。计划生育管理水平进一步提高，有望创建省优质服务先进县。科学技术、广播电视、安全生产和信访稳定均取得明显成效。扎实开展平安建设活动，加强社会治安综合治理，坚持不懈抓好生产安全、食品安全和信访工作，保持了社会大局的基本稳定。强力实施可持续发展战略，加强土地管理和环境保护，圆满完成了省市下达的节能减排任务，主要河流水质和空气质量有所提高。

【精神文明、民主法制和政府自身建设不断加强】 深入开展了文明城市、文明单位和文明村镇创建活动，干部群众思想文化素质和精神风貌发生新的变化，城乡文明程度逐步提高。民主法制建设成效显著，县政府自觉接受人大、政协的监督，高度重视人大代表建议和政协委员提案办理工作，全年共办理市、县两级人大代表建议和政协委员提案283件，满意率达95%以上。认真处理人民群众来信来访，及时解决群众关心、关注的热点、难点问题，全年共办理市、县两级领导批示件310件，按时办结率达100%。深入开展学习实践科学发展观活动，持续推进政府机关“两转两提”和勤政廉政建设，政府工作人员依法行政水平和工作效能进一步提高。

民族、宗教、审计、监察、人事、编制、统计、侨台、史志、科技、物价、气象、广电、质监、农机、工商、盐业、邮政、保险、通信、残联、消防、电力、人防、地震、“双拥”、全民国防教育、民兵预备役建设等工作都取得了新成效。

社旗县各乡镇主要领导名表

乡　镇	党委书记	乡镇长
赊店镇	葛明平(女)	任林仲
郝寨镇	赵向龙	秦旭征
桥头镇	王辉(副处级)	李德新
李店镇	魏党勇(2009年9月离) 焦运富(2009年9月任)	陈晓鹏
饶良镇	李贺锋	李国伟
晋庄镇	夏中畅	郭德生
苗店镇	宋庆伟	文献充
兴隆镇	王合民	李九林(2009年9月任)
朱集镇	刘凤林(副处级,2009年9月离) 魏党勇(2009年9月任)	杨文永
下洼镇	焦运富(2009年9月离) 方明洋(2009年9月任)	张玉泳
城郊乡	李铁成	李景元
唐庄乡	王清钦	方明洋(2009年9月离)
大冯营	郭立宇(女)	陈　卓
太和乡	王玉合	高闯
陌陂乡	李东方(副处级)	丁照省

乡镇概览

【赊店镇】 2009年,非公有制经济完成29.16亿元,工业产值完成9.4亿元,财政收入33万元。招商引资和入住园区由广东客商投资2000万元建制衣有限公司,正在征地中。南阳客商李云在华山路与政和街交叉口东北角征地30亩,投资1500万元,建宏润果蔬保鲜储藏中心,已立项审批。与北京金源鸿基创业投资有限公司签订招商引资协议书,投资3500万元～7000万元,建设10万～20万吨新型无铅汽油生产基地,该项目已列入园区备选项目。与广东东莞瑞安手袋厂项目正在洽谈中,准备入驻园区,该项目已同产业集聚区签订意向性协议。安达汽车货运有限公司运行状况良好。建成背街小巷共94条,其中6米以上背街71条、小巷23条,总面积11.94万平方米。已整治89条,总面积10.88万平方米,整修下水道1.6万米,投资410万元,修道路3.1万平方米,修下水道5306米;另外投资60万元新修宋庄小区道路1.8公里,下水道1.8公里。投资150万元,修缮古建筑,东万城街改造,投资65万元。完成会馆周边及瓷器博物馆拆迁工作。承担辖区内背街小巷58条的环卫工作,总面积7.8万平方米,坚持了日扫日清,配备了专职环卫监管队伍,背街小巷卫生达到了创建卫生县城的标准。新型农村养老保险工作3460人参保,收缴491.9万元资金。总投资8万多元使镇计生中心整体设施得以完善。项目建设申报资金1580万元,正在批复中。争取项目资金45万元,已到位。国务院扶持乡镇文化大院项目资金24万元,镇级文化大院正在建设中。完成了彰新寨村农家书屋建设,丰富了农村文化生活,农家书屋已通过市文化局验收。非物质文化遗产普查登记工作已圆满完成,并装订成册,制作了电子版,上报上级文化部门审核备案。国家文化部扶持社区建设项目已争取到位,全镇8个社区电脑全部发放,实现了资源共享,社区办公自动化运行。

【郝寨镇】 2009年,国内生产总值43018万元,财政收入502万元,固定资产投资6501万元,农民人均纯收入4056元。烟叶生产发展到8600亩,建成了一个3000亩连片大方,3个1000亩以上大方,4个500亩大方,收购烟叶86.5万公斤,产值1230万元,实现税收276万元。重点发展黄牛、养鸡、生猪养殖,突出"强村、强场、强小区"三强建设。共发展存栏500头以上养牛小区2个,扩大规模养猪厂3个(胡庄、郝寨、李洼)。全镇猪牛羊存栏总量达到了12万头(只),家禽总量达32.5万只,实现畜牧业总产值14040万元。以林业生态镇建设为目标,以农田林网、三荒造林、围村林为重点,确保造林存活率。以林权制度改革为动力,造林5200亩,植树37万株,其中补植、补栽520亩,通道造林1010亩,农田林网1292亩,围村林及片林2048亩,荒滩荒沟造林330亩。重点加强了闫台、徐庄、年庄马庄3个村新村建设,累计完成投资423万元。争取政策性项目35个,争取资金1.1465亿元,到位资金1244万元,其中安全饮水项目、敬老院建设项目、卫生院病房楼建设和国债购置医疗设备项目、垃圾中转站项目、康庄扶贫开发整村推进项目、镇综合文化站项目等。围绕"拉大框架、突出基础、膨胀规模”的目标,加快城镇化进程。实施小城镇“五个一”工程,达到城镇建设美化、绿化、亮化。更新招商理念,共引进招商项目11个,达成意向3个,总引资额3910万元,已到位资金1000万元,其中规模以上工业项目1个,年庄村农机市场项目,总投资800万元。大型养殖项目2个,张桥村500头养牛厂,投资300万元;王营村旺达黄牛有限公司扩展规模、增加投资150万元。严格按照“4+2”工作法对农村低保进行了全面复核和扩面认定,共确定低保对象2354人。进行了非物质文化遗产普查。投资20万元的镇文化站建设项目已批复,土地已规划;争取了3个村的图书室建设项目,申报文化资源共享村13个;成立了郝寨镇民间艺术协会。全镇计划安置移民1000人,涉及王营、年庄2个行政村,移民用地1700亩,已全部调整到位。探索创新的“4+2”工作流程图得到市县充分肯定。

【桥头镇】 2009年,国内生产总值4.88亿元,固定资产投资1.63亿元,财政收入275.8万元,农民人均纯收入4245元。招商引资为全镇“一号工程”,着力打造工业强镇。坚持以商招商,充分挖掘已入驻企业的潜能和优势,加强沟通联系,吸引更多客商前来投资置业。南阳巨鑫兔业有限公司,年产3000吨兔肉、鸡蛋、牛肉熟食;南阳新豪地陶瓷有限公司,占地200亩;广东佛山客商投资1.5亿元,正在建设;鑫龙科技有限公司彩印包装项目,总投资1860万元;河南鼎威服饰有限公司总投资3600万元;上海日升印刷新材料有限公司总投资5000万元;社旗县鑫地面业有限公司,投资1200万元;南阳新瑞机械制造有限公司,总投资1100万元。平顶山客商投资1500万元,粮储车间已经建成。金添冷饮、金玉粮油、益民面粉、南方富豪木业、王蛮木业制品、绿茵奶业及6个环保免烧砖厂等食品、农副产品深加工、板材加工、新型建筑建材产业集群生产经营运行良好。争取政策性项目。投资2498万元的国家级土地整理项目已完成土地平整、农田水利、道路建设、生态林网和电力工程建设任务。投资522万元完成村村通道路6条11公里、县乡道路Y010线项目8.7公里;利用中央扩内需资金302万元完成一初中危房改造、三初中学生宿舍和餐厅、卫生院病房楼扩建、镇综合文化站及镇计生服务中心等社会事业建设任务。富民路标准化街道建设全面完成。投资120万元建成年处理能力5万立方米的垃圾中转站,购置10吨垃圾处理车1台,小型垃圾清运电动车2辆。大力实施光亮工程,融资22.5万元对珍珠大道、社红路等3条主干道安装路灯59盏,并投入使用。新农村建设以王蛮村为重点,示范带动新农村建设。畜牧产业势头良好。千头畜位的南阳绿茵奶业有限公司已完成投资800万元,购进奶牛350头,24畜位挤奶站正常运行,与南阳三色鸽、伊利等奶业集团达成合作供货意向。新建投资在150万元、总畜位达500头的肉牛养殖场2个,在桥头、王坊、吴氏营、老庄等村,新发展生猪养殖场(户)30多个,存栏达到13000多头。新街、老庄、小河流、桥头等村,发展养鸡场(户)20多个,饲养量达到90000只,从而带动了全镇畜牧业发展。蔬菜面积稳中有升。以小河流村为中心,稳步发展日光温室大棚蔬菜,以桥头集镇为中心发展露地蔬菜5280亩,发展小辣椒24300亩。全年收获烟叶10.3万斤,实现税收10.3万元。种植通道林、网格林及围村林25万株3500亩。为创建“生态大镇”奠定了坚实基础。春季林改工作进展顺利,已完成16个村林权确权登记和规划工作。镇中心卫生院投资67万元的840平米病房楼顺利峻工。全镇规划3个移民安置点,共需安置近2400人。第一批两个点,桥头村计划安置移民776人,调整生产建设用地1180亩;何营村计划安置移民746人,调整生产建设用地1216亩。顺利进入移民新村建设阶段。全年共修县乡道1条合8.7公里,投入8.4万元对全镇道路进行路肩修理和养护、涂面。桥头镇代表全县迎接省、市“好路杯”大检查。

【李店镇】 2009年,国内生产总值6.37亿元,财政收入280万元,农村人均纯收入3805元。招商引资工作坚持招商引资“三个一”工作定位不动摇。全年共引进招商引资项目8个,总投资1.25亿元,入驻县产业集聚区两个,镇域内项目6个。全年共上报政策性项目26个,总金额6825万元,到位资金3532万元,建成13个项目。以春季植树造林活动为契机,实施绿化工程,狮子庄、古渡孙等6个村植树3万株,发展围村林500亩。运用“4+2”工作法,对新村建设规划进行了修订完善。培育壮大特色产业,发展农村经济。镇政府通过农信社,协调小额贷款200多万元,支持下郭、常庄群众发展蔬菜大棚200多座。改善基础条件,建设宜居家园。全镇粮食产量6.56万吨,畜禽存栏18万头(只),发展规模养殖户150户,建成规模养殖场16个,建成了李营养猪专业村。林业生态县建设切实推进。集体林权制度改革全面展开,确权林地10880亩。新建沼气412座,新发展沼气用户400户,太阳能热水器用户共计发展到600多户。运用“4+2”工作法实施了农村低保户扩面工作,全镇110多户城镇居民、2694多名农村困难户,享受到了国家最低生活保障政策,认真落实五保集中供养政策,保证了650名农村五保户老有所养。实施了农村危房改造工程,解决了140多户危房、无房户居住困难问题。

【饶良镇】 2009年,国内生产总值6.28亿元,固定资产投资2亿元,财政收入307.4万元,农民人均收入4600元。工业经济运行呈现增速快,效益好,投资大等特点。引进工业项目10个,完成固定资产投资20300万元,完成规模以上工业企业总产值103819万元。强化招商理念,营造良好的招商引资氛围。共引进工业项目10个,完成固定资产投资8640万元,吸引外资3200万元。建成和在建项目17个,总投资2532.9万元,其中正在建设项目2个,总投资690万元,已完工项目15个,总投资1842.9万元。种植烟叶10000亩,其中千亩大方3个,建成二户岗、张庄、核桃树、曹庄、潭北、窦庄育苗中心6个,建炕206座,打机电井87眼。收购烟叶115万斤,实现产值1690.21万元,实现税收372万元。以露地反季节蔬菜种植为依托,强力打造窦庄村蔬菜基地品牌,建成窦庄、黄桥烟菜轮作面积2000亩蔬菜基地,成为社旗县东南部最大的蔬菜生产集散地,同时结合烟叶生产,推广烟菜轮作,以潭北、核桃树、窦庄烟方为基础,落实烟菜轮作面积3000亩。全镇猪牛羊禽存栏达25万头(只)1.2亿元,其中300头规模以上和猪场10家,百头猪场30家,联华牧业公司在程洼村完成投资2500万元,存栏种猪2000头,预计年出栏生猪20000头,形成以联华牧业公司为龙头,辐射孟庄、程洼、窦庄、核桃树村的生猪养殖带。投资18万元建设垃圾中转站1座,建设投资220万元景观大桥1座。投资30万元硬化镇区中兴街南段700米路面,新修下水道1400米;利用政策性项目,投资110万元新建饶良卫生院病房大楼1座,投资170万元建成饶良中学标准化餐厅1座,学生宿舍楼1幢。造林4104亩,林木覆盖率达到25%以上,农田林网控制率达到100%。敬老院基础建设得到加强。投入资金3.83万元,对镇敬老院进行维修,投入2.3万元对丁庄园区敬老院进行了全面修缮。严格按照“4+2”工作法的步骤,使低保对象基本达到应保尽保。把移民安置工作作为一项严肃的政治任务与新农村建设相结合,与基础设施建设相结合,已规划出2个移民点,落实移民用地1950亩,为移民的有效安置营造了良好的前期基础。

【晋庄镇】 2009年,国内生产总值3.4亿元,财政收入223.45万元,农民人均收入4092元。强力实施工业立镇战略,全镇工业企业已发展到30余家,实现产值2.5亿元,河南省福润德化工公司累计投入2500万元,产品远销广东、辽宁等多个省份和英国。投资1200万元入驻县工业园区黄酒加工项目已经开工建设。上报政策性项目13个,总投资3829.8万元,其中已到位资金2615.8万元,已完成或正在实施的项目9个。已建成规模养牛场1个、生猪规模养殖场27个,其中存栏300头以上的规模生猪养殖场15个。生猪存栏量达到3.4万头,牛存栏量达到9000头,羊存栏量达到2.4万只,家禽养殖量达到30万只,畜牧业产值4500万元。新栽植杨树2870亩,植树17万株。结合实现生态县建设任务的目标突出造林薄弱环节。狠抓通道林农田林网建设,倾力打造10公里沿河林带工程,围村围镇造林,荒滩荒地造林,四旁植树。全镇种植棉花2万亩,种植小辣椒3万亩,形成了明显的特色优势。烟叶种植500亩,收购烟叶7.5万公斤。晋庄镇作为全省南水北调丹江口库区移民的十个试点之一,承担着淅川县马蹬镇曹湾村230户918名移民的安置任务,把移民工作作为压倒一切的一号工程,确保了移民226座、3.5万平方米的新房和新村基础设施如期完工,实现了918名移民的和谐搬迁,并切实做好了移民房屋维修、生产用地分配、种植服务等后期安抚工作。投资40万元,新修了南阳路下水道850米,使排水系统基本完善;投资10万元新安装了25盏路灯;投资30万元对南阳路路段进行了立面改造;投资200万元把全长2.5公里的南阳路沥青铺装下封工作已完成。

【苗店镇】 2009年,国内生产总值2.87亿元,财政收入482万元,农民人均纯收入3948元,固定资产投资1.34亿元。种植烟叶8500亩,其中千亩大方4个,500亩大方5个,200亩大方3个,收购烟叶118.5万公斤,实现税收320万元。三粉生产走产业化发展道路,落实红薯面积1.5万亩,脱毒红薯推广普及率达95%以上,年产鲜薯3.7万吨,鲜粉1.4万吨,加工三粉产品1.8万吨。畜牧生产以“三专”建设为重点,新建1个投资800万元存栏500头以上的大型养猪企业,3个存栏100头以上的养猪场,1个投资100万元的黄牛养殖厂。按照林业生态县建设标准,春季造林2700亩,植树16.2万棵。全面完成了集体林权制度改革。招商引资,入驻县产业集聚区项目2个。小城镇建设以创建"二星级城镇"为目标，坚持"规划、建设、经营、管理"四位一体，强力实施了"五个一"工程，进一步加大基础设施建设力度。计划生育工作跨上新台阶。社会事业持续发展。义务教育经费保障水平进一步提高；文化事业繁荣发展，群众文化活动丰富多彩，农村文化设施进一步改善；新型农村合作医疗参合人数31163人，参合率达95%以上；五保户集中供养入住率达40%以上，新增低保户530户；新修"村村通"路3条4.7公里，总投资70.5万元，对苗下路、长岗路、苗朱路三条县乡公路全线铺油。全面推行"4+2"工作法，新农村建设等村内重大事务，严格按"4+2"工作流程来办事。

【兴隆镇】 2009年，国内生产总值3.7亿元，固定资产投资1.2亿元，财政收入206万元，农民人均纯收入3950元。全镇共引进招商引资项目6个，累计引进资金3800万元，其中镇内引资项目4个，累计引进资金1300万元；入园项目2个，累计引进资金2500万元。争取政策性项目11个，涉及项目资金2555万元。城镇建设以创建"卫生镇、文明镇、生态镇"的科学定位，以晋"四星级"为目标，不断加大基础设施建设和城镇管理力度，集镇品位得到明显提升。投入资金11.5万元，打造了一条标准化街道，投资800万元的商业步行街建设项目第一期建设任务完成。以产业为支撑，大力发展农村经济。按照"东烟西椒，南鸡北牛，遍地种树"的产业发展思路，在全镇大力实施了"一村一品"工程。逐步形成了"烟叶、杨树、小辣椒、畜牧"四大支柱产业。畜牧业，奶牛存栏49头，黄牛存栏总量4000头，扩大了赵岗养牛、吕楼养鸡小区和大杨庄养猪场建设规模，新增圭璋、赵庄、月岗、腰庄等6个畜禽养殖专业村。全镇养鸡总量达到36万只，生猪常年存栏1.4万余头。并先后成立了赵岗村黄牛养殖协会和吕楼村蛋鸡养殖协会。全镇造林2480亩，栽植优质速生杨15万株。在扶持、规范原有的小辣椒专业市场的基础上，与10多个大的辣椒购销商签订了供销协议，积极发展订单农业。全镇种植优质小辣椒2000余亩，产出鲜干椒500万公斤，以圭璋烟叶专业村为示范点，发展烟菜轮作420亩。积极为移民搬迁做好前期准备工作，重点做好了规划选址、宣传动员、土地调整等工作。全镇新农合参合率达到97%，推行"4+2"工作法和"三公开"工作。

【朱集镇】 2009年，国内生产总值7.6亿元，固定资产投资1.76亿元，财政收入1002.3万元，农民人均纯收入4386元。实施各类项目18个，计划总投资4137万元，争取资金2908万元，完成投资3100万元，建成项目16个，正在施工项目2个。全年共引进各类项目8个，入驻县园区的是泌阳客商投资的广源油脂项目，固定资产3500万元，占地50亩。镇内招商项目7个，总投资2780万元，都已建成投产。坚持"规划、建设、经营、管理"四位一体的发展思路，投资近3万元对小游园进行了提升和绿化，完善了"五个一"工程；投资130万元对全长1300米政通路进行了标准化建设。集镇品位得到提升。整合各类资金450万元用于新农村建设，共修道路15公里，排水沟6公里，建文化活动室4座，文化广场2处，栽植绿化树5000余株，柿子树和梨树6000株。培育壮大了烟、棉、果、牧四大产业，把烟叶产业确定为四个一工程（经济工作一号工程，镇村两级一把手工程，农业第一支柱产业，力保全市第一植烟大镇），种植烟叶15600亩，收购230万公斤，产值3600万元，创特产税780万元，发展烟菜轮作6000亩，烟菜亩效益5000元，确保了南阳第一植烟大镇称号。种植棉花2.5万亩，总产量600万公斤，特别是以银基棉业为龙头的20余家棉花加工和脱绒榨油厂，年可收购加工籽棉5000万公斤。以生猪饲养为主的畜牧业发展迅猛，建成养殖小区8个，养殖场13个，养殖大户142户，大牲畜存栏12000头。通过政府引导服务，成立黄金梨专业合作社，加强了对1200亩黄金梨、水晶梨的管理，举办了"朱集镇首届黄金梨采摘节"，全镇林果种植面积0.6万亩。新型农村合作医疗参合率96.5%。

【下洼镇】 2009年10月21日，撤乡建镇。国内生产总值3.86亿元，固定资产投资6500万元，财政收入764万元，农民人均纯收入3820元，投资500万元开发建成了政府西街500米，政府南街750米，各宽25米，2条街道。围绕园区和矿山项目作文章，引进各类项目11个，总投资额在5120万元以上，到位资金2160万元，新增固定资产投资600万元。种植烟叶7932亩，建成育苗大棚58座，半堆积式炕房342座，共收购烟叶122.5万公斤，总产值2000余万元，实现税收386万元。按照平原绿化达标标准，共发展经济林5.2万亩，植树492万株。发展优质花生4万亩，投资15万元初步建成了花生加工交易市场，花生年交易额在4000万元以上。争取畜牧养殖贴息贷款10万余元，建成吴庄专业化养殖小区1个，专业化养猪场23个，生猪存栏量在1.5万头以上，通过专业养殖带动，全镇大牲畜存栏量达到了2.5万头以上，总产值可达3000万元。已与内乡牧源养殖有限公司签订合作协议，在4个行政村建设占地2700亩的大型养猪场，年出栏高品猪120万头。累计修筑村村通公路80余公里，19个行政村全部实现了“村村通”。规划开发新街3条，投资600万元的社下路、下徐路重建工程路基处理已经结束，进一步方便了群众的出行条件。农田水利基础设施建设，依托扶贫开发项目，总投资50余万元，打机电灌溉井25眼，新挖水塘2处，增加灌溉面积23000余亩。坑黄示范村、兰庄两个新农村建设试点村，总投资近200万元，硬化村内入村道7500米，种植绿化树300余株，建成文化大院1个，文化长廊300米，标准化村部2个，公厕5座，基本实现了村容整洁、村貌改观，起到了以点带面的效果。各类救灾款物、低保、五保、优抚等款项261.2万元均足额发放到位，涉及全镇1500余户，3500人从中受益。结合“三学三争”、“三级联创”、“4＋2”工作法等各类学教活动，以开展“三加”模式为抓手，为全镇的经济发展提供了有力的作风保障。

【城郊乡】 2009年，五期世行项目建设，进一步加大项目争取力度，扩大标准良田工程建设面积，项目区涉及5个行政村，耕地面积1.6万亩，总人口1.46万人。积极争取上级资金的同时，多方筹资筹劳，累计投入资金340万元，已新打机井97眼，建桥涵48座，修砂石路5公里，挖排水沟10公里。全乡已修通埠口、贺新庄、望东庄六条“村村通”水泥路，总里程12.3公里，极大地改善了境内的交通状况，受益人口达8000多人，投入配套资金172.2万元。粮食播种面积6万亩，与南阳惠丰种业有限公司订单收购优质小麦良种达2000亩，全年粮食产量4万吨。畜牧业生产呈现较强发展势头，投资1000万元用于万头奶牛厂二期项目建设，建成办公楼46间，25个奶牛大棚，2个标准化挤奶站。全乡生猪饲养量5.2万头，其中存栏母猪2980头，出栏肥猪2.7万头；家禽饲养量50万只，出售30万只。畜禽规模养殖大户46户，注册养殖专业合作社3个，有限公司2个。社旗县鸿源养殖有限公司利用发酵床技术养猪，污染少，效益高，通过省科委评定。彭岗贺新荣鸡场、贺新庄马涛养鸡场饲养肉鸡2万多只。蔬菜种植面积2.1万亩，其中代营大葱2400亩，望东庄萝卜2300亩，露地反季节蔬菜2.1万亩。林业工作以农田网格林、废弃砖瓦窑厂绿化、四小新农村围村造林以及主要道路绿化为重点，全乡春季完成植树造林2100亩，冬季造林2600亩，其中围村300亩，围镇100亩，片林100亩，林网1800亩，通道林300亩。柳营移民安置点已经调整出建设用地80亩，生产用地910亩，修建道路462米，打水井1眼；官寺移民安置点调整出建设用地168亩，生产用地1470亩，修路182米。2处移民安置点均达到了通水、通电、通路和场地平整。招商引资项目5个，引资共计9806万元，其中已建成项目1个，在建项目2个。参加新农合3.9万人，参合率在95%以上。全乡新建成沼气用户220户。积极向上争取申报项目9个，总投资851.2万元，全部用于发展社会事业。以工代赈项目，总投资55.3万元，申请拨款51.8万元，自筹3.5万元，修建水泥路3.5公里。鸭灌抗旱应急工程，总投资50万元，在春夏抗旱中水源得到充分利用。争取政策性项目资金24万元，筹建综合文化中心1个，新建农家书屋3个。投资475万元建设1.6万亩标准良田。投资100万元用于环境综合整治。全面推行“4＋2”工作法，强力推进“三业”竞赛活动和分级管理。

【唐庄乡】 2009年，工业总产值7.59亿元，固定资产投资1.4亿元，财政收入77.7万元，农民人均收入3664元。招商引资与江苏等地客商投资1500万元的社旗县安信塑胶汽车零部件项目，正在开工建设；与河南正粮集团投资6000万元合作兴建的粮食仓储加工项目，正在建设中；与南阳客商合作投资1200万元的新型页岩砖项目，建设已接近完成。全年共引进资金3500万元。农田水利及综合治理项目，争取以工代赈资金30万元；尚庄农村道路及绿化工程，争取财政资金30万元；方唐路唐庄街段改造项目，争取资金30万元；刘代庄试点村建设项目，完成投资36.2万元；小王庄农田整治项目，批准资金20万元；唐庄乡动物疫病监测中心项目，争取项目资金10万元；社旗绿秀奶业300头奶牛养殖项目，投入资金300万元；千头奶牛项目，投资1200万元，争取上级资金50万元。世行五期扶贫项目先期投入88万元，项目正在筹备开工。全年共投入项目资金1805万元，其中自身争取政策性项目资金294万元。集镇建设总体规划，已经县规划局规划设计完毕。修建慢车道1700米，下水道1700米，花带道牙已全部建成，安装36盏路灯210棵改良法国梧桐已绿树成荫，花带内绿化正在规划实施，规划建设16个垃圾堆放池和1个垃圾填埋场。大力发展蔬菜种植和畜牧养殖，已建成沙河萝卜、白菜基地，苗庄大葱基地2个，唐庄小白莲正在进行质量产地认证；发展以养牛、养猪为主的畜牧业，全乡建成300头以上的奶牛养殖场2个，黄牛养殖场2个，存栏100头以上的养猪专业户达32户以上，畜牧业产值占农业总产值的60%以上。

【大冯营乡】　2009年，国内生产总值3.3亿元，粮食总产3.06万吨，财政收入121.54万元，农民人均纯收入3761元，固定资产投资1.2亿元。全年共引进招商引资项目5个，总投资6930万元，实际到位资金1330万元。达成入驻县工业园区合作意向2个，计划总投资5600万元。全年上报政策性项目21个，计划总投资3938.5万元。其中已立项政策性项目12个，争取项目资金1713.5万元；资金已到位项目10个，实际到位资金556.5万元。黄牛存栏1.89万头，奶牛存栏150头，生猪存栏5.6万头，草湖村王庄养猪小区达到14户，生猪存栏达到5000头。新建专业养殖场4个，姚庄官寺三合良种猪繁育场，大冯营黄牛养殖场，党庄李模黄牛养殖场，丁庄大刘庄1000头标准化养猪场已经建成。全年植树12万株，完成造林任务2462亩，其中通道林650亩，农田林网1200亩，片林500亩，果树112亩。实现了争创信访工作“四无乡镇”的总体目标。全乡新设2个移民点，规划安置淅川县马蹬镇向阳村移民464户，共计1871人，其中南点206户，829人，北点258户，1042人，移民新村建设进展顺利。

【太和乡】　2009年，以村级组织规范化建设为主线，以“三级联创”为载体，以培养“强村工程”为重点。以实施“三加工程”为突破口，加强村室建设，全面推行“4＋2”工作法。成功引资3000万元建设京都彩印有限公司，已进入征地阶段。同丹源碳素有限公司已签订协议，与深圳客商洽谈的赵河公园游乐场项目总投资1500万元。境内实施的重点项目6个，项目总投资1617.2万元，各项目顺利实施，计划投资基本完成。全乡种植烟叶3000亩以上，其中，1千亩以上示范方1个，500亩以上示范方2个，300亩以上示范方2个，150亩示范方2个，共收购烟叶33.5万公斤。以刘集宋庄自然村为试点村及村容村貌重点整治村，按照“生产发展、生活宽裕、乡风文明、村容整洁、管理民主”的总体要求，在调整农业结构，加强基础设施建设上狠下功夫，改善了农村的生产生活条件，改变了村容村貌。发展花卉产业，倾力打造月季专业村。以南阳月季集团为龙头，采取“公司＋基地＋农户”的模式，由公司投资改善农业生产条件并提供种苗与技术，农户提供土地与劳动力，大力发展外销型月季700亩，亩收益在8000元以上。高标准造林2324亩，林权证制度改革全面启动，共确权467户，确权面积6400亩。投资50万元对中心街进行了路面硬化，总长3公里。投资25万元对建设路、长江路进行了下水道建设，总长1.5公里。投资21万元对长江路进行了彩砖铺设。投资12万元装路灯60盏，并全部投入使用。投资5万元进行了绿化种植风景树320棵。由南阳艺搏房地产公司对富民路进行了整体开发，总长500米，建筑面积达13000平方米，总投资700余万元。城镇低保64人，农村低保1288人低保人员全部按照规定标准和程序申报，农村五保供养工作，建1个乡级敬老院，3个村级敬老院，有五保对象350人。全乡年出栏千头以上养猪场5个，百头以上养猪场10个。5000只以上养鸡场3个，1000只以上养鸡场12个。

【陌陂乡】　2009年，国内生产总值3.35亿元，固定资产投资4750万元，财政收入236.7万元，农民人均纯收入3186元。招商引资。引进了上海客商天宇钢结构有限公司项目，总投入2700万元；引进了永辉薯业食品有限公司项目，计划总投资1000万元，可年产淀粉3000吨，粉条1000吨，能安排160人就业；引进北京客商标准化厂房项目1个，投资1000万元，占地20亩，正在建设。新农村建设投资230万元，在赵油楼、前洼、左林、黑土流4个试点村，硬化道路8条，9687米，建成拦河坝1处，桥涵3座，下水道1500米；建文化广场、文化大院、村部各1处，栽植风景树300株，粉刷文化教育墙676平方米，建沼气100座，村容村貌发展变化明显，支柱产业初步形成。烟叶种植2500亩，收购33万公斤。黄牛存栏9000头，奶牛800头，猪羊5.3万头(只)，家禽32万只。以专业场、专业小区、专业村建设为突破，发展养牛场4个，养猪场26个，养鸡场12个，初步建成了张其浩村10万只规模的养鸡小区、完粮徐千头猪场、张庄500头规模的奶牛场。围绕林业生态县建设，积极探索林业发展途径。全乡有林地面积2万亩，林木覆盖率达19%，农田林网控制率90%，村庄林木覆盖率42%，三粉加工通过引资合作、大户入股等形式，重点培育永辉薯业食品有限公司等“三粉”龙头企业，带动了全乡“三粉”加工业的发展。全面推行“4＋2”工作法，推进村级事务的民主化、规范化管理进程。全乡19个行政村全部推行了“4＋2”工作法。(贯金星　张勇)

方 城 县

县情综述

【概况】 总面积2542平方公里，其中耕地面积105320公顷。城区建成面积14.3平方公里。总人口103.3万人，其中乡村人口72.48万人，市镇人口30.8万人。辖7镇9乡。

县委书记：梁天平；副书记：秦书君、刘少先；常委：谢先莹(纪委书记)、李锡超(县委办主任)、柳明伟(组织部长)、白振国(副县长)、毕新民(政法委书记)、燕峰(宣传部长)、张晔(女，统战部长)、铁作山(人武部政委)

人大主任：董振荣(女)；副主任：杨林升、陈振炎、刘兰生、张振西、孔祥朝

县长：秦书君；副县长：白振国、夏天俊(女)、杨新亚、杨红忠、李锡强(2009年9月任)、刘杰、胡彦民(2009年10月任)

政协主席：张春林；副主席：毛玉中、赵晓、李国夫、包鸣彦、梁士忠

法院院长：张克

检察院检察长：梁志敏

2009年，深入实施"工业强县、人才兴县、开放带动"三大战略，全力推进"工业化、城镇化、新农村建设、交通建设、旅游文化开发"五大突破，努力打造"生态方城、活力方城、和谐方城"，着力加快"思维创新、机制创新、管理创新"，协调推进经济、政治、文化、社会和党的建设，实现方城经济社会发展的新跨越。全县国内生产总值9566548万元，较上年增长10.8%。工业增加值372386万元，较上年增长12.3%。农林牧渔业增加值277044万元，较上年增长4.6%。全社会固定资产投资741873万元，较上年增长35.8%。地方财政一般收入2.63亿元，较上年增长11%。农民人均纯收入4626元，较上年增长7.7%。社会消费零售总额457639万元，较上年增长18.8%。粮食总产量550086吨，较上年增长2.2%。人口自然增长率控制在4.73‰以内。

【固定资产投资成效显著】 紧紧抓着国家扩大投资的机遇，迅速组织和谋划了一大批结构调整、基础建设和民生工程项目。争取和实施政策性投资项目59个，总投资1.2亿元，其中上级财政投资8460万元，已建成项目51个。开展全方位招商引资活动，全年共引进县外资金16.3亿元，新引进项目141个。全年共实施各类项目539个，其中，超亿元项目4个，超千万元项目139个，500万元以上项目338个。全社会固定资产投资完成78.3亿元，增长43%；其中城镇固定资产投资完成64.7亿元，增长51.8%。

【工业经济快速发展】 通过开展"项目推进年"和"企业服务年"活动，推动工业经济持续发展。精心打造产业集聚区。按照"一区两园"模式建设的方城新能源产业集聚区，规划面积13.68平方公里，总体规划和环评规划顺利通过省专家组评审；搞好投融资平台建设，完成融资1.5亿元；投资2.9亿元，开展园区主干道、电力、供水、通讯、标准化厂房建设；引进入驻企业20个，总投资10.2亿元，其中投资超千万元企业13个。重点项目建设取得新突破。迅天宇高纯硅生产线年产能达到8000吨，太阳能级多晶硅形成年产380吨生产规模；中南金刚石年产26亿克拉；风力发电一期工程发电机组全部并网发电，并超额完成年度发电任务，二期测风工作正在进行；裕承轴承、华裕肥料、宛北水泥、木瓜加工等项目建成投产，广宇太阳能电池、中亚轴承、兽药园等项目正在建设。深入推进企业改制。轴承公司和真宫酒业公司同步改制，正在进行资产处置；印刷厂正在实施资产处置与分配，翔宇化纤公司正在进行资产处置前期工作，鸿兴针织厂正在进行破产准备工作，玉立玻管成功转型，已入驻3家企业；电视机厂与中亚轴承合作活动有序进展。工业经济规模进一步扩大。全县工业企业达1018家，限额以上105家。全县累计完成工业总产值58亿元，利润3.5亿元，税金1.96亿元，分别较上年增长15%、32%、21%。

【农业经济稳步发展】 农业综合生产能力明显增强。大灾之年实现了粮食持续稳定增产，粮食总产达到5.53亿公斤，油料总产1.5亿公斤；畜禽疫病防治成效显著，畜牧业产值达到21.1亿元，同比增长16%；完成造林9.3万亩，造林工程综合评比占全市第一。特色产业巩固发展。全县以烟、椒、莱、药、花生为主的特色产业面积巩固发展到93万亩。收购烟叶547.5万公斤，实现特色税1750万元；小辣椒种植面积达到26.2万亩，产值首次突破10亿元；木瓜种植4.5万亩，面积和产量均居全国首位；以裕丹参为主的中药材种植面积达到4万亩。全县畜牧饲养总量达到837.11万头(只)，肉、蛋、奶总产分别达到34180吨、18250吨、12610吨，同比分别增长17.5%、16.6%、35.9%。农业产业化水平不断提高。烟叶生产社会化服务日益完善，裕丹参、木瓜产业化

经营水平不断提高，新建各类农民专业合作组织54家。农村生产条件进一步改善。以水、路、林、沼气建设为重点，实施农业项目25个(类)，农综开发、标准化粮田、抗旱应急工程、农村沼气、生猪标准化养殖场规范改造、农村安全饮水等项目已完成建设任务，小水库除险加固、以工代赈等项目正在建设。新打、维修机井1428眼，新增有效灌溉面积8.7万亩，完成中低产田改造7.8万亩，治理水土流失8平方公里，小水库除险加固13座；新建农村沼气8683池，完成脱贫人口1.44万人，解决农村饮水安全1.25万人；大力推广新型农业机械，主要农作物机械化率达到80%以上。粮食直补、综合直补、良种补贴、大型农机补贴等政策全面落实，共发放补贴资金超亿元。完成110个行政村规划、193个村村容村貌整治任务，18个市级新农村建设试点村、示范村基本实现“六通六有”标准。

【城镇化水平全面提升】 县城总体规划已经市政府批复，县级土地利用总体规划已经省政府批准，小史店等6个乡镇的总体规划修编顺利完成。实施一系列市政工程，对建设南路、张骞大道南段、裕州路、释之路西段进行了“六统一”综合改造。建成污水处理厂二期工程，新建两座垃圾中转站，增设200个高档果皮箱，改造供水管道9.9公里，新增公共绿地游园3处，县城绿化率达到36%。吴府龙城、方舟城、汉都华府、仁和新世纪等住宅小区建设步伐加快，江淮人家、名门世家、碧水馨苑等小区开工建设。南二环路蔬菜批发、昝庄农产品交易市场、老干部活动中心等项目基本建成。以“六创一迎”为活动载体，加大城市管理力度，交通、市场、卫生秩序进一步规范，被市政府评为城市管理先进县。小城镇建设整体推进、重点突出。投资2.9亿元，实施券桥乡街道综合开发、四里店乡和平路商业街开发、袁店乡团结路开发、7个建制镇垃圾中转站建设等项目35个。独树镇被市委市政府命名为五星级小城镇，广阳镇、赵河镇被命名为四星级小城镇，柳河乡被命名为三星级小城镇，券桥乡、四里店乡被命名为星级小城镇，升星晋级数据全市第一，城镇化率达到36.4%，提高1.7个百分点。

【交通、电力、文化旅游等开发建设取得新成效】 投资1.1亿元，基本完成逍白线和高兰线路基、桥涵工程。其中，古庄店至城区和城区至丁字口段竣工通车；新建县乡公路76公里、大中型桥梁10座、通村公路115公里；境内公路养护里程达到3057公里。电力、通讯设施不断完善。完成“户户通电”工程决算和电网完善工程，新建改造线路52.35公里、配电台区72个、农村移动网络覆盖站15座。加快文化旅游开发，打造方城丝绸之路源头和方城垭口风景区两大品牌，成功举办南阳方城与丝绸之路文化论坛、方城旅游发展省城专家研讨会、方城古缯国遗址圣土采集仪式等大型文化活动；加大方城丝绸之路源头世界文化遗产申报力度，打造文化旅游品牌。引进开发文化旅游项目，先后与外商达成佛沟摩崖造像和望花水月生态旅游度假村等项目的合作意向。提高了大乘山、方城石川、炼真宫等景区接待能力。接待游客66万人次，实现旅游收入2亿元。

【财政收支平稳增长】 地方财政一般预算收入完成2.63亿元，为市定目标的100%，比上年增长11%；税收收入占一般预算收入的比重为63.6%，同比提高1.3个百分点。收入结构进一步优化，财政收入明显提高。地方财政一般预算支出完成13.6亿元，增长22.6%。全县金融机构存款余额53.6亿元，增长26%；金融机构贷款余款30.7亿元，增长28%。消费品市场零售总额完成45.6亿元，增长19%；市场物价基本稳定，居民消费品价格总指数为100.86%，上涨0.86%，物价管理工作不断加强。城镇居民人均可支配收入和农民人均纯收入分别达到12255元和4720元，分别增长11%和9.9%。

【各项社会事业协调发展】 普通高招全县本科进线率达到31%，较2008年增长27.6%，增长幅度和增加人数均居全市第一；招聘和接收教师220人，加强了师资队伍建设；撤并各类中小学24所，建成寄宿式小学29所；实施校建项目53个，新增校舍2.2万平方米。新增城镇就业8763人。其中，下岗再就业3087人，就业困难再就业1409人；安置大中专毕业生近千人，安置残疾人就业286人，农村劳动力转移就业10591人。五保集中供养率达到40%，在全市率先实现了离退休职工医疗保险全覆盖，养老金足额发放。中医院病房楼建成投用，县医院门诊楼主体工程完工，利民、中山两所民营医院即将正式运营，改造乡镇卫生院4所，新建标准化村级卫生服务站129个；新农合参合率达到92%以上。实施廉租房建设4.5万平方米，发放住房补贴156万元，解决了1718户城镇贫困家庭住房问题。新完成190个自然村广播电视村村通任务，新增农村有线电视用户5100户。新建成2个乡镇文化站、16个村级文化大院、40个新农村书屋。加强人口计生管理，保持省级计划生育服务先进县荣誉。

方城县各乡镇主要领导名表

乡　镇	党委书记	乡镇长
城关镇	胡风洲(副处级)	曹广智
拐河镇	马金强	关宏宇
广阳镇	艾进德(副处级,2009 年 12 月离) 单向丽(女,2009 年 12 月任)	单向丽(女)
博望镇	齐青年(副处级)	史　钟
赵河镇	周新奇	王曦昌(2009 年 4 月离) 刘　晓(2009 年 4 月任)
独树镇	杜良川(副处级,2009 年 12 月离) 张义刚(2009 年 12 月任)	余瑞平(女)
小史店镇	侯春湘	邢必达(2009 年 4 月离) 王曦昌(2009 年 4 月任)
清河乡	侯金耀	李志华
柳河乡	赵晓远(2009 年 12 月离) 张国强(2009 年 12 月任)	张国铜
袁店回族乡	李龙晨(副处级)	李志杰
券桥乡	张义刚(2009 年 12 月离) 赵晓远(2009 年 12 月任)	陈广福
二郎庙乡	牛雪峰(2009 年 4 月离) 吴东升(2009 年 4 月任)	朱东明
古庄店乡	吴东升(2009 年 4 月离) 周　勇(2009 年 4 月任)	王明伦(2009 年 12 月离)
杨楼乡	张国强(2009 年 12 月离) 王明伦(2009 年 12 月任)	侯其峰
杨集乡	郭　鹏	刘　晓(2009 年 4 月离) 邢必达(2009 年 4 月任)
四里店乡	周　勇(2009 年 4 月离) 牛雪峰(2009 年 4 月任)	张宏伟

乡镇概览

【城关镇】 2009 年,总人口 84041 人,耕地面积 771 公顷,国内生产总值 196080 万元,农作物种植面积 727 公顷,粮食总产量 3451 吨,财政收入 1182 万元,农民人均纯收入 12016 元。全镇新签约合作项目 9 项,引进项目 3 个,全年协议引资 1.6 亿元,实际到位资金 6500 万元,引资入驻产业集聚区项目,鑫安气体二期工程已完成投资 550 万元,设备安装到位、调试投产。固定资产投资超千万的重点项目方舟城市花园酒店,设计 32 层,建筑面积 35000 平方米,总投资 5000 万元,已完成投资 1450 万元。方城县裕昇大通蔬菜、瓜果综合市场建设项目,总投资 1.7 亿元,占地面积 200 亩,已完成投资 4500 万元。以城东新区、潘河景区和城区道路改造、吴府街综合建设为重点,先后完成城东新区新增项目征地,以及吴府街改造二期、方舟二期、交通检测中心、三里岔变电站等建设项目征地 300 多亩。按照新农村建设“六通六有”的标准,大力加强水、路、电、通讯、文化、卫生、教育等设施建设。新建文化大院 4 个,标准化村级卫生站 16 个,中小学危房改造 2 所,培训农村劳动力 3000 余人。户用沼气完成 500 户,占计划的 100%;新增绿化面积 1150 亩,完成计划的 151%;新农村示范村 5 个,完成了 5 个新村规划,6 个村村容村貌整治。培强增壮农民专业合作经济组织 3 个。县梨园农民合作社发展种植户 216 户,年产绿仕香梨 500 吨,实现产值 600 万元,对产前、产中、产后提供服务,在农村经济发展中发挥了积极作用。新建存栏 500 头以上的养猪场 1 个,全镇养殖场累计达到 51 个。全面落实国家惠农支农政策,发放各类惠农补贴 783.2 万元。投入资金 20 多万元,高标准建设便民服务大厅。

【拐河镇】 2009 年,总人口 46014 人,耕地面积 3185 公顷,国内生产总值 35381 万元,农作物种植面积 3149 公顷,粮食总产量 13400 吨,财政收入 476 万元,农民人均纯收入 4494 元。突出工贸特色,力推工矿业快速发展。把原有白湾、养马口萤石矿资源进行整合并组建万升工矿业,取得积极进展;整合滑石资源,引进南阳杏山矿业开发有限公司入驻,项目总投资 1 亿元,已完成固定资产投资 1000 万元。发展先锋药业,项目计划总投资 1 亿元,已完成固定投资 1000 万元。通过土地转换,加强集贸市场建设。引进南阳双德房地产公司开发白湾集贸市场项目,计划总投资

1300万元，已建成两层商住用房60余套。累计引资额9000万元，已完成投资8000万元，共实施种类工业项目17个。其中投资1000万元的七峰山粘合剂厂10月试车，总投资1200万元的石门千头养牛场主体工程已落成，投资500万元的姚店石料加工项目已正式投产。突出交通基础设施建设。推进道白线建设。完成砂石垫方12万余方，路基11.164公里；完成14座小桥涵、1座大桥函、1座中桥涵的建设。协调稳定砂用料5万余方，铺设稳定砂3500米。投入资金14万元，完成文化路东延至澧阳中学1000米；完成菜市场建设和搬迁，扩建门面房57间，感化市场道路100米；投入资金100万元，建设新街1500米和西关大桥西1000米污水管网，惠及镇区居民180余户；投入资金120万元，建设镇区自来水工程、水井、变电房及水厂改造已完工，惠及居民720余户。投入资金60万元，建成镇区垃圾中转站1座，配备垃圾自卸车1台、小型电动垃圾车2台。规划了文化大院、文化舞台和文化广场，对镇区100盏路灯进行节能更新；新增道路255米，新增绿地面积1500㎡，新增街道风景树320棵。突出整村推进特色，建设新农村新亮点。高标准建设辛庄岭村文化大院1座；完成南王庄村尚庄组、方庄组移民"户户通"1150米，尚庄组人畜饮水工程正在施工中；完成黄土岗村移民"户户通"1800米和场家庄村吃水工程建设，完成温庄村、果木庄村两个整体推进村"户户通"8000米，巩固石门、二郎庙整村推进成果，建成无公害、标准化晚秋黄梨示范园200亩。筹措资金300万元建设农村集贸市场，新建标准两层楼房27间。全镇新打机井28眼，掏洗老井30眼。争取到全县唯一的基本农田建设项目，补助群众化肥170吨，配备新机井80眼。在全镇各村开展了以"清路障、清柴草、清垃圾"为重点的村庄整治活动。突出丹参特色，药、果、菌、畜规模持续膨胀。以打造"中原丹参第一镇"为目标，发展丹参3000亩，育苗200亩。以晚秋黄梨为主的小杂果生产蓬勃发展。种植晚秋黄梨550亩，亩均效益在4000元以上，以香菇、木耳为主的食用菌生产继续保持增升态势，年产菌品1000余吨。畜牧养殖有了新的发展，已建成300头以上的养猪场17个、养牛场1个。各项惠农政策得到有效落实，全镇新型合作医疗参合率达到97%以上。

【广阳镇】 2009年，总人口79836人，耕地面积7239公顷，国内生产总值79419万元，农作物种植面积7478公顷，粮食总产量37319吨，财政收入623万元，农民人均纯收入4782元。招商引资和项目建设实现新突破。把金刚石工业园区建设作为全镇的首要工作，按时搬迁"厂中村"22户、98名群众，按照新农村建设规划标准对安置区进行了"三通一平"，正式移交企业用地33.4亩，推进广宁路拓宽改造6公里，征土地170多亩，建桥3座。和南召县皇路店镇合作，依法组建方城县路广劳务服务有限公司，不断优化对市重点企业——鸭河口火电厂的服务工作，着力解决近2000人失地农民的生产生活问题。招商引资与能人经济两条腿走路，外引内联，怡美雅家俱入驻工业园区，脱脂石膏、陈茨园家俱厂已开工建设，华裕肥料与南阳鸿德签订新增2000万元的投资协议。三贤山益姆膏、肯德绿生物有机肥、东兴建材、凤祥铸业、亨特养殖等企业已建成，全部实现正常运营。运用收储开发的办法建设商业一条街，镇敬老院、客车站、卫生院病房楼、垃圾中转站和3个专业市场陆续投入使用，成立了市政管理和卫生保洁两支队伍，实现了市场管理经常化、卫生保洁规范化。加快镇区绿化，成为全市首批园林集镇入围乡镇之一。突出"产业强村、生态建村、卫生洁村、文化育村"，扎实推进新农村建设，采取项目支持、大户承包和协会推进的办法，落实烟叶面积1.2亩，巩固和发展烟水配套工程6000亩，完成烟叶收购100万公斤，实现税收325万元，用好国家现代油脂类项目——花生良种补贴及油料倍增计划，落实花生标准化示范田2.5万亩。突出"围村"造林，建设生态型新农村。以"清洁家园行动"为主题，新建沼气532座，5个村基本完成村容村貌整治任务。成功举办广阳镇第二届农民文化艺术节。以道路和水利配套为主的基础设施建设取得新成就。投入150万元新修罗庄8.5公里水泥路，并对8公里镇村主干道道路进行维修，挖补路面1.5万平方米。硬化户户通水泥路150公里，修排水沟23公里，埋设排污管道5公里。投资10万元建设人畜饮水安全工程1处，筹资120万元新建佟庄大桥，新建广告、高沟、闫岗等村河坝5处，投入20多万元完成袁庄小流域治理工程，修建机井87眼。协调烟草部门投入资金900多万元，新建智能炕房227座、育苗大棚9座，硬化道路3000米。扶贫整村推进投入45万元，建设文化大院1座，修水泥路2公里，进行村庄整治93户。投入20万元对镇畜牧防检中心进行建设和配套。建3所花园学校、6所达标学校。投资280万元的医院病房楼主体工程已经完工。新农合参合率超过95%，发放医疗补助款400多万元。规划新农村建设用地120多亩,发放低保、优抚、五保款等330多万元。

【博望镇】 2009年,总人口101983人,耕地面积13340公顷,国内生产总值74090万元,农作物种植面积10229公顷,粮食总产量56599吨,财政收入337万元,农民人均纯收入5001元。不断扩大招商引资和项目建设成果,全年引进项目6个,千万元以上项目5个,合同引资1.5亿元,到位资金0.8亿元。其中碳化硅加工业新增固定资产1000万元,年加工能力超万吨,实现销售收入1亿元以上。中央储备粮食直属库仓储与加工项目计划投资1亿元,完成投资5000万元。从山东引进的金新潮特种混凝土制品有限公司"双T"板项目,占地100亩,计划投资2000万元,已完成投资1000万元。以黄牛育肥为主的聚禄养殖合作社正在建设。加快新农村建设步伐,以蔬菜、黄金梨、烟叶为主的三大产业发展势头良好。新增蔬菜日光温室50座,整体保持在1400座左右,新增塑料大棚500座,整体保持7000座左右,总面积稳定在1.8万亩以上;新发展黄金梨500亩,总面积达到3000亩;通过土地流转,落实6个千亩以上烟叶连片,注册三个烟叶专业化生产公司,实现烟叶集约化经营,烟叶总面积10000亩。与北京农大、河南农大联合,挂牌组建有机农产品研究开发中心。打造城镇亮点,争创"五星级城镇",打通开发硬化街道3条,全长700米,建设商住房112套224间;投资120万元,完成占地20亩文化广场的征地、硬化、绿化和镇标建设;新安装路灯50盏,实现所有街道亮化,新增绿化面积4000平方米,绿化总面积达到1.2万平方米。组建专业队伍,投资10万元,加大了对镇区占道经营和环境卫生的治理。投资80万元,对政府机关大院进行装修改造,建成了停车场、运动场。争取并落实村村通建设23公里,总投资达350万元;新打井40眼,疏通渠道2000多米,投入资金400万元,改造建设桥梁4座;投资70万元,建成10座村级文化大院。

【赵河镇】 2009年,总人口97347人,耕地面积8966公顷,国内生产总值70491万元,农作物种植面积11492公顷,粮食总产量50226吨,财政收入388万元,农民人均纯收入4694元。高产高效现代农业发展迅速。在完成世行项目工程的同时,争取国家土地整理项目资金2000多万元,对肖营、后王庄等8个村2万亩耕地进行沟、路、井、林治理;争取国家农业现代项目资金800万元,对河岗、枣庄等6个村2万亩耕地实施沟、路、渠、林、井综合治理。烟叶入库55.7万公斤,完成烟税178万元,实现了烟叶面积翻番、烟税收入翻番的目标。组织动员赵河籍在外工作、经商人员投资种烟,现已落地承包大户5个,落实连片面积7000余亩。招商引资工作实现新的突破。引进镇平客商投资600万元,建立1000亩烟叶企业化管理示范基地的基础上,全年共引进承包大户5个,引进资金5000万元。引进南阳恒宇房地产有限公司投资3000万元,对镇东新区开发;引进河南胜达建筑公司投资2800万元,实施卫生院迁建工程。继天盛化工入驻县工业园区之后,该企业又投资2000万元新上污水处理项目已建成。投资100万元,建设垃圾中转站1座,城镇建设继晋升南阳市四星级城镇之后,又被评为河南省文明城镇。在实行土地置换、加快空心村治理的基础上,以贺家庄、北寨等村为试点,切实加强新村规划和基础设施建设。贺家庄村新农村建设示范工程已完成投资3000万元,建商住房300多套。

【独树镇】 2009年,总人口85033人,耕地面积10216公顷,国内生产总值80028万元,农作物种植面积9642公顷,粮食总产量43308吨,财政收入427万元,农民人均纯收入4778元。引进招商项目7个,引资总额8000万元,其中已完成固定资产投资4800万元。全镇各类工业企业达到123家,工业企业和开采、运输、营销、修理等相关产业带动就业近20000人,人均年收入15000元以上。实施"五大工程",新农村建设迈出坚实步伐。砚山铺村依托全国非物质文化遗产——方城石猴、黄石砚源产地的独有优势,强力发展砚文化、石猴文化产业,着力打造方城石猴之乡、全国砚文化第一村,成立华宝、方圆两家黄石砚生产购销公司,全村砚台、石猴加工专业户达到60多户,年生产砚台8000余方,石猴38700万枚,产值千余万元,形成砚石开采、砚台雕刻、市场销售一条龙的黄石砚、石猴生产销售体系;栗园、金银店采取"公司+农户"的发展模式,以银丰公司、远山公司为龙头,形成了以生猪、三青柴鸡为主的养殖专业村;孙洼、吴井、棠树杨、周庄、烟庄以优质烤烟为重点,分别形成2000亩连片2个,500亩连片3个;相继完成和开工建设了"两路一桥一水库",小砚线改建工程全长16300米,宽5米,总投资650万元;朱沟移民村道路项目全长1870米,总投资40万元,改善了沿路7个行政村近2万人口的出行状况,特别是总投资450万元,10月份开工的小街高架桥建设项目,结束了汛期镇区与镇区东北部隔河相望的历史;投资380万元的郭林水库除险加固项目，增加有效灌溉面积3000亩。完成户用沼气1000池，建成沼气专业村4个。推广太阳能热水器4800多套，推动了农村能源清洁化。累计完成造林14000亩，植树98万株。

【小史店镇】 2009年，总人口78233人，耕地面积11383公顷，国内生产总值48341万元，农作物种植面积10053公顷，粮食总产量46096吨，财政收入241万元，农民人均纯收入4586元。紧紧抓着上级政府全力倾斜省道和县、乡道路建设发展的政策机遇，实施大交通战略。新修“村村通”公路0.25公里，扫清了镇域内“村村通”油路工程遗留。配套资金85万元，完成了县道黄羊线小史店镇区至马坪段17公里路面加固、铺油任务。立足小史店镇“三市四县”结合部的区位优势和商贸传统优势，全面加速小城镇建设步伐。先后投资100万元高标准改建、新建镇区道路2.7公里，其中商业街改建1.2公里，新硬化文化路、福利路、健康路各0.5公里，镇区新建桥涵1座。派出所、司法所、地税所、工商所顺利入驻小区办公，新建了邮政大楼、卫生院门楼项目建设已接近尾声。新建垃圾中转站1座，组建了环卫队、巡逻队，强力推行单位责任制和“门前五包”制度，开展了“大手拉小手”、“爱集镇爱家园”等多种载体的管理活动。把老庄、申营两个行政村作为全镇新农村建设试点村实施重点突破。在全镇新农村建设整体推进上，调整产业结构，培育特色产业。强化对五星、娄庄千亩桃、柿果树基地、舒庄800亩优质弥猴桃种植基地、强庄千亩木瓜、小杂果种植基地后期管理和销售服务工作，被县林业局确定为重点培育发展的南阳东大岗林果开发、生产基地。扶优壮强畜牧业。免费提供技术指导、培育和进行供求信息、项目联系、资金扶持等，新建、改扩建规模养殖场32个，建成了河西、尚庄、王楼年出栏生猪1000头以上养殖场3个。其中河西村养殖场种猪存栏量达500头，年出栏生猪1500头，初步成为双汇集团后备生猪生产供给基地。发展以黑木耳、香菇种植为主的食用菌产业，形成贾沟、二郎店等涉及14个行政村的食用菌生产基地。种植食用菌近250万棒(袋)，年产值近亿元，围绕新村规划，以水、电、路、医疗、教育、通讯等基础设施为重点，建设新农村、改善新环境；围绕沼气建设生态富民工程，全镇新增用沼气户470户。

【清河乡】 2009年，总人口66744人，耕地面积7881公顷，国内生产总值47933万元，农作物种植面积8815公顷，粮食总产量43590吨，财政收入498万元，农民人均纯收入4460元。着力落实围村造林、通道造林、荒山荒坡造林、平原造林四项工作重点，完成围村造林150亩，清维路等通道造林7万株，14公里，荒山荒坡造林2000亩，平原造林12万株，完成林地抚育5000亩。推进“一池三改”工程，完成社会建池1000个，建设沼气示范村6个，沼气户有效率达到20%以上。加强了交通基础设施建设，全乡36个行政村全面实现了“村村通”油路，“村村通”总里程达到140公里，完成清维路改建12公里，清政街北延和北环路建设，配合省、市、县实施高兰线改建工程10公里，组建了“村村通”道路养护站。乡卫生院病房新增病床床位80个，新建农村医疗卫生服务站30个，新农合农民参合率达到95%以上。全乡种植烟叶10000亩，收购烟叶106万公斤，投放资金1400万元，实现烟税300万元。紧紧围绕打造方城卫星集镇的战略目标，调整完善了《清河乡小集镇总体规划》清河大道建设，一期工程已经完工，注入资金2000万元，建成商品门面房160套，硬化街道500米。引资实施了交通街改造工程，拓宽取直硬化主干道2000米，修建高架桥1座，乡政府配套资金500万元，绿化合欢树250棵，铺设人行道生态砖4000米，安装路灯48盏，铺设排水管道系统4000米。引资45万元硬化西环路1500米，实现清河小集镇框架向西拓展500米。引资250万元新建了客车站、中心法庭、财政所、中心工商所等。投资60万元，完成了老庄吃水工程深水井挖掘和供水管线安装，解决了老庄近万口人吃水难问题。新引进项目5个，续建项目4个，正在洽谈项目5个。引资额4000万元，其中，河南豪雨太阳能公司与中博大能源科技有限公司合作，投资5000万元，开辟太阳能建筑一体工程机生产线3条。新投资2000万元，占地30亩，新增流水线2条，引进机器设备5套。投资300万元，新建河南豪雨广告公司，新增销售网点200个。七里岗多晶硅新增固定资产1800万元，新上投资2400万元研发项目1个。清河大道建设，新增固定资产1200万元。仪东坡晋豫鑫矿业责任有限公司新增固定资产500万元，新上浮选生产线2条。文岗村新建投资250万元(集干菜加工、食用油加工等为一体)绿色加工厂1个。

【柳河乡】 2009年，总人口44652人，耕地面积4252公顷，国内生产总值36282万元，农作物种植面积4050公顷，粮食总产量18964吨，财政收入262万元，农民人均纯收入3938元。坚持以招商引资为总抓手，引进项目

10个,其中大个项目3个,合同引资额4.7亿元,实际到位资金5400万元。投资1500万元占地30亩的甲天下国际双语学校项目已建成并投入使用;投资2200万元的南阳伏牛山木瓜食品二期工程项目,征地工作已结束;投资5000万元的河南省金瓜实业有限公司项目,一期工程已建成,所生产的木瓜酒已上市。新农村试点村达到11个。新修户户通水泥路14公里,惠及6个自然村、1800人;新建沼气400池,涉及4个行政村、400户群众,一池三改率100%;粉刷墙壁9000平方米,绿化村庄3000平方米,美化、靓化农户207户。新植木瓜1.5万亩120万棵,木瓜总面积突破4.5万亩,柳四路万米木瓜长廊、龙凤山木瓜生态园、西峰木瓜示范园均已向游客开放,直接增加群众收入200万元。种植烟叶4500亩,其中千亩连片一个,500亩连片3个,300亩连片6个,较上年增加1500亩,增加群众收入300万元,实现税收70万元。建立健全社会救助体系,"五保"集中供养率达60%,乡敬老院被省民政厅命名为"示范敬老院"。农村新型合作医疗参合率达到100%。

【袁店回族乡】 2009年,总人口17585人,耕地面积1478公顷,国内生产总值12855万元,农作物种植面积1377公顷,粮食总产量6233吨,财政收入226万元,农民人均纯收入3755元。紧抓烟叶、林果、畜牧三大支柱产业,以尚台、袁店等4个专业植烟村为重点,改善生产条件,对田间路进行整修,打深井21眼;全乡完成烟叶收购量27万公斤,产值405万元,完成烟叶税收90万元。全乡养猪厂15家,养鸡厂7家,养牛厂2家,养牛10头以上大户31户,养羊50只以上大户45户。坚持以招商引资统揽经济工作全局,新引进项目4个,投资1500万元的金裕城门业公司扩建项目、街区团结路开发项目、食用菌种植项目和朱元村养猪场项目。以路、桥等为重点,加快基础设施建设。完成了投资30万元的尚台村尚——秦沟共计1.5公里的村道和四里营村靳庄联网路的建设任务,建成了朱元村便民桥1座,在机关院内新建了便民服务中心楼房1座。标准良田开发工程顺利完工,总投资300余万元,共修田间桥65座,打井97眼,整修农田道路15千米。新打、改造机井20余眼,汉山村新建塘坡一座,全乡新增有效灌溉面积2000余亩。社会抚养费首次征收到位率达到75%,人口自然增长率达到4.6‰。新农合参合率达到96%。新建村文化大院两座,新造林2000余亩,植树21万株。新建沼气池200池。

【券桥乡】 2009年,总人口63521人,耕地面积6800公顷,国内生产总值37785万元,农作物种植面积9062公顷,粮食总产量42222吨,财政收入292万元,农民人均纯收入4818元。把小城镇建设作为改善投资环境、活商富农的战略举措,镇区面积由不足1平方公里扩大到3平方公里,镇区人口达到0.8万人。投入各类资金4000多万元,开通硬化了交通路、前进路、文化路东段三条主街道,长2600米,形成了"两纵两横"的发展格局,新开发商业门面1200余间,新建成了农产品、农资、服务等3个专业市场,铺设排水管道3600米,彩砖15000平方米,栽植风景树1500余株,镇区绿化率达35%以上。新建标准化学校3所,卫生院门诊、病房大楼3座,高标准敬老院1座,饮水工程2处,镇区自来水普及率达98%以上。引进北京健康房地产公司资金,建成了集农资贸易、农产品收购加工销售为一体的农贸市场。引进南阳森霸电子有限公司建成了可容纳350名孤寡老人入住的福利敬老院。以项目建设和招商引资为突破口,先后引资1.5亿元,新建县以上重点企业8个,另有30余个中小项目陆续入驻。占地6.8平方公里的县产业集聚区落户券桥,新兴微粉、农贸市场、宛北环保有限责任公司等大个项目相继投产。投资110万元新建乡级计划生育服务中心1处。

【二郎庙乡】 2009年,总人口48579人,耕地面积8700公顷,国内生产总值33618万元,农作物种植面积7080公顷,粮食总产量31332吨,财政收入218万元,农民人均纯收入4387元。以迅天宇科技园区为载体,配合县园区办完成了新能源产业集聚区申报工作。完成了新能源产业集聚区详细规划,总体规划、土地使用规划、产业规划、空间规划、环保规划。多晶硅6N生产线实现贯通,设备安装调试已基本完成;风力发电项目一期正常运行,已完成产值3000余万元,超额完成年度发电计划目标;广宇太阳能电池板项目,完成106.9亩土地征用任务,一期工程车间、办公楼等基建工程基本完工;大寺旅游公路项目已开工建设;引进园区项目1个,重点项目1个。水利基础设施完善提高,水库下游干渠整修2000米,新增节水灌溉面积2000亩。大力发展以南阳黄牛、生猪养殖为主的畜牧业,黄牛存栏3万头,生猪存栏5万头。对乡中心街道路进行改造,总长1100米。正在加紧建设。二券路二郎庙段全长8公里,已建成通车。大寺旅游路全长11公里已开工建设。投资130.5万元,在吴沟村建饮水工程1座,解决了吴沟、花山留、前林3个村饮水安全。全年植树130万株。争取项目资金60万元，一中、二中新建学生宿舍楼2座，对5个村的学校进行危房改造。

【古庄店乡】　2009年，总人口76479人，耕地面积8709公顷，国内生产总值41375万元，农作物种植面积11045公顷，粮食总产量56597吨，财政收入472万元，农民人均纯收入4403元。发挥花岗岩资源优势，招商引资。引进矿山开采企业7家，上开采锯8台，年开采花岗岩9万立方米。在古庄店街西库庄村境内规划花岗岩产业集聚区1个，引进加工企业8家，建成投产6家，产值6000余万元，集聚区已累计完成投资1.16亿元。按照现代烟草农业的要求，种植烟叶10000余亩，其中连片面积7000亩，与县烟草公司协作，争取资金1200万元，建设连片5000亩现代烟草农业示范园区1个，被评为“省级烤烟标准化生产示范基地”，烟叶产业产值达到1260万元，烟农人均增收1500元以上，特产税实现275万元；新发展连片4000余亩；发展百头以上生猪养殖场163个，其中500头以上22个，生猪总存栏12万头，年出栏生猪25万头；建设大型黄牛育肥场2个，养殖规模800头以上；发展千只以上规模蛋鸡养殖场21个，年产鲜蛋300余吨。经过农综开发的耕地和烟水配套面积达到总耕地面积的40%，争取到烟水配套项目4000亩。有9个村新建、扩建了村部，3个村硬化了村内或自然村间道路，全乡新增沼气用户680户，围村造林和四旁植树102万棵。

【杨楼乡】　2009年，总人口74555人，耕地面积8158公顷，国内生产总值51964万元，农作物种植面积10260公顷，粮食总产量48019吨，财政收入332万元，农民人均纯收入4185元。鼓励民间资本参与招商引资，切实加强与在外工作人员和外出务工有成就人员的联系，引进项目5个，完成固定资产投资2000万元。鼓励外出成功人士回乡投资300万元建设的杨庄村碳化硅厂，已经建成投产。引资1200万元建设河南金玉影视基地，用于拍摄由杨楼籍作家创作的电视连续剧《乡里彩虹城里雨》和发展旅游产业，已完成征地修路和其他前期准备工作。通过社会融资，开工建设了占地60余亩、投资2000万元的治平商贸城项目。调整农业结构，增加农民收入。种植烟叶5000亩，收购烟叶50万公斤，烟叶产值达700余万元，实现烟叶特产税155余万元。以项目为依托，不断改善农业基础条件。引进烟水配套资金380万元建成3000亩优质烟示范基地，新建密集式炕房148座，新打机电井44眼。通过实施农综开发项目，新打配机电井105眼，新修道路26公里、各类桥涵78座，铺设地埋管22千米，涉及4个行政村8600人的万亩耕地实现了沟相通、路相连、田成方、林成网。投资15万元完成了杨楼、治平街区的规划修编。先后筹资建成了中心小学、法庭、敬老院、客运站、迎宾大道、凤瑞南路等新区标志性工程。吸纳社会资金1200余万元，建成了街南新区向荣路商业一条街，建成商业门面房160套。通过社会融资，开工建设了占地60余亩的治平商贸城。

【杨集乡】　2009年，总人口59705人，耕地面积6171公顷，国内生产总值35910万元，农作物种植面积6774公顷，粮食总产量32749吨，财政收入555万元，农民人均纯收入4263元。配合县直相关部门先后完成了橡胶一坝、裕州市场拆迁安置征地和园区道路建设施工协调工作任务，引资新上项目2个，在建或扩建项目5个，项目总投资5960万元。鸿旺牧业有限公司投资560万元，在河坡村建成原种猪场1个，占地90亩，新建猪舍5500平方米，存栏原种母猪400头。引资1160万元对乡政府驻地进行小城镇开发建设。投资800万元，规划新开街道3条4公里；对延伸近400米主街道统一模式、统一标准进行开发建设。金子午置业项目新增投资850万元。宛北水泥公司融资1900余万元，新建成品包装车间。昝庄农贸市场投资850万元，新增建筑面积3000余平方米。金正门业投资510万元，新增占地12亩，新建厂房1800平方米，新购大型设备3套，新购车辆2台用于扩大再生产。祥云门窗有限公司投资130万元，新上断桥铝合金设备1套，新建厂房近500平方米。新农村建成完成17个行政村的新农村建设规划工作，以尹庄、河坡和移民新村为重点全面推进村庄整治。完善了2.5万亩标准良田工程，新打机井32眼，洗井28眼；在尹庄二道河水库新建抗旱应急工程1处，修复水渠1500米，并进行了配套建设，高标准完成尤庄、西桥两个村国债项目300池和全乡社会建池470池的农村沼气建设，新修乡政府至鲁姚路段公路近4公里，村村通公路5公里，修补方杨路、独五路13公里，整修农村道路19公里。

【四里店乡】　2009年，总人口55072人，耕地面积3950公顷，国内生产总值38845万元，农作物种植面积4931公顷，粮食总产量19981吨，财政收入284万元，农民人均纯收入3898元。全乡围绕矿山资源开发、旅游开发、特色产业培育和小集镇建设,引进、实施招商引资项目8个。引进新乡中联、郑州仁地和、云阳钢铁厂等3家省内500强企业,新建了余庄萤石浮选厂、善庄铁矿浮选厂和鑫发白云岩加工厂,新建选厂日处理矿石能力都在300吨以上。引进投资5000万元的维么寺寺院重建、投资1000万元的垛子石金船寺登山步道项目开工建设。结合二星级集镇创建标准,重新制订了中心集镇三纵三横道路规划,着力推进招商引资和政策性项目建设,和平路商业街已完成投资2600万元,101套商住房主体工程已经完工,文化站、卫生院综合楼项目已建成投用。配合县环保局,对3家铁选厂、2处非煤矿山和3家砖瓦窑厂拆毁设备,停产整顿、取缔关闭。退耕还林面积10000亩,通过普查调整计划200亩,完成树种改造2800亩,修枝抚育3400亩,推广林药间作300亩。新增林地12000亩,超额完成县分配7000亩的任务。发展以牛羊为主的畜牧养殖业,牛存栏3500头,羊28000只。发展香菇、木耳400万棒,产值3200万元。投资10万元,在原有基础上建立了集司法、综治、信访、民调为一体的综合服务大厅。(向国龙)

南　召　县

县情综述

【概况】 总面积2933.139平方公里,总人口634367人,城市建成区面积12.5平方公里。辖8乡8镇。

县委书记:赵景然;副书记:鄢国宾、毕跃杰、武志军(2009年2月离);常委:李晓明(纪委书记)、余广东(常务副县长)、张振玺(政法委书记)、罗岩涛(组织部长)、张梅(女,宣传部长)、邓俊峰(统战部长)、周华峰(县委办主任)、王法堂(人武部政委)、秦跃海(副县长)、胡奎(副县长,2009年12月任)

人大主任:张长生;副主任:杨省林、齐子杰(女)、闫成海、黄敏太、杨茂生

县长:鄢国宾;副县长:余广东、秦跃海、宋蕙(女)、郝华敏、左德山、李云京、李世欣、魏鹏飞、胡奎、吴廷凯(县长助理)、韩华超(副县级领导干部、县政府党组成员)、宋生(副县级领导干部、县政府办公室主任)

政协主席:朱晓栓;副主席:石喆(女)、曾祥聚、张民

群工部长:张万军

总工会主席:景文敏

检察院检察长:齐杰

法院院长:谢云龙

2009年,中共南召县委、县政府全面落实科学发展观,齐心协力,拼搏进取,克难攻坚,扎实工作,战胜各种困难,较好地完成了各项目标任务。有力地推动了经济社会协调较快发展。全县国内生产总值完成60.1亿元,同比增长11.7%,其中,第一产业增加值完成13.4亿元,同比增长4.5%;第二产业增加值完成29.9亿元,同比增长11.8%;第三产业增加值完成16.8亿元,同比增长17.4%。全年财政一般预算收入完成2.09亿元,同比增长9.5%。消费对经济发展拉动作用进一步增强,全社会消费品零售额完成35.7亿元,同比增长19.1%。居民消费价格总指数达到99.8%,同比下降6.5个百分点。城乡居民生活水平进一步改善,城镇居民人均可支配收入、农民人均纯收入分别达到11764元、3828元,同比分别增长8.9%、6.2%。人口出生率控制在10.02‰;城镇登记失业率控制在3.4%以下,物价、节能减排等约束性指标控制在市定目标以下。全年共有1项工作荣获国家先进,5项工作荣获省级先进,17项工作荣获市级先进,其中5项为全市第一。

【"三农"工作亮点纷呈】 县域村镇体系规划通过专家评审,新农村规划有序进行。8个市级示范村、22个市级试点村、113个村容村貌整洁村创建任务圆满完成,培育出寨坡、翟家湾、皇后、玉葬、沙坪、漆树园等一大批精品亮点村,综合评定全市第一,再夺"向荣杯"。开展"四杯"竞赛,制定发展规划,柞蚕、辛夷、花生、苗木花卉四大产业规模进一步壮大。柞蚕业总产值突破2亿元;辛夷加工在挂靠考研院校、招商引资、研发制药产品上迈出新步伐;花生种植面积比上年扩大8.7万亩,总产值达到2.8亿元;苗木花卉新增育苗8000亩,总产值达到1.1亿元。完成农村沼气7280户,超额完成全年任务。农综开发、安全饮水、病险水库除险加固工程顺利推进,扶贫开发工作连续8年荣获全省先进县。植树造林完成19.7万亩,创历史新高。林权制度改革全市先进。

【旅游开发取得突破发展】 高标准完成南召宝天曼、九龙瀑布群、白河漂流、莲花温泉、五朵山、真武顶等景区总体规划和控制性详细规划。各景区共完成投资1.78亿元,五朵山景区配套设施进一步完善,两家公司成功磨合;莲花温泉一期工程基本完成,开业在即;宝天曼景区迎宾馆、栈道、步道、停车场等基础设施已经建成;白河漂流4A申报已通过

省、市初验。与万家园集团旅游开发战略合作框架协议成功签约，丹霞寺、猿人大峡谷开发已经启动。形成了天瑞、万家园、碧桂园、万隆置业四大集团进军南召、共同开发旅游的良好局面。五朵山、白河漂流被评为“南阳十佳景区”，乔端玉葬、四棵树大石窖列入全省“百村万户”富民工程旅游特色村，荣获全市旅游开发工作先进县。全年共接待游客139.8万人次，增长27.2%，实现旅游收入2.03亿元，增长26.9%。

【“战危机、保增长”取得阶段性胜利，经济运行实现平稳回升】针对经济运行中的突出矛盾和问题，县委、县政府科学判断、果断决策，先后制定一系列强有力调控应对措施，全县经济环境逐步改善，经济增长迅速扭转下滑态势，实现止跌回升、平稳过渡，年初确定的主要经济指标圆满完成，战危机、保增长取得阶段性胜利。

【大力推动结构调整，促进经济转型升级】 三次产业结构调整为22.3∶49.7∶28，经济结构进一步优化。农业生产形势良好，全年粮食达到19.5万吨，油料总产达到4.4万吨，同比增长10.7%，蔬菜总产完成26.8万吨，同比增长5.7%。肉类总产完成2.3万吨，同比增长4.1%，禽蛋、奶类产量同比分别增长5.6%、2.4%，水产品产量完成1.596万吨，同比增长5%。投放柞蚕籽1.72万斤，收获柞茧6.54万担，辛夷、花生、花卉苗木种植面积分别达到13.5万亩、22.3万亩、2.1万亩，四大支柱产业规模进一步壮大。工业生产稳步回升，全县工业增加值完成25.4亿元，同比增长11%，其中，规模以上工业增加值完成15.5亿元，同比增长16.5%，占全部工业增加值比重61.2%，实现利税总额4.06亿元，同比增长21.4%，其中，利润总额2.4亿元，同比增长35.3%。服务业发展态势良好，占GDP比重达到28%，同比提高3.5个百分点，拉动经济增长近4个百分点，经济结构调整取得新突破。

【固定资产投资增势迅猛，项目兴县卓有成效】 坚持把扩大投资需求作为“战危机、保增长”最直接、最有效的应对措施，有力拉动了经济增长。全社会固定资产投资完成48.8亿元，同比增长54.4%，其中，城镇固定资产投资完成31.2亿元，同比增长52%。全年共新上3000万元以上各类投资项目54个，总投资18.46亿元，同比增长4.58倍。共向上争取各类项目216个，争取到上级扶持资金10.5亿元，同比分别增长33.3%、44.3%，其中，中央扩大内需4批项目80个，争取到位资金2.28亿元，项目个数及资金总量居全市第一，开工率及投资完成率均居全市前列。重点项目建设进展顺利，青山水泥项目已建成投产，正在积极筹备续建工程。云铸高炉技改项目完成投资7250万元，设备已购置。县医院门急诊医技综合楼项目主体已完工。皇路店莲花温泉项目已完成投资2亿元，一期工程基本完成。贯沟金矿综合开发项目完成投资2000万元，地质钻探工作进展顺利。核电站移民新村项目已完工，进场道路进展迅速。天池抽水蓄能电站已获国家发改委批准立项，八里湾电站项目环评、水保、防洪、水资源论证均已通过专家评审。

【基础设施力度加大，城乡面貌明显改观】 新农村建设扎实推进，8个市定示范村、22个市级试点村、113个村容村貌整治村任务圆满完成。新增农村沼气7280户，沼气服务网点达到22个，建设农村公路65.9公里。农田水利基础设施得到加强，农综开发、安全饮水项目全部完成，新增有效灌溉面积1.1万亩、旱保田7400亩，解决安全饮水6万人，七座中小型病险水库除险加固工程进展顺利。完成32个贫困村整村推进扶贫和1个村的搬迁扶贫任务，解决贫困人口1.08万人。全年共争取到各类涉农项目47个、资金2.59亿元，农村生产生活条件明显改善。城镇建设全年共计完成投资1.95亿元，基础设施面貌明显改观。县城规划建设力度不断加大，规划控制区面积达到38平方公里，建成区面积达到12.5平方公里。重点市政工程圆满完成，污水厂运行稳定且达标排放，管网配套工程全部完工；垃圾处理场渗沥液处理工程完成投资1506万元，已正式投入运营，县城垃圾无害化处理率达到100%；净水厂工程投资1430万元，已完成主管网工程及附属配套设施建设。产业集聚区、阳光大道、理想大道、黄洋南路、龙盘路、蚕乡路等道路建设进展迅速。县城新增绿地面积4.22万平方米，人均绿地面积达到7.7平方米，绿化覆盖率达到35%，硬化背街小巷道路5条1300米。“六创一迎”活动成效显著，城市管理力度加大，县城容貌明显改观。小城镇建设步伐加快，道路硬化、供排水管网、路灯、绿化等基础设施日益完善，云阳、白土岗、南河店、皇路店等星级城镇各具特色、竞相发展。全县新增城镇人口0.5万人，城镇化率达到32%。交通基础设施建设完成投资1.78亿元，S331改建工程县城至乔端段已铺油通车，累计完成投资1.33亿元，鸭河段大修工程已于6月份建成通车，G207线南河店大桥、白河店大桥拓宽工程主体工程已基本完工。县城至粮食川景区公路完成路基扩宽及整修20公里,姬村至青山公路主体工程已完工。建成县乡道路4条39.8公里,村道联网公路33条65.9公里。电力基础设施日益完善,全年供电量达到2.46亿千瓦时,新农村电气村建设任务圆满完成,110千伏青山、35千伏乔端输变电工程及10千伏以下电网改造工程相继完工,电网日益完善。通讯建设力度加大,共投入1.42亿元,用于基站、机房及光缆铺设等基础设施,信息化步伐明显加快。

【节能减排扎实推进,发展方式明显转变】 万元GDP能耗达到1.55吨标煤,同比下降5.08%,全县城市污水处理率、垃圾无害化处理率分别达到85%、80%,二氧化硫、化学需氧量减排量均在年度控制目标以内,七镇一乡生活垃圾中转站项目建设完毕并通过验收。组织县内重点耗能企业签订节能目标责任书,筛选并组织实施节能重点示范项目5个,全年节能3.56万吨标煤。大力推广绿色照明工程,全年推广节能灯1.54万只。以林业生态省创建为契机,积极实施中德合作造林、退耕还林、长防林项目,全年共完成植树造林19.72万亩。投资1030万元治理尾矿库23个,恢复矿山生态面积52.5亩,治理小流域沙土流失面积24.97平方公里,完成山洪灾害防御试点县建设任务。

【改革开放不断深化,发展活力明显增强】 重点领域和关键环节改革取得重大进展,政府机构改革稳步推进,医疗卫生体制改革启动实施,农村水利工程管理体制改革圆满完成,集体林权制度改革进展顺利,农村综合改革、投融资体制改革、文化体制改革不断深化,国企改革步伐加快。优势产业战略重组取得突破,与全球驰名企业英格瓷公司初步达成钙粉深加工项目合作意向,引来天瑞、万家园、碧桂园、万隆等国内知名企业共同进军开发我县旅游业。招商引资成效突出,相继组织参加了豫港澳投资贸易洽谈会、第四届中国中部投资贸易洽谈会、南阳—上海经济贸易洽谈会等共计11次的大型招商活动,发布招商项目52个,签约资金10.6亿元。全年共新上及续建招商引资项目165个,总投资46.93亿元,实际到位资金19.8亿元,实际利用外资1404万美元,同比增长63.2%。

【千方百计改善民生,社会大局和谐稳定】 统筹兼顾经济社会发展,认真落实惠民生、保稳定各项措施,和谐社会扎实推进。大力实施就业攻坚计划,新增城镇就业17480人,下岗失业人员再就业5250人,新增农村劳动力转移就业22100人,城镇登记失业率控制在3.4%以下。社会保障体系不断完善,城镇职工基本养老、医疗、失业、工伤、生育保险覆盖面进一步扩大,城乡低保和农村五保实现应保尽保,城镇居民医疗保险参保人数达到4.5万人,新农合参合率达到97.66%。城乡保障性住房建设步伐加快,共发放廉租补贴157万元,惠及住房困难户2071户,开工建设廉租住房7万平方米,6个重点乡镇1060户农村危房改造建设项目进展顺利。各项社会事业基础设施全面加强。投资2733万元启动实施中小学校舍安全工程、中职教育、特殊教育学校建设工程,教育基础设施明显改善。新建9个乡镇计生服务站,落实农村独生子女父母奖励447.96万元,人口出生率控制在10.02‰以内,继续稳定低生育水平。4个综合文化站、16个村级文化大院、94个广电村村通等惠民工程全部完工,城乡居民文化生活不断丰富。完成了县医院门急诊综合楼、7所乡镇卫生院、122个村卫生疗卫生服务体系日益完善。

南召县各乡镇主要领导名表

乡　镇	党委书记	乡镇长
城关镇	张　巍	牛明海(2009年8月离) 李雪(女,2009年8月任)
城郊乡	张万军(2009年8月离) 高增伟(2009年8月任)	涂富强(2009年8月离) 刘四海(2009年8月任)
留山镇	陈贞伟(2009年8月离) 隋元亮(2009年8月任)	隋元亮(2009年8月离) 汪　峰(2009年8月任)
小店乡	苏自清(2009年8月离) 张　学(2009年8月任)	张　学(2009年8月离) 杜　杰(2009年8月任)
云阳镇	吴廷凯(县长助理,2009年8月离) 贾　斌(2009年8月任)	杨俊昭(2009年8月离) 李　哲(2009年8月任)
皇后乡	庞　若	张秀申(2009年8月离) 孙富军(2009年8月任)

续表

乡　镇	党委书记	乡镇长
太山庙乡	韩华超(副处级,2009年8月离) 吕永军(2009年8月任)	吕永军(2009年8月离) 李　勇(2009年8月任)
皇路店镇	贾　斌(2009年8月离) 艾　剑(2009年8月任)	张国庆
石门乡	宋　生(副处级,2009年8月离) 胡保勤(2009年8月任)	胡保勤(2009年8月离) 张翼飞(2009年8月任)
南河店镇	任　平(女)	臧建国
四棵树乡	薛付杰	余春来(2009年8月离) 胡剑峰(2009年8月任)
白土岗镇	刘九利	任　辉(2009年8月离) 王书高(2009年8月任)
板山坪镇	黄长省(2009年8月离) 张　勇(2009年8月任)	张　勇(2009年8月离) 唐　峰(2009年8月任)
乔端镇	艾　剑(2009年8月离) 苏自清(2009年8月任)	齐自礼(2009年8月离) 孙晓刚(2009年8月任)
马市坪乡	高增伟(2009年8月离) 齐自礼(2009年8月任)	李　立
崔庄乡	赵鸿远(2009年8月离) 杨俊昭(2009年8月任)	夏习凤(女)

乡镇概览

【城关镇】　2009年,紧紧围绕经济强镇、商贸重镇、宜居城镇的战略定位,以工业化为动力,以社会稳定为根本,各项社会事业都健康、持续、较快地发展。国内生产总值27.9亿元,招商引资完成1.13亿元。新上和扩建项目共18个,其中投资6000万元的四季春房产开发项目与一期投资500万元的绿原饲料有限公司已接受县年终观摩,由南阳鑫泰公司投资600万元的水岸鑫城已开工建设。吸引北京、上海、辽宁三家地毯集团,与镇内三家传统地毯加工企业联合,新注册成立了总投资500万元的南阳宇翔工艺品有限公司、总投资2500万元的莱英达工艺品厂、总投资300万元的南召县盈弘地毯厂,三家企业均已入驻县产业集聚区,其它招商引资项目2个,投资1000万元的绿原饲料生产项目和锦华购物广场项目。全镇入库税金完成4265万元,规模以上工业总产值36681万元,固定资产投资39324万元,城镇居民均可支配现金收入10890元,财政收入1243.6万元。

【城郊乡】　2009年,坚持围绕经济抓党建,抓好党建促发展的工作思路,有力推动了城郊整体经济社会的全面健康发展。财政收入943.5万元,固定资产投资3.29亿元,农民人均纯收入3883元。城乡建设不断发展壮大,人民南路以西、世纪大道以北、伏山路以东、城关地界以南的城南区实现了“四纵三横”城市建设格局,涉及庙坡、宋楼、闫沟、秦老庄4个村的城南产业聚集区,完成征地2000亩,产业聚集区完成征地2000亩及有关项目建设用地,境内12公里S331线,顺利施工和按时通车。庙坡、杨树沟、大庄等村扶贫整村推进项目完成50万元。300万元的库区移民安全饮水工程已顺利施工。整治项目300万元,380万元的特殊学校项目建设已基本完成;争取120万元的乡中宿舍楼和餐厅已建成投入使用。新农村建设进一步巩固和加强。完成沼气建设375座,粉刷墙面2万平方米,垒花墙1300米,拆除破旧房屋30间,改厕、改厨450个,栽风景树1万多株,修建、硬化入组、入户道路20公里。以商务部“东桑西移”项目实施为契机,扩大养蚕放养量,使全乡养蚕放养量扩大到1千公斤,年产茧量达到30万公斤。

【留山镇】　2009年,把经济工作作为一项中心工作来抓,以抓投资、上项目、调结构、促发展为主线,较好地完成了既定各项目标任务。国内生产总值2.36亿元,财政收入383.9万元,固定资产投资5781万元。招商引资和重点建设项目工作取得新进展。新上项目11个,其中投资1000万元以上的项目3个,总投资3200万元,分别是红宇农业机械有限责任公司、康源股份有限公司、南召县粤兴箱包生产公司。农业农村工作持续发展。植树造林完成3万亩,林业生产工作荣获全县林业生态建设先进单位称号,并获得二等奖。蚕业产量达到250吨,并成功进行了秋蚕放养试验。发展国债沼气280户,发展沼气用户160户,完成率均占总任务的100%。

【小店乡】 2009年,坚持以科学发展观、建设社会主义新农村统领经济社会发展全局,围绕“保增长、保民生、保稳定”的目标,经济及各项社会事业均保持了平稳增长的态势。国内生产总值2.18亿元,固定资产投资1.84亿元,财政收入304万元,农民人均现金收入3725元。全力促进乡域经济的快速发展。发挥区域优势,培育壮大支柱产业。全面提高花木产业的商品化率和市场占有率,在原有5000余亩的基础上,又新增花木面积800余亩,其中,引进50亩以上企业及种植大户8家,注册花木、绿化公司3家。并引导成立了花木协会,建立了宣传网络——小店花木网。强力打造S331线和空山河流域“万米花木长廊”和“万亩花木基地”。新发展以辛夷、杨树、油桐为主的经济林18000余亩,被县政府授予“林业生态建设先进单位”、“林权制度改革先进单位”两个荣誉称号。全乡柞茧年产量达320多吨。香菇产量稳定在60万公斤。狠抓招商引资,项目建设取得实质性突破。对演艺山矿产资源、沿S331线商贸区、空山河流域花卉苗木基地进行规范管理,全年新上投资500万元以上项目6个,50万元以上1个,签订合作意向4个,总投资额10900万元,已到位资金6350万元。推进新农村建设。以实行空心村治理改造、村庄合并、文明新村建设来提升其新农村建设品位。移民新村土地调标、场地平整等前期工作已完成。

【云阳镇】 2009年,围绕建设“工业强镇、商贸重镇、生态大镇”的发展定位,形成重点工作跨越发展,整体工作统筹发展,经济社会稳步发展,社会大局安定团结的良好局面。国内生产总值9.1亿元,财政收入1049万元,农民人均现金收入3514元,固定资产投资3.2亿元。生活水平得到提高。累计投入资金400余万元,实施了老城区改造、彩砖铺设、道路硬化和滨河路建设工程,使城镇面貌明显改观,城镇功能日趋完善。强力推进工业立镇战略。共新上招商引资工业项目11个,引资额1.025亿元,其中1500万元以上项目3个,1000~1500万元以上3个,500~1000万元5个。新发展辛夷1500亩,花卉苗木800亩,林果业450亩,辛夷总量突破5.5万亩,花卉苗木总量达到1.5万亩,以油桃为主的林果业达到8000亩。“北部辛夷、南部花卉、东部油桃”三足鼎立,辐射发展的特色农业格局不断得以提升和巩固。镇区蔬菜、山区食用菌较去年都有新的发展,农业特色经济已成为农民增收致富的主导产业。全镇建养牛厂2个,养殖量达到600头。大型养猪厂1个,年出栏量5000头。养鸡厂1个,养鸡量12000只,通过政府积极扶持,正逐步走上产业化发展道路。

【皇后乡】 2009年,按照“抓班子、稳大局、争强乡、建三村”的整体思路,坚持以建设“工业强乡、林果名乡、蚕业大乡”为目标,以“项目兴乡”为战略,突出抓好项目建设、工业经济、新农村建设、城镇建设、民生改善五项重点工作,推动乡域经济持续、快速、协调、健康发展。国内生产总值2.85亿元,固定资产投资1.57亿元,财政收入445万元,农民人均纯收入3944元。全乡经济社会呈现出良好的发展态势。新农村建设成效显著,天桥、郭庄、红旗、辛庄是完善提高的市级示范点,投资30万元,硬化进村入户道路2000米,粉刷墙壁1500平方米,新发展苗圃600亩。完成沼气池建设530座,推广使用太阳能210户,农民生活质量有了较大提高。新上项目8个,续建项目2个,总投资达11500万元,已到位资金9500万元,民营企业在原有126家的基础上,又新办企业10家,其中投资500万元以上的有硅肥厂、棉纺厂、天翔汽车配件厂、鑫达农机配件厂、海通科技公司5家,100万元以上项目有彩砖生产、钙粉厂、钾长石厂等5个。形成了以超细钙粉、石子建材、汽车配件、机械加工品为主导产品的产业集群,推动乡域经济快速发展。

【太山庙乡】 2009年,加大产业结构调整力度,大力发展以网箱养鱼为主的水产养殖业;以优质品种猪饲养、优质羊放养为主的畜牧业;以花生种植、无籽西瓜种植为主的特色农业;以优质桃、薄皮核桃种植为主的经济林。以网箱养鱼为主的水产养殖业发展到2.5万箱,水产养殖品种达到十余种;优质品种猪年出栏2万头;花生稳定在3.5万亩,年产值7000万元;无籽西瓜稳定在2000亩。多业并举、协调发展、共同推进的产业格局已经形成。国内生产总值3.36亿元,财政收入476.41万元,固定资产投资1.8亿元,农民人均纯收入3568元。项目建设和招商引资势头强劲。全年累计实施项目28个,其中续建项目4个,新建项目24个,计划总投资2570万元。投资近300万元的一初中和中心小学的综合楼已分别建成并投入使用;投资1200万元,受益人口2万人的安全饮水工程正在施工;投资88万元的敬老院扩建项目已破土动工;投资1500万元的小集镇建设及搬迁扶贫主体工程年终前可望竣工。争取一批,开工一批,推进一批,储备一批的项目工作机制已经形成。全乡招商引资实施项目11个，到位资金9100万元。共发放各类惠农资金1540余万元，其中发放种粮直补资金198.88万元，退耕还林补贴资金47.34万元，水稻、玉米种补贴资金18.71万元，发放后期移民补助资金919.74万元，低保五保资金125万元，汽车、摩托车补贴18.87万元，能繁母猪补贴17.94万元，两免一补196.41万元。

【皇路店镇】 2009年，夯实花生和大葱两个产业，保住稳定一个底线，经济社会保持了平稳发展，全面协调推进的好势头。国内生产总值5.3亿元，财政收入952万元，固定资产投资3.2亿元，农民人均现金收入4220元。加大招商引资力度，引进资金1.65亿元，其中1000万元以上项目4个500—1000万元项目5个。河南省万家园房地产开发有限公司在街北村投资4亿元，征地1000亩的温泉项目，已投入资金2亿元。非公有制企业总数已达43家，经济税收占到镇财政收入的80%以上，吸纳农村富余劳动力2000人。城镇面貌焕然一新，总投资350余万元，创下市政建设历史投入之最。农业经济发展亮点不断，全镇地膜覆盖花生种植面积达32500亩，大葱种植面积22000亩，形成尹店、楼上、槐树底等7个专业村。形成13个地膜覆盖花生专业村，7个大葱种植专业村，3个独具特色专业村，花生和大葱两大产业亩均收入3000元，全镇农民人均纯收入的80%来自这两大产业，成为群众经济增收的重要来源。投入50余万元，完善提高1个市级示范村——鸭河村，2个市级试点村——黄家庄村和郑庄村，其中鸭河村被命名为省级生态文明村。

【石门乡】 2009年，以“项目兴乡”为战略，突出抓好项目建设、新农村建设、集镇建设和民生改善4项重点工作，推动全乡经济和社会各项事业取得较好的发展。国内生产总值2.8亿元，固定资产投资2.8亿元，财政收入290万元。全力服务好核电项目，移民安置去向得到了确定，组织建设南阳核电站移民新村，搞好进厂道路建设，先后接待来自各级专家领导现场勘察活动120次。扎实组织好政策性项目，累计争取到位项目14个，总投资3015万元。统筹组织好招商引资工作，投资2500万元的石门新街开发项目完成设计规划，投资1000万元湖滨旅游渡假村项目达成意向合同。以新农村建设为重点，实现农村经济发展新突破，初步建成了南阳核电站移民新村。全面提升大冲、张沟、周庄三村的建设水平，改善农村生产生活条件，整治荒山3处1500亩，发展农村沼气150座。加大公路建设，加强公路养护，完成了鸭河库区至S333线联线工程，为加强核电建设提供方便，解决库区1000余群众行路难问题。社会事业得到进一步发展，加大“两免一补”力度，全面提高教育教学质量，积极发展医疗卫生事业，提高新农合参合比率。民生民计得到了进一步改善，落实各项支农惠农政策，及时发放“一免三补”、退耕还林等补贴资金，切实减轻农民负担，综合推进山、水、田、林、路综合整治，不断提高抵御自然灾害的能力，提高农业效益。

【南河店镇】 2009年，突出抓好项目建设、城镇建设、新农村建设三项重点工作，取得了较好的成绩。全年限额以上工业企业总产值9.381亿元，固定资产投资2.1亿元，财政收入900万元，农民人均现金收入4000元。工业经济进一步壮大。矿产资源整顿、项目扩建、招商引资都取得了重大突破，招商引资新上1000万元以上工业项目4个，1500万元以上工业项目5个。其中入住县产业集聚区项目1个，投资5000万元。农业基础地位进一步巩固，林果、花生、水产、畜牧等主导产业蓬勃发展。春季新造林9957亩，完成林改户数5336户，完成林改面积51501亩。猪牛羊存栏68951头(只)，出栏52800头(只)。粮食总产16010吨，良种率达到90%。移民新区综合开发项目，总投资3000万元，已完成投资600万元；地毯加工项目，总投资1000万元，已入驻县工业园区；鑫泰钙业公司浆钙加工项目，总投资1000万元，场地已平整；拓锋钙业公司超细钙粉加工项目，总投资500万元，正在安装设备；新街农贸市场开发项目总投资1000万元，已到位资金150万元。新完成农村中小学校舍维修改造3所。新农合覆盖面进一步扩大，参合率达到98%以上，新建8个村级示范卫生所，农村就医条件进一步改善。落实城乡低保，城镇低保户达到10户，农村低保对象1933人，农村五保户573人，救济救助困难户27户。

【四棵树乡】 2009年，以“旅游名乡、石材大乡、经济强乡”三个定位，狠抓“项目建设、工业经济、旅游开发、新农村建设、城镇建设、民生改善”六项重点工作，实现了经济社会的发展和社会大局的稳定。国内生产总值2.3亿元，固定资产投资1.69亿元，财政收入288万元，农民人均纯收入3830元。工业经济取得了新的突破。瞄准“石材大乡”定位，依托乡域资源优势，围绕“北抓大理石，中抓钾长石，南抓花岗岩”的发展理念，招商引资项目共14

个,总投资额达到8000余万元,到位资金3000万元。新农村建设取得了新的突破。多方筹措资金415万元,新建了白草垛、二郎船、麦仁店等3个村的村部;硬化村组道路8.95公里;粉刷、美化沿五朵山旅游公路8个村在视野范围之内的所有墙体约6万平方。五朵山景区力争达到4A级景区。对景区公路进行了改线和扩建,正在施工建设中。协调两个公司完成了整合。投资1000万元迎宾馆建设项目,已开工建设。城镇建设取得了新的突破。狠抓拆迁搞建设,完善功能抓管理。狠抓绿化、硬化、净化、亮化、美化等"五化工程";加强交通管理,规范车辆行驶停放秩序;加强街市贸易管理,规范合理经营秩序;加强卫生管理,规范集市环境秩序。累计投入资金600余万元。民生改善取得了新的突破。提高公共卫生服务水平和时发性公共卫生事件的应急能力。全乡新型农村合作医疗参合人数28000人,参合率98%。

【白土岗镇】 2009年,围绕"工业强镇、建材大镇、生态大镇"基本定位,经济社会快速发展。国内生产总值3.8亿元,财政收入800万元,固定资产投资2.4亿元,农民人均纯收入3700元。招商引资,振兴资源型工业强镇。新上超千万元项目3个,500万元以上项目6个,100万元以上项目5个,引资额9100万元以上。其中投资2400万元的页岩砖项目正在进行场平,投资3000万元的韩江房地产项目正在建设当中。投资1500万元的超细钙粉项目,投资800万元的天弘床垫生产加工项目,配合做好青山水泥项目服务工作,投资3000万元新修了长8000余米、宽15米的姬青公路附属配套工程,完成了征地、附属物补偿工作;投资4500多万元建设110KV变电站及输电线路。抓好城镇建设,重点实施"一街三路一集"工程。在新街和老街之间新开辟长600米、宽40米街道1条,新建中心娱乐广场1座;人民路与老街之间新打通健康路、神州路、迎宾路,建移民新村1处;对白河店小集镇进行规范,切实取消前厂后店。使新村品位再度提升。按照"五通、五有、六化"的标准和建设要求,筹资600万元,创建2个市级文明新村试点村,逐步形成村容村貌整治村,16个经济特色专业村,新建村部办公场所11处。促进基础设施大改善。争取政策性项目13个1350万元,病险水库治理项目500万元,校舍建设项目176万元,企业污染治理项目100万元,垃圾中转项目136万元,以工代赈公路建设项目90万元,大堤治理项目90万元,扶贫新村建设项目300万元。

【板山坪镇】 2009年,以项目建设、民营经济发展、财税收入、新农村建设为重点,完成了各项目标任务。工业总产值9089.7万元,固定资产投资6790万元,农民人均现金收入3546元,财政收入350万元。引资3620万元,建成了华山村先锋天然彩石砂厂;大青村方解石开采项目;广生药业有限公司。抓项目,打基础,已完成投资15万元的镇中心小学教学楼,投资17万元的镇中宿舍楼,投资175万元的华山、松东、余坪、两河口、小余坪5个村的农村道路建设项目,投资100万元的镇卫生院病房建设项目、松河人畜饮水项目,投资760万元的移民二村,占地50亩,可移民70户240人。林果业、柞蚕、食用菌、石材四大支柱产业继续壮大,在余坪村、小余坪村、松东村分别打造面积为430亩、220亩、120亩的义务造林示范点三个,全镇植树造林1500亩。放养柞蚕籽3100斤,产量达到1.2万担,秋季点橡补墩500亩。种植天麻20万穴,发展袋料香菇50万袋,特色经济占农村经济比重80%以上。

【乔端镇】 2009年,突出新农村建设、项目建设、招商引资、城镇建设等重点。国内生产总值2.73亿元,固定资产投资1.6亿元,财政收入303.4万元,农民人均纯收入4000元。新农村建设进一步深化。筹资380多万元,对洞街、玉葬两村按照市级新农村试点村要求重点打造,对公路沿线7个村进行村容村貌综合整治,全镇的新农村建设迈上一个新的台阶,农村基础设施建设进一步改善。项目建设力度加大,共完成项目10个,总投资达2465万元。向上争取的项目8个,总投资4500万元。招商引资成效显著,共完成合同引资1.63亿元,到位资金8900完元,宝天峡仿古栈道、山门、大型停车场、跑马场、斗牛场和五星级欧式宾馆配套工程已正式竣工,全年又投入200多万元白河漂流项目河道进行了整修。白河梯级电站已投入440万元,完成了地质勘探、防洪设计、环评、水保、可行性报告编制等工作。

【马市坪乡】 2009年,狠抓重点工作落实,聚精会神搞建设,一心一意谋发展,全力以赴保稳定,经济社会保持了快速发展、协调推进的良好势头。国内生产总值2.15亿元,固定资产投资1.79亿元,农民人均纯收入3486元,财政收入368.4万元。招商引资与项目建设开创了新局面。投资1300万元的宛北制药有限公司项目,可行性报告已通过,正在县产业集聚区办理征地手续;贯沟金矿综合开发项目,实现投资

2400万元，产出附加产品400多吨；瀑布群景区开发项目，到位资金200多万元，完成景区收购、规划设计等工作，山门服务区建设已签订征地协议；投资1000万元的滑雪场项目，已明确合作意向，前期准备工作有序进行。共争取各类项目11个，涉及资金935万元。天池抽水蓄能电站项目，国家电网公司将该项目列为2010年开工建设项。新农村建设有了新进展。按照“整体推进，连线划片，重点建设，打造精品”总体要求，全年累计投入资金300多万元，硬化道路14000米、渠道6900米，粉刷墙壁3万多平方米，建花格墙4000多米，植绿化树8000多棵，草坪3000平方米。被表彰为“新农村建设先进乡镇”。全面落实各项惠农政策。全乡共发放“两免一补”资金92.2万元，种粮直补和综合直补资金76.6万元，良种补贴15.4万元，家电下乡补贴9.7万元，能繁母猪补贴11.2万元，农机补贴资金10.3万元。继续巩同完善新型农村合作医疗，筹集资金54.1万元，参合率达到95%以上。加强林业生态建设，共植树造林22150亩。新增农村低保486人，发放五保款58.52万元、低保款52.44万元。

【崔庄乡】 2009年，突出抓好项目建设、招商引资、新农村建设等重点工作。国内生产总值2.53亿元，固定资产投资1.76亿元，财政收入346.4万元，农民人均纯收入3836元。招商引资和项目建设效果明显。坚持“项目兴乡”总体战略。把招商引资、争取项目作为一项富乡富民的战略工程，新上项目3个，续建项目2个，到位资金6800万元。实现了新农村建设成效卓越。按照“整村推进、连片开发、典型示范”的思路，创建马良、粮食川、寨坡3个试点村，搞好基础设施建设；完成韩庄、枣庄两村村容村貌整治任务，治理脏、乱、差现象；打造塔寺、草庙两个示范村，使其完善提高、丰富内涵、提升品位。先后筹资400多万元，硬化村主干道10500米，入户道路5500米，建村部1座，修建文化广场4300平方米，建文化长廊1050平方米，改造危旧房115间，新建休闲娱乐广场1100平方米，新建文化大院4个，粉刷墙壁26000平方米，建花坛90多处，植树4300多株，建沼气300户，建垃圾池90个，新建图书室8间，购图书1000余套，整修水渠2100米，建拱桥1座。林业生态打造突出，林权改革进展顺利。春季完成绿化造林3.8万亩，占全县总任务的23%。荣获南阳市植树造林先进单位和全县生态林建设第一名的光荣称号。民生问题得到改善。投资500万元，修水渠25000米，修河坝8座，修堤灌1个，打井6眼，堰潭得到清淤8座。投资150万元完成张村、小龙湾、王庄、长龙岗四个村的村村通道路10公里。投资625万元，完成崔核乡村公路建设25公里；投资20万元修漫水桥5座；投资80万元修村组道路5公里。落实“两免一补”政策，努力提高乡村两级卫生服务，积极推行新型农村合作医疗，着力解决农民就医难问题。全乡参合人数31949人，参合率达96.8%，完成缴费63.898万元，受益人数达12468人次，补助金额61万元。同时，困难救助活动深入发展，向各类低保户、困难户、残疾人、受灾户发放救助物品折合人民币2万多元。并为200余人办理了低保手续。（韩德坤　郑运山）

镇　平　县

县情综述

【概况】 总面积1500平方公里，城区面积17.8平方公里，耕地面积75180公顷。总人口97.62万人，其中农业人口86.1万人。辖11个镇8个乡和3个街道办事处。

县委书记：史焕立；副书记：王书祥、王宛楠（2010年1月离）、谢先莹（2010年1月任）；常委：常英敏（女，常务副县长）、程治敏（女，组织部长）、田永朝（宣传部长）、刘其新（纪委书记）、李宁（统战部长，2010年4月离）、张锋（统战部长，2010年4月任）、邵贺龙（政法委书记，2010年4月离）、张荣广（政法委书记，2010年4月任）、赵水（县委办主任）、秦广洲（人武部长，2010年8月离）、陈清朝（人武部政委，2010年8月任）、杨三忠（副县长，2009年12月离）、方立清（副县长，2009年12月任）

人大主任：王凡斌；副主任：李喜德、李国进、李巧菊（女）、徐明发、李英华（女）

县长：王书祥；副县长：常英敏（女）、杨三忠（2009年12月离）、王彩霞（女，2010年4月离）、任瑞林、张荣广（2010年4月离）、吴增勤、马福成（2010年4月离）、徐文磊（县长助理，2010年4月离）、乔宏晓（2010年4月任）、屈云霞（女，2010年4月任）

政协主席：赵明文；副主席：张照华、邱荣军、刘相岑、裴国宾（女）

法院院长：胡明理

检察院检察长：杜春江

2009年，全县上下面对复杂

形势和严峻挑战，把战危机、保增长作为首要任务，县域经济在困难中开局、逆境中奋进，总体保持平稳较快的发展态势。全年完成国内生产总值170亿元，同比增长11%；地方财政一般预算收入2.85亿元，同比增长9.1%；实际利用县外资本20.4亿元；全社会固定资产投资86.5亿元，同比增长42.3%；社会消费品零售总额61.5亿元，同比增长11%；农民人均纯收入5520元，同比增长9.5%；人口自然增长率控制在6‰以内。

【工业经济支撑有力】 加强产业发展规律研究，科学编制轻纺、机电产业规划，倾力培育水泥建材、轻纺针织、机电装备、医药化工等主导产业，县域工业结构进一步优化。全年产业集聚区完成基础设施投资2000万元，新入驻工业项目13个，总投资9.88亿元，其中超亿元项目4个，平均投资规模7600万元，入驻企业累计达到68家，全年完成销售收入11.6亿元，入库税金9201万元。全县限额以上工业增加值31亿元，增长16.1%，利润总额7.6亿元，增长26%。

【项目运作实现突破】 全年新洽谈招商引资项目189个，总投资72.8亿元，实际到位资金12.6亿元。争取到位无偿资金7.8亿元，增长19%。8个省级重点项目、12个市重点项目、28个县重点工业项目和31个新增中央投资项目有序推进，形成了强有力的投资拉动。全年城镇固定资产投资54.7亿元，增长58%。

【城镇规划建设管理力度加大】 县城总体规划已经县人大通过，城区主街道建筑立面设计正式实施。县域村镇体系规划全面启动，15个集镇、67个村庄通过规划评审。扎实开展“六创一迎”，强力推进县城规划区违法占地建设集中整治，规范土地开发秩序，实现经营收益8866万元。加快重点工程建设，“三路一桥”改造、体育运动中心一期、污水处理厂二期基本完工，财富新天地、盛世铭建现代城、镇菩路中段改造安置房、大刘营城中村改造顺利开建，县城绿化、街道立面改造、城区供水管网改造、环卫设施配套成效明显。石佛寺、曲屯、贾宋、侯集等小城镇建管水平稳步提升。全县小城镇建设完成投资8300万元，贾宋晋升为五星级小城镇，曲屯晋升为三星级，卢医、老庄晋升为二星级。交通公路建设完成项目85个，新改建里程260.9公里。

【玉文化试验区建设开局顺利】 试验区策划方案和总体规划获批实施，13个项目列为省重点文化项目。国际玉城一期基本完工，天下玉源、玉文化主题公园开工建设，石雕城、玉雕大师创意园、玉雕职教集团、玉文化博物馆改扩建前期工作紧张进行。玉源大道南延、玉神路南延、南环路西延拉开试验区建设框架。五垛山景区规划着手制作，石佛寺4A级景区规划完成编制，太公胡一期开发有序展开。玉文化试验区建设对三产服务业的联动效应初步显现。

【农村工作持续加强】 积极争取、整合实施涉农项目，2.7万亩标准良田、1万亩农综开发、3万亩土地整理、3万亩油料基地和高丘水库等3座中小水库除险加固等基础设施建设项目基本完成，农业综合生产能力稳步提升。全年粮食总产11.5亿元；鑫兴养殖、团兴蔬菜等农业产业化龙头企业较快发展，林果、蔬菜、金鱼养殖规模稳步扩大。落实烟叶面积1.7万亩，实现特产税548万元。全年完成农业总产值41.4亿元，增长4.2%。扎实开展“玉乡杯”新农村建设竞赛活动，全县新农村建设完成投资1.5亿元，新增沼气用户8610户，造林6.46万亩，解决9188人饮水安全问题，32个市级县级示范村年度建设任务较好落实。

【各项事业协调发展】 全面落实省定、市定十件实事，发放粮食直补等各类涉农补贴补助资金1.73亿元，完成5个村扶贫开发整体推进，解决和巩固温饱人口9000人。教育振兴取得阶段性成果，新一高土地报批和规划设计有序落实；17所中心小学校舍改造基本完成；狠抓教师队伍建设，提升教育教学质量，新补进教师114人，高考摘取了南阳市文理科状元，职业教育攻坚顺利通过省政府验收。加大科技推广和集成创新，荣获国家科技进步先进县殊荣。积极推动社会就业，社会保险扩面征缴和养老金社会化发放工作稳步推进，新增城镇就业1.7万人。加大公共服务体系建设力度，县医院病房楼开工建设，2个卫生院和80个示范性卫生所建设较好落实。新型农村合作医疗35.3万人次受益，城镇居民基本医疗覆盖面进一步扩大。农村低保扩面提标，覆盖2.5万户5.2万人。加强城镇居民住房保障，2万平方米廉租住房主体完工。3个乡镇综合文化站、20个村文化大院全部建成，文化信息资源共享工程覆盖全县100个行政村。人口计生管理服务水平持续提高，被确定为省“统筹解决人口问题示范县”。扎实做好县城水源地保护，整治尾矿库坝，严格执行环评制度，推进节能减排，狠抓集约节约用地和公共机构节能，环境保护、生态建设和国土资源管理等项工作得到新加强。第二次全国经济普查圆满完成。

镇平县各乡镇办主要领导名表

乡镇办	党(工)委书记	乡镇长、主任
涅阳街道办事处	刘剑刈	刘智如
玉都街道办事处	徐文都	袁长安
雪枫街道办事处	王旭红(女)	曾凡胜
石佛寺镇	刘乐平	陈云峰
贾宋镇	宋建军	王仕奇
侯集镇	赵国安(副处级)	杨万春
枣园镇	李华凌	董文友
晁陂镇	王遂银	李宝杰
高丘镇	胡新田	孙晓波
卢医镇	余亚军	韩　莉(女)
老庄镇	何海涛	丁长海
遮山镇	王　强	任延峰
曲屯镇	李恒宇	马国政
杨营镇	柴光钦	梁俊浩
张林乡	毕中平	李忠玉
安字营乡	周坚定(副处级)	张海山
彭营乡	肖　斌	王继坤
柳泉铺乡	冀虹珂	王文峰
王岗乡	姚成华(副处级)	刘　剑
马庄乡	朱林森	孙明岚(女)
郭庄回族乡	闻国阳	马　静(女)
二龙乡	张　勇	王士亮

乡镇办概览

【涅阳街道办事处】 2009年，进一步转变工作作风，明确工作职责，全力投入到经济社会发展上来。项目建设及引资工作有序开展，新上入驻县工业园区项目2个，技术改造项目1个，总投资3.4亿元，引进资金3.4亿元。镇菩路南段、“城中村”改造工程、盛世铭建、财富新天地、冠元名邸、城市花园等8个重点项目已按计划进度完成投资建设任务。集镇基础设施建设，干道硬化、绿化、亮化率达到100%。加强11所中小学内部防范和周边环境整治工作，学校周边环境200米以内无“三室一厅”，50米以内无围门、堵门经营摊点。加大城区巡逻力度，投资30余万元，购置了5辆电动巡逻车。国内生产总值14.9亿元，农业增加值1218万元，工业增加值68077万元，粮食产量1031吨，农民人均收入7295元。

【玉都街道办事处】 2009年，按照立足新起点、实现新跨越、建设新玉都的要求，各项经济工作掷地有声，取得突破性进展。全年引进和新上各类企业60家，总投资额达3.1亿元，投资2500万元的德瑞机械制造续建设施建设到位，试生产成功。武汉天行健房地产有限公司举行一期工程开工奠基仪式，到位资金5000万元。限额以上工业增加值共完成2.4亿元。加强国土资源管理，全年制止违法占地苗头63起，强行拆除占地行为19宗。县乡农村公路建设有序开展，投资105万修建镇菩路，上唐家庄至凉水泉段全长3000米。312国道通往石佛寺镇县乡道的柳卢公路，完成正常道路维护，保持了道路畅通，路面整洁，完成了路林补栽、边沟杂草清除。对总长52.38公里的道路配备养护人员24人。围绕“石雕城、玉雕城”建设，在大水泥北部山区村围绕矿山建材做文章，充分利用页岩石材丰富优势，投资2800万元，发展页岩砖厂4个，实现产值760万元；以五里岗石雕小区为龙头，规划二期工程200亩，入驻业主70家，产值增加1500万元，工业园区周边行政村，围绕服务园区建设，大力发展以运输、装卸、餐饮为主的三产服务，转移剩余劳力3000余人。强力推进生态廊道网络建设工程。围绕三横(312国道、宁西铁路、柳卢公路)四纵(玉渊大道、207国道、镇菩路、尧庄至周家村村通路)对现有绿色通道进行完善。加宽两侧林带，调整树种结构，搞好补植补造。强化山区生态林系建设工程，完成造林2000亩，共植树12万株。加强城市建设，对312国道沿线及五里岗石材小区进行集中整治与规划，在辖区内新建公厕1所、蔬菜专业市场1个。把沼气建设作为新农村建设的“清洁家园”、“德政工程”和“民心工程”强力打造，全年新建沼气550户。国内生产总值5.6亿元，农业增加值4527万元，工业增加值25101万元，粮食产量17094吨，农民人均收入6065元。

【雪枫街道办事处】 2009年，按照“保稳定、打基础、求突破”的整体工作思路，确保了重点工作扎实推进，经济增长势头强劲，整体工作运行良好。招商引资成效明显，投资1.77亿元的南阳市锐力防爆机电有限公司已经入驻；已引进和新上各类企业4家，总投资额达2.42亿元，全部投资都在1000万元以上。全年引进资金5320万元。全年限额以上工业增加值共完成8500万元。中小学布局达到“三到位”，即硬件建设到位、配套设施到位、按时间要求调整到位。加大基本农田保护及土地开发复垦力度，全年制止违法占地苗头3起，强行拆除占地行为8宗，进一步规范土地市场秩序。投入建设资金300多万元，重点抓好将军路、镇菩路等城区重点部位的建设与完善，提高了城市品位，为居民生活创造了良好的环境。植物园建设工作取得了阶段性进展，游园路基已全面完工、苗木栽植85%，人工湖防渗护坡开工；玉神路南延建设工作完成；镇菩路建成通车；207国道扩宽拆迁工作南段拆迁全部完成。农村公路养护39条村村道路，共计65公里，配备养护人员32人，同时对交通隐患路段栽10块警示标志。强力推进生态廊道网络建设工程，围绕三横(建设大道、南环路、高速公路)两纵(244线和镇侯路)对现有绿色通道进行完善。对农田防护林网进行完善提高，植树3万株，逐步建立起牢固的农林复合生态体系，提高了综合防护能力。国内生产总值4.1亿元，农业增加值3892万元，工业增加值18122万元，粮食产量16338吨，农民人均收入5821元。

【石佛寺镇】 2009年，围绕“全国玉文化研究传播基地、全国特色景观旅游名镇、豫西南特色名镇、全国环境优美小城镇”的发展定位，紧紧抓住被确定为全省玉文化改革试验区核心区的有利契机，突出重点，强力实施，狠抓工作落实。工业园区建设进展顺利，一期投资200万美元、占地22亩的美国西维康凭那晶露OPC生产项目，正在安装设备和调试阶段；总投资1.7亿元、占地105亩的恒亚生物塑料可降解项目已完成环评、可行性研究报告和立项；投资1.5亿元、占地面积100亩的精品玉雕加工园项目和总投资4000万元、占地面积45亩的玉雕高档包装厂已分别与广州和江苏南通客商达成协议，正在进行土地报批工作。三产项目招商上，共引进或达成意向项目7个，分别是，总投资4600万元，规划占地70亩的游客服务中心；总投资3000万元、占地30亩的白玉市场；总投资6000万元、占地面积60亩的四星级酒店建设项目；总投资3000万元、占地面积70亩的农贸市场项目；总投资1800万元、占地面积15亩的省二级客运站项目；总投资5000万元、占地面积90亩的玉产品物流中心；总投资1.5亿元、占地面积60亩的精品玉雕购物大厦。完成限额以上工业增加值4.2025亿元。以创建“全国特色景观旅游名镇”、“省级卫生镇”、“4A级景区创建”为契机，坚持规划、建设、经营、管理四位一体。总投资2亿元，实施了17项重点工程，其中，一期投资1.5亿元，占地面积100亩的“天下玉源”建设项目被列入全省玉文化改革试验区文化项目；总投资1300余万元的滨河公园建设工程，玉和园一期及玉润园工程已全部完工，绿化景观、休闲设施已建设到位；投资25万元，安装了大型广场电子屏；投资20万元，建星级公厕2个；投资40万元，实施光亮工程，安装路灯140盏；投资58万元的西区垃圾中转站，已建设完成并投入使用。认真完成基本农田保护工作，基本农田保护面积保持3117.12公顷，土地复垦43亩。加强矿山管理，营造了依法开采、合理利用的矿业市场秩序。加强土地集约利用，加大“空心村”改造，严厉打击各类违法行为，对集镇所有土地实施了规范化管理。进一步加快小区建设，民营经济小区共完成投资2300万元，新增就业岗位1020个。完成围镇围村造林900亩，通道绿化植树7.2万株，平原林网补植补造6万余株，山区生态林点橡3200亩。坚持以争创“全国环境优美小城镇”为目标，按照“丰富内涵，强化功能，提升品位，完善配套”的要求，共投入资金2亿多元，国际玉城、天下玉源、“两街一区”改造工程基础设施建设等工程顺利推进，主次干道硬化率达到100%，镇区绿化率达到36%。国内生产总值12.8亿元，农业增加值13426万元，工业增加值73903万元，粮食产量22972吨，农民人均收入6804元。

【贾宋镇】 2009年，紧紧围绕建设“工业强镇、商贸重镇、生态大镇、特色名镇”的发展定位，突出工业、市场、城镇、特色农业四项重点，促进了镇域经济和社会各项事业的全面协调发展。工业园区建设扎实推进，引进的南阳思龙防爆电机项目，总投资1.32亿元，占地100亩，进入安装钢架结构阶段；引进的南阳亚星平衡轴轴管机械加工项目，总投资8000万元。民营小区入驻企业5家，投资500万元以上的企业3家，投资300～500万元的企业1家，100～300万元的企业1家。限额以上工业增加值实际完成3.476亿元。县乡农村公路建设完成4个自然村5.2公里。坚持植树造林、产业结构调整、生态镇建设三位一体，共规划田间林网网格403个，植树15万余棵，省道248线级枣韩线两侧绿化植树4万余棵。小城镇建设规划出了“商贸区、花卉区、卫生区、行政居住区”，投资30万元新架设路灯50盏，投资150万元建成垃圾压缩中转站，投资20万建设垃圾处理站2座，在镇区内建造片林4处240亩，并绿化空闲地1万平方米。投资20万元对镇直单位和政府实行“夜晚景观”工程。成立了由12名机关干部组成的市政管理所，由22名工人组成的环卫队，配备垃圾清运专用车辆2辆，洒水车2辆，对主要街道环境卫生进行全日保洁。国内生产总值12.2亿元，农业增加值17693万元，工业增加值68743万元，粮食产量22951吨，农民人均收入6685元。

【侯集镇】 2009年，坚持以经济建设为中心，唱响发展主旋律，围绕全面建设小康社会整体目标，狠抓落实。招商引资成效显著，项目建设扎实推进，共引进资金5040万元，到位资金4540万元。新上项目7个，已投产6个，分别是，南阳金成塑胶有限公司总投资1800万元；南阳裕麒棉业有限公司三期工程皮棉加工，脱绒项目总投资1000万元；上海恒邦针织有限公司一期羊毛衫加工项目总投资420万元；由安徽客商投资的千亩鲜桃基地项目总投资1500万元，已到位200万元；镇平盛旺新型建材厂总投资800万元；姜营村钢材加工厂投资320万元。特色产业培育成效明显，全镇观赏鱼池塘面积突破6000亩，专业场50个，蔬菜产业面积常年保持3.4万亩，年产蔬菜0.75亿公斤，投资700余万元的万亩农业综合开发项目，区内新打机电井99眼、修复旧井60眼，埋设节水管道7公里；新建井电配套管理房8座，埋设井井通地下缆28公里；新修建筑物175座，开挖疏浚沟渠58.8公里；新修整修机耕路48.3公里。加快造林绿化步伐，林网控制率达95%以上。集镇建设有序开展，集镇功能不断完善。投资30余万元改造老街道及铺设沥青路面356.6米；投资15万元完成了主街道路的40盏路灯架设任务；投资60万元的医技楼正式投入使用；投资30万元的计生楼主体工程已竣工；投资51.6万元的幼儿园及中心校办公楼开工建设；投资30万元垃圾处理厂建设完工。公路建设任务完成3.3公里，淀粉加工全年突破1000万公斤。国内生产总值8.1亿元，农业增加值22571万元，工业增加值37254万元，粮食产量38752吨，农民人均收入6549元。

【枣园镇】 2009年，围绕建设“经济富裕、生态良好、社会和谐”新枣园奋斗目标，深入实施招商引资项目兴镇、烟叶支柱特色立镇两大战略，镇域经济社会呈现平稳较快发展态势。总投资3000万元的纤维乙醇二期工程项目已投产，生物柴油项目顺利生产，投资1.08亿元的天冠纤维素酶基地项目已征地166亩，到位资金1760万元。引入资金600万元在沟王村建磊鑫棉纺有限公司1家，投资830万元在大王庙建锦绣纺织有限公司1家，投资800万元建免烧砖场1个；投资800万元在辛营养殖公司1家，投资300万元建石墨厂1家。限额以上工业增加值完成6050万元。做好基本农田保护及土地开发，开展废弃砖瓦窑厂土地复垦工作，完成复垦任务70余亩。大力推进生态镇建设工程，全镇造林15万株，网格建设、围镇造林、通道林带等独具特色。小城镇建设步伐加快，筹资50万元新修幸福路和投资35万元的花园路东延改造工程开工。投资45万元对集镇府前街、民主街等4条街道进行维修硬化，四纵四横集镇框架初步形成。投资35万元的计生服务站、投资300万元的标准化烟站、投资30余万元的镇敬老院等3个建设项目已投入使用；投资70万元建设垃圾中转站，增配垃圾车3辆。烟叶生产实施“扩充面积、完善设施、科学管理、提高效益”发展模式，共收购烟叶27.3万公斤，完成产值404万元，实现税收88.95万元。国内生产总值4.8亿元，农业增加值10621万元，工业增加值26005万元，粮食产量31192吨，农民人均收入5217元。

【晁陂镇】 2009年，坚持以科学发展观统领社会发展全局，围绕确定的工作思路和奋斗目标，强力推进重点工作，镇域经济和社会各项事业都呈现出良好的发展态势。全年限额以上工业增加值完成35671万元，工业园区建设成效明显，车氏艾业有限公司年产900吨艾草制品项目，于9月份入驻县工业园区，项目总投资1500万元，完成固定资产投资1350万元；力达机械二期精加工生产线建设项目，完成固定资产投资1070万元；甲林冷库500吨库容扩建项目，已完成投资1125万元。招商引资项目14个，其中已建成10个，正在建设2个，到位资金5210万元，向上争取政策性项目8个，争取资金1482万元，其中乡村修道路争取842万元，修建村道路13.2公里，争取资金140万元建成老张营人畜饮水解困工程，争取上级资金65万元建成镇垃圾处理厂。全年共植树38万株，巩固完善林网128个，绿化沟、路、河渠361条，高标准完成了宁西铁路、沪陕高速等5条通道造林绿化任务，新造片林1500亩。国内生产总值8.4亿元，农业增加值11708万元，工业增加值50098万元，粮食产量26204吨，农民人均收入6372元。

【高丘镇】 2009年，按照“产业立镇，强工稳镇，活商兴镇，特色建镇”的要求，突出集镇建设、招商引资、民营经济、财源建设、新农村建设等重点，全镇经济和社会事业呈现出加快发展、和谐共进的良好态势。南阳澳福来药业有限公司续建投资1600万元，建成投产。分别投资500万元建成徐营水泥砖厂、丁张营水泥砖厂、丁张营粉丝厂，投资700万元建成乔沟新发页岩砖厂，投资800万元实施新兴页岩砖厂二期工程。限额以上工业增加值完成12000万元。投资92.5万元建成韩营小学一座,争取专项资金35万元,在乔沟新建两幢分别为16间,总面积达672平方米的教学楼。加强国土资源管理,基本农田保护面积为5591.31公顷,开展土地开发复垦250亩,认真做好矿山管理,取缔停产家河、上河、青山3个村石子厂及菊花场、关三石英石矿。县乡农村公路工程建设修自然村道10公里。抓好了省道248线、高二、高卢公路两侧平原绿化,投资5万元,新植树3万株。充分利用荒山荒坡等资源优势,扩大绿化造林面积,新增灭荒造林5000亩。做好小杂果、食用菌的生产管理和销售工作,全镇共种植袋料香菇160万袋,木耳30万节。按照"科学规划,产业支撑,基础先行,特色兴镇"的总体思路,做好小城镇建设规划。完善集镇基础设施,提升集镇品位,投入30万元,对集镇东环路进行了维修,铺设水泥路面7000平方米,群众集资80余万元,对集镇区所有主、支供水管道2万余米进行了全面更新,政府投入建设资金10万元,群众集资50万元,对府前街、菜市街街道两侧人行道进行高标准改造,共铺设路沿石、步行彩砖2000米、7000平方米,同时对行道树栽植广玉兰700余棵。引资20万元建垃圾中转站1处,配备垃圾清运车3辆,加大集镇卫生清扫力度。烟叶生产通过新科技成果的推广应用,共植烟1206余亩,实现税收32.7万元。国内生产总值6.1亿元,农业增加值11846万元,工业增加值34602万元,粮食产量30237吨,农民人均收入5224元。

【卢医镇】 2009年,强力实施"产业富镇,科教兴镇,招商活镇,创星靓镇"的总体发展战略,促进了各项事业协调发展。项目建设和招商引资工作成效显著。清大奥普太阳能项目完成投资1900万元,投入生产;银达物资有限公司完成投资2820万元,投产运营;塑胶输液器生产项目已到位资金3000万元;投资58万元的集镇垃圾中转站建成;投资38.6万元的计生服务站建设项目投入使用;投资500万元的周堂棉纺厂项目到位资金300万元,投产运营;投资400万元奶牛养殖项目到位资金350万元。植树造林力度加大,共植树26万株,完成了14条乡道、村道和2条通道工程,营造片林18个的植树造林任务。公路建设有序开展,筹措配套资金50.5万元,硬化5条通村通庄道路10.5公里,建立了由41人组成的公路养护队伍,保证全镇72.25公里的硬化道路畅通无阻,实现全镇公路养护工作趋于正常化。烟叶生产取得丰收,共收购烟叶24万公斤,完成产值357万元,实现税收79.1万元。国内生产总值4.2亿元,农业增加值9852万元,工业增加值24564万元,粮食产量23924吨,农民人均收入5712元。

【老庄镇】 2009年,围绕建设"生态旅游名镇、林果业大镇、矿山石材开发强镇"的发展定位,实现了镇域经济平稳较快发展。引进的镇平明星机电制造有限公司二期工程完成投资3000万元,投资1000万元的华宇塑业二期工程顺利投产,引进投资5100万元的镇平华星机械制造项目已正式落户县工业园区,全年引进投资100万元以上项目3个,500万元以上项目2个,1000万元以上项目1个。全年完成限额以上工业增加值1.9亿元。全面加强学校基础建设,投资120万元的初中综合大楼竣工投入使用。严格城镇建设用地规划与管理,强化矿产资源管理,开展矿产资源整合,石材区关闭8家小型石材加工厂点,实现了矿产资源有序开采,实施土地整理开发项目,新增耕地700亩。发展特色产业,拓展财源培育领域,全力发展旅游、林果等三产服务业,大力培育龙头企业和中介组织,带动了餐饮、住宿、交通、零售等服务业的发展,拉长了产业链条。把公路建设与旅游开发建设有机结合,争取资金30万元,建设207国道至朱家庄长1500米水泥路,争取投资200余万元,完成余堂至马山战备公路老庄段建设任务,争取资金1200余万元,启动遮山至老庄旅游大道和姜庄至李家庄太公胡环湖路建设项目。狠抓特色林果基地建设,巩固扩大以柿子、板栗、核桃为主的经济林,引进推广优良品种6个,新发展小杂果1000亩。按照生态旅游集镇的定位,投资20万元聘请南阳市规划设计院对老庄集镇进行高标准规划和修编,二道河新村一期工程项目已开挖人工湖一座,沿湖建设新式民居20套,实施绿化、美化、亮化工程,共完成投资600万元。国内生产总值4.5亿元,农业增加值8991万元,工业增加值25471万元,粮食产量18052吨,农民人均收入5291元。

【遮山镇】 2009年,以"实践科学发展、加快富民强镇"为目标,实现项目强镇战略,努力构筑经济发展、大局稳定的和谐社会,实现了全镇经济与社会事业新发展。项目建设完成7个,分别是入驻县工业园区的南阳华兴科技公司,投资5150万元,已试车生产;投资1.78亿元的南阳康卫二期工业危废处理项目;投资1500万元位于二机厂民营小区的乾隆门业有限公司;投资500万元的天和石材二期;投资300万元的镇平县惠普膨润有限公司;投资

800万元的青龙页岩砖有限公司;投资400万元的红杰机制石棉瓦厂。限额以上工业增加值全年共完成9580万元。加强基本农田的保护力度,对违法小砖窑进行了全部拆除。文明新村建设上,共清理垃圾300处,拆除违章建筑150处,修建垃圾台30个。先后共投资130万元,整修道路1500米,排水沟5公里,种植绿化树800余棵,有效的改善了村级环境。国内生产总值4.2亿元,农业增加值7456万元,工业增加值23364万元,粮食产量18836吨,农民人均收入5221元。

【曲屯镇】 2009年,围绕"民营经济特色镇、支柱产业重点镇、集镇建设明星镇"三大战略目标。工业园区建设进展顺利,美德利家纺有限公司,产品远销美国、澳大利亚等国,年产值1000余万元;总投资1500万元的河南邦瑞特药业有限公司,项目主体工程竣工。全年引进各类项目17个,其中100万元以下项目3个,100万元以上项目4个,3000万元以上项目2个,500万元以上项目1个,1000万元以上项目2个。完成限额以上工业增加值9850万元。国土资源管理工作,按土地利用总体规划和城镇建设总体规划和程序,全年已开发复垦土地130亩。国内生产总值4.3亿元,农业增加值8847万元,工业增加值22748万元,粮食产量23509吨,农民人均收入5209元。

【杨营镇】 2009年,紧紧围绕建设"生活富裕,生态良好,社会和谐"新杨营的奋斗目标,深入实施"工业强镇,平安立镇,生态兴镇"三大战略,扎实推进招商引资,小城镇建设,新农村建设等重点工作。招商引资方面,在县工业园区,投资3000万元的南阳开天机械工程有限公司,一期工程建成投产,二期工程设备已到位;投资800万元的普瑞尔医药保健品项目建成投产。限额以上工业增加值1.57亿元。成功引进项目10个,总投资4030万元,有6个项目建成投产,分别是,投资1000万元的付庄村文月冷库,投资350万元的杨营村万源养殖合作社,投资180万元的杨营现代养鸡厂,投资180万元的杨营面粉厂,投资260万元的杨营镇胶合板厂,投资270万元的报喜鸟羊毛衫加工厂。在建项目4个,分别是,投资870万元的杨营木器厂,投资120万元的小岗面粉厂,投资600万元的潘营玛瑙加工厂和投资280万元的小岗家具厂。共引进涉及农村道路、农综开发、土地整理、中小学改造、新农村建设和集镇建设等方面资金4954万元,到位资金1730万元,分别用于乡村道路建设,农田水利基础设施建设和5所中小学改造升级以及1000亩土地整理项目等方面。加强城镇建设与管理,基本农田保护面积达到48334.35亩,开发复土地156.32亩,加大砖瓦窑整治力度,全年共拆除砖瓦窑11座,全面完成砖瓦窑整治任务。把公路建设与新农村建设紧密结合起来,全年共投入资金505.5万元,修建县乡公路8.3公里,修建村庄道路6条共计17.1公里,高标准建设农村公路养护站,划拨专用办公用房2间,并配齐各种办公设施,配齐护路工人15名,投入各类资金5万余元,做好73.35公里的农村公路管理养护。以建设生态宜居城镇为目标,加大投入力度,完善基础设施,总投资300万元,投资30万元的垃圾中转站项目建成投入使用,投资12万元的文化路综合改造工程完工,投资150万元的玉雕加工小区开工建设。加大林业生态建设力度,全镇共植树14.5万棵,完成平原绿化植树14.1万株,农田林网植树4.3万株,高速路通道植树1.5万株。国内生产总值6亿元,农业增加值15497万元,工业增加值29500万元,粮食产量31924吨,农民人均收入5509元。

【张林乡】 2009年,突出重点,奋力攻坚,推动乡域经济持续健康发展。引进3个企业入驻县工业园区,新星光学入库税金40万元,三潭酒业入库税金10万元,东峰化工试产成功。全乡共新上项目5个,引进资金3200余万元,限额以上工业企业增加值1.189亿元。加大城镇化建设力度,投资392万元建成了乡文化站、农资综合市场及一初中教学楼,乡集镇框架进一步拉大,集镇主次干道要硬化率达到100%。教育振兴工程顺利实施,投资154万元的二初中综合楼已按标准要求完工投入使用;投资47万元的布德王小学主体工程、36万元大陈营寄宿式小学主体工程建成投入使用。以"植绿色屏障,建生态张林"为出发点,全乡完成造林2400亩,造片林502亩,通道绿化10.2公里,完善农田网络196个,植树29.1万株。向上争取村村通项目6个,全长13.5公里,已全部高标准完工。以"改厕、改厨、改圈"为目标,全乡新增农村沼气户512户。国内生产总值8.4亿元,农业增加值20760万元,工业增加值41900万元,粮食产量49073吨,农民人均收入5814元。

【安字营乡】 2009年,围绕"乡镇企业强乡,特色产业立乡,开放带动活乡,科技教育兴乡"四大战略,以社会主义新农村建设为契机,以招商引资和培植财源为先导,取得了经济和社会事业的新成就。全年引进项目5个,其中投资500万元以上1个,1000万元以上3个,1亿元以上1个;引进资金3.25亿元,限额以上工业增加值完成12333万元。加强国土资源管理,对全乡7.3万余亩耕地进行有效保护,全乡国家级土地整理面积2.5万亩,全年共开发复垦土地1024亩。加强村级公路管理,成立了乡级公路养护站,对25个行政村配备了50名村级公路养护员。在沼气建设上,多方筹措资金,共建成1800户,使用率达到98%以上。植树造林工作,围绕"两路一线一区",即高速路、枣韩公路、省道244线、国家土地整理项目区,共植树6万余株。高起点规划,提高集镇品位,充分利用南水北调大运河与淇河在政府西侧交汇,省道244线与枣韩公路在政府东侧交汇的区位优势,进一步拉大城镇框架。投资30万元完成府前街电网改造和路灯安装工程;投资10万元,整修东区下水道800米,建垃圾池10个;自筹资金600万元,新建安字营综合市场1处,已入驻商户50家;投资100万元,在街东已建成占地6亩的标准化法庭;投资80万元,在街西新建派出所标准化办公大楼。国内生产总值6.2亿元,农业增加值17624万元,工业增加值28998万元,粮食产量37054吨,农民人均收入5872元。

【彭营乡】 2009年,大力实施"工业立乡、农业强乡、特色富乡、开发活乡、和谐稳乡"的战略。把招商引资作为"一号"工程,项目建设成效明显,苏州恒锦服饰公司138台的半自动电脑织机在年内搬迁至韩堂分厂,58台全自动电脑织机先进生产线落户县原袜厂东院。着力打造羊毛衫加工基地,围绕乡域内苏州恒锦服饰公司和浙江嵊州羊毛厂坚持不懈搞服务,两个毛衫厂都实现了产值1000万元以上,税收150多万。全乡烟田面积达1420亩,建成智能化电脑炕房33个,实现烟叶产值210万元、税收45万元。乡、村两级对食用菌产业累计投资超过105万元,建成标准化食用菌大棚21个,产值达330万元,效益达245万元。投资540万元,新打机井16眼、淘洗旧井18眼、新建小塘坝4处。投资100多万的乡卫生综合大楼项目建设基本完成;投资120万元的乡中心小学综合教学楼投入使用。多渠道筹措村室建设项目资金30多万,对9个村室进行标准化建设。投资330多万元,拓宽路面2.5公里,疏通整修下水道2700米,新铺彩砖7200平方米,移栽电线杆62根,设高低压线9750米,新增315千伏变压器4台,铺设路灯地埋线4000米,新安路灯32盏、视频监控器12个。围乡栽植玉兰树3200株。国内生产总值6亿元,农业增加值12836万元,工业增加值32293万元,粮食产量33401吨,农民人均收入5129元。

【柳泉铺乡】 2009年,紧扣工作重点,突出运行质量和效益,狠抓工作落实,实现了全乡工作的整体推进。县工业园区内的宏鑫机械、美欣玩具制衣和乡域内的大山实业、弘星建材等企业生产经营秩序良好,总投资达3000万元的南阳德福机械项目建设进展顺利,已完成一期投资1500万元建成并投产,乡域内天然乳业、李老庄钙粉厂、信合玉石工艺公司、大山实业二期生产线等一批项目通过积极协调盘活,已建成投产。实现限额以上工业增加值10780万元。优化小城镇环境,投资4万多元的高标准水冲式公厕建成投用,投资17万元新修下水道880米,争取国家资金35万元、政府配套资金40万元完成了计生服务中心建设和机关大院改造任务;国家投资65万元、政府配套15万元的柳泉铺小学餐厅宿舍楼,主体工程完工。加强林木管护,共新植树木11余万株。土地矿产资源管理有序,粘土砖瓦窑全部取缔。柳泉铺乡杏花山民营小区全年入驻企业4个,总投资960余万元,新增就业岗位420个。烟叶生产实现规模种植,落实烟地面积1200亩,实现产值220万元。农村公路建设争取项目1.2公里,整修312国道—小庄道路段;争取资金90余万元对战备路险桥进行改建。国内生产总值4.3亿元,农业增加值9698万元,工业增加值22463万元,粮食产量26305吨,农民人均收入5123元。

【王岗乡】 2009年,把抓招商引资、抓发展作为推动乡域经济和社会发展的根本指导思想,全乡各项工作取得了明显成效。限额以上工业增加值完成9820万元。全年向上争取资金1534万元,投资110万元修建马岗、鄢沟两座大桥;投资80万元新修西李庄、前裴营、慕营至石佛寺、南管家、姑坡村共8公里通村公路;投资60万元建好现代化烟叶育苗中心1处,智能化烘烤中心1处;引资200万元以胡营、东李庄村为主,种植食用菌;引资60万元在胡营、马岗村办养猪场;引资1000万元,在故坡村以加工青海碧玉为主,年加工销售玉料1500吨左右。加强国土资源管理,开复垦90余亩,粘土砖瓦窑全部拆除。城镇化建设上,筹资5万元,绿化主街1500米;投资10万元,硬化菜市街东段2000平方米。植树造林工作,围绕248线王岗段,柳卢公路王岗段、进村主干道、农田林网四个重点部位,植树10万株。推动烟叶生产,争取资金60万元，建新型炕房26座，烟叶共实现产值161万元，税收35万元。国内生产总值3.1亿元，农业增加值6024万元，工业增加值18581万元，粮食产量15862吨，农民人均收入4517元。

【马庄乡】 2009年，围绕“强化招商引资，推进工业兴乡，育强特色农业，提升集镇品位，着力改善民生，建设和谐乡村”的发展目标，重点工作和重点项目建设扎实推进。工业园区建设进展顺利，成功引进投资3000万元的鼎源包装有限公司，已投产运营；投资480万元对金源助剂工业公司进行技术改造。新上民营企业6家，总投资1265万元。限额以上工业增加值完成3508万元。公路建设与小城镇建设齐头并进，总投资480万元硬化张马公路马庄段8.3公里，投资38万元硬化南环街道路2.5公里，投资37万元完成了乡综合文化站建设；投资40万元的马小电教楼项目完成主体楼建设。争取资金80万元完成了248线—盆杨，杨寨—双楼张，袁家—找子庄3条5公里道路建设，争取资金55万元硬化小碾王—黄楝扒道路，投资25万元硬化大龙庙—铁匠庄道路1.5公里。加大土地开发复垦力度，成功实现了小许庄整体搬迁，新开发耕地70余亩。植树造林围绕生态廊道、农田林网及围村围镇造林建设，新植树木13万余株，完成围村围镇造林85亩，封闭林网网格114个。国内生产总值3.5亿元，农业增加值7315万元，工业增加值19803万元，粮食产量21867吨，农民人均收入4582元。

【郭庄回族乡】 2009年，围绕“工业立乡、项目兴乡、和谐稳乡、富民强乡”的奋斗目标，调结构、育特色、办实事。强化招商引资，引进项目4个，南阳康乐粮油公司成功入驻县工业园区，总投资1300万元，占地29.04亩；恒通棉纺厂投资800万元落户孙楼村；千头肉牛养殖基地暨千亩烟叶示范基地项目位于张庄、许桥、白杨、熊庄4个村，计划总投资1100万元。全乡限额以上企业增加值完成8000万元，积极实施教育振兴工程，对全乡的小学布局进行了科学合理的调整，对熊庄、团西、张庄三所小学的续建和配套均高标准完成。加强对全乡1230公顷耕地的保护，全年开发复垦土地46亩。国内生产总值1.6亿元，农业增加值4321万元，工业增加值8410万元，粮食产量9103吨，农民人均收入4742元。

【二龙乡】 2009年，进一步理清工作思路，狠抓落实。全年共引进项目6个，引进资金1400万元，争取资金40万元在二龙村、老坟沟村建造尾矿库两座；争取780万元资金建设泥石流治理工程，7月底竣工投入使用，改善了二龙街、水泉湾人居环境；争取扶贫资金50万元用于整体村扶贫推进，修建岭东、岭西、二潭顶、九里沟组组通道路4公里，解决530人出行难问题；库区移民后期扶持资金到位，筹资12万元兴修杨坡至北王庄0.8公里村道，方便200人的出行；筹资38万元建人畜饮水供应塔3座，解决了王坪村、付家庄村1500余人的饮水问题；争取资金310万元修建二龙街至迎客松18公里游路安保工程。以生态二龙建设为目标，加强封山育林，加大治荒造林，全年灭荒造林6300亩，沿二龙至五垛山景区道路栽植广玉兰、侧柏等景观树3600株。育千亩林果基地，彰显二龙“林”字招牌，改造围村低质低产林地500亩，利用项目资金建蓄水池3个，铺设管道2000余米，初步形成核桃、蜜桃、柿子千亩优质林果基地，植树3.6万棵。国内生产总值1.4亿元，农业增加值3395万元，工业增加值7950万元，粮食产量4340吨，农民人均收入3852元。（柳舒腾　邹书恒）

内　乡　县

县情综述

【概况】 总面积2465平方公里，耕地面积55370公顷。总人口653289人，其中乡村人口455532人。城区面积13平方公里。辖9个镇和7个乡，288个村委会、7个居委会和3850个村民小组。

县委书记：王万鹏；副书记：全新明、胡景旭（女，2009年6月离）；常委：何明海（纪委书记）、马良泉（常务副县长，2009年6月离）、丁甲珍（组织部长，2009年10月离）、李英杰（宣传部长）、余泽厚（县委办主任）、欧阳增林（政法书记）、李显庆（统战部长）、赵皖方（武装部政委）

人大主任：薛建国；副主任：孙荣银、张正钦、武豫辉、于千里、杨占勇、王金等（党组副书记）

县长：全新明；副县长：马良泉（2009年6月离）、魏建廷、吕秀武、张亚明、刘超、苏新留、廖俊魁、张士典、龙锡洲

政协主席：曹春晓（女）；副主席：王陇本、田金尧、庞洪波（女）、刘玉仙

法院院长：魏建国

检察院检察长：胡殿信

2009年，是新世纪以来内乡县经济社会发展最为困难的一

年,也是取得明显成效一年。全年实现国内生产总值98.5亿元,同比增长11.5%;人口自然增长率为4.23‰。其中第一产业增加值25.9亿元,增长4.6%;第二产业增加值46.6亿元,增长11.4%;第三产业增加值26亿元,增长18.5%。工业增加值40.3亿元,增长10.2%;粮食产量252752吨,财政一般预算收入2.4亿元,财政一般预算支出10.7亿元。全社会固定资产投资完成额68.5亿元。社会消费品零售总额36.2亿元。商品出口总额241.6万美元。实际利用外资876万美元。城镇居民人均可支配收入12272元,人均消费性支出8099元。农村居民人均纯收入4906.21元,人均生活费支出3882.81元。城乡居民年末储蓄存款余额372746万元。

【工业经济逆势而上】 限额以上工业企业增加值全年完成16.4亿元,增长16.5%;实现利润1.39亿元,增长37.3%,增速居全市第3位,工业经济保持了近年来难得的良好发展态势。一是重点项目建设进展顺利。中国石材基地项目计划总投资80亿元,规划占地1万亩,全部建成后提供就业岗位10万个,销售收入突破200亿元,规模之大令人振奋;标准化厂区、闽浙会馆、综合娱乐城正紧张施工,将建成全国一流的石材基地,全市第一家开工的五星级酒店,全市一流水准的综合娱乐城。飞龙"双千万"一期工程和龙大牧原肉食加工项目相继投产,仙鹤纸业年产8万吨高档文化纸生产线投入运行。投资超亿元的国宇公司密封制品项目开工建设。省长郭庚茂先后两次深入内乡进行视察,对内乡县的项目建设工作给予了充分肯定。牧原公司上市准备工作正式启动,董事长秦英林受到温家宝总理亲切接见。二是骨干企业发展势头强劲。仙鹤纸业经受金融危机的考验,年初董事会允许其亏损额为5000万元,而实际仅亏损100万元;泰隆集团千方百计开拓市场,实现扭亏增盈;神威民爆公司投资1500万元,上马了胶状炸药生产线,经营效益稳步增长。2009年,全县产值超亿元企业达到6家,其中牧原公司产值突破4亿元,泰隆集团、电业局产值突破2亿元,神威发爆、仙鹤纸业、飞龙"双千万"产值突破1亿元。三是产业集聚区雏形显现。对内乡县产业集聚区总体规划和各种专业规划进行高标准编制。已累计完成基础设施投资4亿元,入驻企业18家;启动了中小企业担保中心,为企业担保贷款500万元;成立了内乡县投融资责任有限公司,已融资9000万元,贷款7940万元。四是项目争取和招商引资成效显著。一方面,紧紧抓住国家拉动内需的历史机遇,主动出击,争取政策性项目67个,到位资金2.83亿元。另一方面,认真开展大招商活动,全年共招引各类项目210个,计划投资126.5亿元。总投资4亿元的宝天曼国际养生谷项目已正式签约,为全县经济实现跨越式发展奠定了坚实基础。

【旅游产业扎实推进】 一是景区路网逐步优化。夏馆—万沟旅游公路主体工程已经完成,桥梁建设任务过半;七里坪—万沟—二郎坪公路改建工程正在施工;宝天曼—西峡恐龙遗迹园旅游公路改建工程进展顺利,宝天曼旅游通达能力得到提升。二是"双创"工作取得新成效。宝天曼峡谷漂流,成功创建4A级景区,最高日接待游客近万人,成为全县旅游的引爆点,有效带动了其它景区游客量不断攀升。县衙创5A、宝天曼和七星潭等景区景点创A工作正在推进。三是接待能力逐步提升。闽浙会馆五星级酒店、石材基础高档娱乐城、天贵大酒店、世纪新城酒店等相继开工建设;采取以奖代补的方式,加快农家乐宾馆改造步伐,旅游接待水平稳步提高。四是旅游品牌不断打响。充分发挥旅游营销联盟作用,参加了"西安旅游交易会"、"全国百城旅游宣传周"等活动,举办了"牵手南阳日报——走进赤眉油桃沟"和"走进大桥万亩桔园"活动,乡村游成为全县旅游新品牌。内乡县衙荣获"全省十佳文明景区"称号,乍曲吴垭原始村落成为河南第一家"中国景观村落",内乡旅游的影响力不断扩大。

【"三农"工作全面加强】 夏粮生产,在抗旱浇麦、病虫害防治、小麦抢收、秸秆禁烧、夏粮收购等每一个环节,都超前部署,积极作为,小麦生产再获丰收,实现平均单产692斤,总产3.04亿斤,分别比上年增长1.5%、3.4%。尤其是在夏粮收购上创新机制,组织粮食局、牧原公司和农发行联手敞开收购芽麦1.01亿斤,使农民受灾少损。农业发展上,烟叶产业,落实面积6.13万亩,净增2.3万亩,是近十年来面积增幅最大的一年,实现收购总量1510万斤,税收2450万元,各项指标居全市第一。林果产业,新增油桃面积1.1万亩,核桃面积1.5万亩,完成造林6.5万亩,建成了余关、马山、乍曲3个万亩核桃基地。林权制度改革在全省率先完成任务。畜牧产业,在全省综合评定中,内乡县从2006年位居26名跃升到14名,3年上升了12个位次。新农村建设上,全年完成投资3200多万元,高标准完成了21个试点村、3个示范村和100个村容村貌整治任务,农村面貌有效改善。农田水利建设上，全县新增有效灌溉面积 5.45 万亩，改造中低产田 6000 亩，治理水土流失面积 67.5 平方公里，解决农村饮水安全 4.4 万人。水利项目推行高标准、精细化建设，大部分工程已成为全省的示范性工程、样板工程和放心工程。农建工作荣获全市“兴水杯”十一连冠，重新夺回了省“红旗渠精神杯”。

【城乡面貌有效改善】 按照量力而行、积极有为、投入多元、管理增效的原则，从群众最关心的建设项目入手，全力推进城镇建设。一是明确了县城发展定位。立足“依靠专家、依靠科学、依靠民智”的工作思路，确定了“山城、水城、绿城、历史文化古城”的发展定位，明确了“湍河为轴、扇形拓展，东扩南延、西绿北畅”的发展方向，对《内乡县县城总体规划》进行了调整完善，对《内乡县湍东区域控制性详规》进行了编制，为县城有序建设奠定了良好的基础。二是有序推进了一批重点工程。高标准完成了大成桥和大成路东段建设、渚阳大街北段改造、老城区景观改造、郦都大道中段改造、五里堡广场改造等工程，顺利实施了菊潭大街、郦都大道等主要街道“三线入地”工作，污水处理厂续建工程、原文化局区域市场建设、廉租住房建设、S249 城区段改线等工程正在有序施工。三是扎实开展了“六创一迎”工作。建立了周五集中清扫制度，对市场秩序、围城垃圾、效能秩序进行了专项治理，改造新建一批公厕，购买了一批环卫设施，市容市貌有较大改观。四是经营集镇初步破题。马山口镇的车站路升级改造、北环路建设、河西游园建设，展示了“中州名镇”的风采；瓦亭镇“盘活一条街，改造三条街”的做法收到良好效果；板场乡、夏馆镇、赤眉镇、灌涨镇走出一条招商引资建集镇的路子，“经营集镇”、“钱从哪里来”的问题迈出了关键一步。五是建设了一批县乡公路。S248 线—马山、赤眉—西峡、师岗王岗—乍曲、王店—黄河、挂剑埰—让河、二马沟—东川 6 条县乡公路和 100 公里村道建设已经完成。13 座大中桥建设，湍东二桥、夏馆白岈河大桥、师岗靳家中桥已经竣工，其余 10 座正在施工，道路通达能力不断提升。

【社会事业全面发展】 高度关注民生工作，狠抓省、市十件实事办理。发放粮食直补和综合直补、农机具补贴、良种补贴等惠农资金 6625 万元。荣获“河南省两基工作先进县”、“河南省首批义务教育均衡发展先进县”、“河南省职业教育强县”、“全国义务教育均衡发展先进地区”称号，全市高招升学本科进线万人比，内乡县继续保持全市第一。成功举办了全县首届运动会暨第二届职工运动会。深入开展科技特派员活动，加快科技长入经济步伐。认真落实计划生育各项优惠政策，荣获“全国计划生育优质服务先进县”荣誉称号。各级落实再就业政策，扎实开展“让每一个青壮年农民拥有一技长”专项行动，新增城镇就业 11646 人，发放小额担保贷款 2552 万元。为城乡低收入人员发放低保资金 2740 万元，发放五保救灾资金 806 万元，较好地保证了城乡特困群众和特殊群体的基本生活。扎实开展了以除“四害”为重点的爱国卫生运动和手足口病、甲型流感防治工作，有效控制了各类传染病的蔓延，公共卫生安全得到有效保障。完善了乡镇新农合管理机构监管体系，新农合参合率达 94.3%，受益农民 24.5 万人次，补偿资金 5199 万元，有效缓解了群众看病难、看病贵问题。完成白内障复明手术 930 例，顺利通过“河南省白内障无障碍县”验收。乡镇文化站、农村书屋和文化信息资源共享工程扎实推进，文物和非物质文化遗产普查工作取得阶段性成效。荣获“中国书法之乡”荣誉。认真做好住房公积金工作，狠抓节能减排，严格落实安全生产责任制，深入开展打击“两抢一盗”专项行动和信访稳定等工作，社会大局保持稳定。同时，统计、审计、监察、物价、兵役、人防、民族宗教、广播电视、金融保险、质量监督、商贸流通等工作都取得了明显成效。

内乡县各乡镇主要领导名表

乡镇	党委书记	乡镇长
城关镇	王宜显(副处级)	张万兴
湍东镇	常松郁	路登伟
赤眉镇	张延生	周同良
夏馆镇	王宜蛇	孟　晓
师岗镇	陈良甫	杨小强
王店镇	王慧珍(女)	王存峰
马山口镇	杨松林(副处级)	王建平
灌涨镇	王正强	刁晓英(女)
瓦亭镇	朱文华	张新炜
大桥乡	唐新庆	于林轩
赵店乡	杨玉法	石天军
余关乡	刘　晓(女)	张富朝
乍岖乡	周晓峰	李　伟
七里坪乡	宋合丽(女)	李炳杰
桃溪镇	胡著伟	冯黎明
板场乡	李振豪	孙鹏远

乡镇概览

【城关镇】 2009 年，财政收入 1173.7 万元，农民人均纯收入

4948元，农民负担全部减免，核定低保对象2613户，6781人，共发放低保金121万元，发放优待抚恤金24.5万元，落实奶牛和母猪补助款14.4万元，落实家电下乡补贴681户，11.2万元。全年招商引资新上项目10个，完成投资11900万元，其中工业项目5个，主要有投资500万元的多彩棉纺织；投资800万元的舒欣机械加工，主要生产宽窄两用面条机、各种齿轮、打麦机等系列产品，已经投产运行，年产值达900万元；投资500万元的宏发轴承；投资3000万元创办豫西南最大的钙粉、浆钙、釉料生产线；投资1.3亿元的宝隆冶金辅料有限责任公司，新上年产3万吨冶金辅料项目。其它项目5个，引进全友家俱总投资5000万元，扩改新建5000平方米的家俱商场；招商投资1000万元合作建设菊坛财富生活广场；投资110多万元建成省级文化大院；投资500万元新建砖混6层大楼，总面积达1000多平方米，形成餐饮、住宿、温泉洗浴为一体的便民休闲一条龙服务项目。基础设施，已建成廉租房、大成路河东段拆迁征地、S249线改线拆迁征地等拆迁征地工作。以“六创一迎”为载体，加强巷道“硬化、绿化、美化”建设，对渠上40多间违章建筑进行清除，清除渠内混杂物3000多方；硬化南北渠道400余米，新修排水管道2000余米，使镇区内巷道硬化率达到95%以上。

【湍东镇】 2009年，工农业总产值11.5亿元，粮食产量2910.7万公斤，财政收入1319万元，农民人均纯收入4600元。引资8000万元，建成三星级世纪新商务酒店；投资3000万元建成新达商务酒店；投资4000万元的车厢加工项目；投资2.8亿元的飞龙“双千万”一期工程已建成投产；投资80亿元，占地1万亩集石材开采、加工、仓储、物流、贸易、城建为一体的河南第一、全国一流的综合性石材基地正在建设中。支柱产业。烟叶种植面积6000亩，完成烟叶收购132.8万公斤，实现税收219万元，烟农收入达996万元，投资98万元新建坑房49座。林果业。新建清凉庙、庙岗两村千亩优质核桃基地，在东王沟建成100亩红薯种植大方一个，50亩紫薯大方一个，年产粉丝2000吨。完成造林面积4300亩，其中山区生态造林2500亩，通道林200亩。新发展赵沟生态园，清凉庙坡改梯生物配套，龙头、西王营片林3000亩。基础设施。以“六创一迎为契机，投入10万元用于城区卫生综合治理和公共设施建设，安排保治员全员保洁，确保辖区垃圾及时清运。新建2个农民健身场，新建沼气池417个，社会池175个；硬化村水泥路面32公里，挖建大塘5座，打井3眼，架桥3座，闸坝2处；东王营、龙园村争取资金400余万元实现户户通自来水。

【赤眉镇】 2009年，工农业总产值4.14亿元，固定资产投资2.41亿元，财政收入878万元，农民人均纯收入2450元。农民负担控制在国家限定范围。项目工作。全年引进工业企业项目10个，其中在工业园区建成2个，投资1.1亿元，占地85亩的国宇密封垫厂项目已完成投产；投资1200万元兴建塑钢材料厂高分子门窗项目。园区在建项目1个，投资4600万元的轮胎裂解已在西工业园区征地25亩。新上马项目4个，投资300万元的页岩砖厂；投资500万元的宏兴新型墙体材料厂；投资500万元的齐营农民合作开发公司；投资800万元的高档板材深加工项目等。支柱产业。组织群众对现有5.5万亩油桃优化品种布局，使全镇油桃生产达3000万公斤，产值达7000万元。新发展薄壳核桃1000亩、油桃2500亩，樱桃、黑李等小杂果1500亩。投资500多万元，占地14亩，新建成年出栏生猪2000头养猪场1个，年出栏500头以上的养猪场2个，新增年存栏5000只以上蛋鸡养殖户5户，建成规模养羊场2个，生态养殖鸡场2个。落实烟叶面积1700亩，修建标准化烟炉25个，实现税收42万元。基础设施。争取资金500多万元，硬化政府门前的振兴街路段，修建花池带6500平方米，硬化路面1200平方米，配套栽种树苗1万多株；新修街道1200米，修建大型广场1个，安装路灯325盏，建设文化广场8个，修建沼气池1825个，配套新修水窖30座，修生产道路10.4公里，排灌渠20.8公里，硬化入户路面49.5公里，修建下水道10.8公里，新打配套机井6眼，闸坝挖塘3座，加固小型水库2座。

【王店镇】 2009年，工农业总产值5.7亿元，粮食总产量23352万吨，农民人均纯收入为2824元，财政收入609万元。项目工作。招引项目14个，其中已建成项目1个，王店豪峰地毯公司；新建6个，南阳澳瑞得新型建材、牧原公司薛河分公司、瑞祥有限公司、速生杨开发公司、内乡县东方养殖实业有限公司、彩钢瓦活动板房等；续建3个，牧原公司均张分厂、牧原公司宋沟分厂、梅花鹿养殖；意向4个，项目总投资23800万元，其中固定资产投资18200万元，流动资金投资5600万元，已累计完成固定资产投资16780万元。支柱产业。全镇烟叶面积8000多亩，烟叶收购总量72万公斤，实现税收200万元。红薯种植面积达10000亩，总产量2000万公斤，发展千亩油桃基地1个，薄壳核桃基地700亩，500亩经济林9个，片林面积700亩，道路林带5000米。基础建设。投资186万元，改造了四张、显圣庙等小学危房和2所敬老院，对河东、马堂村室进行扩建，新建文化广场2处；投资300多万元建成烟水配套等农业工程，投资200多万元建成自来水厂。

【夏馆镇】 2009年，工农业总产值24870万元，财政收入900万元，农民人均纯收入1705元。项目工作。新上项目5个，有投资3000万元的中阳实业发展有限公司，投资2000万元的南阳神威矿业有限公司，投资700万元的龙成矿业有限公司，投资3000万元的鑫鑫矿业有限公司和投资5000万元的得鑫矿业有限公司。项目总投资1.2亿元，已完成投资9500万元，续建项目5个，总投资2.77亿元，已完成投资1.8亿元。旅游开发。新建农家宾馆30间，投资1.5亿元开发宝天曼东沟服务区，投资2000万元在万沟村兴建宝天曼真人CS野战训练基地，计划投资4亿元在万沟村建设国际生态养生谷。特色产业。建成标准化养殖场2个，新发展养殖专业场50户，各类规模养殖260户，新建1000只以上林地养殖户5户，引资8000万元建成牧原养殖分公司，引资1500万元在吴岗村建立食品保鲜加工厂，引资500万元兴建绿色大棚蔬菜基地。全镇共植树造林15万余棵，落实荒山造林5000亩，点播油桐5000亩。基础设施建设。投资9万元对集镇下水道进行清淤疏通，栽植杨树1.6万棵，广玉兰、塔柏等风景树15000株，在集镇铺设地彩砖9000多平方米，完成通道绿化补植补造12公里，完成了秋林街西段的硬化，规范了蔬菜市场，使集镇框架进一步扩大，形成了“二纵四横”的集镇格局，被省委、省政府授予“中州名镇”。投资20余万元，在湍源村建敬老院16间。全镇8个村22公里的村村通路已得到硬化。

【师岗镇】 2009年，国内生产总值5.61亿元，社会固定资产投资3.2亿元，财政收入890万元，农民人均现金收入3809元，粮食总产量达32638吨。工业项目。全镇共引进及洽谈项目8个，其中新建项目2个，投资1000万元的华星机械煅造；投资2000万元的师岗振兴建材项目。已建成投产的2个，投资800万元的南阳欧梵建材有限公司，年生产水泥助磨剂5000吨；投资1200万元的黑崖山石材开发，年产石子100万方。续建项目是投资在3200万元的江都石材开发，年产值达12万吨，创税收600万元。支柱产业。全乡烟叶种植5800亩，交售烟叶65.5万公斤。投资260万元，建成4个行政村的烟水配套工程，新建育苗林棚35个，新建炕房149座。畜牧养殖。全镇50头以上的养殖场42家，存栏500只以上的养鸡场35户，建成标准化养殖小区1个，养殖场6个，林地养鸡规模户3户，年总产值达15762万元。新发展林果面积2300亩，有速生杨8000余亩，大红袍花椒1.2万亩。红薯种植面积12500亩，亩产6500斤，产值达2143.5万元。基础设施。投资2300万元，在集镇建成占地19066平方米，建筑面积6600平方米，市场占地面积12666平方米的中心集贸市场；投资120万元对机关大院进行升级改造，硬化院内文化娱乐广场3200平方米；投资120万元建成江家新农村示范村，投资320万元新建成7个村部150间房屋，硬化入户路5.2公里，浆砌石硬化排水渠13.2公里，新建沼气池52个；投资1000万元新建改建校舍412间；投资845万元建成万人饮水安全水厂2个，解决了集镇和12行政村2.4万人饮水安全和供排水问题；新修“村村通”，“组组通”道路32公里，使全镇27个行政村全部实现“村村通”。硬化太山庙水库5.2公里，新修硬边渠3.2公里，清淤8.5公里，恢复和新增有效灌溉面积1.8万亩。

【马山口镇】 2009年，国内生产总值12.3亿元，粮食总产量17557吨，财政收入3280万元，固定资产投入2.8亿元，城镇居民可支配收入13200元，农民人均现金收入4810元。乡镇工业。全年引进投资500万元以上的项目5个，续建项目2个，意向项目2个，计划投资2.2亿元，已完成7600万元。重点项目稳步运行，投资1.1亿元的云露山旅游开发项目已完成投资5000万元，已建和在建工程主要有248省道至景区3.6公里8米宽道路，景区内6公里车行道和35公里步道，三星级宾馆，景区大门、接待中心及停车场等。宝天曼矿产品开发公司，完成投资1000万元，实现产值5000万元，利税450万元；郑湾页岩砖厂投资500万元新上一条生产线，全年实现产值1000余万元。特色产业。已建成5个万头以上的养猪场、11个养殖小区，培育3个养殖专业村，全年可出栏生猪16万头，实现净收入4800万元。基础设施。总投资2000多万元，建设工程6个，有车站街升级改造工程、镇供排水改造工程，河西游园建设工程，剧院建设工程，北环路工程，垃圾处理项目等。投资300余万元新修、硬化乡村组道路35余公里，硬化入户道3000米，新建文化广场4个，新建改建房屋200余间。闸坝挖塘8座，新打机井54眼，恢复和新修灌溉3200米,实施小流域治理13处,治理水土流失水库2座,新增有效灌溉面积2000亩。公益事业。深入开展新型农村合作医疗,参合率达95%,受益农民14000人次,补贴资金376.1万元,审核农村低保2194人,补贴资金140万元。

【灌涨镇】 2009年,工农业总产值45479万元,粮食总产量25932吨,社会固定资产投资2.98亿元,财政收入759.6万元,农民人均纯收入3307元。项目工作。全年新上项目7个,有投资1.2亿元的牧原公司第十九分场,投资2600万元的牧原公司椿树园猪场,投资1000万元的南阳正益化工有限公司,投资2000万元的南阳宇林电讯器材有限公司,投资1500万元的内乡纵横物流有限公司,投资2.6亿元的龙大牧原高档肉制口品加工,投资600万元的东风汽车配件厂等。支柱产业。争取烟水配套项目资金750万元,高标准实施烟水配套、烟炉建设、电力配套等工程,新建烟叶烘烤中心2处,烟炉177座,挖塘5座,闸坝2座,新安装变压器10台,架设高压线2000米,新打配机电井11眼,修烟田路机耕路5774米;烟叶种植7000多亩,其中3000亩以上大方1个,千亩以上大方2个,500亩以上大方5个,新建漂浮育苗大棚10个,累计已达21个,收购烟叶183.7万斤,实现税收316万元,实现产值823万元,被南阳市评为烟叶生产先进单位。基础设施。新修"村村通""组组通"水泥路28公里,硬化主干道和入户道3500米,新修下水道4110米,粉刷房屋22400米,整修坑塘1座,新建沼气池570个,新建村部7个,在集镇南北建成2个精品商居小区,投资5万元建成垃圾中转站1座,对集镇2400米下水道进行清淤,安装80盏路灯,栽植风景树1300株,被评为"全市小城镇建设先进单位"、南阳市四星级集镇。

【瓦亭镇】 2009年,工农业总产值4.3亿元,粮食总量11732吨,财政收入760.97万元,农民人均纯收入1004元。项目工作。全年新增固定资金投资3600万元,投资5000万元五氧化二钒项目,年产钒土600吨,实现税收1000余万元;辽源石材全年共生产板材8万平方米,实现产值400万元,盛达、闫湾石材和8个灰砖厂等实现了全面生产。支柱产业。全镇种植烟叶6700亩,实现社会效益1400万元,增加财政收入279万元;畜牧养殖新建肉鸡养鸡场2个,养羊20只以上的大户30余户,新建1000头养猪场一个,500头以上一个,年末生猪存栏1.5万只,出栏4.2万头,山羊存栏1.8万只,出栏3.6万只,家禽存栏12万只,出栏18万只,实现畜牧业产值2400万元;种植红薯6000亩,完成造林4000亩,栽植杨树1.7万株,并营造围村林6处,点种油桐1200亩,花椒及柿树4万株,建成千亩核桃基地,通道林补植6公里。基础设施。争取资金100万元,建垃圾处理场,硬化主街道1400米,整修集镇下水道和栽植风景树,投资250万元整修村组道路2000米,解决2000人饮水安全问题,投资200余万元,新建5个村部,大型改造11个村部,对杨沟、袁营2个村级敬老院进行升级改造,使五保老人集中供养率达53%。

【大桥乡】 2009年,工农业总产值6.5亿元,固定资产投资1.84亿元,财政收入810万元,农民人均现金收入4360元。项目工作。主要项目有投资亿元以上的泰隆新型干法水泥项目;投资4500万元的澳瑞得建材年产砖块1.4亿块,投资1000万元的永鑫建材,年产8000万块砖,由此带动相关产业链条30余家建材制品企业,投资3000万元的国荣溶剂化工项目;投资3000万元的环保设备制造项目;投资1800万元的澳门豆捞餐饮项目及惠丰大理石加工、景顺纺织、鑫达铸造等10余个。支柱产业。以培育大场大户、发展标准养殖小区为主,全乡千头以上养猪场7个,新发展万只养鸡场2个,建成封营5万只种鸡厂1个,种猪繁育场1个,种鸡生产突破2000万只,全乡生猪存栏20560头,50头以上专业场86户,家禽存栏218000只,其中500只以上专业场120户,畜牧养殖成为当地农民收入的主要来源。建立蔬菜生产基地,成立蔬菜专业合作社,新发展温室大棚30多个,其中3亩大棚10个,1.5亩大棚7个,新发展蔬菜面积200余亩,新建200多座温室大棚反季节蔬菜,全乡蔬菜效益达6000万元。以杨沟柑桔为中心,新发展柑橘1200亩,使柑橘面积达6000亩,亩效益5000元以上。在西部山区栽植以油桐为主的生态能源林2599亩,栽植薄核桃5万株。基础设施。争取资金90多万元,新打机井111眼,淘修老井52眼,整修鹅拱灌、哑女泉两个灌区工程,修水泥硬边渠2000余米,解决6个组800余名群众生产生活用水问题。投资100余万元,硬化主次干道6000余米,村组道路5200米,整修排水渠1000米,下水道2000米,修建和完善农村文化娱乐广场6处。

【赵店乡】 2009年,国内生产总值6.2亿元,固定资产投资1.9亿元,农民人均纯收入3775元。项目建设。有工业项目18个,有天创建材有限公司、三杰公司页岩砖厂、内乡新型墙体材料有限公司、群磊木业有限公司、耐火材料等,已建成投产的有龙翔生物柴油有限公司、菊龙面粉厂、南阳博兴矿业、华泰粮油加工厂、郦城石材、花洼免砖厂机械铸造加工和塑料加工等项目。新上郦城机械铸造加工,亚迪冶材有限公司。支柱产业。全乡9个植烟村,115个植烟组,面积10500亩,年收购烟叶136.5万公斤,实现税收473万元。基础设施。多方筹资100余万元,巩固完善新农村建设,新创建赵店小谢岗农村建设示范点;新修“村村通”道路18.5公里;投资749万元,高标准实施范营土地整理,高标准完成2000亩坡改梯工程和6000亩农业综合开发工程,改善了3个村的农业生产条件,新打配机电井38眼,建设烟水配套工程3处,投资23万元整修、扩建乡中心敬老院;投资120万元,新建5个村部,村级办公条件得到明显改善。

【余关乡】　2009年,国内生产总值2.99亿元,粮食总产量21128吨,固定资产投资1.87亿元,财政收入850万元,农民人均纯收入2205元。项目建设。全乡共招商引资项目26个,其中千万元以上项目7个,有总投资达3亿元的牧原公司第十七分厂;投资1500万元的上海爱府服饰,嫁接原南阳天曼服饰注册成立内乡天曼制衣有限公司,为美国TID公司加工专用制服;南阳诚鑫冶金建材有限公司,实现税收268万元;投资4800万元的华瑞纺织有限公司,实现税收150多万元;引进国电宛西煤碳物资有限公司投资10亿元,在东工业区建成配煤洗煤中心等。支柱产业。种植烟叶1.3万亩,年收购烟叶151万公斤,税收500万元,烟农直接经济收入2300元;新栽植核桃1.2万亩,完成通道林绿化补植补造17.5公里,全乡新植树24.5万株,新增林果面积8300亩;年牲畜存栏11万头,畜牧养殖集中度达到75%。基础建设。高标准完成东大岗6600亩土地整理、梁坪3500亩小流域治理工程,在13个村实施安全饮水,埋设主支管网120公里,全乡2万余人用上了放心水,修建“村村通”道路14.5公里,新闸坝2座,建水窖11个,新建智能炕房113座,新建沼气池730座,投资120万元筹建余关气象站和防雹台。新农合参合率达98%,全年发放救济金8.4万元,办理农村低保1670人。

【乍岖乡】　2009年,国内生产总值2.4亿元,财政收入965万元,农民人均纯收入2105元,固定资产投资2.6亿元,其中工业投资完成2.4亿元。项目建设。新建项目3个,投资300万元的金灵大理石加工企业,产品销往韩国、杭州等地,年创利税20万元;投资300万元的镕鑫新石材厂,年创税收15万元;投资300万元的龙鑫钢纤维制造有限公司。续建项目3个,投资300万元的天曼木业公司;投资500万元的美灵石材厂;投资300万元的黑墨玉精细加工。在建项目3个,投资1.2亿元的南阳市隆泰矿业公司;投资7000万元的纤维颗粒项目及上海康利公司。支柱产业。烟叶种植5000亩,其中100亩以上大方6个,50亩以上大方5个,争取资金130余万元,新建智能化烤房46个,改建老式烤房36个,收购烟叶56万公斤,收入880万元;稳固花椒面积15000亩,椒农收益在2000元左右,全乡累计造林5000多亩,其中荒山点种桐籽造林3000多亩,大方造林1000余亩;畜牧业。形成了以上庄、店坊、吴庄、清泉为重点的养羊专业村,新发展养羊大村10个,专业户180户,使全乡大白山羊饲养量达16.5万只,新发展万只养鸡专业户2户,500头养猪专业户2户。基础设施。投资600余万元改建乡政府前大道及向南延伸、高中西院开发和净水塘开发;筹资300余万元绿化、硬化、亮化乍曲村乍西组、胡口组、马河组等新农村建设;投资110余万元新建4个村部,改造、改建12个村部,硬化水泥路面长2公里,争取烟水配套资金298万元在红庙村修建小型拦河坝1座,建提灌站1处,争取资金450万元对庙湾水库进行除险加固。投资240余万元改造建设乍曲初中、一小、庙湾、清泉等学校和敬老院。投资120万元改造乡卫生院病房大楼、乡计生所、村康检室等基础设施。

【七里坪乡】　2009年,国内生产总值3.5亿元,固定资产投资11400万元,财政收入483万元,农民人均现金收入3500万元。旅游产业。引进宝天曼峡谷漂流公司和京都汇银公司投资7600万元,在七里坪二道河建宝天曼温泉度假酒店和伏牛山生态旅游综合服务中心,天心洞、七星潭景区分别完成4A级景区规划,宝天曼峡谷漂流通过国家4A级景区验收。矿产品。广东客商投资1200万元,在靳河村新建内乡县鑫源钙业有限公司,在蚌峪村新建石英石开采基地,在后会村新建硅钙合金生产线,在青山村启动硅线石生产线。沿灌二路和青山路小型企业达6家。支柱产业。强力发展林果(菌)产业,种植袋料香菇100万袋,产值800万元,嫁接板栗500亩,总面积3000亩,荒山造林3200亩,成功试种新西兰红梨5亩,亩产值达5000元。畜牧业稳步发展。建成养鸡、养猪、养羊示范场12个,带动全乡发展各类养殖户360

个。劳务输出。以农业实用技术、职业技能、旅游服务为主要内容,培训农民1500人,新增劳务输出600人,在外务工人员达2500人,实现劳务收入2500万元。基础建设。新建2个(流峪、三道河)示范村,硬化入村入户道路4950米,建文化健身广场1800米,安装路灯59盏,铺设下水管道2800米,建沼气池102个。累计投资120万元,提高了学校硬件建设水平。聘请郑洲九鼎德盛公司对中心集镇进行规划,总面积达4.5平方公里。投资35万元,购置垃圾清运车,修建垃圾填埋场,对集镇商户的广告牌进行统一规范,中心集镇被南阳市评为二星级集镇。

【桃溪镇】 2009年,工农业总产值3.8亿元,财政收入560万元,农民人均纯收入2493元。项目工作。招引投资在100万元以上的项目12个,1000万元以上的8个,5000万元的4个,1亿元以上的项目1个。其中投资在1.5亿元的五氧化二钒建设项目已完成一期投资5000万元,占地120亩,建厂房56000平方米;投资6000万元的福建天宝石业有限公司征地12亩,建厂房23间;投资5000万元的湖北鑫岩建新型节能环保窑10门,厂房25间;投资1000万元的裕隆石材和红阳石材,主要生产玻璃纤维和室内装饰材料及投资1000万元的农副产品加工项目;投资3000万元的天宝实业有限公司,新建高标准厂房4830平方米,2个大型航吊,二期薄板生产线已运行;三泰矿业有限公司已完成一期投资5000万元。支柱产业。投资300万元规模在1000头以上的标准化养猪场3个,已建成养殖小区16个,年出栏2000头,万只鸡场2个。形成了以豫52线为界,南部浅山区以澳李、甜柿为主的鲜果带和北部深山区以板栗、花椒为主的干果带,间作套种龙须草、中药材,栽种板栗1.4万亩,年产量1000吨,澳李1.1万亩,年产量达1400吨,龙须草基地达2万亩,年产量达3万吨。基础设施。投资75万元建成桃溪中心小学办公楼和乡文化大院及村级农民健身广场。争取资金300万元,除险加固了吴沟水库。投资40万元建成黑山、桃溪两村部,硬化5个村28公里的水泥路面,建引水工程5处,修水窖100个,打深井10眼,解决了2500人、1500头人畜饮水难问题,新修沼气池102个。

【板场乡】 2009年,工农业总产值2.6亿元,财政收入900万元,农民人均现金收入5000元,引进项目资金500多万元,固定资产投资6000万元。项目工作。全年新引进投资额在500万元以上的项目5个,有铁矿石浮选项目2个、炼镍厂、隆鑫染色板厂、闽发石材厂,实现利税1000万元,完成增加值6800万元,工业经济对财政收入贡献份额达80%以上。支柱产业。种植袋料300万袋,发菌成功率达98%以上,实现收入3000万元,农民的60%收入来自食用菌生产,新嫁接板栗1000多亩,栽植山萸肉1500亩,新栽本地适生、速生、抗病能力强的中林46、2000系列两大品种20万株,以冯庄、双庙、柳坑等荒山造林、植草为重点,栽植龙须草1000亩,发展各类生态林2000亩,栽植核桃树800亩,发展山萸肉1000亩,嫁接板栗8万穗,改造次生林800亩。全年共协调贷款840万元,全乡生猪存栏4500头,发展专业村9个,专业场35个,专业户180户,建成2.6万只蛋鸡养殖场1个,年出栏10000只肉鸡养殖厂1个。基础设施。投资380万元,累计完成宽5米的乡、村主干道排水沟、下水道5000米,粉刷房屋1500余间,建成群众休闲娱乐广场6个,全部完成了16个村的"村村通"工程,全乡公路总程达116公里。投资40余万元新建2个村部和2所村级敬老院,农村五保集中供养率达45%以上;投资31万元新建文龙小学教学楼16间,和道川中心小学基础设施进行配套,使板场中小学校楼房化达100%。(魏瑞芳　吴昕)

西　峡　县

县情综述

【概况】 总面积3453.9平方公里,耕地面积22070公顷;总人口44.45万人,其中乡村人口29.5992万人。2009年5月,重阳乡、太平镇乡实现撤乡建镇。辖10个镇6个乡和3个街道办事处。

县委书记:杨炳旭(2009年4月离)、张生起(2009年4月任);副书记:张生起(2009年4月离)、摆向阳(2009年5月任)、李长江、李德成;常委:马冰(常务副县长,2009年5月离)、王磊(组织部长,2010年4月离)、王晨昭(县委办主任)、何平(副县长)、王大兵(武装部长)、汪风均(统战部长,2010年4月离)、朱吉稳(纪委书记,2010年4月离,常务副县长,2010年1月任)、段文汉(宣传部长)、叶挺硕(政法委书记,2010年4月离)、赵连辉(副县长,2009年6月任)、刘培成(纪委书记,2010年4月任)、贺

迎(组织部长,2010年4月任)、吕秀武(政法委书记,2010年4月任)、韩丙森(统战部长,2010年4月任)

人大主任:朱诗林;副主任:张冠英、张学亭、董天申、刘青有、李中曦

县长:张生起(2009年5月离)、摆向阳(2009年5月任);副县长:马冰(2009年5月离)、何平、赵连辉(2009年6月任)、赵广东(2010年4月离)、张小斗、华道梅(女)、宋海瑜(科技副县长)、何耀航、胡楠、吴在明(县政府党组成员、县长助理、双龙镇党委书记,副县长,2010年4月任)、张克俭(县政府党组成员,西坪镇党委书记)、田青法(群工部长,2008年11月任;县政府党组成员,2009年6月任)、杨海韬(恐龙蛋管理局局长、党组书记,2008年11月任;县政府党组成员,2009年6月任)、曹志刚(黄石庵林场党委书记、2008年11月任;县政府党组成员,2009年6月任)、朱元朝(副县级干部,2008年11月任;县政府党组成员,2009年6月任)、吕秀鹏(副县级干部、2008年11月任,县政府党组成员,2009年6月任)、王建朝(副县级干部,2008年11月任;县政府党组成员,2009年6月任)

政协主席:张天功;副主席:丁长森、崔春祥、彭永立、宋文超、王北武(党组副书记)

武装部政委:金先泽

法院院长:宋长青

检察院检察长:王伯钦

公安局局长:常杰友

总工会主席:周和平

2009年,国内生产总值125.3亿元,比上年增长17.7%,三次产业结构达到15.8:64.4:19.8;工业增加值76亿元,增长20.9%;粮食产量10.52万吨,增长-1.6%。地方财政一般预算收入5.37亿元,增长10.1%;社会固定资产投资104.2亿元,增长57.5%;社会消费品零售总额31.3亿元,增长21.6%;城镇居民人均可支配收入13007元,增长10.7%;农村居民人均纯收入5514元,增长10.2%;金融机构存贷款余额分别达到56.2亿元、37.2亿元,增长25.4%、33.8%。

【工业经济逆势增长】 全年工业总产值完成271亿元,增长20.2%。其中限额以上工业产值、税利分别达到205亿元、23亿元,增长27%、11.7%。钢铁及冶金辅料、中药制药、汽车配件、农产品加工四大产业产值、税利分别占限额以上工业总额的92.4%、88.3%。全县新增限额以上企业13家,总数达到100家;新增产值超亿元企业1家(发源肉联),总数达到11家;宛药、西保、龙成三大集团分别完成产值20.3亿、27.9亿、100.3亿元。全年新上技改项目88个,建成投产64个。20个省市县重点工业项目建成投产11个。汉冶400万吨特钢技改项目累计完成投资23.5亿元,已形成200万吨产能。龙成、宛药分别跻身"河南省百户重点工业企业"、"河南省50户高成长型企业"。全面启动西峡县产业集聚区建设,荣获全市产业集聚区综合展评第一名;省长郭庚茂对西峡县产业集聚区建设给予了充分肯定和高度评价。县民营生态工业园区新入园企业16个,累计建成投产68个,被国家科技部命名为"全国先进科技产业园"、"民营科技示范园"。丹水、西坪工业园新入园项目8个。新发展庭园工业145家。创建国家级高新技术企业5个(宛药、西保、西泵、西铸、龙成冶材)、省级工程技术中心2个(鑫龙、西铸),新增河南省优质产品6个、专利50项。西峡县被认定为"河南省汽车关键零部件高新技术特色产业基地",被授予"全国科技进步工作先进县"。

【农业经济稳中有升】 特色农业持续发展。猕猴桃新建基地5270亩,品种改良3850亩,水利配套6630亩,新增贮藏保鲜能力1500吨,商品率达到95%,基本实现订单销售;食用菌外购菌材17万吨,发展袋料香菇8500万袋,建成标准化基地50个,成功举办了中国?西峡香菇国际高层论坛暨产销见面会,香菇城建设全面启动;中药材新发展2.2万亩;烟叶种植1.24万亩;猕猴桃、山茱萸荣获"河南省最具影响力的十大地理标志产品",西峡县被命名为"全国食用菌行业十大主产基地县"、"中国香菇之乡"。畜牧养殖稳步发展,无重大动物疫情发生。生态建设成效显著。完成造林18.5万亩,治理水土流失面积295平方公里,西峡县被授予"国家级林业示范县",第八次蝉联河南省"红旗渠精神杯"。

【旅游经济持续攀升】 景区建设继续深化。恐龙遗迹园完成了二期规划修编评审、停车场扩建、4D影院升级改造和游乐园建设,实施了景区道路、绿化、水系配套工程;鹳河漂流、老界岭、老君洞、石门湖、老界岭滑雪场、寺山公园等景区进行了深度提升打造,老界岭景区晋升为"国家4A级景区",恐龙遗迹园被命名为"国土资源科普基地"。服务设施不断完善。完成了太平镇游客服务中心一期工程,推进了双龙化山、二郎坪旅游服务区等重点项目建设;新增龙乡宾馆、碧水云天酒店两家三星级宾馆,新发展农家宾馆174家,全县旅游日接待能力达到3.5万人。旅游文化得到提升,重阳文化、哪吒文化被评为市

级非物质文化遗产，西峡县被命名为“中国恐龙之乡”。全年共接待游客265.6万人次，门票收入9600万元，综合收入9.7亿元，分别增长17.6%、10.5%、18.3%。

【城乡面貌明显改观】 城市建设快速推进。完成了仲景大道一期改造、龙乡路、伏牛路延伸配套等道路建设工程及西峡名吃城主体、白羽综合停车场一期等功能建设工程，启动了白羽公园、鹳河彩虹桥等建设工程；实施了白羽路6条道路绿化工程，新增绿地面积3万平方米。新增游园面积2万平方米，创建省级园林单位(小区)3个；新建星级公厕3座，城区生活垃圾处理率达到87%。新农村建设稳步推进。完成了65个市县示范村、试点村村容村貌整治；建成文化广场和休闲健身游园等村级文化娱乐工程47处、农资连锁超市26个；新建农村沼气6800个；解决农村安全饮水2万人。田关孙沟、回车西沟、五里桥黄狮通过省级生态文明村验收。公路建设步伐加快，化山到内乡赤眉战备路扫尾、62公里县乡公路改建、70.8公里“村村通”公路、恐龙遗迹园至宝天曼旅游公路改建等路基工程和9座危桥改造工程全面完成。

【发展活力不断增强】 新增外贸出口企业6家，总数达到21家。完成外贸进出口2.19亿美元，居全省第五，其中外贸出口9097万美元，以香菇为主的农产品出口额超过6000万美元，居全省第一。西峡县被授予南阳唯一的“全省对外开放工作先进县”。招商引资成果丰硕。共签订招商引资项目134个，到位资金12.8亿元，其中投资超亿元项目3个。合同引进外资2017万美元，实际到位1031万美元。争取项目成效明显。共上报项目216个，争取政策性资金6.86亿元。集体林权制度改革、水管单位体制改革等各项改革稳步推进。

【社会事业全面进步】 社会就业进一步扩大，城镇新增就业5280人，城镇登记失业率控制在3%以内。办学条件进一步改善。完成了二高改扩建工程；初步建立了农村校舍改造长效机制，投入专项资金485万元，新建校舍9150平方米；“两免一补”政策全部落实到位，跨入全省义务教育均衡发展成效显著县行列。文化广电事业进一步发展。完成了4个行政村、121个自然村广播电视村村通工程；有线电视网络升级改造3.4万户；启动实施了有线电视数字化工程；新建改建3个乡镇文化服务中心、13个村级文化大院；首届“豫西协和杯”文艺大赛等群众文化活动蓬勃开展。医疗条件进一步改善。新农合覆盖面提高到97.1%，参合农民达到36.7万人；启动了扩大国家免疫规划工作，全县一类疫苗接种率达95%以上。西峡县被确定为“全国新型农村社会养老保险试点县”，农村低保对象扩大到1.7万人，城镇低保对象扩大到7076人；新建改建乡镇敬老院5所，全县五保集中供养率达到50%，居全市第一。成功创建“省级文明县城”，太平镇、西坪镇被命名为“全省环境优美小城镇”。双龙镇蝉联“全国文明村镇”，丹水镇被评为“全国文明村镇创建工作先进村镇”，国税局被命名为“全国文明单位”。全年无重特大安全事故发生，荣获“全省护林防火工作先进县”。西峡县公众安全感在全市排名第一，荣获“全省集中处理涉法涉诉信访工作先进县”、“全省信访工作显著进步县”。

西峡县各乡镇办主要领导名表

乡镇办	党(工)委书记	乡镇长、主任
白羽街道办事处	田青法(2009年7月离) 樊少华(2009年7月任)	王炳奇
莲花街道办事处	李寅兴(2009年7月离) 王全洲(2009年7月任)	蒋敏昌
紫金街道办事处	封彦波	杜俊如
丹水镇	李　涛	王全洲(2009年7月离) 张栓誉(2009年7月任)
田关乡	王海英(女，2009年7月离) 王宜文(2009年7月任)	郭好兵(2009年7月离) 薛本相(2009年7月任)
阳城乡	杜威业	黄　静(女，2009年7月离) 庞　远(2009年7月任)
回车镇	朱元朝(2009年7月离) 黄为民(2009年7月任)	黄为民(2009年7月离) 彭振生(2009年7月任)
五里桥镇	吕秀鹏(2009年7月离) 郑双成(2009年7月任)	郑双成(2009年7月离) 雷　涛(2009年7月任)

续表

乡镇办	党(工)委书记	乡镇长、主任
丁河镇	许保林(2009年7月离) 李寅兴(2009年7月任)	赵志信(2009年7月离) 杜晓伟(2009年7月任)
重阳乡	屈振伟	田中超(2009年7月离) 王培庆(2009年7月任)
西坪镇	张克俭(副处级)	王宜文(2009年7月离) 陈守科(2009年7月任)
寨根乡	王金贵	余志强(2009年7月离) 郭好兵(2009年7月任)
桑坪镇	王建朝(2009年7月离) 朱光敏(2009年7月任)	李玉山(2009年7月离) 郑光一(2009年7月任)
石界河乡	熊保山(2009年7月离) 田中超(2009年7月任)	李志信(2009年7月离) 庞潜泽(2009年7月任)
米坪镇	郭明青(2009年7月离) 张大鹏(2009年7月任)	曹明敏(2009年7月离) 苗相伟(2009年7月任)
军马河乡	樊少华(2009年7月离) 黄　静(女,2009年7月任)	庞　远(2009年7月离) 陈运朝(2009年7月任)
双龙镇	吴在明(副县长)	张大鹏(2009年7月离) 李玉山(2009年7月任)
二郎坪乡	李宏伟	余晓华(2009年7月离)
太平镇乡	袁宝峰	朱光敏(2009年7月离) 卢韶兵(2009年7月任)

乡镇办概览

【白羽街道办事处】　2009年,民营经济产值4.3亿元,工业经济产值7176万元,财政收入557万元,固定资产投资8562万元,居民人均可支配收入12973元。全年新上和技改项目12个,总投资3.2亿元,鹳河银滩水上乐园、好风景家私等新型服务业项目先后建成。白羽综合停车场、张江游园已建成使用。各项惠民政策得到全面落实。全年共落实国家粮食直补43504元、良种补贴4920元;审核办理新型农村合作医疗保险8120人、城镇居民医疗保险8790人,复核城市低保2213人,审核发放小额贷款169笔507万元,审核发放住房补贴35万元;对137户独生子女家庭发放保健费6万余元,对670名60岁以上老人发放养老金30余万元;全年新增就业560人,失业再就业359人。全面加强社区治安防控体系建设,在背街小巷高标准设计安装视频摄像头16个,在派出所设立监控中心,配套安装8路(监控画面)电视墙,并与公安局监控中心联网,同时督促辖区65个行政企事业单位安装视频监控系统,辖区技防覆盖率达到70%。

【紫金街道办事处】　2009年,国内生产总值1.95亿元,财政收入510万元,城镇居民人均可支配收入13400元,固定资产投资4.5亿元。全年新上和技改项目13个。其中以炼钢提钒后散发热器项目为主的工业项目4个,以合力有限公司引硫砂为主的工业技改项目2个。三产服务业蓬勃发展。全年新发展和上档升级专业市场及服务业31家,总投资3.6亿元,增加就业岗位2600多个,其中,以新合作大卖场、凯撒皇宫休闲会所、桐枫祥商务宾馆为代表的大型三产服务项目5个,总投资3亿元;以多尔玛、新百利生活广场、金e家快捷酒店为代表的商场、宾馆酒店21家;上档升级改造龙都商贸城、新百利服饰广场等专业性市场5个;新发展冶金材料、食品加工等庭院工业15户;新增个体工商户138家,累计达到1164家。民生工程保障有力。建设世纪城、锦江花园等安居工程5栋,可接纳350户1100人居住;为辖区居民办理新型农村合作医疗、城镇居民医疗保险7373人;办理城镇及农村低保、五保、住房补贴1794人次,发放低保金、住房补助金、救助金、优抚金230万元。在辖区单位、居民户、居民楼院、背街小巷等安装视频探头169个,同时,12人专职巡逻队和各社区居委会5人义务巡逻队昼夜值班巡逻,有效净化了辖区治安环境。

【莲花街道办事处】　2009年,国内生产总值3亿元,财政收入499万元,居民人均纯收入4271元,固定资产投资4.4亿元。全年新上和技改项目15个,其中工业项目12个,三产项目3个,投资超3000万元的项目5个。新增限额以上企业1家。已建成金方园柔性石墨生产线、如家心怡快捷酒店等11个。代表我国楚文化的白羽城遗址公园工程已完成征地394.09亩,拆迁房屋98户2.1万平方米,迁坟260余棺,进入地基施工阶段。在主要道路和背街小巷安装视频探头48个，增加报警点28个，落实家用报警器1200余套、家用电子狗600余户，组建2支义务巡逻队，提高了治安防范能力。办理再就业人员优惠证64份、小额贷款19.8万元，城镇居民基本医疗保险参保人数达378人，新农合参合率达98.6%，发放城镇居民低保金294户102.94万元、农村五保金6户1.32万元、无房户住房补贴120户21.6万元、现役军人优抚金31户3.1万元。

【丹水镇】 2009年，国内生产总值6.36亿元，财政收入1055.6万元，农民人均纯收入5875元。新上工业和技改项目14个，工业企业总数达到47家；全年新增限额企业5家，累计达到11家；限额以上企业产值达4.2亿元。特色农业增产增收。全年新发展猕猴桃1300亩；种植烤烟6000亩，创税154万元；发展中药材6500亩，袋料香菇110万袋；新建三里庙、丹水2000亩美国大樱桃采摘园1处。集镇功能日趋完善，新农村亮点突出。启动了龙腾街二期建设工程；全面治理丹水河集镇段，建起了五级蓄水坝；新建集镇、西湾、袁店跨丹水河大桥3座，新修村村通、组组通道路18公里；新建垃圾中转站1座，配备清运车辆12辆，顺利通过市级园林镇验收；新建游园2处，新发展沼气池500个，改厕250座，安装太阳能500户；七峪、袁店、谭沟三村的新农村建设顺利通过市级验收。

【回车镇】 2009年，工农业生产总值77.3亿元，固定资产投资13.7亿元，财政收入1327万元，农民人均纯收入4634元。招商引资共引进资金3.12亿元。新上及技改项目12个，总投资3.27亿元，其中投资1亿元以上的项目1个，5000万元以上的项目1个。新发展庭院工业16家，总投资556.5万元。工业企业达到59家，限额以上企业发展到8家。特色产业健康发展。新发展猕猴桃1060亩、中药材2000亩；种植袋料香菇95万袋，草腐菌210万袋，新建袋料香菇标准化生产基地1处；收购烟叶17.75万公斤，实现销售收入280.3万元，税收56万元；绿化造林2.5万亩，建千亩以上造林基地4处，新栽各类苗木210余万株。镇、村面貌明显改观。治理古庄河至杜店集镇段河道2.8公里，修建橡胶坝1处；高标准打造杜店新区，新修滨河路、烟站路等五条主次干道，并对路面实施硬化、亮化、绿化；新增垃圾清运车2辆，新建垃圾中转站1处、垃圾池22个，对杜店集镇实施全天保洁，集镇荣获市“三星级集镇”荣誉称号。新建沼气池460座，新增安全饮水1500户，新建文化大院4个，戏楼3处，配套健身器材20余套；新增有线电视用户400户。全年发放五保资金30余万元、低保资金60余万元，新农合参合率达到98%以上。

【丁河镇】 2009年，国内生产总值6.37亿元，财政收入482.5万元，固定资产投资1.50亿元，农民人均纯收入4950元。规模以上企业达5家，新增1家(西峡神火新型气体有限公司)，产值超两千万元的企业3家，新上项目12个，技改项目9个，招商引资总额2.59亿元。丁河果蔬集贸专业市场、县新百利生活广场丁河店已建成使用。全镇庭院工业达30余家。特色农业产业水平整体提升。新发展袋料香菇1800万袋，在全镇加大推进香菇标准化生产，丁河村被中国食用菌协会授予“全国小磨菇新农村行动”百强村镇，丁河镇被授予河南省食用菌行业先进乡镇荣誉称号；新发展猕猴桃1000余亩；种植中药材500余亩；新发展万只以上养鸡场10个，千头养猪场1个，50头以上养牛场2个，生猪、牛、羊和家禽等存栏数量明显增长。城镇建设力度加大，城乡面貌明显改善。丁河110千伏输变电站、镇文化活动中心、垃圾中转站、丁河第二敬老院、丁河镇卫生院传染病病房均建成并投入使用；新购置垃圾车12辆，增置固定垃圾筒及果皮箱68个，新建标准化垃圾池15个，新增环卫工人10名，提高了集镇保洁水平；新农村建设以邪地村和木瓜村为重点，实施绿化、亮化、美化工程，建成新农村文化书屋4处、健身游园2个、标准化灯光篮球场1个。

【西坪镇】 2009年，国内生产总值5.13亿元，财政收入234.2万元，固定资产投资4.25亿元，农民人均纯收入4582元。工业经济实现新突破。向上争取资金2100万元，实现引资1.1亿元。宏泰公司电解镁项目已投资1.2亿元，完成厂房建设和电炉设备安装调试等；路路冶材保护材料项目进入厂区土建施工阶段；鑫宇公司的硅钙生产线、出钢口填充料生产线已建成投产。镇民营工业园区新投产企业2家，园区企业达到8家。新发展庭院工业17家。农村经济取得新进展。发展袋料香菇500万袋，建成20万袋规模的标准化示范基地3处；新建猕猴桃示范园10处470亩；新发展中药材6000亩；完成绿化造林2.3万亩。新农村建设累计投入资金560万元，完成16个新农村建设规划编制，新农村试点村达到9个，硬化村组道路7.2公里，建游园6处，配套新农村书屋6个，新增电脑6台、图书35000册，完成村庄整治8处，建成移民新村1个，村容村貌明显改观。发放农机补贴17.3万元、粮食补贴125.6万元,良种补贴23.8万元,退耕还林及延期补贴142.9万元。

【双龙镇】 2009年,国内生产总值4.3亿元,财政收入1500万元,固定资产投资1.50亿元,农民人均纯收入4816元。工业经济平稳较快发展。新上项目43个,总投资7.5亿元,其中,招商引资项目12个,投资额3.5亿元,已到位1.5亿元;在县民营生态工业园区新入园企业3家,投资额5100万元,使双龙在县工业园区入园企业总数达到15家;在后湖庭院工业园入园项目31个,完成投资1600万元;双龙镇的限额以上企业达12家。特色农业结构调优调强。新发展猕猴桃基地100亩,总面积达到1000亩;建起袋料香菇标准化种植基地4个,种植香菇80万袋,实现销售收入1000多万元;发展中药材5000亩;特色农业收入占农民收入的比重达50%以上。旅游产业发展势头强劲。规划建设的蛇尾河漂流景点,农家宾馆总数达210家,其中星级以上占60%,接待能力大大提高,建成化山旅游度假村,景点门票收入2500万元,旅游业综合收入1.5亿元。小城镇建设稳中求进。对集镇龙乡街延伸段安装路灯31盏、铺设彩砖5000多平方米;对贩子街下水道和供水系统进行整修,建垃圾中转站1处,购置了保洁车、垃圾清运车和洒水车,对集镇实行全天保洁,双龙小城镇被省建设厅授予"环境优美小城镇"。新农村建设上,建大桥3座,整修拓宽道路81公里,实施电网、通讯网、有线电视网改造升级工程1万多米,新建沼气池200多个、改厕所300多座、安装太阳能230多台。在社会保障体系建立上,五保集中供养能力达43.8%;全面推行农村合作医疗,参合率达99%。

【米坪镇】 2009年,国内生产总值4.3亿元,财政收入76万元,固定资产投资4.7亿元,农民人均纯收入4190元。工业经济发展较快。兆丰二期工程已完成厂房建设和设备安装调试;玉鑫锰业公司已经完成基建开始投产,填补了境内没有大型工业企业的空白;新引进并入驻县工业园区的项目3个,米坪镇在县工业园区的企业总数达到8家;镇内两个庭院工业园区入园企业达到28家。特色产业稳步发展。种植袋料香菇600万袋;新发展木瓜、娑罗、猕猴桃等果药基地4600亩,猕猴桃野生改造700亩,山茱萸挂果数量达到人均65株;规模化养殖场10个,家禽规模饲养量10万只;成立各类专业合作社30余个、各种产业协会6个;中药材市场已成为豫西南地区极具辐射影响力的专业中药材交易市场,中药材购销门店超过100家,交易额达到2亿元,购销员队伍300多人,吸纳外地打工人员800余人,日本、韩国、新加坡等国和浙江、安徽等地客商长期驻米坪购货。集镇建设上档升级。龙河大道建设工程全面竣工;集镇安全饮水工程全线竣工,解决6000余人的生活用水问题;集镇垃圾收集中转站建成投入使用。民生工程快速推进,全年共发放惠农资金400万元;完成子母—关山公路17公里的路基修建和3.1公里的路面施工;秧田—石门总长500米的4座水毁桥梁建设主体完工;完成秧田—石门流域生物堤及500亩坡改梯工程;新农合参合率达到98.6%,参合农民全年报销医疗费用89.8万元,城镇居民医疗保障正式实行。

【桑坪镇】 2009年,工农业总产值75780万元,财政收入105.7万元,固定资产投资18352万元,农民人均纯收入4650元。全年工业项目总投资23620万元,其中在县工业园区新上项目2个,总投资5100万元。引资4600万元在镇工业园区新上企业8家,主要以大理石钙粉深加工项目为主。特色农业坚持菌、果、药、牧四大支柱产业不动摇,发展袋料香菇680万袋,新建香菇标准化基地8处,完成山茱萸垦复1000亩,野生连翘改造800亩,新建各类养殖场50余个。其中塘岈养牛场是南阳市最大的养殖场,总规模达500头。此外,重点利用南水北调中线水源涵养区水土保持治理项目,完成治理面积达8平方公里,完成坡改梯2000亩,发展优质核桃,田埂空地配套新品种牧草和金银花,山下建标准化养牛场,用牧草养牛,用牛粪肥果树,积极探索发展"果—草—牧—果"的立体种植生态循环农业产业模式。新农村建设取得新成就,新建和扩建了中心小学、新建卫生院综合病房楼;修复了32公里8?17洪灾水毁公程;新建阳光小区,解决了109户深山贫户和受灾户的住房困难;动工修建黄沙、三湾2座鹳河大桥;新建安全饮水工程2处,解决了800余人安全用水;启动建设了桑坪综合文化广场;,完成了翠屏南路1000米防洪大坝及路基建设工程;投资7万元,实施石灰岭、塘岈两个村文化信息共享工程,配备电脑、电视、光碟、图书等器材。新农合参合率达到99%,五保集中供养率达到55%。

【五里桥镇】 2009年,工农业总产值52亿元,财政收入1318万元,固定资产投入25亿元,农民人均纯收入5160元。新上及技改项目13个,投资总额9.2亿元,其中招商引资项目6个,引资到位资金4.58亿元。限额企业达到10家,产值超亿元企业达4家。西排公司荣获"河南省优秀民营企业"称号。产业聚集效应突出,形成了以西排公司、西峡特种铸造公司为代表的汽车配件铸造,以西峡冶金辅料厂、龙翔冶材公司为代表的冶金辅料,以中联水泥、通达机械制造公司为代表的建筑材料,以三胜化工、裕达钟表厂为代表的绝缘化工,以龙乡菇业公司、新太阳牛奶为代表的农产品加工五大产业集群。新发展庭院工业62家,建成封店村级庭院工业园。新发展猕猴桃2000亩,其中曹岗、黄狮连片基地1300亩;新发展袋料香菇480万袋,建成北堂100万袋袋料香菇示范基地,北堂村被国家食用菌协会授予"全国小蘑菇生产基地试点村";发展以鸡、牛、羊为主的养殖业60余万只,大棚蔬菜1000亩,花卉育苗基地1000亩;发展中药材2000亩;植树造林8000亩。集镇建设步伐加快,建成了稻香西路、白羽路与龙乡路交叉口游园、袁寨蔬菜水产批发市场。新农村建设以慈梅寺等试点村为重点,安装健身器材50套,发展沼气池500个,改旱厕100个,硬化村组道路80余公里,建广场游园8个;初中学生公寓、老干部文化活动中心建成使用,全镇"村村通"硬化率达100%;新农合参合率达99.8%。

【重阳镇】 2009年,工农业总产值92462万元,财政收入103万元。工业发展上,全年新上企业8个、技改项目3个。其中绿康公司、金安公司、兴阳菇品公司等企业已建成投产。特色农业上,全年发展香菇800万袋,建成规模10万袋以上的标准化生产基地4处;新发展猕猴桃500余亩,建成猕猴桃精品基地3个;新发展中药材4300亩;在杜岗新建南阳市规模最大的标准化种鸡繁殖场一处,成为全县高品质种鸡的主要供应地。新建万只以上蛋鸡生产场6个、规模化养猪场2个;完成奎岭河流域3000亩治山整地及配套工程;完成植树造林21420亩。集镇建设上,对新安街、朝阳路、重阳老街、兴阳大道等街道进行了建设和改造;新建集镇垃圾中转站1处;在集镇主要路口安装视频监控摄像头7个,进一步提高了群众的安全感;经省政府批准顺利实现了"撤乡建镇"。基础建设上,修复开通连村连组公路50公里,新修高台—洪湖公路;架设了洪湖村有线电视;建移动及新联通基站6处;建成69户300人居住的移民小区1处;建成人畜饮水工程3处,解决了3000余名群众的安全饮水问题。新农村建设累计投入资金500万元,完成4个试点村的村容整治、绿化亮化、文化大院建设,硬化村组道路10公里,新建游园3处,配套新农村书屋10个,村容村貌明显改观。

【太平镇】 2009年,工农业生产总值10.6亿元,固定资产投资6亿元,财政收入99万元,农民人均纯收入4560元。全年新上以汽车配件、冶金耐材为主的工业项目12个,其中新上入园项目3个,使工业园区数达到8个,限额以上企业达到4个。特色农业获得新发展。对全镇3.5万亩山茱萸基地按照GAP标准实施无公害管理,产值达2400余万元;对4800亩优质薄壳核桃基地进行高标准管理,提高了挂果率;高标准建设百亩五味子基地;新发展柴鸡5万只,商品柴鸡蛋产量也逐步提高。旅游开发实现新跨越。完成了老界岭景区深度开发、滑雪场景区二期开发、大鲵观光园等重点建设任务,完善配套了基础设施;老界岭景区晋升为国家"4A"级景区;河南省伏牛山游客服务中心一期工程顺利竣工;完成了桦树盘度假区一期工程和30家农家宾馆的新建及改造,使全镇中小型旅游宾馆达到5家、农家宾馆达到70家,日接待游客能力达到4500人;东坪农家宾馆别墅群建设全面启动,已完成前期征地和规划设计工作;荣获了"河南省特色景观旅游名镇"称号。基础设施日益完善。建成了垃圾中转站和垃圾填埋场;建成可供3000人饮用的集镇供水系统;完善了道路硬化和绿化、路灯安装、下水道铺设等配套设施建设;先后被省委、省政府授予"河南省清洁家园行动先进乡镇"、"河南省环境优美小城镇"等称号,并顺利实现了撤乡建镇。

【阳城乡】 2009年,国内生产总值2.6亿元,财政收入682万元,固定资产投资4.05亿元,农民人均纯收入4917元。全年新上项目17个、技改项目8个,总投资额3.3亿元,其中招商引资项目12个,合同引资额2.33亿元,引资到位额1.6万元,已建成投产项目6个,在建项目6个。高标准建成街南、街北两个庭院工业园,入园企业22家,其中已建成投产17家,在建5家。全乡企业总数达到49家,限额企业达到8家,形成冶金保护材料、汽车配件、食品加工贮藏、旅游产品加工四大优势产业。特色产业建设再上新台阶。新发展猕猴桃基地550余亩;建成香杉示范基地5000亩;油桐生态能源林基地1万亩;完成野生猕猴桃、油桐树、黄楝木改造5000亩;建成生态游园林基地3处2000亩。发展袋料香菇150万袋,高标准建示范基地3个,食用菌实现产值1500余万元;发展烤烟2560亩,烟叶生产实现产值287万元;发展中药材8000余亩,建成以三岛柴胡为主的中药材示范基地3个，中药材实现产值1200万元；新发展猕猴桃1500亩，猕猴桃实现产值3600万元。新农村建设呈现新亮点。建成阳城街南、后营小街移民新村2处，硬化水泥路面23公里，配套路灯25盏，解决群众行路难问题；建成后营村级文化大院1处、老年娱乐活动中心、灯光球场、文化书屋、戏楼、游园等35处，配备健身器材30余套，制作文化长廊30余处；修建沼气池800个，新装太阳能120个，开挖下水道1500米，实现垃圾污水集中处理，建垃圾处理池8个。完成乡敬老院房屋扩建23间；新建桥梁3座；完成后营、三关安全饮水工程，解决2000人安全饮水；高标准完成阳板公路建设。

【田关乡】 2009年，国内生产总值3.22亿元，财政收入245万元，农民人均纯收入1905元，固定资产投资1.21亿元。新上项目15个，总投资9200万元，资金到位8000万元。特色产业实现了上档升级。植烟面积突破5500亩、创种植烤烟以来的最高水平，效益突破760万元，完成入库税金148万元，烟叶种植中地膜覆盖达到1500亩、占总面积的30%；发展以杏李为主的小杂果4.2万亩，实现效益1200万元；发展猕猴桃1800亩，实现收入400万元；发展袋料香菇100万袋，建成标准化基地6个；种植柴胡2300亩。民生工程成效显著。新发展沼气池380个，建成“百池村”8个，全乡累计沼气用户达1180户；各项社会保险费征缴额达45万元，发放农村最低生活保障金934人56万元；新农村建设以孙沟、谢庄为重点，在孙沟村修组组通道路3000米，改建旧危房屋20户，建人工湖1座；在谢庄村建文化娱乐广场1处。

【寨根乡】 2009年，国内生产总值9606万元，财政收入76.9万元，农民人均纯收入4565元，固定资产投资10448万元。在县工业园区新上项目7个，其中1000万元以上项目6个，总投资11950万元，已完成投资8700万元。农业生产上，发展袋料香菇600万袋、草腐菌200万袋；发展猕猴桃新基地720亩；其中寨根村坡改梯发展500亩；发展以皱皮木瓜等为主的中药材600余亩。在新农村建设上，对界牌、赛岭试点村实施了净化、绿化、美化、亮化和硬化，建标准化公厕2个、沼气池30个，新建戏台1个。集镇建设上，新建集镇集中供水系统，解决了集镇1000多口居民的饮用水困难，同时完善了集镇排水系统；新建垃圾处理场1个、标准化公厕1座。全年发低保金23.2万元、五保救助金14.5万元、抚恤金10多万元、种粮补贴和综合直补19万元、退耕还林补贴23万元，汽车(摩托车)下乡补贴8万元。新型农村合作医疗参合率达到96%。

【石界河乡】 2009年，工农业总产值2.3亿元，财政收入63万元，农民人均纯收入4156元，固定资产投资9870万元。全年新上项目6个，其中千万元以上项目4个(宝山矿业公司、三维电器公司、京福德肥牛餐饮、南阳银庄)。新发展袋料香菇700万袋；栽植金银花8万余株，建成300亩的娑罗树基地1处，发展灵芝、桔梗、柴胡等中药材1000余亩；全乡有养鸡场6个养鸡2万只。新发展沼气78户，建成沼气池78个，集中供气池3个；新发展太阳能150台。实施移民搬迁32户、硬化道路15公里，安装健身器材16套；新建文化广场1个、戏楼1处、灯光篮球场1个。

【军马河乡】 2009年，国内生产总值21718万元，财政收入81.1万元，固定资产投资2.38亿元，农民人均纯收入4912元。全年新引进项目9个，其中，豫海冶金辅料公司、西峡县东林电力安装公司、佳瑞汽车销售服务公司等6家公司入驻县工业园区，完成征地工作；鹏钰冶金辅料公司的喷雾塔技改项目已完成；县金鑫矿业有限公司在台子村进行探矿开采、独阜岭欢乐谷项目完成征地拆迁；围绕中原第一漂发展旅游产品加工，全年新上各类加工企业30余家。在农村经济发展上，建成标准化袋料香菇示范基地3个，发展袋料香菇500多万袋、草腐菌100余万袋；新发展山茱萸500亩，木瓜200亩，发展木灵芝10万袋；嫁接改造核桃基地900亩。在新农村建设上，走移民搬迁型新农村建设路子，启动长探河、军马河、白果、台子4村的移民新村建设，搬迁移民138户，完成4村138套移民安居房的主体工程及下水道、集中供水工程；建成文化广场3个、游园3处；完成长探河流域1200米河道治理整修。全年共发放粮食直补和综合直补资金51.2万元，发放最低保障金、五保集中供养金及城镇低保资金50多万元，农民参合率达到95%以上。

【二郎坪乡】 2009年，工农业生产总值4.93亿元，财政收入105万元，固定资产投资1.39亿元，农民人均纯收入4312元。全年新上技改项目8个，引资总额3.32亿元，其中，金利达公司铁粉精选项目、建辉石材开发、新辉石材加工等6个矿产品开发项目均已实现顺利投产；新发展庭园工业14家。旅游开发实现新突破，老君洞假日酒店和游客服务中心已建成投入运营；完成了老君洞景区15公里道路拓宽修复硬化工程;蛇尾河漂流上码头和游客服务中心已建成并投入试运营;银树沟景区开发已完成基础设施和配套服务设施建设;新发展高档农家宾馆38家,农家宾馆总数达到116家,日接待能力达到3000余人。特色农业上,新发展袋料香菇400多万袋、草腐菌60万袋;新发展中药材基地600亩;新发展野生猕猴桃500亩。新农村建设上,硬化村庄道路8.7公里,铺架桥梁4座,建成村级文化大院4个,配备健身器材20余套。集镇建设上,启动了汉王城山水大酒店二期工程建设;建星级公厕2座;实施了街道游园绿化、彩砖铺设和集镇安全饮水工程;顺利通过了市级卫生集镇验收,被市授予"二星级集镇"荣誉称号。(王富强 张晓红)

淅 川 县

县情综述

【概况】 总面积2820.28平方公里,耕地面积86.3万亩;水域面积365.6平方公里,水资源总量9.51亿立方米,其中地表水资源9.36亿立方米,拥有亚洲第一大人工淡水湖一丹江口水库,是南水北调中线工程渠首一陶岔所在地。总人口74万人,其中乡村人口49.8万人。辖2个街道办事处,11个镇和4个乡。

县委书记:崔军(2009年4月离)、袁耀生(2009年4月任);副书记:马良泉(2009年6月任)、汪天喜、宋超(2009年5月任);常委:宋超(纪委书记)、郭希朝(县委办主任)、程立远(政法委书记)、张荣印(组织部长)、王勇(武装部政委)、姬丰臣(统战部长)、陈助民(宣传部长)、赵鹏(常务副县长)

人大主任:王吉成;党组书记:朱明云(女,2009年4月离);副主任:崔金岑、王建都、多庆衔、王自俊、余仕芳

县长:袁耀生(2009年6月离)、马良泉(6月任);正县级干部:李廷伟、赵金秀;副县长:赵鹏、韩丙森、李晓兰(女)、赵红亮、王培理、冯有德、袁克政(2009年5月任)

政协主席:李天相;正县级干部:李生林、张中志;党组副书记:何阳山;副主席:李淅荆、梁瑞玲(女)、王俊林、郭则钦;党组成员:刘德礼

法院院长:丁建民

检察院检察长:李毅

公安局长:畅建辉

武装部长:董振武;

总工会主席:崔金亮

群工部长:王明华

湿地保护处主任:闫天华

2009年,在国际金融危机的严重冲击下,在南水北调移民动迁工作的严峻考验下,淅川县委、县政府领导全县人民,认真执行国家、省、市各项政策措施,积极应对复杂多变的经济发展环境,着力解决经济运行和移民动迁工作中的突出矛盾和问题,有效遏制了经济下滑势头,国民经济企稳回升,移民动迁试点顺利进行,各项社会事业全面协调发展,人民生活水平继续改善。经济结构进一步优化,三次产业结构比重由上年的24.1∶54.9∶21转变为23.3∶53.9∶22.8。国内生产总值实现114.2亿元,比上年增长12.7%。其中:第一产业增加值实现26.6亿元,增长4.6%;第二产业增加值实现61.6亿元,增长12.7%;第三产业增加值实现26.03亿元,增长20.6%。全县工业企业实现增加值54.7亿元,增长12%。粮食产量25.6万吨,下降2%。全年财政一般预算收入3.02亿元,地方财政一般预算支出14.04亿元。全社会固定资产投资总额97.26亿元。社会消费品零售总额39.58亿元。外贸商品出口总额641万美元,实际利用外资1000万美元。城镇居民人均可支配收入1.25万元,比上年增长10.6%;人均消费性支出9610元,增长12.4%。农村居民人均纯收入3993元,人均生活消费支出3350元。城乡居民年末储蓄存款余额46.07亿元。

工业和建筑业全年全县工业总产值198.68亿元。全部国有工业企业及年产品销售收入500万元以上的非国有工业企业完成总产值116.58亿元,其中国有及国有控股企业总产值25.33亿元,全年产值超亿元工业企业10家;全县规模以上工业企业实现主营业务收入105.49亿元,规模以上工业实现利税总额14亿元,实现利润8亿元,工业企业经济效益综合指数为150.89%,全员劳动生产率20.11万元/人,流动资产周转率2.22次/年,全年产销率99.4%。建筑业实现增加值6.84亿元。资质等级四级及以上建筑企业完成建安工程工作量73.78亿元,税金1.82亿元;房屋建筑施工面积15.64万平方米,竣工房屋建筑面积13.3万平方米;房地产开发全年投资2.23亿元,商品房施工面积6.19万平方米,销售面积6.03万平方米,销售额6598万元。农业全年粮食作物播种面积92.4万亩,粮食总产量25.55万吨,粮经比为48.4∶51.6;油料面积56.82万亩,油料总产量10.95万吨;小辣椒总产9.9万吨,烟叶总产1.04万吨。全年造林17.9万亩,幼林抚育面积12.5万亩,林产品产量

1.3万吨。肉类总产量5.6万吨,其中猪牛羊肉总产量5.1万吨;禽蛋产量2.6万吨,水产品产量1.8万吨。农林牧渔业总产值45.25亿元。国内贸易全年社会消费品零售总额39.58亿元,其中县城消费品零售总额25.09亿元,农村零售额14.49亿元。对外经济全年直接出口创汇641万美元,外商直接投资合同金额6000万美元,实际利用外资1000万美元。

交通全年各种运输方式完成货物周转量71141万吨公里,旅客周转量77841万人公里。公路建设投入资金4.3亿元,改建公路242.6公里,改造危桥8座,新建汽车站1个;年末公路通车里程2573.7公里,公路密度达91.3公里/百平方公里;年末公路干线好路率92%,县乡公路好路率84%;农村客运班线发展至55条,全县所有乡镇和95%的村通班车;拥有各种汽车7512辆,机动营运船舶58艘,客位1204个,载货量1753吨位。邮电业务总量全年完成1.53亿元(含移动通讯),其中邮政2699万元,电信1.26亿元。通讯设备和邮电技术水平进一步更新提高,服务网络进一步扩大,年末局用电话交换机总容量25.7万门,固定电话6.4万户,其中城市1.4万户,农村5万户,移动电话用户21.4万户;新增移动电话用户2.9万户,计算机互联网络用户1.5万户,3G业务用户248户。

旅游景区建设全年累计投资3亿元。坐禅谷、香严寺、丹江大观苑等一批精品景区已经初步形成,“渠首—丹江—香严寺—坐禅谷—丹江大观苑—荆紫关”这一精品旅游线路在省内外日益响亮,已经成为河南省人民政府推出的全省八大特色旅游线路之一。全县拥有景区(点)10家(其中,AAA级景区2家,AA级景区2家),中档以上旅游宾馆20余家(其中,三星级宾馆2家),旅游商品生产企业10余家,全县旅游直接从业人员1万余人。全县累计接待游客120万人次,实现综合经济效益5.6亿元。

教育全县小学校356所(不含133个小学教学点),初中22所,高中5所,九年一贯制学校1所,职业高中学校3所,成人中等专业学校1所,各类成人学校(教学点)523个。初中在校学生3.23万名,小学在校学生为8.68万名;幼儿园18所,在园幼儿1.05万名。3480余名中小学校贫困寄宿生得到生活补助,全年发放“两免一补”资金6182.8万元。全县教职工7829人(其中专任教师7220人)。

2009年,全县文化机构团体举办展览4场,组织文艺活动29次,藏书8.3万册;县曲剧团巡回演出138场次,观众22万人次。广播和电视人口综合覆盖率92%以上,有线电视用户5万余户,有线电视信号覆盖率20%。

全县卫生系统有卫生机构22个,其中卫生院16个;拥有床位1039张,其中农村卫生院474张;全县拥有卫生技术人员1427人(农村卫生院599人)。其中医生554人(执业医生179人,职业助理医师497人),药剂师113人,护士137人。县乡村三级医疗机构基础设施建设进一步改善,全年完成7个国债卫生院和8个国债村卫生所建设,建筑面积7250平方米;投入213万元增加县中医院、县妇幼保健院和部分乡镇卫生院医疗设备配套。全年共有60.57万人参加新型农村合作医疗,参合率达到96.4%,全年补助67.43万人次,补助金额6649.5万元,医疗费用的实际补助比例为40.9%。

城区绿地面积623公顷,完成绿化面积63万平方米,人均公共绿地面积8.2平方米/人,城市绿地率和城市绿化覆盖率为31.2%、35.6%。城市供水普及率89%。城市的士60余辆,城区公交营运车辆16台,运营线路网长度38公里。县污水处理厂和垃圾处理厂投入运营。小城镇建设全年新增道路16.1公里,新增绿化面积2.3公顷,安装路灯250盏,安装供水管道21公里,铺设下水管道8.2公里,新增建筑面积8.77万平方米。

淅川县各乡镇办主要领导名表

乡镇办	党(工)委书记	乡镇长、主任
龙城街道办事处	徐卷林	唐云芝(女)
商圣街道办事处	柳震奇	刘明献
荆紫关镇	刘贵献(副处级)	罗书运
香花镇	徐　虎	马光东
九重镇	杜　勇(副处级)	马　飞
厚坡镇	秦振才	王德会
老城镇	马华中	赵　炜
上集镇	辛泽涛(享受副处级待遇)	翟成敬

续表

乡镇办	党(工)委书记	乡镇长、主任
盛湾镇	陈太良	聂俊毅
金河镇	张国朝	裴建军
寺湾镇	全建军(享受副处级待遇)	严富强
仓房镇	黄长林(副处级)	赵红伟
马蹬镇	衡尚武	范海明
毛堂乡	李士清(女)	李建兵
大石桥乡	罗建伟	向晓丽(女)
西簧乡	陶玉霞(女)	王志斌
滔河乡	杨桂森(副处级)	何　丽(女)

乡镇办概览

【龙城街道办事处】 2009年,工农业生产总值5.5亿元,固定资产投资8319万,财政收入629万元,居民人均收入6530元。完成招商引资项目5个,总投资额1.3亿元,县工业园区的LED节能灯项目总投资超亿元,一期工程投资5000万元,上马太阳能电池板、节能灯散热片、太阳能灯杆等相关配套产品。一帆风顺高层商住楼项目投资3000多万元,结束了淅川无高层住宅楼的历史。在城市建设中,配合县重点市政工程建设,完成上九路城区段绿化配套、东滨河路北延拆迁、健康路拆迁户安置、经济适用房二期征地以及人民路提升改造五项重点市政工程的协调任务,做好违法违规建房整治。在城市管理上,围绕日常管理、清扫保洁和监督检查环节,先后制订了考核、评比和奖惩等制度。通过检查,形成环卫制度化管理机制,在县开展的城管杯竞赛活动中取得一等奖。综合治理全面落实治安防控体系建设,各社区巡逻队坚持夜间巡逻,街道主要路口安装了监控设备;各有关单位坚持每周一到综治工作中心值班,对群众的来信来访进行归口办理,在县平安建设考核中被评为先进单位。信访稳定落实居民小组、社区、街道班子成员和街道信访办四级办理制度,使大量矛盾在基层得以化解,实现了全年市级以上零上访目标,被评为市级信访工作先进街道,取得四连冠。文明社区建设,自筹资金70多万元,完成郑湾八组文明小区的小巷硬化、坡屋顶改造及墙面外粉,修建文化浮雕墙,栽植名贵花木,架设景观路灯,安装体育器材;文化书屋通过购买和捐赠等办法,置办图书5000多册。社会事业,城镇居民医疗保险和新型农村合作医疗保险参保率100%,对城市低保户、农村五保户、伤残军人等发放低保金5.6万元,优抚金8.4万元,提供帮扶资金3万多元;建设街道计生技术服务中心。

【商圣街道办事处】 2009年,工农业总产值7.34亿元,固定资产投资3.2亿元,财政收入1426万元,农民人均纯收入6800元。项目经济,新上500万元以上项目5个,华新铸造责任有限公司从陕西汉德车桥有限公司引资5000万元,建设一条树脂砂生产线;江苏江阴市电子科技有限公司投资1000万元完成征地筹建;湖北十堰铸造有限公司投资2500万元,一期工程汽车配件精加工于7月份开工;大浪淘沙商务酒店投资3500万元已正式营业;林吉特精密有限公司与宁波(台湾)前锋精密模具有限公司联合投资5000万元,在县工业园区投产。在拆迁改造、基础设施建设、环境卫生治理等方面取得进展,城区上九路段拆迁工作完成,健康路南延拆迁已安置6户,剩余拆迁户待县政府规划宅基后可完成拆迁;社区建设稳步推进,幸福社区办公楼投入使用;对违法建设、违法用地的清理整治,清理双违户80余户;卫生管理街道副职领导包社区、包路段,环卫站职工和机关干部定路段、定人员、定责任,并强化督查,严格奖惩,环卫站组成10人的执法巡逻组,常年在辖区各个路段不间断巡逻,确保辖区主次干道全天候保洁。信访稳定对辖区各社区矛盾纠纷和重大不稳定因素进行拉网式排查,实行群情日碰头、日报告制度,对排查出的14起矛盾纠纷案件,按政策予以解决,确保信访工作的稳定。民生服务,累计投入676万元,硬化小巷小道道路15条,硬化率100%;新农合参合5942人,城市医保参与3120人,办理复核城市低保1233户,3126人,农村低保272人,发放优抚款6.8万元。

【荆紫关镇】 2009年,国内生产总值17.9亿元,固定资产投资2.5亿元,财政收入1690万元,农民人均纯收入4200元。工业经济快速发展,全镇努力为企业营造良好发展环境,是历史上招商引资项目最多、到位资金最多、企业技改投入最多的一年,到位资金9500万元,玉典化冶新上技改项目3个,投资6000多万元,提升了企业竞争力；亚欣冶金年产1.5万吨锰碳合金球项目建成投产，产能扩大1.5倍，产值、税利实现翻番。路逾鞋业、银志油业等第二方阵已经兴起；从北京引资1000多万元在县工业园区新上马元鹏东恒环保材料公司。文化旅游产业全面推进，成功举办第十四届黄河诗会和全省政法宣传培训会，出版了楹联集；投资300多万元改造升级宾馆饭店；开发草编、竹编等旅游产品10多种；对"一脚踏三省"碑亭和解放纪念碑进行改造；加大古街保护开发力度，荣获全国特色景观旅游名镇称号。农村经济持续稳定发展，新改造桑园1000亩，累计达到3.5万亩，全年供应蚕种2.6万张，年产值2000万元；全镇100多家养殖厂基本建成标准消毒室、防疫室，建立完善防疫档案；新发展荒山造林8000亩，投资300多万元完成汉王坪、孙家湾小流域治理5000多亩；投资300多万元打造娘娘庙、狮子沟、李营3个新农村示范点。基础设施建设，争取各类政策性项目资金4000多万元，到位1421万元，集中实施集镇供水，异地搬迁扶贫等5个项目；投资500万元实施镇一初中迁建工程；硬化农村道路26公里，打通并硬化出省通道9公里；实施了集镇光亮工程。社会事业全面进步，新型农村合作医疗参合率达99%以上，五保老人集中供养283人，完成计生服务楼建设。

【寺湾镇】　中原桑蚕第一镇。2009年，工农业总产值14亿元，固定资产投资1.1亿元，财政收入480万元，农民人均纯收入4200元。非公有制经济全年新上1000万元以上工业项目2个，50万元以上项目6个，总投资5800万元；兆鸿电冶投资1200万元实施节能降耗工程，降低生产成本，全年产值1亿元；完成县工业园区洁能新能源太阳能热水器项目一期1000万元投资建设；南召阿房宫公司初期投资300万元，建成蚕丝被展厅1300平方米，并投入运营；惠丰公司投资300万元上马桑蚕特色食品加工项目，开发的桑尖菜、桑叶茶等产品远销浙江、天津等省市，年产值800多万元。高标准培育桑蚕示范基地2500亩，配套打机井29眼，修建生产道路8条5000余米，有效提高桑园抗灾害能力，单张产量突破80斤，上车率提高10个百分点；新发展核桃、二花基地3000亩。生态建设，完成通道绿化工程500亩、镇区绿化1000亩，发展生态经济林3200亩，实施"两籽一树"工程1.3万亩，完成幼林抚育8000亩，封山育林3万亩。基础设施建设，投资300余万元，更换路灯40余盏，栽植风景树2000余株，修复上荆公路、209国道和镇区干道8000余米，建设垃圾集中处理场1座；投资800万元，整治河滩地8000余亩；修建孙家铺护岸坝，保护耕地3000余亩；投资380万元，完成罗岗村整村推进工程，修建村组道路2000米，建设饮水工程两处；修建柳林沟及西营通组道路3000米，解决了1500余人行路饮水困难；投资300万元，完成秦家沟、柳林沟等3村电网改造遗留；投资400万元，修缮村级教学楼80间，建设镇中寄宿楼2000平方米；投资320万元，新建卫生院门诊楼800平方米；新修沼气532座。新农村建设中，夏湾、贾沟2个县级新试点村投资500万元，实现水、电、路、新农村书屋、文化广场等基础设施建设六配套，全镇60%以上的行政村实现建设整齐化、道路平整化、牲畜圈养化，被评为全县新农村建设先进乡镇。

【西簧乡】　2009年，工农业总产值9.1亿元，固定资产投资1.6亿元，财政收入410万元，农民人均现金收入3996元。非公有制经济引进项目7个，50～500万元的企业4个，500万元以上企业3个，总引资1.4亿元。入驻县工业园区的中方阀业消失模铸造项目5月份投产，奇业炉料生产项目9月份投产运营。农业产业化在流西河、黑马庄建设猕猴桃基地2000亩，在龙岗、流西河等12个村点播油桐1万亩，对流西河、七棵树核桃基地进行补植补造，完成209国道通道造林600亩。推广双加模式，成立农民专业合作社2个，发展核桃种植协会8个，联系市场办和绿益山珍公司形成产销加一体化，实现了农户＋基地＋公司的农业产业化格局。新建规模化养殖厂12个，培育专业养殖大户60个。基础设施建设，硬化穆家沟、梅池等村的入户道路1.5万米，完善供水系统和垃圾、污水处理工程。新型农村医疗保险参合率96%，新建成村级标准卫生室2个。新建乡计生服务中心楼、乡文化服务中心，网络电视村村通工程覆盖率80%以上。

【毛堂乡】　2009年，工农业总产值7.52亿元，农民人均现金收入4210元，财政收入427万元。项目经济，新上及续建项目36个，其中招商引资项目24个，国家政策性项目11个，完成投资9564万元；招商引资1000万元以上，新上7个项目是龙跃石材有限开发公司、南阳友好闲置设备调剂有限公司、鹏翼食品有限公司、思源建材科技开发公司、鸿羽石材责任公司、南阳金鑫多金属开发公司、润达钒业等，总投资6700万元；投资1000万元以下项目10个。九源门业产品向西班牙出口创汇3700万元。争取政策性项目11个,总投资4462万元。新农村建设,投资6280万元,建设通讯基站18座,完成农网改造10个村,硬化道路20公里,新建村级活动中心、文化大院13座、文化广场6处,解决9个村3650人的安全饮水问题,改造危房382座,粉刷美化墙体6000多平方米,拆除临路厕所、庵棚、圈舍100多处,修建花带4000多米,建花池36处,栽风景树6000多棵,栽花1600多棵,建设沼气360座,治理河道2.1公里,修护河坝4.2公里。畜牧业新上规模化养殖场14家,发展年出栏50头以上猪羊的农户76家,林果业直播油桐1.2万亩,发展板栗6000亩,黄楝树1000亩,新发展茶叶2000亩。

【上集镇】 2009年,工农业总产值30.5亿元,财政收入1260万元,固定资产投资2.87亿元,农民人均纯收入5460元。镇域经济综合经济综合实力位于全市第12位,河南省新农村建设先进单位。争取各类政策性项目14个,资金1100余万元;新上招商项目24个,其中投资100万元以上项目16个,1000万元以上项目8个,总投资1.468亿元,已完成投资1.16亿元。工业经济中,丹江摩减投资5700余万元扩建项目正式投产,新增利税1000余万元;森丽钢铁炉料投资1000余万元,新上生产线一条;推进工业园区建设,入驻企业120余家。生态农业及新农村建设,全年完成造林1.8万亩,新发展柑桔2000余亩,板栗6000余亩,干鲜杂果300余亩,改良品种1万亩,全镇林果业面积近10万亩;培育养殖专业村7个、专业场120个、专业户1300户,畜牧业产值1.2亿元;新发展蔬菜种植500余亩、日光大棚150余个,全镇蔬菜面积5000余亩;丹江湖乳业、三宝绿色食品进入全市农业产业化重点龙头企业行列。新农村建设,完成铁庙等7个村新农村连片建设任务,荣获全县新农村建设金杯奖,顺利实现全镇试点移民1400余人的平安搬迁。基础设施建设,全力打造东城新区,圆满完成县城东滨河路北延工程拆迁任务;成立环卫站,组建50余人的专业卫生清洁队,确保街道卫生干净整洁;新建村级公路21公里,整修村组路150余公里,修建关帝、老坟沟、草庙沟等10余村入户路38公里,全镇水泥路通车里程390公里,90%以上村有水泥路或柏油路;打机井19眼,高泉引水3处,架设自来水分管线8.2公里,使5100余名群众吃上了甘甜的纯净水;建文化广场12个,文化大院11个,文化长廊600米,修建下水管道3.9万米,栽植绿化苗木8万余株;新建村级敬老院9所,收养老人60余名;新建教学楼1座。

【金河镇】 2009年,国内生产总值11.35亿元,财政收入600万元,固定资产投资2.53亿元,农民人均纯收入4200元。南水北调丹江口库区试点移民工作先进单位,南阳市三星级城镇。移民迁安完成姚湾移民试点村1094人安置任务。城市建设,完成并完善集镇总体规划修编和60%的村庄规划,完成城区主要街道、重点部位的控制性详规。实施永安路、金福路、丹江大道西端工程、鹳河二桥至丹江大道西端的金河大道硬化、绿化、亮化等配套工程建设,完成西滨河路已建成段及丹江大道2条街道标志性光亮工程。项目及非公有制经济,争取以工代赈、水利、移民、公路、教育等政策性项目,到位资金1800万元。以后营蔬菜基地为龙头,辐射带动中吴、彪池等6个村新发展蔬菜1000亩,建成总面积3000亩无公害蔬菜产业基地;在龚井等9个村发展烟叶2000亩;在后洼、龚井等村农建工地新发展核桃、柿子2000亩;在山区各村试种南瓜3000亩、青皮豆2000亩;扩建下吴、后洼、徐岭养殖小区,新建专业场3个;完成小流域治理3平方公里,恢复彪池等村有效灌溉面积2000亩,解决金源、莲花等村1000人安全饮水;新建沼气池800座。旅游开发完善驻马山景区大殿内部配套内容及院墙、大门等基础设施建设,完善门景广场及浮雕墙,游客服务中心、农家乐宾馆等配套设施;栽植常青风景树3000亩,建设采摘观赏游园500亩。

【老城镇】 2009年,国内生产总值4.8亿元,财政收入530万元,固定资产投资1.4亿元。争取各类项目投资1000余万元,新上中小企业和个体经济企业50余家。移民迁安顺利完成狮子岗村989人整村搬迁任务。生态建设,结合冢子坪流域治理,以秧田等3个村为主建成3000亩仁用杏经济林果基地,以王沟等4个村为主完成4000亩仁用杏和药材套种基地建设任务,在七里等5个村完成8000亩油桐、橡子直播基地工程任务,完成涵养林2000亩、经济林1000亩;发展蔬菜1500亩,以石门等9个村为重点发展烟叶600亩;全年黄牛存栏2.5万头,生猪存栏2.1万头,羊存栏10000只,家禽存栏26万只。新农村建设,投资230万元,在秧地沟村进行流域治理坡改梯3000亩,改建村部、五保大院,新建文化广场,新修公路4公里,增设移民通讯塔1座,修建安全饮水工程2处,解决500余人饮水困难,粉刷房屋300余间。民生工程,完成投资170万元的初中学生宿舍楼、餐厅楼及校园建设任务;建设村级文化大院5个,在石门、秧地沟、泉沟等村完成有线电视“村村通”建设工程，新增用户260户；完成投资40万元的镇计生中心技术服务楼建设工程，建村级标准村室3个；投资60万元完成镇卫生院医技防保楼建设工程，建村级标准卫生室9个；巩固完善秧地沟等9个村级五保大院建设配套点，全镇五保集中供养能力达到70%以上；完成杨山等4个村12公里村组道路硬化建设任务；建饮水工程5处，全镇解决3100人安全用水困难；在黑龙泉等5个村完成435户沼气配套建设工程。新农合参合率达到95%以上，城镇居民参保率达到40%，农村养老保险入保率达到60%以上。

【大石桥乡】 2009年，工农业总产值3.46亿元，财政收入295万元，农民人均纯收入3856元，固定资产投资9750万元。移民迁安张湾村386户、1553名移民全部顺利搬迁。农业产业结构调整，投资30万元新发展湖桑2600亩，全乡达到6000亩，在官田等山区村种植仁用杏8000亩，亩产效益800元，农民人均收入增加600元；在14个沿河村发展养鱼鸭、莲菜、甜玉米和春花生特产产业，发展莲菜8500亩，鸭子2万只；在17个山区村栽果树、养猪羊，开发大理石，发展仔猪2万多头，建成了10个养猪专业场，30个养猪专业组，发展果林地14.23万亩，其中胡桑3200亩，仁用杏3500亩；打造出仁用杏、红心鸭蛋、玉米酿酒和蜂蜜酿酒的三大特色农业品牌。非公有制经济新上企业8家，现有投资1000万元企业2个，投资500万元以上企业6个，投资在50万元以上企业47个；其中投资2000万元萨克斯汽车配件公司年产值1200万元，利税150万元；投资600元的利源钙业有限公司年产值380万元，利税60万元。丹北小流域治理投资479.5万元，投工45.8万个，完成43平方公里治理；其中坡改梯4500亩，造生态林3万亩、105万株苗木，经果林5000亩、30万株，修建拦河坝6条，谷坊76条，抗旱水窖59座，生产路32公里，石坎梯田700亩，沼气400座。

【滔河乡】 2009年，工农业总产值7.9亿元，财政收入340万元，农民人均纯收入3900元，固定资产投资8450万元。南阳市移民试点先进单位。移民迁安姬家营和周湾2个移民试点村共2003人，顺利、平安搬迁到许昌、临颍两地。农业产业结构调整，荒山造林在东沟、白沙岗等15个山区村高标准点播油桐1万亩，产业造林在尚岗、杨伙2个村新发展薄壳核桃3000亩；中药材种植以蔡家、万岭等村为主，新发展二花、血参等中药材300亩；畜牧业以养鸡、养羊、养猪3个专业协会为依托，巩固闫楼等4个养猪专业村、龙潭沟等3个养羊专业村和严湾等7个养鸡专业村，畜牧业产值9800万元。非公有制经济，入驻县工业园区的新潮汽车配件有限公司和宝石制气有限公司各扩大投资300万元、700万元，用于购进机器设备，扩大生产，其总投资额2000万元以上。新上零散经营的运输、丝毯加工、小商品批零等农户300余户，非公有制经济产值2.5亿元。集镇迁建项目已得到批准，村村通水泥路，新发展周沟等5个国债项目建设村沼气460座，建成乡初中综合办公楼和餐厅，建成卫生院宿舍楼和孔家峪村标准化卫生室，建成1个乡中心敬老院和周沟、水田营2个敬老院分院，入住五保老人217人，集中供养率达到40%。

【盛湾镇】 2009年，工农业生产总值8.25亿元，固定资产投资1.5亿元，财政收入560万元，农民人均纯收入4100元。河南省生态建设工作先进乡镇。移民迁安中，鱼关、马川2个试点移民村426户1798人全部顺利搬迁。生态农业建成陈庄村千亩油桃基地、万亩柑桔基地，实现年增收5000万元以上，成为名副其实的村民绿色银行；畜牧养殖，建盛湾大型养牛场1个，经济效益20余万元；引资150余万元在陈岗村散养柴鸡3万余只，经济效益40余万元；投资100余万元在宋湾村散养柴鸡2万余只，经济效益30余万元，打造出盛湾绿色环保柴鸡蛋品牌。生态建设，发展滩涂林果业2万亩地，荒山造林1.45万亩，封山育林3.5万亩，点种造林4万亩，中幼林抚育垦复6500亩，公益造林14万亩。非公有制经济，投资1200万元新建的宇飞新型材料有限公司年产值1000余万元，投资2000万元的华通机械制造有限公司年产值2000余万元，投资500万元的盛元节能砖厂年产值300万元。基础设施，投资732万元完成裴营水库除险加固，筹资700余万元实施岔河高泉引水，投资200余万元对黄龙泉、兴化寺等6个村500亩荒山实施小流域治理工程；完成43个村的电网改造工程；投资200余万元对岔河出省通道路面进行加宽，投资200余万元修建小三峡快速通道；新建和复建沼气池1000余座；新农村建设完成阴坡、太山2个示范新农村建设；争取资金100余万元新建镇一中教学楼1座；新建、改建标准化卫生室11个，实现村级卫生医疗服务的全覆盖。社会事业，投资50余万元完善1个镇级和17个村级敬老院的建设，发放两免一补款100余万元、家电补贴款35万余元；新农合参保率

98%以上,城镇居民医保参保600余人。

【仓房镇】 仓房镇境内有下寺春秋古墓群、省级森林公园上寺公园、香严寺和坐禅谷旅游景点。2009年,工农业总产值6.07亿元,农民人均纯收入5076元。生态农业发展方面,在渔业上投入40.2万尾鱼苗,保留500箱网箱发展规模,新增2200亩库汉养鱼规模;发展垂钓业和风干鱼加工业,开发旅游产品;林果业打造张营至党子口公路沿线500米以内25公里长柑桔观光经济林采摘带,打造丹江口库区沿边30公里绿色观光林业景观带;发展柑桔3.2万亩,年产果品120万公斤,年收入800万元;畜牧业,发展猪、牛、羊4.8万头、家禽6.6万只。旅游业,香严寺景区由宏光公司转包南阳万正集团,对倒塌的十王殿进行抢修,在塔林铺装宽1.5米的青石板路500米;在火石岭栽植古树、幼苗1.2万株。坐禅谷景区在面壁崖至楚山寨铺装宽1.5米、长4公里青石板路;发放旅游宣传册2万册;浆砌挡土墙高1米,长2.8公里;新修拦水坝32处;建设公路沿线绿化带2.6公里;打造磨沟清洁流域。丹阳岛由郑州殷商文化有限公司投资800万元,治山整地600亩,栽植柑桔、柿子、杏、石榴、葡萄、杨梅等观光采摘经济林;建设凉水泉库汉拦水坝,拦截水域200亩,发展库汉养鱼,打造采摘、垂钓、狩猎为一体的生态旅游公园。旅游配套建设重新硬化张营至火石岭13公里主干道,刘裴5层86间民兵训练基地、火石岭4层66间野生动植物标本馆已经落成。马沟、党子口移动机站落成并交付使用。

【马蹬镇】 2009年,工农业总产值11亿元,固定资产投资1.5亿元,财政收入460万元,农民人均现金收入3700元。移民迁安顺利将试点曹湾村910人迁往社旗县晋庄镇。非公有制经济,新上固定资产投资50万元以上并投产的企业7个,年产值达4.87亿元。争取并到位政策性项目资金500万元。生态建设,在杜岗、石桥等8个村点播油桐1.3万亩,栽植黄楝树3万株、0.35万亩,配套栽植核桃6万株;投资400多万元在金竹河胡崖挖大穴15万穴,治理荒山3000多亩,栽植大叶女贞、黄楝树、五角枫10万株。旅游开发,丹江大观苑景区新投资1.1亿元,建成丹阳楼、拜圣桥景点。农村经济,劳务输出200余人,新发展花椒500亩,小辣椒300亩;花椒年产2400万斤,产值5000多万元;建成沼气服务网点3个,沼气示范村4个;栽植湖桑3000亩,养蚕150张,产值15万元;大闸蟹养殖新增养殖水面200亩,培育"丹江大闸蟹"品牌,年产值200万元;种植烟叶1500亩。新农村建设硬化村组道路3000米,户户通上水泥路;建饮水工程小高抽2处,建拦河坝1座、五保大院1处、标准化卫生室1处、文化大院1处、文化广场1000平方米;新建沼气池60个,治理水土流失5000亩,修建基地道路12公里,坡耕地改造3000余亩。集镇建设投资30万元硬化两条主街道,铺设下水管道3000米。投资130多万元建成镇第二敬老院,投资500多万元解决11个村近万人、200头大牲畜饮用水问题,投资40多万元新建村部5处,投资350万元完成孙庄水库除险加固工程。

【香花镇】 2009年,工农业总产值2.34亿元,固定资产投资6200万元,财政收入620万元,农民人均纯收入4780元。南阳市四星级城镇。顺利完成移民试点村张义岗村1036名移民迁安。项目经济,争取以工代赈资金300万元、小流域治理项目1500万元,在宋沟、雷庄坡改梯1000亩,实施柴沟财政扶贫整村推进项目100万元;招商引资1亿元以上,投资1500万元建成恒温库和速冻库各1座,新入驻香江源食用油公司、信达调味公司被列入省农综开发产业化项目,投资300万元配置转型设置。新农村建设,在何家沟村实施坡改梯1000亩,栽植核桃600亩,栽植名贵树木花卉600株,建成文化大院和村部,投资40万元建成第二敬老院,民生工程,投资350万元解决阮营等6村7000人的安全饮水问题,新建井塔工程6处,铺设管网5万米;投资100万元硬化香花镇至水产局道路5公里;投资300万元硬化柴沟至雷庄13公里道路;投资200万元,实施一初中宿舍楼及餐厅改造,建筑面积2700平方米;投资1500万元对十二里河、宋岗流域实施治理;投资30万元硬化金马山至三碑岗道路2公里。建成北王营、浩溪、周沟等村花生示范基地。争取资金150万元,改造卫生院办公大楼,在杜寨、东岗、三碑岗等村建成村级敬老院,入院老人370人。

【九重镇】 2009年,工农业总产值20亿元,财政收入1250万元,固定资产投资3.5亿元,农民人均纯收入3900元。河南省安全生产工作先进乡镇,南阳市十大魅力乡镇。工业发展,九信电化有限公司完成投资2.5亿元,4台电热炉相继投产,实现600人就业,销售总值3.3亿元;玉典钒业公司通过省环评验收;九富冶炼、兴达冶炼、迷王制衣等中小型成长企业良性发展。农业产业化,以夏庄国家级烟叶核心示范园区为依托,落实种植烟叶7000

余亩，新农村建设，投资300余万元，在唐王桥村实施中低产田改造、镇第三敬老院建设。生态建设，投资300余万元，实施上九路、邹陶路、引丹路通道林补植补造工程，汤、禹二山桐籽点播绿化工程，唐王桥、武店等村围村造林工程；新增造林面积2800余亩。基础设施建设，投资400余万元，完成了长2.89公里、宽22米的丹阳大道和长3.5公里、宽6米的九彭公路等道路建设；投资300万元实施集镇周边5村5000人安全饮水工程；投资50万元建成计生服务大楼；投资225万元实施水闸、陶岔两村安全饮水及王岗小流域治理工程；投资50万元建成垃圾中转站；投资40万元对镇区街道破损路面进行硬化整修，更新跨街灯箱标语，实施集镇光亮工程。

【厚坡镇】 2009年，工农业总产值14.2亿元，固定资产投资2.4亿元，财政收入1136万元，农民人均纯收入4250元。南阳市三星级集镇。移民安置县内盛湾镇陈庄村移民156户、665人。项目经济，申报18个，到位资金4590万元。投资1400余万元打通厚坡至九重海云寺10.2公里、30米宽的工业大道，安装路灯160盏，栽植树木5000多棵。工业经济，艾特、腾达、正弘刚玉等企业恢复生产；新引进总投资5000万元的顺通重工机械有限公司项目。农业产业化，建成千亩烟叶大方2个，500亩烟叶大方3个，全镇烟叶面积4000余亩。公路建设，投资120余万元，完成后寨至马庄4.2公里的镇村主干道工程，投资70余万元先后完成岗西、王沟、王岗等村6公里的村村通工程，投资700余万元完成31公里的土地整理项目区内的水泥路面硬化工程和27公里的砂石路面工程。新农村建设，筹资2000余万元，沿线治理韦集、张庄、唐湾等村的村容村貌，高标准实施前河新农村建设。（明新胜　魏瑞村）

新　野　县

县情综述

【概况】 总面积1062平方公里，耕地面积65333公顷，城区面积18平方公里。总人口76.7万人，常住人中67.6万人。辖8镇5乡2个街道办事处，265个村（居）民委员会。

县委书记：方显中；副书记：金浩、张居文；常委：李玉芬（组织部长）、齐宗波（宣传部长）、赵荣朕（纪委书记）、郭富玉（政法委书记）、王洪潮（常务副县长）、贾松啸（统战部长）、刘潇（县委办主任）、曹秀先（副县长）、李富根（人武部长）

人大主任：张自强；副主任：周文来、朱有胜、廉福林、史政来、胡海川

县长：金浩；副县长：王洪潮、曹秀先、张锋、余晓勇、潘自钦、张琳

政协主席：蒋从文；副主席：葛成栓、王心东、韩公怀、曾浩

法院院长：薛红喜

检察院检察长：曹建煜

2009年，新野县委、县政府认真贯彻执行中央、省、市应对国际金融危机的一揽子计划和政策措施，团结带领全县人民抢抓机遇，克难攻坚，着力保增长、调结构、促改革、惠民生，全县呈现出经济平稳运行、社会事业全面进步、生态环境持续向好的发展态势，改革开放和现代化建设取得新的重大成就。全县国内生产总值实现147.9亿元，增长12.5%。地方财政收入完成2.6亿元，增长8.2%。全社会固定资产投资完成85.5亿元，增长44.1%。社会消费品零售总额48.4亿元，增长18.6%。限额以上工业实现产值166亿元，实现利润16.4亿元，分别增长18.3%和35%。一、二、三产业比例调整到23.4：51.7：24.9，增加值分别增长4.1%、13.7%、17%，服务业所占比重提升了2.3个百分点。城镇居民人均可支配收入12739元，增长9.3%；农民人均纯收入5561元，增长6.7%。环境质量明显好转。万元生产总值能耗下降6%。主要污染物化学需氧量削减4907.9吨，二氧化硫排放量削减528吨。

【强化工业支撑，促进经济企稳回升】 扎实开展“企业服务年”活动。从资金、土地、发展环境等方面，倾力扶持企业战危机、渡难关。促进银企对接，金融机构累计向企业发放贷款12.9亿元，是2008年的3倍；积极创造条件，为新纺、华星、鹏升等9家企业办理用地手续439亩，增强了企业持续发展能力；规范涉企行政执法管理，营造了良好的发展环境。棉纺织支柱产业在危机中经受住了考验，基本实现“不停产、不裁员、不减薪”。产业升级步伐加快，结构转型取得新进展。县财政拿出496万元贴息资金，支持优强企业技改项目建设，新纺公司10台气流纺、科尔沁公司肉牛屠宰加工、新新光电光学镀膜镜片、新航水泥粉磨生产线等一批重大结构调整项目相继建成投产，和平棉业与家和纺织整合取得实质性进展，形成了一批工业经济新的增长点。食品加工、光

电产业规模效益进一步显现，在工业经济中所占比重进一步提升。县纺织产业集聚区进一步完善。规划面积扩大到13平方公里；投资3100万元，新修三条道路，配套完善电力、通讯、供排水等附属设施，集聚区被评为“河南省知名纺织产业集聚区”。

【扩大对外开放，增强经济发展的动力和活力】 项目建设成效斐然。全年共签约固定资产投资100万元以上招商引资项目180个，实现引资17.4亿元，其中固定资产投资1000万元以上项目48个；争取到位上级政策性项目资金4.5亿元，其中47个中央投资项目完成投资1亿元，11个市定重点项目完成投资8.2亿元。财政资金保障有力。县财政总支出突破10亿元，在民生事业、重点项目建设等方面，充分发挥了财政资金的保障促进作用，县乡公路、廉租房等一批事关民生的基础设施项目和公益性项目得以顺利实施，增强了对经济的拉动作用。返乡创业工程再结硕果。鼎泰电子新上5000万支PCB微钻针生产线项目建成投产，总投资1.2亿元的神力聚能车用环保电池项目投产在即，凌峰电子SMT及LED等项目即将落地建设，新野在外成功人士回乡创业呈现出滚动投资、持续发展的良好局面。鼓励民间投资，出台了《新野县全民创业工作实施意见》，设立创业引导资金583万元，发放创业小额贷款776万元。

【统筹城乡建设，提升城镇化发展水平】 科学严谨地搞好城乡规划。中心城区总体规划、县纺织产业集聚区总体规划和新一轮土地利用总规修编基本完成。编制了城区9条道路规划和重要节点控制性规划。13个乡镇总体规划和88个新农村建设规划全部完成。坚持不懈地完善县城功能。多方筹措资金7000多万元，配套完善生态绿化、广场游园、道路、供水管网、公厕等基础设施。在城区新植树木42万株，县城绿化覆盖率提高到33%；汉城广场建成投入使用，周边区域开发全面启动；新建改建城区7条道路，硬化背街小巷9条5.6公里；铺设改造17条街道供水主管网29.2公里、支管网49公里，中心城区初步实现全天候供水。新建改造公厕12座，连同98个沿街单位的公厕一并免费向公众开放。毫不放松地抓牢管理经营。在市政公共设施建设和服务中引入市场机制，提高了城市管理的质量和效益；深入开展违法违规用地及建设行为集中整治活动，有效规范了城乡规划、土地利用和建设行为；收储土地1069亩，增强了对土地市场的调控能力。城中村改造、拆迁安置小区、廉租住房、文化广场、名都商城等一批房地产项目建设进展顺利，房地产业呈现出规范有序健康发展新局面。城乡建设稳步推进。城镇化率达到37%，中心城区建成区面积20平方公里。投资6500万元，新修大中型桥梁10座、县乡公路和“村村通”道路134公里，全县公路通车总里程1498.3公里，“十桥百公里”建设任务全面完成，县乡快捷交通网络基本形成。积极稳妥地推进小城镇建设。通过加大投入，完善硬件，提升形象，乡镇政府所在地面貌有所改观，歪子、王集、施庵、溧河铺实现晋位升级，其中歪子镇进入市级五星级小城镇行列。

【加强“三农”工作，巩固农业基础地位】 各项支农惠农政策落实到位。县财政用于“三农”的投入2.8亿元，比上年增加3200万元，增长15.5%。其中兑付种粮直补和农资、农机综合补贴资金1.5亿元，兑付“家电下乡”和“汽车、摩托车下乡”补贴资金821万元。农业产业化水平进一步提升。以科尔沁牛业公司为依托的中原肉牛产业集聚区建设加速推进，新建5000头肉牛育肥场1座，7个千头肉牛育肥场存栏率达60%以上，建成母牛专业村26个，新增适龄母牛6000头。主会场设在新野县的第四届中国牛业发展大会成功举办。以康师傅嘉元公司为龙头的县蔬菜产业园区一期工程全部完工，蔬菜绿色食品产地认定面积达到3000亩，在农业部例行抽检中合格率为100%。新发展农民专业合作社58家，农民组织化程度进一步提高。农村生产生活条件日趋完善。面对50年不遇的春季干旱，全县上下紧急动员，筹措抗旱保丰收资金1103万元，新打配机井1359眼，新增有效灌溉面积8.8万亩、节水灌溉面积0.5万亩。夏秋粮食总产量4.1亿公斤，连续第六年实现增产。投资1286万元，新解决白河沿岸15个行政村2.6万人饮污染水问题。推广使用清洁能源，新建农村户用沼气10351座。大规模实施城乡绿化，新植树木624.1万株。

【注重民生改善，维护社会和谐稳定】 教育事业发展成效显著。投资4438万元，汉桑城小学迁建顺利完成，13所中小学校舍维修工程全面竣工，城区9所学校布局进一步优化，“大班额”问题得到较好解决。积极实施教育质量提升和名师名校长工程，面向社会公开招录56名中小学教师，落实省定64名特岗教师计划，评选出名师7名、名校长2名并给予重奖，增强了教师队伍的活力。医疗卫生服务水平得到提升。投资2864万元，完善乡村医疗服务机构软硬件设施，沙堰、新甸铺、五星、樊集4个乡镇卫生院改扩建项目建成并投入使用，新建村级标准化卫生所(室)80家，方便了基层群众看病就医。全县有56.3万人次享受到新农合补助资金6447万元。完善计划生育利益导向机制，人口自然增长率控制在5.48‰。完成“曙光行动”白内障免费复明手术816例。就业和社会保障工作全面加强。多策并举稳定和扩大就业，“零就业家庭”动态归零。新增城镇就业6150人，下岗再就业1690人，安排农村劳动力转移就业11050人，技能培训3600人。实施人才战略，按照公正透明原则，面向社会招录县直全供事业单位工作人员59名、医疗卫生单位工作人员102名。社会保险扩面工作顺利推进，城镇居民医保参保64219人，参保率90%以上。农村社会养老保险新增6000多人，新增农村低保对象8118人。移民试点迁安顺利完成。全省最大移民试点村王庄镇张湾村338户1537名移民全部实现顺利、安全、和谐迁安，溧河铺镇第一批移民新村建设进展顺利。新野县被评为全省移民试点工作先进县。民主法制建设推进有力。积极构建“阳光政府”，通过政府网站、广播电视等媒体，依法发布各类政务公开信息1300余件次。办理人大代表建议176件、政协委员提案190件，代表建议满意率93.2%，基本满意率6.8%。

【新纺公司举行建厂四十周年庆祝大会】 10月25日，新野纺织公司隆重举行建厂40周年庆祝大会。中国纺织企业协会副会长、中国棉纺织行业协会会长徐文英，南阳市副市长崔军，中国进出口银行北京分行客户经理顾剑菲，河南省纺织协会会长李书勤，河南服装协会会长李国松等领导到会祝贺。县领导方显中、王洪潮、刘潇、潘自钦、韩公怀等出席庆祝大会。新纺公司从1969年建厂，走过了40年不平凡的征程。40年间，企业纱锭由建厂初期的1.25万枚增加到50万枚，织机由初期的480台增加到2800多台，形成了高档织物用纱、新型纺纱、高档休闲面料、高档色织面料4大系列100多个品种，年产高档织物用纱8万吨，服装面料1.5亿米。在激烈的市场竞争中创造了连续39年赢利的良好业绩，跻身全国520户重点企业和河南省50家重点支持企业，综合经济竞争力位居全国棉纺织行业前二十强、河南省同行业第一位，并于2006年11月30日在深圳证券交易所成功上市，成为河南省棉纺织行业和南阳市第一家上市公司。

【科尔沁牛业南阳有限公司开业】 2009年11月10日，科尔沁牛业南阳有限公司开业及年屠宰10万头肉牛加工项目建成投产庆典仪式在新野县隆重举行。中国畜牧业协会会长张宝文，省委常委、统战部长刘怀廉发表讲话。省政协副主席李英杰，全国畜牧总站站长谷继承，省畜牧局副局长杨文明，市领导黄兴维、贾崇兰、李天岑、谢先锋、贺国勤，县委书记方显中等出席庆典仪式。来自全国各地行业代表、外国友人、中央电视台等新闻记者近600人参加开业庆典仪式。科尔沁牛业南阳有限公司，由内蒙古科尔沁牛业股份有限公司投资8000万元兴建。已建成3000头畜位肉牛育肥场和8个千头畜位肉牛育肥场。年屠宰10万头肉牛加工厂按照欧盟标准设计，采用世界一流的西班牙屠宰生产线和德国生产工艺技术，主要生产高档牛肉，产品供应国内各大城市，并出口欧盟、中东、港澳等国家和地区。

新野县各乡镇主要领导名表

乡镇办	党委书记	乡镇长、主任
汉城街道办事处	王　凯	于进红(女)
汉华街道办事处	李桂林	李海勤
城郊乡	郑清平	邢显俊
上港乡	刘习见(副处级)	高清林
新甸铺镇	高知科(副处级)	郑　杰
五星镇	朱彦平(女)	杨　勇
王庄镇	杨韶光	张冬焕(女)
前高庙乡	黄定国(副处级)	姜　涛
溧河铺镇	时海定	孟　中
施庵镇	李光白	李悦旭
沙堰镇	李占德(副处级)	张　涛
樊集乡	李正国	李　洋
歪子镇	孙林儒	赵　锋
上庄乡	齐长松(副处级)	徐成旺
王集乡	徐建强	马正旺

乡镇概览

【汉城街道办事处】 汉城街道办事处成立于2008年12月31日，位于新野县城南端，辖9个社区居委会。2009年，工农业总产值511933万元，其中工业总产值501801万元，财政收入1514万元，农民人均纯收入7692元。非公有制经济与招商引资。立足区位优势，以产业化发展为导向，进一步优化产业结构，围绕棉纺棉织、高档家俱、彩印包装、现代物流和城市建设项目以及第三产业，开展招商引资，全年新上项目(含扩建)19个，其中千万元以上项目13个，合同引资引资5.2亿元，完成投资2.68亿元。城市建设管理。先后筹资580万元，硬化背街小巷35条，63000平方米。购置高档花台800个，绿化背街小巷12条，栽植杨树5万棵、香樟树3000棵、枇杷树2000棵，美化了城市环境，提升了城市品位；强力规范辖区内城市建设行为，全年清理违法违规用地41宗，拆除违法违规建筑16个，3896平方米，党政纪处分3人，诫免谈话2人，征收罚款400万元。街道先后被评为“全国计生协会先进单位”，河南省“思想政治工作先进单位”、全市“五好”街道党工委，“平安建设先进单位”等。

【汉华街道办事处】 汉华街道办事处成立于2008年12月31日，位于新野县城北端，总面积15平方公里。辖团结、樊楼、湍口、蔡庄、孟营、书院、淯滨7个社区居委会，76个居民小组，常住人口7.9万人，流动人口2万余人，耕地面积13395亩。2009年，工农业总产值102229万元，其中工业总产值85511万元，财政收入516万元，农民人均纯收入7119元。驻办事处一级单位55个，民营企业51家。棉纺织工业已颇具规模，有新纺集团公司、鹏升纺织公司、华星棉纺公司等九个大中型棉纺织企业，共计60万纱锭，占据新野县棉纺行业的半壁江山。2009年共引进500万元以上项目9个。其中明远节能设备项目投资6900万元、神龙汽车配套大梁大箱总投资6000万元。社会事业发展迅速，北郊已建成景色怡人的城北公园和功能齐全的信合城市广场，还有全县最大的公寓式养老中心和设备完善、技术先进的医疗机构。

【城郊乡】 2009年，全乡工农业生产总值168578万元，其中工业产值122804万元，财政收入411万元，农民人均纯收入6314元。招商引资步伐加快，非公有制经济发展势头强劲，新上和技改项目12个，其中固定资产投资在1000万元以上的项目8个，入库税金2500万元。蔬菜产业上档升级，新增菜田6800亩，新建容积为4000吨的恒温库1座，占地15亩的连栋温室交付使用，引进推广26个蔬菜新品种，被评为“河南省蔬菜特色乡镇”、“河南省农业标准化示范基地”。新农村建设亮点频现，新打机电井160眼，修建桥涵135座，新修道路8.8公里，植树9万株，新建敬老院1座，新修水泥路11.2公里，新打自来水机井1眼，解决了4000人的安全饮水问题。社会事业稳步推进。全乡人口出生率7.5‰，落实五保户供养资金42万元，新农合参保9480户。开通了“平安互助网”，推广了“光亮工程”，强化了信访基础工作，社会大局稳定。党建工作进一步加强，基层组织作用发挥良好，被市委评为“五个好先进党组织”。建起了“便民服务大厅”，抓好了农村“三资”管理，推行了“4+2”工作法。

【上港乡】 2009年，全乡工农业生产总值519065万元，其中工业总产值466948万元，财政收入871万元，农民人均纯收入6697元。非公有制经济发展势头强劲。全乡新上招商引资200万元以上项目18个，其中200～500万元的项目5个，500～1000万元的项目9个，1000～3000万元以上的项目3个，3000万元以上的项目1个，固定资产总投资2.1亿元，其中引资1.6亿元。新农村建设成效显著。全年累计投资360万元，以果园、赵岗、岗北、岗南四村联为一体的新农村建设示范带为重点，大力开展“四清”整治活动，村容村貌焕然一新。赵岗村投资90万，建成“百柳诗苑”和文体广场、村部等；岗北村投资60万元新修下水道1100米，铺彩砖1900平方米，建垃圾池12个；岗南村投资40万元对文体广场进行了美化、绿化、亮化，并新架路灯18盏。城乡一体化步伐加快。延伸街道1000米，并配套完善了下水道等工程，新铺设彩砖12000平方米，架设路灯24盏，新建超市一座，拆迁升级有碍观瞻门面28间；投资380万元，延伸岗南村花带2000米。新修“村村通”道路9.8公里。畜牧业实现新突破。新建千头养牛场2个，百头养牛场3个，千头养猪场4个，培育母牛专业村2个。

【新甸铺镇】 2009年，全镇工农业生产总值192673万元，其中工业总产值136148万元，财政收入466万元，农民人均纯收入6235元。工业经济迅猛发展。全镇发展百万元以上工业企业38家，其中3000万元企业1家，千万元以上企业4家，500万元以上企业11家，粮油加工、纺织企业16家，从业人员3000余人。城镇化水平快速提升。累计投入资金400万元，新修、改建文化路、中兴路等街道5条3000米，“二纵六横”街道框架进一步拉大，个体工商户1400多家，镇区人口1.6万人，年集镇贸易额2.8亿元以上。荣获市“五星级”小城镇。畜牧产业龙头效应日趋明显。依托碧野牧业公司等龙头企业，培育了白湾等三大养鸡基地，养鸡场1300余座，蛋鸡饲养量达60万只；培养肉牛、母牛专业村8个，年出栏肉牛1.5万头，初步形成“服务、加工、储藏、销售”一体化，畜产品从业人员4000余人。新农村建设亮点纷呈。以争创市“明星强村”为目标，探索积累创建经验，新农村建设取得显著成效。津湾村林果规模迅速扩大，生态农业开始起步；杜岗村新村部配套设施全部完善;新北村新农村示范工程前期拆迁工作已经展开。全镇新栽风景树3000余棵,架路灯90盏,建花带500余米。新建沼气960个,新建农村安全饮水项目7个,17个村用上自来水。开展农田排涝整理项目20公里,极大提高排涝能力。社会事业和谐发展。新型农村合作医疗参与率100%,建成敬老院4座,五保户集中供养率46%,低保覆盖2741人,农村社会养老保险开始起步,各项优抚补助及时足额到位;良种补贴、农机补贴、综合直补等国家政策及时落实到位。

【五星镇】 2009年,全镇工农业总产值136633万元,其中工业产值94952万元,财政收入280万元,农民人均纯收入5313元。招商引资与项目建设上,全镇新上项目45个,其中1000万元以上4个(孟渠综合治理、安发花炮、莱芙特肥业、丫丫壮肥业公司),500万元以上8个,50万元的33个,全镇民营企业总数达1200个。特色产业稳步突破。全镇花生种植面积4万亩,其中推广花生、甘蓝轮作,洋葱、花生间作等较先进的种植模式3000亩;狠抓马庄平菇、张店葱姜、方营洋葱、郭湖白菜、王葛庄精细菜等五大基地建设,打造五星菌菜特色品牌在郭湖、方营组建了2个蔬菜交易市场,进一步稳定产品销售;培育壮大了台庄、魏楼两个百头养牛场,巩固了张楼、魏楼两个300头养猪场,扩大后楼、大李营两个万只以上现代化养鸡场,新上养猪场3个,养鸡场4个,养牛场2个。基础设施不断完善。完成了孙楼、魏楼、五星、后楼、廖楼、任集的农田电网、节水灌溉和"井井通"项目工程,提高了农业的抗灾能力;争取到1万亩的优质小麦示范方,1000亩的花生良种示范田;争取到郭湖村"迁村定点"项目,正在规划实施;利用项目资金对乡镇综合文化站、4个村的活动室进行了建设;争取上级"村村通"指标22公里,配套资金200多万元,新修了7个村的水泥路;完成了6个项目村的沼气任务。社会事业全面发展。整合教育资源,形成了1所中学,3所中心小学的新布局;合作医疗覆盖面进一步扩大,全镇参合率达98%;认真落实农村五保供养政策,全镇敬老院共入住老人210人,集中供养率达53%;全年发放低保款近11万元,救助低保对象2198人。

【王庄镇】 2009年,全镇工农业总产值114554万元,其中工业产值75506万元,财政收入188万元,农民人均纯收入4970元。招商引资成效显著。全年共完成500万元以上招商项目5个,投资额6100万元,已投入2740万元(肖集土地整理项目计划投资1200万元,已投入640万元;王庄镇油厂技改项目计划投入500万元,已投入200万元;省粮油倍增计划项目计划投资2700万元,2009年更新花生新品种花育25号30万公斤,实施配方施肥1.9万亩,地膜覆盖1200亩,技术培训达2100人次;"三丰"400行棉业公司,计划投资1200万元,已试车生产;五香花生厂投入500万元,已经生产运行);还引进节水灌溉等小项目12个,计划引资2170万元,实际到位1690万元。花生产业稳步发展。全镇种植面积4.5万亩,带动周边两省三市40多万农户种植花生100多万亩,镇80%以上农户从事花生收购销售,各类花生米购销粮行116家,带动了餐饮、住宿、集镇等30多个行业的兴起与繁荣,成为农民获取收入最主要的来源。新农村建设日新月异。肖集村实现整体搬迁,新建下水道1.2千米,种植香樟120棵,初步形成了6条街道;前孙村新建文化广场1处,新修桥涵8座,铺设节水灌溉地下埋管2000多米,架设高、低压线路6000多米,改善了群众生产生活条件;梅湾、张湾、东张店等村新建沼气180池,推广太阳能等新型能源690台。移民安置工作顺利实施。王庄镇首批共安置淅川大石桥乡张湾村移民1530人,涉及8个村民小组386户,是全省最大整村迁移和移民安置试点。全镇上下高度重视移民迁安工作,结合实际,化解在移民迁安中遇到的各种困难和问题,确保了首批移民搬迁成功。社会事业全面发展。全年落实小麦、棉花、玉米良种补贴4.5万亩;新农合参合率达100%;新上报低保户200多户;新植树35万株,签订林权合同150余份,任务完成率及林权拍卖率双双达100%。

【前高庙乡】 2009年,全乡工农业总产值92727万元,其中工业产值67011万元,财政收入210万元,农民人均纯收入4839元。招商引资和项目工作取得新突破。全年引进外地资金4420万;先后立项并开工建设了灌区抗旱应急、唐河护岸、土地平整等8个项目,争取资金550余万元。传统产业得到新发展。全乡新发展各类专业场39个、专业户78个,明确了2个母牛养殖专业村,能繁母猪养殖户146户。新农村建设呈现新形象。把闫坡村作为新农村建设的新示范点重点打造。依照"亮、绿、硬、美"的四化标准,先后建设了新村部、建成了2座无塔供水设施、修村主干道2.8公里、"户户通"工程1300米、建设了集休闲、娱乐、健身、文化等多功能为一体的"荷花"游园广场,闫坡村被确定为市级新农村建设示范村。沼气建设上，全乡共投入资金190多万元，建沼气池618个，发展联户沼气使用户200余户，成立沼气协会4个，建立沼气服务站3个。集镇功能得到新提升。在入乡街道先后投入180多万元，向西、向北铺设彩砖3000多平米，硬化路面1800米，整修下水道2700余米，架设路灯48盏；修建了宽11米、长400米的府南大道和宽11米、长2000米的张庄西街路，进一步拉大了张庄集镇框架；修建绿化池170个，栽植小叶女贞4.5万株，紫玉兰3900棵，对集镇的4条共7800米的主干道进行了绿化。

【溧河铺镇】 2009年，全镇完成工农业总产值208619万元，其中工业产值164176万元，财政收入454万元，农民人均纯收入6058元。非公有制经济蓬勃发展。全年全镇新上项目15个，其中2000万元以上项目2个，1000万元项目5个，500万元以上项目5个，合同引资总额1.71亿元，到位资金11300万元。已建成投产7个，设备安装项目3个，基建项目5个。集镇规范化水平显著提高。投资55万元，完成中兴路800米下水道工程建设，西入镇口900米的精品街建设正在进行，新修下水道1200余米，架设路灯24盏，铺彩砖2300余平方米，栽植风景树200余株。新农村建设力度加大。江黄集村投资20余万元，新建文体广场1处，水泥硬化道路100米，铺彩砖6000余平方米，安装健身器材24台(套)，栽植风景树400余株，新建文化墙1300余平方米，新发展户用沼气88池，投资12万元完善敬老院设施；王坡村新修水泥路2300米，架设路灯12盏，修下水道4500米，新建文体广场1处、新农村书屋3间，并完善了相关设施，新建了标准化村部和示范化卫生室，新建户用沼气79池。移民安置工作加紧实施。镇承担淅川县盛湾镇单岗村719户2930名群众的安置任务，是全市最大的移民安置镇。规划3个安置点(熊坡点816人202户、冯营点976人242户、溧河点1111人275户)，至年底，已流转移民生产用地4500余亩，征用建议用地近500亩，道路、用电线路、深水井等相关设施已完工，房屋设计、招标工作已结束，3个村部正在建设，移民房屋基础建设全面展开。

【沙堰镇】 2009年，全镇工农业生产总值120041万元，其中工业总产值71538万元，财政收入293万元，农民人均纯收入5936元。招商引资及重点项目建设取得新突破。新发展500万元以上项目13个，其中1000万元以上项目9个。向上争取资金项目18个，争取资金252万元，其中重点建设项目3个，新发展个体工商户120个。小城镇建设水平不断提高。以打造省、市重点镇为目标，积极申报了市四星级小城镇，完成了小城镇总体规划修编，突出精品示范街建设重点，新修建示范街建设路、团结路4800米，修下水道4000米，安装路灯28盏。同时，加强集镇管理，成立城管环卫中队，配备垃圾车12辆，做到日产日清。完成了沙堰—樊集桥配套资金25万元，加强了公路养护工作队伍建设，落实了养护机制。农业产业化稳步推进。设施蔬菜示范园区面积稳定在2000亩，日光温室112个，立柱大棚1500亩，土豆面积稳定在3000亩以上，洋葱在2000亩以上，订单蔬菜达5000亩。新发展500头规模猪场2个，3000只以上蛋鸡场3个，母牛专业村1个。全镇新打机井42眼，洗井60眼，清淤水渠15公里长，出土方6.5万方，修建桥涵4座，累计浇灌面积达5.2万亩，有效缓解了旱情，使全镇粮食总产又上了新台阶。全镇完成造林任务20万株，林权新机制全部落实到位。把农村环境卫生综合整治作为新农村建设的重点工作来抓，共清理柴草堆520余处，拆除危旧房26座，清理破棚烂院80余处，修建沼气池120个，推进“一池三改”80个，认真落实各项惠农政策。

【施庵镇】 2009年，全镇工农业生产总值157567万元，其中工业总产值111159万元，财政收入391万元，农民人均纯收入6143元。项目建设及工业经济发展势头强劲，全镇新上招商引资项目6个，累计达34个。其中1000万元项目2个，500万元以上项目4个，全社会固定资产总投资3.01亿元，其中引资1.85亿元，基础设施建设实现新突破，投资100万元，对施庵村进行环境卫生整治，衬砌硬化排水沟渠1200米，新建桥涵12座，新植绿化风景树木300多株，拆除有碍观展的违章建筑7处，使施庵街中心集镇周边环境达到了亮化、绿化、美化的效果。在全镇的沿路沿线村开展农村环境卫生整治活动，使全镇的农村环境卫生面貌焕然一新。公路建设成效显著，投资300余万元，对总长为20公里的汉王路和八七路进行了大修。占地60亩、总投资3800万元的商贸城建设已初具雏型，商铺建设完成95%，被市授予“三星”级集镇称号。打“猴艺之乡”牌，挖掘施庵浓厚猴艺文化资源，2009年5月，“施庵猴艺”被确定为省级非物质文化遗产。

【樊集乡】 2009年，全乡工农业总产值72362万元，其中工业总产值48545万元，财政收入178

万元,农民人均纯收入4811元。非公有制经济实现新突破。全乡新上固定资产投资1000万元以上项目1个(河南省开府酒业有限公司,正在基建中),新上刘庄灰砂砖厂、后河新型装饰厂等百万元以上项目8个。全乡新增个体工商户200多户。钢葱产业逐步壮大,全乡钢葱面积15000亩,亩产量1万斤左右,亩纯效益4000元以上。畜牧养殖业持续发展,全乡散养猕猴千只以上,麒麟岗猕猴驯养繁育中心和鲍湾新宇猕猴养殖场存栏千只以上,从事猴艺表演、驯养的有200余人;钮寨养牛小区存栏皮南杂交肉牛200余头,位于潦口村的科尔沁第三牛业育肥场存栏300余头;生猪存栏2800多头,千只以上养鸡场15个。新农村建设稳步推进。开展了环境卫生集中整治活动,村庄面貌大有改观;后河村硬化道路近9.8公里,修建下水道3100米,种植风景树700棵,架设路灯25盏,粉绘文化长廊240平方米,修建沼气池190个,建成老年公寓1座,建成新农村书屋1个,修建了文体广场并配置了健身器材;赵庄村硬化道路6公里,修建下水道1200米,新修花带1200米,修建沼气池150个,建成了村五保大院,新建了村级活动场所和文化大院。集镇建设呈现新面貌。投资近5万元,聘请信阳市规划设计院完成对集镇进行总体规划和控制性详规。新修筑道路2100米,修建下水道2800米,完成怡心苑扩建工程,南北4处总占地9.8亩,共铺设彩砖2400平方米,绿化面积1万多平方米,栽种景观数1600棵,配备健身器械20套。对老门店进行统一改建,建立和完善了3个专业市场,新增工商户200余户。社会事业全面发展。全乡13个行政村,村村通油(水泥)路,赵庄、潦口、刘庄、钮寨、杨庄实现了“村内通”;乡建有文化娱乐中心、敬老院、健身中心和青年技术交流中心,行政村都配备了电化教育设备;乡卫生院投资54.7万元新建了门诊病房楼,并购买了多台先进医疗设备,医务人员达40余人,拥有90张病床。

【歪子镇】 2009年,全镇工农业生产总值191001万元,其中工业总产值134563万元,财政收入408万元,农民人均纯收入5665元。工业经济充满活力。以科尔沁牛业、华祥光学、新航水泥、泰丰纺织为代表的食品加工、精密光电、新型建材、纺织等主导工业日益壮大,全镇拥有固定资产投资千万元以上企业6家,500万元以上企业21家。农业经济特色鲜明。种植业上,实现夏粮连年丰收,发展棉花4万亩,发展小辣椒2.5万亩;畜牧业上,以科尔沁项目、千头肉牛育肥场为龙头,新发展棉花庄母牛养殖专业村1个,200头畜位肉牛育肥场2个,发展畜牧交易市场2个,千只以上肉蛋鸡场32个,百头以上养猪场12个。基础设施逐步完善。城镇化建设上,投资220万元,实施了工业路、建材路精品街工程,铺设彩砖9300平方米,整修下水道3300米,架路灯90盏,并启动实施了建设路拆迁扩通工程;公路建设上,向上争取实施了常(蝉庵)梁(埠口)线、蟒(张营)江(黄集)线、华河周单庄桥、华河官寺桥、沙河桥等修建项目,筹集配套资金401万元,拆迁房屋32间、线杆60个,修建道路23公里,实施路肩培土20公里。新农村建设扎实推进。完成了村卫生室、幼儿园、沼气服务站、信息中心、敬老院等配套和统一标识,对敬老院大门前移改造,对街道补充栽植行道树;歪子村,全力配合集镇建设,启动实施建材路精品街工程,共铺彩砖3000平方米,架设路灯30盏,整修下水道1100米,使集镇东起宝善路、西至人民路、南起文化路、北至歪子老街“目”字型精品商贸区与工业路连为一体,新带动商贸产业60余家。启动实施了常蝉庵、岗头、马曲湖、寺门新农村建设和史营、三河、老庙、寺门、于营五村村部建设。

【上庄乡】 2009年,全乡工农业总产值129397万元,其中工业总产值84396万元,财政收入328万元,农民人均纯收入5633元。招商引资工作。全年新上投资500万元以上项目9个,意向项目2个。其中,德山、丰润2家纺织企业投资2000多万元,新上了捻线和织布生产线,企业规模得到了进一步的扩张;在外务工成功人士回乡创办了上庄乡高粱酒业公司等项目。新农村建设扎实推进。一是狠抓沿路沿线村庄的路边整治和下水道、花带建设工作,共修建下水道2400米,清理破棚烂院、柴草垛830多处,新修花带1600平方米;二是提高试点村建设水平。柳坡村先后投资50多万元,对村内坑塘进行砌石硬化,进一步美化亮化村内小集镇;康营村筹资40多万元新建了村部大院,修通了3公里“户户通”水泥路;老龙镇村对集镇环境进行集中整治,新修下水道600米,建花带800平方米,建广场2个;山坡村新修了农民文化广场、新建了文化大院、篮球场,新修水泥路2.5公里。三是沼气建设成效明显。全乡新修沼气池890池,建成村级沼气服务站2个。小城镇建设。先后投资100多万元,对东、南入乡口公路两侧进行绿化、亮化,共硬化道路1500平方米,修建花带1800平方米,安装路灯66盏,修建下水道600米;对上庄公园南部、东部进行开发建设,平整坑塘、架设广场灯、修建波岸桥、小广场、凉亭等，使上庄公园面貌焕然一新；对原文化大院、棉纺厂院进行硬化开发建设，初步形成了蔬菜、百货苗木、果品等三个市场。社会事业持续发展。县乡公路建设上，基本上完成了唐邓路上庄境内4座中型以上桥梁和2座小型桥梁施工任务；加强了村级活动场所建设，共投入60万元建了康营、马集2个村部，改建了王大桥、彭桥、杨阁3个村部；农田水利建设迈向新高，新打机井239眼，清洗机井398眼，进一步提升了上庄井灌区的优势。

【王集镇】 2009年，全镇工农业生产总值94646万元，其中工业总产值466948万元，财政收入246万元，农民人均纯收入5914元。非公有制经济取得新发展。全年合同引资额3.11亿元人民币，已完成投资额2900万元，共向上争取资金452万元。集镇面貌发生新变化。礓水湾生态综合市场规划开发项目有关手续已获省政府批准，成功地进行了招拍挂，由武汉一家公司拍得使用权，出让合同已经签订，沿河边的二级台地已开工建设。在集镇基础设施建设上已投入35万元，对集镇下水进行了整修清淤改造，集镇街道进行了维护。投资80万元，完成了镇政府广场口至礓水湾桥道路的改造硬化任务。在公路建设上，配套资金90多万元，完成了常梁路8.45公里的建设和培土工作。新农村建设有序推进。西赵庄村新建村部投入使用，村文化广场开始施工，正在对小岗自然村进行空心村治理。周湾村村部改造、农家大戏台建设完工，已投入使用。特色产业水平取得新提高。在大棚瓜菜上，抓好石羊岗瓜菜园区、小岗瓜菜园区建设，培育石羊岗瓜菜种植特色村，并以此为试点，根据各村特色，在全镇范围内逐步开展一村一品工程建设；在畜牧业上，科尔沁第四育肥厂、徐埠口皮南牛养殖专业合作社共新上皮杂牛540头，新培育赵庄、齐楼两个母牛专业村。全镇新打井75眼，洗井26眼，新增有效灌溉面积5050亩。新建户用沼气610池。(王国炳)

唐　河　县

县情综述

【概况】 总面积2497平方公里，耕地面积240万亩，总人口133.2万人，其中农业人口115万人。辖12镇7乡和2个街道办事处，510个行政村，3006个自然村。

县委书记：和学民；副书记：李恒俭、寇智洪、秦性奇(2010年1月任)；常委：刘勤(女，纪委书记)、刘明杰(常务副县长)、赵文林(政法委书记，2010年4月离)、张国强(政法委书记，2010年4月任)、买林平(宣传部长，2010年4月离)、马哲宇(宣传部长，2010年4月任)、于滔(女，2010年4月由统战部长改任县委办主任)、李恒德(组织部长，2010年4月离)、赵浩(组织部长，2010年4月任)、赵超(县委办主任，2010年4月离)

人大主任、党组书记：周永奇；党组副书记：曹杰清；副主任：王志祥、白宪友、许建光(副县级干部)、郑柏林、毛进朝、李梦然(女)

县长：李恒俭；副县长：刘明杰、刘学敏、舒伟、张国强(2010年4月离)、朱全富、赵阳、李海宪、杨长杰、刘道贵(县政府党组成员，2010年6月任)、方建波(副县级干部，2010年6月任县政府党组成员，)、邱国彦(县政府党组成员，2010年6月任)

政协主席：郝建兵(2010年4月离)、买林平(2010年4月任)；副主席：陈新杰、贾成俊、张丰云、刘大奇

法院院长：宋涛

检察院检察长：刘海恩

公安局局长：杨鹏程

总工会主席：靖中增

群工部部长：杨长杰

2009年，全县国内生产总值155.6亿元，增长11.5%，其中第一、二、三产业增加值分别完成52.1亿元、66.3亿元和37.1亿元，分别增长4.9%、12.3%和16%，产业结构比例为33.5∶42.6∶23.9，经济结构进一步优化。财政一般预算收入完成3.55亿元，增长10.4%，全社会固定资产投资完成81.5亿元，增长34.2%。其中城镇以上固定资产投资完成48.5亿元，增长55.3%。金融机构各项存款年末余额77亿元，增长16.7%；各项贷款余额36亿元，较年初新增6亿元。顺利进入全省第二批15个财政直管县之列，综合经济实力跨入全市第一方阵序列，创历史最好发展水平。

【项目资金争引成效显著，工业化进程步伐加快】 坚持一手抓政策性项目争取，一手抓招商项目引进，充分发挥家乡建设促进会作用，调动各级招商引资的积极性，共引进县外投资项目160个，合同引资34亿元，实到位资金18亿元，境外资金850万美元，其中投资超亿元项目6个，华轩光伏、飞秦科技、裕嘉金元饲料、兴利源电子、成颖电子等一批大

个项目落户唐河，为全县经济持续快速发展增添了动力。强化“工业强县”平台建设，县产业集聚区首批通过全省《总体发展规划》和《规划环评》等4个规划评审，获市综合展评第三名。台湾产业园、粮油产业园正在规划建设中。产业集聚区新入驻项目23个，完成投资30.5亿元，全年产值20.3亿元，完成利税1.8亿元，初步形成了机械制造、农副产品深加工和新能源三大产业区。全县规模以上工业发展到147家，实现增长值28亿元，增长18%。

【农村经济健康发展，城镇品位明显提升】 粮食产量稳步增长，在遭受重干旱、病虫危害等自然灾害的情况下，粮食总产达到113.5万吨，创历史新高，连续6年获得“全国粮食生产先进县”称号，受到省政府表彰奖励。以农业综合开发和现代农业项目为依托，启动了大河屯、毕店3万亩粮食核心生产区示范工程和桐寨铺3万亩现代灌区示范项目建设。畜牧业发展水平不断提升，新改扩建规模化养殖小区35个，新认定无公害养殖企业5家，新增出口认证养殖企业2家，畜牧兽医管理体制改革顺利完成。林业生态县建设成效明显，新造林4.6万亩，实现了造林规模、造林机制、造林质量的新突破，提前一年通过了省核查验收，全面完成了集体林权制度改革，被评为全市林改工作先进县。新农村建设稳步推进，投入1000余万元，新建沼气池9078个、文化广场15个，配套了健身器材等设施。移民试点迁安工作圆满完成，工程建设和搬迁工作一直走在全省前列，多次受到省、市主要领导高度肯定；第一批移民新村建设工作全面启动，率先完成“三通一平”建设，省、市现场会都在唐河县召开。农田水利基本建设得到加强，新增有效灌溉面积2万亩、节水面积3.3万亩，改造中低产田2.3万亩，除险加固水库2座，水利工程管理体制改革顺利通过省级验收。完成扶贫开发整村推进9个村委，帮扶解困3900人。农业经济合作组织不断壮大，新增各类专业合作组织104家。城市和交通建设投资11.8亿元，其中新成立的县建设投资公司融资2.2亿元。城级规划不断完善，县域村镇体系规划工作正在编制，11个乡镇总体规划和19个试点村庄规划编制工作全面完成；编制了一批城市和交通建设重点项目详细规划，确保了建设的科学性。城镇建设步伐进一步加快，行政文化新区实验高中、一级客运站等一批重点项目顺利推进；荟萃园市场和武装部东侧两个旧城改造项目拆迁基本完成；升级改造友兰大道、建设东路等4条道路，建成广州路等3条道路，产业集聚区4条道路正在建设，启动了上海大道、第四大桥和迎宾大道工程，城区交通路网基本实现闭合衔接；职工游园建成投用，地质公园基本建成，友兰湿地公园河道治理工程基本完工。城区绿化投入2000余万元，新增绿化面积12万平方米，城市绿化率达到45%，打造了以滨河景观带、职工游园为代表的城市新景观、新名片。小城镇建设活力焕发，累计完成投资9000余万元，硬化集镇道路30余万平方米，新建、改建专业市场15个，龙潭、大河屯、毕店纳入市级园林乡镇评定范围。城镇管理水平不断提高，黑龙镇、湖阳等6个集镇有望晋星升级。

【第三产业蓬勃发展，民生保障日益完善】 全面启动了文化、山水旅游开发工作，投资3000余万元，完成了旅游公路、虎山湖码头、石柱山登山步道等工程建设，初步建成了“G312——虎山湖——石柱山森林公园”和“普化讲寺——古蓼国遗址——龙泉禅寺”两条旅游线路，开通了旅游公交，结束了唐河县无旅游景区的历史。“万村千乡市场工程”进展顺利，新建村级农家店97个，覆盖率提高到88%。唐河迎宾馆、雅典阳光星级酒店建设进展顺利，新发展快捷酒店6家，餐饮住宿服务业实现上档升级。商住小区建设步伐加快，大唐中央、都市花园、唐城怡景等一批风格时尚的住宅小区成功开发，新增商住面积38万平方米，改善了城区居民的居住环境。简化“家电下乡”补贴手续，完善汽车、摩托车补贴工作，累计补贴家电、汽车、摩托车4.5万台（部），兑付补贴资金1433万元，拉动消费7亿多元。保险、电信、邮政、交通运输和批零贸易等健康发展。实现社会消费品零售总额58.8亿元，增长19.3%。

着力解决人民群众最关心、最现实、最直接的利益问题，筹集资金2.97亿元，全面落实了种粮直补、综合直补、良种补贴、大型农机具购置补贴及中小学生“两免一补”政策；强力推进全民创业，新培育各类经济实体457个，全年新增城镇就业7800人，下岗失业再就业2800人，“4050”人员再就业1100人，新增农村劳动力转移就业1.8万人，发放小额担保贷款1230万元，实现了以创业促就业的目标；城镇居民人均可支配收入、农民人均纯收入分别增长10.3%和8.5%。社会保障体系进一步完善，城市低保标准有了较大幅度的提高，农村低保覆盖面扩大到农业人口的4.5%。发放城乡低保、农村五保供养金6610万元，做到了动态管理下的应保尽保。各类社保资金征收首次突破1亿元，全县社保支出达2.6亿元,增长18%,确保了企事业单位退休人员工资及时足额发放。财政投入500万元,启动了住房公积金统筹工作。投资1500万元建设经济适用房2万平方米,投资1750万元新建廉租住房2.6万平方米,发放廉租住房租赁补贴101万元。

【社会事业长足进步】 科技长入经济的步伐加快,中药材开发取得新进展,唐栀子被授予"河南省十大最具影响力的地理标志产品";创建科技示范村108个、示范户2500户,专利申报授权位居全市第一,被评为全省4家之一、全市唯一的国家第三批科技进步示范县。教育文化事业取得新进展,投入资金1290万元,新建、改扩建校舍1.8万平方米,消除D级危房4400平方米;学校布局调整稳步推进,调减学校122所;加强教师队伍建设,公开招聘教师273人。文化信息资源共享工程建设步伐加快,新建、改扩建乡镇综合文化站3个,新建农家书屋23个。文艺创作不断繁荣,戏剧《铁窗》、《银杏树下》分别在省、市获奖。医疗保障能力不断提高,新农合参合率达95%,补偿受益51万人次9311万元;强化甲型流感、艾滋病防控,加大食品药品监督力度,荣获省"食品安全示范县"称号,确保人民群众身体健康。高度重视残疾人保障工作,为白内障患者免费手术近千例。人口自然增长率控制在6‰以内,被授予"河南省计划生育优质服务先进县"称号。严格落实安全生产责任制,认真解决群众信访问题,社会大局和谐稳定。双拥共建工作取得新成绩,连续5次获省"双拥模范县"称号。民族宗教、防震减灾、气象、统计、县志续编、外事侨务、物价、消防、档案、人事等工作都取得了新成绩。

唐河县各乡镇主要领导名表

乡镇办	党(工)委书记	乡镇长、主任
滨河街道办事处	张书强(副处级)	张献忠
文峰街道办事处	李连峰	史代恩
城郊乡	尹清岭	仝照振(2010年6月离) 邓传宝(2010年6月任)
源潭镇	杨本甫	刘海宪
桐寨铺镇	汪新喜	张瑞良(2010年6月离) 张红岩(2010年6月任)
桐河乡	刘　晓	安可旭
郭滩镇	郑　义	邓传宝(2010年6月离) 潘跃华(2010年6月任)
张店镇	侯春倩(副处级)	李平胜(2009年11月离) 王铁成(2009年11月任)
湖阳镇	方建波(副处级,2010年6月离) 巩长安(2010年6月离)	郭　坡
苍苔镇	郭俊杰(2009年11月离) 李平胜(2009年11月任)	尹永胜
龙潭镇	王胜森	刘　勇
黑龙镇	李永甫	孙振群(2010年6月离) 高宏军(2010年6月任)
上屯镇	范　克	范泽平
昝岗乡	狄付长	乔保义
祁仪乡	王保山(2010年6月离) 张瑞良(2010年6月任)	朱星兵
马振扶乡	王志刚	秦建生(2010年6月离) 郝军坡(2010年6月任)
古城乡	邱国彦(副处级,2010年6月离) 赵群梅(2010年6月任)	赵群梅(女,2010年6月离) 惠海建(2010年6月任)
大河屯镇	刘道贵(副处级,2010年6月离) 仝照振(2010年6月任)	白保捍
东王集乡	郭春彦	郭海鸥
少拜寺镇	朱　伟	绳应勇
毕店镇	巩长安(2010年6月离) 孙振群(2010年6月任)	吕岩峰

乡镇办概览

【滨河街道办事处】 2009年,国内生产总值10.6亿元,财政收入1550余万元,农(居)民人均纯收入5900元。工业加速发展。以民营经济为主的非公有制企业达1500家,实现总产值12.36亿元,入库税金1800万元。城镇化建设成效显著。配合县里先后进行了312国道改道工程,湿地公园建设,多晶硅等项目的土地水购储备。拆迁安置工作。完成近20家的原荟萃园市场拆迁工程,开展城中村改造工程。特色经济逐步扩大。充分利用围城经济优势,在新民,新安社区发展工商业,在新华新区发展无公害蔬菜种植,在常花园发展建筑运输业,在谢庄、冯岗、上湾、谢岗发展特色农业和生态林种植业。各类民营企业达到1400多家,个体商户达5400多户,畜禽类饲养专业场户达700多户,无公害蔬菜生产基地达300多亩。居民生活较大改善。电话普及率达95%,有线电视入户率达100%,中小学入学率达100%,巩固率100%。在新农村建设上投入资金200万元,硬化、美化、净化道路3公里,整修排水沟800米,改造输电线路5000米,新建村庄,文化广场,为广大群众的生活娱乐提供了良好的环境。先后荣获市"发展民营经济先进街道办事处"、"计划生育优质服务先进单位"、"社会治安综合管理工作先进单位"、"南阳魅力镇街道办事处"。

【文峰街道办事处】 2009年,固产资产投资3.5亿元,财政收入1129万元,农民人均纯收入6000元,城市居民人均可支配收入12000元。招商引资工作取得新突破。共新引进项目6个,合同引资额1.21亿元。其中唐河县宝路达食品有限公司和唐河天禹再生资源有限公司已完成征地、立项等前期工作,唐河县宏达纸箱厂和踏浪电动车厂,荣阳保健品有限公司正在建设中,新扩建项目新洲汽车变速厂新增4条生产线,年产值4000万元,另有3个项目正在洽谈中。农业生产得到稳固加强。新成立农业合作社1个,发展专业养猪场2个,养鸡专业场2个,肉猪年出栏1.8万头,鸡年出栏31万只,奶牛存栏200余头。林业生产以围城林、通道林网为重点,绿化面积100亩,补植补造80亩,完成集体林改85亩。新建沼气用户95户,每户财政补贴600元。全面加强城建和土地管理工作。对建设路东段,东环路北延,北环路东延,解放路东延升级改造,硬化背街小巷6条5000平方米,修建排水系统3400米,综治改造废污坑塘1处28亩。城市管理一是加强卫生管理,二是加大集中专治力度,三是加大违章建筑查处力度。全年共收储土地503.85亩,安置拆迁户1000余户,拆除大型地面附属物12座。投资10万元升级达标了计生办公场所。民政优抚定补对象110人,五保99人,农村低保490户981人,发放低保金49万元。城镇低保38户126人,发放补助金10万元,救济贫困户340余人次,对艾滋病人发放补助金2万元。深入开展严厉打击"两抢一盗"专项斗争活动,在居民小组推广"十户联防"或"五户联防"等互助互防制度,在农村社区推广"平安互助网"、"气死贼"等技防措施,技防面达98%以上,有效预防了各类案事件的发生。

【龙潭镇】 2009年,国内生产总值5.78亿元,财政收入594万元,农民人均纯收入5130元,固定资产投资2.9亿元。不断加大招商引资和项目建设的力度,累计引资1.425亿元,其中位于县工业园区的安佑牧业饲料和胜华门业有限公司正在恰谈,启达彩印包装和龙升木业有限公司已建成投产和试生产,位于镇域境内的项目御龙面业有限公司二期工程(1000万元)、段庄村包装厂(350万元)、吊桥村轧花厂(400万元)等已建成投产。通过城镇改造和公共设施建设,集镇框架进一步扩大。镇投融资500多万元,新建一座汉龙娱乐广场和两条步行街,新修排水沟1200米,硬化路面18000m_2,铺设道路和彩砖2100m_2,新栽风景树1000余株,对汉龙大道、兴隆商路,露天服装市场进行了升级改造,同时建成一座大型垃圾转运站,完善1111运行机制,实现以广场带市场,以市场养广场的发展格局。积极推动畜牧业发展。全镇有10个黄牛联户饲养厂,存栏50头以上养猪场23个,千只养鸡场以上8个。移民安置工作扎实开展。完成"三通一平"各项招投工作,硬化道路2480米,架设高低压线路1660米,打机电水井1眼,铺建供水管道2500多米。新农村建设快速推进。以段庄村为示范村,以小刘庄村为中心,累计投入资金120万元,硬化道路15条3100米,新修桥梁3座,新建沼气池100座,大大改善了群众的生产生活条件。

【苍台镇】 2009年,国民生产总值3.2亿元,财政收入590亿元,农民人均纯收入5800元,招商引资7500万元。以学习实践科学发展观为契机,以推广"4+2"工作法为载体,切实加强基层党的建设。经济工作点线结合,稳步推进新农村建设。立足资源,非公有制经济增势强劲。通过培育扶持,镇傲雪面业有限公司与南阳康元面业合作,投资800万元新建凌峰标准化面业,投资800万元的新凤万锭纺织厂,投资900万元的新立饲料加工厂在镇工业小区内建成,与已建成的小麦加工、面粉加工、棉纺等项目,使苍台镇工业小区初具规模,具有较强的吸引力和辐射带动作用。永兴牧业与武汉华中农大联合,投资1700万元,新建永兴牧业生猪养猪有限公司,可安排本地富裕劳动力150人,经济效益800万元。进一步加强小城镇建设。对镇东集镇出口和镇南与湖北结合部道路全面升级改造,安装路灯,栽风景树,打造苍台景观大道。

【湖阳镇】 2009年,依靠资源富镇优势,快速提升工业化水平。在县产业集聚区兴建由湖阳客商郭峰投资3000万元的大华机械有限公司,实现年农业加工机械50000台(套),产值2000余万元。依托叶山产业集聚区,做大做强镍矿项目,完成投资6000万元,掘进工作将全部完工。大力实施大企业带动战略,发挥投资20亿元的铜镍矿项目和唐河天骏纺织,南阳裕升棉业,天地酒业等大项目的带动作用;扶持常庄钢梨厂,太子童车厂等一批成长型企业加速发展,促进由弱到强的转变;围绕行业资源开发和农副产品加工等主导产业,突出抓好专业招商,产业招商和园区招商,全镇新上固定资产投资100万元以上的民营企业20家,新增投资2亿元。加速推进新农村建设,新发展以小麦、棉花制种和无公害蔬菜为主的高效农业6万亩,新建改良大棚800栋,建成10个标准化畜牧小区,7个超3000头的标准化生猪养殖场,9个超5万只的标准化蛋鸡养殖场和16个超1000只的标准化波尔山羊养殖场。加强农业配套设施建设,投资500万元修建白马堰水库除险加固工程,维修加固堤防56公里,整治河道3450千米,改造7座排水沟和1座小水库,治理水土流失2万亩。累计投资800万元,修筑油路64公里,实现了25个行政村通油路。投资210万元,建设沼气池1300多个,使近万人用上清洁环保的沼气。新建文化大院3个,改善了农村文化娱乐条件。以争创四星级城镇为目标,累计投入资金310万元,改善城镇环境,提升服务功能,投资200万元建成东湖主蓼山的旅游公路,沿镇区主干道栽风景树木上万棵,新建公厕12座,修下水道6500米,改造城镇道路6条,集镇道路焕然一新。开发文化古镇资源,利用姓氏文化,精心打造山水大镇形象。重点围绕蓼王庙和东大寺开发,共计投资850万元,完成蓼山3.4公里上山公路的修建绿化工作,两个观光亭和停车场已交付投入使用。山门正在制作,蓼王庙已封场。东大寺景区投资230万元,大雄宝殿正在加紧建设,投资10万元的明湖改造升级已基本完成,环湖公园,停车场和步道已初具规模。移民安置工作,制定了38项工作制度,2050亩调地任务全部完成。计生工作被市评为先进乡镇。

【黑龙镇】 2009年,财政收入864.2万元,固定资产投资3.1亿元,农民人均纯收入5100元。以工业经济为重点,强力组织招商引资。在全力服务好泰隆水泥,福林航模等已落户黑龙镇的招商引资项目的同时,组织6个小组到外地引进项目8个,其中千万元项目5个。严格落实各项惠农政策,共发放粮食补贴和农资补贴706万元,新打抗旱浇麦机井85眼,新建100畜位养牛场4个,年出栏1500头。养猪场7个,存栏300只。蛋鸡场6个,肉鸡年出栏10000只以上,养鸡场4个。加强农业技术培训和返乡农民工培训50场次13500人,扶持示范户44户,发放专业技术资料6500份。全力以赴搞好新农村建设,制订实施方案,确定示范村,年底全部实现自然村通水泥路,自来水、沼气、太阳能,普及率达到80%、40%、30%。加强社会保障工作,完成五保户审核及新增对象的上报工作,确定五保户442人。巩固提高农村义务教育水平,对800多名困难家庭学生补助生活费57万元,更新中小学桌椅380张,加大城镇建设,确定"争星创强"目标,有力提升城镇品味。筹款80万元建成垃圾处理站,筹资300多万元对唐枣路集镇铺彩砖,架路灯、挖水沟、绿化植树;投资50多万元,对发山仿古街及白玉山庄旅游区修建改造升级。扎实做好安置淅川移民388户,1577人,需调建设用地99.8亩,生产用地295亩,已经完成对接征地,附属物清理,水、路完全符合施工条件,招投标工作已结束,房屋建设将全面开展。

【古城乡】 2009年,国内生产总值5.4亿元,财政收入943.4万元,固定资产投资4.3亿元,农民人均纯收入5460元。招商引资成效显著,工业经济实现新突破。全乡已签约投资2000万元以上大工业项目4个,已建设2个,在建2个,到位资金1.5亿元。小城镇建设扎实推进。投入资金550多万元,整修硬化道路3条3500米,铺设彩砖4000平方米,安装路灯95盏,修下水道5500米,绿化树木935棵。新农村建设坚持试点先行,以魏庄村为试点,示范带动,辐射带动。民生工程全部开展,全乡共发放粮食补贴859.3万元,发放"两免一补"资金116.5万元,全乡共有2343

户2732人享受低保,643户、643人享受五保,参加新型合作医疗率达97%以上,累计报销医疗费300万元。扎实做好计划生育常规基础工作,康检率达98.5%,落实奖励资金25.2万元,同时在全乡26个村委安装平安互助网报警设备,技防面达100%,形成较为完善的治安防范网络。

【大河屯镇】 2009年,国内生产总值5.7亿元,固定资产总投资4.6亿元,农民人均纯收入5200元。招商引资成绩显著,工业经济实现新的跨越。在谈项目10个,新上项目5个,在建项目3个,引资总额2.6亿元,已到位资金1.3亿元,外出务工返乡青年投资4300多万元创办的惠方电子厂、塑料彩印制品厂可安排人员300多名,年创利税1300多万元,裕源棉业有限公司和乾宏玻璃厂再上项目,促进工业经济,非公有制经济的发展,工业强镇崭露头角。强力实施"改造建设,功能配套,内涵丰富,管理规范"的大工程,在建设项目上,占地30亩,建筑面积2万平方米的农贸专业市场正在建设,建筑面积4200平方米的行政中心大楼已封顶;占地18亩的人民广场已设计完毕;占地24亩,建筑面积1.8万平方米的中心集贸市场已建成运营。在功能配套上投资140万元,对建设路面进行改造,新增修绿化带580米,安装路灯18盏,修排水沟640米,建成投入使用的30亩垃圾处理中心,大大提升了集镇的品味。新农村建设已建成王老庄5个新农村试点扎实推进,农业综合开发2.36万亩中低产田改造已通过省市验收,又新增1.3万亩中低产改造项目。认真落实支农惠农政策,共发放种粮直补资金1200万元,沼气补贴72万元,棉花、玉米、水稻补贴资金98万元,小麦各种补贴120万元,能繁母猪及水牛补贴资金58万元,家电下乡补贴180万元,"两免一补"资金77.7万元。农村五保户693人,共发放救助款83.2万元,困难户2638人,发放救助资金158.28万元,在白内障复明工作中,救助患者42人;新农合受益人数1.9万人,补贴发放210万元。畜牧业全年新建各类专业饲养场12个,生猪饲养量3.3万头,黄牛饲养量2.4万头,畜牧业产值实现9600万元。移民工作前期准备工作已顺利完成。全镇沟林路渠绿化率达95.3%,农田林网控制率达95.7%;被县评为林业生态建设先进乡镇;被市命名为"四星级集镇",同时被市、县建设部门推荐申报为"中洲名镇"、"特色乡镇"、"园林乡镇"。

【桐寨铺镇】 2009年,国内生产总值9.8亿元,固定资产投资3.2亿元,财政收入850万元,农民人均纯收入5500元。招商引资成效显著。共招商引资项目12个,总投资2.78亿元,到位资金1.52亿元。沿路整治及小城镇建设工作实现突破。加大对集镇卫生、灰沙砖车占道经营和马路市场的清理力度,投资4000多万元,开发建设占地58亩的综合市场,主要道路的硬化、绿化、美化,城区面积已达3.2平方公里,形成布局科学,功能完善的五横四纵的城镇格局。新农村建设再上新台阶。把李营寨,肖堰等7个村委列为首批新农村建设试点村,大力发展特色经济,实现"一村一品"或"一村多品"。李营寨村注册成立了李营寨福星生态农业科技协会,下设黄牛养殖,设施农业,水产养殖,新村建设四个分会和免烧砖石。农作物新品种示范推广基地两个实体,被市委、市政府列为市新农村建设示范村,成为唐河县3个新农村示范村之一。以黄牛为主的畜牧业发展步入快车道。有养牛专业村14个,专业户1100多户,专业场15个,黄牛年饲养量1.8万头,存栏1.2万头,良种牛覆盖率达98%以上,养牛业人均增收1200元。基础设施取得较大发展。已完成县定的"村村通"的目标任务,通道绿化,农田林网、宽带林建设已基本完成,退耕还林面积2958亩。社会事业全面进步。计划生育工作落实四项手术1741例,征收社会抚养费360万元,人口出生率控制在1.2‰以下。兑现"两免一补"资金80.0125万元,发放粮食直补户数为18979户,1412.4万元,棉花良种补贴面积3万亩,45万元,小麦良种补贴11万亩,110万元。民政优抚对象390名,发放优抚款82万元,供养五保户611人,发放资金745300元。参加新型农村合作医疗达到95%。保持社会环境持续稳定。

【郭滩镇】 2009年,国内生产总值96432万元,财政收入747万元,固定资产投资2.98亿元,农民人均纯收入5883元,城镇居民可支配收入实现1.95万元。工业经济再上新台阶,共引进项目7个,其中伟滨轻纺有限责任公司与美国美孚石油国际有限公司安徽办事处进行壳牌润滑油生产项目,郭滩昶旭农牧饲料厂项目,南阳恒业光电有限公司等项目已相继建成投产。紧紧抓住小城镇建设发展机遇,通过土地招拍挂等方式,由中标方投资1200万元对花园路两侧,解放路两侧进行升级改造,建设花园小区,对全长560米综合厂至中华路河堤升级改造,建设商业街,开发高标准商用门面房150套。新农村建设抓好李庄,张官营等试点村的配套建设,主要进行文化大院,沼气建设和"户户通"建设,形成示范带动效应。民政优抚对像405人，发放优抚款90万元，纳入低保3527人，供养五保老人576人，全年发放五保资金69万元。全镇98%的农民办理了新型农村合作医疗。畜牧业发展形成新规模，发展10个黄牛专业村，5个专业场；发展12个养猪专业村、107个专业场，发展7个养鸡专业村，28个专业场；黄牛存栏1.6万头，猪存栏4.5万头，鸡存栏112万只，畜牧业总产值实现1.8亿元，占农业总产值的48%。林业生态镇日臻完善。以建设高标准农田林网为主体，以通道绿化为重点，大力开展植树造林活动，全镇林业生产实现成活率90%以上，保存率85%以上，林网控制率提高到95%以上。

【毕店镇】 2009年，国内生产总值5.75亿元，财政收入840万元，固定资产投资3.2亿元，农民人均纯收入5025元。以招商引资为主的经济建设实现新突破。引进资金4.11亿元，到位资金1.33亿元，其中南阳的飞泰科技工业园，总投资2.8亿元，项目一期工程投资9000万元，到位6600万元，工程正在建设中；河南裕嘉农业科技40万吨颗粒饲料工程已开工建设；总投资900万元的现代农业项目和投资500万元的中低产田改造项目的两个粮食核心区建设工程稳步推进。农田水利建设成绩显著。投资1400万元，修建区间路9000米，农田防护林植树1.7万株，新打配电机井102眼，新建大型水利工程1处，塘坝3处、桥梁44座，增加有效灌溉面积0.79万亩。大力发展以烟叶为主的特色农业。投资40万元，种植烟叶4000万亩，实现特产税200万元，植烟农民人均纯收入增加500元以上。新农村建设步伐加快。投资370万元，在杨家柳、夏庄、肖棚等8个新农村建设试点村，新修水泥路8.6公里，建沼气池500个，建标准化村部1座，建设文化广场3000平方米，建169平方米演出舞台和标准球场各1处，配备健身器材4套。小集镇建设水平显著提升。投资370万元完成占地40亩的农贸市场建设和配套；引资1200万元，打造了家来福高标准小集镇；投资50万元完成毕店街四纵六横街道的绿化、净化、美化街道4条；建绿化带3条，共栽植风景树8000多棵。交通建设进展迅速。投资272万元，对毕沙路、毕古路共计15.7公里进行了升级改选，新修村间水泥路13公里，极大地改善了交通条件。

【祁仪乡】 2009年，国内生产总值6.9亿元，财政收入659万元，农民人均纯收入4888元。引进工业项目6个，招商引资额7000万元，其中投资100万元以上项目4个，300～1000万元项目2个，引资1500万元的唐河县盛丰皮革纺织品有限公司已投入生产。以集镇建设为重点的基础设施建设得到快速发展。投资55万元对友兰大街高低压线路进行了架设；投资40万元对宁静路进行改造，整修路面100米；投资30万元，对唐枣附线至六中两公里路段道路进行修建。新修建乡村道路15公里。在农田水利建设上，投资30万元在蒋岗村建安全饮水工程2处，解决了500余人安全用水问题；投资430万元，对临泉一库进行除险加固；投资1700万元对山头水库进行全面整修；投资18万元对水库灌渠进行清淤、维修。投资20万元，修建石柱山环山水泥路850米。投资21万元，新建沼气池350个，投资60万元进行新农村建设，建成新农村建设示范村1个。推广优质高效花生品种改良1万亩，增收500万元。以黄牛为重点的畜牧业不断发展壮大，建成畜牧养殖先导示范小区1个，黄牛联户饲养场4个，畜禽养殖专业村14个，各类畜禽专业场71个，实现畜牧业产值1.6亿元。林业生态乡建设成效显著，共植树5.5万株，荒山造林6000亩，16个山区村委的林权制度改革顺利完成，被市政府评为造林绿化工作先进单位。

【少拜寺镇】 2009年，国内生产总值7.25亿元，财政收入560万元，农民人均纯收入4880元。完成招商引资8600万元，新上项目9个，其中宏信真空机制彩瓦厂、河南永宏利达金属有限公司、鑫源面粉厂等7个项目均已建成投产。投入资金320万元，对集镇“一纵三横”四条街道和涧岭店北大街进行了配套完善、升级改造和开发建设。硬化、修建村间道路8条，总长10.7公里。新建文化广场1处，修建沼气池512个，培育新农村建设示范村1个。投入资金56万元，新打配机电井9眼，老井修复配套12眼，新挖堰塘坝5处，新增有效灌溉面积1000亩，农业生产条件得到改善。大力发展以生猪为主的畜牧业，生猪养殖小区达到38个，200头以上规模养殖场562个，生猪饲养量达到32万头，外销生猪24万头，实现产值2.8亿元。着力抓好以烟叶为主的特色产业。种植烟叶4600万亩，收购烟叶50.5万公斤，实现产值743.6万元，特产税163万元，农民增收400万元。

【东王集乡】 2009年，国内生产总值5.7亿元，财政收入749万元，固定资产投资2.81亿元，农民人均纯收入5182元，完成招商引资项目9个，其中500万元以上7个，总投资3000万元的盛居门业有限公司7月份已开始生产，总投资6000万元的固特科技有限公司项目正在筹建中，引资200万元，建成板材厂1个。特色产业以发展烟叶、林业和畜牧业生产为主，种植烟叶3700亩，实现产值600万元，创税收127万元，农民人均增收100多元；造林3200亩，农户四旁植树50万株，形成造林网格300个，顺利通过了高级达标；新建200头黄牛养殖场1个，万只养鸡场1个，各类专业饲养场达42个，黄牛饲养量达1.5万头，生猪饲养量达3.2万头，禽类达20万只，畜牧业产值突破1.2亿元。集镇建设，投资150万元，对原有街道盘古路、寨上街、兴隆街进行了升级改造，铺设下水管道10000米，安装路灯100盏，硬化水泥路5000米；投资30万元，新修一条长600米的文化路。新农村建设，硬化道路10000米，栽植风景树1300棵，铺设自来水管道10000米。新型农村合作医疗参合率95.2%。安置移民189户810人，建房1168间。

【上屯镇】 2009年，国内生产总值7.9亿元，财政收入632万元，农民人均纯收入4932元。共建成招商引资投产项目28个，固定资产投资1.2亿元，其中投资4600万元的河南省剑书陶瓷磨具厂，日产成品3000件；投资2600万元的唐河县丰亚装饰公司，年产值3000万元。以畜牧养殖业为主的支柱产业，共建成各类畜禽专业养殖场65个，新建100畜位以上的黄牛养殖场2个，黄牛饲养量达2.2万头；生猪饲养量达3.5万头；禽类饲养量达1.5万只，养殖业总产值达2.5亿元，农民人均畜牧养殖业收入达1255元。交通建设，投资1200万元，开工修建唐河大桥，方便两岸10万群众的生产生活。集镇建成了长1.1千米的丁岗街东的文化路，并对街道进行了硬化，铺设了彩砖，安装了路灯，进行了绿化美化。新农村建设3个试点村已初具规模，建成农村文化广场3个。生态造林植树65.34万株，建成环镇林452亩，植树3.5万株；环村林240亩，植树1.8万株；通道林绿化1020亩，植树8.5万株。

【张店镇】 2009年，国内生产总值8.1亿元，财政收入1275万元，农民人均纯收入4960元。完成招商引资1.4亿元，建成和在建项目9个。其中引资4000万元的三鑫电子有限公司电动车蓄电池及UPS后备电源生产项目，6条生产线，已有3条生产线投入运行；引资1200万元的金奥克塑钢型材项目已投入生产。培育壮大以黄牛为主的畜牧业，建设和改造了6个大型标准化养殖场，培植一个养殖小区，畜牧业产值1.55亿元。继续巩固以小辣椒、土豆为主的瓜菜业，小辣椒、土豆种植面积分别为3万亩和2万亩，亩均效益均达1500元以上。集镇建设，投资30万元，对工业区的主路进行了硬化，完善了给排水设施，在主路两侧安装路灯40盏，栽植了风景树，美化了环境。交通建设，投资268万元，修建村间公路6.7公里水泥路，修建自然村间水泥路3.8公里，使自然村联网修筑水泥路达88公里，进一步提高了农村公路通行能力。新农村建设，巩固提高了付岗示范村，投资20万元新建村部1座。新建沼气池500个。林业生态建设植树54.64万株，其中通道绿化16.2万株，围镇、围村林6.2万株，农田林网32.24万株。

【源潭镇】 2009年，国内生产总值7.8亿元，财政收入670万元，农民人均纯收入5360元，固定资产投资3.6亿元。非公有制经济发展实力增强，招商引资1.45亿元，引进规模以上项目4个，已建成项目3个，在建项目1个，可新增长期就业岗位500个，短期就业岗位700个。投资3000万元的三宝牧业及投资2000万元的鑫犇牛业当年投产见效。全乡非公有制经济实现工业增加值2.8亿元。畜牧业发展快速推进，各类养殖场发展到169个，形成了5个综合养殖小区，3条养殖带，全年黄牛存栏9000头，出栏4800头；生猪存栏6.6万头，出栏4.9万头；山羊存栏0.9万只，出栏1.05万只；家禽存栏95.6万只，出栏25.7万只，畜牧业产值实现1.3亿元。在集镇建设上，新建了源潭主街道西丁字口临街门面房和戏院居民小区，升级了山货街，改造了烟站路、南环路，修建和完善了下水管道3500米，新建了衙门口向东门面房，使源潭老集镇焕发新的容颜。对刘岗新区建设种植风景树800株，沿街绿化达6000平方米，安装路灯320盏，刘岗村被河南省文明办评为“全省农村清洁家园行动先进村镇”。源潭辣椒城完成交易量1亿公斤，成为中原最大的辣椒生产集散地。围绕林业生态型建设造林36万株。新型农村合作医疗参合率95%。

【桐河乡】 2009年，国内生产总值7.7亿元，财政收入400万元，农民人均纯收入5206元。工业经济发展势头强劲。招商引资完成8260万元，新上投资额1000万元以上项目2个，投资额400万元以上项目8个，建成了鑫丰绿色生物有机混合肥公司、东方麦业有限公司、豫世通电子厂、金大地棉业公司等一批大项目工业企业。畜牧业生产稳中有升，新发展各类畜牧饲养场26个，其中

200 畜位以上黄牛饲养场 1 个。全乡黄牛等大牲畜存栏 1.8 万头,出栏 0.7 万头;生猪存栏 6 万头,出栏 9.5 万头;家禽存栏 76 万只,出栏 43 万只;肉蛋产量 2300 吨,畜牧业总产值达 9000 万元。农村特色产业发展较快。种植小辣椒 1.5 万亩;特色林果和无公害蔬菜 4000 亩;优质土豆 3000 亩。集镇建设快速发展。投资 100 万元对中心大街进行了改造;并修筑排水设施 1500 米;安装路灯 100 盏;栽植香樟等绿化树木 500 株;投资 40 万元建成了公共汽车站;投资 80 万元建成了桐河大桥。新农村建设建成示范点 1 个。投资 68 万元,建成了乡级敬老院 1 座、村级五保大院 6 座,五保对象集中供养率达 40%以上,新型农村合作医疗参合率 95%。安置移民 249 户,1008 人。

【城郊乡】 2009 年,国内生产总值 9.7 亿元,财政收入 1180 万元,农民人均纯收入 6100 元,固定资产投资 2.98 亿元。以招商引资为主的非公有制经济健康发展,共引进资金 1.6 亿元,建成和改选、扩建工业项目 6 个,在建项目 3 个,其中投资 8000 万元的双凤明胶二厂和投资 1000 万元的豫鑫门业两个项目已建成投产,累计已建成工业项目 32 个,实现增加值 4.7 亿元,入库税金 860 万元,工业税收已成为财政收入的主体。以黄牛为主的畜牧养殖业规模进一步扩大,新建 400 畜位的开元奶牛养殖场、500 畜位的太山养殖场、200 畜位的刘马洼牛场和刘洼万只养鸡场等各类养殖场 10 余个,黄牛、生猪、山绵羊和家禽存栏量分别为 2.9 万头、4.1 万头、2.3 万只和 40 万只,肉类总产量 6000 吨,禽蛋产品 1600 吨,牧业产值达 1.4 亿元,占农业总产值的 45%以上。新农村建设步伐加快。投资 80 万元修建了 4.7 公里的村间水泥路,使农村路网得到进一步完善;投资 24 万元,修建了 500 个沼气池;投资 200 万元,对 5 个村委的村容村貌、道路等基础建设进行了完善提高,其中硬化道路 3000 米,修筑排水沟 5000 米,植树种花 3.2 万株,美化墙体 20000 平方米,修建休闲游园 3 处。完成林网改扩建工程 3640 亩,造林 24 万株,形成比较完备的城乡林网体系,被市政府表彰为造林绿化工作先进单位。

【昝岗乡】 2009 年,国内生产总值 9.1 亿元,财政收入 737 万元,固定资产总投资 4 亿元,农民人均纯收入 5430 元。交通建设快速发展。新修"村村通"水泥路 5.7 公里,乡内柏油路、水泥路总长达到 87.6 公里。集镇建设品位日益提升。对昝岗北大街路灯,风景树、彩砖做好维护的同时对老街道进行了升级改造,做到硬化、净化、绿化、亮化全部到位。招商引资成效显著。完成引资 2.5 亿元,总投资 1600 万元的曹氏百川特色面业二期工程已建成投入运行。投资 900 万元的远华益健粮油有限公司主体工程已完工、初步形成以农副产品加工为主的特色工业群。新农村建设健康发展。对米店、岗柳两个试点村修建了水泥路、排水道、文化大院、文化长廊、休闲广场,栽植了风景树,已初步呈现出村容整洁、设施配套完善的新农村局面。投资 15 万元,新建沼气池 500 个。社会事业全面进步。新型农村合作医疗参合率达 96%以上。群众生活明显改善,解决了白坡村 863 人饮水安全问题,全乡五保供养对象 619 人、低保对象 3242 人、生活保障费均按标准社会化发放。全乡储蓄存款余额达 1.6 亿元。(孙晓云)

桐　柏　县

县情综述

【概况】 总面积 1915 平方公里,耕地面积 39370 公顷。总人口 44.30 万人,其中乡村人口 35.1 万人。辖 11 镇 5 乡。

县委书记:刘新年(2009 年 4 月离)、杨忠(2009 年 4 月任);副书记:杨忠(2009 年 4 月离)、孙伟(2008 年 10 月任);常委:高进坡(常务副县长,2009 年 12 月离)、徐翔远(宣传部长)、赵浩(县委办主任)、贾良选(人武部政委,2009 年 9 月离)、史文涛(组织部长)、王庆芳(女,纪委书记)、孙桓(政法委书记)、田新建(统战部长)、章翔(人武部政委,2009 年 9 月任)、王旭(副县长,2009 年 12 月离)、刘明钦(副县长,2009 年 12 月任)

人大主任:王清国;副主任:左振明、张胜武、刘永胜、梁燕、朱长远

县长:杨忠(2009 年 6 月离)、莫中厚(2009 年 6 月任);副县长:高进坡(2009 年 12 月离)、王旭(2009 年 12 月离)、刘明钦(2009 年 12 月任)、马哲宇、吴增阔、余培湘(2009 年 12 月离)、赵丰璞、万里平(女);县政府党组成员:段秀勇(2009 年 1 月任)、卢康新;副县级干部:常书贵

政协主席:张群山;副主席:王世勤(正处级干部,2009 年 12 月离)、安可飞、马先成、徐桂琴、罗镇

人武部长:杜卫国

法院院长:柳殿奎

检察院检察长:冯景合

公安局长:王鸣

总工会主席:姜万哲

2009年,全县国内生产总值完成67.8亿元,增长12%;财政一般预算收入完成2.45亿元,增长4.2%;全社会固定资产投资完成63.4亿元,增长39.2%;城镇居民人均可支配收入11726元,增长10.1%;农民人均纯收入3447元,增长9.2%;社会消费品零售总额33.8亿元,增长19%。

【工业经济企稳回升】 面对危机,大力实施"骨干企业创新工程"和"中小企业成长工程",扎实开展"企业服务年"活动,决战二季度,大干三季度,决胜四季度,工业增速下滑局面逐渐扭转,企稳回升势头逐步显现。规模以上工业企业增加值增速由一季度的-10.5%回升到全年的16%,利润增速由一季度的-78.3%回升到全年的31.6%。与此同时,产业集聚区建设扎实推进,淮北产业集聚区列入省定产业集聚区,总体规划顺利通过省、市评审,标准化厂房一期工程建成投用。安棚碱硝化工产业专业园区通过市级评审。

【项目建设成效显著】 2009年,争取政策性项目资金8.76亿元,增长67.3%。新引进千万元以上项目54个,实际到位资金8.5亿元。出口创汇完成675万美元,合同利用外资1783万美元,实际利用外资1064万美元。成功跻身河南省对外开放重点县。安碱三期项目建成投产,盛煌油脂续建、鑫泓银制品三期扩建以及其它招商引资项目建设进展顺利。全县销售收入超亿元企业达20家,在建超亿元项目6个。

【农村经济持续发展】 农业生产喜获丰收,粮食总产量达2.3亿公斤,被农业部确定为花生高产示范县和全国唯一的国家级花生标准化生产示范县。完成新造林10.5万亩,被授予"河南省林业生态县"和全市"林业生态县创建先进单位"。新发展良种茶园2000亩、蔬菜3150亩、中药材2万亩。除险加固5座中小型水库,解决农村安全饮水4.2万余人,建成农村沼气6028座。各项惠农政策得到有效落实,兑现粮食直补等各类补助资金1.1亿元。新农村建设稳步推进,村容村貌整治效果明显,6个县级重点村基础设施建设任务基本完成,被市委、市政府命名为"新农村建设先进县"。

【人居环境不断优化】 城区建设方面,完成了乙七、乙八街和盘古大道东侧排水等工程,改造城区道路3条,硬化背街小巷20条。完成了盘古大道南延、英雄广场、淮北中心公园等绿化工程,县城绿化覆盖率达43.5%,成功创建国家园林县城。集镇建设方面,通过完善功能、拉大框架、打造亮点、强化管理,显现出各具特色、竞相发展的良好局面,全县城镇化率达37%。交通建设方面,完成县乡道路建设86.5公里,村道建设82.3公里,中桥改造10座,毛泌路、桐家河至城区段和朱庄、申铺两条高速引线建成通车。

【文化旅游业蓬勃发展】 6个乡镇文化站、21个新农村文化书屋建成投用,桐柏革命纪念馆和淮河源民俗博物馆被列入免费开放景点,桐柏山歌和桐柏皮影被列入国家级非物质文化遗产保护名录,顺利通过全省文化建设先进县验收。启动了桃花洞普化寺改扩建工程,完成了祖师顶道观、太白顶云台禅寺改扩建主体工程。淮源景区晋升为"国家级风景名胜区"。2009年,全县以文化旅游为龙头的第三产业增加值达15.7亿元,在生产总值中的比重达到23.1%,全县三次产业结构实现了从"二一三"到"二三一"的转变。

【和谐社会建设扎实推进】 全县城镇登记失业率控制在3.8%以内,农村低保覆盖面提高到4.5%,农村五保集中供养率达40.1%,农村新型合作医疗参合率达94.5%。建成廉租房5700平方米,发展廉租住房保障1000多户。加快教育资源整合,大力推进义务教育均衡发展,教育教学质量不断提高。建成107家标准化村卫生所,完成100个自然村广播电视村村通,成功创建国家级计划生育优质服务先进县。大力开展"双拥共建"工作,顺利通过省"双拥模范县"验收。认真开展"安全生产年"活动,荣获全国安全生产监管监察先进单位称号。扎实做好信访工作,深化社会治安综合治理,全县社会大局和谐稳定。

桐柏县各乡镇主要领导名表

乡　镇	党委书记	乡镇长
城关镇	王长岭(享受副处级待遇)	岳秀法
城郊乡	马书培	张润涛
月河镇	魏晶平(副处级)	李亚松
吴城镇	付兴伟	门宏刚
固县镇	王金绪(享受副处级待遇)	岳道有
毛集镇	刘宏均	袁德海
回龙乡	王　冠	史焕岭
黄岗镇	潘万伟	丁严冰
朱庄乡	刘宏奇	孟祥东
大河镇	裴长青(女)	甘泉涛
淮源镇	曹兴奎	高瑞远
新集乡	李文忠	陈朝升
安棚镇	程远甫	孙玉东
程湾乡	张东升	王兴勇
平氏镇	安凤辉	牛苗苗(女)
埠江镇	段秀勇(县政府党组成员)	王顺苇

乡镇概览

【城关镇】 2009年,国内生产总值15.6亿元,固定资产投资17.7亿元,财政收入1.89亿元,居民人均纯收入11762元。全年共引进项目26个,引资额1.6亿元,到位资金1.2亿元,其中冠丽门业已投产,胜出公司二期扩建项目已完成90%投资。梅园二期商务楼已交付使用,梅园餐饮服务项目已改造竣工。3家西餐厅和4家快捷宾馆投入运营。老年公寓项目已完成立项申报,争取上级资金20万元,正在规划选址。淮北实验幼儿园项目选址已完成。对生态工程建设、城区河堤护砌等项目进行包装、申报,政策性资金争取增长36%。围绕"四创一争"活动,完成了乐神路南延、四十四团至南环路通道拆迁任务。县直各单位配合完成了近城山体3000亩绿化任务,硬化小巷17条10378平方米,修建排水沟4.2千米,完成淮河两岸沿线滨河翠园、恒信花园、银兴花园、盘古花园等小区的绿化、美化任务;高标准完成了南岗小区近400户居民住宅改造任务。对社区管理的公厕和所有建成区全部实行物业管理,组建一支20人的治安巡逻队,开展常年巡逻。城镇低保和农村低保5568人全部实行低保金社会化发放。新增新农合参保人数1156人,完成城镇居民医疗保险26700人。新建城区居民文明教育宣传长廊3处,累计达到7处;以社区为单位组建文体活动队伍,大同街社区的戏迷俱乐部、银兴社区的东北大秧歌、社区退休老干部组织的腰鼓队,常年开展活动,丰富了居民文化生活。

【城郊乡】 2009年,国内生产总值3.62亿元,财政收入349万元,固定资产投资5.3亿元,农民人均纯收入3459元。全年新引进企业6家,合同引资额1.2亿元,到位资金4600万元。盛煌油脂公司正常投产,创新工艺厂、江记油脂公司规模进一步扩大。争取政策性资金2600多万元。配合和服务县城建设,相继在产业集聚区协助建成标准化厂房2栋,区间路400米,二氧化碳综合利用项目的厂区围墙和12个乡镇的项目征地与垫方工程。在淮北新区协调完成了移动公司、宣传文化中心、检察院、经济适用房、北环路等遗留项目建设。完成了高速引线申铺段、桐明路扩宽工程,甲九路、二炮基地道路、坦克团备战路征地,港湾站、老年公寓、二医院、淮北中学建设协调等工作。加大基础设施建设,硬化乡村道路5.9公里,村组道路11.8公里。全乡村村通道路硬化率达100%,改造危草房30间。改造标准化卫生室10个。新建沼气池400余个。除险加固了银盘河水库,清淤开挖塘堰100亩,平整荒山荒坡1380亩,造林6000亩。其中基地造林2000亩,获全市林业工作先进乡称号。借助龙潭河移民扶贫和佛教学院项目建设,启动刘湾民俗村建设。对河坎村胡家庄组实施旧村改造。

【月河镇】 2009年,国内生产总值3.79亿元,固定资产投资

3.28亿元，农民人均收入3486元，财政收入262万元。全年新引进项目15个，协议引资1.6亿元，实际利用外资7100万元，已建成项目10个，在建项目3个，协议引资项目2个。全年完成申报政策性项目20多个，涉及资金2000多万元，已到位批复项目12个，资金1000多万元。加快推进新农村建设。继续巩固徐寨村老试点村，发展特色产业1000多亩。新启动了西湾村试点村，完成了一大批基础设施建设。通过以点带面，全镇所有行政村均完成了新农村规划编制任务。通过多种形式，不断拓宽小城镇建设融资渠道，全年共完成投资230万元，城镇建设和城镇面貌得到较大发展。严把建设审批关，加大监管力度，严厉打击违法违规建设，确保镇村发展规范有序。继续实行环境卫生物业化管理模式，规范街道经营管理秩序，基本实现了镇区主要街道“绿、洁、畅、亮、美”。工会、清洁家园行动工作获得了省级表彰，思想政治、预防职务犯罪、清理规范乡村财务、统计工作获得了市级表彰，同时被南阳市确定为农村基层党风廉政建设工作联系点，被河南省确定为廉政文化进农村示范点，被命名为河南省“民间艺术”之乡。

【吴城镇】　2009年，国内生产总值3.05亿元，财政收入310万元，农民人均纯收入3448元，社会固定资产投资2.94亿元。全年新引进500万元以上项目6个，合同引资额7568万元，到位资金2922万元，争取道路、城建、水利、土地等国家政策性项目资金2433万元。禹淮植物精华公司保健茶和中药沐浴养生保健品生产线均投产运营，产品远销北京、石家庄、重庆等地。郑州天润牧业有限公司投资兴建的千头奶牛养殖项目已建成运转，存栏奶牛500多头，该项目是目前全市规模最大、现代化程度最高的奶牛养殖场。佳美农副产品加工项目标准化厂房、工房、围墙等基础设施已完工，佳美百货改扩建项目、艾草产品系列生产加工项目合同已签订，正在进行前期筹备工作。邀请河南省城市规划设计院对全镇及镇规划区和新开发的主要街道建设等进行总规和局部详规。东环路已完成路基垫方处理等工程。闫庄农民新型社区完成项目审批、拆迁安置，并进行规划建设，已建成商品房7套，硬化水泥路800米。花生市场居民小区新建住房8处，小区规模初步形成。完成桃花河二坝维修加固工程和镇垃圾中转站项目建设、垃圾处理场建设。围绕发展支柱产业和特色产业，发展协会7家、专业合作社9家，以茶叶、林果、畜牧养殖为重点的产业进一步明晰，完成基地造林、通道绿化、林业生态村和集镇绿化面积6000余亩。新农村建设工作取得新成效，全镇新修村组水泥路8条26公里，高标准整修堰塘89个，新建大沼气池2座，小沼气池408个，其中，林场村作为市级示范村，围绕孔雀岭生态园建设，精心打造生态休闲旅游新村，建成有机温室大棚蔬菜基地50亩，万只养鸡场1处，300立方大沼气池1座，3000只以上养鸡场3个。

【毛集镇】　2009年，国内生产总值7.88亿元，财政收入348万元，固定资产投资5.26亿元，农民人均纯收入3503元。全年新引进项目8个，建成4个，在建4个，合同引资1.08亿元，实际到位资金8370万元。金泰建材公司二期扩建、桐柏淮河源醋业有限公司食用醋酿造项目、鑫森木业有限公司木质板材加工项目、龙淮矿产品开发有限公司莹石开采和初级加工项目等重点工程进展顺利。争取政策性项目19个，资金3732万元。对新农村潘庄村基础设施、支柱产业、精神文明、民生工程等进行重点培育和建设，该村先后获得省文明生态新村、省民主法治示范村、市文明生态新村等。初步建成了万亩油料(花生)倍增示范基地，培育良种猪专业场14个，肉鸡专业场4个，养羊专业场2个。初步培育建成了王湾、毛营两村各150亩蔬菜基地。培育中药材种植650亩。对八里岗板栗示范园的1600株老板栗树进行了更新换代。对王湾毛集河水毁工程进行了初步修复，新打抗旱机井56眼，塘堰清淤146处，新增蓄水350万方，有效灌溉面积5000亩。高起点做好了镇区总体规划及铁山等9个村的初步规划。重点抓好了桐泌路、桐确路、钟庄县乡道、滨河路、南湖新区、泰安民居小区、铁路桥民居小区等“四路三区”的建设工作。完成窦庄村3000亩坡改梯生态综合整治项目、李庄村1200亩土地平整项目，新增耕地4200多亩。全年完成造林6560亩，30多万株。毛寨、潘庄、铁山、新庄村文化书屋和科技书屋建成使用，建成垃圾中转站，完成敬老院整体建设，完成田木湾、毛楼两村安全饮水工程，沼气建设完成594户，硬化田木湾、潘庄、熊寨等8条环村道路25.5公里，修建便民桥1800米。

【回龙乡】　2009年，国内生产总值1.10亿元，财政收入278万元，固定资产投资1.83亿元，农民人均纯收入3386元。全年达成合作意向项目9个，签订合同8个，合同投资额9479万元，其中，LED节能灯及显示屏项目属国家产业计划重点扶持的高新项目，由上海环东光电科技有限公司投资建设。年产4000T机械高强耐磨锰钢系列斗齿项目由西藏天呈工程机械投资有限公司投资建设。政策项目申报了梁岗生态示范林、扶贫开发整村推进等26个项目,争取资金1431万元。集镇品位逐步提升,完成了占地面积40余亩的龙湾湖一期工程,硬化路面210米,栽植垂柳980棵,完成了450米的沿岸绿化带。完成了回龙健身娱乐苑工程一期工程,铺设花岗岩、彩砖3400平方米,安装栏杆200米,修建10米文化墙2个,风雨廊1个,栽植垂柳、银杏、玉兰、庭院竹300棵。完成了中药材专业市场的规划、征地、拆迁及场地平整、道路铺装。启动了机关大院改造工程,栽植冬青、桂花、广玉兰等8个树种共计800余株,修建排水设施,改造了围墙,安装路沿石。全乡初步形成了"药、果、菌、牧"四大特色产业。发展中药材12000余亩,年产值2000余万元,新增连片造林10030亩,通道造林410亩,围屯造林1260亩,四旁植树13万株,种植泡桐、速生杨等78万株,发展苗圃地300余亩,育苗达110万株以上。种植食用菌60万袋。各类养殖户700余户,其中养殖大户140户,规模化养殖场16个。在冬季农建上,修建环形沙土路13公里、拦河坝1处、大堰塘2个、提灌站3个,种植优质板栗11.5万株,打造了集水保、生态、优质高效为一体的梁岗板栗示范基地。开工建设了Y002线焦庄、南小河、土门后河、土门前河4座大、中型桥梁。完成了郭庄桥坝一体工程及杨集、柞楼拦河坝等项目工程建设。新建了乡文化站综合楼1幢,改扩建了乡卫生院病房楼。完成了5个村标准卫生室建设。修建各类便民桥27座。改造农村危房21户26间。7月份,回龙乡发生历史罕见特大水灾,政府积极组织群众开展生产自救和灾后重建工作,加固了梅塘水库、石头庄水库堤坝5处,治理河道12处240米,道路除险18处800米,修复危桥8座。

【黄岗镇】 2009年,国内生产总值3.26亿元,财政收入561万元,固定资产投资2.28亿元,农民人均纯收入3474元。在招商引资上,东裕阀门厂新增模具投资300万元;入驻淮北工业城的高分子复合材料项目已完成征地,正在进行前期厂房建设;塑胶跑道项目正在协调征地;对全乡矿山企业进行资源整合,形成了3家大矿企业,永兴、欣欣公司等采矿企业在铁矿石价格大幅下滑的情况下仍正常生产。全年共完成税收561万元。被授予全市民营经济发展先进镇,综合实力在全市排序中处于44位。全年争取到位的政策性项目19个,资金3935.7万元,正在申报项目10个,资金5000多万元。围绕朱黄公路、毛泌公路、红叶路、村组路四条主线和高店小杉坡杨树基地共新造林20万株。全年共完成沼气558池。开展"集镇建设年"活动,高标准改造硬化了南北永兴大街,硬化红叶路口——小学门口道路1公里,小火车路与新毛泌路路基已打通,利用空心村新建一条街及街东入口处小广场正在建设中。新农村建设上,重点对光荣庄村全面建设,绿化1.2万平方米,修建排水渠500米,发展农家乐15家,建成新农村书屋1处,标准卫生室1处,修通连组入户水泥路12公里。农村经济快速发展。在王庄村规划千亩核桃基地1处,种苗已入种。在大棚、斗称沟两村四组规划千亩日本沙红桃基地1处,正在治山整地。发展500头以上规模养猪厂3个,山羊、肉牛、鸡鸭等小规模养殖达260家。健全产业服务体系,成立了红叶蔬菜、日本沙红桃、养殖等专业合作社。加强农村基础设施建设,全年共完成了朱黄公路8公里、吴城陈留店——大棚6.6公里道路建设,完成核桃树等30个组的组组通道路60公里。建成斗称沟、刘庄大桥2座,整修塘堰28处,对6座水库除险加固。整理光荣庄、王庄土地1500亩,建成王庄、岳新庄千亩花生示范园2处。对全镇14所村级卫生室全面改造,新建刘庄、段庄、岳新庄村级活动场所3处,建成镇敬老院1座,文化中心1座,沼气服务中心1处,改造农村危草房150户。

【朱庄乡】 2009年,国内生产总值2.61亿元,财政收入370万元,固定资产投资2.09亿元,农民人均纯收入3426元。全年新引进项目5个,已建成投产的项目3个,即3万吨精米加工项目、金鱼矿业有限公司铁矿采选项目和鑫隆矿业有限公司多金属采选项目。正在组织实施的项目2个,即桐柏高新耐磨材料项目和郑州机场后勤基地培训中心项目。全年争取政策性项目资金1500多万元。大力发展林、果、食用菌、兰花等特色产业,发展雪松1000亩、杨树3000亩、泡桐2000亩、板栗1000亩、兰花20000盆。加强农业基础设施建设,硬化朱庄、后河、响潭等村村组道路9.5公里,整修清淤塘堰35座,发展沼气池170个。把新农村建设与小集镇建设有机结合,重点打造朱庄村,巩固完善板栗市场基础设施配套建设,实施安全饮水,建成安全饮水工程2处,开工建设了朱庄农贸市场。组织实施了高速引线和联通路贯通工程,积极配合县交通部门完成高速引线朱庄段7.5公里铺油工程,完成朱庄—黄岗公路朱庄段10公里路基拓宽改造和稳定沙铺设任务,完成朱庄村魏沟—莲花岛2.5公里、后河村王大庄—马冲3公里、响潭村小刘庄—新集4公里村组道路硬化任务。建成了郭湾、响潭、粉坊、新集4个村的标准化卫生室。翻新改造了畜牧站，配齐了电脑、冰箱、显微镜等各项办公设备。

【大河镇】 2009年，国内生产总值2.21亿元，财政收入284万元，农民人均纯收入3379元，固定资产投资1.83亿元。全年新引进项目6个，合同引资8000万元，到位资金2600万元，其中，2000吨塑钢型材生产项目已入驻县产业集聚区；佰利矿山机械有限公司已开工生产；鑫科焦化有限公司已建成试生产。对原项目信鸿微纳粉体有限公司、新乡中联公司铜矿、土门辉长岩矿等存量资产进行盘活重组。争取政策性项目17个，资金2549万元。镇区建设成效显著，建成日供水3000吨供水系统，建大口井1眼，管护房1处，无塔供水设备1套，铺设供水管网8000米，新增自来水用户500余户。铺设排水管道1000余米，形成镇区排水系统网。对全部街道进行重新硬化。安装街道路灯30盏，铺设生态砖3000平方米。对街区黄庄段河道进行护砌、加固，新建灌溉引水渠300米、石砌河堤500米、拦河坝1座。新农村试点村上河、黄庄村建成漫水桥3座，文化广场2处，游乐园1处，硬化村级道路及连户道路4公里，整治河道2000米，完成砌护河堤500米，以坝代路1处，改造或新建沿线7个村的村部，对试点村的村室及新村居民点进行了美化、亮化、绿化；对泉水湾等5个村的农村安全饮水工程进行了改造，受益群众4500余人。完成了李沟至安棚3.6公里道路路基处理工程，桐家河至大河镇区6.9公里道路路基处理工程。完成泉水、尖山等4个贫困村整村推进道路工程。在镇区建敬老院1处，在土门、李沟各建五保大院1处，完成塘堰清淤20个，建垃圾处理站1处。

【淮源镇】 2009年，国内生产总值2.82亿元，财政收入361万元，农民人均纯收入3406元，固定资产投资3.02亿元。新引进淮源机动车检测项目、续建淮河源酒业原酒生产项目均建成投产。淮鑫综合发展有限公司和九地公司两个黄金生产项目正在进行探矿作业。桃花洞译修中心项目完成了征地、规划、图纸设计等基础性工作。全年争取各类政策性资金2500余万元。镇区建设重点完成了“一园、两路、四化”工作。一园即对淮源游园进行了绿化，使其成为居民休闲的好去处。两路即对淮源大道和淮河路进行升级、改造，铺设彩砖、装嵌道牙石、开挖边沟、拓宽、栽植苗木。四化即绿化、美化、亮化、净化，对镇区街道绿化树进行了补植补造，新安装路灯50盏，建设了垃圾中转站，对镇区卫生实行物业化管理，荣获省特色景观旅游名镇荣誉称号。新农村建设突出抓了淮源和陈庄2个重点村。淮源村建设，按照“建设一个新区、配套改造一个老区”的发展思路。在新区建设上，吸引民间资金新建房屋14幢，旅游商品市场内建成房屋57套，完成市场内三横一纵道路的硬化和排水沟开挖、护砌工作。在老区建设上，改造硬化主干道2公里、次干道1.5公里、连户道路2公里，开挖、护砌边沟1100米，沿路栽植绿化树木3000多株，建成了五保大院和标准化卫生室。陈庄村建设，硬化村组道路4.5公里，达到组组通水泥路，修建漫水桥2座，加固护砌塘堰一口，建成村文化广场、体育场、五保大院、新农村书屋和党群服务中心。该村支柱产业木瓜，种植面积8000亩。全年新修董老庄村、三王庙村、陈庄村、仓房村、彭庄村村村通道路近25公里，修建贯通老湾村、三王庙村、大栗树村、后棚村、彭庄村5个村的18公里县乡道，实施农村危房改造390间，完成了镇卫生院改扩建工程，建成了8所标准化卫生室，新型农村合作医疗参保率达到95%以上。建成了镇宣传文化站。全年新增造林面积4500亩，新增省级公益林5900亩，使全镇公益林面积达到21900亩。全镇新发展各类养殖大户30余户。完成塘堰坝清淤和除险加固100座，对全镇10座小二类水库和河道编制了防汛预案。

【新集乡】 2009年，国内生产总值1.96亿元，财政收入122万元，固定资产投资1.48亿元，农民人均纯收入3374元。向上争取13个政策性项目，资金2377.86万元。全年新引进项目3个，扩建项目1个，引资额7500万元。其中，桐柏铨昕机械有限责任公司以床垫弹簧和汽车减震弹簧为主导产品，正与原棉纺厂协商租赁厂房事宜。桐柏五星食品机械制造项目由桐柏晨星防盗门窗有限公司与宁波五星食品机械制造有限公司合资兴建。主要生产饮品合成、杀菌机械和果品挑选、洗涤、去皮等机械，设备已购置到位正安装调试。新集乡甲天日本沙红桃基地位于312国道和三夹河之间，面积200亩可植桃树11000棵。桐柏晨星防盗门窗有限公司为续建项目，二期工程计划建成4条生产线和办公生活附属设施，年产标准型防盗门10000樘，各类加窗门、复合门、转页门、栅栏门等2万樘，室内装饰门5万樘，塑钢窗、铝合金窗6万平方米。新农村建设以杨湾村为重点，围村林植树2万株，新建了杨湾西王庄大桥,硬化村组道路1000米和连户通路面1500平方米,扩建文化广场1处,新建文化书屋1处,文化墙100平方米。集镇建设呈现新亮点,对府前路南侧、菜市场街、北沟居民新区进行综合整治,新增人行道彩砖铺设15000平方米,排污渠涵1200米,新植大棵法桐80株,红花七叶树近200棵,精品桂花3株。基础设施建设成效显著,全年完成了"六桥、三路、一库"的建设任务,为历年来乡村基础设施建设投入资金最多的一年。全乡围村林、通道林、景观林、产业林、基地林、四旁林累计栽植各类苗木42余万株(墩)。

【安棚镇】 2009年,国内生产总值7.06亿元,财政收入963万元,农民人均纯收入3497元,固定资产投资5.3亿元。全年开工、续建县内外投资项目7个,合同引资3.83亿元,到位资金1.67亿元,完成了安碱三期40万吨纯碱项目建设。建成了万安光源公司万吨节能灯管、明星化工5万吨印染助剂、安达化工3万吨亚硫酸钠、顺安环保砖厂6000万块环保砖4个项目。铁路货运站、中宇化工10万吨倍半碱、轻钙改造等3个项目正在建设。全年共向上争取土地开发、易地扶贫搬迁、整村推进等政策性项目20余个,到位资金2700余万元。对郑大公路和化工城道路两侧的姚庄、东沟、张庄、胡岗等自然村进行了整治,沿途环境有了新的改观。对万岗、辛庄两个新农村试点村进行巩固提高,着力打造姚庄试点村,新建王湾新试点。姚庄试点村主要作好扩范围、强绿化、调结构3项工作。王湾新农村依托易地扶贫搬迁项目,完成了部分街道硬化、路灯架设、30余套标准住房建设、河堤护砌等工程。农村经济稳步发展。全年完成造林5200亩,新增小麦种植面积2000亩,果、药、茶近千亩,组建了黄牛协会、养猪协会等专业合作组织。农建工作整修塘堰20余口,除险加固二郎山干支渠1900米。制订了城镇重点区域和部位的详规,对新区建房推行联户组团建设模式,提升了建设标准,形成了新的景观街区。强力推进集镇基础设施建设。重点建设了"一园(镇中心幼儿园)、两场(镇中、胡岗张庄垃圾处理场)工程,启动了"一区"(府后新区)、"六路"(新安路、兴安路、利民路、中学路、文化路、商贸街东延)建设工程。镇村路网进一步完善。硬化了新安路安棚段3000米,升级改造了明星路、安碱大道和碱都大道,全长9800米的货运连接线万岗段已完成路基处理,建成了张楼村、岭东村、胡岗村等6个村的村组道路12公里,完成了胡栗路、洛碱路两座中桥建设。

【程湾乡】 2009年,国内生产总值1.73亿元,财政收入330万元,固定资产投资2.47亿元,农民人均纯收入3389元。成功引进了宏宇建材有限公司,正在进行征地、规划等工作。栗子园老韩家生态园一期餐饮项目已投入运营,二期住宿、旅游等项目正在建设中。郑州恒福茶叶公司对程湾茶叶加大研发、推介力度,进行有机茶认证,叫响"桐柏山野茶"品牌,带动周边群众新发展茶叶500亩,茶文化博物馆项目正在建设。全年上报政策性项目34个,金额3000多万元。在姚河新农村启动3个居民区60户房屋的移民新区建设工程。在和湾村水库堤坝上,高标准绿化出"茂林修竹,生态程湾"8个大字,成为进入程湾境内的第一道靓丽风景。栗子园村老韩家生态园成功带动周边发展"农家乐"饭店10多家,推动了当地第三产业快速发展。12月份邀请南阳市"心连心"艺术团赴栗子园村慰问演出,丰富了群众的文化生活。重点做好S239沿线的绿化和植树造林工作,在补植补造竹子1.2万墩的基础上,中间栽植塔柏与百日红、夹竹桃等树种,地面配种白三叶,把省道沿途打造成为生态乡建设的一道景观线。完成吴井、和湾等处基地造林2300余亩。沿省道和主要交通要道,在两侧山坡的稀疏林地补植补造"两松"40万株。聘请专业技术人员对邓河集镇区域进行了整体规划。着力把邓河区域建设成文明宜居、绿色和谐、功能齐备、设施完善的生态集镇。全年完成D级危房改造33户60间、倒房重建77户120间,推行新型农村合作医疗工作,参合率96%,完成360户沼气建设任务,共修建乡道2条14.14公里,村道4条10公里。其中黑明寺—栗子园生态旅游线路,贯穿了黑明寺万亩生态茶园和栗子园生态园两个旅游景点。苏扒——曹河路的修建,结束了全乡最后一个村不通公路的历史。建成乡文化活动中心,配备了电脑室、图书室、阅览室、文化体育活动中心等活动场所,丰富了干部职工业余文化生活。

【平氏镇】 2009年,国内生产总值2.71亿元,财政收入129万元,固定资产投资1.97亿元,农民人均纯收入3411元。全年共引进招商项目13个,合同引资2.67亿元,到位资金9000多万元,入驻县产业集聚区项目4个,即北京环球伟业、淮源牧野、河南星宇、淮源七彩,正在洽谈项目2个。镇区项目新建3个,有康庄黄牛养殖厂、平氏镇生猪养殖繁育生产基地、平氏镇小磨菇生产示范基地,在建2个,计庄黄牛养殖厂、平南标米厂,工业项目税收实现了零的突破。申报政策性项目19个，总资金2135.86万元，实际到位资金680.28万元。新农村建设以计庄村为重点，修建了山底大桥并通车，新修了8条6公里水泥路，实现了组组通。栽植黄杨、青竹、松柏共计13000棵，绿化草坪（含白三叶种植）2500平方米，建曲径小路300米，增设文化墙21处，路灯延至山下文化广场，疏浚该村河道300米，清淤土方1.5万方。镇区曙光路开工建设，已完成路面铺设工程。府前大道安装了环保垃圾箱50个，建成6个垃圾池和1个垃圾中转站。全年共修建水泥路19条28.2公里。其中，县乡道1条9.1公里，村村通、村组通18条19.1公里。在12个村打机井177眼，修复提灌站2处，清淤塘堰70口。新建成镇卫生院综合病房楼1座，村级标准化卫生室7个。积极保护发掘民间文化遗产，被国家文化部命名为“中国民间文化艺术之乡”。

【埠江镇】 2009年，国内生产总值6.12亿元，固定资产投资3.67亿元，财政收入594万元，农民人均纯收入3549元。全年共引进金牛电气、郑大肥业、润祥化工、佳家洗化、永盛装饰、晨盛鞋业等8个项目，并全部建成投产，合同引资超亿元，实际到位资金8600万元。政策性项目，共争取抗旱应急井灌工程、安全饮水、道路建设、整村推进、学校险房改造等项目9个，争取资金1200万元。城镇建设不断上档升级，聘请河南省城乡规划设计院对镇区进行全方位的规划设计。府南新区建设稳步推进，建成了占地16亩的垃圾填埋场和垃圾中转站。耿前大道开工建设，已完成省道239线至轻工城园区段路面硬化及绿化工程。对镇区环境卫生实行全天候物业化管理，先后获得省级卫生镇、省级环境优美小城镇荣誉称号。着力培育壮大林果种植、畜牧养殖等优势产业，“埠江红”桃、李营“双丰”草莓、康宁寺晚秋黄梨等特色林果业种植规模不断扩大，新增种植面积400余亩。新建标准化养殖场5个，全镇500头以上生猪繁育养殖场12个，新增专业养殖户180户，年出栏生猪近10万头，宛东畜牧大镇品牌逐渐打响。完成新造围镇林300亩，绿化河道、路网13公里，栽植绿化苗木及经济林28万余棵。新农村建设扎实推进，在巩固完善提高胡楼等试点村的基础上，着力打造前埠试点村，各项基础设施建设基本完成。全镇新修村村通道路11.8公里，新打深水井96眼，水湖流村安全饮水工程建成投入使用。各项惠农政策得到有效落实，兑现粮食直补、良种补贴、退耕还林等各类补助资金300余万元。（*唐建新*）

邓　州　市

市情综述

【概况】 总面积2294.4平方公里，耕地面积155千公顷。总人口157万人，其中乡村人口103.11万人，城镇人口53.89万人。辖11个乡13个镇3个街道办事处和1个旅游管理区。

市委书记：刘朝瑞；副书记：刘树华、关玉国；常委：张强华（纪委书记）、李中龙（组织部长）、杨振云（政法委书记）、褚清黎（常务副市长）、朱艳红（女，宣传部长）、张玉伟（人武部政委）、秦性奇（市委秘书长）、党建凯（统战部长）、贺迎（副市长）、邓洪军（副市长）；市委正处级干部：王海亭、杜显聚

人大主任：殷中玲；正处级干部：路德文、张峰；副主任：徐明甫、刘学信、李兴银、赵秀荣（女）、屈云霞（女）；副处级干部：郭松山

市长：刘树华；副市长：褚清黎、贺迎、邓洪军、阿颖（女）、孙起鹏、赵显三、李虎、毕跃峰（女）；市长助理：陈达、刘永国

政协主席：王杰敏；正处级干部：杨德堂、梅振武；副主席：刘齐安、路德军、齐群强、郭心平（女）

总工会主席：陈祖胜

法院院长：李亚钦

检察院检察长：杜海宛

公安局长：丁建民

人武部长：郝一克

群工部长：郭保仁

南阳市引丹灌区管理局局长：杨显功；党委书记：王振江

2009年，全市完成国内生产总值225亿元，比上年增长9.5%，增速比上年回落2.6个百分点，其中：第一产业增加值62.4亿元，增长4.3%；第二产业增加值100亿元，增长13.2%；第三产业增加值62.6亿元，增长10.2%。人均生产总值14423元。三次产业结构由上年的29.2∶43.3∶27.5调整为27.7∶44.4∶27.9，二、三产业比重比上年提高1.5个百分点。非公有制经济增加值占生产总值的比重由上年的68%提高到69.7%。全年居民消费价格比上年下降1.2%，其中，食品类价格下降2.5%，商品零售价格下降1.8%，农业生产资料价格上涨0.4%。年末全市从业人员118万人，城镇新增再就业人员1.4万人，安置下岗失业人员再就业4395人，农村剩余劳动力转移就业50.2万人，“零就业家庭”实现动态归零。全年农业总产值106.4亿元，比上年增长4.4%。

全年粮食种植面积284.52万亩,比上年增加2.05万亩,其中,夏粮种植面积204.05万亩,增加0.87万亩;秋粮种植面积80.47万亩,增加1.18万亩。全年粮食总产量103.47万吨,比上年增产0。4%,其中:夏粮76.43万吨,增产0.5%;秋粮27.04万吨,与上年持平。全年油料总产达到27.03万吨,增产5.78%;棉花总产2.52万吨,减产16.3%;烟叶总产1.46万吨,增产4.5%。全年农综开发投资3722.5万元,新打机井543眼,开挖、疏浚沟渠96公里。年末全市农业机械总动力达到158.12万千瓦。农用拖拉机14.4万台,农用运输车5.4万辆,联合收割机0.13万台。全年农村用电量37629万千瓦小时。全年全部工业增加值94.4亿元,比上年增长14.6%。其中,规模以上工业增加值56.4亿元,增长21.4%;规模以下及个体增加值38亿元,增长5.9%。在规模以上工业中,农副食品加工制造业增加值12.1亿元,增长16.8%;纺织业增加值11亿元,增长14.8%;建材业增加值2.6亿元,增长22.4%;板材加工业增加值7.1亿元,增长44.9%;化工业增加值3.1亿元,增长13%。全年全社会固定资产投资111.3亿元,比上年增长43.3%,其中城镇投资81.5亿元,增长55.6%;农村非农户投资18.7亿元,增长13.4%;农户投资11.1亿元,增长25.9%。在城镇固定资产投资中,工业投资50.3亿元,比上年增长58.9%,占城镇投资的比重为61.7%。新建续建1000万元以上工业项目42个,其中超亿元项目6个。全年社会消费品零售总额60.1亿元,比上年增长19.3%。其中,城市零售额29.8亿元,增长19.8%;市以下零售额30.3亿元,增长18.8%。分行业看,批发零售贸易业零售额47.6亿元,增长17.9%;住宿餐饮业零售额11.6亿元,增长26.7%。全年交通运输、仓储及邮政业实现增加值13亿元,比上年增长15.8%。全年各种运输方式完成货运周转量105416万吨/公里;完成客运周转量99584万人/公里。全年地方财政一般预算收入4.15亿元,比上年增长10.4%。全年地方财政一般预算支出20.24亿元,比上年增长27.3%。年末金融机构各项存款余额91.92亿元,贷款余额50.9亿元,分别比年初增加15.8亿元和5.35亿元,较上年增长20.8%和11.7%。全市共有中小学校、幼儿园725所,在校学生34.5万余人。全年科技经费支出2140万元。全年共组织实施各级科技计划项目27个,申报各级科技成果38项,其中获省科技进步二等奖1项,三等奖1项;获南阳市科技进步奖6项;获本市一等奖6项,二等奖18项,三等奖6项。新农村建设取得明显成效,全年新装太阳能热水器5196台。全市共有艺术表演团体2个,文化馆、图书馆、博物馆各1个,农村文化茶馆1200多个。全市共有卫生机构39个,其中乡镇卫生院25个,卫生机构实有床位数2856张。全市卫生技术人员2114人,其中高级职称82人,中级职称510人,初级职称826人。新农合制度建设取得了新成效,农村参合人数1419822人,参合率达到99.8%。城镇居民基本医疗保险参保人数8.7万人。全年城镇居民人均可支配收入12988元;人均生活消费支出9770元,增长9%。城镇居民恩格尔系数29.7%。全年农民人均纯收入5480元,比上年同期增长7.7%;人均生活消费支出3522元,增长10.1%。农村居民恩格尔系数33.3%,比上年下降0.3个百分点。职工年平均劳动报酬20723元,比上年增长18.6%。其中,企业职工年平均劳动报酬18110元,增长10%;事业职工年平均劳动报酬23528元,增长27.8%;行政职工年平均劳动报酬22640元,增长14.2%。全市参加城镇基本养老保险职工3.7万人,参加基本医疗保险人数8.7万人。全年城镇发放最低生活保障金3290万元,城镇低保对象2.1万户。农村发放最低生活保障金3929万元,农村低保对象6.55万户。城市低保对象人均月补差标准提高到180元,农村低保对象人均月补差标准提高到90元。

【李源潮莅临邓州市调研】 2009年8月25日,中共中央政治局委员、中央书记处书记、中组部部长李源潮,在省委副书记陈全国,省委常委、组织部长叶冬松,南阳市委书记黄兴维,南阳市委常委、邓州市委书记刘朝瑞,南阳市委常委、组织部长杨其昌及邓州市市长刘树华等陪同下,先后深入邓州市陶营乡徐楼村、林扒镇马营村和高堂自然村、林扒镇政府,就"4+2"工作法运用、学习实践科学发展观和经济社会发展等方面的情况进行视察调研。

【李柏栓莅临邓州市指导工作】 2009年4月13日,省人大常委会副主任李柏栓到邓州市指导学习实践科学发展观活动。南阳市委书记黄兴维,南阳市人大常委会主任李天岑,南阳市委常委、邓州市委书记刘朝瑞,南阳市委常委、宣传部长姚进忠,南阳市人大常委会副主任党光德及市领导刘树华等陪同。

邓州市各乡镇办区主要领导名表

乡镇办区	党(工)委书记	乡镇长、主任
花洲街道办事处	刘全明	刘祖万
古城街道办事处	赵友敬(副处级)	郑　剑
湍河街道办事处	刘连波	李　芳(女)
龙堰乡		童孟军
张楼乡	高　峰	汤清立
白牛乡	张学坤	曾庆俊
穰东镇	刘永国(市长助理)	路培彦
夏集乡	贾里坚(副处级)	刘文举
裴营乡	张　伟(副处级)	刘新明
赵集镇	岁秀强(副处级)	鲁其申
罗庄镇	王新堂	唐荣涛
十林镇	鲁启先	赵明辉(女)
张村镇	张振邦	张锦辉
文渠乡	高　翔(女)	王成冰
九龙乡	李　奇	王　硕
高集乡	李景龙	马文英
彭桥镇	罗建坤	李　健
杏山旅游管理区	赵正强	梅传旭
孟楼镇	赵显三(副处级)	秦大栋
林扒镇	熊占玉(副处级)	郭松泉
陶营乡	秦　峰	王云立
都司镇	马黎升	李天岭
构林镇	丁心强(副处级)	杨春甫
刘集镇	李吉俊	肖绍英
小杨营乡	刘正同	杜新占
桑庄镇	李　莉(女)	刘　冲
腰店乡	王秀群	李　爽(女)
汲滩镇	黑晓森	崔吉栋

乡镇办区概览

【花洲街道办事处】　2009年，国内生产总值24.6亿元，实现增加值6.2亿元，入库税金1522万元，财政收入近千万元，居民人均可支配收入4360元。街道党工委先后被南阳市委、邓州市委授予“先进乡镇党委”和“五个好乡镇党委”等荣誉称号。全处建立畜牧经济合作社3个，其中鸡合作社1个、猪合作社1个、奶牛合作社1个，专业养殖小区2个，养殖大场6个，全处鸡存栏119447只，猪存栏8540头，羊存栏970只，出栏2200只，畜牧业总产值4200余万；先后引进南阳油脂化工总公司投资3000多万元的南桥点商贸城等项目，实现签订合同、达成意向、完成大型项目3个；建成花洲钱柜等4个项目，完成投资600余万元的金悦汽车销售邓州分公司项目，恒鑫酒业引资1600余万元改扩建项目等，总计引进资金3.15亿元；新安装太阳能热水器1000余台；新建高标准、水冲式、环保生态型的公厕5座，使公厕数目达12所；全处建成集阅读、休闲、娱乐和品茶为一体的文化茶馆48个，全部被市文明办、文化局挂牌保护经营；新建幼儿园4家，使全处幼儿园总数达28家；硬化背街小巷49条，5万多平方米；铺设彩砖14处，7200平方米；配套建设下水道2170米；改造旱式公厕12座；全年劳务输出总数4981人，培训人员2112人，实现下岗失业人员再就业417人。

【古城街道办事处】　2009年，国内生产总值138621万元，工业总产值286692万元，限额以上工业总产值182869万元，全社会固定资产投资64464万元，财政收入1384.64万元，居民可支配收入12988元。全年共引进项目14个，引资额5.5亿元，已到位8300万元。向上争取政策性资金90万元。累计投资184.49万元，完成硬化背街小巷44条，面积33460平方米；投资11万元，完成铺设彩砖4处1774平方米；投资18.4万元，铺设下水管道1780米。投入资金90余万元，打造样板小区11个，样板路11条，打造精品小区1个，精品路1条；购买垃圾车10辆，环卫设备200套；租赁大型拆扒机械78辆(次)，出动机械1220台(次)，投入人力5300人(次)；拆除违规建筑、乱搭乱建2100多处、520余间、近3000平方米，填埋违章建筑地基870平方米；出动宣传车150辆(次)，清理广告牌、小广告等5000多处；清运各类垃圾2300多吨；清理沿路、沿河两侧杂物、堆积物360余处，拆除小菜园、篱笆、护栏等近千余处，腾出绿地面积2700平方米。共审办农村低保435户、1063人，发放农村低保金62万多元；调整申报城市低保137户、230人，发放资金33.4万元。调整审报五保户43户、43人，发放五保资金47300元；发放救灾款21000元，解决130多户家庭的临时困难。

【湍河街道办事处】　2009年，国内生产总值6.33亿元，固定资产投资1.5亿元，财政收入750万元，居民人均现金收入6260元。共引进工业项目6个，其中新建项目4个，续建项目2个，计划总投资额3.21亿元，累计完成投资1.5065亿元，占计划的47%，其中，南阳太子奶生物科技有限公司投资超亿元，另有5个项目投资超千万。拆除三条观摩路线和邓新、邓襄、邓孟、邓内、邓九、邓汲等6条入市口各类房屋1260间，硬化背街小巷13094平方米，铺设彩板8000多平方米，新建垃圾池23个,新修垃圾桶42个,栽植各类风景树300多株,安装路灯70多盏,修建2个水冲式公厕。全处优势农户、经济能人、企业家总数分别达到1260户、4278人和112人。棉花种植面积7000亩;林果种植面积1.6万亩,其中补栽杨树和闭合槐树网格1万多棵,总面积1.4万亩,林业工作被南阳市评为林业生态建设先进;烟叶种植面积1840亩,收购量23万公斤,入库税金64.8万元;畜牧总产值1.37亿元,新增养殖大场10个,新建标准化小区1个,生态环保养猪场1个,新发展专业合作社1个,大牲畜存栏达到1.65万头,生猪存栏5.8万头,羊存栏4.8万只,家禽存栏68万只。新打机井80多眼,修筑田间道路80多条150多公里,疏通沟渠30多条100多公里。发放各项惠农补贴资金938.8万多元,完成农村低保2167人、城镇低保19人、城镇居民医保550人、白内障无障碍手术27人、残疾儿童120人、重度肢残人120人和“五保”、失地农民、天灾人祸等总计8000多人的对象确定、款物发放工作,共发放款物170多万元。新建了金雷、榆林、丁屯、张寨4个社区卫生服务站,新农合参合率达100%。转移就业劳动力2000多人,引导返乡创业76人,培训各类劳动力3000多人(次),其中成人学校开展培训2000多人(次),劳务输出增加收入2.1亿元。新修村村通公路12.5公里。

【龙堰乡】 2009年,财政收入415万元,农民人均纯收入3800元。小麦种植面积6.5万亩,玉米种植面积4.5万亩;经济类作物有棉花(包括春棉、茬棉)2.1万亩,花生1.2万亩,油菜500亩,小辣椒3000亩,林业面积1.3万亩,渔业池塘面积150亩,芝麻2000亩,烟叶600亩。建养殖小区3个,发展养殖大户25户,其中波尔山羊养殖户30余家,2000只以上27家,总数达26.5万只。新引进工业项目5家,其中超5000万元项目1个,500万元以上的项目4个。开展村庄整治扫尾工作,对最后19个自然村进行了收关整治。全乡累计投入资金400万元,拉运土、沙、石、水泥各2000方、1000方、800方、1000吨;整修沙石路30条6000余米;铺设水泥路15条3500米;开挖下水道10条2500米;修下水道6条1100米。争取中小学D级危房改造款50余万元,改善了郭庄、周营、姚营和乡中女生宿舍及办公楼。全乡参加新农合人数5.2万人,参合率达100%,率先完成合作医疗工作任务;参加城镇居民医疗保险达100人,全年为义务兵家属发放优待金6.7万元;参加农村低保1545人,发放低保金78.8万元;安置五保303人,其中集中供养60人。累计投资150余万元,对东循环“村村通”道路,全部进行了重修。新修水泥路10.7公里,有效地解决了群众出行难问题。

【张楼乡】 2009年,国内生产总值9.2亿元,财政收入501.5万元,农民人均纯收入5690元。新引进和扩建项目22家,合同引资26400万元,完成投资额10200万元,其中千万元以上项目5家,500万元以上项目12家,粮油食品加工及其配套企业10家,投资额8700万元,企业总量达89家,工业年产值2亿元。新增务工人员3049人;新增规模养猪场12个,养鸡场2个,全乡50头以上养猪厂达到111家,畜牧产值12860万元,猪存栏5.2万头,家禽存栏43万只;烟叶、棉花种植面积分别达到2600亩、3.2万亩。新完成村庄整治自然村35个,其中,治理“空心村”4个;修水泥路28条26.8公里,沙石路32条22.5公里;建设小游园8个,文化茶馆12个,安装太阳能360台,村卫生所6家。发放低保款59万元,五保款18万元,集中供养30人;村庄整治投入资金710余万元;发放种粮补贴491.68万元,棉花良种补贴42万元,“两免一补”19.52万元,生猪养殖及项目补贴136万元,农村合作医疗参合率达100%;创建文明单位5个;新建文化茶馆12个。

【白牛乡】 2009年,国内生产总值3.8亿元,完成固定资产投资0.8亿元,财政收入485万元,农民人均纯收入5900元。开发2个农业示范区,建设3个现代农业示范点;发展1万亩无公害蔬菜基地1个;建成新经济组织24个,各类协会13个;新发展养殖小区1个,专业村2个,专业户50个,专业场8个;粮棉种植面积达5.5万亩;种植烟叶2800亩,实现烟叶特产税33万元;大白菜种植4000亩,土豆12000亩。整治8个行政村,12个自然村,共涉及18个村民小组、747户、3124人,村庄占地面积1892.4亩,拆迁285户,拆除房屋380座、902间,伐树26000棵,腾地800亩,巩固率达100%。新型农村合作医疗参合率达96.1%,受益农民达45217人,全年为163人次补偿各种医疗费用31.4万元。良种补贴、综合直补等资金全部及时足额发放到户,共计发放补助资金574万元,受益农户达11000多户;落实低保对象516户1396人,发放低保金75.38万元;落实五保对象328户336人,发放五保金36.96万元;“两免一补”政策惠及2643名中小学生,落实资金53.3万元;兑现能繁母猪补助资金

65150元，受益农户达842户；太阳能补助8万元，受益农户达200户，巾帼信用致富协调贷款53万元，新农合上缴96万元，农民受益达467万元。

【穰东镇】 2009年，国内生产总值9.79亿元，财政收入1368万元，农民人均纯收入5843元。全年新增企业18家，总数达到163家，规模以上工业企业达到9家。全年工业企业固定资产总投资12910万元，实际完成8610万元，实现工业产值178862万元，实现工业增加值5336万元，实现利税3258万元。新增工商户156户，总数达到6680户；新增服装商户192户，总数达到1752户。新增5个专业村，专业村总数达15个。豫244线高架桥建设进展顺利，两边道路已贯通；穰城大道在两个出镇口安装高标准路灯32盏，栽植香樟、玉兰等高档绿化树木2600多株；义乌路改扩建项目涉及集体建设用地182.68亩，道路等基础设施建设费用973.41万元；古城路拆除房屋341间，硬化路面1800米，两侧建设统一风格的建筑58座；仲景新农村居住区示范点占地面积16.77公顷，总建筑面积145860平方米，正在进行道路等基础设施建设；双庙商住小区已硬化“两纵两横”主干道。服装市场三期规范化改造新开200米长京港路、200米长东大街北段、200米长的南京路3个服装市场，已入驻商户192户，服装市场面积8.2万平方米，商户1752户。全年争取各种政策性项目18个，总投资12045万元，争取上级资金7495万元。其中7个项目已完工，争取资金1223万元；8个项目正在建设，争取资金3433万元；2个项目正在审批，计划争取资金210万元。新上工业项目12个，总投资15150万元，完成年度任务5000万元的303%，已完成投资6650万元。

【夏集乡】 2009年，全乡新上工业项目11个，其中超百万元项目6个，已建成千万元以上项目1个，另一个千万元以上项目正在建设中；扩建超500万元项目2个，新建超100万元项目2个。全乡工业总产值137898万元，限额以上总产值达23831万元，完成工业增加值25164万元，实现利润3516万元，乡工业入库税收800万元，新增就业人员810人。全乡初步形成建筑建材、农副产品深加工、棉花种植三大支柱产业，全乡农副产品深加工业总产值1.87亿元；全乡棉花面积3.8万亩，28个行政村每村植棉面积平均1500亩以上，其中2000亩以上村有高台、小庄、解放、小耿营、耿庄、陈营、大桥、白塔等，棉花总产值0.8亿元。新发展大场大户53个(户)，其中，300头以上规模猪场7个，30头以上规模养牛场3个，10000只以上鸡场6个。全乡整治141个自然村，投资1700余万元，打通道路265条，硬化水泥路116条69.7公里，修砂石路120条54公里，硬化下水道158条71公里，整治坑塘75个，建卫生室38个，文化茶馆25个，商业网点28个，小游园14个，拆除房屋640多间，新增土地823亩。全乡农村合作医疗参合人数71360人，参合率99.98%；2963名贫困群众得到及时救助；543名五保户对象得到妥善供养；252名伤病复退人员得到优抚，总金额达299余万元。

【裴营乡】 2009年，国内生产总值9.8亿元，社会固定资产投资2.01亿元，财政收入860万元，农民人均纯收入6050元。共引进工业项目17个，其中新建项目10个，续建项目3个，计划新上项目4个。涌现出优势农户1478人，经济能人2195人，企业家47人。发展林果业2万亩，蔬菜种植业5千多亩，畜牧养殖大户达100多户。共植树4180亩20万株，做好林业产权登记发证工作，对全乡的林业产权进行摸底、排查登记，发放林权证120余份。打通主次干道406条、133公里，共铺筑水泥路面48公里，沙石路面102公里，挖通下水道27公里，治理坑塘16个，建成小游园8个，文化茶馆32个，安装太阳能290台；加大沼气建设工作力度，建成沼气池460座。按时足额发放农民粮食直补、良种补贴、家电下乡等各项惠农补贴资金约1260万元；农村低保、分散五保、集中供养五保等发放低保金268万元；全乡99%的农民参加医保。全年中小学生共享受“两免一补”资金366.6万元；落实农村中小学校校舍改造资金20万元；广播电视“村村通”达27个村，18000户。

【赵集镇】 2009年，国内生产总值7.9亿元，民营经济产值4.2亿元，财政收入732万元，农民人均纯收入5200元。涌现出优势农户1839户，经济能人4232人，企业家116人。全年共引进工业项目11个，投资额达4100万元，其中固定资产投资1000万元以上工业项目2个，500万元以上1个，300万元以上1个。全镇121个自然村已整治110个，共投资3608万元，拆迁房屋315座，复耕土地259亩，打通道路131条，硬化水泥路16.8公里，整修砂石路30.5公里，新安装太阳能热水器243台，新建沼气池200个。全年发放粮食直补资金163万元，综合补贴资金778万元，良种补贴资金47万元，农机补贴资金18万元，家电补贴资金10.6万元,能繁母猪补贴资金58.1万元,“两免一补”资金310万元。积极争取扶贫开发、农村安全饮水等各种政策性项目4个,资金达430万元。全年五保供给498人,资金65.8万元,低保供给2825人,资金176.8万元。新建敬老院1座。新农合参合率达99.8%。城镇居民基本医疗保险参保人数达到229人。全镇共发展蔬菜大棚121个,拥有温室119座,从业人员113户,494人,年产蔬菜300万公斤,年效益401万元。新增养殖小区1个,专业场10个,专业户136户。共有油泵点4925个,校验台5013台,从业人员10000余人。

【罗庄镇】 2009年,国内生产总值5.6亿元,财政收入556万元,固定资产投资2.6亿元,农民人均纯收入5380元。发展万头猪场1个,5000头猪场2个,千头猪场13个,100头以上养猪大户312个,养殖户总量达1100家。建成6个规范化养殖小区,组建5个养猪专业合作社,全镇常年生猪存栏8.2万头,年出栏生猪15.5万头,养猪业产值2.3亿元。全镇蔬菜种植面积6800多亩,蔬菜种植户2200多户,培育4个蔬菜种植专业村,年产蔬菜近3000万公斤,产值近1800多万元。共投入村庄整治资金820万元,新实施村庄整治12个自然村,共拆除旧房580间,打通村级主次干道92条长38.9公里,水泥硬化村内道路18条长11.3公里,沙石硬化52条长16.4公里,整治坑塘3个,建文化茶馆6个,安装太阳能235台,建标准化卫生室2个,商业网点7个,小游园1处。投资84.5万元,建设“村村通”公路里程17.6公里。按时足额发放粮食直补、良种补贴等各项惠农补贴资金560万元;为320户936人办理了低保手续,累计发放低保金和五保金150万元、救灾款7万元;全部减免农村义务教育阶段学费学杂费,教育两免一补87万元;新农村合作医疗到位资金312万元,参合率达到100%。

【十林镇】 2009年,国内生产总值5.2亿元,财政收入629万元,固定资产投资1.6亿元,限额以上工业企业实现产值3.8亿元,农民人均纯收入达4660元。新发展新型建材企业1家,固定资产投资1000万元。争取政策性项目资金1200万元,中小水库除险加固、学校危房改造和垃圾无害化处理项目已经完工,村企共建、人畜安全饮水、计生乡所规范化建设等项目正在稳步推进。投入建设资金1700多万元,整治自然村37个,打通村内主次干道52条,修水泥路20公里,沙石路19公里,配套下水道9.8公里,新建小游园3个,文化茶馆4个,新建沼气池302个,安装太阳能热水器560台。新增养殖专业村7个,规模养猪场4个,新增存栏生猪3000头,新增标准化养鸡场8个,新增存栏肉鸡50000只;解决畜牧养殖建设用地30多亩,协调贷款500多万元,解决畜牧养殖业发展过程中遇到的各种难题。共开挖沟渠3900米,疏通河道12公里,排水泄洪能力明显增强。规划片林320亩,通道林480亩,田间林网810亩,围镇林200亩,栽植树木1.2万棵。

【张村镇】 2009年,国内生产总值5.55亿元,财政收入662万元,农民人均纯收入5600元。镇被授予乡镇办区综合工作目标先进单位、卫生工作先进乡镇、安全生产先进乡镇办区、宣传思想工作先进单位、新闻宣传工作先进单位、文明新村创建工作先进单位、平安建设先进单位、计生工作先进单位、地方史志工作先进集体、反腐倡廉建设工作优秀领导班子、优秀乡科级领导班子。林、牧、烟、建材、塑料加工是张村镇的五大支柱产业。发展杨树3万多亩,新增存栏200头以上养猪场2家,存栏1万只以上养鸡场18家。传统烟区植烟农户增加35%以上,全镇实现烟叶税收73万余元。新增生态砖厂2家,建材厂3家。全镇25个行政村全部开展了村庄整治,已完成整治的自然村106个。发放粮食直补、良种补贴资金603万元,能繁母猪补贴32万元;为农民购买家电补贴5.2万元。为281名五保发放补助款32万余元,为944户2751人发放低保补助款158万余元,参加新型农村合作医疗6.5万人,覆盖面达100%。

【文渠乡】 2009年,国内生产总值6.1亿元,固定资产投资8600万元,财政收入609.53万元,农民人均纯收入4376元。全乡投资1000万元以上企业2家,500万元以上企业2家。签约项目16个,在建项目10个,总投资5800万元,完成投资2700万元,其中投资500万元以上的项目3个;引进和落实政策性项目10个。粮食作物种植面积158265亩;共完成植树任务108700棵,闭合网格350余个,林业面积扩大到3.1万亩。新建肉牛养殖场5个,年出栏300头以上场4个,年出栏200头以上的场1个;新建养猪场,养鸡场15个,养殖专业户新增137户。烟叶种植面积3500亩,实现税收60余万元。全乡共出动劳力5200个(次),机械314台(辆),处理生活及建筑垃圾1000余堆,处理、清理杂草及边沟20公里,拆除违规建筑320间,平整菜园66个,拆除广告牌362个。筹资300余万元,打通主次干道172条,修沙石路

140条,长112公里;修水泥路36条,长32.9公里;建设小游园7个。新建文化茶馆5个,安装有线电视180户,安装太阳能热水器240台。建成信息村21个。投资96.7万元,修建挖补村道7.44公里,全乡85%的自然村通油路。土地整理项目区面积达3万余亩,共修南北路16条,东西路22条,计70多公里。全乡粮食直补发放595万元,粮种补贴60万元,累计为368名五保发放补助款47万余元,发放低保补助款434万余元,为199名优抚对象发放抚恤款61万余元,为受灾群众发放救灾款近7万元。运用"4+2"工作法办理865户农村低保,70人办理了城镇低保,抓实"曙光行动"工作,为16名白内障患者成功进行了手术,办理残疾证手续120例,为9名残疾人领取了轮椅,为7户残疾人办理了危房改造手续。全乡农民参加新型农村合作医疗率达到100%,提高完善标准卫生室22个,高标准卫生所12个。全乡1444名贫困学生享受"两免",472名学生享受"一补",发放"两免一补"资金458200元。

【九龙乡】 2009年,国内生产总值9.99亿元,财政收入450万元,农民人均收入5450元,固定资产投资6500万元。综合工作目标荣获市一等奖和南阳市平安建设先进乡镇,小城镇建设、土地三项整治、财政工作、文明机关创建、烟叶生产、棉花生产、平安建设等工作被市委市政府评为先进,被授予"五好"乡镇党委称号。全乡优势农户556户,经济能人530人,企业家14人。乡成立种植协会、养殖协会、个体经商协会、企业家协会,提高生产经营管理水平。全乡建设生态林2800亩。全年引进工业项目4个,总投资2.4亿元。筹措资金200余万元,修建水泥路、砂石路12.6公里,治理坑塘6个,建村级小游园3个,文化茶馆21个,安装太阳能热水器161台。配套完善了其他公共服务设施。投资110万元建设占地15亩乡老年活动中心,建老年公寓56间,收养孤寡无保老人80余人。

【高集乡】 2009年,国内生产总值3.5亿元,财政收入616万元,农民人均纯收入4028元。烟叶生产在全市排名第一,计划生育、农田水利建设、新农合、财政、"一乡一业"、综合治理等项工作均居邓州市前列,受到邓州市表彰。全乡共培育"三种人"4240人,其中优势农户达到1936人,新增3%,经济能人2304人,企业家总人数达49人。引进各类项目13个,引进项目资金达3000余万元,全乡工业企业个数已达到120个,产值达到2.8亿元。烟叶为高集乡的主要产业。全乡落实烟叶5500亩,其中千亩大村2个,500亩大村6个,千亩以上大方1个,百亩以上大方7个,50亩以上大方20个,30亩以上大方31个,共收购烟叶90万斤,实现烟叶税金153万元。彩棉是全乡又一大支柱产业。以雪阳棉纺集团锦祥轧花厂为依托,发展订单农业,走"公司+农户+基地"之路,由该厂与农户签订合同,免费提供种子,负责从育苗到收购的全程技术服务,收购价保底,全乡种植彩棉3500亩,形成100亩以上大方2个,共签订合同900份,亩效益达2000元左右。

【彭桥镇】 2009年,国内生产总值12.7亿元,固定资产投资1.08亿元,财政收入659万元,农民人均纯收入5580元。镇党委被评为邓州市"五好党委"、"三抓"工作获一等奖,烟叶生产、村庄整治、安全生产、平安建设、武装工作、林业生态市、有线电视"村村通"等被评为邓州市先进。全镇优势农户达到1289人,经济能人1659人,企业家34个。全年引进项目4个,引资3800万元。全镇有7个村被确定为邓州市"一村一品"示范村。镇确立烟叶和建材为主导产业。全年种烟3500亩,收购烟叶59.3万斤,实现特产税94.5万元。全镇建成500亩以上大方2个,1000亩以上大方1个,10亩以上大户108家,50亩以上大户2家。建工厂化育苗基地2个,挖坑塘7个,修水坝2个,打深水井4眼,建自动化密集烤房群1个21座,修水渠16000米。有碎石加工企业13家,灰砂砖场7家,预制厂2家,金属铸造厂1家,实现年产值2.8亿元。全镇杨树面积3.3万亩,其中片林1.3万亩,通道林1.1万亩,水源涵养林1500亩,沟路渠和田间林网7500亩,闭合网格350个。全镇建成畜牧养殖专业村5个,专业场23个,专业户1000户,大牲畜存栏1.9万头,羊存栏2.5万头,猪存栏3.2万头,家禽存栏30余万只,畜牧产值9000万元。全镇已整治自然村96个,其中2009年整治22个,总投资329万元,修水泥路43条23.2公里,沙石路215条75.4公里,开挖下水道87.6公里,清理坑塘13个,建小游园8个,安装太阳能热水器620台,沼气池392个,治理空心村3个,搬迁216户,整理土地360亩。全镇共发放粮食直补、综合直补8.3万亩669.9万元;小麦良种补贴83万元;为贫困中小学生发放"两免一补"资金24.8万元;退耕还林资金24万元;新农合参合41885人,参合率为100%;为1230人发放低保资金59万元;投资40万元新建敬老院1座,入住率为40%;为2800名移民发放资金168万元。

【孟楼镇】 2009年,国内生产总值17.9亿元,财政收入3112万元,农民人均纯收入5632元,完成招商引资6000万元,综合经济实力显著提升。全镇生猪存栏6000余头,牛羊存栏7000余头,畜牧总产值达7300万元。新增植树面积1200亩,新植树木10万余株。全年引资6000万元,新发展工业企业8家,其中投资超500万元的企业3家,务工返乡人员创办企业4家,实现工业生产总值14.9亿元,工业企业安置就业人员3100人。全镇自然村整治共投入资金600余万元,硬化水泥道路15.8公里,开挖下水道5000米,整治坑塘6个,新建小游园5个,治理空心村3个,整理土地410亩,新建敬老院2个,安装太阳能310台,安装有线电视210户,发展沼气105户。全镇新农合参合率达100%。全镇全年输出技能型人才500余人。先后被南阳市委、市政府评为村党组织暨第六届村民委员会换届选举先进镇、全市信访工作先进单位、全市平安建设工作先进乡镇。

【林扒镇】 2009年,财政收入672万元,农民人均现金收入5900元。共发展优势农户1400户、经济能人5610人、企业家62人。共发展林瓜(南瓜)、林椒(辣椒)套种近1万亩,为群众增收5000余万元;建设畜牧养殖小区15个,发展养殖大场(户)510户,畜牧业总产值近1.9亿元;发展从事面粉加工、饲料加工、板材加工、棉花加工、畜禽屠宰加工的农户近600家,农副产品加工业年产值超1亿元。新增务工人员近2000人,使外出务工人员总数超过1万人,实现劳务收入6000万元。全年引进工业项目9个,引资额达1.5亿元。投资100万元,硬化主次街道5条共3500米,完善了排水设施;投资20万元,在镇区周围营造围镇林近300亩,使镇区绿化覆盖率达到了95%以上;引资2000万元,在原林扒高中旧址上建设商住两用楼11座;投资60万元,新建垃圾处理厂1座,购置垃圾车3辆,成立了环卫队;拆除各类违章建筑物213座,清理垃圾180吨,规范占道经营商户96户,并与商户签订了"门前四包"责任制和坐店经营责任制;硬化主次干道152条92公里,实现了"组组通",近50%的自然村实现了"户户通";开挖下水道54公里,治理坑塘13个,建设小游园8个、健身广场3个,栽植各类风景树近1万株,安装健身器材6套,新装太阳能380台、路灯84盏,新建沼气池360个。共发放小麦良种补贴86万元、粮食直补696万元、棉花良种补贴43.5万元、玉米良种补贴60万元、中小学贫困生生活补贴13万元。发放农村低保金100.4万元、非农低保金9.1万元、五保金15.08万元、优抚金31.5万元。投资190万元对镇区南大桥进行改造建设、投资430万元新修整修省际大通道及"村村通"道路14公里;筹资300余万元新建自来水站5个,解决了8000多人吃水难;投资200万元对引丹干渠末级渠系进行了改造建设,新增有效灌溉面积8000亩;投资近700万元,改造农村电网台区4个,架设线路3200米;投资260万元架设有线电视线路近30000米,实现了有线电视"村村通"。深入开展幸福家庭行动、关爱女孩行动和"三项治理"活动。投资180万元,新建医技楼1座,村级标准化卫生室2个。新型农村合作医疗参合率达99.8%。

【陶营乡】 2009年,社会总产值4.82亿元,固定资产投资1.9亿元,财政收入417万元,农民人均纯收入5497元。建成刘庄、朱西、高李、翟营、肖坡畜牧小区,徐楼林禽养殖小区,付河肉牛养殖小区,其中,500头以上养猪场2个,100头以上养猪场14个,2000只以上养鸡场3个,肉牛小区养牛500头以上。建成朱西、徐楼、翟营林瓜(麦瓜)套种示范园,申请注册了朱西南瓜生产合作社和"白沙一号"无公害南瓜商标,亩均增收900元,全乡8000亩南瓜经济效益达1600万元,形成了品牌和规模优势。建成胡营、肖坡、代营等6个村优质棉生产基地和王良烟叶生产基地。全乡注册成立种植、养殖为主的农民合作组织16个。营造生态林3000多亩,沟路渠河绿化率达96%以上。全年共引进大中小项目8个,合同引资总额6.86亿元。引进固定资产投资3000万元以上项目3个。累计投入资金580多万元,整治行政村16个,有8个行政村完成整村推进,58个自然村完成整村整治任务;共打通主次干道95条,50.4公里。其中修水泥路24条37.8公里;沙石路71条、23.4公里;开挖修建排水道16700米,整治坑塘12个,新建小游园6个、文化茶馆7个,太阳能入户221户,沼气池120个;筹资20多万元,对滨河路、政府路新建下水管道1600米。集镇8条主街道全部进行了硬化、绿化、亮化;拆除违章建筑43间,简易棚120个,清理建筑物料、柴草垛、垃圾堆3650堆,规范各类广告牌570个。发放粮食直补342万元,涉及农户8012户;完成小麦良种补贴面积6万亩,补贴金额153万元;落实生猪补贴、家电下乡补贴、农机购置补贴42万元;争取教育危房改造资金31万元,新建校舍31间;落实"两免一补"资金58万元,资助贫困学生744人；发放低保金72.6万元；新型农村合作医疗参合率达100%，4.5万群众从中受益；先后投资240万元建成标准化卫生所32个，并投资50万元新建了乡卫生院病房大楼；修建饮水工程8处，打机电井168眼；为120多户农户建成沼气池；建立市、乡、村三级农民技能培训网络；培训农村劳动力357人，输出农民技能工2800人，劳务经济收入9000多万元。

【都司镇】 2009年，社会总产值5.99亿元，财政收入422万元，农民人均纯收入6380元。新上60～100台针织厂3个；新上养殖大场大户22个；牛、猪、羊、禽存栏数分别达到1.9万头、6.1万头、62000只和940000羽，畜牧业总产值达到1.2亿元。植树3000余亩175000余株。引进各类工业项目20多个，涉及建材、板材加工、面粉加工、电子产品加工等行业，引资额6000多万元；全镇投入资金730万元，41个自然村全部整治完毕，打通主次干道160条38公里。新建国债项目沼气池100个，社会力量建沼气池120个，安装太阳能热水器140余台，建文化茶馆22个，19个行政村开通了有线电视，并建立了党员干部远程教育播放点；整治空心村4个，治理空心村面积370亩；调整移民新村建设用地68.85亩，生产用地756亩；全镇小型技防产品安装入户率达到93%，安装技防产品8000余台；全面落实种粮直补、综合补贴、棉花补贴、玉米补贴、小麦补贴、农机补贴、家电补贴等政策；争取国家政策性资金50多万元，解决了刘洼村新风组道路、户庙村坑塘治理、陈元村饮水工程、鲁家村北点饮水工程等群众迫切需要解决的问题；为农村1785个低保对象和238个五保老人发放了补助金；全镇农民参加新农合44320人。

【构林镇】 2009年，国内生产总值15.6亿元，工业增加值3.44亿元，固定资产投资1.56亿，财政收入930万元，农民人均现金收入5580元。全镇新增养殖大户367户，新增养殖大场38个，新发展养殖小区1个，配套完善养殖小区1个，获得“河南省无公害产品产地认证”基地一个，新增从业人员1270余人，新增产值8000余万元。共建设4个移民安置点，安置移民近4000人、1000余户，调整生产和建设用地近7000亩。在官刘村投资90余万元，完成了1000亩的农综开发工程。争取国家资金1200万元，新上的1万吨高档生活用纸项目于2009年10月份竣工投产，年产5万吨再生纸项目正在建设之中，建成后年造纸能力可达10万吨，年产值达10亿元；全镇面粉日加工总量达3000吨，年加工小麦7.5亿斤以上，是邓州市小麦年产量的一半；全镇小麦总库容能力达到5.8亿斤。投资近1000万元，完成北柳枫游园部分配套建设工程；打通胜利北路；新修下水道4600米；加宽和谐西路1000米；建成卫生院病房大楼；建设国土分局大楼；硬化背街小巷道路9条、8.3公里，完成街道“三清两拆”130处。共发放粮食直补和农资综合补贴资金1210万元，兑付“两免一补”资金53.4万元，兑现家电、汽车、摩托车下乡补助67.8万元；为2300户低保户发放低保款192万余元。

【刘集镇】 2009年，全镇小麦播种面积12万亩，总产量达4.5万吨，农民人均纯收入4000元。养殖小区增加到8个，新增专业村6个，专业户500户，专业场20个；生猪存栏7万头，家禽存栏52万只，畜牧业产值9200万元。全年新增外出务工经商人员1900人，实现劳务收入1.1亿元。大力发展新型农村经济合作组织，全镇建立畜牧养殖、板材加工、农机服务等专业合作社23个。投资270余万元，打通主次干道29条，新修水泥路面16公里，开挖下水道21公里，治理坑塘3个，安装太阳能230余台，新建文化茶馆5个，小游园4个，建设沼气池213个。持续开展以“空心村”整治为主的“三项整治”工作，整治项目15个，新增耕地472亩。完成单坡、胡鲁营移民点1355人、2073亩耕地的滚地工作。全镇有工业小区6个，入驻企业32家，有6家年产黄酒870吨以上的企业，年产黄酒1700吨。全年共引资1.8亿元，建成和在建项目18个，其中50万元以上项目6家。完成21个信息村建设任务，电话普及率达到80%，实现村内通话免费。新建标准化幼儿园6所，发展寄宿制小学校3所，对贫困家庭学生全部落实“两免一补”，对全部中小学生所有农村学生免收学杂费。

【小杨营乡】 2009年，工农业总产值3.40亿元，财政收入288万元，农民纯收入3800元。全年涌现优势农户873户，经济能人367人，企业家88人。全年共植树18万株，栽植面积达1560亩，网格栽植率达95%以上。新发展3000只以上的养鸡场8家，500头以上的养猪场4家，100头以上的黄牛育肥场9家，大牲畜存栏达2.9万头，生猪存栏3.7万头，家禽80万只。棉花套种面积达2万亩，平均亩产达230公斤。开挖疏通沟渠22000米，新打机井150眼，新修田间道路77条35公里，新修桥涵81座，达到“田成方、林成网、路相通、渠相连、旱能浇、涝能排”的标准。投入资金590万元,治理复耕土地380亩,拆迁房屋392间,打通村内主次干道180条,硬化道路74.3公里,整治坑塘25个,安装太阳能热水器608余户,新建文化茶馆10个,安装路灯68盏,新建沼气池103座。宋楼、郭坡、砖桥等12个行政村全部整治完毕,54个自然村已整治49个。全年组织培训48期,参训人员达8000人次,输出外出创业人员9040人。全乡参加新农合人数3.504万人,参合率达99%,同时投入60万元对乡卫生院的改造已全部完成。支出五保养老金达33.11万元,低保户达1504人,提供低保金86.97万元,各种民政优抚款达40万元并全部足额发放,及时兑现。免费为51例白内障病人作了手术。

【桑庄镇】 2009年,国内生产总值5.1亿元,财政收入518.7万元,限额以上工业产值11786万元,固定资产投资13亿元,粮食总产量7902万吨,农民人均纯收入5500元。全镇优势农户4210户,经济能人l566人,企业家65个,其中新增优势农户964户,经济能人6人,企业家13个,规范改造2个养殖小区。全年限额以上工业产值11786万元,同比增长30.7%。全年新上规模以上企业2家,新增企业家11个。全镇杨树面积发展到3.3万亩,新建生态林7827亩,农田网格377个,植树43万株。全镇累计投入村庄整治资金1200余万元,拆除房屋368间,打通村内主次干道156条、67.8公里,水泥硬化122条、58.3公里,砂石硬化73条、40.7公里,整治坑塘14个,硬化下水道54条、29.8公里,整治空心村2个,整理出土地160亩,新建村级文化广场、高标准小游园6个,安装太阳能热水器230台,修建沼气池32个。自筹资金72.2万元,对赵湾至陈堂段4公里、格东至高店2公理、东营1.5公里、省际大通道4.2公里进行水泥硬化。全镇有大的农业项目7个,共计争取资金6030万元,项目涉及全镇19个行政村中的14个,3.5万群众从中得到了实惠。沿邓新路、桑刘路、赵孔路集中开展乱搭乱建、乱推乱放整治活动,涉及14个村,共出动人员1220余人次,动用大型铲车3台,大型自卸车1辆,农用车辆30余辆,拆除违章建筑24座,涂白6万棵通道林,清除秸秆堆380堆、建筑杂物183堆、大型垃圾堆放点2处,规范广告牌127个、车辆维修点2个,实现了沿线商户归店经营。同时,镇财政投资30余万元,对桑庄街道进行了改造,硬化道路2800平方米。

【腰店乡】 2009年,国内生产总值5.47亿元,财政收入640万元,农民人均纯收入5745元。全乡工业企业达72家,完成利税8700万元,累计引进资金1.1亿元,引进企业6个。种植杨树12680亩,形成1000亩以上种植村2个,100亩以上种植户30个,形成1000亩以上片林3个;建剥板厂4家,大型胶合板厂1家,安排2300人就业。培育存栏3000只以上的养鸡大户9户,1000只以上49户,500只以上76户;涌现出养猪专业户12户;投资200万元建成32亩的养牛专业场;引进秸杆青贮、氨化饲料技术,年消化吸收秸杆9600吨,创收40多万元;全乡大牲畜存栏1.8万头,猪羊存栏5.1万头,家禽41万只,实现畜牧业产值7091万元。种植烟叶2800亩,形成500亩以上大方2个,100亩以上大方9个,100亩以上种植户3个。累计完成12.96万亩的农业综合开发、5000亩土地整理,1.84万亩的良田改造等农田水利基本建设项目。争取1.6万亩的土地整理项目,涉及12个行政村,规划田间道路15227米,生产路12818米,整修沟渠8430米,打井129眼,修建桥涵153座。结合村庄整治推进沼气、太阳能、宽带网、信息村建设,共安装太阳能热水器1600台,远程DVDl26台,宽带网330个,固定电话累计用户达到4360户,空心村治理整出土地430亩。发放粮食综合补贴资金311.65万元,良种补贴44万元。发放救灾款2万元,面粉3300斤,发放军烈属优待金、抚恤金42.9万元,发放“五保”救济款38.9万元,2074人参加低保。新建文化茶馆10个,小游园12个;建成了乡敬老院;投资21万元建成了占地3亩的乡文化站;参加新农合人数达到51510人。

【汲滩镇】 2009年,全镇麦棉套种面积4万亩,亩均综合效益2000元左右,小辣椒亩均效益3000元,仅种植业全镇农民人均增收500元;万只以上养鸡场14家,5000只以上32家;全镇200头以上养猪场7家;围绕围镇林、河道林、围村林、通道林共植树30万株,闭合网格700个,植树面积达7000亩;发展大中小型收割机械220台,其它农用机械1万多辆;移民安置建设用地和生产用地已全部到位。围绕元庄集镇,水泥硬化了环街路和元庄东街并与S244线对接;围绕汲滩集镇建设投资近百万元,铺设新镇大道、东风路、文化路、春秋路等油路;新开辟3条街道与S244线对接;整修了汲滩牌坊和汲滩大桥,规范了各类市场。新修农村公路14公里,使全镇公路总长达85公里;采取抓两头带中间和以奖代补的办法,在26个行政村开展村庄整治,共修路258条,计

68公里，治理坑塘16个，搬迁两个自然村，建沼气池200个，18个自然村实现了组组通、户户通。发展远程电视480多台，电视普及率82%，覆盖面达95%；投入20多万元，建立了15人的治安巡逻大队，各村也成立了5～7人的巡逻打更队。

【杏山旅游管理区】 2009年，财政收入185万元，农民人均收入5800元。全区新上50万元项目2个，改扩建项目1个。以“一乡一业、一村一品”为载体，大力发展支柱产业，杏山村以开发旅游为重点，张岗村发展运输业和畜牧养殖，韩营村以柑桔为重点，乔营村紧靠刘山水库，发展水产养殖和特色种植，董营村矿山资源丰富，以建材加工业为重点，兼顾运输业。全区新增20万元以上规模的碎石加工企业26家，养猪存栏在100头以上的有25家，养牛在10头以上的专业户有26家，养羊在100头以上的大户有50余家。拥有1部汽车的运输户达254户，拥有2部以上汽车的运输大户达20多户。共投入资金50多万元，整修道路22公里，开挖下水道3000米。严格落实各项惠农政策，狠抓登记核实和资金发放工作。着力解决群众生产生活中的困难和问题，使确有困难的群众全部享受到低保待遇，按时定额发放优抚对象的优抚资金，积极宣传农村新型合作医疗政策，参合率达100%。（马玉平）

风 采 录

行 业 单 位

天狮国际集团南阳分公司卧龙区专卖店

经理 郑秀平

天狮国际集团南阳分公司业务精英郑秀平，女，生于1969年，高级管理、高级营养师、一级讲师、培训师，健康使者。2006年结缘天狮国际集团这一高科技的健康产业，并创办卧龙区专卖店。几年来凭着一份爱心和热情带领同事们踏踏实实，一步一个脚印，不畏劳苦，为千百万人送去了健康，解除了疾痛，一直默默地服务着需要帮助健康的人群。21世纪是一个大健康的时代，健康和长寿是人类永恒的主题，人们今天知道有了健康并不代表拥有一切，但没有了健康就意味着失去了一切。健康犹如大树的根基，只有根基稳固、坚实，人生之树才可以结出丰硕的果实，否则就会成为无源之水，无本之木。健康是金，健康是本，健康是人生所有的一切！随着生活水平的提高，为什么疾症越来越多呢？因为我们今天的生存环境发生的一切都会影响到我们的身心健康。健康热线：13523668679为所有人的健康，家庭幸福，社会稳定永久开通着。

南阳市规划设计院

院长 易国忠

一、概况

南阳市规划设计院是1992年成立的全民事业单位，正科级自收自支事业单位，隶属于南阳市城乡规划局。拥有国家乙级规划资质、国家乙级建筑设计资质、国家乙级工程咨询资质。固定资产800万元，有办公用房3000多平方米。

南阳市规划设计院内设办公室、生产经营室、技术室、人事科、财务科、规划一室、规划二室、规划三室、建筑设计室、微机室、制印室。有干部职工60人，高级技术职称8人，高级规划师4人，注册规划师12人，中级技术职称28人，中高级职称人员占60%，大专以上学历48人，占80%。技术力量雄厚，专业配备齐全，设有：总体规划、专项规划、详细规划、工业与民用建筑设计、道路交通设计、园林绿化、环境工程、给水排水、电气暖通、概预算等专业；技术人员中既有丰富理论知识和实践经验的老工程师，又有年富力强、刻苦钻研的中青年设计人员，是一支老中青结合、专业配置合理的规划设计队伍。

近年来，先后投资六百多万元购置设备，1995年建成了CAD网络辅助设计系统，1997年在全省规划系统率先实现微机制图，成图率100%。

二、单位综合实力

1、工作业绩

近年来，南阳市规划设计院先后完成南阳市市域城镇体系规划；南阳市中心城区总体规划调整，南阳市中心城区东北、西南、溧河等分区规划；西峡、淅川、社旗、唐河、内乡等县城总体规划；长葛市南席镇、增福庙乡，南阳市马山口镇、歪子镇等多项村镇规划；先后完成南阳市消防、人防及地下空间、给水、排水、商业网点等多项专业规划；先后完成南阳市火车站区域、兰营区域等多项控制性详细规划；西峡鹳河大道、永安花园、清风苑、小庄等多项修建性详细规划；先后完成南阳市高新区总体规划（1994年）、唐河县、淅川县产业集聚区空间规划与控制性详细规划、南阳市新能源产业集聚区规划、官庄工区总体规划、产业发展规划和土地利用规划；鸭河工区总体规划、产业发展规划和土地利用规划；内乡县县域村镇体系规划与唐河县县域村镇体系规划；社旗县西城区控制性详细规划，面积为8.46平方公里；新野县城市基础设施"十二五"规划和社旗县基础设施"十二五"规划，南阳市高新区三号工业园工业走廊概念性城市设计，高新区北方红阳工业园规划，参与完成了南阳生态工业园区规划等多项工业园区规划。

目前，正在编制的规划设计项目有：南阳市河西片区、河东片区控制性详细规划，和市政设施专项规划，面积24平方公里；南阳新能源产业集聚区基础设施专项规划；内乡县城市总体规划；南召县城规划区控制性详细规划；鸭河工区基础设施专项规划；南阳汽车城修建性详细规划；内乡县七里坪乡、大桥乡和板场乡乡镇总体规划，合计面积为589平方公里；唐河县滨河小区和文峰小区修建性详细规划等项目。

2、获奖项目

1995年新华东路沿街规划荣获"河南省优秀规划设计二等奖"；1997年西峡县总体规划荣获"河南省城乡建设优秀城市规划设计二等奖"；1999年南阳市车站广场规划荣获"河南省城乡建设优秀城市规划二等奖"；1999年南阳市解放广场规划荣获"河南省城乡建设优秀城市规划三等奖"；2001年南阳中心城区消防规划荣获"河南省城乡建设优秀城市规划三等奖"；2003年南阳市滨河路绿化景观规划荣获"河南省城乡建设优秀勘察设计三等奖"；2005年南阳市中心城区商业网点规划荣获"河南省优秀工程设计二等奖"；2007年淅川县城市总体规划荣获"河南省城乡建设优秀城市规划设计评选二等奖"；2007年唐河县城市总体规划荣获"河南省城乡建设优秀城市规划设计评选三等奖"；2007年西峡鹳河大道景观工程设计荣获"河南省城乡建设优秀勘察设计三等奖"；2007年镇平县石佛寺镇总体规划荣获"河南省优秀工程勘察设计二等奖，河南省城乡建设优秀城市规划设计评选一等奖"。

3、设计创新

南阳市规划设计院高度重视规划设计质量，积极参加国家、省、市组织的规划年会，重要科技研讨会和设计、技术交流会，并与武汉大学城市设计学院有着良好的院校合作关系，在重视设计质量的同时，还投入大量人力、物力进行技术研讨，技术交流活动。近年来，在各级刊物上发表有价值学术论文60多篇，其中一些研究成果应用到规划设计工作中，取得了良好的经济效益和社会效益。

行 业 人 物

阿 颖 女，维吾尔族，邓州市人，1967年6月出生，大学本科学历，1989年7月参加工作。1985年9月至1989年7月，在郑州大学学习。1989年7月至2002年6月，在邓州市环保局工作。历任环境监测站、环境监理站站长、副主任科员。2002年6月至2003年3月，任邓州市环保局副局长。2003年3月至2004年10月，任邓州市政协副主席兼环保局副局长。2004年10月至2010年4月，任邓州市人民政府副市长。2010年4月任南阳市地方史志办公室主任。

马秀银 男，回族，邓州市人，1962年3月出生，1979年10月参加工作，1982年6月入党，中国人民大学硕士研究生研修结业，政工师职称。1979年10月被特招入伍。历任战士、班长、副区队长、排长、副连长、侦察参谋等职。其中,1984 年 7 月至 1985 年 6 月参加对越“老山、者阴山”作战。1986 年 12 月转业至南阳梅溪宾馆工作。历任办事员、科员、办公室主任,1993 年 8 月任副总经理,2000 年 3 月任副处级副总经理、总支委员。2006 年 7 月调至南阳市地方史志办公室任副调研员,2008 年 3 月任副主任、党组成员、机关党支部书记,2010 年 4 月任中共南阳市地方史志办公室党组书记。

孙富东 字翰夫,1950 年 11 月出生,方城县人,大专学历,先后毕业于中国书画函授大学国画系、书法系,南阳师院美术系。书法从传统入手,主攻行草书,认真临习唐楷、“兰亭序”、“圣教序”、“祭侄稿”、“书谱墨迹”等古帖,博采众长,逐步形成了大气粗犷、刚柔相济的独特风格。国画由工笔入手,主攻写意,兼攻山水,尤擅作墨竹、紫藤、葡萄。学习过程中,深深植根于“介子园画谱”及历代名家大作,重视理论和笔墨技法的实践研究,其绘画技法远追青藤、八大,近取吴昌硕、齐白石、潘天寿、王雪涛诸家。其风貌汲传统之精华、融时代之气息,在清丽淡雅中亦有古拙苍润之韵。近年来,还多次参加北京有关单位主办的书画讲座、培训班,受到欧阳中石、姚治华、踪岩夫、付世芳等大师的悉心指导,书画水平得到了很大提高。在继承、学习和探索的基础上适时进行创作,寒来暑往,渐具古拙、苍润,清新明快,雅俗共赏的艺术特点,颇受书画同道的赞赏。

孙富东很重视对文化艺术的综合修养,在习书作画的同时,努力研读古诗词、文史、书论、画论,研习道学、佛理、禅意,解悟其中深层理念,探求宇宙人生和美学思想真谛,以提高自己的学识和书画品格。

梅花香自苦寒来,孙富东的书画作品多次入选国家、省市级文化主管单位主办的书法、国画大展、联展,并获奖。作品在中国历史博物馆、军事博物馆、中国画研究院展览馆、日本大阪(宝冢)、马来西亚、新加坡、香港等地展出,部分作品被有关单位、收藏家和国内外知名人士收藏。

2003 年春节期间,孙富东接受南阳电视台的采访,并做了专题报道。2009 年 12 月,孙富东应香港文化单位邀请,在香港中智书院成功举办了书画作品展。办展同时,与书画界朋友应邀前往驻港部队,挥毫泼墨,慰问官兵,受到热烈欢迎。

2010 年 6 月,在南阳师院举办的音乐演奏专场活动中,孙富东与美国提姆・凯利博士和上海艺术总监马晓辉老师同台互动作画,增进了中美文化艺术交流和情感交流。

近几年来,孙富东多次参加文化部门、社会团体和慈善机构举办的“抗震救灾”、“抗洪救灾”等大型公益活动,情系灾区,捐字捐画,体现了当代文化人艺德仁厚、体恤灾区的高尚品德。

孙富东的书画作品,发表和收录在《中国书画报》、《中国书画函授报》、《河南石油报》、《南阳日报》、《中国书画英才》、《新视点》、《形象》、《经济信息》等报刊杂志上,其辞条分别载入《中国当代书画艺术家名鉴》、《中国当代艺术界名人录》、《中国书画函授大学书画精品集》、《世界名人录》、《联翠耀京丹》、《万米书画长卷》等典籍。

孙富东曾应聘于南阳理工学院艺术系客座教授,中国书画函授大学南阳分校秘书长兼国画部主任,南阳老干部大学、南阳经贸学校、南阳农校、南阳综艺技校从事书画教学。

孙富东现为中国书画艺术研究院院士、国际一级书法师、国际一级美术师、中国书法史学会常务理事、中国书画家协会会员、河南省书法家协会会员、河南省美术家协会会员、中国石油书法家协会会员、中国石油美术家协会会员。

企业家风采

天道酬勤，匠心中国人居深度

——记南阳市中泰房地产开发有限公司董事长　杨忠坡

南阳市中泰房地产开发有限公司作为多年专业从事房地产开发和销售的实力房企，凭借雄厚实力，相继开发“中泰·泰和苑”、“中泰·同兴苑”等多个项目，并一举荣膺“2009年度南阳十大品牌房地产企业”。作为中泰地产城市核心价值作品——中景门·国贸，不但给南阳带来了深具文化内涵的大型中式建筑群落，也浓缩了一个城市的居住价值。

杨忠坡，汉族，新野县人，1970年出生，大学本科学历，工程师和经济师职称。1993年参加工作，2006年组建成立了南阳市中泰房地产开发有限公司，出任董事长兼总经理。南阳市房地产商会副会长、南阳市青联委员。

在企业的发展壮大过程中，他始终秉承“以质量求生存，以信誉求发展”的理念，诚信经营，稳健发展，多领域进军，现已发展为以房地产为核心企业，集商业贸易、五星级酒店、环保建材生产、物业服务等多元一体的大型民营现代化企业集团公司，注册资金1.2亿元，拥有各类专业技术人员三百余人。

在企业团队打造与队伍作风建设上，他率先垂范，与时俱进，不断接受新观念，创新思维，精益求精，拼搏进取。作为企业领导人，他深知自己的言行就是表率、导向，他诚信做事，爱心对人，严于律己，内强素质，外塑形象，创立学习型机制，内部竞争学习，定期外出轮训，带出了一支功夫扎实、爱岗敬业、务实高效、开拓进取的精英团队，为企业创造经济效益的同时也赢得了良好的社会信誉。

“穷则独善其身，达则兼济天下”。在企业发展的同时，他时刻不忘社会责任，积极响应政府号召，把公众的利益摆在前面，主动为政府解忧，2009年，承接了南阳市的首批城中村改造试点项目—中景门·国贸，在项目的建设过程中，他首先建设村民安置楼的务实为民做法得到了市领导的大力赞扬和高度肯定。

对于南阳市开展的“六创一迎”工作，他率领企业积极参与，在全部自筹资金的情况下，承建第七届农运会接待酒店—中泰五星级国际酒店，举公司上下之全力，坚决按照要求如期优质建设好星级酒店，服务好第七届农运会接待工作。同时，在政府组织的一些大型公益性及宣传性活动中，他从来不计名利，总是义务提供人力、物力、财力。他认为，个人是社会的组成细胞，“一枝独放不是春，百花齐放春满园”。迄今为止，他累计捐助社会公益、慈善事业近百万元，安排再就业职工三百余人，每年为农村富余劳动力提供工作岗位近3000余个。

谈起中泰地产的建设理想，他毫不犹豫地说——“做有责任的开发商”。杨忠坡办公室里不见奢华，唯有墙上天道酬勤四个书法大字笔致遒劲，让人直观地感受到他和他所带领的企业勤奋务实的工作态度。

“开发商不仅仅是为广大购房者建筑理想家园，还要扮演好一个城市运营商的角色，这就意味着要做有责任感的品牌地产商。一个没有社会责任意识的企业，是不可能持续性经营的，而一个缺少社会责任意识企业的社会，也不可能健康和谐地发展。”说起企业责任，杨忠坡态度诚恳而语气坚定，更有着属于青年企业家的进取精神。

“其实很简单，正是靠着对市场、对消费者、对城市发展的强烈的责任心和忧患意识，才走过了一个又一个里程，走到辉煌的今天。”杨忠坡总结中泰地产的成功经验，略显轻描淡写，也许只有深刻理解了把企业的命运和城市发展的命运深度联系到一起之后，才会坚定地迈过一道道沟坎。

杨忠坡对房地产行业的发展趋势和产品创新，更有着自己独特的见解：“从企业的角度来讲，提倡责任地产，要做到三个方面：一是要对行业负责的企业。对产品不断创新，为行业树立新的标准；二是要对社会及消费者负责，要在诚实守信的前提下，努力提高产品的品质和性能，增强项目的配套功能和品质，向市场提供更多更好的舒适的宜居住房，让广大消费者买的称心、用的放心、住的舒心，为维护社会稳定和构建和谐社会，承担起应尽的责任；三是要对城市环境负责，积极开发建设节能、节地、节水、节材和环保的产品，为促进资源节约型和环境友好型的城市建设做出贡献。”

对于客户常怀感恩回报之心，是一个责任企业不可或缺的关键，也是企业发展壮大的根本基石。中泰地产回报给客户的，无论从产品本身还是对家的感情归属，都力图实现中国人的精神回归与现代生活方式的共生共融，总占地 210 亩、总建筑面积 37 万平方米的大型城市综合体——中景门·国贸，北眺独山，东揽白河，南临第一行政大道张衡路，西临城市脊梁独山大道，尽占城市上风上水位，市委市政府的规划迁入更标示巨大的发展潜力和居住价值，融合高尚住宅、旗舰商业、5A 写字楼、星级酒店、时尚公寓鼎级产品形态，作为南阳唯一、区域唯一的城市综合体项目，更将带动区域乃至整个城市的发展方向。

雄厚的实力，良好的资本运营、先进的开发理念，使中泰地产有责任、有能力用心铸就城市理想，在 37 万平方米的浩瀚版图中得到最完美的容纳和升华，这就是中景门·国贸，一座承载着南阳人居最高理想的梦想之城，一座开创现代中国式居住精神的传世之城。杨忠坡说：“为了使业主能够找到家的归属，我们的原则就是争取每一个入住的人都能感受到现代生活的创新性和中国文化所带来的精神归属。同时，我们的暖气、燃气双入户，双语幼儿园和优尚会所等五星配套，在南阳是不多见的，虽然经济会投入更大，但我们就是要拿过硬的产品来说话，做出让消费者不能不买的项目。”

几多耕耘，几多收获。杨忠坡所带领的南阳市中泰房地产开发有限公司作为南阳房地产后起之秀，已迅速壮大成为业内骨干企业，年纳税几百万元，成为南阳市民营企业的纳税大户，被省资信部门评为“AAA”级信用企业，被市政府授予“房地产开发先进企业”。

附　　录

统　计　资　料

南阳市主要指标

指　　标	单　位	2008 年	2009 年	增长%
年末人口数	万人	1091.31	1096.22	0.4
常住人口数	万人	1004.21	1013.36	0.9
生产总值	亿元	1636.43	1780.04	11.0
第一产业	亿元	344.48	367.07	4.2
第二产业	亿元	856.01	896.55	11.2
第三产业	亿元	435.95	516.42	15.8
人均生产总值	元	16367	17645	10.0
粮食产量	万吨	569.66	579.40	1.7
夏粮	万吨	350.01	356.50	1.8
秋粮	万吨	219.65	223.00	1.6
规模以上工业增加值	亿元	467.25	486.38	14.0
规模以上工业主营业务收入	亿元	1463.41	1513.05	16.6
规模以上工业利润总额	亿元	106.16	96.22	9.6
规模以上工业利税总额	亿元	209.34	180.41	－0.4
全社会固定资产投资	亿元	895.86	1153.18	28.7
＃城镇	亿元	708.55	929.52	31.2
社会消费品零售总额	亿元	568.61	676.66	19.0
进出口总值	万美元	87640	63759	－27.2
＃出口总值	万美元	69255	42950	－38.0
外商实际投资额	万美元	11635	13302	12.3
财政一般预算收入	亿元	51.29	56.17	9.5
财政一般预算支出	亿元	162.58	203.53	24.7
金融机构人民币各项存款期末余额	亿元	921.18	1145.9	24.4
＃城乡居民储蓄存款余额	亿元	687.44	803.81	16.9
金融机构人民币各项贷款期末余额	亿元	550.91	699.08	26.9
居民消费价格指数	上年＝100	106.5	99.6	－0.4
城镇登记失业率	%	3.6	3.8	
城镇居民人均可支配收入	元	12395	13498	10.2
农民人均纯收入	元	4570	4931	7.7

注:1. 人均生产总值按常住人口计算。

2. 城镇居民人均可支配收入、农民人均纯收入增长为扣除物价因素后的实际增长。

南阳市生产总值

指标名称	2008 年	2009 年	增长(%)
生产总值(万元)	16364301	17800433	11.0
第一产业	3444770	3670724	4.2
第二产业	8560076	8965531	11.2
工　业	7682137	7928380	10.3
建筑业	877939	1037151	20.3
第三产业	4359455	5164178	15.8
#交通运输、仓储和邮政业	787462	968000	13.0
批发和零售业	747896	855377	14.8
住宿和餐饮业	592150	704810	9.1
金融业	135274	162638	21.2
房地产业	354858	365214	4.5
其他服务业	1741815	2108139	21.1
非公有制经济占的比重(%)	56.2	57.2	14.3
人均生产总值(元)	16367	17645	10.0

注:2009 年数据为省反馈预计数。

南阳市全社会固定资产投资额

指　　标	2008 年	2009 年	增长(%)
全社会固定资产投资额(万元)	8958338	11531755	28.7
按城乡分			
城　镇	7085454	9295194	31.2
#工业投资	4421452	6030891	36.4
#民间投资	3919796	6435973	64.2
农　村	1872884	2236561	19.4
#农　户	736487	857271	16.4
非农户	1136397	1379290	21.4
按三次产业分			
第一产业	491460	724637	47.4
第二产业	4866321	6413526	31.8
第三产业	3600557	4393592	22.0
资金来源合计	9073421	11739695	29.4
国家预算内资金	196566	443769	125.8
国内贷款	571685	572989	0.2
债　券			
利用外资	31655	40680	28.5
自筹资金	6756737	8634731	27.8
其他资金	1401695	1863009	32.9

南阳市房地产开发经营情况

项　　目	单　位	2008年	2009年	增长(%)
投资完成额	万元	425226	561243	32.0
住　宅	万元	327755	437673	33.5
办公楼	万元	3108	3301	6.2
商业营业用房	万元	76794	84520	10.1
其　他	万元	17569	35749	103.5
土地开发面积				
本年购置土地面积	平方米	293616	431679	47.0
完成开发土地面积	平方米	292772	271305	−7.3
商品房面积				
施工面积	平方米	6132874	8361815	36.3
#住　宅	平方米	5059228	6996156	38.3
#新开工面积	平方米	2857717	2914222	2.0
#住　宅	平方米	2456531	2475066	0.8
竣工面积	平方米	972179	1590905	63.6
#住　宅	平方米	784093	1339615	70.8
销售面积	平方米	2037195	2185211	7.3
#住　宅	平方米	1876714	2018351	7.5
空置面积	平方米	128717	173622	34.9
#住　宅	平方米	78214	151841	94.1
商品房销售额	万元	415200	424520	2.2
#住　宅	万元	325941	351722	7.9

南阳市建筑业生产经营情况

项　　目	单位	2008年	2009年	增长(%)
企业个数	个	285	303	6.3
建筑业总产值	万元	1432765	1653297	15.4
建筑工程	万元	1281073	1428381	11.5
安装工程	万元	97818	100358	2.6
其他产值	万元	53873	124557	131.2
#装修装饰	万元	45885	60518	31.9
建筑业增加值	万元	439413	491201	11.8
建筑业竣工产值	万元	1091514	1327993	21.7
房屋建筑施工面积	万平方米	1114.5	1176.1	5.5
房屋建筑竣工面积	万平方米	531.0	702.2	32.2
劳动生产率(按总产值)	元/人	99528	112175	12.7
(按增加值)	元/人	30524	33328	9.2
工程结算税金及附加	万元	47055	76949	63.5
利润总额	万元	62594	73767	17.8

南阳市社会消费品零售总额

单位:万元

指　标	2008年	2009年	增长(%)
社会消费品零售总额	**5686093**	**6766579**	**19.0**
按销售单位分			
市	1801796	2206113	22.4
县	1902623	2235397	17.5
县以下	1981674	2325069	17.3
按行业分类			
批发和零售业	4700518	5588250	18.9
限额以上企业	1076255	1315839	22.3
限额以下企业	569887	658856	15.6
个体户	3054376	3613555	18.3
住宿餐饮业	876631	1060314	21.0
限额以上企业	79702	101922	27.9
限额以下企业	98619	114651	16.3
个体户	698310	843741	20.8
其　他	108944	118015	8.3

南阳市普通高等教育、中等职业教育基本情况

指　标　名　称	单　位	2008年	2009年
一、高等教育			
(一)普通高等教育			
1、学校数	所	4	4
2、在校学生数	人	52386	63494
3、招生数	人	18823	24100
4、毕业生数	人	13282	16540
5、教职工数	人	4132	5235
其中:专职教师数	人	2966	3543
(二)成人高等教育			
1、学校数	所	1	1
2、在校学生数	人	13577	16166
3、招生数	人	5382	8855
4、毕业生数	人	4048	4615
二、中等职业教育			
1、学校数	所	100	94
职业高中学校	所	72	66
2、在校学生数	人	116494	131098
职业高中学校	人	52111	51540
3、招生数	人	38171	51582
职业高中学校	人	14786	17085
4、毕业生数	人	38021	37912
职业高中学校	人	17637	18705
5、教职工数	人	6952	6934
其中:专职教师数	人	4594	4737

南阳市基础教育基本情况

指标名称	单位	2008年	2009年
一、学校数			4681
#普通中学	所	536	523
职业初中	所		
小　学	所	3786	3754
幼儿教育	所	405	394
特殊教育	所	10	10
二、在校学生数			1801743
#普通中学	人	572466	562568
职业初中	人		
小　学	人	990287	1053614
幼儿教育	人	180493	184702
特殊教育	人	798	859
三、招生数			548993
#普通中学	人	190400	188290
职业初中	人		
小　学	人	199740	208723
幼儿教育	人	147367	151857
特殊教育	人	127	123
四、毕业生数			434808
#普通中学	人	221984	195096
职业初中	人	281	
小　学	人	137539	141262
幼儿教育	人	100288	98392
特殊教育	人	65	58
五、教职工数	人	96220	95601
#专职教师数	人	89018	88714

南阳市卫生事业基本情况

指标名称	单位	2008年	2009年
卫生机构	个	364	373
#医院、卫生院	个	305	302
实有床位数	张	21779	24700
#医院、卫生院床位数	张	20757	22800
卫生技术人员	人	26781	29400
#执业医师	人	7033	3012
#执业助理医师	人	2723	7881
注册护士	人	7903	9200
疾病预防控制中心(防疫站)	个	14	14
卫生技术人员	人	1066	1100
妇幼保健院、所、站	个	13	13
卫生技术人员	人	1141	1200
专科疾病防治医院	个	2	2
卫生监督检验机构	个	11	11
卫生监督检验机构卫生技术人员	人	281	300
乡镇卫生院	个	224	222
实有床位数	张	6078	6800
卫生技术人员	人	9904	7800
医学科学研究机构	个	1	1
医学在职培训机构	个	11	11

南阳市劳动就业和社会保障情况

指 标 名 称	单 位	2009 年
参加基本养老保险人数	万人	48.1
职工	万人	35.3
离退休人员	万人	12.8
参加失业保险人数	万人	62
参加医疗保险人数	万人	142.5
职工	万人	
退休人员	万人	
年领取失业保险金人数	万人	1.9
城镇居民得到政府最低生活保障	万人	13.4
全年发放城镇居民最低生活保障金	亿元	2.3
农村享受最低保障人数	万人	43.8
全年发放农村最低生活保障金	亿元	2.7
发放城乡医疗救助资金	万元	4897
接受城乡医疗救助人数	万人次	18.6
各类福利院床位数	万张	3.7
福利院收养人数	万人	3.5
城镇各种社区服务设施	个	176
#社区服务中心	个	36
全年社会销售福利彩票	亿元	1.55
筹集社会福利资金	亿元	
接受社会捐赠	万元	69

南阳市年末总人口和土地面积

市	年末总人口(万人)					土地面积(平方公里)
	2005	2006	2007	2008	2009	
全 市	**1074.58**	**1080.02**	**1085.48**	**1091.31**	**1096.22**	**26509**
宛城区	81.54	81.97	82.46	82.88	83.29	970
卧龙区	86.49	87.02	87.51	88.03	88.47	1017
南召县	62.11	62.41	62.77	63.12	63.44	2933
方城县	101.20	101.78	102.26	102.84	103.32	2542
西峡县	43.58	43.82	44.02	44.25	44.45	3454
镇平县	95.81	96.23	96.67	97.17	97.62	1490
内乡县	64.10	64.44	64.72	65.05	65.33	2301
淅川县	73.54	73.90	74.31	74.70	73.99	2818
社旗县	64.54	64.81	65.12	65.41	65.86	1152
唐河县	130.47	131.18	131.82	132.50	133.23	2497
新野县	74.02	74.48	74.87	75.28	75.87	1056
桐柏县	43.58	43.59	43.85	44.08	44.30	1915
邓州市	153.61	154.40	155.11	156.00	157.03	2370

南阳市三次产业结构状况

单位:%

县市区	2007			2008			2009		
	一产	二产	三产	一产	二产	三产	一产	二产	三产
全　市	**23.9**	**50.8**	**25.3**	**21.1**	**52.3**	**26.6**	**20.6**	**50.4**	**29.0**
宛城区	15.6	55.8	28.6	13.0	56.3	30.7	25.9	42.0	32.1
卧龙区	12.7	40.4	46.9	9.0	44.8	46.1	18.6	45.7	35.7
南召县	18.4	63.0	18.6	17.6	59.9	22.5	22.3	49.7	28.0
方城县	37.2	38.8	24.0	29.1	44.5	26.4	28.8	41.9	29.3
西峡县	17.9	61.5	20.6	15.8	64.8	19.4	15.8	64.4	19.8
镇平县	14.9	61.1	24.0	13.4	58.8	27.8	14.8	52.4	32.8
内乡县	28.5	47.4	24.1	27.0	48.1	24.9	26.3	47.3	26.4
淅川县	23.0	56.5	20.5	23.9	55.2	20.9	23.3	53.9	22.8
社旗县	35.7	36.2	28.1	32.9	40.7	26.4	32.1	40.5	27.4
唐河县	34.1	46.5	19.4	31.5	48.2	20.3	33.7	42.2	24.1
新野县	25.2	53.3	21.5	22.7	55.3	22.0	23.4	51.7	24.9
桐柏县	19.1	65.3	15.6	16.5	67.8	15.7	22.8	54.1	23.1
邓州市	34.4	38.9	26.7	28.8	43.2	27.9	27.2	44.0	28.8

南阳市城镇化率和高技术产业情况

县市区	城镇化率(%)			高技术产业增加值占工业增加值的比重(%)	
	2007	2008	2009	2008	2009
全　市	**33.30**	**34.92**	**36.63**	**8.7**	**8.8**
宛城区	59.40	62.78	64.28	15.4	18.2
卧龙区	59.24	62.34	63.84	15.6	16.1
南召县	26.40	28.36	29.94	0.3	0.8
方城县	26.40	28.26	29.86	7.1	5.2
西峡县	29.13	31.30	33.41	6.9	6.9
镇平县	27.37	29.27	30.89	16.3	5.1
内乡县	26.69	28.65	30.27	12.9	18.8
淅川县	29.02	31.01	32.69	7.0	8.2
社旗县	25.89	27.88	29.69	5.0	5.9
唐河县	28.51	30.39	31.99	13.5	11.5
新野县	26.76	28.71	30.31	4.1	4.4
桐柏县	27.05	29.20	30.82	3.8	21.9
邓州市	30.29	32.69	34.32	8.8	8.1

南阳市县(市区)城镇固定资产投资情况

县市区	2005	2006	2007	2008	2009
全　市	**285.38**	**402.22**	**554.23**	**708.55**	**929.52**
宛城区	8.39	14.49	24.61	34.93	50.59
卧龙区	9.58	13.77	19.99	29.36	42.73
南召县	7.65	9.19	14.65	20.51	31.17
方城县	12.08	18.61	29.01	42.60	61.02
西峡县	13.47	22.51	40.04	54.38	89.71
镇平县	13.63	22.08	27.53	34.60	50.64
内乡县	16.98	20.70	35.19	42.58	63.60
淅川县	16.20	23.40	39.11	54.99	82.34
社旗县	7.14	9.94	14.04	20.45	29.51
唐河县	8.40	15.82	25.38	31.22	47.07
新野县	13.86	23.54	36.08	49.17	73.54
桐柏县	9.10	17.74	25.28	34.69	51.32
邓州市	11.00	24.25	39.23	52.38	81.50

南阳市县(市区)地方财政一般预算收入、支出情况

单位:亿元

县市区	财政收入					财政支出				
	2005	2006	2007	2008	2009	2005	2006	2007	2008	2009
全　市	**28.83**	**36.31**	**44.83**	**51.29**	**56.17**	**76.88**	**109.06**	**138.20**	**162.58**	**203.53**
市本级	9.47	11.86	14.11	16.04	17.32					
宛城区	1.02	1.35	1.76	2.04	2.46	3.64	5.04	7.02	8.08	10.04
卧龙区	1.28	1.66	2.03	2.49	2.77	4.33	5.01	6.80	8.65	11.35
高新区	0.41	0.62	0.83	1.07	1.23	0.50	0.84	0.95	1.28	1.45
南召县	1.16	1.52	1.85	1.91	2.09	3.83	5.22	6.28	8.02	10.92
方城县	1.39	1.63	1.93	2.37	2.63	5.02	6.22	8.87	11.11	13.62
西峡县	1.95	2.83	4.00	4.88	5.37	4.39	5.57	8.17	10.26	12.20
镇平县	1.73	2.13	2.47	2.61	2.85	5.30	6.00	7.98	9.84	11.94
内乡县	1.39	1.63	2.00	2.20	2.41	4.39	4.96	6.66	8.53	10.73
淅川县	1.75	1.88	2.31	2.77	3.02	4.79	6.00	8.47	11.02	14.04
社旗县	0.71	0.93	1.17	1.27	1.40	3.68	4.58	6.36	7.63	10.17
唐河县	1.85	2.34	2.91	3.21	3.55	6.17	7.77	11.16	13.17	17.21
新野县	1.39	1.63	2.01	2.31	2.46	3.85	4.79	6.82	8.38	10.23
桐柏县	1.20	1.74	2.30	2.35	2.45	3.64	4.60	6.02	7.13	8.98
邓州市	2.12	2.57	3.21	3.76	4.15	6.80	9.46	11.82	15.90	20.24

文　件　选　录

南阳市人民政府办公室
关于印发《南阳市政府门户网站
建设应用办法(暂行)》的通知

宛政办〔2009〕11号　　2009年2月23日

各县市区人民政府,市人民政府各部门,市有关单位:

现将《南阳市政府门户网站建设应用办法(暂行)》印发给你们,请结合实际情况,认真贯彻执行。

南阳市政府门户网站建设应用办法(暂行)

第一章　总　　则

第一条　为进一步加强政府门户网站建设应用和管理,确保政府网站高效、安全、可靠运行,充分发挥其在政府信息公开、公共服务、互动交流等方面的重要作用,根据国家、省有关法律、法规,结合我市政府网站建设应用实际,特制定本办法。

第二条　南阳市政府门户网站是以市政府网站为主站、以市政府各部门及有关事业单位网站为子站的网站群,是市政府在互联网上统一发布政府信息、提供网上办事服务、进行互动交流的重要平台,是展示南阳整体形象的重要窗口,是政府联系群众、服务公众的重要桥梁,是南阳市电子政务建设的重要组成部分。

第三条　政府网站建设要以构建网上透明型、服务型政府为目标,以公民、法人和其他组织的需求为中心,充分整合政府信息资源,推进政府信息公开和网上办事服务,扩大公众参与,为社会公众提供"一站式"服务。

第四条　政府网站在建设中,要按照国家法律法规和有关规定,依法公开政府信息;要突出重点,整体推进,体现特色,规范运作;要方便基层、方便群众、方便办事,有利于人民群众行使监督权力;要统一规划,协同建设,分级管理,资源共享。

第五条　本办法适用于全市各级政府、各行政部门和具有管理职能的事业单位以及与群众利益密切相关的公共企事业单位建立的通过国际互联网面向社会公众的网站,以及提供、发布、使用政府网站信息和建设、维护政府网站的单位及个人。

第二章　组织管理

第六条　南阳市政府门户网站由南阳市人民政府办公室主办,市政府电子政务办公室负责全市政府网站的指导规划、建设、推进、协调、监督等工作。市信息中心负责市政府门户网站的运行维护、内容采编等日常管理工作,负责对全市政府网站运行状况实施监控,为市政府部门及有关事业单位的网站提供网络条件、硬件设备、系统软件和技术服务。

第七条　县市区政府的网站由其政府办公室或日常工作机构负责管理,明确分管领导,指定责任机构,并保证必要的人员编制和经费,配备能够满足工作要求的专职人员,负责本地网站的建设、应用、管理和维护工作。

第八条　市政府各部门各单位要确定主管领导、管理机构和责任人,负责市政府门户网站的政府信息公开、公共服务、互动交流等栏目的内容保障工作,负责本部门、本单位网站建设和日常管理维护工作。要建立规范有序的信息采集、审核、发布、更新机制,建立适应网上互动栏目内容要求的“受理——办理——反馈”工作机制,统一管理,分级负责,严格把关。

第九条　从事政府网站运行、维护、管理的技术人员应具有较高的政治素质和专业技能,熟悉本部门的业务工作,定期接受市政府电子政务办公室和市信息中心组织的业务技术培训。

第三章　网站建设和维护

第十条　在市政府电子政务办公室的指导下,市信息中心负责市政府门户网站主站及子站共享共用的网络条件、硬件设备、系统软件、安全体系等管理维护工作,为市政府部门和有关事业单位网站建设应用提供软硬件技术支持和技术服务。要充分利用市政府门户网站的软硬件资源开展工作,未建网站物理平台的政府部门和有关事业单位,原则上不再独立建站。

第十一条　市政府门户网站建设和维护所需资金列入市政府年度财政预算。各县市区政府网站,由其政府办公室指定机构负责建设和维护,所需资金由本级财政列支。市县两级财政每年要在预算中划出专项经费,用于建设和维护政府网站。

第十二条　政府网站的建设

(一)由市政府门户网站主站提供一定的网络空间,按照统一规范指导各部门各单位建站,统一分配用户口令,各单位负责远程管理维护。

(二)已经设立独立服务器的单位,要通过相应技术方式与市政府门户网站进行数据交换,实现互联互通,信息共享。

(三)市政府部门下属单位、各县市区政府及其下属单位网站通过链接,纳入市政府门户网站群。

第十三条　市政府门户网站的域名管理遵循以下规范:

(一)市政府门户网站的主域名为“www. nanyang. gov. cn”,中文域名为“南阳市人民政府”,代表南阳市人民政府;市政府各部门网站的域名为“×××. nanyang. gov. cn”或“www. ny×××. gov. cn”,其中×××为各单位汉语拼音缩写或全拼,中文域名为南阳市×××,其中×××为单位中文全称或简称。

(二)各县市区政府网站的域名为 www. ×××. gov. cn,其中×××为各县市区汉语拼音全拼,中文域名为×××县市区人民政府,其中×××为各县市区人民政府全称。

第十四条　公务员电子信箱(@nanyang. gov. cn)的开通申请报市政府电子政务办公室备案审批,市信息中心负责设置、维护和撤消。

第十五条　政府网站的运行维护应当遵守下列规定:

(一)网站运行管理要遵循政府主导、制度保障、专业维护的原则。各县市区、市政府各部门、各有关单位要加强对政府网站的管理,做好政府网站发展规划、内容保障、组织协调和应用推广等业务管理工作,逐步建立起规范、高效、可靠的政府网站运行管理机制。

(二)市政府门户网站子网站的主办单位,要明确其网站的管理人员及其任务和权限,管理维护人员或变动的相关信息报市信息中心备案。市信息中心对各子网站用户权限进行统一管理。所有子网站管理、维护人员使用政府门户网站统一授权的用户口令,登录有权限的系统后台进行工作操作。市信息中心要维护用户的正当权益,除法律、法规另有规定外,不得对外透露用户资料。

(三)各政府网站主办单位必须保障网站的正常运行和提供服务,确保政府网站在工作日和节假日 24 小时开通,方便社会公众访问。如有特殊情况不能向社会提供服务,应提前 3 日向社会发布公告。

(四)市信息中心负责定期对各县市区政府、市政府各部门及有关单位的网站运行状况进行监测,监测结果定期在《南阳电子政务》和市政府门户网站上发布,发现问题,及时通知相关单位采取措施加以解决。各单位要经常监测子网站的运行情况,发现问题及时解决并与市政府电子政务办公室及市信息中心联系。

第四章　信息组织和管理

第十六条　各县市区政府、市政府部门及有关单位的网站要建立规范的信息采集、审核、发布、更新机制,确定专人负责,及时更新网站信息。实行信息审核制度,未经审核的信息不得上网发布。

第十七条　政府门户网站要根据《中华人民共和国政府信息公开条例》规定,建立政府信息公开专题栏目,设立政府信息公开指南、目录、依申请公开专栏等有关内容,严格按《条例》和有关规定及时更新。网站概况类栏目内容,原则上在每年 3 月 31 日前系统更新一次;服务类栏目内容要在其变动后 10 个工作日内更新并报市信息中心在市政府门户网站上更新;动态类信息每 5 个工作日至少更新 2 次。市政府各部门及供水、供电、供气、供热、民航、铁路、公共交通等公共企事业单位制作的与人民群众密切相关的信息，要在变动前3个工作日内，通过市政府门户网站向社会公示。环保、气象等部门每天须通过市政府门户网站向社会发布全市大气空气质量、天气预报等信息。重大灾害信息须及时公布。

第十八条　各政府网站信息的组织发布、转载要按照有关法规、政策规定执行。政府网站提供的信息和服务，遵循“谁发布，谁负责；谁承诺，谁办理”的原则。

第十九条　所有公开的政府信息，须经本级、本部门相关机构初步筛选，报分管领导批准后，方可上网发布。未经本级、本部门领导审批，不得在网上发布、修改、撤销有关信息。已在市政府门户网站主网站发布的信息如需修改或撤销，应事先提出申请，紧急情况下可通过电话等方式通知市信息中心先行撤销发布，再补办有关手续。各级、各部门上网信息(包括发布、修改、撤销等)要建立管理档案备查。

第二十条　各县市区、市政府各部门、各有关单位要建设、维护好各自网站，确保市政府门户网站主网站网上抓取、网站链接的信息真实有效。要按照市政府电子政务办公室及信息中心的统一规划和要求，做好信息报送等工作。报送信息内容包括重大政务动态信息、面向社会的办理和服务事项、监督投诉渠道、服务热线、与人民群众利益密切相关的公共信息库的查询方式、互动交流反馈情况等；南阳日报、南阳电视台等新闻媒体单位要配合市政府门户网站做好重大活动动态的报送工作。

第二十一条　市政府门户网站在网站首页的醒目位置，设立“市属部门网站“、”县市区政府网站”链接区。县市区政府网站在网站首页的醒目位置列出“县市区属单位”及市政府门户网站链接，方便群众查询。建立政府网站链接时，可采用下拉菜单、地图图形链接等特色形式。

第二十二条　政府网站应在主页的显著位置设置政府网站的标志。各子网站网页的设计制作，要庄重大方，突出本地、本单位特点，体现政府形象，具体风格由本地、本单位确定。市政府门户网站群各网站默认文版为简体中文，有条件的网站还可编制繁体中文版和外文版，逐步扩大政府网站的服务范围。

第五章　互动应用

第二十三条　各级各部门要结合各自的业务工作，大力开发各类交互性强的网站应用项目，做好业务工作流程与电子政务业务系统的衔接工作。

第二十四条　各部门、各单位建设的网上办事系统，要在市政府门户网站上开设受理窗口，实行统一反馈。市政府门户网站市长信箱收到的对政府工作的意见、建议，反映的问题及投诉，各级各部门要确定专人，及时处理、答复网上投诉、咨询和意见、建议。对网上咨询、投诉的响应时间或答复时限不得超过10个工作日。对所咨询的问题超出本单位职责范围的，要告知原因，提出建议。

第二十五条　要充分利用市政府门户网站平台，积极围绕政府的中心工作，积极参与在线访谈活动，认真做好访谈方案、访谈提纲、背景材料等相关准备工作。围绕群众关注的热点难点问题，认真办好民意征集、调查评议等栏目，拟订和报送征集、调查、评议主题和内容，分析结果，为领导决策和制定政策提供参考。

第二十六条　全市性的大重活动、重要会议，主办单位、承办单位要与市政府电子政务办公室和市信息中心联系，适时在网上直播。

第六章　网络安全

第二十七条　各级各部门政府网站要牢固树立网站安全意识，建立健全网站信息等安全组织领导机构和管理制度，制定应急预案，确保一旦出现突发情况，网站能够在2个小时内恢复正常。建立政府网站灾难备份制度，每5个工作日对网站内容备份存档一次，确保所有数据不丢失。

第二十八条　市政府各部门、各单位的网站要由专人负责，定时查毒，妥善管理好网络密码。严防密码丢失和病毒上传，严禁以规定标准以外方式上传信息。

第二十九条　各县市区、各单位应根据国家网站建设和管理的有关法律、法规，严禁涉密违规信息上网。网上信息出现安全问题，除追究当事人责任外，还要追究提供信息的部门和单位负责人的责任。

第三十条　各县市区、各单位要加强政府网站上互动内容的监管，对散布妨碍安全团结、歪曲事实、危害社会的信息要设立防范措施。

第七章　考核、奖惩办法

第三十一条　建立社会评议、专家跟踪考核和主管部门日常监督相结合的政府网站管理运行考评机制。市政府电子政务办公室及市信息中心每年对各县市区人民政府和各单位网站建设、信息公开、公共服务、互动交流、事项办理、意见反馈、网站安全等情况进行考核，考核结果与各单位工作目标责任制考核挂钩。市监察机关对网上机关效能建设进行监督检查。

第三十二条　市政府电子政务办公室及市信息中心负责制定市政府门户网站建设、维护工作考核标准，及时检查各县市区、市政府各部门及有关单位信息报送、子网站维护和市长信箱、网上信访、网上监察、调查评议、民意征集、在线访谈等栏目的处理反馈、参与使用等情况，适时在市政府门户网站上向社会公布检查结果。

第三十三条　在政府网站运行过程中，出现违反本办法的，市政府将予以通报批评并责令改正；违反国家法律、法规的，有关部门将依法追究相应法律责任。

第八章　附　　则

第三十四条　本办法由南阳市人民政府办公室负责解释。

第三十五条　本办法自发布之日起执行。

南阳市人民政府
关于印发南阳中心城市旧区改造
实施意见的通知

宛政〔2009〕12号　　　　2009年2月13日

各县市区人民政府，市人民政府有关部门：

现将《南阳中心城市旧区改造实施意见》印发给你们，请结合实际认真抓好落实。

南阳中心城市旧区改造实施意见

为进一步完善城市功能，优化城市布局，盘活存量土地，加快中心城市建设，改善城市环境面貌，提高居民居住水平和生活质量，促进经济社会协调健康发展，现就我市旧区改造工作提出如下意见：

一、指导思想

按照“以人为本、政府主导、统一规划、政策引导、市场运作”的原则，以突出重点、区域开发、上下联动的基本模式，逐步使旧区得到全面改造提升，打造特色鲜明、功能齐全、环境优美、设施先进、适宜创业发展、适宜生活居住的现代化新城区。

二、改造的条件和方式

(一)建成区内建设年代久远、基础设施不全、建筑结构陈旧、存在安全隐患、影响城市功能以及因公共利益要求拆迁的区域。

(二)重点改造区域为：城市主次干道及河道两侧；市重点工程、城市景观道路建设涉及的周边区域；严重影响城市布局、城市形象必须进行改造的不协调区域；大中型企业生活区域；居民居住条件需要改善，城市配套功能需要提升的区域。

(三)按照统一规划、连片开发的原则，旧区用地开发规模原则上不得小于15万平方米。

(四)以国有土地为主的改造区域，按照旧区改造政策进行；以集体土地为主的改造区域，按照城中村改造政策进行。

三、规划管理

(一)市规划行政主管部门要按照城市总体规划和近期建设规划，制定旧区改造计划，编制区域详细规划。

(二)坚持统一规划、统一改造，限制零星开发、沿街开发和低档次重复开发建设。

(三)旧区改造要根据市城市规划行政主管部门下达的规划设计条件，编制改造修建性详细规划；同时，合理规划公共绿地、停车场以及中小学、幼儿园、社区服务中心等公共服务设施。

(四)旧区改造的各项建设要严格审批程序，加强规划监督管理，并纳入全市年度建设用地供应计划。

四、土地管理

（一）旧区改造范围内的国有土地，由市人民政府依法收回；旧区改造范围内的集体土地，由市人民政府依法征收归国有，统一纳入区域改造。

（二）旧区改造范围内的居民安置用地及城市公共设施、基础设施用地，以划拨方式供给。

（三）旧区改造范围内的开发用地，可以采取净地或毛地出让。在保证安置用地、公共用地和开发用地后，剩余土地纳入市人民政府统一收购储备。

（四）旧区改造开发用地的土地出让以评估加出让费用作为供地依据。

五、拆迁安置补偿

（一）本办法自公布之日起，列入改造范围的旧区要停止一切与实施旧区改造规划无关的建设活动。

对违反前款规定进行建设的，城市规划、建设行政执法部门和旧区所在区人民政府、街道办事处、村（居）民委员会应当予以制止，并由城市规划、建设行政执法等部门按违法建设工程查处。

（二）旧区改造涉及的拆迁户采取原地安置和异地安置两种形式。旧区改造中被拆迁的村民按照城中村改造政策进行安置。

旧区改造中被拆迁的居民住宅，其合法建筑不足60平方米的，按60平方米予以安置，差额部分按照经济适用房价格补交房屋价款；其合法建筑面积大于60平方米小于120平方米的，按照拆一还一的比例安置，由于户型限制安置面积超出合法建筑面积部分，原则上按市场价格补交房屋价款；其合法建筑大于120平方米的，按120平方米予以安置，超出部分按照当前城区拆迁补偿标准进行货币补偿。旧区改造涉及的拆迁户异地安置时，可根据安置区域的不同适当增加安置面积。

（三）旧区改造涉及的行政、企事业单位所有的房屋，按照市场评估价进行货币补偿。属于公益事业拆迁，按照有关政策执行。

（四）旧区改造安置补偿以被拆迁房屋的所有权证书或建设工程规划批准文件载明的权属、面积、性质为准，凡是违法建设或违章建筑一律不予补偿。

（五）旧区改造范围内开发的居民住宅建筑面积与安置建筑面积比例不超过3:1，其中开发的低层商业建筑面积折算为2倍住宅建筑面积。

由于开发用地限地限制又必须改造的区域，按照旧区改造政策，根据规划要求，政府另行考虑安置用地予以解决。

六、优惠政策

（一）旧区改造土地依法实行公开出让，土地出让价款全额上交财政，实行收支两条线管理。

（二）旧区改造中的城市基础设施配套费及其它行政性规费收取，按照一事一议的原则，由政府制定减免政策。

（三）旧区改造项目土地使用权出让金中的市财政收益部分，按照市、区三七的比例，以市人民政府补贴方式拨付到区人民政府，用于该旧区改造项目范围内基础设施配套建设。

七、工作机制

（一）为切实加强旧区改造工作的领导，市人民政府成立旧区改造办公室，由市规划、发改、国土、建设、房管、财政、公安、文化等部门和卧龙、宛城区人民政府、高新区管委会主要领导参加，实行联席办公会议制度。

（二）联席办公会议主要任务：研究决定旧区改造的政策措施，解决旧区改造中的重大问题；研究审批旧区改造工作计划；督促、检查各区和成员单位的工作。

办公室主要任务：研究制定旧区改造政策措施、法规制度；负责旧区改造宣传教育、调查研究工作；督促协调市级相关职能部门的旧区改造工作；指导督察考核各区旧区改造工作。

（三）市规划、发改、国土、建设、房管、财政、公安、文化等有关部门要在各自的职责范围内，做好旧区的改造管理工作。

八、宣传教育

（一）旧区改造要加强宣传教育，新闻媒体要密切配合，为旧区改造创造一个良好的舆论环境和社会环境，确保旧区改造顺利进行。

（二）市旧区改造办公室要按照本意见的精神，完善配套政策，起草相关规定和实施办法，出台旧区改造优惠政策，规范改造行为，理顺工作程序，推动旧区改造工作。

（三）本意见自出台之日起施行，以前关于旧区改造的有关政策和规章与本意见相抵触的，以本意见为准。

南阳市人民政府
关于搞活流通扩大消费的实施意见

宛政〔2009〕54 号

各县市区人民政府,市人民政府有关部门:

为贯彻落实《国务院办公厅关于搞活流通扩大消费的意见》(国办发〔2008〕134 号)和《河南省人民政府关于搞活流通扩大消费的实施意见》(豫政〔2009〕26 号)的精神,发挥商贸流通业在扩大内需、促进消费中的重要作用,保持我市经济平稳较快发展,现就我市搞活流通、扩大消费的有关问题提出以下意见,请认真贯彻执行。

一、加快建立农村现代流通网络,激活农村消费

(一)大力推进"万村千乡市场工程"。在巩固完善已建农家店的基础上继续努力争取国家、省财政资金支持,同时市财政也要拿出配套资金,支持连锁农家店及其配送中心建设。财政资金要向配送中心建设倾斜,已建、在建和规划的农家店都必须要有配送中心相匹配,逐步实行集中采购。力争到 2012 年底,"万村千乡市场工程"农家店覆盖全市所有的行政村,农家店商品统一配送率达到 70%以上,并通过抓示范店建设,使农家店拓展功能、提档升级,满足农村居民消费需求。帮助开办农家店者创业,开展创业培训、小额担保贷款等服务。积极推进农业生产资料连锁经营,加快现代物流设施建设步伐。

(二)全面推进家电下乡工作。要认真总结试点经验,落实家电下乡政策,积极配合相关部门做好汽车、摩托车下乡工作,探索便民利民措施。加强对销售企业及网点的监管力度,严厉打击借家电下乡名义销售假冒伪劣产品、私自提价等违法行为。引导并督促销售企业,建立适合农村特点的家电产品流通体系和售后服务体系,努力用三年时间实现家电下乡产品销售量 80 万台,销售额 16 亿,力争使我市农村主要家用电器普及率达到城市 2000 年水平,基本形成覆盖我市农村地区的家电分级配送体系和销售及售后服务体系。

(三)加强农产品流通网络建设。继续实施"双百市场工程",积极推进"农超对接"。2009 年在全市选择 1 家大型农产品批发市场、1 家县乡农贸市场和 1 家大型超市,力争纳入国家及省双百市场项目的支持范围。尽快建立"南阳市农产品流通体系建设引导资金",重点扶持一批大型农产品批发市场和县乡农贸市场,加强冷链储运、卫生、质量安全可追溯、分拣包装、加工配送、检验检测等基础设施建设,进一步改善市场的经营环境,增强其服务功能。积极推动"农超对接",鼓励大型超市或农产品流通企业,加强农产品物流中心和直采基地建设,减少农产品流通环节,降低农产品流通成本和损耗,促进产销衔接,提高超市农产品基地直采比例和品牌农产品销售比例。支持农业产业化龙头企业搞好农产品商标注册和品牌推广,培育自有品牌,促进农产品流通安全。

(四)加速"农村商务信息服务工程"建设。认真总结推广新野县"农村商务信息服务工程"试点经验,结合"万村千乡"农家店、产业协会、专业合作组织等渠道,为农民提供市场信息、购销对接等服务,衔接产销,着力解决农产品出售难问题。在完善新野县试点的同时,争取今年再有 2 个县成为省级"农村商务信息服务工程"试点县,力争 4 年内"农村商务信息服务工程"网络覆盖全市。

二、健全完善城镇流通设施,拓展城市消费

(五)增强社区服务功能,规范发展居民服务业。大力推进社区商业"双进"工程,鼓励和支持购物、餐饮、家政服务、再生资源回收等与居民生活密切相关的企业以连锁经营方式进入社区,方便居民消费。积极开展争创社区商业示范社区活动。力争在三年内,全市有 1~2 个社区进入"国家级商业示范社区",5~6 个社区进入"省级商业示范社区"。积极推进家政服务网络建设。中心城区要加快整合家政服务资源,尽快建立家政服务网络中心,为居民提供安全便利的家政服务。加快实施放心早餐工程。要用足用好国家和省扶持政策,争取 1~2 家符合条件的企业成为国家或省级早餐主食加工配送中心项目试点企业。尽快研究出台我市的配套扶持政策,对早餐加工和配送经营企业网点予以支持,力争用 3 年时间,在中心城区建立 2~3 家大型早餐生产配送企业,6 个早餐配送中心,60 个放心早餐销售网点和 30~50 台放心早餐流动服务车。加快对社区菜市场标准化改造升级工作。对中心城区菜市场分期分批进行标准化改造,提升档次,拓展功能,服务城市居民便利消费、放心消费。

(六)积极推动循环消费。正确处理扩大消费与可持续消费的关系,充分利用各种媒体,教育引导居民树立科学消费、安全消费、循环消费理念。健全旧货流通网络,在市、县城郊结合部建立旧货交易市场,在城镇社区设立旧货收购或捐助点,满足不同层次群众消费需求。鼓励和引导生产和流通企业开展"收旧售新"、"以旧换新"业务。加强再生资源管理,做好废旧物资的回收与利用。

(七)积极推进商业网点规划建设。要根据把南阳建成区域性中心城市和全省次中心城市的定位,进一步完善中心城区商业网点布局。开展县级城市商业网点规划,年底前完成邓州市规划编制工作,启动唐河、桐柏、西峡等县的规划编制。要抓住中央和省扩大投资的机遇,争取一批、建设一批重点商业基础设施项目,力争全市流通网络建设再上新台阶。

三、加强市场运行监测,保障市场供给

(八)完善市场监测体系。强化城乡市场信息服务体系建设,进一步健全完善市场监测机制,增强监测信息的公共服务功能,服务经济建设,引导居民消费。充分利用市级商务预报网络版平台,加强我市市场运行信息的收集和综合利用。以"商务预报"窗口为载体,加强与相关部门的信息交流和共享,及时发布重要市场信息,提高政府部门搞活流通、扩大消费的前瞻性和主动性。

(九)健全市场应急机制。尽快实施我市生活必需品市场供应应急预案,建立市、县两级肉、糖等生活必需品储备制度。鼓励支持流通企业探索建立商业代储制度,提高应急调控能力。

四、积极发展新型消费模式,促进消费升级

(十)大力促进节假日消费和会展消费。鼓励支持企业抓住五一、十一、端午等节假日,推出丰富多彩的节日促销活动,扩大节日消费和民俗消费。积极开展我市品牌名店、名师、名菜(名吃)推介等各类活动,满足城乡居民需要。要充分利用张仲景医药文化节和宝玉石节,组织地方特色产品展销,促进会展消费。

(十一)培育和发展新的消费热点。继续支持住房、汽车、教育等消费的发展。大力发展信息服务、家政服务、租赁服务、金融理财服务等新兴服务型消费,开发培育与节假日相适应的旅游、文化、体育健身和网络、动漫等消费热点。开展"名品进名店"、"品牌产品下乡"活动,引导个性化、时尚化、品牌化消费。推进特色商业街建设。

(十二)鼓励发展新型消费方式。积极推进银商合作,提升电子结算水平,鼓励刷卡消费。支持企业在有效防范信用风险的前提下,积极开展信用销售。

五、继续深化流通领域改革,培育骨干企业

(十三)培育一批餐饮品牌企业。充分利用社会资源,每年举办2～3次美食活动。力争在3年内,在全市创建5家"豫菜品牌示范店"和13家"豫菜风味品牌店"。重视宣传推介名牌产品和品牌创建示范企业,努力营造"做品牌、树品牌、用品牌、爱品牌"的良好氛围,激活品牌消费。加大对"老字号"企业的申报工作力度,积极引导我市"老字号"企业创新发展。

(十四)支持骨干流通企业做强做大。商务部门要会同发展改革、财政等部门,用足用活国家和省扶持政策,选择一批大型物流企业、农产品流通企业、连锁经营龙头企业进行重点扶持。同时,鼓励外资和民营资本通过股权置换、资产收购等方式,对国有流通企业资源进行整合和改革。争取用3年左右时间,培育几家辐射范围大、带动作用强的龙头企业,增强市场供给保障和调控能力。同时,继续支持中小流通企业发展。

六、深入整顿规范市场秩序,优化消费环境

(十五)切实加强市场监管。规范零售商与供应商交易行为,维护公平交易秩序,保障消费者合法权益,树立诚信服务。认真贯彻落实《零售商促销行为管理办法》和《零售商供应商公平交易管理办法》,推动市场诚信体系建设,重点建立企业信用信息档案和信用信息宣传制度。继续开展"百城万店无假货"和"诚信兴商"等活动,形成良好的商业信用氛围,提高全市商业诚信水平。严厉打击商业欺诈、销售假冒伪劣产品以及哄抬物价等违法违规行为。

(十六)狠抓流通企业食品安全。贯彻落实《流通领域食品安全管理办法》,建立健全流通领域食品协议准入、检验检测、索证索票、溯源制度和不合格商品退市制度。加快"放心肉"监管体系建设,认真落实《生猪屠宰管理条例》,严厉打击未经定点私屠滥宰生猪行为。加强对定点屠宰企业无害化处理的监控,建立肉品质量信息可追溯体系。选择2家大型、8家左右中小型肉类生产企业进行标准化改造,保证生猪产品质量,提高肉品安全保障水平。确保县级以上农贸市场100%、乡镇农贸市场95%以上的猪肉来自定点屠宰场(点)。切实落实《酒类流通管理办法》,规范酒类流通秩序,促进酒类市场有序发展,推进酒类流通溯源信息化管理,确保群众喝上放心酒。

南阳市人民政府
关于理顺中心城区城市建设管理权限的意见

宛政〔2009〕61号 2009年8月19日

宛城、卧龙区人民政府,高新区管委会,市政府有关部门:

为加强中心城区城市建设管理,理顺城市建设管理权限,提高城市建设管理水平,实现城市功能规范、高效运转,提出如下意见:

一、指导思想

按照"重心下移、责权统一、条块结合、以块为主"的原则,着眼城市发展和建设管理,依法界定市、区政府城市建设管理权限,切实强化区级政府城市建设管理主体责任,加快构建"两级政府、三级管理、四级网络"和"分工合理、执行顺畅、监管有力、以区为主"的城市建设管理体制。

二、理顺权限

按照于法有据、能放则放的要求,依据法律、法规、规章规定,经对市建设、国土、规划、房管、环保五部门涉及中心城区城市建设管理权限清理审查,市政府决定将部分现行实施的建设管理权限,采取下放或委托的方式赋予宛城区、卧龙区、高新区在中心城区(环城高速所围合的约400平方公里区域)所辖区内行使,除委托、下放权限外,其他应由市级部门行使的法定权限仍由上述五部门实施。理顺城市建设管理权限后,市建设、国土等五部门要在依法正确履行法定管理权限的同时,切实加强对三区政府(管委会)及相关部门所承担城市建设管理职能的指导、监督、协调;三区政府(管委会)及相关部门要切实肩负起城市建设管理的主体责任,依法正确履行法定权限和下放、委托权限,积极做好辖区内城市管理和有关设施的建设、维护等工作。

三、交接工作

理顺权限的交接衔接工作,要在市领导小组的统一领导下,依法、有序、抓紧进行。总的要求是,以市建设、规划等五部门为主,对口交接权限,衔接工作,务于文件印发之日4日内完成,确保所交接权限无缝衔接、平稳过渡。

(一)对委托权限,由市级有关部门依法向区对口部门出具书面委托书,载明委托机关与被委托机关的名称、地址、法定代表人姓名、具体委托权限、适用范围、委托期限等内容。下放、委托权限赋予高新区实施的,均由市有关部门委托高新区管委会或区有关合法机构实施。下放、委托权限及委托执法的有关内容由市政府电子政务办和市有关部门分别在政务信息网站向社会公布。

(二)下放、委托权限的交接以市有关部门为主,对口进行,主要为所需文件、档案资料等。交接完成后市有关部门要做好衔接工作,加强对三区相关部门的业务指导;三区政府(管委会)要调整力量,搞好培训,尽快适应新任务的需要。

(三)对下放、委托的行政审批项目由市行政审批服务中心负责从大厅撤出,原由市有关部门颁发的相关证照,在有效期内继续有效,有效期满后,应到三区办理。市、区有关部门因理顺管理权限所涉及的职能调整,由市、区编办在机构改革中重新界定。

四、保障措施

(一)加强领导。市政府成立理顺城市建设管理权限工作领导小组,市长穆为民任组长,副市长朱长青、陈光杰、市长助理王中任副组长,市监察、法制、财政、人事、编制、劳动保障、建设、规划、国土、环保、房管、公安、商务等部门及宛城、卧龙、高新三区政府(管委会)主要领导为成员。具体负责相关工作的指导、协调和检查落实。三区政府(管委会)也要成立相应机构,加强领导,搞好衔接,做好有关工作,确保理顺城市建设管理权限工作顺利实施。

(二)加大投入。按照"费随事转"的原则,对市财政征收的城市公用事业费和基础设施建设配套费收入,分年度安排对三区的专项补助,并视建设管理成效提高补助标准。经一事一议,由市政府委托三区组织实施的中心城区现有已批未征及新增市、区两级工业项目用地的出让收益全部归三区所有;三区本级存量土地的出让纯收益按市、区2∶8的比例分成;对市政府目前尚未实施征收补偿安置和计划纳入储备的新增经营性储备土地,由市政府授权或委托三区进行征收、拆迁和补偿安置,其征收、拆迁和补偿安置费用列入土地储备成本;储备土地的处置由市国土局统一组织实施,土地出让收益全额缴入市财政,土地纯收益按市、区6∶4的比例分成。三区政府(管委会)要筹措资金,加大投入,确保城市建设管理的需要。

(三)充实力量。市公安局要调整整合交警、巡警等力量,抓紧组建三区城市管理警察大队,实行双重管理,直接服务保障三区政府依法履行城市建设管理权限。三区政府(管委会)要按照依法行政、执法为民的要求,加强队伍建设,规范执法行为,强化执法监督,加大管理力度,不断提高城市建设管理的水平和质量。

(四)强化督查。市监察、法制等部门,要按照职责分工,切实加大对理顺城市建设管理权限工作的督查力度,及时发现和解决存在问题,对推诿扯皮、敷衍应付、落实不力的,要作出相应处理,情节严重的,要给予有关责任人党政纪处分。

(五)健全机制。要建立完善行政执法责任制、责任追究制和监督检查等制度,将城市建设管理的责任分解落实到部门、人头、路段;将履职情况、管理质量与年度考核、晋职评先等切身利益紧密挂钩;将执法行为、管理行为纳入有关部门的全程监督之下。要建立和完善政府统一领导、部门分工负责、全社会共同参与的机制和手段,坚持建管并重的原则,在日常管理、规范管理、长效管理上下功夫,在解决老大难问题和社会关注问题上见成效,着力提升城市形象和管理水平。

附件:中心城区城市建设管理下放、委托权限

中心城区城市建设管理下放、委托权限

一、建设管理

1、市容环境卫生及建筑垃圾管理,建筑垃圾及生活垃圾处理费征收　2、城市街道两侧或公共场所临时堆放物料、搭建或构筑建筑物审核　3、城市街道两侧和公共场所设置商亭、固定摊点、电话亭、大排档审核　4、因教学科研及其他特殊需要在市区内饲养家禽家畜许可　5、拆除环卫设施许可　6、支路及其附属设施,背街小巷、小型公园、小型广场、单位庭院、居民小区的绿化和市政设施建设管理　7、新建农贸市场的设置与管理　8、早市、夜市及临时、固定摊点的管理　9、依法查处违法占道行为　10、城市建设开发中的拆迁、安置　11、房屋拆迁单位资格证初审　12、房屋拆迁许可(委托)　13、拆迁产权不明确房屋补偿安置方案核准(委托)　14、未完成拆迁补偿安置的建设项目转让核准(委托)　15、房屋拆迁延期及延长暂停期限批准(委托)　16、旧城改造和城中村改造　17、商业网点、临街单位、城市道路停车位的设置与管理　18、产业集聚区内道路及其附属设施、供水、供气、污水处理、垃圾处理等公用基础设施建设管理　19、依法查处未取得施工许可擅自施工的违法行为

二、规划管理

20、参与配合各类规划的编制　21、依法查处未经规划批准擅自建设等违反城市规划的行为

三、环保管理

22、对不需要环评,只需填报环境影响登记表的建设项目审批(委托)　23、依法查处城市饮食服务经营者未采取有效污染防治措施,致使排放的油烟对附近居民的居住环境造成污染的违法行为　24、依法查处露天焚烧秸秆、落叶等产生烟尘污染的违法行为　25、依法查处在饮用水水源一级保护区内从事网箱养殖或者组织进行旅游、垂钓或者其他可能污染饮用水水体活动的违法行为　26、依法查处违反环境保护规定堆放、弃置、倾倒污染物、废弃物的违法行为　27、依法查处未采取密闭措施或者其他防护措施,运输、装卸或者储存能够散发有毒有害气体或者粉尘物质的违法行为　28、依法查处其他环保违法行为(委托)

四、国土管理

29、被征用土地的征收、拆迁与补偿安置　30、经一事一议,受市政府委托,组织实施工业用地、本级自有存量用地的出让(委托)　31、依法查处土地及矿产资源违法行为　32、零星分散的矿产资源和只能用作普通建筑材料的砂、石、粘土的采矿许可证的颁发

五、房产管理

33、房屋租赁许可与管理(委托)　34、经济适用房住房对象资格申请的审定　35、廉租住房保障计划安排、对象认定、保障方式审批、租赁补贴和实物配租发放　36、业主委员会的选举指导、备案及管理　37、物业管理企业信用档案建设初审,物业项目违规转让、擅自改变物业管理用房和公共建筑、共用设施设备用途及物业管理区域内违规经营等活动的日常管理及行政处罚　38、注册房地产估价师管理　39、城市房地产中介服务管理

索 引

编 者 说 明

一、本索引把年鉴所刊载的专文、条目、表格和图片(特载、大事记内容除外),采用主题分析索引的方法,按首字的汉语拼音字母顺序排列。

二、类目、栏目、专文标题和市、县、区名称用黑体字,分目、条目和表、图名称用宋体字。

三、索引各目后的阿拉伯数字表示内容所在的页码;一目内容在多处的,分别注出页码。

A

B

C

E

F

G

H

K

P

Q

R

T

Y

Z